매튜헨리주석 장세기

저자 매튜 헨리 Matthew Henry 1662-1714

성경 주석가. 영국국교회의 복음주의 목사의 아들인 그는 통일령으로 아버지가 성직에서 쫓겨난 직후에 태어났다. 학문을 좋아하는 소년이었으며 1672년에 회심하였다. 옥스퍼드와 케임브리지의 학문성이 차츰 떨어지므로 1680년 런던 이슬링턴 대학에서 신학 교육을 받았다. 그 대학은 신앙을 저버린 시대에 높은 학문을 유지해왔다. 그 대학의 학장은 케임브리지에서 온 토머스 두리틀이었고, 부학장은 옥스퍼드에서 온 토머스 빈센트였다. 그 후에는 그레이 법학원에서 법률을 공부하였다. 그는 국교회 목사가 되려고 생각하였지만, 비국교도가 되기로 결심하였고, 개인적으로 장로교 목사 안수를 받았다. 첫 목회지는 체스터(1687-1712)였으며 그 뒤에 런던의 해크니(1712-1714)로 옮겼다. 청교도들에게서 크게 영향을 받은 그는 성경 해설을 목회의 중심으로 삼았다. 날마다 4시 또는 5시에 일을 시작하였던 그는 시간을 최대한 사용하는 것을 목적으로 삼았다. 1704년에 「성경 주석」을 집필하기 시작하였는데, 그는 사도행전까지 탈고하였으며, 그의 사후 목회 동역자들이 그의 노트와 저서들을 참고하여 신약성경 주석을 완성하였다. 그 주석은 성경에 대한 자세하고 종종 대단히 영적인 해설 양식을 취하였는데, 그 양식은 그 이후의 복음주의적 목회의 형태를 결정하였다. 스펄전은 자신이 매튜 헨리에게 큰 도움을 받았다는 사실을 인정하였다.

역자 원광연

역자는 총신대학 신학과를 졸업하고, 합동신학교를 수학하였으며, 호주 장로회 신학교(P.T.C.)를 졸업하였다. 호주 장로교회에서 목사 안수를 받고, 시드니 한인 교회에서 시무하였으며, 현재 연구와 번역에 힘쓰고 있다. 역자는 「기독교 강요」 번역을 평생의 과제로 알고, 이를 오랜 기간 동안 사명감으로 수행해왔다. 그 밖의 역서로 「생명의 길」(찰스 하지), 「신약의 초석」(랄프 마틴), 「구약의 기독론」(헹스텐베르크), 「하나님 나라」(조지 래드), 「신약과 비평」(조지 래드), 「바울의 생애와 신학」(로버트 L. 레이먼드) 등이 있다.

매튜 헨리 주석 전집 01

매튜 헨리 주석
창세기

원광연 옮김

크리스챤 다이제스트

서문

하나님께도 나 자신의 양심에도 거리낌이 없이 합당한 해명을 하여야 한다는 것이 나의 가장 큰 염려거리이지만, 어쩌면 내가 이 대담한 작업의 결과를 얼마간 세상에 내어놓을 것을 사람들이 기대할 것이라는 생각도 든다. 나는 할 수 있는 대로 분명하게 이 작업을 진행해 갈 것이요, 또한 사람들이 저 큰 날에 자기가 한 모든 헛되고 하찮은 말에 대해서 — 또한 자기가 쓴 모든 헛되고 하찮은 글에 대해서는 더욱더 — 심판을 받으리라는 것을 믿는 자로서 그런 믿음을 갖고서 이 작업을 진행할 것이다. 여기서 우선, 성경의 이 부분들을 설명하고 해설하는 이 작업에서 내가 근거로 삼고 또한 통제를 받은 저 위대하고 거룩한 원리들을 제시하는 것이 도움이 되리라 여겨진다. 나는 나와 함께 다음의 여섯 가지 원리들에 대해 동의하는 자들에게 (또한 이 원리들을 받아들일 자들에게) 도움을 드리고자 이 작업의 결과들을 감히 내어놓는다.

I. **신앙이야말로 유일하게 유익한 것**이며, 우리를 지으신 하나님을 알고 사랑하며 경외하며, 또한 범사에 열정적인 사랑과 선한 처신으로 그의 명령들을 지키는 것이 과연 분명 모든 사람의 본분이다(전 12:13). 이것이 그의 전부다. 지극히 지혜로운 자는 전도서에서 그의 논지를 면밀하고도 풍부하게 제시한 후에 이것을 자신의 주제 전체의 결론으로 제시한다. 그러므로 내가 이를 하나의 요청으로, 이 문제 전체의 근본으로 제시한다 해도 무방하리라 여겨진다. 세상에 신앙이 있는 것이 인류 전반에게 필수적인 일이며, 인간의 본성의 존귀함을 보존하기 위해서도 절대적으로 필수적이며, 또한 인간 사회의 질서를 보존시키기 위해서도 이에 못지않게 필수적이다. 또한 우리 각 사람에게도 신앙을 갖는 일이 필수적이다. 신앙 이외에는 달리 우리의 창조의 목적에 부응할 수 있는 방도가 없고, 창조주 하나님의 은혜를 얻을 수도 없고, 금생에서 우리 스스로 편안한 삶을 살 수도 없고, 영원히 복된 삶을 누릴 수도 없다. 사람이 사고할 능력을 부여받았으니 그 능력을 발휘하여 그의 조물주를 알고 섬기고 그에게 영광을 돌리며 그를 즐거워할 수 있는데도, 이 세상에서 하나님이 없이 산다면, 그 사람이야말로 해 아래에서 가장 비열하고도 가장 비참한 짐승인 것이 분명

할 것이다.

Ⅱ. **참된 신앙에는 신적인 계시가 필수**이며, 계시야말로 신앙을 있게 하며 뒷받침해 주는 것이다. 믿음이 없이는 하나님을 기쁘시게 하지 못하는데, 이 믿음은 하나님의 일들을 보는 것으로 완전케 될 수 없고, 하나님의 말씀을 들음으로써 오는 것이다(롬 10:17). 이성을 지닌 영혼은 인간의 타락으로 인하여 치명적인 충격을 받았기 때문에, 그를 존재하게 하신 그 위대하신 주인께서 친히 자기 자신에 대해 무언가를 초자연적으로 드러내시지 않고서는, 그분을 정당하게 높이 우러를 수도, 그러한 우러름을 유지할 수도 없고, 그를 바라볼 수도, 그에게 기대할 수도 없다(이것이 영혼의 의무요 행복이지만). 본성적인 빛도 물론 그 한계 내에서는 훌륭하게 쓰인다. 그러나 신적인 계시가 그 빛의 오류들을 바로잡고 그 결점들을 보상하며, 본성의 빛이 속수무책으로 남겨둔 그 부분에서 우리를 돕는 것이 반드시 필수적이며, 특히 사람이 그 타락한 상태에서 회복되어 그의 조물주의 은혜에로 회복되는 길과 방법에 대해서는 더욱더 그러하다. 사람이 자신의 현재의 상태가 죄악되고 비참하다는 것을 안타까운 경험을 통해서 깨달을 때에, 하나님의 은혜의 결핍을 스스로 의식하지 않을 수가 없는 것이다. 우리의 상처는 우리 자신의 이성으로도 알 수 있다. 그러나 신적인 계시가 없이는 결코 그것을 고치는 신뢰할 만한 치료책을 찾을 수가 없다. 본성적인 빛 이외에는 신앙을 지도해 줄 다른 안내자가 없고, 고작해야 희생제사에 대한 신적인 제도의 몇 가지 잔재들을 조상들로부터 전수받은 것이 전부인 땅의 여러 족속들의 경우를 보면, 신앙의 존속을 위해 신적인 계시가 얼마나 필수적인가를 분명히 알 수 있다. 하나님의 말씀이 없는 자들은 금방 하나님 자신을 상실하게 되고, 하나님에 대한 이런저런 상상으로 허망하여져서, 예배와 주술 등에서 놀라울 정도로 추잡하고 어리석어지는 것이다. 물론 신적인 계시의 은덕을 받은 유대인들도 때때로 우상숭배에 빠졌고, 매우 심각한 부패를 용인했던 것이 사실이다. 그러나 그들은 율법과 선지자의 도움을 받아 바른 길로 회복되고 개혁되었다. 반면에 이교도들의 경우에는 아무리 훌륭하고 높이 추앙받는 철학이 있었다 해도 그것이 그런 저속한 우상숭배의 현상을 치유하는 방향으로 아무런 공헌도 하지 못했고, 야만적이고 어리석기 짝이 없는 그들의 종교적 의식 가운데 하나도 제거하지를 못했다. 그것들이 인간 본성의 수치요 치욕이었는데도 말이다. 그러므로 사람들이 아무리 자기들의 모습을

포장한다 해도, 이신론자(理神論者: deists)들은 결국 무신론자들이요, 혹은 무신론자들이 되고 말 것이다. 그리고 이성의 가르침을 사모한다는 핑계로 하나님의 말씀들을 쓸데없는 것으로 만들어 옆으로 제쳐두는 자들은 모든 신앙의 기반들을 무시하는 자들이요, 사람과 그를 지으신 분 사이의 모든 교류를 끊어놓기 위해, 또한 고상한 인류를 멸망하는 짐승과 같은 수준 위에 세워놓기 위해 온갖 일을 자행하는 자들인 것이다.

Ⅲ. 신적인 계시는 신구약 성경 이외에는 그 어디서도 찾을 수도 기대할 수도 없다. 기록된 말씀이 있기 이전에도 신앙과 신적인 계시가 있었던 것은 사실이다. 그러나 그렇다고 해서 성경이 지금 필요하지 않다고 주장하는 것은, 마치 세상을 창조할 때에 해가 만들어지기 삼일 전에 빛이 있었으니 세상에 해가 없어도 족히 지낼 만하다고 주장하는 것만큼이나 어리석은 것이다. 신적인 계시들은 처음 주어졌을 때에는 환상이나 이적들과 예언을 통해서 확인되었다. 그러나 그 계시들이 기록을 통하여 그 증거들과 함께 먼 지역과 먼 미래에까지 전수되게 되어 있었다. 기록하는 것이야말로 가장 확실한 전달 수단이요, 그 외에 기억에 남을 만한 일들도 기록을 통해서 보존되고 전파되는 것이다. 시내산에서 그렇게 엄숙하게 공포된 십계명조차도 만일 기록으로 남겨지지 않고 그저 전승으로만 내려왔더라면, 이미 오래 전에 사라지고 잊혀졌을 것이다. 기록된 것이 후대에까지 남는 것이다.

성경은 사실 질서정연한 조직이나 혹은 신학의 체계나, 기예(技藝)의 법칙에 따라(secundum artem) 집성된 것이 아니라, 무한하신 지혜자가 보시기에 합당한 대로 여러 가지 기술 방식으로(역사, 율법, 예언, 시가, 서신, 그리고 심지어 잠언까지도) 여러 시대에 걸쳐서 여러 사람들의 손에 의해서 기록되었다. 그런데 그 목적이 효과적으로 이루어진다. 그 모든 내용이 한데 합쳐져서, 우리가 믿어야 하고 또한 다스림을 받아야 할 거룩한 신앙의 모든 진리들과 법칙들에 대해 충족히 알려주는 그런 사실들이 명확하게 계시되어 알려지며 또한 당연한 것으로 받아들여지는 것이다. 모든 성경은 하나님의 감동으로 되었으며(딤후 3:16) 또한 성령의 감동하심을 받은 사람들이 하나님께 받아 말씀한 것임을(벧후 1:21) 우리는 확신한다. 그러나 누가 감히 그 감동하심이 어떤 것인지를 안다고 자처하겠는가? 아무도 성령의 길을 알지 못하며, 감동받은 자의 마음에 어떻게 해서 생각들이 형성되었는지도 알지 못하며, 혹은 아이 밴 자의 태에서 뼈가 어떻게 자라는지도 알 수 없다(전 11:5). 그러나 그 복되신 성령께서 성경을 기록한 사람들을 꾸준히 준비시켜 그런 일을 감당할 수 있도록 자격을 갖추게 하셨고 또한 기록할 내용을 그들의 마음에 주셨을 뿐 아니라, 그들 스스로 알고 있는 일들을 기록함에 있어서 그들의 이해력과 기억들을 도우셨고, 또한 오류와 실수를 범하지 않도록 효과적으로 그들을 보호하셨으며, 또한 계시가 아니고서는 도저히 알 수 없는 내용들에 대해서도(예컨대, 창 1장, 요 1장) 그 복되신 성령께서 분명하고도 만족할만한 정보를 주셨다는 것은 확실히 알 수 있을 것이다. 그리고 그 계획된 목적에 필요한 대로, 그들은 심지어 언어와 표현에까지 그 성령의 지도하심을 받았다는 것도 의심의 여지 없는 사실이다. 성령께서 가르치신 말이 있었고(고전 2:13), 또한 하나님께서도 선지자에게, 내 말로 그들에게 고하라고 말씀하셨던 것이다(겔 3:4).

그러나, 누가 법조문을 작성했으며 그가 얼마나 자유로이 자기 자신의 말을 사용했느냐 하는 것은 우리에게 별 중요한 문제가 아니다. 일단 비준되면, 그 법조문은 법 제정자가 작성한 것이 되며, 신민들은 그 법조문의 참된 의도와 의미를 준수할 의무를 지게 된다. 지혜로운 자들에게나 무식한 자들에게나 똑같이 성경은 그 신적인 권위와 그 독창성을 입증해준다. 심지어 무식하여 생각이 없는 사람들에게도, 성경은 모세와 선지자들과 그리스도와 그의 사도들이 행한 그 수많은 유례가 없는 이적들을 통해서 충분히 입증되며 그리하여 그 진리들과 법들이 확증된다. 거짓 것에다 이러한 신적인 도장(印)을 찍어놓았다는 식으로 생각한다면, 그것이야말로 영원한 진리에 대한 도저히 용납할 수 없는 모욕일 것이다. 뿐만 아니라 좀 더 지혜롭고 생각 있는 자들과 좀 더 사려 깊고 분별 있는 자들에게는, 성경 그 자체에서 고유하게 나타나는 탁월한 점들이 증거가 된다. 그것들이 신적인 기원의 자명한 특징들이 되기 때문이다. 조심스럽게 살펴보면, 하나님의 형상과 그의 서명이 그 위에 있다는 것을 금방 알게 될 것이다. 성경을 내신 분께 겸손하고도 진지하게 굴복하는 올바른 자세를 갖고 있는 사람이라면 하나님의 지혜의 형상이 그 깊고 깊은 신비들 속에 나타나 있는 것을 쉽게 발견하게 될 것이다. 그의 주권의 형상이 그 위엄 있는 문체에 나타나 있고, 그의 단일하심(unity)의 형상이 그 모든 부분들의 놀라운 조화와 균형에 나타나 있고, 그의 거룩의 형상이 그 계명들의 흠 없는 순결함 속에 나타나 있고, 그리고 그의 선하심의 형상이 인류의 복지와 행복을 지향하는 그 전체의 분명한 성향에 나타나 있다. 요컨대, 성경 그 자체가 자신의 신적인 성격을 드러내는 것이다. 무신론자들이 그렇듯이 이신론자들도 마치 지혜가 자기들에게만 있기라도 하듯 스스로 사려 깊게 추리하는 것처럼 허황되게 행세하나, 스스로 정말 무지막지하고 부끄럽기 그지없는 터무니없는 논리에 빠져버린다. 만일 성경이 하나님의 말씀이 아니라면 지금 이 세상에는 신적인 계시도 없고, 우리의 의무와 복락에 관한 하나님의 뜻을 전혀 발견할 수도 없을 것이며, 그리하여 사람이 아무리 조물주의 뜻을 행하기를 바라고 거기에 전심을 기울인다 할지라도, 그것을 전혀 알 길이 없이 속수무책으로 멸망하고 말 것이다. 그것이 무엇인지를 말씀해 줄 책이 성경 외에는 없으므로, 결국 하나님의 선하심에 대해 우리가 갖고 있는 생각이 성경이 가르치는 참된 사상과 도저히 조화될 수가 없는 것이다. 그리고 이에 못지않게 터무니없이 성경이 하나님의 계시가 아니라는 주장도 있으나, 만일 성경이 하나님의 계시가 아니라면 그것은 세상에 나온 속임수 중에 가장 큰 속임수인 것이 분명할 것이다. 그러나 성경이 엄청난 속임수라고 생각할 이유가 하나도 없다. 악인들이 결코 그렇게 선한 책을 기록했을 리가 없으며, 사탄도 자기 자신을 내어쫓는 일을 노출 만큼 어리석지도 않을 것이며, 또한 선한 사람들이라면 하늘의 그 확실한 인(印)의 가짜 모조품을 만들고 자기들 자신이 만들어낸 것에다(그것 자체는 아무리 정당한 것이라 할지라도) 그 가짜 인을 찍을 만큼 악한 일은 절대로 행하지 않을 것이다. 아니다. 마귀를 담은 하나님의 말씀이란 없는 것이다.

Ⅳ. **신구약 성경은 우리로 하여금 배우게 하기 위한 목적으로 고안된 것**이라는 것. 신구약 성경을 처음 손에 잡은 자들에게는 그것이 하나님의 계시였을지라도, 거기로부터 멀리 떨어져 있는 우리는 그 책들에 대해 전혀 관심이 없을 수도 있었다. 그러나 성경은 보편적이며 영구한 사용을 위해 주어졌으며, 성경을 아는 사람은 누구나, 심지어 세상의 종말을 당한 우리도, 장소와 시대를 불문하고 반드시 그것을 의무적으로 사용하도록 주어진 것임이 분명하다(롬 15:4). 우리가 무죄한 상태 하의 언약으로서의 율법 아래 있지는 않으나(그 때에 죄를 범하였으니, 우리는 율법의 저주 아래 망할 수밖에 없다), 그렇다고 해서 율법이 케케묵은 법령인 것이 아니라, 선과 악, 죄와 의무에 대한 하나님의 뜻에 관한 항구적인 선언이요, 따라서 그것에 대한 순종이 언제나 동일하게 충만히 요구되는 것이다. 처음 의식법을 전해 받은 자들과 같이 우리도 복음 전함

을 받으며, 오히려 그들보다 훨씬 더 분명하게 전해 받는 것이다(히 4:2). 구약의 역사들이 기록된 것은 우리를 교훈과 지도하기 위함이었지(고전 10:11), 그저 호기심 많은 자들에게 정보와 여흥거리를 제공하기 위함이 아니었다. 선지자들은 이미 죽은 지 오래지만, 그들의 글들을 통해서 많은 백성과 나라에게 다시 예언하며(계 10:11), 또한 솔로몬의 교훈은 마치 아들들에게 하듯 우리에게 말씀하는 것이다. 성경의 주제는 보편적이고 영구하며, 따라서 모두의 공통 관심사다. 그 의도는, 1. 보편적이며 영구한 본성의 법을 되살리기 위함이다. 그 법의 잔재가(아니 그 황폐된 것이) 인간의 본성적인 양심 속에 있는데, 이것이 그 법에 관한 더 확실한 근거를 다른 데에서 찾아야 한다는 것을 시사해 준다. 2. 보편적이며 영구한 은혜의 법을 드러내기 위함이다. 하나님께서 인류를 마귀의 상태보다 더 낫게 하시기 위하여 그들을 향하여 공통적으로 자비를 베푸시는데, 이것이 그 은혜의 법을 기대할 근거를 어느 정도 제시하는 것이다. 이 책이 그 신적인 권위를 믿고 순종할 것을 명령하는데, 이 권위 역시 보편적이며 영구한 것이요, 시공간적인 한계성이 없는 것이다. 그러므로 이 거룩한 책을 전수받는 나라나 세대마다 처음 이 책을 전수받은 자들이 명령받은 것과 똑같이 동일한 경건과 높이 우러르는 자세로 그 책을 받아야 하는 것이다. 하나님께서 이 마지막 날에 아들을 통하여 우리에게 말씀하셨으나, 그렇다고 해서 옛적에 선지자들을 통하여 여러 부분과 여러 모양으로 우리 조상들에게 말씀하신 것이(히 1:1) 우리에게는 전혀 소용이 없다거나, 혹은 구약 성경은 시대에 뒤떨어진 고서(古書)에 지나지 않는다는 식으로 생각해서는 안 된다. 아니다. 우리는 사도들은 물론 선지자들의 터 위에 세우심을 입었고, 그리스도 예수께서 친히 모퉁잇돌이 되셨다(엡 2:20). 이 복된 건물의 양면이 모두 그의 안에서 만나서 하나를 이루는 것이다. 구약 성경은 고대의 유대인 교회의 기록으로서, 그리스도와 사도들은 그것들을 그렇게 자주 언급하셨고, 그것에 호소하셨고, 우리에게 그것을 살피고 주의 깊게 상고할 것을 명령하신 것이다. 복음을 전하는 자들은 마치 여호사밧의 재판관들처럼 어디를 가든지 이 율법 책을 함께 지니고 갔고, 법 아는 자들에게 말씀하는 것을 큰 유익으로 알았다(롬 7:1). 그리스도께서 탄생하시기 200년 내지 300년 사이에 구약성경의 헬라어 역본인 칠십인역이 번역되었는데, 그것이 율법에 대한 지식을 전파해 줌으로써 복음을 누리는 일을 위하여 나라들을 준비시켜 준 복된 조치가 되었다. 신약성경이 구약 성경을 해명하고 완결지어 줌으로써 우리가 유대인 교회보다 더 큰 유익을 얻듯이, 구약성경도 신약성경을 확증하고 예증함으로써 예수 그리스도께서 어제나 오늘이나 영원토록 동일하심을 보여주는 것이다.

V. 성경은 우리의 배움을 위해 마련된 것이며 동시에 우리의 믿음과 실천을 위한 항구적인 규범이라는 것. 지금은 우리가 성경의 다스림을 받아야 하고, 잠시 후에는 그것으로 심판을 받게 될 것이다. 성경은 일반적인 용도를 위한 책일 뿐 아니라(선인과 지혜자들의 글들처럼), 주권자의 권위 있는 명령이요, 하나님 나라의 강령을 기록한 책으로서, 우리의 최고의 주(主)이신 하나님께 충성을 서원한 우리로서는 마땅히 그것을 지킬 의무를 갖고 있는 것이다. 받아들이든지 받아들이지 않든지 간에, 우리는 성경이야말로 우리가 참조해야 하고 그것에 의해 마음을 결정해야 할 말씀이요, 우리가 호소해야 하고 그것으로 교리들을 시험해야 할 표준이요, 우리가 항상 염두에 두어야 하고 그것으로 우리의 감정과 행실을 이끌어 가야 하고 또한 언제나 그것에 근거하여 방법을 취해 가야 하는 규범이라는 말을 반드시 들어야만 한다. 이것은 제자들 가운데에서 봉함되어 있는 증거(testimony)요 율법이며, 만일 우리가 그것에 따라 말하지 않으면 그 때문에 우리는 정녕 아침 빛을 보지 못하는 것이다(사 8:16, 20). 우리 속에 있는 빛은 본성적으로 어둠이며, 은혜를 힘입어서도 기록된 말씀에 따르는 복사판에 지나지 않는데, 이런 내적인 빛을 규범으로 삼는다는 것은 재판관을 법보다 위에 세우는 것과도 같다. 그리고 교회의 전승들을 성경과 동등한 것으로 만드는 것도 그보다 더 나을 것이 없다. 그것은 마치 각 사람이 자기가 좋아하는 대로 앞으로나 뒤로 돌려놓아서 시간과 날(日)을 성실하게 가늠해주는 표준인 태양의 움직임을 마음대로 고치게 해주는 그런 시계를 만들려는 것과도 같다. 우리가 안타깝게 경험한 바와 같이, 이런 터무니없는 처사들은 한 번 인정받으면, 수많은 사람들이 그대로 따르는 것이다.

VI. 그러므로 모든 그리스도인들은 부지런히 성경을 살펴야 할 의무가 있으며, 또한 그들을 그 방면에서 지도하고 돕는 것이 사역자들의 직무라는 것. 우리가 날마다 성경을 읽고 묵상함으로써 그 내용을 접하고, 그 속에 담긴 하나님의 뜻을 깨닫고 그 깨달은 바를 우리 자신에게 적용시킬 기회가 있는 대로 지도와 책망과 위로를 받지 않는다면, 이 책 중의 책 그 자체가 아무리 유익한 것이라 할지라도 우리에게는 아무런 소용이 없을 것이다. 여호와의 율법을 즐거워하는 것이야말로 거룩하고 복된 사람의 성격이다. 그는 자신이 복된 사람이라는 증거로서, 그 율법을 변함없는 친구로 삼아 그것과 교류하며, 그것을 가장 지혜롭고 믿을 만한 조언자로 삼아 그것과 함께 행하며, 그 율법을 주야로 묵상한다(시 1:2). 우리는 끊임없이 성경을 읽고 조심스럽게 관찰하고, 특히 성령께서 하시는 일이 그리스도께서 우리에게 하신 말씀을 기억나게 하는 일이니(요 14:26), 그 약속하신 성령을 주시기를 위하여 하나님께 순전하게 기도함으로써, 우리 스스로 성경 말씀과 함께 생활하도록 준비를 갖추는 것이 중요하다. 그렇게 준비를 갖추게 되면, 하나님께 기도하는 데에나 사람들과 함께 처신하는 데에, 또한 사탄을 대적하는 데에나 우리 자신의 마음을 다스리는 데에 곧바로 사용할 수 있는 무언가 선한 말씀을 갖게 될 것이고, 그리하여 선한 청지기가 되어 옛것과 새것을 이 성경이라는 곳간에서 꺼내어 우리 자신은 물론 다른 사람들도 함께 그것을 누릴 수 있게 되고, 또한 그것으로 믿음을 강하게 할 수 있게 될 것이다. 하나님의 사람으로 온전하게 하며, 그리스도인은 물론 사역자들까지도 온전하게 하며, 모든 선한 일을 행할 능력을 갖추게 해 주는 것이 과연 이 세상에 있다면, 바로 성경 말씀이 그것이다(딤후 3:17). 우리는 또한 아볼로가 그랬던 것처럼 성경에 능통하여야 한다(행 18:24). 즉, 성경의 참된 의도와 의미를 철저하게 숙지하여야 한다는 것이다. 그렇게 되면, 읽는 바를 깨닫게 되고, 그것을 오해하거나 잘못 적용하지 않게 되며, 복된 성령의 역사하심으로 말미암아 모든 진리 가운데로 인도받게 되고(요 16:13), 믿음과 사랑으로 그 말씀을 든든히 붙잡게 되며, 성경의 각 부분을 그 의도에 따라 사용하게 될 것이다. 율법이나 복음이나, 성령이 없이 그 문자만으로는 별 유익이 없는 법이다. 이런 점에서 그리스도의 사역자들은 교회의 유익을 위하여 성령을 위해 사역하는 자들이다. 그들의 임무는 성경을 해명하고 적용하는 것이다. 그러므로 그들의 지식도 성경에서 나온 것이어야 하고, 그들의 교리도, 헌신도, 지침도, 교훈도 성경에서 비롯된 것이어야 하고, 그들의 언어와 표현까지도 성경에서 나온 것이어야 한다. 교회의 처음 가장 순결한 시대에는 성경을 해명하는 것이 가장 일상적인 설교 방식이었다. 야곱에게 율법을 가르치는 것 말고 레위인들이 할 일이 무엇이었던가(신 33:10)? 율법을 그저 읽는 것만이 아니라 그 뜻을 해석하고 그 낭독하는 것을 다 깨닫게 하는 것이 아니었던가(느 8:8)? 지도해 주는 사람이 없으니 어찌 깨달을 수 있겠는가(행 8:31)? 성경의 뒷받침이 없이는 사역자들의 가르침을 거의 믿을 수 없듯이, 사역자들의 해명이 없이는 성경을 거의 깨달을 수가 없을 것이다. 그러나, 이 두 가지 다 있으면서도 무지와 불신앙 가운데서 멸망한다면, 우리의 피가 우리 머리로 돌아갈 것이다.

그러므로, 이런 점들에 대해 충실히 납득하고 있으므로, 나는 선한 그리스도인들이 성경을 탐구하도록 그들을 위해 도움을 주는 일이라면 무엇이든 진정 하나님의 영광을 위하여, 또한 사람들 가운데서 그의 나라를 위하여, 섬기는 것이라고 결론짓는다. 내가 이 일을 시도하게 된 것이 바로 이 때문이다. 나는 약하고 두려워하고 심히 떠는 심정으로 이 일에 임하였다(고전 2:3). 이처럼 고귀한 일을 감당하면서, 혹 미숙한 일 처리로 인하여 이 찬송할 만한 고귀한 일이 해를 입지 않을까 하는 두려움이 있기 때문이다. 학식에서나 판단에서나 표현의 수려함에서나 이런 일을 할 수 있는 모든 구비 조건에서 주님의 모든 종들 가운데 가장 작은 자보다 더 작은 나 같이 초라한 무명의 사람이 어떻게 이런 크고 중요한 일을 감히 시도하게 되었는지를 누군가가 알고 싶어한다면, 나의 답변은 이것밖에는 없다. 곧, 오랜 세월동안 나는 서재에서 강단을 위해 끊임없이 준비하면서 남는 자투리 시간을 신약 성경의 몇몇 부분들에 대한 강해를 기록하는 일에 소비하여 왔다는 것이다. 그러나 나 자신이 사용하기 위해서라기보다는 순전히 그 일이 즐겁기 때문에 그 일을 한 것이었다. 내 생각과 시간을 소비하면서 그보다 더 즐거움을 주는 것이 내게 없었던 것이다. 누구든지 공부하는 사람에게는 다른 무엇보다 기쁨을 느끼는 자신만의 선호하는 공부 과제가 있는 법이다(Trahit sua quemque voluptas). 그런데 내 경우에는 바로 이것이 그것이다. 이러한 성경 공부야말로 언제나 존경하여 마지않는 나의 아버지에게서 어릴 적부터 훈련받아온 나의 행복이었다. 아버지에 대한 기억은 언제나 내게 지극히 사랑스럽고 귀한 것이다. 아버지는 성경 원문에 정통한 자(a good textuary)가 바로 선한 목사(a good divine)라는 것을 자주 일깨워 주셨고, 다른 책을 읽을 때에도 언제나, 성경을 더 잘 깨닫고 적용할 수 있도록 힘써야 한다는 사실을 염두에 두어야 한다는 것도 깨우쳐 주셨다. 이렇게 스스로 성경 해명 작업을 계속하고 있을 때, 버킷(Mr. Burkitt)의 강해서가 출간되었다. 먼저 복음서 강해가 나왔고, 그 다음에 사도행전과 서신서 강해가 나왔는데, 진지한 사람들 사이에서 매우 호평을 받았고, 하나님의 축복하심으로 계속해서 교회에 큰 유익을 끼칠 것이다. 그런데 그 저작을 마친지 얼마 후, 하나님께서는 그를 영원한 안식으로 부르셨고, 이를 계기로 몇몇 친구들이 내게 그리스도의 은혜의 힘에 의지하여 구약 성경에 대해서도 그 비슷한 저작을 시도할 것을 강권하였고, 나 자신도 그 일에 이끌렸다. 이 모세 오경 강해는 그 한 가지 본보기이다. 이것이 호평을 받고, 또한 유익하게 쓰이게 되면, 현재로서는 하나님의 도우심에 의지하여, 하나님께서 나의 생명과 건강을 계속 유지시켜 주실 때까지, 그리고 나의 다른 사역이 허용하는 범위 내에서 이 일을 계속하리라는 생각이다. 우리의 언어로 된 것 중에서도 이런 분야에서 도움을 주는 책들이 많이 있다. 우리는 그것들을 값어치 있게 생각하고, 그것들에 대해 하나님께 감사해야 마땅할 것이다. 그러나 성경은 절대로 그 의미를 완전히 해명할 수가 없는 책이다. 아무리 그것을 자주 읽어도 언제나 그 속에서 새로운 것을 만날 것이다(Semper habet aliquid relegentibus). 다윗은 성전에 엄청난 양의 보화들을 모아놓은 후에도, 솔로몬에게 더 많은 것을 더하라고 하였다(대상 22:14). 성경 지식이 바로 그런 보화다. 그 지식은 우리 모두가 완전하신 하나님께로 나아가기까지 계속해서 증가해갈 것이다. 성경은 온갖 다양한 일꾼들을 요하는 밭이나 포도원과 같아서, 여러 가지 은사가 소요되나 그 모두가 같은 성령에게서 비롯되며(고전 12:4, 6), 같은 주의 영광을 위한 것이다. 언어와 고대의 용법들에 박식한 자들은 그 갖가지 산물들과 그 식물들의 해부에 대한 호기심을 불러일으키는 정교한 연구 조사들과 그것들에 대해서 행한 갖가지 흥미로운 강의들을 통해서 교회(이 밭을 사용하는 복된 소유자)에게 큰 유익을 끼쳐왔다. 비평가들의 언어 연구가 학자들의 철학보다 신앙에 훨씬 더 큰 유익이 되어왔고, 거룩한 진리를 더 환하게 밝혀왔다. 또한 전쟁 기법 분야에 박식한 자들도 어둠의 권세들의 격렬한 공격들을 대적하여 여호와의 동산을 보호하는 데에 큰 도움이 되어왔다. 이들은 무신론자들과 이신론자들, 그리고 하나님과 성경을 조롱하는 이 말세의 속된 악인들의 악의에 찬 트집들을 대적하여 이 거룩한 성경의 대의(大義)를 성공적으로 변론한 것이다. 이런 사람들이 존귀한 위치에 올라 있고, 그들에 대한 칭찬이 모든 교회들에 가득하다. 그러나 그들보다 미천한 포도원을 다스리는 자와 농부(왕하 25:12) 같은 자들의 수고도 나름대로 그에 못지않게 필수적이며, 하나님의 집에 유익이 된다. 이들이 생산한 고귀한 열매들로부터 각 사람이 때를 따라 양식을 얻게 되는 것이다. 나는 나의 능력에 따라 바로 이런 수고를 감당하려 하였다. 평범한 실천적인 강해자들이 학식 있는 비평가들에 대해서, 너는 쓸

데가 없다(고전 12:21)고 말하지 않을 것이니, 이와 마찬가지로, 눈과 머리의 역할을 하는 자들이 손과 발의 역할을 하는 자들에게 너는 쓸 데가 없다고 말하지 않기를 바라는 마음이다.

학식 있는 자들은 최근 저 위대하고 선한 사람 패트릭 주교의 탁월하고도 지극히 가치 있는 수고를 통하여 성경의 이 부분과 그 다음에 이어지는 책들에 대한 연구에서 매우 큰 유익을 얻었는데, 그는 고령(高齡)임에도 불구하고 광범위한 도서와 견실한 판단, 그리고 이 최고의 연구에 대한 지극히 복된 적용 등으로, 분명 다음 세대에 첫째가는 세 사람의 주석가 중의 한 사람으로 일컬어질 것이다. 그분을 주신 하나님을 찬양한다. 매튜 풀(Matthew Pool)의 영어 주해(*English Annotations*)도 판을 거듭하여 출간되어 수많은 사람들이 입수하였을 것으로 여겨지는데, 이것도 훌륭하게 사용될 수 있는 것으로, 특히 성경의 어구들을 해명하고, 그 의미를 밝히며, 병행 성구와 관련시키고, 난제들을 해결하는 데에 탁월하다. 그러므로 나는 거기서 상세히 논의된 것에 대해서는 가능한 한 간략하게 다루고, 거기서 찾을 수 있는 것들은 할 수 있는 대로 다루지 않도록 노력하였다. 나는 이미 행해진 일을 행하고(actum agere) 싶지도 않고, 사도의 말씀을 그대로 빌리자면, 남의 규범으로 이루어 놓은 것으로 자랑하고 싶은 마음이 없기 때문이다(고후 10:16). 필요할 경우에는 단어나 문구들을 설명해 놓은 이러한 주해집들을 참조하는 것이 매우 유용하다. 그러나 (본서와 같이) 적절한 제목을 붙인 연속 강론의 형식으로 제시되는 강해가 훨씬 더 쉽고 또한 통독을 통하여 교훈을 얻기에도 더 적당하다. 그리고 내 생각에는, 각 장마다 그 앞 장과의 연결과 또한 그 전반적인 개요를 역사나 강론의 흐름과 함께 관찰하고, 그 여러 부분들을 한데 모아 한꺼번에 조감한다면, 혹 중간에 비평가들도 쉽게 해명하지 못하는 어려운 단어나 표현이 여기저기 나타나더라도, 그 전체를 이해하는 데에도 크게 기여할 것이고, 전반적인 의도를 이해하는 데에서도 풍부한 만족을 얻을 것이다. 그러므로 나는 여기서 그러한 강해를 시도하였다. 그러나 우리는 그저 읽은 바를 깨닫는 것으로 그쳐서는 안 되고, 거기서 무언가 선한 목적을 이루고, 그 읽은 바로부터 감동을 받아야 한다. 하나님의 말씀은 우리의 눈에 빛으로서 깊은 생각을 불러일으키는 주제가 될 뿐 아니라, 우리의 발에 등이요 우리의 길에 빛으로서(시 119:105) 의무를 다하도록 우리를 지도하고, 곁길로 빠지지 않도록 우리를 보호하는 것이기도 하다. 그러므로 우리는 성경을 상고할 때에, 이것이 무슨 뜻인가? 라는 질문을 해야 할 뿐 아니라, 이것이 우리에게 무슨 뜻인가? 라는 질문을 해야 한다. 이것이 우리에게 무슨 소용이 되는가? 어떻게 하면 이것이 하나님의 은혜로 말미암아 우리가 살기로 다짐하는 그 거룩한 하늘의 삶의 목적을 이루는 데 적용될 수 있는가? 라는 질문을 해야 할 것이다. 내가 여기서 답하고자 한 것이 바로 이런 유의 질문들이다. 본문의 비평적인 해명을 통해서 우물 입구에서 돌문이 굴려지면, 자기들 자신도 물을 마시고 양 떼들에게도 물을 길어다 먹이는 자들이 있는가 하면, 반면에 우물이 깊고 물을 길어 마실 도구가 없으니 어떻게 이 생수를 마시랴? 라고 탄식하는 자들도 있을 것이다. 그런 이들은 여기서 물동이를 찾거나 손을 뻗어 물을 길을 수 있을 것이다. 나는 기브온 사람들처럼 여호와의 회중을 위하여 구원의 우물들에서 물을 긷는 직무를 행하는 것으로 기꺼이 만족할 것이다.

이 강해에서 나는 본문의 순전한 의미라고 여겨지는 것을 제시하되 보통 수준의 사람들이 충족히 이해할 수 있을 만큼 할 수 있는 대로 쉽고 평이하게 제시하는 것을 목표로 삼았고, 각 주석가들의 서로 다른 정서들을 제시하여 독자들을 혼란스럽게 할 생각은 없었다. 그렇게 했다면, 그것은 우리에게 충족한 만족과 유익을 주는 풀(Pool)의 라틴어 대요(Latin Synopsis)를 그대로 베끼는 것이나 마찬가지였을 것이다. 실천적인 관찰과 관련해서는, 매 절이나 매 단락마다 가르침을 이끌어 내려 하지는 않았고, 다만 내가 보기에 교훈과 책망과 바르게 함과 의로 교육하기에 유익하다고 여겨지는 힌트나 논평 거리들을 강해와 함께 병행하여 제시하려고 노력하였을 뿐이요, 모든 내용에서 실천적인 경건을 증진시키고자 하였고, 단어와 문구들에 대한 의심쩍은 논란거리들을 조심스럽게 회피하고자 한 것이다. 오직 그리스도인들의 마음과 삶 속에 신앙의 능력이 가득 차는 것만이 우리의 괴로움들을 제거하며, 우리의 광야를 비옥한 밭으로 바꾸어 줄 것이다. 우리 주 예수 그리스도가 구약이라는 밭에 감추어진 참된 보배이시요, 또한 창세로부터 죽임 당하신 어린 양이시므로, 나는 모세가 그에 관하여 기록하였고 또한 그리스도께서도 자주 언급하신 내용을 조심스럽게 관찰하였다. 선지자들의 글에서는 메시야와 복음의 은혜에 대한 분명하고 확실한 약속들을 더 많이 만나게 된다. 그러나 여기 모세의 책들에서는 그 모형들을 더 많이 접하게 된다. 장차 오실 자에 대한 실질적이고도 인격적인 표상들, 곧 그 실체가 그리스도인 그림자들을 접하게 되는 것이다(롬 5:14). 사는 것이 그리스도인 자들은 이 강해 속에서 매우 교훈적이며 감동적인 것과 또한 믿음과 사랑과 거룩한 기쁨에 큰 도움이 될 내용들을 접하게 될 것이다. 성경이 그리스도와 영생에 관하여 증언하는 바를 찾는 이것이야말로(요 5:39) 우리가 성경을 상고하는 구체적인 목적인 것이다. 또한 처음에 의식적인 제도들을 부여받은 자들이 그것들을 사용하면서도 그 올바른 의미를 분별하지 못했다고 해서, 그 제도들을 그리스도와 그의 은혜에게 적용시키지 못하는 것도 아니다. 오히려 우리는 그들이 구약을 읽을 때에 그들의 마음에 드리워져 있던 수건이 그리스도 안에서 없어진다는 사실에 대해 지극히 감사해야 마땅할 것이다(고후 3:13, 14). 그 당시 그들은 장차 없어질 것의 결국을 주목하지 못했다 할지라도, 우리는 복되게도 이 신비들을 푸는 열쇠를 부여받았으니 마치 거울을 보는 것 같이 주 예수의 영광을 볼 수 있을 것이다. 그러나, 어쩌면 경건한 유대인들은 우리가 생각하는 것보다 그 의식 속에서 복음을 더 많이 보았을지도 모른다. 조상들에게 주어진 약속을 믿는 믿음이 있었으니 그들에게는 최소한 장차 올 선한 것에 대한 개괄적인 기대가 있었다. 다만 우리가 장차 올 하늘의 복락에 대해 어떤 구체적이고도 확실한 개념을 정리할 수 없듯이, 그들도 후에 올 세상에 대해 확실하게 정리할 수가 없었을 뿐이다. 미래의 상태에 대한 우리의 생각들이나, 그들이 그 당시 메시야의 나라에 대해 갖고 있던 생각이나, 똑같이 어둠에 싸여 있고 혼란스러우며 진리에 이르지 못하고 그것과 거리가 먼 것이다. 그러나 하나님은 그가 주시는 계시에 따라서만 믿음을 요구하신다. 그러므로 그들은 그들이 부여받은 빛에 대해서만 책임을 졌고, 지금의 우리는 복음 안에서 받은 더 큰 빛에 대해서 책임을 져야 한다. 우리는 그 빛의 도움을 받아 그들보다도 구약에서 그리스도에 대하여 더 많은 것을 찾을 수가 있기 때문이다. 만일 우리가 관찰한 이런 내용들이 자기들이 보기에 너무 사소한 것들을 근거로 한 것이라고 생각하는 사람들이 있다면, 그들은 라빈(Rabbin)의 다음과 같은 금언을 기억하는 것이 좋을 것이다. 법에 담겨 있는 것은 글자가 아니라, 산의 무게를 떠받칠 만한 내용이다(Non est in lege vel una litera a qua non pendent magni montes). 성경에는 별 뜻 없이 기록된 단어가 하나도 없다고 확신한다. 독자들은 강해를 읽기 전에 먼저 성경 본문 전체를 읽고, 뿐만 아니라 강해에서 몇 절로 된 단락별로 다루므로 그것들을 다시 눈여겨보기를 바란다. 그렇게 하면 그 읽는 내용을 더 잘 깨닫게 될 것이다. 그리고, 시간적인 여유가 있으면, 본 강해에서 간략하게 언급만 하고 넘어가는 성경 본문들을 살피는 것이 큰 도움이 될 것이다. 신령한 것들은 신령한 것들로 비교하는 것이다.

섭리와 은혜의 모든 역사에서 드러나는 바 영원하신 하나님의 분명한 목적은, 율법을 크게 하며 존귀하게 하는 것이요(사 42:21), 아니 주의 말씀을 주의 모든 이름보다 높게 하는 것이며(시 138:2), 그리하여 아버지여 아버지의 이름을 영광스럽게 하옵소서 라는 우리의 기도가 – 물론 다른 뜻도 있겠지만 – 아버지여 성경을 존귀하게 하옵소서 라는 뜻이 되도록 하는 것이다. 그리고 믿음으로 그런 기도를 행할 때에 우리는 응답을 확신할 수 있다. 우리의 복되신 구주께서도 자기 자신의 고난을 통해서 성경이 성취되는 것을 구체적으로 염두에 두시고 그 기도를 하셨을 때에, 내가 이미 영광스럽게 하였고 또 다시 영광스럽게 하리라 라는 응답이 임하였던 것이다(요 12:28). 이러한 큰 목적을 위하여 나의 이 강해가 어떤 식으로든 도움이 되기를 겸손하게 바라는 마음이며, 나의 나 된 것이 은혜로 된 것이니, 그 은혜의 힘을 빌려, 성경 읽는 일을 더 쉽고 즐겁고 유익이 있게 만드는 일에 도움이 되기를 바라고, 그리하여 과부가 헌금궤에 동전 두 닢을 던지는 것을 보시고서 미소를 지으셨던 그분께서 나의 이 일을 성경을 높이고 존귀하게 하고자 행한 일로 여기사 합당하게 받으시기를 바라는 마음 간절하다. 그리고 이러한 나의 간절한 바람이 조금이라도 이루어진다면, 아무리 다른 사람들이 나의 수고를 욕하고 멸시한다 할지라도, 나는 나의 노력이 넘치도록 보상받은 것으로 생각할 것이다.

이제는 형제들에게 나를 위해 기도해 달라고 부탁하고, 주 예수의 은혜에 그들을 부탁드리는 것 외에는 더 덧붙일 것이 없다. 무가치한 나는 그 은혜에 그렇게 의지하며 안식하고, 또한 그로 말미암아 장차 나타날 영광을 기다리고자 한다.

1706년 10월 2일 체스터

매튜 헨리

서론

이제 우리 앞에 성경, 혹은 bible(서책)이라는 말이 의미하듯 성서가 놓여 있다. 우리는 그 탁월성을 강조하여 the book(그 책. 다른 책들과는 특별하게 구별하는 의미를 지님—역자주)이라 부르는데, 이는 그것이 지금까지 기록된 책들 중에 다른 것들과 결코 비교할 수 없는 최고의 책으로서 책 중의 책이기 때문이다. 성경은 학식의 하늘에서 마치 해처럼 빛을 발하고, 다른 귀하고 유용한 책들은 달과 별들처럼 성경에서 그 빛을 빌려서 반사하는 것이다. 우리는 그것을 성경이라 부르는데, 이는 거룩한 사람들이 기록하였고 성령께서 감동하셨기 때문이다. 성경은 모든 거짓된 것과 부패한 의도가 하나도 없이 완전히 순결하며, 또한 사람들 사이에 거룩함을 증진시키는 분명한 성향을 지니고 있다. 하나님의 율법과 복음의 큰 일들이 우리에게 기록됨으로써, 보도나 전승을 통해서 가능한 것보다 훨씬 더 확실하게 되고, 더 널리 퍼지고, 더 오래 남아 있고, 먼 곳들과 먼 시대에까지 더 순결하고 완전하게 전달되게 되었다.

우리의 평화에 관한 이 일들이 이렇게 명명백백히 우리에게 전달되었는데, 이런 것들을 이상한 것으로 여겨 소홀히 한다면(호 8:12) 우리는 크나큰 책임을 면치 못할 것이다. 모세로부터 사도 요한에 이르기까지 영감 받은 인간 저자들의 글들에 신적인 빛이 마치 아침 햇살처럼 점차로 밝히 비치는데(성경 정경이 이제 완성되었으므로), 이 글들이 모두 이 복된 성경 속에 하나로 묶여져 있으며, 정말 감사하게도 이 성경이 우리 손에 주어져 있어서 우리는 이 세상에서 기대할 수 있는 만큼 완전한 대낮의 찬란함을 누리는 것이다. 성경의 각 부분 하나하나가 다 좋았다. 그러나 모두 한데 합쳐지니 매우 좋았다. 이것이야말로 어두운 데를 비추는 등불이요(벧후 1:19), 성경이 없다면 세상은 그야말로 어두운 데가 되고 말 것이다.

이제 성경 중에 구약(舊約)이라 부르는 부분이 우리 앞에 놓여 있다. 이는 창조로부터 그리스도께서 육체로 오시기까지 약 사천 년 동안의 기간에 해당하는 교회의 활동과 기록들을 담고 있다. 그 기간 동안 계시된 진리들과, 이 때에 제정된 법과, 이 때에 드려진 헌신과, 이 때에 주어진 예언들과, 그 구별된 몸과 관련된 사건들 가운데 우리가 알도록 하나님께서 보존해 주신 내용들이 여기에 담겨 있는 것이다. 이것을 가리켜 유언(testament), 혹은 언약(covenant, 디아테케)이라 부르는 이유는, 그것이 언약을 통하여 사람에 관해 하나님께서 나타내신 뜻을 확정적으로 선언해 놓은 것으로서 위대한 유언자 곧 창세로부터 죽임을 당한 어린 양(계 13:8)의 의도된 죽음에 근거하여 효력을 발생하였기 때문이다. 이를 새 언약(신약)과 관련지어 옛 언약(구약)이라 부르는데, 새 언약은 이를 취소하거나 대체하는 것이 아니라, 옛 언약 속에서 모형으로 제시되고 미리 제시된 것에 더 나은 소망을 제시함으로써 그것을 완전하게 하는 것이다. 신약의 영광이 훨씬 뛰어나지만, 구약도 여전히 영광스러운 것이다(고후 3:9).

그 구약 중에서 다른 모든 선지자들을 능가하며 또한 그 위대한 선지자를 예표한 여호와의 종 모세가 기록한 다섯 권의 책, 곧 모세 오경이 우리 앞에 있다. 우리 주님은 구약의 책들을 율법과 선지자와 시편의 글들, 혹은 성문서(聖文書: 하기오그라파)로 구분하셨는데, 모세 오경은 이 중에서 율법에 해당한다. 왜냐하면 뒤의 네 권에는 이스라엘에게 주어진 율법이 담겨 있고, 또한 그 첫 권에는 아담과 노아와 아브라함에게 주어진 율법이 담겨 있기 때문이다. 이 다섯 권은 아마도 최초에 기록된 책이었을 것이다. 하나님께서 모세에게 기록하라고 명령하시기 전까지는(출 17:14) 창세기 전체에서 기존의 다른 어떤 기록들이 한 번도 언급되지 않기 때문이다. 어떤 이들은 하나님께서 십계명을 돌판에 새겨서 주실 때까지 모세는 글을 쓰는 법을 배운 적이 없었다고 생각하기도 한다. 그러나 확신하건대 이 책들은 현존하는 가장 고대의 기록들이며, 따라서 가장 고대의 일들에 대해 만족할 만한 사실을 제시해 주기에 가장 탁월한 자료가 되는 것이다.

모세 오경 중에서 가장 긴 첫 권이 우리 앞에 있는데, 이것을 우리는 창세기(創世記: Genesis)라 부른다. 어떤 이들은 모세가 미디안에 있을 때에 애굽에서 고난당하는 형제들을 교훈하고 위로하기 위하여 기록하였다고 본다. 그러나 필자는 그가 시내산에서 하나님과 함께 있을 때에 아마도 이 책의 기록에 대한 충만하고도 구체적인 교훈을 받았을 것이고, 그 후에 광야에서 이 책을 기록하였다고 본다. 그리하여 장막을 치듯, 그는 시내산에서 그에게 보여주신 양식을 정확히 좇아서 이 탁월하고도 견고한 책을 기록한 것이다. 그러므로 이 책에 기록된 내용들의 확실성을 확인하기 위해서는 이러한 사실에 의존하는 것이, 아담으로부터 므두셀라에게로, 그에게서 셈에게로, 셈에게서 아브라함에게로, 그리하여 야곱의 가문에게로 전해져 내려왔을 어떤 전승에 의존하는 것보다 훨씬 더 나은 것이다. "Genesis"라는 영어 명은 헬라어에서 빌려온 것으로, **원물**(原物: original), 혹은 **세대**(世代: generation)를 의미한다. 이 책을 그렇게 부르는 것이 매우 적절하다. 왜냐하면 이 책은 세상의 창조, 죄와 사망이 세상에 들어옴, 기술의 발명, 민족들의 발흥, 특히 교회의 설립과 초기의 교회의 상태 등을 다루는 것으로 원물들의 역사이기 때문이다. 이 책은 또한 세대들의 역사이기도 하다. 아담과 노아와 아브라함 등의 세대들의 역사요, 끝이 없지는 않으나 유익한 계보들이 이어지기 때문이다. 신약의 시작도 역시 "Genesis"라 불린다(마 1:1. "계보"). 예수 그리스도의 **비블로스 게네세오스**, 즉 **원물** 혹은 **세대**의 책이다. 이 책은 우리의 상처를 드러내며 우리의 치유를 보여준다. 이 책을 주신 하나님을 찬송할지어다! 주여, 우리의 눈을 여사 주의 법과 복음의 그 놀라운 것들을 보게 해 주옵소서!

제 1 장

개요

모든 신앙의 기초가 우리의 창조주이신 하나님과 우리의 관계 속에 있으니, 이 세상에서 신앙에 대해 안내하고 뒷받침하고 규정짓도록 제시된 하나님의 계시의 책이 세상의 창조를 다루는 분명하고도 충실한 기사로 시작하는 것은, "나를 지으신 하나님은 어디 계시냐?"(욥 35:10)라는 선한 양심의 첫째 가는 질문을 답해 주는 것으로서 매우 적절한 것이었다. 이에 대해 이교도 철학자들은 터무니없는 잘못을 범하였고, 온갖 어지러운 상상들로 허망해졌다. 어떤 이들은 세상이 영원 전부터 스스로 존재했다고 주장하기도 하고, 또 어떤 이들은 핵(核)들이 우연히 서로 결합하여 세상이 생겨났다고 주장하기도 했다. 그러므로 "세상은 자기 지혜로 하나님을 알지 못하며", 갖은 수고를 기울여 하나님을 찾아도 그를 잃어버릴 뿐이다. 그러므로 성경은 계시된 신앙으로 자연 종교를 개선하고 타락 이후로 그 부패한 것들과 결점들을 바로잡아 자연의 법의 강령들을 새로이 하고자, 태초에 무한한 지혜와 능력을 지니셨고 그 스스로 모든 시간과 모든 세상 이전부터 계셨던 한 존재에 의해서 이 세상이 창조되었다는 이 명약관화한 본성적인 빛의 원리를 맨 처음에 확실히 세워놓는 것이다. 하나님의 말씀에 들어가면 이 빛을 얻게 된다(시 119:130). 성경의 첫 절이 철학자들의 그 모든 방대한 저작들보다 우주의 기원에 대해 더 확실하고 더 낫고 더 만족스럽고 유익한 지식을 준다. 비천한 그리스도인들의 살아 있는 믿음이 세상의 가장 위대한 지혜자들의 고상한 착각보다 이 문제에 대해 더 잘 깨닫고 아는 것이다(히 11:3).

본 장에서는 주로 세 가지 내용을 볼 수 있다. I. 창조의 일에 대한 전반적인 사실이 제시됨(1, 2절). II. 마치 일지에 기록하듯 확실하게 순서대로 며칠 동안의 일이 구체적으로 기록됨. 첫째 날의 빛의 창조(3-5절); 둘째 날의 궁창의 창조(6-8절); 셋째 날의 바다와 땅과 그 열매들의 창조(9-13절); 넷째 날의 하늘의 빛들의 창조(14-19절); 다섯째 날의 물고기와 새들의 창조(20-23절); 여섯째 날의 짐승들(24, 25절), 사람(26-28절), 그리고 이들을 위한 양식의 창조(29, 30절). III. 이 모든 일에 대한 확인(31절).

1태초에 하나님이 천지를 창조하시니라 2그 땅이 혼돈하고 공허하며 흑암이 깊음 위에 있고 하나님의 영은 수면 위에 운행하시니라

이 본문에는 창조의 일의 절정의 상태와 그 준비의 상태가 나타나 있다.

I. 그 절정의 상태(1절). 여기서 우리는 전능하사 천지를 만드신 우리의 아버지 하나님이라는 우리의 신앙고백의 첫째 강령을 접하고 위로를 얻게 된다. 우리는 그를 그런 분으로 믿는다.

1. 여기서 네 가지를 관찰하라.

(1) 산출된 결과 — 천지. 즉, 우주의 틀과 그 부속물 전체를 다 포괄하는 세상, 우주와 그 가운데 있는 만물(행 17:24). 세상은 아래층과 위층으로 이루어진 큰 집이요, 웅장하고 통일성 있고 편리하며 각 방마다 지혜롭게 잘 구비되어 있는 구조물이다. 모세가 여기서 의도하는 것은 피조 세계 중에 눈에 보이는 부분이다. 그렇기 때문에 그는 천사들의 창조에 대해서는 언급하지 않는다. 그러나 땅의 표면이 잔디와 꽃으로 장식되어 있는 것뿐 아니라 그 내부에 각종 금속과 보석들(이는 그 본질이 더 견고하며 더욱 귀하나, 이것들의 창조는 여기서 언급되지 않는다)이 풍부하게 들어 있기도 한 것처럼, 하늘이 그 바깥을 환히 비추는 영광스러운 등불들로 인하여 우리 눈에 아름답게 나타나나 — 그리고 이것들의 창조를 여기서 말씀하고 있으나 — 그 내부에는 더욱 천상적(天上的)이며 또한 황금과 청옥(靑玉)이 땅의 백합화를 능가하는 것보다 그 가치와 탁월함이 더 뛰어난 그런 눈에 보이지 않는 영광스러운 존재들로 가득 차 있는 것이다. 눈에 보이는 세상에서는 다음의 것들을 쉽게 관찰할 수 있다. [1] 큰 다양성. 그 본질과 구조가 서로 매우 다른 종류들이 다양하게 존재한다. 여호와여 주의 하신 일이 어찌 그리 많고 또 좋은지요! [2] 큰 아름다움. 맑은 하늘과 신록의 땅은 호기심 가득한 구경꾼의 눈에는 크나큰 매혹거리며, 또한 그것들을 장식하고 있는 것들은 훨씬 더 매혹적이다. 그러니 창조주의 아름다움은 그보다 얼마나 더하겠는가! [3] 큰 엄밀성과 정확성. 현미경을 이용하여 자연의 것들을 샅샅이 살피는 자들에게는 그것들이 그 어떠한 예술 작품보다 훨씬 더 세련되게 보인다. [4] 큰 능력. 세상은 죽어 있는 것들과 활동이 없는 것들이 뭉쳐져 있는 덩어리가 아니며, 각 피조물마다 다소간 덕성이 있다. 땅 자체도 자

력(磁力)을 지니고 있는 것이다. [5] 큰 질서. 존재들이 서로 의존하며, 그 운동들이 정확히 조화를 이루며, 원인들이 놀랍게 서로 연결되고 이어진다. [6] 큰 신비. 본질을 해결할 수 없는 현상들이 있고, 그 비밀을 도저히 파악할 수 없는 것들이 있다. 그러나 천지에서 보는 것들로부터 우리는 위대하신 창조주의 영원하신 능력과 신성을 충족히 추리해낼 수 있으며, 그를 찬송할 거리들이 그 속에 풍성한 것이다. 그러므로 우리가 사람으로서 지닌 모습과 처지를 보고서 그리스도인으로서 지닌 의무를 생각해야 하며, 눈으로 하늘을 항상 바라보며 땅을 항상 우리 발 아래 두어야 할 것이다.

(2) 이 위대한 일을 행하신 주인과 그 원인 — **하나님**. 히브리어로는 **엘로힘**인데 이는 다음을 나타낸다. [1] 창조주 하나님의 능력. 엘은 강한 하나님을 뜻한다. 전능한 힘이 아니면 어떻게 무(無)에서 이 모든 것들을 생겨나게 할 수 있었겠는가? [2] 한 신격 내의 성부, 성자, 성령 등, 위(位)가 복수임. 하나님의 이 복수로 된 히브리어 이름은 그가 한 분이시나 여러 분으로 말씀하는데, 이는 이방인들에게는 그들은 더욱 완악하게 우상 숭배에 빠지게 한 죽음에 이르는 냄새였을 것이다. 그러나 우리에게는 생명에 이르는 냄새로서 삼위일체 교리에 대한 우리의 믿음을 확증해 주는 것이다. 삼위일체의 교리는 구약에서는 희미하게 암시되지만, 신약에 와서는 분명히 계시되는 것이다. 하나님의 아들이요 아버지의 영원한 말씀이요 지혜이신 그분께서는 세상을 지으실 때에 그와 함께 계셨다(잠 8:30). 아니, 세상이 그로 말미암아 지은 바 되었으며 또한 그가 없이 지어진 것이 하나도 없다는 말씀이 자주 나타난다(요 1:3, 10; 엡 3:9; 골 1:16; 히 1:2). 이것이 우리 마음에 우리가 예배를 통해 가까이 나아가는 저 위대하신 하나님과 또한 그의 이름으로 우리가 하나님께 가까이 나아가는 저 위대한 중보자에 대해 얼마나 높고 고귀한 생각들을 불러일으키는지 모른다!

(3) 이 일이 행해진 경위. **하나님이 천지를 창조하시니라**. 즉, 무(無)로부터 그것을 지으셨다. 세상이 지어지기 전에 미리 존재하고 있어서 세상을 짓는 일에 재료가 된 것이 하나도 없었다. 물고기와 새들은 물에서 지어졌고, 짐승들과 사람은 땅에서 지어졌다. 그러나 땅과 그 물들은 무(無)에서 지어진 것이다. 일상적인 자연의 능력으로는 무로부터 아무것도 지어질 수가 없다. 그 어떠한 숙련공도 재료가 없으면 아무 일도 할 수가 없다. 그러나 하나님의 전능하신 능

력으로는 무로부터 무언가를 만드는 것이 가능할 뿐 아니라(자연의 하나님은 자연의 법칙에 종속되지 않으신다), 창조에서는 그것이 그렇지 않을 수가 없다. 왜냐하면 영원한 물질의 존재를 상정하는 것만큼 영원하신 자존자의 존귀를 해치는 것이 없기 때문이다. 그러므로 그 능력의 탁월함은 하나님께 속한 것이요 모든 영광이 그에게 돌려지는 것이다.

(4) 이 일이 행해진 시기. **태초에**. 즉, 시계가 처음 움직이기 시작하던 시간의 시초에. 시간은 시간으로 측정되는 그 존재들이 만들어지면서 시작된 것이다. 시간이 시작되기 전에는 영원히 거하시는 그 무한하신 존재 외에는 아무도 없었다. 하나님께서 어째서 세상을 그보다 더 일찍 만들지 않으셨느냐고 묻는다면, 알지도 못하는 말로는 우리의 생각만 어두워질 뿐이라 할 것이다. 영원 속에서 이르고 늦는 것이 어떻게 있을 수 있었단 말인가? 하나님께서는 모든 시간 이전에 행해진 그의 영원하신 경륜에 따라 시간의 시초에 창조하신 것이다. 유대인 랍비들은 하나님께서 세상보다 먼저 일곱 가지를 창조하셨다고들 말하는데, 그것들의 탁월함을 그런 말로 나타내려 한 것이다. 곧, 율법, 회개, 낙원, 지옥, 영광의 보좌, 성소, 그리고 메시야라는 이름이 그것이다. 그러나 우리로서는 **태초에 말씀이 계시니라**(요 1:1)라는 말씀으로 족하다.

2. 그러므로 다음을 배우자. (1) 무신론은 어리석은 짓이요 무신론자들은 가장 큰 바보들이라는 것. 세상을 보며 또한 그 세상이 자기 자신을 만들어낼 수가 없었다는 것을 알면서도 그것을 지으신 하나님이 계시다는 것을 믿지 않으니 말이다. 물론 그들은 절대로 핑계치 못한다. 그러나 이 세상의 황금이 그들의 생각을 어둡게 만든 것이다. (2) 하나님이 의심의 여지가 없는 명백한 권리로 만물의 주권자가 되신다는 것. 그가 창조주시라면 그는 천지의 소유주이신 것은 명백한 사실이다. (3) 하나님께는 모든 일이 가능하며 따라서 그를 자기들의 하나님으로 모시며 그의 이름에 도움과 소망을 두는 자들이 복되다는 것(시 121:2; 124:8). (4) 우리가 모시는 하나님은 모든 복과 찬송을 받으시기에 합당하시며 오히려 그보다 훨씬 더 높으시다는 것(느 9:5, 6). 그가 세상을 만드셨다면, 그에게는 우리의 도움이나 봉사가 필요 없고 그것들에게서 유익을 얻지도 않으시며(행 17:24, 25), 오히려 정당하게 그것들을 요구하시며, 또한 우리의 찬송을 받으시기에 합당하신 것이다(계 4:11). 모든 것이 그의 것이라면 모든 것이 그를 위한 것이어야 하는 것이다.

II. 창조의 일의 준비 상태(2절). 최초의 물질(first matter)과 최초의 운동자(first mover)에 대한 기사를 여기서 보게 된다.

1. 혼돈이 최초의 물질이었다. 여기서 그것을 땅이라 부르는 것은(사실 땅은 셋째 날에 가서야 비로소 지어진다. 10절), 그것이 나중에 땅이라 불리는 그것과 지극히 비슷했기 때문이었다. 그것은 장식물이 전혀 없이 그저 되는대로 널려 있는 땅에 불과했다. 이것은 또한 깊음이라 불리는데, 이는 그 광활함을 나타내는 것이기도 하고, 또한 나중에 땅과 분리될 물들이 지금 그것과 뒤엉켜 있기 때문이기도 하다. 이 무한히 거대한 물질의 덩어리가 바로 영원하신 말씀의 능력으로 말미암아 후에 모든 물체들이, 심지어 궁창과 눈에 보이는 하늘까지도, 지어지게 되는 바로 그것이었다. 창조주께서는 그의 일을 한순간에 완전히 이루실 수도 있었다. 그러나 이처럼 점진적인 과정을 통해서 그는 그의 통상적인 섭리와 은혜가 점진적인 과정을 방법으로 사용한다는 것을 보여주고자 하신 것이다. 이 혼돈 상태에 대한 묘사를 관찰하라.

(1) 그 자체에는 바람직한 것이 하나도 없었다. 왜냐하면 혼돈하고 공허했기 때문이다. 토후와 보후인데, 사 34:11에서는 이를 혼란과 공허로 번역하고 있다. 그것은 형체가 없었고, 무용지물이었고, 그 속에 거하는 것도 장식물도 없이 장차 올 것들의 그림자 혹은 대략적인 도안에 불과했고, 참 형상(히 10:1)이 아니었다. 땅은 인간의 죄로 인하여 다시 한 번 거의 동일한 상태에 놓이게 되며, 그 아래에서 피조 세계가 탄식한다. 내가 땅을 본즉 혼돈하고 공허하며(렘 4:23). 하늘에 마음을 두고 있는 자들에게 이 낮은 세상은 저 높은 세상과 비교할 때에 여전히 혼돈과 공허 이외에 아무것도 아닌 것으로 나타난다. 이 땅에서는 볼 만한 진정한 아름다움도, 누릴 만한 진정 만족스러운 충만함도 없다. 오직 하나님께만 있는 것이다.

(2) 설사 무언가 바람직한 것이 있었다 하더라도, 그것을 볼 수 있는 빛이 없었다. 왜냐하면 흑암이, 두터운 어둠이, 깊음 위에 있었기 때문이다. 하나님이 이 흑암을 창조하신 것이 아니다(환난의 어둠은 그가 창조하시는 것으로 말씀하지만, 사 45:7). 왜냐하면 흑암은 그저 빛이 없는 상태였기 때문이다. 그러나 그 상태를 볼 수 있도록 무언가가 만들어지기 전에는 그 상태를 결핍된 상태라고 말할 수는 없었고, 또한 그 결핍에 대해 아쉬워할 필요도 없었다. 아무 것도 없고 그저 혼돈과 공허밖에는 보이지 않았으니 말이다. 만일 영혼 속에 임하는

은혜의 역사가 새 창조라면, 이 혼돈은 중생하지 못하고 은혜가 없는 영혼의 상태와 같다 할 것이다. 거기는 무질서와 혼란과 각양 악한 행위가 있다. 모든 선한 것이 텅 비어 있다. 왜냐하면 하나님 바깥에 있기 때문이다. 그것은 어둡고, 흑암 그 자체다. 전능하신 은혜가 복된 변화를 일으키기까지 이것이 우리의 본성적인 상태인 것이다.

2. 하나님의 영이 최초의 운동자였다. 하나님의 영은 수면 위에 운행하시니라. 혼돈하고 공허한 땅을 생각하면, 그것은 마치 죽어 메마른 뼈가 가득한 골짜기와 같다 할 것이다. 이 뼈들이 살겠는가? 이 혼돈 속에 있는 물질의 덩어리가 과연 형체를 갖추어 아름다운 세상으로 변화될 수 있겠는가? 될 수 있다. 생명의 영이 하나님께로부터 임하여 그 속으로 들어가면 그렇게 될 수 있다(겔 37:9). 이것에 대해 소망이 있다. 하나님의 영이 일을 시작하시기 때문이다. 그리고 일단 그가 일하시면 과연 누가, 또 무엇이, 그를 방해하겠는가? 하나님께서 그의 영으로 이 세상을 지으셨다고 말씀한다(시 33:6; 욥 26:12). 그리고 그 동일한 능력의 영으로 말미암아 새 창조가 이루어지는 것이다. 그는 깊음의 표면 위에 운행하셨다. 마치 엘리야가 죽은 아이 위에 자기의 몸을 뻗은 것처럼, 마치 암탉이 그 새끼를 날개 아래 모음 같이(마 23:37), 독수리가 자기의 보금자리를 어지럽게 하며 자기의 새끼 위에 너풀거리듯이 말이다(신 32:11). 그러므로 하나님이 만물의 지으신 주인이실 뿐 아니라 생명의 근원이시요 또한 운동의 샘이시기도 하다는 것을 배우라. 하나님이 살리지 않으시면 죽은 물질은 언제까지나 죽은 상태로 남아 있을 수밖에 없다. 그리고 이 사실은 하나님께서 죽은 자를 살리셔야 한다는 것을 우리에게 납득시켜 주는 것이다. 태초에 혼돈과 공허와 흑암의 상태에서 이러한 세계를 생겨나게 한 그 능력이야말로 마지막 때에, 땅이 어두워서 흑암 같고 죽음의 그늘이 져서 아무 구별이 없으나(욥 10:22) 우리의 욕된 몸들을 무덤에서 끌어내어 영광된 몸들로 만들 수 있는 것이다.

3하나님이 이르시되 빛이 있으라 하시니 빛이 있었고 4그 빛이 하나님이 보시기에
좋았더라 하나님이 빛과 어둠을 나누사 5하나님이 빛을 낮이라 부르시고 어둠을
밤이라 부르시니라 저녁이 되고 아침이 되니 이는 첫째 날이니라

여기서는 첫째 날의 창조 역사에 대한 더 상세한 기사를 접하게 된다. 여기서 관찰하라.

1. 눈에 보이는 모든 것들 가운데 가장 최초로 하나님께서 창조하신 것이 바로 빛이었다는 것. 빛을 창조하신 것은 그 자신이 보고 일하도록 하기 위함이 아니라(그에게는 흑암과 빛이 모두 같기 때문에), 우리가 그 빛을 통하여 하나님이 지으신 것들과 그 속에 나타난 그의 영광을 보게 하기 위함이요 또한 낮 동안에 우리에게 주어진 일들을 하게 하기 위함이었다. 사탄과 그의 종들의 일은 어둠의 일이다. 그러나 진리를 행하며 선을 행하는 자는 빛에게로 나오며 빛을 사모하나니 이는 그 행위가 나타나게 하려 함이다(요 3:21). 빛은 과연 우주의 위대한 아름다움이요 복이다. 빛은 장자(長子)처럼 그 순결함과 능력 밝음과 유익에서 눈에 보이는 모든 것들 중 그 위대하신 부모를 가장 많이 닮았다. 빛은 영과 매우 흡사하며 바로 그 다음에 있다. 빛을 통하여 우리가 다른 사물들을 보며, 또한 그것이 존재한다는 것을 확실히 알지만, 그 본질은 알 수 없으며 그것이 무엇인지를 설명할 수도 없고, 광명이 어느 길로 뻗치는지도 알 수 없다(욥 38:19, 24). 빛을 바라봄으로써, 친히 무한하고 영원한 빛이시며(요일 1:5) 또한 빛들의 아버지이시며(약 1:17) 가까이 갈 수 없는 빛에 거하시는(딤전 6:16) 그분을 믿음으로 묵상하도록 인도함을 받고 도움을 받아야 할 것이다. 새 창조에 있어서도, 영혼 속에 행해지는 첫 번째 일이 바로 빛이다. 복되신 성령께서 깨달음의 빛을 비추사 의지와 감정을 사로잡으시고, 그리하여 마치 양들을 소유한 선한 목자가 하는 것처럼 문을 통하여 마음속으로 들어오시는 것이다. 그러나 죄와 사탄은 마치 도둑들과 강도들처럼 무언가 다른 방식으로 교묘히 끼어 들어온다. 죄로 말미암아 어둠이었던 자들이 은혜로 말미암아 세상에서 빛이 되는 것이다.

2. 빛이 하나님의 능력의 말씀으로 지음 받았다는 것. 그는 빛이 있으라 라고 말씀하셨다. 그가 뜻하셨고 지정하셨으며, 그 즉시 그대로 이루어졌다. 곧, 빛이 있었다. 영원하신 하나님의 본래의 뜻에 정확히 부합되는 하나의 복사본이 생겨난 것이다. 오 하나님의 말씀의 능력이여! 그가 말씀하시매 그대로 되었고, 진정으로 효과적으로 또한 영원성을 띠고 이루어졌다. 그저 현재의 사정에만 맞추어 겉모양으로만 이루어진 것이 아니다. 그가 명령하시면 그대로 서는 것이다. 그에게 있어서는 dictum, factum. 즉, 말씀 한 마디면 곧바로 세상이 있게

된 것이다. 하나님의 말씀(즉, 그의 뜻과 그 뜻에 관한 선한 기쁨)은 속히 능력적으로 이루어지는 것이다. 그리스도께서 말씀이시다. 본질적인 영원하신 말씀이시며, 그로 말미암아 빛이 생겨났다. 그의 안에 빛이 있었으니, 그가 참 빛이시며 세상의 빛이신 것이다(요 1:9; 9:5). 거룩하게 된 영혼 속에 비치는 하나님의 빛은 하나님의 능력으로 말미암아, 그의 말씀과 또한 지혜와 계시의 성령의 능력으로 말미암아 역사하며, 마치 처음 어두운 데에 빛이 비치라 말씀하셨던 때처럼(고후 4:6) 깨달음을 갖게 하시고, 무지와 오류의 안개를 걷어내시고, 그리스도의 얼굴에 있는 하나님의 영광을 아는 지식을 주시는 것이다. 만일 하나님의 아들이 이르러 우리에게 지각을 주신 일이 없었다면(요일 5:20), 어둠이 영원토록 타락한 인간의 얼굴에 드리워져 있게 되었을 것이다.

3. 하나님께서 뜻하신 그 빛이 생겨나자 그가 그것을 승인하셨다는 것. 그 빛이 하나님이 보시기에 좋았더라. 그 빛은 그가 계획하신 그대로였고, 그가 계획하신 목적에 정확히 부합되는 것이었다. 그것은 유용하고도 유익하였다. 지금은 세상이 궁궐과 같으나, 만일 빛이 없었다면 지하 동굴과 같아졌을 것이다. 그 빛은 온화하고도 유쾌하였다. 빛은 실로 아름다운 것이라(전 11:7). 밝은 것은 마음을 기쁘게 하고(잠 15:30). 하나님은 자신이 명하시는 바를 승인하시고 은혜로이 받으시며, 그 자신의 손으로 행하신 것을 기뻐하신다. 하나님 보시기에 좋은 것은 진정 좋은 것이다. 그는 사람이 보는 것처럼 보시지 않기 때문이다. 빛이 좋다면, 그 빛의 근원이신 하나님은 얼마나 좋겠는가! 그 빛에 대해 또한 그 빛으로 말미암아 우리가 행하는 모든 봉사들에 대해 모든 찬송을 그에게 돌려야 마땅하지 않겠는가!

4. 하나님이 빛과 어둠을 나누사, 절대로 하나로 합쳐질 수 없고 조화될 수 없는 것들을 서로 분리시키셨다는 것. 빛과 어둠이 어찌 사귀리요?(고후 6:14). 그러나 그는 그 둘 사이를 시간으로 나누사 빛을 낮으로 삼고 어둠을 밤으로 삼으시고, 그런 상태가 서로 번갈아 계속해서 규칙적으로 이어지도록 하셨다. 이제 어둠이 빛에 의하여 흩어졌으나, 영원토록 내쫓김을 당한 것이 아니라 빛과 번갈아 그 자리를 차지하게 되었다. 어둠도 그 나름대로 용도가 있기 때문이었다. 아침의 빛이 낮의 갖가지 일들을 가능하게 해 주듯이, 저녁의 그림자가 밤의 안식을 가능하게 해 주며 우리 주위에 휘장을 쳐서 잠을 잘 잘 수 있도록 해 주는 것이다(욥 7:2을 보라). 하나님은 이렇게 빛과 어둠 사이에 시간을 구별

하심으로써 이 세상이 뒤섞임과 변화의 세상임을 날마다 생각하게 해 주셨다. 천국에는 완전하고도 영속적인 빛이 있으며 어둠이 전혀 없다. 지옥에는 온전한 어둠이 있고 빛은 조금도 없다. 이 둘 사이에는 큰 간격이 고정되어 있다. 그러나 이 세상에서는 빛과 어둠이 서로 교차한다. 그리고 우리는 날마다 이 둘을 번갈아 만남으로써 하나님의 섭리의 변화무쌍한 현실을 기대하고 평화와 혼란, 기쁨과 슬픔을 함께 예상하기를 배우며, 빛과 어둠 모두에 우리 자신을 적응시키며 이 둘 모두를 환영하며 최상으로 이용할 수 있도록 배우는 것이다.

5. 하나님이 이 둘을 각기 이름으로 구별하사 서로 나누셨다는 것. **하나님이 빛을 낮이라 부르시고 어둠을 밤이라 부르시니라.** 그는 빛과 어둠의 주(主)로서 그 둘에게 이름을 주셨다. 낮도 주의 것이요 밤도 주의 것이라(시 74:16). 그는 시간의 주(主)시며, 또한 낮과 밤이 끝나고 시간이라는 시냇물이 영원이라는 대양(大洋) 속에 삼킨 바 되기까지 그러실 것이다. 낮과 밤이 끊임없이 이어지는 것에서 하나님을 인정하고 둘 다 거룩히 여기며, 또한 낮에는 일하고 밤에는 쉬고, 밤낮으로 그의 율법을 묵상함으로써 그에게 존귀를 돌리자.

6. 이것이 첫째 날의 일이었다는 것. **저녁이 되고 아침이 되니 이는 첫째 날이니라.** 아침의 빛이 오기 전에 저녁의 어둠이 있어서 그 빛을 준비하고 그 빛이 더 환히 빛나도록 하였다. 이 날은 세상의 첫 날이었고 동시에 주(週)의 첫 날이었다. 이 점은 그 날의 존귀함을 보여준다. 새 세상도 마찬가지로 주의 첫 날에 시작되었기 때문이다. 그 날 이른 새벽에 그리스도의 부활이 세상의 빛이 되어 일어난 것이다. 낮의 샘이 그의 안에서 위로부터 세상에 임하였으니, 그 샛별이 마음에 떠오른다면 우리는 복된 자들이요 영원토록 복될 것이다.

[6]하나님이 이르시되 물 가운데에 궁창이 있어 물과 물로 나뉘라 하시고 [7]하나님이 궁창을 만드사 궁창 아래의 물과 궁창 위의 물로 나뉘게 하시니 그대로 되니라 [8]하나님이 궁창을 하늘이라 부르시니라 저녁이 되고 아침이 되니 이는 둘째 날이니라

이는 둘째 날의 창조 역사에 대한 기록으로서 궁창의 창조를 다루고 있다. 여기서 다음을 관찰할 수 있다.

1. 하나님의 명령. **물 가운데에 궁창이 있으라.** 히브리어로는 천을 펼쳐 놓거나 휘장을 쳐놓은 하나의 공간(an expansion)을 뜻한다. 땅 위의 눈에 보이는

모든 것이, 땅과 셋째 하늘 사이의 모든 것이 다 이것에 포함된다. 대기(大氣)와 그 상층부, 중층부, 하층부, 즉 천체와 모든 영역과 빛의 궤도들을 일컫는데, 이것은 별들이 고정되어 있는 곳까지 높이 이르는데, 이는 이것이 여기서 하늘의 궁창이라 불리기 때문이다(14, 15절). 그리고 이것은 새들이 날아다니는 영역 정도로 낮은 곳까지도 포함한다. 왜냐하면 그 곳 역시 하늘의 궁창이라 불리기 때문이다(20절). 하나님께서는 빛을 지으셨을 때에, 대기를 그것을 담을 그릇으로 또한 그 빛줄기를 전달하는 도구로 삼으셨고 눈에 보이는 세상과 보이지 않는 세상의 상호 교류의 수단으로 삼으셨다. 하늘과 땅 사이에 서로 상상을 초월하는 거리가 있지만, 천국과 지옥 사이에 존재하는 것처럼 결코 건널 수 없는 간격인 것은 아니기 때문이다. 이 궁창은 칸막이 용 벽이 아니라 하나의 교류의 수단이다. 욥 26:7; 37:18; 시 104:3; 암 9:6을 보라.

2. 궁창의 창조. 하나님께서는 명령만 하시고 다른 누군가가 궁창을 창조한 것처럼 보이지 않게 하기 위하여, **하나님이 궁창을 만드사** 라고 덧붙인다. 하나님께서 우리에게 요구하시는 바를 그가 친히 우리 속에서 이루시는 것이요, 그렇게 하시지 않으면 그 일이 이루어지지를 않는다. 믿음과 거룩과 사랑을 명령하시는 그분께서 그의 말씀과 더불어 역사하는 그의 은혜의 능력으로 그것들을 우리 속에 창조하셔서 그에게 모든 찬송이 돌아가게 하시는 것이다. 여호와여 **주께서 명하시는 일을 베푸시고, 주께서 기뻐하시는 바를 명하옵소서.** 궁창은 **주의 손가락으로 만드신** 것이라고 말씀한다(시 8:3). 그 범위가 광대한 것은 그것이 그의 팔을 활짝 펴서 이루신 일이라는 것을 보여 주나, 그 구성이 지극히 세련되다는 것은 그것이 그의 손가락으로 만든 솜씨요 하나의 놀라운 예술 작품이라는 것을 보여 준다.

3. 궁창의 용도와 계획. **물과 물로 나뉘게 하시고.** 즉, 구름 속에 싸여 있는 물과 바다를 덮는 물을, 공중의 물과 땅의 물을 서로 분리시키신 것을 뜻한다. 신 11:10, 11에서 이 둘 사이의 차이가 조심스럽게 지적되고 있는 것을 보라. 곧, 애굽은 궁창 아래의 물로 수분을 공급받아 비옥하여졌으나, 가나안은 궁창 위의 물로, 하늘의 비와, **인생을 기다리지 아니하는** 이슬(미 5:7)을 흡수하여 비옥하게 되는 땅으로서, 가나안이 애굽보다 낫다는 것이다. 하나님은 그의 능력의 궁창에 창고를 두시고 땅에 물을 대신다(시 14:13; 65:9, 10). 그에게는 또한 눈 곳간과 우박 창고가 있으며, **환난 때와 교전과 전쟁의 날을 위하여** 이것을 남겨 두

셨다(욥 38:22, 23). 그를 섬기는 모든 이들에게 위로를 베푸시고 그를 미워하는 모든 자들에게 혼란을 주시니, 그는 과연 얼마나 위대하신 하나님이신가! 그를 우리의 친구로 모시는 것이야말로 좋은 일이요, 그와 원수 되는 것이야말로 나쁜 것이다.

4. 그 이름을 붙이심. **하나님이 궁창을 하늘이라 부르시니라.** 이것은 눈에 보이는 하늘로서, 거룩한 성에 들어가는 길이다. 하나님께서는 궁창 위에 그의 보좌를 두셨다고 말씀한다(겔 1:26). 그가 하늘에 보좌를 예비하셨기 때문이다. 그러므로 하늘이 다스린다고 말씀하는 것이다(단 4:26). **하나님은 높은 하늘에 계시지 아니하냐?**(욥 22:12). 과연 그가 하늘에 계신다. 그러므로 우리는 우리 눈에 보이는 하늘을 바라봄으로써 하늘에 계신 우리 아버지를 생각하게 되어야 마땅할 것이다. 하늘이 높고 높다는 것에서 우리는 하나님의 지고하심과 우리와 그분 사이에 무한한 거리가 있음을 상기해야 할 것이다. 또한 하늘의 밝음과 그 순결함에서는 하나님의 영광과 위엄과 완전한 거룩하심을 생각해야 하며, 온 땅을 다 덮는 하늘의 광활함에서는 하나님의 광대무변(廣大無邊)하심과 우주적인 섭리를 생각해야 할 것이다.

**9하나님이 이르시되 천하의 물이 한 곳으로 모이고 뭍이 드러나라 하시니 그대로
되니라 10하나님이 뭍을 땅이라 부르시고 모인 물을 바다라 부르시니 하나님이 보
시기에 좋았더라 11하나님이 이르시되 땅은 풀과 씨 맺는 채소와 각기 종류대로 씨
가진 열매 맺는 나무를 내라 하시니 그대로 되어 12땅이 풀과 각기 종류대로 씨 맺
는 채소와 각기 종류대로 씨 가진 열매 맺는 나무를 내니 하나님이 보시기에 좋았
더라 13저녁이 되고 아침이 되니 이는 셋째 날이니라.**

여기에는 셋째 날의 창조의 일이 기록되어 있다. 곧, 바다와 뭍이 형성되고 땅에 열매가 있게 하신 일이 그것이다. 지금까지는 창조주의 권능이 눈에 보이는 세상의 윗 부분에서 발휘되고 사용되었었다. 하늘의 빛이 밝혀졌고, 하늘의 궁창이 고정되었다. 그런데 이제는 이 낮은 세상, 곧 사람의 거주와 또한 유지를 위하여 계획된 땅에 상념하셨나. 그리고 여기서 우리는 사람의 거주와 유지를 위하여, 또한 사람이 집을 짓고 식탁을 펼 수 있도록, 땅을 적절히 준비시키시는 역사를 접하게 된다. 관찰하라.

I. 사람의 거주를 위하여 땅이 마련되는 경위. 물을 한 곳으로 모으고 뭍이 드러나게 하심. 그리하여, 땅과 물이 하나의 거대한 덩어리로 뒤섞여 있던 때에 혼돈이 있었던 것과는 달리(2절), 이제 그 둘이 분리됨으로써 모두 유용하게 되었고, 질서가 생겼다. 하나님이 말씀하시니 그대로 되니라. 말씀하시자마자 그대로 이루어진 것이다.

1. 땅을 뒤덮었던 물들이 물러가 한 곳으로, 즉 그 물을 받아 쉬게 하도록 지정된 우묵한 곳들로, 모이라는 명령을 받았다. 하나님은 그렇게 그 적절한 곳에 모인 물을 가리켜 바다라 부르셨다. 바다가 숫자가 많으나 서로 연결되므로 결국 하나요, 모든 강들이 그 공통적인 물 저장소로 흘러들어가는 것이다(전 1:7). 물과 바다는 성경에서 괴로움과 환난을 뜻하는 경우가 많다(시 42:7; 69:2, 14, 15). 하나님의 백성들도 이 세상에서는 이것들에서 벗어나 있지 않다. 그러나 그것들이 하늘 아래 있는 물에 불과하며(하늘에는 그런 것이 없다) 그 모두가 하나님께서 정하신 곳에 있으며 그가 정하신 경계 내에 있다는 것은 하나님의 백성들에게 위로가 된다. 처음에 물이 어떻게 서로 모였고 어떻게 전능하신 하나님께서 그것을 여전히 그 경계 내에 있도록 묶어 두고 계신가 하는 것이 시 104:6-9에서 멋지게 묘사되고 있으며, 또한 이것이 찬양을 돌릴 문제로 언급되고 있다. 배를 바다에 띄우며 큰 물에서 일을 하는 자는 그 물들로 하여금 상업과 무역을 할 수 있도록 사람에게 봉사하게 하시는 창조주의 지혜와 능력과 선하심을 날마다 인정하여야 마땅하다. 집에서 기다리는 자들은 바다를 문과 빗장으로 걸어 그 정하신 곳에 있게 하며 그 넘실대는 파도를 지키시는 하나님께 감사하여야 할 것이다(욥 38:10, 11).

2. 뭍이 물들 위로 드러나게 되었고, 이것이 땅이라 불려지고 사람들에게 베풀어졌다. 땅은 그 전부터 있었던 것 같다. 그러나 물 아래 있었기 때문에 아무런 소용이 없었다. 하나님의 여러 선물들을 받아도 속에 묻혀 있기 때문에 아무런 소용이 없는 경우가 많다. 그것들을 드러나게 하면 그것들이 기능을 발휘하여 유익을 끼치게 된다. 오늘날 육지의 혜택을 누리고 있는 우리는(물론 이것이 한 번 홍수로 잠겼다가 다시 마른 상태지만) 그 손으로 육지를 지으신(시 95:5; 욘 1:9) 하나님의 소작인으로서 그에게 의지하여 있다는 것을 인식하여야 할 것이다.

II. 사람을 유지시키고 지탱하기 위해 땅이 채워지는 경위(11, 12절). 하나님의 명령에 복종하여, 땅이 생기자마자 즉시 산물들이 생겨나 열매를 맺게 되었고 양 떼들을 위하여 풀들이 돋아나고 사람을 위해 초목들이 피어났다. 또한 다가올 때를 위해서도 준비가 이루어졌다. 갖가지 종류의 채소들이 무수하게 계속해서 돋아났고, 각기 종류대로 씨 가진 열매 맺는 나무가 생겨났다. 그리하여 사람이 땅에 존속하는 동안 땅에서 양식을 얻어 유익을 얻을 수 있게 된 것이다. 사람이 무엇이기에 주께서 그를 생각하시며 그를 돌보시나이까. 수천 번이나 비림받이 미망한 죄악된 자들을 어찌 그리 돌보시며 베푸시며 보존하시나이까! 여기서 관찰하라. 1. 땅이 여호와의 것일 뿐 아니라, 땅의 충만한 것이 여호와의 것이요, 그는 땅은 물론 거기에 있는 모든 것들의 정당한 소유주시요 주권적인 경영자이시다. 땅이 공허하였으나(2절), 이제는 말씀으로 말미암아 하나님의 풍성한 것들로 충만하게 되었고, 그 모든 것들이 그의 것이다. 내 곡식, 내 새 포도주, 내 양털, 내 삼(호 2:9). 우리가 그것들을 사용하도록 허락받았으나, 그 소유권은 여전히 그에게 있으며, 따라서 그것들은 그를 섬기고 높이는 데에 사용되어야 하는 것이다. 2. 이러한 보편적인 섭리가 창조의 계속이며, 이로써 우리 아버지께서 지금까지 일하신다. 풀과 채소와 나무를 내라는 이 명령이 여전히 땅에 효능을 발휘하고 있는 것이다. 이 현상이 자연의 일상적인 변화 과정에 따르는 것으로 뚜렷한 이적이라 할 수는 없으나, 여전히 세상의 위대한 창조주요 조물주의 지칠 줄 모르는 능력과 다함이 없는 선하심이 드러나는 분명한 실례인 것이다. 3. 하나님께서는 보통 제2 원인이 그 본성대로 작용하도록 하시지만, 그러나 그것들이 필요하신 것도 그것들에게 얽매여 계신 것도 아니다. 땅의 값진 열매들이 대개 해와 달의 영향으로 인하여 생겨나지만(신 33:14), 여기서는 해와 달이 지어지기도 전에 땅이 풍성한 익은 열매들을 맺는 것을 보기 때문이다. 4. 사용할 기회를 갖기 전에 필요한 것들을 미리 준비하는 것이 좋다. 짐승과 사람이 지어지기 전에 여기서 풀과 채소들이 그들을 위하여 예비되는 것을 보게 된다. 하나님께서는 이렇듯 사람을 지혜롭고도 은혜롭게 다루신다. 그러므로 사람도 스스로 어리석게나 지혜 없이 처신하지 말아야 할 것이다. 5. 양식이든 다른 물질이든 땅의 산물들에게서 받는 모든 유익에 대해 하나님께 영광을 돌려야 할 것이니. 하늘이 땅에 응답할 때에 하늘에 응답하시는 분이 바로 그분이시다(호 2:21, 22). 은혜로 말미암아 우리가 모든 것의 근원이 되시는 하나님께 관심을 갖고 있다면, 샘들이 마르고 무화과나무가 결실하지 않더라도 그의 안에서 즐거워할 수 있을 것이다.

[14]하나님이 이르시되 하늘의 궁창에 광명체들이 있어 낮과 밤을 나뉘게 하고 그것
들로 징조와 계절과 날과 해를 이루게 하라 [15]또 그 광명체들이 하늘의 궁창에 있어
땅을 비추라 하시니 그대로 되니라 [16]하나님이 두 큰 광명체를 만드사 큰 광명체로
낮을 주관하게 하시고 작은 광명체로 밤을 주관하게 하시며 또 별들을 만드시고 [17]
하나님이 그것들을 하늘의 궁창에 두어 땅을 비추게 하시며 [18]낮과 밤을 주관하게
하시고 빛과 어둠을 나뉘게 하시니 하나님이 보시기에 좋았더라 [19]저녁이 되고 아
침이 되니 이는 넷째 날이니라

이는 넷째 날의 창조 사역의 역사로서 해와 달과 별의 창조를 다룬다. 여기서는 사람들의 호기심을 만족시키고자 광명체들 자체를 그 본질대로 제시하는 것이 아니라 이 땅과의 관계 속에서 제시하는 것이다. 이 광명체들은 빛으로서 땅을 섬기며, 이것만으로도 우리는 찬송과 감사를 드려야 할 것이다. 욥은 이것을 하나님의 영광된 능력이 드러난 것으로 말씀한다. 그의 입김으로 하늘을 맑게 하시나니(욥 26:13). 여기서 우리는 위의 높은 세상의 놀라운 아름다움이며 동시에 이 낮은 세상의 복이기도 한 이 맑게 하심의 역사를 접하게 된다. 하늘이 높지만 이 땅과 관계하므로, 땅으로부터 높임을 받아 마땅한 것이다. 하늘의 광명체들의 창조에 대해서 다음을 보라.

I. 일반적인 기사(14, 15절).

1. 이에 대한 명령이 주어짐. 하늘의 궁창에 광명체들이 있으라. 하나님께서는 빛이 있으라 라고 말씀하셨고(3절), 그대로 빛이 있었다. 그러나 이 빛은 말하자면 흩어져 있고 뒤섞여 있는 빛의 혼돈 상태였다. 그런데 이제 그것이 모아지고 질서를 갖추어 몇 개의 광명체들이 되어 더 찬란하고 더 유익이 되게 되었다. 하나님은 혼란의 하나님이 아니고, 질서의 하나님이시다. 그 자신이 빛이시듯이, 그는 또한 광명체들의 아버지시요 조성자(造成者)이시다. 그 광명체들이 하늘의 궁창, 곧 땅을 뒤덮는 그 광활한 공간에 있게 되었고 모든 것들에게 뚜렷하게 비쳤다. 누구든지 등불을 켜서 그릇으로 덮거나 평상 아래에 두지 아니하고 등경 위에 두는 법인데(눅 8:16), 이 하늘의 궁창이라는 위엄 있는 황금 등경 위에서 이 등불들이 집안에 있는 모든 자들에게 빛을 비추는 것이다. 궁창 그 자체가 밝은 빛을 지니고 있는 것으로 말씀하기도 한다(단 12:3). 그러나

그 빛만으로는 땅을 밝히기에 족하지 못했고, 어쩌면 둘째 날 궁창을 지으신 후에 그것이 좋았다고 분명히 말씀하지 않은 것이 이 때문인지도 모른다. 넷째 날 궁창에 이 광명체들이 생겨난 후에야 비로소 그것이 사람에게 좋게 되었기 때문이다.

2. 광명체들이 이 땅을 위해서 의도된 용도. (1) 때를, 낮과 밤을, 여름과 겨울을 구별하기 위해서 그것들이 있어야 했다. 해의 움직임에 의해서 낮과 밤이 시로 교차되며, 해가 가까이 오면 여름이 되고, 해가 물러가면 겨울이 되기 때문이다. 그러므로 해 아래서는 **범사에 기한이 있는 것이다**(전 3:1). (2) 활동의 지도를 위해서도 그것들이 있어야 했다. 그것들은 날씨 변화의 징조들이다. 농부들은 하늘의 형편을 보고서 날이 좋을지 나쁠지를 미리 예측하여 일을 행한다(마 16:2).

3. 그것들은 또한 이 세상에 빛을 주어, 우리로 하여금 다니게 하고(요 11:9) 또한 일하게 하며(요 9:4), 하루에 행할 일을 하게 해준다. 하늘의 광명체들이 빛을 비추는 것은 자기들 자신을 위한 것도 위에 있는 영들의 세상을 위한 것도 아니다. 그들에게는 빛이 필요 없다. 그것들은 오직 우리를 위해서, 우리의 즐거움과 유익을 위해서 빛을 비추는 것이다. **사람이 무엇이기에 주께서 그를 생각하시며 그를 돌보시나이까**(시 8:3, 4). 하나님께서 우리더러 일하라고 이 광명체들을 세워 두신 때에 우리가 잠자거나 놀거나 하찮은 일로 시간을 보내고 이 세상에서 감당하게 하기 위하여 보내심을 받은 큰 일을 소홀히한다면, 이 얼마나 변명의 여지가 없는 배은망덕한 일이겠는가! 하늘의 광명체들은 우리를 섬기도록 지으심을 받아 그 일을 신실하게 행하며 한 번의 어김도 없이 시절을 좇아 빛을 비추고 있다. 우리도 이 세상에서 하나님을 섬기도록 빛들로 세우심 받았다. 그런데 우리는 과연 우리의 창조의 목적에 이처럼 부응하고 있는가? 아니다. 우리의 빛은 이 광명체들처럼 하나님 앞에서 빛을 비추지 못하고 있다(마 5:14). 주님의 등불들을 태우고 있으나 우리 주님의 역사는 돌아보지 않는 것이다.

Ⅱ. 구체적인 기사(16-18절).

1. 관찰하라. 하늘의 광명체들은 해와 달과 별들이요, 이 모든 것들은 하나님께서 손으로 지으신 것들이다. (1) 해는 모든 광명체들 중에 가장 큰 것이요, 땅보다 백만 배 이상 더 크며, 하늘의 모든 등불들 가운데 가장 영광스럽고 유

용한 것으로, 창조주의 지혜와 능력과 선하심을 보여 주는 고귀한 실례요, 이 낮은 세상의 피조물들에게는 더할 나위 없는 복이다. 시 19:1-6에서, 해의 조성자이신 하나님께 그의 이름에 합당한 영광을 돌리기를 배워야 할 것이다. (2) 달은 해보다 작은 광명체인데도 여기서 큰 광명체 중의 하나로 간주되고 있는데, 이는 비록 광도(光度)도 작고, 또한 빛을 반사하는 것이어서 많은 별들보다 열등하나, 밤을 통치하며 땅에게 유익을 끼치는 등 그 역할을 보면 그 어느 것보다 더 훌륭하기 때문이다. 가장 유익을 많이 주는 것이 가장 고귀한 것들이다. 그리고 가장 큰 은사들을 가진 것이 아니라 자기에게 주어진 은사들을 겸손하고도 신실하게 발휘하여 가장 큰 선을 끼치는 것이 가장 큰 광명체인 것이다. **너희 중에 누구든지 으뜸이 되고자 하는 자는 너희의 종이 되어야 하리라**(마 20:26). (3) **또 별들을 만드시고.** 별들이 일반 대중의 눈에 나타나는 대로 묘사되고 있다. 움직이는 별과 붙박이별을 서로 구별하지도 않고, 그 숫자나 본질이나 장소나 광도나 움직임이나 영향력 등에 대해서도 전혀 언급이 없다. 성경은 우리의 호기심을 채워서 우리를 천문학자들로 만들기 위해 기록된 것이 아니라, 우리를 하나님께로 인도하고 우리를 성도들로 만들기 위해 기록되었기 때문이다. 그런데 이 광명체들이 **주관한다고** 말씀한다(16, 18절). 그러나 이는 하나님처럼 주권적으로 통치한다는 뜻이 아니다. 그것들은 대리 주관자들이요 하나님 아래에서 다스리는 존재들일 뿐이다. 여기서는 작은 광명체인 달이 밤을 주관한다고 말씀하나, 시 136:9에서는 별들이 함께 다스리는 것으로 말씀하고 있다: **달과 별들로 밤을 주관하게 하신 이에게 감사하라.** 이는 그저 달과 별이 밤에게 빛을 준다는 뜻일 뿐이다(렘 31:35). 주관하는 가장 존귀하고 좋은 길은 빛을 주고 선을 행하는 길이다. 그러므로 달과 별에게 주신 명령은 곧, 유익한 삶을 살고 광명체들로서 빛을 비추라는 명령인 것이다.

2. 이 모든 것에서 다음을 배우라. (1) 해와 달과 별들을 숭배하는 고대의 우상 숭배가 죄악된 것이요 어리석은 것이라는 것. 어떤 이들은 족장 시대에 간간이 있었던 하늘의 광명체들의 통치와 다스림에 관한 전승들에서 기인한 것이라고 본다. 그러나 여기 그것들에 관한 기사는 그것들이 하나님의 피조물들인 동시에 사람의 종들이라는 것을 분명히 보여 준다. 그러므로 그것들을 신으로 삼고 신적인 존귀를 돌린다면, 그것은 하나님을 크게 망령되게 하는 것이요 또한 우리 자신에게도 크나큰 수치가 아닐 수 없는 것이다. 신 4:19을 보라. (2)

이 모든 것들을 지으시고 우리를 위하여 그것들에게 각기 소임을 부여하신 하나님께 날마다 예배하는 것이 우리의 의무요 동시에 지혜라는 것. 낮과 밤이 계속 교차하여 이어진다는 사실을 볼 때에 우리는 매일 아침과 저녁마다 기도와 찬미로 엄숙한 제사를 드려야 마땅한 것이다.

20하나님이 이르시되 물들은 생물을 번성하게 하라 땅 위 하늘의 궁창에는 새가 날
으라 하시고 21하나님이 큰 바다 짐승들과 물에서 번성하여 움직이는 모든 생물을
그 종류대로, 날개 있는 모든 새를 그 종류대로 창조하시니 하나님이 보시기에 좋
았더라 22하나님이 그들에게 복을 주시며 이르시되 생육하고 번성하여 여러 바닷물
에 충만하라 새들도 땅에 번성하라 하시니라 23저녁이 되고 아침이 되니 이는 다섯
째 날이니라

지금까지는 날마다, 아무리 칭찬해도 다함이 없을 만큼 지극히 고귀하고 훌륭한 존재들이 만들어졌다. 그러나 다섯째 날 이전에는 생물 창조의 기사는 전혀 나타나지 않으며, 여기서 비로소 처음 생물의 창조가 보도되고 있다. 창조의 역사가 점차적으로 진행된 것은 물론 덜 훌륭한 것에서 더 훌륭한 것에게로 점차 진전된 사실은 우리에게 완전을 향하여 전진할 것을 가르치며 또한 우리의 마지막 일이 가장 좋은 일이 되도록 힘쓸 것을 가르친다. 다섯째 날에 물고기와 새들이 창조되었으며 또한 둘 다 물에서 창조되었다. 물고기의 종류가 다르고 새의 종류가 다르나, 그들이 함께 지어졌고 둘 다 물에서 창조되었다. 제1 원인이신 하나님의 능력은 얼마든지 동일한 제2 원인들에서 매우 다른 효과들을 산출할 수 있는 것이다. 관찰하라.

1. 물고기와 새들을 지으심(20, 21절). 하나님께서 그것들이 생기도록 명령하셨다. 그는, 물들은 생물을 번성하게 하라고 말씀하셨다. 물들 자체가 생산하는 능력을 지녔던 것이 아니라, "물들에서 물고기가 생겨나고 물들로부터 새가 생겨나라"는 뜻이다. 그리고 이 명령을 그 자신이 시행하셨다. 하나님이 큰 바다 짐승들 … 을 창조하시니. 곤충들이 짐승의 종류들 중에서 가장 다양하고 숫자도 많고 그 구조도 특이하며, 이들 중 어떤 것들은 물고기에 가깝고 어떤 것들은 새에 가까운데, 이것들을 창조하신 것도 이 날의 일의 일부였다. 필자의 기억에 보일(Mr. Boyle)은 개미에서나 코끼리에서나 똑같이 창조주의 지혜와

능력을 바라보고 놀랍게 여긴다고 말하였다. 여기서 물고기와 새의 각 종류들과 또한 그 지어진 무수한 숫자에 대해 주의를 기울이고 있다. 물들이 그것들을 풍성하게 생겨나게 한 것이다. 여기서 큰 물고기, 즉, 다른 어떤 짐승보다 크고 힘이 센 큰 고래를 특별히 언급하는 것은 창조주 하나님의 능력과 위대하심을 드러내는 두드러진 증거라 할 것이다. 여기서 다른 무엇보다 고래를 분명히 주목하고 있는 것을 볼 때에 리워야단(욥 41:1)이 어떤 짐승을 뜻하는지를 충분히 알 수 있을 것 같기도 하다. 짐승들의 몸의 형태가 희한하게 되어 있고, 그 크기나 모양이나 성격들이 각기 다르며 또한 각기 민감한 생명의 활동력이 있다는 것을 정당하게 고려하면, 무신론자들과 불신자들의 반론들이 잠재워지고 부끄럽게 되는 것은 물론, 경건한 심령들이 하나님에 대한 생각을 높이며 그를 높이 찬송하게 되는 것이다(시 104:25).

2. 그것들에게 복을 주사 지탱시키심. 생명이란 소모되는 것이다. 생명의 힘은 돌의 힘 같은 것이 아니다. 그것은 처음에는 잘 타지만 결국은 꺼져버리는 촛불 같은 것이다. 그러므로 지혜로운 창조주는 개체들을 지으실 뿐 아니라 그 각 종류들이 퍼져가게 하셨다. **하나님이 그들에게 복을 주시며 이르시되 생육하고 번성하라**(22절). 하나님은 그 자신이 지으신 것들을 버리지 않으시고 복 주실 것이요, **하나님께서 행하시는 모든 것은 영원히 있을 것이라**(전 3:14). 태초에 하나님의 창조의 능력이 모든 것들을 지으신 것처럼 그의 섭리의 능력이 모든 것들을 보존하는 것이다. 열매 맺는 것은 하나님의 복 주심의 결과요 따라서 반드시 그의 복 주심에서 비롯되는 것으로 보아야 할 것이다. 물고기와 새들이 해마다 증가하는 것도 이 복 주심의 열매인 것이다. 자, 이것들이 오늘날까지 사람의 유익을 위해 계속 존재한다는 것에 대해 하나님께 영광을 돌리자. 욥 12:7, 9을 보라. 낚시와 새 사냥이 그 자체로서는 무죄한 놀이거리로서 이 모든 것들을 지으신 그분의 지혜와 능력과 선하심을 묵상하게 하고 또한 그를 향하여 경의를 갖도록 우리에게 도움을 줄 수 있는데, 그런 놀이에 정신이 팔려서 하나님께로부터 또한 그들 자신의 의무로부터 생각이 완전히 멀어지게 된다면 이는 정말 안타까운 일이 아닐 수 없을 것이다.

[24]하나님이 이르시되 땅은 생물을 그 종류대로 내되 가축과 기는 것과 땅의 짐승을 종류대로 내라 하시니 그대로 되니라 [25]하나님이 땅의 짐승을 그 종류대로, 가축을

그 종류대로, 땅에 기는 모든 것을 그 종류대로 만드시니 하나님이 보시기에 좋았더라

여기서는 여섯째 날 이루어진 일의 전반부를 접하게 된다. 전날 바다에 물고기가 가득 찼고, 공중에 새들이 가득 차게 되었고, 이 날에는 땅의 짐승들과 가축과 기는 것들이 지음받았다. 여기서도 앞에서와 같이, 1. 하나님이 말씀을 주셨다. 그는, 땅은 생물을 내라 하고 말씀하셨다. 땅 그 자체가 이 짐승들을 생겨나게 할 만한 어떤 생산력을 지녔다거나, 하나님께서 그의 창조의 능력을 땅에게 부여하신 것이 아니다. 다만, "이 피조물들이 이제 땅 위에 각기 종류대로, 하나님께서 정하신 대로 모양을 갖추어서 생겨나라"는 것이다. 2. 하나님이 그의 일을 행하셨다. 그가 그 모든 것들을 그 종류에 따라, 비단 다양한 모양만이 아니라 다양한 본질과 양태와 양식에 따라 — 어떤 것들은 집에서 길들일 것으로, 또 어떤 것은 들판에서 야생으로 있도록, 어떤 것들은 풀과 초목을 먹고 살고 어떤 것들은 고기를 먹고 살도록, 어떤 것들은 무해하고 또 어떤 것들은 유해하도록, 어떤 것들은 대담하고 어떤 것들은 소심하도록, 어떤 것들은 말(馬)처럼 사람의 먹이는 되지 않고 사람을 섬기게 하고, 어떤 것들은 양(羊)처럼 사람을 섬기지는 않으나 사람의 먹이가 되게 하고, 또 어떤 것들은 소(牛)처럼 사람을 섬기기도 하고 먹이도 되도록, 또 야생 짐승들처럼 어떤 것들은 둘 다 아니도록 지으셨다. 이 모든 것에서 창조주의 다양한 지혜가 나타난다.

[26]하나님이 이르시되 우리의 형상을 따라 우리의 모양대로 우리가 사람을 만들고
그들로 바다의 물고기와 하늘의 새와 가축과 온 땅과 땅에 기는 모든 것을 다스리
게 하자 하시고 [27]하나님이 자기 형상 곧 하나님의 형상대로 사람을 창조하시되 남
자와 여자를 창조하시고 [28]하나님이 그들에게 복을 주시며 하나님이 그들에게 이르
시되 생육하고 번성하여 땅에 충만하라, 땅을 정복하라, 바다의 물고기와 하늘의
새와 땅에 움직이는 모든 생물을 다스리라 하시니라

여기서는 여섯째 날에 이루어진 일의 후반부를 접하게 되는데, 곧 사람의 창조가 다루어진다. 이에 대해서 특별히 주목하여 우리 자신을 알게 되어야 할 것이다. 관찰하라.

Ⅰ. **사람이 피조물 가운데 가장 나중에 지음 받았다는 것.** 그러므로 우리는 사람이 그 어떤 면에서도 세상의 창조에서 하나님을 도운 존재가 아니었다는 것을 의심할 수 없게 된다. **내가 땅의 기초를 놓을 때에 네가 어디 있었느냐**(욥 38:4). 동시에 사람이 맨 나중에 창조되었다는 것은 그의 존귀함이요 또한 사람에 대한 호의였다. 창조가 덜 완전한 것들에서부터 더 완전한 것에로 점차 전진하는 방식으로 이루어졌으니 사람의 존귀함이 드러나는 것이요, 또한 사람이 살기에 적합하도록 모든 것이 다 구비된 후에 비로소 그가 지음받았으니 이는 사람에 대한 호의였다 할 것이다. 사람은 지음받자마자 그의 앞에 온 피조 세계가 눈앞에 펼쳐졌고, 이를 보고서 큰 위로를 얻었다. 사람은 짐승들과 같은 날에 창조되었다. 그의 몸이 짐승들의 몸과 똑같이 흙에서 지어졌기 때문이다. 따라서 사람이 몸을 지니는 동안 짐승들과 함께 똑같은 땅에 거하는 것이다. 몸과 몸의 정욕을 마구 채우느라 우리 자신을 짐승처럼 만드는 것은 절대로 해서는 안 될 것이다!

Ⅱ. **사람의 창조는 다른 피조물들의 창조의 경우보다 훨씬 더 신적인 지혜와 능력이 직접적으로 드러나는 역사(役事)였다는 것.** 그 기사는 무언가 위엄을 드러내는 것으로 다른 피조물들의 경우와는 뚜렷하게 구별된다. 지금까지는 "빛이 있으라", "궁창이 있으라", "땅이나 물들이 내라"라는 등의 말씀이 있었다. 그러나 이제는 명령의 말씀이 논의의 말씀으로 바뀐다. "**우리가 사람을 만들자**. 모든 피조물들이 이들을 위한 것이니, 이는 우리가 우리 자신의 손으로 해야 할 일이로다." 앞에서는 하나님이 권세를 지닌 자로서 말씀하시나, 이 일에서는 애정을 지닌 자로서 말씀하신다. 하나님이 **인자들을 기뻐하였기** 때문이다(잠 8:31). 마치 이 일이 하나님께서 행하시기를 사모하신 일이기라도 한 것 같다. 마치 그가 "이제 예비적인 것들이 다 마련되었으니, 이제 우리가 본질적인 일을 행하자. **우리가 사람을 만들자**"라고 말씀하시는 것 같았다. 사람은 지금까지 지음받은 모든 피조물들과는 다른 피조물이 될 것이었다. 육체와 영혼이, 하늘과 땅이 그에게서 함께 모아져야 했고, 두 세계 모두와 친숙해져야 했다. 그러므로 하나님께서는 그를 만드는 일을 행하실 뿐 아니라 마치 그를 만드는 일을 논의하기 위해 회합을 소집하시기라도 한 것처럼 자신을 표현하기를 기뻐하신 것이다. **우리가 사람을 만들자**. 성부, 성자, 성령의 삼위일체의 삼위께서

그것에 대해 논의하시고 한 뜻을 가지셨다. 사람이 지음받으면 그는 성부, 성자, 성령께 헌신할 것이기 때문이었다. 우리가 그 위대하신 이름 덕분에 존재하게 되었으므로 우리가 그 위대하신 이름으로 세례를 받는 것이 마땅한 것이다. 우리가 사람을 만들자 라고 말씀하신 그분께서 사람을 다스리실지로다!

III. 사람이 하나님의 형상과 모양대로 지으심받았다는 것. 형상과 모양이라는 이 두 단어는 동일한 것을 표현하는 것으로, 서로를 더욱 풍성하게 나타내 준다. 형상과 모양은 가장 흡사한 형상을 뜻하며, 눈에 보이는 피조물 중 가장 닮은 것을 나타낸다. 사람은 그보다 앞서서 생겨난 피조물들의 모양대로 지음받은 것이 아니다. 그의 창조주의 모양대로 지음받았다. 그러나 하나님과 사람 사이에는 무한한 거리가 있는 것이다. 오직 그리스도만이 아버지의 아들로서 그와 본질이 동일하신 하나님의 본체의 형상이시다. 이는 다만 하나님의 존귀의 일부가 사람에게 베풀어진 것을 뜻하며, 사람이 하나님의 형상이라는 것은 곧 그가 마치 유리에 드리워진 그림자나 혹은 동전에 찍힌 왕의 초상과도 같다는 의미인 것이다. 사람에게 베풀어진 하나님의 형상은 다음 세 가지에 있다.

1. 사람의 본성과 본질. 그의 몸의 본질이 아니라(하나님은 몸이 없으시므로) 그의 영혼의 본질을 말한다. 말씀이 육신이 되셨고, 하나님의 아들이 우리와 같은 몸을 입으사 조만간 우리의 몸이 그의 몸과 같이 영광을 얻게 하실 것이다. 하나님은 이와 같은 큰 존귀를 사람의 몸에 베푸신 것이다. 여기서 우리가 안전하게 말할 수 있는 것은, 그로 말미암아 하나님이 세상을 — 저 큰 세상은 물론 작은 세상인 사람까지도 — 지으신 그분께서 장차 때가 차면 그가 스스로 취하기 위하여 계획하신 양식을 따라 태초에 사람의 몸을 지으셨다는 것이다. 그러나 특별히 하나님의 형상을 지니는 것은 그 위대한 사람의 영혼이다. 영혼은 영적이며, 지성을 지니고 불멸성을 지닌 영이요, 영향을 미치며 활동하는 영이며, 이런 점에서 영들의 아버지이신 하나님을 닮았다. 사람의 영혼은 여호와의 등불이라(잠 20:27). 지성과 의지와 감정적 힘 등 영혼의 세 가지 고귀한 기능들을 생각하면, 어쩌면 사람의 영혼이야말로 그 속에서 하나님을 보는 바 자연 속에서 접할 수 있는 가장 맑고 선명한 거울이라 할 것이니라.

2. 사람의 위치와 권위. 우리의 형상을 따라 우리의 모양대로 우리가 사람을 만들고… 다스리게 하자. 그가 열등한 피조물들을 다스리니, 그는 말하자면 땅에

서 일하는 하나님의 대리자요 부왕(副王: viceroy) 격이라 하겠다. 피조물들은 하나님을 두려워하고 섬길 능력이 없으므로, 하나님께서는 그들이 사람을 두려워하고 섬기도록 그렇게 정하신 것이다. 그러나 사람이 피조물들을 다스리는 것에서보다는 자신의 의지의 자유를 통하여 자기 자신을 다스리는 데에서 하나님의 형상이 더욱 드러난다.

3. 사람의 순결함과 올바름. 사람이 지닌 하나님의 형상은 지식과 의와 참된 거룩함에 있다(엡 4:24; 골 3:10). 그는 정직하였다(전 7:29). 그는 자신의 모든 본성적인 능력들로 습관적으로 하나님의 온전하신 뜻에 복종하였다. 그의 지성은 신적인 것들을 분명하고도 참되게 보았고, 따라서 그의 지식에는 실수도 오류도 없었다. 그의 의지는 하나님의 뜻을 기꺼이 전폭적으로 따랐고, 주저함이나 반항이 전혀 없었다. 그의 감성은 모두 정상적이었고 따라서 무절제한 욕심이나 격정이 전혀 없었다. 그의 생각은 최상의 주제들에 쉽게 고정되었고 따라서 그 속에 허영이나 통제할 수 없는 면이 전혀 없었다. 열등한 기능들은 우등한 기능들의 명령과 지시에 굴복하여 있었고 반동이나 반역이 전혀 없었다. 우리의 첫 조상들은 이렇듯 하나님의 형상을 지닌 상태로 거룩하고 복되었다. 그리고 태초에 사람에게 이와 같은 존귀가 베풀어졌으니, 우리가 서로 서로 악하게 말해서도 안 되고(약 3:9) 악을 행해서도 안 되며(창 9:6) 또한 우리가 자신을 더럽혀서 죄를 섬겨서도 안 되며 오로지 하나님을 섬기는 일에 우리 자신을 헌신해야 하는 이유가 여기에 있는 것이다. 오오 새벽의 계명성아, 네가 어찌하여 떨어졌느냐! 사람에게 베풀어진 이 하나님의 형상이 얼마나 일그러져 있는가! 그 남은 잔재가 얼마나 보잘것없으며, 그 망쳐 놓은 것이 얼마나 큰가! 주께서 그의 거룩하게 하시는 은혜로 우리 영혼들에게서 그것을 새롭게 하시기를!

Ⅳ. 사람이 남자와 여자로 지으심받았고 생육과 번성의 복을 받았다는 것. 우리가 사람을 만들자 라고 말씀한 다음, 곧바로 하나님이 사람을 창조하시되 라고 말씀한다. 그가 자신이 결정하신 바를 이행하신 것이다. 우리에게는 말과 행실이 서로 다르나, 하나님께는 그렇지 않다. 그는 사람을 창조하시되 남자와 여자를 창조하셨다. 먼저 아담을 흙으로 창조하시고 하와를 그의 옆구리에서 창조하셨다(2장). 나머지 모든 피조물들에 대해서는 하나님께서 많은 쌍들을 만드셨으나, 사람의 경우는 영이 충만하였으나 오직 하나를 만들지 아니하셨느

냐?(말 2:15). 그리스도께서는 바로 여기에서 이혼을 금하는 논지를 이끌어내신다(마 19:4, 5). 우리의 첫 조상 아담은 한 아내에게 묶여졌다. 그리고 그가 아내를 돌려보냈다면 결혼할 다른 여자가 없었다. 이러한 사실은 결혼의 결속 관계가 기분에 따라서 마음대로 끊어질 수 있는 것이 아니라는 것을 분명히 시사한다. 천사들은 남자와 여자로 지음받지 않았다. 그들은 종족을 번성케 할 이유가 없었기 때문이다(눅 20:34-36). 그러나 사람은 그 종족이 번성하여 땅에 충만하여야 했으므로 남자와 여자로 지음받은 것이다. 이 낮은 세상의 불과 촛불 등 빛을 내는 것들은 소모되고 사라지기 때문에 더 빛을 내는 능력이 있다. 그러나 하늘의 광명체들은 그렇지 않다. 별들이 별들에게 빛을 밝혀 주지는 않는 것이다. 하나님은 오로지 한 남자와 한 여자만을 만드셔서, 모든 족속들로 하여금 그들이 한 피에서 나왔으며, 동일한 부모에게서 난 자손들임을 알고서 서로를 사랑하게 하고자 하신 것이다. 하나님은 사람이 자기들이 받은 본성을 물려 줄 수 있도록 지으신 후 그들에게 말씀하셨다. **생육하고 번성하여 땅에 충만하라.** 여기서 그는 그들에게 다음과 같은 것들을 주셨다.

1. 큰 기업. **땅에 충만하라.** 사람의 자손들에게 바로 이것이 베풀어졌다. 그들이 온 **땅에 살게** 된 것이다(행 17:26). 하나님은 바로 이 땅에 사람을 세우사 그의 섭리를 섬기는 종으로 세우사 열등한 피조물들을 다스리게 하셨고, 말하자면 이 지구의 지성(知性)이 되게 하셨고, 하나님의 풍성한 공급하심을 받는 자가 되게 하셨다. 다른 피조물들은 그러한 하나님의 공급하심에 의지하여 생명을 유지하면서도 그것을 알지 못하는 것이다. 또한 이 낮은 세상에서 그를 찬양하는 자가 되게 하사 위에 계신 주께 모든 피조물과 더불어 찬송과 감사를 드리게 하셨고(시 145:10), 마지막으로, 더 나은 상태를 위하여 시험받는 자가 되게 하셨다.

2. 이 기업을 누릴 무수한 가족. 하나님은 그들에게 복을 선포하셨는데, 이 덕택에 그들의 후손은 땅 끝까지 이르고 머나먼 미래에까지 계속해서 이어지게 된 것이다. 생육과 번성은 하나님의 복 주심에 의존하는 것이다. 오벧에돔에게는 여덟 아들이 있었는데, 이는 **하나님이 복을 주셨음**이다(대상 26:5). 인류가 아직도 존재하며 **한 세대가 가고 다음 세대가 오는** 것은 태초에 하나님께서 명하신 이 복 덕분인 것이다.

V. 하나님께서 사람을 지으신 후 그로 하여금 열등한 피조물들을 다스리게

하셨다는 것. 그들로 바다의 물고기와 하늘의 새와 가축과 온 땅과 땅에 기는 모든 것을 다스리게 하자. 하나님께서는 이로써 사람을 존귀하게 하셨고, 그리하여, 사람이 그 자신이 그를 지으신 하나님께 존귀를 돌릴 더 강력한 의무를 진다는 것을 알게 하셨다. 이 다스림은 타락으로 인하여 대부분 상실되었다. 그러나 하나님의 섭리가 계속 역사하여 사람의 자손들이 그들의 삶의 안전한 유지에 필요한 만큼은 발휘하도록 하시며, 또한 성도들에게는 하나님의 은혜로 죄로 인하여 상실된 그것보다 더 나은 새로운 특권이 베풀어졌다. 우리가 그리스도의 것이면 모든 것이 우리의 것인 것이다(고전 3:22).

29하나님이 이르시되 내가 온 지면의 씨 맺는 모든 채소와 씨 가진 열매 맺는 모든
나무를 너희에게 주노니 너희의 먹을 거리가 되리라 30또 땅의 모든 짐승과 하늘의
모든 새와 생명이 있어 땅에 기는 모든 것에게는 내가 모든 푸른 풀을 먹을 거리로
주노라 하시니 그대로 되니라

여기서 여섯째 날의 일의 세 번째 부분을 접하게 되는데, 이는 새로운 것을 창조하는 것이 아니라 모든 육체들에게 은혜로이 양식을 베푸는 일이었다(시 136:25). 하나님은 사람과 짐승을 지으시고 그들의 보존을 위하여 배려하신 것이다(시 36:6). 여기서,

I. **사람을 위하여 양식을 베푸심**(29절). 곡식과 땅에서 나는 모든 산물을 포함하여 채소와 열매들이 사람의 양식이 되었고, 짐승의 고기는 허용되지 않았다. 고기는 홍수 이후에 가서야 비로소 양식으로 허용되었다(참조. 9:3). 땅에 홍수가 있기 전에는, 그리고 사람으로 인하여 땅이 저주를 받기 전에는, 그 열매들이 지금 우리가 먹는 짐승의 고기와 기름과 왕의 모든 진미보다 더 맛있고 몸에 영양을 주어 강건케 하는 데에 더 유익했던 것이다. 여기서 다음을 보라. 1. 이로써 우리가 겸손해져야 한다는 것. 우리가 흙에서 지음받은 것처럼 흙을 통해서 지탱된다. 한때 사람들이 천사들의 양식, 곧, 하늘로부터 온 떡을 먹은 적이 있으나, 그들은 죽었다(요 6:49). 그 양식이 흙에서 나온 것과 다를 바 없었다(시 104:14). 영생에 이르도록 견디는 양식이 있는데, 주께서 영원토록 우리에게 이것을 주시는 것이다. 2. 이로써 우리가 감사해야 한다는 것. 주께서는 몸을 위하신다. 그에게로부터 우리는 이생의 모든 필요한 것들과 위로를 받

으며, 따라서 그에게 감사를 드려야 마땅하다. 그는 우리에게 모든 것들을 풍성하게 주사 누리게 하신다. 필수적인 것만 주시는 것이 아니라 고상한 것들과 다양한 것들을 풍성하게 주셔서 장식하게 하시고 즐거움을 얻게 하시는 것이다. 우리가 얼마나 큰 은혜를 입고 있는지 모른다. 우리가 이렇듯 하나님의 풍성하신 공급에 의지하여 살고 있으니, 얼마나 조심스럽게 그의 영광을 위하여 살아야 하겠는가! 3. 이로써 우리는 절제하며 우리에게 주어지는 것에 만족해야 한다는 것. 아담이 물고기와 새들을 다스리는 특권을 부여받았으나, 하나님은 그에게 채소와 열매들만을 양식으로 주셨다. 그러나 그는 절대로 그것에 대해 불평하지 않았다. 물론 나중에 지혜와 지식을 얻을까 하여 금지된 열매를 탐하기는 했으나, 그가 금지된 고기를 탐하였다는 것은 성경에 전혀 나타나지 않는다. 하나님께서 우리의 삶을 위하여 양식을 주시면, 이스라엘처럼 투덜거리면서 육신의 정욕을 위하여 음식을 구해서는 안 될 것이다(시 78:18). 단 1:15을 보라.

Ⅱ. **짐승을 위하여 양식을 베푸심**(30절). 하나님이 소를 돌보시는가? 그렇다. 그는 소들에세 필요한 양식을 공급하시며, 희생 제사와 사람을 섬기는 데에 사용되는 소들만이 아니라 어린 사자와 어린 까마귀까지도 그의 섭리로 보살피신다. 그것들도 하나님께 구하여 그에게서 양식을 공급받는 것이다. 열등한 피조물들에게 풍성하게 베푸셔서, 이를테면, 날마다 그의 식탁에서 양식을 공급받게 하시는 하나님께 영광을 돌리자. 그는 살아 있는 모든 생물들의 필요를 너그럽고도 풍성하게 만족시키시는 위대한 운영자이시다. 그러므로 하나님의 백성들은 그들의 염려를 그에게 맡겨야 할 것이요, 무엇을 입을까 무엇을 마실까에 대해 스스로 근심하지 말아야 할 것이다. 아담을 위하여 쓸 것을 공급하신 하나님께서 여전히 모든 피조물들을 위해 공급하시니, 그를 신뢰하는 자를 모든 선한 것에 궁핍하게 하지 않으실 것이다(마 6:26). 새를 먹이시는 분이 어떻게 그의 자녀를 굶기게 하시겠는가!

31하나님이 지으신 그 모든 것을 보시니 보시기에 심히 좋았더라 저녁이 되고 아침이 되니 이는 여섯째 날이니라

창조의 모든 일이 이제 완결된다. 하나님의 역사(役事)는 완전하며,

그는 일을 시작하시면 반드시 끝을 맺는 분이시다. 비단 여기 창조에서 뿐 아니라 섭리와 은혜에서도 이것이 드러난다. 관찰하라.

I. **하나님이 자신의 역사(役事)를 조감하심.** 하나님이 지으신 그 모든 것을 보시니. 그는 지금도 그렇게 하신다. 그의 손으로 지으신 모든 만물들을 눈동자로 살피신다. 모든 것을 지으셨으니 모든 것을 보시며, 우리를 지으신 분이시니 우리를 보신다(시 139:1-16). 전지(全知)하심이 전능(全能)하심과 결코 분리될 수 없는 것이다(행 15:18). 그러나 이것은 영원하신 하나님이 그 자신의 지혜와 능력의 산물들을 엄숙하게 살피시는 것이었다. 이로써 하나님은 우리의 행한 일들을 살피도록 우리에게 하나의 모범을 세우신 것이다. 이처럼 생각할 능력을 우리에게 주셨으니, 하나님은 우리가 그 능력을 바로 사용하여 우리의 길을 살피고(렘 2:23) 그것에 대해 생각하기를 기대하시는 것이다(시 119:59). 하루의 일을 마치고 밤의 휴식에 들어갈 때에 그 날에 행한 일에 대해서 마음으로 돌아보아야 한다. 마찬가지로 일주일의 일을 마치고 안식일에 들어갈 때에도 그렇게 우리의 일을 살핌으로써 우리 하나님을 만나 뵈올 준비를 해야 하며, 또한 우리 인생의 일을 마치고 무덤의 휴식에 들어갈 때에도 지난 인생을 돌아보며 회개로 생을 마쳐야 마땅한 것이다.

II. **하나님이 자신의 역사에 만족하심.** 우리가 우리의 일을 돌이켜 보면 부끄럽게도 많은 것이 매우 잘못되었다는 것을 알게 되는데, 하나님께서는 자신의 일을 돌이켜 보실 때에 모든 것이 매우 좋았던 것이다. 그는 먼저 자신의 역사를 보신 후에 그것이 좋다고 선언하셨다. 이로써 우리 역시 문제를 올바로 살핀 후에야 비로소 답변하여야 한다는 것을 배우게 된다. 하나님께서 지으신 모든 것이 잘 지어졌고 흠도 티도 전혀 없었다. 1. 그 모든 것이 좋았다. 그 모든 것이 창조주의 의도와 일치하기 때문에 좋았다. 원본과 필사본은 서로 비교해서 정확히 일치하여야 하며, 거기에 오류가 없어야 하는데, 이를테면 하나님이 지으신 모든 것이 그러했다. 모든 것이 그 창조하신 목적에 부합되었고 그 의도한 목적에 적절하였기 때문에 좋았다. 그 모든 것이 하나님께서 눈에 보이는 피조물의 주인으로 지명하신 사람을 섬길 만한 상태였기 때문에 좋았다. 그 모든 것이 하나님의 영광을 드러내기 때문에 좋았다. 눈에 보이는 피조 세계 전체 속에 하나님의 존재하심과 완전하심을 드러내 주는 것이 있는데, 여기에는 또한 사람의 영혼 속에 그를 향한 종교적인 자세를 불러일으켜 그를 지극히 높이게 만드는 성향이 있다. 2. 그 모든 것이 심히 좋았다. 매일의 역사에 대해 (둘째 날은 제외하고) 좋았다는 언급이 있었으나, 여기서는 심히 좋았다고 말씀한다. 그 이유는, (1) 하나님의 지으신 것 가운데 최고의 존재인 사람이 지음받았기 때문이다. 사람은 창조주의 영광의 눈에 보이는 형상이 되도록 지음받았고, 피조물의 입으로 그를 찬송하게 될 것이었다. (2) 이제 모든 것이 다 지어졌기 때문이다. 각 부분이 다 좋았다. 그러나 이 모든 것을 다 합쳐서 볼 때에 심히 좋았다. 하나님의 인하심과 그의 섭리와 은혜의 영광과 아름다움과 조화는 모든 만물이 다 지음받을 때에 가장 선명하게 드러나는 것이다. 머릿돌을 내놓을 때에 우리가 은총, 은총이라고 외치게 될 것이다(슥 4:7). 그러므로 때가 되기 전에는 아무것도 판단해서는 안 되는 법이다.

III. 이 역사가 종결된 때. 저녁이 되고 아침이 되니 이는 여섯째 날이니라. 그러므로 하나님은 엿새 동안에 세상을 만드셨다. 하나님은 얼마든지 순식간에 세상을 만들 수도 있으셨다. 그는 빛이 있으라 라고 말씀하셨고, 이에 빛이 있었다. 그러니 "세상이 있으라" 라고 말씀하셔서 곧바로, 부활 때처럼 순식간에 홀연히(고전 15:51), 세상이 있게 하실 수도 있었다. 그러나 그가 그 일을 엿새 동안에 하신 것은, 그 자신이 자신의 방식대로 자신이 원하시는 때에 자신의 일을 행하시는 자유로운 활동자(a free-agent)이심을 보여 주고자 하심이요, 그의 지혜와 능력과 선하심이 우리에게 나타나게 하사 우리로 하여금 그것을 묵상하게 하고자 하심이요, 엿새 동안 일하고 일곱째 날에 쉬는 하나의 모범을 우리를 위해 세우고자 하심이다. 이 때문에 그가 제4 계명을 주신 것이기도 하다. 안식일이 이 세상에서 신앙을 유지하는 데에 크게 이바지하기 때문에, 하나님께서는 그의 창조의 역사의 기간에서도 이를 염두에 두신 것이다. 자, 하나님께서 자신의 일을 살피신 것처럼 우리도 그것에 대해 묵상한 것들을 살펴보자. 그것들이 매우 결함이 많고 부족하며 또한 우리의 찬양도 무미건조하고 메마른 것을 보게 된다. 그러므로 우리 자신과 우리 속에 있는 모든 것을 불러일으켜, 각 민족에게 전파되는 영원한 복음의 기조를 좇아 하늘과 땅과 바다와 물들의 근원을 만드신 이를 경배하자(계 14:7). 그의 지으신 모든 것들아, 그가 다스리시는 모든 곳에서 그를 송축하라. 그러므로, 내 영혼아 여호와를 송축하라!

제 — 2 — 장

개요

본 장은 창조 역사에 덧붙여져 있는 하나의 부록과 같은 것으로서, 주로 이 낮은 세상의 가장 고귀한 존재인 사람과 직접 관계되는 내용을 구체적으로 부연 설명하는 것이다. 여기에는 다음의 내용들이 담겨 있다. I. 안식일을 제정하시고 거룩하게 하심. 안식일은 사람을 위하여, 사람의 거룩함과 위로를 증진시키기 위하여 만들어진 것이다(1-3절). II. 온 세상의 중심이요 요체인 사람 창조에 대한 좀 더 상세한 기사(1-7절). III. 에덴동산에 대한 묘사와, 또한 율법과 언약의 의무 아래서 사람을 거기에 두심(8-17절). IV. 여자의 창조, 남자와의 결혼, 그리고 결혼 규례의 제정(18절 이하).

1 천지와 만물이 다 이루어지니라 2 하나님이 그가 하시던 일을 일곱째 날에 마치시
니 그가 하시던 모든 일을 일곱째 날에 안식하시니라 3 하나님이 그 일곱째 날을 복
되게 하사 거룩하게 하셨으니 이는 하나님이 그 창조하시며 만드시던 모든 일을
마치시고 그 날에 안식하셨음이니라

여기에는 다음의 기사가 기록되어 있다.

I. **자연의 왕국이 정돈되고, 하나님께서 창조의 역사를 마치시고 쉬심**(1, 2절). 여기서 관찰하라. 1. 하늘과 땅에 지어진 피조물들은 만군 혹은 군대인데, 이는 그 수가 무수한 것을 나타낼 뿐 아니라, 그것들이 잘 정돈되어 있고 질서를 갖추었으며 명령 아래 있는 것을 나타낸다. 그 모든 것들이 다 모여 있으니 그 숫자도 굉장하겠지만, 각기 자기의 위치를 알고 그 위치를 지키고 있으니 더더욱 놀랍다. 하나님은 그것들을 그의 백성을 보호하고 그의 원수들을 무찌르는 군대로 사용하신다. 그는 만군의 여호와, 즉, 이 모든 만물의 주인이신 것이다(단 4:35). 2. 하늘과 땅은 이미 완성된 개체들이요 그 속에 있는 모든 피조물들도 그렇다. 하나님의 일은 너무도 완전하여 그것에 덧붙일 것도 없고 제거할 것도 없다(전 3:14). 세우기 시작하신 하나님은 스스로 완성할 능력이 있

음을 충족히 보여주신 것이다. 3. 엿새 동안의 일이 끝난 후 하나님께서는 창조의 모든 일을 그만두셨다. 그렇게 창조의 일을 끝마치셨으나 그는 그의 섭리로 지금까지 일하시며(요 5:17), 모든 만물들을 보존하시고 다스리시나, 새로운 종(種)의 피조물을 만드시지는 않는다. 이적들을 통해서 자연을 통제하시고 지배하시지만 자연의 정해진 과정을 변경하지는 않으시며, 그 세워진 질서에서 무엇을 제거하거나 덧붙이지도 않으시는 것이다. 4. 영원하신 하나님은 그 자신을 누리시며 무한히 행복하시지만 그 자신이 손으로 행하신 일에서 만족을 취하셨다. 그는 마치 피곤에 지치셔서 쉬신 것이 아니라, 그 자신의 선하심과 영광을 드러내 주는 역사에 심히 기뻐하시며 쉬신 것이다.

Ⅱ. 안식일을 거룩하게 하심으로써 은혜의 왕국이 개시됨(3절). 그는 그 날에 쉬시고 그의 피조물들 중에서 안락을 취하셨으며, 그 날을 거룩하게 하시고, 그 날을 창조주 안에서 쉬며 안락을 누릴 날로 우리에게 지정해 주셨다. 제4 계명에서는 그가 쉬셨다는 것이 엿새 동안의 수고가 끝나고 우리가 쉬어야 할 이유로 제시된다. 관찰하라. 1. 칠일 중 하루를 거룩한 쉼과 거룩한 일을 위한 날로 엄숙히게 준수하여 하나님을 존귀하게 하는 것이 하나님께로부터 거룩한 안식일을 계시 받은 모든 사람들의 필수적인 의무다. 2. 안식일을 거룩하게 지키는 길이 선한 옛 길이다(렘 6:16). 안식일은 세상의 역사만큼이나 오랜 것이다. 그러므로 이제 무죄한 상태에서 제정된 이 안식일이 족장 시대에도 하나님의 백성들이 신앙적으로 준수하였다는 것을 의심할 이유가 하나도 없다. 3. 여호와의 안식은 진정 존귀한 것이요 따라서 우리는 그것을 존귀하게 높여야 마땅하다. 그것이 고대로부터 내려온 것이요, 그것이 거룩하신 하나님께서 친히 안식하심으로써 거룩하게 하신 것이요, 또한 우리의 첫 조상이 무죄한 상태에서 하나님께 순종하여 지킨 것이기 때문이다. 4. 안식일은 복된 날이다. 하나님이 그 날을 복 주셨고, 그가 복 주시는 것은 진정 복되니 말이다. 하나님이 그 날에 존귀를 더하셨고, 우리가 그 날에 그를 찬양하도록 지정하셨으며, 또한 그 날에 그가 우리를 만나사 복 주실 것을 약속하셨다. 5. 하나님이 거룩하게 하셨으므로 안식일은 거룩한 날이다. 하나님은 그 날을 주중의 다른 날들과 분리시키시고 구별하셨으며, 그를 섬기고 높이는 일을 위하여 특별히 그 날을 거룩하게 세우셨다. 우리가 지키는 기독교의 안식일이 창조 때부터 계산할 때에 주의 일곱째 날이 아니라 첫 날이라는 것을 흔히 당연하게 받아들인다.

그러나 이 기독교의 안식일에 우리는 하나님의 아들의 안식과 우리의 구속의 역사의 완성을 경축하며, 본래 안식일을 제정하신 사실에 대한 믿음과 창조의 역사를 경축하는 자세로 행함으로써 위대하신 창조주 하나님께 존귀를 돌려야 마땅하다. 그는 과연 그 날에 회집하는 모든 성도들에게서 송축과 존귀와 찬양을 받으시기에 합당하신 분이시다.

4이것이 천지가 창조될 때에 하늘과 땅의 내력이니 여호와 하나님이 땅과 하늘을
만드시던 날에 5여호와 하나님이 땅에 비를 내리지 아니하셨고 땅을 갈 사람도 없
었으므로 들에는 초목이 아직 없었고 밭에는 채소가 나지 아니하였으며 6안개만
땅에서 올라와 온 지면을 적셨더라 7여호와 하나님이 땅의 흙으로 사람을 지으시
고 생기를 그 코에 불어넣으시니 사람이 생령이 되니라

이 단락에서는 다음의 내용을 접하게 된다.

I. **지금까지 접하지 못했던 창조주의 이름이 여기서 제시되는데, 바로 여호와가 그것이다.** 영역본에서는 줄곧 대문자로 "LORD"로 표기하여 원래 그것은 여호와라는 것을 나타내고 있다. 1장에서는 엘로힘(능력의 하나님)이라 불리셨으나, 이제는 여호와 엘로힘이라 불리시는데, 이는 곧, 능력과 완전의 하나님, 즉 완성하시는 하나님(finishing God)이란 뜻이다. 하나님께서 약속하신 바를 이행하시는 것으로 나타나실 때에 그가 이 이름 여호와로 자신을 알리시는 것을 보는데(출 6:3), 여기서는 그가 자신이 시작하신 일을 완성하시고 난 후에 그 이름으로 알려지시는 것을 보게 된다. 여호와는 하나님의 위대한 비공유적(非共有的)인 이름으로서, 그가 스스로 자신의 존재를 지니시며 또한 만물에게 존재를 주시는 분이심을 나타낸다. 이제 천지가 완성되었으니 그가 과연 이 이름으로 불리시는 것이 지극히 적절하다 할 것이다.

II. **식물과 채소가 생겨난 것에 대해 다시 한 번 주목하는데, 이는 그것들이 사람의 식물로 지정되었기 때문이다**(5, 6절). 여기서 관찰하라. 1. 땅이 스스로 자신의 고유한 능력으로 그런 열매들을 낸 것이 아니라 순전히 하나님의 전능하신 능력으로 말미암아 각 초목과 채소가 형성되었고 그것이 땅에서 자라났다. 이처럼 영혼 속에 주어진 은혜도, 그 유명한 식물도, 본성의 밭에서 스스로 자라는 것이 아니라, 하나님 직접적인 역사하심의 결과로 자라나는 것이다.

2. 비 역시 하나님의 선물이다. 여호와 하나님이 비를 내리게 하시기까지 비가 오지 않았다. 비가 오지 않으면 하나님이 비를 막으시는 것이요, 비가 때를 맞추어 풍성하게 내리면 그것은 곧 하나님이 비를 멈추게 하여 어떤 성읍에는 내리고 어떤 성읍에는 내리지 않게 하시는 것이다(암 4:7). 3. 일상적으로는 하나님께서 수단을 통하여 일하시지만, 그는 그것에 매여 계신 것이 아니요 따라서 그가 기뻐하시면 그런 수단이 없이도 자신의 일을 행할 수 있으시다. 해가 만들어지기 전에 식물이 생겨났던 것처럼, 땅에 비도, 경작할 사람도 생겨나기 전에 이미 식물이 있었다. 그러므로 물론 수단을 무시하여 하나님을 시험해서는 안 되겠으나, 수단이 없을 때에라도 하나님을 신뢰해야 하는 것이다. 4. 하나님께서는 그가 친히 심으시는 식물들을 자신의 방법으로 물 주시고 보살피실 것이다. 아직 비가 없었으나 하나님은 안개를 만드셨고, 그것으로 온 지면을 적시게 하셨다. 그리하여 그는 지극히 미약한 수단을 통하여 자신의 목적을 이루심으로써, 심히 큰 능력이 하나님께 있음을 드러내셨다. 하나님의 은혜는 마치 안개나 고요한 이슬처럼 내리며, 소리 없이 교회를 적시는 것이다(신 32:2).

III. 사람 창조에 대한 좀 더 구체적인 기사(7절). 사람은 하늘과 땅, 영혼과 육체로 이루어져 있는 작은 세상이다. 그런데 여기서 그 둘의 기원과 또한 그 둘을 함께 결합시키는 기사를 보게 된다. 이를 진지하게 살피고, 또한 우리를 지으심이 심히 기묘하나이다 라고 아뢰어 우리의 창조주를 찬송하자(시 139:14). 족장 시대에 엘리후는 나도 흙으로 지으심을 입었다고 하며(욥 33:6), 또한 전능자의 기운이 나를 살리시느니라 라고 말하는데(4절), 이는 바로 이 역사를 지칭하는 것이다. 그러므로 관찰하라.

1. 사람의 몸의 초라한 기원과 그러면서도 기이한 그 구조. (1) 그 질료(質料)는 보잘것없었다. 사람은 땅의 흙으로 지음 받았는데, 이는 사람을 만들기에는 전혀 어울리지 않는 재료였다. 그러나 무(無)에서 세상을 지으신 그 동일한 무한하신 능력이, 그 어떤 것에도 뒤지지 않는 세상의 걸작인 사람을 만든 것이다. 사람은 땅의 표면에 얼마든지 있는 적은 흙으로 지음 받았다. 아마도 마른 흙이 아니라 안개에 적셔진 흙으로(6절) 지음 받았을 것이다. 사람은 금가루나 진주 가루, 혹은 다이아몬드 가루로가 아니라 그저 평범한 땅의 흙가루로 지음 받았다. 그리하여 사람을 가리켜 코이코스, 즉, 흙에 속한 자라 부르는 것이다(고전 15:47). 그러므로 우리 역시 흙에 속한 자들이다. 첫 사람 아담의 소생이

요 그와 성분이 동일하기 때문이다. 땅과 우리의 지상의 부모가 어찌나 서로 흡사한지, 우리가 출생한 어머니의 태를 가리켜 땅이라 부르며(시 139:15) 또한 우리가 묻히게 될 땅을 가리켜 모태라 부를 정도다(욥 1:21). 우리의 기초는 흙에 있다(욥 4:19). 우리의 구조가 흙에 속하였고, 우리 몸이 형성된 것이 마치 질그릇을 짓는 것과 유사하다(욥 10:9). 우리의 양식이 땅에서 난다(욥 28:5). 우리는 땅과 친숙하다(욥 17:14). 우리의 조상들도 땅 속에 있고, 우리 자신도 결국 그리로 가게 된다. 그러니 우리에게 자랑할 것이 무엇이겠는가? (2) 그러나 지으신 분이 위대하셨고, 그는 위대하게 지으셨다. 존재와 능력의 위대한 원천이신 여호와 하나님이 사람을 지으신 것이다. 다른 피조물들에 대해서는 창조되었고 만들어졌다고 말씀하는데, 사람에 대해서는 하나님이 그를 지으셨다고 말씀한다. 곧 지극한 정교함과 정확성으로 점진적인 과정을 통해서 만들어졌음을 뜻하는 것이다. 이 새로운 존재의 창조를 표현하기 위해서 성경 기자는 새로운 단어를 사용한다. 곧, (어떤 이들의 주장에 따르면) 토기장이가 형틀 위에서 그릇을 짓는 것에서 빌려온 단어를 사용하는 것이다. 우리는 진흙이요 하나님은 토기장이이시다(사 64:8). 사람의 몸은 기이하게 형성되었다(시 139:15, 16). **솜씨가 재료를 능가한다**(Materiam superabat opus). 우리 몸을 산 제물로(롬 12:1), 산 성전으로(고전 6:19) 드리자. 그리하면 이 보잘것없는 몸들이 속히 그리스도의 영광스러운 몸처럼 새롭게 지음 받을 것이다(빌 3:21).

2. 사람의 영혼의 고귀한 기원과 기능. (1) 영혼은 하늘의 숨을 통하여 생겨났다. 몸은 흙으로 만들어졌으나, 그것은 흙으로 된 것이 아니다. 그러므로 그것이 땅에 밀착되어 땅의 것들을 돌아본다는 것은 안타까운 일이다. 그것은 직접 하나님께로부터 왔다. 그가 그것을 몸에 집어넣으셨다(전 12:7). 마치 훗날 그가 친히 쓰신 돌비를 주어 언약궤 속에 넣게 하시고, 또한 그 자신이 짜신 우림을 흉배 속에 집어넣게 하신 것처럼 말이다. 그러므로 하나님은 영들의 조성자(造成者)이심은 물론 영들의 아버지이시다. 하나님께서 우리 속에 불어넣으신 영혼이 그를 좇아 숨쉬게 하며, 그것이 그로부터 왔으니 그를 위하여 일하게 하여야 할 것이다. 우리의 영혼이 그의 손에게서 말미암았으니 그 영혼을 그의 손에 의탁하여야 할 것이다. (2) 영혼은 흙집을 요하며, 그것이 그 흙집의 생명이요 그것을 지탱하는 것이다. 생령, 즉 산 사람이 된 것이 그것으로 말미암은 것이다. 영이 곧 사람이기 때문이다. 영혼이 생기 있게 만들지 않으면, 몸

은 가치도 없고 쓸모도 없는 혐오스러운 시체일 뿐이다. 잠시 후면 우리에게 이 영혼을 주신 하나님께 우리가 그것을 어떻게 사용하였고, 그것으로 어떻게 처신하였는지를 직고(直告)해야 한다. 그런데 그 때에 우리가 영혼을 잃어버린 것이 드러나면, 온 세상을 얻었다 해도 우리는 영원토록 망한 처지가 될 것이다. 영혼의 기원이 이렇듯 고귀하고 그 본질과 기능 또한 이렇듯 훌륭하니, 우리는 육체를 영혼보다 더 귀히 여기는 나머지 자기의 영혼을 멸시하는 어리석은 사들이 되어서는 안 될 것이다(잠 15:32). 우리 주 예수께서 맹인의 눈에 진흙을 발라주셨는데, 이 때에 그는 자신이 태초에 사람을 진흙으로 지으신 바로 그분이시라는 것을 시사하신 것으로 보인다. 또한 그는 제자들을 향하여 숨을 내쉬며 이르시되 성령을 받으라 하셨는데(요 20:22), 이 때에도 그는 자신이 태초에 사람의 코에 생명의 숨을 불어넣으신 그분이시라는 것을 시사하신 것이다. 영혼을 지으신 그분만이 영혼을 새롭게 하실 수 있는 것이다.

8여호와 하나님이 동방의 에덴에 동산을 창설하시고 그 지으신 사람을 거기 두시
니라 9여호와 하나님이 그 땅에서 보기에 아름답고 먹기에 좋은 나무가 나게 하시
니 동산 가운데에는 생명 나무와 선악을 알게 하는 나무도 있더라 10강이 에덴에서
흘러 나와 동산을 적시고 거기서부터 갈라져 네 근원이 되었으니 11첫째의 이름은
비손이라 금이 있는 하윌라 온 땅을 둘렀으며 12그 땅의 금은 순금이요 그 곳에는
베델리엄과 호마노도 있으며 13둘째 강의 이름은 기혼이라 구스 온 땅을 둘렀고 14
셋째 강의 이름은 힛데겔이라 앗수르 동쪽으로 흘렀으며 넷째 강은 유브라데더라
15여호와 하나님이 그 사람을 이끌어 에덴 동산에 두어 그것을 경작하며 지키게 하
시고

사람은 육체와 영혼으로 이루어졌다. 육체는 흙으로 지음 받았고, 이성적인 불멸의 영은 하늘의 숨결로 불어넣어졌다. 이 단락에서 우리는 육체와 영혼 모두의 행복을 위해 하나님이 배려하시는 것을 보게 된다. 사람을 지으신 하나님은 그가 행복하도록 보살피신 것이다. 사람의 각 부분 중 감각의 세계와 연관된 부분이 행복을 누리게 되었다. 그가 하나님의 낙원에 있게 되었기 때문이다. 그리고 영의 세계와 연관된 부분도 보살핌을 받았다. 그가 하나님과의 언약 속에 있게 되었기 때문이다. 벌레에 불과한 사람이 과연 무엇이기에 이토

록 위엄 있게 된단 말인가! 여기서 살펴보라.

I. **에덴 동산에 대한 묘사.** 이는 이 위대한 주인인 사람의 저택과 영지(領地)로서, 이 왕의 궁궐로서 베풀어진 것이다. 영감을 받은 성경 기자는 이 역사에서 먼저 유대인을 위하여, 또한 유아 상태의 교회를 위하여 서술하고 있으므로 겉으로 감각적으로 드러나는 것들로 사물을 묘사하며, 그것들 속에 드리워져 있는 신비한 것들에 대해서는 나중에 신적인 빛을 더 밝히 발견한 후에 깨닫게 되도록 남겨 두는 것이다. 신령한 것들은 단단한 식물로서 그들이 아직 감당할 수 없는 것이었다. 그리하여 그는 그들을 육신에 속한 자로 대하고서 기록하는 것이다(고전 3:1). 그러므로 그는 아담의 외형적인 상태를 주로 강조하고 그의 영적인 행복에 대해서는 거의 언급하지 않는다. 모세의 역사나 모세의 율법은 하늘에 속한 것들 그 자체보다는 하늘에 속한 것들의 모형들을 지니는 것이다(히 9:23). 관찰하라.

1. 아담의 거주지로 지정된 곳은 동산이었다. 황금으로 둘러싸인 상아 궁이 아니라 동산으로서 인위적인 것이 아니라 자연으로 장식된 곳이었다. 사람이 휘황찬란한 건물들을 자랑할 이유가 과연 어디 있는가! 무죄의 상태에서 사람이 진정한 행복을 누리고 있을 때에는 그런 것들이 전혀 필요 없었으니 말이다. 의복이 죄와 더불어 생겨난 것처럼 집들도 마찬가지다. 하늘이 아담의 집의 천장이었으니, 그만큼 멋지게 장식된 천장이 없었다! 땅이 그의 마루였으며, 그 어떠한 마루도 아담의 마루처럼 훌륭하게 아로새겨진 것은 없었다. 나무 그늘이 그의 휴식처였다. 그 그늘 아래가 그의 식당이요 그의 거실이었으니, 그 어떠한 방도 이처럼 세련된 것이 없었다. 솔로몬의 궁궐이 아무리 찬란하다 해도, 이것에는 비길 수가 없었다. 우리 스스로 검소한 것들에 잘 적응할수록, 또한 사람의 교만과 화려함을 드높이기 위해 발명된 저 인공적인 것들에 탐닉하는 것이 적을수록, 무죄의 상태에 그만큼 더 가까이 접근하게 되는 것이다. 자연은 작으면서도 가장 자연스러운 것으로 만족하며, 또한 은혜는 그보다 더 적은 것으로 만족하며 그 어떠한 것에 대해서도 욕심을 내지 않는 법이다.

2. 이 동산의 시설과 가구는 하나님의 지혜와 능력으로 직접 지으신 것이다. 여호와 하나님이 이 동산을 창설하셨다. 즉, 땅의 열매들이 만들어진 셋째 날에 이미 그 동산을 창설하셨다. 그 동산이야말로 해 아래 존재한 장소 중에 가장 유쾌하고 즐거운 곳이었을 것이라 생각해도 무방할 것이다. 모든 것이 충족

하신 하나님께서 친히 그의 사랑하시는 피조물인 무죄한 상태에 있는 사람의 행복을 위하여, 또한 택하신 남은 자들의 영광 중에 누리게 될 행복의 모형과 그림자가 되도록, 계획하신 것이니 말이다. 하나님께서 친히 베푸시고 지정하신 것 외에는 그 어떠한 즐거움도 영혼에 만족을 줄 수가 없는 것이다. 하나님께서 심으신 것 외에는 진정한 낙원은 없는 것이다. 우리 자신이 불을 피우고 횃불을 둘러 밝힐 수 있으나, 그것은 곧 꺼져버리고 우리는 다시 어둠 속에 있게 될 것이다(시 50:11). 타락 이후와 홍수 이후의 세상과 비교하면 온 땅 전체가 낙원이었다. 오늘날 세상에 아무리 멋진 동산이 있다 해도, 사람으로 인하여 저주를 받기 이전의 온 지면과 비교하면 그것은 광야에 지나지 않는다. 그러나 그것으로 끝나지 않았다. 하나님께서 아담을 위하여 친히 동산을 창설하신 것이다. 하나님의 택하신 자들은 특별한 호의를 받게 될 것이다.

3. 이 동산의 상황은 지극히 감미로웠다. 이 동산은 에덴에 있었는데, 이는 즐거움과 기쁨을 뜻한다. 지역과 경계로써 이 동산의 장소를 구체적으로 지적한 것은, 아마도 모세가 기록할 때에 그 지역을 잘 알던 자들이 그 장소를 분명하게 알도록 하기 위해서 모세가 그렇게 기록한 것일 것이라 여겨진다. 그러나 오늘날에는 이에 대해 호기심이 있더라도 아무도 분명히 알 수가 없다. 우리로서는 우리가 하늘의 낙원에 들어가리라는 것을 확실히 하는 것이 중요하며, 따라서 이 땅의 낙원의 장소에 대해 이리저리 궁금해할 필요가 없는 것이다. 그 동산이 어디에 있었든지 간에 분명한 것은, 그 곳이 모든 필요한 설비들이 다 되어 있었으나 인위적으로 만든 시설들(집이나 정원 따위의 것들)은 하나도 없었다는 것이다. 상황에 맞는 아름다움과 온 땅의 기쁨과 영광이 이 동산에 있었다. 그것은 분명 땅의 최고의 완전한 상태였다.

4. 이 동산에 심겨진 나무들. (1) 나머지 다른 땅에 있는 것과 동일한 온갖 아름답고 귀한 나무들이 거기에 있었다. 각종 나무들이 아름답게 장식되어 있어서 — 그 키와 넓이, 그 생김새와 색깔, 그 잎사귀와 꽃들로 — 보는 사람의 눈을 즐겁게 해주었다. 각 나무에는 또한 맛도 좋고 몸에도 유익하며 양식으로 귀하게 사용될 만한 열매들이 풍성하게 열렸다. 따뜻하신 아버지 하나님께서는 아담의 유익은 물론 그의 즐거움까지도 고려하신 것이다. 무죄한 상태와 일치하는 즐거움이 있고, 아니, 무죄한 상태에는 참되고 초월적인 즐거움이 있는 법이다. 하나님은 그의 종들의 번성을 기뻐하시며 그들을 편안하게 해주고자

하신다. 그러니 그들이 편안하지 못하다면 그것은 그들 자신의 탓이다. 하나님의 섭리로 말미암아 우리가 풍요로움과 즐거움의 에덴에 있게 되면, 우리는 그가 우리에게 주시는 그 선한 것들을 풍성히 누리며 마땅히 기쁨과 즐거운 마음으로 하나님 여호와를 섬겨야 할 것이다. (2) 다른 곳에는 없는 두 그루의 특별한 나무들이 거기에 있었다. [1] 동산 가운데에는 생명 나무가 있었는데, 이는 아담에게 그의 생명의 근원과 주인을 생각하게 해 주는 상징물(memorandum)도, 실제로 생명을 보존하게 하고 길게 연장시키는 자연적인 수단도 아니었고, 오히려 아담에게 주로 하나의 표(標:sign)와 인(印:seal)으로 주어진 것이었다. 즉, 창조주의 은혜와 호의로 말미암아 그가 이 무죄와 순종의 상태에 계속해서 있는 것을 조건으로 하여 그에게 불멸(不滅)과 영원한 복락이 주어질 것임을 확신하게 해주는 것이었다. 그런 조건이 충족될 때에 이것을 먹고 살게 하기 위함이었다. 그리스도는 우리에게 생명 나무가 되시며(계 2:7; 22:2), 또한 생명의 떡이 되신다(요 6:48, 53). [2] 선악을 알게 하는 나무도 있었다. 그 나무를 그렇게 부르는 것은 그것이 유익한 지식을 갖게 하거나 증가시켜 주는 어떤 능력을 지니고 있었기 때문이 아니라(만일 그러했다면 이 나무의 열매를 먹는 것이 금지되지 않았을 것이다), 첫째로, 이 나무에 관한 하나님의 뜻이 분명하게 계시되었으므로 그것을 통하여 사람이 도덕적인 선과 악을 알게 되었기 때문이다. 선이란 무엇인가? 이 나무의 열매를 먹지 않는 것이 선하다. 모든 다른 도덕적인 선과 악 사이의 구별은 본성적으로 사람의 마음에 기록되어 있다. 그러나 이것은 하나님의 분명한 법의 결과로 주어진 것으로 이 나무에 기록되어 있었던 것이다. 둘째로, 후에 그 나무의 열매를 먹었을 때에 아담이 선을 상실함으로써 선을 체험적으로 알게 되었고, 또한 악을 지각함으로써 악을 체험적으로 알게 되었기 때문이다. 은혜 언약의 조건이 믿는 사람은 구원을 얻을 것이라와 또한 믿지 않는 사람은 정죄를 받으리라인 것처럼(막 16:16), 무죄 상태의 언약에는 "이를 행하라 그리하면 살리라"라는 조건과(이는 생명 나무로써 인쳐지고 확증되었다), 동시에 "행하지 말라 그리하면 죽으리라"라는 조건이 있었고, 아담은 다른 나무를 통해서 이 후자의 조건을 확신한 것이다. "이를 만지면 화가 있으리라." 그리하여 이 두 나무에서 하나님께서는 아담 앞에 선과 악을, 그리고 복과 저주를 제시하신 것이다(신 30:19). 이 두 나무는 두 성례와도 같은 것이었다.

5. 이 동산에 물을 공급한 강들(10-14절). 이 네 강들(혹은 한 강에서 나뉜 네 지류들)이 이 동산의 아름다움과 비옥함에 크게 기여하였다. 소돔 땅은 **물이 넉넉하여 여호와의 동산 같았다고** 한다(13:10). 관찰하라. 하나님께서는 동산을 창설하시고 거기에 물이 넉넉하게 보살피신다. 의의 나무들이 시냇가에 심겨진다(시 1:3). 하늘의 낙원에는 이보다 무한히 더 훌륭한 강이 있다. 그것은 생명수 강물로서 이 강처럼 에덴에서 흘러나오는 것이 아니라 하나님과 어린양의 보좌로부터 나오는 강이요(계 22:1) **하나님의 성을 기쁘게 하는** 시내인 것이다(시 46:4). 힛데겔과 유브라데는 바벨론의 강들인데, 이에 대해서는 다른 곳에서도 언급된다. 포로로 잡혀간 유대인들이 이 강들 가에서 **시온을 기억하며** 울었다(시 137:1). 그러나 그들은(우리도 마찬가지다) 에덴을 기억하며 더 크게 울어야 했다. 아담의 낙원이 그들에게는 감옥이었다. 죄가 그런 몹쓸 결과를 가져온 것이다. 하윌라 땅에 대해서는, **그 땅의 금은 순금이요 그 곳에는 베델리엄과 호마노도 있었다고** 말씀한다(12절). 하윌라 땅이 자랑하는 재물은 에덴 땅의 영광에 비하면 박(箔: foil)에 불과하다는 것을 드러내기 위함인 것이 틀림없다. 하윌라에는 금과 향신료와 보석들이 있었다. 그러나 에덴에는 그보다 무한히 더 좋은 것이 있었고, 생명 나무는 물론 하나님과의 교제가 있었다. 그러므로 우리는 아프리카인들과 인도인들에 대해서 이렇게 말할 수 있을 것이다: "그들에게는 금이 있으나 우리에게는 복음이 있다. 그들의 땅에서 나는 금은 좋으나, 우리의 복음의 풍성한 것이 그보다 무한히 더 낫다."

Ⅱ. 이 즐거움의 낙원에 사람을 두심(15절). 여기서 관찰하라.

1. 하나님이 그를 그 곳에 두어 소유하게 하심: **여호와 하나님이 그 사람을 이끌어 에덴 동산에 두시고**(8, 15절). 여기서 주목하라. (1) 사람은 낙원 **바깥에서** 지음 받았다. 하나님이 사람을 지으신 후에 그를 이끌어 동산에 두셨기 때문이다. 사람은 낙원의 흙이 아니라 일반 흙으로 지음 받은 것이다. 그는 먼저 에덴 바깥에 있다가 그리로 들어가 살게 되었는데, 이는 그가 낙원에서 누리는 모든 위로들이 하나님의 값없는 은혜 덕분이라는 것을 알게 하기 위함이었다. 그는 동산에서 출생한 것이 아니니 동산에 대해 소유권을 주장할 수 없었으며, 자신이 받지 않은 그 어떠한 것에 대해서도 소유권을 주장할 수 없었다. 그러므로 그는 영원토록 자랑할 것이 아무것도 없었다. (2) 사람을 존재하게 하신 주인이신 그 하나님이 동시에 사람의 복락을 베푸시는 주인이셨다. 그를 생령으로

만드신 동일한 손길이 그를 위하여 생명 나무를 심으셨고 또한 그를 그 나무 옆에 두신 것이다. 우리를 지으신 하나님만이 우리를 행복하게 하실 수 있다. 우리의 몸을 조성하시며 또한 우리의 영의 아버지이신 그분만이, 오로지 그 분만이, 육체와 영혼의 복락을 주실 수 있는 것이다. (3) 우리가 어떤 처지에 있든지 하나님께서 우리보다 앞서 가시며 우리를 그 속에 두셨다는 것을 분명히 깨달으면, 우리에게 큰 위로가 생긴다. 우리가 억지로 섭리를 거스르지 않고 그것을 좇았다면, 그리고 섭리가 우리에게 지시하는 방향의 암시들을 취하였다면, 전혀 기대할 수 없는 곳에서도 낙원을 찾게 될 소망을 가질 수 있을 것이다. 시 47:4을 보라.

2. 하나님이 그에게 할 일과 의무를 지정하심. 하나님이 그를 동산에 두신 것은 리워야단을 물 속에 두셔서 거기서 놀게 하신 것과는 다르다. 동산을 관리하고 유지하게 하기 위해 그를 거기에 두신 것이다. 낙원 그 자체는 일을 면제받는 곳이 아니었던 것이다. 여기서 주목하라. (1) 우리 중에 한가하게 놀도록 세상에 보냄 받은 사람은 아무도 없다. 우리를 몸과 영혼으로 지으신 하나님은 우리에게 무언가 일할 것을 주셨다. 이 땅을 우리의 거처로 주신 하나님은 우리를 일하는 존재로 지으신 것이다. 고귀한 혈통이나 큰 재산, 혹은 큰 통치 영역, 혹은 완전한 무죄함, 혹은 순수한 사고 능력, 혹은 작은 가족 등이 사람에게 편안히 지내도 괜찮은 요건이 될 수 있었다면, 아담은 일을 맡게 되지 않았을 것이다. 그러나 우리에게 존재를 주신 하나님은 우리에게 할 일을 주셨고, 그와 우리의 세대를 섬기며 우리의 구원을 이루어가게 하셨다. 그러므로 우리의 할 일을 하지 않으면 우리의 존재와 삶이 유지될 가치도 없는 것이다. (2) 세속적인 직업을 갖는 것이 무죄한 상태와 또한 하나님과 교제하는 삶과 일치한다. 하늘의 자녀들과 상속자들은 이 세상에 있는 동안 이 땅에 대해서 무언가 할 일이 있으니, 그것을 위하여 시간과 생각을 쏟아야 한다. 그리고 하나님께 시선을 두고 그 일을 행하면, 그 일을 행할 때에도 무릎을 꿇을 때와 똑같이 진정 하나님을 섬기는 것이다. (3) 농부의 소명은 역사가 오랜 것이요 존귀한 소명이다. 심지어 낙원에서도 그것이 필요했다. 에덴 동산에서는 가라지는 뽑을 필요가 없었으나(가시와 엉겅퀴가 아직 나타나지 않았다), 그럼에도 불구하고 관리와 유지가 필요했다. 자연이 그 원시의 상태에서도 인간의 기술과 근면으로 개선될 여지가 남겨져 있었던 것이다. 이는 정욕을 위해서가 아니

라 삶을 위해서 필요한 것들을 마련하고, 창조주를 앙모하며 그의 섭리를 인정할 기회를 주는 것으로, 무죄의 상태에 있는 사람에게는 지극히 적절한 소명이었다. 손은 나무들에게 가 있으나, 마음은 그의 하나님과 함께 있게 해주는 것이었다. (4) 하나님께서 우리를 부르시고 맡기시는 일에는 진정한 즐거움이 있다. 아담의 일은 낙원의 즐거움을 줄여주는 것이기는커녕 오히려 더 크게 해주는 것이었다. 만일 게을렀다면, 그는 행복을 누리지 못했을 것이다. 일하지 않는 자는 먹지도 말아야 한다는 것이 지금도 여전히 법인 것이다(살후 3:10; 잠 27:23).

III. 하나님께서 무죄한 상태에 있는 사람에게 주신 명령, 그리고 그와 맺으신 언약. 지금까지 우리는 하나님을 사람을 지으신 전능한 창조주요 풍성한 은덕을 베푸시는 분으로 바라보았다. 그런데 이제 그는 사람의 통치자(Ruler)요 입법자(Lawgiver)로 나타나신다. 하나님이 아담을 에덴 동산에 두신 것은, 거기서 그 마음대로 살게 하고자 함이 아니라 통치 아래 있게 하기 위함이었다. 이 세상에서 아무것도 하지 않고 게으름을 피우는 것이 우리에게 허용되지 않는 것처럼, 또한 우리 마음대로 아무 일이나 하며 지내는 것도 허용되지 않는 것이다. 하나님께서 사람에게 피조물들을 다스리는 권한을 주셨으나, 이 때에 그는 사람이 여전히 그의 창조주 하나님의 통치 아래 있음을 알게 하고자 하신 것이다.

16여호와 하나님이 그 사람에게 명하여 이르시되 동산 각종 나무의 열매는 네가 임의로 먹되 17선악을 알게 하는 나무의 열매는 먹지 말라 네가 먹는 날에는 반드시 죽으리라 하시니라

여기서 관찰하라.

I. 이성과 자유 의지를 지닌 피조물인 사람을 다스리시는 하나님의 권위. 여호와 하나님은, 지금 하나의 공적인 인격으로서, 온 인류의 조상이요 대표자로서 서 있는 사람에게 그 자신과 모든 그의 자손들을 위하여 법을 받을 것을 명하셨다. 하나님은 모든 피조물들에게 그들의 역량에 따라 명령을 주셨다. 그러므로 자연의 정해진 경로가 하나의 법이다(시 148:6; 104:9). 야생의 피조물들에게는 각기 나름대로 본능이 있었다. 그러나 사람은 이성적인 봉사를 행할

수 있는 능력이 있도록 지음 받았고, 그리하여 창조주의 명령뿐 아니라 왕(Prince)과 주인(Master)의 명령도 받은 것이다. 아담이 매우 위대한 사람이었고, 매우 선한 사람이었고, 매우 행복한 사람이었으나, 그럼에도 불구하고 여호와 하나님은 그에게 명령을 주셨다. 그리고 그 명령은 결코 그의 위대함을 깎아 내리는 것이 아니었고, 그의 선함을 욕되게 하는 것도, 그의 행복을 감소시키는 것도 아니었다. 하나님께서 우리를 다스리실 권한을 지니신다는 것을, 그리고 우리가 하나님께 다스림을 받아야 할 의무가 있다는 것을 시인하자. 그리고 우리 자신의 뜻이 하나님의 거룩한 뜻을 거스르거나 그것과 경쟁하는 것을 절대로 허용하지 말자.

Ⅱ. 이 권위에서 비롯된 구체적인 조치. 아담이 행할 일과 또한 그가 그의 창조주와 더불어 설 수 있는 조건을 제시하심.

1. **동산 각종 나무의 열매는 네가 임의로 먹을 수 있도록** 허용하심으로써, 아담의 현재의 행복을 확인하심. 이는 그의 보살핌과 수고에 대한 보상으로 낙원의 맛있는 열매들을 마음껏 먹을 수 있도록 자유를 주는 것이었음은 물론(고전 9:7, 10), 무엇보다 그가 순종할 경우 그에게 불멸의 생명이 주어질 것임을 확신시켜 주는 것이었다. 생명 나무가 **동산 가운데에**(9절) 있어서 그 심장과 영혼의 역할을 하고 있었으니, 하나님께서는 특히 이것을 베푸실 의향을 갖고 계셨던 것이 분명하다. 그러므로 그가 반역하자 생명 나무를 주시는 것이 취소되며, 동산의 그 어떤 나무도 그에게 금지되는 것으로 언급되지 않고 오로지 생명 나무만 먹지 못하도록 조치된 것이 언급되고 있다. **생명 나무 열매도 따먹고 영생할까 하노라**(3:22), 즉, 영원히 죽지 않고 영원히 행복을 잃어버리지도 않을까 하노라 라는 뜻이다. "네가 창조주의 뜻을 좇아 거룩하니, 계속해서 거룩하라. 그리하면 이 낙원에서나 혹은 더 나은 곳에서나 창조주의 은혜 가운데서 계속해서 행복을 누리리라." 그리하여, 아담은 완전히 인격적으로, 또한 영구적으로 순종하면 그 자신과 그의 후손들에게 영원토록 낙원의 복락이 있을 것임을 확신하였다.

2. 아담의 순종에 대한 시험. 이것에 실패하면 그의 모든 행복이 몰수당할 것임을 전제함. "생명 나무 바로 가까이 서 있는(두 나무 다 **동산 가운데에** 있는 것으로 말씀하고 있다) **선악을 알게 하는 나무의 열매는 먹지 말라 네가 먹는 날에는 반드시 죽으리라.**" 이는 마치 이런 뜻과도 같다: "아담아, 지금 네 선한 행실

이 네 운명을 가름하며, 네가 낙원에서 시험에 부쳐지고 있음을 알라. 지키고 순종하라. 그리하면 네가 영원히 있으리라. 그렇지 않으면 지금 네가 행복한 만큼 비참해지리라." 여기서,

(1) 아담은 불순종할 경우 죽음을 당할 것을 위협받는다. 네가 … 반드시 죽으리라. 앞에 주어진 동산 각종 나무의 열매는 네가 임의로 먹되 라는 조건이 자유롭고도 충만한 허용을 나타내는 것처럼, 이는 형벌이 확실하고도 처참할 것임을 나타낸다. 관찰하라. [1] 무죄한 상태에 있는 아담도 위협을 받아 두려움 아래 있었다. 두려움은 영혼을 제어하는 수단 중의 하나다. 무죄한 상태에 있는 아담에게도 그것이 필요했다면 지금 우리에게는 얼마나 더 필요하겠는가! [2] 그가 위협받은 형벌은 죽음이었다. 반드시 죽으리라. 즉, "네게 생명 나무가 금지될 것이요 그 나무가 뜻하는 모든 선한 것들과 네가 누리거나 바라는 모든 행복이 금지될 것이며, 네가 죽음을 당할 처지가 될 것이요, 죽음에 앞서며 또한 죽음에 뒤따르는 모든 비참한 것들을 당할 처지가 될 것이다." [3] 이 위협은 죄의 즉각적인 결과로 주어진 것이다. 네가 먹는 날에는 반드시 죽으리라. 즉, "네가 죽을 처지가 될 것이요, 불멸의 상태가 취소될 것이며, 네게서 보호가 사라질 것이다. 정죄받은 악행자가 법적으로 죽음에 처해지듯이 네가 죽음을 맞게 될 것이다"(단, 아담이 인류의 뿌리가 될 것이었으므로 그에 대한 형벌이 연기된 것이다). "아니 죽음의 징조와 전조가 즉시 너를 사로잡을 것이요, 이후로 너의 삶은 죽어가는 삶이 될 것이다. 그리고 이 일이 반드시 일어날 것이요, 이 것이 정해진 법칙이다. 죄 범한 영혼은 반드시 죽으리라."

(2) 아담은 선악을 알게 하는 나무의 열매를 먹지 말라는 실정법으로 시험을 받는다. 그런데 이와 같은 명령으로 그의 순종을 시험하는 일은 다음과 같은 점에서 볼 때에 지극히 적절했다. [1] 그 시험의 이유가 순전히 입법자이신 하나님의 뜻에서 비롯된다는 점. 아담은 그 자체로서 악한 것에 대해서는 그의 본성 속에 반감을 지니고 있었다. 그러므로 오로지 하나님께서 금하셨기 때문에 악이 되는 것으로 시험을 받은 것이다. 그리고 그것이 작은 일이었으므로 그의 순종을 시험하기에 더욱 합당했다. [2] 그 시험의 제재(制裁)가, 부패한 인간의 본성에서 죄의 두 가지 큰 근원들로 작용하는 육체와 마음의 욕구들에 대해 드리워진다는 점. 이 금지는 감각적인 쾌락을 향한 그의 성향과 또한 호기심 있는 지식에 대한 그의 갈망을 함께 점검하는 것이었고, 이 금지를 통하여 그의

몸이 그의 영혼의 다스림을 받고, 그의 영혼이 하나님의 다스림을 받게 하고자 하는 것이었다.

무죄한 상태에 있는 사람은 이렇듯 편안했고, 이렇듯 행복했으며, 이것을 누리기 위해 마음이 바랄 법한 모든 것을 다 갖고 있었다. 하나님이 그에게 얼마나 좋으셨던가! 그가 사람에게 얼마나 많은 호의를 베푸셨던가! 그가 사람에게 주신 법이 얼마나 쉬웠던가! 그가 사람과 맺으신 언약이 얼마나 친절했던가! 그런데도 사람은 이런 존귀한 상태에 있으면서도 그 자신에게 유익이 되는 것을 깨닫지 못했고, 곧 멸망하는 짐승 같이 되어 버리고 말았다.

[18]여호와 하나님이 이르시되 사람이 혼자 사는 것이 좋지 아니하니 내가 그를 위하여 돕는 배필을 지으리라 하시니라 [19]여호와 하나님이 흙으로 각종 들짐승과 공중의 각종 새를 지으시고 아담이 무엇이라고 부르나 보시려고 그것들을 그에게로 이끌어 가시니 아담이 각 생물을 부르는 것이 곧 그 이름이 되었더라 [20]아담이 모든 가축과 공중의 새와 들의 모든 짐승에게 이름을 주니라 아담이 돕는 배필이 없으므로

여기서 다음의 사실들을 보게 된다.

I. **창조주께서 사람을 보살피시며 아버지로서 그에게 위로를 베푸신 실례**(18절). 하나님께서는 아담에게 명령을 주심으로써 그가 종이라는 것을 알게 하셨으나(16, 17절), 여기서는 아담으로 하여금 순종하도록 격려하시기 위하여 자신이 친구이시며 그것도 가장 친한 친구로서 그에게 만족을 주시는 분이심을 알게 하신다. 관찰하라.

1. 하나님은 은혜롭게도 그가 혼자 사는 것을 측은히 여기셨다. **사람이 혼자 사는 것이 좋지 못하니.** 윗 세상에는 천사들이, 또한 아랫 세상에는 짐승들이 있었으며 그 중간에 아담이 있었으나, 그와 동일한 본성과 지위를 지닌 존재가 하나도 없었고, 그가 친숙하게 교류를 나눌 자가 하나도 없었으니, 진실로 그가 혼자였다고 말할 수 있을 것이다. 이제 그를 지으신 하나님은 그보다 더 그를 잘 아셨고 또한 그에게 좋은 것이 무엇인지를 잘 아셨으므로, "그가 계속 이렇게 혼자 있는 것이 좋지 아니하다"라고 하셨다. (1) 그가 위로를 받는 일을 위해서도 좋지 아니했다. 사람은 사회적인 동물이기 때문이다. 그러므로 사람

으로서는 그 자신과 동일한 존재와 지식과 애정을 서로 나누며, 서로 지식을 주고받으며, 사랑을 주고받는 것이 즐거움이다. 여기서 하나님께서 첫 사람에 대해 하시는 말씀을 솔로몬은 모든 사람에게 적용시켜 말씀한다. **두 사람이 한 사람보다 나으니, 홀로 있는 자에게는 화가 있으리라**(전 4:9, 10). 이 세상에 오직 한 사람밖에 없다면, 그 사람은 얼마나 고독하겠는가! 완전한 독거(獨居)는 낙원을 사망으로 바꾸며, 궁궐을 지하감옥으로 바꾸어 놓을 것이다. 그러므로 이 기적이어서 이 땅에 혼자 거하기를 비라는 자는 어리석은 자들이다. (2) 인류의 증가와 존속을 위해서도 좋지 아니했다. 하나님께서는 하늘을 천사들의 세계로 가득 채우셨듯이, 태초에 세상을 사람으로 가득 채우실 수도 있었다. 그러나 의도하신 사람의 숫자를 한꺼번에 살게 하기에는 그 장소가 매우 협소하였을 것이다. 그러므로 하나님은 세대들이 계속 이어지도록 하셔서 그 숫자를 채우시는 것이 합당하다고 보셨으며, 그 세대들은 남자와 여자, 두 사람에게서 나와야 했다. 한 사람만으로는 언제까지나 한 사람으로 그칠 수밖에 없었던 것이다.

2. 하나님은 은혜롭게도 아담에게 함께 교류할 배필을 주기로 작정하셨다. 이런 작정의 결과로 그는, **내가 그를 위하여 돕는 배필을 지으리라** 라고 하셨다. 어떤 이들은 그와 같은 돕는 배필로 읽는다. 곧, 아담과 본성이 같고 지위도 같은 존재를 뜻한다고 본다. 또 어떤 이들은 그와 가까운 돕는 배필로 읽는다. 곧, 그와 함께 거주하며 언제나 옆에 함께 있는 자의 뜻으로 본다. 또 다른 이들은 그의 앞에 있는 돕는 배필로 읽는다. 곧, 기쁨으로 즐거이 그를 돌보는 자의 뜻으로 보는 것이다. 그러므로 주목하라. (1) 이 세상에서 아무리 좋은 상태에 있더라도 우리에게는 다른 사람의 도움이 필요하다. 우리가 한 몸의 지체들이요, **눈이 손더러 내가 너를 쓸 데가 없다고** 말할 수가 없다(고전 12:21). 그러므로 우리는 다른 사람들의 도움을 기꺼이 받으며 또한 기회 있을 때마다 기꺼이 다른 사람들을 도와주어야 할 것이다. (2) 우리의 필요한 것을 완전히 알고 또한 그 모든 것들을 완전히 공급해 줄 수 있는 분은 오직 하나님밖에 없다(빌 4:19). 우리의 도움은 오직 그에게만 있으며, 모든 돕는 자들이 그로부터 말미암는 것이나. (3) 적당한 아내는 돕는 자요 또한 하나님께로부터 말미암는다. 합당한지의 여부가 선택을 결정지으며 또한 서로 간에 도움을 주며 끊임없이 서로 돌보고 애쓸 때에 부부 사이의 관계가 편안할 가능성이 크다(고전 7:33, 34). (4)

부부간의 관계가 합당하면 그것이 독거(獨居)의 쓰라림을 치유하고도 남는다. 선하신 하나님과 선한 마음과 선한 아내가 있어 함께 대화할 수 있는데도 대화가 없다고 불평하는 사람은 낙원에 있었다 해도 편안하고 만족스럽지 못했을 것이다. 아담 자신에게도 그 이상 없었기 때문이다. 그러나 하와가 창조되기 전에도 아담이 혼자 있는 것에 대해 불평했다는 기사가 나타나지 않는다. 그가 혼자 있었던 것이 아니라, 아버지께서 그와 함께 계신 것을 잘 알고 있었던 것이다. 하나님과 그의 베푸시는 호의에 가장 만족하는 자들이야말로 이 세상의 삶에서 좋은 것들을 받을 가장 좋은 상태에 있으며 가장 합당한 길에 있는 것이요, 또한 무한하신 지혜자께서 선하게 보시는 대로 그것들이 그들에게 확실히 임할 것이다.

Ⅱ. **피조물들이 사람에게 굴복하며 사람이 그것들을 다스리는 실례**(19, 20절). 각종 들짐승과 공중의 각종 새를 … 그에게로 이끌어 가시니, 천사들의 사역을 통해서나 혹은 특별한 본능의 작용을 통하여 그것들을 주인인 사람에게로 이끄시고, 일찍부터 소에게 자기 주인을 알아보도록 가르치셨다. 이렇게 해서 하나님은 그가 사람에게 허락하신 재산을 소유하고 운영하도록 권한을 주셨고, 피조물들을 소유하며 다스리도록 하셨다. 하나님께서는 그것들을 그에게로 이끌어 가셔서, 그가 그것들의 이름을 짓도록 하셨고, 그리하여, 1. 그가 지식이 있다는 증거를 드러내게 하셨다. 사람은 이성과 언어의 기능을 부여받은 피조물로서 땅의 짐승들보다 더욱 가르침을 받은 존재요 하늘의 새들보다도 더욱 지혜롭게 된 존재다(욥 35:11). 2. 그가 권한이 있다는 증거를 드러내게 하셨다. 이름을 부여한다는 것은 권위의 행위이며(단 1:7), 이름을 받는다는 것은 굴복의 행위다. 열등한 피조물들은 이로써, 이를테면, 그들의 왕이 즉위할 때에 그에게 경의를 표한 것이요, 그에게 충성을 맹세한 것이다. 아담이 계속해서 그의 하나님께 신실했더라면, 피조물들 자신이 아담이 부여한 이름들을 잘 기억하였을 것이요, 어느 때든 그가 이름을 부를 때에 그에게 나아왔을 것이다. 하나님은 낮과 밤에게, 궁창과 땅에게, 바다에게 이름을 주셨고, 별들을 그 이름들로 부르시니, 이는 그가 이 모든 것들의 지고하신 주(主)이심을 보여주는 것이다. 그런데 하나님은 아담을 짐승들과 새들의 부통치자로 삼으시고 그들의 이름을 짓는 권한을 주셨다. 그를 하나님 자신의 형상대로 지으셨으므로, 이렇게 하여 자신의 존귀의 일부를 그에게 베푸시는 것이다.

III. 피조물이 사람에게 행복이 되기에 불충분하다는 하나의 실례. (이 피조물들이 다 있는데도) 아담이 돕는 배필이 없었다. 어떤 이들은 이를 아담 자신이 한 말로 이해한다. 모든 피조물들이 그에게 이름을 받으려고 쌍을 지어 나아오는 것을 보고, 아담이 그의 조물주께 자신의 소원을 이렇게 아뢴다는 것이다: "여호와여, 이것들은 모두 각기 돕는 배필이 있사온데, 나는 어찌 하오리이까? 나의 돕는 배필은 전혀 없나이다." 그러나 오히려 모든 것을 돌아보신 하나님의 판단으로 보아야 할 것이다. 그가 무수한 열등한 피조물들 중에 아담에게 적절한 배필이 있는가 하여 그 모든 것들을 그에게로 이끄셨으나, 하나도 없었던 것이다. 여기서 관찰하라. 1. 인간 본성의 위엄과 탁월함. 땅 위에 그와 같은 것이 없었고, 눈에 보이는 모든 피조물 중에서도 그에 버금가는 것이 하나도 없었다. 그 모든 것으로도 그와는 비교될 수 없었다. 2. 이 세상과 거기에 속한 것들의 허망함. 그것을 모두 다 합쳐도 사람에게 돕는 배필이 못 된다. 그것들은 그의 영혼의 본질에 합당하지 못하며, 그 필요를 채워줄 수도 없고, 그 정당한 욕구들을 만족시켜 줄 수도 없으며, 그것들이 끊이지 않고 계속해서 존속한다 할지라도 그것으로도 그와 함께 갈 수가 없는 것이다. 하나님께서는 사람을 위한 협력자가 되도록 새로운 것을 창조하시니, 여자가 아니라 여자의 후손이다.

21여호와 하나님이 아담을 깊이 잠들게 하시니 잠들매 그가 그 갈빗대 하나를 취하
고 살로 대신 채우시고 22여호와 하나님이 아담에게서 취하신 그 갈빗대로 여자를
만드시고 그를 아담에게로 이끌어 오시니 23아담이 이르되 이는 내 뼈 중의 뼈요 살
중의 살이라 이것을 남자에게서 취하였은즉 여자라 부르리라 하니라 24이러므로 남
자가 부모를 떠나 그의 아내와 합하여 둘이 한 몸을 이룰지로다 25아담과 그의 아내
두 사람이 벌거벗었으나 부끄러워하지 아니하니라

여기에는 다음과 같은 내용이 나타나 있다.

I. 아담을 위한 돕는 배필이 되도록 여자를 지으심. 이 일이 일곱째 날의 안식에 대한 기사가 나타난 다음에 여기에서 언급되고 있으나, 이 일은 아담을 낙원에 두신 일과 마찬가지로 여섯째 날에 이루어진 것이다. 앞에서 하나님이 사람을 남자와 여자로 지으셨다는 언급이 나타나는데(1:27), 여기서 그것을 좀

더 구체적으로 다루는 것이다. 관찰하라.

1. 아담이 먼저 지음 받고 그 다음에 하와가 지음 받았으며(딤전 2:13), 여자가 남자에게서, 또한 남자를 위하여, 지음 받았다(고전 11:8, 9). 이것들이, 여자들 전체가 겸손하고 정숙하며 잠잠하고 복종해야 하며, 특별히 아내들이 남편들에게 복종하며 우러러야 하는 이유로 제시된다. 그러나 사람이 모든 피조물 중에서 가장 훌륭한 존재로서 맨 마지막에 지음 받았으니, 하와가 아담 이후에 아담에게서 지음 받았다는 것은 남성의 영광으로의 여성의 존귀함을 더해 준다(고전 11:7). 남자가 머리라면 여자는 면류관이다. 곧 남편에게 면류관이 되며, 가시적인 피조 세계의 면류관인 것이다. 남자는 흙이 정제된 존재였으나 여자는 흙이 두 배나 정제된 존재요, 흙의 모습을 한층 더 벗어난 존재였던 것이다.

2. 그 아내가 지음 받는 동안 아담이 잠들었다는 것은 아담이 여기서 여호와의 영을 지도하며 그의 모사가 되었다는 상상을 할 여지를 남겨두지 않는다(사 40:13). 아담이 자기에게 돕는 배필이 없다는 것을 지각하였으나, 하나님이 그에게 돕는 배필을 주시기를 도모하신 것이요, 아담 자신은 그 일에 개의치 않았고, 모든 염려를 하나님께 맡기며, 자신과 자신의 만사를 기꺼이 조물주의 뜻과 지혜에 맡겨 버린 자로서 누워서 단잠을 잤다. 여호와 이레. 여호와께서 기뻐하시는 때에 그 기뻐하시는 자를 베푸시도록 맡겨버린 것이다. 우리가 은혜로 말미암아 하나님 안에서 안식하면, 하나님께서 은혜로이 우리를 위해서, 우리의 모든 유익을 위해서, 일하실 것이다.

3. 여호와 하나님이 아담을 깊이 잠들게 하셔서, 옆구리를 갈라도 그에게 괴로움이 없도록 하셨다. 아담이 죄를 모르는 동안, 하나님께서는 그가 고통을 느끼지 않도록 보살피신 것이다. 하나님께서는 그의 섭리로 그의 백성의 혈과 육에 괴로움을 주는 일을 행하실 때에 그들의 복지를 고려하실 뿐 아니라 은혜로 말미암아 그들의 심령을 고요하게 안돈시키셔서 예리한 수술 중에도 편안함을 누리도록 하시는 것이다.

4. 하나님께서 아담에게서 취하신 그 갈빗대로 여자를 만드셨다. 여자를 아담의 머리로 만드셔서 아담을 다스리게 하지도 않으셨고, 아담의 발로 만드셔서 아담에게 짓밟히게 하지도 않으셨고, 그의 옆구리로 여자를 만드셔서 그와 동등하게 하셨고, 그의 팔 아랫 부분으로 만드셔서 보호를 받게 하셨고, 심장 가까

운 부분으로 만드셔서 사랑받게 하신 것이다. 아담은 갈빗대 하나를 잃었으나 그의 건강에나 아름다운 모습에 전혀 손상이 없었으며(아담의 몸에 상처가 남지 않았을 것이 분명하므로), 오히려 그 대신 그를 위한 돕는 배필이 생겼으니, 이는 그가 잃어버린 것을 충족히 채우고도 남는 것이었다. 하나님께서는 그의 백성에게서 무엇을 가져가시면, 이런저런 방식으로 더 풍성하게 그것을 회복시키실 것이다. 이런 점에서(물론 다른 많은 점에서도 그렇지만) 아담은 오실 자의 그림자였다. 둘째 아담이신 그리스도께서 십자가 위에서 죽음의 깊은 잠을 자고 계시는 동안 그의 아내인 교회가 그의 옆구리로 지음 받았으니 말이다. 이를 위하여 그의 옆구리가 찢겨지고 거기서 피와 물이 흘러나왔고, 그 피로 그의 교회가 사신 바 되었고, 그 물로 교회가 깨끗하게 씻음 받은 것이다. 엡 5:25, 26을 보라.

II. 여자와 아담의 결혼. 결혼은 존귀한 것이다. 그러나 이 결혼은 하나님께서 친히 시종일관 직접 관여하신 것으로 모든 결혼 중에서 가장 존귀한 결혼이었음이 틀림없다. 결혼은 하늘에서 이루어지는 것이라고들 말하는데, 우리도 이것이 참이라는 것을 확신한다. 남자와 여자, 그리고 그 둘을 짝짓는 일이 모두 하나님 자신이 하신 일이기 때문이다. 하나님께서는 그의 능력으로 그들을 둘로 만드셨고, 이제 그의 규례로써 그들을 하나로 만드신 것이다. 이 결혼은 완전한 무죄의 상태에서 이루어진 것이요 따라서 그 이후의 그 어떠한 결혼도 이와 같은 것이 없었다.

1. 하나님께서 여자의 아버지가 되사 그녀를 남자에게로 데려가셔서 그의 제2의 자아가 되게 하셨고, 그를 위한 돕는 배필이 되게 하셨다. 그는 여자를 지으시고서 그 스스로 마음대로 하도록 내버려두지 않으셨다. 아니다. 여자는 그의 자식이었고, 따라서 그의 허락이 없이는 결혼할 수가 없었다. 믿음과 기도로, 또한 하나님의 섭리를 겸손하게 의지함으로, 스스로를 하나님의 역사하심 아래 두는 자들이야말로 모든 일이 정리되어 위로를 얻게 되는 것을 경험하게 될 것이다. 하나님이 특별하신 은혜로 만드시고 또한 하나님께서 특별하신 섭리로 데려오시는 아내야말로 남자에게 진정 돕는 배필임이 드러날 것이다.

2. 하나님께서 아담의 아버지가 되사 그에게 여자를 주셨다(23절). "이는 내 뼈 중의 뼈요 살 중의 살이라. 모든 피조물들이 주지 못했던 내가 원하던 것을 이제 얻었으니, 과연 나를 위한 돕는 배필이로다." 하나님이 우리에게 주시는 선

물들은 그 적합성에 대해 하나님의 지혜와 또한 그것을 우리에게 베푸시는 그의 호의를 겸손히 감사함으로 인정하며 기꺼이 받아야 마땅하다. 아마도 하나님께서는 아담이 잠들어 있는 동안 이상(異想) 가운데서, 이제 그에게 가까이 오는 이 사랑스러운 존재가 그 자신의 일부로 만들어졌으며 그의 배필이요 그의 언약의 아내가 될 것임을 계시하셨을 것이다. 그리하여 어떤 이들은 이를 근거로 하늘의 낙원에서는 영광을 입은 성도들이 서로를 알아볼 것이라고 주장하기도 했다. 더 나아가서, 그는 자신이 그 여자를 받아들인다는 증표로 그녀에게 이름을 주었다. 그녀에게만 해당되는 고유한 이름이 아니라 여성 전체에게 공통되는 이름을 준 것이다. **이것을 남자에게서 취하였은즉 여자** — 잇샤, 즉 여자 사람 — **라 부르리라**. 즉, 남자와 성(性)은 다르지만 본질은 동일하며, 남자에게서 만들어졌고 남자에게 합하여지는 자라는 뜻이다.

III. 결혼 규례의 제정과 그 법의 확정(24절). 안식일과 결혼이 무죄의 상태에서 제정된 두 가지 규례였다. 전자는 교회의 보존을 위한 것이요, 후자는 인류의 세계의 보존을 위한 것이었다. 마 19:4, 5에 근거할 때에, 여기서 "남자가 부모를 떠나 그의 아내와 합하여 둘이 한 몸을 이룰지로다"라고 말씀한 것은 하나님 자신이었던 것으로 보인다. 그러나 그가 이 성경의 기록자인 모세를 통해서 말씀하셨는지, 아니면 아담(23절의 화자[話者]다)을 통해서 말씀하셨는지는 확실치 않다. 아마도 아담이 하나님의 이름으로 한 말로서 이 법을 그의 모든 후손들에게 확정짓는 것으로 보아야 할 것 같다.

1. 여기서 하나님의 규례의 덕이 얼마나 큰가를 보라. 그 결속은 자연의 결속보다도 더 강하다. 우리를 낳아준 부모보다 더 끈끈하게 우리와 결속될 수 있는 사람이 누구일까? 그러나 아들은 그들을 떠나 그 아내와 하나가 되어야 하며, 딸은 그들을 잊고 남편에게 속해야 한다(시 45:10, 11).

2. 자녀가 그들의 결혼에서 부모의 동의를 얻는 것이 얼마나 필수적이며 또한 부모의 동의 없이 결혼하는 자녀들이 그 부모에게 얼마나 불의하며 부당한가를 보라. 그런 자녀들은 부모의 권리와 그들에 대한 관심사를 강탈하여 다른 사람에게 쏟아 붓는 것인데, 이는 부당하고도 부자연스러운 일이다.

3. 이처럼 가깝고 이처럼 영구히 지속되는 관계이니, 이런 관계를 나눌 상대자를 선택하는 일에 주의 깊은 생각과 기도가 얼마나 필요한지를 보라. 평생을 위한 선택이니 만큼 반드시 올바로 행해져야 하는 것이다.

4. 결혼의 결속이 얼마나 견고한지를 보라. 그 결속은 여러 아내를 두는 것으로 나눠거나 약화되어서도 안 되며(말 2:15), 음행이나 고의적으로 버려 두는 것 등의 사유 이외에는 그 어떠한 것으로도 이혼을 통해 끊어져서는 안 되는 것이다.

5. 남편과 아내 사이의 애정이 얼마나 각별해야 하는가를 보라. 그 애정은 우리 몸에 대한 애정과 같은 것이어야 한다(엡 5:28). 이 둘은 한 몸이니, 한 영혼이 되어야 할 것이다.

Ⅳ. 우리의 첫 조상들이 순결하고 무죄한 상태로 창조된 사실에 대한 증거 (25절). 그들은 모두 벌거벗었다. 그들은 추위나 더위를 막기 위한 의복이 도무지 필요 없었다. 그것들이 그들에게 해가 될 수 없었기 때문이다. 또한 장식을 위한 의복이 필요 없었다. 솔로몬의 모든 영광으로도 이들 하나만 같지 못하였다. 그들에게는 의복이 필요 없었다. 벌거벗었으나 부끄러워할 이유가 하나도 없었다. 갈대아 역본은 그들은 부끄러움이 무엇인지를 몰랐다고 읽는다. 부끄러워하며 얼굴을 붉히는 것은 지금은 덕스러운 모습이나, 그 때에는 그런 것이 없었다. 양심에 죄가 없는 자들은 등을 가려줄 의복이 없다 해도 얼굴에 부끄러움이 없을 것이다.

제 — 3 — 장

개요

모든 사정을 고려할 때에 본 장의 이야기는 성경 전체에서 접하는 가장 애처로운 이야기일 것이다. 앞 장에서 우리는 우리의 첫 조상의 거룩함과 행복, 하나님의 은혜와 사랑, 그리고 피조물 전체의 평화와 아름다움에 대한 아주 흐뭇한 묘사를 접했었다. 모든 것이 심히 좋았다. 그런데 본 장에 와서는 상황이 완전히 바뀐다. 우리의 첫 조상의 죄와 비참함, 그들을 향한 하나님의 진노와 저주에 대한 기사를 접하게 되는 것이다. 피조 세계의 평화가 깨어지고 그 아름다움에 얼룩이 생기고 더러워진다. 모든 것이 심히 나쁘다. "황금이 어찌 저리도 빛을 잃었고, 지극히 세련된 금이 어찌 저리도 변했는가!" 우리 마음이 이 기사에서 깊은 감동을 받았으면 좋으련만! 이것은 우리 모두에게 큰 영향을 미치는 사건이다. 그러니 한낱 옛 이야기로만 돌려서는 안 될 것이다. 본 장의 전체적인 내용은 이것이다. "한 사람으로 말미암아 죄가 세상에 들어오고 죄로 말미암아 사망이 들어왔나니 이와 같이 모든 사람이 죄를 지었으므로 사망이 모든 사람에게 이르렀느니라"(롬 5:12). 좀 더 구체적으로 보면 다음과 같다. I. 무죄한 자들이 시험받음(1-5절). II. 시험받은 자들이 범죄함(6-8절). III. 범죄한 자들이 심문을 받음(9-10절). IV. 심문을 받은 후 그들이 정죄 받음(11-13절). V. 정죄 받은 후 그들이 형벌을 선고받음(14-19절). VI. 형벌을 선고받은 후 그 집행이 연기됨(20-21절). VII. 형 집행이 연기되었으나, 부분적으로 형벌이 집행됨(22-24절). 여기서 약속된 후손에 의한 구속에 대한 은혜로운 암시가 없었다면, 그들과 그들의 타락한 모든 후손들은 끝없는 절망 가운데 버려졌을 것이다.

1 그런데 뱀은 여호와 하나님이 지으신 들짐승 중에 가장 간교하니라 뱀이 여자에게
물어 이르되 하나님이 참으로 너희에게 동산 모든 나무의 열매를 먹지 말라 하시
더냐 2 여자가 뱀에게 말하되 동산 나무의 열매를 우리가 먹을 수 있으나 3 동산 중앙
에 있는 나무의 열매는 하나님의 말씀에 너희는 먹지도 말고 만지지도 말라 너희
가 죽을까 하노라 하셨느니라 4 뱀이 여자에게 이르되 너희가 결코 죽지 아니하리
라 5 너희가 그것을 먹는 날에는 너희 눈이 밝아져 하나님과 같이 되어 선악을 알 줄

하나님이 아심이니라

우리는 여기서 사탄이 우리의 첫 조상을 죄에 빠지게 하기 위하여 제기한 시험에 관한 기사를 접하게 되는데, 이 시험이 그들에게 치명적이었다. 여기서 관찰하라.

I. 시험하는 자는 마귀였는데, 뱀의 모양을 하고 있었다.

1. 하와를 미혹시킨 것은 마귀였다는 것이 분명하다. 마귀와 사탄은 옛 뱀이요(계 12:9), 악한 영이다. 이는 빛의 천사로서 하나님의 보좌를 직접 수행하는 존재로 창조되었으나 죄로 말미암아 자신의 첫 상태에서 타락하였고 하나님의 면류관과 위엄을 대적한 반역자가 되었다. 수많은 천사들이 타락하였다. 그러나 우리의 첫 조상을 공격한 이 자는 분명 마귀들의 왕이요, 반역의 수괴(首魁)였다. 죄지은 자가 되자마자 그는 사탄이 되었고, 반역자가 되자마자 시험하는 자가 되었다. 그는 하나님과 그의 영광을 격렬히 대적하며 사람과 그의 행복을 극히 시기하는 자가 된 것이다. 그는 사람을 타락하게 만들지 않고서는 그를 파괴시킬 수 없다는 것을 알고 있었다. 발람은 이스라엘을 저주할 수가 없었다. 그러나 이스라엘을 시험할 수는 있었다(계 2:14). 그러므로 사탄이 행하고자 했던 게임은 우리의 첫 조상을 미혹하여 죄를 범하게 하며 그리하여 그들과 그들의 하나님 사이를 갈라놓는 것이었다. 그리하여 마귀는 처음부터 살인자요 크나큰 행악자였다. 온 인류는 여기서 이를테면 사탄의 공격 앞에 목이 하나밖에 없었다. 그 사악한 자가 대적자요 원수인 것이다.

2. 그것은 뱀의 모양을 한 마귀였다. 그것이 그저 겉모양으로만 뱀의 모습을 한 것인지(어떤 이들은 출 7:12에서 나타나는 경우와 같다고 본다), 아니면 그것이 진짜 살아있는 뱀으로서 마귀에 사로잡힌 상태로 움직이고 있었는지는 확실치 않다. 하나님께서 허용하셨으니 양쪽 다 가능성이 있다. 마귀는 뱀 속에서 자기 역할을 하기를 택하였는데 이는, (1) 뱀이 그럴듯한 생물로서 점 있고 얼룩진 피부를 지녔기 때문이다. 그 당시에는 뱀이 서서 걸었다. 어쩌면 그것이 날아다니는 뱀으로서 마치 위의 세계에서 보냄 받은 사자처럼 높은 곳에서 날아왔을지도 모른다. 불 뱀들이 날아다녔으니 말이다(사 14:29). 수많은 위험한 시험이 멋지고 세련된 색깔을 지니고 오므로 마치 위로부터 오는 것처럼 보이나, 그저 겉의 피부만 그렇게 보일 뿐이다. 사탄이 빛의 천사처럼 보이

는 것이 얼마든지 가능한 일이다. (2) 뱀이 간교한 짐승이기 때문이다. 성경 본문에서 이 점을 주목하고 있다. 뱀의 간교함에 대해서는, 악을 행하고 자신은 그것에서 교묘하게 벗어나는 등, 많은 실례들이 제시된다. 뱀처럼 지혜로우라는 명령이 우리에게 주어지기도 한다. 그러나 이 뱀은 마귀의 조종을 받고 있었으니 다른 어떠한 뱀보다 더 간교했을 것이 틀림없다. 마귀는 자신의 거룩함은 상실했으나 천사의 명민함은 그대로 간직하고 있었을 것이요, 따라서 악을 행하는 데에 지혜롭기 때문이다. 그는 뱀을 이용하여 얻을 유리한 점에 대해 우리보다 훨씬 더 많은 것을 알고 있었다. 관찰하라. 거룩하지 않은 간교함보다 마귀가 자기 자신의 관심사를 위하여 더 많이 이용하는 것은 없다. 하와가 자기에게 말하는 이 뱀에 대해 어떻게 생각했는지는 알 수 없으나, 필자의 생각에는 그 뱀에 대해 어떻게 생각해야 할지를 하와 자신도 몰랐을 것이라 여겨진다. 처음에는 어쩌면 선한 천사일 것으로 여겼다가, 후에 무언가 잘못된 것이 있다는 것을 눈치챘을 것이다. 이방인 우상숭배자들 중에 많은 이들이 뱀의 모습을 한 마귀를 섬긴다는 사실은 정말 놀랍기 그지없다. 그들은 이로써 그 배도(背道)한 영에게 충성을 표시하며 그의 색깔을 드러내는 것이다.

Ⅱ. **시험받은 자는 여자였다.** 그녀는 혼자 있었고, 남편에게서는 멀리 떨어져 있었고 금지된 나무와는 가까이 있었다. 여기서 마귀의 간교함을 보라. 1. 그는 자신의 유혹거리로 연약한 그릇을 공략한다. 물론 하와도 그 나름대로 완전했으나, 지식과 힘과 사고력에 있어서 아담보다 약했던 것으로 생각할 수 있다. 어떤 이들은 하와가 금지 명령을 하나님께로부터 직접 받지 않고 남편에게서 간접적으로 받았고, 그렇기 때문에 하와를 미혹하고 설득하여 그것을 깨뜨리기가 훨씬 쉬웠을 것이라고 생각한다. 2. 하와가 혼자 있을 때에 그녀에게 다가가는 작전을 썼다. 남편과 가까이 있었더라면 그런 유혹에 쉽사리 노출되지는 않았을 것이다. 혼자 있음으로써 대응하기가 매우 유리한 그런 유혹거리들도 많다. 그러나 성도들간의 하나된 교제야말로 그들을 강건하고도 안전하게 지켜주는 데에 큰 유익이 되는 것이다. 3. 마귀는 하와가 금지된 나무 가까이 있는 것을 기회로 삼았다. 그녀는 아마도 그 나무의 열매를 보면서 호기심에 가득 차 있었을 것이다. 그의 길을 피하고 지나가지 말며 돌이켜 떠나갈지어다(잠 4:15). 4. 사탄은 하와를 유혹하였고, 그리하여 하와로 하여금 아담을 유혹하는 방법을 취하였다. 그는 욥의 아내를 통하여 욥을 시험하였고, 베드로를

통하여 그리스도를 시험하였다. 그는 전혀 의심받지 않고 우리에게 가장 소중하고 가장 영향력을 미치는 손길을 통해서 유혹을 보내는 작전을 쓰는 것이다.

III. **시험 그 자체, 그리고 인위적으로 그것에 대처함.** 성경은 사탄의 시험으로 인하여 우리가 위험에 빠질 것을 자주 경고하며, 그의 계책과(고후 2:11), 그의 깊은 것(계 2:23), 그의 간계(엡 6:11)를 말씀한다. 성경에 나타나는 이런 사탄의 시험의 가장 큰 실례는 여기와 마태복음 4장에 나타나는 대로 두 아담에 대한 시험에서 볼 수 있다. 여기서는 사탄이 승리를 거두었으나, 마태복음 4장에서는 실패하였다. 두 아담의 경우에는 속에 부패함이 전혀 없었으므로 사탄이 아무것도 장악하지 못한 상태에서 그들을 시험하였으나, 우리는 우리 자신의 간교한 마음과 육신적인 사고를 이용해서 우리에게 똑같은 시험을 제기하며, 그렇기 때문에 그가 우리에게 가하는 공격들이 더 간파하기가 어렵고 더 위험한 것이다. 마귀의 목표는 하와를 설득시켜 금지된 열매를 따게 만드는 것이었고, 이를 위하여 그는 지금도 사용하는 것과 동일한 방법을 취하였다. 그는 그것이 죄인가 아닌가를 물었다(1절). 그는 그 일이 위험하다는 것을 부인하였고(4절), 오히려 큰 유익이 있다고 부추겼다(5절). 이런 것이 마귀가 흔히 제기하는 내용들이다.

1. 마귀는 이 나무의 열매를 먹는 것이 죄인가 아닌가, 그 나무의 열매가 정말로 금지된 것인지를 물었다. 관찰하라.

(1) **뱀이 여자에게 물어 이르되 하나님이 참으로 너희에게 … 먹지 말라 하시더냐?** 그의 첫 말은 무언가 그 전에 이 말을 도입하는 말이 있었다는 것을 시사한다. 어쩌면 하와가 스스로 되뇌던 말을 사탄이 취하여, 그것에 근거하여 이 질문을 제기했을 것이다. 생각들이 꼬리를 물면 이상스럽게 새로운 생각이 이어지고, 나중에 가서는 무언가 나쁜 생각이 일어나는 법이다. 여기서 관찰하라. [1] 사탄은 처음부터 자기의 의도를 드러내지 않고, 먼저 아주 순전해 보이는 질문을 제기한다. "내가 무언가 이야기를 들었는데, 그게 사실인가? 하나님이 정말로 이 나무 열매를 먹지 말라고 금하셨는가?" 그는 이런 식으로 말을 시작하여 하와를 미혹하려 하였다. 안전하고자 하는 자들은 시험하는 자를 의심하고 그와 이야기하기를 꺼릴 필요가 있다. [2] 사탄은 마치 하나님께서 그 나무만이 아니라 모든 나무를 다 금지하신 것처럼 그의 명령을 그릇되게 인용한다. 하나님은, 한 나무만 제외하고 동산 모든 나무의 열매는 네가 임의로 먹으라고 말씀하셨었

다. 그런데 사탄은 예외 조항을 부풀려서 그 명령 자체를 부당한 것으로 만들려 한 것이다. **하나님이 참으로 너희에게 동산 모든 나무의 열매를 먹지 말라 하시더냐?** 하나님의 법을 욕되게 하기 위해서는 반드시 먼저 그릇되게 제시하는 것이다. [3] 그는 조롱하듯이 이야기하며, 하와가 그 나무에 대해 거론하기를 꺼리는 것을 책망한다. 마치 "하나님이 '네가 먹지 말지어다' 라고 말씀했다고 해서 네가 그렇게도 소심하고 조심스럽고 그렇게도 철저하냐?" 라고 말하는 것 같다. 마귀는 처음부터 거짓말쟁이요, 또한 조롱하는 자다. 그러니 마지막 날의 조롱하는 자들은 그의 자녀들이다. [4] 그가 일차적으로 목표를 삼은 것은 하와에게서 명령을 지켜야 한다는 의무감을 제거하는 것이었다. "분명 네가 잘못 알고 있는 것이다. 하나님이 너를 이 나무에게서 멀리 있게 하실 리가 없다. 그는 그런 터무니없는 일을 행하실 분이 아니니다." 여기서 잘 살피라. 하나님의 법을 불확실하거나 불합리한 것으로 돌림으로써 그 신빙성을 깎아 내리고 그리하여 사람들을 이끌어 죄를 짓게 하는 것이 사탄의 간교한 계책이다. 또한 그러므로 하나님의 명령을 확고히 믿고 그것을 높이 받들기를 계속하는 것이 우리의 지혜다. 하나님께서는 "거짓말하지 말고, 하나님의 이름을 망령되이 일컫지 말고, 술 취하지 말라"고 말씀하시지 않았는가? "그렇다. 하나님이 분명 그렇게 말씀하셨다. 그러니 아무리 시험하는 자가 그것을 뒤집는 발언을 한다 할지라도 나는 하나님의 은혜에 의지하여 그 말씀을 지키리라."

(2) 이 질문에 대해서 여자는 그들에게 주어진 법을 명확하고도 충실하게 그에게 진술하였다(2, 3절). 여기서 관찰하라. [1] 뱀과의 대화 속으로 끌려 들어간 것은 하와의 연약함이었다. 하와는 뱀의 질문을 듣고 그가 선한 뜻이 없다는 것을 간파했을 수도 있었고, 그러므로 **사탄아 내 뒤로 물러가라 너는 나를 넘어지게 하는 자로다** 라고 대꾸했어야 옳았다. 그런데 뱀이 말을 하는 것을 듣고 호기심이 발동하여, 아니 어쩌면 깜짝 놀라서, 그와 계속 이야기를 나누게 되고 만 것이다. 주목하라. 시험거리는 처음부터 단호하게 물리쳐야 하는데, 그렇게 하지 않고 그것을 처리하려 하는 것은 위험한 일이다. 군대가 협상을 시도하면 머지않아 항복하게 되는 법이다. 해를 받지 않으려면 해로운 길을 멀리해야 하는 것이다. 잠 14:7; 19:27을 보라. [2] 뱀이 마치 하나님께서 그들을 낙원에 두시고서 먹음직한 열매들을 보게 하시면서 그것들을 먹지 못하게 하셔서 그들을 괴롭히시기라도 하는 것처럼 은근히 교활한 술책을 쓰는 것에 대응

하여, 하나님께서 그들에게 허락하신 자유를 주목한 것은 하와의 지혜였다. 하와는, "아니다. 우리는 조물주 덕택으로 동산의 각종 나무들의 열매를 다 먹을 수 있다"라고 대답한다. 주목하라. 신앙적인 여러 제재들에 대해 불편한 마음을 갖지 않도록 예방하기 위해서는, 하나님께서 베푸시는 자유들과 그것이 주는 위로거리들을 바라보는 것이 좋은 경우가 많다. [3] 하나님의 명령이 의심의 여지 없이 분명하다는 것을 신뢰하고 성실하게 그것을 되풀이한 것은 하와의 결단을 보여주는 증거였다. "하나님의 말씀에 이 나무의 열매는 먹지 말라고 분명히 말씀하셨다." 그리고 하와는 여기에다 만지지도 말라 라는 말을 덧붙인다. 이는 어떤 이들의 생각처럼 하와가 그 명령이 너무 철저하다고 생각하고 있었고 그것을 암암리에 내비친 것이 아니라, 오히려 그 명령 주위에 울타리를 치고자 하는 좋은 의도였을 것이다. "먹어서는 안 되니, 만지지도 않을 것이다. 이는 지극히 철저하게 금지된 일이요, 그 금지의 권위는 우리에게 신성한 것이다." [4] 하와는 명령 중 경고 부분에 대해 다소 흔들리는 것 같다. 그 부분을 구체적으로 성실하게 되풀이하지 않는 것이다. 하나님은 네가 먹는 날에는 반드시 죽으리라 라고 말씀하셨으니, 그녀는 너희가 죽을까 하노라 라고 말한다. 주목하라. 흔들리는 믿음과 흔들리는 결단은 시험하는 자를 크게 유리하게 만드는 법이다.

2. 시험하는 자는, 명령을 어길 수는 있어도 그것 때문에 형벌을 당하지는 않을 것이라고 말하면서, 그 나무의 열매를 먹어도 아무런 위험이 없다고 주장한다. 너희가 결코 죽지 아니하리라(4절). 이는 하나님께서 하신 말씀과 정반대되는 것이다. (1) 어떤 이들은 이를 "너희가 죽으리라는 것이 확실치 않다"라는 뜻으로 본다. "너희가 그렇게 믿고 있으나 그 정도로 확실한 것은 아니다." 이렇게 하여 사탄은 자신이 하나님의 위협적인 경고를 뒤집고 무효화시킬 수 없을 것을 알고서 그 확실성에 의혹을 제기함으로써 그것을 흔들려 한다. 그리하여 일단 하나님의 말씀에 거짓이나 오류가 있을 수 있다는 것이 가정되면, 노골적인 불신앙에로 빠지는 문이 열리는 것이다. 사탄은 사람들에게 먼저 의심하도록 가르치고, 그 다음에 부인하도록 가르친다. 먼저 그들을 회의론자로 만들고, 그 다음에 조금씩 무신론자로 만들어 가는 것이다. (2) 다른 이들은 이를 "너희가 죽지 않으리라는 것이 확실하다"라는 뜻으로 본다. 사탄은 하나님께서 그 위협적인 경고를 확인하시면서 사용하셨던 것과 똑같은 확신에 찬 표

현을 사용하여 자신의 반대 논리를 제시한다. 그는 하나님의 명령에 대해 의문을 제기하는 것으로 시작했으나(1절), 하와가 그 명령을 굳게 지키는 것을 보고서 그런 방법을 포기하고, 그녀가 흔들리는 부분, 즉 위협적인 경고에 대해 다시 공격을 개시하였다. 그는 모든 이점들을 재빨리 간파하고, 가장 약한 부분을 공격하는 것이다. **너희가 결코 죽지 아니하리라.** 이것은 노골적인 거짓말이었다. 왜냐하면, [1] 그것은 우리가 참이라고 확신하는 하나님의 말씀과 어긋나는 것이었기 때문이다. 요일 2:21, 27을 보라. 그것은 하나님 자신에게 거짓말하는 그런 식의 거짓말이었다. [2] 그것은 자기 자신의 지식과도 어긋나는 것이었기 때문이다. 그는 불순종과 반역에 아무런 위험이 없다고 말했으나, 이 때에 사탄은 자기 자신이 처절하게 경험한 바대로 그 말이 거짓이라는 것을 그 스스로도 알고 있었던 것이다. 그는 자신이 창조함을 받은 법을 깨뜨렸고, 결국 그런 상태에서 잘 될 수 없다는 것을 처절하게 알고 있었다. 그런데도 그는 우리의 첫 조상들에게 그들이 결코 죽지 않을 것이라고 말하는 것이다. 그는 그들을 자기와 똑같이 비참한 멸망 속으로 몰아가기 위하여 자기 자신의 비참한 상태를 숨겼다. 그는 이렇듯 지금도 죄인들을 속여 멸망에 빠지게 만든다. 그는 죄인들에게 그들이 죄를 지을지라도 결코 죽지 아니하리라고 말하며, 그리하여 **죄의 삯은 사망**이라고 말씀하시는 하나님을 대적하여 신임을 얻으려 하는 것이다. 주목하라. 형벌을 받지 않으리라는 소망이야말로 모든 악행과 또한 회개치 않음을 뒷받침하는 큰 요인이다. **심중에 스스로 복을 빌어 … 내게는 평안이 있으리라**(신 29:19).

3. 사탄은 그들에게 하나님의 명령을 어김으로써 유익을 얻을 것임을 약속한다(5절). 여기서 그는 공격을 계속하는데, 그것은 뿌리를 공격하는 것이었고, 우리가 그 가지들인 나무는 이로써 치명적인 해를 입었다. 그는 자신이 그들을 해 받지 않도록 구원하러 온 자인 체하면서, 그들이 그 명령을 어겨도 잃을 것이 없음은 물론, (그들이 스스로도 비참한 멸망 속에 있는 자의 말을 믿고 자기들의 안전을 위하여 모험을 할 만큼 어리석은 자들이라면) 그들이 오히려 그 명령을 어김으로써 말할 수 없이 큰 이익을 얻게 될 것임을 강조한다. 그들이 더 나아질 것이라는 말을 하지 않았다면, 아담과 하와를 멸망에 빠지게 만들도록 그들을 미혹할 수가 없었을 것이다.

(1) 그들은 이 열매를 먹음으로써 그들이 크게 좋아질 것임을 넌지시 암시한

다. 그리고 그들의 순결한 상태에 맞추어서, 그들에게 어떤 육신적인 쾌락이나 만족이 아니라 지성적인 기쁨과 만족을 줄 것이라고 꾀인다. 속에 낚싯바늘을 감추고서 그가 던진 미끼는 다음과 같은 것들이었다. [1] "너희 눈이 밝아지리라. 지금 가진 것보다 보는 능력과 즐거움이 더 많아질 것이다. 지금보다 지성적인 안목이 더 커져서 사물을 더 깊이 보게 될 것이다." 그는 마치 그들이 사물을 잘 보지 못하고 근시안이기라도 한 것처럼 말한다. [2] "신들처럼, 엘로힘처럼, 강한 신들처럼 되리라. 전지(全知)할 뿐 아니라 전능하게 되리라." 혹은, "하나님과 같이 되리라. 하나님과 동등해지고 그에 버금가게 될 것이다. 너희가 더 이상 군주에게 복속하는 신민(臣民)이 아니요 스스로 충족한 주권자가 될 것이다." 이것이야말로 터무니없는 주장이 아닐 수 없다! 어저께 지음 받은 피조물이 영원 전부터 계신 그들의 창조주와 같이 되는 일이 가능하기라도 한 것처럼 말이다! [3] "너희가 선악을 알게 되리라. 즉, 알고자 하는 모든 것을 다 알게 될 것이다." 이 부분의 시험을 뒷받침하기 위해서 그는 이 나무에게 주어진 이름을 악용한다. 그것은 선과 악에 대한 실천적인 지식을, 즉 의무와 불순종에 대해 가르치고자 하는 의도로 주어진 것이요, 결국 그것이 선과 악에 대한, 즉 행복과 불행에 대한 체험적인 지식임을 입증하게 될 것이다. 이런 의미에서 그들에게 그 나무의 이름은 그것을 먹어서는 안 된다는 하나의 경고였다. 그런데 사탄은 그 의미를 왜곡시키고 뒤틀어 그것으로 그들을 멸망에 빠지게 만들려 한다. 마치 이 나무가 그들에게 선과 악의 본질들과 종류들과 기원들에 대한 하나의 사색적이요 개념적인 지식을 줄 것처럼 이야기하는 것이다. 그리고 [4] "너희가 그것을 먹는 날에" 이 모든 일이 즉시 이루어질 것이라고 한다. "그 날에 너희가 즉시 변화하여 더 나은 상태가 되리라." 이 모든 교묘한 공작을 통해서 사탄은 그들로 하여금 다음과 같은 것을 품게 하고자 하였다. 첫째로, 현 상태에 대한 불만. 마땅히 좋아야 할 만큼 현 상태가 좋지 못하기라도 한 것처럼 불만을 갖게 만들려 한 것이다. 주목하라. 마음으로 인정하지 않으면 그 어떠한 처지에서도 만족을 누릴 수가 없다. 아담은 낙원에서도 만족하지 못하게 되었고, 타락한 천사들도 그랬다(유 6). 둘째로, 더 나아지고자 하는 욕망. 마치 그들이 신이 되기에 합당하기라도 했던 것처럼 말이다. 사탄은 지극히 높은 자와 같이 되기를 바라다가 자신을 망쳐버렸다(사 14:14). 그러므로 우리의 첫 조상들에게도 동일한 바람을 갖게 하여 자기와 함께 망하도록 만들고자 한 것이다.

(2) 그는 하나님이 이 열매를 금지하신 것이 그들에 대해 선한 계획을 갖고 계시지 않기 때문이라는 것을 은근히 암시한다. "너희가 얼마나 나아질지를 하나님이 아심이니라. 그리하여 너희가 그렇게 되는 것을 시기하셔서 그 열매를 금지하신 것이라." 그 열매를 먹고서 그들이 자기들의 힘을 알고 더 이상 하나님께 굴복하는 상태에 있지 않고 그와 겨룰 수 있게 될까 두려워 그 열매를 먹지 못하게 하신 것이라는 것이다. 아니면 그들이 그 열매를 먹고서 존귀와 행복을 누리게 되는 것을 꺼려서 그 열매를 금지하신 것이라는 것이다. 그런데, [1] 이는 하나님께 가할 수 있는 최고의 모욕이었다. 그가 그의 피조물들을 두려워하시는 것으로 만들었으니 하나님의 능력에 대한 조롱이요, 그가 자신의 손으로 지은 피조물들을 미워하여 그들이 행복해지는 것을 바라지 않으시는 것으로 만들었으니, 그의 선하심에 대한 능욕이었다. 하나님께서도 이렇듯 친히 그런 모욕을 당하시니, 훌륭한 사람이 모욕과 조롱을 당하는 것이 이상한 일이겠는가? 사탄은 하나님 앞에서 형제를 참소하는 자요, 또한 형제들 앞에서 하나님을 참소하는 자다. 그는 이렇게 불화를 심으며, 또한 그렇게 행하는 자들의 아버지인 것이다. [2] 이는 우리의 첫 조상들에게는 가장 위험한 함정이었다. 하나님을 향한 애정을 끊고, 그를 향한 충성에서 돌이키도록 만들기 때문이었다. 마귀는 지금도 여전히 하나님에 대한 악한 생각들을 조장하고, 죄로 말미암아 오히려 유익과 이득이 있으리라는 거짓된 희망을 심어 줌으로써, 사람들을 자기 뜻대로 이끌어가려 하는 것이다. 그러므로 그를 반대하며, 언제나 하나님을 최고의 선(善)으로 바라보며, 죄를 악 중에서 가장 악한 것으로 생각하도록 하자. 그리하여 마귀를 대적하자. 그러면 그가 우리에게서 도망할 것이다.

**6 여자가 그 나무를 본즉 먹음직도 하고 보암직도 하고 지혜롭게 할 만큼 탐스럽기
도 한 나무인지라 여자가 그 열매를 따먹고 자기와 함께 있는 남편에게도 주매 그
도 먹은지라 7 이에 그들의 눈이 밝아져 자기들이 벗은 줄을 알고 무화과나무 잎을
엮어 치마로 삼았더라 8 그들이 그 날 바람이 불 때 동산에 거니시는 여호와 하나님
의 소리를 듣고 아담과 그의 아내가 여호와 하나님의 낯을 피하여 동산 나무 사이
에 숨은지라**

여기서 우리는 하와가 시험하는 자에게 말려들어 결국 어떻게 되는지를 보게 된다. 사탄은 결국 자신의 뜻을 관철시키며, 그의 사악함에 의해서 요새가 함락되고 만다. 하나님은 우리의 첫 조상에게 선악을 알게 하는 나무를 금지하심으로써 그들의 순종을 시험하셨는데, 사탄이 끼어들어 이를테면 하나님과 더불어 경쟁하며, 그들을 범죄에 빠지도록 유혹한다. 여기서 우리는 그가 자신의 뜻을 관철시키는 것을 보게 된다. 하나님께서는 지혜롭고도 거룩하신 뜻으로 그것을 허용하신다

I. 여기서 우리는 그들을 범죄에 빠지게 한 유혹거리들을 보게 된다.

여자가 시험하는 자의 교활한 계략에 속아넘어가 범죄의 주모자가 되었다(딤전 2:14). 여자가 먼저 과오에 빠졌으며, 그것은 그녀의 생각의 결과였다. 아니, 생각이 없는 결과였다.

1. 그녀는 이 나무도 다른 나무들과 똑같이 아무런 해가 없다고 보았다. 에덴 동산에 심겨진 나머지 모든 열매 맺는 나무들에 대해서도 보기에 아름답고 먹기에 좋다고 말씀하고 있다(2:9). 그러니 그녀가 보기에 이 나무도 다른 모든 나무와 같았다. 나머지 모든 나무들처럼 먹기에도 좋아 보였고, 그 열매의 색깔에서도 죽음이나 위험이 있을 것처럼 보이지 않았다. 다른 모든 나무들처럼 보기에 아름다웠다. 그러므로, "그것이 그들에게 무슨 해를 줄 수 있으랴? 다른 모든 나무들은 허용되었는데 어째서 유독 이 나무만 금지되어야 한단 말인가?" 주목하라. 금지된 열매가 다른 열매들과 똑같이 해가 없는 것으로 생각되면, 죄가 문 앞에 엎드려 있는 것이요, 사탄이 곧 승리를 거두게 된다. 아니, 어쩌면 그녀가 보기에 그 열매가 다른 모든 열매보다 더 먹음직스럽고, 더 맛이 좋고, 더 영양이 풍부할 것처럼 보였을지도 모른다. 우리의 감각을 만족시키고자 하는 무절제한 정욕 때문에 함정에 빠지는 경우가 허다한 법이다. 혹은, 그 열매가 다른 모든 열매보다 특별히 매혹을 끄는 것이 전혀 없었다 할지라도, 그것이 금지되었다는 사실 때문에 더 마음이 끌렸을 것이다. 하와가 그랬든, 그렇지 않았든, 우리 속에(즉, 우리의 육체, 우리의 부패한 본성 속에) 이상스럽게도 모순에 이끌리는 정서가 거한다는 것을 알고 있다. 금지된 것을 바란다(Nitimur in vetitum).

2. 하와는 이 나무가 다른 나무들보다 더 유익하다고 상상했다. 그 나무가 두려워하지 말아야 할 나무인 것은 물론, 지혜롭게 할 만큼 탐스러우며, 그런 점

에서 다른 모든 나무들보다 뛰어난 것으로 본 것이다. 하와는 마귀가 한 말에 근거하여 그것을 보았고 생각했고 이해했다. 어떤 이는, 뱀이 그 나무의 열매를 먹는 것을 하와가 보았으며, 뱀이 그녀에게 자신이 그 열매를 먹음으로써 말도 하고 생각도 하는 능력을 얻었다고 말하였고, 그리하여 하와는 그 열매가 지혜롭게 만드는 능력을 지닌 것으로 생각하였고, "그것이 야만적인 짐승을 이성을 지닌 존재로 만들어 준다면, 이성을 지닌 우리 같은 존재는 신적인 존재로 만들어 줄 수도 있지 않을까?"라는 식으로 생각하게 되었다고 본다. 여기서 그릇된 지혜의 개념을 빙자한 불필요한 지식에 대한 욕심이 얼마나 많은 사람들에게 해를 끼치며 그들을 파괴시키는지를 보라. 우리의 첫 조상들은 많은 것을 알고 있었으나, 자신들이 충족히 알고 있다는 것은 알지 못하였다. 그리스도는 우리를 지혜롭게 만들어 줄 것으로 사모해야 마땅할 나무이시다(골 2:3; 고전 1:30). 그러므로, 구원에 이르는 지혜가 있도록 믿음으로 그에게서 먹자. 하늘의 낙원에서는 선악을 알게 하는 나무가 금지된 나무가 아닐 것이다. 거기서는 하나님이 우리를 아시는 것만큼 우리가 알게 될 것이기 때문이다. 그러므로 거기에 이르기를 사모하고, 그동안 우리에게 너무 높거나 너무 깊은 것들을 탐하지 말고, 기록된 것 이상의 것에서 지혜롭기를 탐하지도 말아야 할 것이다.

Ⅱ. **범죄의 단계들**. 이는 위로 올라가는 것이 아니라 구덩이로 빠져들어가는 단계요, 지옥으로 향하는 단계다.

1. 여자가 그 열매를 보았다. 그 헛된 것에서 눈을 돌렸어야 했으나, 그녀는 금지된 그 열매를 즐거이 바라봄으로써 시험에 빠져 들어간다. 관찰하라. 수많은 죄가 눈으로부터 들어온다. 사탄은 바로 이 눈이라는 창문을 통해서 그 격렬한 화살을 쏘았고, 그것이 마음을 찌르고 독으로 채운 것이다. 눈은 마음에 비애도 주고 죄도 가져다 준다. 그러므로 거룩한 욥과 함께 우리 눈과 더불어 언약을 맺고, 탐욕을 불러일으킬 위험이 있는 것은 쳐다보지도 말도록 하자(잠 23:31; 마 5:28). 하나님을 두려워하는 것으로 항상 우리 눈을 가리도록 하자(20:16).

2. 열매를 취하였다. 그녀 스스로 그렇게 행동을 취한 것이다. 마귀가 그렇게 한 것도 아니고, 마귀가 그녀의 입에 넣어준 것도 아니다. 그녀 자신이 열매를 취한 것이다. 사탄은 유혹할 수는 있어도 강제로 무슨 일을 시킬 수는 없다. 우

리를 유혹하여 우리 스스로 넘어지도록 만들 수는 있어도, 마귀 자신이 우리를 넘어뜨릴 수는 없는 것이다(마 4:6). 하와가 그 열매를 취한 것은, 마치 아간이 저주받은 물건을 취한 것처럼 도둑질한 것이요, 자신이 권리가 없는 것을 취한 것이다. 그녀는 분명 떨리는 손으로 그 열매를 취하였을 것이다.

3. **열매를 먹었다.** 아마 그 열매를 바라볼 때에는 그것을 취할 의도가 없었을 것이고, 그 열매를 취했을 때에도 먹을 의도는 아니었을 것이다. 그러나 결국 그렇게 되고 말았다. 주목하라. 죄의 길은 내리막길이어서 사람이 멈추고 싶어도 멈출 수가 없다. 그 시작은 마치 물이 터져 나오는 것과 같아서, "여기까지만 오고 더 이상은 오지 말라"라고 말할 수가 없다. 그러므로 죄의 첫 감정들을 억제하며 그것에 얽혀 들어가기 전에 그것을 멀리 두는 것이 지혜로운 일이다. **조그만 악행이 싹이 튼다**(Obsta principiis).

4. **자기와 함께 있는 남편에게도 주었다.** 하와가 시험받을 때에 아담은 그녀와 함께 있지 않았을 것이고(그 때에 함께 있었다면 분명 그가 개입하여 죄를 사전에 막았을 것이다), 그녀가 이미 열매를 먹은 다음에 그녀에게 왔고, 그녀에 의하여 함께 먹도록 설득을 당했다. 선한 것을 기르치기보다도 악한 것을 배우기가 더 쉬운 법이니 말이다. 그녀는 그 열매를 그에게 주면서, 뱀이 그녀에게 써먹은 것과 똑같은 논리로 그를 설득하였고, 게다가 자기 자신이 이미 그것을 먹었는데 치명적인 해를 입기는커녕 오히려 지극히 좋고 맛있었다고 덧붙였다. **훔친 물이 달콤한 법이다.** 하와는 친절을 빌미로 그것을 아담에게 주었다. 이 맛있는 것을 혼자 먹을 수가 없었다는 것이다. 그러나 사실 그것은 하와가 아담에게 할 수 있는 가장 고약한 일이었다. 혹은 어쩌면 그녀가 그 열매를 남편에게 준 것은 그 열매가 해롭다는 것이 밝혀지면 남편도 자기의 비참한 처지에 함께 참여하도록 하기 위함이었을 것이다. 이것은 사실 정말 고약한 심보인 것으로 보이지만, 금지된 열매를 이미 먹은 자의 심정이 그러했으리라는 것은 어렵지 않게 생각할 수 있을 것이다. 주목하라. 스스로 악을 행한 자들은 대개 다른 이들을 함께 끌어 들여서 같은 악을 저지르게 하기를 바란다. 마귀가 그랬고, 하와가 그랬다. 죄인이 되자마자 시험하는 자가 되는 것이다.

5. **그도 먹었다.** 아내가 졸라대는 것에 넘어갔다. "만일 하와 혼자서만 범죄했다면 결과가 어떻게 되었을까?"라는 식의 질문은 불필요한 것이다. 확신하건대, 하나님의 지혜가 형평에 따라서 그 어려운 난제를 해결하였을 것이다.

그러나, 일이 그렇게 되지 않았다! 아담도 함께 먹었던 것이다. 헛된 사람들은 부패한 육신적인 추리를 통하여, "그가 먹었다 해도, 그것이 무슨 큰 해로운 일이었단 말인가?"라고 말한다. 무슨 해로운 일이라고? 이 행위에는 하나님의 말씀에 대한 불신과 마귀의 말에 대한 신뢰가 개입되었고, 자신의 현재의 상태에 대한 불만과, 자기 자신의 공로에 대한 교만, 그리고 하나님께로부터 오는 것이 아닌 명예를 얻고자 하는 야망, 하나님의 완전하심에 대한 질투, 그리고 육체의 정욕의 탐닉이 개입되어 있었던 것이다. 나중에 먹게 될 생명 나무를 바라보지 않고, 금지된 선악을 알게 하는 나무의 열매를 먹었다는 것은 하나님께서 그에게 베푸신 호의를 그가 가벼이 여겼다는 것을 분명히 보여주는 동시에 그가 하나님께서 그에게 적절치 않은 것으로 여기신 것들을 선호하였다는 것을 보여주는 것이었다. 그는 스스로 자기를 만든 자와 자기 자신의 주인이 되고자 했고, 자기가 기뻐하는 것을 갖고, 자기가 기뻐하는 일을 행하고자 했다. 그의 죄는 한마디로 불순종이었다(롬 5:19). 평이하고 쉬우며 선명한 명령에 대한 불순종이었으며, 시험의 성격을 띤 명령이라는 것을 아담 스스로도 알고 있었을 그런 명령에 대한 불순종이었다. 그는 큰 지식을 대적하여, 많은 긍휼을 대적하여, 빛과 사랑을 대적하여 죄를 범하였다. 가장 선명한 빛과 가장 애틋한 사랑을 저버리고 죄를 범한 것이다. 그는 부패한 본성을 지니고 있어서 그것 때문에 하나님을 배반한 것이 아니다. 그에게는 의지의 자유가 있었다. 의지가 종노릇한 것이 아니고, 그 힘을 충만히 발휘하였고, 약화되거나 손상되지 않은 상태였다. 그런데 그는 속히 타락하고 말았다. 어떤 이들은 그가 지으심을 받은 바로 그 날 타락하였다고 생각하기도 한다. 그러나 그렇다면 하나님께서 그 날이 끝날 즈음에 심히 좋다고 선언하신 사실과 이것을 어떻게 조화시킬지 알 수 없다. 또 어떤 이들은 그가 안식일에 타락하였다고 본다. 좋은 날에 악한 행위를 했다는 것이다. 그러나, 확실한 것은 아담이 순전함을 유지한 것은 잠시뿐이었다는 것이다. 존귀한 상태로 있었으나 그 상태를 지속하지 못한 것이다. 그러나 그의 죄가 지극히 막중한 것은 그가 그의 죄로 말미암아 그의 모든 후손을 죄와 멸망 가운데 있게 만들었기 때문이다. 하나님께서 그의 후손이 땅에 충만할 것을 그에게 말씀하셨으니, 그는 자신이 공인(公人)이며 따라서 자신의 불순종이 그의 모든 후손에게 치명적일 것임을 모를 수가 없었다. 그리고 만일 그랬다면 그의 죄는 역사상 가장 큰 배신이요 가장 큰 잔혹 행위였을 것이다. 인간 본성이 전적으로 우리의 첫 조상에게 달려 있으니, 그들이 범죄함으로써 그들로부터 수치의 얼룩과 또한 죄와 부패라는 유전적 질병이 온 인류에게 전수되지 않을 수가 없었다. 그런데도, 과연 아담의 죄가 별로 해가 될 것이 없었다고 말할 수 있겠는가?

III. 이 범죄의 궁극적인 결과들. 수치와 두려움이 사실 그대로(ipso facto), 죄인들을 사로잡았다. 수치와 두려움이 죄와 더불어 세상에 들어왔고, 여전히 죄에 함께 따라온다.

1. 수치가 그들을 사로잡았다(7절). 여기서 관찰하라.

(1) 그들이 가슴으로 강한 찔림을 받음. 그들의 눈이 밝아져. 이것은 육체의 눈을 뜻하는 것이 아니다. 육체의 눈은 그 전에도 밝아져 있었다. 이는 죄가 눈을 통해서 들어온 것을 뜻하는 것으로 보인다. 요나단은 금지된 열매를 먹고서 눈이 밝아졌다(삼상 14:27). 곧 새로운 힘을 얻었다. 그러나 아담과 하와의 경우는 그렇지 않았다. 또한 참된 지식에서 진보하였다는 뜻도 아니다. 그들의 양심의 눈이 밝아졌고, 그들의 마음이 그들이 저지른 행위에 대해 그들을 내리쳤다는 뜻이다. 이리하여 그들은 금지된 열매를 먹는 일이 어리석다는 것을 깨달았으나, 이미 때는 늦었다. 그들은 자기들이 타락으로 인하여 잃어버린 그 행복과, 또한 자기들이 빠져 들어간 그 비참한 처지를 보았다. 자기들이 사랑하시는 하나님의 진노를 촉발시켰고, 그의 은혜와 호의를 저버렸고, 그의 모양과 형상을 잃어버렸으며, 피조물들을 다스리는 권세가 사라져버린 것을 보았다. 자기들의 본성이 부패하였음을 보았고, 전에는 한 번도 의식하지 못했던 무질서가 자기들의 심령 속에 있는 것을 느꼈다. 그들은 자기들의 지체 속에 한 법이 있어 자기들의 마음의 법과 싸우며 그들을 죄와 진노에로 사로잡아가는 것을 보았다. 그들은 발람처럼 눈이 밝아져(민 22:31) 여호와의 사자가 길에 서 있고 그의 칼이 그의 손에 들려 있는 것을 보았다. 어쩌면 그들을 시험한 그 뱀이 그들을 모욕하는 것을 보았을지도 모른다. 본문은 그들이 자기들이 벗은 줄을 알았다고 말씀한다. 이는, 즉 [1] 그들이 낙원에서 누리던 모든 존귀와 즐거움들을 다 빼앗기고, 진노하시는 하나님께서 마땅히 부과하실 모든 비참한 상태에 노출된 상태로, 완전히 발가벗겨진 것을 알았다는 뜻이다. 그들은 무장해제 된 상태였고, 그들을 보호해 줄 것이 다 사라져 버렸다. [2] 그들이 하나님과 천사들 앞에서 영원토록 부끄러운 처지가 되었다는 뜻이다. 그들은 자

기들이 모든 존귀한 장식물들과 기장(紀章)들이 다 벗겨졌고, 위엄의 자리에서 떨어졌으며, 지극히 치욕스런 상태에 빠졌고, 하늘과 땅과 자기들 자신의 양심의 멸시와 책망을 받는 처지가 된 것을 보았다. 여기서 보라. **첫째로**, 죄가 얼마나 큰 치욕이요 괴로움인가! 허용되기만 하면 언제든 악행을 저지르며, 사람들의 평화를 깨뜨리며, 모든 위로를 파괴시킨다. 그러므로 조만간 순전한 회개의 부끄러움을 갖게 되든지, 아니면 악인이 마지막 그 큰 날에 부활하여 영원한 멸시와 부끄러움을 얻게 되든지 둘 중의 하나가 될 것이다. 죄는 어떤 사람들에게나 치욕이 되는 것이다. **둘째로**, 사탄이 얼마나 엄청난 속임꾼인가! 그는 우리의 첫 조상들을 시험하면서 그들의 눈이 밝아질 것이라고 했고, 그들이 그렇게 되었다. 그러나 그들이 생각했던 대로 된 것이 아니었다. 존귀와 영광이 아니라 오히려 치욕과 탄식의 상태에 있는 자신들을 보게 된 것이다. 그러므로 사탄이 그럴 듯하게 말하더라도 그의 말을 믿지 말라. 가장 해로운 거짓말쟁이는 자기들은 그저 분명치 않게 말한 것뿐이라고 변명하기를 자주 한다. 그러나 하나님께서는 그들의 그런 것을 용납하시지 않을 것이다.

(2) 이런 찔림을 완화시키기 위해서 그들이 취한 애처로운 조치. **무화과나무 잎을 엮어**, 최소한 서로에게서 부끄러운 것을 가리기 위해서 그것들을 **치마로 삼았다**. 여기서 죄 지은 자들에게서 흔히 나타나는 어리석음을 보라. [1] 하나님께 용서함받기를 구하기보다 사람들 앞에서 자기들의 위신을 세우는 것에 더 신경을 쓴다. 그들은 죄를 고백하기를 꺼리고 오히려 할 수 있는 만큼 그것을 가리기를 간절히 바란다. **내가 죄를 범하였사오나 나를 존귀하게 보옵소서**. [2] 사람들이 자기들의 죄를 가리고 가볍게 만들기 위해 행하는 변명들이 헛되며 어리석을 뿐이다. 무화과나무로 엮어 만든 치마처럼, 그것들은 문제를 해결하는 것이 아니라 오히려 더 악화시킬 뿐이다. 그렇게 해서 가려진 부끄러움은 더욱 수치스럽게 될 뿐이기 때문이다. 그러나 이처럼 우리는 모두 **아담처럼 내 악행을 숨기기를 잘 한다**(욥 31:33. 한글 개역개정판은 '**다른 사람처럼 내 악행을 숨긴 일이 있거나**'로 번역함—역자주).

2. 금지된 열매를 먹자마자 두려움이 그들을 사로잡았다(8절). 여기서 관찰하라. (1) 그들의 두려움의 원인과 계기는 무엇이었는가. 그들은 **그 날 바람이 불 때 동산에 거니시는 여호와 하나님의 소리를** 들었다. 그들을 두려움 속에 몰아넣은 것은 심판자의 다가오심이었다. 그러나 그는 오로지 죄악된 양심에게만

두려움을 자아내는 그런 방식으로 다가오셨다. 어떤 이들은 그가 인간적인 모습으로 오셨으며, 여기서 세상을 심판하신 분은 마지막 날에 세상을 심판하실 분과 동일한 분, 곧 **하나님이 정하신** 그분이셨다고 보기도 한다. 그는 그가 아담과 하와를 처음 낙원에 두셨을 때에 그들이 보았던 모습 그대로 그들에게 나타나신 것으로 보인다. 그는 그들을 놀라게 하고 두려움 속에 있게 하기 위함이 아니라 그들을 납득시키시고 그들을 낮추시기 위하여 오셨기 때문이다. 그는 나중에 시내 산에서 나타나실 때처럼 그들이 보는 앞에서 직접 하늘에서 강림하신 것이 아니라(캄캄한 어둠을 장막으로 삼으시고, 타오르는 불꽃을 수레로 삼으셔서), 여전히 그들과 친숙하게 계시기를 바라는 자로서 동산에 임하신 것이다. 그는 달려오신 것도 아니고 바람 날개를 타고 오신 것도 아니고 걸어 오셨다. 노하기를 더디하시는 자로서 의도적으로 걸어오신 것이요, 이로써 아무리 화가 끓어오를 상황이라 할지라도 격하거나 성급하지 말고 차근차근 말하고 행동하며 경솔하게 처신하지 말 것을 우리에게 가르치시는 것이다. 그는 **바람이 불 때**에 오셨다. 모든 두려움이 배나 더 커지는 밤중이나 뜨거운 한낮에 오시지 않고, 바람이 불어 서늘할 때에 오셨다. 그는 그의 진노의 열기 속에서 오신 것이 아니다. **나는 노함이 없나니**(사 27:4). 또한 그는 갑작스럽게 그들에게 오신 것도 아니다. 그들이 멀리서 그의 소리를 들었다. 곧, 여호와께서 그들에게 그의 오심을 고지하신 것이다. 아마도 그것은 후에 엘리야에게 나타나실 때처럼 세미한 소리였을 것이다. 어떤 이들은 아담과 하와가 그가 아담의 죄와 또한 그에게 부여하실 심판에 대해서 그 스스로 하시는 말씀을 들었다고 보기도 한다. 어쩌면 그가 이스라엘에 대해서 하신 말씀처럼 말이다. **내가 어찌 너를 버리겠느냐?**(호 11:8). 그러나, 오히려 그들이 여호와께서 그들을 향하여 오시면서 그들을 부르시는 소리를 들은 것으로 보는 편이 나을 것이다. (2) 그들의 두려움의 결과와 증거는 무엇이었는가. 그들이 **하나님의 낯을 피하여 동산 나무 사이에 숨은지라.** 정말 애처로운 변화가 아닐 수 없다. 죄를 범하기 전에 여호와 하나님이 다가오시는 소리를 들었다면, 달려가 그를 맞으려 했을 것이고, 겸손한 기쁨으로 그의 은혜로우신 방문을 환영했을 것이다. 그러나 이제는 그럴 수 없었다. 하나님이 그들에게 극심한 두려움이 되어 버렸으니, 그의 방문이 그들에게 두려움이 되었고 그들이 온통 혼란으로 가득 차게 된 것도 무리가 아니다. 그들 자신의 양심이 그들을 정죄하였고, 그들의 죄의 본색을 그들 앞에 늘어놓고 있었다. 그들이 무화과나무 잎을 치마로 삼았으나 아무 소용이 없었다. 하나님께서 원수로서 그들에게 나아오셨고, 온 피조 세계가 그들을 대적하고 있었다. 그런데도 그들은 그들 자신과 진노하시는 하나님 사이에서 중보자를 알지 못했고, 그리하여 극한 두려움으로 심판을 기다리는 것 외에 달리 방도가 없었다. 이런 두려움 속에서 그들은 동산 나무 사이에 몸을 숨겼다. 하나님을 거역했으니 그것 때문에 도망한 것이다. 그들 자신이 죄악되다는 것을 알고 있으므로 감히 심판대 앞에 설 자신이 없었고, 그리하여 정의로부터 피신하고 도망한 것이다. 여기서 다음을 보라. [1] 시험하는 자의 거짓됨과 그의 시험들의 기만성과 허위성. 그는 그들이 안전할 것임을 약속하였으나, 그들은 결코 자기들이 안전하다고 생각할 수가 없게 되었다. 그는 그들이 죽지 않을 것이라고 했으나, 이제 그들은 목숨을 부지하기 위해 도망해야 하는 처지가 되었다. 그는 그들이 나아질 것이라고 약속했으나 그들은 자기들의 추악해진 모습을 보아야 하는 처지가 되었다. 지금처럼 자기들이 초라하게 보인 적이 없었다. 그는 그들에게 그들이 지식을 얻을 것이라고 하였으나, 그들은 도저히 어찌할 바를 모르는 꼴이 되어 버렸고, 몸을 어디에다 숨겨야 할지도 모르는 처지가 되었다. 그는 그들이 하나님처럼 되고 위대하고 담대하게 될 것이라고 약속하였으나, 그들은 범죄자들이 되었고 두려움에 떨며 도피하기 위해 걱정하는 처지가 되고 말았다. 그들이 하나님의 신복(臣僕)이 되려 하지 않았으니, 이제 감옥에 갇힌 죄수의 처지가 된 것이다. [2] 죄인들의 어리석음. 그들이 하나님께로부터 숨는 일이 가능하고 또 그것이 바람직하다고 생각하였으니 정말 어리석은 처사였다. 빛들의 아버지께로부터 과연 사람이 자기를 숨길 수 있단 말인가?(시 139:7; 렘 23:24 등). 홀로 도움과 복을 주실 수 있는 분이신 생명의 근원 되신 그분에게서 그들이 벗어날 수 있단 말인가?(욘 2:8). [3] 죄에 수반되는 두려움. 하나님의 나타나심에 대한 끔찍한 두려움, 양심의 정죄, 근심, 열등한 피조물들의 공격, 죽음에 대한 공포 등이 사람들에게 공통적으로 있는데, 이는 모두가 죄의 결과다. 죄에 함께 동참했던 아담과 하와는 죄에 수반된 수치와 두려움도 함께 공유하였다. 둘이 함께 손을 맞잡고 있었으나(결혼으로 그렇게 결합된지 얼마 지나지 않은 상태였다), 서로에게 힘을 줄 수도, 서로를 막아줄 수도 없었다. 서로서로에게 정말 가련한 위로자들이 되어 버린 것이다!

[9]여호와 하나님이 아담을 부르시며 그에게 이르시되 네가 어디 있느냐 [10]이르되 내
가 동산에서 하나님의 소리를 듣고 내가 벗었으므로 두려워하여 숨었나이다

여기서는 하늘과 땅의 의로운 심판주께서 이 도망자들을 책망하신다. 그는 형식에 매여 계시지 않으시나, 모든 가능한 공정함으로 그들의 문제를 처리하사 그가 말씀하실 때에 자신의 의로우심이 세워지도록 하셨다. 여기서 관찰하라.

I. 하나님께서 아담을 추적하시고 사로잡으신 그 깜짝 놀라게 하는 질문. 네가 어디 있느냐? 하나님이 아담이 어디 있는지를 모르셔서 이런 질문을 하신 것이 아니고, 이런 질문을 하심으로써 그에 대한 심판을 진행시키시려 하신 것이다. "자 오라, 이 어리석은 사람이 어디 있는가?" 어떤 이들은 탄식의 질문으로 보기도 한다: "가엾은 아담아, 어찌하여 네가 이렇게 되었느냐?" "아, 네가 애처롭구나!" (어떤 이들은 이런 뜻으로 읽는다) "너 아침의 아들 계명성이여 어찌 그리 떨어졌는고! 나의 벗이요 사랑하는 자였던 네가, 내가 그렇게도 위하였고 더 많이 위하고자 한 네가 이제 나를 버려 네 스스로 망하였느냐? 네가 이런 꼴이 되었느냐?" 이 질문은 오히려 추궁의 뜻이 담긴 질문이다. 아담을 정죄하고 낮추기 위한 질문이었다. 네가 어디 있느냐? 어떤 장소에 있느냐는 뜻이 아니라 어떤 처지에 있느냐는 뜻이다. "금지된 열매를 먹음으로써 네가 얻은 것이 겨우 이것이냐? 나와 겨루려 한 네가 이제 나를 피하려 하였느냐?"

주목하라. 1. 죄로 말미암아 하나님께로부터 멀어져 있는 자들은 자기들의 처지를 심각하게 살펴야 한다. 그들은 모든 선에서 멀리 떠나서 원수들 가운데, 사탄에게 종노릇하는 상태에, 그리고 처절한 멸망에 이르는 대로(大路)에 있는 것이다. 하나님께서 아담을 찾으신 것을 아담에게 친절을 베푸사 그를 회복케 하시려는 은혜로우신 처사로 바라볼 수도 있을 것이다. 만일 하나님께서 그를 부르시고 그를 다시 찾지 않으셨다면, 그의 처지는 타락한 천사들의 처지만큼이나 처절해졌을 것이다. 선한 목자께서 찾아 나서고 그를 돌이키지 않으셨다면 이 잃어버린 양은 끝없이 방황했을 것이다. 그리고 그 일을 위하여 그의 처지가 어떠한지, 그가 처하지 말아야 하고 처할 수 없는 처지가 어떤 것인지를 상기시키신 것이다. 2. 죄인들이 자기들의 처지를 바라보게 되면, 하나님께 돌아오기 전에는 안식을 누리지 못할 것이다.

Ⅱ. 이 질문에 대한 아담의 떨리는 답변. 내가 동산에서 하나님의 소리를 듣고 내가 벗었으므로 두려워하여 숨었나이다(10절). 그는 죄책은 인정하지 않으면서, 자신의 수치와 두려움을 인정함으로써 결국 죄가 있음을 고백하고 있다. 그러나 악을 행한 자들은 흔히 그것에 대해 질문을 받을 때에 너무도 분명하여 도무지 부인할 수 없는 것 이상은 인정하려 하지 않는데, 이는 어리석은 잘못이다. 아담은 두려웠다. 벌거벗었기 때문이다. 아무런 방비가 없는 상태였으므로 하나님과 쟁변(爭辯)하기가 두려웠을 것이나, 동시에 벌거벗었으므로 하나님 앞에 나서기가 너무도 두려웠다. 그리스도의 의로 옷 입고 있지 않으면 하나님께 나아가는 것이 두려울 수밖에 없다. 우리를 세워주는 무기가 되고 또한 우리의 벌거벗은 수치를 가려줄 것은 오직 그리스도의 의밖에 없기 때문이다. 그러므로 주 예수 그리스도로 옷 입고, 겸손한 담대함으로 하나님께 가까이 나아가자.

[11]이르시되 누가 너의 벗었음을 네게 알렸느냐 내가 네게 먹지 말라 명한 그 나무
열매를 네가 먹었느냐 [12]아담이 이르되 하나님이 주셔서 나와 함께 있게 하신 여자
그가 그 나무 열매를 내게 주므로 내가 먹었나이다 [13]여호와 하나님이 여자에게 이
르시되 네가 어찌하여 이렇게 하였느냐 여자가 이르되 뱀이 나를 꾀므로 내가 먹
었나이다

범죄한 자들이 스스로 고백함으로써 죄를 범하였음이 드러나는데도 그들은 여전히 변명을 하며 과오를 가볍게 만들려고 애쓴다. 그들은 자기들이 행한 일을 고백하고 정당화할 수가 없었다. 그러나 그것을 고백하고 그것을 가볍게 만들려 한다. 관찰하라.

Ⅰ. 그들이 자기들의 범죄를 고백하지 않을 수 없게 되었다. 하나님은 아담에게 물으셨다: 누가 너의 벗었음을 네게 알렸느냐?(11절). "너의 벌거벗음이 수치라는 것을 어떻게 지각하게 되었느냐?" **내가 네게 먹지 말라 명한 그 나무 열매를 네가 먹었느냐?** 주목하라. 하나님은 우리의 모든 죄들을 다 아시지만, 우리에게서 그것들을 알고자 하시며 그것들을 정직하게 고백할 것을 우리에게 요구하신다. 우리의 죄들에 대해 모르시는 부분을 알고자 하시는 것이 아니라 우리를 낮추시고자 하시는 것이다. 이 심문에서 하나님은 그에게 자신이 주셨던 명

령을 상기시키신다. "너를 지은 자요, 너의 주인이요, 네게 은혜를 베푼 자인 내가, 네게 그것을 먹지 말라고 명령했노라." 죄는 명령에 비추어 보면 그 죄악된 모습이 가장 분명하게 드러나는 법이며, 그리하여 하나님께서 여기서 아담에게 그의 명령을 제시하시는 것이다. 여기서 우리는 우리 자신의 모습을 보아야 할 것이다. 여자에게는, **네가 어찌하여 이렇게 하였느냐?**(13절)라고 질문하셨다. "너도 네 잘못을 시인하고 그것을 고백하겠느냐? 그리고 그것이 얼마나 악한 짓이었는지를 알겠느냐?" 주목하라. 스스로 금지된 열매를 먹은 자들과 특히 다른 사람들도 함께 먹도록 꾀인 자들은 자기들이 한 일을 심각하게 따져보아야 할 것이다. 금지된 열매를 먹음으로써 우리는 위대하시고 은혜로우신 하나님을 거역한 것이요, 올바르고 의로운 법을 깨뜨린 것이요, 신성하고 지극히 엄숙한 언약을 어긴 것이요, 또한 하나님의 호의를 저버리고 우리 자신을 그의 진노와 저주에 내어놓았으니 우리 자신의 귀한 영혼에게도 잘못을 행한 것이다. 다른 사람들을 꾀어 그 열매를 함께 먹게 한 것에서 우리는 마귀의 일을 행한 것이요, 다른 사람들의 죄에 대해 우리 자신이 책임을 지게 되었고, 그들의 멸망에 기여한 것이 된 것이다. **우리가 어찌하여 이렇게 하였는가?**

II. 그들이 고백함으로써 그들의 죄상이 완화되었다. 죄책이 없다고 탄원해도 아무 소용이 없는 처지였다. 그들의 안색이 그것을 입증하고 있었다. 그들의 모습 자체가 그들의 죄를 힐난하고 있었다. 남자는 "**내가 먹었나이다**"라고 대답하였고, 여자도 "나도 먹었나이다"라고 대답하였다. 이렇듯 하나님께서 심판하실 때에는 반드시 사실이 드러나는 것이다. 그러나 이들은 회개하며 고백하는 모습을 보이지 않았다. 죄를 가중시키지는 않았으나, 이들은 스스로 부끄러움을 짐으로써 죄에 대해 변명을 늘어놓으며, 그런 수치스러운 사태에 대한 책임을 서로의 탓으로 돌렸다.

1. 아담은 모든 책임을 자기 아내에게 돌린다. "아내가 내게 열매를 따다주고서 먹으라고 했고, 나는 마지못해 먹었나이다." 이는 경박스런 변명이 아닐 수 없다. 아내에게서 배우는 것이 아니라 그가 아내를 가르쳤어야 옳았다. 그리고 하나님과 아내 중 누구에게서 다스림을 받을지를 결정하는 것이 전혀 어려운 문제가 아니었다. 그러므로 세상에서 가장 친한 내 친구가 아무리 끈덕지게 졸라도, 절대로 우리의 양심을 거슬러 행동하지도 말고, 그 친구를 즐겁게 하기 위해 하나님을 불쾌하시게 하는 일을 행하지도 말자. 그러나 아담은 이것

으로 그치지 않았다. 그는 자기 아내에게 책임을 돌릴 뿐 아니라, 암암리에 하나님 자신에게까지 책임을 전가시키는 발언을 하고 있다. "하나님이 나의 반려자로, 나의 동반자로, 나의 돕는 배필로 주신 그 여자가 내게 열매를 주었사옵니다. 그렇지 않았다면 내가 먹지 않았을 것이옵니다." 이렇게 해서 그는 하나님이 그의 범죄에 원인 제공을 했다는 것을 넌지시 내비친 것이다. 하나님이 그에게 여자를 주셨고, 그 여자가 열매를 주었으니, 하나님이 직접 열매를 가져다 주신 것이나 마찬가지라는 식이었다. 주목하라. 시험을 받는 자들은 이상하게도 자기들이 하나님께 시험당하는 것이라고 말하는 과오를 범할 소지가 많다. 마치 우리가 하나님의 선물들을 남용(濫用)하면 하나님의 법을 범해도 전혀 상관이 없기라도 하듯이 말이다. 하나님께서 우리에게 부귀와 명예와 귀한 인간 관계들을 주시는 것은 그것들을 누리는 중에 즐거이 그를 섬기게 하기 위함이다. 그런데 우리가 만일 그것들을 하나님을 상대로 죄를 범하는 기회로 삼는다면, 우리에게 베풀어진 섭리를 탓할 것이 아니라 하나님의 은혜로우신 섭리를 악용한 우리 자신을 탓해야 마땅한 것이다.

2. 하와는 모든 책임을 뱀에게 전가시킨다. **뱀이 나를 꾀므로 내가 먹었나이다.** 죄는 선머슴과 같아서 아무도 소유하려 하지 않는데, 이는 그것이 수치스러운 것이라는 하나의 증표다. 죄를 즐기고 그 이익을 기꺼이 취하려 하는 자들도 그것의 수치와 책임은 취하려 하지 않고 뒤로 물러서는 법이다. "하나님이 지으시고 낙원에 들이셔서 우리에게 나아오도록 허락하신 그 간교한 생물인 뱀이 나를 꾀었나이다." 혹은 나로 실수하게 만들었나이다. 우리의 죄는 우리의 실수이니 말이다. 그러므로 다음을 배우라. (1) 사탄의 시험은 모두 간교한 것이요, 그의 논리는 모두가 거짓이며, 그의 꾀임은 모두 속임수들이다. 그러므로 사탄이 아무리 그럴듯하게 말해도 그를 믿어서는 안 된다. 죄는 우리를 속이며, 또한 속임으로써 우리를 사취한다. 죄의 간사함으로 말미암아 마음이 완고해지는 것이다. 롬 7:11; 히 3:13을 보라. (2) 사탄이 간교하여 우리를 죄로 이끌었다 할지라도, 그 때문에 우리가 죄 가운데 있는 것이 정당화되는 것은 아니다. 그가 시험하는 자이지만, 우리가 죄인들인 것이다. 사실 우리가 우리 자신의 정욕에 이끌려 꾀임을 당하는 것이다(약 1:14). 그러므로 우리가 속임을 당하여 죄에 빠졌다고 해서 그것을 빌미로 죄에 대한 안타까움이나 수치를 덜 가져서는 안 될 것이다. 오히려 누구나 다 아는 사기꾼이요 철천지원수인

사탄에게 우리 자신이 속아넘어갔다는 사실에 대해 우리 자신을 탓하는 분노의 마음이 더 커져야 마땅한 것이다. 자, 재판정에서 죄인들이, 법에 따라 자기들에게 형벌이 선고되고 집행되어서는 안 되는 이유로 제시하는 것이 이것이 전부다. 그리고 이것은 전혀 이유가 없는 것과 마찬가지고, 어떤 점에서는 이유가 전혀 없는 것보다 훨씬 더 못한 것이다.

[14]여호와 하나님이 뱀에게 이르시되 네가 이렇게 하였으니 네가 모든 가축과 들의 모든 짐승보다 더욱 저주를 받아 배로 다니고 살아 있는 동안 흙을 먹을지니라 [15]내가 너로 여자와 원수가 되게 하고 네 후손도 여자의 후손과 원수가 되게 하리니 여자의 후손은 네 머리를 상하게 할 것이요 너는 그의 발꿈치를 상하게 할 것이니라 하시고

재판장의 무오한 지식으로는 물론, 죄인들 자신의 고백으로도 그들이 유죄(有罪)임이 드러났고, 또한 재판에 영향을 줄 수 있는 중요한 사실들로서 더 제시될 만한 것이 없으므로, 하나님은 즉시 형벌을 선고하신다. 그리고 여기서 그는 뱀에게부터 형벌을 선고하신다(뱀에게서 죄가 시작되었으므로). 하나님은 뱀은 심문하지 않으셨다. 그는 뱀이 행한 일에 대해서도, 또한 그 일을 행한 이유에 대해서도, 전혀 묻지 않으시고, 즉시 그에게 형벌을 선고하신다. 1. 뱀은 하나님을 대적하여 행한 반역으로 인하여 이미 정죄를 받았기 때문이다. 그의 악의와 사악함이 은밀한 조사를 통해서가 아니라 소돔의 경우처럼 노골적인 맹세와 선언을 통해서 완전히 드러나 있었던 것이다. 2. 뱀은 죄 사함에 대한 모든 소망에서 영원토록 제외되어야 할 자였기 때문이다. 회개와는 전혀 상관없는 자에게 무엇을 납득시키고 그를 낮추기 위해 무슨 말을 할 필요가 어디 있었겠는가? 치료할 것이 아니기 때문에 그의 상처를 찾지 않으신 것이다. 어떤 이들은 타락한 천사들이 사람을 꾀어 반역에 이르도록 한 지금에 와서야 비로소 그들의 처지가 절박하고 치유될 여지가 전혀 없는 것으로 선언되었다고 생각한다.

I. 시험한 자에게 선언된 형벌의 선고는 뱀에게는 번갯불과도 같다고 생각할 수 있을 것이다. 뱀은 야생의 피조물로서 본래 사람을 섬기기 위해 지음 받았으나 사탄이 이를 이용하여 사람에게 상처를 주도록 악용된 것이다. 그러므로

죄에 대한 불쾌하심과 또한 아담과 하와의 실추된 명예에 대한 안타까움을 드러내 보이시고자, 하나님께서는 뱀에게 책망과 저주를 하셨고, 뱀으로 하여금 괴로움 가운데서 탄식하게 만드셨다. 롬 8:20을 보라. 마귀의 도구도 마귀와 같은 형벌을 받아야 했다. 악인의 몸은 비록 불의의 도구들에 지나지 않으나 주요 행위자인 그 영혼과 마찬가지로 영원한 고통에 참여하게 될 것이다. 사람을 죽인 소(牛)도 돌로 쳐죽여야 했다(출 21:28, 29). 여기서 하나님이 얼마나 죄를 미워하시며, 특히 다른 이들을 꾀어 죄를 범하게 하는 자들을 얼마나 불쾌히 여기시는지를 보라. 여로보암의 이름 뒤에는 항상, **그가 이스라엘로 범죄하게 하였더라** 라는 묘사가 별명처럼 따라붙는다. 이제, 1. 뱀이 여기서 하나님의 저주 아래 놓이게 된다. **네가 모든 가축과 들의 모든 짐승보다 더욱 저주를 받을지니라.** 하나님께서는 심지어 땅에 기는 것들도 그것들을 만드신 다음 복 주셨다(1:22). 그러나 죄가 그 복을 저주로 바꾸어 놓은 것이다. 뱀은 여호와 하나님이 지으신 들짐승 중에 가장 간교하니라(1절)라고 말씀했는데, 여기서 **들의 모든 짐승보다 더욱 저주를 받은** 것이다. 거룩함이 없는 간교함이 사람에게 큰 저주가 되는 경우가 많다. 사람이 교묘할수록 그들의 악행이 더욱 악해지는 법이고, 그리하여 결국 그만큼 더 큰 정죄를 받게 되는 법이다. 간교한 시험자들이야말로 해 아래에서 가장 저주받은 존재들인 것이다. 2. 뱀이 여기서 사람의 비난과 대적을 받게 된다. (1) 뱀이 영원토록 비열하고 야비한 생물이요 멸시와 조소의 대상이 될 것이다. "**배로 다니고**, 더 이상 발로 다니거나 절반쯤 일어서서 걷지 못하고, 배를 땅에 붙이고 기어다닐 것이다." 이는 매우 비굴하고 비참한 처지를 나타내는 표현이다. "우리 영혼은 진토 속에 파묻히고 우리 몸은 땅에 붙었나이다"(시 44:25). 그의 범죄는 하와를 꾀어, 금지된 열매를 먹게 한 것이었다. 그러므로 그의 형벌은 먹고 싶지 않은 것을 먹을 수밖에 없게 되는 것이었다. **살아 있는 동안 흙을 먹을지니라.** 이는 지극히 경멸스런 상태를 나타내는 것인 동시에 애처로운 마음의 상태를 나타내는 것이다. 용기를 잃어버린 자들에 대해서, 그들이 **뱀처럼 티끌을 핥는다고** 한다(미 7:17). **티끌 먼지를 목말라 하는** 성격을 지닌(암 2:7) 세상을 탐하는 자들이 선택하는 것이 결국 뱀의 저주일 것이니, 이 얼마나 안타까운 일인가! 그들 스스로 그릇된 헛것을 택하니, 그들의 운명도 그렇게 되고 마는 것이다. (2) 뱀은 영원토록 맹독(猛毒)이 있는 역겨운 생물로, 또한 미움과 혐오해야 할 대상으로 간주될 것이다. **내가**

너로 여자와 원수가 되게 하고 네 후손도 여자의 후손과 원수가 되게 하리니. 열등한 생물들은 사람을 위해 지어졌으므로, 그것들 중 어느 하나라도 사람과 원수 관계가 된다면 그것은 그 생물에게는 저주였다. 그러니 이것이 뱀의 저주 가운데 일부였다. 뱀은 사람에게 상처를 주며 자주 발꿈치를 상하게 한다. 그 이상은 닿을 수가 없기 때문이다. 아니, 뱀이 말굽을 물어 사람을 떨어뜨리는 것이 언급되고 있다(49:17). 그러나 사람이 뱀을 이길 것이요, 그의 머리를 상하게 할 것이다. 즉, 뱀의 세대 전부를 멸하려는 목적을 갖고서 뱀에게 치명적인 상처를 입힐 것이다. 뱀에게 주어진 이 저주의 결과로, 뱀이 간교하고 매우 위험하지만 그럼에도 불구하고 인류를 멸하는 일에 성공하지 못한다는 것이다. 뱀에게 선포된 이 선고는 하나님께서 그의 백성에게 주신 약속 — **네가 사자와 독사를 밟으며 젊은 사자와 뱀을 발로 누르리로다**(시 91:13) — 으로 더욱 견고해지며, 또한 그리스도께서 제자들에게 주신 약속 — 믿는 자들이 **뱀을 집어 올리며**(막 16:18) — 이 바울에게서 확증된다. 그는 뱀에게 손을 물렸으나 상처가 전혀 없었다. 여기서 관찰하라. 뱀과 여자는 방금 전까지 금지된 열매에 대하여 대화를 나누는 중에 서로 매우 친해지고 가까워졌었고, 그들 사이에 놀라운 의견의 일치가 있었는데, 여기서 그들이 돌이킬 수 없을 정도로 서로 반목하게 된다. 주목하라. 죄악된 친교 관계는 결국 반목으로 끝을 맺게 된다. 악에서 하나가 된 자들은 그 하나 됨이 오래 가지 못하는 것이다.

Ⅱ. 이 선고는, 뱀을 도구로 사용하여 그 뒤에서 주도적으로 일을 감행한 마귀에게 행해진 것으로도 생각할 수 있다. 뱀의 입을 통하여 말한 자가 여기서 뱀을 통하여 선고를 받는 것이요, 마귀가 이 선고를 받은 주요 대상자다. 이 선고는 구름 기둥과 불 기둥처럼 마귀에게는 어두운 면을 드리우고, 우리의 첫 조상들과 그들의 후손을 향해서는 밝은 쪽을 드리우는 것이다. 이 말씀 속에 놀라운 내용이 담겨 있다.

1. 하나님과 사람 모두의 철천지원수에게 영구한 책망이 가해진다. 뱀을 통하여 그가 여기서 선고를 받는데, 그 내용은 다음과 같다. (1) 하나님께 저주를 받는다. 천사들을 마귀로 바꾸어놓은 죄는 교만이었으며, 그것이 여기서 배로 땅을 기고 흙을 먹는 뱀의 비참한 처지로 묘사되는 바 다양한 죽음의 현상들로써 정의롭게 형벌을 받는 것이다. **너 아침의 아들 계명성이여 어찌 그리 떨어졌는고!** 하나님 위에 있으려 했고 그를 대적하여 반역을 꾀한 자가 여기서 정의롭

게 경멸을 받게 되고, 땅바닥에 드리워져 짓밟히고 있는 것이다. 사람의 교만은 반드시 사람을 낮출 것이요, 스스로 자신을 낮추지 않는 자들은 하나님께서 억지로 낮추시는 것이다. (2) 온 인류에게 혐오와 미움을 받는다. 그에게 미혹을 당한 자들이 그에 대한 증오와 미움을 표시하며, 하나님께로부터 난 모든 자들이 항상 경계하며 자신을 지켜서 이 악한 자와 접촉하지 않게 한다(요일 5:18). 마귀는 여기서 전쟁과 돌이킬 수 없는 적대 상태에로 들어가도록 정죄를 받는 것이다. (3) 마지막으로 **위대한 구속자**로 말미암아 멸망한다. 이는 그의 머리가 깨어지는 것으로 묘사된다. 그의 간교한 책략이 수포로 돌아갈 것이요, 그가 찬탈한 권세가 완전히 무너질 것이요, 그가 영원토록 하나님의 주권의 손상된 존귀에 사로잡힐 것이다. 이 일에 대해 지금 들음으로써 그 때가 되기도 전에 미리 고통 가운데 있게 된 것이다.

2. 하나님의 나라와 사람들 가운데 있는 마귀의 나라 사이에 영구한 분쟁이 여기서 개시된다. 여인의 후손과 뱀의 후손 사이에 전쟁이 선포된다. 이로써 미가엘과 용 사이의 전쟁이 하늘에서 시작되었다(계 12:7). 이러한 적대 관계의 결과는 다음과 같다. (1) 하나님의 백성의 마음속에 은혜와 부패함 사이에 계속적인 싸움이 있다는 것. 사탄은 그 부패성으로 말미암아 그들의 마음을 공격하고, 내리치고, 그들을 삼키려 한다. 그러나 하나님의 백성들은 그들이 받은 은혜들을 발휘하여 그를 대적하고, 그와 씨름하고, 그의 불타는 화살을 소멸시켜 그를 도망하게 만든다. 천국과 지옥은 절대로 서로 화목할 수 없고, 빛과 어둠도 마찬가지다. 사탄과 거룩함을 입은 영혼도 서로 화목할 수가 없다. 이들은 서로 적대적이기 때문이다. (2) 이 세상의 악인과 경건한 자 사이에도 마찬가지로 계속적인 싸움이 있다는 것. 하나님을 사랑하는 자들은 그를 미워하는 자들을 원수로 간주한다(시 139:21, 22). 박해자들이 하나님의 백성을 상대로 퍼붓는 온갖 악의와 격분이 모두 이러한 적대감의 산물인데, 이 땅에 경건한 자와 악인이 있는 동안 이러한 상태가 계속될 것이다. 그러므로, **형제들아 세상이 너희를 미워하여도 이상히 여기지 말라**(요일 3:13).

3. 여기서, 타락한 인간을 사탄의 권세에서 구원하실 그리스도에 관하여 은혜로운 약속이 제시된다. 이 말씀은 뱀에게 주어진 말씀이었으나, 우리의 첫 조상이 듣는 가운데 말씀하신 것이요, 따라서 그들은 여기서 그들에게 주어진 은혜의 암시를 감지하였고, 또한 그들에게 소망의 문이 열린 것을 보았을 것이

분명하다. 그렇지 않았다면 그 다음 계속해서 그들 자신에게 주어지는 형벌의 선고를 듣고서 완전히 압도되고 말았을 것이다. 여기서 복음의 날이 밝아오고 있었다. 상처가 제시되자마자 즉시 치료가 베풀어지고 계시된 것이다. 여기 두루마리 책의 첫머리에(히 10:7), 성경의 첫머리에, 그리스도께서 하나님의 뜻을 행하리라는 것이 기록되어 있는 것이다. 우리의 첫 조상과 홍수 이전의 족장들이 이 약속을 믿는 믿음으로 말미암아 의롭다 하심을 얻고 구원을 받았으며 또한 그들은 하나님을 밤낮으로 끊임없이 섬기면서 이 약속과 그 은덕에 이르기를 소망하였다는 것이 충분히 일리가 있는 것이다. 여기서 그리스도에 관하여 세 가지가 언급된다. (1) 그리스도의 성육신(成肉身). 그가 여자의 후손, 즉 그 여자의 후손이 되시리라는 것. 그러므로 그의 계보(눅 3장)는 그가 아담의 자손임을 보여주는 데에까지 거슬러 올라간다. 그러나 동시에 하나님은 그리스도를 그 여자의 후손이라 부르심으로써 그 여자를 존귀하게 대하신다. 그 여자는 마귀에게 속임을 당했고, 또한 아담도 자기의 죄의 책임을 그 여자에게 돌렸다. 하나님이 그의 은혜의 존귀함을 여기서 드러내신다. 즉, 그 여자가 먼저 죄악을 범하였으나 해산함으로 구원을 받으리라는 것이 그것이다. 곧, 그녀의 먼 후손이 될 그 약속하신 씨로 말미암아 구원을 받으리라는 것이다(딤전 2:15). 또한 그는 오로지 여자의, 동정녀의 후손이 될 것이었다. 그리하여 우리의 본성의 부패성으로 얼룩지지 않도록 하고자 함이었다. 그가 보내심을 받았고, 여자에게서 나신 것은(갈 4:4) 이 약속이 이루어지게 하기 위함이었다. 구주께서 같은 모양으로 혈과 육을 함께 지니셨다는 것은(히 2:11, 14) 죄인들에게 크나큰 격려가 아닐 수 없다. 그러므로 사람은 여자에게서 났으므로(욥 25:4) 죄악되고 부정하며, 그러므로 걱정이 가득하다(욥 14:1). 그러나 그 여자의 후손이 우리를 위하여 죄와 저주가 되사 우리를 죄와 저주로부터 구원하신 것이다. (2) 그리스도의 고난과 죽으심. 사탄이 그의 발꿈치를 상하게 할 것이라는 것이 이를 지적해 준다. 즉, 그의 인성(人性)이 상함을 받으리라는 뜻이다. 사탄은 광야에서 그리스도를 죄에 빠지게 하기 위해 그를 시험하였다. 그리고 어떤 이들은 그리스도께서 고뇌 가운데 계실 때에 사탄이 그에게 두려움을 주어서 그를 절망에 빠뜨리려고 그에게 두려움을 주었다고 생각한다. 그리스도를 배반할 생각을 유다의 마음속에 집어넣은 것도, 그를 부인할 생각을 베드로에게 주입시킨 것도, 그를 체포할 생각을 대제사장들에게 불어넣은 것도, 그를 비난할 생각을 거짓 증인들에게 준 것도, 빌라도에게 그를 정죄할 마음을 먹게 한 것도 모두 마귀였고, 그는 구주를 제거함으로써 구원을 완전히 망가뜨리려는 목적을 갖고 그 일을 행한 것이다. 그러나 반대로, 그리스도께서는 오히려 죽음을 통하여 죽음의 세력을 잡은 자 곧 마귀를 멸하신 것이다(히 2:14). 그리스도께서 십자가에 달리시고 발에 못이 박힐 때에 그의 발꿈치가 상하여졌고, 또한 성도들이 그의 이름으로 당하는 고난에서 그리스도께서 계속해서 고난을 당하고 계신 것이다. 마귀는 성도들을 시험하고 그들을 옥에 가두고 박해하고 죽이며, 그리하여 그리스도의 발꿈치를 상하게 한다. 그러나 발꿈치는 이 땅에서 상하여지지만, 그의 머리는 하늘에서 안전한 것이다. (3) 사탄에 대한 그리스도의 승리. 지금은 사탄이 여자를 짓밟고 모욕하였으나, 때가 차면 반드시 여자의 후손이 일어나 그를 짓밟고 망하게 하며 그를 사로잡고 그를 이길 것이다(골 2:15). 여자의 후손은 네 머리를 상하게 할 것이요. 즉, 그의 책략과 그의 모든 권세들을 멸하고 그의 나라와 그의 관심사를 완전히 뒤집어엎을 것이라는 뜻이다. 그리스도께서 사탄의 시험을 이기셨고, 영혼들을 그의 손아귀에서 구해내셨고, 사람들의 몸에서 그를 쫓아내셨고, 강한 자를 무장해제시키셨고, 그의 전리품을 분배하셨다. 그리스도께서는 그의 죽으심으로 말미암아 마귀의 나라에 회복이 불가능한 치명적인 가격을 하셨고, 이 짐승의 머리에 절대로 치유할 수 없는 상처를 안기셨다. 그의 복음이 전파될 때에, 사탄이 하늘로부터 떨어지며(눅 10:18), 결박당하는 것이다(계 20:2). 그가 은혜로 사탄을 그 백성의 발아래 두고 밟으시고(롬 16:20), 머지않아 그를 불 못에 던지실 것이다(계 20:10). 그리고 사탄의 영원한 패망이 택함 받은 남은 자들에게 완전하고도 영원한 기쁨과 영광이 될 것이다.

16 또 여자에게 이르시되 내가 네게 임신하는 고통을 크게 더하리니 네가 수고하고 자식을 낳을 것이며 너는 남편을 원하고 남편은 너를 다스릴 것이니라 하시고

여기서는 여자의 죄에 대해 선언되는 형벌의 선고를 보게 된다. 그녀는 두 가지 형벌을 받게 된다. 고통의 상태와 굴복의 상태가 그것인데, 자기의 쾌락과 자기의 교만을 만족시키려 했던 그녀의 죄에 대해서 지극히 적절한 형벌이었다.

I. 하와는 여기서 고통의 상태에 있는 형벌을 받는다. 그 중에 한 가지, 아이를 낳는 고통만이 구체적으로 명시되나, 이것에는 그 여린 여성의 마음이 받을 수 있는 모든 두려움과 근심의 인상들과, 또한 이들에게 임할 수 있는 모든 공통적인 재난들이 다 포함된다. 주목하라. 죄가 세상에 고통을 가져왔다. 세상을 눈물의 골짜기로 만든 것도, 우리의 머리에 온갖 괴로움들을 가져다 주고 우리의 마음에 고통의 샘을 열어 놓고 세상을 온통 고통거리로 가득 차게 만든 것도 바로 죄였다. 죄책이 없었다면, 우리에게 한숨도 없었을 것이다. 임신하는 고통은, 큰 고통을 나타내는 하나의 잠언적인 것인데, 이는 죄의 결과로 온 것이다. 해산하는 여자의 고통과 신음소리는 죄의 치명적인 결과를 웅변적으로 대변해 준다. 그것은 금지된 열매를 먹은 데에서 비롯된 것이다. 관찰하라. 1. 그 고통이 크게 더하여질 것이라고 말씀한다. 이 현세의 모든 고통들이 그렇다. 인생에서 당하는 재난들이 종류도 많고, 자주 되풀이되며, 비가 그친 후 구름이 다시 몰려오니, 우리에게 죄가 많으므로 고통이 크게 더하여진다는 것이 놀랄 일이 아니다. 임신하는 고통이 크게 더하여진다고 말씀한다. 왜냐하면 거기에는 출산의 고통뿐 아니라 임신 중의 갖가지 부작용과 또한 출산 이후 양육을 위한 온갖 수고와 땀이 포함되기 때문이다. 그리고 만일 자녀들이 악하고 어리석으면, 그 자녀들을 낳은 어머니에게는 더할 나위 없는 괴로움이 된다. 이렇게 해서 고통이 크게 더하여진다. 한 가지 괴로움이 끝나면 또 다른 괴로움이 이어지는 것이다. 2. 우리의 고통을 크게 더하는 것이 바로 하나님이시다. 내가 … 크게 더하리니. 하나님께서 의로우신 재판장으로서 그 일을 행하시니, 우리가 아무리 고통 중에 있다 할지라도 침묵할 수밖에 없다. 고통이 아무리 많고 크다 할지라도 우리 모두가 그것을 받아 마땅하기 때문이다. 아니, 하나님께서는 부드러운 아버지로서 우리를 교정시켜서, 죄로 인하여 우리를 낮추시고 또한 온갖 고통들로 우리를 삼가게 하시는 것이요, 또한 고통들을 통하여 유익을 얻게 하시며, 고통이 아무리 크다 할지라도 그 가운데서 위로를 얻게 하시는 것이다.

II. 하와는 여기서 굴복의 상태에 있게 된다. 여성 전체가 비록 남자와 동등한 상태로 창조되었으나, 죄로 인하여 열등한 상태가 되고, 권위를 찬탈하지 못하도록 된다(딤전 2:11, 12). 이로써 아내가 구체적으로 남편의 통제 아래 있게 되고, 아내가 자기의 처분대로(sui juris), 남편을 주관하지 못한다. 이에 대해서는 민 20:6-8의 법에서 한 가지 실례를 볼 수 있다. 거기서는 남편이 원하면 아내가 행한 혼인 서약을 무효화시킬 수 있는 권한이 있는 것으로 나타난다. 이 형벌의 선고는, 아내들이여 자기 남편에게 복종하라 라는 명령에 해당하는 것이다. 그러나 죄가 들어옴으로써 그 의무가 형벌이 되었다. 그렇지 않았더라면 그것이 형벌이 되지 않았을 것이다. 만일 남자가 죄를 범하지 않았다면, 그는 언제나 지혜와 사랑으로 다스렸을 것이고, 또한 만일 여자가 죄를 범하지 않았다면, 그녀는 언제나 겸손과 온유함으로 복종했을 것이며, 또한 남편의 통제가 전혀 고통스럽지 않았을 것이다. 그러나 우리 자신의 죄와 어리석음으로 우리의 멍에가 무거워지고 말았다. 만일 하와가 그 금지된 열매를 먹지도 않았고 또한 남편을 꾀어 그것을 먹게 하지도 않았다면, 그녀는 절대로 자신의 굴복의 상태에 대해 괴로워하며 탄식하지 않았을 것이다. 그러므로 그런 상태가 아무리 힘겹더라도 그것에 대해서는 절대로 불평해서는 안 된다. 상태를 그 지경으로 만든 죄를 불평해야 하는 것이다. 남편을 멸시하고 불복종할 뿐 아니라 남편을 자기 마음대로 주관하는 아내들은 하나님의 법을 어길 뿐 아니라 하나님이 선고하신 형벌을 반대하는 것임을 생각하지 않는 것이다.

III. 여기 이 형벌 선고에서 긍휼이 진노와 함께 섞여 있는 것을 관찰하라. 여자가 분명 고통을 당할 것이나, 그러나 자녀를 낳을 것이요, 아기를 낳으면 세상에 사람 난 기쁨으로 말미암아 그 고통을 다시 기억하지 아니할 것이다(요 16:21). 여자가 굴복을 당할 것이나, 낯선 자나 원수가 아니라 그녀를 사랑하는 그 남편에게 굴복당할 것이다. 그 형벌은 그녀를 멸망에 빠뜨리는 저주가 아니라, 그녀를 회개하게 하는 징계였다. 뱀과 여자 사이의 적대 관계 같은 적대 관계가 남자와 여자 사이에 주어지지 않았으니, 좋은 일이었다.

[17]아담에게 이르시되 네가 네 아내의 말을 듣고 내가 네게 먹지 말라 한 나무의 열매를 먹었은즉 땅은 너로 말미암아 저주를 받고 너는 네 평생에 수고하여야 그 소산을 먹으리라 [18]땅이 네게 가시덤불과 엉겅퀴를 낼 것이라 네가 먹을 것은 밭의 채소인즉 [19]네가 흙으로 돌아갈 때까지 얼굴에 땀을 흘려야 먹을 것을 먹으리니 네가 그것에서 취함을 입었음이라 너는 흙이니 흙으로 돌아갈 것이니라 하시니라

여기서는 아담에게 행해진 형벌의 선고를 접하게 되는데, 여기서 하

나님은 그의 범죄를 반복하여 전제하신다. 네가 네 아내의 말을 듣고 내가 네게 먹지 말라 한 나무의 열매를 먹었은즉(17절). 아담은 자기의 과오를 아내의 탓으로 돌림으로써 변명하였다. 여자가 내게 주므로 내가 먹었나이다. 그러나 하나님은 그런 변명을 인정하지 않으신다. 여자가 그를 유혹했을지언정, 강제로 그것을 먹게 한 것은 아니다. 아담에게 먹으라고 권유한 것은 그녀의 잘못이나, 그녀의 말을 들은 것은 아담의 잘못이었다. 그러므로 하나님의 심판 날에 사람들의 초라한 변명들이 인정되지 않을 뿐만 아니라 그들의 죄악을 가중시키며 오히려 그들에게 형벌을 선고할 근거들이 될 것이다. 내가 네 말로 너를 심판하리라. 관찰하라.

I. 하나님은 아담에게 자신의 불쾌하심을 나타내는 표시를 세 가지로 제시하신다.

1. 그의 거주지가 이 형벌로 인하여 저주를 받는다. 땅은 너로 말미암아 저주를 받고. 그리고 그 저주의 결과로, 땅이 네게 가시덤불과 엉겅퀴를 낼 것이라. 여기서 그의 거주지가 바뀔 것이 암시되고 있다. 그는 그 복되고 훌륭한 낙원에 거하지 못하고, 저주받은 보통 땅으로 내어쫓길 것이니. 여기서 땅은 가시적인 창조 세계 전체를 가리킨다. 창조 세계 전체가 사람의 죄로 인하여 허망함에 굴복하게 되고, 사람이 죄를 짓지 않았더라면 창조 세계의 다양한 부분들이 그 지음 받은 대로 사람에게 위로와 행복을 주었을 것이나, 그렇지 못하게 된다. 하나님은 땅을 사람의 후손들에게 주셔서 그들에게 편안한 거주처가 되게 하셨다. 그러나 죄가 그 성격을 바꾸어 놓았다. 사람의 죄로 인하여 이제 그것이 저주를 받았다. 즉, 아주 치욕적인 거주처가 되었고, 사람이 초라한 존재이며 그의 근본이 흙에 있다는 것을 드러내준다. 메마르고 황폐한 거주처가 되었고, 거기서 야생적으로 나는 것들은 메스껍고 역겨운 가라지들과 잡초들뿐이었다. 거기서 좋은 열매를 얻으려면 사람이 온갖 재주를 동원하여 부지런히 일해야만 하게 되었다. 땅의 비옥함이 사람을 돕는 하나의 복이었다(1:11, 29). 그런데 사람에 대한 형벌로서 땅이 저주를 받아 황폐하게 된 것이다. 처음 창조된 그 날의 모습과는 전혀 달라졌다. 죄가 비옥한 땅을 황폐한 땅으로 바꾸어 놓았다. 사람이 마치 들나귀 새끼처럼 되었으니 들나귀의 운명을 낭할 수밖에 없었다. 곧, 들을 그것의 집으로 삼게 되었고(욥 39:6) 메마른 땅을 거처로 삼게 된 것이다(시 68:6). 이 저주가 부분적으로나마 제거되지 않았더라면, 모르긴 몰

라도 땅이 영원토록 메말라 오로지 가시덤불과 엉겅퀴 외에는 아무것도 내지 못하게 되었을 것이다. 땅이 저주를 받는다. 즉, 마지막 때에, 사람의 죄로 인하여 그 모든 물질이 뜨거운 불에 풀어지고(벧후 3:7, 10) 사람의 악의 분량이 충만해질 그 때에, 멸망하게 되어 있다는 뜻이다. 그러나 이 형벌의 선고에 긍휼이 함께 섞여 있는 것을 관찰하라. (1) 뱀은 저주를 받았으나(14절) 아담 자신은 저주를 받지 않고, 오로지 그로 말미암아 땅만이 저주를 받는다. 하나님은 아담 속에 복을 두셨으니, 곧 거룩한 씨였다. 그것을 상하지 말라 거기 복이 있느니라(사 65:8). 그리고 그를 위하여 복을 예비해 두고 계셨다. 그러므로 그는, 말하자면, 직접적으로 저주를 받은 것이 아니라 간접적으로 저주를 받은 것이다. (2) 아담은 여전히 땅 위에 거하였다. 땅이 입을 벌려 그를 삼키지 않았다. 다만 그 본래의 모습을 잃었을 뿐이다. 그 원시의 순결함과 의로움에서 부패하였음에도 불구하고 아담이 계속 살아 있는 것처럼, 땅도 비록 그 원시의 아름다움과 비옥함에서 부패하였으나 여전히 계속해서 아담의 거주지로 존속하는 것이다. (3) 땅이 저주받음으로써 그는 아래의 것들에서 모든 행복에 대한 기대가 끊어지는데, 이는 그를 각성시켜 오로지 위의 것들에서 복락과 만족을 찾도록 하기 위함이다.

2. 그의 일과 즐기는 것들이 모두 그에게 쓰라린 것들이 된다.

(1) 그의 일이 이제는 힘겨운 수고가 되며, 그는 얼굴에 땀을 흘리며 일을 계속할 것이다(19절). 죄를 범하기 전에는 일이 그에게 끊임없는 즐거움이었다. 그 때에는 동산이 힘겨운 수고로 보살피지 않아도 잘 정돈되어 있었다. 그러나 이제는 그의 수고가 힘에 겨워질 것이요, 그의 몸을 해치게 될 것이다. 힘겨운 수고로 인하여 마음이 괴로울 것이다. 땅이 저주를 받아 가시덤불과 엉겅퀴를 내게 되니, 그의 수고도 한층 더 어렵고 힘겨운 것이 된 것이다. 만일 아담이 죄를 범하지 않았다면 땀도 흘리지 않았을 것이다. 여기서 관찰하라. [1] 노동은 우리의 의무요, 우리는 이를 신실하게 이행하여야 한다. 우리는 피조물로서만이 아니라 죄인들로서 반드시 일을 해야 한다. 일은 우리의 형벌의 일부이며, 따라서 게으름은 그것을 감히 무시하는 것이 된다. [2] 노동의 불편함과 힘겨움은 우리에게 정당한 형벌로서, 우리가 반드시 참고 견뎌야 하는 것이요 불평해서는 안 된다. 왜냐하면 우리가 저지른 악이 마땅히 당해야 할 것보다 상태가 훨씬 약하기 때문이다. 무절제한 수고와 노동으로 하나님께서 정하신 것

보다 우리의 형벌을 무겁게 만들어서는 안 될 것이다. 오히려 이 모든 일에서 섭리를 바라보며 또한 곧 쉴 것을 기대함으로써 우리의 짐을 가볍게 하고 우리의 땀을 씻기를 힘써야 할 것이다.

(2) 이제부터는 그가 자신에게 불쾌한 것을(그 전에 양식으로 삼았던 것과 비교할 때에) 양식으로 삼게 될 것이다. [1] 그가 양식으로 삼을 물질이 바뀐다. 이제 그는 밭의 채소를 먹어야 하며, 더 이상 에덴 동산의 진미들을 즐길 수 없다. 죄로 말미암아 자기 자신을 멸망하는 짐승과 같이 만들었으니, 그들과 같은 처지가 되어, 지극히 높으신 하나님이 다스리시는 줄을 알기까지 소처럼 풀을 먹는 것이 당연한 것이다(단 5:21). [2] 그의 먹는 태도에 변화가 있다. 수고로(17절), 또한 얼굴에 땀을 흘리면서(19절) 양식을 먹게 될 것이다. 아담은 평생토록, 자신이 먹은 그 금지된 열매와 그가 죄를 범하여 얻은 죄책과 그 수치를 기억하면서, 수고하며 양식을 먹지 않을 수 없었다. 관찰하라. 첫째로, 인간의 삶이 온갖 비극과 재난들에 노출되어 있어서 그 남은 초라한 즐거움과 기쁨마저도 지극히 쓰라리게 된다는 것. 어떤 이들은 질병이나 마음의 괴로움으로 인하여 절대로 즐겁게 음식을 먹지 못한다(욥 21:25). 모든 사람이, 심지어 지극히 훌륭한 사람도, 죄로 인하여 수고하며 음식을 먹게 되어 있으며, 모든 사람이, 심지어 지극히 행복한 사람도, 그 기쁨을 반감시키는 요소를 다 갖고 있으며, 또한 질병과 재난과 죽음의 군대가 다양한 모양으로 죄와 더불어 세상에 들어와서 여전히 황폐하게 만들고 있는 것이다. 둘째로, 이런 죄의 모든 슬픈 결과들 속에서 하나님의 의로우심을 인정해야 한다는 것. 살아 있는 사람은 자기 죄들 때문에 벌을 받나니 어찌 원망하랴?(애 3:39). 그러나, 형벌의 이 부분에 또한 긍휼이 함께 섞여 있다. 땀을 흘릴 것이나, 그의 수고로 인하여 흙에서 돌아와 잠자리에 누울 때에 그 휴식이 더 달콤해질 것이며, 힘에 겨워 괴로울 것이나 굶어죽지는 않을 것이며, 수고할 것이나 그 수고를 통하여 떡을 먹어 마음이 강건해질 것이다. 그는 뱀처럼 흙을 먹는 형벌은 받지 않는다. 다만 밭의 채소를 먹게 될 뿐이다.

3. 그의 삶이 짧아진다. 그의 날들이 온통 괴로움으로 가득한 것을 생각하면, 그 날들이 적다는 것이 오히려 그에게 다행이라 여겨진다. 그러나 죽음이 본성적으로 끔찍한 것이므로(삶이 불쾌하다 할지라도), 죽음이 형벌을 결말짓는다. "너는 흙이니 흙으로 돌아갈 것이니라. 네 몸은 흙에서 취한 것이므로 그리로 돌

아갈 것이니라." 이는 그의 몸의 근본을 지칭하는 것일 수도 있다. 그의 몸이 흙에서 지음 받았으니 여전히 흙이다. 그러므로 불멸의 상태를 허락하는 것을 취소하고 그 상태를 지지해 줄 능력을 물리기만 하면 그가 흙으로 돌아갈 것이었다. 아니면, 이것이 그의 마음의 현 부패와 타락의 상태를 지칭하는 것일 수도 있다. 너는 흙이니, 즉, "너의 고귀한 영혼이 상실되었고 몸의 흙과 육체의 시궁창 속에 묻혀버렸고, 신령하게 천상적인 성격을 지니도록 지음 받았으나 이제는 그것이 육체와 땅의 정욕으로 가득 차 버렸도다." 그러므로 그에게 주어진 형벌은 다음과 같은 의미로 이해할 수도 있다: "흙으로 돌아갈 것이니라. 네 몸이 네 영혼에게 버림받을 것이요 그 자체가 흙덩어리가 될 것이며, 그리하여 그 합당한 장소인 무덤 속에 가두어져 땅의 흙과 뒤섞일 것이로다." 그들은 죽어 먼지로 돌아가나이다(시 104:29). 여기서 관찰하라.

(1) 사람은 초라하고 연약한 피조물이라는 것. 사람은 먼지처럼 작고, 저울에 놓인 작은 먼지처럼 가벼워 공허함 그 자체보다 오히려 더 가벼우며, 먼지처럼 연약하여 지속성이 전혀 없다. 우리의 힘은 돌의 힘 같지 않다. 우리를 지으신 자가 그것을 생각하시며, 우리가 단지 먼지뿐임을 기억하신다(시 103:14). 사람은 사실 세상 진토의 근원이다(잠 8:26). 그러나 여전히 그는 먼지에 불과하다. (2) 그는 죽어가는 존재요, 무덤을 향해 나아가는 존재라는 것. 먼지가 연기처럼 피어올라, 한동안 바람에 실려 공중에 떠다닐 수도 있다. 그러나 그것을 피어오르게 한 바람의 힘이 잦아들면 다시 땅으로 돌아가는 법이다. 사람이 바로 그와 같은 존재다. 위대한 사람도 그저 큰 먼지 덩어리에 불과하며 따라서 자신의 흙으로 돌아갈 수밖에 없는 것이다. (3) 죄가 세상에 죽음을 가져왔다는 것. 아담이 죄를 범하지 않았더라면, 죽지 않았을 것이다(롬 5:12). 하나님은 아담에게 불멸성의 불씨를 맡기셨는데, 아담은 선을 행하는 중에 잘 참고 지속함으로써 이 불씨가 영구한 불꽃으로 활활 타오르는 것을 누릴 수 있었다. 그러나 그는 어리석게도 사악한 죄를 범하여 그 불씨를 꺼뜨려 버린 것이다. 사망은 죄의 삯이요 죄는 사망의 쏘는 것이다.

II. 우리의 첫 조상들에게 내려진 이 선고는 오늘날까지도 우리 모두가 당하고 있고 느끼고 있다. 이에 대한 논의를 마치기 전에 두 가지를 살펴보지 않을 수 없다.

1. 아담과 그의 죄악된 후손의 영혼에 드리워진 이 슬픈 결과들이 이 선고를

통해서 얼마나 적절히 대변되고 그려지는지 모른다. 어쩌면 우리가 생각하는 것보다 더 많은 것이 의도되었는지도 모른다. 비참한 처지가 오로지 육체에 관계되는 면만 언급되고 있으나, 그러한 패턴은 영적인 비참에도 적용되며, 영혼에게 임한 저주를 보여주는 것이기도 했다.

(1) 여자에게 주어진 임신의 고통은 죄지은 양심이 각성하여 죄를 지각할 때에 갖는 두려움과 괴로움을 나타내는 것이다. 정욕을 품은 때로부터 이런 고통이 크게 더해지며, 임신한 여자에게 출산의 고통이 임하듯 조만간 죄인에게 임하며, 이를 피할 수 없는 것이다. (2) 여자가 처하게 된 굴복의 상태는 죄의 결과로 얻은 영적인 자유와 의지의 자유의 상실을 나타내는 것이다. 죄가 영혼을 지배하는 것이 남편의 지배에 비유된다(롬 7:1-5). 또한 죄인이 죄의 지배를 사모하니, 이는 그가 종노릇하기를 좋아하기 때문이요, 그리하여 죄가 그를 지배하는 것이다. (3) 땅이 저주를 받아 메마르게 되고 그리하여 가시덤불과 엉겅퀴를 내게 되는 것은, 부패하고 죄악된 영혼의 메마른 상태와 그로 인하여 악을 열매로 내는 것을 나타내는 것이다. 온통 가시덤불과 엉겅퀴가 뒤덮여 저주함에 가까워 있는 것이다(히 6:8). (4) 수고와 땀은 사람이 육체의 연약함으로 인하여 하나님을 섬기며 신앙적인 일을 위해 일하는 것이 얼마나 어려운 것인가를 잘 보여준다. 이제 천국에 들어가기가 얼마나 힘들어졌는지 모른다. 그러나 불가능한 것은 아니니 하나님을 찬송해 마땅할 것이다. (5) 아담의 음식이 나빠진 것은 영혼에게 하나님의 은혜의 위로가 결핍된 상태를 보여준다. 그 하나님의 위로가 생명이요 생명의 떡인데, 이것이 결핍되어 있는 것이다. (6) 영혼도 육체와 마찬가지로 이 세상의 흙으로 돌아간다. 그 성향이 그러하며, 또한 땅에 속한 것으로 얼룩져 있는 것이다(요 3:31).

2. 우리 주 예수께서 그의 죽으심과 고난으로 행하신 보상이 여기서 우리의 첫 조상들에게 주어진 형벌의 선고를 얼마나 놀랍게 해결하셨는지 모른다.

(1) 괴로운 고통이 죄와 함께 왔는가? 이사야는 그리스도의 영혼의 수고에 대해 말씀하며(사 53:11), 그가 당하신 죽음의 고통이 오디나이, 즉 여자의 해산의 고통으로 불린다(행 2:24). (2) 굴복이 죄와 함께 왔는가? 그리스도께서 율법 아래 있게 되셨다(갈 4:4). (3) 저주가 죄와 함께 왔는가? 그리스도께서 우리를 위하여 저주가 되사 저주받은 죽음을 죽으셨다(갈 3:13). (4) 가시들이 죄와 함께 왔는가? 그는 우리를 위하여 가시로 면류관을 쓰셨다. (5) 땀이 죄와 함께

왔는가? 그는 우리를 위하여 땀을 마치 핏방울처럼 흘리셨다. (6) 고통이 죄와 함께 왔는가? 그는 질고를 아는 자였고, 그의 영혼은 괴로움 가운데 지극한 고통을 당하셨다. (7) 죽음이 죄와 함께 왔는가? 그는 죽음에 이르기까지 복종하셨다. 이렇듯, 그리스도의 치유는 모든 상처를 다 싸매고도 남을 만한 것이었다. 예수 그리스도를 주신 하나님을 찬양할지어다!

[20]아담이 그의 아내의 이름을 하와라 불렀으니 그는 모든 산 자의 어머니가 됨이더라

하나님이 사람에게, 맨 흙(red earth)이라는 뜻을 지닌 아담이라는 이름을 붙이신 후, 아담은 그의 다스림의 증표로 자신이 여자에게 이름을 붙여 그녀를 하와, 즉 생명이라 불렀다. 아담은 죽어가는 육체의 이름을 지녔으나, 하와는 살아 있는 영혼의 이름을 지녔다. 그 이름을 붙인 이유가 여기서 제시되고 있다(어떤 이들은 역사가인 모세가 이를 제시했다고 보고, 다른 이들은 아담 자신이 이를 제시했다고 본다). 그는 모든 산 자의 어머니가 됨이더라(될 것이었음이더라). 전에 아담은 그녀를 아내라는 의미로 이샤, 즉 여자라 불렀으나, 여기서는 어머니라는 뜻으로 하와, 즉 생명이라 부른다. 여기서, 1. 만일 이 일이 하나님의 지시로 된 일이었다면, 이는 하나님의 은혜의 실례였으며, 아브람과 사래에게 새 이름을 주신 것과 마찬가지로 언약을 인치신 것이요, 또한 그들의 죄와 또한 그 죄에 대한 하나님의 불쾌하심에도 불구하고 그들에게 애초에 주셨던 생육하고 번성하라는 축복을 돌이키지 않으셨다는 확신을 주는 것이었다 할 것이다. 또한 이는 하와에게서 날 여자의 후손이 뱀의 머리를 반드시 상하게 하리라는 현재의 약속을 확인하는 것이기도 했다. 2. 만일 이 일이 아담 스스로 한 일이었다면, 이는 하나님의 말씀을 아담이 믿었다는 증표였다 할 것이다. 어떤 이들은 이것이 저주를 무시하여 행한 일이었다고 의심하기도 하나, 분명 그런 것은 아니었고, 오히려 다음과 같은 축복에 대한 겸손한 신뢰와 의지의 자세로 행한 일이었다. (1) 형벌 집행 연기의 축복. 그 죄인들을 살려 두사 모든 산 자의 부모가 되게 하시며, 또한 그들이 오염되고 더러워진 시냇물밖에는 흘러 보낼 수 없음에도 불구하고 인간의 생명과 본성의 그 근원들을 즉시 막아버리지 않으신 하나님의 오래 참으심을 높이 기리며 그렇게 한 것이다. (2) 구속자의 축복. 아담은 그의 아내를 하와, 즉 생명이라 부를 때에 그 약속하신 후손을 바라보았다. 바로 그 후손이야말로 모든 산 자의 생명이 되실 것이요, 그로 인하여 땅의 온 족속들이 복을 받을 것이며, 아담은 이렇듯 그것을 소망하는 가운데 승리를 얻는 것이다.

21 여호와 하나님이 아담과 그의 아내를 위하여 가죽옷을 지어 입히시니라

여기서는 하나님께서 우리의 첫 조상들의 죄에도 불구하고 그들을 계속 보살피시는 것이 나타난다. 물론 불순종하는 자녀들을 교정시키시고 그들을 자신의 불쾌하심의 표적들 아래 두시지만, 하나님은 그들의 상속권을 박탈하시지 않고, 부드러운 아버지처럼 밭의 채소를 그들의 양식으로 주시고 가죽옷을 그들의 의복으로 주시는 것이다. 탕자의 비유에서 아버지도 이렇듯 돌아온 탕자에게 쓸 것을 베풀어주었다(눅 15:22, 23). 주께서 그들을 죽이기를 기뻐하셨더라면, 그들에게 이렇게 하지는 않으셨을 것이다. 관찰하라. 1. 의복이 죄와 함께 생겨났다는 것. 죄가 우리를 벌거벗은 상태로 만들어 부끄럽게 하지 않았다면, 보호를 위해서나 예의를 위해서나 우리에게 의복이 필요하지 않았을 것이다. 그러므로 우리의 의복을 자랑스러워할 이유가 거의 없다. 그것들은 우리의 빈곤함과 치욕의 증표일 뿐이다. 2. 하나님은 우리의 첫 조상들을 위해 의복을 지으시면서 그것들을 따뜻하고 강하게 만드셨으나, 투박하고 매우 평범하게 만드셨다. 진홍색의 예복이 아니라 가죽으로 지은 의복이었다. 그들의 의복은 비단이나 공단이 아니라 그저 평범한 가죽으로 지은 것이었고, 주름잡히거나 수를 놓은 것이 아니었고 후에 시온의 딸들이 만들어내어 자랑하게 되는 그런 멋진 장식들이 전혀 없는 것이었다. 그러므로 초라하게 차려입은 가난한 자라도 불평하지 말고, 먹을 것과 가릴 것이 있으면 그것으로 만족해야 할 것이다. 그들의 처지가 아담과 하와의 처지만큼 좋은 것이다. 그리고 세련된 의복으로 치장하는 부자들도 옷을 입는 것으로 자기를 치장하려 하지 않기를 배워야 할 것이다(벧전 3:3). 3. 하나님께서 우리에게 양식을 주실 뿐 아니라 이렇듯 의복까지도 베풀어주시니 감사함으로 그를 인정해야 할 것이다(28:20). 곡식과 포도주가 그의 것이듯, 양털과 삼도 그의 것이다(호 2:9). 4. 이 가죽옷은 의미가 있다. 그 가죽의 주인이 되는 짐승이 죽임을 당해야 했고, 그 짐승들이 그들의 보는 앞에서 죽임을 당함으로써 죽음이 무엇인지를 그들이 보게 되

었고, 그리고 (전 3:18의 말씀처럼) 이로써 그들 자신이 죽임을 당할 짐승에 불과하다는 것을 보게 되었을 것이다. 그 짐승들은 양식을 위해서가 아니라 희생 제물로 드려지고, 그리하여 장차 세상의 마지막에 단번에 드려질 그 큰 제물을 모형으로 보여주기 위해 죽임을 당하였다고 생각한다. 그리하여 죽임을 당한 최초의 것은 희생 제물, 아니 모형 속에 나타난 그리스도였고, 그리하여 그를 창세로부터 죽임을 당한 어린 양이라고 말씀한다. 이 제물들은 화목을 증거하는 의미로 하나님과 사람에게 각기 나뉘어졌다. 그 육체는 온전한 번제로 하나님께 드려졌고, 그 가죽은 의복으로 사람에게 주어졌는데, 이는 예수 그리스도께서 자기 자신을 향기로운 제물로 하나님께 드리셨고, 또한 우리는 그의 의를 옷 입어 우리의 벌거벗은 수치가 드러나지 않게 된다는 것을 뜻한다. 아담과 하와는 자기들 스스로 무화과나무 잎으로 치마를 삼았으나 그것이 너무 짧아 능히 몸을 싸지 못하였다(사 28:20). 우리 자신의 의(義)의 모든 누더기가 그러하다. 그런데 하나님께서 그들에게 가죽옷을 지어 입히셨다. 크고 강하고 견고하며 그들에게 꼭 맞는 것이었다. 바로 그리스도의 의(義)가 그러하다. 그러므로 주 예수 그리스도로 옷 입으라.

22여호와 하나님이 이르시되 보라 이 사람이 선악을 아는 일에 우리 중 하나 같이
되었으니 그가 그의 손을 들어 생명 나무 열매도 따먹고 영생할까 하노라 하시고 23
여호와 하나님이 에덴 동산에서 그를 내보내어 그의 근원이 된 땅을 갈게 하시니
라 24이같이 하나님이 그 사람을 쫓아내시고 에덴 동산 동쪽에 그룹들과 두루 도는
불 칼을 두어 생명 나무의 길을 지키게 하시니라

범죄자들에게 형벌이 선고되고 난 후, 여기서 그것이 부분적으로 즉시 집행되는 것을 보게 된다. 여기서 관찰하라.

I. 그들은 하나님과 거룩한 천사들 앞에서 그들의 처지를 책망 받음으로써 정당하게 수치를 당했다. "보라 이 사람이 선악을 아는 일에 우리 중 하나 같이 되었도다! 아주 그럴싸한 신이 되었도다! 그렇지 않은가? 자, 그가 금지된 열매를 먹어서 그 결과 무엇을 얻었으며 무슨 유익을 얻었는지를 보라!" 이를 말씀한 것은 그들을 각성시키고 낮추시며, 그들의 죄와 어리석음을 지각하게 하시고, 그것에 대해 회개하게 하시며, 결국 그들이 마귀의 지시를 따름으로써 그렇게

처절하게 속임당하였음을 스스로 깨달아 이제부터는 하나님께서 베푸시는 행복을 그가 지시하시는 방식으로 추구하게 하시기 위함이었다. 그리하여 하나님은 그들의 얼굴에 수치가 가득하게 하사 그들이 주의 이름을 찾게 하신 것이다(시 83:16). 그들을 회개하게 하시기 위하여 그들에게 이런 혼란을 주시는 것이다. 그러므로 진정 회개하는 자는 다음과 같이 스스로를 책하는 법이다: "죄로 말미암아 내가 무슨 열매를 얻었느냐?(롬 6:21). 내가 어리석게도 죄악된 방법으로 나 자신에게 약속한 그것을 얻었는가? 아니, 아니다. 그 약속한 것은 절대로 이루지 못했고, 오히려 그 반대다."

Ⅱ. 그들은 낙원에서 정당하게 내쫓겼다. 이는 네가 먹을 것은 밭의 채소라는 말씀에 암시되어 있는 바대로 형벌 선고의 일부였다. 여기서 다음의 사실을 보게 된다.

1. 하나님께서 사람을 낙원에서 내쫓으신 이유. 그가 손을 뻗어 선악을 알게 하는 나무 열매를 먹어 죄를 범하였기 때문만이 아니라, 그가 다시 손을 뻗어 생명 나무(전에 선악을 알게 하는 나무가 법으로 금지되었듯이 이제 이 나무는 하나님의 선고를 통해서 금지되었다)를 취하여 신적인 성례를 더럽히고 신적인 선고를 무시하고서, 이로 말미암아 영원토록 살리라는 욕심을 채우려 하지 못하도록 하기 위함이기도 했다. 관찰하라. (1) 스스로 그리스도인의 특권들의 실체를 누릴 가치가 없도록 되어 버린 자들에게는 그 표징들과 그림자들을 붙잡으려는 어리석은 성향이 있다. 많은 사람들이 언약의 조건들을 좋아하지 않으면서도 자기들의 명예를 위하여 그 언약의 인(印)들을 좋아한다. (2) 그런 자들이 그것들을 누리지 못하게 되는 것은 정의일 뿐 아니라 자비이기도 하다. 왜냐하면 누릴 자격이 없는 그것을 탈취함으로써 그들이 하나님을 거역하게 되고 결국 그들의 죄가 더욱 악하게 되며, 또한 그릇된 기초 위에다 소망을 둠으로써 그들의 회심을 더욱 어렵게 만들고 그들의 패망을 더욱 처참하게 만들기 때문이다.

2. 하나님께서 취하신 방법. 그는 이혼 증서를 주어 그를 이 복락의 낙원으로부터 내쫓으셨다. 그를 밖으로 나가게 하시고 밖에다 두신 것이다.

(1) 그를 밖으로 나가게 하셨다. 동산으로부터 척박한 땅으로 내쫓으셨다. 이것이 두 차례 언급된다. 여호와 하나님이 에덴 동산에서 그를 내보내어(23절), 또한, 하나님이 그 사람을 쫓아내시고(24절). 하나님은 그에게 나갈 것을 명령하

셨고, 그 곳이 그가 거할 곳이 아니라고 말씀하셨다. 그는 더 이상 그 동산을 차지하고 누려서는 안 되었다. 그러나 그는 그 곳을 너무 좋아해서 떠나려 하지 않았고, 그리하여 그가 나가려 하든 하지 않든 하나님께서 그를 쫓아내시고, 억지로 내보내신 것이다. 이는 그와 또한 그의 모든 죄악된 후손들을 그 낙원의 복락과 영광이었던 바 하나님과의 교제에서 제외시킨 것을 의미한다. 사람이 무죄한 상태에 있을 때에 하나님이 그에게 은혜를 베푸시고 사람의 아들들을 기뻐하신 증표들이 이제 보류되었고, 그의 은혜의 교통이 중단되었고, 그리하여 아담이 연약해졌고, 또한 여호와의 영이 그에게서 떠난 후의 삼손의 모습처럼 되었다. 하나님과의 면식(面識)이 약화되고 상실되었으며, 사람과 그의 조물주 사이에 확립되어 있었던 교류가 방해를 받아 끊어졌다. 이러한 존귀를 얻기에 무가치하게 되었고, 이런 교류가 불가능하게 되었으므로 그가 내쫓긴 것이다. 그리하여 타락으로 말미암아 그와 온 인류가 하나님과의 교통을 빼앗겼고 상실하였다. 그런데, 하나님은 그를 에덴 동산 바깥으로 내쫓아서 어디로 보내셨는가? 그를 세상 바깥으로 쫓아내실 수도 있었으나(욥 18:18), 그는 동산에서만 쫓아내셨다. 죄를 지은 천사들을 하늘의 낙원에서 내쫓으셨을 때 행하신 것처럼 그를 지옥에 던지실 수도 있었다(벧후 2:4). 그러나 하나님은 사람을 내보내어 그의 근원이 된 땅을 갈게만 하셨다. 사람은 쓰라린 고통의 처소가 아니라 수고의 처소로 보내심을 받았다. 무덤이 아니라 땅으로 보내심을 받은 것이요, 지하 감옥이 아니라 일터로 보내심을 받은 것이요, 쇠고랑을 끌도록 된 것이 아니라 쟁기를 잡도록 된 것이다. 땅을 갈면 그 열매들을 먹는 것으로 보상을 받을 것이었다. 그리고 그의 근원이 된 땅과 교류하는 것이 선한 목적에 합당하기도 했다. 곧, 그를 계속해서 낮추고 그 자신의 마지막 결국을 생각하게 만드는 것이었다. 그러므로 관찰하라. 우리의 첫 조상이 무죄의 상태에서 누리던 특권들에서 제외되었으나 그렇다고 해서 절망 속에 내던져진 것은 아니었다. 하나님께서 그들을 향한 사랑으로 그들에게 새로운 조건으로 두 번째의 시험의 상태를 계획하신 것이다.

(2) 그를 계속해서 바깥에 있게 하셨고, 다시 들어올 소망을 전혀 갖지 못하게 하셨다. 그를 에덴 동산 동쪽에 두시고, 도저히 저항할 수 없는 무서운 능력으로 무장한 하나님의 군대인 그룹들로 그들을 막으셨는데, 이는 아담이 보내심을 받은 그 동산 바로 옆쪽에서 생명 나무로 이르는 길을 지켜서 그가 그리

로 들어가거나 그 나무를 훔치지 못하도록 막는 역할을 한 두루 도는 불 칼로 묘사된다. 천사가 지키고 있는데 감히 누가 그 곳을 지나갈 수 있으며, 누가 과연 그런 군대를 무찌르고 지나갈 수 있겠는가? 그런데 이는 아담에게 다음과 같은 사실을 알려 주는 것이었다. [1] 하나님이 그를 불쾌히 여기신다는 것. 물론 하나님이 그를 위하여 긍휼을 남겨두고 계셨으나, 지금은 그에 대해 진노하시고 그의 원수가 되사 그를 대적하여 싸우신 것이다. 여기서 그를 향하여 칼이 빼어졌고(민 22:23) 또한 그가 그에게 소멸하는 불이셨기 때문이다. 그것이 불 칼이었으니 말이다. [2] 천사들이 그를 대적한다는 것. 천사들과 우리의 주재이신 하나님을 반역하여 있는 동안 하늘의 군대와 평화가 있을 수 없었다. [3] 생명 나무로 가는 길이 막혔다는 것, 즉 처음에 그에게 열려 있었던 그 길이, 그 흠 없는 무죄의 길이 막혔다는 것. 여기서 그룹들이 그와 그의 후손을 영원토록 생명 나무로부터 지키도록 하셨다고 말씀하지 않는다(낙원이 우리 앞에 있고 그 한가운데에 생명 나무가 있어서 우리가 그것을 소망하며 즐거워한다는 것이 얼마나 감사한 일인가!). 오히려 사람이 지금까지 생명 나무에 이르는 길로 계속 다녔었는데, 그룹들이 그 길을 지키도록 임무를 부여받은 것이다. 즉, 지금부터는 그와 그의 후손들이 그 첫 언약에 의지하여 의와 생명과 행복을 기대해도 헛것이라는 뜻이다. 왜냐하면 그 언약이 돌이킬 수 없도록 깨어졌고, 그 언약으로 말미암아 그 어떠한 유익도 바라거나 얻을 수 없게 되었기 때문이다. 그 언약의 명령을 깨뜨렸으니, 그 언약의 저주가 충만한 힘으로 역사하게 되었고, 그 저주는 철회될 여지가 전혀 없다. 그러니 우리가 그 언약에 근거하여 심판을 받게 된다면 우리는 모두 망한 것이다. 하나님께서는 이것을 아담에게 계시하셨다. 그러나 그를 절망에 빠지게 하기 위함이 아니라 그를 각성시키사, 불 칼을 제거하실 그 약속하신 후손에게서 생명과 행복을 찾도록 하기 위함이었다. 이제는 하나님과 그의 천사들이 우리와 화목되었고, 지성소에 이르는 새롭고 산 길이 거룩하게 구별되어 우리를 위하여 활짝 열려 있는 것이다.

제 4 장

개요

이 장에는 아담의 작은 가문 속에서 세상과 교회를 접하게 되며, 또한 세상 끝까지 모든 시대에 나타나는 바 세상과 교회의 성격과 상태를 보여주는 표본들이 나타나 있다. 온 인류가 아담으로 대표되었듯이, 인류가 성도와 죄인들, 경건한 자들과 악한 자들, 하나님의 자녀와 악한 자의 자녀들로 크게 구별되는 것이 여기서 가인과 아벨로 대표되며, 후에 여자의 후손과 뱀의 후손 사이에 있게 될 적의(敵意)의 실례가 여기서 제시되는 것이다. 이 장의 주요 내용은 다음과 같다. I. 가인과 아벨의 출생과 이름과 직업(1, 2절). II. 그들의 신앙과 그 서로 다른 양상(3, 4절, 5상). III. 하나님을 향한 가인의 분노와 이에 대한 하나님의 책망(5-7절). IV. 가인이 아벨을 죽임, 그리고 이 살인에 대한 조치 과정. 살인이 행해짐(8절). 가인에 대한 조치 과정. 1. 하나님의 질문(9상). 2. 가인의 변명(9하). 3. 하나님의 정죄(10절). 4. 가인에게 주어진 형벌의 선고(11, 12절). 5. 선고에 대한 가인의 불평(13, 14절). 6. 형벌 선고의 확증(15절). 7. 형벌 선고의 집행(15, 16절). V. 가인의 가문과 그 후손들(17-24절). VI. 아담의 다른 아들과 손자의 출생(25, 26절).

1아담이 그의 아내 하와와 동침하매 하와가 임신하여 2가인을 낳고 이르되 내가 여
호와로 말미암아 득남하였다 하니라

아담과 하와에게는 많은 자녀들이 있었다(5:4). 그러나 가인과 아벨이 그 중 가장 큰 아들들이었던 것 같다. 어떤 이들은 이들이 에서와 야곱처럼 쌍둥이였고, 형이 미움을 받고 동생이 사랑을 받았다고 생각한다. 하나님은 우리의 첫 조상들을 낙원에서 내쫓으셨으나, 그들을 무자(無子)한 상태가 되게 하지는 않으셨다. 오히려 그들을 위하여 다른 축복들을 남겨두고 계시다는 것을 보여주시고자 처음 그들에게 주셨던 생육하고 번성하는 축복을 그들에게 그대로 보존시키셨다. 그들이 비록 죄인이었고 그리하여 죄를 지은 자의 낮아짐과 고통을 느꼈으나, 그들에게서 위로가 사라진 것은 결코 아니었다. 구주에 대한 약속이 그들에게 있어서 그것으로 그들이 지탱함을 받은 것이다. 여기서 다음을 보게 된다.

I. 두 아들의 이름. 1. 가인이란 소유(possession)를 의미한다. 하와는 그를 낳을 때에 기쁨과 감사와 큰 기대를 갖고서, **내가 여호와로 말미암아 득남하였다**라고 하였다. 관찰하라. 자녀는 하나님의 선물이다. 그러므로 우리의 가정을 세우는 일에서 그를 인정하여야 한다. 하나님의 손길로 자녀들이 우리에게 주어지는 것을 보면 우리의 위로가 배로 커지고 또한 거룩해진다. 하나님은 그의 손으로 베푸시는 역사와 선물들을 저버리시지 않을 것이다. 하와는 비록 죄의 결과로 극심한 고통 가운데서 그를 낳았으나, 그 고통 속에 긍휼이 있음을 놓치지 않았다. 위로가 반감되긴 하나, 여전히 우리에게 합당한 것보다 더 풍성한 것이다. 그러므로 불평으로 감사를 없애는 일이 있어서는 안 될 것이다. 많은 사람들은 하와가 이 아들이 그 약속된 후손이라고 생각하였고 그리하여 그 아들을 보며 승리감을 가졌다고 본다. 그리고 하와의 말을, **내가 사람을, 여호와를, 즉 신인(神人)을, 얻었나이다** 라는 뜻으로 읽는다. 그러나 만일 그랬다면 하와는, **여호와의 기름 부으실 자가 과연 주님 앞에 있도다**(삼상 16:6)라고 한 사무엘처럼, 지독한 실수를 범한 것이다. 자녀들이 출생할 때에, 그들이 결국 어떤 사람이 될 것이라는 것을 과연 누가 예견할 수 있겠는가? 사람이요 여호와가 될 것이라 생각한, 아니 최소한 여호와께로부터 온 사람은 될 것이라 생각한 그 아들이 결국 여호와의 원수가 되고만 것이다. 피조물에 대한 기대가 적을수록, 그 후에 올 실망을 견디기가 더 쉬운 법이다. 2. **아벨이란 헛된 것**(vanity)이란 뜻이다. 가인에게서 약속된 후손을 얻었다고 생각했으니, 하와는 그 소유에 너무도 도취되어 또 하나의 아들이 출생한 것을 그저 헛된 것으로 여긴 것이다. 그리스도께 관심을 갖고 그를 모든 것으로 삼는 자들에게는 다른 것들이 전혀 아무것도 아닌 것이 되어 버린다. 이는 또한 우리가 이 세상에 오래 살수록 세상의 헛됨을 더 많이 보게 되리라는 것을 시사해 준다. 처음에는 우리의 소유라 여겨 좋아하고 애착을 가지던 것들이, 나중에는 그저 하찮은 것들로 보여 혐오하게 되는 것이다. 이 아들에게 붙여진 이름은 온 인류에게 붙여진다(시 39:5). 사람은 누구나 아무리 좋은 처지에 있다 하더라도 아벨, 즉 헛된 것일 뿐이다. 우리 자신과 다른 이들을 그렇게 바라보도록 힘써야 할 것이다. **어릴 때와 검은 머리의 시절이 다 헛되니라**(전 11:10).

II. 가인과 아벨의 직업. 관찰하라. 1. 두 사람 다 직업이 있었다. 그들이 세상을 기업으로 받을 자들이었고 그 출생이 고귀하고 소유가 컸으나 그들은 게으름 가운데서 자라지 않았다. 심지어 무죄한 상태에 있을 때에도 하나님은 그들의 아버지에게 직업을 주셨고, 이제 그들에게도 직업을 주셨다. 주목하라. 우리 각자가 이 세상에서 무언가 할 일을 갖는 것이 하나님의 뜻이다. 부모들은 자녀들이 직업을 갖도록 양육하여야 한다. 귀한 스승인 도드(Mr. Dod: 청교도 지도자였던 John Dod[1550-1645]를 지칭하는 것 같다 — 역자주)는 말하기를, "자녀에게 성경과 직업을 주라 그러면 하나님이 함께 하실 것이다"라고 하였다. 2. 그들이 서로 거래하고 교환할 수 있도록 그들의 직업이 서로 달랐다. 몸의 지체들은 서로를 필요로 하며, 상호 간의 거래를 통해서 상호 간의 사랑이 도움을 받는다. 3. 그들의 직업은 아버지의 직업인 농사의 일에 속한 것이었다. 이는 필수적인 직업이었으나 — **왕도 밭의 소산을 받느니라**(전 5:9) — 동시에 끊임없는 보살핌과 수고를 요하는 직업이었다. 지금은 이것이 초라한 직업으로 간주되고 있다. **가난한 백성은 남겨 두어 포도원을 관리하는 자와 농부가 되게 하였더라**(렘 52:16). 그러나 그들에게 그 직업은 결코 수치스러운 것이 아니었고, 오히려 그들은 그것을 자랑스럽게 여겼다. 4. 이야기가 전개되는 순서로 보아, 아벨이 동생으로서 먼저 직업에 뛰어들었고, 아마도 후에 가인도 그를 본받아 직업을 갖게 된 것으로 보인다. 5. 아벨은 깊은 생각과 경건한 생활과 가장 친숙한 직업을 택하였다. 이런 전원적인 삶이 그런 생활에 아주 적합하다고 여겨졌기 때문이다. 모세와 다윗도 양 떼를 먹였고, 홀로 그 일을 하는 중에 하나님과 교제하였다. 주목하라. 우리의 영혼을 위하여 가장 좋고, 죄에 가장 덜 노출되며, 또한 하나님을 섬기고 그를 누릴 기회를 가장 많이 주는 그런 직업이나 삶의 처지가 우리에게 가장 좋으며, 따라서 그런 것을 택하여야 할 것이다.

3세월이 지난 후에 가인은 땅의 소산으로 제물을 삼아 여호와께 드렸고 4아벨은 자기도 양의 첫 새끼와 그 기름으로 드렸더니 여호와께서 아벨과 그의 제물은 받으셨으나 5가인과 그의 제물은 받지 아니하신지라 가인이 몹시 분하여 안색이 변하니

여기에는 다음과 같은 내용이 담겨있다.

I. **가인과 아벨의 헌신.** 세월이 지난 후에, 그들이 각기 자기의 직업에서 어느 정도 소득이 생겼을 때에(히브리어로는, 날들의 마지막에, 즉 한 해의 마지막에 곡식을 거두어들이는 축제에, 혹은 타락을 기념하는 연례 금식의 절기나, 아니면 주간의 마지막 날인 제 칠일, 곧 안식일에), 정해진 어떤 시기에, 가인과 아벨이 그 가문의 제사장인 아담에게 각기 여호와께 드릴 제물을 가져왔다. 하나님께서 이에 대해 아담에게 지시하셨다고 볼 만한 근거가 충분하다. 하나님께서는 그들의 배도(背道)에도 불구하고 아담을 향한 자신의 사랑과 그와 그의 자손들을 향하신 사랑을 보여주는 증표로서 그러한 지시를 하셨을 것이다. 이로써 하나님은 아담이 약속을 믿는지, 또한 치료의 법에 복종하는지를 시험하고자 하셨고, 이로써 하늘과 땅 사이의 교류를 세우시고, 장차 올 좋은 일의 그림자들(히 10:1)을 베풀어주고자 하신 것이다. 여기서 관찰하라.

1. 하나님께 드리는 종교적 예배가 새로 창안된 것이 아니라 고대로부터 내려온 제도라는 것. 그것은 태초부터 있는 것이요(요일 1:1), 이는 옛적 길 곧 선한 길이다(렘 6:16). 우리 하나님의 성(城)은 과연 옛날에 건설된 희락의 성이다(사 23:7). 진리가 오류의 출발을 했고, 경건은 세속화의 출발을 한 것이다. 2. 어릴 때부터 자녀들을 잘 가르치고 신앙적 봉사를 위해 훈련시켜서, 후에 그들이 스스로 삶을 살 때가 될 때에 자원하여 여호와께 제물을 드리게 하는 것이 좋은 일이라는 것. 부모는 주의 교양과 훈계로 자녀들을 양육하여야 한다(18:19; 엡 6:4). 3. 우리는 각자 하나님께서 우리에게 베푸신 바대로 우리에게 있는 것으로 하나님께 존귀를 돌려야 한다는 것. 그들은 자기들의 직업과 소유에 따라, 제물을 드렸다. 고전 16:1, 2을 보라. 무엇이든 간에 우리의 무역한 것과 이익을 거룩히 여호와께 돌려야 할 것이다(사 23:18). 경건과 구제의 일에서, 신앙을 증진하는 일과 가난한 자를 안위하는 일에서 의무를 다하여야 한다. 그러므로 우리는 올바른 마음으로 우리의 제물을 하나님께 드려야 할 것이다. 하나님은 그런 제물들을 기뻐 받으시는 것이다. 4. 외식자들과 행악자들도 겉으로 드러나는 종교적인 봉사에서 훌륭한 하나님의 백성들과 똑같이 행할 수도 있다는 것. 가인도 아벨과 함께 제물을 드렸다. 아니, 마치 가인의 제물이 더 훌륭하기라도 한 것처럼 그의 제물이 먼저 언급되고 있다. 외식자들도 선한 그리스도인들과 마찬가지로 많은 설교를 듣고 많이 기도하고 많이 구제할 수도 있다. 그러

나 진정한 마음이 없으므로 하나님께서 받지 않으시는 것이다. 바리새인과 세리가 함께 성전에 올라가 기도하였다(눅 18:10).

Ⅱ. 그들의 헌신의 결과가 달랐음. 모든 종교적 행위에서 목표로 삼아야 할 것은 바로 하나님의 받으심이다. 이것을 얻는다면 우리가 잘 달려온 것이요, 이것을 놓친다면 우리는 헛되이 예배를 드린 것이다(고후 5:9). 어쩌면 옆에서 보는 사람이 보기에는 가인과 아벨의 제물이 둘 다 좋아 보였을 것이다. 아담은 그 둘을 다 받아들였으나, 사람처럼 외모를 보지 아니하시는 하나님은 그렇게 하지 않으셨다. 하나님은 아벨과 그의 제물은 받으셨고, 어쩌면 하늘로부터 불을 보내사 그것을 받으신 증표를 보여주셨을 것이다. 그러나 가인과 그의 제물은 받지 아니하신지라. 이런 차이가 생긴 데에는 반드시 그 만한 이유가 있었다. 세상의 주재(主宰)이신 하나님은 절대적인 주권자이시나, 그저 임의대로 아무렇게나 미소를 보내시고 이맛살을 찌푸리시는 분이 아니신 것이다.

1. 제물을 드리는 사람의 성품이 달랐다. 가인은 악인으로서 세상과 육체의 권세의 지배를 받아 악한 삶을 살았고, 따라서 그의 제물은 여호와께서 미워하시는 것이요(잠 15:8), 헛된 제물이었다(사 1:13). 하나님은 가인 자신을 인정하지 않으셨고, 따라서 본문의 표현이 시사하는 대로 그가 드리는 제물도 인정하지 않으신 것이다. 그러나 아벨은 의인이었고, 의인 아벨이라 불리며(마 23:35), 그의 마음이 올바랐고 그의 삶이 경건하였다. 그는 하나님의 얼굴을 뵙는 자 중의 한 사람이었고(시 11:7), 그의 기도도 하나님을 기쁘시게 하는 것이었다(잠 15:8). 하나님은 그를 거룩한 사람으로 인정하셨고, 따라서 그의 제물도 거룩한 제물로 받으신 것이다. 나무가 좋아야 열매도 좋은 법이다. 나무가 나쁘면, 마음을 살피시는 하나님께서 그 열매를 기뻐 받으실 수가 없는 것이다.

2. 그들이 드린 제물이 달랐다. 성경은 분명히, 아벨은 가인보다 더 나은 제사를 하나님께 드렸다고 말씀한다(히 11:4). 이 차이는 (1) 그 본질의 차이였다. 가인의 제물은 그저 창조주를 시인하는 제물이었다. 필자가 아는 한, 땅의 소산으로 드리는 제물은 더 이상 합당하지 않았다. 그런 제물은 무죄한 상태에서만 드릴 수 있었던 것이었다. 그러나 아벨은 속죄의 제물을 드렸다. 죄를 씻기 위해 피를 흘렸고, 이로써 자신이 하나님의 진노를 받아 마땅한 죄인임을 인정하였고, 중보자로 말미암아 은혜를 베푸시기를 간구한 것이다. 아니면, (2) 제물의 질(質)의 차이였다. 가인은 땅의 소산을 드렸다. 곧, 아무것이나 손이 닿는

것을 그냥 드렸다. 자기가 쓰지 않는 것, 혹은 팔 수 없는 것을 드렸다. 그러나 아벨은 제물을 선택하는 데에 큰 관심을 가졌다. 다리를 저는 것이나 야윈 것이나 쓸모 없는 것이 아닌, 양의 첫 새끼 — 자기가 가진 최고의 것 — 와 그 기름으로 드렸다. 그러므로 히브리 교사들은 선하신 하나님의 이름을 위한 것은 반드시 최고, 최상의 것이어야 한다는 것을 일반적인 규칙으로 삼았다. 최고 최상이신 분께서 우리의 시간과 정력과 봉사의 최고 최상을 받으시는 것이 합당한 것이다.

3. 큰 차이는 아벨은 믿음으로 제물을 드렸고, 가인은 그렇지 않았다는 것이었다. 그들의 제사 행위 이면에 원리의 차이가 있었다. 아벨은 하나님의 뜻을 자신의 법칙으로 바라보며, 하나님의 영광을 자신의 목적으로 바라보며, 또한 구속자에 대한 약속을 의지하여, 제물을 드렸다. 그러나 가인은 믿음으로가 아니라 자기의 위신을 보존하기 위해서 제물을 드렸고, 그리하여 죄를 하나님께 돌린 것이다. 아벨은 마치 의롭다 하심을 얻고 돌아간 세리처럼 회개하는 신자였다. 그러나 가인은 자신을 낮추지 않았고, 스스로 자신하고 있었다. 그는 자기 자신을 자랑한 바리새인 같았고, 결국 하나님 앞에서 의롭다 하심을 얻지 못한 것이다.

III. 하나님이 아벨과 자기의 제사를 달리 취하신 것에 대해 가인이 불쾌히 여김. 가인은 몹시 분하여 안색이 변했다. 괴로움과 근심의 기색이 아니라, 악의와 분노의 기색이 역력했다. 뾰루퉁하고 시무룩한 그의 얼굴 표정이 속에서 끓어오르는 분노를 드러내 보였다. 이러한 분노는 다음과 같은 것을 드러낸다.

1. 하나님에 대한 적개심. 자기와 동생의 제물을 그렇게 차별하신 하나님에 대한 분노. 자기 자신의 불성실함과 외식 때문에 하나님께서 받지 않으신 것이니, 그는 자기 자신에 대해 분노했어야 했고, 또한 감히 눈을 들어 하늘을 쳐다보지도 못한 세리처럼(눅 18:13) 회개와 거룩한 부끄러움으로 고개를 들지 못했어야 옳았다. 그러나 그는 마치 하나님께서 그 동생을 편애하셨기 때문에 자신이 억울함을 당하기라도 한 것처럼 오히려 하나님을 향하여 분노를 발한 것이다. 수복하라. 우리가 우리 자신의 죄로 우리 스스로 초래한 일을 오히려 우리를 책망하는 자들의 탓으로 돌리는 것은 우리가 낮추어지지 않은 교만한 마음을 지녔다는 것을 보여주는 분명한 증표다. 사람이 미련하므로 자기 길을 굽게 하

고는 거기서 더 나아가서 마음으로 여호와를 원망하느니라(잠 19:3).

2. 하나님께 존귀함을 얻은 동생에 대한 시기. 동생은 그에 대해 헐뜯을 생각이 전연 없었고 그에게 모욕을 주지도 않았으나, 그는 동생을 원수로, 혹은 경쟁자로 여겨 미움을 품었다. 주목하라. (1) 뻔뻔스러운 죄로 말미암아 스스로 하나님의 은혜에 합당치 못하게 되어 버린 자들은 하나님의 은혜로 말미암아 존귀하게 되는 자들에 대해 분노를 발하는 것이 보통이다. 바리새인들은 하나님 나라에 자기들도 들어가지 않고 또 들어가고자 하는 자도 막음으로써(눅 11:52) 가인의 길을 걸었다. 그들의 주인의 눈과 동료 종들의 눈이 선하기 때문에 그들의 눈이 악한 것이다. (2) 자신의 처지가 초라해지고, 형벌을 받게 되며, 뼈가 썩고 있음을 발견할 때에, 흔히 시기의 죄가 수반된다.

6여호와께서 가인에게 이르시되 네가 분하여 함은 어찌 됨이며 안색이 변함은 어
찌 됨이냐 7네가 선을 행하면 어찌 낯을 들지 못하겠느냐 선을 행하지 아니하면 죄
가 문에 엎드려 있느니라 죄가 너를 원하나 너는 죄를 다스릴지니라

여기서 하나님은 가인과 변론하시며 그의 분노와 불만이 죄악되고 어리석은 것임을 납득시키시며, 그로 하여금 분노를 가라앉히게 하셔서 더 이상의 악행이 일어나지 않도록 막으신다. 그렇게 악한 사람을 그렇게 악한 일에서 그렇게 부드럽게 대하시는 것은 하나님의 오래 참으심과 그의 자신을 낮추시는 선하심을 보여주는 실례라 할 것이다. 주께서는 아무도 멸망하지 아니하고 다 회개하기에 이르기를 원하시느니라(벧후 3:9). 탕자의 아버지도 맏아들과 그렇게 변론하였고(눅 15:28, 등), 하나님도, 주의 길이 공평하지 아니하다고 말하는 이스라엘과 변론하신 것이다(겔 18:25).

I. 하나님은 가인 자신에게 불만의 이유가 무엇인가를 물으신다. 그것이 과연 정당한 이유가 있는 것인가를 생각하게 하신 것이다. 네가 분하여 함은 어찌 됨이며 안색이 변함은 어찌 됨이냐? 관찰하라. 1. 하나님은 우리의 모든 죄악된 격정과 불만을 다 아신다는 것. 화난 표정, 시기 어린 시선, 화내는 모습 가운데 하나님의 눈을 피하는 것은 없다. 2. 철저하고도 객관적으로 문제의 원인을 스스로 따져보면, 우리의 죄악된 격정과 불만의 대부분이 곧바로 사라진다는 것. "내가 분하여 함은 어찌 됨인가? 정당하고도 합당한 이유가 있는가? 내가

그렇게 속히 화를 내는 것은 어찌 됨인가? 어째서 그렇게 화가 나고, 그렇게 가라앉지 않는가?"

Ⅱ. 하나님은 가인이 다시 올바른 마음을 갖게 하기 위해 다음과 같은 점들을 그에게 분명히 제시하신다.

1. 그가 하나님께 분을 낼 이유가 전혀 없다는 것. 하나님은 시험의 상태에 합당한 통치의 분명한 원칙에 따라서 행하셨기 때문이다. 그는 사람들 앞에 삶과 죽음, 축복과 저주를 제시하시고, 그들의 행위에 따라 갚으시며, 사람들 자신이 달리 처신하는 것에 따라서 그들을 달리 대하시니, 그들의 최종 운명도 달라지는 것이다. 그 법칙은 정의로우며, 따라서 그 법칙들에 따르는 그의 길도 공평할 수밖에 없다. 그가 말씀하실 때에 의로우신 것이다.

(1) 하나님은 가인에게 삶과 축복을 제시하신다. "네가 선을 행하면 어찌 낯을 들지 못하겠느냐?(매튜 헨리의 영역 성경은, '네가 선을 행하면 네가 열납되지 않겠느냐?' 로 번역함 – 역자주) 분명히 열납될 것이고, 너도 그것을 알고 있느니라. 아니 네가 그러리라는 것을 잘 알고 있도다." 이는 다음 두 가지 의미 중 하나일 것이다. [1] "만일 네가 네 동생이 한 것처럼 선을 행했다면 너도 네 동생처럼 분명 하나님께 열납되었을 것이다." 하나님은 사람을 외모로 보지 아니하시며, 자신이 지으신 것을 미워하지도 않으시며, 스스로 저버리는 자 외에는 어느 누구에게도 은혜를 물리지 아니하시며, 죄로 말미암아 스스로 하나님과 원수 되는 자들 외에는 어느 누구에게도 원수가 되지 아니하신다. 그러므로 우리가 하나님께 열납되지 못한다면 그것은 전적으로 우리 자신의 과오다. 우리가 의무를 다했다면, 하나님의 긍휼하심을 놓치지 않았을 것이다. 그러므로 하나님이 죄인을 멸망시키시는 것은 지극히 정당한 것이며, 이로써 그들의 멸망이 더욱 가중되는 것이다. 올바로 처신했다면, 아무도 정죄받은 죄인으로 지옥에 있지 않을 것이요, 영광스러운 성도로서 천국에 있을 것이다. 이러한 사실을 접할 때에 각 사람은 묵묵부답이 될 것이다. 아니면, [2] "지금이라도 네가 선을 행하면, 네가 네 죄를 회개하고 네 마음과 삶을 변화시키고 네 제물을 더 나은 방식으로 가져오면, 네가 선한 일을 선하게 행하면, 네가 열납될 것이요, 네 죄가 사함 받을 것이요, 네게 위로와 존귀가 회복될 것이요, 모든 것이 잘 될 것이다." 여기서 중보자가 하나님과 사람 사이에 개입하셔서 얻어지는 효과를 보라. 우리는 첫 언약을 근거로는 설 수 없다. 그것은 회개의 여지를 남

겨놓지 않기 때문이다. 그러나 하나님께서 우리와 새로운 조건들을 근거로 관계를 맺으신 것이다. 우리가 법을 거슬렀다 할지라도, 회개하고 돌아오면 긍휼을 얻게 될 것이다. 복음이 얼마나 일찍부터 전파되었는가를 보라. 그 은덕이 여기서 심지어 죄인 중의 괴수에게까지 베풀어지고 있는 것이다.

(2) 하나님은 가인에게 죽음과 저주를 제시하신다. 그러나 선을 행하지 아니하면, 즉 "네가 선을 행하지 않고 믿음으로 올바른 자세로 제물을 드리지 않으니, 죄가 문에 엎드려 있느니라." 즉, "죄가 네게 전가되었고, 그리하여 하나님이 너를 불쾌히 여기시고 너를 죄인으로 간주하신 것이다. 네가 선을 행하지 않음으로써 네 스스로 자초하지 않았다면 그렇게 무거운 벌이 네게 드리워지지 않았을 것이다." 아니면, 일반적으로 취하는 것처럼, "만일 네가 선을 행하지 않고 하나님 앞에서 네 자신을 낮추지 않고, 오히려 스스로 완악하여져서 이처럼 계속해서 분을 발하면, 죄가 문에 엎드려 있느니라." 즉, [1] 더 많은 죄를 범하게 되리라는 뜻이다. "네 마음속에 분이 있으니 살인이 문 앞에 와 있느니라." 죄의 길은 내리막길이요 따라서 그 길에 들어서면 계속 더 악을 범하게 되어 있다. 제물을 제대로 드리지 않고 하나님께 대한 헌신에 부주의하고 태만하는 자들은 스스로 최악의 시험에 노출되는 것이요, 어쩌면 가장 악독한 죄가 문에 엎드려 있는 것이다. 하나님의 규례들을 지키지 않는 자들은 온갖 가증한 죄를 다 범할 소지가 있다(레 18:30). 아니면, [2] 죄에 대해 형벌을 받으리라는 뜻이다. 죄와 형벌이 서로 너무 가까우므로, 히브리어로 동일한 단어가 이 두 가지 뜻을 다 갖고 있다. 죄가 집 안에 감추어져 있으면, 마치 죄인이 집에서 모습을 드러내기만 하면 곧바로 그를 체포하기 위해 기다리고 있는 형사처럼, 저주가 문에서 기다리는 것이다. 죄는 마치 잠을 자는 것처럼 엎드려 있다. 그러나 곧바로 깨어날 채비를 갖추고 문에 엎드려 있으며, 그것이 깨어나면 그 정죄는 결코 졸지 않을 것이다. 죄는 반드시 너희를 찾아낼 것이다(민 32:23). 그러나 어떤 이들은 이 본문을 긍휼을 시사하는 뜻으로 이해한다. "네가 선을 행하지 아니하면, 죄(즉, 속죄제)가 문에 엎드려 있으니 네가 그 유익을 취할 수 있으리라." 동일한 단어가 죄와 죄를 위한 제사(sacrifice for sin)를 모두 의미한다. "네가 선을 행하지 아니하였으나, 절망하지 말라. 치료책이 있으며, 속죄가 멀리 있지 않다. 손을 벌려 그것을 취하라. 그리하면 네가 악행을 용서받으리라." 위대한 속죄 제물이신 그리스도께서 문 앞에 서 계신다고 말

씀한다(계 3:20). 그러므로 문으로 가서 속죄제의 유익을 구하지 않는 자들은 죄 가운데서 멸망받아 마땅한 것이다. 이 모든 점을 고려할 때, 가인은 하나님께 분을 낼 이유가 하나도 없었고, 오히려 자기 자신에게 분을 냈어야 했다.

2. 동생에 대해서도 분을 낼 이유가 전혀 없다는 것. "그가 너를 원하느니라(한글 개역개정판은 죄가 너를 원하나로 번역함—역자주). 그가 너를 형으로 계속 존경할 것이며, 너는 맏아들로서 전과 똑같이 그를 다스릴 것이라." 아벨의 제물을 하나님이 받으셨다고 해서 장자권이 그에게로 옮겨간 것도 아니고, 장자권에 속한 위엄과 권세(49:3)가 그에게 주어진 것도 아니었다. 하나님은 그럴 의도가 없으셨고, 아벨 역시 그렇게 해석하지 않았다. 그러므로 가인이 편견으로 그릇 생각하듯 그런 방향으로 문제가 발전될 소지는 전혀 없었다. 그런데 어째서 그가 그렇게 분을 발해야 한단 말인가? 여기서 관찰하라. (1) 하나님의 은혜가 사람 사이에 차이를 만드나 그것이 하나님의 섭리가 만드는 구별을 바꾸어놓는 것은 아니고, 그것을 보존시킨다. 그러므로 우리는 섭리의 결과로 우리에게 주어지는 의무를 행하여야 한다. 믿는 종들이 믿지 않는 상전들에게 복종해야 한다. 다스림은 은혜에 기초한 것이 아니며, 신앙은 결코 인간관계에서 불복종과 멸시를 정당화하지 않는 것이다. (2) 세속 권력이 때때로 참된 신자들에 대해 시기를 갖고 그들을 권력에 위험을 주는 존재로, 가이사의 원수들로, 왕과 귀족들에게 해를 주는 존재로 간주하나(그리고 박해자들이 이를 근거로 분노를 발하기도 한다), 이는 지극히 부당하며 불합리하다. 스스로 그리스도인이라 부르는 자들 중에 그렇지 않은 자들도 있을 수 있으나, 그리스도인들이야말로 과연 최고의 신민들이며 조용히 복종하는 자들인 것이 분명하다. 그들의 소원이 통치자들을 향하고 있으니, 그들이 이들을 통치할 것이다.

8가인이 그의 아우 아벨에게 말하고 그들이 들에 있을 때에 가인이 그의 아우 아벨을 쳐 죽이니라

여기서는 가인의 분노가 아벨을 살인하는 것으로 발전되는 것이 나타나는데, 이 살인에 대해서 두 가지로 생각할 수 있을 것이다.

I. 가인의 죄로. 그것은 그야말로 진홍빛과 같은 붉은 죄였고, 본성의 빛과 본성의 법을 거스르는 죄였고, 악한 자들이라도 양심으로 깜짝 놀랄 그런 극심

한 죄였다. 여기서 보라. 1. 죄가 세상과 사람의 마음속에 들어와서 생겨난 처참한 결과. 부패한 본성이야말로 크나큰 미움의 뿌리로서, 이러한 무서운 미움과 시기를 낳는 것이다. 금지된 열매를 먹은 아담의 행위는 그저 작은 죄에 불과한 것처럼 보였으나, 그것으로 크나큰 죄에 빠지는 문이 열린 것이다. 2. 뱀의 후손이 여자의 후손을 대적하여 가진 적의(敵意)의 열매. 아벨이 숭고한 순교자들의 선두에 서서 그 무리를 이끌고 있듯이(마 23:35), 가인은 추악한 박해자들의 무리의 선봉에 서 있다(유 11). 일찍부터, **육체를 따라 난 자가 성령을 따라 난 자를 박해한 것 같이 이제도 그러하고**(갈 4:29), 모든 성도들이 구원받고 그들을 미워하는 모든 자들이 영원히 멸망하여 전쟁이 끝날 때까지 계속해서 그럴 것이다. 3. 시기와 미움과 악의와 모든 무자비함이 마음에 품어질 때에 생기는 결과를 보라. 끔찍한 살인이 일어날 위험이 있다. 경솔하게 화를 내는 것은 마음으로 살인하는 것이다(마 5:21, 22). 악의는 더욱더 그러하다. 형제를 미워하는 자는 이미 하나님 앞에서 살인자다. 하나님이 그를 마음대로 하도록 내버려두시면, 그는 오로지 살인자가 될 기회를 찾기만을 원할 것이다. 가인의 죄를 더욱 가중시킨 요인들이 많았다. (1) 그는 자기 어머니의 아들인(시 50:20) 친동생을, 사랑하고 보호했어야 마땅한 그 친동생을 살인한 것이다. (2) 그는 자기에게 아무런 잘못도 행하지 않았고 말로나 행동으로나 분노를 촉발시킨 적이 없었고 언제나 형을 사랑하고 존중하던 좋은 동생을 살해한 것이다. (3) 살인이 있기 전에 분명한 경고를 받았었다. 어떤 일이 일어날지를 하나님께서 친히 말씀하셨으나, 그는 고집을 부려 이 야만적인 일을 저지른 것이다. (4) 그는 겉으로 우애와 친절을 보이며 악의를 감추었던 것 같다. 그의 아우 아벨에게 말하고. 아벨이 의심하여 피하지 않도록 아주 친근하게 대하였다. 요압도 이렇게 아브넬에게 입 맞추고 그를 죽였다. 압살롬도 이렇게 그의 형제 암논을 잔치를 베풀고 그를 죽였다. 칠십인역(헬라어 구약 역본으로 프톨레마이오스 필라델푸스의 주도로, 주전 200년 경, 72명의 유대인들이 번역한 헬라어 구약 역본)에 따르면, 가인은 아벨에게 함께 들에 나가자고 말했다고 한다. 만일 이것이 사실이라면, 아벨은 그 말을 도전으로(현대적인 의미로) 이해하지 않고, 그저 함께 일하러 나아가자는 우호적인 권유로 받아들인 것이 확실하다. 그렇지 않았다면 아벨은 그 말을 따르지 않았을 것이다. 갈대아 의역본(the Chaldee paraphrast)은, 그들이 함께 들에서 대화를 나누는 중에 가인은 장차 올 심판도, 미래의 상태도, 저 세상의 상급과 심판도 없다고 주장했고, 아벨이 진리를 변호하자 가인이 이를 기회로 삼아 그를 죽였다고 덧붙이고 있다. 그러나, (5) 성경이 그가 동생을 살해한 이유로 제시하는 것만으로도 충분히 죄가 가중되고도 남는다. 그는 악한 자에게 속하여 아우를 죽였으니, 자기 행위는 악하고 그의 아우의 행위는 의로움이라(요일 3:12). 그는 마귀의 자식이요 모든 의의 원수로서, 심지어 자기 아우의 의에 대해서도 적의를 갖고 그것을 파괴시키려 한 것이다. (6) 그는 아우를 죽임으로써 직접 하나님을 친 것이다. 하나님께서 아벨을 열납하신 것이 살해의 동기가 되었고, 하나님이 아벨을 사랑하셨으므로 그를 미워하게 되었기 때문이다. (7) 당시에는 세상에 인구가 그렇게 적었으므로, 아벨을 살해한 것은 더욱 비인간적인 행위였다. 사람의 목숨은 어느 때든 고귀하다. 그러나 이때에는 특별한 의미에서 귀하였고, 그것을 저버린 것이니 그야말로 잔인한 짓이었다.

II. 아벨의 고난으로. 아담이 죄를 범한 이후로 사망이 지배하였다. 그러나 지금까지는 죄에 사로잡힌 구체적인 사례가 없었다. 그런데, 1. 최초로 죽는 자는 성도(a saint)요, 하나님께서 받으시고 사랑하신 자였는데, 이는 약속하신 후손이 결국 사망의 권세를 가진 자를 멸하고 신자들을 그 쏘는 것으로부터 구원하실 것이나 아직은 그들이 사망의 쏘는 것에 노출되어 있다는 것을 보여주는 것이다. 최초로 무덤에 들어간 자는 천국에 들어갔다. 하나님은 최초로 저 세상으로 간 죽은 자를 첫 열매로, 장자(長子)로 삼고자 하신 것이다. 적절한 때에 하나님의 택하신 자들이 그렇게 될 것이라는 것으로 죽음에 대한 공포를 씻어버려야 할 것이다. 아니, 2. 최초로 죽는 자는 자신의 신앙을 위하여 죽임을 당한 순교자였다. 자신의 명예를 위하여 죽는 군인들보다 이런 자들이야말로 과연 순교자들이라 할 것이다. 아벨의 죽음은 저주받은 죽음이 아닐 뿐더러 오히려 면류관이 있는 죽음이었다. 죽음의 성격이 그렇게 아름답게 바뀌므로, 그리스도 안에서 죽는 자들에게는 그 죽음이 순전하고 해가 없을 뿐 아니라 그를 위하여 죽는 그들 자신에게 존귀하고 영광스러운 죽음이 되는 것이다. 맹렬한 시험이 올 때에 이를 이상스럽게 생각하지도 말고, 피를 흘리기까지 저항하도록 부름을 받는다 해도 움츠러들지 말아야 할 것이다. 왜냐하면 죽기까지 충성한 모든 자들에게 생명의 면류관이 주어질 것을 우리가 알고 있으니 말이다.

[9]여호와께서 가인에게 이르시되 네 아우 아벨이 어디 있느냐 그가 이르되 내가 알
지 못하나이다 내가 내 아우를 지키는 자니이까 [10]이르시되 네가 무엇을 하였느냐
네 아우의 핏소리가 땅에서부터 내게 호소하느니라 [11]땅이 그 입을 벌려 네 손에서
부터 네 아우의 피를 받았은즉 네가 땅에서 저주를 받으리니 [12]네가 밭을 갈아도 땅
이 다시는 그 효력을 네게 주지 아니할 것이요 너는 땅에서 피하며 유리하는 자가
되리라

여기에는 최초의 살인자의 심문과 정죄에 관한 충실한 기사가 나타난다. 이 목적을 위한 시민적인 법정이 아직 세워져 있지 않으므로 — 이는 후에 세워질 것이었다(9:6) — 하나님께서 친히 재판장으로 좌정하신다. 하나님 자신이 바로 복수를 담당하시는 분이시요, 피에 대해, 특히 성도의 피에 대해 확실히 갚으실 분이시기 때문이다.

I. 가인에 대한 심문. 여호와께서 가인에게 이르시되 네 아우 아벨이 어디 있느냐? 어떤 이들은 살인을 범한 바로 그 다음 안식일에 가인이 이렇게 심문을 받았다고 본다. 곧, 하나님의 아들들이 종교적인 집회를 위하여 여호와 앞에 나아오는 때에, 빠지는 법이 없던 아벨이 참석하지 않았고, 하늘에 계신 하나님께서 누가 공적인 규례에 참석하고 누가 불참하는지를 알아보셨다는 것이다. 가인이 심문을 받는 것은, 그가 아벨에 대해 악의를 갖고 있었고 마지막까지 그와 함께 있었으므로 그를 의심할 이유가 충분했기 때문이기도 했으나, 그가 죄를 범한 것을 하나님께서 알고 계셨기 때문이다. 그럼에도 하나님은 구태여 그를 심문하시는데, 이는 가인 스스로 자기의 범죄를 고백하도록 이끄시기 위함이었다. 하나님 앞에서 의롭다 하심을 얻을 자들은 반드시 자기 자신을 정죄하여야 하며, 또한 회개하는 자들도 그렇게 할 것이기 때문이다.

II. 가인의 항변. 그는 자신이 죄가 없다고 항변하여 자신의 죄에다 반역을 더한다. 왜냐하면, 1. 고의적인 거짓말로 고의적인 살인을 위장하려 하기 때문이다. 내가 알지 못하나이다. 그는 아벨이 어떻게 되었는지에 대해 잘 알고 있으면서도 뻔뻔스럽게도 거짓말을 하였다. 그러므로 가인에게 역사한 마귀는 처음부터 살인자요 거짓말쟁이였다. 죄의 속임수로 인하여 얼마나 죄인들의 생각이 우매해지며, 그들의 마음이 완악해지는가를 보라. 모든 것을 다 보시는 하나님에게서 자기들의 죄를 감출 수 있다고 생각하는 자들이야말로 이상스럽

게도 눈이 멀어 있는 것이요, 회개하는 자들만을 용서하시는 하나님에게서 죄를 감추는 것이 바람직하다고 생각하는 자들이야말로 정말 마음이 완악해져 있는 것이다. 2. 그는 뻔뻔스럽게도 그의 재판장을 어리석고 부당한 자로 취급하여 다음과 같이 반문하기 때문이다. **내가 내 아우를 지키는 자니이까?** 그는 자기 자신을 낮추고, **내가 내 아우를 살해한 자가 아니니이까?** 라고 했어야 옳았다. 그런데도 그는 마치 하나님께서 그가 대답할 이유가 전혀 없는 엉뚱한 질문을 하시기라도 한 것처럼 하나님의 면전에서 도망하려 하는 것이다. "**내가 내 아우를 지키는 자니이까?** 그도 자기 자신을 돌볼 만큼 장성했고, 나도 전혀 그를 책임진 일이 없나이다." 어떤 이들은 그가 하나님과 그의 섭리를 탓하고 있는 것으로 생각하기도 한다. 그가 마치 다음과 같은 뜻으로 말한 것처럼 말이다: "주께서 그를 지키는 자가 아니니이까? 아우가 보이지 않는다면 그것은 주의 탓이지, 제 탓이 아니옵니다. 나는 그를 지킨 일을 한 적이 없나이다." 주목하라. 형제들을 자비로이 보살피고 지키는 일이야말로 우리에게 요구되는 큰 의무인데도, 우리는 대개 이 의무를 게을리한다. 형제들을 보살피고 그들을 위하여 도움을 줄 기회가 있을 때에, 자기 자신의 육체나, 재물이나, 명예나, 특히 영혼에 해를 입을까 두려워 그 일을 피하는 자들은, 결국 가인과 똑같이 말하는 것이다. 레 19:17; 빌 2:4을 보라.

III. 가인을 정죄하심(10절). 하나님은 그의 질문에 직접적인 답을 하지 않으시고 그의 항변을 거짓되고 뻔뻔스런 것으로 여겨 거부하셨다. "**네가 무엇을 하였느냐?** 너는 그 일을 가벼운 문제로 만들려 하나, 그것이 얼마나 악한 일인지, 그 얼룩이 얼마나 깊으며, 그 죄짐이 얼마나 무거운지를 생각해 보았느냐? 너는 그것을 감추려 하나 아무런 소용이 없음은 너의 죄악을 드러내는 증거가 분명하고 의심의 여지 없이 명백함이니라. **네 아우의 핏소리가 땅에서부터 네게 호소하느니라.**" 하나님은 마치 그 피 자체가 증인이요 고발자인 것처럼 말씀하신다. 하나님 자신의 지식이 그를 쳐서 증언하며, 하나님 자신의 정의가 그 보상을 요구하기 때문이다. 여기서 관찰하라. 1. 살인은 가장 크게 부르짖는 죄다. 피는 피를 부른다. 살해당한 자의 피가 살인자의 피를 부르는 것이다. 스가랴는 죽어가면서 부르짖었다. 여호와는 감찰하시고 신원하여 주옵소서(대하 24:22). 제단 아래에 있는 영혼들도, 거룩하고 참되신 대주재여 땅에 거하는 자들을 심판하여 우리 피를 갚아 주지 아니하시기를 어느 때까지 하시려 하나이까? 라고 부르짖었다(계 6:10). 인내하며 고난을 당하는 자들은 용서하시기를 구하나(아버지여 저들을 용서하소서), 그들의 피가 복수해 주시기를 부르짖는다. 그들은 평화로이 죽으나, 그들의 피는 크게 외치며 호소하고, 의로우신 하나님께서는 이에 대해 언제나 귀를 기울이시는 것이다. 2. 그 피가 땅에서부터 부르짖는다고 말씀하며, **땅이 그 입을 벌려 그의 손에서부터 그 아우의 피를 받았다고** 말씀한다(11절). 말하자면, 땅이 얼굴을 붉혀 자기 얼굴이 그런 피로 얼룩진 것을 보며, 그리하여 그 입을 벌려 그것을 감추려 하였다는 것이다. 하늘이 가인의 악행을 드러내자, 땅도 일어나 그를 치며(욥 20:27) 또한 그렇게 **허무한 데 굴복하게** 된 것에 대해 탄식한 것이다(롬 8:20, 22). 십중팔구 가인은 자신의 범죄를 감추기 위해 아우의 피와 그 시체를 땅에 파묻었을 것이다. 그러나 "살인은 드러나는 법이다." 핏소리가 하늘에 상달되지 못할 만큼 그렇게 깊게 그것을 파묻지는 못한 것이다. 3. 원문에는 복수형이 사용되고 있다. 곧, **네 아우의 피들**인데, 이는 그의 피만이 아니라 그로부터 내려갈 모든 이들의 피까지 포함하는 것이었다. 아니면, 아벨처럼 피로써 진리를 인치게 될 여자의 모든 후손의 피를 가리킬 수도 있다. 그리스도께서는 모두를 하나로 묶으신다(마 23:35). 아니면 아벨이 흘린 피가 한 방울까지 모두 기록되었기 때문일 수도 있다. 그리스도의 피가 아벨의 피보다 더 나은 것을 말씀하니, 이 얼마나 좋은 일인가!(히 12:24). 아벨의 피는 복수를 위해 부르짖었으나, 그리스도의 피는 용서를 위해 부르짖는 것이다.

Ⅳ. 가인에게 내려진 선고 　**네가 땅에서 저주를 받으리니**(11절). 여기서 관찰하라.

1. 그는 저주를 받으며, 모든 악에게로 구별되며, 하나님의 진노 아래 놓인다. **하나님의 진노가 불의로 진리를 막는 사람들의 모든 경건하지 않음과 불의에 대하여 하늘로부터 나타나는** 것이다(롬 1:18). 하나님의 진노의 범위와 무게가 어느 정도며, 어디까지 미치며, 얼마나 깊이 찌르는가를 과연 누가 알겠는가? 하나님이 어떤 사람을 저주받은 자로 선언하시면 그 사람은 그 즉시 그렇게 된다. 그가 저주하시는 자들은 정말 저주받은 자들인 것이다. 아담의 불순종에 대한 저주는 땅 위에서 종결되었다. **땅이 너로 말미암아 저주를 받으리라.** 그러나 가인의 반역에 대한 저주는 즉시 그 자신에게 떨어졌다. **네가 땅에서 저주를 받으리니.** 아담을 위해서는 하나님께서 긍휼을 예비해 놓고 계셨으나, 가인을

위해서는 아무것도 예비해 놓지 않으셨다. 우리는 모두 이 저주를 받아 마땅하며, 신자들이 이 저주에서 구원받아 복을 상속받는 것은 오직 그리스도 안에서만 되는 일이다(갈 3:10, 13).

2. 그는 땅에서 저주를 받는다. 그리로부터 핏소리가 하나님께 부르짖었으니, 그리로부터 가인에게 저주가 임한 것이다. 하나님은 하늘로부터 직접 치시거나 아니면 천사의 칼로나 번갯불로 즉시 복수하실 수도 있었다. 그러나 그는 땅이 그 피의 원수를 갚게 하셨고, 그를 땅 위에 계속 두셨으며, 그를 즉시 끊어내지 않으시고 그를 저주하심으로써 공평케 하셨다. 땅은 언제나 우리 가까이에 있고, 우리는 그것으로부터 도피할 수가 없다. 그러므로 땅이 하나님의 진노를 집행하는 자가 되면, 우리가 형벌을 피할 수가 없다. 즉, 죄가, 죄의 형벌이, 문에 엎드려 있는 것이다. 가인은 자기가 자기 몫으로 선택하고 마음을 둔 바로 그것에서 형벌을 당하게 되었다. 땅으로부터 우리가 기대하는 것은 삶의 지탱(sustenance)과 정착(settlement)의 두 가지를 기대한다. 그런데 가인은 이 저주로 말미암아 이 두 가지 모두를 빼앗겼다. (1) 여기서 그가 땅으로 말미암는 삶의 지탱을 누리지 못한다. 이것은 그의 안위, 특히 그의 직업에서의 안위에 대한 저주다. **네가 밭을 갈아도 땅이 다시는 그 효력을 네게 주지 아니할 것이요.** 주목하라. 자연은 우리에게 하나님께서 만드시는 대로 다가오며, 따라서 위로가 되기도 하고 십자가가 되기도 하며, 축복이 되기도 하고 저주가 되기도 하는 것이다. 그러므로 땅이 우리에게 그 힘을 발휘하지 않을 때에라도, 우리는 거기서 하나님의 의로우심을 인정해야 한다. 우리가 하나님께 우리의 힘을 다하지 않아서 그런 일이 일어난 것이기 때문이다. 이미 아담에게 땅이 저주를 받았다. 그러나 이제 가인에게는 땅이 배나 더 저주를 받았다. 그의 몫으로 주어진 땅의 일부가 아벨의 피로 인하여 그에게 열매를 내지 못하게 된 것이다. 주목하라. 악인의 악함은 그들이 행하는 모든 일과 그들이 가진 모든 것에 저주를 가져오며(신 28:15, 등), 또한 이 저주가 그들이 가진 모든 것들을 쓰라리게 하며 그들이 행하는 모든 일에서 실망을 얻게 만드는 것이다. (2) 여기서 그는 땅에서의 정착도 얻지 못한다. **너는 땅에서 피하며 유리하는 자가 되리라.** 이로써 그는 다음과 같은 점에서 징죄를 받았다. [1] 사람들 중에서 영구한 치욕과 수치를 당함. 그를 품거나, 그와 대화를 나누거나, 그에게 얼굴을 보이는 것이 영원토록 수치스런 일로 간주될 것이었다. 스스로 모든 인간성을 상실한 사람

이 모든 사람에게서 버림받고 손가락질을 받으며 악명 높은 자가 되는 것이 지극히 정당한 일이었다. [2] 그의 마음속에 영구한 근심과 공포가 생김. 어디를 가든지 그의 죄짐을 진 양심이 그를 사로잡고, 그를 두루두루 공포거리가 되게 만들었다. 어디를 가든지 가슴속에 불안을 지니고 있는 자들이 과연 무슨 안식을 찾겠으며 안정과 정착을 찾겠는가? 그렇게 안정이 없는 자들은 유리하는 자가 될 수밖에는 없다. 자기 자신의 죄짐으로 인하여 끊임없이 쫓김을 당하는 자만큼 안식이 없는 도피자는 이 땅에 없고, 자기의 정욕이 시키는 대로 처신하는 자만큼 천한 방랑자가 없는 것이다.

이것이 가인에게 내려진 선고였다. 그런데 이 선고에도 긍휼이 섞여 있었다. 그가 즉시 끊어지지 않고 회개할 여지가 남겨졌으니 말이다. 하나님은 우리를 향하여 오래 참으시며, 아무도 멸망하기를 바라지 않으시는 것이다.

13가인이 여호와께 아뢰되 내 죄짐을 지기가 너무 무거우니이다 14주께서 오늘 이
지면에서 나를 쫓아내시온즉 내가 주의 낯을 뵈옵지 못하리니 내가 땅에서 피하며
유리하는 자가 될지라 무릇 나를 만나는 자마다 나를 죽이겠나이다 15여호와께서
그에게 이르시되 그렇지 아니하다 가인을 죽이는 자는 벌을 칠 배나 받으리라 하
시고 가인에게 표를 주사 그를 만나는 모든 사람에게서 죽임을 면하게 하시니라

여기서 우리는 가인에 대한 하나님의 조치에 관한 후속적인 기사를 접하게 된다.

I. 가인이 자기 자신에게 내려진 선고를 무겁고 가혹한 것으로 불평함. 어떤 이들은 그가 절망의 심정을 토로한 것으로 보아 본문을 다음과 같은 뜻으로 읽는다. 내 죄짐이 용서함 받을 수 있는 것보다 더 무거우니이다. 그러므로 그의 말은 하나님의 긍휼에 대한 비난이요 투정이다. 하나님의 긍휼은 오직 그것에 소망을 두는 자들만이 혜택을 누릴 수 있는 것인데 말이다. 용서의 하나님께는 아무리 큰 죄와 죄인에 대해서도 용서가 있다. 그러나 그것을 신뢰하지 않는 자는 그 용서를 스스로 저버리는 것이다. 가인은 자기의 죄를 아무것도 아닌 것으로 만듦으로써 정반대의 극단에 처하게 된다. 사탄은 자기의 종들을 뻔뻔스럽게 만들고 그리하여 절망에 빠지게 만드는 법이다. 죄를 사함 받을 수 없는 것으로만 생각하지 않는다면, 죄에 대해 아무리 나쁘게 생각해도 지나친 것

이 아니다. 그러나 가인의 말은 오히려 불평과 비난의 어조를 담은 것으로 보인다. 내 죄짐을 지기가 너무 무거우니이다. 그러므로 그의 말은 하나님의 정의에 대한 불평이요 비난이며, 자기의 죄가 크다는 사실에 대한 탄식이 아니라, 자기에게 주어진 형벌이 혹독하다는 불평이다. 마치 자기의 죄에 비해 형벌이 크게 과하기라도 한 것처럼 말이다. 하나님의 정죄하심을 정당한 것으로 인정하기는커녕 오히려 가인은 하나님을 정죄하며, 자신의 악행에 대한 형벌을 인정하지 않고 그것에 항의하는 것이다. 주목하라. 그러므로 자기를 낮추고 회개하지 않는 자들은 하나님께서 책망하셔도 돌아서지 않는다. 그들은 오히려 하나님의 책망이 억울하다고 생각하기 때문이다. 그리고 이것은 우리의 죄보다는 우리의 고통을 더 걱정하는 지극한 완악함의 증거다. 바로는 자기의 죄가 아니라 오로지 자기의 죽음에 대해서만 걱정하였고(출 10:17), 여기의 가인도 마찬가지다. 그는 살아 있는 사람이었으나 자기의 죄에 대한 형벌에 대해 불평한다(애 3:39). 그는 자신이 부드러운 대접을 받아야 하는데도 아주 가혹하게 대접받고 있다고 생각하였다. 그리하여 자기가 지옥 바깥에 있다는 것을 의아하게 생각해야 할 때에 오히려 억울하다고 부르짖는 것이다. 화 있을진저, 이렇게 조물주와 싸우며, 재판장의 선고에 대해 푸념하는 자여! 여기서 가인은 자신의 불평을 정당화하기 위하여 선고에 대한 자기의 심경을 토로한다.

1. 그는 그 선고로 인하여 자기 자신이 하나님의 호의에서 제외되었다는 것을 알고서, 자신이 저주를 받았으니 하나님의 낯을 보지 못한다고 결론짓는다. 하나님의 저주의 진정한 본질이 바로 여기에 있다. 저주 받은 자여 내게서 떠나가라. 하나님의 사랑과 보살피심과 또한 그의 은혜에 대한 모든 소망에서 영원토록 끊어진 자들이야말로 정말 저주받은 자들이다. 2. 그는 자기 자신이 삶의 모든 위로에서 내쫓겼다는 것을 보며, 유리하는 자로서 자기는 사실상 오늘 이 지면에서 쫓겨났다고 결론짓는다. 땅에서 있을 곳이 없는 것이나, 정착할 곳이 없는 것이나 마찬가지다. 전혀 안식이 없는 것보다 차라리 무덤에 들어가 안식을 얻는 것이 더 나았을 것이다. 3. 그는 그 선고로 인하여 자기 자신이 출교(黜敎)를 당하여 교회로부터 쫓겨났고, 공적인 집회에 참석이 금지되었다는 것을 보고 있다. 그의 손이 피가 가득하니, 그는 헛된 제물을 다시 가져올 수가 없는 것이다(사 1:13, 15). 어쩌면 그 자신이 오늘 이 지면에서 쫓겨났다는 그의 탄식이 이것을 지칭하는 것이었을지도 모른다. 아직 아무도 교회로부터 쫓겨난

일이 없는데 그가 교회에서 쫓겨났으니, 그는 주의 낯을 뵈옵지 못하게 되었고, **하나님의 아들들과 함께 여호와 앞에 나아올 수가 없게 된 것이다.** 4. 그는 이 선고로 인하여 자기 자신이 온 인류의 미움과 적대를 받게 되었다는 것을 알았다. **무릇 나를 만나는 자마다 나를 죽이겠나이다.** 그는 어느 곳을 방황하든지 목숨을 위협당할 것이었다. 적어도 그는 그렇게 생각하였다. 마치 부채를 진 사람처럼 만나는 모든 사람을 채권자처럼 생각하는 것이다. 자기의 친족 외에는 세상에 아무도 없었으나, 그들에 대해서조차도 그는 두려워하였다. 자기가 아우에게 그렇게 야만적인 일을 저질렀으니 당연히 그런 생각이 들었을 것이다. 어떤 이들은, **무릇 나를 만나는 자마다 나를 죽이겠나이다** 라는 그의 말을 "만나는 모든 사람"만이 아니라 "모든 생물들 중에 만나는 것마다" 다 그렇게 하리라는 뜻으로 이해하기도 한다. 하나님의 보호하심에서 내쫓겼으니, 온 피조물이 다 그를 대적하여 싸울 것이라고 본 것이다. 주목하라. 용서받지 않은 채로 죄짐을 지고 있으면, 사람이 계속 두려움으로 가득 차게 된다(잠 28:1; 욥 15:20, 21; 시 53:5). 죄를 짓고 두려워하는 것보다 두려워하여 죄를 짓지 않는 것이 훨씬 더 낫다. 라이트푸트 박사(Dr. Lightfoot)는 가인의 이 말을 하나의 소원의 뜻으로 읽어야 한다고 본다: **그러니 나를 만나는 자마다 나를 죽이려 하는 일이 없으면 좋으련만.** 죽기를 바라도 오지 아니하는 것이다(욥 3:20-22). 마치 영적인 괴로움을 당하는 자들처럼(계 9:5, 6) **죽기를 바라도 오지 아니하는 것이다**(욥 3:20-22).

II. 하나님이 그 선고를 확증하심(15절). 관찰하라. 1. 가인이 이로써 보호하심을 받음. 가인이 당시에 거하던 그 작은 세상에 속한 모든 사람들에게 다음과 같은 그에 관한 선언이 고지됨으로써 그가 보호를 받게 된 것이다. **가인을 죽이는 자는 벌을 칠 배나 받으리라.** 가인이 죽임을 당하면 그에게 가해진 선고(그가 주의 낯을 피하며 유리하는 자가 되리라는)가 무효가 되어 버리기 때문이다. 정죄받은 죄수들은 법의 특별한 보호를 받는다. 공적인 정의를 위하여 희생될 제물로 지정된 자들이 사사로운 복수의 희생 제물이 되어서는 안 되는 것이다. 가인에 관하여, 하나님께서 친히 **복수는 내게 있으니 내가 갚으리라** 라고 말씀하셨으니, 다른 사람이 하나님의 손에서 검을 취하려 한다면 그것은 감히 하나님의 권한을 찬탈하는 것이며, 따라서 벌을 칠 배나 받으리라는 것이다. 주목하라. 지극히 악한 사람들까지도 목숨을 살려 두시고 그들을 보호하시는 일에는 하나님의 지혜롭고 거룩한 목적이 있는 것이다. 하나님께서는 어떤 이들의 경우는 다음과 같은 기도에 따라 처리하신다. 그들을 죽이지 마옵소서 나의 백성이 잊을까 하나이다. 그들을 흩으시고 낮추소서(시 59:11). 만일 가인이 즉시 죽임을 당했다면 그는 곧 잊혀졌을 것이다(전 8:10). 그러나 그는 이제 살아서, 말하자면 사슬에 매인 상태로, 하나님의 정의의 처절하고도 영구한 기념비가 된 것이다. 2. 가인이 진노 중에 표를 받음. 하나님은 가인에게 표를 주사, 그를 인류의 나머지 사람들과 구별하시고, 그가 아우를 살해한 사람이므로 모두가 그를 천대하되 아무도 그를 해치지는 못하도록 하셨다. 하나님은 그에게 낙인을 찍으사(악인들의 뺨을 불로 지져서 낙인을 찍듯이) 그에게 눈에 보이는 지워지지 않는 치욕과 불명예의 표를 주셔서 지혜로운 자들이 모두 그를 피하도록 하셨고, 그리하여 그가 피하며 유리하는 자와 또한 만물의 조롱거리가 될 수밖에 없게 하신 것이다.

16가인이 여호와 앞을 떠나서 에덴 동쪽 놋 땅에 거주하더니 17아내와 동침하매 그
가 임신하여 에녹을 낳은지라 가인이 성을 쌓고 그의 아들의 이름으로 성을 이름
하여 에녹이라 하니라 18에녹이 이랏을 낳고 이랏은 므후야엘을 낳고 므후야엘은
므드사엘을 낳고 므드사엘은 라멕을 낳았더라

여기서는 가인이 하나님께 내쫓긴 후 그에게 일어난 일에 대한 후속적인 기사를 접하게 된다.

I. 그는 자신에게 선고된 형벌 가운데 하나님의 면전에서 사라져야 하는 부분에 대해 순순히 굴복하였다. 왜냐하면 그가 여호와 앞을 떠났기 때문이다(16절). 즉, 그는 하나님과 신앙을 기꺼이 버렸고, 그 특권들을 저버리고 그 강령들 아래 있지 않는 것에 만족하였다. 그는 아담의 가문과 제단을 버렸고, 하나님을 경외하는 모든 겉치레들을 다 던져버렸고, 다시는 선한 백성들 가운데 있지도 않았고, 하나님의 규례들에 참여하지도 않았다. 주목하라. 전능하신 하나님을 가볍게 여기고 그와 단절된 외식적인 신앙고백자들은 스스로 지극히 추한 일을 행하여 경건의 모양을 던져버리는 것이 정당하다. 그들은 경건의 능력을 부인하면서도 겉으로 그럴싸한 모양만 보임으로써 경건을 욕되게 했기 때문이다. 가인은 여호와 앞을 떠났고, 그는 다시는 그의 앞으로 돌아오지 않았

다. 지옥은 주의 얼굴과 그의 힘의 영광을 떠난 영원한 멸망이다(살후 1:9). 그것은 모든 선의 근원으로부터 영원히 추방되는 것이다. 죄인들이 이것을 선택하니 그들의 결국도 그렇게 되며, 그리하여 영원토록 혼란 속에 있게 되는 것이다.

Ⅱ. 그는 그에게 선고된 형벌 가운데 피하는 자와 유리하는 자가 되는 부분에 대해서는 저항하고자 애썼다.

1. 그는 자기의 땅을 택하였다. 그는 여호와 앞에서 떠나 에덴 동쪽 놋 땅에 거주하였다. 그는 아담과 그의 신앙적인 가문이 거주하는 곳에서 멀리 떨어진 곳에 거주함으로써 자기 자신과 또한 그 저주받은 세대를 거룩한 후손과 구별시켰고, 그의 진영을 성도들의 진과 사랑하시는 성(계 20:9)과 구별시켰다. 에덴 동쪽에는 그룹들과 불 칼이 있었다(3:24). 가인은 마치 여호와의 그 두려운 것들을 무시하기라도 하는 듯이, 바로 그것을 자기의 거주지로 택하였다. 그러나 정착하고자 하는 그의 수고는 허사였다. 그가 거한 땅은 그에게 놋 땅(즉, 떠는, 혹은 흔들리는 땅)이었다. 그 자신의 마음이 계속해서 불안과 걱정에 싸여 있었기 때문이다. 주목하라. 하나님에게서 떠나는 자들은 어느 곳에서도 안식을 찾을 수 없다. 여호와 앞에서 떠난 이후, 가인은 절대로 안식을 얻지 못했다. 스스로 천국에 대해 문을 닫아거는 자들은 자기 자신을 끊임없는 흔들림과 불안정에 내버려 두는 것이다. "그러므로 내 영혼아 네 안식에로, 하나님 안에 있는 안식에로 돌이키라. 그렇지 않으면 영원히 안식이 없으리라."

2. 그는 거주할 성을 쌓았다. 가인이 성을 쌓고(17절). 어떤 이들은 가인이 계속해서 성을 쌓기만 한다는 뜻으로 이해한다. 즉, 그에게 저주가 임하여, 그의 손으로 하는 모든 일이 허사가 되어 그 일을 완성할 수가 없었다는 것이다. 아니면, 우리가 이해하는대로, 그는 하나님의 교회와 분명히 분리되었고 다시는 교회에로 돌아갈 생각이 없다는 증표로서 성을 쌓았다고 볼 수도 있다. 이 성은 배도(背道)의 본거지가 될 것이었다. 여기서 관찰하라. (1) 가인이 하나님이 선고하신 형벌을 무시하였음. 하나님은 그가 피하며 유리하는 자가 되어야 할 것을 말씀하셨다. 만일 그가 회개하고 자신을 낮추었더라면, 이 저주가 복으로 바뀌었을지도 모른다. 레위 지파가 야곱 중에 나뉘고 이스라엘 중에 흩어져야 했던 것이 그들에게 복이 되었던 것처럼 말이다. 그러나 가인은 회개치 않는 교만한 마음으로 하나님의 형벌을 거스르며 살았고, 그리하여 복이 될 수도 있었

던 것이 저주로 바뀌는 상태를 스스로 고착시킨 것이다. (2) 하나님을 저버린 이후 가인이 무엇을 선택했는지를 보라. 그는 이 세상에 정착지를 세워 그 곳을 자신의 영원한 안식처로 삼으려 했다. 하늘의 성을 바라본 자들은 이 땅에 있는 동안 장막에 거하였다. 그러나 가인은 그 하늘의 성을 바라보지 않았으므로 스스로 이 땅에 성을 세운 것이다. 하나님의 저주를 받은 자들은 이 땅에서 정착과 만족을 구하는 법이다(시 17:14). (3) 영구한 공포감에 시달리고 있던 가인이 자기 자신을 방어하기 위해 어떤 방법을 취하였는지를 보라. 그는 자기 자신의 비참한 처지에 대한 생각을 없애고, 죄악된 양심의 외침을 도끼와 망치질의 소음으로 잠재우기 위하여 성을 쌓은 것이다. 이처럼 많은 사람들이 복잡하고 바쁜 세상적인 일에 몰두함으로써 양심의 소리에 귀를 닫는 것이다. (4) 악한 사람들이 하나님의 백성과 똑같이 출발하나 외형적인 번영 면에서 그들을 능가하는 경우가 얼마나 많은가를 보라. 아담과 그의 복된 가문은 장막에 거하였으나, 가인과 그의 저주받은 후손들은 성에 거주하였다. 우리 앞에 있는 모든 사람들이 사랑을 받을는지 미움을 받을는지 우리는 알 수가 없다(전 9:1, 2).

3. 그는 또한 가문을 세웠다. 여기서 그의 후손들에 대한 기사가, 최소한 일곱 세대에 걸친 그의 가문에 대한 기사가 나타난다. 그의 아들은 에녹이었다. 그는 하나님과 동행한 거룩한 사람(5:24)과 이름이 같으나 성격은 그와 전혀 달랐다. 선인과 악인이 이름이 서로 같을 수도 있다. 그러나 하나님은 가룟 유다와 가룟인 아닌 유다(요 14:22)를 구별하실 수 있는 것이다. 그의 후손의 이름들이 더 많이 언급되어 있는데, 그저 언급만 되어 있을 뿐이다. 거룩한 후손의 경우는(5장) 각 사람 당 세 절이 할애되고 있는데, 여기서는 한 절에 서너 사람이 언급되고 있다. 이들은 하나님의 택하신 자들과 비교할 때에 길게 서술할 가치도 없어 황급하게 언급하고 지나가는 것이다.

19라멕이 두 아내를 맞이하였으니 하나의 이름은 아다요 하나의 이름은 씰라였더라
20아다는 야발을 낳았으니 그는 장막에 거주하며 가축을 치는 자의 조상이 되었고
21그의 아우의 이름은 유발이니 그는 수금과 퉁소를 잡는 모든 자의 조상이 되었으
며 22씰라는 두발가인을 낳았으니 그는 구리와 쇠로 여러 가지 기구를 만드는 자요
두발가인의 누이는 나아마였더라

여기서는 가인 가문에 속한 아담의 칠대 손 라멕에 관한 구체적인 내용이 서술되고 있다. 관찰하라.

I. **그는 두 아내와 결혼하였다.** 오직 두 사람이 한 몸이 되어야 하는 본래의 결혼 법을 처음 어긴 것은 가인의 타락한 후손 중의 한 사람이었다. 그 이전에는 한 남자가 한 여자만을 아내로 삼았다. 그러나 라멕은 둘을 취하였다. 여기서 관찰하라. 1. 하나님의 교회와 규례들을 저버리는 자들은 온갖 시험에 노출된다. 2. 악한 사람들이 악한 관습을 시작하게 되면 때로는 더 나은 성격을 지닌 사람들이 지쳐서 그들도 그것을 본받게 되기도 한다. 야곱, 다윗 등 많은 선한 이들이 후에 라멕이 시작해 놓은 이 죄에 사로잡힌 것이다.

II. **그는 그럼에도 불구하고 자녀들에게서 행복을 얻었다.** 그가 두 아내와 결혼함으로써 죄를 범하였으나, 그는 두 아내에게서 얻은 자녀들로 복을 받았다. 그 자녀들은 당대에 유명한 자들로서 살았다. 물론 경건성으로 유명했던 것은 아니다. 이것에 대해서는 전혀 언급이 없다(모르긴 몰라도 그들은 당대에 이교도들이었을 것이다). 그들은 창의성으로 유명했다. 그들은 사업가들이었으며, 세상에 기여하는 사람들로서 유용한 것들을 발명한 것으로, 혹은 그것들을 발전시킨 자들로 유명하였다.

1. 야발은 유명한 목자였다. 그는 가축을 치는 것을 매우 좋아하였고, 그 부문에서 유익한 갖가지 방법들을 만들어 내고 당대의 다른 목자들을 가르치는 일에서 행복을 누렸다. 그리하여 당대의, 혹은 후대의 목자들이 그를 가리켜 조상이라 불렀다. 아니면, 그의 자녀들이 동일한 직업을 계승하여 그의 가문이 목자의 가문이 되었을 것이다.

2. 유발은 유명한 음악가였고, 특히 수금을 치는 자로 유명했다. 그는 그 고귀한 예술 혹은 음악을 위하여 규칙을 세운 최초의 사람이었다. 야발이 그들을 부유하게 만든 반면에, 유발은 그들을 즐겁게 했다. 부(富)를 누리며 세월을 보내는 자들은 수금이나 퉁소가 없이는 잘 지내지 못할 것이다(욥 21:12, 13). 희년(Jubilee) 나팔의 명칭은 아마도 그의 이름 유발에서 비롯된 일일 것이다. 자유와 구속을 선포하는 음악이야말로 최고의 음악이었으니 말이다. 야발은 그들의 판(Pan)신(神)이었고, 유발은 그들의 아폴로 신(Apollo)이었다.

3. 두발가인은 유명한 대장장이로서 전쟁과 농사를 위하여 동(銅)과 철을 다루는 기술을 크게 발전시킨 자였다. 그는 그들의 불카누스 신(Vulcan)이었다.

여기서 다음을 보라. (1) 속된 악인들은 오로지 세상적인 것들에 대해서만 마음을 쏟으며, 따라서 그 방면에서 가장 부지런하고 창의적이다. 저주받은 가인의 이 불경한 후손들이 그러했다. 목자들의 조상도 있고 음악가들의 조상도 있었으나 이들 중에 신실한 자들의 조상은 없었다. 동과 철을 다루는 일을 가르친 자는 있었으나, 여호와를 아는 선한 지식을 가르치는 자는 없었다. 부자가 되고, 큰 힘을 기르며 즐거운 인생을 사는 법에 대한 방법들은 있었으나, 하나님을 두려워하고 그를 섬기는 일에 대한 방법들은 전혀 없었다. 현세의 일들이 대부분의 사람들의 머리를 가득 채우고 있는 것이다. (2) 하나님을 아는 지식과 은혜가 전혀 없는 자들이라 할지라도 갖가지 탁월하고도 유익한 업적을 이룰 수 있고, 그리하여 그것으로 유명해지고 세상에 유익을 줄 수가 있다. 일반적인 은사들은 악인들에게도 주어진다. 그러나 하나님은 자기를 위하여 세상의 어리석은 자들을 택하시는 것이다.

23라멕이 아내들에게 이르되 아다와 씰라여 내 목소리를 들으라 라멕의 아내들이여 내 말을 들으라 나의 상처로 말미암아 내가 사람을 죽였고 나의 상함으로 말미암아 소년을 죽였도다 24가인을 위하여는 벌이 칠 배일진대 라멕을 위하여는 벌이 칠십칠 배이리로다 하였더라

라멕이 여기서 하는 말은 아마 당시에 많은 이들이 거론했을 것인데, 가인의 저주받은 자손들이 전반적으로 그러했듯이 그가 과연 악인이었다는 증거가 이 말로써 드러난다. 관찰하라.

1. 그는 자기에게 높은 복종과 존경을 해 주기를 기대하는 자로서, 자기 아내들에게 오만방자한 태도로 말한다. **라멕의 아내들이여 내 말을 들으라.** 두 아내를 취함으로써 결혼에 관한 한 가지 법을 깨뜨렸으니, 자기가 취한 아내에게 친절하고도 따뜻하게 대하며 아내를 연약한 그릇으로 알아 존귀하게 대하여야 한다는 또 다른 법을 어겼다고 해서 놀랄 일은 아니다. 다른 사람들에게서 존경을 요구하기를 잘 하는 사람들이 반드시 자기 자신의 의무를 가장 잘 이행하는 것은 아니며, 주위 사람들에게 항상 무언가를 요구하는 자들이 반드시 자기의 위치를 잘 알고 자기들의 의무를 잘 이행하는 것이 아니다.

2. 그는 주위의 모든 사람들을 잔인하고도 야만적으로 대하였다. **나의 상처로**

말미암아 내가 사람을 죽였고(혹은, 내가 사람을 죽이리라) 나의 상함으로 말미암아 소년을 죽였도다. 그는 자기 자신이 자기를 가로막는 자들을 인정사정없이 죽이는 잔인하고도 포악한 성정을 지닌 자임을 말한다. 자기가 상처를 받고 다칠 위험에 처하면 사람이든, 소년이든 가리지 않고 무차별하게 죽여 버리는 것이다. 어떤 이들은, 그가 자기 자신을 가인과 비교하는 것을 볼 때에(24절), 그가 하나님을 참으로 예배하는 거룩한 후손들 가운데 몇을 살해한 것이 분명하며, 그로 인하여 그의 양심에 상처를 받았고 그의 심령이 다친 것을 여기서 시인하는 것이라고 본다. 그러나 그러면서도 가인처럼 계속해서 회개하지도 않았고, 두렵고 떨리면서도 자신을 낮출 줄을 몰랐다는 것이다. 아니면, 그의 아내들이 그가 포악하여 다른 사람들의 화와 미움을 불러일으키기를 잘 한다는 것을 잘 알고서, 누군가가 그를 죽이려 하지 않을까 염려하였을지도 모른다. 그러나 이에 대해 그는, "절대로 두려워하지 말라. 누구든 나를 대적해 보아라. 나 혼자서 그 사람을 상대해 줄 것이다. 사람이든 소년이든 내가 그를 죽이리라"라고 말하는 것이다. 주목하라. 잔인하고도 포악한 사람들은 자기들의 부끄러움을 영광으로 삼는 것이 보통이다(빌 3:19). 그들의 화를 촉발시켜 수많은 사람이 목숨을 잃으며, 수많은 이들이 그들을 미워하고 두려워해도 전혀 개의치 않는다는 것이 마치 자기들의 안전이요 또한 자기들의 자랑거리라도 되는 것처럼 여기는 것이다. 두려워하기만 하면 미워해도 상관없다(Oderint, dum metuant). 그는 불경하고도 뻔뻔스럽게도 심지어 자기의 악행을 하나님이 보호하실 것을 말하기까지 한다(24절). 그는 가인을 죽이는 자는 벌을 칠 배나 받으리라는 것을, 즉 물론 가인이 아우를 살해한 일로 수천 번이라도 죽어 마땅하나 누구든지 감히 가인을 죽이는 자는 그 행위에 대해 극심한 형벌을 받으리라는 것을 들었고(15절), 그리하여 누구든지 자기가 범한 살인 행위로 인하여 자기를 죽이면 하나님이 자기를 위하여 더욱 극심하게 복수하시리라는 것이다. 가인의 경우에만 해당되는 특별한 이유로 인하여(그로 하여금 더욱 쓰라린 형벌을 당하게 하시기 위해) 그의 목숨을 살려 두시기 위해 하나님께서 취하신 특별한 조치가 마치 모든 살인자들을 보호하기 위한 것이기라도 했던 것처럼 떠벌리는 것이다. 그리하여 라멕은 오만방자하게 주장한다. "하나님이 가인의 안전을 보장하셨다면, 내게는 더 안전을 보장하셔야 한다. 비록 내가 많은 사람을 죽였으나 내 친 아우를 죽인 적은 없고, 가인은 이유 없이 죽였으나 나는 화를 불러일으키지 않으면 아무도 죽이지 않았다." 주목하라. 죄인들의 형벌이 연기되며, 또한 하나님께서 그들을 향하여 오래 참으시는 일로 인하여, 그들과 비슷하게 죄악된 삶을 사는 다른 이들이 이를 악용하여 완악하게 되는 일이 많다(전 8:11). 그러나 어떤 이들에게 정의가 더디게 실행된다고 해서 다른 사람들도 자기들이 속히 멸망에 빠지지 않을 것이라는 확신을 얻을 수는 없는 것이다. 아니면, 하나님께서 이렇게 오만방자하게 행하는 자들을 오래 참으심으로 내버려두실지라도, 이들은 이로 인하여 그들 스스로 심판 날에 임할 진노를 쌓고 있는 것이다.

자, 이것이 저주받은 가인의 가문과 그 후손에 관하여 성경에 기록된 내용의 전부다. 이들은 모두 전세계적인 홍수로 인하여 모두 끊어지고 멸망하게 된다.

25아담이 다시 자기 아내와 동침하매 그가 아들을 낳아 그의 이름을 셋이라 하였으
니 이는 하나님이 내게 가인이 죽인 아벨 대신에 다른 씨를 주셨다 함이며 26셋도
아들을 낳고 그의 이름을 에노스라 하였으며 그 때에 사람들이 비로소 여호와의
이름을 불렀더라

본장의 이야기 중에 아담의 이름이 비로소 처음 언급된다. 아벨이 살해당한 일과 가인의 회개치 않음과 배도의 사실이 아담과 하와에게 지극히 큰 슬픔이었음은 의심의 여지가 없다. 그리고 그들 자신의 사악함이 이로써 그들을 교정시켰고, 그들의 타락이 그들을 책망하였으니, 그 슬픔은 더욱 심했을 것이다. 그들의 어리석음으로 인하여 죄와 사망이 이 세상에 들어왔고, 이제 그들이 그것으로 인하여 크나큰 쓰라림을 얻었다. 그것 때문에 하루아침에 아들 둘을 모두 빼앗긴 것이다(27:45). 자녀들의 사악함 때문에 괴로움을 당할 때에, 부모들은 그 자녀들이 자기들에게서 본성적인 부패성을 물려받았으며 그것이 쓰라린 고통의 뿌리라는 것을 깨닫고 그것을 안타까워해야 한다. 그러나 여기서는 우리의 첫 조상들이 환난 중에 위로를 얻은 사실을 접하게 된다.

I. 아담의 가문이 그 슬픈 사건으로 인하여 크게 흔들리고 약화되었는데, 하나님께서는 그들로 하여금 그들의 가문이 재건되는 것을 보게 하셨다.

1. 그들이 자기들의 씨를 보았다. 곧, 아벨 대신에 다른 씨를(25절) 본 것이다. 하나님께서 그의 백성들을 섭리로 다스리심으로 친절과 온유함을 베푸시는 것

을 보라. 한 가지 위로를 거두어 가시면 그 대신 다른 위로를 주시고, 전에 크나큰 애착을 갖던 것 대신 그 새로운 위로로 주신 것이 오히려 더 큰 축복이 되는 것을 보게 된다. 이 다른 씨는 바로 그의 안에서 교회가 재건되며 영구히 이어지는 자요, 또한 아벨을 대신하여 오는 자다. 신앙을 고백하는 자들이 이어지는 것은 말하자면 순교자들이 다시 살아 돌아오는 것과도 같고, 죽임당한 하나님의 증인들이 부활하는 것과도 같은 것이다. 그리하여 우리는 죽은 자들을 위하여 세례를 받는다(고전 15:29). 즉, 우리가 세례로 말미암아 교회에 가입되는데, 이는 죽음으로써, 특히 순교로써 교회에서 제거된 자들을 위한 것이요 그들을 대신하며 그들의 자리를 채우는 것이다. 하나님의 종들을 죽이는 자들은 이로써 지극히 높으신 하나님의 성도들이 말살되기를 바라나, 그것은 착각이다. 그리스도께서는 여전히 그의 씨를 보실 것이다. 하나님은 돌들로도 그의 자녀들을 일으키실 수 있고, 순교자들의 피를 교회의 씨로 만드실 수 있는 것이다. 교회에서는 결코 성도들이 말살되는 법이 없는 것이다. 그들은 예언적인 심령으로 이 아들을 셋(즉, 세워짐, 정착함이라는 뜻)이라 불렀다. 그로 말미암아 인류가 마지막 때까지 지속될 것이요, 그에게서 메시야가 나실 것이었기 때문이다. 배도의 우두머리인 가인은 유리하는 자가 되었으나, 장차 그에게서 참 교회가 오게 될 셋은 정착하는 자였다. 오직 그리스도와 그의 교회 안에 참된 정착이 있는 것이다.

2. 그들은 그 씨의 씨를 보았다. 셋도 아들을 낳고 그의 이름을 에노스라 하였으며(26절). 에노스는 모든 사람을 지칭하는 일반적인 이름으로서 인간의 연약하고 비참한 상태를 나타낸다. 아무리 훌륭한 사람도 자기 자신에게서와 자녀들에게서 이를 지각하게 된다. 우리가 아무리 안정된 상태에 정착하여 있다 할지라도 우리의 연약함을 스스로 지각하지 않을 수 없는 것이다.

Ⅱ. 하나님께서는 그들로 하여금 그들의 가문에 신앙이 회복되는 것을 보게 하셨다. 그 때에 사람들이 비로소 여호와의 이름을 불렀더라(26절). 만일 이스라엘에서 평화를 보지 못하고, 진리 안에서 행하는 자를 보지 못한다면, 자녀들의 자녀들을 본다 한들 별로 위로가 되지 못할 것이다. 분명 전에도 그들이 하나님의 이름을 불렀을 것이다. 그러나 지금은, 1. 하나님을 예배하는 자들이 스스로 각성하여 전보다 더 열심히 신앙에 정진하였다. 처음에 그랬던 것보다 낫지는 않았을 것이나, 가인의 살인 이후 최근까지의 형편보다는 훨씬 나았을

것이다. 이제 사람들이 하나님을 예배하기 시작했다. 골방과 가정에서만이 아니라 공적인 집회로 모여 예배하기 시작한 것이다. 아니면, 말하자면, 신앙이 새로이 시작되었다고 할 정도로, 크나큰 신앙의 개혁이 있었을지도 모른다. 그 때에는 에노스의 출생 시가 아니라 그 이전의 모든 시기를 지칭할 수도 있다. 그 때에, 즉 가인과 라멕에게서 죄의 안타까운 결과들을 보았을 때에, 죄와 죄인들에 대한 하나님의 심판들을 보았을 그 때에 그들의 신앙이 더욱더 활기를 띠고 결단성을 갖추게 되었다. 다른 이들이 악을 향하여 달려갈수록 우리는 더 나아져야 하고 더욱 열심을 내야 할 것이다.

2. 하나님을 예배하는 자들이 스스로를 구별짓기 시작하였다. 본문의 난외주는, 그 때에 사람들이 비로소 여호와의 이름으로 불렸더라로, 혹은 자기들 자신을 여호와의 이름으로 불렀더라로 되어 있다(한글 개역개정판에는 난외주가 없다 – 역자주). 가인을 비롯하여 신앙을 저버리고 성을 쌓은 자들은 불경과 불신앙을 노골적으로 표방하기 시작하고 스스로를 사람의 아들들이라 불렀으나, 하나님을 붙드는 자들은 하나님과 하나님을 향한 예배를 공언하기 시작하였고 스스로를 하나님의 아들들이라 불렀다. 신앙을 고백하는 자들과 속된 자들이 이렇게 서로 구별되기 시작하였고, 그 이후 이러한 구별이 계속해서 유지되어 왔고, 또한 세상이 존재하는 한 계속해서 그렇게 유지될 것이다.

제 — 5 — 장

개요

본 장은 창조로부터 홍수에 이르기까지의 세상의 첫 시대에 관하여 유일하게 현존하는 순전한 역사로서, 셋의 출생 시부터 노아에 이르는 1656년간(히브리어 원문의 정확성을 그대로 따를 경우)을 포괄하는 것이다. 이는 족장들의 나이들에 근거하여 쉽게 산정할 수 있다. 이것은 사도가 "끝없는 족보"(딤전 1:4)라 부르는 것 가운데 하나다. 구약 율법의 마침이 되신 그리스도는 구약 족보들의 마침이 되기도 하시기 때문이다. 그 족보들은 그리스도를 지향하며 그에게 중심을 두는 것이다. 여기 기록된 족보가 우리 구주의 족보에 간략하게 삽입되고 있는데(눅 3:36-38), 이는 그리스도께서 그 약속되신 바 "여자의 후손"이심을 보여주는 데 크게 유익하다. 여기에는 다음과 같은 기사가 나타나 있다. I. 아담에 관하여(1-5절). II. 셋(6-8절). III. 에노스(9-11절). IV. 게난(12-14절). V. 마할랄렐(15-17절). VI. 야렛(18-20절). VII. 에녹(21-24절). VIII. 므두셀라(25-27절). IX. 라멕과 그의 아들 노아(28-32절). 모든 성경은 하나님의 감동하심으로 주어진 것으로 유익하다. 그러나 모든 부분이 다 똑같이 유익한 것은 아니다.

1 이것은 아담의 계보를 적은 책이니라 하나님이 사람을 창조하실 때에 하나님의 모
양대로 지으시되 2 남자와 여자를 창조하셨고 그들이 창조되던 날에 하나님이 그들
에게 복을 주시고 그들의 이름을 사람이라 일컬으셨더라 3 아담은 백삼십 세에 자
기의 모양 곧 자기의 형상과 같은 아들을 낳아 이름을 셋이라 하였고 4 아담은 셋을
낳은 후 팔백 년을 지내며 자녀들을 낳았으며 5 그는 구백삼십 세를 살고 죽었더라

본 장의 첫 단어들은 본장 전체의 제목 혹은 논지다. 이것은 아담의 계보를 적은 책이다. 이것은 아담의 후손들의 명단인데, 전부 다 기록한 것은 아니고 그 중에 그루터기인 거룩한 씨(사 6:13), 육신으로 하면 그리스도가 그들에게서 날 자들(롬 9:5)만을 기록해 놓은 것으로서, 약속을 받은 첫째 아담의 후계자들이요 둘째 아담의 조상이 되는 자들의 이름과 수한(壽限)과 죽음에 대해

보도하고 있다. 이 계보는 아담 자신에게서 시작된다. 여기에 다음의 사실이 나타나 있다.

I. **그의 창조**(1, 2절). 앞에서 사람을 창조하신 일을 보도할 때에 상세히 다룬 내용이 여기서 간략하게 되풀이 된다. 이는 우리 자신이 자주 듣고 또한 친숙하게 접해야 할 필요가 있는 내용이다. 여기서 관찰하라.

1. 하나님이 사람을 창조하셨다는 것. 사람이 자기 자신을 만든 것이 아니다. 그러므로 사람이 자기의 주인이 될 수는 없다. 그를 존재하게 하신 분이 그의 움직임을 지도하는 자가 되셔야 하고, 또한 그 중심이 되셔야 한다.

2. 하나님이 사람을 창조하신 날이 있었다는 것. 사람은 영원 전부터 있은 것이 아니라, 과거의 어느 시점에 창조되었다. 그는 맏아들이 아니라 피조물 중의 어린 자다.

3. 하나님이 의롭고 거룩하고 복된 그의 모양대로 사람을 지으셨다는 것. 사람의 본성은 이 낮은 세상의 그 어떤 피조물보다 더 하나님의 성품을 닮았다.

4. 하나님이 사람을 남자와 여자로 창조하셨다는 것(2절). 이는 그들의 종족의 보존과 번식을 위함이기도 하고 동시에 그들 상호간의 위로를 위함이기도 했다. 아담과 하와는 둘 다 하나님의 손으로 직접 지음 받았고, 둘 다 하나님의 모양대로 지음 받았다. 그러므로 몇몇 사람들이 상상하는 것처럼 남성과 여성 사이에 큰 차이나 불평등한 점이 없는 것이다.

5. 하나님이 그들에게 복을 주셨다는 것. 부모가 자기 자녀들에게 복을 주는 것이 보통이듯이, 온 인류의 아버지이신 하나님께서도 그의 자녀들에게 복을 주신 것이다. 그러나 이 땅의 부모는 그저 복을 빌기밖에는 하지 못한다. 복을 명령하는 것은 오직 하나님만의 대권(大權)이다. 이 복은 주로 번성하는 복을 지칭하나, 그렇다고 해서 다른 복들이 여기서 제외되는 것은 아니다.

6. 하나님이 그들의 이름을 아담(한글 개역개정판은 사람으로 번역함—역자 주)이라 일컬으셨다는 것. 아담은 흙, 혹은 진흙을 의미한다. 여기서 주목하라. (1) 하나님이 그에게 이 이름을 주셨다. 아담이 친히 다른 피조물들에게 이름을 지어주었으나, 자기의 이름은 그 마음대로 택할 수가 없었다. 스스로 화려하고 교만한 칭호를 붙여서는 안 되기 때문이었다. 하나님께서 그에게 이름을 주셨는데, 그것은 그 자신의 출신이 비천함을 지속적으로 기억하게 하며 그리하여 그로 하여금 그를 떠낸 반석과 그를 파낸 우묵한 구덩이를 생각하게(사 51:1)

만드는 것이었다. 근본이 티끌에 그렇게 가까우니 스스로 교만해질 근거가 어디 있겠는가? (2) 하나님은 이 이름을 남자와 여자 모두에게 주셨다. 남자는 본성에 따라서 아담이요, 여자는 후에 결혼을 통해서 아담이니, 이들이 서로 연합한 증표로 둘 다 동일한 이름을 지니는 것은 지극히 합당한 일이었다. 남자와 마찬가지로 여자도 땅에서 났으니 흙에 속한 자인 것이다(고전 15:47).

Ⅱ. **그의 아들 셋의 출생**(3절). 셋은 아담의 나이 백삼십 세에 출생하였는데, 이 때는 아마도 아벨이 살해당한 지 얼마 되지 않은 때였을 것이다. 이보다 먼저 아담에게는 가인과 아벨 외에도 많은 다른 아들과 딸들이 출생하였다. 그러나 그들에 대해 전혀 주목하지 않는 것은 오직 후에 후손 중에서 그리스도가 오실 자들의 이름만을 언급하기 때문이다. 여기서 셋에 관하여 가장 주목할 만한 점은 아담이 자기의 모양 곧 자기의 형상과 같은 아들을 낳은 것이 바로 셋이었다는 것이다. 아담은 하나님의 형상대로 지음 받았다. 그러나 타락하고 부패하여진 상태에서 그는 자기의 형상과 같이 죄악되고 더러우며 연약하고 죽을 수밖에 없고 비참한 아들을 낳은 것이다. 그 자신을 닮아서 육체와 영혼을 지닌 사람을 낳은 것임은 물론, 그 자신과 똑같이 죄악되고 역겨우며 타락하고 부패한 죄인을 낳은 것이다. 하나님의 마음에 합한 자라 칭함 받은 다윗도 자기 자신이 죄악 중에서 출생하였음을 고백하였다(시 51:1). 이것이 바로 아담의 모양이었으니, 아담이 처음 지음 받은 바 하나님의 모양이 역전된 것이었다. 그러나 스스로 그 하나님의 모양을 잃어버렸으니, 그것을 자기 후손에게 전수해 줄 수가 없었던 것이다. 주목하라. 은혜는 혈통을 따라 계승되지 않는다. 그러나 부패성은 혈통을 따라 계승된다. 죄인은 죄인을 낳으나, 성도가 성도를 낳는 것은 아니다.

Ⅲ. **그의 수한과 죽음**. 그는 구백삼십 세를 살았고 그 후에 죽었으니 이는 너는 흙이니 흙으로 돌아갈 것이니라(3:19)라고 그에게 선고된 형벌에 따른 것이었다. 금지된 열매를 먹은 그 날에 곧바로 죽지는 않았으나, 바로 그 날 그는 죽을 수밖에 없는 처지가 된 것이다. 그 날부터 그는 죽기 시작하였다. 그 이후의 그의 전 생애는 형 집행 연기의 상태에 있었고, 정죄받은 삶을 살게 되었다. 아니 그의 삶은 쓸모없는 죽어가는 삶이었다. 그는 마치 형벌을 선고받은 죄수와 같았고, 또한 이미 십자가에 못 박힌 자로서 서서히 죽어가고 있었던 것이다.

[6]셋은 백오 세에 에노스를 낳았고 [7]에노스를 낳은 후 팔백칠 년을 지내며 자녀들을
낳았으며 [8]그는 구백십이 세를 살고 죽었더라 [9]에노스는 구십 세에 게난을 낳았고
[10]게난을 낳은 후 팔백십오 년을 지내며 자녀들을 낳았으며 [11]그는 구백오 세를 살
고 죽었더라 [12]게난은 칠십 세에 마할랄렐을 낳았고 [13]마할랄렐을 낳은 후 팔백사십
년을 지내며 자녀들을 낳았으며 [14]그는 구백십 세를 살고 죽었더라 [15]마할랄렐은 육
십오 세에 야렛을 낳았고 [16]야렛을 낳은 후 팔백삼십 년을 지내며 자녀를 낳았으며
[17]그는 팔백구십오 세를 살고 죽었더라 [18]야렛은 백육십이 세에 에녹을 낳았고 [19]에
녹을 낳은 후 팔백 년을 지내며 자녀들을 낳았으며 [20]그는 구백육십이 세를 살고 죽
었더라

여기서 우리는 셋, 에노스, 게난, 마할랄렐, 야렛 등, 홍수 이전의 족장들 중 다섯 명에 관하여 성령께서 남기고자 하신 모든 기록들을 접하게 된다. 이 가운데 어느 누구에 대해서도 구체적으로 관찰할 만한 점이 보이지 않으나, 그러나 이들은 당대에 지혜와 경건함에 있어서 탁월한 사람들이었다고 볼 만한 충분한 근거가 있는 자들이었다. 그러나 일반적으로,

I. 이들의 계보가 얼마나 선명하게 기록되고 있는가를 관찰하라. 이 문제는 이보다 더 줄여서도 얼마든지 묘사할 수 있었을 것이라고 생각할 수도 있다. 그러나 사람들의 책에서는 얼마든지 그럴 수 있으나, 하나님의 책에는 쓸데없이 기록된 말이 하나도 없는 것이 분명하다. 그러므로 이렇게 분명히 기록하고 있는 것은 다음과 같은 목적 때문이다. 1. 지극히 이해력이 부족한 자들도 쉽게 이해할 수 있도록 하기 위함. 몇 세에 이런저런 아들을 낳았고, 그 후에 몇 년을 더 살았는지를 알면, 아무리 산수(算數)에 능하지 못한 자라도 그 사람이 얼마를 살았는지를 알 수 있다. 그러나 성령께서는 이것조차도 이해할 수 없는 자들을 위하여 그들이 전부 얼마 동안 살았는지를 제시하시는 것이다. 2. 이 사람들의 이름들을 하나님이 기뻐하신다는 사실을 보여주기 위함. 가인의 계보는 황급히 열거하고 지나간 것을 보았으나(4:18), 이 거룩한 후손의 기사는 크게 확대되며, 더 길고도 상세하게 제시된다. 하나님을 경외하며 산 자들이 얼마 동안 살았으며 또한 그들이 죽을 때에 하나님의 은혜 가운데서 죽었나는 사실을 보게 된다. 그러나 다른 사람들에 대해서는 그것이 전혀 문제가 아니다. 의인을 기념할 때에는 칭찬하거니와 악인의 이름은 썩게 되느니라(잠 10:7).

II. 그들의 삶이 날(days)로 계수된다. 셋의 모든 날들은 구백이십 년이었으며(한글 개역개정판은 그는 구백이십 세를 살고로 번역함 – 역자주)라고 하며, 나머지도 이런 식으로 언급하는데, 이는 사람이 아무리 오래 살아도 그 인생이 지극히 짧으며, 이 땅에서의 시간이 속히 지나간다는 것을 시사해 준다. 그들이 날로 계수한다면, 우리는 시간으로 계수해야 할 것이요, 아니, 우리에게 우리 날 계수함을 가르치소서(시 90:12)라는 기도를 자주 드려야 할 것이다.

III. 에녹을 제외하고 모든 사람에 대해서, "그리고 죽었더라"라고 말씀한다. 이들의 삶의 연수를 계수해 놓음으로써 그들의 연수가 계수되고 다 마쳐져 끝에 이르렀다는 것을 시사한다. 그런데도 그리고 죽었더라 라고 되풀이하여, 모든 사람에게 예외 없이 죽음이 다가왔다는 것을 보여준다. 그러므로 다른 사람들의 죽음을 관찰하여 우리 자신을 강건케 하는 데에 유익을 얻는 것이 우리에게 좋은 일이다. 이 사람들은 모두 강하고 건강한 사람들이었으나, 죽었다. 위대하고 부자였던 자도 죽었다. 지혜롭게 남을 다스린 자도 죽었다. 지극히 선하고 큰 유익을 끼친 사람도 모두 죽었다.

IV. 여기서 특별히 관찰할 만한 것은 이들이 모두 매우 오래 살았다는 점이다. 모두 팔백 년 이상을 살았고, 이보다 훨씬 더 오래 산 사람도 있다. 불멸하는 영혼이 그렇게 오랜 세월 동안 흙집에 갇혀 있었던 것이다. 오늘날에는 대개 삶이 고달프지만, 그들에게는 그렇게 괴롭고 고달프지 않았을 것이다. 만일 그랬다면 그들은 그 기나긴 삶으로 인하여 완전히 지쳐버렸을 것이다. 뿐만 아니라 오늘날 복음 아래서 우리가 누리는 것처럼 그들에게는 미래의 삶이 그렇게 분명하게 계시되어 있지도 않았다. 그렇지 않았다면 그들은 이 삶을 벗어나 미래의 삶에로 나아가기까지 지극히 조급해했을 것이다. 경건한 족장들에게는 오랜 삶이 복이었고, 또한 그들을 복 있는 자들로 만들어 주었다.

1. 세상의 첫 시대를 살던 이들이 이렇게 장수한 데에는 무언가 자연적인 원인들이 있었을 수도 있다. 노아의 홍수 이전에는 그 이후보다 땅이 더욱 비옥하였고, 땅의 산물들이 사람을 더욱 강건케 하였으며, 공기도 더 좋았고, 천체들의 영향력이 더욱 인간 친화적이었을 가능성이 매우 높다. 물론 사람이 낙원에서 쫓겨났으나, 그 당시에는 땅 그 자체가 낙원과도 같았다. 오늘날의 광야와 같은 상태에 비하면 하나의 정원(庭園)이었다 하겠다. 어떤 이들은 그들이 피조물들에 대해 큰 지식을 갖고 있었고 음식과 약을 위한 그 유용한 용도를

잘 알고 있었으며, 또한 그들이 검소하고 절제하는 삶을 살았던 것이 그들의 장수에 크게 기여했을 것이라고 본다. 그러나 당시에 무절제한 삶을 산 사람들이 많았는데(눅 17:27), 이들이 오늘날의 무절제한 사람들처럼 그렇게 단명(短命)했다는 기록이 없는 것이다.

2. 이는 주로 하나님의 권능과 섭리의 문제로 보아야 한다. 땅을 속히 충만하게 하고 하나님과 신앙에 대한 지식을 더 효과적으로 보존시키시기 위하여(그 당시에는 기록된 말씀이 없었고 전승이 그것을 전수하는 유일한 통로였으므로), 하나님이 그들의 삶을 길게 연장시키신 것이다. 노아를 제외하고 여기의 모든 족장들은 아담이 죽기 전에 출생하였다. 그러므로 그들은 아담에게서 창조와 낙원과 타락과 약속과 또한 예배와 신앙적 삶에 관한 하나님의 규례들에 대하여 충실하고도 만족스런 가르침을 전수받을 수 있었을 것이다. 그리고 혹시 오류가 발생하면 그에게로 가서 교정받을 수 있었을 것이고, 그가 죽은 후에는 므두셀라 등에게로 가서 가르침을 받을 수 있었을 것이다. 전능하신 하나님께서는 그의 뜻을 아는 지식과 그에게 드리는 예배의 순결이 그의 교회 안에서 보존되도록 하는 데에 이토록 세심하게 배려하신 것이다.

**21에녹은 육십오 세에 므두셀라를 낳았고 22므두셀라를 낳은 후 삼백 년을 하나님과
동행하며 자녀들을 낳았으며 23그는 삼백육십오 세를 살았더라 24에녹이 하나님과
동행하더니 하나님이 그를 데려가시므로 세상에 있지 아니하였더라**

여기의 시사들은 몇 세대에 걸쳐서 그저 이름과 숫자의 변화 외에 특별히 괄목할 만한 점이 없이 내려가다가, 드디어 절대로 그냥 지나칠 수 없는 사람에 이르게 된다. 바로 아담의 칠대 손 에녹이 그 사람이다. 나머지 사람들도 덕스러운 삶을 살았을 것이나, 그는 모든 사람들을 능가한 자로서 족장 시대의 가장 밝은 별이었다 하겠다. 그에 대해 기록된 내용이 별로 없다. 그러나 여기에 기록된 내용만으로도 그의 이름을 위대하게 — 자기 이름으로 성을 지은 다른 에녹의 이름보다 훨씬 더 위대하게 — 드높이고도 남는다. 여기서 그에 관하여 두 가지가 기술되고 있다.

I. 이 세상에서 그가 은혜로운 삶을 살았다는 점. 이것이 두 차례나 기록되고 있다. 하나님과 동행하며(22절), 에녹이 하나님과 동행하더니(24절). 관찰하라.

1. 그의 신앙의 본질, 그리고 그의 삶의 자세. 그는 하나님과 동행하였다. 이는 다음과 같은 뜻을 함유한다. (1) 참된 신앙. 하나님과 동행하는 것이 아니라면 과연 경건이 무엇이겠는가? 불경하고 속된 자들은 이 세상에서 하나님이 없으며, 하나님을 대적하여 산다. 그러나 경건한 자는 하나님과 동행하는데, 이는 하나님과 화목되었음을 전제로 하는 것이며 — 두 사람이 뜻이 같지 않은데 어찌 동행하겠는가?(암 3:3) — 또한 경건하며 의롭고 진지한 삶의 모든 부분과 실례들을 포함하는 것이다. 하나님과 동행하는 것은 하나님을 언제나 우리 앞에 두는 것이요, 항상 하나님의 눈 아래에 있는 자로서 행하는 것이다. 이는 규례들과 섭리들에서 하나님과 교류하는 삶을 사는 것이며, 이는 하나님의 말씀을 우리의 규범으로 삼는 것이요 그의 영광을 모든 처신의 목적으로 삼는 것이다. 이는 모든 일에서 하나님을 기쁘시게 하며 그를 거스르는 일을 절대로 하지 않고자 끊임없이 조심하고 애쓰는 것이다. 이는 그의 뜻에 복종하는 것이요, 그의 계획을 따르는 것이요, 그와 함께 행하는 일꾼이 되는 것이다. 이는 사랑하는 자녀로 그를 좇는 자가 되는 것이다. (2) 탁월한 신앙. 그는 이 세상에 대해 전적으로 죽었고, 모든 선한 사람들처럼 하나님을 좇아 행하였을 뿐 아니라 마치 이미 천국에 있는 것처럼 하나님과 동행하였다. 그는 다른 사람들은 물론 다른 성도들보다 탁월한 삶을 살았고, 악한 때에 선하였음은 물론 선한 때에도 최상이었다. (3) 다른 사람들 중에 신앙을 촉진시키는 활동. 제사장의 임무를 수행하는 것을 가리켜 하나님 앞에서 행하는 것으로 부른다(삼상 2:30, 35; 또한 슥 3:7을 보라). 에녹은 지극히 높으신 하나님의 제사장이었던 것 같고, 하나님과 동행하였다고 말씀하는 노아처럼 그는 의를 전하는 자였고, 또한 그리스도의 재림에 대해 예언하였다. 보라 주께서 그 수만의 거룩한 자와 함께 임하셨나니(유 14). 그런데 성령께서는 에녹이 살았다고 말씀하지 않고, 에녹이 하나님과 동행하였다고 말씀한다. 하나님과 동행하는 것이 선한 사람의 삶이기 때문이다. 하나님과 동행하는 것이 [1] 에녹의 삶의 주된 일이요, 그의 끊임없는 관심사였다. 다른 사람들은 자기 자신과 세상과 더불어 사는 동안, 그는 하나님과 더불어 산 것이다. [2] 그의 삶의 기쁨이요 그의 삶을 지탱해 주는 것이었다. 그에게는 하나님과의 교제가 삶 그 자체보다 더 나은 것이었다. 내게 사는 것이 그리스도니(빌 1:21).

2. 그의 신앙의 출발 시점. 에녹은 육십오 세에 므두셀라를 낳았다고 말씀하고

(21절), 이어서 므두셀라를 낳은 후 삼백 년을 하나님과 동행하였다고 말씀하는데 (22절), 이는 그 때에 가서야 비로소 탁월한 경건의 삶을 시작하였다는 것을 시사한다. 처음에 그는 다른 사람들처럼 행하였다. 위대한 성도들도 조금씩 점차적으로 탁월한 경건에 이르는 것이다.

3. 그의 신앙의 지속성. 그는 이 세상에 산 삼백 년 동안 내내 하나님과 동행하였다. 외식자들은 항상 기도하지 않는다. 그러나 원리에 근거하여 행하며 신앙을 선택한 진정한 성도는 끝까지 신앙을 지속하며, 이 세상에 사는 동안 하나님과 동행하며 그와 영원토록 살기를 소망하는 법이다(시 104:33).

Ⅱ. 그가 더 나은 세계로 영광스럽게 옮겨졌다는 점. 그가 나머지 사람들과 다른 삶을 산 것처럼, 나머지 사람들처럼 죽지도 않았다. 하나님이 그를 데려가시므로 세상에 있지 아니하였더라(24절). 즉, 히브리서에서 설명하는 것처럼, 에녹은 죽음을 보지 않고 옮겨졌으니 하나님이 그를 옮기심으로 다시 보이지 아니하였느니라(히 11:5). 관찰하라.

1. 그가 옮겨진 시점. (1) 옮겨질 당시의 그의 나이. 그가 옮겨진 것은 삼백육십오 세 때였는데, 이는 그 당시의 사람의 수명을 놓고 보면 한창 젊은 시절이었다. 홍수 이전의 족장들 중에는 그 나이보다 배 이상 살지 못한 사람이 하나도 없었기 때문이다. 하나님께서는 어째서 그를 그렇게 속히 취하여 가셨는가? 세상이 부패해져 있어서 그에게 합당치 않았기 때문일 것이고, 혹은 그의 수준이 세상의 수준보다 너무나도 현격하게 높아 세상에 대해 지쳐서 속히 세상에서 떠나기를 바랐기 때문이었을 것이며, 아니면, 그의 사명이 다 이루어졌기 때문이었을지도 모른다. 주목하라. 하나님께서는 그가 가장 사랑하시는 자들을 가장 일찍 취하여 가시는 경우가 많은데, 그들이 땅에서는 시간을 잃어버리나 천국에서는 그만큼을 더 얻는 것이요, 이로써 그들이 말할 수 없는 혜택을 받는 것이다. (2) 옮겨질 당시의 세상의 때. 이 때는 본장에 언급된 족장들 중에 아담(그는 오십칠 년 전에 죽었다)과 노아(그는 육십구 년 이후에 출생하였다)를 제외한 모든 족장들이 다 살고 있을 당시였다. 그 두 족장은 다른 방식으로 그들의 믿음에 대한 확증을 얻었을 것이나, 나머지 모든 족장들은 에녹이 옮겨간 일을 친히 목격했을 것이고, 그리하여 미래의 상태에 대한 믿음과 소망을 확증하고 격려를 얻었을 것이다.

2. 그의 옮겨간 일이 표현된 방식. 하나님이 그를 데려가시므로 세상에 있지 아

니하였더라. (1) 그는 더 이상 이 세상에 있지 않았다. 사도는 칠십인역에 근거하여 이를 설명하기를, 그는 다시 보이지 아니하였다고 한다. 선지자의 생도들이 엘리야를 찾은 것 같이(왕하 2:17) 친지들이 그를 찾았으나 보이지 아니하였으며, 또한 어떤 사람들이 생각하듯, 그의 탁월한 경건성을 시기하고 분노하여 원수들이 그를 죽이려고 찾았으나 보이지 아니하였다. 그의 예언으로 볼 때에 당시에 하나님의 백성들을 대적하여 함부로 말하고 함부로 행하는 불경한 죄인들이 많이 있었던 것으로 보인다(유 15). 그러나 하나님은 에녹을 천국으로 취하여 가사 그들에게서 숨기신 것이다. (2) 하나님은 후에 엘리야를 취하여 가실 때처럼 천사들의 사역을 통하여 그의 육체와 영혼을 하늘의 낙원으로 취하여 가셨다. 그리스도의 재림 때에 살아 있는 성도들이 변화될 것처럼 그도 그렇게 변화되었다. 선한 사람이 죽을 때마다 언제나 하나님께서 그를 취하여 가시며, 그를 옮기사 자기에게로 영접하시는 것이다. 사도는 에녹에 대해서, 그는 옮겨지기 전에 하나님을 기쁘시게 하는 자라 하는 증거를 받았느니라 라고 덧붙인다. 주목하라. [1] 하나님과 동행하는 것이 하나님을 기쁘시게 한다. [2] 믿음이 없이는 하나님과 동행할 수도 없고, 그리하여 하나님을 기쁘시게 할 수도 없다. [3] 믿음으로 하나님과 동행하여 그를 기쁘시게 하는 자들에게 하나님께서 친히 존귀를 베푸신다. 그가 그들을 지금 돌보실 것이요, 또한 저 큰 날에 천사들과 사람들 앞에서 그들을 위하여 증거하실 것이다. 옮겨가기 전에 이 증거를 얻지 못하는 자라도 후에는 그 증거를 얻게 될 것이다. [4] 이 세상에서의 삶이 진정 거룩한 자들은 세상에서 옮겨가는 일에서 진정한 복을 누릴 것이다. 에녹이 옮겨간 것은 미래의 상태의 존재와 또한 그 상태에서 육체가 영광 가운데 존재할 가능성에 대해 믿음을 갖게 하는 하나의 증거가 될 뿐 아니라, 하나님과 동행하는 모든 자들에게 그들이 영원히 하나님과 함께 있을 것에 대해 소망을 갖도록 격려해 주는 것이다. 탁월한 경건이 탁월한 존귀를 면류관으로 얻게 될 것이다.

25므두셀라는 백팔십칠 세에 라멕을 낳았고 26라멕을 낳은 후 칠백팔십이 년을 지내
며 자녀를 낳았으며 27그는 구백육십구 세를 살고 죽었더라

므두셀라에 관하여 관찰하라.

1. 그의 이름의 의미. 어떤 이들은 그의 아버지 에녹이 선지자였으므로 이 이름에 예언적인 의미가 담겨 있었다고 본다. 므두셀라는 그가 죽다, 혹은 창(a dart)이 있다, 혹은 보냄, 즉, 홍수를 보냄이라는 뜻인데, 실제로 그가 죽던 바로 그 해에 홍수가 일어났다. 만일 그의 이름이 그런 의도로 주어졌고 또한 그렇게 풀이된다면, 그것은 전혀 부주의한 세상을 향하여 심판이 임하기 오래 전에 이미 주어진 분명한 경고였다 할 것이다. 그러나 여기서 관찰할 수 있는 것은, 인류 중에서 가장 오래 산 사람이 그 이름에 죽음을 지니고 있었고, 그리하여 그 죽음이 더디 오기는 하나 반드시 오리라는 것을 항상 상기하였을 것이라는 점이다.

2. 그의 나이. 그는 구백육십구 세를 살았고, 이 땅을 산 사람 중에 가장 오래 살았으나, 결국 죽었다. 아무리 오래 사는 자라도 결국은 죽게 되어 있다. 젊음도 늙음도 그 싸움을 면하게 해 주지 못한다. 그것이 모든 사람이 당하는 종국이기 때문이다. 그 어느 누구도 오랜 처방을 통해서 죽음에 도전하거나 죽음이 사로잡는 것에 대해 이의를 제기할 수가 없다. 보통 므두셀라가 홍수가 임하기 조금 전에 죽었다고 가정한다. 유대인 작가들은, 7:10의 언급을 지칭하며 홍수가 임하기 "칠일 전에" 죽었다고 말하며, 그가 심판이 임하기 전에 취하여 간 바 되었다고 한다. 이는 대개 인정받는 논지대로, 본장에 언급된 모든 족장들이 다 거룩한 선인들이었다는 가정에 근거하는 것이다. 필자도 반대의 논지를 제시하고 싶지는 않으나, 이는 단순히 그리스도의 조상들 중에 그들이 끼어 있다는 사실에만 근거한 것으로, 이는 그리스도의 계보에 기록된 모든 유다 왕들이 다 거룩한 선인들이라는 가정만큼이나 설득력이 약한 것이다. 그들 중 그렇지 못한 자들이 많았던 것이 분명하다. 그리고 만일 이런 (유대인 작가들의) 논지가 의심받는다면, 므두셀라도 당시의 나머지 사람들과 함께 물에 익사하였다고 보는 것이 개연성이 높다 할 것이다. 그가 그 해에 죽은 것이 분명하니 말이다.

28라멕은 백팔십이 세에 아들을 낳고 29이름을 노아라 하여 이르되 여호와께서 땅을
저주하시므로 수고롭게 일하는 우리를 이 아들이 안위하리라 하였더라 30라멕은 노
아를 낳은 후 오백구십오 년을 지내며 자녀들을 낳았으며 31그는 칠백칠십칠 세를
살고 죽었더라 32노아는 오백 세 된 후에 셈과 함과 야벳을 낳았더라

다음에 이어지는 장들에서 노아에 대해 많이 접하게 되는데, 이 노아가 여기서 처음 언급된다. 관찰하라.

I. 그의 이름과 그 이름을 지은 이유. 노아는 안식을 뜻한다. 그의 부모는 그가 당대에 특별한 복이 될 것을 전망하여 그렇게 이름을 지은 것이다. 여호와께서 땅을 저주하시므로 수고롭게 일하는 우리를 이 아들이 안위하리라. 여기서 다음을 보라.

1. 괴로운 인간의 삶에 대한 라멕의 탄식. 죄가 들어오고 또한 죄에 대한 저주가 임하여, 우리의 처지가 지극히 비참하게 되었다. 우리의 인생 전체가 노동으로 소비되며, 우리의 시간이 계속적인 수고와 땀으로 채워진다. 하나님이 땅을 저주하셨으니, 사람이 그 땅에서 어려운 삶을 지속해 나가기 위해서는 극한 노력과 고통을 감내하고 최선의 노력을 경주해야 했다. 라멕은 이 삶의 일로 기진맥진한 자로서 말한다. 그렇게 많은 생각과 귀한 시간들을 달리 썼더라면 훨씬 좋았을 것을 그 모든 것을 육체를 지탱하는 데에 온통 소비할 수밖에 없었다고 탄식하는 것이다.

2. 그가 이 아들의 출생으로 위로가 임할 것을 소망하였음. 우리를 이 아들이 안위하리라. 이는 부모들이 일반적으로 자녀들에 대해 갖는 바람과 기대를(즉, 그들이 장성하여 사업을 돕고 위로를 줄 것이라는, 물론 그대로 항상 이루어지지는 않지만) 나타내는 것만이 아니라, 그보다 더한 어떤 것에 대한 인식과 전망을 나타내는 것이었다. 아마도 그가 출생하기 전에 그에 관하여 무언가 예언들이 있었을 가능성이 매우 높다. 그가 그 시대에 크게 봉사할 것이라는 예언들이 있었을 것이고, 그리하여 그들은 이를 토대로 그가 장차 오리라 한 그 약속하신 후손, 즉 메시야라고 결론짓게 되었다. 그렇다면 이는 그리스도에 관한 언약적인 관심을 우리 것으로 삼고 그의 오심을 믿고 기대하는 것이 우리에게 가장 귀하고 가장 확실한 위로를 준다는 것을 시사해 준다. 특히 우리가 하나님의 진노와 저주를 받아 마땅하며, 또한 현 세상에서 수고와 괴로움을 당하는 나머지 "그리스도가 과연 우리 것이냐? 과연 천국이 우리 것이냐? 이분이 우리를 안위하리라"라고 탄식하는 것을 생각할 때에 그것이 더욱 확실한 위로가 되는 것이다.

II. 셈, 함, 야벳 등 그의 자녀들. 노아는 이들을(그 중 맏아들을) 오백 세에 낳았다. 야벳이 맏아들이었던 것 같으나(10:21), 셈을 가장 먼저 언급한 것은 그에게 언약이 베풀어졌기 때문이다. 9:26에서는 하나님이 셈의 하나님 여호와라 불린다. 아마도 그에게 장자권이 주어졌고, 그에게서 머리이신 그리스도와 몸인 교회가 나오게 되어 있었던 것이 분명하다. 그러므로 그를 가리켜 셈(이는 이름이라는 뜻이다)이라 불렀다. 그의 후손 중에서 하나님의 이름이 항상 남아 있을 것이요, 마침내 그의 허리에서 모든 이름 위에 뛰어난 이름을 지닌 자가 나올 것이었다. 그리하여 셈을 맨 앞에 놓음으로써 결과적으로 만물 위에 뛰어나신 그리스도가 맨 앞에 놓이신 것이다.

제 6 장

개요

옛 세상에 관하여 기록된 가장 괄목할 만한 일은 전세계적인 대홍수로 말미암아 세상이 파괴되었다는 것인데, 이에 대한 기사가 본장에서부터 시작된다. 본 장의 주요 내용은 다음과 같다. I. 악한 세상에 악이 편만함(1-5, 11, 12절). II. 그 편만한 악에 대한 의로우신 하나님의 정의로운 분노와 그것을 징벌하시려는 그의 거룩한 결단(6, 7절). III. 그의 종 노아에 대한 하나님의 특별한 배려. 1. 그의 성품에서(8-10절). 2. 하나님께서 그의 뜻을 그에게 전하심에서(13, 17절). 3. 그의 안전을 위하여 방주를 지으라는 지시에서(14-16절). 4. 나머지 피조물들의 보존을 위하여 그를 사용하심에서(18-21절). 마지막으로, 노아가 그에게 주어진 지시에 복종함(22절). 옛 세상에 관한 이 기사는 새 세상의 종말을 맞이할 우리들을 권고하기 위해 기록된 것이다.

**1사람이 땅 위에 번성하기 시작할 때에 그들에게서 딸들이 나니 2하나님의 아들들
이 사람의 딸들의 아름다움을 보고 자기들이 좋아하는 모든 여자를 아내로 삼는지
라**

하나님의 정의의 영광을 위하여, 또한 악한 세상에게 경고하기 위하여, 옛 세상이 멸망한 역사를 기록하기 전에 성경은 그 세상의 타락상과 하나님으로부터의 배도와 그를 향한 반역에 대해 충실하게 기록하고 있다. 그 세상을 멸한 것은 절대적인 주권의 행위가 아니라 하나님의 통치의 존귀를 유지하기 위하여 필수적인 정의의 행위였다. 여기서 우리는 옛 세상이 사악해진 계기가 된 두 가지 일에 대한 기사를 접하게 된다.

1. 인류의 증가. **사람이 땅 위에 번성하기 시작할 때에.** 인류의 증가는 복(1:26)의 결과였으나, 사람의 부패로 인하여 이 복이 추해지고 더러워져서 저주로 바뀌고 만 것이다. 이렇듯 죄는 하나님의 자비하심을 기회로 삼아 더욱 극심하게

죄악된 상태로 치닫는 것이다. 악인이 많아지면 죄도 많아지나니(잠 29:16). 죄인이 많아지면 죄도 많아진다. 악을 행하는 자들이 허다하므로 사람들이 대담해지는 것이다. 인구가 많은 도시에서는 전염병이야말로 가장 치명적이다. 그런데 죄는 계속 퍼져나가는 나병(癩病)과도 같다. 그리하여 신약 교회에서는 제자가 더 많아지자 원망이 일어났으며(행 6:1), 또한 우리는 민족이 번창하나 즐거움은 늘어나지 않은 사실에 대한 기록을 접하게 된다(사 9:3). 숫자가 많은 가족은 잘 다스려야 한다. 그렇지 않으면 악한 가족이 되고 만다.

2. 잡혼(雜婚). **하나님의 아들들**(즉, 여호와의 이름으로 불리며 또한 그의 이름을 부르는 신앙 고백자들)이 **사람의 딸들**(즉, 하나님과 경건에 대해서는 문외한인 속된 사람들) … 을 **아내로 삼는지라**(2절). 셋의 후손들은 마땅히 자기들을 지켜서 그들 자신의 순결함을 보존시키고 배도를 혐오하여야 했으나 그렇게 하지 못했다. 그들은 가인의 저주받은 후손과 스스로 함께 뒤섞여버렸다. **자기들이 좋아하는 모든 여자를 아내로 삼는지라**. 그런데 이 결혼의 어떤 점들이 잘못이었는가? (1) 그들은 오로지 눈으로만 판단하여 아내를 택하였다. **사람의 딸들의 아름다움을 보고**. 그들이 본 것은 그 아름다움이 전부였다. (2) 그들은 자기들의 부패한 정서가 선택한 대로 실행에 옮겼다. **모든 여자를 아내로 삼는지라**. 그들은 조언도 진지한 생각도 없이 그런 일을 행동에 옮겼다. (3) 이로 인하여 그들이 낯선 아내와 결혼하였고, 결국 **믿지 않는 자와 멍에를 함께 메는** 악한 결과가 초래되었다(고후 6:14). 이것은 이스라엘에게 금지된 일이었다(신 7:3, 4). 이것이 후에 솔로몬이 배도하는 불행한 계기가 되었고(왕상 11:1-4), 또한 유다인들이 바벨론에서 귀환한 이후 이것이 악한 결과를 초래하였다(스 9:1, 2). 주목하라. 신앙을 고백하는 자들은 그들 자신의 결혼이나 자녀들의 결혼에 있어서, 신앙 고백의 한계 내에서 양심을 지켜서 시행하여야 한다. 선한 자가 악한 자를 변화시키기 전에 악한 자가 선한 자를 먼저 타락하게 만들고 말 것이다. 스스로 하나님의 자녀라 고백하는 자들은 하나님의 허락이 없는 결혼을 해서는 안 되는데, 만일 하나님의 원수들과 멍에를 함께 맨다면 이는 하나님께서 허락하지 않으시는 것이다.

3여호와께서 이르시되 나의 영이 영원히 사람과 함께 하지 아니하리니 이는 그들이 육신이 됨이라 그러나 그들의 날은 백이십 년이 되리라 하시니라

여기서 아무렇게나 아내를 삼은 자들에 대한 하나님의 불쾌하심의 증표가 주어진다. 그는 자기들의 확신과 어긋나는 그런 악한 결혼으로 그를 근심하시게 만든 그들에게서 그의 영을 거두어 가시겠다고 경고하신다. 육신적인 정욕들이 모든 심판 중에서 가장 극심한 영적인 심판으로 형벌을 받는 경우가 많다. 혹은 이것이 옛 세상이 극심하게 악해지는 계기가 되었다고 볼 수도 있다. 그들이 그릇된 행위로 저항하자 여호와께서 그의 영을 거두어 가셨고, 그들과 씨름하시기를 중단하시자, 곧바로 그들이 신앙을 완전히 상실하고 말았던 것이다. 여호와께서는 그들이 더 이상 그의 성령을 근심하시게 하지 않게 하고 그가 그들과 함께 계시기를 간구하게 하시고자, 사전에 그들에게 이를 경고하셨다. 이 절에서 관찰하라.

I. **하나님께서 그의 영으로 사람과 영원히 애쓰지는 않으시겠다고 결단하심**. 성령께서는 그 때에 노아의 설교(벧전 3:19, 20)와 내적인 각성을 통해서 애쓰고 계셨다. 그러나 대부분의 사람들에게는 허사였다. 그리하여 하나님은, 나의 영이 영원히 사람과 함께 하지 아니하리니 라고 말씀하시는 것이다. 주목하라. 1. 복되신 성령께서는 양심을 찌르시고 권고하심으로써 죄인들로 하여금 죄에서 돌이켜 하나님께로 돌아오도록 애쓰신다. 2. 성령께서 오래도록 애쓰시는데도 그를 저항하고 소멸시키고 대적하면, 그가 영원히 애쓰지는 않으신다(호 4:17). 3. 은혜의 성령께서 애쓰시다가 떠나시면 그 사람들은 곧바로 멸망에 빠진다.

II. **이러한 결단의 이유**. 이는 그들이 육신이 됨이라. 즉, 그들이 고칠 수 없도록 부패하였고, 속되고, 감각적이어서, 그들과 함께 애쓰는 것이 아무런 소용이 없다는 뜻이다. 구스 인이 그 피부를 바꿀 수 있는가? 그들 역시(한글 개역개정판에는 나타나 있지 않다 — 역자주). 즉, 그들 모두가, 한결같이, 육체의 시궁창 속에 빠져버렸다는 뜻이다. 주목하라. 1. 부패한 본성과 또한 영혼이 육신을 향하여 기우는 성향이 성령의 애쓰심을 대적하며 그것을 무효화시키는 것이다. 2. 죄인이 오랜 동안 그런 관심사에 집착하여 성령을 대적하고 육신과 짝하게 되면, 성령께서는 정당하게 그의 역사하심을 돌이키시고 더 이상 애쓰시지 않는다. 성령의 애쓰심을 그들이 먼저 저버리기 때문에 그가 물러가시는 것이다.

III. **그럼에도 불구하고 이를 연기하심**. 그러나 그들의 날은 백이십 년이 되리

라. 그들이 심판을 받아 마땅하나 내가 그 때까지 그 심판을 연기시키고, 그들이 회개하고 개혁하여 심판을 받지 않을 여유를 주리라는 뜻이다. 정의는 그들을 끊어버리시옵소서 라고 말하였으나, 긍휼은 간청하기를, 주여 올 한 해만 그대로 두소서 라고 하였고, 지금까지 긍휼의 간청대로 백이십 년의 시한을 연장받게 된 것이다. 주목하라. 하나님의 진노를 촉발시키는 죄인들을 향한 하나님의 인내와 오래 참으심의 시한은 때로 길지만, 언제나 한계가 있다. 연기(延期)는 용서나 사면(赦免)이 아니다. 하나님께서 오래 참으시나, 항상 참지는 않으시는 것이다.

[4]당시에 땅에는 네피림이 있었고 그 후에도 하나님의 아들들이 사람의 딸들에게로
들어와 자식을 낳았으니 그들은 용사라 고대에 명성이 있는 사람들이었더라 [5]여호
와께서 사람의 죄악이 세상에 가득함과 그의 마음으로 생각하는 모든 계획이 항상
악할 뿐임을 보시고

여기서 옛 세상의 부패상에 대해 좀 더 상세한 기사를 접하게 된다. 하나님의 아들들이 사람의 딸들과 결혼한 것도 하나님을 매우 불쾌하게 만드는 것이었으나, 하나님은 그들을 즉시 끊어버리지 않으시고 이 결혼의 결과들이 어떨지를 기다려 보셨는데, 결국 (대개 그렇듯이) 그들이 최악의 상태에 빠지는 결과가 드러났다. 여기서,

I. **그들에게 당한 유혹.** 이는 사람들을 압제하고 폭력을 행하는 유혹이었다. 그들은 거인들(giants. 한글 개역 개정판은 네피림으로 음역함—역자주)이었고, 명성이 있는 사람들이었다. 그들은 주위의 모든 사람들에게 지극히 거친 자들이요, 그들 앞에 있는 모든 자들을 손에 넣었다. 1. 아낙 자손들처럼(민 13:33) 그들의 거대한 몸집으로. 2. 앗수르 왕처럼(사 37:11) 그들의 큰 명성으로. 그리하여 그들은 생존하는 사람들의 세상에서 용사의 두려움이 되었고(겔 32:27), 그렇게 무장하고서 모든 이웃들의 권리들을 마구 탈취하고 정의롭고 거룩한 모든 것을 짓밟았다. 주목하라. 다른 사람들을 압제할 수 있을 만큼 큰 권력을 지닌 자들 중에는 남을 압제하지 않을 수 있을 만큼 자기를 세어할 힘을 지닌 경우가 거의 없다. 큰 권력은 수많은 사람들에게 크나큰 올무가 되는 것이다. 이 타락한 자들은 조상들이 덕과 신앙으로 얻은 존귀를 가볍게 여기고

스스로 큰 명성을 얻고서 그 명성으로 조상들의 선한 명성을 영원히 망가뜨린 것이다.

Ⅱ. **그들을 향한 하나님의 판단**(5절). 그들에 대해 드러난 증거는 도저히 부정할 수 없는 것이었다. 하나님께서 그것을 보셨으니, 수천 명의 증인보다 나은 것이었다. 하나님께서는 사람들 사이에 있는 모든 악을 다 보신다. 지금도 그에게서 그것을 숨길 수가 없고, 그것을 회개하지 않는 이상 그것을 감출 수는 없는 것이다. 그러면 하나님께서는 무엇을 보셨는가?

1. 사람의 삶 속에 넘쳐나는 죄의 흐름을 목도하셨고, 그 흐름의 넓이와 깊이를 보셨다. **여호와께서 사람의 죄악이 세상에 관영함을** 보셨다. 이 사실과 앞에 언급된 사실이 서로 연관되는 것을 관찰하라. 압제자들은 용사들이요 **명성이 있는 사람들이었는데,** 그 때에 하나님께서 **사람의 죄악이 세상에 관영함을** 보신 것이다. 주목하라. 가장 악명 높은 죄인들이 사람들 중에 명성이 있는 자들일 경우에는 그 사람들의 악이 과연 크다 할 것이다. 악인들이 그들의 악에도 불구하고 존귀를 받으며, 또한 더 나아가 그들의 악 때문에 존귀를 얻고, 지극히 악한 사람이 높임을 받을 때에는 과연 사태가 악하다 할 것이다. 힘 있는 사람들이 악할 때에는 과연 그 악이 큰 것이다. 그들의 악이 관영하였다. 즉, 곳곳에서 각양각색의 사람들이 무수한 죄를 범하였고, 마치 하늘을 향하여 조롱하듯이 그 성격상 극히 악하고 흉악한 죄를 버젓이 범하고 있었고, 그것을 억제하고 징벌할 임무를 맡은 권력자들도 그것을 전혀 돌아보지 않았다. 하나님께서 이것을 보신 것이다. 주목하라. 재판장이신 하나님께서는 죄인들의 모든 죄를 다 아신다. 세상을 가장 친숙하게 아는 자들도 거기서 많은 악을 보지만 그들이 보는 것은 극히 일부에 지나지 않는다. 그러나 하나님은 모두 다 보시며, 그것에 대해 올바로 판단하시며, 그것이 얼마나 큰 것인가를 다 아시니, 그의 심판에는 속임당하시는 것이 있을 수 없는 것이다.

2. 하나님은 사람의 마음속에 있는 죄의 근원을 간파하셨다. 사람도 **사람의 죄악이 세상에 관영함을** 보고서 그 죄가 소돔의 죄와 같다고 선언할 수도 있다. 그러나 하나님은 거기서 더 나아가서 살피셨다. **그의 마음으로 생각하는 모든 계획이 항상 악할 뿐임을** 보신 것이다. 그러니 이는 정말 한심한 광경이었고, 하나님의 거룩하신 눈에 지극히 거슬리는 것이었을 것이다! 이것은 쓴 뿌리였고, 썩은 샘이었다. 세상에 있는 모든 폭력과 압제, 모든 사치와 방종은 바로 본성

의 부패에서 나온 것들이다. 욕심이 그들을 미혹한 것이다(약 1:14. 또한 마 15:19을 보라). (1) 마음이 망쳐져 있었다. 교활하고 절박하게 악하였다. 원칙들이 부패하였고 습관과 기질이 악하였다. (2) 마음의 생각도 그러하였다. 생각이란 때때로 정해진 판단이나 견해를 뜻하는데, 이것이 매수되고 치우쳤고 오도되었다. 때로는 생각이 상상(想像)의 활동을 뜻하기도 하는데, 이것은 항상 헛되거나 악하였고, 거미줄을 치고 있든가 아니면 독사의 알을 품고 있었던 것이다. (3) 마음으로 생각하는 계획이 그러하였다. 즉, 그 의도와 방법들이 악하였다. 그들은 마치 자기들이 무슨 일을 하는지를 생각하지도 않고 무턱대고 모험을 무릅쓰는 사람처럼 그냥 부주의하게 악을 행하는 것이 아니었다. 이들은 고의적으로 계획을 갖고 악을 행하였고, 어떻게 하면 불법을 행할까를 잘 고안하여 행한 것이다. 이는 정말 악한 일이었다. 그것은 오로지 악할 뿐이었고, 계속해서 악하였는데, 그들의 모든 계획이 그러했던 것이다. 한시도 사람들 중에서 도무지 선을 찾아볼 수가 없었다. 죄의 흐름이 가득 차 있었고, 강하였고, 끊임이 없었고, 하나님께서 바로 그것을 보신 것이다. 시 14:1-3을 보라.

6땅 위에 사람 지으셨음을 한탄하사 마음에 근심하시고 7이르시되 내가 창조한 사람을 내가 지면에서 쓸어버리되 사람으로부터 가축과 기는 것과 공중의 새까지 그리하리니 이는 내가 그것들을 지었음을 한탄함이니라 하시니라

I. 사람의 악에 대해 하나님께서 진노하심. 그는 무관심한 방관자가 아니라 모욕을 당하고 상처를 받은 자로서 그것을 보셨다. 그는 마치 불순종하고 반역하는 자녀의 어리석음과 완악함을 바라보고 진노할 뿐 아니라 가슴 아파하며 차라리 자녀가 없었으면 좋았을 것이라고 한탄하는 온유한 아버지처럼 그렇게 그것을 바라보신 것이다. 여기서 사용되는 표현들은 매우 이상스럽다. 하나님이 땅 위에 사람 지으셨음을, 즉 그가 그런 고귀한 능력과 기능들을 지닌 피조물을 만드시고 또한 그로 하여금 편안하게 거하도록 땅을 마련하시고 거기에 그를 두셨음을, 한탄하사 마음에 근심하시고. 이것들은 사람들의 처지에 빗댄 표현들이며, 따라서 하나님의 불변하심이나 복되심의 존귀에 근거하여 이해해서는 안 될 것이다.

1. 이런 언사는 하나님께 어떤 격정(激情)이나 불편한 심기가 있다는 것을

시사하는 것이 아니다(그 어떠한 것도 영원하신 하나님께 장애를 초래할 수가 없다). 오히려 이는 죄와 죄인들을 향한 하나님의 정의롭고 거룩한 불쾌하심을 표현하는 것이다. 죄가 그의 거룩하심을 거스르기 때문이요, 죄인이 그의 정의로우심을 거스르기 때문이다. 그는 그의 피조물들의 죄로 인하여 눌림을 당하시며(암 2:13), 괴로워하시며(사 43:24), 한탄하시며(겔 6:9), 근심하시고(시 95:10), 또한 여기서는 **마음에 근심하시는** 것으로 말씀한다. 마치 사람들이 자기들이 친절과 자비를 베풀어준 자들에게서 억울한 일을 당하여, 차라리 그런 뱀 같은 자들을 돌보아주지 않았다면 그들의 얼굴에 독을 쏘고 마음을 찌르는 일은 없었을 것이라고 되뇌며 자기들이 베푼 친절과 자비를 후회하는 것처럼 말이다. 이렇듯 하나님께서 죄를 미워하시는가? 그렇다면 우리도 죄를 미워해야 하지 않겠는가? 우리의 죄가 그의 마음을 근심하시게 하였는가? 그렇다면 우리도 그것으로 인하여 마음에 근심과 찔림이 있어야 하지 않겠는가? 오오, 제발, 이것을 생각함으로써 우리가 낮아지고 부끄러움을 갖게 되며, 그리고 우리가 그렇게 근심하시게 하고 슬퍼하시게 만든 그분을 바라보게 되기를 바라는 마음 간절하다(슥 12:10)!

2. 이것은 하나님의 뜻에 어떤 변화가 있다는 것을 시사하는 것이 아니다. 그는 변함도 없으시고 회전하는 그림자도 없으시니라. 그러나 이는 하나님의 방법에 변화가 있는 것을 나타낸다. 하나님께서는 사람을 지으시고 쉬셨다(출 31:17). 그리고 그 사람을 향하여 자기 손으로 지으신 것들을 기뻐하심을 보여주는 그런 자세로 대하셨다. 그러나 지금은 사람이 배도하였으므로 자신의 불쾌하심을 보여주는 것밖에는 달리 도리가 없었다. 그러므로 변화는 하나님이 아니라 사람에게서 생긴 것이다. 하나님이 사람을 지으셨음을 한탄하셨으나 그가 사람을 구속하셨음을 한탄하신 예는 한 번도 나타나지 않는다(더욱이 그것이 훨씬 더 큰 희생이 소요된 일이었는데도). 이는 특별한 유효적 은혜가 베풀어져서 구속의 큰 목적을 확실히 이루기 때문이다. 그러므로 **하나님의 은사와 부르심에는 후회하심이 없는 것이다**(롬 11:29).

II. 사람이 악하여 하나님께서 그들을 멸하기로 작정하심(7절). 관찰하라.

1. 하나님은 사람을 지으셨음을 한탄하시고, 사람을 멸하기로 작정하셨다. 그러므로 진정 죄를 회개하는 자들은 하나님의 은혜의 힘으로 죄를 죽이고 죄를 멸하며, 그리하여 전에 실패했던 일을 이루기로 작정하는 것이다. 우리가

계속해서 죄에 빠져 있다면, 우리의 죄에 대해 죄송하다거나 그 죄로 인하여 마음에 근심이 있다고 말해도 그것은 결국 하나님을 조롱하는 것밖에 아무것도 아니다. 우리의 삶이 변화됨으로써 진정한 변화의 증거를 드러내 보이지 않는 이상, 우리 마음이 변화한 것처럼 가장해도 아무 소용이 없는 것이다.

2. 그는 사람을 멸하기로 작정하신다. 원문의 표현은 매우 의미심장하다. 마치 먼지나 더러운 찌꺼기들을 쓸어버려서 어떤 곳을 깨끗하게 해 놓듯이, **사람을 지면에서 쓸어버리되.** 왕하 21:13을 보라. 그 시는 곳에서 오점(汚點)이 되는 자들은 하나님의 심판으로 깨끗이 쓸어버리는 것이 정당한 일이다. 혹은 이를, **사람을 지면에서 제하여버리되**(blot out)로 번역할 수도 있다. 마치 작가가 글을 쓰다가 마음에 들지 않는 부분을 제하여 버리듯이, 혹은 시민이 죽거나 시민권을 박탈당할 때에 그 이름을 시민 명부에게 삭제하듯이, 사람을 삭제한다는 뜻이다.

3. 하나님은 사람을 멸하기로 작정하시면서도 그를 자신의 피조물로 지칭하신다. **내가 창조한 사람을.** "내가 사람을 창조하였으나, 이것이 변명거리가 되지는 못하리라." **그들을 조성하신 이가 은혜를 베풀지 아니하시리라**(사 27:11). 우리의 창조주께서 우리를 다스리지 못하시면, 그가 우리를 멸하는 자가 되실 것이다. 혹은, "내가 그를 창조하였는데 그가 그의 창조주께 그렇게도 배은망덕했으니, 내가 그를 멸하리라." 사는 목적을 이루지 않는 자들은 목숨을 빼앗기는 것이 마땅하다.

4. 심지어 짐승까지도 함께 멸하여질 것이다. **가축과 기는 것과 공중의 새까지 그리하리니.** 이것들은 사람을 위해 지음 받은 것이요, 따라서 사람과 함께 멸해져야 했다. 이는 **내가 그것들을 지었음을 한탄함이니라.** 그것들을 지으신 목적도 이루어지지 못했기 때문이다. 그것들은 사람이 그것들과 더불어 하나님을 섬기고 그를 존귀하게 하도록 하기 위해 지음 받았다. 그런데 사람이 그것들로 자신의 정욕을 채우고 그리하여 그것들을 헛되게 만들었으므로 그것들도 멸해진 것이다.

5. 하나님의 성령이 오랫동안 그와 애쓰셨으나 허사였고, 그리하여 하나님께서 그를 멸하시기로 작정하신 것이다. 하나님의 은혜로 말미암아 변화되기를 싫어하는 자들 외에는 아무도 하나님의 정의로 멸망하지 않는 것이다.

[8]그러나 노아는 여호와께 은혜를 입었더라 [9]이것이 노아의 족보니라 노아는 의인이
요 당대에 완전한 자라 그는 하나님과 동행하였으며 [10]세 아들을 낳았으니 셈과 함
과 야벳이라

여기서 우리는 노아가 세상의 나머지 사람들과 구별되며 또한 그에게 특별한 존귀의 증표가 주어지는 것을 보게 된다.

1. 하나님께서는 세상의 나머지 사람들에 대해서는 불쾌하셨으나, 노아에게는 호의를 베푸셨다. **그러나 노아는 여호와께 은혜를 입었더라**(8절). 이는 세상에 대한 하나님의 불쾌하심이 정의로운 것임을 드러내 보여주며, 하나님께서 세상 전체가 부패하였다고 선언하시기 전에 세상의 각 사람을 철저히 살피셨다는 것을 보여준다. 한 사람이라도 선한 사람이 있다면, 그를 찾아내셨을 것이요 그에게 미소를 보내셨을 것이니 말이다. 또한 모든 인류가 하나님의 진노 아래 있을 때에 노아가 홀로 하나님의 긍휼하심을 입었다는 것은 그를 향한 하나님의 은혜를 지극히 높여 준다. 특별한 은혜는 특별히 강한 의무를 요구한다. 아마도 노아는 사람들에게는 호의를 얻지 못했을 것이다. 사람들은 그를 미워하고 박해했을 것이다. 그가 자신의 삶으로, 또한 말로 세상을 정죄하였기 때문이다. **그러나 노아는 여호와께 은혜를 입었고**, 이것이야말로 충족한 존귀요 위로였다. 하나님은 온 세상보다 노아를 더 중시하셨고, 그리하여 그는 당시에 용사요 명성이 있는 자들이 된 모든 거인들보다 더 위대해졌고 더 존귀하게 되었다. 여호와께 은혜를 입는 것을 우리의 최고의 야망으로 삼아야 할 것이며, 또한 몸으로 있든지 떠나든지 주를 기쁘시게 하는 자가 되기를 힘써야 할 것이다(고후 5:9). 하나님께서 호의를 베푸시는 자들이 크게 호의를 받는 자들이다.

2. 온 세상이 부패하고 악하였을 때에, 노아는 그의 순결함을 지켰다. **이것이 노아의 족보니라**(이것이 우리가 노아에 대해 제시하여야 할 내용이다) **노아는 의인이요**(9절). 이러한 노아의 성격이 여기 제시되는 것은 다음 두 가지 중 하나의 의미일 것이다. (1) 하나님께서 그에게 호의를 베푸신 이유로서. 그의 특별한 경건이 하나님의 특별한 은혜를 받을 만한 자격을 갖추게 하였다. 여호와께 은혜를 입을 만한 자들은 노아와 같은 자라야 하고, 노아처럼 행한 자라야 한다. 하나님은 그를 사랑하는 자들을 사랑하신다. 아니면, (2) 하나님께서 그에게 호의를 베푸신 결과로서. 노아에게 이런 선한 행위를 산출해낸 것은 바로 그를 향하신 하나님의 선하신 뜻이었다. 그는 매우 선한 사람이었다. 그러나

하나님의 은혜가 그를 그런 사람으로 만든 것이다(고전 15:10). 여기서 그의 성품을 관찰하라. [1] 그는 의인이었다. 즉, 약속하신 후손을 믿는 믿음으로 말미암아 하나님 앞에서 의롭다 하심을 받은 자였다. 그는 믿음을 따르는 의의 상속자가 되었다(히 11:7). 그는 거룩하게 되었고, 그의 속에 의로운 원리와 기질이 심겨져 있었으며, 모든 처신에서 의로웠으니, 양심을 좇아 하나님께 돌릴 것을 하나님께 돌리고 다른 사람들에게 돌릴 것도 정당하게 그들에게 돌리는 자였다. 주목하라. 철저히 정직한 사람 외에는 아무도 하나님께 호의를 입을 수가 없다. 육체의 지혜로 하지 아니하고 하나님의 거룩함과 진실함으로 행하는 것이 하나님을 기쁘시게 하는 처신인 것이다(고후 1:12). 때때로 하나님께서 세상의 어리석은 자들을 택하시기도 하셨으나 세상의 악하고 부정한 자들은 절대로 택하신 일이 없다. [2] 그는 완전한 자였다. 죄 없이 완전한 것이 아니라 진실함에서 완전했다는 뜻이다. 그러므로 은혜 언약의 덕분으로 그리스도의 의를 힘입어 진실함이 우리의 복음적 완전함으로 인정된다는 것이 우리에게 얼마나 좋은 일인지 모른다. [3] 전에 에녹이 그러했던 것처럼 그는 하나님과 동행하였다. 그는 성식할 뿐 아니라 경건하였다. 그는 하나님과 동행하였다. 즉, 언제나 하나님과 더불어 행동했고, 항상 하나님의 눈 아래 있는 자로서 행하였다. 그는 하나님과의 교제의 삶을 살았다. 스스로 하나님의 뜻에 따라 행하고, 그를 기쁘시게 하고, 그에게 인정받기를 늘 힘썼다. 주목하라. 하나님은 믿음의 눈으로 진실하게 그를 바라보는 자들을 긍휼의 눈으로 내려보신다. 그러나, [4] 그의 이런 면모의 위대한 점은 그가 당대에, 즉 그 부패하고 타락한 시대 속에서 그런 면모를 지켰고 또한 그렇게 행하였다는 점이다. 신앙이 사회 전반에 퍼져 있을 때에는 신앙을 지키기가 쉽다. 그러나 아무도 하나님을 믿지 않는 그런 때에 시대의 흐름을 역류하여 천국을 향하여 나아가고 하나님을 신뢰한다면 그것은 강한 믿음과 결단의 증거라 아니할 수 없다. 노아가 그렇게 했고, 그리하여 그의 불멸의 존귀가 기록되게 된 것이다.

11그 때에 온 땅이 하나님 앞에 부패하여 포악함이 땅에 가득한지라 12하나님이 보
신즉 땅이 부패하였으니 이는 땅에서 모든 혈육 있는 자의 행위가 부패함이었더라

당시의 사악한 모습이 여기서 다시 거론되는데, 이는 노아의 경건함

을 돋보이게 하기 위한 것이거나 — 온 땅이 부패하여 있을 때에 그는 의인이요 완전한 자였다 — 혹은, 세상을 멸하시려고 작정하시고 그 계획을 그의 종 노아에게 전해 주시는 하나님의 역사하심의 정당함을 보여주는 후속적인 증거를 제시하는 것일 수도 있다.

1. 그들 가운데서 온갖 종류의 죄가 나타났다. 본문은 보도하기를, 온 땅이 (1) **하나님 앞에 부패하였다**고 한다. 즉, 하나님을 예배하는 일에 있어서 그들이 하나님 앞에 다른 신을 두었거나, 아니면 형상들을 통해서 하나님을 예배하였거나, 혹은 그들이 부패하고 포악하였고 감히 하나님을 가벼이 여기고 그를 면전에서 멸시하였다는 것이다. (2) **포악함이 땅에 가득하고** 사람들을 향한 불의가 가득하였다고 한다. 질서도, 정상적인 통치도 없었다. 자기가 지극히 명확하게 권리를 갖고 있는 소유물이 있어도 그것을, 아니 순진무구한 목숨조차도 안전하게 지킬 수가 없었다. 살인과 강간과 약탈이 난무하였다. 주목하라. 사악함은 인간 본성의 수치이며 동시에 인간 사회의 패망이다. 하나님을 경외함과 양심을 제거하여 버리면, 사람은 서로에게 짐승과 마귀가 되어 버린다. 마치 바다의 물고기들처럼 되어서 큰 자가 작은 자를 삼켜버리는 것이다. 죄는 세상을 폭력으로 가득 채우며, 세상을 광야와 싸움터로 바꾸어 놓는 것이다.

2. 이에 대한 증거가 결코 부인할 수 없었다. **하나님이 보신즉.** 앞에서처럼(5절) 하나님이 온 땅에 가득한 부패상을 친히 목격하셨다. 의로우신 재판장이신 하나님은 그 자신의 전지하심의 무오(無誤)한 확실성에 근거하여 그의 모든 판단을 진행하신다(시 33:13).

3. 문제를 가장 심각하게 가중시킨 것은 우주 전체에 그런 상태가 오염되었다는 것이었다. **땅에서 모든 혈육 있는 자의 행위가 부패함이었더라.** 어느 특정한 나라나 도시만 그렇게 악한 것이 아니라 온 세상의 인류 전체가 그랬다. 선을 행하는 자는 오직 노아밖에는 하나도 없었다. 주목하라. 악이 전체에 퍼지면, 총체적인 패망이 멀지 않다. 한 나라에 기도하는 남은 자들이 있어서 그 부분만큼 악이 채워지지 않으면 심판이 한동안 연기될 수도 있다. 그러나 모든 사람들이 죄로 담을 무너뜨리려 하며 중간에 서서 그것을 가로막는 사람이 하나도 없으면, 진노가 홍수처럼 임하는 것 외에 과연 무엇을 기대할 수 있겠는가?

13**하나님이 노아에게 이르시되 모든 혈육 있는 자의 포악함이 땅에 가득하므로 그**

끝 날이 내 앞에 이르렀으니 내가 그들을 땅과 함께 멸하리라 14너는 고페르 나무로
너를 위하여 방주를 만들되 그 안에 칸들을 막고 역청을 그 안팎에 칠하라 15네가
만들 방주는 이러하니 그 길이는 삼백 규빗, 너비는 오십 규빗, 높이는 삼십 규빗
이라 16거기에 창을 내되 위에서부터 한 규빗에 내고 그 문은 옆으로 내고 상 중 하
삼층으로 할지니라 17내가 홍수를 땅에 일으켜 무릇 생명의 기운이 있는 모든 육체
를 천하에서 멸절하리니 땅에 있는 것들이 다 죽으리라 18그러나 너와는 내가 내 언
약을 세우리니 너는 네 아들들과 네 아내와 네 며느리들과 함께 그 방주로 들어가
고 19혈육 있는 모든 생물을 너는 각기 암수 한 쌍씩 방주로 이끌어 들여 너와 함께
생명을 보존하게 하되 20새가 그 종류대로, 가축이 그 종류대로, 땅에 기는 모든 것
이 그 종류대로 각기 둘씩 네게로 나아오리니 그 생명을 보존하게 하라 21너는 먹을
모든 양식을 네게로 가져다가 저축하라 이것이 너와 그들의 먹을 것이 되리라

노아가 진정 여호와께 은혜를 입었다는 사실이 여기서 나타난다. 하나님께서 노아에게 은혜를 베푸신 사실이 8-10절에 나타나는 묘사에서 분명하게 제시되고 있다. 다섯 문장 속에 그의 이름이 다섯 번이나 인급되고 있다. 한 번만 언급되어도 의미가 분명하게 전달될 수 있었을 것인데, 성령께서 마치 그를 영구히 기념하는 데에서 기쁨을 얻으시기라도 하듯 그의 이름이 계속해서 언급되는 것이다. 그러나 이 본문에서 하나님께서 노아에게 하시는 말씀 속에서 — 여기 노아에게 주신 정보와 지시 사항들에서 — 그러한 사실이 더 많이 드러난다.

I. 하나님은 여기서 노아를 그의 모사(謀士)로 삼으신다. 그에게 이 악한 세상을 물로써 멸하시려는 그의 계획을 전해 주신다. 후에 하나님이 아브라함에게 소돔에 관한 자신의 계획을 말씀하시듯이 — **내가 하려는 것을 아브라함에게 숨기겠느냐?**(18:17) — 여기서도, 이를테면, "노아가 강대한 나라가 되리니 내가 하려는 것을 그에게 숨기겠느냐?"라고 말씀하시는 것이다. 주목하라. 여호와의 **친밀하심이 그를 경외하는 자들에게 있음이며**(시 25:14), 여호와께서는 계시의 영으로 말미암아 **그 종 선지자들에게** 그의 계획의 구체적인 사항들을 알려 주셨다(암 3:7). 무릇 신자들은 지혜와 믿음의 영으로 말미암아, 기록된 말씀에 일반적으로 선포되어 있는 것들과 거기에 주어져 있는 경고들을 깨닫고 적용할 수 있는 것이다. 여기서,

1. 하나님은 노아에게, 개괄적으로 그가 세상을 멸하실 것임을 말씀하셨다. **모든 혈육 있는 자의 … 끝 날이 내 앞에 이르렀으니 내가 그들을 땅과 함께 멸하리라**(13절). 즉, 이 악한 세상을 멸망시키는 일이 작정되고 결정되었다는 뜻이다. **이르렀으니**, 즉, 반드시 속히 오리니. 노아는 이웃들에게 말씀을 전하는 중에 하나님의 진노에 대해 이미 개괄적으로 경고했을 가능성이 높다. 곧, 그들이 악을 행함으로 스스로 하나님의 진노를 자초하였고, 이제 하나님께서는 그 진노에 대해 구체적으로 경고하심으로써 그의 노력을 뒷받침하시며, 그리하여 노아는 그 경고가 그들에게 과연 효과가 있을지를 시험해 보았을 것이다. 그러므로 관찰하라. (1) 하나님은 그의 종의 말을 세워주신다(사 44:26). (2) 무릇 있는 자는, 또한 그 가진 것을 다른 이들의 유익을 위하여 사용하는 자는, 더 충실한 가르침들을 받아 풍족하게 된다(마 25:29).

2. 여호와께서는 노아에게, 구체적으로 홍수로써 세상을 멸하실 것임을 말씀하셨다. **내가 홍수를 땅에 일으켜 무릇 생명의 기운이 있는 모든 육체를 천하에서 멸절하리니**(17절). 하나님은 천사의 검으로도, 두루 도는 불 칼로도, 온 인류를 멸하실 수 있었다. 그는 애굽의 모든 장자들을, 또한 앗수르인들의 진을 그렇게 멸하셨다. 그럴 경우 노아와 그의 가족들에게 표를 주어 그들을 보존하시면 그 뿐이었을 것이다. 그러나 하나님은 온 세상을 물에 잠기게 하는 홍수로 그 일을 행하기로 작정하셨다. 우리로서는 알 수 없으나 분명 지혜롭고 정의로운 이유가 거기에 있었을 것이라 확신할 수 있다. 하나님의 화살통에는 수많은 화살들이 있으며, 그는 무엇이든 자신이 원하시는 것을 사용하실 수 있다. 그러므로 그는 채찍으로 자녀들을 교정시키시기도 하며, 검으로 원수들을 끊어 내치기도 하신다. 여기 표현을 관찰하라. "**나 곧 내가 홍수를 땅에 일으켜**"(한글 개역개정판은 **내가 홍수를 땅에 일으켜**로 번역함 — 역자주), 즉, 능력이 무한하여 그 일을 능히 할 수 있는 내가, 정의로움이 무한하여 그 일을 반드시 행할 내가, 그 일을 행하리라는 뜻이다. (1) 이는 그 심판의 확실함을 시사해 준다. **나 곧 내가** 그 일을 행하리라. 하나님께서 친히 시행하시는 일은 효과적으로 시행되지 않을 수가 없는 것이다. 욥 11:10을 보라. (2) 이는 그 심판이 하나님의 영광과 그의 정의로우심의 존귀를 드러낼 것임을 시사해 준다. 홍수로써 심판하심으로써 그가 온 땅에서 높이 기림을 받으실 것이요, 그가 **복수하시는 하나님**이심을 온 세상이 알게 될 것이다. 필자의 생각에는 여기의 표현이, **내가 장차 내**

대적에게 보응하여 내 마음을 편하게 하겠고(사 1:24)와 다소 비슷하다 여겨진다.

II. 하나님은 여기서 노아를 그의 언약의 사람으로 삼으신다. 이는 친구를 나타내는 또 다른 히브리식 완곡어법이다. 그러나 너와는 내가 내 언약을 세우리니(18절).

1. 섭리의 언약으로서, 홍수로 인하여 장애가 초래된다 할지라도 자연의 경로가 마지막 종말 때까지 지속되리라는 것이다. 이 약속은 노아와 그의 아들들에게 직접 행해졌다(9:8, 등). 그들은 창조 세계의 이 모든 부분을 책임 맡은 자들이었고, 이로써 노아와 그의 아들들에게 큰 영예가 주어진 것이다.

2. 은혜의 언약으로서, 하나님께서 그에게 하나님이 되실 것이요 하나님께서 그의 자손에게서 한 백성을 일으키시리라는 것이다. 주목하라. (1) 하나님이 언약을 맺으시면, 그가 그것을 확실히 세우시며, 효력을 발생시키신다. 그의 언약은 영원한 언약이다. (2) 은혜의 언약은 그 자체 속에 특별한 봉사에 대한 보상을 담고 있으며, 모든 특별한 호의의 근원이요 기초가 된다. 우리는 그의 언약이 우리에게 확고히 실현되기를 간청할 필요도 없고, 또한 우리의 손해를 하나님께로부터 보상받거나 하나님 안에서 우리의 행복을 찾기를 바랄 필요가 없는 것이다.

III. 하나님은, 여기서 다가오는 홍수에서 살아남을 수 있는 방법을 노아에게 제시하사 세상의 나머지 모든 사람들과 함께 멸망하지 않도록 하심으로써, **그를 아끼는 긍휼하심의 기념물로 삼으신다.** 하나님은 말씀하시기를, 내가 그들을 땅과 함께 멸하리라(13절)라고 하신다. "그러나 너는 너를 위하여 방주를 만들라. 내가 너를 보살펴 보존케 하리라." 주목하라. 특별한 경건은 특별한 구원으로 보상을 받을 것이다. 세상의 대부분이 멸망할 때에 그들이 구원을 받게 된다는 것이야말로 그 영광을 얻은 성도들에게 큰 존귀와 행복을 더해 주는 것이다.

1. 하나님이 노아에게 방주를 만들라고 명하신다(14-15절). 이 방주는 쓸데없이 큰 폐선(廢船) 같아서 물 위에 떠서 항해하기에는 적합하지 못했으나(항해하여 갈 목적지가 없었으니 그럴 필요가 없었다), 그냥 물 위에 떠서 물이 빠질 때까지 기다리기에는 적합하였다. 하나님께서는 천사들을 동원하셔서 노아 스스로 아무런 일을 하지 않고 전혀 괴로움 없이 보존하실 수도 있었다. 그러나 하나님은 그를 보존시켜 줄 방주를 친히 짓게 하셨으니, 이는 그의 믿음과 순

종을 시험하고자 하심이요, 또한 스스로 구원을 이루어 가는 자 이외에는 아무도 그리스도로 말미암아 구원받지 못하리라는 것을 우리에게 가르쳐 주시고자 함이었다. 하나님이 없이는 우리가 그 일을 할 수가 없으며, 하나님은 우리를 개입시키지 않고서는 그 일을 하지 않으실 것이다. 하나님의 섭리와 하나님의 은혜 모두가 부지런히 순종하는 자들의 수고에 면류관을 씌워주시는 것이다. 하나님은 노아에게 방주 건설에 관하여 매우 구체적인 지침을 주셨다. 무한하신 지혜 자체이신 하나님이 설계하셨으니 그 목적에 지극히 탁월하게 알맞지 않을 수가 없었다. (1) 방주는 고페르 나무로 지어야 했다. 오늘날 우리는 그것이 백향목인지 삼(杉)나무인지 알 길이 없으나 노아는 분명 그것이 무슨 나무인지 알고 있었다. (2) 그는 방주의 내부를 삼층으로 만들어야 했다. (3) 그는 방주에 여러 종의 짐승들을 두기에 적합하도록 칸막이로 막아 여러 개의 방들로 나누어야 했다. (4) 방주를 그 의도에 합당하게 짓도록 정확한 치수가 제시되었다. 주목하라. 하나님을 위해 일하는 자들은 하나님께로부터 그들의 분량을 취하여 그것들을 조심스럽게 준수해야 한다. 다시 주목하라. 우리의 거주를 지정하시는 하나님께서 그 경계와 한계도 정하시는 것이 합당하다. (5) 그는 역청을 그 안팎에 칠하여야 했다. 물이 안으로 스며드는 것을 막기 위해서 밖을 칠하게 했고, 짐승들이 안에 갇혀 있는 동안 역겨운 냄새를 막기 위해서 안을 칠하게 한 것이다. 관찰하라. 하나님은 그에게 방주를 멋진 색으로 칠하게 하신 것이 아니라 역청을 칠하게 하신다. 하나님께서 우리에게 안전하고 따뜻하며 건전한 거주처를 주시면, 비록 그것이 화려하고 휘황찬란하지 않다 할지라도 우리는 마땅히 감사해야 한다. (6) 그는 꼭대기에 창을 내어 빛이 들어오게 하여야 했다. 어떤 이들은 그로 하여금 바깥의 땅의 황폐한 상태를 바라보게끔 이 창을 내게 하였다고 보기도 한다. (7) 방주 옆에 들어가고 나갈 수 있는 문을 내어야 했다.

2. 하나님은 노아에게 그와 그의 식구들이 방주에서 살아 보존될 것임을 약속하신다. 너는 … 그 방주로 들어가고(18절). 주목하라. 우리가 하나님께 복종하여 무슨 일을 행하면, 그것으로 인하여 위로와 혜택을 얻는 것은 바로 우리 자신이다. 네가 지혜로우면 너 자신을 위해 지혜로울지니라. 또한 노아뿐 아니라 그의 아내와 그의 아들들과 며느리들이 함께 구원받았다. 관찰하라. (1) 선한 부모의 보살핌. 그들은 자기들 자신의 구원만이 아니라 가족들, 특히 자녀들의

구원을 위해 보살폈다. (2) 경건한 부모를 둔 자녀들의 행복. 부모들의 경건이 여기서처럼 일시적인 구원으로 이어지는 경우가 많고, 또한 그들이 그 유익을 잘 선용하면 영원한 구원에까지도 이르게 된다.

Ⅳ. **하나님은 여기서 노아를 세상의 큰 복으로 삼으시며, 여기서 그를 메시야의 뚜렷한 모형으로 삼으신다**(물론 노아의 부모가 기대한 대로 그 자신은 메시야가 아니었다. 5:29).

1. 하나님은 그를 당시 사람들에게 전도자로 삼으셨다. 파수꾼처럼 그는 하나님의 입에서 말씀을 받아 사람들에게 경계의 말씀을 선포하였다(겔 3:17). 그러므로, 하나님이 오래 참고 기다리실 때에 노아 속에서 그의 영으로 역사하사 그가 옛 세상에 선포하였으니, 이들은 베드로에 따르면 옥에 있는 영들이었으며(벧전 3:18-20), 이런 점에서 그는 그리스도의 모형이었다. 그는 모든 육체가 부패하여 있을 때에 두루 다니며 회개를 선포하였고, 다가올 진노의 홍수에 대해 사람들에게 경고한 것이다.

2. 하나님은 그를 열등한 짐승들을 위하여 구주로 삼으셨다. 그가 많은 종류의 짐승들을 방주에 넣어둠으로써 홍수에 휩쓸려 멸망하지 않도록 보호한 것이다(19-21절). 이는 노아에게는 커다란 영예였다. 인류 가운데 그의 가족만 보존하심을 받았고, 그로 말미암아 새로운 세상과 교회와 교회의 머리이신 메시야가 나오게 되는 것은 물론, 그가 열등한 짐승들을 보존하는 도구가 되어 그로 말미암아 온 인류가 그 짐승들의 소유권을 누리고 그들의 섬김을 받게 되었으니 말이다. (1) 그는 그 짐승들이 물에 빠져 죽지 않도록, 각기 암수 한 쌍씩 방주로 이끌어 들여야 했다. 또한 그가 그 짐승들을 한데 불러 모으는 데에 어려움을 겪지 않도록, 하나님께서는 그 짐승들이 스스로 그에게 나아올 것을 약속하신다(20절). 소로 하여금 그 주인과 여물통을 알게 만드시는 하나님께서 그 때에는 자기를 보존해 줄 자와 방주를 알게 만드신 것이다. (2) 그는 짐승들이 굶어죽지 않도록 그들에게 먹이를 공급해야 했다(21절). 그는 이제 그가 책임을 맡게 된 그 엄청난 식구들의 숫자에 맞추어, 또한 방주에 갇혀 지내도록 지정된 기간에 맞추어 양식을 방주에 실어야 했다. 이 점에서도 그는 그리스도의 모형이었다. 그리스도 덕분에 온 세상이 서 있으며, 그리스도로 말미암아 만물이 존재하며, 그리스도로 말미암아 온 인류가, 죄로 인하여 끊어지고 멸망할 처지에서 보존되는 것이다. 그리스도 안에서 거룩한 성도들이 구원받아 삶

을 누리며, 또한 썩어짐 아래에서 종노릇하는 피조 세계가 그로 말미암아 구원을 받은 것이다. 노아는 그가 다스리게 될 자들을 구원하였고, 그리스도 역시 마찬가지이시다(히 5:9).

22노아가 그와 같이 하여 하나님이 자기에게 명하신 대로 다 준행하였더라

노아가 방주를 건설하는 일에 그렇게 부지런히 힘쓴 일을 다음과 같이 생각할 수 있을 것이다.

1. 하나님의 말씀에 대한 그의 믿음의 결과로. 하나님은 그가 얼마 후에 온 세상을 홍수로 멸하실 것임을 그에게 말씀하셨다. 그는 그 말씀을 믿었고, 그 처절한 홍수를 두려워하였고, 그런 두려움 가운데서 방주를 지은 것이다. 주목하라. 우리는 하나님께서 모든 사람의 경건치 않음과 불의함에 대한 그의 진노에 대해 주신 계시를 믿음으로 받아들여야 한다. 말씀의 경고들은 결코 그릇된 경종이 아니다. 많은 사람들이 노아에게 주어진 이 경고의 신빙성을 부인했을 수도 있다. "세상을 지으신 그 지혜로운 하나님이 그렇게 금방 세상을 다시 망치신다니, 천하의 물을 한 곳으로 모아 마른 땅이 드러나게 하신 그가(1:9, 10) 거기를 다시 물로 뒤덮으신다니, 누가 이것을 믿을 수 있겠는가? 이것을 만물을 향한 하나님의 긍휼하심과 어떻게 조화할 수 있겠으며, 특히 무죄한 피조물들이 사람의 죄 때문에 다 죽는다는 것을 어떻게 납득할 수 있겠는가? 온 세상을 홍수로 잠기게 하기에 충족한 물을 대체 어디서 끌어올 수 있겠는가? 그리고, 만일 이것이 사실이라면 도대체 무엇 때문에 유독 노아에게만 그 일이 통지되어야 한단 말인가?" 그러나 노아의 믿음은 이런 모든 부패한 추론들을 극복하였다.

2. 하나님의 명령에 대한 순종의 행위로. 만일 사람들에게 자문을 구했더라면, 수많은 반론들이 제기되었을 것이다. 한 번도 본 적이 없는 그렇게 크고 그렇게 치수가 정확한 그런 구조물을 짓자면 엄청난 노력과 수고와 비용이 소요될 것이었다. 그 일은 시간을 요하는 일이요, 먼 장래를 내다보는 비전이 필요한 일이었다. 이웃들은 그의 터무니없는 맹신에 대해 조롱할 것이요, 그는 술주정뱅이들의 놀림거리가 될 것이요, 그의 구조물은 노아의 어리석음(Noah's folly)이라 불릴 것이었다. 최악의 상황이 벌어진다 해도, 이웃들은 물론 모든

사람이 멀쩡할 것이라고들 했을 것이다. 그러나 이런 수많은 반론들을 노아는 믿음으로 이겨냈다. 그의 순종은 기꺼운 것이요 단호한 것이었다. 노아가 그와 같이 하여. 그는 아무런 불평이나 이의도 없이 기꺼이 즐겁게 그 일을 행하였다. 하나님께서 이를 행하라고 하시자, 그는 즉시 그대로 행한 것이다. 그는 또한 인내하며 그에게 주어진 지시대로 정확하게 그 일을 행하였다. 그리고 방주를 건설하기 시작한 다음 마칠 때까지 그 일을 쉬지 않았다. 우리도 이와 같이 행하여야 할 것이다.

3. 노아 자신의 지혜의 증거로. 그는 홍수를 두려워하였고 그리하여 자신의 안전을 위하여 방주를 건설한 것이다. 주목하라. 하나님이 다가올 심판에 대해 경고를 주실 때에, 그것에 따라 조치를 취하는 것이 우리의 지혜요 의무다. 출 9:20, 21; 겔 3:18을 보라. 우리는 땅을 향한 하나님의 심판들에서 그를 만나기를 준비해야 할 것이요, 그의 이름을 견고한 망대로 삼아 그리로 피하며(잠 18:10), 우리의 밀실에 들어가며(사 26:20, 21), 특히 죽을 때와 또한 그 큰 날의 심판에서 그를 만날 것을 대비하며, 반석이신 그리스도 위에 집을 세우며(마 7:24), 방주이신 그리스도 안으로 들어가야 할 것이다.

4. 무관심한 세상을 향하여 경고하기 위한 것으로. 그것은 다가올 홍수에 대한 분명한 경고였다. 그의 도끼질과 망치질 하나 하나가 사람들에게 회개를 촉구하는 것이었고, 그들도 역시 방주를 예비하여야 한다는 부름이었다. 그러나 그는 그것으로 세상을 납득시킬 수 없었으니, 그것으로 세상을 정죄한 것이다(히 11:7).

제 7 장

개요

본 장에서 우리는 전 장에서 세상의 멸망과 노아의 구원에 관하여 미리 말씀한 일이 그대로 실현되는 것을 접하게 된다. 하나님의 말씀은 결코 땅에 떨어지는 법이 없다는 것을 확신할 수 있다. 노아는 방주를 건설하는 일에 힘썼고 정해진 기일 내에 그것을 완성하고자 세심하게 노력하였으나, 나머지 이웃들은 이런 노아의 수고에 대해 조롱하였다. 그런데 여기서 우리는, 그 결말을 — 노아의 수고의 결말과 이웃들의 무관심의 결말을 — 보게 된다. 그리고 이 옛 세상의 이 유명한 시기는 그 때에 세상이 물로 망한 것처럼 이제 세상이 불로 망하게 될 지금의 세상의 상태가 어떠한지에 대해 교훈을 준다(벧후 3:6, 7을 보라). 본 장에는 다음과 같은 내용이 담겨 있다. I. 하나님께서 홍수가 임박하였음을 보시고(4절) 은혜로이 노아를 불러 방주에 들어가게 하시고(1절), 그와 더불어 보존함을 받을 각종 짐승들을 방주로 들어가게 하심(2, 3절). II. 노아가 이러한 하늘의 명령에 순종함(5절). 그가 육백 세 되던 해에 가족과 함께 방주에 들어갔고(6, 7절), 또한 각종 짐승들을 그와 함께 방주에 들임(8, 9절). 이에 대한 기사가 반복되며(13-16절), 여기에 방주의 문을 닫게 하시는 하나님의 세심한 보살핌이 덧붙여짐. III. 홍수가 임함(10절). 홍수의 원인들(11, 12절). 홍수가 온 세상에 퍼짐(17-20절). IV. 홍수로 인하여 방주에 있는 자들을 제외한 지면의 모든 생물이 죽고 처참하게 황폐가 온 땅을 뒤덮음(21-23절). V. 물이 백오십 일 동안 땅에 가득함(24절).

1여호와께서 노아에게 이르시되 너와 네 온 집은 방주로 들어가라 이 세대에서 네
가 내 앞에 의로움을 내가 보았음이니라 2너는 모든 정결한 짐승은 암수 일곱씩,
부정한 것은 암수 둘씩을 네게로 데려오며 3공중의 새도 암수 일곱씩을 데려와 그
씨를 온 지면에 유전하게 하라 4지금부터 칠 일이면 내가 사십 주야를 땅에 비를 내
려 내가 지은 모든 생물을 지면에서 쓸어버리리라

I. 이제 홍수가 임할 즈음에 노아와 그 가족을 은혜로이 안전한 장소로 들어

가게 하심(1절).

1. 마치 밤이 오거나 폭풍이 불어오는 것을 본 아버지가 따뜻하게 자식을 문 안으로 부르는 것처럼, 이 명령 자체가 매우 친근하다. **너와 네 온 집은**, 비록 네 가족이 작을지라도, **방주로 들어가라**. 관찰하라. (1) 노아는 하나님의 명령을 받고서야 비로소 방주에 들어갔다. 그는 방주가 자신의 피난처로 계획된 것임을 알았으나, 새로운 명령이 있을 때까지 기다렸다. 섭리의 부름을 따르며, 한걸음 한 걸음마다 하나님께서 우리보다 앞서 가시는 것을 보는 것이야말로 우리에게 편안한 것이다. (2) 하나님은 그에게 방주에 **들어가라**(go in)고 하지 않으시고, 방주에 **들어오라**(come in)고 명하시는데(한글 개역개정판은 "들어가라"로 번역함 – 역자주), 이는 하나님께서 그와 함께 가시며 그를 그 안으로 이끄시고, 그 안에서도 그와 함께 계시며, 정해진 때가 되면 다시 바깥으로 나오게 하시리라는 것을 시사한다. 주목하라. 우리가 어디 있든, 하나님께서 우리와 함께 계시는 것이 지극히 바람직하다. 이것이야말로 어떠한 상황에서도 우리에게 위로가 되는 것이다. 바로 이것이야말로 하나의 감옥과도 같은 노아의 방주가 그에게 피난처요 또한 궁궐이 되게 한 것이다. (3) 노아는 방주를 건설하기 위해 크나큰 고통을 치렀고, 이제 그 자신이 그 안에서 생명을 보존하게 되었다. 주목하라. 우리가 하나님의 명령에 순종하여 믿음으로 행하는 일이 반드시 우리에게 위로를 가져다 줄 것이다. (4) 노아뿐 아니라 그의 아내와 자녀들을 포함한 그의 가족 전체가 그와 함께 부르심을 받아 방주로 들어갔다. 주목하라. 경건한 사람의 가족에 속한다는 것은 좋은 일이다. 그런 그늘 아래 거하는 것이 안전하고 편안한 법이다. 노아의 아들 중에서 함은 후에 악인으로 밝혀지지만 그 역시 방주 속에서 구원받았는데, 이는 다음과 같은 점을 시사해준다. [1] 악한 자녀들이 그 경건한 부모로 말미암아 더 낫게 되는 일이 많다는 것. [2] 이 땅에는 아무리 훌륭한 집단이라도 악인과 선인이 뒤섞여 있으며, 따라서 그것을 이상하게 생각해서는 안 된다는 것. 노아의 가족 중에는 함이 있었고, 그리스도의 가족 중에는 유다가 있었다. (5) 노아를 부르신 이 부르심은 가엾은 죄인들을 부르는 복음의 부름의 모형이었다. 그리스도는 이미 예비된 방주이시므로 죽음과 심판이 올 때에 오직 그의 안에서만 우리가 안전할 수 있는 것이다. 이제 노래도, "오라, 오라"라고 하고, 말씀도 "오라"라고 하고, 목사들도 "오라"고 부르며, 성령께서도 "오라, 방주로 들어오라"라고 말씀하시는

것이다.

2. 이처럼 노아를 부르신 이유는 그의 순전함을 매우 귀하게 증언해 준다. **이 세대에서 네가 내 앞에 의로움을 내가 보았음이니라.** 관찰하라. (1) 하나님 앞에서 의로운 자들이 진정 의로운 자들이다. 사람들 앞에서 경건의 모양을 드러내며 의롭게 보일 뿐 아니라, 마음을 살피시며 따라서 사람들의 본질에 대해 속임을 당하는 법이 없으신 하나님께 경건의 능력을 보임으로써 친히 인정받는 자들이야말로 진정 의로운 자들이다. (2) 하나님은 그의 앞에서 의로운 자들을 돌아보시고 그들을 기뻐하신다. **내가 보았음이니라.** 악인이 가득한 세상에서 하나님은 한 사람 의인 노아를 보셨다. 그런 알곡이 오로지 하나뿐이나 버려져 있을 수가 없었다. 그것이 가라지 더미 속에 있다 해도, 결코 잃어버려지는 법이 없는 것이다. **주께서는 자기 백성을 아신다**(딤후 2:19). (3) 하나님은 친히 그를 증언하는 그 백성의 순전함을 속히 증언하실 것이다. 하나님이 그것을 천사들과 사람들 앞에서 선언하실 것이요 이것이 그들에게 불멸의 영예가 될 것이다. 긍휼하심을 받아 의로운 상태에 있는 자들은 그들이 의롭다는 증언도 얻게 될 것이다. (4) 악한 시대와 장소에서 선한 자들을 하나님께서 특별한 방식으로 기뻐하신다. 노아가 악하고 음란한 세대 속에서 의로웠기에 그의 의로움이 더욱 두드러졌던 것이다. (5) 전면적인 불법의 시대에 자신을 순결하게 지키는 자들은 전면적인 재난의 시대에 하나님께서 안전하게 지키실 것이다. 다른 사람들의 죄에 함께 가담하지 않는 자들은 그들의 심판에도 함께 가담하지 않게 될 것이다. 다른 사람들보다 나은 자들은 심지어 이생에서도 다른 사람들보다 안전할 것이요, 더 나은 법이다.

Ⅱ. 노아와 함께 방주에서 보존될 야생 짐승들에 관한 명령이 제시된다(2, 3절). 사람과는 달리 그 짐승들은 경고나 지시를 받을 능력이 없다. 이 점에서 사람은 **땅의 짐승들보다 더 많은 가르침을 받은 자요 하늘의 새들보다도 더욱 지혜로우며**, 통찰력을 부여받은 존재다. 그러므로 사람이 그 짐승들을 보호하고 다스릴 책임을 맡은 것이다. 그것들이 사람의 다스림 아래 있으니, 그의 보호를 받을 수밖에 없다. 사람이 모든 짐승 하나하나를 다 보존할 수는 없으나, 각 종류들은 조심스럽게 보존시켜서 어떤 종류도 피조 세계에서 완전히 멸망하는 일이 없도록 해야 했던 것이다. 여기서 관찰하라.

1. 하나님이 사람을 보살피시고 그에게 위로와 은덕을 베푸심. 노아 스스로

이 문제에 대해 고심한 흔적은 발견할 수가 없다. 그러나 하나님은 우리보다 훨씬 더 우리의 행복을 돌아보시는 것이다. 하나님께서는 옛 세상이 매우 악하여 그의 진노를 촉발시켰으며 또한 장차 올 새 세상도 별로 더 나을 게 없으리라는 것을 미리 아시면서도, 사람으로 하여금 사용하게 하기 위하여 야생 짐승들을 보존하고자 하신 것이다. 하나님께서 어찌 소들을 위하여 염려하심이냐?(고전 9:9). 오히려 사람을 위하여 그것들을 돌아보시고 염려하신 것이 아니냐?

2. 심지어 별 가치도 없고 유익도 없는 부정한 짐승들까지도 방주에서 보존되었다. 하나님의 따뜻한 긍휼하심은 지극히 탁월하고 유용한 것들만이 아니라 그의 지으신 모든 것들까지도 포괄하는 것이다.

3. 그러나 부정한 짐승보다는 정결한 짐승들이 더 많이 보존되었는데, 그 이유는, (1) 정결한 것들이 사람에게 가장 유용했기 때문이다. 그리하여 사람을 위해서 그것들이 더 많이 보존되었고, 지금도 그것들이 여전히 번식하고 있는 것이다. 사자들의 무리가 소의 무리보다 적고, 호랑이 떼가 양 떼보다 적다는 것에 대해 하나님께 감사하여야 마땅할 것이다. (2) 정결한 짐승들은 하나님께 드릴 희생 제사를 위한 것들이었기 때문이다. 그러므로 하나님을 존귀하게 하기 위하여 그 짐승들이 더 많이 보존되었다. 세 쌍은 번식을 위하여, 그리고 나머지 일곱 번째 한 마리는 희생 제사를 위하여 보존되었던 것이다(8:20). 하나님께서는 한 주간의 일곱 날을 분배하실 때처럼(엿새 동안 일하고, 하루를 안식일로 지키도록 하셨다) 이 땅의 것들도 여섯 대 하나로 우리에게 주신다. 그러므로 영적인 일에 있어서도 우리는 모든 일을 그를 위하여 행하여야 한다. 하나님의 존귀를 위해 드려지고 그를 섬기는 일에 사용되는 것은 특별히 복을 받고 늘어나는 것이다.

III. 하나님께서는 이제 홍수가 임박하였음을 주지시키신다. 지금부터 칠 일이면 내가 … 땅에 비를 내려(4절).

1. "지금부터 칠 일 후에 내가 그 일을 행하리라." 백이십 년이 다한 후에, 하나님께서는 칠 일을 더 연기하사, 그가 정말 화를 내기를 더디하시는 분이시고, 또한 징벌하는 일이 그의 정상적인 섭리가 아니라는 것을 보여주시며, 동시에 그들에게 회개할 여유를 조금 더 주시고자 하셨다. 그러나 이 모든 것이 허사였다. 사람들은 이 칠 일을 그냥 흘려보냈다. 그들은 홍수가 오는 그 날까지 계속해서 안일하게 죄에 빠져 있었던 것이다.

2. "내가 그 일을 행할 날이 지금부터 칠 일밖에 남지 않았느니라." 노아가 먼 장래에 올 심판에 대해 경고하는 동안, 그들은 회개를 천천히 해도 괜찮겠다는 생각을 가졌다. 그 심판이 한참 후에나 올 것이었기 때문이다. 그러나 지금 그는 그 일이 드디어 코앞에 닥쳤고, 이제 각성하여 그들의 평화에 속한 일들을 돌아볼 수 있는 여유가 한 주간밖에는 남지 않았고 그 이후에는 모든 것이 사라져버릴 것임을 말씀하라는 명령을 받는다. 그러나 죽음이 멀리 있다고 느끼는 건강한 시절에 영혼을 돌아보지 않던 자들은, 질병에 걸려 죽음이 다가오고 있는 그 칠 일 동안에도 여전히 무관심한 것이 보통이다. 그들의 마음이 죄의 간사함으로 인하여 더욱 완악해져 있기 때문이다.

5노아가 여호와께서 자기에게 명하신 대로 다 준행하였더라 6홍수가 땅에 있을 때
에 노아가 육백 세라 7노아는 아들들과 아내와 며느리들과 함께 홍수를 피하여 방
주에 들어갔고 8정결한 짐승과 부정한 짐승과 새와 땅에 기는 모든 것은 9하나님이
노아에게 명하신 대로 암수 둘씩 노아에게 나아와 방주로 들어갔으며 10칠 일 후에
홍수가 땅에 덮이니

노아는 하나님께서 주신 명령대로 기꺼이 순종하였다. 관찰하라.

1. 아직 홍수가 오리라는 징후가 전혀 보이지 않았고 구름도 없고 날씨가 계속해서 청명하고 맑았을 것이나, 노아는 홍수가 칠 일 후에 임하리라는 말씀을 듣고서 방주에 들어갔다. 홍수가 임할 것이라는 경고를 듣고서 믿음으로 방주를 건설한 것처럼, 홍수가 일어날 징후가 아직 보이지 않았음에도 불구하고 그는 홍수가 임박했다는 경고를 받고서 믿음으로 방주에 들어간 것이다. 그는 매 발걸음마다 보는 것으로 행하지 않고 믿음으로 행하였다. 이 칠 일 동안 그는 가족과 더불어 방주에 적응하는 기간으로 삼았고, 또한 각 짐승들을 각 방에 배치시키는 일을 했을 것으로 보인다. 그가 무관심한 이웃들에게 그렇게 오랜 기간 동안 전해온 눈에 보이는 설교가 이로써 끝마쳐졌다. 그의 그러한 노력이 허사가 되고 아무도 그 설교를 접하고 각성한 자가 없었으니, 이제 그들의 피가 그들의 머리에로 돌아갈 것이었다.

2. 노아는 온 가족을 데리고 함께 방주에 들어갔다. 그의 배필이요 위로였던 그의 아내(이후로는 그 아내에게서 자녀가 없었던 것으로 보인다)와 그의 아들

들과 며느리들을 데리고 들어갔는데, 이들로 말미암아 그의 가족이 보존될 뿐 아니라 인류의 세계가 이들에게서 나게 될 것이었다. 관찰하라. 사람들의 숫자가 그렇게 크게 줄어들었으므로 인류의 종족을 세상에 빨리 번식시키는 것이 매우 바람직하였을 것이나, 노아의 아들들은 모두 아내가 하나밖에는 없었다. 이는 한 남자가 여러 아내를 거니는 것이 합당치 않다는 논지를 강화시켜 주는 근거가 된다. 하나님이 옛 세상을 처음 지으셨을 때도 그랬거니와 이 새 세상의 시초부터도 그러했으니, 지금도 한 남자가 한 여자를 취하는 원리가 그대로 적용되는 것이다. 마 19:4, 8을 보라.

3. 야생 짐승들이 기꺼이 노아의 지시를 따라 방주로 들어갔다. 태초에 짐승들을 아담에게로 데려가 이름을 받게 하셨던 그 동일한 손길이 여기서는 그것들을 노아에게로 데려가 생명을 보존받게 하신 것이다. 소도 그 임자를 알았고, 나귀도 그 주인의 구유를 알고 있었고, 심지어 지극히 거친 짐승들도 그리로 몰려들었으나, 사람은 그 짐승들보다 더 짐승 같아져서 자신의 구원자를 알지도, 깨닫지도 못한 것이다(사 1:3).

11 노아가 육백 세 되던 해 둘째 달 곧 그 달 열이렛날이라 그 날에 큰 깊음의 샘들이
터지며 하늘의 창문들이 열려 12 사십 주야를 비가 땅에 쏟아졌더라

여기서 다음을 보라.

I. **이 크나큰 사건이 일어난 시기.** 이 이야기의 확실성을 높이기 위하여 이 시기가 조심스럽게 기록되어 있다.

1. 이 시기는 노아가 육백 세 되던 해였는데, 이는 조심스럽게 계산해 보면 창조 때부터 1656년 되던 해인 것으로 보인다. 옛 세상의 연도(年度)들은 거인들의 통치로 계산되지 않고, 족장들이 세상을 산 햇수로 계산된다. 하나님께는 왕들보다 성도들이 더 귀한 법이다. 의인은 영원히 기억되리로다(시 112:6). 이 때에 노아는 당시의 기준으로도 매우 늙은 노인이었다. 주목하라. (1) 우리가 이 세상에 살면 살수록 비참한 일들과 재난들을 더 많이 보게 된다. 그러므로 젊어서 죽는 것이 장차 올 모든 재앙을 눈으로 보지 않는 특권을 누리는 것으로 말씀한다(왕하 22:20). (2) 때로는 하나님께서 그의 늙은 종들을 극심한 시련을 당하게 하사 인내하고 순종하게 하신다. 그리스도의 군사들은 아무리 늙어도

죽음으로 인하여 면제되기 전까지는 영적 전투에서 면제되지 않는 법이다. 여전히 허리띠를 졸라매야 하고, 마치 그것을 벗은 것처럼 자랑해서는 안 될 것이다. 홍수의 연도가 기록되고 있듯이, 또한,

2. 홍수가 그 해 둘째 달 곧 그 달 열이렛날에 일어난 것으로 기록되고 있는데, 이때는 아마 11월 초 경이었던 것으로 여겨진다. 그러므로 노아는 방주에 들어가기 직전에 추수를 하였고, 그 곡식들을 방주에 들여놓은 후에 홍수가 임한 것이다.

II. 이 홍수와 함께 연루된 이차적 원인들. 관찰하라.

1. 노아가 방주에 들어가 완전히 준비를 마친 그 날 홍수가 시작되었다. 주목하라. (1) 황폐화시키는 심판들은 하나님께서 그의 백성들의 안전을 위하여 준비를 다 마치기 전에는 임하지 않는다. 네가 거기 이르기까지는 내가 아무 일도 행할 수 없노라(9:22). 그리고 하나님의 종들이 이마에 인침을 받기까지 바람이 불지 않도록 막으시는 것을 보게 된다(계 7:3). (2) 선인들이 사라지면 심판이 멀지 않았다. 그들은 다가올 악이 오기 전에 거두어 감을 당하는 것이다(사 57:1). 그들이 밀실에 들어가고 무덤 속에 감추어지고, 하늘에 감추어지고 난 후에야 비로소 하나님이 그의 처소에서 나오사 땅의 거민의 죄악을 벌하시는 것이다(사 26:20, 21).

2. 불경한 자들의 세상에게 멸망이 임한 그 운명의 날에 어떤 일이 일어났는가를 보라. (1) 그 날에 큰 깊음의 샘들이 터지며. 어쩌면 새로이 물을 창조할 필요가 없었을 것이다. 이미 하나님의 일상적인 섭리 과정에서 땅에 복을 주기 위해 이미 예비되어 있던 물들이 이제 놀라운 신적인 능력으로 땅을 멸망시키게 된 것이다. 하나님은 깊은 물을 곳간에 모아두셨는데(시 33:7), 이제 이 곳간을 깨뜨리신 것이다. 마치 우리 몸 속에 체액(體液)들이 있는데 하나님이 원하시면 이것들이 질병의 씨앗과 샘이 되듯이, 땅도 그 속에 물이 있어서 그것이 하나님의 명령에 따라 위로 솟구쳐 홍수를 일으킨 것이다. 창조 때에 하나님이 바닷물의 한계를 정하시고 문빗장을 지르셨고 물이 다시 돌아와 땅을 덮지 못하게 하셨었는데(시 104:9; 욥 38:9-11), 이제는 그 고대의 이정표들과 언덕들과 칸막이들을 제거하셨고, 그리하여 창조 때에 그랬던 것처럼(1:9) 바닷물들이 다시 돌아와 땅을 뒤덮은 것이다. 주목하라. 하나님이 오래 참으시는 동안 붙잡고 계신 그 제어 수단들을 제거하기만 하시면, 모든 피조물들이 기꺼이 죄

악된 인간을 대적하여 싸우며, 그 중 어떤 것이라도 능히 인간을 멸망시키는 도구가 될 수 있는 것이다. (2) 하늘의 창문들이 열려 궁창 위의 물이 아래의 세상으로 쏟아졌다. 하나님께서 환난 때와 교전과 전쟁의 날을 위하여 남겨두신 그 보화들이(욥 38:22, 33) 쏟아진 것이다. 비는 보통 방울로 떨어지는데, 그 때에는 시냇물처럼 쏟아졌다. 지금까지 본 가장 큰 소나기보다 훨씬 더 격렬하게 폭포수처럼 비가 쏟아져 내린 것이다. 하나님께서 물을 빽빽한 구름에 싸시나 그 밑의 구름이 찢어지지 아니한다고 말씀하는데(욥 26:8), 이때에는 물을 반치고 있던 구름이 찢어졌고, 그 엄청난 비의 양이나 줄기차게 내리는 면에서 역사상 전무후무한 큰 장맛비가 쏟아진 것이다. 대개는 두터운 구름이 싣고 있는 습기가 한계가 있어서 쏟아져 내리다가는 금방 멎는데(욥 37:11), 그 때에는 그 양이 끝이 없었다. 그런가 하면 비가 내린 다음에 다시 구름이 돌아와 비를 쏟아부었다. 신적인 능력으로 비구름들이 계속해서 새로 투입되어 비를 쏟아 부었고, 사십 주야를 쉬지도 않고 수그러들지도 않고 계속해서 비가 쏟아졌고(12절), 그것도 어느 한 도시나 한 지방에만이 아니라 온 지면에 동시에 그런 비가 쏟아진 것이다. 하나님은 엿새만에 세상을 지으셨다. 그러나 세상을 멸망시키는 데에는 사십 주야가 걸렸다. 그는 노하기를 더디하시기 때문이다. 그러나 멸망이 천천히 서서히 오긴 했으나, 결국 임하여 소기의 결과를 가져온 것이다.

3. 이러한 사실에서 다음을 배우라. (1) 모든 만물이 하나님의 처분대로 되며, 하나님은 자신의 기뻐하시는 뜻에 따라서, 엘리후가 비에 대해 말하는 것처럼, 혹은 징계를 위하여 혹은 땅을 위하여 혹은 긍휼을 위하여, 그것들을 사용하신다는 것(욥 37:12, 13). (2) 하나님은 우리의 밥상이 올무가 되게 하시는 경우가 많다는 것(시 69:22). 우리에게 보통 위로와 유익을 주는 것도, 하나님께서 뜻하시면 우리에게 큰 괴로움과 재앙이 된다. 땅의 샘물이든 하늘에서 내리는 빗물이든, 물처럼 필요하고 유익한 것도 없다. 그러나 그것처럼 해를 주고 그것처럼 파괴적인 것도 없다. 모든 피조물은 하나님께서 의도하시는 대로 우리에게 역사하는 것이다. (3) 하나님의 심판이 하나님의 의도대로 죄인들에게 임할 때에는 그 이로운 심판을 피할 길이 없다는 것. 하나님은 하늘과 땅 모두를 무장시켜 그들을 치실 수 있기 때문이다(욥 20:27). 하나님은 그의 진노의 사자들로 사람들을 에워싸실 수 있으므로, 사람이 위를 보아도 두려움과 놀라움

이 가득하며, 땅을 보아도 **환난과 흑암과 고통의 흑암뿐이다**(사 8:21, 22). 그러니 하나님께서 진노하실 때에 과연 누가 감히 그 앞에 설 수 있겠는가? (4) 옛 세상을 이렇게 물로 멸망시키신 일에서 하나님은 마지막으로 불로 세상을 멸하실 것에 대해 하나의 본보기를 보여주신 것이다. 사도는 이 둘을 서로 비교하여 말씀한다(벧후 3:6, 7). 땅 아래 물이 있듯이, 애트나(Aetna), 베수비우스(Vesuvius) 등의 화산(火山)들은 땅 아래 불도 있다는 것을 세상에 공포한다. 그리고 하늘로부터 불이 떨어지는 경우도 많다. 벼락을 통해서 수많은 황폐가 발생하기도 하는 것이다. 그러므로, 과거에 옛 세상에 깊음의 샘들과 하늘의 창문들을 통하여 옛 세상에 무서운 홍수가 일어났듯이, 미리 예정된 때가 되면 이 하늘 위의 불과 땅 아래의 불 가운데에서 땅과 거기에 속한 모든 것들이 불에 탈 것이다.

[13]곧 그 날에 노아와 그의 아들 셈, 함, 야벳과 노아의 아내와 세 며느리가 다 방주
로 들어갔고 [14]그들과 모든 들짐승이 그 종류대로, 모든 가축이 그 종류대로, 땅에
기는 모든 것이 그 종류대로, 모든 새가 그 종류대로, [15]무릇 생명의 기운이 있는 육
체가 둘씩 노아에게 나아와 방주로 들어갔으니 [16]들어간 것들은 모든 것의 암수라
하나님이 그에게 명하신 대로 들어가매 여호와께서 그를 들여보내고 문을 닫으시
니라

노아가 그의 가족들과 또한 보존하기 위해 선택된 짐승들과 더불어 방주에 들어간 일이 여기서 다시 반복되어 기술되고 있다.

I. 이렇게 반복 기술됨으로써 노아의 존귀함이 드러난다. 그의 믿음과 순종이 여기서 밝히 드러나며, 이로써 그가 선한 명성을 얻었으며, 또한 그가 하나님께로부터 큰 은혜를 입었으며 이 땅에 큰 복이 되었음이 나타난다.

II. 여기서 짐승들이 그 종류대로, 즉 창조 역사에서 사용된 표현에 따라(1:21-25) 짐승들이 그 종류대로 방주에 들어간 사실을 특별히 주목한다. 이는 태초에 창조된 짐승의 종류들이 여기서 구원을 받은 사실과 또한 이렇게 그들을 보존한 것이 하나의 새로운 창조였음을 시사한다. 놀라운 방식으로 생명이 보호받으니, 그것은 이를테면 새로운 생명인 것이다.

III. 짐승들 사이의 모든 적대적 자세들이 지금은 중단되었다. 또한 이리가

어린 양과 함께 살 정도로 맹수들이 순해졌고, 또한 사자가 소처럼 풀을 먹을 정도로 그 성정이 바뀌었으나(사 11:6, 7), 이 일이 지나고 나면, 짐승들을 향한 신적인 억제력이 물러질 것이고 결국 그 짐승들이 본래의 성정을 그대로 드러내게 될 것이었다. 방주가 그들의 본성을 바꾸어 놓은 것이 아니기 때문이다. 교회 안에 있는 외식자들도 겉으로는 그 방주의 법도에 따르지만 전혀 변화가 없을 수도 있으며, 결국 언젠가는 그들의 본색이 드러나게 될 것이다.

Ⅳ. **여호와께서 그를 들여보내고 문을 닫으셨다는 사실이 덧붙여진다**(16절). 노아가 하나님께 계속 순종하였듯이, 하나님은 노아를 계속 보살피셨다. 그리고 여기서 그의 매우 특별한 보살피심이 드러난다. 문을 닫음으로써 그와 바깥세상의 모든 것들 사이에 칸막이가 세워지는 것이었다. 하나님께서 문을 닫으신 것은, 1. 그를 방주에 안전하게 보호하기 위함이었다. 물이 스며들어 방주가 가라앉는 일이 없도록, 혹은 바깥의 것들이 방주를 부수지 못하도록, 문을 단단히 잠가 두어야 했다. 하나님은 이렇듯 노아를 아끼셨고, 그의 특별한 소유로 삼으신 것이다(말 3:17). 2. 다른 모든 사람들을 바깥에 두사 영원토록 내어버리기 위함이었다. 지금까지는 방주의 문이 열려 있어서, 마지막 칠 일 동안에라도 누구든지 돌이키고 믿는 자가 있으면 모르긴 몰라도 방주에 얼마든지 들어가도록 허용되었을 것이다. 그러나 이제 그 문이 닫혔고, 바깥의 사람들에게는 그리로 들어갈 소망이 완전히 끊어졌다. 하나님이 닫으시면 열 사람이 없는 것이다(계 3:7).

Ⅴ. **노아가 방주에 보존된 사실에서 우리의 복음적 의무와 특권에 대해 많은 것을 보게 된다.** 사도가 그것을 우리의 세례의 모형으로, 즉 우리의 기독교 신앙의 모형으로 삼기 때문이다(벧전 3:20, 21). 그러므로 관찰하라.

1. 그리스도를 믿는 살아 있는 믿음으로 복음의 부르심에 순종하여, 하나님께서 가련한 죄인들을 위하여 예비하신 그 구원의 길로 나아오는 것이 우리의 큰 의무다. 노아는 방주에 들어오면서 그의 집과 땅을 다 버렸다. 그러므로 우리도 우리 자신의 의와 우리가 지닌 소유들이 그리스도와 다투게 되면, 그것들을 버려야 한다. 노아는 새 세상을 위하여 보존받기 위하여, 잠시 동안 방주 속에 갇히는 불편함을 견뎠다. 그러므로 구원받기 위하여 그리스도께로 나아오는 자들은 자기를 부인하고 고난과 섬김을 감당하여야 한다.

2. 방주에 들어오는 자들은 선한 가르침과 설득을 통해서, 또한 선한 모범을

보임으로써 할 수 있는 대로 많은 이들을 함께 데리고 와야 한다. 노아가 자기 아내를 구원했듯이, 남편 된 자여 네가 네 아내를 구원할는지 어찌 알 수 있으리요?(고전 7:16). 그리스도께서는 아무리 많은 사람이 와도 얼마든지 다 영접하실 수 있다.

3. 하나님께서는 방주이신 그리스도께 믿음으로 들어오는 자를 그 속에 두시고 문을 닫으셔서 능력으로 견고히 보호하신다(벧전 1:5). 아담은 하나님께서 낙원에 두셨으나 그 문을 닫지 않으셨고, 그리하여 아담이 스스로 바깥으로 던져졌다. 그러나 노아를 방주 속에 들이실 때에는 문을 닫아두셨다. 이와 마찬가지로 영혼을 그리스도께로 데려가실 때에는 하나님께서 그 영혼의 구원을 보장하신다. 우리 자신이 그 구원을 지켜가는 것이 아니라 중보자의 손 안에서 그 구원이 지켜지는 것이다.

4. 긍휼의 문이 그것을 가볍게 여기는 자들을 바깥에 둔 채 속히 닫힐 것이다. 그러므로 문을 두드리라 그리하면 너희에게 열릴 것이라(마 7:7). 그러나 문이 아주 닫혀서 열리지 않을 때가 올 것이다(눅 13:25).

17홍수가 땅에 사십 일 동안 계속된지라 물이 많아져 방주가 땅에서 떠올랐고 18물
이 더 많아져 땅에 넘치매 방주가 물 위에 떠 다녔으며 19물이 땅에 더욱 넘치매 천
하의 높은 산이 다 잠겼더니 20물이 불어서 십오 규빗이나 오르니 산들이 잠긴지라

여기서 다음을 보게 된다.

I. **홍수로 인하여 계속해서 물이 불어난 기간**. 사십 일 동안(17절). 속된 세상은 홍수가 올 것이라는 것을 믿지 않았었고, 홍수가 왔을 때에도 금방 그칠 것이고 결코 재난이 오지 않을 것이라고 스스로 자위하였을 것이다. 그러나 홍수가 연일 계속되어 물이 늘어나 땅에 가득하게 되었다. 주목하라. 1. 하나님께서 심판하시면 반드시 그가 이기신다. 그는 한번 시작하시면 끝을 보신다. 심판에서나 긍휼에서나 그의 길은 완전한 것이다. 2. 죄인들을 회개하도록 이끌기 위하여 하나님의 심판이 더디게 점진적으로 다가오나, 사람들이 교만하여 그것을 빌미로 오히려 더 완악하게 되는 경우가 허다하다.

II. **물이 불어난 정도** 물이 땅에 넘치고 낮은 언덕들이 다 잠긴 것은 물론, 아무도 재난을 피하지 못하도록 천하의 높은 산이 다 잠겼다. 산꼭대기에서 십

오 규빗, 즉 7미터나 넘쳤다. 그러므로 작은 산들과 큰 산 위에서 떠드는 것은 참으로 헛된 일이다(렘 3:23). 하나님의 피조물들이 아무리 높다 할지라도 그의 능력이 그 꼭대기까지 다 잠기게 하실 수 있으며, 또한 그들이 아무리 교만하게 행한다 할지라도 하나님이 그들보다 위에 계시다는 것을 그들로 깨닫게 하실 것이다. 산꼭대기들이 물의 강력한 힘으로 쓸려내렸을 것이고, 결국 물이 그 위에 가득 차게 되었을 것이다. 하나님이 물을 보내신즉 곧 땅을 뒤집는다고 말씀한다(욥 12:15). 물들이 땅에 넘칠 뿐 아니라 땅을 뒤집어엎은 것이다. 이렇게 해서 거짓의 피난처가 쓸려내렸고, 죄인들의 은신처에 물이 넘쳤으므로(사 28:17), 안전을 찾고자 그리로 달려가도 전혀 소용이 없었다(계 6:16). 산들이 떠나며 언덕들은 옮겨질지라도 화평의 언약은 흔들리지 않는다(사 54:10). 하나님의 심판이 닿지 못할 만큼 높은 곳은 이 땅에 없다(렘 49:16; 옵 3, 4). 하나님의 손이 모든 원수들을 찾아낼 것이다(시 21:8). 여기서 산꼭대기가 얼마나 깊이 잠겼는지를 정확히 기술하고 있는데(십오 규빗), 이는 노아가 다림줄을 놓아 잰 것이 아니라, 물의 분량을 정하시는 하나님의 지식에 근거한 것이다(욥 28:25).

III. 물이 불어남으로써 노아의 방주에 미쳐진 결과. 방주가 땅에서 떠올랐고(17절), 결국 물 위에 떠다니게 되었다(18절). 다른 모든 건축물들이 물에 파괴되어 수장되었으나, 방주는 안전하게 보존되었다. 관찰하라. 1. 다른 모든 것들을 무너뜨린 물이 유독 방주만은 보존시켰다. 불신자에게는 사망에 이르는 냄새인 것이 믿는 자들에게는 생명에 이르는 냄새인 것이다. 2. 물이 불어날수록 방주가 하늘을 향하여 더 높이 떠올랐다. 결국 거룩한 환난은 영적인 전진을 가져온다. 괴로움이 가득할 때에 더 충만한 위로가 임하는 것이다.

21땅 위에 움직이는 생물이 다 죽었으니 곧 새와 가축과 들짐승과 땅에 기는 모든
것과 모든 사람이라 22육지에 있어 그 코에 생명의 기운의 숨이 있는 것은 다 죽었
더라 23지면의 모든 생물을 쓸어버리시니 곧 사람과 가축과 기는 것과 공중의 새까
지라 이들은 땅에서 쓸어버림을 당하였으되 오직 노아와 그와 함께 방주에 있던
자들만 남았더라 24물이 백오십 일을 땅에 넘쳤더라

I. 홍수로 인하여 모든 생물이 다 멸절됨. 와서 여호와의 행적을 볼지어다 그

가 땅을 황무지로 만드셨도다(시 46:8). 사망이 세상에 처음 들어온 이후 오늘날까지 그것이 그 때만큼 승리를 거둔 적이 없었다. 와서 사망이 청황색 말을 타고 오는 것과, 음부가 그 뒤를 따르는 것을 보라(계 6:7, 8).

1. 방주에 있는 것들을 제외하고 새와 가축과 들짐승과 땅에 기는 모든 것들이 다 죽었다. 이 사실이 계속 반복되는 것을 보라. 생물이 다 죽었으니(21절), 코에 생명의 기운의 숨이 있는 것은 다 죽었더라(22절), 지면의 모든 생물을 쓸어버리시니(23절). 어째서 그렇게 되었을까? 악을 행한 것은 사람일 뿐이었으니, 사람에게 하나님의 진노의 손길이 임하는 것은 정당한 일이다. 그런데, 이 양 무리는 무엇을 행하였나이까?(삼하 24:17). 이에 대한 답변은,

(1) 하나님께서 그것들을 잘못 대하신 것이 아니라는 것이 확실하다. 그는 모든 생명의 유일한 근원이시요 주인이시며, 따라서 그것들을 완전히 주관하시는 주(主)시다. 자신의 기뻐하시는 뜻에 따라 그것들을 지으셨으니, 그의 기뻐하시는 뜻이 계시면 그것들을 얼마든지 무(無)로 돌리실 수도 있다. 누가 감히 그에게 지금 무엇을 하시나이까? 라고 주장하겠는가? 그가 자신의 기뻐하시는 뜻대로 창조하신 자신의 소유물을 그의 뜻대로 처리하실 수 없겠는가?

(2) 하나님께서는 그 생물을 창조하실 때는 물론 그것들을 멸절시키실 때에도 그 자신의 영광을 높이 드러내셨다. 그의 거룩하심과 그의 정의가 여기서도 크게 높임을 받은 것이다. 이로써, 그가 죄를 미워하신다는 것과 죄인들을 크게 불쾌히 여기신다는 것이 드러난 것이다. 사람의 종과 소유물인 그 열등한 생물들까지도 그것들이 사람들에 의해 남용되어 죄의 종들이 되었으니 사람과 함께 멸망하는 것이 지극히 정당한 일이었다. 이로써 하나님의 심판이 더욱 뚜렷해지며, 더욱 처절해지며, 결국 하나님의 진노와 복수가 더욱 명확히 드러난 것이다. 짐승들의 멸망은 썩어짐의 종노릇하는 데에서 구원받는 길이었다. 온 피조물 전체가 지금 그 구원을 바라며 탄식하고 있다(롬 8:21, 22). 그것은 또한 하나님의 지혜의 소산이었다. 사람이 지음 받을 때에 그를 위하여 짐승들도 지음 받았고, 사람이 증가함에 따라서 그 짐승들도 증가했다. 그런데 지금 인류 중 극소수만이 살아남게 되었으니 짐승들도 그에 따라 숫자가 줄어드는 것이 적절했다. 그렇지 않으면 그것들이 땅에 가득하여 인류의 남은 자들이 그것들에게 완전히 눌려버리게 될 것이었다. 다른 경우에서 하나님께서 이 점을 고려하시는 것을 보라. 그 땅이 황폐하게 됨으로 들짐승이 번성하여 너희를 해할까

하여 일 년 안에는 그들을 네 앞에서 쫓아내지 아니하고(출 23:29).

2. 세상의 모든 남자와 여자와 어린아이들이(방주에 있는 자들을 제외하고) 다 죽었다. 모든 사람(21, 23절). 오늘날 지구의 인구만큼이나 많은(그보다 더 많지는 않아도) 숫자가 죽었을 것이다.

(1) 사람들이 무서운 홍수가 밀려오는 것을 보고 얼마나 큰 두려움과 공포에 사로잡혔을지 쉽게 상상할 수 있다. 우리 주님은 홍수가 오던 그 날까지 그들이 먹고 마셨다고 말씀하신다(눅 17:26, 27). 그들은 안일함과 관능적인 쾌락에 빠져 있는 상태에서 물에 빠져 죽었다. 그들은 스스로 평화로다 평화로다 라고 외치며, 하나님의 모든 경고들에 대해 귀와 눈을 막고 있었다. 이런 상태에서 죽음이 찾아왔으니, 깜짝 놀랄 수밖에 없었다(삼상 30:16, 17). 얼마나 놀랐을까! 도저히 믿거나 두려워하지 않으려 한 일을 눈으로 보고 느끼게 되었고, 자기들의 어리석음을 깨닫게 되었으나, 너무 때가 늦었다. 이제는 아무리 눈물을 흘리며 돌이키려 해도 소용이 없었다.

(2) 그들은 목숨을 보존키 위해 가능한 수단과 방법을 다 강구하였으나 모든 것이 허사였을 것이다. 어떤 이들은 나무 꼭대기에나 산꼭대기에 올라가 얼마간 공포에서 숨을 돌릴 수 있었을 것이다. 그러나 마침내 홍수가 거기까지 이르렀고, 그들도 꼼짝없이 죽고 말았다. 어떤 이들은 방주에 기어오르기도 했을 것이다. 그렇게 오랫동안 방주를 조롱해왔으나, 결국 거기에 매달리면 안전할 수 있으리라는 희망을 가졌을 것이다. 어쩌면 방주 꼭대기에까지 올라가서 거기서 목숨을 부지하고자 한 사람도 있었을 것이다. 그러나 거기서 양식이 없어 굶어죽거나 아니면 빗물에 씻겨서 갑판에서 쓸려나가 멸망하고 말았을 것이다. 또 어떤 이들은 노아가 혹시 방주에 들어가게 해줄까 하는 희망으로 그에게 간청했을지도 모른다. 우리는 당신 앞에서 먹고 마셨으며 당신은 또한 우리를 길거리에서 가르치지 않았느냐? 이에 대해 노아는 이렇게 대답했을지도 모른다. "그렇다, 내가 여러 차례 가르쳤으나 전혀 효과가 없었다. 내가 불렀으나 너희가 듣기 싫어하였고 도리어 나의 모든 교훈을 멸시하며 나의 책망을 받지 아니하였은즉(잠 1:24, 25), 이제는 내가 너희를 도울 힘이 없도다. 하나님이 문을 닫으셨으니 내가 열 수 없느니라." 마지막 큰 날에도 이와 같을 것이다. 겉으로 드러나는 행위로 높이 올라가도, 선한 백성들과의 친분을 내세워도, 그것으로 천국에 이르지 못할 것이다(마 7:22; 25:8, 9). 방주이신 그리스도 안에 있지 않은 자들

은 분명 망한 것이요, 영원토록 망하게 될 것이다. 구원 그 자체가 그들을 구원하지 못하는 것이다. 사 10:3을 보라.

(3) 그 홍수에서 멸망한 자들 중에는 방주를 건설하는 일에 고용되어 노아를 도왔던 자들도 있었을 것이라 생각할 수 있다. 그러나 그들은 회개를 통해서 방주 안에 자리를 확보할 만큼은 지혜롭지 못했다. 그러므로 악한 목사들이 다른 사람들이 천국에 들어가도록 그들을 돕는 도구의 역할을 했다 할지라도, 그들 자신은 곧바로 지옥으로 떨어지고 말 것이다.

여기서 잠시 멈추고 이 끔찍한 심판을 생각해 보자! 이 엄청난 파멸의 공포를 마음으로 묵상해 보자. **살아 계신 하나님의 손에 빠져 들어가는 것이 무서울진저**(히 10:31). **주께서 한 번 노하실 때에 누가 주의 목전에 서리이까?**(시 76:7). 하나님을 버리는 것이 악이요 고통임을 똑바로 바라보자. 처음이든 나중이든, 회개가 없이는 죄인들의 죄가 바로 그들의 패망이 될 것이다. 하나님이 참되실진대, 반드시 그렇게 될 것이다. **피차 손을 잡을지라도 벌을 면하지 못하리라**(잠 16:5). 의로우신 하나님은 불경한 세상을 홍수로 멸하시는 법을 알고 계시는 것이다(벧후 2:5). 엘리바스는 무관심한 세상에게 주는 한결같은 경고로 이 홍수의 이야기를 제시하고 있다. **네가 악인이 밟던 옛적 길을 지키려느냐 그들은 때가 이르기 전에 끊겨버렸고 그들의 터는 강물로 말미암아 함몰되었느니라**(욥 22:15, 16).

II. 노아와 그의 가족들이 보존됨. **오직 노아와 그와 함께 방주에 있던 자들만 남았더라**(23절). 관찰하라.

1. 노아가 살아 남는다. 수많은 무리들이 그의 좌우에서 넘어지나 그는 정의의 기념비였고, 자비의 기념비였다. 그는 악인들의 보응을 똑똑히 보았다(시 91:7, 8). 홍수가 범람해도 그들은 그에게 가까이 나아오지 않았다(시 32:6). 하나님께서 오래 참으심으로 기다리시는 동안, 노아는 나아가 복음을 전할 뿐 아니라, 그 악한 세상이 돌이켜 하나님의 진노를 피하게 되기를 위해 기도했을 것이다. 그러나 그의 기도는 그에게로 되돌아왔고, 그가 그 진노를 피하는 것으로 응답된다. **비록 노아, 다니엘, 욥, 이 세 사람이 거기 있을지라도 그들은 자기의 생명만 건지리라**(겔 14:14)는 말씀이 이것을 명확히 보여준다. 남을 위하여 간구하는 자들에게 존귀의 표지가 베풀어질 것이다.

2. 노아는 단지 살아 남는다. 노아가 살아 남으며, 이것이 전부다. 그는 결과

적으로 산 채로 묻힌다. 쏟아지는 비와 불어나는 홍수에 대한 공포와, 또한 죽어가는 이웃들의 비명과 울부짖음 등 홍수로 인한 재난의 처참한 것들로 인해 마음이 완전히 압도된 상태로 밀실 공간 속에 갇히는 것이다. 그러나 그는 자신이 의무를 이행하는 중이요 또한 구원의 길에 있다는 사실로 위로를 삼는다. 그리고 하나님의 말씀은, 모든 것을 멸망시키는 심판이 사방에 가득할 때에 우리 스스로 무슨 큰일이나 유쾌한 것들을 찾아서는 안 되고, 우리의 생명이 먹이가 주어지듯 우리에게 주어진 것만으로도 말할 수 없는 은혜로 여겨야 한다는 것을 가르쳐 주는 것이다(렘 45:4, 5).

제 — 8 — 장

개요

앞 장 말미에서 우리는 세상이 멸망의 상태에 있고 교회가 곤경 중에 있는 상태를 접하였다. 그러나 본 장에서는 세상이 복구되고 교회가 증대되는 것을 접하게 된다. 이제 장면이 바뀌고 또 다른 면이 우리에게 제시되기 시작하며, 앞에서 그렇게도 캄캄하게 드리웠던 그 구름의 밝은 면이 모습을 드러내는 것이다. 하나님께서 오래 싸우시나, 영원토록 싸우지는 않으시며, 항상 진노만을 발하지도 않으실 것이기 때문이다. 본 장에는 다음과 같은 내용이 제시되어 있다. I. 물이 빠지고 뭍이 드러나 다시 점차적으로 땅이 새로워짐. 1. 물이 늘어나는 일이 멈춤(1, 2절). 2. 물이 눈에 띄게 줄어듦(3절). 3. 물이 줄어든지 십육 일 후에 방주가 땅에 닿음(4절). 4. 그후 육십 일 동안 물이 줄어든 후에 산봉우리들이 수면 위로 드러남(5절). 5. 다시 사십 일 동안 물이 줄어들었고 이십 일 후에 산들이 나타남. 노아가 상황 점검 차 까마귀와 비둘기를 내어보냄(6-12절). 6. 산봉우리들이 드러난 지 두 달 후에 물이 사라지고 지면이 마름(13절). 그러나 그로부터 거의 두 달 후에야 비로소 사람이 살기에 적절할 만큼 마름(14절). II. 사람이 새로이 땅 위에 있게 됨. 1. 노아가 방주에서 나옴(15-19절). 2. 노아가 하나님께 감사의 제사를 드림(20절). 3. 하나님이 그의 제사를 받으시고 다시는 세상을 홍수로 멸하지 않으시겠다는 약속을 주심(21, 22절). 이리하여 마침내 긍휼하심이 심판을 뒤로 하고 기뻐함.

[1]하나님이 노아와 그와 함께 방주에 있는 모든 들짐승과 가축을 기억하사 하나님이
바람을 땅 위에 불게 하시매 물이 줄어들었고 [2]깊음의 샘과 하늘의 창문이 닫히고
하늘에서 비가 그치매 [3]물이 땅에서 물러가고 점점 물러가서 백오십 일 후에 줄어
들고

여기서 다음을 보라.

I. **하나님의 은혜의 행위.** 하나님이 노아와 그와 함께 있는 모든 들짐승과 가축을 기억하사. 이것은 사람의 예에 따른 표현이다. 하나님은 그의 피조물 가운데

어느 하나도 잊지 않으시며(눅 12:6), 더욱이 그의 백성은 한 사람도 잊으시는 법이 없다(사 49:15, 16). 그러나,

1. 노아와 그의 가족을 제외한 인류 전체는 이제 멸절되었고, 망각의 땅에 던져졌으니 더 이상 기억할 것이 없었다. 그러므로 하나님이 노아를 기억하셨다는 것은 인류를 향한 그의 긍휼하심이 회복되었음을 의미한다. 이것은 이례적인 표현이다. 내 노가 다한즉 그들을 향한 분이 풀려서 내 마음이 가라앉으리라(겔 5:13). 신적인 정의의 요구가 그 죄인들의 멸망으로 부응되었으므로, 그가 대적들을 향하여 마음을 편하게 하셨고(사 1:24), 또한 그의 영이 쉬셨으며(슥 6:8). 이제 노아와 그와 함께 있는 모든 들짐승과 가축을 기억하신 것이다. 곧, 진노 중에서도 긍휼을 기억하신 것이요(합 3:2), 옛적의 때를 기억하신 것이요(사 63:11), 거룩한 후손을 기억하셨고, 그리고 노아를 기억하신 것이다.

2. 노아가 여호와 앞에서 은혜를 입은 자였으나 그 스스로 자신이 방주에서 잊힌 것 같다는 생각이 들기 시작한 것 같다. 왜냐하면 하나님께서는 얼마나 오래 그를 거기에 가두어 두시고 언제 거기서 나오게 하시겠다는 말씀을 하신 일이 없기 때문이다. 지극히 선한 하나님의 백성도 때로는 자신이 하나님께 잊혔다는 생각을 하게 될 수도 있고, 특히 그들이 극심한 환난을 오래 당하는 중에는 더욱 그렇다. 어쩌면 노아도, 물론 위대한 신앙을 지닌 그였으나, 홍수가 자신이 예상한 것보다 훨씬 더 오래 끌자 자신을 방주에 있게 하신 하나님께서 그를 계속 거기에 가두어 두시는 것이 아닌가 하는 두려움이 생겼고, 그리하여, 주께서 언제까지 저를 잊으시리이까? 라고 탄원하기 시작한 것이다. 그러나 드디어 하나님은 다시 그에게 긍휼을 베푸셨고, 이것을 그를 기억하셨다는 말로 표현한 것이다. 주목하라. 하나님을 기억하는 자들은 아무리 그들의 처지가 괴롭고 힘들다 할지라도 반드시 하나님의 기억하심을 입을 것이다. 그가 그들을 위하여 때를 정해 놓으셨으니, 그 때가 이르면 그가 그들을 기억하실 것이다(욥 14:13).

3. 노아와 더불어 하나님은 모든 짐승들을 기억하셨다. 물론 그는 사람을 특별히 기뻐하시나, 그가 지으신 모든 것들을 기뻐하시고 아무것도 미워하지 않으시기 때문이다. 하나님은 그의 백성의 신변은 물론 그들의 소유물까지도, 그들에게 속한 모든 것들까지도, 특별히 보살피신다. 그는 니느웨의 가축까지도 돌아보셨다(욘 4:11).

Ⅱ. 바람과 물을 다스리시는 하나님의 권능의 행위. 사람은 그것들에 대해 속수무책이나 그는 그것들을 완전히 다스리신다.

1. 그가 홍수를 그치게 하시고자 바람에게 명하여 불라 하시니 그대로 이루어졌다. **하나님이 바람을 땅 위에 불게 하시매.** 여기서 보라. (1) 하나님이 노아를 기억하심은 곧 그를 안위하심이었다. 주목하라. 하나님께서는 기억하시되 유익을 위하여 효력 있게 기억하신다. 그는 우리를 기억하사 우리를 구원하시며, 그리하여 우리로 그를 기억하고 섬기게 하시는 것이다. (2) 하나님이 바람에 대해 주권적인 권세를 지니고 계시다. 그는 그것을 그 장중에 모으시며(잠 30:4) 그의 곳간에서 내신다(시 135:7). 그의 기뻐하시는 뜻에 따라 아무 때나, 어디든지, 어떤 목적으로든 그것을 보내시며, 심지어 광풍이라도 그의 말씀을 따르는 것이다(시 148:8). 홍수물이 불어나는 동안에는 바람이 없었던 것으로 보인다. 바람이 불었다면 방주가 심하게 요동했을 것이다. 그런데 이제 바람이 불어도 문제가 없을 때가 되자 하나님이 바람을 불게 하신 것이다. 아마도 그 바람은 북풍이었을 것이다. 그것이 비를 몰아갔으니 말이다. 그러나 그것은 땅을 마르게 하는 바람이었다. 하나님께서 이스라엘 앞에서 홍해를 가르실 때에 보내신 것과 같은 그런 바람이었다(출 14:21).

2. 그가 물을 명하여 오라 하시니 물이 왔다. (1) 원인을 제거하셨다. 그가 그 물의 샘들을, 곧 **깊음의 샘과 하늘의 창문을** 닫으셨다. 주목하라. [1] 하나님이 문을 여는 열쇠를 갖고 계시니, 또한 다시 닫아걸고, 원인을 중단시키심으로써 심판의 진전을 막는 열쇠도 갖고 계신 것이다. 그러므로 황폐를 일으킨 바로 그 동일한 손길이 구원을 가져오는 것이요, 우리는 언제나 그 손을 바라보아야 할 것이다. 오직 상처를 주시는 그분만이 그 상처를 치유하실 수 있는 것이다. 욥 12:14, 15을 보라. [2] 죽이는 일이든 고치는 일이든 간에 그 소기의 목적을 다하면, 환난은 물러간다. 하나님의 말씀은 헛되이 되돌아오는 법이 없다(사 55:10, 11). (2) 이어서 효과가 중지되었다. 그러나 즉시가 아니라 점차적으로 중지되었다. **물이 줄어들었고**(1절), 계속해서 땅에서 물러갔는데(3절), 이는 점차적으로 물이 빠진 것을 의미한다. 태양의 열기가 상당량을 증발시켰고, 또한 지하의 동굴들이 물을 스며들게 했다. 주목하라. 땅이 하루 만에 완전히 물로 가득 찬 것이 아니었으니, 하루 만에 다 마르지도 않았다. 창조 때에는 땅을 뒤덮고 있는 물을 땅에서 물러가게 하여 뭍이 드러나게 하는 일이 단 하루 만에

이루어졌다. 아니, 반나절밖에 걸리지 않았다(1:9, 10). 그러나, 창조의 역사가 완결된 상태에서 일어난 이 섭리의 역사는 제이차적 원인들에 영향을 받아 이루어졌으나, 거기에 역시 하나님의 전능하신 능력이 함께 하여 그 일을 이루신 것이다. 하나님께서는 대개 그의 백성을 구원하는 역사를 점진적으로 행하셔서 작은 일의 날을 멸시하지 않게 하고, 큰 일의 날에 대해 절망하지 않게 하시는 것이다(슥 4:10; 잠 4:18).

4일곱째 달 곧 그 달 열이렛날에 방주가 아라랏 산에 머물렀으며 5물이 점점 줄어들어 열째 달 곧 그 달 초하룻날에 산들의 봉우리가 보였더라

여기서 우리는 물이 물러감으로써 생긴 결과들과 그 증거들을 보게 된다.

1. 방주가 땅에 닿았다. 이는 노아에게 다소간 만족을 주었다. 그가 거하는 방주가 든든한 기초 위에 서 있어서 더 이상 움직이지 않는 것을 느꼈다. 방주가 안착하게 된 것은 노아가 지혜로 이룬 것이 아니라(그는 방주를 조종하시 않았다) 하나님의 지혜롭고 은혜로우신 섭리로 이루어진 것이다. 주목하라. 하나님께서는 그의 백성이 이리저리 흔들림을 당한 뒤에 쉼을 누릴 때와 장소를 마련해 두고 계신다. 그들이 스스로 만들 수도 없고 미리 예상할 능력도 없으나, 하나님께서 가장 적절한 때에 편안한 쉼을 허락하시는 것이다. 교회라는 방주는 때때로 광풍에 휘몰려 이리저리 요동하기도 하나(사 54:11), 평안하여 든든히 서는 때가 오는 것이다(행 9:31).

2. 산봉우리들이 마치 작은 섬들처럼 수면 위로 보였다. 노아와 그의 아들들이 그것들을 보았을 것이다. 그것들을 볼 사람이 그들밖에는 없었으니 말이다. 그들은 아마도 날마다 방주의 창문 바깥을 바라보았을 것이다. 마치 오랜 동안의 힘겨운 항해 후에 혹시 육지를 발견할까 하여 애타는 마음으로 사방을 살피는 것처럼, 혹은 선지자의 사환처럼 말이다(왕상 18:43, 44). 그런데 드디어 육지가 시야에 들어왔고, 그리하여 그 발견한 날을 항해 일지에 기록한 것이다. 그들은 방주가 뭍에 닿는 것을 느낀 후 사십일 만에 산봉우리를 보았다. 라이트푸트 박사의 추정에 따르면, 물이 일정한 비율로 빠졌다면 방주가 뭍에 닿았을 때에 물의 깊이가 십일 규빗이었을 것이라고 한다.

[6]사십 일을 지나서 노아가 그 방주에 낸 창문을 열고 [7]까마귀를 내놓으매 까마귀가
물이 땅에서 마르기까지 날아 왕래하였더라 [8]그가 또 비둘기를 내놓아 지면에서
물이 줄어들었는지를 알고자 하매 [9]온 지면에 물이 있으므로 비둘기가 발 붙일 곳
을 찾지 못하고 방주로 돌아와 그에게로 오는지라 그가 손을 내밀어 방주 안 자기
에게로 받아들이고 [10]또 칠 일을 기다려 다시 비둘기를 방주에서 내놓으매 [11]저녁때
에 비둘기가 그에게로 돌아왔는데 그 입에 감람나무 새 잎사귀가 있는지라 이에
노아가 땅에 물이 줄어든 줄을 알았으며 [12]또 칠 일을 기다려 비둘기를 내놓으매 다
시는 그에게로 돌아오지 아니하였더라

여기서는 노아가 바깥의 상황을 알아보기 위하여 까마귀와 비둘기를 내어보낸 이야기가 기록되어 있다. 여기서 관찰하라.

I. 홍수가 올 것에 대해서는 하나님께서 구체적으로 그 날짜까지 노아에게 알려 주셨으나(7:4), 그 상황이 종결되는 것에 대해서는 그 시기나 그 방법에 대해서 아무런 구체적인 계시를 주지 않으셨다.

1. 홍수가 오기 전에는 방주를 예비하고 그런 상황에 미리 대처하기 위해 그것에 대해 미리 아는 것이 필요했으나, 홍수가 종결되는 것에 대해서 미리 알게 되면 그의 호기심만 만족시킬 뿐이었고, 그의 믿음과 인내가 발휘되기 위해서는 오히려 그것에 대한 내용이 감추어질 필요가 있었기 때문이다.

2. 홍수가 오는 것은 오로지 계시를 통해서만 알 수 있는 것이었고 도저히 미리 예측할 수가 없는 것이었다. 그러나 홍수가 종결되는 것은 일상적인 수단을 통해서 물이 빠지는 상황을 알 수가 있었고, 그리하여 하나님께서는 그의 기뻐하시는 뜻대로 노아로 하여금 그런 수단들을 사용하게 하신 것이다.

II. 노아가 믿음으로 모든 상황의 종결을 기대했고 인내로 그것을 기다렸으나, 그 일에 대해서 조바심이 있었다. 그렇게 오랜 동안 갇혀 지내는 사람이 해방되기를 사모하며 조바심을 내듯이 말이다. 주목하라. 괴로움에서 벗어나기를 바라며 그것을 진지하게 기대하며 그것에 대해 궁금해 하는 것은 순전한 믿음과 인내로 나아가는 자들에게 정상적으로 있는 것이다. 믿는 이는 하나님 앞에서 달리는 데에는 다급하게 되지 아니하나, 나아가 그를 만나러 나아가는 데에는 다급한 법이다(사 28:16). 구체적인 내용을 살펴보자.

1. 노아는 방주에 낸 창문으로 까마귀 한 마리를 내보냈는데, 그것이 왕래하

였다. 즉, 물 위에 떠다니는 시체를 뜯어먹으며 이리저리 날아다니다가 방주로 다시 돌아왔다. 아마도 방주 속으로 들어온 것은 아니고 방주 위에 앉았을 것이다. 노아는 이에 만족하지 않았다.

2. 비둘기 한 마리를 날려 보냈는데, 처음에는 아무런 좋은 소식이 없이 돌아왔다. 아마 날개깃이 젖었고 더러워진 상태로 돌아왔을 것이다. 그러나 두 번째로 내보내자 부리에 감람나무 잎사귀를 물어 왔는데, 처음 돋아난 것으로 보였다. 이는 이제 나무들과 유실수(有實樹)들이 수면 위로 나타나기 시작했다는 분명한 증표였다. 여기서 주목하라. (1) 노아가 처음 비둘기를 내보낸 지 칠일 후에 두 번째로 비둘기를 내보냈고, 그로부터 칠일 후 다시 세 번째로 비둘기를 내보냈다. 아마도 비둘기를 처음 내보낸 것은 까마귀를 내보낸 지 칠일 후였을 것으로 보인다. 이는 그 일이 안식일에 행해졌음을 시사한다. 그렇다면 이는 노아가 방주 안에서 안식일을 지켰다는 뜻이 될 것이다. 안식일에 그의 작은 교회가 거룩한 집회로 모인 다음, 하늘로부터 특별한 복이 임할 것을 기대했고, 그리하여 그것들에 대해 궁구하게 되었을 것이다. 그는 먼저 기도를 올린 다음, 그것을 바란 것이다(시 5:3). (2) 비둘기는 은혜로운 심령의 상징인데, 이 비둘기가 이 홍수를 만난 더러운 세상에서 발붙일 곳을, 견고한 평화나 만족을 찾지 못하고, 방주에 있는 노아에게로, 곧 방주이신 그리스도께로 돌아온다. 육신적인 마음은 까마귀처럼 세상에 사로잡히고 거기서 만나는 시체들을 먹고 지내나, 내 영혼아 네 평안함으로, 네 노아에게로, 돌아갈지어다(시 116:7). 만일 내게 비둘기같이 날개가 있다면, 그에게로 피하리라!(시 55:6). 그리고 노아가 그의 손을 뻗어 비둘기를 취하여 방주 안으로 끌어들인 것처럼, 그리스도께서도 안식을 얻기 위해 그에게로 날아오는 자들을 은혜로이 보존하시고 도우시고 환영하실 것이다. (3) 평화의 상징인 감람나무 잎사귀를, 먹이를 잡아먹는 새인 까마귀도 아니고, 화려하고 교만한 공작도 아니고, 온유하고 인내성 있고 겸손한 비둘기가 물고 들어왔다. 세상에 안식과 기쁨의 보증물을 가져다 주는 것은 비둘기 같은 심성인 것이다. (4) 어떤 이들은 이 부분을 하나의 알레고리로 취급한다. 처음에 까마귀를 내보냈듯이 율법을 보냈으나, 온 인류를 몰살시킨 하나님의 진노의 물길이 줄어드는 소식들을 가져오지 못했고, 그리하여 때가 차매 하나님께서 비둘기 같은 그의 복음을 보내셨고 — 성령도 비둘기 모양으로 임하셨다 — 결국 이것이 감람나무 잎사귀를 우리에게 제시하

며, 더 나은 소망을 가져다 준다는 것이다.

[13]육백일 년 첫째 달 곧 그 달 초하룻날에 땅 위에서 물이 걷힌지라 노아가 방주 뚜
껑을 제치고 본즉 지면에서 물이 걷혔더니 [14]둘째 달 스무이렛날에 땅이 말랐더라

1. 땅이 말랐다(13절). 물이 완전히 걷혔는데, 이때는 정월 초하루였다(과연 기쁜 설날이었다). 노아 스스로 그것을 목격했다. 노아가 방주 뚜껑을 제치고 본즉. 뚜껑 전체를 다 연 것은 아니고 땅의 사정을 살필 만큼만 열었는데, 거기서 가장 위로가 되는 광경이 보인 것이다. 보라! 보고 놀라라! 지면에서 물이 걷혔도다! 주목하라. (1) 우리 주변의 땅을 본다는 것은 큰 긍휼이다. 노아는 우리보다 그것에 더 민감했다. 계속 베풀어지는 긍휼보다 사라졌다가 다시 회복되는 긍휼이 훨씬 감동이 더한 법이다. (2) 하나님의 능력이 이제 지면을 새롭게 하였으니, 괴로움에 가득 찬 영혼의 얼굴도, 환난 중에 있는 교회의 얼굴도 새롭게 할 수 있다. 완전히 잃어버렸고 잊혀진 것 같이 보이는 곳에서조차도 그는 마른 땅이 드러나게 하실 수 있는 것이다(시 18:16).

2. 땅이 말라(14절) 노아가 거주하기에 적절하게 되었다. 관찰하라. 노아가 정월 초하루에 지면에서 물이 걷힌 것을 보았으나, 하나님은 둘째 달 스무이레까지 방주에서 나가게 하지 않으셨다. 어쩌면 노아가 갇혀 있는 것에 지쳐서 즉시 방주를 떠나려했으나 하나님은 자비하게도 더 오래 머물도록 명령하셨을지도 모른다. 주목하라. 하나님은 우리의 소원보다도 우리의 유익을 살피신다. 그는 우리 자신보다도 우리에게 유익한 것을 더 잘 알고 계시며, 얼마나 오래 동안 우리를 가두어 두고 그의 긍휼하심을 연기시키는 것이 합당할지를 너무도 잘 알고 계신다. 우리는 땅이 마르기도 전에 방주에서 나가고 싶어한다. 그리하여 문이 잠겨 있다면 뚜껑이라도 제거하려 하고, 무언가 다른 방도를 찾아 그리로 올라가려 한다. 그러나 하나님께서 긍휼을 보이시는 그 때가, 긍휼의 때가 우리에게 무르익는 그 때가 분명 가장 적절한 때라는 사실에 만족하고, 그 때를 대비하여야 할 것이다.

[15]하나님이 노아에게 말씀하여 이르시되 [16]너는 네 아내와 네 아들들과 네 며느리들
과 함께 방주에서 나오고 [17]너와 함께 한 모든 혈육 있는 생물 곧 새와 가축과 땅에

기는 모든 것을 다 이끌어내라 이것들이 땅에서 생육하고 땅에서 번성하리라 하시
매 [18]노아가 그 아들들과 그의 아내와 그 며느리들과 함께 나왔고 [19]땅 위의 동물 곧
모든 짐승과 모든 기는 것과 모든 새도 그 종류대로 방주에서 나왔더라

I. 노아가 방주에서 나가라는 명령을 받음(15-17절). 관찰하라.

1. 노아는 하나님께서 명하시기까지 마음에 동요가 없었다. 방주에 들어가라는 명령을 받았던 것처럼(7:1), 방주 속에 갇혀 지내는 것이 아무리 지루하고 괴로워도 그는 다시 밖으로 나가라는 명령을 받기까지 그대로 기다렸다. 주목하라. 우리는 모든 일에서 하나님을 인정하며 우리의 모든 움직임에서 그를 우리 앞에 두어야 한다. 하나님의 지시하심을 따르고 그의 다스림에 복종하는 자만이 하나님의 보호하심을 받는 것이다. 하나님의 말씀을 자기들의 법칙으로 알고 꾸준히 지키며, 그의 은혜를 자기들의 원리로 알아 그것에 의해 인도함을 받고, 하나님의 섭리로 나타나는 힌트들의 도움을 받아 일반적인 지침들을 구체적인 상황에 적용시키며 나아가는 자들은 그들이 이 광야를 지나는 동안 하나님께서 그들의 발걸음을 인도하시는 것을 믿음으로 보게 될 것이다.

2. 하나님께서 그를 오래 가두어 두셨으나, 드디어 그가 그를 내보내셨다. 묵시는 정한 때가 있나니 그 종말이 속히 이르겠고, 그것이 반드시 진리를 말하고, 거짓을 말하지는 않는다(합 2:3).

3. 하나님은 전에 방주에 들어오라고 말씀하셨었는데(7:1 주석 참조), 여기서는 나오라고 하지 않고 나가라고 말씀하신다. 이는 하나님께서 노아와 더불어 방주에 들어가셔서 그를 안전하게 내보내기까지 그와 함께 방주 안에 함께 계속 머물러 계셨음을 시사한다. 그는 내가 너를 떠나지 아니하리라고 말씀하셨던 것이다.

4. 어떤 이들은 방주에 들어가라는 명령에서는 남자와 여자가 별도로 언급되었다는 점에 주목한다. 너는 네 아들들과 네 아내와 네 며느리들과 함께(6:18). 그리하여 그들은 슬픔과 재난의 기간 중에는 그들이 서로 떨어져 있었고 아내들도 떨어져 있었던 것으로 추정한다(슥 12:12). 그러나 이제 하나님께서 노아와 그의 아내를 함께, 그의 아들들과 며느리들을 함께 내보내사 생육하고 번성하게 하신 것이요, 말하자면, 그들을 새로이 결혼시키신 것이라는 것이다.

5. 노아는 그와 함께 짐승들을 함께 데리고 나오도록 명령을 받았다. 그렇게

오랜 기간 동안 그것들을 먹이고 돌보면서 굉장한 고통을 감수하였으니, 이제 그것들을 이끌어 바깥으로 내보내며 그들에게 감사의 인사를 받는 것이다.

II. 노아가 그 명령에 따라 방주에서 나옴. 그는 방주를 영원히 떠났다. 떠나라는 명령을 받고서, 두려움으로나 변덕으로나 방주에 그대로 머물러 있지도 않았고, 하늘의 명령을 그대로 준수하였다. 그는 만 일 년 열흘 동안을 방주에 갇혀 지냈으나, 거기서 자신이 보존되었으니 그렇게 오래 갇혀 지낸 사실에 대해 불평할 이유가 하나도 없었다. 여기서 관찰하라.

1. 노아와 그의 가족이 살아서 나왔다. 물론 그 중에 함과 같은 악인이 함께 있었다. 그가 홍수를 피하였으나, 하나님의 정의가 다른 방식으로 그를 칠 수도 있었다. 그러나 그들 모두가 살아 남았다. 주목하라. 가족들이 오랜 동안 함께 동고동락하며 그들 사이에 갈라진 틈이 없다면, 그것은 특별한 은혜이며 따라서 주의 긍휼하심에 감사드려야 할 것이다.

2. 노아는 까마귀와 비둘기를 제외하고 그와 함께 방주에 들어갔던 모든 짐승들을 데리고 나왔다. 아마도 까마귀와 비둘기는 미리 나가서 자기 짝을 찾았을 것이다. 노아는 자기가 맡은 임무에 대해 매우 좋은 평가를 받을 수 있었다. 그에게 맡겨진 자들 중에 하나도 잃어버리지 않았고, 자기에게 주어진 임무를 성실하게 수행하였기 때문이다. 그는 이 경우에서 자기의 집을 맡은 충성된 청지기였던 것이다.

[20]노아가 여호와께 제단을 쌓고 모든 정결한 짐승과 모든 정결한 새 중에서 제물을 취하여 번제로 제단에 드렸더니 [21]여호와께서 그 향기를 받으시고 그 중심에 이르시되 내가 다시는 사람으로 말미암아 땅을 저주하지 아니하리니 이는 사람의 마음이 계획하는 바가 어려서부터 악함이라 내가 전에 행한 것 같이 모든 생물을 다시 멸하지 아니하리니 [22]땅이 있을 동안에는 심음과 거둠과 추위와 더위와 여름과 겨울과 낮과 밤이 쉬지 아니하리라

여기서 다음을 보라.

I. 하나님께서 은혜를 베푸사 구원을 이루신 것에 대해 노아가 하나님께 감사드림.

1. 노아가 여호와께 제단을 쌓고(20절). 지금까지 그는 하나님의 구체적인 지

시와 명령이 없이는 아무런 일도 하지 않았다. 방주에 들어가라는 구체적인 부름이 있었고, 또한 방주에서 나가라는 명령이 또 있었다. 그러나 제단과 제사는 이미 예배를 위하여 하나님께서 세운 제도에 속하는 것이므로, 구체적인 명령을 기다리지 않고 자신의 감사한 마음을 그렇게 표현한 것이다. 하나님께로부터 자비를 입은 자들은 나아가 감사를 드려야 마땅하며, 억지로 하지 말고 자원함으로 해야 한다. 하나님은 자원하여 드리는 헌물을 기뻐하시며 그를 섬기는 자들을 칭찬하신다. 노아는 이제 차갑고 황량한 세계에서 삶을 다시 시작하게 되었으니, 자기가 살 집을 짓는 것이 가장 급선무였을 것이라 생각할 수도 있을 것이다. 그러나 보라. 그는 하나님을 위하여 제단을 쌓는 일부터 시작한다. 하나님이 첫째이시니 가장 먼저 그를 섬겨야 하며, 하나님과 함께 시작하는 자가 잘 시작하는 것이다.

2. 그는 모든 정결한 짐승과 모든 정결한 새 중에서 — 마지막 남는 일곱째 것으로(7:2) — 제물을 취하여 번제로 제단에 드렸다. 여기서 관찰하라. (1) 그는 오직 정결한 것들만을 드렸다. 그냥 제사를 드리는 것만으로는 안 되고, 하나님께서 제정하시는 것을, 제사법에 따라 드려야 하고, 흠 있고 더러운 것을 드려서는 안 되기 때문이었다. (2) 그가 지닌 짐승의 숫자가 매우 적었고, 그것도 그렇게 큰 고통을 감내하며 보살펴서 살아남게 만든 짐승들이었으나, 그는 하나님께 정당하게 드려야 할 것을 드리기에 인색하지 않았다. 그는 이렇게 말했을지도 모른다. "이제 새 삶을 시작하는 처지에서 양이 겨우 일곱 마리밖에 없는데, 꼭 이 일곱 마리 중에 하나를 죽여 번제로 드려야 하나? 나중에 더 풍성해질 때까지 제사를 연기하는 것이 더 낫지 않을까?" 아니다. 그는 자신의 사랑과 감사의 순전함을 보이기 위해 기꺼이 일곱 번째 짐승을 하나님께 드려, 모든 것이 하나님의 것이고 그의 덕분에 주어진 것임을 인정하였다. 우리가 가진 적은 것으로 하나님을 섬기는 것이 그것을 더 많게 하는 길이다. 하나님께 드려 그를 존귀하게 한 것을 낭비로 여기는 생각은 절대로 금물이다. (3) 여기서 예배가 얼마나 오래된 것인가를 보라. 새 세상에서 처음 행해진 것이 바로 예배 행위였다(렘 6:16). 우리는 우리 자신의 감사를 표현해야 한다. 번제로가 아니라, 찬양의 제사와 의(義)의 제사와 경건한 헌신과 경건한 삶으로 그렇게 해야 하는 것이다.

Ⅱ. 하나님께서 노아의 감사를 은혜로 받으심. 네가 선을 행하면 네가 영접 받

지 않으랴? 라는 것이 족장 시대에 이미 세워진 법칙이었다. 노아는 선을 행한 것이다. 왜냐하면,

1. 하나님께서 노아의 행위를 기뻐 받으셨기 때문이다. 여호와께서 그 향기를 받으시고(21절). 혹은 히브리어 원문에 따르면 안식의 냄새를 맡으셨다는 뜻이다. 처음 세상을 창조하시고 제칠일에 안식하신 것처럼, 여기서도 새로이 세상을 만드시고 일곱 번째 짐승의 제사를 받으시며 안식하신 것이다. 마치 사람들이 향기와 좋은 냄새를 기뻐하듯이, 하나님은 노아의 경건한 열심과 또한 세상이 이제 희망차게 새로이 시작되는 것을 기뻐하셨다. 그의 제물이 작았으나 그의 능력을 다한 것이었고 그리하여 하나님께서는 그것을 받으셨다. 죄인들의 세상에 대해 진노가 임하게 하셨으나, 이제 이렇게 남은 작은 신자들에게 그의 사랑이 임하도록 하신 것이다.

2. 이때에 하나님께서는 다시는 세상을 물로 심판하지 않으시기로 결단하셨다. 여기서 그는 노아의 제사가 아니라 그의 제사가 모형으로 나타내 주는 그리스도의 제사를 — 즉, 그가 자기 자신을 제물로 드리실 제사를 — 바라보고 계셨다. 그리스도의 제사야말로 향기로운 제물이었다(엡 5:3). 여기서 하나님이 견고한 약속을 주시니, 그것이야말로 신뢰할 수 있는 것이다.

(1) 이 심판이 절대로 다시 반복되지 않으리라는 것. 노아는 '세상이 악하니 금방 다시 예전같이 멸망하고 말 것인데, 세상을 이렇게 고치는 것이 무슨 소용이 있겠는가?' 라고 생각했을지도 모른다. 이에 대해 하나님은, "아니다. 절대로 그렇지 않을 것이다" 라고 하신다. 하나님이 땅 위에 사람 지으셨음을 한탄하셨다고 말씀했는데(6:6), 여기서는 마치 그가 사람을 멸하신 것을 한탄하신 것처럼 말씀하신다. 그러나 이는 둘 다 그의 마음이 바뀐 것을 의미하는 것이 아니라, 방법이 바뀐 것을 의미하는 것이다. 여호와께서 그 종들을 불쌍히 여기시리니(신 32:36). 이러한 결단이 두 가지로 표현된다. [1] 내가 다시는 … 땅을 저주하지 아니하리니 (히. 내가 다시는 땅에게 저주를 더하지 아니하리니). 처음 죄가 들어왔을 때에 하나님께서 땅을 저주하셨었고(3:17), 땅을 물로 심판하실 때에 그 저주에 새로운 저주를 더하셨다. 그러나 이제 그는 더 이상 저주를 더하지 아니하시겠다고 결단하시는 것이다. [2] 내가 … 모든 생물을 다시 멸하지 아니하리니. 즉, 특정한 개개인이나 가족이나 나라들에게는 멸망을 보내는 일이 있을지라도, 시간이 없어질 그 날이 오기까지 다시는 온 세상을 멸하지 아니하시겠

다는 것이다. 그런데 이런 결단을 하시는 이유가 매우 의아스럽다. 왜냐하면 그것이 앞에서 온 세상을 멸망시킬 이유로 제시된 것과 사실상 동일한 것처럼 보이기 때문이다. 이는 사람의 마음이 계획하는 바가 어려서부터 악함이라. 그러나 이런 차이가 있다. 전에는 그의 마음으로 생각하는 모든 계획이 항상 악할 뿐이라고 하였으나(6:5), 즉 "사람의 실질적인 범죄가 계속해서 그를 쳐서 외치고 있다"는 것이었다. 그러나 여기서는 그것이 어려서부터 악하다고 한다. 곧, 악이 골수에 사무쳐 있다는 것이요, 사람이 세상에 나면서부터 악을 지니고 있다는 것이요, 사람이 악 속에서 형성되고 자란다는 것이다. 그렇다면, 이에 대한 하나님의 조치는, "그러므로 이 죄악된 인류를 완전히 멸절시키고, 내가 완전히 끝을 보리라"는 것이 마땅하리라고 생각할 수도 있을 것이다. 그러나 그렇지 않다. 하나님은 오히려 "그러므로 내가 다시는 이 극심한 방법을 쓰지 않으리라"고 하신다. 첫째로, "사람이 불쌍하다. 그의 악이 모두 그 속에 거하는 죄의 결과이니, 그런 부패한 인류에게서는 그런 것밖에는 기대할 수가 없다. 사람이 모태에서부터 배역한 자라 불리니 그가 그렇게 배신하여 행하는 것이 이상한 일이 아니다"(사 48:8). 그리하여 하나님께서는 그들이 부패하고 죄악된 육체임을 기억하시는 것이다(시 78:39). 둘째로, "사람이 완전히 멸망하게 될 것이다. 그의 처신에 따라 조치하자면 홍수가 계속 이어져 모두가 멸망해야 마땅할 것이다." 여기서 보라. 1. 외형적인 심판들은, 사람들을 공포에 떨게 하고 그들을 억제시킬 수는 있어도 그들을 거룩하게 하거나 새롭게 하지는 못한다. 반드시 하나님의 은혜가 그 심판들과 함께 역사해야 하는 것이다. 홍수 이전이나 이후나 사람의 본성은 똑같이 죄악되다. 2. 사람이 죄악된 것을 계기로 하나님의 선하심이 더욱 귀하게 드러난다. 긍휼을 베푸시는 이유들이 모두 우리 자신에게서가 아니라 하나님 자신에게 있는 것이다.

(2) 자연의 운행 과정이 절대로 단절되지 않으리라는 것(22절). "땅이 있을 동안에는, 그리고 그 위에 사람이 있을 동안에는, 여름과 겨울과(지난 해처럼 항상 겨울만 있는 것이 아니라) 낮과 밤이(비가 내리는 동안은 항상 밤이었을 것이다) 쉬지 아니하리라." 여기서, [1] 이 땅이 영원토록 있지 않으리라는 것이 분명히 시사되고 있다. 땅과 거기에 속한 모든 것들이 속히 불에 타 사라질 것이요, 우리는 이 모든 것들이 풀어지고 새 하늘과 새 땅이 임하기를 기다리는 것이다. 그러나, [2] 땅이 존속하는 동안에는 하나님의 섭리가 역사하여 때와 절기들이

정상적으로 이어지도록 하실 것이요, 각기 자기 자리를 지키도록 하실 것이다. 세상이 서 있는 것과 자연의 수레바퀴가 계속해서 정상적으로 굴러가는 것은 바로 이러한 하나님의 섭리의 덕분인 것이다. 여기서 시간이 얼마나 변화무쌍하면서도 동시에 얼마나 변함이 없는지를 보라. 첫째로, 자연의 과정은 언제나 변화한다. 시간도 그렇고 시간마다 일어나는 사건들도 그렇다. 그것들은 끊임없는 변화에 종속되어 있다. 여름과 겨울, 낮과 밤이 번갈아 교차된다. 천국과 지옥에서는 그렇지 않으나, 땅에서는 하나님이 그것들이 번갈아 교차되도록 하신 것이다. 둘째로, 그러나 그러면서도 절대로 변함이 없다. 이러한 변화무쌍함에서 변함이 없다. 이 계절들은 절대로 중단되지도 않았고, 해가 시간을 재는 견고한 시계의 역할을 계속하며 달이 하늘의 신실한 증인으로 서 있는 동안에는 결코 중단되지 않을 것이다. 이것이야말로 낮과 밤에 대한 하나님의 언약이다. 낮과 밤이 안정된 상태로 운행되듯이 하나님의 은혜의 언약도 그것에 못지않게 깨어지지 않고 견고히 유지되므로, 그 언약이야말로 우리가 믿고 신뢰할 만하다는 것이다(렘 33:20, 21). 피조물들에게 주신 하나님의 약속들이 그대로 이행되는 것을 보므로, 모든 신자들에게 주시는 그의 약속들도 그렇게 이행될 것임을 확신할 수 있는 것이다.

제 9 장

개요

세상과 교회 모두가 이제 다시 한 가족으로, 곧 노아의 가족으로 줄어들었다. 본 장에서는 이 교회의 사정들에 대해 기록하고 있다. 우리 모두가 이 가족의 후손들이므로 이에 대해 주의 깊게 살피는 것이 합당할 것이다. 본 장의 주요 내용은 다음과 같다. I. 노아와 및 그의 아들들과 섭리의 언약이 맺어짐(1 11절). 이 언약에서, 1. 하나님이 그들의 삶을 보살피실 것을 약속하시며, 그리하여 (1) 그들이 땅에 충만하며(1, 7절), (2) 짐승들이 사람을 두려워하므로 사람들이 짐승들에게서 안전하며(2절), (3) 목숨을 위하여 산 동물을 먹도록 허락 받으며(3, 4절. 단, 피째 먹지는 말아야 한다), (4) 세상이 다시는 홍수로 멸망하지 않는다(8-11절). 2. 하나님은 그들이 각자 자기의 목숨을 보살피며 또한 상대방의 목숨을 돌아볼 것을 요구하신다(5, 6절). II. 그 언약의 인(印)인 무지개(12-17절). III. 노아와 그의 아들들에 관한 한 가지 일화. 이것이 훗날에 일어날 일들에 대한 예언이 베풀어지는 계기가 됨. 1. 노아의 죄와 수치(20, 21절). 2. 함의 무례함과 불경함(22절). 3. 셈과 야벳의 경건한 처신(23절). 4. 가나안의 저주, 그리고 셈과 야벳의 복(21-27절). IV. 노아의 연령과 사망(28, 29절).

1하나님이 노아와 그 아들들에게 복을 주시며 그들에게 이르시되 생육하고 번성하
여 땅에 충만하라 2땅의 모든 짐승과 공중의 모든 새와 땅에 기는 모든 것과 바다의
모든 물고기가 너희를 두려워하며 너희를 무서워하리니 이것들은 너희의 손에 붙
였음이니라 3모든 산 동물은 너희의 먹을 것이 될지라 채소 같이 내가 이것을 다 너
희에게 주노라 4그러나 고기를 그 생명 되는 피째 먹지 말 것이니라 5내가 반드시
너희의 피 곧 너희의 생명의 피를 찾으리니 짐승이면 그 짐승에게서, 사람이나 사
람의 형제면 그에게서 그의 생명을 찾으리라 6다른 사람의 피를 흘리면 그 사람의
피도 흘릴 것이니 이는 하나님이 자기 형상대로 사람을 지으셨음이니라 7너희는
생육하고 번성하며 땅에 가득하여 그 중에서 번성하라 하셨더라

앞 장 마지막 부분에서 우리는 이제 새 세상의 씨가 되도록 남겨진 인류의 남은 자들에 대하여 하나님께서 마음속으로 매우 자비로운 일들을 말씀하신 것을 보았다. 이제 여기서는 하나님께서 그 일들을 그들에게 이르신다. 전체적으로는 **하나님이 노아와 그 아들들에게 복을 주셨다**(1절). 즉, 그들에게 하나님 자신의 선하신 뜻과 또한 그들을 향한 은혜로운 의도들에 대해 확신을 주셨다. 이는 그가 심중에 이르신 것들에서 이어진 것이다. 주목하라. 하나님의 모든 선한 약속들은 그의 사랑의 목적과 그 자신의 뜻의 도모하심에서 흘러나오는 것이다. 엡 1:11; 3:11을 보라. **너희를 향한 나의 생각을 내가 아나니**(렘 29:11). 우리는 노아가 제단과 제물로 **하나님께 복을 비는 것**(blessed God)을 보았는데(8:20), 이제 여기서는 **하나님께서 노아에게 복 주시는 것**(blessed him)을 보게 된다. 주목하라. 하나님께서는 그에게 진실하게 복 비는 자들(즉, 높이 기리며 찬송하는 자들)에게 은혜로이 복을 베풀어 주신다. 받은 바 긍휼하심에 대해 진실로 감사하는 자들이야말로 그 긍휼하심이 그들에게 확증되며 또한 계속 베풀어지는 가장 확실한 길을 취하는 것이다.

이제 여기서 우리는 이제 세워지고 형성되어야 할 이 새로운 자연 세계의 **마그나 카르타**(Magna Charta), 즉 **대헌장**을 접하게 된다. 이전의 헌장이 몰수되었기 때문이다.

I. 이 헌장은 사람들에게 친절하고 은혜로운 것이다.

1. 광활한 땅들이 사람에게 베풀어지며, 사람들이 크게 번성하여 이 땅을 점유하고 누리게 될 것이 약속된다. 최초에 베풀어졌던 축복이 여기서 갱신된다. 생육하고 번성하여 땅에 충만하라(1절). 그리고 이 축복이 되풀이된다(7절). 말하자면, 이제 인류는 새로이 출발하는 처지에 있었기 때문이다. 여기서 (1) 하나님이 온 땅을 사람들 앞에 두시고, 그것이 있을 동안 그것을 그들의 소유로, 또한 그 후손들의 소유로 주신다. 주목하라. 하나님께서 땅을 사람들에게 소유와 거주지로 주셨다(시 115:16). 물론 낙원이 아니고 광야지만, 그래도 우리에게 마땅한 것보다는 더 낫다. 이 곳이 지옥이 아니니, 하나님께 찬송을 올려야 마땅할 것이다. (2) 하나님이 그들에게 복을 주신다. 인류는 그 복의 힘과 덕으로 말미암아 생육하고 번성하고 땅에 충만하여, 짧은 시간 안에 땅의 모든 거주 가능한 지역을 가득 채우게 될 것이었다. 또한 세상이 서 있는 한, 한 세대가 가도 다음 세대가 와서 인류가 끊임없이 이어질 것이요 시간의 흐름과 보조

를 맞추어 인류가 끊임없이 이어질 것이며, 후에 세상과 인류 모두 함께 영원의 대양 속으로 옮겨질 것이다. 사망이 여전히 왕 노릇하고, 여호와께서도 심판을 통해 자신을 알리실 것이나, 과거처럼 땅에서 모든 사람이 멸절되는 일은 절대로 없을 것이요, 여전히 땅에 사람이 가득할 것이다(행 17:24, 25).

2. 열등한 피조물에 대한 권한이 주어진다(2절). 하나님께서는 인류에게 (1) 그것들의 소유권을 주신다. **이것들은 너희의 손에 붙였음이니라.** 곧, 너희의 유익을 위하여 너희가 사용하도록 주었다는 뜻이다. (2) 그것들을 다스릴 권한을 주신다. 이것이 없었다면 소유권이 별 쓸데가 없었을 것이다. **땅의 모든 짐승과 공중의 모든 새와 땅에 기는 모든 것과 바다의 모든 물고기가 너희를 두려워하며 너희를 무서워하리니.** 이것은 최초에 베풀어졌던 것이 다시 회복된 것이나(1:28), 무죄의 상태에서는 사람이 사랑으로 다스렸으나 타락한 상태에서는 사람이 두려움으로 다스린다는 점만 다르다. 이 권한이 여전히 유효하며, 우리는 지금까지 그 혜택을 누려오고 있다. [1] 우리에게 유익한 짐승들을 우리의 용도에 따라 부리기도 하고 양식으로 사용하기도 한다. 말과 소는 고삐와 멍에에 굴복하여 견디며, 양들은 털 깎는 자 앞에서나 도축자(屠畜者) 앞에서 잠잠히 굴복한다. 사람에 대한 두려움과 무서움이 그들에게 있기 때문이다. [2] 우리에게 해로운 짐승들은 억제를 받으므로, 이따금씩 사람들이 해를 입기도 하나 그것들이 함께 모여 사람을 향하여 봉기를 일으키지는 않는다. 그렇지 않다면, 하나님께서는 홍수를 사용하지 않고 이것들을 사용해서도 얼마든지 세상을 멸하실 수 있었을 것이다. 짐승들의 공격은 하나님의 쓰라린 벌 가운데 하나다(겔 14:21). 사람에 대한 두려움과 무서움이 아니면, 대체 늑대들이 우리 마을에 들어오지 못하고 사자들이 우리의 거리에 들어오지 못하고 광야에 갇혀 지낼 이유가 무엇이겠는가? 그리고 이 짐승들 중에는 사람이 길들인 것들도 있다(약 3:7).

3. 생계유지를 위한 권한이 주어진다. **모든 산 동물은 너희의 먹을 것이 될지라**(3절). 지금까지는 사람이 열매와 풀과 뿌리와 온갖 종류의 곡식들과 우유 등 오로지 땅에서 나는 것들만 먹도록 허용되었었다. 최초에 주어진 권한도 그랬다(1:29). 그러나 홍수로 인하여 땅의 풍요함이 상당 부분 쓸려나가서 그 열매가 빈약하고 영양도 떨어지게 되었으므로, 하나님께서는 그 권한을 확대시키사 사람이 짐승의 고기를 먹도록 허용하신 것이다. 하나님께서 이것을 지시하

시기 전에는 사람 자신도 이것을 생각해 본 바가 없었다. 이는 마치 양이 늑대의 피를 먹어야 하는 상황만큼이나 바람직한 것이 아니었다. 그러나 이제 사람이 들의 채소를 먹는 것과 똑같이 자유롭고도 안전하게 짐승의 고기를 먹도록 허용된다. 여기서 다음을 보라. (1) 하나님은 선한 주인이시어서, 우리가 그저 사는 것만이 아니라 편안하게 살며 그를 섬기도록 필요한 것들을 공급하신다. 필수적인 것만이 아니라 즐거움을 주는 것들도 공급해 주시는 것이다. (2) 하나님의 지으신 모든 것이 선하매(딤전 4:4), 거부할 것이 하나도 없다. 양식으로 쓰기에 적절한 짐승의 고기 중에서 일부가 후에 의식법으로 금지되었다. 그러나 처음에는 그렇지 않았고, 따라서 복음 아래서는 아무 고기도 금지되지 않는다.

Ⅱ. 이 헌장의 강령과 조항들도 이에 못지않게 자비롭고 은혜로우며, 사람에 대한 하나님의 선하신 뜻을 보여준다. 유대인 박사들은 노아 혹은 노아의 아들들의 칠대 강령에 대해 자주 거론하기를, 모든 민족들이 이를 준수해야 하므로 이를 규정화하는 것이 그릇된 것이 아니라고 한다. 첫째 강령은 우상 숭배를 배격하는 것이요, 둘째 강령은 신성모독을 배격하고 하나님의 이름을 찬송할 것에 관한 것이요, 셋째는 살인을 배격하는 것이요, 넷째는 근친상간과 모든 부정한 행위들을 배격하는 것이요, 다섯째는 도둑질과 약탈을 배격하는 것이며, 여섯째는 정의의 실천을 요구하는 것이요, 일곱째는 고기를 그 생명이 되는 피와 함께 먹는 행위를 배격하는 것이다. 유대인들은 이방인 개종자들에게 이것들을 지킬 것을 요구하였다. 그러나 여기에 제시된 강령들은 모두가 사람의 생명에 관한 것들이다.

1. 사람은 불건전하고 건강에도 해로운 음식을 먹음으로써 자기 생명을 해쳐서는 안 된다(4절). "너는 고기를 그 생명 되는 피째 먹지 말 것이니(즉, 날고기를 그대로 먹지 말 것이니), 이는 짐승들이나 행하는 짓이니라." 고기를 먹는 자유를 허락할 때에 반드시 이러한 제한이 붙여져야 했다. 왜냐하면 고기를 먹음으로써 육체에 영양을 공급하려다가 짐승들을 완전히 멸절시키게 될 위험이 있었기 때문이다. 하나님께서는 이로써 다음과 같은 점들을 보여주고자 하신 것이다. (1) 인류가 피조물들의 주인이지만 그들이 창조주께 굴복하여 있으며 그의 법의 제재 아래 있다는 것. (2) 음식을 취할 때에 탐욕으로 급하게 해서는 안 되고 적절한 준비 절차를 거쳐서 취하여야 한다는 것. 사울의 병졸들처럼 해서도 안 되고(삼상 14:32), 고기를 탐하는 자들처럼 해서도 안 된다(잠 23:20).

(3) 열등한 피조물들을 가혹하게나 잔인하게 대해서는 안 된다는 것. 사람이 짐승들의 주인이어야 하나 그들의 폭군이 되어서는 안 되며, 유익을 얻고자 짐승들을 죽일 수는 있으나 쾌락을 위하여 그것들을 학대해서는 안 되며, 짐승을 산 채로 찢어 고기를 먹는 일도 있어서는 안 되는 것이다. (4) 제사법이 존속하는 동안에는 피가 죄를 속하도록 되어 있었는데(레 17:11) 이는 그 제물의 생명이 죄인의 생명을 대신하여 열납되는 것을 의미하므로, 피를 그냥 보통의 사물처럼 바라보아서는 안 되고 반드시 제단에 드리거나 땅에 흘림으로써 여호와께 부어 드려야 한다는 것(삼하 23:16). 그러나 지금은 그리스도의 위대하고 참된 제사가 이미 드려졌으므로, 율법의 규정은 그 이유와 함께 중지되었다.

2. 사람은 자기 자신의 생명을 취해서는 안 된다. **내가 반드시 너희의 피 곧 너희의 생명의 피를 찾으리니**(5절). 우리의 생명은 우리 자신의 뜻에 따라 마음대로 끊을 수 있는 그런 우리의 소유물이 아니다. 그것은 하나님의 것이요, 따라서 우리는 하나님의 기뻐하시는 뜻에 그것을 맡겨야 한다. 만일 어떤 방식으로든 우리가 우리의 죽음을 재촉한다면, 이에 대해서 하나님 앞에서 책임을 지게 되는 것이다.

3. 짐승들이 사람의 생명을 해치도록 내버려 두어서는 안 된다. **짐승이면 그 짐승에게서 … 그의 생명을 찾으리라**. 하나님께서는 비록 최근에 사람의 생명을 완전히 몰살시키셨으나, 그 자신이 사람의 생명에 대해 얼마나 애착을 갖고 계신가를 보여주시고자, 짐승이 사람을 죽일 경우 그 짐승을 죽게 할 것이라고 하신다. 이는 모세의 율법으로도 확증되었다(출 21:28). 필자의 생각으로는 지금 우리가 이것을 준수한다 해도 합당할 것이라 여겨진다. 이리하여 하나님은 자신이 살인죄를 미워하신다는 것을 보여주셨고, 그리하여 사람들도 그것을 더욱 혐오하고, 그 죄를 처벌할 뿐 아니라 사전에 방지하도록 하시는 것이다. 욥 5:23을 보라.

4. 악한 살인자들을 죽여야 한다. 이 죄는 여기서 형벌에 대한 공포를 불러일으킴으로써 억제시키고자 의도하는 죄다. (1) 하나님이 살인자들을 벌하실 것이다. **사람이나 사람의 형제면 그에게서 그의 생명을 찾으리라**. 즉, "내가 죽임당한 자의 피를 그 죽인 자에게 갚으리라"(대하 24:22). 하나님께서 불의하게 살인한 자의 손에서 그 죽임당한 사람의 생명을 요구하신다면, 살인자가 그 생명을 되돌려 놓을 수 없으니 그 대신 자기 생명을 내어놓을 수밖에 없게 되며,

살인을 보상할 방법은 이것밖에는 없는 것이다. 주목하라. 사람은 할 수도 없고 하지도 않으나, 의로우신 하나님께서 반드시 피에 대해 책임을 물으실 것이다. 세상에는 사람의 눈에 감추어진 살인자들도 있고 사람에게서 정당성을 입증 받은 살인자들도 있는데, 사람의 힘으로는 이들을 도저히 올바로 처리할 수 없으나, 하나님께서는 이 세상에서든 오는 세상에서든 반드시 그들을 찾아내실 것이다. (2) 국가의 관원들은 반드시 살인자들을 처벌해야 한다(6절). **다른 사람의 피를 흘리면**, 우발적으로 이를 저질렀든 사전의 모의를 통해서 고의로 저질렀든 간에(격하게 화를 발하는 것도 마음으로 살인한 것이다. 마 5:21, 22), **그 사람의 피도 흘릴 것이니**. 즉, 국가의 관원들이나 혹은 피의 복수자로 지정된 자들이 이를 시행하여야 한다는 뜻이다. 이 목적을 위해서 하나님께서 세우신 사역자들이 있는데, 이들은 악의를 가진 자들과 행악자들에게 공포가 됨으로써 무고한 자들을 보호하는데, 이들이 공연히 칼을 가진 것이 아니다(롬 13:4). 홍수 이전에는 가인의 이야기에서 나타나듯이 하나님께서 직접 자기 손으로 살인자를 처벌하셨다. 그러나 지금은 그가 이러한 판단을 사람들에게 맡기셨으니, 처음에는 가문의 우두머리들에게 맡기셨고, 후에는 나라의 우두머리들에게 맡기셨다. 그러므로 그들은 이 일을 그 맡겨진 목적에 합당하게 성실하게 수행하여야 마땅한 것이다. 주목하라. 사악한 살인은 언제나 죽음으로 처벌되어야 한다. 이는 **여호와께서 사하시기를 즐겨하지 아니하시는** 죄요(왕하 24:3, 4), 따라서 왕도 그 신민에게서 이를 사하지 말아야 하는 것이다. 이 법에 한 가지 이유가 덧붙여진다. 이는 **하나님이 자기 형상대로 사람을 지으셨음이니라**. 사람은 창조주께서 친애하시는 피조물이다. 그러므로 우리 역시 사람을 그렇게 대하여야 한다. 하나님께서 사람에게 존귀를 더하셨으니, 우리는 사람을 멸시해서는 안 된다. 하나님의 형상의 잔재들이 심지어 타락한 사람에게도 여전히 남아 있으므로, 사람을 불의하게 죽이는 자는 곧 하나님의 형상을 망가뜨리는 것이요 따라서 하나님께 욕을 돌리는 것이다. 하나님께서는 사람이 짐승을 죽이는 것은 허락하셨으나 자기들의 종을 죽이는 일은 금하셨다. 왜냐하면 이들은 짐승보다 훨씬 더 고귀하고 훌륭한 본성을 지닌 존재들이요, 하나님의 피조물일 뿐 아니라 그의 형상이기 때문이다(약 3:9). 모든 사람은 하나님의 형상을 지니고 있다. 그러나 국가의 관원들은 그 외에도 하나님의 권세의 형상을 지니고 있으며, 성도들은 하나님의 거룩하심의 형상을 지니고 있다. 그러므로 관원들이나 성도들의 피를 흘리는 자들은 그 죄가 배나 더 커지는 것이다.

[8]하나님이 노아와 그와 함께 한 아들들에게 말씀하여 이르시되 [9]내가 내 언약을 너
희와 너희 후손과 [10]너희와 함께 한 모든 생물 곧 너희와 함께 한 새와 가축과 땅의
모든 생물에게 세우리니 방주에서 나온 모든 것 곧 땅의 모든 짐승에게니라 [11]내가
너희와 언약을 세우리니 다시는 모든 생물을 홍수로 멸하지 아니할 것이라 땅을
멸할 홍수가 다시 있지 아니하리라

여기서는 다음을 보라.

Ⅰ. **이 새 세상과의 하나님의 언약이 전체적으로 세워짐, 그리고 그 언약의 범위**(9, 10절). 여기서 관찰하라. 1. 하나님께서 은혜롭게도 언약을 수단으로 사람을 대하기를 기뻐하신다는 것. 여기서 하나님은 그 자신을 낮추시는 사랑을 크게 높이 드러내시며 사람의 의무와 순종을 합리적이고 유익한 섬김으로 크게 장려하신다. 2. 하나님께서 사람과 맺으시는 모든 언약은 그 스스로 행하시는 것이라는 것. 내가, 보라, 내가. 이는 우리에게서 앙모의 자세를 불러일으키는 표현이다. "보라. 그리고 경이로움을 가져라. 하나님이 그렇게 높으신 데도 이렇듯 사람을 존중하심이라." 또한 이는 언약의 타당성에 대한 우리의 확신을 확증시켜 준다. "보라. 내가 이 언약을 세우는 것이다. 신실한 자요 이를 완전히 이행할 수 있는 내가 말이다." 3. 하나님의 언약들이 하늘의 기둥이나 땅의 터보다 더 견고하게 세워지므로 폐지될 수 없다는 것. 4. 하나님의 언약들이 그것을 맺는 당사자들과 그들의 후손과 세워지며, 그 약속이 그들과 그들의 후손들을 위한 것이라는 것. 5. 언약에 대해서 동의를 표시할 수 없는 것들도 하나님과의 언약에 포함될 수 있고 또한 그 혜택을 받을 수 있다는 것. 이 언약은 새와 가축과 땅의 모든 생물과 세워지는 것이기 때문이다.

Ⅱ. **이 언약의 구체적인 의도** 이 언약은 세상을 또 다른 홍수로부터 안전하게 지키기 위해 마련되었다. 땅을 멸할 홍수가 다시 있지 아니하리라. 하나님은 한 번 세상을 물로 심판하셨는데, 세상은 여전히 그 전과 똑같이 더럽고 진노를 불러일으키는 상태였으며, 또한 하나님은 세상의 악함을 예견하고 계셨다. 그러나 그는 다시는 홍수로 세상을 멸하지 않으실 것을 약속하셨다. 그는 우리의 죄에 따라 우리를 대하지 않으시기 때문이다. 지금까지 대홍수가 자주 없었고 또한

지금도 대홍수가 없는 것은 세상이 변했기 때문이 아니라 오로지 하나님의 선하심과 신실하심 덕분이다. 옛 세상이 멸망하여 정의의 기념비가 되었듯이, 현재의 세상이 오늘날까지 남아 있어서 긍휼의 기념비가 되고 있는데, 이는 노아의 홍수가 다시는 땅 위에 범람하지 못하게 하시리라는 하나님의 맹세에 따른 것이다(사 54:9). 이런 하나님의 약속이 바다와 구름을 그 정해진 처소에 그대로 있게 하며, 또한 그 한계를 정하여 문빗장을 지르고 이르기를 네가 여기까지 오고 더 넘어가지 못하리라고 하는 것이다(욥 38:10, 11). 하루에 두 차례 몇 시간씩 밀물이 일어나는데 며칠 동안 계속해서 밀물이 밀려온다면, 그 황폐가 과연 어느 정도이겠는가! 구름도 마찬가지로 얼마든지 파괴적일 수 있다. 그리고 가끔씩 폭우가 쏟아지는 것을 보는데, 그런 폭우가 오랫동안 계속된다면, 이 얼마나 파괴적이겠는가! 그러나 하나님께서는 바다의 밀물과 하늘의 폭우를 통해서 그가 진노 중에 행하실 수 있는 일을 보여주시며, 동시에 땅이 대홍수로 망하지 않도록 보존하심으로써 긍휼하심으로 그가 하실 수 있는 일을, 또한 진실로 그가 행하실 일을 보여주시는 것이다. 약속하시는 그의 긍휼하심과 또한 그것을 그대로 이행하시는 그의 진실하심에 대해 그의 영광을 찬송하여야 할 것이다. 이 약속은 하나님께 전혀 방해가 되지 않는다. 1. 하나님은 인류를 향하여 다른 전면적인 심판들을 행하실 수도 있다. 홍수는 사용하지 않으시겠다고 하셨으나, 그에게는 다른 처절한 심판의 방도들이 얼마든지 있는 것이다. 2. 특정한 지역과 나라들을 바다나 강의 범람으로 멸하실 수도 있다. 3. 마지막 날에 세상이 불로 멸망하게 될 것인데, 이것이 그의 약속을 어기는 것도 아니다. 옛 세상을 홍수로 멸망하게 한 죄가 현 세상을 불로 태울 것이다.

12하나님이 이르시되 내가 나와 너희와 및 너희와 함께 하는 모든 생물 사이에 대대
로 영원히 세우는 언약의 증거는 이것이니라 3내가 내 무지개를 구름 속에 두었나
니 이것이 나와 세상 사이의 언약의 증거니라 14내가 구름으로 땅을 덮을 때에 무지
개가 구름 속에 나타나면 15내가 나와 너희와 및 육체를 가진 모든 생물 사이의 내
언약을 기억하리니 다시는 물이 모든 육체를 멸하는 홍수가 되지 아니할지라 16무
지개가 구름 사이에 있으리니 내가 보고 나 하나님과 모든 육체를 가진 땅의 모든
생물 사이의 영원한 언약을 기억하리라 17하나님이 노아에게 또 이르시되 내가 나
와 땅에 있는 모든 생물 사이에 세운 언약의 증거가 이것이라 하셨더라

사람들 사이에서도 합의 사항들이 있을 때에 대개 그것을 인침으로써 상호 간에 만족스럽도록 그 언약들을 더욱 엄숙하게 하고, 그 이행을 더욱 확실하게 하는 것이 상례다. 그러므로 하나님께서도 **약속의 상속자들에게 그의 역사하심의 불변함을 더욱 풍성히 보여주시고자** 그의 언약을 인침으로 확증하셔서(히 6:17) 우리가 서 있는 하나님의 터를 견고하게 하셨다(딤후 2:19). 이 자연과의 언약의 인(印)은 지극히 자연스런 무지개였다. 이것은 그 이전에도 제 이차적 원인이 작용할 경우 구름 속에서 보이던 것이었을 것이다. 그러나 여기서 하나님께서 제정하시기 전에는 한 번도 언약의 인이었던 적이 없었다. 여기서, 이 언약의 인에 관하여 관찰하라.

1. 이 인을 치심과 아울러 하나님께서 확증하려고 하시는 그 약속이 진실한 것임이 거듭거듭 확인된다. **내가 내 무지개를 구름 속에 두었나니**(13절), **무지개가 구름 속에 나타나면**(14절) 눈이 마음에 영향을 미쳐서 믿음을 견고히 하게 할 것이며, 그것이 언약의 증거가 될 것이요(12, 13절), **내가 … 내 언약을 기억하리니 다시는 물이 모든 육체를 멸하는 홍수가 되지 아니할지라**(15절). 이렇듯 매 줄마다 언약의 신실성에 대한 공언이 나타나므로, 이에 대한 소망을 가진 자들이 확신과 아울러 강력한 위로를 얻게 되는 것이다. 2. 구름들이 습기로 가득 차 있을 때에 무지개가 나타나며, 비가 온 후에 다시 나타난다. 비가 계속 내리지 않을까 하는 우려가 가장 클 때에 하나님께서 결코 그렇지 않으리라는 약속을 확증하는 이 증거를 보여주시며, 이렇게 해서 가장 시의적절한 격려로써 우리의 두려움을 불식시켜 주시는 것이다. 3. 구름이 두터울수록 구름 속의 무지개가 더 밝게 드러난다. 이처럼 우리를 위협하는 환난이 클수록, 우리를 격려하는 위로도 더욱 풍성한 법이다(고후 1:5). 4. 하늘의 한 부분이 맑을 때에 무지개가 나타나는데, 이는 하나님께서 진노 중에도 긍휼을 기억하심을 시사하는 것이요, 또한 이를테면 무지개가 구름들을 에워싸서 하늘 전체에 퍼지지 못하도록 막는다 하겠다. 무지개는 색깔 있는 비(雨)이거나, 아니면 구름의 가장자리가 찬란하게 장식된 것이기 때문이다. 5. 무지개는 태양 광선이 반사된 것인데, 이는 그 언약의 인의 모든 영광과 의미가 의의 태양이신 그리스도께로부터 나오는 것임을 시사한다. 그는 **보좌에 둘려 있는 무지개**로(계 4:3), 또한 **그 머리 위의 무지개**로(계 10:1) 묘사되시는데, 이는 그의 위엄뿐 아니라 그의 중보자직까지도 시사하는 것이다. 6. 무지개 속에 맹렬한 색깔이 들어 있는데, 이

는 하나님이 세상을 다시는 물로 심판하지 않으실 것이나 하나님의 신비가 다 이루어지면 세상이 불로 삼킨바 될 것임을 의미한다. 7. 활(무지개가 활 모양이다—역자주)은 공포를 나타낸다. 그런데 박해자들을 치기 위하여 마련된 활에는 당김줄이 있으나(시 7:12, 13) 이 활에는 그것이 없다. 활만으로는 거의 아무것도 할 수가 없다. 무지개는 활이다. 그러나 땅을 향한 것이 아니라 위를 향하여 있는 활이다. 언약의 인은 공포를 조성하기 위함이 아니라 안심시키고 위로를 주기 위해 의도된 것이니 말이다. 8. 하나님이 무지개를 바라보시며 이 언약을 기억하시니, 우리도 믿음과 감사함으로 이 언약을 항상 유념해야 마땅할 것이다.

18방주에서 나온 노아의 아들들은 셈과 함과 야벳이며 함은 가나안의 아버지라 19노
아의 이 세 아들로부터 사람들이 온 땅에 퍼지니라 20노아가 농사를 시작하여 포도
나무를 심었더니 21포도주를 마시고 취하여 그 장막 안에서 벌거벗은지라 22가나안
의 아버지 함이 그의 아버지의 하체를 보고 밖으로 나가서 그의 두 형제에게 알리
매 23셈과 야벳이 옷을 가져다가 자기들의 어깨에 메고 뒷걸음쳐 들어가서 그들의
아버지의 하체를 덮었으며 그들이 얼굴을 돌이키고 그들의 아버지의 하체를 보지
아니하였더라

여기서 다음을 보라.

I. 노아의 가족과 그 직업. 그의 아들들의 이름이 그들로부터 온 땅에 인류가 퍼져간 자들로 다시 언급된다(18, 19절). 이로써 노아가 홍수 이후에 다시 자녀를 낳지 않았다는 것을 알 수 있다. 온 세상이 이 세 아들에게서 나오게 되는 것이다. 주목하라. 하나님께서는 그가 기뻐하시면 얼마든지 적은 무리를 큰 무리로 만드실 수 있으며, 미약한 자들로 창대하게 하실 수 있다. 이것이 하나님의 복의 능력이요 효능이다. 노아가 한 일은 농사였는데, 히브리어로는 땅의 사람이라는 뜻으로, 손으로 땅을 갈고 경작하는 사람을 지칭한다. 우리는 모두 본성적으로 땅의 사람이다. 흙으로 지어졌고, 땅 위에서 살며 땅에게로 속히 나아가고 있다. 많은 이들이 땅의 것들에 사로잡혀 있어서 죄를 범하고 있다. 노아는 그의 직업상 땅의 열매들을 취급하게 되었다. 그는 농사를 시작하였다. 그는 방주에서 나온지 얼마 후에 전에 하던 일을 다시 시작하였다. 그 일을 하

다가 방주를 건설하는 일로 전환했었는데, 이제 홍수 이후 가족을 위하여 마른 땅에 살 집을 지었을 것이고 그 일을 마친 후에 본래 했던 농사일을 다시 시작했을 것이다. 그리하여 오랜 동안 목수 일을 하던 데에서 돌이켜 다시 농사를 시작한 것이다. 노아는 위대한 사람이요 선한 사람이었고 노인이요 부자였고 하늘에서 크게 은혜를 입은 자요 땅에서 존귀한 자였으나, 그럼에도 불구하고 그는 게으른 삶을 영위하려 하지 않았고, 농사의 일을 자기의 위치에 맞지 않는 천한 일로 생각하지도 않았다. 주목하라. 혹시 하나님께서 그의 섭리로 잠시 동안 우리의 본연의 소명에서 벗어나게 하실지라도, 그 모든 사명이 끝나면 우리는 겸손과 부지런함으로 다시 우리가 부르심을 받는 본연의 소명에로 돌아가며 신실하게 하나님과 함께 거하여야 마땅할 것이다(고전 7:24).

II. 노아의 죄와 수치. **노아가 … 포도나무를 심었더니.** 포도송이를 수확하고서 그는 아마도 날을 정하여 잔치를 베풀어 아들들과 그 후손들과 함께 온 가족이 즐거워하며, 포도원이 늘어나는 것에 대해서나 가족이 늘어나는 것에 대해 즐거워하며 자축하였을 것이다. 그리고 잔치의 서두에 제사를 드려 하나님께 존귀를 올려드렸을 것으로 생각할 수도 있을 것이다. 만일 그런 제사가 없었다면, 하나님께서 그를 그 스스로 내버려 두셔서, 하나님과 함께 시작하지 않은 자가 결국 짐승처럼 되어버린다 해도 지극히 정당한 일이었을 것이다. 그러나 우리는 그렇지 않았을 것이라는 희망을 가져본다. 그리고 어쩌면 노아는 한 가지 계획을 갖고 이 잔치를 베풀었을지도 모른다. 즉, 잔치가 끝날 무렵 이삭처럼 아들들을 축복하고자 했을 수도 있다. **내가 즐기는 별미를 만들어 내게로 가져와서 먹게 하여 내 마음껏 네게 축복하게 하라**(27:3, 4). 이 잔치에서 그는 포도주를 마셨다. 포도나무를 심고서 그 열매를 먹지 않을 자가 어디 있겠는가? 그런데 그는 그 나이에 감당할 수 있는 한도에 지나치도록 마셨고, **취하였다.** 아마도 그는 그 전에도 그 후에도 취한 일이 전혀 없었을 것이다. 그런데 여기서 그가 이런 과오에 사로잡히게 되는 것을 관찰하라. 그렇게 큰 구원을 얻은 후에 그렇게 속히 그런 과오에 빠졌다는 것은 그의 죄였고, 큰 죄였다. 그러나 하나님은 히스기야에게 하신 것처럼(대하 32:31) 그를 그 스스로 내버려두셨고, 결국 그의 과오가 이렇게 기록에 남게 하셨는데, 이는 다음과 같은 것을 우리에게 가르치기 위함이었다.

1. 인간의 타락 이후 아무리 훌륭한 사람에게도 흠과 티가 있다는 것. 노아

에 대해서 그가 당대에 완전한 자였다고 말씀했으나(6:9), 본문은 그것이 죄 없는 완전함이 아니라 진실성의 완전함을 뜻하는 것임을 보여준다.

2. 하나님의 은혜로 말미암아 유혹 중에서도 순결함을 지킨 자들이 때로는 그 유혹의 때가 끝난 후에 갑자기 죄에 빠지는 경우가 있다는 것. 노아는 술 취한 무리들 중에서는 맑고 온전한 자세를 견지하였으나, 이제 맑고 온전한 무리들 중에서 술에 취하여 있다. 선 줄로 아는 자는 넘어질까 조심하라.

3. 하나님의 선한 피조물들을 풍성하게 사용할 때에 그것들을 과다하게 사용하지 않도록 매우 조심하여야 한다는 것. 그리스도의 제자들은 마음이 둔하여지지 않도록 조심해야 한다(눅 21:34). 노아의 죄의 결과는 수치였다. 그는 장막 안에서 벌거벗었다. 아담이 금지된 실과를 먹었을 때처럼 벌거벗은 것이 수치가 되었다. 그러나 아담은 가릴 것을 찾았다. 그러나 노아는 생각이나 이성이 아무런 기능을 발휘하지 못하므로 가릴 것을 전혀 찾지 않는다. 이런 포도열매의 효과를 노아는 전혀 생각하지 못했던 것이다. 여기서 술 취하는 죄가 얼마나 악한 것인지를 관찰하라. (1) 사람을 발가벗긴다. 술에 취하면 속에 지닌 온갖 연약한 것들이 다 드러나며, 속에 감추고 있던 비밀들이 쉽게 겉으로 드러나는 법이다. 술에 취한 문지기는 문을 열어놓고 있다. (2) 사람에게 치욕을 안기며, 멸시를 당하게 만든다. 벌거벗겨서 수치를 뒤집어쓰게 만든다. 정신이 맑고 깨끗할 때에는 생각만 해도 얼굴이 붉어질 것도, 술에 취하면 전혀 개의치 않고 말하고 행동하는 것이다(합 2:15, 16).

III. 함의 무례함과 불경함. 함은 그의 아버지의 하체를 보고 밖으로 나가서 그의 두 형제에게 알렸다(22절). 그 광경을 우연히 어쩔 수 없이 보았다면 범죄가 아니었을 것이다. 그러나, 1. 그는 그 광경을 보고 기뻐하며 모욕했다. 마치 에돔 자손이 형제의 고난의 날에 기뻐하며 즐겼듯이 말이다(욥 12). 어쩌면 함 스스로 술에 취한 적이 있었는데, 선한 아버지께 그 때문에 책망을 받았었고, 그리하여 막상 아버지가 술에 취해 있는 것을 보고 기뻐했을지도 모른다. 주목하라. 그릇된 길로 행하는 자들은 다른 이들이 가끔씩 그릇된 걸음을 하는 것을 보며 스스로 즐거워하는 것이 보통이다. 그러나 사랑은 불의를 기뻐하지 아니하며, 스스로 지은 죄를 진정 뉘우치는 자들도 다른 이들의 죄를 보고 즐거워할 수가 없는 것이다. 2. 그는 밖으로(거리로) 나가서 그의 두 형제에게 알리되, 조롱하는 자세로 하여 아버지를 욕되게 하였다. 다음과 같은 행위는 매우 잘못된 것이다. (1) 죄에 대해 비웃으며(잠 14:9), 한탄해야 할 것에 대해 오히려 우쭐해 하는 것(고전 5:2). (2) 다른 사람의 과오를, 특히 우리가 공경해야 할 부모들의 과오를 이리저리 폭로하는 것. 노아는 선한 사람이었을 뿐 아니라 함에게 좋은 아버지였었다. 그런데 그의 과오에 대해 이렇게 조롱하듯 떠벌리는 것은 아버지의 온유한 보살핌을 지극히 비열한 배은망덕으로 되갚는 것이 아닐 수 없었다. 함이 여기서 가나안의 아버지라 불리는데, 이는 그 자신도 아버지였으니 자기 아버지를 더욱더 공경했어야 옳았음을 시사해 준다 하겠다.

Ⅳ. 불쌍한 아버지의 수치를 가려주는 셈과 야벳의 경건한 자세(23절).

그들은 자기들 스스로도 그 수치스러운 모습을 보지 않으려 했고, 다른 사람들도 보지 못하도록 조치하였다. 이는 다른 사람들의 죄와 수치에 대해 어떻게 하는 것이 사랑의 모습인지를 잘 보여준다. 우리는 다른 이들의 죄가 드러날 때에 그것을 폭로하지 말아야 하는 것은 물론, 그것을 조심스럽게 감추어 주며, 혹은 최소한 그것이 가장 잘 처리되도록 해야 하며, 나의 허물에 대해 남이 해 주기를 바라는 그런 자세로 처리하여야 할 것이다. 1. 사랑의 옷으로 허다한 죄를 덮어야 한다(벧전 4:8). 2. 뿐만 아니라, 경건의 옷으로 부모나 위에 있는 자들의 과오를 덮어야 할 것이다.

[24]노아가 술이 깨어 그의 작은아들이 자기에게 행한 일을 알고 [25]이에 이르되 가나
안은 저주를 받아 그의 형제의 종들의 종이 되기를 원하노라 하고 [26]또 이르되 셈의
하나님 여호와를 찬송하리로다 가나안은 셈의 종이 되고 [27]하나님이 야벳을 창대하
게 하사 셈의 장막에 거하게 하시고 가나안은 그의 종이 되게 하시기를 원하노라
하였더라

Ⅰ. 노아가 정신을 차림. 노아가 술이 깨어. 잠을 통해서 그가 회복되었고, 아마도 그는 다시는 그 죄에 빠지지 않았을 것이다. 노아처럼 잠자는 자들은 노아처럼 깨어나야 할 것이요, 또한 술에서 깨어나서도, **내가 다시 술을 찾겠다고** 말하는 술주정뱅이처럼 되어서는 안 될 것이다(잠 23:35).

Ⅱ. 예언의 영이 그에게 임하여, 마치 야곱이 죽으면서 한 것처럼(49:1) 그의 아들들에게 닥칠 일들에 대해 말씀한다.

1. 노아는 함의 아들 가나안에게 저주를 선언하는데, 이것으로 함 자신이 저

주를 받는 것이다(25절). 왜냐하면 그의 아들 가나안이 다른 형제들보다 더 죄가 많았기 때문이거나, 혹은 가나안의 후손이 후에 그 땅에서 뿌리가 뽑혀 결국 이스라엘이 그 자리를 차지하게 되기 때문이다. 그리고 모세가 여기서 이것을 기록하는 것은 가나안과 전쟁 중에 있는 이스라엘의 사기를 높이기 위함이었다. 가나안족들이 막강한 힘을 자랑하는 백성이지만 그들은 옛적에 이미 저주를 받았고 결국 멸망하게 될 백성들이라는 것이다. 노아의 저주의 구체적인 내용은, 가나안이 그의 형제의 종들의 종이(즉, 종들 중에서도 가장 비천하고 가장 멸시받는 종이) 되리라는 것이다. 출생의 신분상으로 동등한 자들이 그를 정복하여 그의 상전(上典)이 될 것이라는 것이다. 이것은 이스라엘이 가나안족들에게 얻은 승리들과 연관되는 것이 분명하다. 가나안족들은 모두 칼에 쓰러지거나 항복하고 이스라엘에게 조공을 바치게 되었는데(수 9:23; 삿 1:28, 30, 33, 35), 이는 이로부터 팔백 년 후에 일어나게 된다. 주목하라.

(1) 하나님께서는 부모의 악행을 자식들에게 돌리시는 경우가 많고, 특히 자식들이 부모의 사악한 성정을 물려받아 부모의 사악한 행위들을 그대로 모방하며, 저주의 해제를 위해 아무것도 하지 않는 경우에 그렇게 하신다. (2) 다른 이들에게 치욕을 주는 자들이 정당하게 치욕을 당하며, 특히 부모에게 치욕을 주어 탄식하게 하는 자들이 그런 일을 당하게 된다. 부모를 조롱하는 배은망덕한 자식은 아들이라 일컬음을 받을 만한 가치가 없는 자요, 품꾼의 하나가 되어야 마땅하며, 형제 중에서 종들의 종이 되어야 마땅하다. (3) 비록 하나님의 저주가 더디 작용하더라도, 언젠가는 반드시 효력이 발생하게 되어 있다. 가나안족은 종의 저주 아래 있었으나, 한동안은 권세를 누렸다. 한 가족이나 한 백성이나 한 개인이 하나님의 저주 아래 있더라도, 그들의 악행의 분량이 차기까지는 가나안족들처럼 세상에서 오랜 동안 번영을 누릴 수도 있다. 멸망에 들어가도록 작정된 자들 중에서도 아직 멸망에 이를 때가 차지 않은 자들이 많다. 그러므로 마음으로 죄인의 형통을 부러워하지 말라(잠 23:17).

2. 노아는 셈과 야벳을 축복한다.

(1) 그는 셈을 축복한다. 아니 오히려 그에 대해 하나님을 찬송하며, 그리하여 그에게 지극히 큰 존귀와 복을 돌린다(26절). 관찰하라. [1] 그는 여호와를 셈의 하나님이라 부르는데, 여호와를 자기 하나님으로 삼는 백성은 복이 있다(시 144:15). 모든 복이 여기에 포함되어 있다. 아브라함과 그의 후손에게도 이 복

이 베풀어졌다. 하늘의 하나님이 그들의 하나님이라 일컬음 받으심을 부끄러워하지 아니하셨다(히 11:16). 셈은 이로써 아버지를 공경한 일에 대해 충족히 보상받았다. 여호와께서 우리의 하나님이시라는 것이야말로 우리가 그의 이름을 위하여 당하는 모든 고난과 또한 행하는 모든 섬김에 대한 충족한 보상인 것이다. [2] 그는 셈이 행한 선한 일에 대해 하나님께 영광을 돌린다. 그는 도구에 불과한 자를 축복하거나 칭찬하지 않고, 그의 주인이신 하나님을 찬양하는 것이다. 주목하라. 언제든 우리 자신이나 다른 이들이 행한 모든 선한 일들에 대해서 우리는 겸손히 감사한 마음으로 하나님께 영광을 돌려야 한다. 그가 우리 속에서 우리를 위하여 뜻을 갖게 하사 모든 선행을 행하게 하시기 때문이다. 사람들의 선한 행실을 볼 때에 우리는 그들이 아니라 우리 아버지께 영광을 돌려야 한다(마 5:16). 다윗은 아비가일을 만나고 그를 보내신 하나님을 찬송하였는데, 이는 결국 아비가일을 축복한 것이 되었다(삼상 25:32, 33). 왜냐하면 하나님께 사용함을 받아 선을 행한다는 것은 큰 존귀요 은혜이기 때문이다. [3] 그는 하나님께서 셈을 은혜로 대하실 것이요, 또한 그의 가문이 하나님께서 셈의 하나님이시라는 증거를 온 세상에게 드러낼 것이며 그리하여 많은 사람들이 이에 대해 셈의 하나님 여호와를 찬송하리로다 라고 하며 감사하게 될 것임을 예견하고 예언한다. [4] 셈의 후손 중에서 교회가 세워지고 지속될 것임이 시사된다. 그에게서 유대인들이 나왔고, 오랜 동안 세상에서 이들이 유일하게 하나님을 고백하는 백성이 될 것이기 때문이다. [5] 어떤 이들은 이것이 인성(人性)을 입으시고 셈의 후손 중에서 나오실 하나님이신 그리스도를 지칭한다고 보기도 한다. 육체적으로 보면 그리스도께서 그의 후손 중에서 나오시기 때문이다. [6] 가나안이 셈의 종이 되리라고 한다. 주목하라. 여호와를 하나님으로 섬기는 자들은 그가 그들에게 유익하다고 보시는 만큼 이 세상에서 존귀와 권세를 누릴 것이다.

(2) 그는 야벳을 축복하며, 야벳을 통해서 그의 후손들이 거하는 이방의 섬들을 축복한다. 하나님이 야벳을 창대하게 하사 셈의 장막에 거하게 하시고(27절). 여기서 [1] 어떤 이들은 이것을 전적으로 야벳에 관한 예언으로 보아 다음 두 가지 중 하나의 뜻으로 이해한다. 첫째로, 그의 외형적인 번영. 그의 후손이 너무도 많고 강성하여 셈의 장막의 주인들이 될 것이라는 것이며, 이는 가장 뚜렷한 셈의 후손인 유대인들이 야벳의 후손들에게 — 먼저는 헬라인들에게, 그

리고 나중에는 로마인들에게 — 조공을 바치는 처지가 됨으로써 성취되었다는 것이다. 주목하라. 외형적인 번영이 참된 교회임을 증거해 주는, 오류 없는 참된 증표는 아니다. 셈의 장막들이 언제나 정복자들의 장막인 것만은 아니다. 아니면, **둘째로,** 이방인들의 회심을 뜻하며 그들을 교회 안으로 모아들이는 것으로 볼 수도 있다. 그렇다면 우리는 본문을, **하나님이 야벳을 설득하시고**(그 동사는 이런 의미로도 쓰인다), 또한 그렇게 설득하신 후에 **야벳이 셈의 장막에 거하게 되리라는** 의미로 읽어야 할 것이다. 즉, 유대인과 이방인이 복음의 우리 안에 함께 하나가 될 것을 뜻한다는 것이다. 많은 이방인들이 유대인의 종교에로 개종하게 될 것이고 그 후에 이방인과 유대인들이 그리스도 안에서 하나가 될 것이며(엡 2:14, 15), 또한 주로 이방인들로 이루어진 기독교 교회가 교회의 회원의 특권상 유대인을 계승할 것이라는 것이다. 유대인 교회가 그들의 불신앙으로 자기들 자신을 내던져버린 후에, 이방인들이 그들의 장막에 거하게 될 것이다(롬 11:11 등). 주목하라. 스스로 교회에게서 떠나간 자들을 다시 교회 안으로 데리고 들어가는 일은 오직 하나님만이 하실 수 있다. 그리스도의 복음을 구원에 유효하도록 만드는 것은 바로 하나님의 능력이다(롬 1:16). 그리고 영혼을 교회로 들어오게 하는 일은 무력이 아니라 설득을 통해서 이루어진다(시 110:3). 사람의 끈으로 끌려와, 신앙을 갖도록 설득되어 그렇게 되는 것이다. [2] 다른 이들은 이 예언을 야벳과 셈에게 각각 해당되는 것으로 구분한다. 셈이 직접 축복을 받지 않았기 때문이다(26절). **첫째로,** 야벳이 땅의 축복을 받는다. **하나님이 야벳을 창대하게 하사,** 즉 그의 후손을 창대하게 하시고, 그의 경계를 크게 하시리라는 것이다. 야벳이 번영을 누려서 온 유럽과 아시아의 큰 부분과 아메리카까지 그의 후손이 차지하게 되었다. 주목하라. 우리가 번창하면 언제나 거기에 하나님의 역사하심이 계심을 인정하여야 한다. 경계를 넓히시며 마음을 넓히시는 것이 바로 하나님이시다. 그러나 야벳이 그랬던 것처럼, 큰 장막에 거하면서도 하나님의 장막에 거하지 않는 자들이 많다. **둘째로,** 셈은 하늘의 축복을 받는다. 그가(즉, 하나님께서) **셈의 장막에 거하시리라.** 곧, "그의 허리에서 그리스도가 오실 것이요, 그의 후손에서 교회가 지속되리라." 장자권이 셈과 야벳 사이에서 나뉠 것이고, 함은 완전히 제외될 것이다. 셈과 야벳이 동등하게 권세를 나누게 될 것이요, 가나안이 이 둘의 종이 될 것이다. 하나님께서 야벳을 창대하게 하사 두 배의 몫을 받을 것이나, 제사장직은 셈에게 주어질 것이다. 왜냐하면 하나님이 셈의 장막에 거하실 것이기 때문이다. 세상의 모든 금은보화가 우리 장막에 있는 것보다는 하나님께서 우리의 장막에 거하시는 것이 훨씬 더 복될 것이다. 하나님과 함께 장막에 거하는 것이 하나님이 없이 궁궐에 거하는 것보다 더 나은 법이다. 하나님의 장막이 셈에게 있으니, 그는 모든 이방의 섬들보다 더 큰 만족을 누리는 것이다. 셋째로, 셈과 야벳이 가나안을 지배할 것이다. 가나안은 그(들)의 종이 되게 하시기를 원하노라. 어떤 이들은 이를 셈과 야벳 모두에게 해당되는 의미로 읽는다. 야벳이 셈과 합류할 때에, 가나안이 그들 모두 앞에 넘어질 것이다. 낯선 자들이 친구가 될 때에 원수들이 종들이 되는 것이다.

[28]홍수 후에 노아가 삼백오십 년을 살았고 [29]그의 나이가 구백오십 세가 되어 죽었더라

여기서 보라. 1. 하나님께서 노아의 삶을 950년 동안 연장시키심. 이는 아담보다 이십 년이 더 많고, 므두셀라보다 십구 년이 적은 긴 삶이었다. 이 긴 생애는 그의 특별한 경건으로 돋보였고, 세상에 큰 복이 되었다. 그는 홍수 이후에도 계속해서 세상에 (비록 자기 자녀들밖에 없었으나) 의를 전하는 자의 역할을 감당했을 것이다. 2. 하나님께서 그의 생애를 마감하게 하심. 그는 오래 살아서 그의 여러 후손들이 그보다 먼저 죽는 것을 보았으나, 그도 결국 죽었다. 노아는 사는 동안 두 세상을 보았다. 그러나 믿음으로 말미암는 의의 상속자였으므로, 죽을 때에 그 두 세상보다 더 나은 세상을 보게 되었다.

제 10 장

개요

본 장은 노아의 세 아들에 관하여 일반적으로 주어진 말씀 — "번성하여 땅에 충만하라"는 축복과 그 축복의 결과(9:1, 7) — 를 좀 더 구체적으로 보여준다. 이것이 민족들의 기원에 관하여 현존하는 유일한 분명한 기록이다. 그러나 이 칠십 가지 근원 중에 어디에서 자신들이 기원되었는지를 확실하게 알 수 있는 것은 오직 유대 민족밖에는 없을 것이다. 백성들의 혼합, 나라들의 흥망, 시간의 원근, 현재의 땅의 거민들의 계보에 대한 지식 등에 대해서는 초기의 기록이 없으므로 아무것도 알 수가 없다. 그리고 유대인들의 계보 외에는 그 어떠한 계보도 보존되어 있지 않다. 메시야를 위하여 오로지 유대인들의 계보만 본 장에서 짤막한 기록으로 제시되고 있다. I. 야벳의 후손(2-5절). II. 함의 후손(6-20절). 그리고 여기서 니므롯이 구체적으로 주목받고 있다(8-10절). III. 셈의 후손(21절 이하).

1노아의 아들 셈과 함과 야벳의 족보는 이러하니라 홍수 후에 그들이 아들들을 낳
았으니 2야벳의 아들은 고멜과 마곡과 마대와 야완과 두발과 메섹과 디라스요 3고
멜의 아들은 아스그나스와 리밧과 도갈마요 4야완의 아들은 엘리사와 달시스와 깃
딤과 도다님이라 5이들로부터 여러 나라 백성으로 나뉘어서 각기 언어와 종족과
나라대로 바닷가의 땅에 머물렀더라

모세는 야벳의 가문부터 다루기 시작하는데, 이는 그가 맏아들이었기 때문이거나, 아니면 모세가 이것을 기록할 당시 그의 가문이 이스라엘에게서 가장 멀리 있었고 또한 이스라엘과 관계가 가장 적었기 때문일 것이다. 모세는 야벳 자손의 기사를 다루고서, 곧바로 이스라엘의 원수인 함의 후손에 대한 기사와 또한 이스라엘의 조상인 셈에 대한 기사로 넘어간다. 성경이 다루고자 하는 주된 역사는 교회의 역사요, 따라서 세상 민족들의 역사는 이스라엘의 역사와 관련되는 부분만을 터치하고 지나가는 것이다. 관찰하라.

1. 노아의 아들들이 홍수 후에 아들들을 낳은 사실을 주목한다. 이로써 홍수로 황폐화된 세계가 치유되고 재건된다. 하나님께서 인류를 죽이셨으나 이제 다시 살게 하시는 것이다.

2. 야벳의 후손은 바닷가의 땅(the isles of the Gentiles: 이방의 섬들)에 살도록 배정되었으며, 이 땅은 조사 후 그들 중에 엄숙하게 나누어졌다. 우리가 사는 이 섬(영국의 브리튼 섬을 뜻함—역자주)도 이에 속할 것이다. 유대 쪽에서 볼 때에 바다 너머의 모든 곳이 섬이라 불리며(렘 25:22), 따라서 우리는 섬들이 그 교훈을 앙망하리라는 약속(사 42:4)이 이방인들이 회심하여 그리스도를 믿는 믿음을 갖게 되리라는 의미로 이해하게 된다.

6함의 아들은 구스와 미스라임과 붓과 가나안이요 7구스의 아들은 스바와 하윌라와
삽다와 라아마와 삽드가요 라아마의 아들은 스바와 드단이며 8구스가 또 니므롯을
낳았으니 그는 세상에 첫 용사라 9그가 여호와 앞에서 용감한 사냥꾼이 되었으므
로 속담에 이르기를 아무는 여호와 앞에 니므롯 같이 용감한 사냥꾼이로다 하더라
10그의 나라는 시날 땅의 바벨과 에렉과 악갓과 갈레에서 시작되었으며 11그가 그
땅에서 앗수르로 나아가 니느웨와 르호보딜과 갈라와 12및 니느웨와 갈라 사이의
레센을 건설하였으니 이는 큰 성읍이라 13미스라임은 루딤과 아나밈과 르하빔과 납
두힘과 14바드루심과 가슬루힘과 갑도림을 낳았더라(가슬루힘에게서 블레셋이 나
왔더라)

여기서 특별히 드러나는 것은 니므롯에 관한 기사다(8-10절). 그는 여기서 당대에 용사로 제시되고 있다. 그는 세상에 첫 용사라. 즉, 그의 선조들은 이웃들과 동등한 지위에 있는 것에 만족하였고 그리하여 각 사람이 자기 집만을 다스리고 그 이상 나아가지 않았으나, 니므롯의 야심은 이것으로 만족하지 않았고, 이웃 위에 서서 그들 중에 뛰어난 자가 될 뿐 아니라 그들을 통치하기로 결심하였다. 홍수 이전에 네피림이(이들은 용사였고 고대에 명성이 있는 사람들이었다. 6:4) 품었던 야망을 이제 니므롯이 품었다. 저 용사들의 교만과 폭정으로 인하여 세상에 그 엄청난 심판이 임했는데, 그것이 끝나자마자 그 심판이 곧바로 기억 속에서 사라지고 만 것이다. 주목하라. 하나님의 진노가 하늘로부터 자주 그들을 향하여 나타나는데도 불구하고, 야망과 집권욕이 뼛속에 사무

쳐 있는 것 같은 사람들이 과거에도 있었고 현재도 있으며 장차도 있을 것이다. 계명성처럼(사 14:14, 15) 지옥에 들어가기 전에는 그 어떤 것으로도 교만한 심령이 낮아지지도 않고 깨어지지도 않을 자들이 있는 것이다.

I. 니므롯은 용감한 사냥꾼이었다. 그리하여 그는 그에 대한 속담에 있을 정도로 유명해졌다. 곧, 위대한 사냥꾼이 나타나면 모두 그를 기념하여 니므롯이라 부른 것이다.

1. 어떤 이들은 그가 사냥에 뛰어나 자기 땅에 가득한 맹수들을 제거하여 나라를 섬겼고, 그리하여 교묘하게 이웃들의 환심을 사서 그들의 군주가 되었다고 본다. 권세를 발휘하는 자들은 은인이거나 아니면 최소한 은인으로 불리고자 한다(눅 22:25).

2. 다른 이들은 그가 사냥을 핑계로 사람들을 자기 휘하에 모아 스스로 그 나라의 주인이 되었고, 그리하여 그들을 손아귀에 쥐었다고 본다. 그는 용감한 사냥꾼이었다. 즉, 이웃들의 권리와 재산을 폭력으로 탈취하며 무고한 자들을 탄압한 자로서, 무력을 사용하여 닥치는 대로 모든 것을 자기 것으로 만드는 자였다. 그는 자기를 용감한 군주로 여겼으나, 여호와 앞에서는 용감한 사냥꾼에 지나지 않았다. 주목하라. 위대한 정복자들은 위대한 사냥꾼에 지나지 않는다. 알렉산더와 카이사르 같은 용사도 일반 역사에서는 큰 인물로 그려지나, 성경의 역사에서는 그런 큰 인물로 나타나지 않을 것이다. 알렉산더는 성경의 예언에서 그저 한 숫염소로 묘사될 뿐이다(단 8:5). 칠십인역에 의하면, 니므롯은 여호와를 대적한 용감한 사냥꾼이었다. 이는 즉, (1) 그는 여로보암처럼 자신이 찬탈한 통치권을 공고히 하기 위해 우상숭배를 세웠다. 새로운 통치를 세우기 위해서 그는 황폐한 세상 위에 새로운 종교를 세운 것이다. 바벨은 땅의 음녀들과 가증한 것들의 어미였다(계 17:5). 혹은, (2) 그는 하나님 자신을 거역하고, 마치 자기와 자기의 부하들이 전능하신 하나님의 천군과 천사들을 능가하기라도 하듯이 압제와 폭력 행위로 하늘을 대적하는 불경을 계속하였다. 너희가 사람을 괴롭히고서 그것을 작은 일로 여겨 또 나의 하나님을 괴롭히려 하느냐?(사 7:13).

II. 니므롯은 위대한 통치자였다. 그의 나라는 바벨에서 시작되었다(10절). 그는 백성들의 선택을 통해서나 아니면 무력을 사용하여 권좌에 올랐고, 그리하여 왕정의 기초를 세웠고, 후에 그것이 황금의 머리요 권력자의 공포가 되었고, 모든 나라에 퍼져나갔다. 그가 나면서부터 통치권을 부여받은 것은 아니나, 그의 통치 능력이 인정받아 사람들에게 선택받았거나, 아니면 힘과 지략으로 점차 권력을 확대하여 마침내 권좌에 올랐을 것이다. 국가의 통치 질서가 얼마나 오래된 것인지, 그리고 특히 통치권을 한 사람이 전적으로 소유하는 형태의 통치 질서가 얼마나 오래된 것인지를 보라. 니므롯과 그의 이웃들이 이를 시작하였고, 이내 다른 민족들이 자기들의 안전과 복지를 위하여 그러한 일인 통치 체제를 채용하였다. 이것이 어떻게 시작되었든 간에, 이스라엘에 왕이 없었을 때에 모든 것이 잘못된 것을 보면, 이는 세상에 큰 축복이었던 것으로 보인다.

III. **니므롯은 위대한 건설자였다.** 아마도 그는 바벨을 건설한 설계자였고, 거기서 자기의 왕국을 시작했을 것이다. 그러나 노아의 모든 후손들을 다스리려는 계획이 언어의 혼잡으로 실패하자, 그 땅에서 앗수르로 나아가 니느웨 등 여러 성을 건설하였고(11절), 이 성들을 건설한 후 그 성들을 지휘하고 통치하였을지도 모른다. 니므롯에게서 야망의 본질을 관찰하라. 1. 그것은 끝이 없다. 많이 갖고도 더 갖기를 바라며, 여전히 다오 다오 하며 외치는 자들이 많다. 2. 그것은 지칠 줄 모른다. 니므롯은 네 개의 성을 휘하에 두고서도 네 개를 더 취하기까지 만족할 줄 몰랐다. 3. 그것은 대가가 비싸다. 니므롯은 자기가 성을 통치하는 영예를 누리지 못할 바에는 차라리 성을 짓지 않는 것이 낫다고 여길 것이다. 건설하고자 하는 마음은 교만의 마음에서 비롯되는 것이다. 4. 그것은 아무것에도 굴복하지 않는 대담한 것이다. 니므롯의 이름은 반역이라는 뜻인데, (만일 그가 자기 권력을 남용하여 이웃들을 압제하였다면) 이는 사람들에게 폭군인 자들은 하나님께도 반역자들이요, 그들의 반역은 점치는 죄와 같다(삼상 15:23).

15가나안은 장자 시돈과 헷을 낳고 16또 여부스 족속과 아모리 족속과 기르가스 족
속과 17히위 족속과 알가 족속과 신 족속과 18아르왓 족속과 스말 족속과 하맛 족속
을 낳았더니 이 후로 가나안 자손의 족속이 흩어져 나아갔더라 19가나안의 경계는
시돈에서부터 그랄을 지나 가사까지와 소돔과 고모라와 아드마와 스보임을 지나
라사까지였더라 20이들은 함의 자손이라 각기 족속과 언어와 지방과 나라대로였더
라

여기서 관찰하라. 1. 여기서 가나안의 후손과 그에게서 내려오는 가문과 민족들과 그들이 소유한 땅에 관한 기사가 다른 민족들에 관한 기사보다 훨씬 더 구체적으로 제시되는데, 이는 이 민족들이 장차 이스라엘 앞에서 무너지며, 세월이 흐른 후에 그들의 땅이 거룩한 땅, 임마누엘의 땅이 될 것이기 때문이다. 하나님은 그의 백성을 위하여 택하신 이 땅에 그 저주받은 민족들을 두셨을 때에 이 점을 염두에 두고 계셨다. 모세도 이를 인식하고 있다. **지극히 높으신 자가 민족들에게 기업을 주실 때에, 인종을 나누실 때에 이스라엘 자손의 수효대로 백성들의 경계를 정하셨도다**(신 32:8).

2. 이 기록을 보면, 가나안의 후손이 무수하고 부유하며 매우 번영을 누린 것으로 나타난다. 그러나 가나안은 저주 아래, 곧 하나님의 저주 아래, 이유 있는 저주 아래 있었다. 주목하라. 하나님의 저주 아래 있는 자들이라도 이 세상에서 크게 번영할 수도 있다. 하나님의 사랑을 받느냐 미움을 받느냐, 복을 받았느냐 저주를 받았느냐 하는 것은 우리 앞에 있는 것으로는 알 수가 없고, 우리 속에 있는 것으로만 알 수 있는 법이다(전 9:1). 하나님의 저주는 언제나 진짜로 역사하며 또한 언제나 처절하게 역사한다. 그러나 그것은 은밀한 저주요 영혼에게 내려진 저주이므로 눈에 보이게 역사하지 않는다. 혹은 하나님의 저주는 더딘 저주이므로 즉각적으로 역사하지 않는다. 그러나 저주받은 죄인들은 진노의 날까지 보존되었다가 그 날에 넘겨질 것이다. 여기 가나안이 셈이나 야벳보다 더 나은 땅을 차지하고 있다. 그러나 셈이나 야벳의 운명이 더 낫다. 복을 기업으로 받았기 때문이다.

21 셈은 에벨 온 자손의 조상이요 야벳의 형이라 그에게도 자녀가 출생하였으니 22 셈
의 아들은 엘람과 앗수르와 아르박삿과 룻과 아람이요 23 아람의 아들은 우스와 훌
과 게델과 마스며 24 아르박삿은 셀라를 낳고 셀라는 에벨을 낳았으며 25 에벨은 두
아들을 낳고 하나의 이름을 벨렉이라 하였으니 그 때에 세상이 나뉘었음이요 벨렉
의 아우의 이름은 욕단이며 26 욕단은 알모닷과 셀렙과 하살마웻과 예라와 27 하도람
과 우살과 디글라와 28 오발과 아비마엘과 스바와 29 오빌과 하윌라와 요밥을 낳았으
니 이들은 다 욕단의 아들이며 30 그들이 거주하는 곳은 메사에서부터 스발로 가는
길의 동쪽 산이었더라 31 이들은 셈의 자손이니 그 족속과 언어와 지방과 나라대로
였더라 32 이들은 그 백성들의 족보에 따르면 노아 자손의 족속들이요 홍수 후에 이

들에게서 그 땅의 백성들이 나뉘었더라

셈의 후손에 관한 이 기사에서 두 가지를 특별히 관찰할 필요가 있다.

I. **셈에 대한 묘사**(21절). 그의 이름인 셈(이는 이름이라는 뜻이다)만이 아니라 그를 구별짓는 두 가지 칭호가 기록되어 있다.

1. 그는 에벨 온 자손의 조상이었다. 에벨은 그의 증손자였다. 그런데 어째서 그를 아르박삿이나 셀라 자손의 조상이라 부르지 않고, 에벨 온 자손의 조상이라고 부를까? 아마도 하나님의 언약 백성인 아브라함과 그의 후손이 에벨에게서 나왔고, 또한 그들이 에벨 자손이므로 히브리 사람이라 불렸기 때문일 것이다. 히브리 사람 아브람(14:13). 바울은 자신이 히브리인 중의 히브리인이라는 것을 큰 특권으로 여겼다(빌 3:5). 에벨 자신도 배도(背道)가 가득한 시대에서 신앙이 탁월하였고 그의 가문에 큰 경건의 모범을 보인 인물이었던 것으로 추정할 수 있을 것이다. 그러므로 하나님의 백성의 거룩한 언어가 그의 이름을 따서 보통 히브리어라 불리는데, 바벨에서 언어가 혼잡해질 때에 아마도 그에 대한 하나님의 은혜의 특별한 증표로서 그 언어가 그의 가문에서 유지되었을 것이고, 그로부터 신앙을 고백하는 자들을 에벨 자손이라 불렀을 것이다. 그러므로 영감된 성경 기자는 셈에게 존귀한 칭호를 주고자 하여, 결국 그를 히브리 사람의 조상이라 부르는 것이다. 모세가 이를 기록할 당시에, 그들은 보잘것없고 멸시받는 사람들이요, 애굽의 노예들이었다. 그러나 그들은 하나님의 백성이었고, 따라서 그들의 조상이 되는 것은 과연 존귀한 일이었다. 함에게 여러 아들들이 있었으나 그가 장차 저주를 물려받는 가나안의 아버지라 불리듯이(9:22), 셈에게도 여러 아들이 있었으나 장차 그 자손이 복을 누리게 될 에벨의 조상이라는 칭호를 통해서 높임을 받는 것이다. 주목하라. 성도들의 가문이 귀인들의 가문보다 진정 더 존귀하며, 셈의 거룩한 후손이 함의 제왕적 후손보다, 야곱의 열두 족장들이 이스마엘의 열두 왕들보다 더 존귀하다(17:20). 선(善)이야말로 진정으로 위대한 것이다.

2. 그는 형 야벳과 형제간(the brother of Japhet the elder. 한글 개역개정판은 야벳의 형으로 번역함 – 역자주)이었는데, 이로써 셈이 보통 가장 먼저 언급되나, 그는 노아의 맏아들이 아니며, 야벳이 그의 형이었다는 것이 나타난다. 그런데 어째서 그가 야벳과 형제간이라는 것이 셈의 호칭과 그에 대한 묘사의 일

부로 제시되는가? 그 전에도 이미 그 사실이 언급된 바 있는데 무엇 때문에 다시 언급되는가? 그리고 그가 함과 형제간이라는 것은 말씀하지 않는가? 아마도 이것은 이방인과 유대인들이 교회 안에서 하나인 사실을 나타내고자 함이었을 것이다. 성경 기자는 셈이 히브리인의 조상이라는 것을 그의 영예로 언급한 바 있다. 그런데 야벳의 후손이 교회로부터 완전히 벗어나게 될 것으로 여기지 않도록, 여기서 셈이 야벳과 형제간이었음을 — 출생으로만이 아니라 복을 누리는 면에서도 — 주지시키는 것이다. 야벳이 셈의 장막에 거하게 될 것이었으니 말이다. 주목하라. (1) 은혜로 말미암아 형제가 된 자들과, 또한 하나님의 언약 가운데서와 성도들의 교제 가운데서 만나는 자들이 최고의 형제들이다. (2) 하나님은 은혜를 베푸실 때에 나이의 차서에 따라서 행하지 않으시고, 때때로 어린 자가 나이 많은 자보다 먼저 교회 안에 들어가는 복을 얻는 경우도 있다. 그리하여 나중 된 자가 먼저 되고 먼저 된 자가 나중 되는 것이다.

Ⅱ. 벨렉이라는 이름을 붙인 이유(25절). 이는 그 때에(즉, 그가 출생하여 그에게 이름을 붙일 그 때쯤에) 땅에 거하게 될 사람들 중에 세상이 나뉘었기 때문이다. 여호수아가 가나안 땅을 제비로 나누듯이, 그 때에 노아가 질서 있게 땅을 나누어 분배하였거나, 아니면 사람들이 그런 분배에 따르지 않자 하나님께서 언어의 혼잡을 통하여 그들을 나누셨을 것이다. 이 가운데 어떤 경우든, 경건한 에벨은 그의 아들의 이름을 통하여 그 사실을 영구히 기념할 필요성을 깨달은 것이다. 이와 같이 우리도 정당하게 우리 자녀들을 그와 똑같은 이름으로 부를 수 있을 것이다. 물론 의미는 다르나, 오늘날에도 땅이, 교회가 지극히 악하게 나뉘어 있기 때문이다.

제 11 장

개요

옛날에 하나님의 아들들과 사람의 아들들(신앙을 고백하는 자들과 속된 자들)을 구별했던 것이 홍수 후에도 여전히 남아서 이제 사람들이 불어나기 시작하면서 다시 나타난다. 이러한 구별에 따라 이 장에서 다음과 같은 내용을 접하게 된다. I. 바벨에서 사람의 아들들이 흩어짐(1-9절). 1. 하나님의 진노를 촉발시키는 그들의 교만한 계획(1-4절). 그것은 성읍과 탑을 건축하는 것이었다. 2. 그들의 계획을 무너뜨리시는 하나님의 의로우신 심판(5-9절). 그들의 언어가 혼잡케 되어 그들이 뿔뿔이 흩어진다. II. 아브라함에까지 이어지는 하나님의 아들들의 계보(10-36절). 아브라함의 가문에 대한 일반적인 기사와 그가 고향을 떠난 사실이 언급된다(27절 등).

[1]온 땅의 언어가 하나요 말이 하나였더라 [2]이에 그들이 동방으로 옮기다가 시날 평
지를 만나 거기 거류하며 [3]서로 말하되 자, 벽돌을 만들어 견고히 굽자 하고 이에
벽돌로 돌을 대신하며 역청으로 진흙을 대신하고 [4]또 말하되 자, 성읍과 탑을 건설
하여 그 탑 꼭대기를 하늘에 닿게 하여 우리 이름을 내고 온 지면에 흩어짐을 면하
자 하였더니

앞 장 끝에서 우리는 노아의 아들들로 인하여, 혹은 노아의 아들들 중에서 홍수 후에 땅에서 백성들이 나뉘었다는 사실을 접했다. 즉, 땅에서 사람들이 여러 부족들로 나뉘었고, 인구가 늘어남에 따라 노아가 지정했거나 아니면 그 아들들 사이에 합의된 거주지가 점점 비좁아져서 인근 지역으로 생활 반경을 계속해서 넓혀나갔고, 서로 점점 더 떨어지게 되었다. 이렇게 해서 홍수가 난 지 백 년이 지나 벨렉이 출생할 당시에는 그 문제가 잘 정리되어 있었다. 그러나 사람의 아들들은 먼 곳으로 흩어지기를 싫어했던 것 같다. 그들은 많은 사람이 한데 뭉칠수록 생활이 더 즐겁고 더 안전하다고 생각하였고, 그리하여 서로 함께 뭉치기를 힘썼고, 그들 조상의 하나님 여호와께서 그들에게 주신 땅을 점

령하러 가기를 지체하였다(수 18:3). 자기들 자신이 하나님이나 노아보다 더 지혜롭다고 생각한 것이다. 여기서 다음을 보라.

I. **그들이 쉽게 함께 뭉칠 수 있었던 요인들.**

1. 그들의 언어가 하나였다(1절). 혹시 홍수 이전에 여러 다른 언어들이 있었다 해도, 홍수 이후에는 노아의 언어만이(이것은 십중팔구 아담의 언어와 같았을 것이다) 보존되었고, 그 이후에 계속 유지되었다. 모든 사람이 서로를 잘 이해할 때에는 서로를 사랑하고 도울 수 있는 가능성이 더 높고, 따라서 서로에게서 분리되는 경향이 적다.

2. 그들은 함께 정착할 아주 적절한 곳을 찾아냈다. 그 곳은 시날 평지였는데(2절), 그들 모두를 수용할 만큼 광활한 곳이었고, 또한 그 곳은 그들의 현재 인구 전체(미래의 증가된 인구수는 생각하지 못했을 것이지만)가 먹고 살 만큼 비옥한 곳이었다. 주목하라. 현재의 상태에 적응하는 것이, 미래와 관련된 의무와 관심을 소홀히 하게 만드는 강한 유혹 거리가 되는 경우가 많다.

II. **그들이 서로 한데 뭉쳐 있기 위해 취한 방법.** 그들은 하나님의 보호하심 아래서 평화롭게 일을 도모함으로써 영역을 넓혀갈 생각을 하지 않고, 그들 스스로 자기들을 방어하고자 했다. 마치 하늘을 상대하여 전쟁을 하기로 결심한 자들처럼, 그들은 스스로 방어의 자세를 취하였다. 그들이 만장일치로 얻은 결론은, 우리의 성읍과 탑을 건설하자는 것이었다. 옛 세상에서나(4:17) 여기 새 세상에서나, 처음 성읍들을 건설한 자들은 훌륭한 성품과 명성이 있는 자들이 아니었다. 하나님의 백성들의 거처로는 장막이면 족했다. 하나님을 대적하여 반역을 일으킨 자들이 처음 성읍을 건설한 것이다. 여기서 관찰하라.

1. 이 일을 이루기 위해 그들이 서로를 충동하며 격려하였다. 그들은 자, 벽돌을 만들자(3절), 성읍과 탑을 건설하자(4절)고 하였다. 그들은 서로를 충동질하여 서로 더 대담하고 더 단호해졌다. 주목하라. 일을 도모하는 자들이 무수하며 모두 한 생각을 갖고 서로를 격려할 때에 큰일들이 일어날 수 있다. 이처럼 죄인들이 서로서로 악한 일들을 부추기고 격려하듯이, 우리도 사랑과 선행을 격려하기를 배우자. 시 122:1; 사 2:3, 5; 렘 50:5 등을 보라.

2. 그들이 건축에 사용한 재료들. 그 땅이 평평하여 돌도, 진흙도 없었으나 그들은 실망하지 않고, 돌을 대신하여 벽돌을 만들었고, 진흙을 대신하여 역청을 사용하였다. 여기서 보라. (1) 목적이 확실한 자들은 방법을 바꾸어서라도

그 목적을 이루려 한다. 우리가 선한 일에 열정을 갖고 있다면, 아무리 힘들어도 필요한 재료가 없다는 것을 핑계로 삼아 우리의 일을 중지해서는 안 된다. (2) 사람의 건축과 하나님의 건축은 서로 엄청난 차이가 있다. 사람들이 바벨을 건설할 때에는 벽돌과 역청이 최고의 재료다. 그러나 하나님께서 그의 예루살렘을 건설하실 때에는 청옥으로 그 기초를 쌓으시고, 사방을 다 보석으로 꾸미실 것이다(사 54:11, 12; 계 21:19).

3. 그들이 바벨을 건설한 목적을 보라. 어떤 이들은 그들이 또다시 홍수이물로 궤멸되지 않도록 자신을 방비하고자 하는 의도를 가졌다고 본다. 하나님께서 다시는 홍수로 세상을 멸하지 아니하시겠다고 말씀하셨으나, 그들은 하나님이 하시는 약속이나 그가 지정하시는 방주보다도 그들 스스로 만드는 성을 신뢰하였다. 그러나 만일 이것이 그들의 목적이었다면, 평지보다는 산 위에 성을 건설했을 것이다. 그들이 이 성과 탑을 건설한 목적은 세 가지였던 것으로 보인다.

(1) 그들은 하나님을 감히 모욕하기 위하여 그것을 계획한 것으로 보인다. 그들은 탑을 건설하여 그 꼭대기가 하늘에 닿게 만들려 했는데, 이는 하나님을 무시하는 것, 혹은 최소한 그와 경쟁하는 것을 말해 준다. 그들은 거룩함이 아니라 높이에서 지극히 높은 자와 같이 되거나, 할 수 있는 만큼 그와 버금가게 되고자 한 것이다. 그들은 자기들의 위치를 잊어버렸고, 땅 위에 기어 다니는 것을 치욕으로 알았고, 그리하여 문이나 사다리를 통해서가 아니라 무언가 다른 방법으로 하늘에까지 오르기로 결심한 것이다.

(2) 그들은 이로써 자기들의 이름을 널리 알리기를 바랐다. 그들은 현재의 그들에 대해 무언가 이야기될 것이 있기를 바랐고, 또한 후손들에게도 이 세상에 그들과 같은 사람들이 있었다는 것을 알리기를 바랐다. 그냥 죽어서 아무런 기념물도 남겨두지 못하고 그냥 죽기보다는 이처럼 그들의 자존심과 야망과 또한 어리석음의 기념물을 남기기를 바란 것이다. 주목하라. [1] 명예와 이름에 애착을 갖는 것은 대개 크고 힘든 노력에 대한 이상스러운 열정을 불러일으키며, 또한 악하고 하나님을 거스르는 모습을 드러내는 경우가 많다. [2] 죄로 인하여 높아지는 이름들을 하나님께서 티끌 속에 묻으시는 것은 정당한 일이다. 이 바벨탑 건설자들은 이름을 내기 위해서 그렇게 어리석은 비용을 들였으나, 그들의 계획은 허사가 되고 말았다. 왜냐하면 그 어느 역사에서도 이 바벨탑

건설자들의 이름은 전혀 나타나지 않기 때문이다. 필로(Philo)는 말하기를, 그들 모두가 영구한 기념으로(in perpetuam rei memoriam), 벽돌에 자기 이름을 새겼다고 하였다. 그러나 그것으로도 그들의 목적은 하나도 이루어지지 못했다.

(3) 그들이 이 일을 계획한 것은 사방에 흩어지는 것을 막기 위함이었다. 온 지면에 흩어짐을 면하자. (요세푸스에 의하면), "그 일은 땅에 충만하라는 명령(9:1)에 불복종하는 것이었다." 하나님은 그들에게 흩어지라고 명령하셨다. 그러나 그들은, "아닙니다. 우리는 함께 뭉쳐서 함께 살렵니다"라고 하며, 이를 관철시키기 위하여 서로 뭉쳐서 이 방대한 일을 추진시켰다. 그들이 하나의 영광스러운 제국으로 연합하기 위하여, 이 성읍과 탑을 건설하여 그들의 왕국의 수도와 그들의 연합의 중심으로 삼기로 결심한 것이다. 아마도 야심에 가득 찬 니므롯 휘하의 사람들이 이 모든 일에 개입되었을 것으로 보인다. 그는 하나의 특정한 부족을 통치하는 것에 만족하지 못했고, 전 세계적인 왕권의 획득을 목표로 삼았다. 그리고 이를 이루기 위하여, 안전을 위해서 모두가 연합해야 한다는 것을 구실로 삼아 그들을 한 조직체로 유지시키려는 음모를 꾸몄다. 그렇게 하나로 묶어 놓고 감시하면 그들을 자기의 권력 하에 둘 수 있을 것이었기 때문이다. 이 죄인들의 대담한 경거망동을 보라. 여기서 [1] 하나님을 대적한 대담한 반대가 나타난다. 하나님은 "너희가 흩어지라"고 말씀하시나, 그들은 "우리는 그렇게 아니 하렵니다"라고 한다. 자기를 지으신 이와 더불어 다툴진대 화 있을진저(사 45:9). [2] 하나님과의 대담한 경쟁이 나타난다. 전 세계적인 군주요 만유의 주요 왕 중의 왕이 되는 것은 하나님만의 대권이다. 그러므로 그것을 목표로 삼는 사람은 하나님의 보좌를 찬탈하려 하는 것이다. 그러나 하나님은 절대로 자기의 영광을 다른 이에게 주지 않으시는 것이다.

5여호와께서 사람들이 건설하는 그 성읍과 탑을 보려고 내려오셨더라 6여호와께서
이르시되 이 무리가 한 족속이요 언어도 하나이므로 이같이 시작하였으니 이후로
는 그 하고자 하는 일을 막을 수 없으리로다 7자, 우리가 내려가서 거기서 그들의
언어를 혼잡하게 하여 그들이 서로 알아듣지 못하게 하자 하시고 8여호와께서 거
기서 그들을 온 지면에 흩으셨으므로 그들이 그 도시를 건설하기를 그쳤더라 9그
러므로 그 이름을 바벨이라 하니 이는 여호와께서 거기서 온 땅의 언어를 혼잡하

게 하셨음이니라 여호와께서 거기서 그들을 온 지면에 흩으셨더라

여기서는, 바벨탑을 건설하려는 사람들의 계획이 수포로 돌아가고, 그 교만한 자들의 도모가 산산조각 깨어져서 결국 그들의 악에도 불구하고 하나님의 뜻이 서게 되는 것을 보게 된다.

I. 땅 위의 계획을 하나님께서 아심. 여호와께서 … 그 성읍과 탑을 보려고 내려오셨더라(5절). 이것은 사람의 사정에 빗댄 표현이다. 하나님은 그 일을 처음부터 분명하고도 완전하게 알고 계셨다. 관찰하라.

1. 하나님은 사람들의 도모에 대해 심판하시기 전에 먼저 그것에 대해 알아보신다. 하나님은 죄와 죄인들에게 행하시는 모든 일에서 무한히 의로우시고 공평하시며, 따라서 먼저 듣지 않고서는 아무것도 정죄하지 않으신다.

2. 사람들이 자랑스러운 마음으로 짓고 있는 그 건축물들을 인지하시는 하나님의 행위를 그가 자신을 낮추시는 것으로 말씀한다. 그는 스스로 자신을 낮추사 이 낮은 땅에서 일어나는 일을 보시는 것이다(시 113:6).

3. 여호와께서 사람의 아들들(한글 개역개정판은 사람들로 번역함—역자주)이 건설하는 그 성읍과 탑을 보려고 내려오셨다고 말씀하는데, 이는 다음과 같은 것을 시사한다. (1) 그들이 사람으로서 지닌 연약함. 땅의 벌레에 지나지 않는 사람의 아들들이 감히 하늘을 거역하고 여호와의 진노를 촉발시키니 이는 어리석기 그지없는 짓이었다. 그들이 과연 하나님보다 강하단 말인가? (2) 그들의 죄악과 역겨움. 히브리어로 보면, 그들은 아담의 아들들이었으며, 따라서 이들은 본질상 불순종의 자식들이요, 부패한 자식들이다. (3) 그들이 하나님의 아들들과 구별됨. 이들은 신앙을 고백하는 자들과 자신들을 분리시켰고, 그러한 분리를 뒷받침하고 영속화하기 위하여 이 탑을 건축한 것이다. 이 불경한 부류 중에는 경건한 에벨을 찾아볼 수가 없다. 그러므로 하나님의 아들들은 이러한 사람의 아들들의 회중에 은밀히 들어가지도 않으며 그들과 연합하지도 않는 것이다.

II. 영원하신 하나님이 이 문제를 해결하실 뜻을 세우심. 그는 그저 구경꾼으로 내려오신 것이 아니라 심판주요 왕으로서 교만한 자를 발견하여 모두 낮추려(욥 40:11-14) 내려오신 것이다. 관찰하라.

1. 그는 그들이 건축을 한참 진행하도록 하신 후에 그 일을 중지시키셔서, 그

들이 회개할 여유를 갖도록 하셨다. 그들이 그 중에 생각을 했더라면 그 일을 부끄럽게 여기고 그들 스스로 그 일을 역겹게 여길 수도 있었을 것이며, 그렇지 않다면 그들의 실패가 더욱 수치스러운 것이 되고, 지나가는 자들이, 이들이 공사를 시작하고 능히 이루지 못하였다고 이야기하며 그들을 비웃을 것이고, 그리하여 그들 스스로 불멸의 영예를 안겨다 줄 것으로 믿은 그것이 그들에게 오히려 씻을 수 없는 치욕이 될 것이었다. 주목하라. 하나님께서 그의 영광을 대적하는 원수들이 그들의 불경한 계획을 대대적으로 진행시키고 오랜 동안 번영을 구가하도록 허용하시는 데에는, 하나님 자신의 지혜롭고 거룩한 목적이 있는 것이다.

2. 그들이 수고와 노력을 기울여 그들의 건축 사업을 상당 부분 진척시키고 난 후에, 비로소 하나님께서 그들의 도모를 깨뜨리시고 그들을 흩어버리시기로 결정하셨다. 관찰하라.

(1) 이러한 결정을 시행하실 때에 하나님께서 고려하신 내용 가운데서 그의 의로우심이 나타난다(6절). 그는 두 가지를 고려하셨다. [1] 그들이 하나라는 사실. 그렇기 때문에 그들이 흩어져야만 되었다. "이 무리가 한 족속이요 언어도 하나로다. 그들이 계속 하나로 뭉쳐 있다면 땅의 상당 부분이 거민이 없이 방치될 것이요, 그들의 왕의 권력이 금방 비대해질 것이며, 악행과 속된 행위들이 감당할 수 없을 정도로 만연될 것이고 — 그들이 그런 일에 서로 힘을 모을 것이므로 — 최악의 경우에는 그들의 세력이 너무도 커져서 교회를 압도하고, 이 사람의 아들들이 함께 뭉쳐서 하나님의 자녀들의 작은 남은 자를 삼켜버릴 것이로다." 그러므로 그들이 한 족속으로 남아 있지 않도록 작정하신 것이다. 주목하라. 하나가 되는 것도 하나의 방법이지만 그것이 참된 교회를 드러내 주는 오류 없는 표지는 아니다. 바벨의 건축자들이 서로 가문과 성격과 관심사가 각기 다르면서도 하나님을 대적하는 일에 그렇게 하나가 되어 힘쓰는 동안, 시온의 건축자들은 머리이신 그리스도와 성령 안에서 하나이면서도 하나님을 섬기는 일에서 서로 나뉘고 분열되어 있으니, 이 얼마나 안타깝고 수치스러운 일인지 모른다! 그러나 이 일에 대해 놀랄 필요가 없다. 그리스도께서 화평을 주려고 오신 것이 아니니 말이다. [2] 그들의 완악함. 이후로는 그 하고자 하는 일을 막을 수 없으리로다. 그러니 그들을 반드시 깨뜨리고 그들의 도모를 무산시켜야 하는 것이었다. 하나님은 명령과 훈계로써 그들의 그런 계획을 무산시키기를

시도하셨으나 허사였다. 그러므로 그는 또 다른 조치를 취하셔야만 하게 된 것이다. 여기서 다음을 보라. 첫째로, 죄의 죄악됨과 죄인들의 사악함. 아담이 금지된 실과에 대하여 제재를 받지 않으려 한 이후, 그의 거룩하지 못한 그의 후손들은 하나님의 제재에 대해 조바심을 내고 그것에 대해 반기를 들 태세를 갖추어 왔다. 둘째로, 땅에 대한 하나님의 심판의 필연성. 세상에 질서를 유지하고 법의 제재를 받지 않으려는 자들의 손을 묶는 것이 반드시 필요했다.

(2) 이러한 인간의 계획을 저지하시기 위해 하나님께서 취하신 방법에서 그의 지혜와 자비하심이 나타난다. **자, 우리가 내려가서 거기서 그들의 언어를 혼잡하게 하자**(7절). 이것은 천사들에게 하신 말씀이 아니다. 하나님께는 천사들의 조언이나 도움이 필요 없었다. 이는 하나님께서 자기 자신에게, 혹은 성부께서 성자와 성령께 하신 말씀이다. 사람의 아들들은 말하기를, **자, 우리가 벽돌을 만들어 견고히 굽자** 라고 하고, 또한 **자, 성읍과 탑을 건설하자** 라고 하며 서로서로 죄를 부추겼다. 그러므로 하나님께서도, **우리가 내려가서 그들의 언어를 혼잡하게 하자** 라고 말씀하신다. 하나님께서 스스로를 북돋으셔서 보복하시는 것이다(사 59:17, 18). 여기서 관찰하라. [1] 과실에 합당하게 벌하지 않으시고 그것을 완화하시는 하나님의 자비하심. **그는 우리의 죄를 따라 우리를 처벌하지 않으신다**(시 103:10). 그는, "자, 우리가 내려가서 번개와 우레를 내려 이 반역자들을 한숨에 태워버리자"라거나, "땅이 열려 그들과 그들이 지은 탑을 삼키게 하여, 그들로 속히 지옥에 내려가게 하자"라고 말씀하지 않으신다. 아니다. 다만 "**우리가 내려가서** 그들을 흩어버리자"라고 하셨을 뿐이다. 그들은 죽어 마땅하였으나, 그저 흩어지고 거처가 옮겨질 뿐이었다. 진노를 돋우는 세상을 향하여 하나님이 이처럼 오래 참으시는 것이다. 형벌은 주로 미래의 상태를 위하여 남겨져 있다. 이 세상에서 나타나는 죄인들을 향한 하나님의 심판들은 미래의 상태를 위해 남겨진 것과 비교하면 그저 제재의 수준 정도밖에는 되지 않는다. [2] 실효를 거두기 위한 하나님의 지혜로우신 조치. 하나님은 그들의 언어를 혼잡하게 하셔서 그들 서로 간에 의사소통이 되지 않도록 하셨고, 그리하여 그들의 계획을 무너뜨리시고, 그들을 사방에 흩어지게 하신 것이다. 의사소통이 되지 않으면 서로 간에 즐거운 관계가 지속될 수가 없으니 흩어질 수밖에 없는 것이었다. 주목하라. 하나님은 그를 대적하는 교만한 자들의 계교를 무너뜨릴 수 있는 다양하고도 효과적인 방법들을 갖고 계신다. 그는 그들의 마음이 갈라

지게 하시거나(삿 9:23), 아니면 다윗이 기도하는 대로(시 55:9) 그들의 혀를 자르시거나 하여 얼마든지 그들을 서로 분리시키시는 것이다.

III. 하나님이 그의 뜻을 실행에 옮기셔서 인간의 도모를 무너뜨리심(8, 9절). 하나님께서는 그들로 하여금, 렘 44:28의 표현처럼 그의 말씀과 그들의 말 가운데서 누구의 말이 진리인지 알게 하셨다. 그들이 하나가 되어 완악하게 계획을 진행시켰으나 하나님은 그들에게 너무 힘든 상대셨다. 그들이 교만하게 밀고 간 그 일에서 그는 그들보다 무한히 우위에 계셨다. 그를 거슬러 스스로 완악하게 행하고도 형통할 자가 누구겠는가(욥 9:4)? 세 가지 일이 일어났다.

1. 그들의 언어가 혼잡하게 되었다. 사람을 지으실 때에 말을 하도록 가르치셨고 속의 생각을 표현하기에 적합하도록 말을 주신 하나님께서 이제 이 건축자들로 하여금 기존에 사용하던 언어를 잊어버리고, 동일한 부족이나 가문 내에서는 통용되나 그 외에는 의사소통이 되지 않는 새로운 언어를 말하고 이해하도록 만드신 것이다. (1) 이것은 큰 이적이요, 또한 하나님께서 사람들의 생각과 혀에 능력으로 역사하사 마치 강물을 돌리듯이 돌려놓으셨음을 보여주는 증거였다. (2) 이것은 그 건축자들에게는 큰 심판이었다. 왜냐하면 이렇게 고대의 거룩한 언어를 구사하는 능력을 빼앗김으로써 그 언어를 사용하는 참된 교회와의 의사소통이 불가능해졌으며, 아마도 그 때문에 결국 참되신 하나님을 아는 지식을 상실하고 말았을 것이기 때문이다. (3) 오늘날까지도 우리 모두가 이 심판을 당하고 있다. 언어가 다양한 것으로 인하여 우리가 겪는 모든 불편함, 그리고 다른 언어들을 배워야 하는 괴로움과 수고 등이 모두 우리의 조상들이 바벨에서 저지른 반역으로 인해 생긴 것이다. 아니, 다른 이들의 언어를 오해하는 데에서 일어나는 온갖 불행한 말씨름과 논쟁들 역시 모르긴 몰라도 이 언어의 혼잡에서 비롯된 것일 것이다. (4) 어떤 이들은 전 세계적인 언어를 통하여 전 세계적인 보편적인 교류를 꿈꾸고 계획하나, 이것이 아무리 바람직해 보여도 필자의 생각에는 헛된 시도일 수밖에 없다. 왜냐하면 이는 이 땅의 언어들을 갈라놓으신 하나님의 심판을 거슬러 싸우는 것이기 때문이다. 그 심판의 효과는 세상이 존속하는 한 계속될 것이다. (5) 여기서 히브리어가 전 세계적으로 사용되던 것이 사라져 버린 일을 안타깝게 여길 수도 있을 것이다. 히브리어는 이때부터 히브리 민족의 통속적인 언어가 되었고, 바벨론 포로기까지 그런 상태로 지속되다가 그 때 이후 아람어와 혼용되게 되었다. (6) 언

어의 혼잡으로 사람의 자녀들을 갈라놓았고 그리하여 그들이 사방에 흩어졌던 것처럼, 사도들에게 주어진 방언의 은사(행 2장)가 사방에 흩어져 있던 하나님의 자녀들을 한데로 모으는 일에 큰 역할을 했다. 그리하여 이들이 그리스도 안에서 하나가 되어 한 마음과 한 입으로 하나님께 영광을 돌리게 된 것이다(롬 15:6).

2. 그들의 건설 사업이 중단되었다. 그들이 그 도시를 건설하기를 그쳤더라. 이것은 언어의 혼잡으로 인하여 생긴 결과였다. 그들이 서로 도울 수 없게 되었을 뿐 아니라, 아마도 이 모든 일에서 여호와의 손길이 그들을 치신 것을 보았으므로 사기가 떨어져 그 일을 계속 진행할 수 없었던 때문이었을 것이다. 주목하라. (1) 하나님께서 대적하시는 것이 보이면 그 일에서 물러서는 것이 지혜다. (2) 하나님은 바벨을 건설하는 자들의 모든 계획과 도모를 완전히 무너뜨리실 수 있다. 그는 하늘에 앉으사, 그와 그의 기름 부은 자를 대적하는 땅의 왕들의 계교에 코웃음 치시며, 그들로 하여금 여호와를 대적할 수 있는 지혜나 계획이 하나도 없다는 것을 고백하지 않을 수 없게 하실 것이다(잠 21:30; 사 8:9, 10).

3. 그들이 온 지면에 흩어졌다(8, 9절). 그들은 각기 가문과 언어에 따라(10:5, 30, 31) 무리를 이루어 흩어졌다. 그들이 이렇게 흩어져서 각기 분배받은 땅에서 나라를 이루어야 한다는 것은 전부터 알고 있었으나 그렇게 하려 하지 않았는데, 이제는 어쩔 수 없이 그렇게 흩어져서 땅을 차지하게 되었다. 여기서 관찰하라. (1) 그들이 두려워하던 바로 그 일이 그들에게 일어났다. 온 지면에 흩어지는 것을 반역의 행위를 통해서까지 피하려 했으나, 바로 그 반역의 행위로 인하여 그 일이 그들에게 닥친 것이다. 간접적이지만 죄악된 방법을 통해서 어려움을 모면하려 하면, 바로 그 때문에 그 어려움에 빠질 가능성이 매우 많은 법이다. (2) 그 일은 하나님이 하신 일이었다. 여호와께서 그들을 온 지면에 흩으셨더라. 흩어지는 모든 일에서 하나님의 섭리의 역사하심을 인정해야 한다. 가족이 흩어지고, 친척들이 흩어지고, 교회가 흩어지면, 이는 여호와께서 행하시는 일이다. (3) 그들이 서로 견고하게 하나로 뭉쳐 있었으나, 여호와께서는 그들을 흩으셨다. 하나님께서 나누시면 아무도 하나로 뭉쳐 있을 수가 없는 것이다. (4) 하나님께서는 그를 대적하여 하나로 결속하여 탑을 건설하는 그들의 그 오만불손한 시도를 이렇게 하여 정의롭게 보복하셨다. 수치스러운

흩어짐이 죄악된 연합에 대한 정당한 형벌인 것이다. 시므온과 레위는 한 형제로서 하나가 되어 악을 행하였으나, 야곱 중에서 나누어졌다(49:5, 7; 시 83:3-13). (5) 그들은 그 곳에 붙여진 이름을 통해서 치욕의 영원한 기념물을 남겼다. 그 곳은 바벨이라 불렸는데, 이는 혼란이란 뜻이었다. 위대한 이름을 얻기를 목표로 삼는 자들은 흔히 치욕스런 이름을 얻게 된다. (6) 사람의 아들들이 이제 완전히 흩어졌고, 인자께서 그의 영광의 보좌에 앉으실 그 큰 날에 모든 민족이 그의 앞에 모이게 되기까지(마 25:31, 32) 다시는 함께 모이는 일이 결코 없을 것이다.

10 셈의 족보는 이러하니라 셈은 백 세 곧 홍수 후 이 년에 아르박삿을 낳았고 11 아르
박삿을 낳은 후에 오백 년을 지내며 자녀를 낳았으며 12 아르박삿은 삼십오 세에 셀
라를 낳았고 13 셀라를 낳은 후에 사백삼 년을 지내며 자녀를 낳았으며 14 셀라는 삼
십 세에 에벨을 낳았고 15 에벨을 낳은 후에 사백삼 년을 지내며 자녀를 낳았으며 16
에벨은 삼십사 세에 벨렉을 낳았고 17 벨렉을 낳은 후에 사백삼십 년을 지내며 자녀
를 낳았으며 18 벨렉은 삼십 세에 르우를 낳았고 19 르우를 낳은 후에 이백구 년을 지
내며 자녀를 낳았으며 20 르우는 삼십이 세에 스룩을 낳았고 21 스룩을 낳은 후에 이
백칠 년을 지내며 자녀를 낳았으며 22 스룩은 삼십 세에 나홀을 낳았고 23 나홀을 낳
은 후에 이백 년을 지내며 자녀를 낳았으며 24 나홀은 이십구 세에 데라를 낳았고 25
데라를 낳은 후에 백십구 년을 지내며 자녀를 낳았으며 26 데라는 칠십 세에 아브람
과 나홀과 하란을 낳았더라

여기서 우리는 족보를 접하게 되는데, 이것은 끝없는 족보는 아니다. 이 족보는 하나님의 사람이요 또한 약속된 후손인 그리스도께로 인도하는 사람인 아브람에게서 끝난다. 그리스도는 아브람의 자손이요 아브람에게서 그리스도의 족보가 이어진다(마 1:1). 그러므로 5장과 11장과 마태복음 1장의 족보를 한데 모으면 예수 그리스도의 족보 전체를 얻게 된다. 모르긴 해도, 이 세상의 어느 사람에 대해서도 그런 족보를 만들 수가 없을 것이다. 그리고 이 세 족보를 한데 모아 놓고 살펴보면, 첫째 아담과 둘째 아담 사이에 열 대(代)가 두 번, 열네 대가 세 번 지나게 된다. 그러므로 그리스도에 대해서, 그가 아브라함의 자손일 뿐 아니라 인자(사람의 아들)요, 또한 여자의 후손이라는 것이 분명

해지는 것이다. 여기서 관찰하라.

1. 여기에 언급된 인물들에 대해서는 이름과 연령밖에는 아무것도 기록되어 있지 않은데, 성령께서는 그들의 기사를 빨리 매듭짓고 아브람의 이야기로 속히 올라가려 하시는 것 같다. 우리보다 먼저 이 세상에 살았던 자들에 대해서, 심지어 우리와 동일한 곳에서 살았던 자들에 대해서까지도, 우리가 얼마나 아는 것이 적은지 모른다. 또한 우리와 같은 시대에 있으면서도 먼 곳에 사는 사람들에 대해서도 똑같이 아는 것이 얼마나 적은지 모른다! 우리는 우리에게 주어진 일을 돌아보는 것으로 족하다. 이미 지난 것을 다시 찾는 일은 오직 하나님께 맡겨둘 수밖에 없다(전 3:15).

2. 그들의 수명이 점점 줄어드는 것이 눈에 띈다. 셈은 600세를 살았으나, 그도 홍수 이전의 족장들의 수한에는 못 미친다. 그 다음 세 명은 500세에 못 미치고, 그 다음 세 명은 300세에도 못 미치고, 그 이후에는 데라만을 제외하고는 200세까지 산 사람도 없다. 그로부터 여러 세대가 지난 후, 모세는 70세 혹은 80세를 사람의 정상적인 수명으로 간주하였다. 땅에 사람이 가득 차면서, 사람의 수명이 줄어들기 시작하는데, 그 원인은 사인의 부패보다는 하나님의 지혜로운 섭리에 있을 것이다. 택한 자들을 위하여, 사람의 수명이 짧아지며, 또한 세상이 악하니 수명이 짧아져서 우리 조상의 나그네 길의 연조에 미치지 못하는 것이 좋다(창 47:9). 히브리인들이 파생되어 나온 인물인 에벨이 홍수 이후의 사람 중 가장 오래 산 사람이었는데, 이는 어쩌면 그의 특별한 경건과 하나님의 길을 철저하게 따른 삶에 대한 상급이었을지도 모른다.

[27]데라의 족보는 이러하니라 데라는 아브람과 나홀과 하란을 낳고 하란은 롯을 낳
았으며 [28]하란은 그 아비 데라보다 먼저 고향 갈대아인의 우르에서 죽었더라 [29]아브
람과 나홀이 장가들었으니 아브람의 아내의 이름은 사래며 나홀의 아내의 이름은
밀가니 하란의 딸이요 하란은 밀가의 아버지이며 또 이스가의 아버지더라 [30]사래는
임신하지 못하므로 자식이 없었더라 [31]데라가 그 아들 아브람과 하란의 아들인 그
의 손자 롯과 그의 며느리 아브람의 아내 사래를 데리고 갈대아인의 우르를 떠나
가나안 땅으로 가고자 하더니 하란에 이르러 거기 거류하였으며 [32]데라는 나이가
이백오 세가 되어 하란에서 죽었더라

여기서 아브람의 이야기가 시작되는데, 지금부터 신구약 성경 모두에서 그의 이름이 유명해진다. 여기서 다음을 보라.

I. 그의 고향. 갈대아인의 우르. 그는 이 곳에서 출생하였다. 이 곳은 우상숭배가 가득한 곳으로서 심지어 에벨 자손까지도 그 곳에서 타락하였다. 주목하라. 은혜로 말미암아 약속의 땅의 상속자들이 된 자들은 그들이 출생한 땅이 어디며, 또한 그들의 부패하고 죄악된 본성과 그들을 떠낸 반석의 상태가 어떠한지를 기억해야 한다.

II. 그의 친척들. 이들을 언급한 것은 아브람을 위함이요, 또한 이어지는 이야기 속에서 그들이 관심사가 되기 때문이다.

1. 그의 아버지는 데라였는데, 그는 홍수 이후에 다른 신을 섬긴 것으로 나타난다(수 24:2). 우상숭배가 그렇게 일찍부터 세상에 발을 붙이게 되었다. 심지어 어느 정도 선한 원칙을 지닌 자들이라도 도도히 흐르는 시류(時流)를 거슬러 헤엄치기란 정말로 어려운 일이다. 데라가 칠십 세에 아브람과 나홀과 하란을 낳았다고 말씀하나(26절. 그리하여 아브람이 데라의 맏아들로서 칠십 세에 낳은 아들인 것처럼 보인다), 데라가 205세에 죽은 것으로 말씀하는 32절을, 12:4(아브람이 75세에 하란을 떠난 것으로 말씀한다)과 또한 행 7:4(아브람이 데라가 죽은 후에 하란을 떠난 것으로 말씀한다)과 비교해 보면, 그가 데라의 나이 130세에 출생한 것으로 나타난다. 그러므로 아마도 그는 데라의 막내아들이었을 것이다. 하나님의 선택하심에는 나중 된 자가 먼저 되고, 먼저 된 자가 나중 되는 일이 흔하게 있기 때문이다.

2. 데라의 자손에 대한 언급이 나타난다. (1) 나홀. 훗날 그의 가문에게서 이삭과 야곱이 아내들을 취하게 된다. (2) 하란. 그는 롯의 아버지인데, 여기서는 그가 그 아비 데라보다 먼저 죽었다고 말씀한다(28절). 주목하라. 자녀들이 부모가 죽을 때까지 사는 일이 보장되어 있는 것이 아니다. 죽음은 연령순으로 찾아오지 않는다. 죽음의 그늘에는 아무 구별이 없는 법이다(욥 10:22). 또한 하란이 그 가족이 우상숭배가 가득한 땅 갈대아인의 우르에서 떠나기 전에 그 곳에서 죽었다고 말씀한다. 주목하라. 우리의 본성적인 상태에서 속히 벗어나는 것이 매우 중요한 일이다. 그렇지 않으면 그 상태 그대로 갑자기 죽음을 맞게 될 수도 있기 때문이다.

3. 아브람의 아내는 사래였다. 어떤 이들은 그녀는 하란의 딸 이스가와 동일

인물이었다고 본다. 아브람 자신은 자기 아내가 그의 아버지의 딸이나 그의 어머니의 딸은 아니었다고 말씀한다(20:12). 사래는 아브람보다 열 살 아래였다.

III. 그가 갈대아인의 우르를 떠남. 그는 하나님의 부르심에 순종하여 아버지 데라와 아버지의 조카 롯과 나머지 가족들과 함께 그 곳을 떠나는데, 이에 대해서는 12:1이하에서 자세히 접하게 될 것이다. 본 장에서 그들은 우르와 가나안의 중간쯤인 하란에 남아 있다. 그들은 데라가 죽을 때까지 그 곳에 머물렀는데, 이는 아마도 늙은 아버지가 기력이 쇠하여 여행을 계속할 수가 없었기 때문이었을 것이다. 하란에까지는 도달하나 가나안에는 미치지 못하는 자들이 많다. 그들은 하나님 나라에서 멀지 않으나, 절대로 거기에 이르지 못하는 것이다.

제 — 12 — 장

개요

앞 장에서 우리는 아브람의 계보와 가족에 관한 기사를 접하였다. 여기서는 성령께서 그의 이야기를 시작하시며, 여기서부터 아브람과 그의 후손에 관한 기사가 거룩한 역사의 거의 유일한 주제가 된다. 본 장의 주요 내용은 다음과 같다. I. 하나님이 아브람을 가나안 땅으로 부르심(1-3절). II. 아브람이 이 부르심에 순종함(4-5절). III. 그가 가나안 땅에 들어감(6-9절). IV. 아브람이 애굽으로 내려가서 겪는 일. 아브람의 도피와 과오(10-13절). 사래에게 닥친 위험과 구원(14-20절).

1여호와께서 아브람에게 이르시되 너는 너의 고향과 친척과 아버지의 집을 떠나 내
가 네게 보여 줄 땅으로 가라 2내가 너로 큰 민족을 이루고 네게 복을 주어 네 이름
을 창대하게 하리니 너는 복이 될지라 3너를 축복하는 자에게는 내가 복을 내리고
너를 저주하는 자에게는 내가 저주하리니 땅의 모든 족속이 너로 말미암아 복을
얻을 것이라 하신지라

여기서 우리는 하나님께서 아브람을 그의 고향으로부터 옮겨 약속의 땅으로 가게 하신 부르심을 접하게 된다. 이 부르심은 아브람의 믿음과 순종을 시험하며 동시에 하나님을 위하여 그를 구별하시고 세우시기 위함이었다. 이 부르심의 정황에 대해서는 행 7:2의 스데반의 말씀에서 다소간 도움을 얻을 수 있는데, 거기서는 다음과 같은 점을 말씀한다.

1. 영광의 하나님이 아브람에게 나타나 이 부르심을 주셨다는 것. 곧, 그가 그의 영광을 찬란하게 드러내셔서 아브람이 이 부르심의 신적인 권위를 의심할 여지가 전혀 없었다는 점이다. 물론 그 뒤로도 하나님은 신적인 방식으로 그에게 말씀하셨다. 그러나 처음 그에게 나타나실 때에는 특별히 영광의 하나님으로 나타나사 그에게 말씀하신 것이다.

2. 이 부르심은 하란에 거하기 전 메소보다미아에서 그에게 주어졌다는 것.

그러므로 우리는 본문을, 여호와께서 갈대아인의 우르에서 아브람에게 이르셨고, 스데반이 계속해서 전하는 대로(행 7:4) 아브람은 이러한 부르심에 순종하여 갈대아 사람의 땅을 떠나 하란에 거하다가 그의 아버지가 죽으매 하나님께서 예전에 하신 동일한 명령을 다시 하셨고, 그리하여 결국 가나안 땅으로 옮겨오게 된 것으로 이해해야 할 것이다. 어떤 이들은 하란이 갈대아에 있었고, 그 곳은 아브람의 고향의 일부였다고 보며, 또 어떤 이들은 아브람이 하란에 5년을 머무르면서 그 곳을 그의 땅이라 부르고 거기에 정착하기 시작하였는데, 하나님께서는 이 곳이 그가 뜻하시는 곳이 아니라는 것을 그에게 알게 하셨다고 생각하기도 한다. 주목하라. 하나님께서 우리를 사랑하시고 우리를 위해 자비를 예비하고 계시다면, 그는 우리가 가나안에 못 미치는 곳에서 안주하도록 버려두지 않으시고, 은혜로 다시 우리를 부르사 이미 시작된 선한 일이 완성되도록 하시며, 그리하여 우리의 영혼이 오직 하나님 안에서만 안식을 누리도록 하실 것이다. 이 하나님의 부르심 자체에는 명령과 약속이 있다.

I. **시험의 성격을 띤 명령**. 너는 너의 고향과 친척과 아버지의 집을 떠나라(1절).

1. 이 명령을 통해서 아브람은 그가 자기의 고향 땅과 사랑하는 사람들을 사랑하는지, 그리고 그 모두를 기꺼이 버려두고 하나님과 함께 나아갈 수 있겠는지를 시험받았다. 그의 고향은 온통 우상 숭배로 가득했고, 그의 친족과 아버지의 집은 그에게 끊임없는 유혹거리가 되었다. 그러므로 그들과 같이 지내다 보면 그들로 인하여 오염될 위험이 다분하였다. 그러므로 너는 떠나라, 너는 사라지라(Vade tibi). 할 수 있는 대로 속히, 돌아보거나 들에 머물지 말고 도망하여 멸망함을 면하라(19:17). 주목하라. 죄악된 상태에 있는 자들은 가능한 한 속히 거기서 벗어나야 한다. 네 자신을 위하여 떠나라(어떤 이들은 본문을 이런 뜻으로 읽는다). 네 자신의 유익을 위하여 떠나라는 뜻이다. 주목하라. 죄를 떠나 하나님께로 돌아서는 자들은 그런 태도 변화를 통해서 말할 수 없는 유익을 얻게 된다(잠 9:12). 하나님께서 아브람에게 주신 이 명령은 신실한 아브람의 모든 영적인 후손들이 하나님과 언약 관계를 갖게 되는 그 복음의 부름과 동일한 것이다. 왜냐하면, (1) 본성적으로 애착이 가는 것들을 비리고 하나님의 은혜를 좇아야 하기 때문이다. 고향이나 친척이나 아버지의 집은 우리 모두에게 지극히 사랑스러운 것이지만, 그것들을 다 미워해야 한다(눅 14:26). 즉, 그것들

을 그리스도보다 덜 사랑해야 하고, 그리스도에 비하여 그것들을 미워해야 하며, 언제든 이것들이 그리스도와 경합을 벌이게 되면 그것들을 버리고 주 예수 그리스도의 뜻과 존귀를 좇아야 하기 때문이다. (2) 죄와 또한 죄를 유발시키는 모든 것들을 버리고, 특히 나쁜 인간관계를 청산해야 하기 때문이다. 우리 마음속에 뿌리박은 모든 악한 우상들을 제거하며, 유혹의 길을 피하며, 오른 눈이 죄를 범하게 하면 심지어 그것까지도 빼어버리는 등(마 5:29), 우리의 순전함을 해칠 위험이 있는 모든 것들은 아무리 애착이 있고 사랑스런 것이라도 그런 것들과 기꺼이 결별해야 하는 것이다. 하나님의 계명을 지키기로 결심하는 자들은 행악자들과의 교제를 끊어야 한다(시 119:115; 행 2:40). (3) 세상과 세상이 주는 모든 즐거움들을 거룩한 무관심과 멸시의 자세로 바라보아야 하기 때문이다. 우리는 그런 것들을 우리의 고향이나 집처럼 여기고 흠모할 것이 아니라, 마치 잠시 지내는 여관처럼 바라보아야 하며, 따라서 그것들에 대한 애착을 버리고 그것들보다 높은 것을 바라보며 살아야 하는 것이다.

2. 이 명령을 통해서 그는 과연 하나님을 눈에 보이는 것 이상으로 신뢰할 수 있는지를 시험받았다. 고향을 떠나 하나님이 보여 줄 땅으로 가야 했기 때문이다. 하나님은, "내가 네게 줄 땅으로 가라"고 말씀하시지 않고, 그저 "내가 네게 보여 줄 땅으로 가라"고만 하셨다. 그리고 그 땅이 어느 땅인지도, 어떤 종류의 땅인지도 말씀하지 않으셨다. 그러나 그는 일종의 맹목적인 믿음으로 하나님을 따르고, 하나님의 말씀을 곧이곧대로 받아들여야 했다. 하나님의 명령에 따라 고향을 떠난다 해도 결코 실패자가 되지 않을 것이라는 어떤 구체적인 보장이 주어지지 않은 상황일지라도, 전체적인 신뢰를 갖고 따라야 했던 것이다. 주목하라. 하나님을 대하는 자들은 반드시 신뢰를 바탕으로 대하여야 한다. 눈에 보이지 않는 것들을 위하여 눈에 보이는 것들을 버려야 하며, 아직 나타나지 않은 영광에 대해 소망을 갖고서 현재의 고난에 굴복해야 하는 것이다(롬 8:18). 장래에 어떻게 될지는 아직 나타나지 아니하였기 때문이다(요일 3:2). 하나님께서 그가 보여 주실 땅으로 그를 부르셨을 때에 아브람도 마찬가지 처지였다. 그리하여 하나님은 아브람에게 그의 지시에 끊임없이 의지하며 또한 언제나 눈을 하나님께로 돌리며 살 것을 가르치신 것이다.

Ⅱ. **아주 고무적인 약속이 주어짐.** 아니, 이것은 지극히 크고도 고귀한 갖가지 약속이 복합된 것이었다. 주목하라. 하나님의 명령들에는 반드시 모두 그것

에 순종하는 자들에게 주어질 약속이 뒤따라 주어진다. 하나님은 자신을 상(賞) 주시는 분으로도 나타내시는 것이다. 우리가 그의 계명에 순종하면, 하나님께서는 반드시 약속을 이행하실 것이다. 여기서 하나님은 여섯 가지 약속을 주신다.

1. **내가 너로 큰 민족을 이루게 하리라.** 하나님께서는 아브람을 그가 속해 있던 백성들에게서 취하여 내시면서, 그를 또 다른 백성의 우두머리로 삼으실 것을 약속하셨다. 그를 돌 감람나무의 가지인 상태에서 끊어내셔서 그를 참 감람나무의 뿌리가 되게 하시겠다는 것이다. 이 약속은, (1) 현재 자식이 없어서 부담을 갖고 있던 아브람을 크게 안도하게 하였다. 주목하라. 하나님은 그의 자녀들이 원하는 것과 그들에게 필요한 것들에 알맞도록 은혜를 베푸신다. 그가 온갖 상처를 싸맬 붕대를 갖고 계시니, 가장 쓰라린 상처에 대해서도 가장 알맞은 붕대로 치유하실 것이다. (2) 아브람의 믿음에 대한 큰 시험이었다. 그의 아내가 오랫동안 출산하지 못했기 때문이다. 그러므로 그가 이 말씀을 믿는다면, 그것은 현실에 어긋나는 것일 수밖에 없었고, 또한 돌들로도 아브라함의 자손을 일으키시고 그들을 큰 민족으로 만드실 수 있는 그분의 능력에만 순전히 의지하여 믿음을 세울 수밖에 없는 것이었다. 주목하라. [1] 하나님께서 민족을 만드신다. 그는 민족을 한순간에 태어나게 하시는 분이시며(사 66:8), 민족을 건설하시고 심으시는 분이시다(렘 18:9). 또한 [2] 민족이 부와 권력이 커지면, 그렇게 만드시는 분이 바로 하나님이시다. [3] 하나님은 마른 흙으로도 큰 민족을 이루게 하실 수 있으며 작은 자로 천 명을 이루게 하실 수 있다(사 60:22).

2. **네게 복을 주리라.** 아담과 노아의 경우처럼 구체적으로 생육과 번성의 복을 주시겠다는 뜻일 수도 있고, 혹은 일반적인 의미일 수도 있다. "윗샘의 복과 아랫샘의 복 등, 온갖 방식으로 네게 복을 주리라. 네 아버지의 집을 떠나라 그리하면 아버지의 복을 네게 주고 너를 네 조상보다 더 낫게 하리라." 주목하라. 순종하는 신자는 반드시 복을 상속받을 것이다.

3. **네 이름을 창대하게 하리라.** 고향을 버리면 그 곳에서 얻은 이름을 잃게 된다. 그러나 하나님의 말씀은, "그것을 염려하지 말고 나를 신뢰하라. 그리하면 내가 네 이름을 고향에서 크게 하는 것보다 훨씬 더 크게 하리라"는 것이다. 자녀가 없었으므로 그는 이름을 얻지 못할 것을 두려워하였다. 그러나 하나님이 그를 큰 민족을 이루게 하시며 그리하여 그의 이름을 창대하게 하실 것이

다. 주목하라. (1) 하나님은 존귀의 근원이시니, 영광의 자리를 차지하는 일이 그에게서 말미암는다(삼상 2:8). (2) 순종하는 신자의 이름이 반드시 높임을 받고 크게 될 것이다. 선진들도 믿음으로 말미암아 존귀한 이름을 얻은 것이다(히 11:2).

4. **너는 복이 될지라.** 즉, (1) "너의 행복이 행복의 표본이 될 것이요 친지들을 축복하려 하는 자들은 오로지 하나님께서 그들을 아브람처럼 되게 해 달라고 기도하게 될 것이다"(룻 4:11). 주목하라. 하나님께서는 순종하는 신자들을 친절과 은혜로 대하시므로 우리는 우리 자신을 위해서나 친지들을 위해서 더 낫게 대해 주시기를 바랄 필요가 없다. 하나님을 우리 편으로 삼는 것으로 이미 족한 행복을 누리는 것이다. (2) "네가 거하는 곳마다 네 삶이 그 곳에 복이 될지라." 주목하라. 선인들은 그들이 사는 지역에 복이며, 그들이 그렇게 된다는 것이야말로 그들의 말할 수 없는 존귀요 행복이다.

5. **너를 축복하는 자에게는 내가 복을 내리고 너를 저주하는 자에게는 내가 저주하리라.** 이는 하나님과 아브람 사이에 일종의 동맹이 — 공격에서와 방어에서 — 맺어진 것과도 같다. 아브람이 마음으로 하나님의 뜻을 좇았고, 여기서 하나님은 친히 아브람에게 함께 하실 것을 약속하시는 것이다. (1) 그는 아브람의 친구들에게 친구가 되사 아브람에게 보여주신 친절을 그들에게도 보이시며, 그에 따라 그들에게 갚으실 것을 약속하신다. 하나님께서 그가 그 백성들에게 행하시는 역사를 통해서 마침내 실패하는 자가 아무도 없도록 하실 것이요, 심지어 냉수 한 그릇을 떠준 것에 대해서도 상급을 베푸실 것이다. (2) 그는 아브람의 원수들을 대적하실 것을 약속하신다. 아브람을 미워하고 저주하는 자들이 있었다. 그러나 그들의 이유 없는 저주들이 아브람을 해치지 못할 뿐 아니라 하나님의 의로우신 저주가 그들에게 임하여 그들을 망하게 할 것이다(민24:9). 그렇기 때문에 우리는 우리를 저주하는 자들을 축복해야 한다. 하나님이 저주하시리라는 것으로 족하기 때문이다(시 38:13-15).

6. **모든 족속이 너로 말미암아 복을 얻을 것이라.** 이는 나머지 모든 약속들을 포괄하는 약속이었다. 이 약속은 메시야를 지시하는 것이다. 그에게는 모든 약속이 예와 아멘이 된다. 주목하라. (1) 예수 그리스도께서 세상의 큰 복이시며, 세상에게 베풀어진 가장 큰 복이시다. 그는 가정의 복이시요, 그로 말미암아 구원이 집에 임한다(눅 19:9). 우리가 우리의 가정의 복을 깨달으면, 그리스도를

첫째 자리(imprimis)에 올려놓고, 그를 복 중의 복으로 여기도록 하자. 그러나 그리스도와 관계없는 낯선 자들이 그렇게 많은데 어떻게 땅의 모든 족속(families)이 그리스도 안에서 복을 받는다는 것인가? 답변. [1] 복을 받는 자들은 모두가 그의 안에서 복을 받는 것이다(행 4:12). [2] 어느 족속에 속하든 믿는 자들은 모두 그리스도 안에서 복을 받게 될 것이다. [3] 땅의 모든 족속들 가운데 일부가 그의 안에서 복을 받는다. [4] 땅의 모든 족속이 그리스도 안에서 받는 복들이 있다. 복음의 구원은 일반으로 받은 구원이다(유 3). (2) 그리스도와 관계를 맺는 것은 크게 존귀한 일이다. 아브람은 메시야가 그의 후손 중에서 나오게 되었다는 것으로 그의 이름이 창대하게 되었고, 이는 그가 여러 민족의 조상이 되는 것보다 훨씬 더 큰 복이다. 육신적으로 메시야의 조상이 된다는 것은 과연 아브람의 존귀였으며, 은혜로 말미암아 우리가 메시야의 형제가 된다는 것은 우리의 존귀일 것이다(마 12:50).

4이에 아브람이 여호와의 말씀을 따라갔고 롯도 그와 함께 갔으며 아브람이 하란을 떠날 때에 칠십오 세였더라 5아브람이 그의 아내 사래와 조카 롯과 하란에서 모은 모든 소유와 얻은 사람들을 이끌고 가나안 땅으로 가려고 떠나서 마침내 가나안 땅에 들어갔더라

I. 아브람이 하나님의 부르심에 순종하여 고향을 떠남. 처음에는 우르에서, 후에는 하란에서 나옴. 이에 아브람이 여호와의 말씀을 따라갔고. 그는 하늘의 이상에 불순종하지 않았다. 혈육과 의논하지 않고(갈 1:15), 명령을 받은 대로 행하였다. 그의 순종은 지체 없이 신속하였고, 논란이 없이 굴복하는 것이었다. 그는 갈 바를 알지 못하고 나아갔으나(히 11:8). 그가 누구를 따르며 누구의 지시를 받아 나아가는지는 알고 있었다. 그리하여 하나님이 그를 불러 자기 발 앞에 이르게 하신 것이다(사 41:2).

II. 그가 떠날 때에 그의 나이. 그는 칠십오 세였다. 이는 정착하여 쉬기에 합당한 나이였다. 그러나 하나님이 이런 늙은 나이에 다시 세상을 시작하라고 하시면, 그는 기꺼이 그것에 따를 것이었다. 늙은 나이에 회심한 자의 한 실례가 여기서 나타난다.

III. 그가 함께 데리고 떠난 무리와 짐.

1. 그는 아내와 조카 롯을 데리고 떠났다. 그들의 의사를 강제로 꺾은 것이 아니라 그들을 설득하였을 것이다. 그의 아내 사래는 그와 함께 가고자 했을 것이다. 하나님이 그들을 하나가 되게 하셨으니 아무것도 그들을 갈라놓을 수 없었다. 아브람이 모든 것을 버리고 하나님을 좇는다면, 사래 역시 모든 것을 버리고 아브람을 좇으려 한 것이다. 두 사람 모두 과연 어디로 가게 될지를 모르면서도 말이다. 그리고 그의 여정 중에 그런 동반자가, 그를 위한 배필이 있다는 것이 그에게는 큰 긍휼이었다. 주목하라. 남편과 아내가 하늘을 향하여 가는 길에 함께 할 때에 이는 매우 위로가 된다. 그의 친족인 롯도 아브람의 선한 모범에 영향을 받아 그를 따라 나섰다. 아마 롯의 아버지가 죽은 후 아브람이 그의 보호자가 되어 그를 돌보았을 것이다. 주목하라. 가나안으로 나아가는 자들이 혼자서 갈 필요가 없다. 왜냐하면 좁은 문을 찾는 자가 적으나 그래도 찾는 자가 있기 때문이다. 그러니 어디를 가든 하나님이 함께 하시는 자들과 함께 가는 것이 지혜로운 일이다(슥 8:23).

2. 그들은 모든 재산을, 그들이 그동안 모은 모든 소유를 갖고 떠났다. (1) 그들 스스로 모든 것을 포기하고 하나님의 처분대로 따르고자 함이었다. 그들의 소유를 하나도 남겨두지 않고 모두 하나의 근본에다 걸었다. 그것이 선한 근본임을 알았기 때문이다. (2) 그들이 나아가는 그 곳에서 하나님을 섬기며 또한 가족의 필요한 것을 자급하기 위하여 그렇게 하였다. 하나님께서 복을 주시기로 약속하셨다고 해서 가진 소유를 다 던져버렸다면, 그것은 하나님을 신뢰하는 것이 아니라 그를 시험하는 것이 되었을 것이다. (3) 다시 돌아오고픈 유혹을 방지하기 위함이었다. 두고 온 땅을 다시 생각하게 되지 않도록 아무것도 남겨두지 않은 것이다.

3. 그들은 그동안 얻은 사람들을 이끌고 떠났다. 즉, (1) 그들이 값 주고 산 종들. 이들은 그들의 소유의 일부였다. 이들을 영혼들(souls. 한글 개역개정판은 사람들로 번역함—역자주)이라 부르는 것은 상전들에게 그들의 가엾은 종들에게 고귀한 영혼이 있으니 그들을 돌보고 필요한 것을 공급해 주어야 한다는 것을 일깨우기 위함이다. (2) 그들이 설득하여 참되신 하나님께 드리는 예배에 함께 참석하고 함께 가나안으로 가기로 하고 그들을 따라나선 자들. 한 랍비의 표현처럼, 이들은 그들이 하나님의 위엄의 날개 아래로 모아들인 자들이다. 주목하라. 하나님을 섬기며 그를 따르는 자들은 다른 이들도 함께 하나님을 섬기고

그를 따르게 하도록 최선을 다해야 한다. 이들은 그들이 얻은 영혼들이다. 영혼들을 그리스도께로 돌아오게 할 수 있다면, 우리는 진정 얻은 자들이다.

Ⅳ. 그들이 목적지에 도착함. 마침내 가나안 땅에 들어갔더라. 전에도 하란에 도착하여 잠시 머문 적이 있었다(11:31). 그러나 그들은 여행을 재개하였고, 하나님의 선하신 손길로 말미암아 가나안 땅에 들어갔고, 거기서 하나님은 다시 계시를 주셔서 그 곳이 그들에게 보여주시겠다고 약속하신 그 땅임을 알게 하셨다. 그들은 중도에 만나는 온갖 어려움으로 인하여 침체되지도 않았고, 중도에 만나는 갖가지 즐거움들 때문에 주의가 산만해지지도 않았고, 계속해서 전진하였다. 주목하라. 1. 하늘을 향하여 출발한 자들은 앞에 있는 것들을 만나고 거기에 이를 때까지 끝까지 인내해야 한다. 2. 하나님의 명령에 순종하며 그의 섭리의 역사에 겸손히 굴복하여 행하는 일들은 반드시 성공을 거두며, 또한 그로 인하여 마침내 큰 위로를 얻게 될 것이다.

6아브람이 그 땅을 지나 세겜 땅 모레 상수리나무에 이르니 그 때에 가나안 사람이
그 땅에 거주하였더라 7여호와께서 아브람에게 나타나 이르시되 내가 이 땅을 네
자손에게 주리라 하신지라 자기에게 나타나신 여호와께 그가 그 곳에서 제단을 쌓
고 8거기서 벧엘 동쪽 산으로 옮겨 장막을 치니 서쪽은 벧엘이요 동쪽은 아이라 그
가 그 곳에서 여호와께 제단을 쌓고 여호와의 이름을 부르더니 9점점 남방으로 옮
겨갔더라

우리 중에, 아브람이 그렇게 놀라운 부르심을 받아 가나안에 들어갔으니 그가 도착하면서, 존귀와 명예를 높여주는 온갖 표시들이 나타나고, 가나안의 왕들이 곧바로 그에게 항복하고 그에게 충성을 서약하는 등, 굉장한 사건들이 이어질 것으로 예상했을 사람도 있을 것이다. 그러나 그렇지 않았다. 그는 거의 아무도 주목하지 않는 상태에서 그리로 들어갔다. 하나님은 여전히 아브람으로 하여금 믿음을 따라 살게 하시고, 가나안에 들어간 후에도 여전히 참된 약속의 땅 가나안을 계속해서 바라보도록 하실 것이었기 때문이다. 그러므로 여기서 관찰하라.

Ⅰ. 그 땅에 도착하였으나, 그에게 위로를 주는 것이 거의 없었다.

1. 그 땅이 그의 소유가 아니었다. 그 때에 가나안 사람이 그 땅에 거주하였더

라. 그는 그 땅을 가나안 사람들이 거주하고 소유하고 있는 것을 알게 되었다. 더욱이 그들은 악한 이웃이요 더 악한 땅주인들이 될 가능성이 농후하였다. 모르긴 해도 그는 가나안 사람들의 허락이 없이는 땅에 장막을 칠 수도 없었을 것이다. 이렇게 해서 저주받은 가나안 사람들이 복을 받은 아브람보다 더 처지가 나아보였다. 주목하라. 이 세상에 속한 자녀들이 대개 하나님의 자녀들보다 세상에서 더 많은 것을 누리는 법이다.

2. 그 땅에 그의 정착지가 없었다. **아브람이 그 땅을 지나**(6절) **산으로 옮겨 장막을 쳤고**(8절), **점점 남방으로 옮겨갔더라**(9절). 여기서 관찰하라. (1) 때로는 선한 사람이 정착을 하지 못하고 자주 거처를 옮겨야 하는 경우가 있다. 거룩한 다윗도 방황하고 유리하였다(시 56:8). (2) 우리는 이 세상에서 옮겨 다니면서 갖가지 처지에 처하게 된다. 아브람은 처음에는 평지에(6절), 그 다음에는 산에(8절) 임시로 거주하였다. 하나님이 그를 평지에도, 산악에도 처하게 하신 것이다. (3) 모든 선한 백성은 자기 자신을 이 세상의 외인이요 임시 거주자로 여겨야 하며, 마치 낯선 나라에 사는 것처럼 믿음으로 세상과 거리를 두어야 한다. 아브람이 그렇게 했다(히 11:8-14). (4) 우리는 이 세상을 사는 동안 여행을 계속할 수밖에 없으며, 아직 목적지에 도착하지 않은 자로서 힘을 내어 끝까지 전진해야 한다.

II. 그는 하나님 안에서 큰 위로를 얻었다. 그 땅에서 만난 가나안 사람들과의 교류에서는 거의 만족을 얻지 못하였으나, 그를 그리로 인도하신 하나님과의 교제에서는 풍성한 기쁨을 누렸고 그리하여 그를 떠나지 않았다. 하나님과의 교제는 말씀과 기도로 유지되는 것이니, 아브람 역시 그 순례의 땅에서 그에게 베풀어진 경륜의 방식을 좇아 말씀과 기도로써 하나님과의 교제를 유지하였다.

1. 하나님이 아브람에게 나타나사(아마도 이상 중에) 그에게 선한 위로의 말씀을 주셨다. **내가 이 땅을 네 자손에게 주리라.** 주목하라. (1) 어떤 곳이든 어떤 삶의 처지든 간에 하나님이 우리를 찾아오셔서 베푸시는 은혜를 가로막을 수가 없다. 아브람은 임시 거주자로서 가나안 사람들 가운데서 정착하지 못하고 이리저리 옮겨 다녔으나, 여기서도 그는 살아 계셔서 그를 보시는 하나님을 만나는 것이다. 원수들이 우리와 우리의 장막을, 우리와 우리의 제단은 서로 갈라지게 할 수 있을지 모르나, 우리와 우리의 하나님은 결코 갈라놓을 수 없는

것이다. (2) 하나님께서는 의무를 다하며 그를 신실하게 따르는 자들을 그 친족들에게서 떠나게 하시나, 동시에 은혜로이 그들에게 나타나심으로 그 손실을 친히 보상해 주실 것이다. (3) 하나님의 약속들은 확실하여 양심적으로 그의 명령과 규례를 지키고 순종하는 모든 자들에게 만족을 준다. 하나님의 부르심에 순종하여, 그들이 아끼던 것들을 떠나거나 잃어버리는 자들은 반드시 그것들 대신 그보다 훨씬 더 풍성하고 나은 다른 것을 받게 될 것이다. 아브람은 고향을 떠났다. 이에 대해 하나님은, "잘 하였도다. 내가 네게 이 땅을 주리라" 라고 말씀하시는 것이다(마 19:29). (4) 하나님은 그의 백성들에게 그 자신과 및 그의 은혜들을 단계별로 나타내신다. 전에는 그에게 이 땅을 보여 주시겠다고 약속하셨는데, 이제는 그에게 이 땅을 주시겠다고 약속하신다. 은혜가 자라면서 위로도 함께 자라는 것이다. (5) 섭리만이 아니라 약속을 통하여 하나님께서 주시는 땅을 얻는 것은 큰 위로가 된다. (6) 자녀들에게 자비를 베푸는 것은 곧 부모에게 자비를 베푸는 것이다. "내가 이 땅을 네게가 아니라 네 자손에게 주리라." 이것은 그의 자손들에게 유산으로 주시는 자비였으나, 아브람은 이를 그것이 모형으로 나타내는 바 더 나은 땅을 그 자신에게 유산으로 주시는 것으로 이해한 것으로 보인다. 그는 하늘에 있는 본향을 바라보았던 것이다(히 11:16).

2. 아브람은 제정된 규례를 지킴으로써 하나님을 섬겼다. 그가 그 곳에서 제단을 쌓고 여호와의 이름을 부르더니(7, 8절). 여기서 이 일을 다음과 같이 생각해 보라. (1) 몇 차례에 걸쳐서 행한 일로. 하나님이 나타나시면 즉시 그 자리에서 제단을 쌓고, 그에게 나타나신 하나님을 바라보았다. 이리하여 그는 하나님의 찾아오심을 보답했고, 하늘과의 교류를 계속 유지하였고, 그의 편에서도 합당한 도리를 다하지 못하는 일이 없게 하기로 결심하였다. 그는 하나님이 자기를 찾아오사 약속을 주신 그 은혜로우신 일을 깨닫고 감사를 드렸고, 그리하여 하나님이 하신 말씀을 그가 신뢰하며 또한 의지한다는 것을 입증해 보인 것이다. 주목하라. 적극적인 신자는 아직 약속이 이루어지는 것을 보지 못하고도 하나님이 주신 약속에 대해 마음을 다하여 하나님을 찬양할 수 있으며, 그에게 나타나신 하나님을 존귀하게 하기 위하여 제단을 쌓을 수 있는 것이다. (2) 어니를 가든지 끊임없이 행한 일로. 아브람은 가나안에 도착하자마자, 그가 외방 사람이요 임시 거주자에 불과했음에도, 그의 가족 내에서 하나님을 향한 예배

를 시행하고 유지하였다. 그가 어디에 장막을 치든 거기에 하나님을 예배하는 제단이 있었고, 기도로써 그 제단을 거룩하게 한 것이다. 그는 희생 제사를 드리는 의식적인 부분을 지킨 것은 물론, 하나님의 이름을 부르며 그의 하나님을 구하는 그 본연의 의무를 다하였고, 하나님이 기뻐 받으시는 그 영적 제사를 드린 것이다. 그는 여호와의 이름에 관하여 말씀을 전하였다. 즉, 그의 가족과 이웃을 가르쳐서 참되신 하나님과 거룩한 신앙에 대해 지식을 갖게 하였다. 그가 하란에서 얻은 영혼들이 제자들로서 더 깊은 가르침을 받아야 했던 것이다. 주목하라. 스스로 신실한 아브람의 자손이며 아브람의 축복을 상속받을 자임을 스스로 인정하는 자들은 아브람의 모범을 좇아 하나님을 엄숙하게 예배하는 일을, 특히 가정에서 하나님을 예배하는 일을 양심적으로 계속 유지하여야 할 것이다. 가정 예배는 오래 전부터 있던 길이요, 새로이 이상스럽게 만들어 낸 것이 아니고 모든 성도들이 예부터 시행해온 것이다. 아브람은 매우 부유하였고 무수한 가족이 있었고, 정착되지도 않았고 원수들의 한가운데에 있었다. 그러나 그는 어디에 장막을 치든 간에 그 곳에 제단을 쌓은 것이다. 우리도 어디를 가든지, 우리의 신앙을 함께 지니고 나아가는 일에 실패가 없어야 할 것이다.

10그 땅에 기근이 들었으므로 아브람이 애굽에 거류하려고 그리로 내려갔으니 이는
그 땅에 기근이 심하였음이라 11그가 애굽에 가까이 이르렀을 때에 그의 아내 사래
에게 말하되 내가 알기에 그대는 아리따운 여인이라 12애굽 사람이 그대를 볼 때에
이르기를 이는 그의 아내라 하여 나는 죽이고 그대는 살리리니 13원하건대 그대는
나의 누이라 하라 그러면 내가 그대로 말미암아 안전하고 내 목숨이 그대로 말미
암아 보존되리라 하니라

여기에는 다음의 내용이 나타난다.

I. 가나안 땅의 극심한 기근. 그 땅에 기근이 심하였음이라. 그 비옥한 땅이 메마른 곳이 되었는데, 이는 그 곳에 거주한 가나안 사람들의 악행을 벌하기 위함인 동시에 거기에 임시로 거주하고 있던 아브람의 믿음을 시험하기 위함이었다. 그것은 매우 혹독한 시련이요, 다음과 같은 것에 대한 그의 생각을 시험하는 것이었다.

1. 그를 그리로 데려오신 하나님에 대한 그의 생각. 불평하는 그의 자손들처럼(출 16:3) 그가 그리로 와서 굶어 죽게 되었노라고 하나님께 불평하게 될지 어떨지를 시험하는 것이었다. 강한 믿음을 소유하지 않고서는 그러한 혹독한 섭리 아래서 하나님에 대해 선한 생각을 유지할 수가 없는 법이다.

2. 약속의 땅에 대한 그의 생각. 그 땅이 이를테면 거주민들을 잡아먹는 땅이라는 것이 나타나는 처지였으니, 그 땅을 주신다 해도 그것이 과연 수락할 만한 가치가 있으며, 모든 것을 버리고 고향을 떠난 것이 과연 잘 따져보고 행한 일인지에 대해 얼마든지 의심을 갖게 될 만하였다. 아브람은, 하나님이 그를 가나안으로 인도하셨으니 거기서 그를 정착하게 하실 것이라는 흔들림 없는 확신을 과연 유지할 수 있을지, 무화과나무에 열매가 없어도 구원의 하나님 안에서 즐거워할 수 있을지(합 3:17, 18)를 시험받은 것이다. 주목하라. (1) 갖가지 시험을 당할 때에 대개 강한 믿음이 발휘되어야 칭찬과 영광과 존귀를 얻게 된다(벧전 1:6, 7). (2) 때로는 신앙이 아직 어린 자들에게 하나님께서 큰 환난으로 시험하기를 기뻐하신다. (3) 의무를 다하며 행복으로 나아가는 길에 있으면서도 사람이 큰 어려움과 실망거리들을 만나는 것이 얼마든지 가능하다.

II. 아브람이 기근을 피하여 애굽으로 옮겨감. 한 곳에 기근이 들을 때에 다른 곳을 풍족하게 하시는 하나님의 지혜를 보라. 그러므로 큰 몸의 지체들로서 우리는 서로에게, 내게는 네가 필요 없다고 말해서는 안 된다. 하나님의 섭리가 애굽에 쓸 것이 있도록 만드셨고, 아브람은 지혜롭게 그 기회를 활용하였다. 환난의 때에 하나님께서 우리를 보존하시기 위하여 은혜로이 베푸시는 수단을 사용하지 않는다면, 그것은 하나님을 신뢰하는 것이 아니요 오히려 그를 시험하는 처사다. 우리는 쓸데없는 이적을 기대해서는 안 된다. 여기서 아브람이 귀감이 되는 점으로 특별히 관찰할 수 있는 것은, 그가 이런 기근을 만나 과거에 떠나온 고향으로 돌아가려 하지 않았고, 그 쪽으로 방향을 잡지도 않았다는 것이다. 그가 떠나온 고향은 가나안으로부터 북동쪽에 위치하였다. 그리하여 그는 잠시 가나안을 떠나야 할 때에도, 마치 고향 쪽은 뒤돌아보지도 않으려는 듯이 방향을 정반대로 돌려 남서쪽에 위치한 애굽으로 향한 것이다. 히 11:15, 16을 보라. 또한 관찰하라. 애굽으로 내려갈 때에도, 그는 거기서 영구히 거할 것이 아니라 임시로 거주하려는 의도로 간 것이다. 주목하라.

1. 섭리로 말미암아 우리가 잠시 동안 나쁜 곳에 던져질 때에, 우리는 필요

이상 오래 거기에 지체해서는 안 된다. 거기에 임시로 체류할 수는 있어도 정착할 수는 없는 것이다.

2. 선한 사람은 천국에 이르기 전에는 어디서든 임시 거주자로 있을 뿐이다.

III. 아브람이 저지른 큰 과오 그는 자기 아내를 부인하고 그녀가 마치 자기 누이인 것처럼 꾸몄다. 성경은 아무리 추앙받는 성도들이라도 그들의 과오를 공정하게 그대로 기록한다. 그러나 그렇게 기록하는 것은 우리더러 그대로 모방하게 하기 위함이 아니라, 선 줄로 생각하는 자들에게 넘어질까 조심하도록 교훈을 주기 위함이다(고전 10:12).

1. 그의 과오는 사래와의 관계를 감추고, 그것에 대해 애매모호한 태도를 보이며, 그의 아내는 물론 그와 함께 한 모든 사람들에게 똑같이 처신하도록 가르친 것이었다. 그의 말은 어떤 의미에서는 사실이었다(20:12). 그러나 속이려는 목적을 가졌고, 그리하여 다른 사실을 숨김으로써 결국 진실을 부인한 것이요, 그리하여 그의 아내와 애굽 사람들로 하여금 죄를 범하도록 원인 제공을 한 것이다.

2. 그 밑바닥에 자리잡고 있었던 것은, 애굽 사람들이 사래의 미모에 매혹되어(애굽에는 그런 미인들이 별로 없었다) 혹시 그들이 그녀가 자기의 아내라는 것을 알게 되면 그녀와 결혼하기 위하여 이런저런 방법으로 자기를 제거하지 않을까 하는 질투와 소심함이 어우러진 헛된 생각이었다. 그는 그들이 간음죄보다는 살인죄를 범할 것이라 가정하였다. 당시 사람들은 간음죄를 사악한 범죄로 여겼고 결혼의 결속을 신성한 것으로 존중하였으니 말이다. 그리하여 그는 근거도 없이 그들이 자기를 죽일 것이라고 추리한 것이다. 주목하라. 사람을 두려워하는 것이 올무가 되며, 많은 이들이 죽음을 두려워하는 것 때문에 죄에 빠진다(눅 12:4, 5). 아브람의 가장 훌륭한 은혜는 믿음이었다. 그런데 그는 심지어 하나님께서 두 번씩이나 그에게 나타나신 후에도 이처럼 하나님의 섭리에 대한 불신앙과 신뢰치 못함으로 넘어진 것이다. 아아 안타깝도다! 백향목들도 그렇게 흔들린다면, 버드나무들은 대체 어떻게 되겠는가!

[14]아브람이 애굽에 이르렀을 때에 애굽 사람들이 그 여인이 심히 아리따움을 보았
고 [15]바로의 고관들도 그를 보고 바로 앞에서 칭찬하므로 그 여인을 바로의 궁으로
이끌어들인지라 [16]이에 바로가 그로 말미암아 아브람을 후대하므로 아브람이 양과

소와 노비와 암수 나귀와 낙타를 얻었더라 [17]여호와께서 아브람의 아내 사래의 일
로 바로와 그 집에 큰 재앙을 내리신지라 [18]바로가 아브람을 불러서 이르되 네가 어
찌하여 나에게 이렇게 행하였느냐 네가 어찌하여 그를 네 아내라고 내게 말하지
아니 하였느냐 [19]네가 어찌 그를 누이라 하여 내가 그를 데려다가 아내를 삼게 하였
느냐 네 아내가 여기 있으니 이제 데려가라 하고 [20]바로가 사람들에게 그의 일을 명
하매 그들이 그와 함께 그의 아내와 그의 모든 소유를 보내었더라

여기서 다음을 보라.

I. 사래가 애굽 왕으로 인하여 순결이 짓밟힐 위험에 처함. 의심의 여지 없이 죄를 범할 위험이야말로 우리에게 가장 큰 위험이다. 바로의 고관들(오히려 그의 뚜쟁이들이라 해야 옳을 것이다)이 사래가 심히 아리따움을 보고 바로 앞에서 칭찬하였다. 사래가 진정 칭찬받아야 할 점 — 그녀의 정숙함과 덕스러움, 믿음과 경건 — 에 대해서가 아니라(이런 것들은 그들의 눈에는 전혀 훌륭한 것이 아니었다), 그녀의 아리따움에 대해서 칭찬하였다. 사래가 자기들 같은 신하들이 품기에는 너무나 좋은 여인이라고 생각한 것이다. 그들은 사래를 왕에게 추천하였고, 마치 에스더가 아하수에로의 왕궁에 이끌려간 것처럼(에 2:8) 곧바로 바로와의 동침을 위하여 바로의 집으로 불려 들어갔다. 우리는 사래가 자기 의사대로 취사선택할 수 있는 정당한 처지에 있었던 것처럼 생각해서는 안 된다. 그녀는 유혹에 빠져들고 있었다. 그리고 그것은 그녀의 아리따움과(이것이 많은 이들에게 함정이 된다) 아브람의 어정쩡한 태도 때문이었다. 어정쩡한 태도야말로 많은 사람들을 죄에 빠지게 하는 죄인 것이다. 사래가 이런 위험에 처하여 있을 때에 아브람은 그녀 덕분에 융숭한 대접을 받았다. 바로는 그에게 양과 소 등을 주었다(16절). 사래가 아브람의 누이인 줄로 생각하여 아브람의 동의를 얻고 사래의 마음을 사기 위하여 그렇게 한 것이다. 아브람이 애굽에 내려갈 때에 이것을 기대했었다고 생각할 수는 없다. 그리고 그가 아내를 부인할 때에 이것을 염두에 두었다고 생각할 수는 더더욱 없다. 하나님께서 악으로부터 선을 가져다 주신 것이다. 그러므로 죄인의 재물은 이런저런 방식으로 의인을 위하여 예비된 것이라 할 것이다.

II. 사래가 이 위험에서 구출됨. 만일 하나님께서 여러 차례 우리의 죄와 어리석음으로 초래된 곤경과 어려움 속에서 고생하는 우리를 구원해 내지 않으

셨다면, 그리하여 우리가 어디에서도 구출받기를 기대할 수 없다면, 우리는 곧 바로 망해버리고 말 것이다. 아니 우리는 이미 오래 전에 망해 버리고 말았을 것이다. 하나님은 우리의 행위에 따라서 우리를 대하시지 않는 것이다.

1. 하나님이 바로를 징계하사 죄악을 계속 진행하지 못하도록 막으심. 주목하라. 우리를 죄악된 길에서 막아 주며 우리의 의무에로 효과적으로 다시 돌이켜 주는 징계는, 특히 우리가 그릇 어겼거나 시행하기를 지체해온 의무들을 회복시켜 주는 징계는 복된 징계라 할 것이다. 관찰하라. 바로 혼자만이 아니라 그의 온 집이 재앙을 당하였다. 아마도 사래를 바로에게 천거한 고관들까지도 그 재앙을 당했을 것이다. 주목하라. 죄에 함께 동참한 자들은 형벌에도 함께 동참하는 것이 마땅하다. 다른 사람들의 정욕을 부추기는 자들은 그들이 당하는 재앙도 함께 당하기를 기대해야 하는 것이다. 구체적으로 이 재앙이 어떤 것이었는지는 말씀하지 않는다. 그러나 십중팔구 그 재앙 자체의 어떤 요인이 그 원인을 드러내 보였든가, 아니면 재앙에 어떤 설명이 첨가되어 그것이 사래 때문임을 그들이 확실하게 납득하게 되었을 것이다.

2. 바로가 아브람을 책망하고, 예우를 갖추어 그를 떠나보냄.

(1) 그의 책망은 조용했으나 지극히 정당하였다. **네가 어찌하여 나에게 이렇게 행하였느냐?** 이 얼마나 배은망덕한 일인가! 이 얼마나 지혜롭고 선한 사람과는 어울리지 않는 일인가! 주목하라. 신앙을 입으로 공언하는 자들이 부당하고 부정직한 행위를 할 경우, 특히 거짓말을 할 경우, 그들은 당연히 그런 책망을 듣기를 기대해야 하고, 그런 책망을 하는 자들에게 감사해야 마땅할 것이다. 이방인 선장도 책망하고 꾸짖어서 여호와의 선지자의 역할을 하기도 하는 것이다(욘 1:6). 바로는 아브람에게 따진다. **네가 어찌하여 그를 네 아내라고 내게 말하지 아니 하였느냐?** 즉, 사래가 아브람의 아내였다는 것을 알았다면 그가 그녀를 자기 집으로 취하여 들이지 않았을 것임을 시사한 것이다. 주목하라. 선한 사람들 중에서도 필요 이상으로 다른 이들을 의심하는 과오를 범하는 경우가 허다하다. 어떤 사람들이 우리가 보통 생각하던 것 이상의 덕성과 존귀와 양심을 지닌 것이 드러나는 경우를 많이 보게 된다. 그때에 그렇게 우리의 예상이 빗나가는 것을 기뻐할 줄 알아야 할 것이다. 아브람이 여기서 그랬다. 바로가 자기가 예상한 것보다 더 나은 사람이라는 것을 알고서 기뻐한 것이다. 사랑은 최상의 경우를 바랄 것을 가르쳐 주는 것이다.

(2) 바로는 아브람을 친절하고 너그럽게 떠나보냈다. 그는 사래의 명예를 전혀 해치지 않고 그녀를 남편에게 돌려보냈다. **네 아내가 여기 있으니 이제 데려가라**(19절). 주목하라. 죄를 미연에 방지하려는 자들은 반드시 유혹을 제거하여야 하고 그 길에서 벗어나야 한다. 바로는 또한 그를 평화로이 내보냈고, 아브람의 생각처럼 그를 죽이려는 의도가 전혀 없었고, 오히려 그를 각별히 보살펴 주었다. 주목하라. 우리는 얼마 지나지 않아서 근거가 전혀 없는 것임이 드러날 것인데도 불구하고 우리 스스로 두려움이 올무가 되어 스스로 혼란에 빠지는 경우가 많다. 두려워할 이유가 전혀 없는 데도 두려움을 갖는 경우가 얼마나 많은지 모른다. 학대자의 분노가 사실 전혀 없는 데도 우리는 **학대자의 분노를 항상 종일 두려워한다**(사 51:13). 애초에 진실을 밝혔더라면 아브람에 대한 신뢰와 위로가 더 커졌을 것이다. 결국 **정직이 최고의 방책인** 것이다. 아니, 바로는 **사람들에게 그의 일을 명하였다**. 즉, [1] 어떠한 일에서도 그를 해치지 말 것을 명령하였다. 주목하라. 권세를 지닌 자들은 자기들 자신만 해치지 않는 것으로는 안 되고, 그들의 종들과 주위의 사람들에게도 해치지 말도록 명해야 한다. 아니면, [2] 기근이 끝나 아브람이 고향으로 돌아가려 하자 그가 나라 바깥에 이르기까지 그를 호위하여 안전하게 행하도록 할 것을 명령하였다. 아마도 바로는 재앙으로 인하여 아브람에 대해 경계심을 가졌고(17절), 아브람이 하늘의 호위를 받는 사람이라고 유추했을 것이다. 그리하여 재앙이 다시 돌아올까 두려워 그가 자기 나라에서 해를 당하지 않도록 특별한 주의를 기울이게 되었을 것이다. 주목하라. 하나님께서는 사람들로 하여금 하나님의 백성을 해치게 되면 자기들이 위험에 처하게 된다는 것을 알게 하셔서 그 백성을 위하여 우군(友軍)을 일으키신 적이 많았다. 그리스도의 작은 소자를 실족케 하는 것은 위험한 일이다(마 18:6). **그들로 말미암아 왕들을 꾸짖어 이르시기를 나의 기름 부은 자를 손대지 말며 나의 선지자들을 해하지 말라 하셨도다** 라는 말씀(시 105:13-15)은 다른 본문들과도 연관되나 특히 이 본문과 연관된다 할 것이다. 만일 바로가 그를 보내지 않았다면, 어쩌면 아브람이 애굽에 계속 머물며 약속의 땅을 잊어버릴 유혹을 받았을지도 모른다. 주목하라. 때로는 하나님께서 그의 백성의 원수들을 사용하여 그 백성들을 납득시키고, 이 세상이 그들의 안식처가 아니므로 떠날 것을 생각해야 한다는 사실을 그들에게 상기시키기도 하시는 것이다.

마지막으로, 여기서 아브람을 애굽에서 구해 내신 사건과 그의 후손을 그 곳에서 구원해 내신 사건의 유사점을 관찰하라. 아브람이 기근 때문에 애굽에 내려간 지 430년이 지난 후 그 후손들도 기근 때문에 애굽으로 내려갔다. 아브람은 바로에게 임한 큰 재앙 덕분에 거기서 구원받았으며, 그들 역시 그러했다. 아브람이 바로에게서 풀려나고 애굽 사람들의 온갖 재물로 풍족해졌는데, 그들 역시 그러했다. 하나님의 백성들을 돌보시는 하나님의 역사는 어제나 오늘이나 영원토록 동일하신 것이다.

제 — 13 — 장

개요

본 장에서도 아브람에 관한 기사가 이어진다. I. 약속의 땅에서의 그의 처시와 행실에 관한 일반적인 기사. 그 땅은 현재 그의 나그네 길의 땅이었다. 1. 그가 거처를 이리저리 옮김(1, 3, 4, 18절). 2. 그의 부귀(2절). 3. 그의 경건과 헌신(4, 18절). II. 아브람과 롯 사이의 분쟁에 관한 구체적인 기사. 1. 그들에게 분쟁이 생긴 불행한 계기(5, 6절). 2. 양측의 갈등과 분쟁이 고조됨(7절). III. 아브람의 지혜로 분쟁이 해결됨(8-9절). IV. 롯이 아브람을 떠나 소돔 평지에 거주함(10-13절). V. 하나님이 아브람에게 나타나사 가나안 땅을 그에게 주시겠다는 약속을 확증하심(14절, 등).

1아브람이 애굽에서 그와 그의 아내와 모든 소유와 롯과 함께 네게브로 올라가니 2
아브람에게 가축과 은과 금이 풍부하였더라 3그가 네게브에서부터 길을 떠나 벧엘
에 이르며 벧엘과 아이 사이 곧 전에 장막 쳤던 곳에 이르니 4그가 처음으로 제단을
쌓은 곳이라 그가 거기서 여호와의 이름을 불렀더라

I. 아브람이 이제 애굽에서 나왔다(1절). 그는 그에게 속한 모든 것들을 갖고 다시 가나안으로 돌아왔다. 주목하라. 때로는 우리가 유혹의 장소들로 들어갈 계기들이 있을 수 있으나, 할 수 있는 대로 속히 거기서 벗어나야 한다. 룻 1:6을 보라.

II. 그의 부귀. 아브람에게 가축과 은과 금이 풍부하였더라(2절). 그는 매우 무거웠다. 히브리어 단어를 문자적으로 보면 그런 뜻이다. 풍부한 재물은 짐이요, 재물을 모으는 자는 볼모 잡은 것으로 무겁게 짐을 지는 것이다(합 2:6). 그것들을 모을 때에는 온갖 궁리를 해야 하는 짐이 있으며, 그것들을 지킬 때에는 두려움이 있고, 그것들을 사용할 때에는 유혹이 있으며, 그것들을 과용할 때에는 죄가 있고, 그것을 잃어버릴 때에는 슬픔이 있고, 마지막에 가서 그것에 관한 모든 것들을 포기해야 할 때에는 심판대 앞에 서야 하는 짐이 있는 것이다.

큰 재물을 소유하는 것은 그저 사람을 무겁게 하고 둔하게 만들 뿐이다. 아브람은 믿음과 선행에서, 또한 약속에서 부유하였으나, 뿐만 아니라 가축과 은과 금이 풍부하였다. 주목하라.

1. 하나님은 그의 섭리로 때때로 선한 사람들을 부자로 만드사, 그들로 풍부에 처할 줄도 알고 궁핍에 처할 줄도 알도록 가르치신다.

2. 선한 사람들의 부귀는 하나님께서 베푸신 복의 열매들이다. 하나님은 아브람에게 내가 너를 복 주리라고 말씀하셨는데, 그 복이 그를 근심이 없는 부자로 만든 것이다(잠 10:22).

3. 참된 경건은 큰 번영과 조화를 잘 이룬다. 부자가 천국에 들어가기가 어려우나, 불가능한 것은 아니다(막 10:23, 24). 아브람은 큰 부자였으나 동시에 지극히 신앙적인 사람이었다. 아니, 경건이 외형적인 번영에도 유익한 것처럼(딤전 4:8), 외형적인 번영도 운용을 잘 한다면 경건을 돋보이게 하는 장식이 되며, 선을 더 많이 행할 수 있는 기회를 제공해 준다.

III. 그가 벧엘로 거처를 옮김(3, 4절). 그가 그리로 간 것은 전에 그 곳에 장막을 쳤었고 전에 알던 사람들과 함께 있기를 바랐기 때문이기도 했겠으나, 무엇보다도 전에 그 곳에 제단을 쌓았었기 때문이었을 것이다. 물론 그 제단은 현재 거기에 없으나(아마도 우상을 숭배하는 가나안 사람들이 더럽힐까 하여 그가 그 곳을 떠나면서 스스로 허물어버렸을 것이다) 그는 자신이 처음 제단을 쌓은 곳으로 갔다. 그 곳에서 가졌던 하나님과의 아름다운 교제에 대한 기억을 다시 살리기 위해서였거나, 아니면 처음 애굽으로 향할 때에 거기서 하나님께 행한 맹세를 기념하기 위해서였을 것이다. 그로부터 오랜 세월이 흐른 후 하나님은 야곱을 바로 이 곳으로 보내신다. 일어나 벧엘로 올라가서 … 하나님께 거기서 제단을 쌓으라(35:1). 우리가 한 엄숙한 맹세들을 기회 있는 대로 상기할 필요가 있다. 그런 맹세들을 행한 장소에 가면 그것들을 새롭게 상기하는 데에 도움이 되며, 따라서 그 곳을 방문하는 것이 우리에게 유익할 수도 있을 것이다.

IV. 그가 거기서 하나님께 경배함. 제단이 없어졌으므로 희생 제사는 드릴 수 없었다. 그러나 그는 전에 한 것처럼(12:8) 거기서 여호와의 이름을 불렀다. 주목하라.

1. 하나님의 백성은 모두가 기도하는 사람들이다. 살아 있는 그리스도인이

기도가 없는 것을 볼 수 있다면, 산 사람이 호흡이 없는 것도 볼 수 있을 것이다.

2. 자신이 하나님 앞에서 올바로 사는 자임을 스스로 입증하고자 하면, 끝까지 끊임없이 신앙적인 예배에 전심을 기울여야 한다. 이곳저곳 다니면서 신앙을 저버리는 자들이 많으나, 아브람은 애굽에다 자신의 신앙을 버려두지 않았다.

3. 우리가 하고자 하는 일을 할 수 없을 때에는 우리가 할 수 있는 일을 경건의 행위로써 양심적으로 행하여야 한다. 제단이 없을 때라도 기도는 반드시 있어야 한다. 우리가 어디 있든지 간에 여호와의 이름을 불러야 할 것이다.

5아브람의 일행 롯도 양과 소와 장막이 있으므로 6그 땅이 그들이 동거하기에 넉넉
하지 못하였으니 이는 그들의 소유가 많아서 동거할 수 없었음이니라 7그러므로
아브람의 가축의 목자와 롯의 가축의 목자가 서로 다투고 또 가나안 사람과 브리
스 사람도 그 땅에 거주하였는지라 8아브람이 롯에게 이르되 우리는 한 친족이라
나나 너나 내 목자나 네 목자나 서로 다투게 하지 말자 9네 앞에 온 땅이 있지 아니
하냐 나를 떠나가라 네가 좌하면 나는 우하고 네가 우하면 나는 좌하리라

여기서 우리는 아브람과 롯 사이에 불행한 일이 일어나는 것을 보게 된다. 지금까지 그들은 서로 떨어질 수 없는 동반자였으나(1절; 12:4), 이제 서로 갈라서게 된다.

I. 그들이 서로 분쟁하게 된 원인은 그들의 부유함에 있었다. 우리는 아브람이 얼마나 부유했는지를 보았는데(2절), 여기서는 아브람의 일행 롯도 부유하였다는 것을 보게 된다. 그러므로 하나님은 롯이 아브람을 따라간 것 때문에 그에게 재물의 복을 주신 것이다. 주목하라.

1. 하나님께서 함께 하시는 자들과 어울리며 그들을 따르는 것이 좋은 일이다(슥 8:23).

2. 하나님의 백성들이 순종하며 고난당할 때에 그들과 함께 하는 자들은 그들이 즐거움과 위로를 누릴 때에도 그것을 함께 나누게 될 것이니(사 66:10). 자, 아브람과 롯 두 사람 모두 매우 부유하여 그 땅이 그들이 서로 편안하게 평화롭게 동거하기에 넉넉하지 못하였다. 그러므로 그들의 부(富)에 대해 다음과

같이 생각할 수 있을 것이다. (1) 그들 사이에 거리를 두는 것으로. 장소가 너무 비좁아 그들이 자기들의 재물을 둘 여유가 없었으므로 그들이 서로 떨어지는 것이 불가피하였다. 주목하라. 이 세상에서 얻는 위로에는 항상 그 나름의 십자가가 따르는 법이다. 사업이 위로가 되지만, 그것이 우리가 사랑하는 자들과 우리가 바라는 만큼 자주 오래 교제를 갖기를 허용하지 않는다는 불편함이 있는 법이다. (2) 그들을 서로 불화하게 만드는 것으로. 주목하라. 부(富)가 친척과 이웃들 사이에 분쟁과 갈등을 일으키는 원인이 되는 경우가 많다. 이것이 바로 **부하려 하는 자들이 떨어지는 그 시험과 올무와 여러 가지 어리석고 해로운 욕심** 중에 하나인 것이다(딤전 6:9). 부는 갈등을 일으키는 것이요 또한 분쟁의 가장 흔한 원인이 되는 것일 뿐 아니라, 사람을 교만하게 하고 탐욕스럽게 만들어서 싸우는 마음을 불러일으키기도 한다. 내 것과 네 것이야말로 세상에서 싸움을 일으키는 큰 요인이다. 빈곤과 역경, 궁핍과 방황은 아브람과 롯을 서로 갈라놓을 수 없었다. 그러나 부는 그들을 갈라놓았다. 친구들도 곧 잃어버린다. 그러나 하나님은 아무리 부유해도, 아무리 힘들고 어려워도 절대로 그의 사랑에서 끊어질 수 없는 친구이신 것이다.

Ⅱ. **분쟁의 직접적인 발단이 된 것은 종들이었다.** 아브람의 가축의 목자와 롯의 가축의 목자가 서로 다투기 시작하여 분쟁이 일어났다(7절). 아마도 더 나은 초장과 더 나은 물가를 어느 쪽이 차지하느냐 하는 것 때문에 서로 간에 갈등이 생겼고, 양쪽 모두 자기 상전에게 유리하게 하고자 하여 서로 싸우게 되었을 것이다. 주목하라. 나쁜 종들이 교만과 격한 감정으로, 혹은 거짓말이나 지어낸 이야기 등으로 가정 안에서 큰 잘못을 저지르는 경우가 많다. 종들이 친척들과 이웃들 사이를 갈라지게 만들고 불화의 씨앗을 심는 것은 매우 악한 일이다. 그렇게 행하는 자들은 마귀의 졸개들이요, 상전들의 최악의 원수들이다.

Ⅲ. **분쟁이 더 심화된 것은 가나안 사람과 브리스 사람이 그 땅에 거주하였다는 사실 때문이었다.** 이것이 양쪽의 분쟁을, 1. 매우 위험스럽게 만들었다. 아브람과 롯이 그들의 가축을 함께 먹이는 일에 합의를 볼 수 없다면, 양쪽 모두의 공통의 적이 와서 그들 모두를 약탈하는 일이 없어야 한다. 주목하라. 가정과 교회가 분열하였다가 모두 함께 망하는 경우가 많다. 2. 매우 불미스럽게 만들었다. 이웃들의 시선이 그들을 향하고 있었을 것이고, 특히 그들의 신앙이 특별하였고 그들을 드러내는 거룩함이 유별났기 때문에 더했을 것이다. 그런

데 이들의 시선이 그들 사이의 분쟁과 그 전개 과정을 엿보게 되었으니, 그들이 가나안 사람과 브리스 사람들의 조롱을 받게 된 것이다. 주목하라. 신앙을 고백하는 자들의 분쟁은 그들의 신앙을 욕되게 하는 것이요, 무엇보다 원수들이 주를 망령되게 할 기회를 제공하는 것이다.

Ⅳ. 이 분쟁의 결말은 매우 복된 것이었다. 평화를 보존하고 깨뜨리지 않는 것이 최상이다. 그러나 차선책은 분쟁이 일어날 때에 신속하게 그것을 조정하여, 타오르는 불길을 꺼뜨리는 것이다. 아브람이 롯의 웃어른이었음에도, 그가 이 분쟁을 해결하기 위한 조치를 제안하였다(8절).

1. 평화를 위한 그의 제안에는 애정이 깃들여 있었다. 우리는 한 친족이라 나나 너나 내 목자나 네 목자나 서로 다투게 하지 말자. 아브람은 여기서 자신이 (1) 감정을 제어할 줄 아는 침착함을 지녔고 부드러운 대답으로 분노를 떨쳐버릴 줄을 아는 사람임을 보여주었다. 평화를 지키고자 하는 자는 절대로 투덜거리거나 분을 발해서는 안 되는 것이다. (2) 자기를 낮출 줄 아는 마음을 지닌 사람임을 보여주었다. 그는 평화를 유지하기 위하여 심지어 아랫사람에게조차 기꺼이 간청하였고, 먼저 화해의 방도를 제시하였나. 정복자들은 권력으로 평화를 주는 것을 자기의 영광으로 여기는데, 지혜의 온유함으로 평화를 주는 것도 그것에 못지않게 영광된 일이다. 주목하라. 하나님의 백성은 언제나 평화를 지향하는 사람임을 스스로 입증해 보여야 한다. 다른 이들이 무엇을 위하든지간에, 그들은 평화를 위하여야 하는 것이다.

2. 평화를 위한 그의 청은 매우 따뜻했다. (1) "나나 너나 서로 다툼이 없게 하자. 가나안 사람과 브리스 사람은 하찮은 일로 싸울지라도 나와 너는 그보다 더 나은 것을 아는 자요 더 나은 본향을 바라보는 자들이니 넘어지지 말자." 주목하라. 신앙을 고백하는 자들은 무엇보다 조심스럽게 다툼을 피하여야 한다. 너희는 그렇지 않을지니(눅 22:26). 우리에게나 하나님의 모든 교회에는 이런 관례가 없느니라(고전 11:16). "우리가 그렇게 오랜 동안 함께 살아왔고 서로 사랑해왔으니 나나 너나 서로 다툼이 없게 하자. 주목하라. 오랜 우정을 기억하여 새로운 다툼을 종식시켜야 할 것이다. (2) 우리가 서로 한 친족이라는 것을 기억하자. 문자적으로는 사람 형제(men brethren)라는 뜻이니, 여기에는 이중적인 논지가 담겨 있다. [1] 우리는 사람이다. 그러니 우리는 도덕적인 존재들이다. 내일 죽을 수도 있으니 평화 가운데서 발견되기를 힘쓰자. 우리는 이성

적인 존재들이니 이성의 통제를 받아야 한다. 우리는 사람이요 짐승이 아니며, 우리는 성인(成人)이요 어린아이가 아니다. 우리는 사회적인 존재이니 그 점을 끝까지 지키자. [2] 우리는 형제다. 동일한 성정을 지녔고, 동일한 친족과 가문에 속하며, 동일한 신앙을 갖고 있으며, 순종도 함께 하고 인내도 함께 한 동반자들이다. 주목하라. 우리가 서로 형제의 관계라는 점을 생각하여 언제나 우리의 감정을 완화시키고, 우리의 갈등을 방지하든지 혹은 종식시키든지 하여야 할 것이다. 형제끼리는 형제로서 사랑해야 마땅한 것이다.

3. 평화를 위한 그의 제안은 매우 공정하였다. 평화를 위한다고 공언하면서도 그것을 위해 아무것도 하지 않으려는 자들이 많다. 그러나 아브람은 여기서 평화를 보존시키는 데에 말할 수 없이 유익한 제안을 함으로써 그가 진정 평화를 사랑하는 자임을 입증하였다. **네 앞에 온 땅이 있지 아니하냐?**(9절). 그의 말은 이런 뜻이다. "우리 모두에게 충족한 땅이 있는데 어째서 우리가 좁은 곳에서 땅을 차지하려고 싸운단 말인가?" (1) 그는 그들이 서로 분리되어야 하며, 우정을 유지하려면 분리되는 것이 가장 바람직하다고 결론짓는다. "**네게 구하노니 나를 떠나가라.**" 이보다 더 어떻게 따뜻한 표현을 할 수 있었겠는가? 그는 롯을 내쫓지도, 강제로 떠나보내지도 않고, 그가 스스로 분리할 것을 권면하고 있는 것이다. 또한 떠나라고 명령하지도 않고, 롯이 자진해서 그렇게 해 주기를 겸손하게 구한다. 주목하라. 명령할 권세를 지닌 자들도 때로는 사랑과 평화를 위하여 우리에게 간청하기도 하니, 우리끼리도 서로에게 화목하자고 간청하는 것이 합당할 것이다(고후 5:20). (2) 그는 롯에게 충분한 땅을 나눠준다. 하나님은 아브람에게 그의 후손들에게 이 땅을 주시겠다고 약속하셨고(12:7) 롯에게는 그런 약속을 하신 일이 없는 것으로 나타나니, 아브람이 롯을 그 약속에서 완전히 제외시킬 수도 있었을 것이나, 그는 롯이 그와 함께 땅을 나누도록 허락하였다. 동등한 권리를 지니지 못한 롯에게 동등한 지분을 나누어 주며, 하나님의 약속을 근거로 다툼에서 우위를 자치하려 하거나, 하나님의 약속을 빌미로 친족에게 괴로움을 주려 하지 않은 것이다. (3) 아브람은 롯에게 선택권을 주었다. **네가 좌하면 나는 우하고 네가 우하면 나는 좌하리라.** 아브람이 먼저 선택해야 마땅한 이유가 충분하고도 남았다. 그러나 그는 자신의 권리를 양보한다. 주목하라. 평화를 위하여 기꺼이 양보하는 것이야말로 고귀한 승리다. 그것은 우리 자신에 대한 승리요 우리 자신의 교만과 격한 감정에 대한

승리다(마 5:39, 30). 여러 경우에 평화를 위하여 희생한다는 것은 존귀의 상징일 뿐 아니라, 심지어 이익 그 자체이기도 하다.

**[10]이에 롯이 눈을 들어 요단 지역을 바라본즉 소알까지 온 땅에 물이 넉넉하니 여호
와께서 소돔과 고모라를 멸하시기 전이었으므로 여호와의 동산 같고 애굽 땅과 같
았더라 [11]그러므로 롯이 요단 온 지역을 택하고 동으로 옮기니 그들이 서로 떠난지
라 [12]아브람은 가나안 땅에 거주하였고 롯은 그 지역의 도시들에 머무르며 그 장막
을 옮겨 소돔까지 이르렀더라 [13]소돔 사람은 여호와 앞에 악하며 큰 죄인이었더라**

여기서는 롯이 아브람과 갈라서면서 취한 선택을 접하게 된다. 이런 상황에서 우리는 롯이 다음과 같이 했을 것으로 기대할 수도 있을 것이다. 1. 아브람에게서 떨어지기를 바라지 않는 자신의 마음을 표현했고, 나중에 어쩔 수 없게 되자 억지로 그와 떨어졌을 것이다. 2. 아브람에게 예의를 지켜 먼저 선택하기를 구하였을 것이다. 그러나 이러한 롯의 예의나 삼촌에 대한 존경의 모습은 이 모든 과정에서 전혀 찾아볼 수 없다. 아브람이 선택권을 주자, 그는 사양하지도 않고 곧바로 받아들여 자신의 거처를 선택하였다. 격한 감정과 이기심이 사람을 무례하게 만드는 것이다. 이제 롯이 행한 선택에서 우리는 다음을 관찰할 수 있을 것이다.

I. **그는 땅이 좋다는 것에 주안점을 두었다.** 롯이 눈을 들어 요단 지역을 바라본즉 소돔 땅의 평지가 보였는데, 물이 넉넉하였고(어쩌면 분쟁이 물 문제 때문이었을 것이고, 그리하여 롯은 땅을 선택하는 데 있어서 특히 물 문제에 신경을 썼을 것이다) 그리하여 롯이 요단 온 지역을 택하였다(10, 11절). 마치 에덴동산과도 같은 그 계곡이 그에게 지극히 훌륭한 전망을 갖게 해 준 것이다. 그의 눈에는 그 땅이 현재의 상황에 꼭 맞는 가장 좋은 곳이었고, 그리하여 그가 그 땅에서 편안하게 정착할 수 있으리라는 것에 추호의 의심도 없었다. 그런 비옥한 땅에 살게 되니 분명 그가 번창하여 큰 부자가 될 것이었다. 그는 오로지 이런 것에만 관심을 기울였다. 그런데 결과는 어떠했는가? 롯에 대해서 듣는 그 다음 소식은 그와 그의 온 가족이 그 땅의 사람들에게 사로잡혔다는 것이다. 그가 그들 가운데서 사는 동안 그의 의로운 심령이 그들의 행실로 인하여 괴로웠고, 그들과 더불어 좋은 날을 본 일이 없더니, 마침내 하나님께서 그 곳에 불

을 내리셨고, 부귀영화를 위하여 그 평지를 택했던 그는 하는 수 없이 안전을 위하여 산으로 도피할 수밖에 없게 된 것이다. 주목하라. 감각적인 선택은 죄악된 선택이요 잘 되는 경우가 거의 없다. 배우자나, 직업이나 거처나 정착지를 택할 때에 육체의 정욕과 안목의 정욕과 이생의 자랑에 인도를 받고 지배를 받으며, 영혼과 신앙의 문제를 고려하지 않는 자는 하나님께서 임재하사 복 주시기를 기대할 수가 없으며, 따라서 그들이 주안점을 둔 바로 그것에서 실망을 얻게 되고, 그들 스스로 만족을 얻으리라고 약속했던 그것을 완전히 놓쳐 버리게 되는 것이다. 우리의 모든 선택에서 다음과 같은 원리를 따라야 할 것이다. 우리의 영혼에게 가장 좋은 것이 우리에게 가장 좋은 것이라는 사실 말이다.

II. 그 땅의 거주자들이 악하다는 점은 거의 안중에 없었다. 소돔 사람은 여호와 앞에 악하며 큰 죄인이었더라(13절). 주목하라.

1. 모두가 죄인들이지만, 그 중에는 다른 사람들보다 더 큰 죄인들도 있다는 것. 소돔 사람들은 죄인 중에서도 일급 죄인들이요, 여호와 앞에서 악하며, 즉 여호와를 향하여 오만불손한 죄인들이요, 죄인의 대명사 격인 자들이었다. 그리하여 죄인들에 대하여, 그 숨기지 못함이 소돔과 같으니 그들의 영혼에 화가 있을진저(사 3:9)라고 말씀하는 것을 보게 된다.

2. 어떤 죄인들은 좋은 땅에 사는 것 때문에 더 악하다는 것. 소돔 사람들이 그랬다. 교만함과 음식물의 풍족함과 태평함이 바로 소돔의 악이었고, 이 모든 것들이 그 땅의 풍요로움을 통해서 유지되었던 것이다(겔 16:49). 그러므로 미련한 자의 번영은 그들을 멸망시키는 법이다.

3. 하나님께서 큰 죄인들에게 큰 풍요를 주시는 예가 많다는 것. 더럽고 추한 소돔 사람은 비옥한 평지의 도시에 거하는데, 신실한 아브람과 그의 경건한 가족은 메마른 산악에 장막을 치고 사는 것이다.

4. 악이 극한에 다다르면, 머지않아 멸망이 임한다는 것. 죄가 넘쳐나는 것이야말로 심판이 다가오고 있다는 확실한 전조(前兆)다. 그러므로 롯이 소돔 사람들 중에 거하게 되는 사실을 다음과 같이 생각할 수 있을 것이다. (1) 그들에게는 큰 자비한 일이었다. 그 일은 그들을 회개하게 하는 수단이 될 만했다. 이제 그들 중에 선지자와 의의 전도자가 있으니, 그의 말을 듣기만 하면 그들이 변화되고 멸망이 미연에 방지될 수도 있었던 것이다. 주목하라. 하나님은 파괴자들을 보내기 전에 전도자들을 보내신다. 그는 아무도 멸망하지 아니하고 다 회

개하기에 이르기를 원하시기 때문이다(벧후 3:9). (2) 롯에게는 큰 환난이었다. 롯은 그들의 악을 보는 것으로 괴로움을 당할 뿐 아니라(벧후 2:7, 8), 그들에게서 모욕과 박해를 당하였다. 그가 그들처럼 행하지 않으려 했기 때문이다. 주목하라. 악한 이웃 중에 살며 메섹에 머무는(시 120:5) 괴로운 몫이 선한 사람에게 떨어지는 경우가 많았다. 그런데 여기 롯처럼 아무런 조언도 없이 스스로 선택하여 그런 처지가 된 경우라면 그 괴로움이 더욱 심하지 않을 수 없는 것이다.

[14]롯이 아브람을 떠난 후에 여호와께서 아브람에게 이르시되 너는 눈을 들어 너 있
는 곳에서 북쪽과 남쪽 그리고 동쪽과 서쪽을 바라보라 [15]보이는 땅을 내가 너와 네
자손에게 주리니 영원히 이르리라 [16]내가 네 자손이 땅의 티끌 같게 하리니 사람이
땅의 티끌을 능히 셀 수 있을진대 네 자손도 세리라 [17]너는 일어나 그 땅을 종과 횡
으로 두루 다녀 보라 내가 그것을 네게 주리라 [18]이에 아브람이 장막을 옮겨 헤브론
에 있는 마므레 상수리 수풀에 이르러 거주하며 거기서 여호와를 위하여 제단을
쌓았더라

여기서는 하나님께서 은혜로이 아브람을 찾으셔서 그와 그의 자손에게 주셨던 약속을 재확인하시는 기사를 접하게 된다. 관찰하라.

I. **하나님이 그의 약속을 새로이 확인하신 시점.** 롯이 아브람을 떠난 후에, 즉, 1. 분쟁이 종식된 후에. 격앙된 감정으로 얼룩져 있지 않고 심령이 고요하고 맑은 상태에 있는 것이야말로 하나님의 은혜를 받기 위한 최상의 준비다.

2. 평화를 보존하기 위하여 아브람이 자기를 부인하고 겸손하게 롯을 대한 이후에. 그 때에 하나님께서 아브람에게 나타나셔서 그의 은혜와 사랑의 증표를 주신 것이다. 주목하라. 이웃과의 평화를 보존하기 위하여 무엇을 잃어버리면, 하나님께서 영적인 평화 가운데서 풍성하게 채우실 것이다. 아브람이 롯에게 자기 권리의 절반을 기꺼이 베풀어주고 나니, 하나님께서 임하셔서 그에게 전부를 다시 확인시켜 주시는 것이다.

3. 아브람이 친족 롯과의 따뜻한 교제를 상실하고 난 후에. 그가 떠남으로써 아브람의 손이 약화되고 그의 마음이 슬픔으로 가득 차 있을 때에, 하나님께서 그에게 임하사 이런 선하고 위로가 되는 말씀을 주신 것이다. 주목하라. 친지

들과의 대화가 사라지면, 어느 때라도 하나님과의 교제가 그 상실한 것을 채우고도 남을 것이다.

4. 롯이 그 비옥한 땅을 택하여 그것을 소유하러 떠난 후에. 아브람이 그를 시기하며 그에게 선택권을 준 것을 후회하게 되지 않도록 하기 위하여, 하나님께서 그에게 임하사 그가 가진 것이 그에게와 그의 자손에게 영원히 남아 있을 것임을 확인해 주신다. 그러므로 롯이 더 나은 땅을 차지했다 하더라도 아브람이 더 나은 소유권을 가진 것이었다. 롯은 낙원과도 같은 땅을 가졌으나, 아브람은 약속을 지니고 있었다. 그리고 현재의 상황은 어떨지 모르나, 결국 아브람의 처지가 진정 더 나았다는 것이 곧 사실로 드러날 것이었다. 욥 22:20을 보라. 하나님께서는 롯과의 분쟁 이후에 아브람을 영접하셨다. 마치 바울이 바나바와 분쟁한 이후 교회가 바울을 영접하였듯이 말이다(행 15:39, 40).

Ⅱ. 하나님께서 아브람을 위로하시고 풍성하게 하신 그 약속의 내용.

그는 아브람에게 두 가지에 대해 확신을 주셨으니, 곧, 좋은 땅과 그것을 누릴 무수한 자손들이 그것이다.

1. 좋은 땅을 주신다. 곧, 모든 땅 중에 가장 유명한 땅을 주신다. 그 땅은 거룩한 땅이요 임마누엘의 땅이 될 것이었다. 본문은 그 땅에 대해 다음과 같은 사실을 말씀해 준다. (1) 하나님은 전에 약속하신 대로(12:1) 여기서 아브람에게 그 땅을 보여주신다. 또한 훗날 비스가 산꼭대기에서 모세에게도 이 땅을 보여주신다. 롯은 눈을 들어 요단 지역을 **바라보았고**(10절) 그가 본 것을 누리기 위해 이미 떠나갔다. 그러자 하나님께서는 아브람에게 말씀하신다. "오라, 이제 너는 눈을 들어 네 땅을 **바라보라**." 주목하라. 하나님께서 우리에게 보여주시는 것은 우리 눈에 보이는 세상이 주는 그 어떤 것보다도 무한히 더 낫고 더 바람직하다. 믿음의 눈에 보이는 것이 감각의 눈에 보이는 것보다 훨씬 더 풍요롭고 아름다운 것이다. 내세에서 하늘의 가나안에 들어가도록 되어 있는 자들도 때로는 믿음으로 말미암아 현세에서 그것을 소망하며 위로를 얻는 법이다. 우리가 돌아보는 것은 눈에 보이지 아니하는 것이요, 그것은 멀리 있으나 진정 존재하는 것이다. (2) 하나님은 이 땅을 아브람과 그의 자손에게 영원토록 주신다. **보이는 땅을 내가 너에게 주리니**(15절). 또한, **내가 그것을 네게 주리라**(17절). 약속이 반복될 때마다 그 약속이 확증되는 것이다. 롯과 그의 자손이 아니라 **너와 네 자손에게 주리니**. 롯과 그의 자손들은 이 땅에서 기업을 받을 자들이

아니었으며, 그렇기 때문에 섭리를 통해서 롯이 먼저 아브람에게서 분리되도록 일이 진행되었고, 그 다음에 아브람과 그의 자손에게 그 땅에 대한 약속이 확증되는 것이다. 이처럼 하나님께서는 악으로부터 선을 이루시며 사람의 죄와 어리석음으로부터 그의 지혜롭고 거룩한 경륜을 이루시는 일이 많은 것이다. **너와 네 자손에게**, 네게는 외인으로 임시로 거주하게 하겠고, 네 자손에게는 땅의 소유주로서 거주하며 다스리게 하리라. 너에게, 곧 **네 자손에게**. 그와 그의 자손에게 영원토록 그것을 주신다는 것은 그것이 아브람이 영적인 자손에게 영원히 주어질 하늘의 가나안의 모형이었음을 시사해 준다(히 11:14). (3) 그 땅이 하나님의 소유로 복귀될 것이나, 하나님은 그에게 그 땅의 점유권과 소유권을 주신다. "**너는 일어나 그 땅을 종과 횡으로 두루 다녀 보라**(17절). 그 땅에 들어가 그것을 소유하고, 그 땅에 나는 것들을 살펴보라. 그것이 멀리 보이는 롯의 땅보다 훨씬 더 나을 것이다." 주목하라. 하나님께서는 그의 언약의 불변함과 그 언약에 따른 복의 말할 수 없는 가치를 그 약속의 상속자들에게 더욱 풍성하게 보여주시기를 바라신다. **너는 시온을 돌면서 그 곳을 둘러보고 그 망대들을 세이 보라**(시 48:12).

2. 이 좋은 땅에 충만하게 될 무수한 자손에 대한 약속이 주어진다. 그러므로 상속자들이 없어 땅을 잃어버리는 일이 절대로 없을 것이었다. **내가 네 자손이 땅의 티끌 같게 하리니**(16절), 즉 "그들이 믿을 수 없을 정도로 번성하리니, 그들을 모두 모으면 아무도 수를 셀 수 없을 만큼 큰 무리가 되리라." 솔로몬 시대에 그들이 그러했다. **유다와 이스라엘의 인구가 바닷가의 모래 같이 많게 되매**(왕상 4:20). 여기서 하나님은 아브람에게 그것을 약속하시는 것이다. 주목하라. 기업을 주시는 하나님께서 또한 상속자도 주신다. 거룩한 땅을 예비하신 이가 거룩한 자손도 예비하시며, 영광을 주시는 이가 영광에 합당하게 되도록 은혜도 주시는 것이다.

마지막으로, 하나님께서 이렇게 약속을 확인하신 후 아브람이 한 일에 대해 말씀한다(18절). 1. 그는 **장막을 옮겼다**. 하나님은 그에게 **일어나 그 땅을 종과 횡으로 두루 다녀 보라**고 명령하셨다. 즉, "그 속에서 고정될 것으로 생각하지 말고 언제나 불안정할 것을 예상하라. 그 땅을 통과하여 더 나은 가나안으로 나아갈 것을 기대하라." 여기에 나타난 하나님의 뜻을 좇아 그가 **장막을 옮긴** 것이다. 2. 그는 거기서 **제단을 쌓았다**. 이는 하나님께서 은혜로이 그에게 나타나신 것에 대한 감사의 표시였다. 주목하라. 하나님께서 우리에게 은혜로운 약속을 주실 때에, 그는 우리가 겸손하게 그를 찬양함으로 그를 섬기기를 기대하신다.

제 14 장

개요

본 장의 이야기에는 네 가지가 실려 있다. I. 소돔 왕과 및 그 동맹군과의 전쟁(1-11절). II. 롯이 그 전쟁에서 사로잡힘(12절). III. 아브람이 정복자들과 싸워 승리하여 사로잡힌 롯을 구출함(13-16절). IV. 아브람이 원정에서 귀환한 사실(17절)과 그 때에 일어난 일. 1. 그와 살렘 왕 사이에 일어난 일(18-20절). 2. 그와 소돔 왕 사이에 일어난 일(21-24절). 그러므로 하나님께서 아브람에게 주신 약속 — 그의 이름을 창대하게 하시겠다는 — 이 여기서 부분적으로 성취되는 것을 보게 된다.

1당시에 시날 왕 아므라벨과 엘라살 왕 아리옥과 엘람 왕 그돌라오멜과 고임 왕 디
달이 2소돔 왕 베라와 고모라 왕 비르사와 아드마 왕 시납과 스보임 왕 세메벨과 벨
라 곧 소알 왕과 싸우니라 3이들이 다 싯딤 골짜기 곧 지금의 염해에 모였더라 4이
들이 십이 년 동안 그돌라오멜을 섬기다가 제십삼년에 배반한지라 5제십사년에 그
돌라오멜과 그와 함께 한 왕들이 나와서 아스드롯 가르나임에서 르바 족속을, 함
에서 수스 족속을, 사웨 기랴다임에서 엠 족속을 치고 6호리 족속을 그 산 세일에
서 쳐서 광야 근방 엘바란까지 이르렀으며 7그들이 돌이켜 엔미스밧 곧 가데스에
이르러 아말렉 족속의 온 땅과 하사손다말에 사는 아모리 족속을 친지라 8소돔 왕
과 고모라 왕과 아드마 왕과 스보임 왕과 벨라 곧 소알 왕이 나와서 싯딤 골짜기에
서 그들과 전쟁을 위하여 진을 쳤더니 9엘람 왕 그돌라오멜과 고임 왕 디달과 시날
왕 아므라벨과 엘라살 왕 아리옥 네 왕이 곧 그 다섯 왕과 맞서니라 10싯딤 골짜기
에는 역청 구덩이가 많은지라 소돔 왕과 고모라 왕이 달아날 때에 그들이 거기 빠
지고 그 나머지는 산으로 도망하매 11네 왕이 소돔과 고모라의 모든 재물과 양식을
빼앗아 가고 12소돔에 거주하는 아브람의 조카 롯도 사로잡고 그 재물까지 노략하
여 갔더라

여기서 우리는 성경에 나타난 최초의 전쟁에 관한 기사를 접하게 되

는데, 일반 역사에서는 국가들 간의 전쟁들이 가장 크게 부각되지만, 아브람과 롯이 거기에 결부되지 않았더라면 이 전쟁은 성경 역사에 기록되지도 않았을 것이다. 이 전쟁에 관하여 다음을 관찰할 수 있을 것이다.

I. **그 전쟁에 개입된 당사자들.** 침입자들은 네 왕이었는데, 그 중 둘은 시날과 엘람의(즉, 갈대아와 바사의) 왕들이었다. 그러나 아마도 이들은 그 위대한 왕국의 통치권을 지닌 왕들이 아니라 그 왕들의 휘하에 있던 고관들이었거나 어쩌면 그 국가에서 파송한 식민지의 우두머리요 지도자들이었을 것이다. 이들은 소돔 가까이에 정착해 있었으나 그들의 본래 왕국의 이름을 그대로 보유하고 있었다. 침입을 당한 측은 요단 평지에 서로 가까이 있는 다섯 성읍, 곧 소돔, 고모라, 아드마, 스보임, 소알의 왕들이었다. 그들 중 네 사람은 이름이 언급되어 있으나, 다섯째인 소알 혹은 벨라의 왕은 이름이 나타나지 않는데, 이는 훨씬 더 비천하고 미약했기 때문이거나 아니면 그가 나머지 왕들보다 훨씬 더 사악하고 추잡하여 잊어버리는 것이 합당할 정도였기 때문이거나 둘 중의 하나일 것이다.

II. **이 전쟁이 일어난 계기는 그돌라오멜의 통치 아래에 있던 다섯 왕들이 봉기한 데 있었다.** 그들은 12년 동안 그를 섬겼다. 비옥한 땅에서 작은 수확의 즐거움을 누렸으나 그들은 외세에 굴복하여 조공을 바치는 처지에 있었으므로, 자기 것을 자기 것이라 부를 수가 없었다. 세력이 강한 나라로 성장하는 데에 풍부한 나라들은 바람직한 먹이요, 게으르고 사치한 나라들은 손쉬운 먹이다. 소돔 사람들은 노아가 셈의 종이 되리라고 선언한 가나안의 후손들이었는데, 엘람도 그들에게서 나왔다. 그리하여 노아의 예언이 금방 성취되기 시작한 셈이다. 13년째가 되던 해에, 그들은 굴종의 상태에 있는 자신들의 처지에 염증을 느끼기 시작하여 반역을 일으키고, 조공을 취소하였고, 멍에를 흔들어 잘라 버리고 그들의 옛 자유의 탈환을 시도하였다. 그리고 14년째에 이르러는 약간의 휴지기와 준비기를 가진 후 그돌라오멜이 동맹국과 연계하여 반역도들을 진압하러 나섰다. 그리고 무력으로 조공을 그들의 손에서 탈취하였다. 주목하라. 교만과 탐심과 야망이야말로 전쟁과 싸움을 일으키는 욕심이다. 이런 만족을 모르는 우상들을 위하여 수많은 사람들이 피를 흘린 것이다.

III. **이 전쟁의 전개 과정과 성공.** 네 왕들은 인근의 나라들을 초토화시키고 스스로 전리품들을 챙겨 배를 불렸고(5-7절), 이를 경계한 소돔 왕은 평화를 바라고 지혜를 써서 그들에게 굴복하였다. 그렇게 승리로 의기양양한 원수를 대체 무슨 수로 당할 수 있었겠는가? 그러나 그는 굴복하기보다는 차라리 끝까지 싸우는 편이 나았을 것이다. 하나님은 멸하고자 하시는 자들을 얼빠진 생각에 넘겨주신다(Quos Deus destruet eos dementat). 1. 소돔 왕과 그 동맹국의 군대가 초토화되었다. 그리고 그들 중 칼을 피한 자들 중에는 역청 구덩이에 빠져 죽은 자들이 많았던 것 같다(10절). 곳곳에서 온갖 종류의 죽음이 우리를 에워싸고 있는데, 특히 전장에서는 죽음이 허다하다. 2. 성읍들이 약탈당하였다(11절). 소돔의 모든 재물들과 특히 식량 창고들이 정복자들에게 완전히 다 탈취되었다. 주목하라. 사람들이 풍성한 섭리로 베풀어진 선물들을 탐식과 낭비로 남용할 때에, 하나님께서 무언가 심판 같은 방법을 취하사 그들이 남용해온 그것을 몰수해 가시는 것은 정당한 일이다(호 2:8, 9). 3. 롯이 사로잡혀 갔다(12절). 그들이 롯을 비롯하여 그의 모든 재물들을 취하여 간 것이다. 이제 롯에 대해서 다음과 같이 생각할 수 있을 것이다. (1) 이 총체적인 재난을 이웃들과 함께 받는 것으로. 그 자신은 의로운 사람이었고, 또한 여기서 분명하게 언급되고 있듯이 아브람의 형의 아들이었으나, 이 모든 괴로움 속에서 다른 사람들과 똑같이 연루되었던 것이다. 주목하라. 모든 사람에게 임하는 그 모든 것이 일반이라(전 9:2). 아무리 훌륭한 사람도 이생에서 겪는 가장 큰 괴로움에서는 벗어날 수 없다. 하나님의 심판이 세상에 임할 때에는 우리 자신의 경건도 하늘의 사랑을 입은 자들과의 교제도 우리의 안전을 보장해 주지 못한다. 주목하라. 수많은 정직한 사람들이 악한 이웃들로 인하여 더 나쁜 일을 당한다. 그러므로 우리를 분리시키거나 최소한 그들과 구별하여(고후 6:17) 우리를 구원하는 것이 지혜로운 일이다(계 18:4). (2) 이 곳을 정착지로 삼은 그의 어리석은 선택에 값을 치르는 것으로. 이 점은 그들이 소돔에 거주하는 아브람의 조카 롯도 사로잡았다는 말씀에서 분명하게 시사되고 있다. 아브람과 그렇게 가까운 친족으로 아브람의 동반자요 제자였으니, 그는 마땅히 아브람의 장막에 거했어야 옳았다. 그런 그가 소돔에 거하기를 택하였으니, 소돔이 당하는 재난을 함께 당한다 해도 감사할 도리밖에는 없는 것이었다. 주목하라. 만일 우리가 하나님의 보호 아래 있는 상태에서 벗어나고 의무를 다하지 않으면, 우리의 성욕으로 인하여 취한 선택이 우리에게 위로를 줄 것을 기대할 수가 없는 것이다. 여기서 그들이 롯의 재물까지 노략하여 간 사실이 구체적으로 언급된다. 그가 아브람과 분쟁을 일으키고 결국 그에게서 분리되어 나오게 된 원인이 되었던 그 재물들을 결국 다 빼앗기고 말았다. 주목하라. 우리가 정욕으로 말미암아 즐거워하는 것들 때문에 우리 스스로 하나님을 즐거워하던 것에서 떠나면, 하나님께서 바로 그 정욕으로 즐거워하는 것들을 우리에게서 빼앗아 가시는 것이 정당한 일이다.

[13]도망한 자가 와서 히브리 사람 아브람에게 알리니 그 때에 아브람이 아모리 족속
마므레의 상수리 수풀 근처에 거주하였더라 마므레는 에스골의 형제요 또 아넬의
형제라 이들은 아브람과 동맹한 사람들이더라 [14]아브람이 그의 조카가 사로잡혔음
을 듣고 집에서 길리고 훈련된 자 삼백십팔 명을 거느리고 단까지 쫓아가서 [15]그와
그의 가신들이 나뉘어 밤에 그들을 쳐부수고 다메섹 왼편 호바까지 쫓아가 [16]모든
빼앗겼던 재물과 자기의 조카 롯과 그의 재물과 또 부녀와 친척을 다 찾아왔더라

여기서 우리는 아브람이 개입한 유일한 군사적 행동에 대한 기사를 접하게 된다. 그는 욕심이나 야망 때문이 아니라 순전히 사랑의 동기 때문에 전쟁에 개입하였다. 자기 자신을 부요하게 하기 위함이 아니라, 친족을 돕기 위함이었던 것이다. 수많은 군사적 행동이 있을 것이나, 아브람이 여기서 행하는 것보다 더 존귀한 것은 없을 것이었다. 여기서 다음을 보라.

I. **친족이 곤경에 빠져 있다는 소식이 그에게 전해짐.** 그는 마침 그 때에 하나님의 섭리로 말미암아 그로부터 멀지 않은 곳에 임시로 거주하고 있어서 곧바로 롯을 도울 수가 있었다. 1. 그는 여기서 히브리 사람 아브람이라 불리는데, 이는 곧 타락한 시대 속에서도 참된 신앙을 계속해서 유지한 사람인 헤벨의 자손이요 추종자라는 뜻이다. 아브람은 이 점에서 히브리 사람답게 행하였다. 신앙을 고백하는 자의 이름과 성품에 합당한 자세를 드러내 보인 것이다. 2. 한 사람이 위기 중에서 도망하여 아브람에게 소식을 전하였다. 아마도 그 사람은 소돔 사람으로서 지독하게 악한 자였을 것이다. 그러나 아브람과 롯과의 관계를 알고 또한 롯에 대한 염려 때문에 아브람에게 와서 속히 롯을 구해 주기를 청하였다. 주목하라. 지극히 악한 사람도 어려움에 처하면 지혜롭고 선한 자들과의 면식을 기꺼이 주장하며 그들의 환심을 사려 할 것이다. 지옥에 들어간 부자도 아브람을 가리켜 아버지라 불렀고, 어리석은 처녀들도 지혜로운

처녀들에게 기름을 나눠 달라고 요청하였다.

II. **아브람이 원정을 준비함.** 대의명분이 선하였고, 싸움에 개입해야 할 이유가 분명했다. 그러므로 그는 신속히 집에서 길리고 훈련된 자 삼백십팔 명을 거느리고 나아갔다. 한 가족으로서는 큰 숫자였으나 군대로서는 아주 작았다. 기드온이 미디안 군대를 물리칠 때의 숫자와 비슷하였다(삿 7:7). 그는 훈련된 종들 혹은 교육시킨 종들을 뽑았는데, 이들은 전쟁의 기술만 훈련받은 것이 아니라(그 당시에는 후대에 비해서 이런 기술이 결코 완벽하지 못했다) 신앙의 원리들에 대해서도 교육을 받은 자들이었다. 아브람은 그의 가족 전체가 여호와의 길을 지키도록 명령했기 때문이다. 이는 곧 아브람이, 1. 큰 인물이었음을 보여준다. 그에게는 목숨을 의탁한 수많은 종들이 있었고, 이들은 그의 힘과 명예였을 뿐 아니라 그에게 선을 행할 큰 기회를 가져다 주었는데, 이것이야말로 큰 지위와 큰 권력을 지닌 자에게 있어야 할 진정 가치 있고 바람직한 것이다. 2. 선한 사람이었음을 보여준다. 그는 스스로 하나님을 섬길 뿐 아니라 주위의 모든 사람들을 가르쳐 하나님을 섬기게 한 사람이었다. 주목하라. 큰 가문을 거느리는 자들에게는 돌보고 베풀어야 할 많은 육체들은 물론 많은 영혼들이 있다. 아브람을 따르기를 원하는 자들은 그들의 종들도 훈련된 종들로 만들어야 할 것이다. 3. 지혜로운 사람이었음을 보여준다. 그는 평화의 사람이었으나 전쟁을 위하여 종들을 훈련시켰다. 혹시 그 종들에게 임무를 주어야 할 위급한 상황이 생길지도 모르기 때문에 사전에 대비한 것이다. 주목하라. 우리의 거룩한 신앙이 평화를 위할 것을 가르치지만, 전쟁을 대비하기를 금하지도 않는다.

III. **이 원정에 참여한 그의 우군과 동맹군들.** 그는 아넬, 에스골, 마므레 등 이웃들을 설득하여 그와 함께 참여하도록 하였다. 그런 협력자들을 동원하여 자신의 군대를 강화시킨 것은 그의 영민한 지혜였다. 그들은 아마 그 전쟁이 자기들과도 관계가 있는 것으로 여겼을 것이다. 자기들도 다른 부족들과 같은 운명이 되지 않도록 이 막강한 세력을 대적하여 힘을 다하여 싸운 것이다. 주목하라. 1. 모든 사람들을 향하여 존경을 받도록 책임성 있게 처신함으로써 필요할 때마다 그들이 기꺼이 우리에게 친절을 베풀게 되도록 하는 것이 우리의 지혜요 또한 의무다. 2. 하나님의 도우심에 의지하는 자라도, 어려움에 처할 때에는 섭리가 인도하는 대로 사람의 도움을 사용하여야 한다. 그렇게 하지 않는다면 그것은 하나님을 시험하는 것이다.

Ⅳ. 그의 용기와 처신이 매우 뛰어났음.

1. 그에게 갖가지 불리한 점들이 있었음을 생각할 때에, 그 원정 자체가 크게 용감한 것이었다. 농사를 짓고 가축을 키우는 한 가족이 과연 피를 흘리며 큰 승리를 거두고 있는 네 왕의 군대들을 어떻게 대항할 수 있었겠는가? 그가 추적한 것은 오합지졸이 아니라 승리를 거둔 군대였다. 그것도 어쩔 수 없어서 이런 과감한 시도를 하게 된 것이 아니라, 친족에 대한 사랑 때문에 자의로 이 일을 감행한 것이다. 그러므로 모든 점들을 생각할 때에 이것은, 모르긴 해도, 알렉산더나 카이사르의 용기만큼이나 칭송받을 만한 진정한 용기였다 할 것이다. 주목하라. 신앙은 사람들을 겁쟁이가 아니라 참된 용사로 만드는 경향이 있다. 의로운 자는 사자처럼 용맹스럽다. 참된 그리스도인이야말로 참된 영웅인 것이다.

2. 원정에 운용된 작전이 매우 지혜로웠다. 아브람은 전략에 문외한이 아니었다. 그는 기드온이 그의 작은 군대로 행한 것처럼(삿 7:16) 그와 그의 가신들을 나누어 동시에 사방에서 원수들을 공격하여, 몇 사람 안 되는 군대를 마치 큰 군대인 것처럼 보이게 만들었고, 또한 밤에 공격을 감행하여 그들을 혼비백산하게 만든 것이다. 주목하라. 정직한 방책이 우리의 안전과 우리의 유용성 모두에게 좋은 친구가 된다. 뱀의 머리(옛 뱀과는 상관없는)가 그리스도인의 선한 몸이 될 가망성이 많다. 특히 그 머리에 비둘기의 눈이 있다면 더더욱 그럴 것이다(마 10:16).

Ⅴ. 그가 큰 성공을 거둠(15, 16절). 그는 원수들을 무찌르고 동료들을 구해냈다. 그리고 그에게 어떤 손실이 있었다는 언급도 찾아볼 수 없다. 주목하라. 선한 마음으로 선한 대의에 모험을 거는 자들은 선하신 하나님의 특별한 보호하심 아래 있으며, 또한 결과가 선하리라는 소망을 가질 이유가 있는 것이다. 여호와의 구원은 사람이 많고 적음에 달리지 아니하였느니라(삼상 14:6). 관찰하라.

1. 그는 친족을 구하였다. 여기서 두 차례나 롯을 가리켜 아브람의 조카라 부른다. 아브람은 그들 사이의 관계를 — 혈연관계나 은혜로 말미암은 관계 모두 — 기억함으로써, 그들 사이에 있었던 사소한 분쟁을 잊었다. 더욱이 그 분쟁에서 롯은 아브람에게 결코 예의바르게 행하지 않았는데도 말이다. 아브람은

롯이 분쟁을 일으키고 그에게서 떠나간 어리석은 일에 대해 얼마든지 그를 책망할 수도 있었고, 이제 그 정도 돌보아 주었으면 족하다고 말할 수도 있었다. 그러나 경건한 아브람은 사랑의 마음으로 모든 것을 용서하고 잊었고, 이번 기회를 통하여 그의 진정한 사랑을 입증하고자 한 것이다. 주목하라. (1) 언제든 할 수 있을 때마다, 곤경 중에 있는 자들을, 특히 우리의 친척과 친지들을 구하고 도울 준비를 갖추고 있어야 한다. 형제는 위급한 때를 위하여 났느니라(잠 17:17). 어려울 때의 친구가 진정한 친구인 법이다. (2) 다른 이들이 우리에게 마땅히 해야 할 의무를 다하지 않았다 할지라도, 그렇다고 해서 우리가 그들을 향한 의무를 부인해서는 안 된다. 친구보다는 차라리 원수를 용서하는 것이 더 쉽다고 말하는 이들도 있었다. 그러나 우리가 아직 원수일 때에 우리 하나님이 우리를 자기와 화목케하셨고 또한 죄악과 그 기업에 남은 자의 허물을 사유하신 것(미 7:18)을 생각하면 친구도 원수도 모두 용서해야 한다는 것을 깨닫게 될 것이다.

2. 롯을 위하여 나머지 모든 포로들을 구하였다. 그들이 그와는 관계없는 낯선 사람들이었고, 따라서 그들을 구해야 할 의무가 전혀 없었으나, 그는 그들을 구하였다. 그들이 소돔 사람들로서 여호와 앞에서 큰 죄인들이었고 또한 속량금을 주고 롯만 구해낼 수도 있었으나, 그는 그의 재물과 또 부녀와 친척들을 다 구해주었다(16절). 주목하라. 기회가 주어지는 대로 모든 사람들에게 선을 행하여야 하며, 기회가 허락하는 만큼 우리의 사랑은 폭이 넓어야 한다. 언제든 하나님께서 한 생명을 살리실 때마다, 우리는 불평하지 말고 그 생명을 지탱시키기 위하여 줄 수 있는 도움을 기꺼이 주어야 한다. 하나님께서는 의로운 자나 불의한 자에게 모두 선을 행하시니, 우리도 그렇게 해야 한다(마 5:45). 선지자는, 누가 동방에서 사람을 일깨워서 … 왕들을 다스리게 하였느냐?(사 41:2)라고 말씀하는데, 이는 아브람이 왕들에 대해 얻은 승리에 잘 적용될 것이다. 어떤 이들은, 전에는 아브람이 이 땅을 하나님의 허락을 받아 이 땅의 소유권을 가졌었으나, 지금은 정복에 의하여 소유권을 갖게 되었다고 말하기도 한다.

[17]아브람이 그돌라오멜과 그와 함께 한 왕들을 쳐부수고 돌아올 때에 소돔 왕이 사웨 골짜기 곧 왕의 골짜기로 나와 그를 영접하였고 [18]살렘 왕 멜기세덱이 떡과 포도주를 가지고 나왔으니 그는 지극히 높으신 하나님의 제사장이었더라 [19]그가 아브람

에게 축복하여 이르되 천지의 주재이시요 지극히 높으신 하나님이여 아브람에게
복을 주옵소서 [20]너희 대적을 네 손에 붙이신 지극히 높으신 하나님을 찬송할지로
다 하매 아브람이 그 얻은 것에서 십분의 일을 멜기세덱에게 주었더라

이 단락은 아브람이 왕들을 쳐부수고 돌아올 때에 소돔 왕이 그에게 보인 환대에 대한 언급으로 시작된다. 그러나 이에 대해 구체적인 내용을 다루기 전에 멜기세덱의 이야기를 간략하게 다룬다. 멜기세덱에 관하여 다음을 관찰하라.

I. **그의 정체**. 그는 살렘 왕이요 지극히 높으신 하나님의 제사장이었고, 그 외에도 그에 관하여 여러 가지 영광스런 일들이 언급된다(히 7:1 등).

1. 유대교 랍비들은 대부분, 멜기세덱이 노아의 아들 셈이었으며, 그는 족장 체제의 모델을 좇아 노아의 후손들의 왕이요 제사장이었다고 본다. 그러나 이것은 전혀 개연성이 없다. 그렇다면 어째서 그의 이름이 바뀐단 말인가? 그리고 그가 어떻게 가나안에 정착하게 되었단 말인가?

2. 많은 기독교 저술가들은 이것이 하나님의 아들이신 우리 주 예수께서 친히 나타나신 것이라고 생각해 왔다. 이 당시 아브람에게는 그가 멜기세덱으로 알려졌으며 또한 후에 하갈은 그를 다른 이름으로 불렀다(16:13). 그는 아브람에게 의로운 대의를 지니고 평화를 가져다 주는 의의 왕으로 나타났다. 그가 그저 사람일 뿐이었다면, 그에 대해 아버지도 없고 어머니도 없고 족보도 없고 시작한 날도 없고 생명의 끝도 없는 것으로 말씀한다는 것이 상상하기 어렵다(히 7:3). 사도는 멜기세덱에 대해서 그가 살았고, 그가 항상 제사장으로 있다고 증언하며(히 7:3, 8), 아니 그에 대해 이렇게 말씀하는 그를 유다로부터 나신 우리 주님으로 간주하는 것이다(히 7:13, 14). 뿐만 아니라 이 당시 하나님의 일들에 있어서 아브람보다 더 큰 사람이 있었다고 생각하는 것도 어렵고, 그리스도께서 그저 사람일 뿐인 자의 계통을 좇아 제사장이 되시며 또한 멜기세덱의 제사장 직분이 아론의 제사장 직분보다 훨씬 훌륭한 것이 분명하나 과연 인간의 제사장 직분 중에 아론의 제사장 직분보다 훌륭한 것이 있었다는 것은 납득하기가 어렵다.

3. 가장 일반적으로 받아들여지는 견해는 멜기세덱이 살렘에서 통치하는 가나안의 왕이었고 거기서 참된 신앙을 유지하였다는 것이다. 그러나, 만일 그렇

다면, 어째서 그의 이름이 아브람의 이야기 전체에서 유독 여기에만 나타나며, 어째서 아브람이 그보다 훨씬 위대한 멜기세덱의 제단에서 제사를 드리지 않고 자기 스스로 제단을 쌓았는가 하는 문제가 해결되지 않는다. 옥스퍼드의 그레고리(Mr. Gregory)는 「아랍의 주석」(*Arabic Catena*)에 큰 권위를 부여하며 말하기를, 그 문헌은 멜기세덱에 관한 기사를 제공해 주는데, 이에 따르면 그가 헤라클림(Heraclim)의 아들이요 벨렉의 손자요 에벨의 증손자였고, 그의 어미니는 노아의 손자요 야벳의 아들인 고멜의 딸 살리티엘(Salatiel)이었다고 한다.

II. 그가 행한 일. 1. 그는 아브람과 그의 군대의 승리를 축하하고 격려하기 위하여 떡과 포도주를 가지고 나왔다. 그는 왕으로서 이런 일을 행하였으며, 이는 우리에게 우리의 능력을 좇아 선을 행하고 친절을 베풀 것을 가르쳐 준다. 그리고 이것은 우리가 영적 싸움으로 지쳐 있을 때에 그리스도께서 은혜의 언약 안에서 우리를 새롭게 하시기 위하여 예비해 놓으신 영적인 힘과 위로를 나타낸다. 2. 지극히 높으신 하나님의 제사장으로서 그는 아브람을 축복하였다. 아브람에게는 이 축복이 떡과 포도주보다 훨씬 더 새로운 힘을 주었을 것이다. 하나님은 그의 아들 예수 그리스도를 일으키사 그를 보내시어 권위를 지닌 자로서 우리를 복 주게 하셨다. 그러니 그에게서 복을 받는 자는 과연 복 있는 사람인 것이다. 그리스도는 제자들을 복 주시고 하늘로 올라가셨다(눅 24:51). 이것이야말로 그가 영원히 살아서 행하시는 일인 것이다.

III. 그가 한 말씀(19, 20절). 그는 두 가지 말씀을 했다. 1. 그는 하나님께 아브람을 복 주시기를 빌었다. **지극히 높으신 하나님이여 아브람에게 복을 주옵소서**(19절). 그가 여기서 하나님에게 붙이는 칭호를 관찰하라. 그것은 매우 영광스럽다. (1) **지극히 높으신 하나님.** 이는 그 자신의 절대적인 완전하심과 온 피조물을 다스리시는 그의 주권적인 통치를 나타낸다. 그는 만왕의 왕이시다. 주목하라. 하나님을 지극히 높으신 하나님으로 바라보고 그를 그렇게 부르는 것이 우리의 믿음을 크게 돕고, 또한 기도할 때에 하나님을 높이 우러르는 우리의 경건한 자세를 크게 돕는다. (2) **천지의 주재.** 즉, 모든 만물의 정당한 소유자시요 주권을 지니신 주인이시니, 이는 그가 만물을 지으셨기 때문이다. 이는 그가 크게 찬양받아 마땅하신 위대한 하나님이시며(시 24:1) 또한 그의 사랑과 은혜를 받는 자들은 진정 복된 자들임을 나타내 준다. 2. 그는 아브람을 인하여 하나님을 찬양하였다. 지극히 높으신 하나님을 찬송할지로다(20절). 주목하라. (1) 기도할 때마다 우리는 하나님을 찬양하며 우리의 모든 호산나에 할렐루야를 더하여야 한다. 이것이야말로 우리가 날마다, 또한 특별한 기회가 있을 때마다 드려야 할 영적 제사다. (2) 하나님께서 지극히 높으신 하나님이시니, 우리의 모든 승리에 대해 그가 영광을 받으셔야 한다(출 17:15; 삼상 7:10, 12; 삿 5:1, 2; 대하 20:21). 그는 우리의 승리들로써 자신이 우리의 원수들보다도(출 18:11), 또한 우리보다도 무한히 높으심을 보여주신다. 그가 없이는 우리가 아무것도 할 수 없기 때문이다. (3) 우리는 다른 이들이 베푸는 자비를 우리 자신의 것으로 여겨 감사해야 하며, 승리를 얻는 자들과 함께 기뻐해야 한다. (4) 우리의 큰 대제사장이신 예수 그리스도께서 우리의 기도와 우리의 찬양의 중보자가 되사 우리의 것을 하나님께 올려드리실 뿐 아니라 우리를 위하여 그 자신의 것을 올려드리신다. 눅 10:21을 보라.

IV. 아브람이 그에게 행한 일. 아브람이 그 얻은 것에서 십분의 일을 멜기세덱에게 주었더라. 즉, 전쟁에서 얻은 전리품 모두를 주었다(히 7:4). 이 일은 다음과 같이 이해할 수 있을 것이다. 1. 자신을 환대하는 멜기세덱에게 보답하는 차원에서 준 것이다. 주목하라. 자비를 받은 자는 자신도 자비를 보여야 한다. 감사야말로 자연의 법칙이다. 2. 지극히 높으신 하나님께 헌물을 맹세하고 드린 것이고, 그렇기 때문에 그의 제사장인 멜기세덱에게 준 것이다. 주목하라. (1) 하나님께로부터 무언가 특별한 자비를 받았을 때에는 사랑이 담긴 무언가 특별한 경건의 행위를 통해서 우리의 감사를 표현하여야 한다. 우리가 삶을 지탱하는 것 자체가 하나님의 은혜이므로 언제나 그에게 합당한 감사를 드려야 하며, 특히 어떤 구체적인 섭리로 우리를 보존하셨을 경우나 우리의 삶을 윤택하게 하셨을 때에는 더욱더 감사를 드려야 마땅하다. (2) 우리의 수입의 십분의 일은, 하나님을 존귀하게 하며 그의 성소를 섬기는 일을 위하여 구별하여 드리는 비율로 매우 적절하다. (3) 우리의 큰 멜기세덱이신 예수 그리스도께서 그에게 드려진 충성과 경배를 받으셔야 하며, 우리 각자는 겸손하게 그를 우리의 왕이요 제사장으로 인정하여야 하며, 또한 모든 수입의 십분의 일은 물론 우리가 가진 모든 것까지도 그에게 바쳐 드려야 한다.

[21]소돔 왕이 아브람에게 이르되 사람은 내게 보내고 물품은 네가 가지라 [22]아브람이

소돔 왕에게 이르되 천지의 주재이시요 지극히 높으신 하나님 여호와께 내가 손을 들어 맹세하노니 [23]네 말이 내가 아브람으로 치부하게 하였다 할까 하여 네게 속한 것은 실 한 오라기나 들메끈 한 가닥도 내가 가지지 아니하리라 [24]오직 젊은이들이 먹은 것과 나와 동행한 아넬과 에스골과 마므레의 분깃을 제할지니 그들이 그 분깃을 가질 것이니라

여기서는 아브람과 소돔 왕 사이에 오간 내용이 기록되고 있다. 그 왕은 전쟁에서 죽은 왕을 계승한 왕이었다(10절). 그는 자신을 위해 큰일을 행한 아브람에게 마땅히 감사를 표하여야 한다는 생각을 가졌다.

I. **소돔 왕이 아브람에게 감사의 예물을 전함.** 사람은 내게 보내고 물품은 네가 가지라(21절). 사람들은 자신에게 돌려주기를 구하며, 동시에 물품들은 모두 아브람에게로 돌린다. 주목하라. 1. 소유권문제가 복잡하고 미심쩍을 때에는 싸우기보다는 서로 간에 양보하여 문제를 해결하는 것이 지혜로운 처사다. 사람과 물품 모두의 소유권은 본래 소돔 왕에게 있었다. 그러므로 아브람이 그것들을 구했으니 소돔 왕이 아니라 아브람이 그것들의 새 소유자가 된 것이 아니냐는 논란이 생길만 했다. 그러나 모든 분쟁을 막기 위해 소돔 왕이 이와 같은 공평한 제안을 한 것이다. 2. 우리를 섬겨 우리의 유익을 위해 모든 괴로움과 위험을 무릅쓰고 희생한 자들에게 감사하고, 우리의 능력껏 최대한으로 보답하는 것이 우리의 마땅한 도리다. 누가 자기 비용으로 군 복무를 하겠느냐?(고전 9:7). 군인들이 일반 노동자보다 더 많은 보수를 받으나, 그들은 그렇게 받을 만한 가치가 있다. 왜냐하면 그들은 목숨을 걸기 때문이다.

II. **아브람이 이를 정중하게 거절함.** 그는 자신의 손으로 원수들에게서 구한 사람들을(이들은 아브람을 섬겨야 마땅했다) 그에게 보낸 것은 물론, 모든 물품까지도 그에게로 보냈다. 그는 소돔 왕에게 속한 것은 실 한 오라기나 들메끈 한 가닥도 취하지 않았다. 주목하라. 활력 있는 믿음은 이 세상의 재물을 거룩한 멸시의 자세로 바라볼 수 있게 해 준다(요일 5:4). 하나님과 천국을 언제나 바라보는 자에게 세상의 온갖 장식이나 감각의 즐거움이 무슨 의미가 있겠는가? 그는 심지어 실 한 오라기나 들메끈 한 가닥에 내해서까지도 탐하지 않았다. 작은 문제에서도 양심에 거슬림이 없기를 바랐기 때문이다. 여기서,

1. 아브람은 이러한 결심을 엄숙한 맹세로 확인한다. 천지의 주재이시요 지극

히 높으신 하나님 여호와께 내가 손을 들어 맹세하노니(22절). 여기서 관찰하라. (1) 그가 하나님께 올려드린 칭호. 천지의 주재이시요 지극히 높으신 하나님. 멜기세덱이 바로 막 사용했던 것과 동일한 칭호다(19절). 주목하라. 하나님에 관하여 우리의 언어를 어떻게 사용할지를 다른 이들에게서 배우고, 하나님의 일들을 잘 말씀하는 자들을 본받는 것은 좋은 일이다. 경건한 사람들의 처신을 본받아 우리도 발전이 있으려면 그들의 어법을 따라 배워야 한다. (2) 이 맹세에서 그가 사용한 예식. 내가 손을 들어 맹세하노니. 종교적인 맹세에서 우리는 하나님께서 우리의 진실과 순전함을 알고 계시는 것에 호소하며, 또한 우리가 거짓 맹세를 할 경우 그의 진노가 우리에게 임하기를 비는데, 손을 드는 행위는 이 두 가지 모두를 표현하는 매우 의미심장한 행위인 것이다. (3) 그의 맹세의 내용. 곧, 소돔 왕에게서 어떠한 것도 취하지 않겠다는 그의 맹세는 정당한 것이긴 했으나, 그가 반드시 맹세해야 마땅했던 것은 아니다. [1] 아마도 아브람은 전쟁에 나가기 전에, 만일 하나님이 그에게 승리를 주시면 하나님의 영광과 그 자신의 신의를 위하여 전리품 중에서 하나도 스스로 취하지 않을 것임을 맹세하였을 것이다. 주목하라. 긍휼을 구하는 중에 우리가 행한 맹세는 긍휼을 얻은 후에, 그것이 우리에게 손해가 된다 할지라도, 반드시 신중하고도 양심적으로 이행하여야 한다. 시온의 시민은 하나님께든 사람에게든 맹세를 했을 경우, 해로울지라도 변하지 아니하는 법이다(시 15:4). 아니면, [2] 어쩌면 아브람은 자기에게 주어지는 것을 거절하면서, 계속해서 끈질기게 조르는 일이 없도록 아예 이러한 맹세를 통해서 자신의 거절 의사를 확인한 것일지도 모른다. 주목하라. 첫째로, 사도 바울처럼(고전 8:13; 9:12) 때로는 우리의 권리인 것이 분명한 것을 우리 스스로 포기해야 할 경우도 있다. 둘째로, 유혹의 힘을 막기 위해서는 강한 결단이 매우 유익하다.

2. 그는 자신의 거부 의사를 정당한 이유로써 뒷받침한다. 네 말이 내가 아브람으로 치부하게 하였다 할까 하여. 소돔 왕의 제의를 받아들이면, (1) 하나님의 약속과 언약을 욕되게 하는 것이 될 것이었다. 소돔의 전리품이 없었다면 아브람이 치부하지 못했을 것처럼 되기 때문이었다. 또한 (2) 아브람의 경건과 호의를 욕되게 하는 것이 될 것이었다. 그런 위험한 원정을 감행할 때에 자신이 그 원정으로 인하여 치부하게 될 것을 염두에 두기라도 한 것처럼 되기 때문이었다. 주목하라. [1] 우리는 다른 사람들이 우리에 대해 해서는 안 될 말을 하도

록 빌미를 제공하지 않도록 매우 조심해야 한다. [2] 하나님의 백성들은 비열하거나 돈을 밝히는 것처럼 보이거나 탐심과 이기심의 냄새를 풍기는 일은 하지 않도록 조심해야 한다. 아브람은 아마도 소돔 왕이 교만하고 남을 조롱하는 사람이므로 이런 일로 인하여 후에 자신을 비방하게 될 소지가 많을 것임을 — 그런 비방이 물론 전혀 사리에 어긋난 것이지만 — 알았을 것이다. 그런 사람을 대하여야 할 경우에는 더욱 특별한 조심을 기울여 처신할 필요가 있는 것이다.

3. 그는 자신의 거부 의사에 두 가지 단서를 붙인다(24절). 맹세를 할 때에는 필수적인 예외 조항을 덧붙여서, 후에 천사 앞에서, **내가 서원한 것이 실수라고 말하게** 되지 않도록(전 5:6) 신중히 처신해야 한다. 아브람은 여기서 다음 두 가지 예외 조항을 제시한다. (1) 그의 군졸들의 양식. 그들은 양식을 얻을 만한 값어치가 있었다. 그들에게 양식을 준다 해도 소돔 왕이 아브람이 그것으로 치부하였다는 말을 할 수는 없었을 것이다. (2) 그와 함께 원정에 참가한 동맹군들의 몫. **그들이 그 분깃을 가질 것이니라.** 주목하라. 자기 자신의 자유는 철저하게 제한시킨다 할지라도, 다른 이들의 자유까지 억지로 제한시켜서는 안 되며, 자기를 기준으로 다른 이들의 자유를 판단해서도 안 된다. 우리 자신을 표준으로 삼아서 다른 사람을 재는 일이 있어서는 안 된다. 바리새인들의 행위와는 달리(마 23:4) 선한 사람은 자기들이 거부하는 행위를 다른 사람도 거부하도록 만들지는 않는 것이다. 아넬과 에스골과 마므레의 사정은 아브람과 똑같지 않았다. 그러니 아브람을 좇아서 그들도 자기들의 권리를 포기해야 할 이유는 없는 것이었다. 그들은 아브람처럼 전리품을 거부하겠다고 하지도 않았고, 아브람처럼 맹세로서 그것을 확증하지도 않았다. 아브람은 내세의 분깃에 대한 소망이 있었으나 그들은 그것이 없었고, 그러므로 **그들이 그 분깃을 가질 것이니라.**

제 15 장

개요

본 장에서는 하나님과 아브람 사이에 엄숙한 언약이 맺어진다. 전 장에서는 아브람이 들에서 왕들과 함께 있었는데, 여기서는 하나님과 산 위에 있는 것을 보게 된다. 전 장에서의 아브람의 모습도 위대하거니와, 여기 나타난 아브람의 모습은 더욱더 위대하다. 전 장에서 아브람이 보여준 존귀는 세상의 위대한 인물들에게 있는 것이나, "이런 영광은 모든 성도들에게 있도다." 하나님과 아브람 사이에 맺어지는 언약은 약속의 언약이었다. 따라서 여기에는 다음과 같은 내용이 있다. I. 하나님께서 아브람에게 그의 친절과 선의에 대해 전반적으로 확신을 주심(1절). II. 아브람에게 사랑을 베푸시는 목적을 구체적으로 두 가지 방면에서 선언하심. 1. 그가 후손을 무수하게 주실 것이라는 것(2-6절). 2. 그에게 가나안을 그의 소유로 주실 것임(7-21절). 소유가 있는데 상속자가 없거나, 혹은 상속자가 있는데 소유가 없다면, 아브람에게는 절반의 위로밖에는 주지 못했을 것이다. 그러나 하나님은 그에게 두 가지를 모두 보증해 주신다. 이 위대한 신자에게 과연 위로를 준 이 두 가지, 즉 약속된 후손과 약속된 땅은 모두 두 가지 무한히 가치 있는 복들, 즉 그리스도와 천국을 예표하는 것이었으며, 따라서 아브람이 그 둘을 바라보았다고 생각할 이유가 충분한 것이다.

1 이 후에 여호와의 말씀이 환상 중에 아브람에게 임하여 이르시되 아브람아 두려워하지 말라 나는 네 방패요 너의 지극히 큰 상급이니라

여기서 관찰하라.

I. 하나님께서 아브람과 이 언약을 맺으신 시점. 이 후에. 1. 아브람이 그의 친족과 이웃들을 어려움에서 건져내는 호의를 베풀고도 그 일에 대해 아무런 대가나 상급도 받지 않은 그 유명한 일이 있은 후에. 주목하라. 사람들에게 호의를 베푸는 자는 하나님께로부터 호의를 받을 것이다. 2. 네 왕들에 대해 승리를 거둔 후에. 그 승리로 인하여 아브람이 지나치게 기뻐하고 고무되지 않도

록, 하나님께서 그에게 오사 그보다 더 나은 일들이 예비되어 있다는 것을 말씀하신 것이다. 주목하라. 믿음으로 영적인 복을 생각하고 바라보는 것이, 세상적인 즐거움에 지나치게 빠지지 않도록 우리를 지켜주는 훌륭한 수단이 된다. 일반적인 섭리로 말미암은 선물들은 언약의 사랑에게서 말미암는 선물과 결코 비교가 되지 않는 것이다.

II. 하나님께서 아브람에게 말씀하신 방식. 여호와의 말씀이 환상 중에 아브람에게 임하여. 곧, 하나님께서 아브람에게 자기 자신과 자신의 뜻을 나타내셨다는 것이다. 환상 중에 그렇게 하셨다는 것은 곧 아브람이 깨어 있었음을 상정한다. 아마 무언가 눈에 보이는 셰키나의 나타남이었거나 혹은 신적인 영광이 임재하는 것을 입증해 주는 무언가 지각할 수 있는 증표가 나타난 것일 것이다. 주목하라. 하나님의 계시 방법은 감각의 세계에 있는 우리의 처지에 맞추어진다.

III. 하나님께서 친히 아브람을 사랑하심을 그에게 은혜로이 확신시켜 주심.

1. 하나님은 이름으로 그을 부르신다. 아브람아. 이는 그에게 큰 영광이었고, 그의 이름이 창대해진 것이요, 그의 믿음에 큰 격려가 되었다. 주목하라. 하나님께서 그의 성령을 통하여 우리에게 구체적으로 말씀하시고 우리의 마음에 다가오실 때에, 그의 선하신 말씀이 우리에게 큰 유익이 된다. 말씀은, 오호라 너희 모든 자들아(사 55:1)라고 말씀하고, 성령은 오호라 아무개야 라고 말씀하신다.

2. 하나님은 혼란스러워하지 말도록 아브람을 조심시키신다. 두려워하지 말라. 아브람은 그가 무찌른 그 네 왕이 다시 함께 뭉쳐서 그를 공격하여 그가 망하지 않을까 하여 두려워했을지도 모른다. 이에 대해 하나님은 말씀하신다. "아니다. 두려워하지 말라. 그들의 복수도, 네 이웃의 시기도 두려워하지 말라. 내가 너를 돌보리라." 주목하라. (1) 큰 믿음이 있어도 여전히 많은 두려움이 있을 수 있다(고후 7:5). (2) 하나님의 백성에게 아무리 은밀한 두려움이 있어도 그것을 아시며, 그들의 영혼을 아신다(시 31:7). 어떤 일이 일어나든 그의 백성들이 두려움에 굴복하지 않는 것이 하나님의 뜻이다. 시온의 죄인들은 두려워할지언정, 아브람아 너는 두려워하지 말라.

3. 그는 아브람에게 안전과 행복을 확신시켜 주신다. 그러므로 아브람은 (1) 하나님이 친히 그를 지키실 수 있는 만큼 한껏 안전하다. 나는 네 방패요. 혹은

좀 더 강조의 의미를 붙여 나는 네게 방패요의 뜻으로 이해할 수도 있다. 나는 너와 함께 하며 실질적으로 너를 보살피고 지키느니라. 대상 17:24을 보라. 이스라엘의 하나님이실 뿐 아니라 이스라엘에게 하나님이시라는 말이다. 주목하라. 하나님께서 친히 그의 백성의 방패가 되사 그들을 모든 파괴적인 악에게서 안전하게 지키신다는 것을 생각함으로써 괴로운 근심 걱정이 모두 완전히 사라져야 마땅하다. (2) 하나님께서 행복하게 하실 수 있는 만큼 한껏 행복하다. 나는 너의 지극히 큰 상급이니라. 상급을 주는 자만이 아니라 너의 상급이니라. 아브람은 소돔 왕이 베푸는 상급을 정중하게 거절하였는데, 여기서 하나님께서 오사 그에게 결코 그가 손해를 입지 않을 것임을 말씀하시는 것이다. 주목하라. [1] 믿음으로 순종하고 자기를 부인하는 자에게 주어지는 상급은 지극히 크다(고전 2:9). [2] 하나님 자신이 거룩한 영혼을 위하여 선택되고 또한 그들에게 약속된 행복이시니, 이 세상에서 선택되고, 더 나은 세상에서 약속된 행복이시다. 그는 그들의 기업과 잔의 분깃이시다.

2아브람이 이르되 주 여호와여 무엇을 내게 주시려 하나이까 나는 자식이 없사오
니 나의 상속자는 이 다메섹 사람 엘리에셀이니이다 3아브람이 또 이르되 주께서
내게 씨를 주지 아니하셨으니 내 집에서 길린 자가 내 상속자가 될 것이니이다 4여
호와의 말씀이 그에게 임하여 이르시되 그 사람이 네 상속자가 아니라 네 몸에서
날 자가 네 상속자가 되리라 하시고 5그를 이끌고 밖으로 나가 이르시되 하늘을 우
러러 뭇별을 셀 수 있나 보라 또 그에게 이르시되 네 자손이 이와 같으리라 6아브람
이 여호와를 믿으니 여호와께서 이를 그의 의로 여기시고

여기서는 하나님께서 아브람에게 그에게서 무수한 후손이 날 것에 대해 확신을 주신다. 다음을 관찰하라.

I. 아브람의 반복된 호소(2, 3절). 이 호소를 계기로 이 약속이 베풀어졌다. 아브람을 무겁게 짓누른 큰 괴로움은 자식이 없다는 것이었고, 그는 여기서 이에 대해 안타깝게 호소한다. 내 원통함을 그의 앞에 토로하며 내 우환을 그의 앞에 진술하는도다(시 142:2). 주목하라. 하나님에 대한 불평은 절대로 해서는 안 되지만, 그에게 우리의 어려움을 토로하며, 우리의 괴로움을 크게 구체적으로 아뢰는 일은 합당하다. 믿을 만한 가까운 친구에게 자신의 사정을 털어놓는

것이 마음의 짐을 가볍게 하는 데 도움이 되는데, 하나님이야말로 그런 친구이시며, 그는 언제나 귀를 열고 들으시는 분이시다. 이제 그의 호소는 네 가지이다.

1. 그에게 자식이 없다는 것. **주께서 내게 씨를 주지 아니하셨으니**(3절). 아들을 주시지 아니하신 것은 물론 씨를 주지 아니하셨다고 한다. 딸이라도 있었다면 그 딸로부터 약속된 메시야가 오실 것이요, 그가 여자의 후손이 되실 것이었다. 그러나 그에게는 아들도 딸도 없었던 것이다. 그는 내게에다 강조점을 두는 것으로 보인다. 그의 이웃들에게도 자식이 넘쳐났고, 그의 종들도 그의 집 안에서 자녀들을 낳았다. "그런데 내게는 주께서 하나도 주지 아니하셨나이다." 그런데도 하나님은 그에게 그가 누구보다 더 하나님이 사랑하시는 존재라고 말씀하셨다. 주목하라. 자녀가 없는 사람들은 하나님께서 그들을 그렇게 만드셨다는 것을 보아야 한다. 또한, 하나님께서는 그와 전혀 상관없는 자들에게는 풍성하게 주시면서도, 그 자녀들에게서 세상적인 위로들을 물리시는 경우가 많다.

2. 그에게 자식이 생길 가망도 전혀 없다는 것. **나는 자식이 없사오니.** 즉, "나의 자식 없는 상태가 계속되어왔고, 그대로 계속 나이가 먹고, 자식이 없는 상태로 세상 바깥으로 가며, 자식이 없는 상태로 죽으리이다." 칠십인역은 "내가 세상을 떠날 때에도 내 뒤에 자식을 하나도 남겨두지 못하리이다"라고 번역한다.

3. 현재의 종들이 자신에게 없는 아들을 대신할 것이라는 것. 그가 살아 있는 동안 **다메섹 사람 엘리에셀**이 그의 집을 맡은 청지기였다. 그는 그의 가족과 재산을 돌보는 임무를 맡았고, 성실하게 그 임무를 수행하였으나, 그는 종일뿐이요 아들이 아니었다. 아브람이 죽으면 그의 **집에서 길린 자**가 그의 **상속자**가 될 것이요 그가 수고해온 모든 것을 다스리게 될 것이라고 했다(전 2:18, 19, 21). 하나님께서는 이미 아브람에게 그를 큰 민족으로 만드시며(12:2) 그의 자손을 땅의 티끌 같게 하시겠다고 말씀하신 바 있다(13:16). 그러나 과연 그 일이 그의 친 자식을 통해서 이루어질지, 혹은 입양한 자식을 통해서 이루어질지, 그의 몸에서 난 아들에 의해서 이루어질지 아니면 그의 집에서 길러진 아들에 의해서 이루어질지에 대한 의문이 남아 있었다. 아브람은 이런 뜻으로 말씀한다. "주여 만일 입양한 아들에게서 이루어질 것이라면, 내 종 가운데 하나가 그

렇게 될 수밖에 없는데, 이렇게 되면 그에게서 날 약속된 후손에게 부끄러움이 될 것이옵니다." 주목하라. 약속된 자비가 더디 오면, 우리는 불신앙과 조급함으로 그것들이 오지 않는 것으로 결론짓기가 쉽다.

4. 아들이 없는 것이 그에게 너무도 큰 괴로움이어서 그것 때문에 다른 모든 즐거운 것들이 전혀 위로가 되지 못한다는 것. "주 여호와여 무엇을 내게 주시려 하나이까? 아들이 없으면 모든 것이 제게는 의미가 없나이다." 그런데 여기서 (1) 만일 아브람이 세상적인 위로 외에는 바라보지 않았다면, 이런 호소는 그야말로 괘씸한 것이었다. 하나님께서는 그의 섭리를 통해서 그에게 좋은 것들을 주셨고, 그의 약속을 통해서는 더 많은 것을 주셨다. 그러나 아브람에게 그것들은 별 의미가 없다. 그에게 아들이 없었기 때문이다. 하나님께서 나는 네 방패요 지극히 큰 상급이니라 라고 말씀하시자마자, 내게 자식이 없는데 주 여호와여 무엇을 내게 주시려 하나이까? 라고 말한 것은 믿는 자들의 조상인 아브람으로서는 정말 어울리지 않는 처신이었다. 주목하라. 하나님과 맺은 언약을 충족하게 생각하지 않는 자들은 하나님과의 언약 관계의 혜택이 얼마나 귀중한가를 올바로 가늠할 수가 없다. 그러나 (2) 만일 아브람이 약속된 후손을 염두에 두었다면, 이런 조급한 심정을 토로한 것은 매우 합당한 것이었다 하겠다. 그 큰 축복의 보증물이 없다면, 그리고 하나님께서 이미 그로 하여금 기대하도록 격려하신 그 장차 오실 메시야와 자신의 관계에 대한 확신이 없다면, 모든 것이 그에게는 아무런 의미도 없었다. 그에게 재물과 승리와 명예가 있다 해도, 가장 중요한 문제에서 확신이 없이 어둠 속에 있다면, 그 모든 것들이 아무것도 아닌 것이다. 주목하라. 그리스도와 새 언약에 우리가 진정 관계되어 있다는 확실한 증거를 얻기 전에는, 그 어떠한 것에도 만족해서는 안 된다. "이러저러한 것들은 내게 있으나, 내게 그리스도가 없다면 이 모든 것들이 내게 무슨 소용이랴?" 그러나 이런 호소조차도 죄악된 것이었다. 그 밑바닥에 하나님의 약속에 대한 불신이 깔려 있고, 하나님의 때를 기다리지 못하는 조급함이 있었기 때문이다. 주목하라. 참된 신자들도 때로는 하나님의 약속들과 그의 섭리들이 서로 어긋나는 것처럼 보일 때에 이 둘을 조화시키지 못해 힘들어하기도 한다.

Ⅱ. 이러한 아브람의 호소에 대한 하나님의 은혜로운 대답. 처음 호소할 때에는(2절) 하나님이 아무런 직접적인 대답도 주지 않으셨다. 왜냐하면 거기에

짜증이 섞여 있었기 때문이다. 그러나 후에 다시 다소간 마음의 평정을 유지하면서 말씀하자(3절), 하나님께서 은혜로이 그에게 대답하셨다. 주목하라. 계속해서 즉흥적으로 기도해도, 겸손히 하나님의 뜻에 굴복하여 기도하면, 우리의 구하는 것이 헛것이 되지 않을 것이다.

1. 하나님은 그에게 아들에 대한 분명한 약속을 주셨다(4절). **네 집에서 길린 이 사람이 네 상속자가 아니라 네 몸에서 날 자가 네 상속자가 되리라.** 주목하라. (1) 하나님께서 상속자들을 심으신다. 하나님께서 "이 사람은 아니요 이 사람은 상속자가 되리라"라고 말씀하신다. 그러므로 사람이 이에 대해 어떤 생각과 의도를 가졌든 간에 하나님의 뜻이 이루어질 것이다. (2) 하나님은 우리가 두려워하는 것보다 더 나은 분이셔서, 우리가 오랜 동안 긍휼을 얻지 못하여 절망에 빠져 있을 때에 긍휼을 베풀어 주신다.

2. 이 약속의 효력을 극대화시키기 위하여, 하나님은 아브람을 바깥으로 데리고 가셔서 별들(이때는 이른 새벽이었을 것이다)을 보여주시고, 그에게 **네 자손이 이와 같으리라** 라고 말씀하신다(5절). (1) 네 자손이 별들과 같이 무수할 것이다. 사람의 육안으로 보면 별들이 무수하게 많다. 아브람은 자식이 아예 없을 것을 두려워하였으나, 하나님은 그에게 그의 몸에서 나올 후손들이 너무 많아 셀 수 없을 정도가 될 것임을 확신시켜 주셨다. (2) 네 자손이 별들과 같이 찬란하리라. 그들에게 영광이 있을 것이었다(롬 9:4). 아브람의 육신적인 후손은 땅의 티끌같이 많아졌다(13:16). 그러나 그의 영적 후손은 하늘의 별들과 같다. 그들이 너무 많아 무수할 뿐 아니라 찬란하며 지극히 고귀한 것이다.

III. 아브람이 하나님께서 하신 약속을 견고히 믿었고, 하나님께서 그의 믿음을 받아들이심(6절).

1. 그는 **여호와를 믿었다**. 즉, 하나님이 지금 그에게 행하신 약속의 진실성을 믿었다. 그 약속을 하신 그분의 무한한 능력과 또한 변치 않는 신실하심에 근거하여 그 약속을 믿은 것이다. **그가 말씀하셨으니 그가 이루시지 아니하랴?** 주목하라. 약속의 위로를 얻고자 하면 그 약속을 믿음과 섞어야 한다. 사도가 아브람의 이런 믿음을 얼마나 귀하게 높이며, 그것을 항구적인 모범으로 삼는가를 보라. **그는 믿음이 약하여지지 아니하고 믿음이 없어 하나님의 약속을 의심하지 않고 믿음으로 견고하여졌고, 약속하신 그것을 또한 능히 이루실 줄을 확신하였다**(4:19-21). 주께서는 우리 각 사람에게 그런 믿음을 이루시는 것이다! 어떤 이

들은 아브람이 약속하시는 주만이 아니라 약속되신 주, 즉 새 언약의 중보자이신 주 예수도 믿었다고 생각한다. 그는 주를 믿었다. 즉, 그에 관한 하나님의 계시를 믿고 받아들였고, 비록 멀리서나마 그의 때 볼 것을 즐거워하였다(요 8:56).

2. **하나님께서 이를 그의 의로 여기셨다.** 즉, 이를 근거로 하나님께 인정함을 받았고, 나머지 족장들과 마찬가지로 믿음으로 그가 의로운 자라 하시는 증거를 얻었다(히 11:4). 신약 성경에서는 우리가 율법의 행위가 없이 믿음으로 말미암아 의롭다 하심을 얻는다는 것을 입증하기 위하여 이 사실을 강조하고 있다(롬 4:3; 갈 3:6). 아브람은 할례를 받기도 전에 이렇게 해서 의롭다 하심을 얻었기 때문이다. 만일 그렇게 선한 행위가 풍성했던 아브람이 의롭다 하심을 얻은 것이 그런 행위들이 아니라 그의 믿음으로 말미암은 것이라면, 아브람보다 선한 행위가 훨씬 초라한 우리들은 더더욱 그럴 수밖에 없다. 아브람에게 의를 위하여 전가된 이 믿음은 바로 전에 불신앙과 씨름을 했었고(2절), 또한 그것을 정복하고 나자 이렇게 영광과 존귀를 얻은 것이다. 주목하라. 그리스도 안에서, 또한 그로 말미암아, 하나님의 은혜와 영광의 약속을 믿음으로 실질적으로 받아들이고 그것에 의지하는 것이야말로, 신약의 가르침에 따르면, 그 약속에 포함되어 있는 모든 복들을 얻을 권리를 우리에게 가져다 주는 것이다. 모든 신자들은 아브람과 같이 의롭다 하심을 받는 것이요, 하나님은 그의 믿음을 그의 의로 여기신 것이다.

7 또 그에게 이르시되 나는 이 땅을 네게 주어 소유를 삼게 하려고 너를 갈대아인의
우르에서 이끌어 낸 여호와니라 8 그가 이르되 주 여호와여 내가 이 땅을 소유로 받
을 것을 무엇으로 알리이까 9 여호와께서 그에게 이르시되 나를 위하여 삼 년 된 암
소와 삼 년 된 암염소와 삼 년 된 숫양과 산비둘기와 집비둘기 새끼를 가져올지니
라 10 아브람이 그 모든 것을 가져다가 그 중간을 쪼개고 그 쪼갠 것을 마주 대하여
놓고 그 새는 쪼개지 아니하였으며 11 솔개가 그 사체 위에 내릴 때에는 아브람이 쫓
았더라

여기서는 하나님께서 아브람에게 가나안 땅을 기업으로 주시겠다는 약속을 확증하신다.

I. **하나님은 그에 관하여 자신의 목적을 선포하신다**(7절). 여기서 관찰하라.

아브람은 자식이 없다는 것에 대해서는 안타깝게 호소하였으나, 이 문제에 대해서는 아무런 불평도 하지 않았다. 약속하신 자손에 대해 확신이 있는 자는 약속한 땅을 얻을 것에 대해 의심할 이유를 찾지 못할 것이다. 그리스도께서 우리의 것이라면, 천국도 우리의 것이니 말이다. 다시 관찰하라. 아브람이 그 자손에 대한 약속을 믿자(6절) 비로소 하나님이 이 약속을 그에게 설명하시고 확증하셨다. 주목하라. 가진 자에게(자신이 가진 것을 잘 깨닫고 새기는 자에게) 더 많은 것이 주어질 것이다. 여기서 하나님은 이 좋은 땅에 대한 약속에 관하여 그를 격려하시기 위하여 세 가지를 상기시키신다.

1. 하나님이 누구신지. **나는 … 여호와니라.** 그러므로, (1) "내가 만물의 주재 하나님이며 온 땅을 처리할 권한이 있으니, 내가 얼마든지 그 땅을 네게 줄 수 있노라." (2) "그 어떤 반대가 있다 해도, 혹 아낙 자손들이 대적한다 해도, 내가 그 땅을 네게 줄 수 있노라." 사람은 자기 능력으로 할 수 없는 일을 약속하는 때가 자주 있으나, 하나님께서는 절대로 그가 행하실 수 있는 것 이상은 절대로 약속하지 않으신다. (3) "내가 반드시 내 약속을 네게 이루리라." **여호와는 사람이 아니시니 거짓말을 하지 않으시는 것이다**(민 23:19).

2. 그가 아브람을 위해서 행하신 일. 그는 **아브람을 갈대아인의 우르에서 이끌어 내셨다.** 어떤 이들은 이를, **갈대아인의 불에서 이끌어 내셨다**는 뜻으로 읽는다. 즉, 그들의 우상 숭배에서나(갈대아인들은 불을 섬겼으므로), 혹은 그들의 박해에서 이끌어 내셨다는 것이다. 유대인 저술가들은, 아브람이 우상 숭배를 거부하다가 불타는 풀무에 던져졌으나 이적적으로 구출되었다는 전승을 거론한다. 그러나 우르는 지명(地名)이다. 하나님께서는 아브람을 유효적인 부르심에 의하여 거기서 이끌어 내셨고, 은혜로운 강제적 역사로써 이끌어 내셨으며, 마치 심지를 불길에서 꺼내듯이 그 곳에서 그를 꺼내신 것이다. 이것은, (1) 특별한 자비였다. "내가 너를 이끌어 내었고, 수많은 다른 사람들은 거기서 멸망하도록 버려두었노라." **아브라함이 혼자 있을 때에 내가 그를 부르고**(사 51:2). (2) 신령한 자비였고, 그의 영혼에게 베풀어진 자비였으며, 죄와 그 치명적인 결과들로부터 이끌어 내신 자비였다. 하나님이 우리의 영혼을 구원하시면, 우리에게 좋은 것이 하나도 모자람이 없을 것이다. (3) 최근에 베풀어진 새로운 자비였고, 그러므로 더욱 큰 영향을 미쳤다. **나는 최근에 … 너를 갈대아인의 우르에서 이끌어 낸 여호와니라.** (4) 근본이 되는 자비였고, 자비의 시작이었고, 아브람

에게 베풀어진 고유한 자비였으며, 따라서 후속적인 자비에 대한 보증이었다(사 66:9). 하나님께서 그 일을 자신이 영광스럽게 여기시는 것으로 말씀하시는 것을 볼 수 있다. **나는 … 너를 … 이끌어 낸 여호와니라.** 그는 그 일을 능력과 은혜의 역사로 영광스럽게 여기셨다. 오랜 후에도 그 일을 영광스럽게 여기신다. **아브라함을 구속하신 여호와께서 말씀하시되**(사 29:22). 그를 죄에서 구속하신 것이다.

3. 그가 아브람을 위해 행하시기로 정하신 일. "**이 땅을 네게 주어 소유를 삼게 하려고,** 이 땅을 소유할 뿐 아니라 기업으로 소유하게 하려고, 그 아름답고도 확실한 소유권을 갖게 하려고, **너를 이리로 이끌어 냈느니라.**" 주목하라. (1) 하나님의 섭리는 은밀한 것이나 선한 백성들을 향한 갖가지 경륜 속에 은혜로운 계획이 담겨 있다. 하나님의 섭리가 사건을 통해서 그 자비로움과 영광을 드러내기까지는 그 섭리의 계획들을 깨달을 수가 없는 것이다. (2) 하나님께서 그의 백성을 대하시는 모든 일에서 계획하시는 위대한 일은 곧 그들을 안전하게 천국에 이끌어 가시는 것이다. 그들은 구원을 받도록 택하신 자들이요(살후 2:13), 하나님 나라에 이르도록 부르심을 받은 자들이요(살전 2:12), 유업을 잇게 하시기 위해 거듭난 자들이요(벧전 1:3, 4), 또한 기업을 얻기에 합당하게 하신 자들이다(골 1:12, 12; 고후 4:17).

Ⅱ. 아브람은 표적을 구한다. **주 여호와여 내가 이 땅을 소유로 받을 것을 무엇으로 알리이까?**(8절). 이것은 사가랴가 표적을 구한 것처럼 하나님의 능력이나 약속에 대한 불신에서 나온 것이 아니다. 그가 표적을 구한 것은, 1. 그 자신의 믿음을 강건하게 하고 확고히 하기 위함이었다. 그는 믿었다(6절). 그러나 여기서 그는, **주여 나의 믿음 없는 것을 도우소서** 라고 구하는 것이다. 그는 믿었다. 그러나 유혹의 때에 표적이 있기를 바랐다. 이런저런 사건으로 인하여 그의 믿음이 어떻게 충격을 받고 시험을 받을지 몰랐기 때문이다. 주목하라. 우리는 모두 우리 믿음의 확증을 위하여 하늘로부터 도움이 필요하고 또한 그것을 사모해야 하며, 또한 그 목적을 위하여 제정된 표증인 성례를 잘 사용해야 한다. 삿 6:36-40; 왕하 20:8-10; 사 7:11, 12 등을 보라. 2. 그 약속이 그의 자손들에게도 인준되도록 그들도 그 약속을 믿게 하기 위함이었다. 주목하라. 자신들이 하나님의 약속의 진실성에 대해 만족하면 남도 그것에 대해 만족하게 되기를 바라야 한다. 요한은 그리스도께 제자들을 보내었는데, 이는 자기의 만족을 위

해서가 아니라 제자들의 만족을 위함이었다(마 11:2). 3. 가나안은 천국의 모형이었다. 주목하라. 우리가 하늘의 가나안을 상속하게 될 것임을 아는 것은 매우 바람직한 일이다. 즉, 그 행복이 참임을 우리가 믿음으로 확증하고, 그것에 대한 증거를 더욱더 명확하게 갖는 것이 매우 바람직한 것이다.

III. 하나님은 아브람에게 희생 제사를 준비할 것을 지시하신다. 이는 그것을 통해서 그에게 표적을 주시기 위함이었고, 아브람은 그 지시에 따라 준비를 갖춘다. **나를 위하여 삼 년 된 암소와 삼 년 된 암염소와 삼 년 된 숫양과 산비둘기와 집비둘기 새끼를 가져올지니라**(9-11절). 어쩌면 아브람은 하늘로부터 무슨 굉장한 표적이 임하기를 기대했을지도 모른다. 그러나 하나님은 그에게 희생 제사에 근거한 표적을 주신다. 주목하라. 하나님의 은혜에 대한 확신을 얻고 그 믿음이 확증되기를 바라는 자들은 반드시 제정된 규례에 참석하여야 하고, 그 규례 속에서 하나님과 만나기를 기대해야 한다. 관찰하라.

1. 하나님은 이 제사에 각각 3년 된 짐승을 사용하도록 지정하셨는데, 이는 3년 된 것이 성숙하고 힘이 있기 때문이다. 하나님은 우리가 가진 최고의 것으로 섬겨야 한다. 그가 최고이시니 말이다.

2. 하나님이 아브람에게 이 짐승들을 어떻게 처리할지에 대해 구체적인 지침을 주셨다는 기록이 없다. 이는 아브람이 이미 희생 제사법과 관습에 대해 잘 알고 있으므로 상세한 지침이 전혀 필요 없었기 때문일 수도 있고, 혹은 구체적인 지침이 주어졌으나 기록되지 않은 것일 수도 있다. 어쨌든 하나님은 언약을 엄숙히 확인하는 일을 위하여 그것들을 준비할 것을 아브람에게 지시하셨고, 아브람은 그것을 준비하는 법을 잘 알고 있었다.

3. 아브람은 제사가 과연 그에게 어떻게 표증이 될지를 아직 알지 못하였으나, 하나님이 지정하신 대로 행하였다. 아브람이 잘 알지 못하면서 순종한 것은 이번이 처음이 아니었다. 그는 언약을 확인하는 의식에 따라 짐승들을 그 중간을 쪼개었다. **송아지를 둘로 쪼개고 그 두 조각 사이로 지나매**(렘 34:18, 19).

4. 아브람은 하나님의 지시대로 준비를 마친 다음, 마치 망대 위에서 기다린 선지자처럼(합 2:1), 하나님께서 이 제사를 통하여 그에게 주실지 모를 표증을 기다렸다. 하나님께서 그의 제물에게 나타나시는 일이 지체되는 동안, 아브람은 계속해서 기다렸고, 또한 지체될수록 그의 기대가 커졌다. **솔개가 제물들을 먹으려고 그 사체 위에 내릴 때에 아브람이 쫓았고**(11절), 결국 표증이 베풀어질

것이며, 하나님이 거짓말하지 않으시고 말씀하실 것을 믿었던 것이다. 주목하라. 우리의 영적 제사를 계속해서 주의 깊게 살펴서, 그 어떠한 것도 솔개들에게 먹이가 되어 하나님께서 받으실 수 없도록 더럽혀지는 일이 없도록 해야 한다. 이 솔개들처럼 허망한 생각들이 우리의 제물에 내려올 때에는 그것들을 쫓아야 하며, 그것들이 우리 안에 자리잡지 못하도록 하여서 흐트러짐이 없이 주를 섬겨야 한다(고전 7:35).

12해 질 때에 아브람에게 깊은 잠이 임하고 큰 흑암과 두려움이 그에게 임하였더니
13여호와께서 아브람에게 이르시되 너는 반드시 알라 네 자손이 이방에서 객이 되
어 그들을 섬기겠고 그들은 사백 년 동안 네 자손을 괴롭히리니 14그들이 섬기는 나
라를 내가 징벌할지며 그 후에 네 자손이 큰 재물을 이끌고 나오리라 15너는 장수하
다가 평안히 조상에게로 돌아가 장사될 것이요 16네 자손은 사대 만에 이 땅으로 돌
아오리니 이는 아모리 족속의 죄악이 아직 가득 차지 아니함이니라 하시더니

여기서 아브람은 그의 자손에 관한 하나님의 목적들에 대해 충실하고도 구체적인 말씀을 받는다. 관찰하라.

I. 하나님께서 아브람을 찾아오신 때. 해 질 때에, 혹은 저녁 소제 드릴 때에(왕상 18:36; 단 9:21). 하나님은 이른 새벽 아직 별들이 보일 때에 아브람에게 제사에 관한 명령을 주셨다(5절). 그러므로 아브람은 오전 내내 제물을 준비하였을 것이고, 그 일을 마친 후 저녁 때까지 제물들 옆에 지키고 서서 기다리고 있었다. 주목하라. 하나님은 그의 백성들의 믿음을 확인하시기 위하여, 그들로 하여금 그가 베푸시기로 계획하신 위로들을 오랜 동안 기대하고 기다리게 하시는 경우가 많다. 그러나 기도의 응답들이, 또한 약속들의 이행이 더디 오지만, 반드시 오는 것이다. 저녁때에 빛이 있으리라.

II. 하나님의 찾아오심을 위한 예비 과정.

1. 아브람에게 깊은 잠이 임하고. 몸이 지치거나 지루하여 오는 보통 잠이 아니라 하나의 신적인 황홀경으로서, 여호와 하나님이 아담을 깊이 잠들게 하신 것과 비슷한 것이다(2:21). 아브람은 이렇게 해서 감각을 통해서 바라보는 사물들에게서 완전히 분리되어 영적인 것들을 온전히 바라보는 상태가 된 것이다. 육체의 문들이 다 잠겨서 영혼이 홀로 더 자유롭고도 그 본연의 상태로 활동하

도록 된 것이다.

2. 이 잠과 함께 큰 흑암과 두려움이 그에게 임하였다. 이 얼마나 급작스런 변화였는가! 그러나 하나님의 언약의 위로와 하나님과의 교제 속에서 평안을 얻기에 앞서서, 큰 흑암과 두려움이 그에게 임한 것이다. 주목하라. 빛의 자녀가 언제나 빛 가운데 행하는 것이 아니라 때로는 그들 주위에 구름과 흑암이 가득 싸이기도 한다. 이 큰 흑암과 또한 그로 인한 두려움의 의도는, (1) 아브람의 심령에 경이(驚異)를 일으켜 거룩한 존숭의 자세가 가득하도록 하여, 그가 하나님의 허락하심을 받아 그와 가까이에서 친숙한 교제를 나누더라도 그에게 하나님을 가벼이 여기는 자세가 생기지 않도록 하기 위함이었다. 주목하라. 거룩한 두려움은 거룩한 기쁨을 위하여 영혼을 준비시켜 주는 것이요, 종의 영은 양자의 영을 준비시켜 주는 것이다. 하나님은 먼저 상처를 주시고 그 다음에 치유하시며, 먼저 낮추시고 그 다음에 높이 올리시는 것이다(사 6:5, 6, 등). (2) 하나님이 아브람의 후손을 다루시는 방법들의 표본을 제시하시기 위함이었다. 그들은 먼저 애굽의 종노릇의 흑암과 두려움 속에 있게 되고, 그 후에 기쁨으로 그 좋은 땅에 들어가게 될 것이다. 그러므로 아브람은 그들의 행복을 미리 맛보기 전에 먼저 그들의 고난을 미리 맛보아야 했던 것이다. (3) 하나님이 이제 아브람과 맺으실 그 특별한 언약의 본질을 시사해 주기 위함이었다. 구약의 경륜이 이 언약에 근거를 둔 것인데, 그 경륜은 [1] 흑암과 희미함의 경륜이었다(고후 3:13, 14). [2] 두려움과 공포의 경륜이었다(히 12:18 등).

III. 하나님이 예언하신 내용. 하나님은 여기서 몇 가지를 미리 예언하신다.

1. 아브람의 자손이 오랜 기간 고난을 당하는 상태에 있을 것임(13절). 아브람이 그의 가문에 영광과 번영 외에는 아무것도 없을 것이라는 희망을 갖고 우쭐거리는 일이 없어야 했다. 아니, 그로서는 믿기 힘들겠지만, 오히려 약속된 그의 자손이 박해를 받을 것임을 확실히 알아야 했다. 주목하라. 하나님은 최악의 일을 먼저 보내신다. 먼저 고난을 당하고 그 다음이 다스리는 것이다. 하나님은 사전에 먼저 최악의 경우를 알게 하셔서, 그 일이 닥칠 때에 놀라지 않도록 하시는 것이다(요 16:4). 여기서 그들의 고난과 관련된 구체적인 사실이 제시된다.

(1) 그들의 고난의 구체적인 내용. [1] 그들이 객이 될 것이다. 그들은 먼저는 가나안에서(시 105:12) 또한 후에는 애굽에서 객이 되었다. 그들은 자기 땅을

다스리기 전에 먼저 낯선 땅에서 객이 되었다. 먼저 안정되지 못한 상태에서 불편함을 겪음으로써 후에 복된 정착을 누리는 상태를 더욱 기쁘게 환영하게 되는 것이다. 천국의 상속자들은 먼저 그들의 소유가 아닌 이 땅에서 객이 되는 것이다. [2] 그들이 종이 될 것이다. 그들은 애굽 사람들에게 종이 된다(출 1:13). 가나안 사람들이 당한 운명을(9:25) 아브람의 자손들도 겪으며 곤경을 당하게 된다. 그들도 종이 되어 섬기게 된다. 그러나 이 두 경우는 서로 다르다. 가나안 사람들은 저주 아래에서 섬기나 히브리 사람들은 축복 아래에서 섬기며, 그리하여 정직한 자들이 아침에 다스릴 것이다(시 49:14). [3] 그들이 괴로움을 당할 것이다. 그들의 상전들이 그들을 괴롭힐 것이다. 출 1:11을 보라. 주목하라. 하나님께 복을 받고 사랑을 받는 자들이 악인들에게 혹독하게 괴로움을 당하는 경우가 많다. 그러나 하나님은 그것을 미리 보시며 그것을 알고 계시다.

(2) 그들의 고난이 계속되는 기간 — 사백 년 동안. 이 고난은 애굽 여자의 아들인 이스마엘이 성령을 따라 난 이삭을(갈 4:29) 박해하는 것에서부터 시작된다(21:9). 그들은 계속해서 혐오를 받는다. 애굽 사람들에게는 히브리 사람과 함께 떡을 먹는 것이 망령된 일이었다(43:32). 그리고 결국에 가서는 새로 출생한 아기들을 죽이는 가장 비열한 살인 행위까지 그들에게 자행되었다. 그러므로 대략적으로 그들의 고난은 400년이었다. 그러나 극심한 고난은 그렇게 오래 진행되지는 않았다. 이 기간은 물론 기나긴 기간이지만 그럼에도 불구하고 제한된 기간이었다.

2. 아브람의 자손의 원수들에 대한 심판. 그들이 섬기는 나라를, 애굽 사람들을, 내가 징벌할지며(14절). 이는 하나님께서 이스라엘을 해방시키기 위하여, 또한 이스라엘에게 행한 온갖 학대들에 대한 징벌로써, 애굽에 가하신 재앙들을 지칭하는 것이다. 주목하라. (1) 하나님께서 한동안 박해자들과 압제자들이 그의 백성을 짓밟도록 허용하실지라도, 결국에는 반드시 그들에게 보응하실 것이다. 그의 날이 다가오고 있는 것이다(시 37:12, 13). (2) 박해자들을 징벌하는 것이 그들을 심판하는 것이다. 그의 백성들을 괴롭히는 자들에게 환난으로 보응하는 것은 하나님께는 의로운 일이요 또한 정의로운 조치이다. 교회의 원수들을 심판하는 것은 하나님의 일이다. 내가 징벌할지며. 하나님은 주(主)이시므로 얼마든지 그 일을 하실 수 있다. 하나님은 그의 백성의 하나님이시요 또

한 친히 원수 갚는 것이 내게 있으니 내가 갚으리라고 말씀하셨으니 그가 징벌하실 것이다. 그러므로 우리는 하나님께서 그의 때에 그의 방법으로 징벌하시도록 그에게 맡겨야 할 것이다.

3. 아브람의 자손이 애굽에서 구원받음. 그 후에 네 자손이 큰 재물을 이끌고 나오리라. 여기서 (1) 그들이 해방될 것임이 약속된다. 그 후에 네 자손이 … 나오리라. 즉, 그들이 400년 동안 괴로움을 겪은 후, 그들의 종살이의 때가 찰 때에, 혹은 애굽 사람들이 징벌과 재앙을 당한 후에 그들이 구원을 받게 될 것이었다. 주목하라. 압제자들의 멸망이 곧 압제당하는 자들에게는 구원이다. 그들은 그렇게 할 수밖에 없는 처지가 되지 않고서는 결코 하나님의 백성들을 내보내지 않을 것이다. (2) 그들이 풍부하게 될 것임이 약속된다. 네 자손이 큰 재물을 이끌고 나오리라. 이는 출 12:35, 36에서 성취되었다. 하나님께서 그들을 돌보사, 그 백성에게 들어갈 좋은 땅이 있을 뿐 아니라 지니고 갈 좋은 재물이 있게 하신 것이다.

4. 그들이 가나안에 복되게 정착함(16절). 그들은 애굽에서 나올 뿐 아니라 이 땅으로, 네가 지금 있는 이 땅 가나안으로, 돌아오리라. 그 땅을 계속해서 점유하지 못한다고 해서 권리를 상실하는 것은 아니다. 잠시 동안 위로가 중단된다고 해서 그것을 영원히 잃어버린 것으로 간주해서는 안 된다. 그들이 4대가 되기까지 약속의 땅을 소유하지 말아야 하는 이유는 아모리 족속의 죄악이 아직 가득 차지 아니함 때문이었다. 아모리 족속이 가나안 땅에서 완전히 사라지기 전에는 이스라엘이 그 땅을 소유할 수가 없는데, 그들이 멸망할 때가 아직 무르익지 않은 것이다. 의로우신 하나님은, 그들이 충분한 기간 동안 죄악 가운데 있어서 그들의 죄와 그들의 멸망이 어느 정도 비율이 맞게 될 정도로 그들의 악의 정도가 극심해지기까지는 그들을 끊어내지 않기로 작정하셨으며, 따라서 그 때가 이르기까지 아브람의 자손은 그 땅의 소유권을 행사하지 못하는 것이다. 주목하라. (1) 죄의 분량은 점차적으로 채워진다. 악한 길로 가며 계속해서 회개치 않는 자들은 스스로 진노를 쌓고 있는 것이다. (2) 어떤 사람들에게는 죄의 분량이 더디 채워진다. 소돔 사람들은 여호와 앞에서 큰 죄인들이어서 금방 그 죄의 분량이 채워졌고, 유대인들은 겉으로는 하나님과 가까이 있었으나 결국 그들도 마찬가지였다. 그러나 아모리 족속의 악행은 그 분량이 다 채워지기까지 오랜 기간이 걸렸다. (3) 악인들이 번영을 누리는 이유는 그들의

죄의 분량이 아직 다 채워지지 않았기 때문이다. 악인은 생존하고 장수하며 세력이 강하나, 그동안 하나님은 그의 죄악을 그의 자손들을 위하여 쌓아 두고 계시는 것이다(욥 21:7, 19). 또한 마 23:32; 신 32:34을 보라.

5. 이 모든 일들이 이루기 전에 아브람이 평화로이 죽어 장사될 것임(15절). 그는 그 좋은 땅에 객으로 살지만, 그 땅이 그의 가문의 소유가 되는 것을 보지 못하고 죽게 될 것이며, 또한 이와 마찬가지로 그의 자손에게 임할 그 괴로움들을 함께 겪지 않는 것은 물론 그것을 보기까지 살아 있지도 않을 것이다. 이것은 요시야 왕에게 약속된다(왕하 22:20). 주목하라. 선한 사람들이 때로는 다가올 악을 당하지 않도록 불리어가기도 한다(사 57:1, 2). 아브람 개인으로서는 다음과 같은 것으로 만족하여야 했다.

(1) 그가 평안히 조상에게로 돌아갈 것이라는 것. 주목하라. [1] 천국의 백성이요 천국의 사랑하는 자들도 죽음을 면할 수는 없다. 우리가 죽은 조상 아브람보다 크냐?(요 8:53). [2] 선한 사람들은 기꺼이 죽는다. 억지로 하는 수 없이 죽지 않고 그저 죽는다. 어리석은 부자처럼 어쩔 수 없이 영혼을 내어주는 것이 아니라(눅 12:20), 흔쾌히 내어준다. 그들은 항상 살아 있기를 바라지 않는다. [3] 죽을 때에 우리는 조상들에게로, 우리보다 앞서서 죽은 자의 상태에 들어간 모든 조상들에게로(욥 21: 32, 33) 가며, 우리보다 앞서서 복된 자들의 상태에 들어간 우리의 경건한 조상들에게로 간다(히 12:23). 전자를 생각하면 죽음의 공포를 떨쳐버리는 데에 도움이 되며, 후자를 생각하면 죽음에 대해 위로를 얻게 된다. [4] 경건한 사람은 죽을 때에 언제나 평안히 죽는다. 경건의 길을 걸으면, 그 종말은 평안이다(시 37:37). 마지막까지 겉으로 드러나는 평안이 아브람에게 약속되며, 후에야 어찌되든 그의 날들에 평안과 진실이 있다(왕하 20:19). 하나님과 함께 하는 평안, 그리고 영원한 평안이 모든 그의 자손들에게 확실히 있는 것이다.

(2) 그가 장수하다가 … 장사될 것이라는 것. 어쩌면 가나안 땅을 그에게 약속하시는 여기서 그가 장사될 것에 대해 언급하는 것은, 어쩌면 아브람이 그 땅에서 처음 소유한 땅이 매장지였기 때문이었을지도 모른다. 그는 평안히 죽을 뿐 아니라, 존귀 중에 죽을 것이요, 죽어서 정성껏 장사될 것이다. 평안히 죽을 뿐 아니라 수명을 다하고 제 때에 죽을 것이다(욥 5:26). 주목하라. [1] 장수(長壽)는 축복이다. 그것은 제오 계명에 약속되어 있다. 그것은 자연에 기쁨이 되

며, 유익을 끼칠 큰 기회를 제공해 준다. [2] 특히 건강한 장수일 경우는 더욱 큰 축복이다. 다음의 경우는 건전한 장수라 부를 수 있다. 첫째로, 삶을 지치게 만드는 큰 질병이 없는 자들은 늙었으나 건강하다. 둘째로, 오랜 제자들로서(행 21:16) 백발을 공의로운 길에서 얻는 자들은(잠 16:31) 늙었으나 거룩하다. 늙었으나 유익을 끼치며, 늙어서 경건의 모범이 되는데, 이들이야말로 건전한 장수를 누리는 것이다.

[17]해가 져서 어두울 때에 연기 나는 화로가 보이며 타는 횃불이 쪼갠 고기 사이로
지나더라 [18]그 날에 여호와께서 아브람과 더불어 언약을 세워 이르시되 내가 이 땅
을 애굽 강에서부터 그 큰 강 유브라데까지 네 자손에게 주노니 [19]곧 겐 족속과 그
니스 족속과 갓몬 족속과 [20]헷 족속과 브리스 족속과 르바 족속과 [21]아모리 족속과
가나안 족속과 기르가스 족속과 여부스 족속의 땅이니라 하셨더라

I. **언약이 확증됨**(17절). 해가 지고 어둠이 내리자 드디어 아브람이 바라던 표증이 주어졌다. 그것은 어두운 경륜이었기 때문이다.

1. 연기 나는 화로는 그의 자손이 애굽에서 당할 환난을 뜻하는 것이었다. 그들은 애굽에서 쇠 풀무불 속에 있었고(신 4:20), 고난의 풀무불 속에 있었고(사 48:10), 바로 불 속에서 수고하였다. 그들은 거기 연기 속에서 눈이 침침해져서 그들의 고난의 결국을 볼 수가 없었고, 하나님께서 그들을 어떻게 하실지 막막한 상태에 있었다. 구름과 흑암이 그들을 완전히 에워싼 것이다.

2. 타는 횃불은 이 환난 속에서 베풀어지는 위로를 의미한다. 하나님께서는 아브람에게 연기 나는 화로를 보여주심과 동시에 이것을 보여주셨다. (1) 횃불의 불빛은 풀무불에서 구원받는 것을 뜻한다. 그들의 구원이 횃불 같이 나타난 것이다(사 62:1). 하나님께서 그들을 구원하시려 임하셨을 때에도 그는 불이 붙었으나 타서 없어지지 않는 떨기나무 속에서 나타나셨다(출 3:2). (2) 횃불은 연기 속에 나타나는 하나님의 지시를 뜻한다. 하나님의 말씀이 그들의 횃불이었다. 이 말씀이 아브람에게 그러했으며, 그것은 어둔 곳에 비치는 한 줄기 빛이었다. 어쩌면 이 타는 횃불이 하나님께서 이스라엘 백성을 애굽에서 인도해 내실 때에 사용하신 구름 기둥과 불 기둥을 예표하는 것이었는지도 모른다. (3) 타는 횃불은 그들을 그렇게 오랜 동안 화로 속에 가두어 둔 그들의 원수들

의 멸망을 뜻한다. 슥 12:6을 보라. 이스라엘 사람들을 밝혀준 그 동일한 구름이 애굽 사람들을 괴롭게 하고 태워버린 것이다.

3. 이 화로와 횃불이 쪼갠 고기 사이로 지나가는 것은 하나님께서 지금 아브람과 맺으시는 그 언약을 확증하는 것으로서, 그에게 큰 위로를 주었고, 아브람으로 하여금 하나님께서 약속하신 바를 반드시 이행하시리라는 것을 충실히 납득하게 해주었다. 아마도 화로와 횃불이 쪼갠 고기 사이로 지나가며 고기들을 태워 소멸시켰을 것이고, 그리하여 제사를 완성시켰고, 또한 하나님께서 그 제사를 받으셨음을 입증하였을 것이다. 기드온의 경우(삿 6:21), 마노아의 경우(삿 13:19, 20), 또한 솔로몬의 경우(대하 7:1)를 각각 참조하라. 그러므로 이는 다음과 같은 사실을 시사한다. (1) 사람과 맺으시는 하나님의 언약들은 희생 제물을 통해서, 곧 위대한 희생 제물이신 그리스도로 말미암아 맺어진다는 것. (2) 하나님께서 우리의 영적 제사들을 받으시는 것이 후속적으로 우리에게 베풀어질 선한 은혜들의 보증이라는 것. 삿 13:23을 보라. 하나님께서 우리의 영혼 속에 우리의 영적 제사를 사모하는 경건의 거룩한 불길을 지피시면, 우리는 이로써 그가 우리의 제사를 받으신다는 것을 알 수 있을 것이다.

II. 언약이 되풀이되며 해명됨. 그 날에, 그 날이 절대로 잊혀지지 않도록, 여호와께서 아브람과 더불어 언약을 세워, 즉 아브람에게 약속을 주어, 이르시되 내가 이 땅을 애굽 강에서부터 그 큰 강 유브라데까지 네 자손에게 주노니. 이것은,

1. 허락하신 내용을 재확인하는 것이다. 전에 그는, 네 자손에게 이 땅을 주리라고 말씀하신 바 있다(12:7; 13:15). 그런데 여기서, 내가 이 땅을 … 네 자손에게 주노니 라고 말씀하신다. 즉, (1) 내가 그에 대한 약속을 하였으며, 그 계약서가 인쳐져 그것이 체결되었으니 결코 무효가 될 수 없다는 뜻이다. 주목하라. 하나님의 약속들은 하나님의 선물이요 따라서 그렇게 대하여야 한다. (2) 마치 지금 실제로 그들에게 소유권이 주어지는 것과 같을 정도로, 그 땅에 대한 그 자손들의 소유권이 확실하다는 뜻이다. 하나님이 약속하신 것은 이미 시행된 것만큼이나 확실하다. 그러므로 믿는 자에게는 영생이 있다고 말씀한다(요 3:36). 이미 천국에 들어가 있는 것만큼이나 확실하게 그가 천국에 들어갈 것이기 때문이다.

2. 땅의 소유권을 넘길 때에 늘상 하는 것처럼, 허락하신 구체적인 내용을 상술하는 것이다. 하나님은 아브람과 그 자손에게 주시고자 하는 땅의 경계를 명

시하시며(18절), 그리고 난 후에, 더욱 확실하게 하기 위하여, 지금 어떤 자들이 이 땅들을 점유하고 있는지를 언급하신다. 아브람의 자손을 위하여 그 땅에서 쫓겨나야 할 열 족속들 혹은 부족들의 명단이 제시되는 것이다(19-21절). 이스라엘 자손이 가나안 땅으로 인도받아 들어갈 때에 이들이 그 땅 전체를 소유하고 있었던 것은 아니다. 경계들이 그보다 훨씬 더 좁게 정해져 있었다(민 34:2, 3 등). 그러나 (1) 다윗과 솔로몬 시대에는 그들의 통치 영역이 이 경계의 극한에까지 확대되었다(대하 9:26). (2) 이 지역을 그들이 더 속히 또한 더 오래 소유하지 못한 것은 그들 자신의 잘못이었다. 그들은 자기들의 죄로 인하여 자기들의 권리를 저버렸고, 또한 그들 자신의 게으름과 비겁함 때문에 그 땅의 소유권을 빼앗긴 것이다. (3) 여기서는 아브람과 그 자손에게 베풀어지는 땅의 최고 범위가 묘사된다. 왜냐하면 그것은 무한히 여유 있는 하늘의 기업의 모형이 될 것이었기 때문이다. 우리 아버지의 집에는 거할 곳이 많다. 현재 그 땅을 점유한 족속들이 거명되는 것은, 그들의 숫자나 힘이나 오랜 점유 기간 등이 이, 약속이 제때에 이루어져서, 여러 족속들이 점유한 땅을 한 민족에게 주심으로써 아브람과 그의 자손을 향한 하나님의 사랑이 높이 드러나는 데에 아무런 방해거리가 되지 않기 때문이다. 하나님 보시기에 그들이 그만큼 보배롭고, 또 그만큼 존귀했던 것이다(사 43:4).

제 — 16 — 장

개요

본 장에서는 이름 없는 애굽 여자 하갈에 관한 이야기가 주류를 이룬다. 하나님의 섭리로 그녀가 아브람의 가문에 들어오게 되지 않았다면 그 이름도 그의 이야기도 우리는 전혀 듣지 못했을 것이다. 아마 그녀는 애굽 왕이 아브람에게 준 여러 가지 선물들 중에 속한 하녀들 가운데 하나였을 것이다(14:16). 하갈에 대해서 본 장에 네 가지 사실들이 기록되어 있다. I. 하갈이 그 주인 아브람과 결혼함(1-3절). II. 하갈이 그 여주인 사래에 대해 그릇 행함(4-6절). III. 하갈이 도망할 때에 천사를 만나 대화를 나눔(7-14절). IV. 하갈이 아들을 낳음(15, 16절).

**[1]아브람의 아내 사래는 출산하지 못하였고 그에게 한 여종이 있으니 애굽 사람이요
이름은 하갈이라 [2]사래가 아브람에게 이르되 여호와께서 내 출산을 허락하지 아니
하셨으니 원하건대 내 여종에게 들어가라 내가 혹 그로 말미암아 자녀를 얻을까
하노라 하매 아브람이 사래의 말을 들으니라 [3]아브람의 아내 사래가 그 여종 애굽
사람 하갈을 데려다가 그 남편 아브람에게 첩으로 준 때는 아브람이 가나안 땅에
거주한지 십 년 후였더라**

여기서는 아브람이 하갈을 두 번째 아내로 맞아들이는 일이 기록되어 있다. 물론 그의 사정에 대해 핑계를 댈 수도 있겠으나, 이 일에서는 그의 처신이 정당화될 수가 없다. 처음부터 그러했다. 그러니 그렇게 된 것은 세상과 교회를 더 속히 사람으로 채우고자 가문을 세우려는 비정상적인 바람에서 나온 것으로 보인다. 분명 지금도 그래서는 안 된다. 그리스도께서는 결혼이 처음 제정될 당시로 이 문제를 돌리셨고, 따라서 결혼의 연합은 한 남자와 한 여자 사이에서만 이루어져야 하는 것이다. 그런데,

I. **이 결혼을 성사시킨 것은 사래 자신이었다**(누가 이것을 생각이나 하겠는가?). 사래는 아브람에게, 원하건대 내 여종에게 들어가라고 말하였다(2절). 주

목하라.

1. 우리의 가장 가깝고 가장 사랑스러운 친족들이나 우리가 귀하게 여기고 애착을 갖는 친구들을 통해서 우리를 시험하는 것이 사탄의 정략이다. 가장 의심을 덜 받는 자를 통해서 보내지는 시험이야말로 가장 위험한 것이다. 그러므로 말하는 사람보다 말하는 내용을 생각하는 것이 우리의 지혜일 것이다.

2. 하나님의 명령은 우리 스스로 머리를 짜내고 생각하는 것보다 우리의 위로와 존귀를 훨씬 더 높이는 것이다. 아브람이 사래의 어리석은 계획에 따르기보다 하나님의 법의 지침을 지켰더라면, 사래의 의도가 훨씬 더 잘 이루어졌을 것이다. 그러나 우리가 우리 자신을 위하여 그릇 행하는 경우가 많다.

Ⅱ. 그런 잘못을 행하도록 부추김을 받은 것은 사래의 불임(不姙) 때문이었다.

1. 아브람의 아내 사래는 출산하지 못하였고. 사래는 매우 아름다웠고(12:14), 매우 정숙하고 의무를 다하는 아내요 그의 큰 소유를 그와 함께 나누는 자였으나, 자녀를 출산하지 못하였다. 주목하라. (1) 하나님은 그의 선물들을 다양하게 나누어주시며, 우리에게 은덕들을 베푸시나 지나치게 베풀지는 않으신다. 이런저런 십자가 같은 것이 우리에게 베풀어져서 큰 즐거움들이 감소되기도 한다. (2) 부자가 자녀에게 남겨줄 것이 많고, 선한 사람들이 자녀의 교육에 매우 주의를 기울이지만, 자녀의 복이 가난한 자에게 주어지고 부자에게는 주어지지 않고, 악인에게 주어지고 선인에게는 주어지지 않는 경우도 많다.

2. 사래가 이런 어려움을 겪은 것은 하나님의 섭리였다. **여호와께서 내 출산을 허락하지 아니하셨으니.** 주목하라. (1) 자녀들이 있을 때에 그 자녀들을 주신 분이 하나님이시듯이(33:5), 자녀가 없을 때에도 출산을 막으신 분이 하나님이시다(30:2). 자녀가 없는 나쁜 상황도 여호와께 속한 것이다. (2) 이 점을 인정하는 것이 우리의 도리다. 그래야 그런 상황을 하나님께서 지혜롭고도 거룩한 목적을 위하여 베푸시는 환난으로 여겨 그것을 잘 견디고 잘 극복해 나갈 것이다.

3. 사래는 이것을 아브람이 하녀를 첩으로 삼을 근거로 사용하였다. 그리고 아브람은 이러한 논리에 설득당하였다. 주목하라. (1) 우리의 마음이 지나치게 피조물의 위로에 초점을 맞추고 있으면, 그것을 얻기 위한 간접적인 방법들을 사용하는 쪽으로 쉽게 쏠리게 된다. 무절제한 욕심이 흔히 비정상적인 노력을

하게 만드는 법이다. 우리가 하나님의 섭리에 굴복한 상태로 있기를 바라면, 우리의 도모하는 일들이 하나님의 계명을 어기는 쪽으로 나아가는 일이 별로 없을 것이다. (2) 우리가 바라는 자비를 얻기 위해 우리의 합당한 의무의 길에서 벗어나는 것은, 하나님의 약속에 대한 견고한 신뢰와 또한 인내로 하나님의 때를 기다리는 것이 없는 데서 오는 것이다. 믿는 이는 다급하게 되지 아니하리로다(사 28:16).

4. 아브람이 사래의 제안대로 행함. 여기서 아브람이 그렇게 한 것이 약속한 자손을 얻고자 하는 간절한 소망에서 비롯된 것이라는 생각도 일리가 있다. 하나님께서는 그의 몸에서 난 아들이 상속자가 될 것을 말씀하셨으나, 반드시 사래에게서 낳은 아들이어야 한다고는 말씀하지 않으셨다. 그러므로 그는, '사래 자신이 그렇게 제안하니, 하갈에게서 아들을 낳을 수도 있지 않을까?' 라고 생각한 것이다. 주목하라. (1) 악한 유혹은 아주 그럴듯하게, 아주 논리적이고도 설득력 있게 다가오기도 한다. (2) 육신적인 지혜는 하나님께서 자비를 베푸실 때를 스스로 예상하며, 그리하여 하나님의 길에서 벗어나도록 만든다. (3) 중요하나 의심스러운 일을 우리 스스로 시도하기 전에 먼저 말씀과 기도로 하나님의 뜻을 구하면 이것을 복되게 예방할 수가 있다. 아브람에게 이것이 없었다. 그는 하나님의 동의 없이 하갈을 첩으로 맞은 것이다. 그 권면은 너희를 부르신 이에게서 난 것이 아니니라(갈 5:8).

4 아브람이 하갈과 동침하였더니 하갈이 임신하매 그가 자기의 임신함을 알고 그의
여주인을 멸시한지라 5 사래가 아브람에게 이르되 내가 받는 모욕은 당신이 받아야
옳도다 내가 나의 여종을 당신의 품에 두었거늘 그가 자기의 임신함을 알고 나를
멸시하니 당신과 나 사이에 여호와께서 판단하시기를 원하노라 6 아브람이 사래에
게 이르되 당신의 여종은 당신의 수중에 있으니 당신의 눈에 좋을 대로 그에게 행
하라 하매 사래가 하갈을 학대하였더니 하갈이 사래 앞에서 도망하였더라

아브람이 하갈을 첩으로 들인 것 때문에 발생한 즉각적인 나쁜 결과들이 여기 나타나고 있다. 속히 굉장한 해악이 생겨난 것이다. 우리가 올바로 행하지 못하면 죄와 괴로움이 문 앞에 있게 된다. 그리고 우리가 의무의 길에서 벗어날 때에 죄책과 근심이 따라오는 것은 우리 책임이다. 이 이야기에서

이 점을 보라.

I. 사래가 모욕을 당하였고, 이로 인하여 분노가 치밀어 올랐다(4절).

하갈은 주인에게서 아이를 임신하자마자 여주인인 사래를 멸시의 눈초리로 바라보기 시작했다. 그녀의 불임을 빌미로 그녀를 모욕하고 조롱하여 화나게 만들었다(삼상 1:6). 하갈은 자기가 아브람에게 상속자를 낳아주게 될 것을 자랑하며 그 좋은 땅과 그 약속이 자기 아들의 차지가 될 것으로 여겼다. 하갈은 자기가 사래보다 더 낫고, 하늘의 사랑도 더 받고, 아브람에게서도 더 사랑받는 여자라고 생각하여, 과거처럼 자기 여주인에게 복종하려 하지 않은 것이다. 주목하라. 1. 비열한 노예적인 심령은 하나님이나 사람에게서 사랑을 받거나 높이 올림을 받으면 오만방자해지고 자기의 위치와 출신을 잊어버리기를 잘한다. 잠 29:21; 30:21-23을 보라. 존귀를 올바른 자세로 잘 받는 것은 어려운 일이다. 2. 우리가 죄악되게 저지른 것들로 인하여 괴로움을 당하는 것은 정당한 것이다. 우리가 죄의 도구로 삼고 그것으로 우리 자신을 우리의 악한 생각의 함정 속에 빠뜨린 것들을 하나님께서 우리를 괴롭게 하는 도구로 삼으시는 것은 정의로운 일이다. 이 돌이 그것을 굴리는 자에게로 되돌아갈 것이니라.

II. 아브람이 사래에게 괴로움을 당한다. 사래는 아브람을 격렬하게 몰아세우며, 지극히 부당하게도 자기가 당한 상처를 그의 책임으로 돌린다. **내가 받는 모욕은 당신이 받아야 옳도다**(5절). 그녀는 지극히 부당한 시기심으로 아브람이 하갈의 오만함을 방조하고 있다는 의심을 품었다. 그리고 이런 잘못을 시정하고 자신의 깨끗함을 입증하겠다는 아브람의 말을 들으려 하지도 않고 경솔하게도 하나님께 호소한다. **당신과 나 사이에 여호와께서 판단하시기를 원하노라.** 마치 아브람이 하갈을 바로잡기를 거부하기라도 한 것처럼 말이다. 그리하여 사래는 치밀어 오르는 분노에 사로잡혀 어리석은 여자처럼 말한 것이다. 주목하라.

1. 경솔하게 감정을 잘 드러내는 사람들은 어리석게도 자기들의 탓을 남에게 돌리며 그들과 언쟁하는 죄를 범하는 경우가 많다. 자기의 하녀를 아브람에게 준 사람이 바로 자신이었는데도 그녀는, **내가 받는 모욕은 당신이 받아야 옳도다** 라고 외쳤다. 그녀는, **내가 그런 일을 서실렀나니 내가 어찌 그리도 어리석었던가!**라고 했어야 옳았다. 교만과 분노가 자아내는 말은 절대로 지혜로운 말일 수가 없다. 끓어오르는 감정이 보좌에 앉아 있으면, 이성이 문 바깥에 있게 되

고 이성의 말이 먹혀들어가지 않는 것이다.

2. 하나님께 호소하는 일에 가장 시끄럽고 가장 앞장서는 자들이라고 해서 항상 올바른 것은 아니다. 경솔하고도 대담하게 아뢰는 저주의 간구는 보통 죄악된 동기와 나쁜 이유가 있다는 증거라 할 것이다.

III. 하갈이 학대를 받아 집에서 쫓겨난다(6절). 관찰하라.

1. 아브람은 온유하게 그 여종의 문제를 사래에게 맡긴다. 그런 문제는 사래의 관할이었기 때문이다. **당신의 여종은 당신의 수중에 있으니 당신의 눈에 좋을 대로 그에게 행하라.** 하갈이 자기의 첩이었으나, 그는 사래를 멸시하거나 따르지 않는 일에 대해서는 그녀를 묵과하거나 보호하려 하지 않았다. 아브람은 여전히 사래를 예전처럼 사랑하고 아꼈던 것이다. 주목하라. 평안과 사랑을 그대로 유지하려면 힘겨운 비난들에 대해 부드러운 답변으로 대하여야 한다. 남편과 아내가 구체적으로 생각이 일치해야 하고, 서로에게 화를 품지 않도록 노력해야 한다. **유순한 대답은 분노를 쉬게 하는 법이다**(잠 15:1).

2. 사래의 분노가 하갈에게 복수한다. **사래가 하갈을 학대하였더니.** 아마도 예전처럼 하갈을 종으로 취급하였을 것이고, 힘든 일을 고되게 하도록 만들었을 것이다. 주목하라. 하나님은 주인들이 부당하게 종들에게 괴롭고 힘든 일을 부과하는 것을 지켜보시며 불쾌히 여기신다. 종들은 위협적인 처사들을 욥처럼 다음과 같은 생각을 갖고 견뎌야 한다. **나를 태 속에 만드신 이가 그도 만들지 아니하셨느냐?**(욥 31:15).

3. 하갈은 교만하여 그것을 견딜 수가 없다. 그 심령이 교만해져서 책망을 참고 견디지 못한 것이다. **하갈이 사래 앞에서 도망하였더라.** 하갈은 현재의 사래의 분노를 피할 뿐 아니라(다윗이 사울의 분노를 피한 것처럼), 사래를 섬기는 일을 완전히 저버리고 집에서 도망하였다. 하갈은 (1) 자기가 여주인에게 어떤 잘못을 저질렀는지를 잊고 있었고, 자기는 여종이요 사래는 자기의 여주인인 것을, 또한 자기가 누구의 아내가 되었는가를 잊고 있었다. 주목하라. 교만은 갖가지 의무로 얽어맨다고 해서 제재할 수 있는 것이 아니다. (2) 하갈 자신이 사래를 모욕하여 그런 사태를 촉발시켰다는 것을 잊고 있었다. 주목하라. 자기들의 과오로 괴로움을 당하는 자들은 그런 괴로움들을 인내로 잘 견뎌야 옳다(벧전 2:20).

[7]여호와의 사자가 광야의 샘물 곁 곧 술 길 샘 곁에서 그를 만나 [8]이르되 사래의 여
종 하갈아 네가 어디서 왔으며 어디로 가느냐 그가 이르되 나는 내 여주인 사래를
피하여 도망하나이다 [9]여호와의 사자가 그에게 이르되 네 여주인에게로 돌아가서
그 수하에 복종하라

여기서 천사(사자)의 출현에 대한 최초의 성경의 언급이 나타난다. 하갈은 율법의 모형이요, 율법은 천사가 전한 것이다(행 7:53). 그러나 그것은 장차 올 세상을 천사들에게 복종하게 하심이 아니다(히 2:5). 관찰하라.

I. 도망하는 하갈을 천사가 가로막음(7절). 아마도 하갈은 자기 고향으로 가던 중이었던 것 같다. 그녀는 술을 향하여 가는 중이었는데, 술은 애굽 쪽에 위치한 곳이었기 때문이다. 우리가 괴로울 때에 본향을, 더 나은 본향을 생각하게 된다면, 그것은 좋은 일일 것이다. 그러나 하갈은 자기의 처소와 자기의 임무를 다 버리고 나와서 더 먼 곳으로 도망치는 중이다. 그런데 이때에 천사를 만난 것이다. 주목하라. 1. 죄악된 길을 가는 중에 양심으로나 섭리로써나 중도에 길을 멈추게 되는 것은 큰 자비가 아닐 수 없다. 2. 하나님께서는 정도를 벗어나는 자들로 하여금 한동안 방황하도록 버려 두셔서, 그들 스스로 자기들의 어리석음과 자기들이 저지른 온갖 해로운 것들을 깨우쳐서 다시 돌아오기에 더 쉬운 상태가 되도록 하신다. 하갈은 광야에서 헤매다 지쳐서 샘물 곁에 앉아 물을 마시며 지친 심령을 달래고 있을 때에 천사를 만나 길을 돌이키게 된다. 하나님은 우리를 광야로 인도하시고 거기서 우리를 만나시는 것이다(호 2:14).

II. 천사가 하갈을 심문함(8절). 관찰하라.

1. 그는 그녀에게 **사래의 여종 하갈아** 라고 불렀다. 이는 (1) 하갈의 교만을 일깨우는 것이었다. 하갈은 아브람의 둘째 아내였으니 아내의 자리로 돌아갈 의무가 있었다. 그런데 천사는 그를 **사래의 여종**이라 부르는 것은 그녀를 낮추기 위함이다. 주목하라. 예의를 생각하면 남을 부를 때에 최고의 호칭을 쓰는 것이 합당하나, 또한 겸손과 지혜를 생각하면 우리 자신을 가장 낮추어 부르는 것이 합당하다. (2) 하갈이 노방한 것을 책망하는 것이었다. 사래의 여종은 마땅히 사래의 장막에 있어야 하며, 광야에서 방황하거나 샘 곁에서 어슬렁거리고 있어서는 안 된다. 주목하라. 우리가 현재 처하여 있는 자리와 관계가 어떤

지를 자주 되새겨 보는 것이 우리에게 좋다. 전 10:4을 보라.

2. 천사가 하갈에게 제기한 질문들은 아주 시의적절하였다. (1) "네가 어디서 왔느냐? 네가 지금 마땅히 감당해야 할 의무와 또한 아브람의 장막에서 네가 받은 특권들을 버려두고 도망치고 있다는 것을 생각하여라." 주목하라. 신앙적인 가정에서 산다는 것은 크게 유익한 일이다. 그러므로 그런 유익을 누리면서도 사소한 유혹에 못 이겨 그것을 저버리려 하는 자들은 그것을 생각하여야 마땅하다. (2) "네가 어디로 가느냐? 너는 지금 애굽으로 달려가며 스스로 죄 속으로 달려가며(애굽으로 돌아가면 그들의 신들에게로 돌아가게 될 것이므로) 광야의 위험 속으로 달려가고 있느니라." 애굽으로 가려면 반드시 광야를 통과해야 했던 것이다(신 8:15). 주목하라. 하나님과 자기들의 의무를 버리는 중에 있는 자들은 어디서부터 떨어졌는지는 물론 어디로 떨어지고 있는지도 기억하는 것이 좋다. 네가 (하갈처럼) 애굽으로 가는 길에 있음은 어찌됨이냐?(렘 2:18; 참조, 요 6:68).

3. 하갈의 대답은 정직하고도 순전한 고백이었다. 나는 내 여주인 사래를 피하여 도망하나이다. 여기서 (1) 하갈은 자기 여주인에게서 도망하는 것이 잘못임을 시인하고 있다. 그러나 (2) 자기가 여주인의 진노 때문에 피하는 것이라고 변명한다. 주목하라. 자녀들과 종들은 온유함과 부드러움으로 대하여야 한다. 그렇게 하지 않으면 그들에게 비정상적인 행동을 취하도록 빌미를 제공하게 되고, 그들이 죄에 빠지는 것을 방조하는 결과가 초래하게 된다. 그렇게 되면 물론 그들 자신도 정당화될 수 없으나 그들의 잘못이 우리의 책임이 될 것이다.

4. 천사가 적절하고도 설득력 있는 권면으로 하갈을 되돌려 보냈다. "네 여주인에게로 돌아가서 그 수하에 복종하라(9절). 집으로 돌아가라. 그리고 네가 잘못 행한 일에 대해 네 자신을 낮추고 용서를 구하라. 그리고 차후로는 스스로 더 잘 처신할 것을 결심하라." 천사는 아브람이 하갈을 찾아오도록 사람을 보내지는 않았으나, 하갈이 돌아가면 당연히 환영받을 것임을 전제하는 것이다. 주목하라. 자기의 자리와 의무를 버리고 도망하였다 해도 자기들의 잘못을 납득하게 되면, 아무리 죽을 잘못을 저질렀더라도 반드시 속히 생각을 바꾸고 서둘러 돌아가야 한다.

10여호와의 사자가 또 그에게 이르되 내가 네 씨를 크게 번성하여 그 수가 많아 셀
수 없게 하리라 11여호와의 사자가 또 그에게 이르되 네가 임신하였은즉 아들을 낳
으리니 그 이름을 이스마엘이라 하라 이는 여호와께서 네 고통을 들으셨음이니라
12그가 사람 중에 들나귀 같이 되리니 그의 손이 모든 사람을 치겠고 모든 사람의
손이 그를 칠지며 그가 모든 형제와 대항해서 살리라 하니라 13하갈이 자기에게 이
르신 여호와의 이름을 나를 살피시는 하나님이라 하였으니 이는 내가 어떻게 여기
서 나를 살피시는 하나님을 뵈었는고 함이라 14이러므로 그 샘을 브엘라해로이라
불렀으며 그것은 가데스와 베렛 사이에 있더라

천사가 하갈에게 여주인에게로 돌아가라고 권면하여(9절), 하갈이 즉시 그렇게 할 것을 약속하고 방향을 집 쪽으로 돌리고 나자, 그 때에 천사가 계속해서 하갈에게 하나님께서 그와 그의 자손을 긍휼히 여기실 것에 대해 확신을 주며 격려한 것으로 생각할 수 있다. 하나님께서는 자기의 임무로 돌이키는 자들을 긍휼로 만나주실 것이다. 내가 주께 내 죄를 아뢰고 내 죄악을 숨기지 아니하였더니 곧 주께서 내 죄악을 사하셨나이다(시 32:5). 여기서 다음을 보라.

I. **하갈의 후손들에 관한 예언**. 이는 현재 곤경 가운데 있는 하갈을 위로하기 위해 주어진 것이다. 천사는 하갈의 현재의 처지를 주목한다. 네가 임신하였은즉 이 곳이 네가 있기에 적절한 곳이 아니니라. 주목하라. 임신한 여자에게 자기가 하나님의 섭리의 구체적인 인정하심과 보살피심을 받는다는 생각이야말로 큰 위로가 된다. 하나님은 은혜로이 그들의 처지를 돌아보시고 적절히 뒷받침해 주시는 것이다. 그런데,

1. 천사는 하갈에게 아이를 안전히 출산할 것을, 그리고 그 아이가 아브람이 바라는 대로 아들일 것임을 확신시켜 준다. 이렇게 놀라서 이리저리 도망하며 방황하고 있으니 자식을 순산할 소망이 깨어졌을 수도 있다. 그러나 하나님은 하갈을 그 어리석음대로 대하지 않으셨다. 네가 아들을 낳으리니. 하갈은 섭리를 통해서만이 아니라 약속을 통해서 아이를 낳는 일에서 구원받은 것이다.

2. 천사가 아이의 이름을 지어준다. 이는 하갈과 그 아이 모두에게 크게 존귀한 일이었다. 그 이름을 이스마엘이라 하라. 그 이유는 여호와께서 들으셨기 때문이다. 그가 들으셨으니, 앞으로도 들으실 것이다. 주목하라. 괴로움 중에 하나님의 적절한 자비를 경험하면, 그와 비슷한 처지에서 다시 비슷한 도움이

있으리라는 소망을 갖도록 우리가 용기를 얻게 된다(시 10:17). **여호와께서 네 고통을 들으셨음이니라**(11절). 주목하라. 경건한 헌신의 외침이 거의 없는 경우라도, 불쌍히 여기시는 하나님께서 때로는 괴로움의 외침을 은혜로이 듣기도 하신다. 기도는 물론 눈물도 하나님께 호소하는 것이다. 하나님께서 그들의 환난이 무엇인지를 보실 뿐 아니라 그들이 외치는 소리도 들으신다는 것은 환난을 당하는 자들에게는 큰 위로가 된다. 주목하라. 환난의 때에 시의적절하게 구원 받으면, 반드시 언제나 하나님께 감사함으로 그 구원의 역사를 기억해야 한다. 그런 때에 그런 곤경 중에 **내가 부르짖을 때에 주께서 나의 간구하는 소리를 들으셨나이다**(시 31:22; 신 26:7).

3. 천사는 하갈에게 그 후손이 무수히 많을 것을 약속한다. **내가 네 씨를 크게 번성하여 그 수가 많아 셀 수 없게 하리라.** 매 시대마다 늘어나게 하여 영구히 존속되게 하리라는 뜻이다. 오늘날의 터키족이 이스마엘의 후손이라 여겨지는데, 이들은 큰 민족이다. 이것은 아브람에게 주어진 **내가 네 자손이 땅의 티끌 같게 하리라는** 약속(13:16)의 성취의 일환이었다. 주목하라. 경건한 부모의 자녀된 자들이 외형적인 복들을 크게 나눠받으면서도, 이스마엘처럼 언약 속에 들어오지 못하는 경우가 허다하다. 거룩하게 되지 않은 자들이 크게 늘어나는 경우가 많은 것이다.

4. 천사는 하갈이 낳을 아이의 성품을 제시한다. 이는 우리에게는 어떻게 보일지 모르나 하갈이 보기에는 그리 나쁘지 않았을 것이다. 그가 **사람 중에 들나귀 같이 되리니.** 거칠고 대담하고 사람을 전혀 두려워하지 않으며, 길들여지지 않고 추적할 수 없는 삶을 살 것이요 섬김과 제재를 참지 못하는 자가 되리라는 뜻이다. 주목하라. 하나님의 언약 바깥에 있는 여종의 자녀들은 날 때에 마치 들나귀처럼 된다. 사람들을 불러서 그들을 사람답게 가르치고 지혜롭게 만들며 무언가에 유익하도록 만드는 것은 바로 은혜다. 여기서 다음과 같은 사실이 예언된다. (1) 그가 싸움과 전쟁 가운데 살 것이다. **그의 손이 모든 사람을 치겠고**(이는 그의 죄다) **모든 사람의 손이 그를 칠지며**(이는 그의 죄에 대한 형벌이다). 주목하라. 난폭한 성정을 지닌 자들은 대개 난폭한 삶을 산다. 다른 이들을 거스르며 화를 불러일으키고 해를 주는 자들은 그런 것들을 그들 스스로 똑같이 당할 것을 예상하여야 한다. 손과 혀를 갖고 모든 사람들을 대적하면, 모든 사람들의 손과 혀가 그를 대적하게 될 것이요, 이에 대해 그가 불평할 이유

가 하나도 없게 된다. 그러나 (2) 그가 안전하게 살 것이요 온 세상을 대적하여 자기의 족속을 유지할 것이다. 그가 모든 형제와 대항해서 살리라. 모든 이웃들에게 위협받고 모욕을 당하나 자기 영역을 지킬 것이요, 아브람으로 인하여 번창하게 될 것이다. 그리하여 우리는 이스마엘이 죽을 때에 그 자손들은 그 모든 형제의 맞은편에 거주하였다는 말씀을 접하게 된다(25:18). 주목하라. 자신의 오만한 처신으로 온갖 위험에 노출되어 있는 자들 가운데 이상스럽게도 하나님의 섭리로 말미암아 보존되는 사람들이 많다. 그들이 죄로 말미암아 자기들의 삶을 저버릴 뿐 아니라 스스로 위태하게 할 때에도 하나님은 그들을 그들이 받아 마땅한 것보다 훨씬 잘 대해 주시는 것이다.

Ⅱ. 하갈이 하나님께서 자신에게 나타나 은혜를 베푸신 사실을 생각함(13, 14절). 하갈의 말에서 다음을 관찰하라.

1. 하나님의 전지하심과 섭리에 대한 경이의 찬양. 하갈은 그것을 자기 자신에게 적용시킨다. 하갈이 자기에게 이르신 여호와의 이름을 나를 살피시는 하나님이라 하였으니. 즉, 하나님의 이름에 대해 하갈 스스로, 주는 나를 살피시는 하나님이시라고 고백하며 찬양하였다. 하갈에게는 나를 살피시는 하나님이야말로 영원토록 하나님의 이름이요, 하갈은 살아생전에 항상 이 이름으로 그를 기념하며 그를 알 것이었다. 주목하라. (1) 우리가 대하는 하나님은 살피시는 하나님이시며 모든 것을 보시는 하나님이시다. 옛 사람들이 말하는 대로 하나님은 전부가 눈이시다. (2) 우리는 이 점을 시인하고 우리 자신에게 적용시켜야 한다. 모든 것을 살피시는 그분은 나도 살피신다. 다윗의 말처럼, 여호와여 주께서 나를 살펴 보셨으므로 나를 아시나이다(시 139:1). (3) 하나님을 우리를 살피시는 하나님으로 알고 믿음으로 대하는 것이야말로 우리가 그에게로 돌아가는 데에 크게 유익하다. 이는 회개하는 자에게 합당한 말이다. [1] "주께서 내 죄와 어리석음을 살피시나이다." 탕자는 말하기를, 내가 아버지께 죄를 지었사오니 라고 하며, 다윗은 말하기를, 내가 주의 목전에서 죄를 지었사오니 라고 한다. [2] "주께서 나의 슬픔과 환난을 살피시나이다." 하갈의 말은 특히 이런 의미다. 우리가 우리 자신의 어리석음 때문에 스스로 괴로움을 자초했다 할지라도 하나님은 우리를 버리지 않으신 것이다. [3] "주께서 나의 회개와 귀환의 신실함과 신시함을 살피시나이다. 주께서 죄에 대한 나의 은밀한 후회와 주께로 향하는 나의 은밀한 움직임을 살피시나이다." [4] "혹여 내가 주에게서 떠난다 할지라도 주

께서 나를 살피시나이다"(시 44:20, 21). 우리는 하나님이 나를 살피시는 하나님이심을 생각하여 언제나 죄를 멀리하고 힘을 다하여 의무를 이행하여야 할 것이다.

2. 하나님께서 자기에게 베푸신 호의에 대한 겸손한 찬양. "내가 어떻게 여기서 나를 살피시는 하나님을 뵈었는고?" 이는, 내가 어떻게 여기서 나를 살피시는 하나님의 등을 뵈었는고? 라는 뜻으로 읽을 수도 있다. 출 33:23과 어법이 거의 동일하기 때문이다. 하갈은 얼굴과 얼굴을 대하여 본 것이 아니고 거울로 보는 것 같이 희미하게 본 것이다(고전 13:12). 아마도 하갈은 천사가 떠나갈 때에야 비로소 자기가 누구와 이야기를 나누었는지를 깨닫게 되었고(삿 6:21, 22; 13:21의 경우처럼), 그 때에 천사를 돌이켜 보며 생각했을 것이다. 부활하신 그리스도를 만난 두 제자도 그랬다(눅 24:31, 32). 아니면, 나를 살피시는 하나님을 내가 여기서 살폈는가? 라는 뜻으로 읽을 수도 있다. 주목하라. (1) 거룩한 영혼이 하나님과 함께 나누는 교제는, 하나님이 그들을 향하여 사랑의 눈을 가지신 것처럼 그들도 믿음의 눈으로 그를 향하는 데에 있다. (2) 우리가 하나님과 나누는 교제의 특권은 경이와 앙모의 자세로 높이 기려야 할 것이다. [1] 이런 은혜를 허락받은 우리가 대체 어떤 존재인가를 생각할 때에 그렇게 하지 않을 수가 없다. "이처럼 보잘것없고 이처럼 비천한 내가 감히 하나님과 교제를 나누게 되다니!"(삼하 7:18). [2] 우리가 그렇게 은혜를 받은 장소를 생각할 때에도 그렇게 하지 않을 수가 없다. "여기서도 하나님과 교제를 나누게 되다니! 아브람의 장막 안이나 그의 제단에서만이 아니라 광야 한복판인 여기서도 말이다! 전혀 기대하지 않은 이 곳에서도, 내가 의무를 저버리고 도망해온 여기서도 말이다! 주여, 어떻게 된 일이옵니까?"(요 14:22). 어떤 이들은 이 질문에 대한 답변을 부정적으로 상정하여, 이를 회개하는 마음을 토로하는 것으로 이해한다. "여기서도, 나의 괴로움과 환난 속에서도 하나님께서 나를 돌아보시나이까? 아닙니다. 나는 옛날처럼 똑같이 그에 대해 무관심하였고 생각하지도 않았나이다. 그런데도 그가 나를 찾아오시고 나를 돌아보셨나이다." 하나님은 우리를 그의 사랑으로 돌아보시며, 그를 찾지 아니하던 자에게 찾아냄이 되시는 경우가 많다(사 65:1).

III. 이 일로 인하여 그 장소에 붙여진 이름. 브엘라해로이. 즉, 살아서 나를 찾으시는 이의 샘이라는 뜻이다(14절). 하갈이 이 때에 그 장소에 그 이름을 붙였을 것이고, 그 후에도 오랜 동안, 이 사건의 영구한 기념물로(in perpetuam rei memoriam), 그 이름이 보존되었을 것이다. 이 곳은 바로 영광의 하나님이 괴로움 중에 있는 가련한 한 여자를 특별히 돌아보신 곳이었다. 주목하라.

1. 모든 것을 살피시는 그분은 언제나 살아 계신다. 그가 살아 계셔서 우리를 살피시는 것이다.

2. 하나님의 은혜로운 허락하심을 받아 하나님과의 교제 속에 들어가 있고 그로부터 때를 따라 위로를 받는 자들은 하나님이 그들의 영혼들을 위하여 행하신 일을 다른 이들에게 알려서 그들도 그를 찾고 그를 신뢰하도록 격려하여야 한다.

3. 하나님께서 자신을 은혜로이 나타내신 일은 영원한 기념으로 고이 간직하고 절대로 잊어버리는 일이 없도록 해야 한다.

15하갈이 아브람의 아들을 낳으매 아브람이 하갈이 낳은 그 아들을 이름하여 이스
마엘이라 하였더라 16하갈이 아브람에게 이스마엘을 낳았을 때에 아브람이 팔십육
세였더라

여기서 명확하게 기록되지는 않았으나, 하갈은 천사의 명령대로 여주인에게로 돌아가 굴복하였고, 때가 차매 아들을 낳았다. 주목하라. 하나님의 계명에 순종하는 자는 하나님의 약속의 위로를 얻게 될 것이다. 이 아들은 육체를 따라 난 여종의 아들로서, 불신앙적인 유대인들을 대변한다(갈 4:23, 25). 주목하라. 1. 아브라함을 조상으로 부르는 권리가 있으면서도 육체를 따라 난 자들이 많다(마 3:9). 2. 교회 내에서도 육신적인 자손이 신령한 자손보다 더 일찍 생겨난다. 사람들을 설득하여 경건의 모양을 갖게 하는 것이 경건의 능력에 굴복하게 하는 것보다 훨씬 쉬운 법이다.

제 — 17 — 장

개요

본 장에는 자비하신 아버지이신 위대한 여호와와 믿는 자들의 조상인 경건한 아브람 사이에 맺어진 언약의 조항들이 기록되어 있다. 그러므로 아브람은 "하나님의 벗"이라 불리는데, 이는 그가 하나님의 경륜을 따르는 사람이었으며 또한 그가 하나님의 언약의 사람이었기 때문이다. 그에게 이 두 가지 비밀이 있었던 것이다. 이 언약은 이미 언급된 바 있다(15:18). 그러나 여기서 구체적으로 언약의 형태로 체결되며, 그리하여 아브람에게 큰 위안을 가져다 준다. 본 장의 주요 내용은 다음과 같다. I. 이 언약을 맺게 된 정황과 그 시기와 방법(1절), 그리고 아브람이 취한 자세(3절). II. 언약 그 자체. 그 전반적인 범위(1절). 그리고 후에는 구체적인 내용들이 제시된다. 1. 아브람이 여러 민족의 조상이 될 것이라는 것(4, 6절). 그리고 이에 대한 증표로 그의 이름이 바뀐다(5절). 2. 하나님이 그와 그의 자손에게 하나님이 되실 것이며 그들에게 가나안 땅을 주시리라는 것(7, 8절). 이 부분의 언약의 인(印)은 할례였다(9-14절). 3. 그가 사래에게서 아들을 얻으리라는 것. 그리고 이에 대한 증표로 사래의 이름이 바뀐다(15, 16절). 아브람이 이 약속을 받으며(17절), 이스마엘을 위한 그의 요구(18절)가 만족스럽게 풍성하게 응답을 받는다(19-22절). III. 하나님의 지정하심을 좇아 아브람과 그 가족이 할례를 받음(23-27절).

**1아브람이 구십구 세 때에 여호와께서 아브람에게 나타나서 그에게 이르시되 나는
전능한 하나님이라 너는 내 앞에서 행하여 완전하라 2내가 내 언약을 나와 너 사이
에 두어 너를 크게 번성하게 하리라 하시니 3아브람이 엎드렸더니 하나님이 또 그
에게 말씀하여 이르시되**

I. 하나님이 이처럼 은혜로이 아브람을 찾아오신 시점. 아브람이 구십구 세 때에. 이스마엘이 출생한 지 13년이 된 때였다.

1. 정말 오랜만에 하나님이 아브람에게 특별하게 나타나신 것처럼 보인다. 그동안 그가 하나님과 가졌던 교제는 오로지 일상적인 규례와 섭리에 속하는

것이었을 뿐이다. 주목하라. 특별한 위로거리들이 있으나 아무리 훌륭한 성도들에게도 그것들이 일용할 양식처럼 오지는 않고, 이따금씩 그들에게 임할 뿐이다. 천국에 이르기 전에는 그것들이 편리한 음식이 되지만, 계속해서 베풀어지는 잔치처럼 되지는 않는 법이다.

2. 이삭에 대한 약속이 그렇게 오랫동안 연기되었다. 이는 (1) 어쩌면 아브람이 성급하게 하갈을 첩으로 맞이한 것을 교정하기 위함이었을지도 모른다. 주목하라. 우리가 죄악된 자세로 예상하고 기대하는 위로거리들은 연기되어도 얼마든지 정당하다. (2) 아브람과 사래가 나이 많아 늙기까지 그 일이 연기됨으로써, 하나님의 능력이 그 일에서 더욱 높이 드러나며, 그들의 믿음이 더욱 시련을 받게 하기 위함이었다. 신 32:26; 요 11:6, 15을 보라. (3) 그렇게 오래 기다린 아이가 이삭이 되도록, 진정 아들이 되도록 하기 위함이었다(사 54:1).

II. 하나님이 아브람과 이 언약을 맺으신 방법. 여호와께서 아브람에게 나타나서. 곧, 쉐키나 속에서, 무언가 하나님의 직접적인 영광의 임재가 그에게 눈에 보이는 방식으로 드러난 것이다. 주목하라. 하나님은 먼저 자기 자신을 우리에게 알리시고, 믿음으로 그를 바라보도록 하신 다음, 우리를 그의 언약 속으로 이끌어 가신다.

III. 이 때에 아브람이 취한 자세. 아브람이 엎드렸더니(3절). 1. 그는 전에도 몇 차례 그런 광경을 보았었으나, 하나님의 영광의 찬란한 빛에 압도되어 그 광경을 도저히 견딜 수 없게 되어 그런 자세를 취한 것이다. 다니엘과 요한도 전능하신 하나님의 이상을 익히 잘 알고 있었으면서도 이와 비슷한 자세를 취하였다(단 8:17; 10:9, 15; 계 1:17). 아니면 2. 너무도 무가치한 자신에게 그러한 존귀가 베풀어지는 것을 생각하며 자기 자신에 대한 부끄러움으로 고개를 들지 못한 것이다. 그는 자기 자신은 겸손으로, 하나님은 높이 우러르는 경외로 바라보았고, 이에 대한 증표로 엎드렸으며, 스스로 깊은 앙모의 자세를 취한 것이다. 주목하라. (1) 하나님께서는 은혜로이 자신을 낮추사 친히 자신과의 언약과 교제 속으로 취하여 들이시는 자들과 대화하신다. 그의 말씀으로 그들과 이야기하시며(잠 6:22), 그의 성령으로 말미암아 그들과 이야기하신다(요 14:26). 그의 모든 성도들이 이러한 존귀를 누리는 것이다. (2) 하나님의 허락을 받아 그와의 교제 속으로 들어가는 자들은 그에게 나아갈 때에 지극히 겸손하고 지극히 하나님을 우러르는 자세를 가져야 한다. 우리가 하나님과 교제를 나눈다고 말하면서도, 하나님과 친숙하다 하여 그를 가벼이 대한다면, 이는 우리 자신을 속이는 처사다. (3) 하나님께로부터 위로를 받고자 하는 자들은 스스로 하나님께 영광을 돌리고 그의 발등상 아래 엎드려 예배하여야 한다.

Ⅳ. 언약의 일반적인 범위와 그 내용의 정리. 이것이 나머지 모든 것을 위에 세우는 기초가 된다. 이는 지금도 예수 그리스도 안에서 모든 신자들과 맺어지는 은혜의 언약 이외에 다른 것이 아니다(1절). 여기서 관찰하라.

1. 하나님이 어떤 분이신지에 대해 우리가 기대할 수 있는 내용. 나는 전능한 하나님이라. 하나님은 아브람에게 여호와라는 이름(출 6:3)보다는 이 이름으로 자신을 알리기를 택하셨다. 그는 이 이름을 야곱에게도 사용하셨다(28:3; 43:13; 48:3). 이 하나님의 이름은 욥기 전체에서 가장 많이 사용되며, 최소한 욥기의 담론 부분에서는 가장 많이 사용된다. 모세 이후에는 여호와가 더 흔하게 사용되며, 이 이름 곧 엘샤다이는 매우 희귀하게 사용된다. 이 이름은 하나님의 전능하신 능력을 나타내는데, 그 단어의 의미는 다음 두 가지 중 하나일 것이다. (1) 분노. 어떤 이들은 이것이 샤다흐(그가 버려 두었다)에서 온 것으로 보아, 하나님께서 옛 세상이 멸망한 때부터 이 칭호를 취하셨다고 생각한다. 이것은 사 13:6; 욜 1:15 등에 나타난다. 아니면 (2) 복을 베푸는 자. 샤는 관계대명사 아셰르를 뜻하며, 다이는 충족하다는 뜻이다. 곧, 그는 충족하신 하나님이시다. 혹은, 옛 영역본의 독법처럼 I am God all-sufficient, 즉 나는 전충족적인 하나님이다 라는 의미로 볼 수 있다. 주목하라. 우리가 대하여야 할 하나님은 충족하신 하나님이시다. [1] 그는 스스로 충족하시며, 전충족적이시다. 그는 모든 것을 다 가지고 계시며 더 필요한 것이 아무것도 없으시다. [2] 우리가 그와의 언약 속에 있으면, 그는 우리에게 충족하시다. 그 안에서 우리가 모든 것을 다 누리며, 그 안에서 충족하게 누린다. 그는 우리의 지극히 큰 소망들을 다 만족시키기에 충족하시며, 다른 모든 것들의 모자란 것들을 공급하기에 충족하시며, 우리의 불멸의 영혼들에게 행복을 확보해 주기에도 충족하신 것이다. 시 16:5, 6; 73:25을 보라.

2. 우리가 하나님께 어떤 사람이어야 할지에 대해 그가 요구하시는 내용. 그 언약은 호혜적이다. 너는 내 앞에서 행하여 완전하라. 즉, 올바르고 순전하라는 뜻이다. 여기서 은혜의 언약이 잘 정돈되어 있어서 순전함이 우리의 복음적 완전함이 된다. 관찰하라. (1) 신앙적이라는 것은 우리가 순전함으로 하나님 앞

에서 행하는 것을 의미한다. 그것은 언제나 하나님을 우리 앞에 모셔두는 것이요, 언제나 그의 눈 아래 있는 자로서 생각하고 말하고 처신하는 것이다. 그것은 끊임없이 그의 말씀을 우리의 법칙으로 여기며, 우리의 모든 행위에서 그의 영광을 우리의 목적으로 삼으며, 계속해서 그를 경외하는 것이다. 그것은 하나님을 향하는 것이요, 신앙적 예배의 모든 의무들에서 우리의 속마음이 하나님을 향하는 것이다. 그것이 하나님 앞에서 행하는 것이기 때문이다(삼상 2:30). 그것은 또한 모든 거룩한 처신을 통하여 전적으로 하나님을 위하는 것이다. 순전함이 없는 신앙이란 없는 법이다. (2) 하나님과 함께 하는 올바른 삶이야말로 우리가 하나님의 전충족성에 대해 관심을 갖는 조건이다. 우리가 그를 소홀히 하거나 그를 속이면, 그와의 관계에서 오는 은덕과 위로를 스스로 버리는 것이 된다. (3) 하나님의 전충족성을 계속해서 돌아보는 것이 그와 함께 올바른 삶을 사는 데에 큰 영향을 줄 것이다.

4 보라 내 언약이 너와 함께 있으니 너는 여러 민족의 아버지가 될지라 5 이제 후로는
네 이름을 아브람이라 하지 아니하고 아브라함이라 하리니 이는 내가 너를 여러
민족의 아버지가 되게 함이니라 6 내가 너로 심히 번성하게 하리니 내가 네게서 민
족들이 나게 하며 왕들이 네게로부터 나오리라

여기서 그 약속의 내용이 아주 엄숙하게 소개되고 있다. 위대하신 하나님은 말씀하시기를, "보라, 보고 사모하라. 보고 확신을 가지라, 내 언약에 너와 함께 있느니라." 앞에서는 내가 내 언약을 나와 너 사이에 두리라 라고 말씀하신 바 있다(2절). 여기서 보라.

I. **아브람이 여러 민족의 아버지가 될 것임이라는 약속이 주어진다.** 이는, 1. 이삭과 이스마엘은 물론 그두라가 낳은 아들들을 통해서 육체를 따라 그의 후손이 무수히 많아지리라는 뜻이다. 이 약속에는 무언가 범상치 않은 점이 내포되어 있는데, 이는 아마도 노아의 후손 가운데 아브람과 같은 서열에 있던 자들 중에 아브람보다 더 후손이 많이 늘어난 사람이 없었다는 사실이 이 점을 잘 보여준다 할 것이다.

2. 각 시대마다 모든 신자들이 그의 영적 자손으로 간주될 것이요, 그가 하나님의 벗으로만이 아니라 믿는 자들의 조상으로 불릴 것이라는 것이다. 사도는

우리에게 이 약속을 이런 의미로 이해할 것을 가르친다(롬 4:16, 17). 그는 각 민족에서 믿음으로 말미암아 하나님과의 언약 속에 들어가며, 또한 (유대인 저술가들의 표현대로) 하나님의 위엄의 날개 아래 모이는 자들의 조상인 것이다.

II. 이에 대한 증표로 그의 이름이 아브람(높은 아버지)에서 아브라함(무수한 자들의 아버지)으로 바뀐다. 이는, 1. 그에게 존귀를 더하기 위함이다. 교회가 여호와의 입으로 정하실 새 이름으로 일컬음이 될 것이라는 것을 교회의 영광으로 말씀하고 있다(사 62:2). 군주들은 그들이 총애하는 신하들에게 새로운 칭호를 수여함으로써 그들을 높이 기린다. 아브라함도 과연 존귀의 근원이 되시는 하나님에게서 그렇게 높이 기림을 받은 것이다. 모든 신자들이 새 이름을 갖는다(계 2:17). 어떤 이들은, 여고냐가 그 이름의 첫음절이 여호와라는 거룩한 하나님의 이름의 첫음절과 같기 때문에 삭제되어 그에게 치욕이 되었던 것과 마찬가지로(렘 22:28), 아브라함이라는 새 이름은 하나님의 이름 여호와의 철자 한자가 삽입된 것으로서 이 이름을 통해서 그의 존귀가 더해졌다고 생각하기도 한다. 신자들은 그리스도께로부터 이름을 받는다(엡 3:15).

2. 아브라함의 믿음을 격려하고 확증하기 위함이다. 그가 자식이 없는 동안에는 어쩌면 그 자신의 이름조차도 때로는 탄식거리가 되었을지도 모른다. 아버지가 아닌데 어째서 높은 아버지라 불려야 한단 말인가? 그러나 이제 하나님께서 그에게 무수한 자손이 그에게서 날 것을 약속하셨고, 또한 큰 의미가 있는 이름을 그에게 주셨으니, 그 이름은 그의 기쁨이었다. 주목하라. 하나님은 없는 것을 있는 것으로 부르시는 분이시다. 사도는 바로 이 점을 주목하고 있다(롬 4:17). 하나님은 그를 무수한 자들의 아버지라 부르셨으니, 비록 지금은 아들이 하나밖에는 없으나, 정하신 때가 되면 그가 과연 그렇다는 것을 친히 입증하실 것이다.

[7]내가 내 언약을 나와 너 및 네 대대 후손 사이에 세워서 영원한 언약을 삼고 너와
네 후손의 하나님이 되리라 [8]내가 너와 네 후손에게 네가 거류하는 이 땅 곧 가나안
온 땅을 주어 영원한 기업이 되게 하고 나는 그들의 하나님이 되리라 [9]하나님이 또
아브라함에게 이르시되 그런즉 너는 내 언약을 지키고 네 후손도 대대로 지키라 [10]
너희 중 남자는 다 할례를 받으라 이것이 나와 너희와 너희 후손 사이에 지킬 내
언약이니라 [11]너희는 포피를 베어라 이것이 나와 너희 사이의 언약의 표징이니라 [12]

너희의 대대로 모든 남자는 집에서 난 자나 또는 너희 자손이 아니라 이방 사람에게서 돈으로 산 자를 막론하고 난 지 팔 일 만에 할례를 받을 것이라 [13]너희 집에서 난 자든지 너희 돈으로 산 자든지 할례를 받아야 하리니 이에 내 언약이 너희 살에 있어 영원한 언약이 되려니와 [14]할례를 받지 아니한 남자 곧 그 포피를 베지 아니한 자는 백성 중에서 끊어지리니 그가 내 언약을 배반하였음이니라

I. 그 언약의 지속성이 세 가지 점에서 나타난다. 1. 그것은 확정된 것으로서 변경되거나 철회될 것이 아니다. 이미 고정되었고, 인준되었으며, 하나님의 능력과 진실함으로 할 수 있는 만큼 확정된 것이다. 2. 그것은 적용 범위가 영구하다. 그것은 아브라함과만 맺은 언약이 아니라(만일 그렇다면 아브라함이 죽으면 그것도 그냥 사라지고 말 것이다) 그의 뒤에 올 그의 자손들과도 맺은 언약이요, 육체를 따라 난 자손만이 아니라 그의 영적인 자손과도 맺은 언약이다. 3. 그것은 복음적인 의미로 볼 때에도 영원하다. 은혜 언약은 영원한 것이다. 그 경륜에서도 영원하며, 그 결과에 있어서도 영원하다. 그리고 그 외적인 시행이 신자들의 자손에게 그 인(印)과 더불어 전해지며, 그 내적인 시행은 성령으로 말미암아 그리스도의 자손에게 각 시대마다 이루어진다.

II. 그 언약의 내용. 이것은 약속의 언약이며, 지극히 크고 고귀한 약속들을 담은 언약이다. 전충족적인 두 가지 약속이 여기 제시되어 있다.

1. 하나님이 그들의 하나님이 되시겠다는 약속(7, 8절). 그 언약의 모든 특권과 모든 기쁨과 모든 소망이 바로 이것으로 정리된다. 사람이 행복해지기 위해서는 이 이상 더 바랄 것이 없다. 하나님 자신의 모습 그대로 그가 그의 백성들에게 그렇게 되실 것이다. 그의 지혜가 그들의 것이 되어 그들을 지도하고 가르칠 것이다. 그의 능력이 그들의 것이 되어 그들을 보호하고 지탱시킬 것이다. 그의 선하심이 그들의 것이 되어 그들을 격려하고 위로할 것이다. 신실한 예배자들이 그들이 섬기는 하나님에게서 기대할 수 있는 것을 바로 그들의 하나님에게서 발견하게 될 것이다. 이것으로 충족하고도 남는다. 그러나 이것이 전부가 아니다.

2. 가나안이 그들의 영원한 소유가 될 것이라는 약속(8절). 하나님은 전에도 아브라함과 그의 자손에게 이 땅을 약속하신 바 있다(15:18). 그러나 여기서는 그 땅이 그들의 영원한 기업으로 약속되고 있으며, 따라서 이것을 천국의 복락

의 모형으로, 곧 하나님의 백성을 위하여 예비된 그 영원한 안식의 모형으로 (히 4:9) 보아야 할 것이다. 이것이 바로 아브라함이 사모했던 그 더 나은 본향이다. 그리고 하나님이 그들의 하나님이 되시겠다는 약속에서, 천국의 복락을 주시리라는 약속이 광범위하게 응답되는 것이기도 했다. 그러므로 하나님께서 이것을 예비하시고 계획해 놓지 않으셨다면, 그는 그들의 하나님이라 불리는 것을 부끄러워하셨을 것이다(히 11:16). 가나안 땅이 육체를 따라 난 아브람의 자손들에게 확실하게 주어졌듯이, 천국이 그의 모든 영적 자손들에게, 언약으로 말미암아 그의 자손이 된 자들에게, 진정 영원히, 소유로 주어지는 것이다. 이러한 영생이 그 언약의 외적인 시행 아래 있는 모든 자들에게 말씀 속에서 베풀어지며, 성례로 말미암아 확증된다. 그리고 그것에 대한 보증이 모든 신자들에게 주어진다(엡 1:14). 가나안은 여기서 아브라함이 객으로 거하는 땅인 것으로 나타나며, 또한 하늘의 가나안은 아직 우리가 객으로 있는 땅이다. 왜냐하면 장래에 이루어질 모습이 아직은 나타나 있지 않기 때문이다.

III. 그 언약의 증표 이것은 할례다. 이로 인하여 그 언약 자체를 가리켜 할례의 언약이라 부른다(행 7:8). 여기서 이것이 아브라함과 그의 후손이 반드시 지켜야 할 언약이라 불린다(9, 10절). 이것은 또한 표와 인(印)으로 불리기도 한다(롬 4:11). 이는, 1. 그 언약의 내용 중 하나님 편에 해당되는 그 약속들을 아브라함과 그 후손에게 확증하는 것으로서, 그 약속들이 성취될 것이요 정한 때에 가나안이 그들의 것이 될 것임을 확실히 보증하는 것이요, 또한 가나안이 그들의 것이 된 후에도 이 규례가 지속된다는 것은 이 약속들이 그들이 여전히 소망 가운데서 바라보아야 할 또 다른 가나안을 지향하는 것임을 시사한다. 히 4:8을 보라.

2. 그 언약의 내용 중 아브라함과 그의 후손에게 해당되는 의무를 그들에게 지우는 것이었다. 그 언약을 받아들이고 거기에 동의하고 또한 육체의 더러운 것들을 제거해야 할 의무(할례의 직접적이고도 주된 의미는 바로 이것이었다)만이 아니라, 일반적으로 하나님의 모든 계명들을 준수할 의무를 지금부터 언제든지 준수해야 한다는 것이 그들에게 제시되고 알려진 것이다. 할례는 사람들을 율법 전체를 행할 의무를 가진 자로 만들기 때문이었다(갈 5:3). 하나님을 자기들의 하나님으로 섬길 자들은 반드시 그의 백성이 되는 것에 동의하고 작정해야 하는 것이다. 그런데, (1) 할례는 피의 규례였다. 율법으로 말미암는 모

든 것들이 피로 씻음 받았다(히 9:22). 또한 출 24:8을 보라. 그러나 그리스도께서 피를 흘리셨으므로 모든 피의 규례들이 이제 폐지되었다. 그러므로 할례가 세례로 대치되는 것이다. (2) 여자도 이 언약에 포함되었으나 할례는 남자에게만 해당되었다. 남자가 여자의 머리이기 때문이다. 우리나라(즉, 18세기 잉글랜드 – 역자주)에서도 충성 맹세는 오로지 남자들에게만 요구된다. 어떤 이들은 할례에서 남자의 피만 흘린 것은 예수 그리스도와 그의 피를 높이기 위함이었다고 생각한다. (3) 그것은 포피를 잘라내는 것이었는데, 이는 일상적인 생육법으로 말미암아 죄가 전파되기 때문이기도 했고, 또한 아브라함의 허리에서 나게 될 그 약속한 자손을 염두에 둔 것이기도 했다. 그리스도께서 아직 자신을 우리에게 나타내지 않으셨으니, 하나님께서는 사람의 몸의 일부를 드림으로써 언약을 맺도록 하셨을 것이고, 이 목적을 위해 포피보다 더 나은 것은 없었다. 포피는 신체의 은밀한 부분이다. 참된 할례는 마음의 할례이다. 하나님께서는 덜 귀히 여기는 지체에게 이런 존귀를 더하신 것이다(고전 12:23, 24). (4) 할례는 난 지 팔 일 된 아기들에게 시행하고 그 이전에는 하지 못하도록 되어 있었는데, 이는 최소한 한 번의 안식일이 지난 후 아기가 그 고통을 견뎌낼 만한 힘을 얻었을 때에 시행하게 하기 위함이었다. (5) 아브라함 자손의 가족에 속한 이방 사람의 아들들도 할례를 받도록 되어 있었다(12, 13절). 장차 때가 차면 이방인들이 믿음으로 아브라함의 자손의 일원이 될 것인데, 이들에 대한 환대가 여기서 나타난다 할 것이다(갈 3:14). (6) 이 할례 제도를 신앙적으로 준수할 것을 요구하면서, 이를 준수하지 않을 경우 매우 극심한 형벌이 있을 것임이 경고되고 있다(14절). 할례를 멸시하는 것은 곧 언약을 멸시하는 것이었다. 부모가 그 아들들에게 할례를 베풀지 않으면, 그들에게 형벌이 따르게 되어 있었다. 모세의 경우에서도 이것이 나타난다(출 4:24, 25). 어릴 때에 할례를 받지 않은 자들에 대해서는, 그들이 자란 후에 그들 스스로 이 규례를 시행하지 않으면, 하나님께서 반드시 그들을 처리하실 것이다. 그들이 자기들의 포피를 끊어내지 않으면, 하나님께서 친히 그들을 그 백성에게서 끊어내실 것이다. 하나님께서 세우신 제도들을 가볍게 여기고, 그것들을 소홀히 하며 사는 것은 위험천만한 일이다.

[15]하나님이 또 아브라함에게 이르시되 네 아내 사래는 이름을 사래라 하지 말고 사

라라 하라 16내가 그에게 복을 주어 그가 네게 아들을 낳아 주게 하며 내가 그에게
복을 주어 그를 여러 민족의 어머니가 되게 하리니 민족의 여러 왕이 그에게서 나
리라 17아브라함이 엎드려 웃으며 마음 속으로 이르되 백 세 된 사람이 어찌 자식을
낳을까 사라는 구십 세니 어찌 출산하리요 하고 18아브라함이 이에 하나님께 아뢰
되 이스마엘이나 하나님 앞에 살기를 원하나이다 19하나님이 이르시되 아니라 네
아내 사라가 네게 아들을 낳으리니 너는 그 이름을 이삭이라 하라 내가 그와 내 언
약을 세우리니 그의 후손에게 영원한 언약이 되리라 20이스마엘에 대하여는 내가
네 말을 들었나니 내가 그에게 복을 주어 그를 매우 크게 생육하고 번성하게 할지
라 그가 열두 두령을 낳으리니 내가 그를 큰 나라가 되게 하려니와 21내 언약은 내
가 내년 이 시기에 사라가 네게 낳을 이삭과 세우리라 22하나님이 아브라함과 말씀
을 마치시고 그를 떠나 올라가셨더라

I. 사래에게서 아들을 얻으리라는 약속이 아브라함에게 주어짐. 그에게 주어진 약속이 그 아들에게서 성취될 것이요, 그가 여러 민족의 아버지가 될 것이라는 것이었다. 그를 여러 민족의 어머니가 되게 하리니 민족의 여러 왕이 그에게서 나리라(16절). 주목하라. 1. 하나님은 그의 선하신 뜻과 목적을 점진적으로 그의 백성들에게 나타내신다. 하나님은 오래 전에 이미 아브라함에게 아들이 있을 것임을 말씀하신 바 있으나, 지금에 와서야 비로소 그가 사래에게서 아들을 얻을 것임을 말씀하신다. 2. 여호와의 축복은 결실이 있으며, 괴로움이 뒤따르는 것이 아니다. 하갈의 경우에서 보는 것 같은 그런 괴로움이 전혀 없다. "내가 사래를 결실의 복으로 복 줄 것이며, 네가 사래에게서 아들을 얻으리라." 3. 나라의 통치와 질서는 교회에게 큰 복이다. 여러 민족만이 아니라 민족의 여러 왕이 사래에게서 나올 것이라는 약속이 주어지는데, 이는 우두머리도 없는 오합지졸이 아니라 통치 질서가 잘 잡힌 사회를 상징하는 것이다.

II. 사래의 이름이 사라로 바뀜으로써 이 약속이 확증된다(15절). 아브람이 아브라함이 될 때와 똑같은 철자가, 동일한 이유로, 사래의 이름에 덧붙여진다. 사래는 나의 공주(my princess)라는 뜻으로서, 마치 그녀의 존귀가 한 가족에만 한정된 것처럼 보인다. 그러나 사라는 무리들의 공주라는 뜻으로서, 그녀에게서 왕이신, 땅의 왕 중의 왕이신 메시야가 날 것을 뜻한다 할 것이다.

III. 이 은혜로운 약속에 아브라함이 기뻐하며 감사함(17절). 이러한 약속

을 받고 그는 1. 지극한 겸손을 표현하였다. 아브라함이 엎드려. 주목하라. 하나님께서 우리에게 존귀와 사랑을 베풀어 주실수록 우리는 스스로 겸비하여야 하며, 하나님 앞에서 더 그를 높이며 그에게 굴복하는 자세를 가져야 한다.

2. 큰 기쁨을 표현하였다. 웃으며. 이는 불신의 웃음이 아니라 기쁨의 웃음이었다. 주목하라. 거룩하신 하나님의 약속들은, 그 약속들을 이행하시는 것과 더불어, 거룩한 영혼들의 기쁨이다. 믿음의 기쁨이 있고, 성취의 기쁨이 있다. 아브라함은 그리스도의 때 볼 것을 즐거워하다가 보고 기뻐하였다(요 8:56). 가나안에 대한 약속에서 하늘을 본 것처럼, 그는 이삭에 대한 약속에서 그리스도를 본 것이다.

3. 큰 놀라움을 표현하였다. 백 세 된 사람이 어찌 자식을 낳을까 사라는 구십 세니 어찌 출산하리요? 그는 여기서 그 일을 전혀 의심스러운 것으로 말씀하는 것이 아니다(그는 믿음이 없어 하나님의 약속을 의심하지 않은 것이 분명하기 때문이다. 롬 4:20). 오히려 그 일을 지극히 놀라운 일로, 또한 하나님의 전능하신 능력 이외에는 이룰 수 없는 일로, 또한 매우 자비로운 일로, 또한 깜짝 놀랄 만한 일이니 만큼 더욱 감동적이고 책임감을 갖게 되는 일로(시 126:1, 2) 여긴 것이다.

Ⅳ. 아브라함이 이스마엘을 위하여 기도함. 이스마엘이나 하나님 앞에 살기를 원하나이다!(18절). 그가 이 말씀을 한 것은 이스마엘이 사라에게서 날 아들보다 더 낫게 되기를 바라는 것이 아니라, 그가 하나님을 떠나고 버림을 받을까 두려워하여 그를 위해 이렇게 간구를 드리는 것이다. 지금 하나님이 그와 말씀하고 계시므로 그는 이것이 이스마엘을 위하여 간구할 수 있는 좋은 기회라고 생각하였고, 이 기회를 놓치지 않고 아뢴 것이다. 주목하라.

1. 물론 우리가 하나님께 무언가를 지시해서는 안 되지만, 하나님은 기도로 겸손하게 그에게 자유로이 나아가 우리의 요구하는 바를 아뢰도록 하신다(빌 4:6). 우리에게 염려와 두려움이 되는 것은 무엇이든지 기도로 하나님 앞에 펼쳐놓아야 한다.

2. 부모는 그 모든 자녀를 위하여 기도할 의무가 있다. 욥도 그 자녀의 수대로 번제를 드렸다(욥 1:5). 아브라함은 하나님께서 사라에게서 아들이 있을 것임을 약속하셨을 때에 그것이야말로 그가 간곡히 바라는 바지만, 그로 인하여 하갈이 낳은 아들이 잊혀진다는 것은 생각하고 싶지 않았다. 그는 여전히 이스

마엘을 그의 마음에 품고 있었고, 그를 염려하고 있는 것이다. 더 큰 호의가 베풀어질 소망이 생겼다고 해서 과거에 받은 호의를 잊어버려서는 안 되는 것이다.

3. 우리 자녀들에 대해 하나님께 간절히 바라야 마땅할 큰 일은, 바로 그들이 하나님 앞에서 사는 것, 즉 그들이 하나님과의 언약 안에 있고, 올바른 행실로 하나님 앞에서 행하는 은혜를 누리는 것이다. 영적인 복이 가장 좋은 복이며, 따라서 우리는 우리 자신은 물론 다른 사람을 위해서도 이것을 지극히 간절하게 하나님께 구해야 할 것이다. 하나님 앞에서 사는 사람이 잘 사는 것이다.

V. **그의 기도에 대한 하나님의 응답**. 그리고 그것은 평화의 응답이었다. 아브라함은 자신이 하나님의 얼굴을 헛되이 구하였다고 말할 수 없었다.

1. 이스마엘에게도 공통적인 축복이 약속된다. "네가 그렇게 염려하는 이스마엘에 대해서는 내가 네 말을 들었나니 내가 너를 생각하여 그에게 자비를 베풀리니 내가 그에게 복을 주었노라. 곧, 내가 그를 위하여 많은 복을 예비해 두었노라." (1) 그의 후손이 무수할 것이다. 그를 매우 크게, 그의 이웃들보다 더, 생육하고 번성하게 할지라. 이것은 축복의 결과다(1:28). (2) 그의 후손이 유력할 것이다. 그가 열두 두령을 낳으리니 내가 그를 큰 나라가 되게 하려니와. 영적인 축복도 그에게 베풀어졌을 것이라는 소망을 가질 수도 있을 것이다. 그러나 가시적 교회는 그의 허리에서 나오지 않았고, 언약도 그의 가문에 베풀어지지 않았다. 주목하라. 경건한 부모들에게서 육체를 따라 난 자녀들에게, 그 부모로 인하여, 풍성한 외형적인 축복들이 베풀어지는 경우가 많다.

2. 언약의 축복들은 이삭을 위하여 예비되었고, 이삭이 그것을 받을 것이다(19, 21절). 혹시 아브라함이 이스마엘을 위하여 기도한 것이 하나님께서 그와 언약을 맺으시고 그에게서 약속한 자손이 나오게 해 달라는 뜻이었다 해도, 하나님은 그의 기도를 문자 그대로 들어주지 않으시고 그것과 동등한 것으로, 아니, 그보다 모든 면에서 나은 것으로 응답하신 것이다. (1) 하나님은 사라에게서 아들을 주시겠다는 약속(내가 그에게 복을 주어 그가 네게 아들을 낳아주게 하며)을 되풀이하신다. 주목하라. 참된 신자라 할지라도 강한 위로를 얻기 위해서는 하나님의 약속이 이중으로 베풀어지며 되풀이되는 것이 필요하다(히 6:18). 다시 말하거니와, 약속의 자녀가 참된 자녀다. (2) 하나님은 그 아이의 이름을 지어주신다. 그를 이삭, 즉 웃음이라 부르신다. 이 아들에 대한 약속을

받을 때에 아브라함이 속으로 기뻐하여 웃었기 때문이다. 주목하라. 하나님의 약속이 우리의 기쁨이 된다면, 정하신 때가 되면 그가 약속하신 자비로운 역사들이 우리의 크나큰 기쁨이 될 것이다. 그리스도를 바라보는 자들에게는 그가 큰 기쁨이 되신다. 지금 소망 중에 기뻐하는 자들은 잠시 후에 그들이 소망하는 그것을 누리며 기뻐하게 될 것이다. 이 웃음은 결코 어처구니없는 웃음이 아니다. (3) 하나님은 그 아이와 언약을 맺으실 것을 말씀하신다. **내 언약은 … 이삭과 세우리라.** 주목하라. 하나님은 그의 선하시고 기뻐하시는 뜻에 따라 그가 기뻐하시는 자와 언약을 맺으신다. 롬 9:8, 18을 보라. 이렇게 해서 하나님과 아브라함 사이에 언약이 세워졌고, 그 제한 사항들과 나머지 내용들이 주어졌고, 그리하여 그 대면이 종결되었다. **하나님이 아브라함과 말씀을 마치시고 그를 떠나 올라가셨더라.** 주목하라. 이 땅에서는 하나님과 우리의 교제가 끊겨지고 방해를 받기도 하나, 천국에서는 계속적이고도 영원한 잔치가 될 것이다.

23이에 아브라함이 하나님이 자기에게 말씀하신 대로 이 날에 그 아들 이스마엘과
집에서 태어난 모든 자와 돈으로 산 모든 자 곧 아브라함의 집사람 중 모든 남자를
데려다가 그 포피를 베었으니 24아브라함이 그의 포피를 벨 때는 구십구 세였고 25
그의 아들 이스마엘이 그의 포피를 벨 때는 십삼 세였더라 26그 날에 아브라함과 그
아들 이스마엘이 할례를 받았고 27그 집의 모든 남자 곧 집에서 태어난 자와 돈으로
이방 사람에게서 사온 자가 다 그와 함께 할례를 받았더라

여기서 우리는 아브라함이 할례의 법에 순종하는 것을 보게 된다. 그와 그의 온 가족이 할례를 받아 언약의 증표를 받고, 그리하여 언약에 포함되지 않은 다른 가문의 사람들과 자신들을 구별한다.

1. 이는 무조건적인 순종이었다. 그는 **하나님이 자기에게 말씀하신 대로** 행하였고, 그 이유를 전혀 묻지 않았다. 하나님의 뜻이 그에게 법이요 동시에 이유였던 것이다. 하나님이 그에게 말씀하신 것이기 때문에 그 일을 행한 것이다.

2. 이는 즉각적인 순종이었다. **이 날에**(23, 26절). 하나님의 명령이 우리 귀에 쟁쟁하고 그것을 지켜야 한다는 의식이 신선할 동안에 그 명령을 시행하는 것이 좋다. 혹시 우리가 자신을 속여 후에 좀 더 편리한 때가 되기까지 그 시행을 연기시킬 수가 있기 때문이다.

3. 이는 보편적인 순종이었다. 아브라함은 그의 가족들에게는 할례를 시행하고 자기는 빠진 것이 아니라, 그 스스로 할례를 시행하여 모범을 보였다. 또한 언약의 인침이 주는 위로를 자기 자신만 취한 것이 아니라 그와 함께 거하는 모든 가족들도 이를 함께 나누기를 바란 것이다. 이것은 가족들에게 좋은 귀감이 된다. 가장은 물론 온 가족 전체가 여호와를 섬겨야 한다. 하나님의 언약이 이스마엘에게는 세워지지 않았으나, 그도 할례를 받았다. 나중에 어떻게 될 것이든 간에, 믿는 부모의 자녀들은 누구든지 이 가시적 교회의 특권과 언약의 인침을 누릴 권리가 있는 것이다. 이스마엘도 축복을 받았고, 그리하여 할례를 받은 것이다.

4. 할례에 대하여 상당한 반대가 있었을 것이나, 아브라함은 이를 무릅쓰고 할례를 행하였다. 할례는 고통스러우며, 성인 남자에게는 수치스런 것이었고, 또한 시므온과 레위가 세겜 사람들에게 행한 것처럼, 아직 상처가 아물지 않아 정상적으로 활동할 수 없을 동안에 원수들이 이를 이용하여 공격을 해올 수도 있었고, 아브라함이 구십 구세나 되었고, 이미 오래 전에 하나님께 의롭다 하심을 얻어 영접함을 받은 상태였으며, 그런 희한한 종교적인 행위로 인하여 그 땅에 거하는 가나안 사람들과 브리스 사람들에게서 조롱을 받을 수도 있었다. 그러나 그것이 하나님의 명령인 이상, 이런 온갖 반론들을 극복할 충족한 이유가 성립되었던 것이다. 하나님이 요구하시는 일은 혈육과 의논하지 아니하고(갈 1:16), 반드시 행하여야 하는 것이다.

제 18 장

개요

여기서는 하나님께서 아브라함과 나누신 또 한 차례의 대화에 대한 기사가 나타난다. 이는 아마 앞의 대화가 있은 지 며칠 후에 이루어졌을 것으로 보이는데, 할례의 법을 그가 기꺼이 순종한 것에 대한 상급의 성격을 띤다 하겠다. 본문의 주 내용은 다음과 같다. I. 하나님이 아브라함에 대한 하나님의 자비로운 방문, 그리고 아브라함의 친절한 접대(1-8절). II. 그들 사이에 오간 대화의 내용. 1. 하나님께서 사라를 사랑하시는 목적들(9-15절). 2. 하나님께서 소돔에 대해 진노하시는 이유들. (1) 하나님께서 소돔을 멸하실 자신의 계획을 아브라함에게 알리심(16-22절). (2) 아브라함이 소돔을 위하여 간구함(23-33절).

1여호와께서 마므레의 상수리나무들이 있는 곳에서 아브라함에게 나타나시니라 날
이 뜨거울 때에 그가 장막 문에 앉아 있다가 2눈을 들어 본즉 사람 셋이 맞은편에
서 있는지라 그가 그들을 보자 곧 장막 문에서 달려나가 영접하며 몸을 땅에 굽혀 3
이르되 내 주여 내가 주께 은혜를 입었사오면 원하건대 종을 떠나 지나가지 마시
옵고 4물을 조금 가져오게 하사 당신들의 발을 씻으시고 나무 아래에서 쉬소서 5내
가 떡을 조금 가져오리니 당신들의 마음을 상쾌하게 하신 후에 지나가소서 당신들
이 종에게 오셨음이니이다 그들이 이르되 네 말대로 그리하라 6아브라함이 급히
장막으로 가서 사라에게 이르되 속히 고운 가루 세 스아를 가져다가 반죽하여 떡
을 만들라 하고 7아브라함이 또 가축 떼 있는 곳으로 달려가서 기름지고 좋은 송아
지를 잡아 하인에게 주니 그가 급히 요리한지라 8아브라함이 엉긴 젖과 우유와 하
인이 요리한 송아지를 가져다가 그들 앞에 차려 놓고 나무 아래에 모셔 서매 그들
이 먹으니라

여기서 하나님이 아브라함에게 나타나신 것은 지금까지 우리가 읽어 온 것보다 위엄과 화려함이 덜하고 자유와 친숙함이 더한 것 같다. 그러므로

이는 때가 차매 하나님의 아들이 세상에 나타나신 그 위대한 역사와 더 유사하다. 그 때에는 말씀이 육신이 되어 우리와 동일한 모습으로 나타나시는 것이다. 여기서 관찰하라.

I. 아브라함이 낯선 자들을 환대하였고, 그것이 풍성하게 응답을 받음.

날이 뜨거울 때에 그가 장막 문에 앉아 있다가(1절). 앉아 쉬거나 기분을 전환하고 있었던 것이 아니라, 낯선 자들과 여행객들을 대접하여 선을 행할 기회를 찾고 있었던 것이다. 그런 사람들을 맞을 여관 같은 것이 주위에 없었기 때문이다. 주목하라.

1. 우리가 지극히 자유롭게 또한 마음에서 우러나와서 행하는 선행이 우리에게 가장 큰 위로가 될 것이다.

2. 하나님은 먼저 하나님을 기대하는 자들에게, 그리고 자기를 기다리는 자들을 스스로 환대하는 자들에게 은혜로이 나타나신다. 아브라함은 그렇게 앉아 있는 중에 세 사람이 그에게로 다가오는 것을 보았다. 이 세 사람은 신령한 천상의 존재들로서 아브라함이 눈으로 보고 함께 대화를 나누도록 인간의 몸을 취하고 있었다. 어떤 이들은 그들이 모두 창조함을 받은 천사들이었다고 보며, 또 어떤 이들은 그 중 하나는 하나님의 아들, 곧 언약의 사자로서, 아브라함은 이를 나머지 두 사람과 구별하여(3절) **여호와**라 불렀다(13절)고 본다. 사도는 이를 근거로 손님 접대하는 것을 장려하기도 한다(히 13:2). 손님들을 기꺼이 접대하던 자들이 천사들을 접대하여 말할 수 없는 존귀와 만족을 얻었다는 것이다. 사려 깊게 공정하게 판단해 보면, 이 일을 나쁘게 볼 까닭이 없다. 손님들이 잘 되기를 바라고 그런 자세에 따라 친절을 베풀어야 하는 것이다. 게으른 수벌이나 까다로운 말벌 다섯 마리를 먹이는 것이 부지런한 일벌 한 마리를 굶기는 것보다 나은 법이다.

II. 아브라함이 이 낯선 객들을 대접하였고, 그의 대접이 친절하게 받아들여짐. 아브라함이 이 낯선 객들에게 보여준 사랑이 깃든 기꺼운 환대를 성령께서 구체적으로 주목하셨다.

1. 그는 그들을 지극히 공손하고도 정중하게 대하였다. 그의 나이와 무게도 잊고서 **장막 문에서 달려나가** 지극히 정중한 자세로 **영접하며**, 정당히 예의를 갖추어 **몸을 땅에 굽혔다**. 아직 그들에 대해 아무것도 아는 것이 없었으나 그들이 품위가 있고 존경할 만한 사람들인 것을 보고서 그렇게 행한 것이다. 주목하

라. 신앙은 선한 행실을 말살하는 것이 아니라 오히려 개선시키며, 모든 사람에게 공대할 것을 가르친다. 예의바른 자세는 경건의 커다란 장식물인 것이다.

2. 그는 그들이 머물기를 진심으로 간청하였고, 그들이 머무는 것을 크게 감사하게 여겼다(3, 4절). 주목하라. (1) 하나님께로부터 풍성한 복을 받은 사람은 능력껏 다른 사람들을 접대하는 일에서 넓은 아량과 열린 마음을 가져야 하며 그렇게 따뜻하게 남을 배려해야 한다. 어떤 사람에게나 친절을 보이기를 즐거워해야 한다. 하나님도 기꺼이 베푸는 자를 사랑하시며, 사람도 그런 사람을 좋아하기 때문이다. 과연 누가 악한 눈이 있는 자의 음식을 먹으려 하겠는가?(잠 23:6, 7). (2) 하나님과의 교제를 원하는 자는 그것을 진심으로 사모하고 그것을 간구해야 한다. 하나님이야말로 대접할 만한 손님이시다.

3. 아브라함의 접대는 마음에서 우러나온 것이었으나, 지극히 평범하고 가정적인 것이었고, 오늘날 볼 수 있는 것 같은 떠들썩함이나 세련된 점은 없었다. 나무 그늘이 식당이었다. 멋진 식탁보도, 접시 등 만찬 식기들도 없었다. 그가 베푼 식탁에는 요리한 송아지 고기와 새로 반죽한 가루로 구운 떡 등 급히 준비하여 내온 것밖에는 없었다. 아브라함이 매우 부유하였고 그의 손님들도 매우 귀한 분들이었건만, 다양한 감미품이나, 맛 좋은 진미도 없었고, 그저 평범하고도 건전한 음식밖에는 없었다. 주목하라. 우리는 우리가 대하는 식단에 호기심을 가져서는 안 된다. 가정에서 만든 소박한 음식이라도 그런 것들에 대해 감사할 줄 알아야 한다. 음식을 탐하고 그런 것에 마음을 쏟는 자들에게는 그런 것이 역겨운 음식이 되는 법이다.

4. 아브라함과 그의 아내는 모두 이 손님들을 최상으로 모시기 위해 분주하게 움직였다. 사라 자신이 고기를 손질하고 떡을 구웠다. 아브라함은 소를 잡고, 우유와 버터를 가져왔고, 식탁에서 섬기는 일을 위신에 맞지 않는 일로 여기지 않았다. 그는 이로써 손님을 마음을 다하여 영접하는 자신의 극진한 자세를 보여준 것이다. 주목하라. (1) 진정 자신의 가치를 아는 자들은 그것들을 알아주기를 강요할 필요가 없고, 또한 자신을 낮추어 처신하는 것을 전혀 수치로 여기지 않는다. (2) 마음이 깃든 우정은 죄를 제외하고는 모든 것에 고개를 숙이게 하는 법이다. 그리스도께서도 친히 우리가 겸손한 사랑으로 서로 발을 씻겨 줄 것을 가르치셨다. 그렇게 자신을 낮추는 자들이 높임을 받게 될 것이다. 여기서 아브라함의 믿음이 선행으로 드러나고 있으니, 우리의 믿음 역시 그래

야 한다. 그렇지 못하면 그것은 죽은 믿음일 수밖에 없다(약 2:21, 26). 믿는 자들의 조상인 아브라함은 사랑과 넓은 아량, 그리고 가정을 잘 돌보는 것으로 유명했다. 그러므로 우리도 선을 행하고 남을 대접하기를 그에게서 배워야 할 것이다. 욥은 혼자 떡덩이를 먹지 않았다(욥 31:17).

9그들이 아브라함에게 이르되 네 아내 사라가 어디 있느냐 대답하되 장막에 있나
이다 10그가 이르시되 내년 이맘때 내가 반드시 네게로 돌아오리니 네 아내 사라에
게 아들이 있으리라 하시니 사라가 그 뒤 장막 문에서 들었더라 11아브라함과 사라
는 나이가 많아 늙었고 사라에게는 여성의 생리가 끊어졌는지라 12사라가 속으로
웃고 이르되 내가 노쇠하였고 내 주인도 늙었으니 내게 무슨 즐거움이 있으리요 13
여호와께서 아브라함에게 이르시되 사라가 왜 웃으며 이르기를 내가 늙었거늘 어
떻게 아들을 낳으리요 하느냐 14여호와께 능하지 못한 일이 있겠느냐 기한이 이를
때에 내가 네게로 돌아오리니 사라에게 아들이 있으리라 15사라가 두려워서 부인하
여 이르되 내가 웃지 아니하였나이다 이르시되 아니라 네가 웃었느니라

이 하늘의 손님들은(이들은 최근 아브라함에게 사라에게서 아들이 있으리라고 하신 하나님의 약속을 확증하기 위해 보내심을 받았다) 아브라함의 정중한 환대를 받고서 그의 친절에 보답하였다. 그는 천사들을 영접하였고, 천사들의 상급, 곧 하늘로부터 오는 은혜로운 소식을 받은 것이다(마 10:41).

I. 사라가 듣고 있음을 인지함. 사라가 믿음으로 잉태해야 하므로 그녀에게 그 약속이 행해져야 했다(히 11:11). 그 당시 여자들은 남자들과, 최소한 낯선 손님들과는, 음식을 함께 나누지 않았고, 그들 스스로 떨어져 있었다. 그러므로 사라는 눈에 띄지 않았다. 그러나 대화의 내용을 듣지 못하는 거리에 있어서는 안 되었다. 천사들은 물었다. 네 아내 사라가 어디 있느냐?(9절). 그녀의 이름을 부름으로써, 그들은 자기들이 전혀 낯선 자들처럼 보이나 사실상 그와 그의 가족을 매우 잘 알고 있다는 것을 아브라함에게 충분히 암시하고 있다. 그녀에 대해 문의함으로써, 그들은 자기들을 환대해 준 그 가족들에 대해 매우 흐뭇한 생각을 갖고 있음을 보여주었다. 이는 일상적으로 볼 수 있는 예의범절로서 그리스도인의 사랑의 원리에 근거하여 반드시 나와야 할 그런 것이었다. 그들은 또한 사라에 대해 거론함으로써(사라가 숨어서 듣고 있었다), 계속 말

씀할 내용을 사라로 하여금 듣게 만들었다. 천사들은, 네 아내 사라가 어디 있느냐?고 말하였다. 아브라함은, "장막에 있나이다"라고 대답하였다. "거기 말고 그 사람이 있을 곳이 또 어디 있겠사옵니까? 늘 하던 대로 거기 자기 자리에 있습니다. 지금이라도 부르면 올 수 있사옵니다." 주목하라. 1. 사라의 딸들은 사라에게서 신중하며 순전하며 집안 일을 하기를 배워야 한다(딛 2:5). 괜히 어슬렁거리는 것으로는 아무것도 얻을 것이 없다. 2. 자기 위치에서 의무를 다하는 사람들이 하나님께로부터 위로의 약속들을 받을 가망성이 가장 많다(눅 2:8).

II. 사라가 아들을 낳으리라는 약속이 갱신되고 재확인됨(10절). "내가 반드시 네게로 돌아오리니, 지금 내가 약속을 행하는 것처럼 그 때에는 그 약속이 시행될 것이니라." 하나님께서는, 그를 환영하고 그의 방문 시에 귀하게 대접하는 자들에게 다시 돌아오실 것이다. "내가 그대의 친절에 보답할 것이니, 네 아내 사라에게 아들이 있으리라." 이는 14절에서도 다시 되풀이된다. 메시야에 대한 약속들은 하나님의 백성들의 믿음을 견고하게 하기 위하여 구약에서 이처럼 자주 반복되어 나타난다. 우리는 마음이 더디고 믿음이 적으므로, 동일한 뜻을 지닌 말씀이 거듭거듭 반복될 필요가 있다. 사도는 이 약속의 말씀을 인용하면서, 이 약속 덕분에 이삭이 출생한 것으로 말씀한다(롬 9:9). 주목하라. 1. 다른 사람들이 일반적인 섭리에 근거하여 받는 동일한 축복들을 신자들은 약속에 근거하여 받으며, 이로써 그 축복들이 지극히 귀하고 확실한 것이 된다. 2. 아브라함의 신령한 자손들은 그들의 생명과 기쁨과 소망과 모든 것이 바로 이 약속 덕분에 얻은 것이다. 그들은 하나님의 말씀으로 말미암아 난 것이다(벧전 1:23).

III. 사라는 이것이 사실이기에는 너무나도 좋은 소식이라 생각했고, 아직 마음으로 그것을 믿을 수가 없었다. 사라가 속으로 웃고 이르되(12절). 이것은 아브라함의 웃음(17:17)처럼 믿음에서 비롯된 기쁨의 웃음이 아니었고, 의심과 불신에 가득 찬 웃음이었다. 주목하라. 전혀 성격이 다른 일이 똑같은 일처럼 일어날 수 있고, 이에 대해서는 오직 마음을 아시는 하나님만이 판단하실 수 있다. 사라가 극복하지 못한 큰 반대 요건은 바로 그녀의 나이였다. "내가 노쇠하였고, 임신할 연령이 지났으며, 특히 지금까지 불임 상태였으며, 내 주인도 늙었다는 것도 그 일이 이루어지기 힘든 큰 요인이다." 여기서 관찰하라.

1. 사라는 아브라함을 자기 주인이라 부른다. 이것이 이 말에서 유일한 좋은

말이며, 성령께서도 이것을 주목하시고 모든 그리스도인 아내들에게 이를 본받을 것을 권면하신다. 아브라함에 대한 존경과 굴복의 증표로 **사라가 아브라함을 주라 칭하여 순종한 것 같이**(벧전 3:6), 아내는 마땅히 남편을 그렇게 존경하여야 한다(엡 5:33). 또한 이처럼 우리도 예의바르고 선한 말을 주목하여 듣고 그 말을 하는 자들을 높여야 한다. 뿐만 아니라 비록 그 말에 부족한 점이 섞여 있다 할지라도 그것들을 사랑으로 덮어 주어야 하는 것이다.

2. 사리에 맞지 않는 것 같은 인간적인 생각이 하나님의 약속을 반대하여 생겨나는 경우가 많다. 참된 신자들의 경우에도 이런 감각에 근거한 반대들이 연약한 믿음을 넘어뜨리고 혼란에 빠뜨리기가 쉽다. 제이차적 원인들이 눈살을 찌푸리면, 제일차적 원인을 붙들기가 어려워지는 것이다.

3. 참된 믿음이 있을지라도 불신앙과의 쓰라린 갈등이 있는 경우가 많다. 사라는 주여 **내가 믿나이다** 라고 말할 수 있었으나(히 11:11), 또한 주여 나의 믿음 없는 것을 도우소서 라고 말해야 했던 것이다.

IV. 천사가 이러한 사라의 불신의 표현을 책망함(13, 14절). 관찰하라.

1. 사라가 지금 이 천사들을 극진히 대접하고 있으나, 그녀가 잘못을 범하자 그들은 그것에 대해 책망하였다. 그리스도께서도 마르다의 집에서 마르다를 책망하셨다(눅 10:40, 41). 우리의 친구들이 우리에게 친절하다고 해서, 그것 때문에 그들의 죄를 묵인하는 무례를 범해서는 안 된다.

2. 하나님은 사라에 대한 이런 책망을 그 남편 아브라함에게 주셨다. 하나님은 아브라함에게 **사라가 왜 웃느냐?** 라고 물으셨는데, 어쩌면 얼마 전에 주어진 똑같은 약속을 아브라함이 사라에게 전해 주지 않았기 때문이었는지도 모른다. 전에 이미 이야기해 주었다면, 지금 그 약속을 재확인하는 과정에서 사라가 그렇게 놀라워하지는 않았을 것이다. 아니면, 아브라함으로 하여금 사라에게 말해 주도록 하기 위하여 그에게 말씀한 것일 수도 있다. 합당한 사정이 있을 때에 상호간에 책망해 주는 것이 결혼 관계의 의무 가운데 하나다.

3. 책망 그 자체는 분명하며 선한 이유가 있는 것이었다. **사라가 왜 웃느냐?** 주목하라. 우리의 웃음이 어리석은 자의 웃음처럼 되지 않으려면 그 웃음의 이유를 묻는 것이 좋다(전 7:6). "내가 왜 웃었을까?" 또한 우리의 불신앙과 신뢰 없음이 하늘의 하나님께 큰 불충이 된다. 하나님은 그의 약속에 반하여 인간적인 반대를 늘어놓는 것을 당연히 좋지 않게 여기신다(눅 1:18).

4. 여기서 천사들은 인간의 모든 핑곗거리들을 물리치고도 남을 만한 질문을 제기한다. 여호와께 능하지 못한 일이 있겠느냐? 즉, (1) 하나님께서 알지 못하실 만큼 은밀한 일이 있겠느냐? 아니다. 사라의 웃음도 사라가 속으로 한 것이지만 하나님은 알고 계셨다. 아니면 (2) 그의 능력으로 할 수 없을 만큼 어려운 일이 있느냐? 아니다. 늙은 사라에게 아들을 주는 것도 하나님은 얼마든지 하실 수 있다.

V. 사라가 어리석게도 자신의 과오를 감추려 함. 사라가 두려워서 부인하여 이르되 내가 웃지 아니하였나이다(15절). 아무도 자신의 말을 뒤집을 수 없다고 생각한 것이다. 사라는 두려워서 이런 거짓말을 했다. 그러나 모든 것을 다 보시는 하나님 앞에서 아무리 자신을 감추려 해도 허사였다. 사라는 부끄럽게도 네가 웃었느니라 라는 말씀을 들었다. 여기서, 1. 사라가 그녀의 불신을 돌이키는 점이 있는 것 같다. 사라는 이제 모든 정황들을 다 종합해 볼 때에 자기에 대해 주어진 약속이 하나님의 약속이었음을 감지하였고, 그리하여 그것에 대해 모든 의심과 불신의 생각을 철회한 것이다. 그러나, 2. 사라에게는 거짓말로 죄를 감추려는 죄악된 시도가 있었다. 잘못을 범하는 것은 수치이나, 그것을 부인하는 것은 더 큰 수치다. 그것으로 인하여 이미 행한 악행에 또 하나의 악행이 첨가되기 때문이다. 책망을 두려워하는 것 때문에 이런 함정에 빠지는 경우가 많다. 네가 누구를 두려워하며 누구로 말미암아 놀랐기에 거짓을 말하느냐?(사 57:11). 우리가 하나님께 짐을 지우리라고 생각한다면 그것은 우리 자신을 속이는 것이다. 그는 모든 일을 백일하에 드러내사 우리를 부끄럽게 하실 수 있고, 또한 그렇게 하실 것이다. 자기의 죄를 숨기는 자는 형통하지 못한다(잠 28:13). 그것이 드러날 때가 오기 때문이다.

16그 사람들이 거기서 일어나서 소돔으로 향하고 아브라함은 그들을 전송하러 함께
나가니라 17여호와께서 이르시되 내가 하려는 것을 아브라함에게 숨기겠느냐 18아
브라함은 강대한 나라가 되고 천하 만민은 그로 말미암아 복을 받게 될 것이 아니
냐 19내가 그로 그 자식과 권속에게 명하여 여호와의 도를 지켜 공의와 정의를 행하
게 하려고 그를 택하였나니 이는 나 여호와가 아브라함에게 대하여 말한 일을 이
루려 함이니라 20여호와께서 또 이르시되 소돔과 고모라에 대한 부르짖음이 크고
그 죄악이 심히 무거우니 21내가 이제 내려가서 그 모든 행한 것이 과연 내게 들린

부르짖음과 같은지 그렇지 않은지 내가 보고 알려 하노라 [22]그 사람들이 거기서 떠나 소돔으로 향하여 가고 아브라함은 여호와 앞에 그대로 섰더니

하늘로부터 임한 사자들은 이제 그들의 임무 중 한 부분, 곧 아브라함과 사라에게 은혜를 베푸는 임무를 먼저 수행하였고, 이제는 그들 앞에 또 다른 성격의 임무가 남아 있었다. 소돔이 멸망되어야 하고, 그들이 이를 행하여야 하는 것이었다(19:13). 주목하라. 긍휼하심이 하나님께 있듯이, 복수도 그에게 속하여 있다. 그들이 이런 사명을 이행하는 과정에서 우리는 다음과 같은 것을 보게 된다.

1. 그들이 **소돔으로 향하였다는** 것(16절). 하나님께서 무수한 애굽 군대들을 진노의 눈초리로 바라보신 것처럼(출 14:24), 그들도 소돔을 향하여 진노의 얼굴로 바라보았다. 주목하라. 하나님이 오랜 동안 죄인들을 그냥 내버려 두시는 것처럼 보여서 죄인들이 여호와께서 그들의 죄악을 보지 못하시고 그것에 대해 관심도 없으신 것처럼 생각하나, 진노의 날이 임하면 그가 그들을 향하여 진노의 눈초리로 바라보신다.

2. 그들이 **소돔을 향하여 갔다는** 것(22절). 그리하여 그들 중 두 천사가 소돔에 있는 것을 보게 된다(19:1). 대부분의 사람들의 생각처럼, 셋째 천사가 여호와였고 또한 아브라함이 여전히 여호와 앞에 서서 그에게 가까이 나아간 것인지(23절), 아니면 두 천사가 소돔에 당도하기 전에 셋째 천사가 먼저 그리로 갔으며, 아브라함이 대면하여 서 있던 주(主)는 쉐키나, 혹은 아브라함이 전에 만나 대화를 나누었던 그 하나님의 영광의 나타나심이었는지는 확실치 않다. 그러나 우리는 여기서 다음을 볼 수 있다.

I. 아브라함이 그의 손님들을 존귀하게 대함. 아브라함은 그들을 전송하러 함께 나가니라. 그는 마치 만남이 너무 좋아 헤어지기 싫은 사람처럼, 그들을 정중하게 전송함으로써 자신의 극진한 존경을 표현하였다. 이것은 우리의 친구들에게 당연히 보여야 하는 합당한 예절이다. 그러나 사도가 지시하는 것처럼 합당하게 행하여야 한다(요삼 6).

II. 그들이 아브라함을 존귀하게 대함. 하나님을 존귀하게 대하는 자들을 하나님께서 존귀하게 대하실 것이다. 하나님은 소돔을 멸하실 뜻을 아브라함에게 전하셨고, 뿐만 아니라 그 문제에 대해 아브라함과 자유로운 대화를 나누셨다. 하나님은 그를 예전보다 더 긴밀하게 자신과의 언약 속으로 취하신 다음(17장), 여기서는 평상시보다 더 친밀한 교제에 들어가도록 허용하시고 그를 마치 그의 모사(謀士)처럼 대하시는 것이다. 여기서 관찰하라.

1. 아브라함에 관한 하나님의 친절하신 의도(17-19절). 여기서 우리는 하나님께서 소돔과 관련한 그의 뜻을 아브라함에게 알려주기로 작정하셨음을 보게 된다. 만일 아브라함이 그들을 전송하러 나가지 않았다면, 어쩌면 그런 호의를 누리지 못했을지도 모른다. 그러나 지혜로운 자와 함께 행하기를 좋아하는 자는 지혜를 얻을 것이다(잠 13:20). 하나님께서 자신과 더불어 논쟁하시기를 얼마나 기뻐하시는지를 보라. **내가 하려는 것을 아브라함에게 숨기겠느냐**(혹은, 어떤 이들이 이해하듯이, **아브라함에게서 감추는 것이겠는가**)? "그런 일을 행하면서 아브라함에게 말하지 않을 수 있으랴?" 이는 하나님께서 자신의 뜻을 사람들의 방식을 좇아 표현하시는 것이다. 그러나 아브라함이 어째서 하나님의 의논 상대가 되어야 했는가? 유대인들은 하나님께서 가나안 땅을 아브라함과 그의 후손에게 주셨고, 따라서 아브라함의 동의가 없이는 그 땅의 일부인 성읍들을 멸하려 하시지 않았기 때문이라고 본다. 그러나 하나님은 여기서 두 가지 다른 이유를 제시하신다.

(1) 아브라함이 벗이요 가장 아끼는 사람이며 또한 하나님께서 그에게 특별한 자비를 베푸사 큰 일들을 예비해 두신 사람이기 때문에 그가 알아야 한다는 것이다. 그는 큰 민족을 이룰 자요, 뿐만 아니라 그의 허리에게서 날 메시야로 말미암아 **땅의 모든 족속이 복을** 얻을 것이었다. 주목하라. **여호와의 친밀하심이 그를 경외하는 자들에게 있다**(시 25:14; 잠 3:32). 하나님은 믿음으로 하나님과의 교제의 삶을 사는 자들을 다른 사람들보다 더 마음에 두지 않으실 수 없고, 그들에게 예언적인 지식은 아닐지라도 사려 깊은 실천적 지식을 주실 것이다. 그들은 다른 사람들보다 현재 당면한 문제에 대해 더 나은 통찰을 갖고 있으며(호 14:9; 시 107:43) 장차 올 일에 대해서도 더 나은 예견을 갖고 있으며, 최소한 올바른 처신을 위한 인도를 받기에 합당할 정도만큼은 갖고 있다.

(2) 아브라함이 그 가족들을 가르칠 것이므로 그가 반드시 알아야 한다는 것이다. **내가 그를 잘 아노니 그가 그 자식과 권속에게 명하리라**(19절). 이것을, [1] 아브라함의 성품과 모범의 매우 밝은 부분으로 볼 수 있다. 그는 그의 가족과 더불어 기도할 뿐 아니라, 지식의 사람으로 그들을 가르쳤고, 아니 권위의 사

람으로 그들에게 명령하였고, 그의 가정의 제사장이요 선지자요 왕이었다. 관찰하라. **첫째로**, 하나님이 그와 및 그의 자손과 언약을 맺으셨고, 그의 가족이 그 언약에 따라 할례를 받은 다음, 그는 그들을 매우 조심스럽게 그들을 가르쳤고 잘 다스렸다. 가족의 축복을 기대하는 자들은 반드시 가족의 의무를 양심적으로 이행해야 할 것이다. 우리 자녀들이 여호와의 자녀들이라면, 마땅히 그를 위하여 그들을 양육해야 할 것이다. 그들이 여호와의 것이라면, 그들은 마땅히 그의 일을 위하여 훈련받아야 할 것이다. **둘째로**, 아브라함은 그의 자녀들만이 아니라 그의 권속들을 보살폈다. 그의 사환들은 훈련받은 사환들이었다. 가장들은 그 지붕 밑에 거하는 모든 자들을 훈육하고 점검해야 한다. 아무리 비천한 종도 반드시 보살핌을 받아야 할 고귀한 영혼들이 있는 것이다. **셋째로**, 아브라함은 그의 가족에서 실천적인 신앙을 증진하는 일을 그의 주 임무로 삼았다. 그는 세밀한 사색의 문제들이나 의심쩍은 논란으로 머리를 채우지 않고, 그들에게 **여호와의 도를 지켜 공의와 정의를 행하게** 하도록, 즉 하나님을 예배하는 일에 진지하게 임하게 하고, 모든 사람들을 대함에 있어서 정직히 행할 것을 가르쳤다. **넷째로**, 아브라함은 후손들에 대해서도 염두에 두었다. 그는 그와 함께 있는 가솔들뿐 아니라 그의 후에 올 가솔들까지 보살폈고, 그들이 여호와의 도를 지켜 그가 무덤에 들어간 후에도 신앙이 그의 가문에 번창하도록 하였다. **다섯째로**, 그가 이 일을 행한 것은 하나님이 그에게 하신 약속들의 조건들을 성취하는 것이었다. 그들의 임무를 양심으로 수행하는 자만이 약속의 은덕을 기대할 수 있는 것이다. [2] 하나님께서 소돔에 관하여 그의 뜻을 아브라함에게 알리신 이유로 볼 수도 있다. 그는 자신이 알고 있는 것을 알림으로써 그의 슬하에 있는 자들에게 유익을 주었기 때문이다. 주목하라. 가진 자가 더 많은 것을 받을 것이다(마 13:12; 25:29). 자기들의 지식을 선히 사용하는 자들이 더 많은 지식을 얻을 것이다.

2. 하나님이 아브라함과 친근하게 말씀을 나누시며, 소돔과 관련한 그의 뜻을 그에게 알려주시고, 그 문제에 대하여 자유로이 그의 의사를 개진하도록 하심. (1) 소돔이 심판받아 마땅한 증거를 그에게 말씀하신다. **소돔과 고모라에 대한 부르짖음이 크고 그 죄악이 심히 무거우니**(20절). 주목하라. 사람들은 죄를 범하는데, 어떤 이들의 죄들은 하늘을 향하여 크게 복수를 외친다. 소돔의 악행은 부르짖는 악행이다. 즉, 그것이 너무도 악하여, 심지어 하나님에게까지 형

벌을 외치는 것이다. (2) 이 증거에 즈음하여 하나님께서 사정을 확인하심. 내가 이제 내려가서 … 내가 보고 알려 하노라(21절). 이는 그 증거에 대해서 하나님께서 무슨 의심을 가지셨다는 것이 아니고, 사람의 방식을 좇아 말씀하시는 것으로, [1] 하나님이 법적으로 취하시는 조치들이 완전히 공평하다는 것을 보여주고자 함이다. 사람들은 하나님의 조치가 공평하지 않다고 주장하기를 잘한다. 그러나 그의 판단은 영원하신 경륜의 결과이므로 결코 성급하거나 갑작스런 결단들이 아니라는 것을 알아야 한다. 하나님은 보고를 받으시거나 일반적인 소문이나 다른 이들의 정보에 따라 무작정 벌하시는 것이 아니라, 친히 확실하고도 무오한 지식에 근거하여 벌하시는 것이다. [2] 관원들이나 기타 권세를 지닌 자들에게, 어떤 일에 대해 판단을 내리기 전에 먼저 상황과 대의를 지극히 조심스럽고도 부지런하게 살펴야 한다는 것을 본보기로 보이기 위함이다. [3] 어쩌면 여기 나타난 하나님의 말씀은 아직 최종적인 것이 아니고, 아브라함이 그들을 위하여 중재할 여유가 남아 있는 것이었는지도 모른다. 이렇게 하나님은 중재자가 있는지를 살피신 것이다(사 59:16).

23아브라함이 가까이 나아가 이르되 주께서 의인을 악인과 함께 멸하려 하시나이까
24그 성중에 의인 오십 명이 있을지라도 주께서 그 곳을 멸하시고 그 오십 의인을
위하여 용서하지 아니하시리이까 25주께서 이같이 하사 의인을 악인과 함께 죽이심
은 부당하오며 의인과 악인을 같이 하심도 부당하니이다 세상을 심판하시는 이가
정의를 행하실 것이 아니니이까 26여호와께서 이르시되 내가 만일 소돔 성읍 가운
데에서 의인 오십 명을 찾으면 그들을 위하여 온 지역을 용서하리라 27아브라함이
대답하여 이르되 나는 티끌이나 재와 같사오나 감히 주께 아뢰나이다 28오십 의인
중에 오 명이 부족하다면 그 오 명이 부족함으로 말미암아 온 성읍을 멸하시리이
까 이르시되 내가 거기서 사십오 명을 찾으면 멸하지 아니하리라 29아브라함이 또
아뢰어 이르되 거기서 사십 명을 찾으시면 어찌 하려 하시나이까 이르시되 사십
명으로 말미암아 멸하지 아니하리라 30아브라함이 이르되 내 주여 노하지 마시옵고
말씀하게 하옵소서 거기서 삼십 명을 찾으시면 어찌 하려 하시나이까 이르시되 내
가 거기서 삼십 명을 찾으면 그리하지 아니하리라 31아브라함이 또 이르되 내가 감
히 내 주께 아뢰나이다 거기서 이십 명을 찾으시면 어찌 하려 하시나이까 이르시
되 내가 이십 명으로 말미암아 그리하지 아니하리라 32아브라함이 또 이르되 주는

노하지 마옵소서 내가 이번만 더 아뢰리이다 거기서 십 명을 찾으시면 어찌 하려
하시나이까 이르시되 내가 십 명으로 말미암아 멸하지 아니하리라 33여호와께서 아
브라함과 말씀을 마치시고 가시니 아브라함도 자기 곳으로 돌아갔더라

하나님과의 교제는 말씀과 기도로 유지된다. 말씀에서는 하나님께서 우리에게 말씀하시고, 기도에서는 우리가 그에게 말씀드린다. 하나님은 아브라함에게 소돔에 관한 그의 뜻을 알려주셨고, 아브라함은 그것을 기회로 삼아 소돔을 위하여 하나님께 말씀드리는 것이다. 주목하라. 하나님의 말씀이 우리에게 기도할 문제를 가져다 주고 또한 기도하도록 우리를 격려하면, 그 때에 그 말씀이 우리에게 유익이 된다. 하나님께서 우리에게 말씀하셨으면, 우리는 그것에 대해 그에게 무슨 말씀을 드려야 할지를 생각해야 하는 것이다. 관찰하라.

I. **이때에 아브라함이 하나님께 드린 엄숙한 말씀**. 아브라함이 가까이 나아가(23절). 이 표현은 1. 거룩한 염려를 시사해 준다. 그는 참으로 담대한 마음으로 하나님께 나아갔다(렘 30:21). "소돔이 멸망당할 것인데, 내가 그 성을 위하여 한 마디 말도 하지 않을 수 있겠는가?" 2. 거룩한 신뢰를 시사해 준다. 그는 믿음의 확신을 갖고서, 왕족처럼 하나님께 가까이 나아갔다(욥 31:37). 주목하라. 기도의 임무를 행할 때에는, 우리가 하나님께 가까이 나아가는 것임을 기억하여 그를 높이 기리는 자세로 가득 차도록 해야 한다(레 10:3).

II. **이 기도의 전반적인 기조**. 이것은 성경에 기록된 최초의 엄숙한 기도로서, 소돔을 살려 주실 것을 구하는 기도다. 아브라함은 소돔 사람들의 사악함을 크게 혐오한 것이 분명하고, 만일 그들이 소돔에서 가장 좋은 땅을 주었다 해도 롯과는 달리 그들 중에 살려 하지 않았을 것이다. 그런데도 그는 여기서 그들을 위하여 간절히 기도하였다. 주목하라. 죄는 미워해야 할 것이나, 죄인들은 불쌍히 여기고 그들을 위하여 기도해야 한다. 하나님은 그들의 죽음을 즐겁게 여기시지 않으며, 따라서 우리도 그들의 심판의 날을 바라서는 안 되고, 오히려 그것을 면해 주시기를 위하여 간구해야 할 것이다.

1. 아브라함은 먼저 소돔 사람들 중 의인들을 살려 주사 그 성의 재난에 함께 휩쓸려 멸망하지 않게 해 주시기를 기도한다. 이는 특별히 의인 롯을 염두에 둔 것이다. 롯이 그에게 행한 무례는 이미 오래 전에 용서하고 잊었고, 전에

는 자신의 칼로 그를 구해 내었고 이번에는 기도를 통해서 자신의 신의를 드러내 보이는 것이다.

2. 그리고 더 나아가서 소돔 사람들 중의 의인들을 보아서라도 모든 사람을 살려 주시기를 간구한다. 하나님께서 친히 이 간구를 받아들이시고, 그의 첫째 간구의 조건을 그대로 수락하신다(26절). 주목하라. 우리는 우리 자신만이 아니라 다른 사람들을 위해서도 기도해야 한다. 우리가 한 몸의 지체들이요, 최소한 인류라는 한 몸의 지체들이기 때문이다. 우리 모두가 형제니.

III. 이 기도에서 나타나는 구체적인 은혜들.

1. 이 기도에는 큰 믿음이 있다. 믿음의 기도가 응답을 얻는다. 그의 믿음이 하나님과 변론하며, 대의를 제시하고 그의 입을 논지로 가득 채우고 있다. 그는 특히 하나님의 의로우심을 근거로 믿음을 발휘하며, 그리하여 다음과 같은 사실을 매우 확신하고 있다.

(1) 하나님이 의인을 악인과 함께 멸하지 않으시리라는 것(23절). 결코 그렇지 않사오며, 이는 부당하니이다(25절). 우리는 절대로 하나님의 의로우심의 존귀를 모욕하는 생각을 해서는 안 된다(롬 3:5, 6). 주목하라. [1] 이 세상에는 의인이 악인과 함께 섞여 있다. 지극히 훌륭한 이들 중에도 대개 악한 이들이 섞여 있으며, 지극히 악한 이들 중에도 선한 이들이 더러 섞여 있다. 심지어 소돔에도 롯과 같은 사람이 있었다. [2] 의인이 악인들 중에 있어도, 의로우신 하나님께서 의인을 악인과 함께 멸하시는 일은 분명히 없을 것이다. 이 세상에서는 의인들이 총체적인 재난에 함께 연루될 수도 있으나, 저 큰 날에는 반드시 의인이 악인들에게서 구별될 것이다.

(2) 하나님이 의인과 악인을 같이 대하지 않으시리라는 것(25절). 의인이 악인들과 함께 고난을 당할 수도 있으나, 그들이 악인들과 똑같이 고난을 당하지는 않는다. 총체적인 재난을 당한다 해도, 의인들은 악인들과는 전연 경우가 다르다(사 27:7).

(3) 세상을 심판하시는 이가 정의를 행하실 것이라는 것. 그는 반드시 정의를 행하실 것이다. 그는 온 땅의 심판주이시기 때문이다. 사도도 이러한 논지를 전개하고 있다(롬 3:5, 6). 주목하라. [1] 하나님은 세상의 심판주이시다. 하나님이 모든 이들에게 책임을 주시고, 그들을 살펴보시며, 모두에게 심판을 선고하실 것이다. [2] 전능하신 하나님은 올바른 것을 보류하시지도, 올바른 것보다

더 많은 것을 베푸시지도 않으시며, 절대로 그 어떤 피조물에게도 그 어떠한 잘못도 행하지 않으셨고 또한 절대로 잘못을 행하지도 않으실 것이다(욥 34:10, 11).

2. 이 기도에는 큰 겸손이 있다.

(1) 자신의 무가치함에 대한 깊은 자각이 있다. **나는 티끌이나 재와 같사오나 감히 주께 아뢰나이다**(27, 31절). 그는 자신의 담대함에 대해, 또한 하나님께서 은혜로 그에게 베푸신 자유에 대해 스스로도 놀라며 간구하고 있다. 하나님의 위대하심과 — 그는 여호와시다 — 자신의 비천함을 돌아보고 있는 것이다. **나는 티끌이나 재와 같사오나.** 주목하라. [1] 아무리 위대하고 탁월하며 훌륭한 사람도 하나님 앞에서는 티끌이나 재처럼 비천하고 추하며 연약하고 죽어가는 존재들인 것이다. [2] 하나님께 가까이 나아갈 때마다 우리는 우리와 하나님 사이의 이 무한한 거리를 경건한 자세로 시인하는 것이 합당하다. 그는 영광의 주요, 우리는 땅의 벌레들인 것이다. [3] 우리가 은혜의 보좌 앞에 나아가게 되었고, 또한 하나님께 아뢸 자유가 우리에게 주어졌다는 것은 겸손함과 놀라움으로 받아들여야 할 문제다(삼하 7:18).

(2) 하나님의 불쾌하심에 대한 처절한 두려움이 있다. **내 주여 노하지 마시옵고 말씀하게 하옵소서**(30절). 32절에서도 이것이 다시 반복된다. 주목하라. [1] 신자들이 하나님께 끈질기게 말씀드리는 것은, 만일 그들이 그들 같은 사람에게 그렇게 하면 그 사람들이 역겨워 화를 낼 만한 것이다. 그러나 우리가 대하는 분은 **하나님이시요 사람이 아니시며,** 따라서 그가 어떻게 보이든지 간에 의로운 자들의 기도에 대하여 노하지 아니하신다(시 80:4). 그가 그들을 기뻐하시니(잠 15:8), 그들의 끈질긴 간구를 듣기를 기뻐하시는 것이다. [2] 하나님이 사랑하신다는 특별한 증표들을 받았다 할지라도, 우리 자신이 하나님을 역겹게 거스르지 않을까 매우 조심하여야 한다. 그러므로 우리의 믿음으로 중보자를 함께 대동하여 그가 우리의 허물을 속죄하시도록 해야 한다.

3. 이 기도에는 큰 자비가 있다. (1) 소돔의 성격에 대한 자비로운 판단. 소돔이 처절하게 악했으나, 그래도 거기에 선한 사람들이 몇 명은 있을 것으로 생각하였다. 최악의 상황에서도 최선의 것을 소망하는 것이 우리에게 합당한 일이다. 소망을 갖지 않는 것보다는 차라리 그런 극단적인 상황에 대해 실수를 저지르는 편이 더 낫다. (2) 소돔의 복지에 대한 자비로운 바람. 그는 은혜의

보좌 앞에서 그들에게 긍휼을 베푸시기를 간곡히 아뢰었다. 그가 여기서 소돔을 위해 행하는 간구에는 그 자신이나 자기 가족을 위하여 드린 그 어떤 간구보다 더 극한 간절함이 배어 있다.

4. 이 기도에는 큰 담대함과 강한 신뢰가 있다. (1) 그는 소돔에 있을 것으로 여겨지는 의인의 숫자를 자기 생각대로 제시하였다. 거기에 의인 오십 명은 있으리라 여긴 것이다(24절). (2) 그는 하나님의 넓으신 아량을 거듭거듭 구하였다. 하나님이 많은 것을 허락하셨으나, 그는 여전히 더 많은 것을 구하였고, 하나님이 그것을 들어주시리라는 소망을 가졌다. (3) 그는 할 수 있는 만큼 조건을 낮추어 제시하였다(그리하여 하나님은 다섯 성읍에 의인 열 명만 있어도 그들에게 긍휼을 베푸시기로 하셨다). 아브라함이 그들이 충분히 긍휼을 입을 것이라 결론지을 정도로 그 조건이 매우 낮았다.

Ⅳ. 기도의 성공. 아브라함은 이렇게 씨름한 결과 놀랍게 응답을 얻었다. 그는 그저 구하여 응답을 받은 것이다.

1. 하나님의 전반적인 선의(善意)가 여기서 드러났다. 곧, 의인을 위하여 악인을 살려두기로 동의하신 것이다. 하나님이 긍휼을 보이시는 데에 얼마나 신속한가를 보라. 그는 긍휼을 보일 이유를 찾기까지 하시는 것이다. 선한 사람들이 어느 곳에서나 얼마나 큰 축복이 되며, 또한 그들을 미워하고 박해하는 자들이 그들과 친구가 되기를 얼마나 꺼리는지를 보라.

2. 하나님께서 아브라함에게 보이신 특별한 사랑이 여기서 드러난다. 곧, 아브라함이 청을 중지할 때까지 그가 계속 마다하지 않으셨다는 것이다. 기도의 능력이 이렇다. 그런데 어째서 아브라함이 청을 그만두었을까? 의인 열 사람만 있어도 그 성읍을 살려두시라는 그의 청까지도 하나님께서 마다하지 않으셨는데 말이다. 다음 두 가지 이유 중 하나일 것이다. (1) 그 성읍에 의인이 열 명도 없다면 그 성읍이 멸망해 마땅하다고 생각했기 때문이다. 마치 한 해 동안 무화과나무가 열매를 내지 못하면 찍어버려도 좋다고 대답한 포도원지기와도 같은 심정이었다(눅 13:9). 아니면, (2) 하나님께서 그의 심령을 억제하셔서 더 이상 구하지 않게 하셨기 때문이다. 하나님께서 한 곳의 멸망을 결정하시면, 그는 그 곳을 위해 기도하는 것을 금지하신다(렘 7:16; 11:14; 14:11).

Ⅴ. 만남의 종결(33절).

1. 여호와께서 아브라함과 말씀을 마치시고 가시니. 이 세상에서는 하나님을 만

나는 일이 늘상 계속되는 것이 아니다. 오직 믿음으로 하나님을 우리 앞에 두는 것뿐이다. 하나님은 아브라함이 할 말을 다 한 후에 비로소 떠나가셨다. 그는 결코 기도를 들으시기에 지치시는 법이 없는 것이다(사 59:1).

2. **아브라함도 자기 곳으로 돌아갔더라.** 그는 그에게 존귀가 주어진 것에 우쭐해지지도 않았고, 이런 놀라운 대면으로 일상적인 일을 완전히 무시하지도 않았다. 그는 일이 어떻게 될지를 보려고 자기 처소로 돌아갔다. 그리고 그의 기도가 응답을 받았음이 드러났다. 그러나 소돔은 의인 열 명이 없어서 살아남지 못했다. 사람에게는 아무리 적게 기대해도 무방하며, 하나님께는 아무리 크게 기대해도 무방한 법이다.

제 — 19 — 장

개요

본 장의 내용은 벧후 2:6-8에도 기록되어 있는데, 거기서는 "하나님이 소돔과 고모라 성을 멸망하기로 정하여 재가 되게 하셨으나 의로운 롯은 건지셨다"는 것을 알게 된다. 이는 소돔이 멸망한 역사요, 또한 롯이 그 멸망에서 구원받은 역사다. 우리는 18장에서 하나님이 소돔의 현 상태를 보려고, 거기에 악이 어느 정도이며 어떤 의인들이 거기에 있는가를 보려고 오시는 것을 읽었는데, 여기서는 그 조사의 결과가 나타나고 있다. I. 롯이 매우 선하다는 것이 드러났고(1-3절), 그처럼 의로운 자가 그 곳에 더 있다는 것이 드러나지 않았다. II. 소돔 사람들이 매우 악하고 더럽다는 것이 드러났다(4-11절). III. 그러므로 롯과 그의 가족들을 안전한 곳으로 데려가는 특별 조치가 취해진다(12-23절). IV. 거기서 긍휼이 기뻐함과 동시에, 소돔의 멸망과 롯의 아내의 사망에서 정의가 그대로 드러나며(24-26절), 그 이야기가 전반적으로 반복된다(27-29절). V. 롯이 두 딸과 근친상간을 범하는 추악한 죄를 범하였다(30-38절).

[1]저녁 때에 그 두 천사가 소돔에 이르니 마침 롯이 소돔 성문에 앉아 있다가 그들을
보고 일어나 영접하고 땅에 엎드려 절하며 [2]이르되 내 주여 돌이켜 종의 집으로 들
어와 발을 씻고 주무시고 일찍이 일어나 갈 길을 가소서 그들이 이르되 아니라 우
리가 거리에서 밤을 새우리라 [3]롯이 간청하매 그제서야 돌이켜 그 집으로 들어오
는지라 롯이 그들을 위하여 식탁을 베풀고 무교병을 구우니 그들이 먹으니라

십중팔구 이 천사들은 방금 전에 아브라함과 함께 있었던 세 천사 중 둘이었을 것이다. 이 창조된 두 천사들이 소돔과 관련한 하나님의 뜻을 시행하기 위해 보내심을 받은 것이다. 여기서 관찰하라.

1. 소돔에는 선한 사람이 하나밖에 없었고, 이 두 사자들은 그 사실을 금방 확인하였다. 우리는 어디서든 하나님을 경외하며 사는 자들이 있는 곳을 탐문하여 그들과 어울려야 할 것이다. 그 중에 합당한 자를 찾아내어 거기서 머물라

(마 10:11). 같은 나라에 속한 자들은 타국에서도 서로 함께 있기를 바라는 법이다.

2. 이 당시 롯은 자신과 나머지 이웃들과의 뚜렷한 차이를 드러내 보였다. 나머지처럼 행동하지 않는 자들을 나머지처럼 대접해서는 안 된다. (1) 롯은 저녁 때에 소돔 성문에 앉아 있었다. 나머지 사람들이 술과 향락에 취해 있을 때에 그는 홀로 앉아 선을 행할 기회를 기다리고 있었다. (2) 그는, 성으로 들어오는 사람들이 정장은 하지 않았으나 품위 있고 진지한 모습을 풍기는 것을 보고 극진한 존경으로 그들을 대하였다. 그들을 만나자 땅에 엎드려 절하였다. 그들에게 무언가 신적인 점이 있는 것을 첫눈에 알아보기라도 한 것처럼 극진히 공대한 것이다. (3) 그는 그들을 자비롭게 정성껏 대접하였다. 이 낯선 객들을 자기 집으로 모셔들였고, 최고의 잠자리를 제공하고, 자신의 순전함을 한껏 드러내 보였다. 왜냐하면, [1] 천사들이 그가 초청하는 것이 과연 마음에서 우러나온 것인가를 시험하기 위하여 천사들이 청을 사양하였으나(이는 통상적인 예의로서, 진실함과 정직함을 손상시키는 것이 절대로 아니다), 그는 계속 끈질기게 구하였다. **롯이 간청하매.** 이는 그 객들이 소돔의 거리에서 숙식하는 불편함과 위험을 감수하도록 내버려 둘 의향이 전혀 없기 때문이기도 했고, 또한 그들과 함께 하며 대화를 나누기를 바랐기 때문이기도 했을 것이다. 그는 오랜 동안 소돔에서 그런 정직한 모습을 지닌 사람을 만나보지 못하던 터였던 것이다. 주목하라. 악한 곳에 사는 자들은 지혜롭고 선한 자들과 어울리는 것을 귀하게 여기는 법을 알아야 하며, 또한 그것을 순전하게 사모해야 한다. [2] 천사들이 그의 청을 수락하자, 그는 그들을 극진히 모셨다. 그들을 위하여 잔치를 마련하였고, 그것을 그런 손님이 받아 마땅한 것으로 여겼다. 주목하라. 선한 사람들은 또한 (신중한 판단을 지닌) 너그러운 사람들이어야 한다.

4그들이 눕기 전에 그 성 사람 곧 소돔 백성들이 노소를 막론하고 원근에서 다 모여
그 집을 에워싸고 5롯을 부르고 그에게 이르되 오늘밤에 네게 온 사람들이 어디 있
느냐 이끌어 내라 우리가 그들을 상관하리라 6롯이 문 밖의 무리에게로 나가서 뒤
로 문을 닫고 7이르되 청하노니 내 형제들아 이런 악을 행하지 말라 8내게 남자를
가까이 하지 아니한 두 딸이 있노라 청하건대 내가 그들을 너희에게로 이끌어 내
리니 너희 눈에 좋을 대로 그들에게 행하고 이 사람들은 내 집에 들어왔은즉 이 사

람들에게는 아무 일도 저지르지 말라 [9]그들이 이르되 너는 물러나라 또 이르되 이
자가 들어와서 거류하면서 우리의 법관이 되려 하는도다 이제 우리가 그들보다 너
를 더 해하리라 하고 롯을 밀치며 가까이 가서 그 문을 부수려고 하는지라 [10]그 사
람들이 손을 내밀어 롯을 집으로 끌어들이고 문을 닫고 [11]문 밖의 무리를 대소를 막
론하고 그 눈을 어둡게 하니 그들이 문을 찾느라고 헤매었더라

그런데, 소돔에 대한 부르짖음이 이유 없이 시끄러운 것이 아니었음이 분명하게 드러난다. 이 밤에 벌어진 일만으로도 그 악의 분량을 채우고도 남았다. 여기서 다음을 보게 된다.

I. **그들 모두가 악하다는 것**(4절). 사악함이 보편적인 현상이 되었고, 그들은 더러운 계획에서 혼연일체가 되어 있었다. 늙은이나 젊은이나 할 것 없이 사방에서 모두가 이 소동에 가담하였다. 늙은이들은 아직 그런 일에서 벗어나지 못했고, 젊은이들도 그런 일에 맛을 들이고 있었다. 질서를 지켜 주고, 평화를 보호해 줄 관원이 없었거나, 아니면 관원들도 그 일을 돕고 함께 가담했을지도 모른다. 주목하라. 죄의 질병이 전염병이 되어 사방에 퍼지게 되면, 어느 곳이든 치명적인 처지가 된다(사 1:5-7).

II. **그들이 사악함의 극치에 달해 있었다는 것**. 그들은 여호와 앞에 악하며 큰 죄인이었다(13:13). 왜냐하면 1. 그들이 지금 하려는 짓은 본성을 거스르는 지극히 가증스런 악행이어서 지금도 여전히 그들의 이름을 따서 소도미(Sodomy: 동성애)라 불리는 죄다. 그들은 야만적인 것보다 더 악한 그 더러운 감정에 완전히 빠져 있었는데(롬 1:26, 27), 그것은 인간 본성을 영원토록 욕되게 하는 것이요, 최소한의 덕성이 있다 해도, 또한 본성의 빛과 양심이 조금만 남아 있다 해도 두려워서 생각조차 하지 못할 그런 치욕스런 죄악이었다. 주목하라. 본성을 거스르는 부정(不貞)에 스스로를 내어던지는 자들은 영원한 불의 형벌을 받도록 정해진 자들이다(유 7).

2. 그들은 이에 대해 부끄러움도 없이 강제적인 완력으로 그들의 계획을 실행에 옮겼다. 음모를 꾸며 속임수로 그 일을 행했다 해도 족히 악했을 것인데, 그들은 덕성과 전쟁을 선포했고 노골적으로 그것을 거부했다. 그러므로 대담한 죄인들에 대해 죄를 말해 주고 숨기지 못함이 소돔과 같다고 말한다(사 3:9). 주목하라. 몰염치하게 죄에 빠진 자들은 일반적으로 죄에 대해 회개함이 없다.

그리고 그것이 그들의 패망이 될 것이다. 부끄러움도 없이 죄를 범하는 자들이 마음이 완악한 자들이다(렘 6:15).

3. 롯이 나서서 지극히 온화한 자세로 그들의 정욕의 격렬한 감정들을 누그러뜨리려 했으나 그들은 오만방자하게 그를 공격했다. 롯은 위험을 무릅쓰고 그들 중에 있었다(6절). 그는 예의를 갖추어 그들을 대하였고, 그들을 형제들이라 부르면서(7절) 그렇게 악을 행하지 말 것을 간청하였다. 그리고 그들이 거세게 몰아붙이자 그는 크게 난감하여 분별없이 도저히 정당화될 수 없는 실수를 범하고 말았다. 마음대로 윤간하도록 두 딸을 내어주겠다고 제의하였다(8절). 물론 두 가지 악 중에 덜한 것을 택하여야 하는 것은 사실이다. 그러나 두 가지 죄 중에는 그 어떤 것도 택해서는 안 되며, 선한 결과를 내기 위해 악을 행해서는 더더욱 안 된다. 롯은 그들과 이치를 따지면서, 이들이 손님이므로 이들에게 호의를 베풀어야 하고 이를 위해 자기 집을 보호해 줄 것을 간청하였다. 그러나 오로지 정욕과 격정에만 사로잡혀 있는 그 드센 죄인들에게 호소한다는 것은 마치 으르렁대는 사자나 화난 곰에게 호소하는 것이나 마찬가지였다. 롯이 그들을 말린 것 때문에 그들은 오히려 더 화가 났고, 그들의 악을 완결짓고 그 죄의 분량을 가득 채우고자 그에게 달려들었다. (1) 그들은 그를 조롱하며, 그 성에서 자유민도 못 되는 주제에 마치 법관 노릇을 하려 한다고 나무랐다(9절). 주목하라. 책망하는 자가 남의 직위를 빼앗는 자로 부당하게 욕을 당하며, 또한 친구로서 친절을 베푸는 데도 재판관의 권위를 사칭하는 것으로 비난을 당하는 예가 허다하다. 마치 해를 입지 않으려면 이성적인 말을 전혀 하지 말아야 하는 것처럼 말이다. (2) 그들은 그를 위협했고, 그에게 폭력을 행사하려 했고, 그리하여 선한 롯은 이 포악한 폭도들에게 갈가리 찢겨질 위험에 처하였다. 주목하라. [1] 변화되기를 싫어하는 자들은 아무리 부드럽게라도 자기들을 질책하는 자들을 미워한다. 오만한 죄인들이 양심의 찔림을 받으면, 마치 소돔 사람들이 롯으로 인하여 저지른 것과 같은 행위를 저지른다. 곧, 그들을 질책하는 자들을 당혹케 하며, 그들의 권고를 맞받아치고 거세게 반발하여 그들을 제압하며 그들의 입을 막고, 그리하여 결국 그들 스스로 패망을 맞기에 합당하게 만드는 것이다. [2] 하나님의 사자들과 신실한 책망자들을 학대하면, 그것은 곧 사람들의 사악함이 극에 달한 것이요 그런 사람들은 결국 돌이킬 수 없이 멸망을 당할 처지가 되고 만다. 잠 29:1; 대하 36:16을 보라. 책

망으로 치유되지 않는다면, 더 이상 치유책이 없는 것이다. 대하 25:16을 보라.

III. 선한 사람을 그들의 사악한 손길에서 구해낼 수 있는 것은 천사의 능력 밖에는 없었다는 것. 이제는 소돔의 처지가 어떠한지 소돔에 대해 어떤 조치를 취해야 할지가 논란의 여지 없이 분명해졌으므로, 천사들은 그들이 곧 시행하고자 하는 조치를 즉시 그들에게 본보기로 보여주었다.

1. 그들은 롯을 구했다(10절). 주목하라. 물을 주는 자는 그 자신도 물을 받을 것이다. 롯은 천사들을 보호하느라 고심했고, 롯이 베푼 친절에 대해 이제 천사들이 그를 안전하게 지킴으로써 보답한다. 또한 주목하라. 천사들은 선행으로 인하여 위험에 처한 자들을 특별히 보존하기 위하여 쓰임을 받는 것이다. 성도들은 죽을 때에 롯처럼 완전히 안전한 집으로 이끌려가고 영원토록 문이 닫혀져 그들을 쫓는 자들이 더 이상 추적하지 못하게 된다.

2. 그들은 소돔 사람들의 오만방자함을 징계한다. **문 밖의 무리를 대소를 막론하고 그 눈을 어둡게 하니**(11절). 이렇게 한 것은, (1) 그들의 계속된 악한 시도를 무력화하고 종결짓기 위함이었다. 이성에 귀가 먼 자들은 눈이 어둡게 되는 것이 정당했다. 격렬한 박해자들이 이성을 잃고 있어서 하나님의 사자들을 대적하는 그들의 사악한 계획들을 밀고 나가지 못하는 경우가 많다(욥 5:14, 15). 그러나 이 소돔 사람들은 눈이 어두워진 후에도 기진맥진할 때까지 계속해서 문을 찾아 부수려 했다. 그들의 눈이 어두워졌을지언정 정신만이라도 깨어 있었다면, 그들은 애굽의 요술사들처럼, **이것은 하나님의 권능이니이다** 라고 말했을 것이고(출 8:19), 거기에 굴복했을 것이다. (2) 이것은 그 이튿날에 임할 그들의 처절한 멸망을 미리 예고하는 것이었다. 하나님께서 의로운 판단으로 사람들의 눈을 멀게 하실 때에는 그들은 이미 절박한 처지에 놓여 있는 것이다(롬 11:8, 9).

12그 사람들이 롯에게 이르되 이외에 네게 속한 자가 또 있느냐 네 사위나 자녀나
성 중에 네게 속한 자들을 다 성 밖으로 이끌어 내라 13그들에 대한 부르짖음이 여
호와 앞에 크므로 여호와께서 이 곳을 멸하시려고 우리를 보내셨나니 우리가 멸하
리라 14롯이 나가서 그 딸들과 결혼할 사위들에게 말하여 이르기를 여호와께서 이
성을 멸하실 터이니 너희는 일어나 이 곳에서 떠나라 하되 그의 사위들은 농담으
로 여겼더라

여기서는 롯의 구원을 준비하는 내용을 보게 된다.

I. 롯에게 소돔의 멸망이 다가오고 있음을 알림. 여호와께서 이 곳을 멸하시려고 우리를 보내셨나니 우리가 멸하리라(13절). 주목하라. 거룩한 천사들은 하나님의 백성들의 보존과 구원을 위하는 하나님의 긍휼의 사자들이요 또한 죄인들의 멸망을 위하는 그의 진노의 사자들이기도 하다. 이런 의미에서 선한 천사들도 재앙의 천사들이 된다(시 78:49).

II. 롯에게 그의 친지들에게 알려, 원하면 그들도 함께 구원받을 수 있도록 하라고 지시함. "이외에 네게 속한 자가 또 있느냐? 네가 염려하고 걱정하는 자가 또 있느냐? 있다면 가서 그들에게 장차 될 일을 알리라"(12절). 이는 다음과 같은 점을 암시해 준다. 1. 큰 임무를 명령하는 것임. 곧, 주위에 있는 자들을 구원하고 그들을 불 가운데서 끄집어내기 위하여 최선을 다하라는 것이다. 주목하라. 은혜로 말미암아 죄악된 상태에서 구원함을 받은 자들은 다른 사람들, 특히 친족들의 구원을 위하여 최선의 노력을 기울여야 한다. 2. 큰 호의를 베푸는 것임. 천사들은 롯에게 구원을 받기에 합당한 다른 의인이 그 성에 또 있는지를 묻지 않았다. 다른 의인이 없다는 것은 그들도 이미 알고 있었다. 그들은 롯에게 의인이든 아니든 간에 그와 함께 구원받을 수 있는 다른 친족이 없는지를 물은 것이다. 주목하라. 나쁜 사람들도 좋은 친족을 둔 덕에 이 세상에서 더 잘 되는 경우가 많다. 경건한 사람과 가깝다는 것은 좋은 일이다.

III. 롯이 사위들에게 함께 떠나기를 권함(14절). 관찰하라. 1. 롯이 그들에게 분명히 경고함. 너희는 일어나 이 곳에서 떠나라. 그의 말투가 매우 다급하고 재촉하는 것이었다. 멸망이 문 앞에 닥쳐와 있으므로 논란을 벌일 시간이 없었다. 니느웨 사람들은 사십 일 동안 회개할 여유가 있었지만, 이들에게는 그런 여유가 전혀 없었다. 지금 행동하지 않으면 영원히 피할 수가 없었다. 이런 급박한 외침이 한밤중에 전해진 것이다. 회심하지 않은 자에게 돌이켜 생명을 얻으라고 외치는 우리의 부름이 바로 이와 같은 것이다. 2. 그들이 이 경고를 가볍게 취급함. 그의 사위들은 농담으로 여겼더라. 어쩌면 그들의 생각에 롯이 소돔 사람들에게 격렬한 공격을 당하여 매우 정신이 없는 상태에서 두려움으로 생각도 없이 말을 하는 것으로 여겼을 것이다. 아니면 롯이 사위들을 진지하게 대하지 않는다고 생각했을 수도 있다. 이들은 항상 장난처럼 삶을 살고, 모든 것을 농담으로 취급하더니 이 경고도 농담으로 받아들여서 결국 소돔과 함께 멸망하고 말았다. 죄로 말미암아 비참하고도 위험한 상태 속에 있는 것에 대해 경고를 받으면서도 이것을 가볍게 취급하는 자들이 많은데, 이들은 멸망할 것이요 그들의 피가 그들 자신의 머리로 돌아갈 것이다.

15동틀 때에 천사가 롯을 재촉하여 이르되 일어나 여기 있는 네 아내와 두 딸을 이
끌어 내라 이 성의 죄악 중에 함께 멸망할까 하노라 16그러나 롯이 지체하매 그 사
람들이 롯의 손과 그 아내의 손과 두 딸의 손을 잡아 인도하여 성 밖에 두니 여호
와께서 그에게 자비를 더하심이었더라 17그 사람들이 그들을 밖으로 이끌어 낸 후
에 이르되 도망하여 생명을 보존하라 돌아보거나 들에 머물지 말고 산으로 도망하
여 멸망함을 면하라 18롯이 그들에게 이르되 내 주여 그리 마옵소서 19주의 종이 주
께 은혜를 입었고 주께서 큰 인자를 내게 베푸사 내 생명을 구원하시오나 내가 도
망하여 산에까지 갈 수 없나이다 두렵건대 재앙을 만나 죽을까 하나이다 20보소서
저 성읍은 도망하기에 가깝고 작기도 하오니 나를 그 곳으로 도망하게 하소서 이
는 작은 성읍이 아니니이까 내 생명이 보존되리이다 21그가 그에게 이르되 내가 이
일에도 네 소원을 들었은즉 네가 말하는 그 성읍을 멸하지 아니하리니 22그리로 속
히 도망하라 네가 거기 이르기까지는 내가 아무 일도 행할 수 없노라 하였더라 그
러므로 그 성읍 이름을 소알이라 불렀더라 23롯이 소알에 들어갈 때에 해가 돋았더
라

I. 롯이 소돔에서 구원받음. 소돔성이 구원받을 의인 열 명이 없었으나, 그들 중에 있던 의인 한 사람은 그의 영혼이 구원함을 받았다(겔 14:14). 이른 아침 롯의 손님들이 그를 그의 가족과 함께 문 밖으로 나가게 했다(15절). 결혼한 딸들은 그들의 불신 남편들과 함께 멸망하였으나, 아직 롯과 함께 있던 딸들은 그와 함께 목숨을 보존하였다. 관찰하라.

1. 롯은 천사들에 의하여 억지로 소돔을 빠져나갔으니, 이 얼마나 은혜로운 강압적 조치였는지 모른다(16절). 사위들처럼 경고를 농담으로 여기진 않았으나, 그는 절박한 처지임에도 하찮은 것들에 신경 쓰느라 서두르지 않고 꾸물거렸다. 이처럼 자신의 영적인 비참의 상태에 대해 어느 정도 깨우침이 있고, 또한 변화되어야 한다는 것을 알고 있으면서도, 어리석게도 필요한 일을 미루고 꾸물거리는 자들이 많다. 롯이 그러했다. 그러므로 천사들이 롯의 손과 그 아내

의 손과 두 딸의 손을 잡아 인도하여 성 밖에 두어 두려움으로 구원하지 않았더라면(유 23) 그는 치명적인 해를 입고 말았을 것이다. 이에 대해서 본문은 여호와께서 그에게 자비를 더하심이었더라 라고 말씀한다. 여호와의 자비가 없었더라면 그들은 그를 멸망하게 내버려 두었을 것이다. 롯이 그 곳을 떠나기를 그렇게 싫어했으니 말이다. 주목하라. (1) 아무리 의로운 자들이라도 그들의 구원은 그들 자신의 공로가 아니라 여호와의 자비에서 비롯된다. 우리는 은혜로 말미암아 구원받는 것이다. (2) 영혼들을 죄악된 상태에서 이끌어 내는 일에서 또한 하나님의 능력을 인정해야 한다. 하나님이 끌어 내지 않으셨더라면, 우리 스스로는 절대로 나오지 않았을 것이다. (3) 하나님이 자비를 베풀지 않으셨더라면, 우리는 꾸물거리다가 멸망되고 말았을 것이다.

2. 그들은 롯을 성 밖으로 이끌어 낸 후에도 속히 도망하라고 그에게 강권한다(17절). (1) 그는 자신이 여전히 불에 소멸될 위험 속에 있다는 것을 깨닫고, 목숨을 보존하기 위하여 속히 도망쳐야 했다. 주목하라. 거룩한 두려움과 떨림이 우리의 구원을 이루는 데에 필수적이라는 것이 드러난다. (2) 그러므로 그는 지극히 조심스럽고도 부지런히 그 일에 전력을 기울여야 했다. 소돔에 대해 미련이 있어서는 안 되었다. 돌아보지 말라. 중간에 머뭇거려서는 안 되었다. 들에 머물지 말라. 그 모든 지경이 다 사해(死海)가 되어 버리고 말 것이기 때문이었다. 그는 그에게 지정된 피난처까지 반드시 이르러야 했다. 산으로 도망하여 멸망함을 면하라. 은혜로 말미암아 죄악된 상태에서 구원함을 받는 자들에게 주어지는 명령들이 이와 같은 것들이다. [1] 죄와 사탄에게로 돌아가지 말라. 소돔을 돌아보는 것이 바로 그와 같은 것이다. [2] 네 자신과 세상에 머물지 말라. 들에 머무는 것이 바로 그와 같은 것이다. [3] 그리스도와 천국에 이르라. 이것이 바로 산으로 도망하는 것이요, 우리는 반드시 이를 이루어야 한다.

II. 롯을 위하여 피난처가 정해짐. 처음에는 롯이 도망할 목적지로 산이 정해졌다. 그러나, 1. 그는 함께 연하여 있는 다섯 개의 성읍 가운데 벨라라 불리는 성읍을 그의 도피성으로 지정해 주기를 구하였다(18-20절. 참조. 14:2). 롯이 하나님이 지정하시는 산보다 자기가 정하는 성읍이 더 안전할 것으로 생각한 것은 그의 연약함의 소치였다. 롯이 주께서 큰 인자를 내게 베푸사 내 생명을 구원하시오나 내가 도망하여 산에까지 갈 수 없나이다 라고 말한 것은 전혀 사리에 맞지 않는 것이었다. 롯이 소돔에서 머뭇거릴 때에 그를 강제로 그 곳에서 끌어 내신 것이 하나님이시니, 롯이 피곤을 느끼기는 하나 그가 그를 안전하게 산에까지 데려가실 수 있지 않았겠는가? 더 큰 악에서 그를 구원하신 하나님이 더 작은 재난에서 구원하시지 못하겠는가? 그는 하나님께 간청하면서 그 곳이 작다는 것을 매우 강조하였다. 저 성읍은 … 작기도 하오니 나머지 성읍들만큼 나쁘지 않으리라고 바란 것이다. 이리하여 그 곳에 작은 곳이라는 뜻의 소알이라는 새 이름이 붙여졌다. 작은 이들을 위한 간구들은 기억할 만한 가치가 있다.

2. 롯의 간청에 부족한 점이 많았으나 하나님께서는 그의 청을 들어주셨다(21, 22절). 비록 연약하지만 참된 성도에게 하나님께서 어떠한 자비를 베푸시는가를 보라. (1) 롯의 소원을 만족시키기 위하여 소알이 심판에서 제외되었다. 그의 간구는 아브라함이 소돔을 위해 한 간구처럼 자비로운 사랑의 성격을 띤 것이 아니라 순전히 자기의 유익을 위한 것이었지만, 하나님은 그의 요청을 들어주셨고, 그리하여 의인의 간절한 기도가 얼마나 역사하는 힘이 많은지를 보여주셨다. (2) 롯이 안전해지기까지 소돔의 멸망이 유예되었다. 네가 거기 이르기까지는 내가 아무 일도 행할 수 없노라. 주목하라. 선한 사람이 있다는 것 자체가 심판을 연기시키는 데에 도움이 된다. 하나님이 그의 백성의 보존을 위해 얼마나 신경을 쓰시는가를 보라. 하나님의 종들이 인침받기까지 바람이 붙잡혀 있는 것이다(계 7:3; 겔 9:4).

III. 롯이 소알에 들어갈 때에 해가 돋아 있었다는 것이 드러남. 선한 사람이 어느 곳에 들어가면 그가 빛을 몰고 들어가는 법이다.

24여호와께서 하늘 곧 여호와께로부터 유황과 불을 소돔과 고모라에 비같이 내리사
25그 성들과 온 들과 성에 거주하는 모든 백성과 땅에 난 것을 다 엎어 멸하셨더라

롯이 소알에 안전하게 당도한 후에, 멸망이 임하였다. 선한 사람들은 다가오는 악에게서 피하는 법이다. 해가 돋아 밝은 빛을 비추어 아주 화창한 날이 될 것으로 기대되는 때에 갑자기 이런 광풍이 불어왔는데, 이는 그것이 자연적인 원인에서 비롯된 것이 아님을 어실히 보여준다. 이 멸망에 관하여 관찰하라.

1. 그 일은 하나님의 직접적인 역사였다. 그것은 전능자에게서 임한 멸망이

었다. 여호와께서 … 여호와께로부터 … 다 엎어 멸하셨더라(24절). 곧, 일상적인 자연 현상을 통해서가 아니라, 하나님께서 친히 그 자신의 직접적인 능력으로 그 일을 이루셨다는 것이다. 아니면, 성자 하나님께서 성부 하나님께로부터 그 일을 행하셨다는 뜻이다. 성부께서 성자에게 모든 심판을 맡기셨으니 말이다. 주목하라. 구주이신 그분이 바로 구원을 거부하는 자들을 멸하시는 분이 되신다.

2. 그것은 낯선 형벌이었다(욥 31:3). 그 멸망은 전무후무한 것이었다. 하늘로부터 지옥이 홍수처럼 그들에게 쏟아져 내린 것이다. 불과 유황과 태우는 바람이 그들의 잔의 소득이 되었다(시 11:6). 번갯불 하나만으로도 하나님께서 허락하시면 가공할 파괴력을 발휘하고도 남는데, 유황이 홍수처럼 그들의 거처에 쏟아져 내렸고(욥 18:15), 그 다음 불이 그들을 죄어 온 것이다. 하나님은 옛 세상을 멸하실 때와 같은 방식으로 그들을 물에 빠져 죽게 하실 수도 있었다. 그러나 그는 가지각색의 화살들을 화살통에 준비하고 계시다는 것을 보여주고자 하셨고, 옛적에 물로 심판하셨듯이 이번에는 불로 심판하신 것이다.

3. 그것은 모든 것들을 다 쓸어버리는 심판이었다. 그 성들과 온 들과 성에 거주하는 모든 백성과 땅에 난 것을 다 엎어 멸하셨더라(25절). 그것은 전혀 복구의 여지가 없이 모든 것을 완전히 초토화시킨 멸망이었다. 그 비옥하던 계곡이 오늘날에는 큰 호수가 되어 남아 있고, 사해(死海) 혹은 염해(鹽海)라 불린다(민 34:12). 여행객들은, 그 호수가 길이가 삼십 마일 가량, 폭이 십 마일 가량 되며, 그 속에 생물이 하나도 없고, 바람에 물결치지도 않고, 역한 냄새가 코를 찌르며, 물건들이 쉽게 가라앉지 않는다고들 한다. 헬라인들은 거기서 일종의 역청 같은 것이 생겨난다고 해서 그곳을 아스팔티테스라 부른다. 요단강이 그리로 흘러들어가며, 거기서 흐름을 멈춘다.

4. 이것은 그들의 죄에 대한 응분의 형벌이었다. 인간의 본성을 거슬러 정욕을 불태운 그들의 죄악은 이처럼 기이하게 불태우는 심판으로 징벌을 받아 마땅한 것이었다. 그들이 음란하며 다른 육체를 따라가다가 영원한 불의 형벌을 받은 것이다(유 7). 그들은 소동을 벌여 천사들을 박해했고, 롯을 위협하였다. 그런데 이제 하나님께서 그의 광풍으로 그들을 박해하시고 그의 폭풍으로 그들을 두렵게 하신 것이다(시 83:15).

5. 이것은 모든 시대마다 죄와 죄인들을 향하여 하나님이 진노하신다는 것

을 보여주는 항구적인 계시로 베풀어진 것이다. 그렇기 때문에, 성경은 이 사건을 자주 반복하여 언급하며, 또한 이스라엘의 패망의 본보기로(신 29:33), 바벨론(사 13:19), 에돔(렘 49:18), 모압과 암몬(습 2:9) 등의 멸망의 본보기로 제시되는 것이다. 아니, 이것은 영원한 불의 형벌을 예표하며(유 7), 경건하지 아니할 모든 자들의 멸망의 본이 되며(벧후 2:6), 특히 복음을 멸시하는 자들의 멸망의 본보기가 되는 것이다(마 10:15). 저주 받은 곳을 가리켜 자주 소돔처럼 불과 유황이 타오르는 못으로 표현하는 것은 바로 여기의 멸망을 빗대는 것이다. 이 사건에서 교훈을 얻어야 하겠다. (1) 죄가 악하며 해악을 끼치는 성격을 지녔다는 것. (2) 여호와의 처절한 공포. 살아계신 하나님의 손에 빠져 들어가는 것이 얼마나 무서운 일인가를 보라!

26 롯의 아내는 뒤를 돌아보았으므로 소금 기둥이 되었더라

이 부분 역시 우리를 교훈하기 위하여 기록된 것이다. 우리 주님도 이 일을 언급하신다. 롯의 처를 기억하라(눅 17:32). 소돔의 본보기를 통해서 사악한 자들이 그 사악함에서 돌이키도록 경고를 받듯이, 롯의 아내의 본보기를 통해서 의로운 자들이 그 의로움에서 돌아서지 말도록 경고를 받는 것이다. 겔 3:18, 20을 보라. 여기서 다음을 보라.

I. 롯의 아내의 죄. 롯의 아내는 뒤를 돌아보았으므로. 이것은 아주 하찮은 일인 것처럼 보이나, 그에 대한 형벌을 보면 그것이 큰 죄요 지극히 죄악된 일이었음을 확신하게 된다. 1. 롯의 아내는 명확한 명령에 불순종하였고, 그리하여 우리 모두를 망쳐버린 아담의 범과를 좇아 범죄한 것이다. 2. 그 밑바닥에 불신앙이 자리하고 있었다. 그는 소돔이 과연 멸망할 것인가를 의심했고, 소돔에 머물러 있었어도 얼마든지 안전할 수도 있었을 것이라고 생각하였다. 3. 롯의 아내는 두고 온 이웃들에 대해서 지나치게 미련을 갖고 있었다. 그러나 그들에게는 은혜의 날이 이미 지나갔고 하나님의 공의가 그들의 멸망에서 영광을 받고 있었던 것이다. 사 66:24을 보라. 4. 아마도 그녀는 소돔에 두고 온 집과 재물들이 아까워 그 곳을 떠나기를 싫어했을 것이다. 그리스도는 이것이 그녀의 죄였음을 암시하신다(눅 17:31, 32). 그녀는 지나치게 자기 것에 대해 애착을 가졌던 것이다. 5. 뒤를 돌아보았다는 것은 곧 다시 돌아가려는 의향의 표시였

다. 그러므로 우리 주님은 이것을 우리의 그리스도인의 신앙 고백에서 배도하지 말라는 경고로 사용하시는 것이다. 우리는 모두 세상과 육체를 다 버렸고, 얼굴을 천국을 향하고 있다. 우리는 아직 들에 있고, 아직 시험의 기간 중에 있다. 그러므로 우리가 이미 버렸노라고 고백하는 그것들을 애착하던 상태로 돌아간다면, 그것은 곧 우리 스스로 멸망을 자초하는 것이다. 다시 물러서서 돌아가는 것은 멸망에 빠지는 것이요, 뒤를 돌아보는 것은 멸망을 향하는 것이다. 그러므로 우리는 두려워할지니(히 4:1).

II. 이 죄로 인하여 롯의 아내가 형벌을 받음. 그녀는 그 자리에서 죽었다. 그러나 그녀의 시체는 넘어지지 않고 그대로 고정된 채 마치 기둥이나 기념비처럼 서 있었다. 그리고 인간의 시체는 공기 중에 노출되어 썩으나 그녀의 시체는 썩지도 않고 형체가 바뀌어 영구적으로 남아 있을 만한 금속 물질이 되었다. 그러므로 하나님의 인자하심과 준엄하심을 보라(롬 11:22). 계속 전진한 롯에게서는 하나님의 인자하심을, 그리고 뒤를 돌아본 그의 아내에게서는 하나님의 준엄하심을 보라. 그녀가 의인과 아주 친밀했고, 다른 이웃들보다 나았고, 또한 소돔으로부터 구원받아 하나님의 자비하심을 보여주는 구별된 기념물이 되었으나, 그럼에도 불구하고 하나님은 그녀의 불순종을 그냥 묵인하지 않으셨다. 조심스럽고도 신실하게 활용하지 않으면, 우리가 아무리 큰 특권들을 누린다 할지라도, 그 특권들이 하나님의 진노로부터의 안전을 확보해 주지 못하는 것이다. 이 소금 기둥이 큰 교훈이 되어야 할 것이다. 뒤를 돌아보는 것이 그렇게 위험한 일이니, 우리는 언제나 앞을 향하여 달려가도록 하자(빌 3:13, 14).

27아브라함이 그 아침에 일찍이 일어나 여호와 앞에 서 있던 곳에 이르러 28소돔과
고모라와 그 온 지역을 향하여 눈을 들어 연기가 옹기 가마의 연기같이 치솟음을
보았더라 29하나님이 그 지역의 성을 멸하실 때 곧 롯이 거주하는 성을 엎으실 때에
하나님이 아브라함을 생각하사 롯을 그 엎으시는 중에서 내보내셨더라

하나님과의 교제는 우리가 하나님을 마음을 다하여 높이며, 그가 우리를 향하여 은혜로이 돌보시는 것에 있다. 그러므로 여기서 우리는 하나님과 아브라함 사이에 있었던 그러한 교제를 보게 된다. 소돔의 처리 문제에 대해

함께 대화하실 때와 같이, 소돔을 심판하시는 이 사건에서도 그런 교제의 사실이 드러난다. 하나님과의 교제는 규례에서는 물론 섭리에서도 유지되어야 하는 것이다.

I. 여기 이 사건에서 아브라함이 경건하게 하나님을 높이는 점이 두 가지로 나타난다.

1. 그 사건에 대해 조심스럽게 기대함. 아브라함이 그 아침에 일찍이 일어나 소돔을 바라보았다(27절). 그는 자신이 한 기도의 결과가 어떻게 나타났는지를 보려고, 전에 여호와 앞에 서 있던 곳으로 가서, 마치 망대에 서 있는 것처럼 거기에 서 있었다(합 2:1). 주목하라. 기도를 하고 나면 반드시 기도 후에 살펴보아야 하고, 기도가 과연 이루어졌는지를 관찰해야 한다. 기도를 마치 편지를 보내듯이 해야 하고, 그 다음에는 답변을 기다려야 하며, 화살을 쏘듯이 기도를 드려야 하고, 그 다음에는 그것이 목표를 맞추었는지를 살펴야 한다(시 5:3). 우리의 기도에 대해 응답을 기대하며 소식을 물어야 하는 것이다.

2. 끔찍한 결과를 관찰함. 아브라함은 소돔을 향하여 눈을 들어 보았다(28절). 그러나 롯의 아내처럼 돌아본 것이 아니고, 하나님의 심판이 너무 가혹하다는 심정을 갖고 본 것이 아니라 겸손히 그 일을 높이며 하나님의 뜻에 굴복한 것이다. 그러므로 성도들은 바벨론의 심판의 연기가(여기 소돔의 연기처럼) 세세토록 올라가는 것을 볼 때에, 거듭거듭 할렐루야를 외칠 것이다(계 19:3). 은혜의 날에 죄인들을 위하여 지극히 간절하게 간구해 오던 자들이, 심판의 날에 가서는 그들이 멸망하는 것을 기꺼이 바라보며 그들의 멸망에서 하나님께 영광을 돌릴 것이다.

II. 여기서 아브라함을 향한 하나님의 은혜로운 역사가 나타난다(29절). 전에 아브라함이 이스마엘을 위하여 기도할 때에 하나님이 이삭에게 그의 기도를 응답하셨던 것처럼, 여기서도 그가 소돔을 위하여 기도하니, 하나님께서는 롯에게 그의 기도를 응답하셨다. 하나님이 아브라함을 생각하사, 그를 위하여, 롯을 그 엎으시는 중에서 내보내신 것이다. 주목하라. 1. 하나님께서는 믿음의 기도에 대해 반드시 그의 정하신 때에 정하신 방법으로 평화의 응답을 주신다. 비록 한동안은 하나님께서 기도를 잊으신 것처럼 보이기도 하니, 그러나 그것을 기억하셨다는 것이 나타날 것이다. 2. 경건한 사람들의 친족이나 친구들은 그 경건한 사람들이 그들을 위하여 하나님께 간구하는 것으로 인하여 좋게 된다. 롯이 구원받은 것은 아브라함을 아끼시는 것에서 비롯된 일이었다. 어쩌면 훗날 모세가, 주의 종 아브라함과 이삭과 이스라엘을 기억하소서 라고 기도한 것이(출 32:13) 이 말씀에 격려를 받은 것이었을지도 모른다. 또한 사 63:11을 보라.

[30]롯이 소알에 거주하기를 두려워하여 두 딸과 함께 소알에서 나와 산에 올라가 거
주하되 그 두 딸과 함께 굴에 거주하였더니 [31]큰 딸이 작은 딸에게 이르되 우리 아
버지는 늙으셨고 온 세상의 도리를 따라 우리의 배필 될 사람이 이 땅에는 없으니
[32]우리가 우리 아버지에게 술을 마시게 하고 동침하여 우리 아버지로 말미암아 후
손을 이어가자 하고 [33]그 밤에 그들이 아버지에게 술을 마시게 하고 큰 딸이 들어가
서 그 아버지와 동침하니라 그러나 그 아버지는 그 딸이 눕고 일어나는 것을 깨닫
지 못하였더라 [34]이튿날 큰 딸이 작은 딸에게 이르되 어제 밤에는 내가 우리 아버지
와 동침하였으니 오늘밤에도 우리가 아버지에게 술을 마시게 하고 네가 들어가 동
침하고 우리가 아버지로 말미암아 후손을 이어가자 하고 [35]그 밤에도 그들이 아버
지에게 술을 마시게 하고 작은 딸이 일어나 아버지와 동침하니라 그러나 아버지는
그 딸이 눕고 일어나는 것을 깨닫지 못하였더라 [36]롯의 두 딸이 아버지로 말미암아
임신하고 [37]큰 딸은 아들을 낳아 이름을 모압이라 하였으니 오늘날 모압의 조상이
요 [38]작은 딸도 아들을 낳아 이름을 벤암미라 하였으니 오늘날 암몬 자손의 조상이
었더라

I. 롯이 구원받은 후 그에게 큰 두려움과 걱정이 생김(30절).

1. 롯은 소알을 두려워하여 감히 거기에 거하지 못하고 밖으로 피하였다. 어쩌면 롯이 그 곳이 자기 자신이 피난처로 택한 곳이요 자신이 어리석은 생각으로 하나님께 그 곳을 고집하였으니 거기서는 자신이 안전하지 못할 것이라고 생각했기 때문일 수도 있고, 혹은 그 곳이 소돔에 못지않게 악한 곳임이 밝혀져 거기서 오래 버티지 못할 것으로 결론지었기 때문일 수도 있고, 혹은 그 큰 재해 후에 요단 강으로부터 물이 불어올라 평지를 뒤덮기 시작하여, 남은 잔재들과 뒤섞여 점차 사해로 변해 가고 있는 것을 관찰하고서 소알이 같은 평지에 있었으므로 반드시 그 물에 멸망할 수밖에 없다(불에서는 피하였으나)고 결론지었기 때문일 수도 있다. 주목하라. 하나님을 좇지 않고 우리 스스로 선택한

정착지나 보금자리들은 대개 우리에게 편안하지가 못하다.

2. 그는 하는 수 없이 산으로 올라가 동굴 속에 거하였다. 필자가 보기에는 이런 곤경에 처한 그가 아브라함에게로 돌아가 그의 보호를 받으려 하지 않았다는 것이 이상스럽다. 전에도 아브라함 밑에서 안전을 유지했었으니 말이다. 그러나 선한 사람들 중에도 자기들을 위해 최선의 길이 어떤 것인지를 충분히 모르는 자들이 더러 있는 법이다. 관찰하라. (1) 그는 이제 기꺼이 하나님께서 그의 피난처로 지정해 주신 그 산으로 갔다. 주목하라. 우리 자신이 택한 길이 실망스럽다면, 후에라도 하나님께서 정하신 길로 가는 것이 잘하는 일이다. (2) 얼마 전까지만 해도 롯은 그 넓은 땅도 비좁을 만큼 가축과 재물이 많았고, 그 때문에 아브라함과 갈등을 겪고 가능한 한 그에게서 멀리 떠나왔는데, 이제는 혼자 넉넉히 몸을 움직일 틈도 없는 산의 좁은 동굴 속에 갇히게 되었고, 또한 거기서 홀로 떨며 지내게 된 것이다. 주목하라. 풍족함과 자유를 남용한 자들을 하나님께서 궁핍과 제재 속에 가두시는 것은 정당한 일이다. 또한 성도의 교제를 저버리고 세속적인 이익을 좇은 자들이 결국 스스로 어떤 처지가 되는지를 롯의 경우에서 잘 보라. 그들 자신이 받는 채찍으로 매를 맞게 되는 것이다.

Ⅱ. 롯과 그의 딸들이 이 황량한 곳에 있으면서 범한 큰 죄. 이는 안타까운 이야기다.

1. 그의 딸들이 그와 함께 죄를 범할 매우 사악한 음모를 꾸몄다. 그러므로 그 딸들의 죄가 더욱 컸다 할 것이다. 그들은 현재 괴로운 처지에 있는 아버지의 사기를 올려 준다는 구실로 그를 술 취하게 만들고 그와 동침하려는 음모를 꾸몄다(31, 32절). (1) 어떤 이들은 그 딸들의 음모가 아주 그럴 듯했다고 생각한다. 아버지에게는 아들이 없고, 자기들에게는 남편이 없으니 자기들은 거룩한 자손을 얻지 못할 것이고, 혹시 다른 사람들에게서 자녀를 얻으면 그 아버지의 이름이 계속 보존되지 못할 것을 알고 있었던 것이다. 어떤 이들은 그 딸들이 메시야를 염두에 두고 있었고, 메시야가 자기 아버지에게서 나올 수 있을지도 모르겠다는 희망을 가졌을 것으로 보기도 한다. 롯은 데라의 장자의 아들이요, 아브라함과 마찬가지로 셈의 다른 후손들로부터 분리되었고, 더욱이 지금 놀랍게 소돔에서 구원받았으니 그럴 법도 했을 것이다. 어머니와 나머지 가족들은 죽었고, 저주받은 가나안 족속들과는 결혼하고 싶지 않았으니, 이러한

극한 상황 속에서는 목적을 이루기 위하여 약간의 불미스러운 일은 묵과할 수 있다고 생각한 것이다. 학식 있는 알리(Allix)가 이렇게 본다. 주목하라. 선한 의도들이 악한 행동을 정당화하도록 악용되는 경우가 많다. 그러나, (2) 그들의 의도가 어떠했든 간에, 그들의 계획은 매우 악하고 추하였고, 본성의 빛과 법칙을 거스르는 오만방자한 것임에 틀림없었다. 주목하라. [1] 죄인들에게 임하는 하나님의 지극히 준엄한 심판을 목격했다 해도, 하나님의 은혜가 없이는 악한 마음에서 악한 행동이 나오는 것을 억제할 수가 없다. 소돔이 불길에 휩싸이는 것을 직접 목격했는데 얼마 지나지도 않아서 그런 정욕의 불길에 사로잡히다니, 놀라울 따름이다. [2] 함께 거하는 것은 물론 홀로 지내는 것에도 유혹이 있고, 특히 부정(不貞)함에 빠질 유혹이 있다. 요셉도 그 여주인과 홀로 함께 있을 때에 위험을 당하였다(39:11). 친족들끼리 함께 동거할 때에라도, 특히 독신일 경우는 더더욱, 이런 식의 악한 생각이 조금이라도 틈타지 않도록 지극히 조심할 필요가 있다. 그렇지 않으면 사탄이 이를 이용하는 것이다.

2. 롯은 자신의 어리석음과 부주의함 때문에 몹쓸 일을 당하였고, 스스로 자기 두 딸들에게 강요당하여 그들과 함께 취하여 근친상간을 범하는 잘못을 범하였다(33절 이하). 주여 사람이 어째서 이렇사옵니까! 하나님께서 사람을 그냥 버려 두시면 아무리 훌륭한 사람이라도 어처구니없는 죄를 범하게 되는 것이다. 여기서 보라.

(1) 안전한 상태가 위험함. 롯은 소돔에 있을 때에 자신을 단정하고 순전하게 지켰을 뿐 아니라 그 곳에서 자행되는 악을 볼 때마다 계속해서 안타까워하던 사람이었으나, 산 속에서 홀로 있게 되어 이제는 유혹의 길에서 벗어났다고 생각하고 있을 때에 부끄럽게도 죄를 범하고 만 것이다. 그러므로 스스로 선 줄로 생각하는 자는, 아주 높이 견고하게 서 있다고 생각하는 자는 넘어질까 조심하여야 한다. 저 위에 있는 거룩한 산에 이르기 전에는 그 어떠한 산도 사탄의 맹렬한 화살의 사정권에서 벗어나 있지 못한 것이다.

(2) 술 취하는 것이 위험함. 술 취함은 그 자체가 큰 죄일 뿐 아니라, 갖가지 죄들의 온상이 되며, 영구한 상처와 치욕을 남기는 지극히 추악한 죄들의 온상이 될 수도 있다. 신앙시인 조지 허버트(George Herbert)는 이 점을 다음과 같이 훌륭하게 묘사하고 있다.

술 취한 자는 그 어머니를 죽일 수도 있고,
친 자매를 임신시킬 수도 있으니.

온전한 정신으로는 도무지 두려워 생각조차 하지 못하는 그런 악행도 술에 취하면 아무 거리낌 없이 행할 수도 있는 것이다.

(3) 우리가 사랑하고 아끼며 친절을 기대하는 가장 가까운 친족과 친구들에게서 오는 유혹이 위험함. 롯은 외부의 막강한 공격에 대항해서는 절제와 순결을 놀랍게 보여주었으나 갑작스런 친 딸들의 추잡한 음모에 넘어가서 죄와 수치에 빠지고 말았다. 우리가 어디 있든지, 함정에 빠지지 않도록 항상 경계해야 할 것이다.

3. 마지막 부분에는 롯의 두 아들(보기에 따라서는 손자들이라 할 수도 있다) 모압과 암몬의 출생 기사가 나타난다. 이 두 아들은 이스라엘의 이웃이 되는 두 민족의 조상이요, 구약에서 이들에 대한 언급이 자주 나타난다. 이 두 민족이 함께 롯 자손이라 불린다(시 83:8). 더러운 근친상간으로 인하여 임신하여 이들이 출생한다고 해서 모든 잘못이 정당화되기는커녕 오히려 그 추잡한 오명이 후대에까지 계속 이어진다. 그러나 우리 주님이 나시게 되는 유다 지파도 그런 출생에서 비롯되었고, 모압 여인 룻도 그의 계보에 이름을 올리고 있다(마 1:3, 5).

마지막으로, 이 사건 이후 다시는 롯이 언급되지 않고, 그가 어떻게 되었는지도 나타나지 않는다. 틀림없이 그는 자기의 죄를 회개했고 용서받았을 것이다. 그러나 성경이 그에 대하여 침묵을 지킨다는 사실에서 우리는 술 취하는 것이 사람으로 하여금 모든 것을 잊게 만들듯이, 또한 그 사람 자신을 잊혀지게 만든다는 교훈을 얻을 수 있을 것이다. 술 취하는 것만 없었더라면 사람들에게 계속해서 존경받고 기념이 되었을 수도 있었는데, 그 죄로 인하여 경멸과 함께 사장(死藏)되고, 망각 속에 묻히는 이름들이 얼마나 많은지 모르는 것이다.

제 — 20 — 장

개요

여기서는 아브라함의 이야기로 다시 돌아간다. 그러나 여기 기록되어 있는 이 부분의 이야기는 존귀한 것이 못 된다. 아무리 아름다운 대리석에도 흠이 있고, 해(日)에도 흑점이 있으니, 무엇이든 해 아래 있는 것에서는 무흠한 상태를 기대해서는 안 될 것이다. 성경은 그 가장 존경받은 인물들에 대해서조차도 편파성이 없이 흠과 티를 다 보도한다는 것을 주지해야 할 것이다. 본 장의 주요 내용은 다음과 같다. I. 자기 아내를 부인한 아브라함의 죄와, 이로 인하여 그녀를 취하고자 한 아비멜렉의 죄(1, 2절). II. 이때에 하나님이 아비멜렉에게 현몽하사 그의 잘못을 보여주시고(3절), 그의 청을 수락하시고(4-6절), 아브라함에게 보상할 것을 그에게 지시하심(7절). III. 아비멜렉이 아브라함을 불러 그를 속인 일에 대해 책망하며(8-10절), 아브라함이 이에 대해 정중히 사과함(11-13절). IV. 이 이야기의 선한 결말. 아비멜렉이 아브라함의 아내를 돌려주고(14-16절), 아브라함이 기도로 아비멜렉에게 임한 심판을 면하게 해 주실 것을 하나님께 구하여 응답 받음(17, 18절).

1아브라함이 거기서 네게브 땅으로 옮겨가 가데스와 술 사이 그랄에 거류하며 2그
의 아내 사라를 자기 누이라 하였으므로 그랄 왕 아비멜렉이 사람을 보내어 사라
를 데려갔더니

여기서 다음을 보라.

1. 아브라함이 거의 이십 년 동안 살았던 마므레를 떠나 블레셋 사람들의 땅으로 들어감. **아브라함이 … 그랄에 거류하며**(1절). 그가 무엇 때문에 옮겨갔는지는 나타나지 않는다. 소돔의 멸망 때문에 두려워서였는지, 아니면 소돔의 멸망으로 인하여 주위의 거민들에게서 오해를 받았기 때문이었는지, 아니면 몇몇 유대인 저술가들의 주장대로 롯이 딸들과 근친상간을 한 것에 대해 원통해 했고, 이 사건으로 인하여 가나안 사람들에게서 그와 그의 신앙에 대해 비난과

모욕이 있었기 때문이었는지, 우리로서는 알 수가 없다. 아무튼 그가 옮겨간 데에는 무언가 합당한 이유가 있었던 것은 분명하다. 주목하라. 우리가 이 세상에 외인들과 나그네로 살 동안에는 언제나 같은 곳에 있기를 기대할 수 없다. 또한 어느 곳에 있든지 우리 자신을 임시 거주자들로 여겨야 한다.

2. 아브라함이 예전처럼(12:13) 또 다시 자기 아내를 부인하는 죄를 범함. 그의 말은 그 자체가 거짓말에 가까운 애매모호한 뜻을 지닌 것이었거니와, 그것을 정당한 것으로 받아들인다 해도 그것은 인간의 처신을 망가뜨리는 것이요 모든 거짓의 통로가 될 것이었고, 또한 자기 아내의 순결과 명예를 지키고 보호해야 마땅한 그가 그런 말로써 오히려 그것을 잃어버릴 위험에 노출시키고 있었던 것이었다. 그러나 그 이외에도 아브라함의 이러한 태도는 두 가지 점에서 그의 죄를 가중시키는 것이었다. (1) 그는 전에도 이와 동일한 죄를 범한 적이 있었고, 그 때문에 질책을 받았으며, 자신의 태도의 어리석음을 깨달은 바 있었다. 그런데도 여기서 또다시 같은 죄를 반복하는 것이다. 주목하라. 선한 사람일지라도 갑작스럽게 찾아오는 유혹의 강한 힘과 육체의 연약함으로 인하여 얼마든지 죄에 빠질 수 있고, 또한 같은 죄를 다시 반복할 수도 있다. 이처럼 죄에 빠져 있는 자들은 절망하지 말고 회개해야 한다(렘 3:22). (2) 사라는 약속된 자손을 지니고 있었거나, 아니면 하나님의 말씀에 의하면, 최소한 속히 그 자손을 갖게 될 그런 시점이었다. 그러므로 삿 13:4처럼 아내를 구체적으로 보살펴야 했던 것이다.

3. 이 때문에 사라가 곤경에 처하게 됨. 그랄 왕 아비멜렉이 사람을 보내어 사라를 데려갔더니. 이는 자기 침실에 취하여 들이기 위함이었다. 주목하라. 한 사람의 죄가 다른 사람들이 죄를 범할 기회가 되는 경우가 많다. 하나님의 명령의 울타리를 뛰어넘는 자는 자기도 모르는 사이에 수많은 구멍을 내게 된다. 죄의 시초는 마치 물이 새게 만드는 것과도 같은 것이다.

3그 밤에 하나님이 아비멜렉에게 현몽하시고 그에게 이르시되 네가 데려간 이 여
인으로 말미암아 네가 죽으리니 그는 남편이 있는 여자임이라 4아비멜렉이 그 여
인을 가까이 하지 아니하였으므로 그가 대답하되 주여 주께서 의로운 백성도 멸하
시나이까 5그가 나에게 이는 내 누이라고 하지 아니하였나이까 그 여인도 그는 내
오라비라 하였사오니 나는 온전한 마음과 깨끗한 손으로 이렇게 하였나이다 6하나

님이 꿈에 또 그에게 이르시되 네가 온전한 마음으로 이렇게 한 줄을 나도 알았으므로 너를 막아 내게 범죄하지 아니하게 하였나니 여인에게 가까이 하지 못하게 함이 이 때문이니라 7이제 그 사람의 아내를 돌려보내라 그는 선지자라 그가 너를 위하여 기도하리니 네가 살려니와 네가 돌려보내지 아니하면 너와 네게 속한 자가 다 반드시 죽을 줄 알지니라

하나님께서는 그의 종 선지자들에게만이 아니라 심지어 교회와 언약의 바깥에 있는 자들에게까지도 꿈으로(이는 그 자체가 신적이며 초자연적이라는 것을 입증하는 것이었다) 자기 자신을 계시하셨다는 것이 이로써 나타난다. 그러나 이방인이 꾼 꿈이라 하더라도 대개는 하나님의 백성과 관련이 있는 것이다. 바로의 꿈이 요셉과, 또한 느부갓네살의 꿈이 다니엘과 관련이 있었던 것처럼, 여기서도 아비멜렉의 꿈은 아브라함과 사라를 위한 것이었다. 하나님께서 그들을 위하여 이 왕을 꾸짖으신 것이다(시 105:14, 15).

Ⅰ. **하나님이 아비멜렉을 경고하시며 그가 범죄할 위험에 처해 있음을 알리신다**(3절). 곧, 그 여자가 남편이 있는 여자이므로 그 여자를 취하면 그 남편에게 잘못을 범하는 것이며, 따라서 그는 이 죄로 인하여 죽을 위험에 처한 것임을 말씀하신다. 네가 죽으리니. 하나님이 그렇게 말씀하시면 그는 그렇게 될 수밖에 없는 것이다. 주목하라. 사악한 죄인에게는 그가 죽은 목숨이라는 것을 알려 주어야 한다. 정죄받은 행악자에게나, 죽을 병에 걸린 환자에게나 그러한 사실을 알려 주어야 하는 것처럼 말이다. 여러분이 악인이라면, 여러분도 죽은 목숨이다.

Ⅱ. **아비멜렉은, 아브라함과 사라가 동의하였고 또한 그 둘이 서로 동기간 이상의 관계가 있다는 것을 몰랐다고 항변하였다**(6절). 자기 마음이 자신을 정죄하지 않을 때에 사람이 하나님을 향하여 얼마나 자신 있게 항변하는지를 보라(요일 3:21). 우리의 양심이 우리의 순전함을 증언하며, 또한 우리가 아무리 속임을 당하여 함정에 빠졌다 할지라도 우리는 고의적으로 하나님께 범죄한 일이 없다면, 악한 날에 그것이 우리의 기쁨이 될 것이다. 아브라함이 앞에서 행한 것처럼(18:23), 아비멜렉도 여기서 하나님께 자신의 억울함을 항변하고 있다. 주여 주께서 의로운 백성도 멸하시나이까?(4절). 소돔 같은 백성은 멸망당해 마땅하나, 이 문제에서 무죄한 백성은 그렇지 않은 것이다.

III. 아비멜렉의 항변에 대해 하나님께서 매우 충실하게 답변해 주신다.

1. 하나님은 아비멜렉의 항변을 받아들이시고, 그가 순전한 마음으로 그런 일을 행하였음을 인정하신다. **네가 온전한 마음으로 이렇게 한 줄을 나도 알았으므로**(6절). 주목하라. 정직한 사람이 아무리 항변해도 사람들은 편견을 갖고서 그들의 말을 납득하지도 않고 받아들이지 않을 수도 있으나, 하나님께서는 그의 정직함을 아시고 인정하시니, 이것이야말로 그에게는 큰 위로가 된다.

2. 하나님은 그의 선하신 손길로 말미암아 아비멜렉이 죄를 계속 진행하시 못하도록 막으시는 것임을 그에게 알려 주신다. **너를 막아 내게 범죄하지 아니하게 하였나니.** 이렇게 하여 아비멜렉은 악을 행하지 않게 되었고, 아브라함은 해를 당하지 않게 되었으며, 사라는 두 가지 모두를 당하지 않게 되었다. 주목하라. (1) 꾸며지고 계획되기는 하나 전혀 시행되지 않는 죄도 많다. 세상의 것들이 악하나, 마귀와 악인들이 바라는 것만큼 악하지는 않은 것이다. (2) 사람들을 억제하여 그들이 하고자 하는 악을 행하지 못하도록 막으시는 분이 하나님이시다. 죄가 있다는 것은 하나님에게서 비롯된 것이 아니다. 그러나 죄가 어느 정도 이상은 없나는 것은 하나님에게서 비롯되는 것이다. 그가 인간의 생각들을 주관하시고 죄에 빠지는 성향을 점검하시거나, 혹은 그의 섭리로써 죄를 범할 기회를 취하여 가시는 것이다. (3) 죄를 범하지 못하도록 방해를 받는다는 것은 큰 자비하심이다. 누가 도구가 되든지 간에 이에 대해서 하나님께 영광을 돌려야 한다(삼상 25:32, 33).

3. 하나님은 그에게 사라를 되돌려 줄 것을 명하신다. **이제 그 사람의 아내를 돌려보내라**(7절). 주목하라. 무지(無知)는 그 상태가 계속될 때까지만 변명거리가 될 수 있다. 무지 때문에 그릇된 처지에 있게 되었다 할지라도, 알게 되고 나면 그런 처지에 계속 있어서는 안 되는 것이다(레 5:3-5). 아비멜렉이 아브라함에게 정의롭고 친절하게 대해야 하는 이유는, (1) 그가 **선지자**로서 하나님과 각별하게 가까우며, 그리하여 하나님이 그를 위하여 구체적으로 관여하시기 때문이다. 하나님은 그의 선지자들에게 행하는 악행에 대하여 크게 진노하시며, 그 일을 자기 자신에게 행한 것으로 보신다. (2) 그는 선지자로서 **그가 너를 위하여 기도하리니.** 이것은 선지사의 보상이요 과연 좋은 보상이다. 이는 선지자의 기도가 큰 효능이 있다는 것을 시사하며, 또한 선한 사람들은 어려움에 처한 사람들을 기도로써 도울 준비를 갖추어야 하고 또한 자기들에게 베풀어

진 친절에 대해 기도로 갚아야 한다는 것을 시사해 준다. 아브라함은 자신이 아비멜렉의 어려움의 원인을 제공했으니, 당연히 그를 위하여 기도하는 것으로 갚아야 할 의무가 있었다. (3) **네가 그 여자를 돌려보내지 아니하면 너와 네게 속한 자가 다 반드시 죽을 줄 알지니라.** 주목하라. 잘못을 범하는 자는 누구든지, 왕이든 평민이든 간에, 회개하고 정당하게 갚지 않으면 반드시 그가 범한 잘못에 대해 대가를 받는다(골 3:25). 하나님께는 불의가 용납될 수가 없다. 아니다, 혹여 가이사의 초상이 거기에 각인되어 있더라도 결코 용납될 수가 없는 것이다.

8아비멜렉이 그 날 아침에 일찍이 일어나 모든 종들을 불러 그 모든 일을 말하여 들
려 주니 그들이 심히 두려워하였더라 9아비멜렉이 아브라함을 불러서 그에게 이르
되 네가 어찌하여 우리에게 이렇게 하느냐 내가 무슨 죄를 네게 범하였기에 네가
나와 내 나라가 큰 죄에 빠질 뻔하게 하였느냐 네가 합당하지 아니한 일을 내게 행
하였도다 하고 10아비멜렉이 또 아브라함에게 이르되 네가 무슨 뜻으로 이렇게 하
였느냐 11아브라함이 이르되 이 곳에서는 하나님을 두려워함이 없으니 내 아내로
말미암아 사람들이 나를 죽일까 생각하였음이요 12또 그는 정말로 나의 이복 누이
로서 내 아내가 되었음이니라 13하나님이 나를 내 아버지의 집을 떠나 두루 다니게
하실 때에 내가 아내에게 말하기를 이후로 우리의 가는 곳마다 그대는 나를 그대
의 오라비라 하라 이것이 그대가 내게 베풀 은혜라 하였었노라

아비멜렉은 꿈에 하나님께로부터 이렇게 경고를 받은 대로 조치를 취하였다. 그리고 진정 죄와 그 결과들을 두려워하는 자로서 일찍 일어나 그에게 주어진 지시 사항들을 그대로 이행하였다.

I. 그는 그의 종들에게 조심시켰다(8절). 아비멜렉은 이 일에 관하여 그의 집의 모든 사람들에게 각별히 조심할 것을 명령하였으니 그 이상 조심스러울 수가 없었다. 주목하라. 하나님께로부터 죄와 위험을 깨달은 사람들은 하나님께서 그들의 영혼에 행하신 일을 다른 사람들에게 알려서 그들도 각성하여 함께 거룩한 두려움을 갖게 해야 한다.

II. 아비멜렉이 이 일로 인하여 아브라함을 꾸짖는다. 관찰하라.

1. 아비멜렉이 아브라함에게 행한 심각한 책망(9, 10절). 그는 아브라함에게

강력하면서도 매우 온유하게 이 문제에 대해 따졌다. 그 이상 좋게 말할 수가 없을 정도였다. 그를 나무라지도, 모욕을 주지도 않고, 다음과 같이 말하지도 않았다. "이것이 그대의 처사인가? 그대가 맹세하지 않고, 거짓말을 할 것이라는 것을 내가 아네. 이런 자들이 선지자들이라면 이들을 보지 않게 해주게." 오히려 그는 아브라함으로 인하여 얻은 해(害)를 있는 그대로 제시하고, 자신의 분노를 조용히 알리는 것이다. (1) 그는 자신이 저지를 위험에 처하여 있었던 것으로 알게 된 그 행위를 큰 죄라고 부른다. 주목하라. 간음의 죄가 매우 큰 죄라는 것은 심지어 본성의 빛으로도 사람들이 알고 있다. 그러니 스스로 그리스도인이라 부르면서도 이것을 가벼운 문제로 여기는 사람들이 많으니 이는 정말 부끄러운 일이다. (2) 아비멜렉은 그가 이 죄를 저질렀다면 모르고 한 일이라도 그로 인하여 자기와 자기 나라가 모두 하나님의 진노를 받았을 것으로 여기고 있다. 주목하라. 왕들이 저지르는 죄로 인하여 나라가 재앙을 당하는 일이 많다. 그러므로 다스리는 자들은 그 백성들을 위하여 죄를 두려워해야 한다. (3) 그는 아브라함이 자신의 결혼 상태를 감춤으로써 정당치 못한 일을 했다는 것을 책한다. 그는 이에 대해 징당하면서도 부느럽게 이야기한다. 그를 거짓말쟁이라거나 사기꾼이라고 부르지 않고 그저, **네가 합당하지 아니한 일을 내게 행하였도다** 라고 하였다. 주목하라. 감추고 시치미 떼는 것은 아무리 변명해도 매우 나쁜 일이요 어떠한 경우에도 절대로 용인될 수 없는 행위다. (4) 아비멜렉은 아브라함이 그와 그의 가문으로 하여금 죄를 짓도록 만들어 그들에게 지극히 큰 해를 끼친 것으로 간주한다. "**내가 무슨 죄를 네게 범하였느냐?** 내가 네 철천지원수였더라도 이보다 더 악하게 행할 수 없었을 것이고, 내게 이보다 더 효과적으로 복수할 수도 없었을 것이다." 주목하라. 우리를 유혹하거나 죄를 범하도록 만들며, 우리의 본성을 부패하도록 부추기는 것들을 제공하는 자들은, 그들이 아무리 우정을 가장한다 할지라도, 우리에게 세상에서 가장 큰 악을 행하는 자들로 간주해야 한다. (5) 그는 아브라함이 자기들을 정직한 사람이 함께 살기에 위험한 사람들로 의심한 이유가 무엇인지를 말하라고 촉구한다. "**네가 무슨 뜻으로 이렇게 하였느냐?**(10절). 무엇 때문에 네가, 사라가 네 아내라는 것을 우리가 알았다면 그로 인하여 네가 위험해질 것이라고 생각하였더냐?" 주목하라. 우리의 선한 것을 의심하는 것이 우리의 위대함을 모욕하는 것보다 우리에게 더 큰 모욕이라 여겨 마땅하다.

2. 아브라함이 자신에 대해 행한 구차한 변명.

(1) 그는 자신이 그 곳에 대해 나쁜 생각을 갖고 있었다고 변명하였다(11절). 그는 속으로 생각하였다(물론 자신의 그런 생각에 대해 분명한 이유는 제시할 수 없었으나). "이 곳에서는 하나님을 두려워함이 없으니 내 아내로 말미암아 사람들이 나를 죽일 것이다." [1] 하나님을 두려워함이 없는 곳에서는 선한 것을 거의 기대할 수가 없다. 시 36:1을 보라. [2] 우리가 생각하는 것보다 하나님을 두려워함이 더 많이 있는 곳들이 많고 또한 그런 사람들도 많다. 그들은 우리와 같이 신적인 이름으로 불리지 않고 우리와 같은 배지를 달고 있지도 않고, 우리가 생각하는 것에 동의하지도 않는다. 그렇기 때문에 우리는 그들의 마음속에 하나님을 두려워함이 없다고 결론짓는데, 이는 그리스도와 그리스도인들에게 모두 매우 해로우며, 또한 우리를 하나님의 판단에 역겨운 존재가 되게 만드는 것이다(마 7:1). [3] 몰이해와 비판적인 자세는 많은 다른 죄의 원인이 된다. 아무개 아무개에 대해 그들이 하나님을 두려워함이 없다는 생각을 갖게 되면, 그들이 그렇기 때문에 그들에게 지극히 불의하고 비그리스도인적인 행위들을 해도 무방하다는 식으로 생각하게 된다. 먼저 나쁜 생각을 갖지 않으면, 나쁘게 행하지 않는 법이다.

(2) 아브라함은 사라가 자기 누이이기도 하다는 것을 부각시킴으로써 자신이 완전한 거짓말의 죄를 범한 것은 아니라고 변명하였다(12절). 어떤 이들은 그녀가 롯의 누이였다고 생각한다. 롯이 아브라함의 조카였는데도 그가 형제 롯이라 불리니(14:16. 한글 개역개정판은 "조카 롯"으로 번역함–역자주), 이처럼 사라도 아브라함의 누이라 불린다는 것이다. 그러나, 그는 나의 누이다 라는 말을 들은 사람들은 그녀가 그의 누이이므로 그의 아내일 수가 없다고 이해하게 되니, 그런 말은 상대방을 속이고자 하는 의도가 담긴 애매한 발언이었다.

(3) 아브라함은 그런 자신의 애매한 발언이 아비멜렉 개인을 속여 해를 끼치기 위한 것이 아니었음을 강변한다. 곧, 그 일은 처음 그 땅에 거류하기 시작할 때에 이미 자기와 자기 아내 사이에 합의하여 줄곧 그렇게 행해온 일이었다는 것이다(13절). "하나님이 나를 내 아버지의 집을 떠나 두루 다니게 하실 때에 이 문제는 우리 사이에 이미 정리된 것이었다." 주목하라. [1] 우리가 어디를 가든 항상 하나님을 인정해야 한다. [2] 해외로 여행하며 많은 외인들을 대하는 자들

에게는 뱀의 지혜가 필요하나, 동시에 비둘기의 순결함으로 그 지혜를 제어해야 하는 것이 필요하다. 모르긴 몰라도, 하나님이 아브라함과 사라에게 자녀의 복을 그렇게 오랫동안 거부하신 것은, 서로 부인하기로 맺은 죄악된 약조에 대한 처벌인 것 같다. 아브라함이 그의 결혼을 인정하지 않으면, 하나님이 어째서 그것을 인정하셔야 한단 말인가? 그러나 우리는 아비멜렉이 아브라함을 책망한 후 그들이 다시는 그런 일을 행하지 않을 것을 합의한 것으로 생각할 수 있다. 그리고 그 이후에 사라가 임신하였다는 것을 보게 된다(21:1, 2).

**14아비멜렉이 양과 소와 종들을 이끌어 아브라함에게 주고 그의 아내 사라도 그에
게 돌려보내고 15아브라함에게 이르되 내 땅이 네 앞에 있으니 네가 보기에 좋은 대
로 거주하라 하고 16사라에게 이르되 내가 은 천 개를 네 오라비에게 주어서 그것으
로 너와 함께 한 여러 사람 앞에서 네 수치를 가리게 하였노니 네 일이 다 해결되
었느니라 17아브라함이 하나님께 기도하매 하나님이 아비멜렉과 그의 아내와 여종
을 치료하사 출산하게 하셨으니 18여호와께서 이왕에 아브라함의 아내 사라의 일로
아비멜렉의 집의 모든 태를 닫으셨음이더라**

여기서는 다음과 같은 내용을 접하게 된다.

I. 아비멜렉이 아브라함에게 보여준 왕으로서의 친절. 아브라함의 질투가 얼마나 불의했는가를 보라. 그는 그들이 만일 사라가 자기 아내라는 것을 알게 되면 그들이 자기를 죽일 것으로 상상했다. 그러나 그들이 그 사실을 알게 되자, 그를 죽이기는커녕 신적인 책망을 받고 두려워서 그에게 친절을 베풀었다.

1. 그는 아브라함이 그 땅에서 어느 곳이든지 거할 수 있도록 공식적인 허가를 내주었고, 그가 그 곳에 머물기를 바라서 그에게 **양과 소와 종들을** 주고(14절) 은 천 개를 주었다(16절). 그는 사라를 돌려줄 때에 이것들을 함께 주었는데, 이는 (1) 그가 사라를 자기 집으로 취하여 들임으로써 저지른 잘못에 대한 보상이었다. 블레셋 사람들이 언약궤로 인한 재앙을 견딜 수 없어 그것을 돌려줄 때도 선물들을 함께 보냈다. 율법도 손해를 보상할 때에 거기에 무언가 덧붙여 줄 것을 규정하였다(레 6:5). 아니면, (2) 아브라함으로 하여금 그를 위해 기도하도록 독려하기 위한 선물이었다. 선물을 주고 기도를 사고, 선물을 받고 기도를 팔아야 한다는 것이 아니다. 우리에게 신령한 유익을 끼치는 자들에게

힘써 친절을 베풀어야 한다는 것이다(고전 9:11). 주목하라. 천국에 관심을 갖고 있는 자들과 관계를 유지하며, 하나님과 친구인 자들을 우리의 친구로 만드는 것이 우리의 지혜다.

2. 아비멜렉은 사라에게 선한 교훈을 준다. 곧, 그 남편(아브라함이 그를 자기 누이라 부른 것에 대한 책망으로 그를 오라비라 부른다)이 그에게 눈가리개(a covering of the eyes)가 되어야 한다(한글 개역개정판은 네 수치를 가리게 하였노니로 번역함—역자주)고 하는 것이다. 즉, 사라가 다른 사람을 쳐다보아서도, 다른 사람이 그녀를 쳐다보려 해서도 안 된다는 것이다. 주목하라. 함께 멍에를 지고 가는 배우자들은 서로에게 눈가리개가 되어야 한다. 욥 31:1에서 나타나는 것처럼, 결혼 언약은 눈으로 하는 언약이다.

Ⅱ. 아브라함이 아비멜렉에게 보여준 선지자로서의 친절. 그는 하나님께 기도하였다(17, 18절). 하나님께서는 아브라함에게 존귀를 베푸셨다. 곧, 아비멜렉이 사라를 돌려주었으나, 그에게 당한 심판은 아브라함의 기도가 있어야만 비로소 제거되도록 하신 것이다. 미리암이 모세를 비방하여 나병에 걸렸을 때에 하나님은 모세가 그녀를 위하여 기도하자 그녀를 낫게 하셨고(민 12:13), 또한 욥의 친구들이 욥을 탄식하게 하였을 때에 욥이 그들을 위하여 기도하자 그들이 서로 화해하게 되었다(욥 42:8-10). 그러니 말하자면 하나님께서 화해의 문제를 욥의 손에 맡기신 셈이었다. 주목하라. 선한 이들의 기도는 위대한 사람들에게 친절이 될 수 있다. 그러므로 그것을 귀하게 여겨야 한다.

제 — 21 — 장

개요

본 장의 내용은 다음과 같다. I. 약속의 아들 이삭이 아브라함의 가문에 출생함(1-8절). II. 여종의 아들 이스마엘이 쫓겨남(9-21절). III. 아브라함이 이웃 아비멜렉과 동맹을 맺음(22-32절). IV. 하나님을 향한 아브라함의 헌신(33절).

1여호와께서 말씀하신 대로 사라를 돌보셨고 여호와께서 말씀하신 대로 사라에게
행하셨으므로 2사라가 임신하고 하나님이 말씀하신 시기가 되어 노년의 아브라함
에게 아들을 낳으니 3아브라함이 그에게 태어난 아들 곧 사라가 자기에게 낳은 아
들을 이름하여 이삭이라 하였고 4그 아들 이삭이 난 지 팔 일 만에 그가 하나님이
명령하신 대로 할례를 행하였더라 5아브라함이 그의 아들 이삭이 그에게 태어날 때
에 백 세라 6사라가 이르되 하나님이 나를 웃게 하시니 듣는 자가 다 나와 함께 웃
으리로다 7또 이르되 사라가 자식들을 젖먹이겠다고 누가 아브라함에게 말하였으
리요마는 아브라함의 노경에 내가 아들을 낳았도다 하니라 8아이가 자라매 젖을 떼
고 이삭이 젖을 떼는 날에 아브라함이 큰 잔치를 베풀었더라

오랫동안 기다려온 일이 드디어 이루어졌다. 약속하신 자손에 대한 비전은 정해진 때를 위한 것이요, 이제 드디어 그것이 사실로 이루어진다. 구약 시대의 인물 가운데 이삭만큼 큰 기대와 함께 세상에 출생한 자가 거의 없으니, 이는 그가 세상에서 뛰어난 위인이 될 것이기 때문이 아니라, 그가 거룩하신 하나님이 그렇게 오랫동안 약속해 오셨고, 또한 거룩한 성도들이 그렇게 오랫동안 기다려온 그 약속하신 자손이신 그리스도의 모형이 될 것이었기 때문이다. 이삭의 유아기에 관한 이 기사에서 다음을 관찰할 수 있을 것이다.

I. 이삭의 임신과 출생에서 하나님의 약속이 성취됨(1, 2절). 주목하라. 하나님의 섭리는 그의 말씀과 대조하여 볼 때에, 또한 하나님께서 자신이 말씀하신대로 행하시고 모든 일을 그 말씀에 따라 이루신다는 것을 관찰할 때에 가장

잘 보이고 가장 밝히 보인다.

1. 이삭이 약속에 따라 출생하였다. 여호와께서는 전에 말씀하신 대로 사라에게 긍휼을 베푸셨다. 주목하라. 하나님의 말씀은 하나도 땅에 떨어지는 법이 없다. 약속하신 하나님이 신실하시며, 또한 하나님의 신실하심이야말로 그의 백성의 믿음을 지탱해 주는 것이다. 이삭은 하나님이 말씀하신 시기가 되어 출생하였다(2절). 주목하라. 하나님은 언제나 그의 정하신 시기를 정확히 지키신다. 혹시 우리가 정한 시기에 그의 약속하신 자비가 오지 않는다 해도, 그가 정하신 시기에 반드시 올 것이며, 그 때가 가장 적절한 때인 것이다.

2. 이삭은 약속의 덕택으로 출생하였다. 믿음으로 사라 자신도 잉태할 수 있는 힘을 얻었으니(히 11:11). 그러므로 하나님께서 약속으로 말미암아 잉태할 힘을 주신 것이다. 이삭이 출생한 것은 일반적인 섭리의 힘으로 된 것이 아니라 특별한 약속의 능력으로 된 것이다. 말하자면, 제이차적 원인에 대해 사형 선고가 내려져 있었다. 아브라함도 늙었고 사라도 늙었고, 둘 다 죽은 자와 방불한 처지였다. 그런데 하나님의 말씀이 이를 이루게 한 것이다. 주목하라. 참된 신자들은 하나님의 약속 덕분에 인간 본성의 능력을 뛰어넘는 일을 할 수 있게 된다. 이는 그들로 하여금 신성한 성품에 참여하는 자가 되게 하려 하심이다(벧후 1:4).

Ⅱ. 이삭에 관한 하나님의 명령에 아브라함이 순종함.

1. 하나님께서 명하신 대로 그 아들의 이름을 지었다(3절). 하나님은 그에게 기념이 될 만한 이름을 주셨으니, 이삭, 곧 웃음이 그것이었다. 아브라함 스스로는 그보다 더 화려하고 의미 있는 다른 이름을 생각했을 수도 있으나, 하나님의 지시를 따라 그 이름을 아들에게 주었다. 주목하라. 인간이 만들어내는 화려한 것들이 언제나 하나님께서 제정하신 분명한 권위 있는 역사에 굴복하는 것이 합당하다. 그러나 그 이름을 붙인 데에는 합당한 이유가 있었다. (1) 아브라함이 그 아들에 대한 약속을 받을 때에 그는 기뻐서 웃었다(17:17). 주목하라. 위로의 해가 영혼에 이미 떠오른 후에는, 그 날이 밝아올 때에 그것이 우리에게 얼마나 좋았고 또한 우리가 어떠한 기쁨으로 그 약속을 받았는지를 기억하는 것이 좋다. (2) 사라는 그 약속을 받을 때에 불신과 망설임으로 웃었다. 주목하라. 우리가 하나님의 긍휼에 대해 절망하기 시작할 때에 하나님께서 그 바라던 긍휼을 베푸시면, 이 때에 우리는 하나님의 능력과 약속을 불신한

우리의 죄악된 처사를 슬픔과 부끄러움으로 기억해야 한다. (3) 이삭 자신이 후에 이스마엘에게 웃음거리가 되었다(9절). 어쩌면 그의 이름이 그로 하여금 그것을 예상하게 했을지도 모른다. 주목하라. 하나님이 사랑하시는 자들이 세상에서 비웃음을 당하는 예가 많다. (4) 그가 아들일 뿐 아니라 상속자가 되리라는 약속이 모든 시대의 모든 성도들에게 기쁨이 될 것이요, 그들의 입을 웃음으로 가득 채워 줄 것이었다.

2. 그에게 할례를 행하였다(4절). 언약이 그와 함께 세워졌고, 그 언약은 인치는 역사가 그에게 시행되었다. 그것이 피를 흘리는 규례였고, 또한 그 아들이 애처로웠으나, 그것을 그냥 지나쳐서도 안 되었고, 팔일 이후까지 그것을 연기해서도 안 되었다. 하나님께서 시간을 지키셔서 그의 약속을 이행하셨으니 아브라함도 시간을 지켜서 그의 명령을 순종해야 했던 것이다.

Ⅲ. 이 자비의 역사로 인하여 사라가 받은 감동.

1. 사라는 기쁨으로 가득 찼다. "하나님이 나를 웃게 하시니, 그가 내게 기뻐할 이유와 기뻐할 마음을 모두 주셨도다"(4절). 우리 주님의 모친도 역시 그랬다(눅 1:46, 47). 주목하라. (1) 하나님은 그의 백성들에게 자비를 베푸사 그를 위하여 행하는 일과 봉사에서 기쁨을 누리도록 격려하신다. 그러므로 어떤 일에서든 기쁨이 되면, 그것이 미련한 자의 웃음이 아닌 이상 그것을 주신 이가 하나님이심을 인정해야 할 것이다. (2) 하나님의 자비하심이 오랫동안 연기되어왔을 경우에는 그것이 올 때에 그만큼 기쁨이 커진다. (3) 친구들이 함께 있어 우리와 함께 기뻐해 준다면 그 어떠한 자비가 임하든 그 위로가 더 커진다. 듣는 자가 다 나와 함께 웃으리로다. 웃음은 전염성이 있기 때문이다. 눅 1:58을 보라. 하나님의 능력과 선하심이 드러난 이 일로 인하여 다른 이들도 함께 즐거워하며, 하나님을 신뢰하도록 격려를 받은 것이다. 시 119:74.

2. 사라는 놀라움으로 가득 찼다(7절). 여기서 관찰하라. (1) 사라가 그렇게 놀랍게 여긴 일. 사라가 자식들을 젖먹이겠다는 것. 사라는 자신이 아들을 낳을 뿐 아니라 그렇게 늙은 나이에 그 아이에게 젖을 먹일 정도로 강건하고 활기가 있다는 것에 놀란 것이다. 주목하라. 어머니들은 할 수 있으면 자기 자식들을 친히 젖을 먹여 양육하여야 한다. 사라는 고상한 사람이요 또 늙은 상태였으므로 젖을 먹여 양육한다는 것이 자기에게나 자식에게나 별로 좋지 않다고 생각했을 수도 있다. 그리고 분명 자기 집에 아주 좋은 유모들이 많이 있었

을 것이다. 그러나 사라는 이 일에서 친히 자기 의무를 다하고자 하였다. 그러므로 그의 딸들인 선한 아내들은 그렇게 하여 선을 행하는 것이다(벧전 3:5, 6). 애 4:3을 보라. (2) 사라가 그러한 놀라움을 표현한 방식. "누가 이를 말하였으리요? 그 일은 너무나 터무니없고 너무나 불가능에 가까운 일이어서 하나님이 아니고 다른 누가 말했더라면 우리가 도무지 믿을 수가 없었을 것이다." 주목하라. 그의 언약 백성들을 향한 하나님의 은혜는 그들과 다른 사람들의 생각과 기대를 모두 뛰어넘는 것이다. 거의 자격이 없는 자들을 위하여, 아니 오히려 나쁜 것을 받아야 마땅한 자들을 위하여 하나님께서 그렇게 많은 일을 행하시리라는 것을 과연 누가 상상할 수 있겠는가? 엡 3:20; 삼하 7:18, 19을 보라. 하나님이 그의 아들을 보내사 우리를 위하여 죽게 하시고, 그의 성령을 보내사 우리를 거룩하게 하시고, 그의 천사들을 보내사 우리를 수종들게 하시리라는 것을 과연 누가 말할 수 있었겠는가? 그렇게 큰 죄들이 용서받으며 그렇게 초라한 봉사가 인정을 받고 그렇게 무가치한 벌레들이 언약 속에 들어와 저 위대하시고 거룩하신 하나님과 교제를 갖게 된다는 것을 과연 누가 말할 수 있었겠는가?

Ⅳ. 이삭의 유아기에 관한 짧은 기사. 아이가 자라매(8절). 이처럼 당연한 일을 특별히 주목하는 것은 약속의 자녀들은 반드시 자라난다는 것을 시사하기 위함이다. 눅 1:80; 2:40을 보라. 하나님께로부터 난 자들은 반드시 하나님이 자라게 하신다(골 2:19). 이삭은 항상 젖만 먹는 상태로 있은 것이 아니라, 더 단단한 음식을 먹을 수 있도록 자랐고, 그리되자 젖을 떼었다. 히 5:13, 14을 보라. 그리고 이 때에 아브라함이 하나님께서 그에게 베푸신 자비에 감사하여 친지들과 이웃들을 불러 큰 잔치를 베풀었다. 그가 잔치를 베푼 날은 이삭이 출생한 날도(이 때에 잔치를 베풀었다면 사라에게 큰 괴로움이었을 것이다), 이삭이 할례를 받은 날도(그 날에 잔치를 베풀었다면 그것은 그 거룩한 규례에서 크게 벗어난 일이었을 것이다) 아니었고, 그가 젖을 뗀 날이었다. 자녀를 젖으로 양육하도록 하나님께서 복을 베푸시고 또한 유아기의 온갖 위험한 일들에서 그들을 보호하신 것이야말로 하나님의 섭리의 세밀한 보살피심을 단적으로 드러내는 것이니, 당연히 이를 인정하고 찬양을 올려야 마땅한 것이다. 시 22:9, 10; 호 11:1을 보라.

[9]사라가 본즉 아브라함의 아들 애굽 여인 하갈의 아들이 이삭을 놀리는지라 [10]그가
아브라함에게 이르되 이 여종과 그 아들을 내쫓으라 이 종의 아들은 내 아들 이삭
과 함께 기업을 얻지 못하리라 하므로 [11]아브라함이 그의 아들로 말미암아 그 일이
매우 근심이 되었더니 [12]하나님이 아브라함에게 이르시되 네 아이나 네 여종으로
말미암아 근심하지 말고 사라가 네게 이른 말을 다 들으라 이삭에게서 나는 자라
야 네 씨라 부를 것임이니라 [13]그러나 여종의 아들도 네 씨니 내가 그로 한 민족을
이루게 하리라 하신지라

여기서는 이스마엘이 내쫓긴 일이 다루어진다.

I. 이스마엘이 동생 이삭을 놀림으로써 스스로 화(禍)를 자초하였다.

어떤 이들은 이삭이 젖을 뗀 것을 기념하여 아브라함이 잔치를 베푼 그 날에 이스마엘이 그렇게 했다고 본다. 유대인들 중에는 세 살이 되어야 젖을 떼었다고 보는 사람도 있고, 어떤 이들은 다섯 살에 젖을 떼었다고도 말한다. 사라 자신이 그런 악행을 직접 목격하였다. 사라가 본즉 아브라함의 아들 애굽 여인 하갈의 아들이 이삭을 놀리는지라(9절). 이삭을 조롱한 것이 분명하다. 이에 대해 사도는 그 때에 육체를 따라 난 자가 성령을 따라 난 자를 박해하였다고 말씀한다(갈 4:29). 여기서 이스마엘을 가리켜 애굽 여인 하갈의 아들이라 부르는데, 어떤 이들은 장차 아브라함의 자손이 400년 동안 애굽 사람들에게서 환난을 당하게 될 그 일이 여기서 이미 시작되었다고 본다(창 15:13). 칠십인역은 사라는 이스마엘이 이삭과 노는 것을 보았다고 하는데, 놀면서 그를 조롱한 것이다. 이스마엘은 이삭보다 열네 살이나 많았다. 그러므로 어린아이들이 함께 어울릴 때에는 나이 많은 아이가 어린아이를 보살피고 부드럽게 돌봐야 하는 법이다. 그러나 이스마엘이 자기와 전혀 상대가 되지 않는 어린아이를 그렇게 놀린다는 것은 비열하고도 야비한 그의 기질을 보여준다 할 것이다. 주목하라.

1. 하나님께서는 어린아이들이 놀면서 하는 말이나 행동을 다 주시하시며, 그들의 잘못된 말이나 행동에 대해 부모가 합당히 처리하지 못해도 하나님은 처리하실 것이다. 2. 놀리는 것은 큰 죄요 하나님의 진노를 촉발시키는 것이다. 3. 뱀의 자손에게는 여자의 자손에 대한 뿌리 깊은 증오가 있다. 약속의 자녀는 조롱을 당할 것을 예상하여야 한다. 이것은 경건하게 사는 자들이 염두에 두어야 할 박해다. 4. 하나님께 버림을 받아 내쫓기는 자들 중에 먼저 그의 호

의를 받지 않은 자들은 하나도 없다. 이스마엘은 아브라함의 가족에게 걱정과 염려거리가 되기 전에 그 가족의 일원으로 계속 있었다.

Ⅱ. 사라가 조치를 취하였다. 이 여종과 그 아들을 내쫓으라(10절). 이 말은 화가 난 상태에서 한 말인 것 같으나, 사도는 이것이 예언의 영으로 말미암아 한 말로 인용하고 있다(갈 4:30). 그리고 이것은 눈에 보이는 교회 내에 지위와 이름을 지니고 있는 모든 외식적이고 육신적인 사람들에게 행한 선고다. 육체를 따라 출생하였으나 거듭나지 않아서 율법에 안주하며 복음의 약속을 거부하는 모든 자들은 분명 내쫓길 것이다. 이는 특히 믿지 않는 유대인들이 내쫓긴 사실과도 연관이 있다. 그들은 아브라함의 자손이면서도 복음의 언약에 굴복하지 않고, 교회 바깥에서 버림받은 상태에 있었다. 그리고 그들이 하나님의 진노를 촉발하여 쫓겨나게 된 것은 무엇보다도 그들이 복음 교회, 즉 아직 유아기에 있던 하나님의 이삭을 조롱하고 박해한 것 때문이었다(살전 2:16). 주목하라. 세상에서 하나님의 자녀들과 아주 가까이 교류하며 지내나 아들들이 받을 상속에는 참여하지 못할 자들이 많은 법이다. 이스마엘은 이삭과 함께 노는 친구요 학교 동무였을 수는 있어도, 그와 함께 상속받을 자는 아니었던 것이다.

Ⅲ. 아브라함이 그것을 반대하였다. 아브라함이 그의 아들로 말미암아 그 일이 매우 근심이 되었더니(11절).

1. 그는 이스마엘이 그런 화를 자초하게 된 것으로 마음이 아팠다. 주목하라. 자녀는, 부모가 자녀들을 사랑할수록 자녀들이 잘못을 범하면 그들의 마음이 아프고, 특히 자녀들이 서로 싸우면 더더욱 괴로워한다는 것을 생각해야 한다.

2. 사라가 그런 징벌을 고집하는 것 때문에 마음에 근심이 되었다. "이스마엘을 따끔하게 야단치는 것으로 족하지 않겠는가? 그 일 때문에 기어이 그 아이를 내쫓아야겠는가?" 주목하라. 말을 듣지 않는 악한 아이들에게 극단적인 방법을 사용할 수밖에 없지만, 어쩔 수 없이 그런 일을 해야 하는 부모의 애처로운 심정은 괴롭기 그지없다.

Ⅳ. 하나님께서 그 일을 정하셨다(12, 13절). 아브라함은 이 문제로 인해 근심이 매우 컸을 것이다. 사라를 불쾌하게 만들기도 원치 않았고, 그렇다고 해서 이스마엘을 내쫓을 수도 없었다. 이런 곤란한 상황 속에서 하나님께서 그

가 할 일을 말씀하셨고, 그는 그 말씀에 만족하였다. 주목하라. 선한 사람은 의심쩍은 상황이 닥칠 때에 자신이 해야 할 의무와 또한 하나님이 자신에게 원하시는 것이 무엇인지를 알기만 하면 그 이상 원하는 것이 없다. 그리고 그것이 분명해지면 마음이 편안해지며, 또한 반드시 그래야 한다. 아브라함을 그렇게 만들기 위하여, 하나님은 이 문제의 본질을 그 앞에 제시하시며, 그에게 다음과 같은 것을 보여주신다.

1. 이스마엘을 내쫓는 것이 이삭이 지닌 언약의 권리와 특권들을 확실히 세우는 데에 필수적이라는 것. **이삭에게서 나는 자라야 네 씨라 부를 것임이니라.** 그리스도와 교회는 반드시 이삭의 허리를 통하여 아브라함에게서 내려와야 했다. 이것이 이삭에게 주어진 약속의 내용이며, 사도 역시 이를 인용하여 아브라함의 허리에서 난 자들이 모두 아브라함의 언약의 상속자들이 아니라는 것을 보여준다(롬 9:7). 약속한 아들 이삭이 약속된 자손의 조상이 되어야 했던 것이다. 그러므로 "이스마엘을 내쫓으라. 그를 멀리 보내어 이삭의 삶의 양식들을 부패시키지 못하게 하고 그의 권리들을 침해하지 못하도록 하라." 그와 경쟁하던 자가 내쫓기면 그가 안정을 얻게 될 것이다. 아브라함의 언약의 자손은 반드시 애초부터 언약 바깥에 있는 자들과 섞이지 않은 구별된 고유한 단일 백성이어야 했고, 그렇기 때문에 이스마엘이 분리되어야 했던 것이다. 아브라함이 혼자 부르심을 받았으니 이삭도 그래야 했다. 사 51:2을 보라. 사라는 이 점을 거의 생각하지 못했을 것이나(요 11:51), 하나님께서 그녀의 말을 취하사 그것을 그의 명령으로 바꾸신 것이다(참조. 27:10).

2. 이스마엘을 내쫓아도 그가 멸망하지 않을 것이라는 것(13절). 그도 네 씨니 그가 한 민족을 이루게 될 것이다. 그것이 그의 영원한 멸망이었다는 것은 확신할 수 없다. 외형적인 경륜에서 내쫓긴 자들이 하나님의 모든 긍휼하심에서 완전히 배제된다고 말하는 것은 억측이다. 그렇게 존귀를 받지 않는 자들이라도 구원받은 자들일 수가 있는 것이다. 그러나 그것이 그의 세상적인 패망이 아니었다는 것은 분명하다. 그가 교회 바깥으로 내쫓겼으나 세상 바깥으로 쫓겨난 것은 아니었다. **내가 그로 한 민족을 이루게 하리라.** 주목하라. (1) 민족들은 하나님이 이루시는 것이다. 그가 세우시고, 이루시고, 고정시키시는 것이다. (2) 하나님의 언약의 축복과는 상관이 없는 자들 중에 하나님의 섭리의 복들을 가득 누리는 자들도 많다. (3) 이 세상의 자녀들이 하나님의 자녀들에 비해서

겉모양으로는 더 나은 경우가 많다.

[14]아브라함이 아침에 일찍이 일어나 떡과 물 한 가죽부대를 가져다가 하갈의 어깨
에 메워 주고 그 아이를 데리고 가게 하니 하갈이 나가서 브엘세바 광야에서 방황
하더니 [15]가죽부대의 물이 떨어진지라 그 자식을 관목덤불 아래에 두고 [16]이르되 아
이가 죽는 것을 차마 보지 못하겠다 하고 화살 한 바탕 거리 떨어져 마주 앉아 바
라보며 소리 내어 우니 [17]하나님이 그 어린 아이의 소리를 들으셨으므로 하나님의
사자가 하늘에서부터 하갈을 불러 이르시되 하갈아 무슨 일이냐 두려워하지 말라
하나님이 저기 있는 아이의 소리를 들으셨나니 [18]일어나 아이를 일으켜 네 손으로
붙들라 그가 큰 민족을 이루게 하리라 하시니라 [19]하나님이 하갈의 눈을 밝히셨으
므로 샘물을 보고 가서 가죽부대에 물을 채워다가 그 아이에게 마시게 하였더라 [20]
하나님이 그 아이와 함께 계시매 그가 장성하여 광야에서 거주하며 활 쏘는 자가
되었더니 [21]그가 바란 광야에 거주할 때에 그의 어머니가 그를 위하여 애굽 땅에서
아내를 얻어 주었더라

I. 여종과 그의 아들이 아브라함의 가문에서 내쫓김(14절). 아브라함은 여기서 하나님의 명령에 신속하게 순종하였다. 아침에 일찍이. 그는 밤의 이상에서 명령을 받고 아침에 일어난 즉시 그대로 이행한 것으로 볼 수 있다. 그는 하나님의 명령에 그대로 굴복하였다. 그렇게 하는 것은 그의 판단과는 달랐고, 최소한 그의 의향과는 달랐다. 그러나 그것이 하나님의 뜻이라는 것을 깨닫자마자 반론을 제기하지 않고, 마치 맹목적으로 복종하도록 훈련받은 사람처럼 명령을 받은 대로 조용히 행하였다. 그는 다른 사람들을 함께 딸려 보내지도 않고, 양식도 거의 주지 않은 채 그들을 홀로 내보냈는데, 이는 그에게 주어진 지시를 그대로 따른 것이었을 것이다. 만일 하갈과 이스마엘이 아브라함의 가문에서 처신을 잘 했더라면, 거기에 그대로 있을 수도 있었을 것이다. 그러나 그들은 그들의 교만과 무례함으로 인하여 그런 일을 자초하였고, 자기들의 잘못에 대해 정의로운 보응을 받은 것이다. 주목하라. 우리의 특권들을 남용하면 그것들을 우리 스스로 버리는 것이 된다. 편안히 있을 때에는 아브라함의 가문처럼 좋은 곳에 편안히 지내면서도 그것을 알지 못하는 자들은 거기서 내쫓겨 마땅하며, 모든 자비가 사라진 후에 그 가치를 알게 되도록 하는 것이 합당하

다.

Ⅱ. 그들이 아브라함이 그들의 정착을 위해 지정해 준 곳으로 가는 길을 잃고 광야에서 방황함.

1. 그들은 거기서 큰 곤란에 처하였다. 그들이 가져온 양식도 바닥이 났고 이스마엘도 몸이 온전치 못했다. 아브라함의 집에서는 기름진 것으로 충족히 공급을 받았었는데, 이제 그런 공급이 전혀 없는 처지가 되자 기진맥진하게 된 것이다. 하갈은 눈물을 흘렸고, 완전히 기가 죽었다. 주인의 집에 있을 때에는 음식 부스러기들을 그냥 버렸고 가볍게 여겼었는데, 이제는 그것들을 소원하였다. 종의 영의 능력 아래 있는 자처럼, 그녀는 마음에 번민이 가득 차서 아이가 죽는 것밖에는 아무것도 기대하지 못했다(15, 16절). 이스마엘이 출생하기 전에 그가 자라나 성인이 되어 큰 인물이 될 것임을 하나님께서 이미 말씀해 주셨는데도 말이다. 현재의 사정이 과거의 약속들과 상충되는 것 같을 때에는 그 약속들을 잊어버리는 경향이 많은데, 이는 우리가 감각에 근거하여 살기 때문이다.

2. 이런 괴로운 상황에서 하나님께서 은혜로이 나타나셔서 그들을 안심시키셨다. 하나님께서 그 어린 아이의 소리를 들으셨다(17절). 이스마엘이 한 말은 본문에 나타나지 않는다. 아마도 한숨 쉬고 탄식하며 어쩔 줄 몰라 울부짖으며 자비를 구했을 것이다. 천사가 하갈을 위로하기 위해 보냄 받았고, 그녀가 광야에서 하나님의 위로를 만난 것이 이번이 처음이 아니었다. 전에 비슷한 상황에서 하나님께서 찾아오셨을 때에 그녀가 감사함으로 대하였으므로(16:13), 하나님께서는 이 때 다시 적절한 순간에 그녀를 찾아오사 구원하신 것이다.

(1) 천사는 하나님께서 그녀의 괴로움을 알고 계신다는 것을 확실하게 알려준다. 하나님이 저기 있는 아이의 소리를 들으셨나니. 이스마엘이 광야에 있었으나 하나님이 들으셨다(우리가 어디 있든지 하늘을 향하여 길이 열려 있는 것이다). 그러므로 아이를 일으켜 네 손으로 붙들라(18절). 주목하라. 우리가 어려움 중에 있을 때에 하나님께서 우리를 도우시기를 대비하고 계신다고 해서 우리 스스로 힘쓰고 애쓰는 것이 미지근해지는 것이 아니라 오히려 우리가 더 힘써 노력하게 된다.

(2) 그는 하갈에게 그의 아들이 큰 민족을 이루리라는 약속을 다시 되풀이하여, 하갈에게 용기를 주어 일어나 그 아이를 도울 수 있도록 한다. 주목하라.

우리는 어린 아이들과 청년들에 대해 하나님께서 어떤 계획을 갖고 계신지 알지 못하며, 그들이 하나님의 섭리를 통하여 어떻게 쓰임받을지도 알 수 없으므로, 그들을 위해 수고하며 보살펴야 한다.

(3) 그는 하갈에게 당장 필요한 것을 해결해 준다. **하나님이 하갈의 눈**(이때 하갈은 울어서 눈이 퉁퉁 부어 거의 뜰 수 없을 지경이었다)을 **밝히셨으므로**(19절), **샘물을 보았다.** 주목하라. 위로를 받을 만한 이유가 있는 사람들 중에 위로를 얻을 이유를 보지 못하여 날마다 슬피 우는 이들이 많다. 은혜의 언약 안에서 그들 옆에 샘물이 있으나 그들은 이를 알지 못한다. 눈을 뜨게 하셔서 자기의 상처를 보게 하신 하나님께서 눈을 뜨게 하셔서 그 상처의 치료를 보게 하시기까지는 그들은 전혀 유익을 얻지 못하는 것이다(요 16:6, 7). 사도는 하갈과 이스마엘에 관한 것들이 **알레고루메나** 라고 한다(갈 4:24). 이들은 알레고리로 이해하여야 할 것들이다. 그렇다면 이는 다음에 대해 예증해 주는 것이라 하겠다. [1] 믿지 않는 유대인들처럼, 그리스도 안에서 주어진 약속에 의해서가 아니라 율법과 육신적인 규례들을 통해서 의를 추구하며 그리하여 궁핍과 절망의 광야 속으로 스스로 달려가는 자들의 어리석음. 그런 자들의 위로는 금방 고갈되며, 하나님께서 그의 특별한 대권으로 구원하시지 않으면, 그리고 자비의 기적으로 그들의 눈을 여시지 않으면, 그들은 망해 버리고 마는 것이다. [2] 세상에서 만족과 행복을 구하는 자들의 어리석음. 이들은 언약과 하나님과의 교제의 위로를 저버리고 이 땅에 있는 자기들의 몫을 택하며, 고작 초라한 물 한 병을 취하나 금방 다 써버리고 만다. 그리고는 끝없이 만족을 구하며 드디어 그것을 얻지 못하고 주저앉고 만다.

Ⅲ. 이스마엘이 드디어 바란 광야에 정착함(20, 21절). 이 곳은 거친 곳으로 이스마엘처럼 거친 사람에게 적절한 곳이었다(16:12). 육신을 따라 난 자들은 이 세상이라는 광야에 매여 있으나, 약속의 자녀는 하늘의 가나안을 목표로 삼으며 거기에 도달하기까지는 안식을 얻지 못한다. 관찰하라. 1. 그는 하나님께서 함께 하신다는 어느 정도의 증거를 갖고 있었다. **하나님이 그 아이와 함께 계시매.** 그가 외형적으로 번창하게 되는 것은 바로 이 때문이다. 2. 그는 직업이 활 쏘는 자였는데, 이는 그가 활 쏘는 일에 탁월한 재주가 있었고 그것을 업(業)으로 삼았음을 시사해 준다. 쫓겨난 에서도 기술 좋은 사냥꾼이었다. 3. 그는 자기 어머니의 친척과 결혼하였다. 그 어머니가 애굽 땅에서 아내를 얻어

준 것이다. 그는 활 쏘는 데에는 탁월하였으나, 아내를 얻는 일에서는 어머니의 조언과 동의가 없었다면 결혼 문제에서 목표를 잘 잡을 수가 없었을 것이다.

22그 때에 아비멜렉과 그 군대 장관 비골이 아브라함에게 말하여 이르되 네가 무슨
일을 하든지 하나님이 너와 함께 계시도다 23그런즉 너는 나와 내 아들과 내 손자에
게 거짓되이 행하지 아니하기를 이제 여기서 하나님을 가리켜 내게 맹세하라 내가
네게 후대한 대로 너도 나와 네가 머무는 이 땅에서 행하여 보이라 24아브라함이 이
르되 내가 맹세하리라 하고 25아비멜렉의 종들이 아브라함의 우물을 빼앗은 일에
관하여 아브라함이 아비멜렉을 책망하매 26아비멜렉이 이르되 누가 그리하였는지
내가 알지 못하노라 너도 내게 알리지 아니하였고 나도 듣지 못하였더니 오늘에야
들었노라 27아브라함이 양과 소를 가져다가 아비멜렉에게 주고 두 사람이 서로 언
약을 세우니라 28아브라함이 일곱 암양 새끼를 따로 놓으니 29아비멜렉이 아브라함
에게 이르되 이 일곱 암양 새끼를 따로 놓음은 어찜이냐 30아브라함이 이르되 너는
내 손에서 이 암양 새끼 일곱을 받아 내가 이 우물 판 증거를 삼으라 하고 31두 사람
이 거기서 서로 맹세하였으므로 그 곳을 브엘세바라 이름하였더라 32그들이 브엘세
바에서 언약을 세우매 아비멜렉과 그 군대 장관 비골은 떠나 블레셋 사람의 땅으
로 돌아갔고

여기서 우리는 아비멜렉과 아브라함 사이에 동맹을 맺은 일을 접하게 되는데, 이는 그의 이름을 창대하게 하시겠다는 하나님의 약속(12:2)이 성취되는 것을 보여준다. 그가 외인이요, 자의로 가나안 사람들과 브리스 사람들에게 소작인이 되어 살았으나, 그의 의리가 그 사람들에게서 인정을 받았던 것이다.

I. 아비멜렉과 그의 군대 장관 비골이 동맹을 제의하였다.

1. 그들이 동맹을 제의한 것은 하나님께서 아브라함에게 베푸신 호의였다. "네가 무슨 일을 하든지 하나님이 너와 함께 계시도다. 그러니 우리가 그것을 보지 못할 수가 없다." 주목하라. (1) 하나님께서는 때때로 그의 섭리로 그의 백성들에게 그가 함께 하시는 확실한 증서를 보여주셔서 이웃들이 그것을 알아차리지 못할 수가 없도록 하시기도 한다(시 86:17). 그들의 일들이 그렇게 눈에 띄게 번창하며 그들이 행하는 일에서 그렇게 놀라운 성공을 거두므로, 하나님이

그들과 함께 하신다는 고백이 이웃들에게서 나오는 것이다. (2) 하나님께서 아끼시는 자들과 함께 하는 것이나, 천국에 대해 관심을 쏟는 자들에 대해 관심을 쏟는 것이야말로 좋은 일이다. **하나님이 너희와 함께 하심을 들었나니 우리가 너희와 함께 가려 하노라**(슥 8:23). 하나님과 교제를 갖는 자들과 교제를 갖는다면, 그것이야말로 우리를 위해서 잘 하는 일이다(요일 1:3).

2. 그 전체적인 기조는, 어떠한 일이 있어도 깨어지지 않을 견고하고도 항구적인 우정이 두 가문 사이에 있어야 한다는 것이었다. 우정의 결속 관계가 있으니 맹세로 그 결속 관계를 공고히 할 필요가 있었고, 그리하여 그들은 참되신 하나님께 호소하여 그들의 진실함의 증인이 되시고 또한 어느 쪽이든 그것을 배반하는 쪽에게 복수자가 되시도록 한 것이다(23절). 관찰하라. (1) 아비멜렉은 이 동맹 관계가 그의 후손에게까지 이어지고, 또한 그의 백성들에게까지 확대되기를 바란다. 그는 그의 아들과 그의 아들의 아들과 또한 그의 땅까지도 이 동맹의 혜택을 누리기를 바란 것이다. 선한 사람들은, 그들 자신은 물론 그들에게 속한 사람들 모두를 위해서, 하늘이 아끼는 자들과의 동맹과 친밀한 교류를 확보해야 하는 것이다. (2) 그는 아브라함에게 자신이 그의 가문을 후히 대하였음을 상기시킨다. **내가 네게 후대한 대로.** 친절을 받은 자는 그 자신도 그렇게 해야 마땅하며, 따라서 친절을 베푼 자가 자신이 베푼 친절에 대해 상대방에게서 친절을 받기를 기대하는 것이 인지상정이다.

Ⅱ. 아브라함은 우물에 관한 구체적인 조항을 삽입시켜서 이 동맹을 승낙한다. 아브라함에게 해당하는 이 동맹의 내용에서 다음을 관찰할 수 있다.

1. 그는 아비멜렉이 명예와 양심을 지키는 사람이요 또한 하나님을 두려워하는 사람임을 알고서 기꺼이 그와 동맹을 맺는다. **내가 맹세하리라**(24절). 주목하라. (1) 신앙이 사람을 도저히 대화할 수 없는 고집불통으로 만드는 것이 아니다. 확신하건대 절대로 그래서는 안 된다. 악한 교제를 피한다는 명목으로, 남과 어울리기를 아주 싫어하거나 모든 사람을 싫어하는 자세를 가져서는 안 되는 것이다. (2) 정직한 사람은 문제를 확실하게 하기를 꺼려하지 않는다. 아브라함이 자신이 아비멜렉에게 진실로 대하겠다고 말한다면, 그것을 맹세로 확증하는 것도 꺼려하지 않는다. 맹세는 사실의 확증을 위하여 하는 것이다.

2. 그는 아비멜렉의 종들이 자신과 갈등을 빚었던 우물에 관한 문제를 지혜롭게 확정짓는다. 우물은 그 땅에서 매우 귀중한 재산이었던 것으로 보인다.

우리나라에는 그것들이 많이 있으니, 이는 하나님께 감사할 일이다. (1) 아브라함은 아비멜렉에게 정중히 그 문제를 거론하였다(25절). 주목하라. 우리 형제가 우리를 상대로 무슨 과실을 범하면, 우리는 지혜롭고도 온유하게 그에게 그의 과실을 이야기하여 그 문제가 공정하게 정리되고 해결되도록 해야 한다(마 18:15). (2) 그는 이 문제에 대한 아비멜렉의 변명을 그대로 묵인한다. "이 일은 내가 행한 것이 아니로다"(26절). 전연 무고한 사람들이 부정과 악행을 저지른 의혹을 받는 경우가 많은데, 그들이 무고함을 밝힐 때에 우리는 기꺼이 그것들을 받아들여야 할 것이다. 주인이 종들의 과실을 알고서 그것을 정당화시킨 경우가 아닌 이상, 종들의 과실을 주인의 책임으로 돌려서는 안 될 것이다. 또한 정직한 사람으로서는 자신이 과실을 범했다는 것을 알자마자 문제를 정상화시킬 자세를 갖는 것이 정상일 것이다. (3) 차후에 다시는 분쟁이나 갈등이 없도록 그는 우물에 대한 자신의 소유권을 분명히 확정지었다(30절). 그 정황이 영구적으로 기억되도록, 일을 분명히 매듭짓는 것이 지혜로운 일이요 정당한 일이다.

3. 그는 아비멜렉에게 상당한 예물을 주었다(27절). 아비멜렉이 자기에게 베푼 친절에 대한 감사의 뜻으로, 또한 서로간에 마음을 나누는 우정의 증표로, 무언가 세련되고 진기한 것들이 아니라, 값지고 유용한 양과 소를 주었다. 이처럼 친절한 예물을 주고 받는 것이 서로간의 사랑을 증진시킨다. 내 것이 곧 내 친구의 것이라는 생각을 갖게 만드는 것이다.

4. 그는 맹세로써 그 언약을 확증하였고, 그 곳에 새 이름을 붙임으로써 그것을 공고히 하였다(31절). 그는 그 곳을 브엘세바라 불렀는데, 이는 맹세의 우물(well of oath)이라는 뜻으로 볼 수 있다. 그렇다면 이는 그들이 맹세하여 세운 그 언약을 기억하도록 하며, 그 언약을 항상 유념하도록 하기 위함이었다 할 것이다. 혹은 이는 일곱의 우물(well of seven)이라는 뜻으로 볼 수도 있는데, 그렇다면 이는 아브라함이 그 우물의 소유권을 갖는다는 사실을 확증하기 위해 아비멜렉에게 일곱 마리 양을 준 사실을 기념하는 뜻으로 볼 수 있을 것이다. 주목하라. 거래의 사실은 반드시 기억되어야 하며, 그리하여 그것들이 견고히 지켜지고 혹 소홀히 하여 우리가 우리의 말을 깨뜨리는 일이 없도록 해야 한다.

[33]아브라함은 브엘세바에 에셀 나무를 심고 거기서 영원하신 여호와의 이름을 불렀
으며 [34]그가 블레셋 사람의 땅에서 여러 날을 지냈더라

관찰하라.

1. 그렇게 해서 좋은 이웃을 두게 된 아브라함은 모든 일이 잘 되고 있는 것과 자신이 거기에 한동안 있게 될 것을 알았다. 그리하여 그는 장막에 그늘이 지게 하기 위하여 유실수를 심었다. 하나님께서는 그가 이 땅에 사는 동안 외인이요 나그네로 지내기를 바라셨으므로, 그가 그 곳에 정착했다고는 말할 수 없다. 그러나 그는 거기서 여러 날을 지냈고, 거기에 머무는 동안 그는 히브리 사람 아브라함으로, 혹은 여행객 아브라함으로서의 성품을 드러냈다.

2. 거기서 그는 자신의 신앙을 끊임없이 실천한 것은 물론 그것을 공개적으로 드러냈다. 거기서 영원하신 여호와의 이름을 불렀으며. 아마 그가 심은 나무 아래서 그렇게 했을 것이며, 그 나무는 그의 기도의 집이었다 할 것이다. 그리스도께서는 동산에서, 산 위에서 기도하셨다. (1) 아브라함은 공적인 예배를 지켜 행하였으며, 아마도 그의 이웃들이 와서 예배에 함께 참석했을지도 모른다. 주목하라. 선한 사람들은 어디를 가든 그들의 선을 그대로 유지하여야 하며, 또한 그 선을 전파하여 다른 사람들도 선하게 만들도록 최선을 다하여야 한다. (2) 여호와의 이름을 부를 때에 우리는 그를 영원하신 여호와, 세상을 다스리시는 하나님으로 바라보아야 한다. 하나님께서는 그 자신을 아브라함에게 특별히 그의 하나님으로, 그리고 언약을 맺은 하나님으로 알려주셨으나, 그는 그 하나님을 만유의 여호와로 인정하고 영광 돌리기를 잊지 않는다. 영원하신 여호와, 그는 온 세상보다 먼저 계셨고, 또한 시간과 날이 더 이상 있지 않을 때에도 여전히 계실 것이다(사 40:28).

제 22 장

개요

여기서는 아브라함이 그의 아들 이삭을 제물로 드린 유명한 이야기를 접하게 된다. 아브라함은 그 아들을 제물로 바치도록 내어드렸는데 이는 교회의 기이한 일 가운데 하나로 보는 것이 합당할 것이다. 본 장의 주요 내용은 다음과 같다. I. 하나님께서 아브라함에게 이 일에 관하여 이상스런 명령을 주심(1, 2절). II. 아브라함이 이상하게도 이 명령에 순종함(3-10절). III. 이 시험의 이상스런 결말. 1. 이삭을 제물로 드리는 일이 중지됨(11, 12절). 2. 다른 제물이 예비됨(13, 14절). 3. 아브라함과의 언약이 갱신됨(15-19절). IV. 몇몇 아브라함의 친족에 관한 기사(20-24절).

1그 일 후에 하나님이 아브라함을 시험하시려고 그를 부르시되 아브라함아 하시니
그가 이르되 내가 여기 있나이다 2여호와께서 이르시되 네 아들 네 사랑하는 독자
이삭을 데리고 모리아 땅으로 가서 내가 네게 일러 준 한 산 거기서 그를 번제로
드리라

여기 아브라함의 믿음에 대한 시험이 나타난다. 하나님과의 교제가 오랜 세월 동안 정착되어온 후에도 과연 처음 그가 고향을 떠날 때처럼 그의 믿음이 그렇게 강하고 왕성하며 견고히 지속되는지에 대한 시험이다. 처음 고향을 떠날 때에는 그가 아버지보다 하나님을 더 사랑한다는 것이 시험을 통해 드러났는데, 이번에는 그가 자기 아들보다 하나님을 더 사랑하는지의 여부가 이 시험을 통해 드러날 것이었다. 여기서 관찰하라.

I. 아브라함이 그렇게 시험받은 시점. 그 일 후에(1절). 다른 모든 일들을 겪은 후에, 모든 어려움과 괴로운 일들을 통과한 후에. 어쩌면 이 때쯤 그는 이제 모든 폭풍들은 다 지나갔다고 생각하기 시작했을지도 모른다. 그러나 결국 지금까지의 그 어떤 시험보다 더 예리한 시험이 그에게 다가온 것이다. 주목하라. 과거에 많은 시험들이 있었다고 해서 더 이상 시험이 없는 것도 아니고 그

시험에서 안전을 보장받는 것도 아니다. 아직도 긴장을 늦출 때가 아닌 것이다(왕상 20:11; 시 30:6, 7).

II. 이 시험의 주체. 하나님이 그를 시험하셨다. 사탄의 시험이 그렇듯이(아브라함이 이삭을 죽여 제물로 드렸다면 그는 죄를 범하지 않았을 것이요 그가 받은 명령이 그를 정당화시켜 줄 것이었다) 그를 죄에 빠지게 하기 위함이 아니라, 하나님의 은혜들을 발견하게 하며, 그것들이 얼마나 강력한지를 알게 하며 그리하여 칭찬과 영광과 존귀를 얻게 하기 위함이었다(벧전 1:7). 하나님이 욥을 시험한 것도, 그가 그저 선한 사람으로 나타나는 것만이 아니라 위대한 사람으로 나타나도록 하기 위함이었다. 하나님이 아브라함을 시험하셨다. 어떤 이들은 하나님이 아브라함을 높이셨다는 뜻으로 읽는다. 학생이 공부를 잘하면 그 공부의 수준을 높여 더 높은 반에 넣는 것처럼, 하나님께서 아브라함을 그렇게 하셨다는 것이다. 주목하라. 강한 믿음이 강한 시험을 받으며, 어려운 일을 부과받는 경우가 많다.

III. 시험의 내용. 하나님은 과거에 하신 것처럼 그에게 나타나셔서 그의 이름을 부르셨다. 하나님이 약속을 확증하는 의미로 그에게 주신 그 이름으로 말이다. 아브라함아. 아브라함은 신실한 종처럼 곧바로 대답하였다. "내가 여기 있나이다. 나의 주께서 주의 종에게 무슨 말씀을 하시려 하나이까?" 아마도 그는 하나님께서 전에 하신 약속들처럼(15:1; 17:1) 어떤 약속을 새로이 하시려는 것으로 생각했을 것이다. 그러나 하나님의 말씀은 너무나 당혹스러운 것이었다. 그의 말씀은 간단히 말해서, 아브라함아, 가서 네 아들을 죽이라 라는 것이었다. 더욱이 이 명령이 큰 분노를 일으킬 만한 언어로 주어졌으므로 그의 시험이 더욱더 처절해졌다. 하나님께서 말씀하실 때에 아브라함은 분명 말씀 하나하나를 다 주목하였고, 정신을 차리고 들었다. 그런데 여기서는 그 말씀 하나하나가 그의 뼈를 찌르는 칼이 되었다. 언어 자체가 그 시험의 괴로움을 한층 심하게 하는 것이었다. 그가 괴로움을 당하는 것이 과연 전능하신 하나님께 기쁨이 된단 말인가? 아니다. 그렇지 않다. 다만 아브라함의 믿음을 시험하시면서, 하나님께서는 마치 그를 가혹하게 시험하시는 것에서 기쁨을 얻으시는 것처럼 보이는 것뿐이었다(2절). 관찰하라.

1. 제물로 드려져야 할 사람. (1) "네가 가진 양과 소가 아니라, 네 독자 이삭을 번제로 드리라." 아브라함은 수천 마리의 양이나 소라도 이삭을 대신할 수만 있

다면 기꺼이 드리고 싶은 심정이지 않았겠는가? "아니다. 네 집에서 수소나 네 우리에서 숫염소를 가져가지 아니하리라(시 50:9). 네 아들을 데려가야겠느니라. 네 종도 말고, 네 집의 청지기도 말고, 반드시 네 아들이라야 하리라." 입다는 자기의 맹세를 지키기 위하여 딸을 제물로 드렸다. 그러나 아브라함은 자기 아들을 드려야 했다. 그의 가문을 일으켜 세울 아들을 드려야 했던 것이다. "여호와여, 양자 삼은 아들을 드리게 해주시옵소서." "아니다. (2) 네 독자를 드리라. 사라에게서 난 네 독자를 드리라." 이스마엘이 최근 내쫓겨서 아브라함이 매우 애타했었다. 그런데 이제 홀로 남은 이삭마저 떠나보내야 한단 말인가? 그렇다. (3) "이삭을 번제로 드리라. 그 이름에 따르면 네 웃음이요 네 진정한 아들인 그를 드리라"(17:19). "사람을 보내어 이스마엘을 데려와서 그를 드리라는 것이 아니다." 아니다. 반드시 이삭이라야 한다. "그러나 여호와여 이삭은 내 사랑하는 자식이요, 내게는 내 영혼과도 마찬가지인 자식이옵니다. 이스마엘도 없는데, 이삭마저 데려가시렵니까? 이 모든 것은 내게 너무도 견디기 힘든 일이옵니다." 그렇다. (4) 네 사랑하는 독자를 드리라. 그것은 아브라함이 과연 하나님을 사랑하는지에 대한 시험이었다. 그러니 반드시 그가 가장 사랑하고 애지중지하는 아들을 드려야 했다. 히브리어로는 이것이 더욱 강조의 의미로 표현되어 있다. 필자의 생각에는 이를 다음과 같은 뜻으로 읽어도 무방하리라 여겨진다: 이제 네 아들을, 네 하나밖에 없는 아들을, 네가 사랑하는 이삭을 드리라. 하나님의 명령이니 이런 모든 것들은 다 뒤로 물려야만 했던 것이다.

2. 제물을 드릴 장소. 모리아 땅. 그 곳은 사흘 길 정도 떨어진 곳이었다. 그러므로 그는 그 문제를 생각할 시간이 있었을 것이고, 또한 그렇게 생각할 시간을 가졌다면 그 일을 의도적으로 행하여 그 일이 더 합리적이고 더 존귀한 일이 되도록 해야 했을 것이다.

3. 제물을 드리는 방식. 그를 번제로 드리라. 아브라함은 그 아들을 죽여야 했고, 게다가 그를 제물로 죽여야 했다. 평상시에 짐승을 번제로 드릴 때와 마찬가지로 경건한 자세로, 마음의 평정을 유지하고, 주어진 규칙을 따라서, 모든 예식을 거행하며 그를 죽여야 했던 것이다.

3 아브라함이 아침에 일찍이 일어나 나귀에 안장을 지우고 두 종과 그의 아들 이삭을 데리고 번제에 쓸 나무를 쪼개어 가지고 떠나 하나님이 자기에게 일러주신 곳

으로 가더니 4제삼일에 아브라함이 눈을 들어 그 곳을 멀리 바라본지라 5이에 아브
라함이 종들에게 이르되 너희는 나귀와 함께 여기서 기다리라 내가 아이와 함께
저기 가서 예배하고 우리가 너희에게로 돌아오리라 하고 6아브라함이 이에 번제 나
무를 가져다가 그의 아들 이삭에게 지우고 자기는 불과 칼을 손에 들고 두 사람이
동행하더니 7이삭이 그 아버지 아브라함에게 말하여 이르되 내 아버지여 하니 그가
이르되 내 아들아 내가 여기 있노라 이삭이 이르되 불과 나무는 있거니와 번제할
어린 양은 어디 있나이까 8아브라함이 이르되 내 아들아 번제할 어린 양은 하나님
이 자기를 위하여 친히 준비하시리라 하고 두 사람이 함께 나아가서 9하나님이 그
에게 일러 주신 곳에 이른지라 이에 아브라함이 그 곳에 제단을 쌓고 나무를 벌여
놓고 그의 아들 이삭을 결박하여 제단 나무 위에 놓고 10손을 내밀어 칼을 잡고 그
아들을 잡으려 하니

아브라함은 이 가혹한 명령에 순종하는 것을 보게 된다. 아브라함은 시험을 받을 때에 믿음으로 이삭을 드렸으니(히 11:17), 관찰하라.

I. 이 순종의 과정에서 그가 통과한 어려움들. 이를 가로막는 것들이 많았을 것이다.

1. 그 명령은 무거운 형벌로 살인을 금하는 기존의 하나님의 법에(9:5, 6) 정면으로 배치되는 것처럼 보였다. 변함이 없으신 하나님께서 스스로 모순을 일으키실 수 있는가? 번제를 위하여 강탈하는 것을 미워하시는 하나님이시니(사 61:8) 번제를 위해서 살인을 저지르는 것을 기뻐하실 수는 없을 것이다.

2. 자기의 친아들에 대한 본능적인 애착은 어찌 되겠는가? 그것은 그저 보통 살인이 아니라 가장 악독한 살인일 것이다. 아브라함이 비정상이 되지 않고서야 어떻게 그 명령에 순종할 수 있겠는가? 하나님이 인간 제사를 강조하신다 해도, 과연 제물로 드릴 자가 이삭밖에 없고, 제물을 드릴 자가 아브라함밖에 없단 말인가? 믿는 자들의 조상이 모든 조상 중의 괴물이 되어야 한단 말인가?

3. 하나님께서는 그 일에 대한 이유를 알려 주지 않으셨다. 이스마엘을 내쫓을 때에는 하나님께서 정당한 이유를 알려 주셨고 그리하여 아브라함은 만족을 얻었다. 그러나 여기서는 이삭이 죽어야 하고 아브라함이 그를 죽여야 하는데도, 둘 중 어느 누구도 그 이유나 목적을 알아서는 안 되는 처지였던 것이다. 만일 이삭이 진리를 위해 순교자가 되어야 했다면, 혹은 이삭이 그보다 더 귀

한 다른 생명을 구하기 위해 속량물로 자기 목숨을 내어놓았더라면, 전연 문제가 달라졌을 것이다. 아니면, 만일 그가 우상 숭배자의 경우처럼(신 13:8, 9) 범죄자로나 하나님이나 부모를 거역한 자로나, 혹은 패역한 아들로(신 21:18, 19) 죽었다면, 그것은 정의를 위한 제물로 간주하고 넘어갈 수도 있었을 것이다. 그러나 여기의 문제는 그렇지 않았다. 그는 의무를 다하며 순종하는 소망이 있는 아들이었다. "주여, 그의 피를 흘리는 것이 과연 무슨 유익이 있나이까?"

4. 이 명령을 그대로 따르게 되면 과연 하나님이 하신 약속은 어떻게 되는가? **이삭에게서 나는 자라야 네 씨라 부를 것이라고** 말씀하시지 않았던가(21:12)? 그런데 이 어린 싹이 그렇게 일찍 잘려버리면 그 씨가 어떻게 되겠는가?

5. 사라의 얼굴을 어떻게 다시 보겠는가? 이삭의 피로 의복을 물들인 채로 무슨 염치로 사라와 가족들에게 돌아가겠는가? 사라는 "**당신은 참으로 내게 피 남편이로다**"(출 4:25, 26)라고 말할 것이고, 십중팔구 아브라함과 그의 하나님에 대한 애정이 완전히 사라질 것이었다.

6. 그 땅에 거하는 애굽 사람들과 가나안 사람들과 브리스 사람들은 이에 대해 무어라 하겠는가? 아마도 그 일은 아브라함과 그의 제단에 영구한 치욕거리가 될 것이었다. "이게 은혜라면, 차라리 본성대로 살지." 이런 유사한 반론들이 얼마든지 제기되었을 수도 있다. 그러나 그것이 과연 하나님의 명령이요 착각이 아니라는 명확한 확신이 그에게 있었고, 이것 하나만으로도 그 모든 반론들을 물리치기에 충분했던 것이다. 주목하라. 하나님의 명령에 대해서는 논란이 있어서는 안 되고, 그저 순종해야 한다. 그 명령에 대해 혈과 육과 의논해서는 안 되며(갈 1:15, 16), 은혜로운 완고함으로 그것들을 끈질기게 순종해 나가야 하는 것이다.

Ⅱ. 순종의 여러 단계들. 이 모든 단계들은 그의 순종의 위대함을 드높여 주는 데 기여하며, 또한 그가 이 모든 일에서 지혜로 인도함 받았고 믿음의 지배를 받았음을 보여준다.

1. 그는 아침에 일찍 일어난다(3절). 아마도 그 명령이 밤에 이상을 통해 주어졌을 것이고, 그리하여 이튿날 일찍 그 명령을 시행하러 나선 것이다. 그는 지체하지도, 머뭇거리지도 않았고, 고의로 시간을 끌지도 않았다. 그 명령은 논란의 여지가 없는 단호한 것이었다. 주목하라. 하나님의 뜻을 행하는 자들은 마음을 다하여 그 일을 속히 행하는 법이다. 지체하는 동안 시간을 놓치고 마

음이 완악해지는 것이다.

2. 그는 제사를 위한 물건들을 챙긴다. 마치 자기가 기브온 사람들이기라도 한 것처럼 번제에 쓸 나무를 손수 쪼개어 가지고 떠나, 번제를 드릴 때에 따로 손을 쓸 필요가 없도록 해 놓는다. 영적인 제사도 그렇게 준비를 갖추어야 할 것이다.

3. 그는 십중팔구 이 일에 대해 사라에게 아무 말도 하지 않았을 것으로 보인다. 그것을 알게 되면 제대로 명령을 수행할 수가 없으므로 그녀는 이에 대해 아무것도 몰라야 했던 것이다. 우리가 반드시 행하여야 할 의무를 제대로 행하지 못하도록 방해하는 것이 우리 자신의 마음속에 많이 있으므로, 할 수 있는 대로 그것들이 방해하지 못하도록 해야 한다.

4. 그는 하나님께서 그를 인도하시겠다고 약속하신 그 번제를 위한 지정된 장소를 발견하기 위해 조심스럽게 그 곳을 향하여 멀리 바라보았다. 아마도 그 장소에 신적인 영광이 하늘에서부터 땅에까지 닿는 무슨 불 기둥 같은 모습으로 멀리서도 보이게끔 나타남으로써 그 쪽으로 방향을 잡게 되었을 것이다. 그리하여 그는 그 장소를 알게 된 후, "우리가 저 빛이 보이는 저기에 가서 예배하고 돌아오리라"라고 말했을 것이다(5절).

5. 그는 종들을 멀리 떨어뜨려 놓았다(5절). 그들이 하나님의 명령을 수행하는 일에 간섭하고 방해하지 못하도록 하기 위함이었다. 이삭이 그 가족 전체에서 가장 사랑을 받는 존재였으니 종들로서는 당연히 그렇게 하고도 남았을 것이다. 그리스도께서도 동산에서 괴로움을 당하실 때에 세 제자만 데리고 가시고 나머지는 동산 문에다 남겨 두었던 것이다. 주목하라. 하나님께 예배를 드리려 할 때에 그 일에 방해거리가 될 모든 생각들과 염려거리들을 모두 산 아래 내려놓음으로써 산만해짐이 없이 중심으로 여호와께 나아가도록 하는 것이 우리의 지혜요 또한 의무다.

6. 그는 이삭에게 번제 나무를 지게 하였고(이는 먼저 작은 일에서 이삭의 순종을 시험하려 함이요, 또한 이삭으로서는 자신의 십자가를 몸소 지고 가신 그리스도의 모형이 되기 위하여 그렇게 하였다, 요 19:17), 그 자신은 자신이 할 일을 잘 알면서도 흔들림 없는 단호한 결의로 불과 칼을 손에 들고 갔다(6절). 주목하라. 은혜로 말미암아 하나님을 위한 봉사나 고난의 핵심적인 일을 담당하기로 결심한 자들은, 혈육에게 어려움을 안겨주는 사소한 정황들은 간

과해야 하는 법이다.

7. 어떠한 흔들림이나 망설임이 없이 그는 이삭에게 그 일을 말한다. 마치 그가 그저 보통 제사를 드리려는 것처럼 말이다(7, 8절).

(1) 그들이 함께 가는 동안 이삭은 아버지 아브라함에게 아주 애처로운 질문을 한다. 그는 **내 아버지여** 라고 하였다. 이는 이삭의 가슴을 찌를 그의 칼보다 더 깊이 아브라함의 가슴을 찌르는 정말 안타깝고도 예리한 말이었다. 그의 심정은 아마도 이런 것이었을 것이다. "이제 내가 너를 죽이게 될 테니 나를 네 아버지라 부르지 말라. 아버지의 부드러운 정을 다 잃어버리고 그렇게 잔인하게 대하는 자가 어떻게 아버지일 수가 있으랴?" 그러나 아브라함은 감정을 죽이고 표정을 조절하며, 조용히 그 아들의 질문을 기다리는데, 그 아들의 질문이 날아온다. **불과 나무는 있거니와 번제할 어린 양은 어디 있나이까?** 이삭이 제사법과 관례에 대해 얼마나 정통하였는가를 보라. 이것이야말로 잘 교육을 시켜야 할 문제다. 이 질문은, [1] 아브라함에게는 아주 가슴아픈 질문이었다. 이삭이 번제로 드릴 어린 양이라는 사실을 그가 어떻게 감내할 수 있었겠는가? 과연 그랬다. 그러나 아브라함은 아직 감히 아들에게 그렇게 말을 할 수가 없었다. 하나님께서 믿음이 크나큰 증거임을 아시면, 그는 무죄한 자의 시험에도 웃으실 것이다(욥 9:23). [2] 우리 모두에게 교훈을 주는 질문이다. 곧 하나님께 예배하려 할 때에는 모든 것이 준비되었는지, 특히 번제를 위한 어린 양이 준비되었는지를 진지하게 살펴야 한다는 것이다. 보라, 불, 곧 성령의 도우심과 하나님의 영접하심이 준비되었다. 나무, 곧 우리의 뜨거운 마음을 불러일으킬 제정된 규례들(이는 성령이 없이는 불이 없는 나무에 불과하나 성령께서 이것들을 통하여 역사하신다)도 준비되었다. 모든 것이 준비되어 있다. 그런데 어린 양은 어디 있는가? 마음은 어디 있는가? 그것이 하나님께 드려지고 그에게 번제물로 올려질 준비를 갖추고 있는가?

(2) 아브라함은 이 질문에 아주 지혜롭게 대답하였다. **내 아들아 번제할 어린 양은 하나님이 자기를 위하여 친히 준비하시리라.** 이는 다음 두 가지 중 하나의 의미로 이해할 수 있을 것이다. [1] 그의 순종을 보여주는 말로. "하나님께서 지금 그에게 드리라고 지정해 놓으신 그 어린 양을 드려야 할 것이니라." 그리하여 이삭에게 하나님의 뜻에 복종해야 한다는 일반적인 규칙을 강조하여, 이제 곧 그 규칙을 자신에게 적용시켜 시행할 그 일을 위하여 그를 대비시키는 것이었다.

아니면, [2] 그의 믿음을 보여주는 말로. 그에게 그런 의도가 있었든지 없었든지 간에, 이것이 그의 답변의 의미로 드러나게 된다. 이삭 대신 다른 제물이 예비되었기 때문이다. 그리하여, **첫째로**, 그 위대한 속죄의 희생 제물이신 그리스도께서 하나님께서 예비하신 제물이셨다. 하늘에서도 땅에서도 그 번제를 위한 어린 양을 찾을 수 없을 때에 하나님께서 친히 대속물을 예비하신 것이다(시 89:20). **둘째로**, 우리의 모든 감사의 제사들도 하나님께서 예비하시는 것이다. 제사의 마음을 준비시키시는 것이 바로 하나님이시다(시 10:17). 상하고 통회하는 마음은 하나님이 예비하시는 제사인 것이다(시 51:17).

8. 수많은 생각 끝에, 그는 동일한 결단과 마음의 침착함을 유지하고서 이 제사를 완결짓는 일을 행하려 한다(9, 10절). 그는 거룩한 의지로 여정을 계속하며, 온갖 힘겨운 단계를 거쳐 이제 매우 무거운 마음으로 드디어 그 운명의 장소에 도착하였고, 거기서 제단을 쌓고(아마 흙으로 쌓았을 것인데, 이는 그가 쌓은 여러 제단 중에 가장 슬픈 제단이었을 것이다), 이삭의 장례를 치를 나무를 쌓고, 그리고는 이삭에게 깜짝 놀랄 만한 소식을 전한다. "이삭아, 네가 바로 하나님께서 예비하신 어린 양이니라." 이삭은 아브라함만큼이나 기꺼운 마음이었다. 그가 그 일에 대해 반박하였다거나, 목숨을 살려 달라고 애원하였다거나, 도망하려 했다거나, 늙은 아버지와 싸웠다거나 하는 것이 본문에 전혀 나타나지 않는다. 아브라함이 그 일을 행하려 한다면, 하나님께서 그 일이 행해지기를 원하시는 것이요, 이삭은 아브라함과 하나님 모두에게 굴복하기를 이미 배운 상태였다. 아브라함은 분명 그 자신이 믿음으로 위로를 받은 그런 소망으로 아들 이삭을 위로하였을 것이다. 그러나 제물은 반드시 결박하여야 했다. 때가 찬 후에 드려질 그 위대한 제물도 결박되어야 했으니, 이삭 역시 결박되어야 했던 것이다. 그러나, 이삭이 그에게 자주 손을 높이 들어 축복을 구하였을 것이고, 그 손을 뻗어 그에게 안겼을 것이고, 이제는 사랑과 의무의 끈으로 더욱 엄중하게 얽혀져 있었을 것이니, 그의 그 무죄한 손을 결박하는 그 애처로운 아브라함의 심정이 과연 어떠했겠는가? 그러나 그 일은 반드시 행하여야 하는 일이었다. 그를 결박한 다음 제단 위에 올려놓았다. 그리고 그는 눈물을 머금고 그 사랑하는 이삭과 마지막 작별의 입맞춤을 주고받았다. 어쩌면 그 죽을 아들에게서 사라를 위하여 한 번 더 입맞춤을 받았을지도 모른다. 그러고나서 그는 단호하게 아버지의 심정을 버리고 제물을 드리는 자의 결연한 자세를

취하였다. 그는 단호한 마음을 갖고 눈을 하늘을 향하여 높이 들고서 칼을 빼어 들고, 손을 뻗어 이삭의 목에 치명적인 가격을 할 찰나였다. 오오 하늘이여 땅이여, 이 일에 놀랄지어다! 이는 하나님과 천사들과 사람들에게 정말 귀한 광경이 되기에 손색이 없는 믿음과 순종의 행위였다. 아브라함의 사랑이요 사라의 웃음이요 교회의 소망이요 약속의 상속자인 그가 이제 단호히 하나님의 명령을 따르는 그의 아버지의 손에 죽임당하고 피를 흘리려 하는 것이다. 이제 이삭을 번제로 드리고자 한 아브라함의 이러한 순종은 다음을 생생하게 보여준다 하겠다. (1) 우리를 향하신 하나님의 사랑. 하나님께서 그의 독생자를 내어 주사 우리를 위하여 고난당하시고 제물로 죽게 하시는 사랑이 여기서 예시되고 있다. 그에게 상함을 받게 하시기를 여호와께서 원하셨다고 한다(사 53:10; 슥 13:7). 아브라함은 의무와 감사함으로 이삭과 작별을 고하여야 할 처지에 있었다. 그러나 하나님은 우리를 위해 그렇게 하셔야 할 이유가 전혀 없으셨다. 우리는 원수들이었기 때문이다. (2) 그 사랑에 대한 보답으로 하나님께 행하여 드려야 할 우리의 의무. 우리는 아브라함의 이 믿음의 행보를 그대로 밟아야 한다. 하나님은 그의 말씀으로 우리에게 그리스도를 위하여 모든 것과, 우리의 모든 죄들과(비록 그것들이 우리의 오른팔이나 오른 눈이나 이삭이었다 할지라도), 우리의 마음의 주권을 놓고 그리스도와 경쟁하는 모든 것들과(눅 14:26) 작별할 것을 요구하시며, 따라서 우리는 기꺼이 그것들을 모두 놓아 보내야 하는 것이다. 하나님은 그의 섭리로(이것이야말로 진정 하나님의 음성이다) 때로는 사랑하는 이삭과 작별할 것을 요구하기도 하시는데, 이 때에 우리는 기꺼운 단념과 그의 거룩하신 뜻에 대한 굴복으로 그것에 따라야 하는 것이다(삼상 3:18).

11여호와의 사자가 하늘에서부터 그를 불러 이르시되 아브라함아 아브라함아 하시
는지라 아브라함이 이르되 내가 여기 있나이다 하매 12사자가 이르시되 그 아이에
게 네 손을 대지 말라 그에게 아무 일도 하지 말라 네가 네 아들 네 독자까지도 내
게 아끼지 아니하였으니 내가 이제야 네가 하나님을 경외하는 줄을 아노라 13아브
라함이 눈을 들어 살펴본즉 한 숫양이 뒤에 있는데 뿔이 수풀에 걸려 있는지라 아
브라함이 가서 그 숫양을 가져다가 아들을 대신하여 번제로 드렸더라 14아브라함이
그 땅 이름을 여호와 이레라 하였으므로 오늘날까지 사람들이 이르기를 여호와의

산에서 준비되리라 하더라

지금까지의 이야기는 매우 애처롭고 또한 가장 비극적인 결말을 향하여 급속히 달려 나아가는 것처럼 보였다. 그러나 여기서 갑자기 하늘이 밝아지며 태양이 솟아나고, 밝고 유쾌한 장면이 모습을 드러낸다. 상처를 주고 움츠러들게 했던 그 동일한 손길이 치료를 주시고 높이 일어서게 하는 것이다. 그가 근심을 갖게 하셨으나, 그가 긍휼을 베푸실 것이다. 여호와의 사자가, 곧 하나님 자신이, 이제 그 위대한 구속자요 위로자가 되실 그 영원한 말씀이, 언약의 사자가 개입하셔서 결국 이 시험이 복된 결말을 보게 하신 것이다.

I. 이삭이 구원받음(11, 12절). 아브라함에게 주어진 명령은 오로지 시험을 위한 것이었고, 또한 그 시험을 통해서 아브라함이 이삭보다 하나님을 진정 더 사랑한다는 것이 나타났으니, 이제 그 명령의 목적이 이루어졌다. 그러므로 하나님의 경륜의 불변하심과는 전혀 관계 없이 그 명령이 철회된 것이다. 그 아이에게 네 손을 대지 말라. 주목하라. 1. 우리가 땅의 온갖 위로거리들을 모두 기꺼이 하나님의 뜻을 위하여 포기할 때에 그 위로거리들이 우리에게 계속 주어질 것이다. 2. 하나님의 백성들이 극한 상황에 다다를 때가 바로 하나님께서 그들을 도우시고 위로하실 때이다. 위험이 임박할수록, 그리고 그 위험이 이루어질 때가 가까울수록, 구원이 더 놀랍고 더 귀하게 드러나는 법이다.

II. 아브라함이 인정받고 칭찬받음. 그는 그가 의롭다는 존귀한 증거를 얻는다. 내가 이제야 네가 하나님을 경외하는 줄을 아노라. 하나님은 그것을 이미 알고 계셨다. 그러나 아브라함은 이제야 그것에 대한 가장 귀한 증거를 제시한 것이다. 더 이상 무엇을 할 필요가 없었다. 그가 행한 것으로 그가 하나님과 그의 권위에 대하여 가진 그의 마음이 충분히 입증된 것이다. 주목하라. 1. 하나님께서는 그를 섬기고자 하는 우리의 순전한 의도를 이행하지 못하도록 그의 섭리로 막으실 때에라도, 그러한 우리의 마음의 의도를 은혜로이 받아주시며, 비록 끝까지 시행되지 못했다 할지라도 우리의 정직한 노력을 받아주신다. 2. 우리가 하나님을 경외한다는 것을 보여주는 최고의 증거는 바로, 우리에게 가장 사랑스러운 것으로 기꺼이 그를 섬기고 그를 높이며, 또한 그를 위하여 혹은 그에게 모든 것을 드리고자 하는 마음이다.

III. 이삭 대신 다른 제물이 예비됨(13절). 제단이 세워졌고, 나무도 쌓여 있으니, 드릴 제물이 필요했다. 왜냐하면, 1. 이삭을 구원하신 것에 대해 감사함으로 하나님을 인정해야 했기 때문이다. 그리고 이미 제단이 준비되어 있으니 그 일은 빠를수록 좋았다. 2. 아브라함이 한 말이 그대로 이루어져야 했기 때문이다. **번제할 어린 양은 하나님이 자기를 위하여 친히 준비하시리라.** 하나님께서는 자신이 그의 백성들에게 일으키시는 기대들을 실망시키지 않으시고, 그들의 믿음에 따라 그들에게 이루어지게 하신다. **네가 무엇을 결정하면 이루어질 것이요**(욥 22:28). 3. 복된 자손이신 그 약속하신 메시야와 관련된 일이 이루어져야 했기 때문이다. (1) 이 어린 양이 이삭을 대신한 제물이듯이, 그리스도께서 우리를 대신하여 제물이 되셨고, 그의 죽으심으로 우리가 놓임 받은 것이다. 이를테면, 그리스도께서는, "내가 여기 있으니 이들로 제 길을 가게 하라"라고 말씀하신 것이다. (2) 그 복된 자손이 최근에 약속되었고, 이제 이삭을 통해 예표되었으나, 그를 제물로 드리는 일은 후대에까지 연기될 것이었고, 그 동안에는 짐승으로 제사를 드리는 일이 용인되어야 했기 때문이다. 이 어린 양은 장차 언젠가 드려질 그 위대한 희생 제사로 이루어질 그 속죄의 보증이었다. 그리고 희생 제사의 장소인 성전이 후에 이 모리아 산에 세워지며(대하 3:1), 또한 그리스도께서 십자가에 달리신 골고다 산이 여기서 멀지 않은 점이 주목할 만하다.

Ⅳ. 이 곳에 새 이름이 주어짐. 하나님의 존귀를 높이기 위하여, 또한 모든 신자들을 격려하기 위하여, 그들이 세상 끝날까지 즐거이 하나님을 신뢰하며 순종의 길을 가도록 하기 위하여. 그 곳을 가리켜 **여호와 이레, 곧 여호와께서 준비하시리라**(14절)라고 했는데, 이는 **번제할 어린 양은 하나님이 자기를 위하여 친히 준비하시리라**(8절)라는 아브라함의 말을 빗댄 것이라 할 수 있을 것이다. 그러나 어린 양이 준비된 것은 아브라함이 고안해 낸 것도 아니요, 그의 기도에 대한 응답으로 이루어진 것도 아니다. 그 일은 순전히 여호와께서 행한 일이다. 그러니 오는 세대들을 위하여 다음을 기록해 둘지니라. 1. 여호와께서 보시리라는 것을. 그는 괴로움과 곤경 중에 있는 그의 백성들을 언제나 살펴보시며, 가장 결정적인 순간에 때에 맞도록 임하여 구원하신다. 2. 그가 **산에서**, 그 백성들의 가장 극심한 어려움 중에서, **보이시리라**는 것을(한글 개역개정판은, **여호와의 산에서 준비되리라**로 번역함). 하나님은 구원하실 때 그의 지혜와 능력과 선하심을 나타내시고, 더 크게 보이게 하신다. 하나님께서 보시고 예비하실 때마다 우리는 그를 바라보고 찬송해야 한다. 그리고 이것은 어쩌면 **하나님께**

서 육체로 나타나시는 것을 지칭할 수도 있다 하겠다.

[15]여호와의 사자가 하늘에서부터 두 번째 아브라함을 불러 [16]이르시되 여호와께서
이르시기를 내가 나를 가리켜 맹세하노니 네가 이같이 행하여 네 아들 네 독자도
아끼지 아니하였은즉 [17]내가 네게 큰 복을 주고 네 씨가 크게 번성하여 하늘의 별과
같고 바닷가의 모래와 같게 하리니 네 씨가 그 대적의 성문을 차지하리라 [18]또 네
씨로 말미암아 천하 만민이 복을 받으리니 이는 네가 나의 말을 준행하였음이니라
하셨다 하니라 [19]이에 아브라함이 그의 종들에게로 돌아가서 함께 떠나 브엘세바에
이르러 거기 거주하였더라

아브라함의 순종이 하나님께 은혜로이 인정받았다. 그러나 그것이 전부가 아니었다. 여기서 그것이 보상을 받는다. 그가 그 곳을 떠나기도 전에 풍성하게 보상 받는다. 아마도 그가 제물로 드린 어린 양이 아직 불에 타고 있을 때에, 하나님께서 이 은혜로운 메시지를 보내사 아브라함과의 언약을 다시 새롭게 하시고 확인하셨을 것이다. 모든 언약은 희생 제물로 말미암아 세워졌으니, 이 언약도 이삭과 어린 양의 모형의 의미를 지닌 제사로 세워진 것이다. 이 언약을 확증하는 데에서 아브라함에 대한 하나님의 호의가 지극히 고귀한 표현들을 통해서 나타나고 있다. 그 표현들은 그가 지금까지 받은 모든 표현들을 뛰어넘는 것들이었다. 주목하라. 비범한 섬김은 비범한 존귀와 위로를 상급으로 얻는다. 약속으로 베풀어지는 호의는 아직 시행되지 않았다 할지라도 진정한 귀한 보상으로 간주되어야 할 것이다. 관찰하라.

1. 하나님은 아브라함의 순종을 그 언약의 고려 사항으로 언급하기를 기뻐하시며, 그것에 대해 칭찬하셨다. 네가 이같이 행하여 네 아들 네 독자도 아끼지 아니하였은즉(16절). 하나님은 이 점을 강하게 강조하시며, 또한 그것을 순종의 행위로 말씀하신다. 네가 그 일로 나의 말을 준행하였음이니라(18절). 그리고 순종이 제사보다 나은 법이다. 그러나 이 일이 비례를 따라 이루어졌다는 것이 아니라, 아브라함이 하나님을 존귀하게 한 이 일에 대해 하나님께서 은혜로이 이 존귀를 베푸셨다는 것이다.

2. 하나님은 여기서 그 약속을 맹세로 확증하셨다. 전에도 똑같은 약속이 주어졌고 인쳐진 바 있다. 그런데 여기서 그 약속이 맹세로 보증되고 있는 것이

다. 내가 나를 가리켜 맹세하노니. 하나님은, 가리켜 맹세할 자가 자기보다 더 큰 이가 없으므로 자기를 가리켜 맹세하시는 것이다(히 6:13). 이리하여 하나님은 사도의 표현처럼 맹세로 자기의 약속을 보증하셨다(히 6:17). 그는 심지어 (경건한 뜻으로 말하여) 그 일에 자기 자신의 목숨을 거셨고(나를 가리켜), 그리하여 하나님이 거짓말하실 수 없는 그 변치 못할 일들로 인하여 그와 그의 백성들이 강한 위로를 얻게 하시는 것이다. 주목하라. 우리가 믿음으로 행하면, 하나님은 그 믿음을 격려하실 것이며, 그의 약속을 신뢰하고 나아가면 하나님께서 그것들을 확증하실 것이다.

3. 여기서 무수한 자손을 주실 것에 대한 구체적인 약속이 새로이 주어진다. 네 씨가 크게 번성하여 하늘의 별과 같고 바닷가의 모래와 같게 하리니(17절). 주목하라. 하나님을 위하여 무엇이든 기꺼이 포기하려 하는 자들은 말할 수 없는 유익을 얻게 될 것이다. 아브라함은 아들이 하나밖에 없었으나 하나님께 순종하여 그 아들을 기꺼이 포기하였다. 이에 대해 하나님은 말씀하신다. "네가 천천으로 만만으로 보상을 받을 것이다." 아브라함의 자손이 역사상 얼마나 커지는지 모른다! 그의 자손의 수가 얼마나 많고 얼마나 훌륭하였는가! 그들은 오늘날까지도 아브라함을 조상으로 두고 있으니 여기에 승리가 있는 것이다! 이렇게 해서 그는 금생에서 천배나 받았다(마 19:29).

4. 그 약속은 의심의 여지 없이 메시야를 지향하는 것이요 또한 복음의 은혜를 지향하는 것이다. 이것이 우리 조상 아브라함에게 주어진 맹세이며, 사가랴도 이를 지칭하고 있다(눅 1:17). 그리하여 여기에 다음에 대한 약속이 있다. (1) 성령의 큰 축복에 대한 약속이 있다. 내가 네게 큰 복을 주고. 즉, 성령의 가장 큰 복으로 복 주시겠다는 것이다. 성령에 대한 약속은 곧 예수 그리스도로 말미암아 이방인들에게 임하게 될 아브라함의 축복이었다(갈 3:14). (2) 교회의 증가에 관한 약속이 있다. 곧, 그의 영적인 자손인 신자들이 하늘의 별처럼 무수하게 되리라는 것이다. (3) 영적인 승리에 관한 약속이 있다. 네 씨가 그 대적의 성문을 차지하리라. 신자들은 그들의 믿음으로 말미암아 세상을 극복하며, 어둠의 모든 권세들에 대해 승리를 얻으며, 그리하여 정복자 이상이 된다. 아마도 사가랴의 말씀은 이러한 맹세를 지칭할 것이다. 우리가 원수의 손에서 건지심을 받고 종신토록 두려움이 없이 섬기게 하리라(눅 1:74). 그러나 이 모든 약속 중의 꽃은 다음의 마지막 약속이다. (4) 그리스도의 성육신에 관한 약속이 있다.

네 씨로 말미암아, 즉 네게서 나올 한 특정한 인물로 말미암아(사도의 관찰처럼 그는 여러 씨가 아니라 한 씨를 말씀하고 있으니, 갈 3:16) 천하 만민이 복을 받으리니, 혹은 사 65:16의 말씀처럼 자기를 위하여 복을 구하리니. 원하는 모든 사람들이 그로 말미암아 복을 누리고, 그에게 속한 모든 사람들이 그럴 것이며, 그들 스스로도 그렇게 생각할 것이다. 그리스도야말로 세상의 큰 복이시다. 아브라함은 하나님의 존귀를 위하여 자기 아들을 기꺼이 제물로 드릴 자세를 가졌고, 이를 계기로 하나님께서 그의 아들을 인류의 구원을 위한 제물로 주시기로 약속하신 것이다.

[20]이 일 후에 어떤 사람이 아브라함에게 알리어 이르기를 밀가가 당신의 형제 나홀
에게 자녀를 낳았다 하였더라 [21]그의 맏아들은 우스요 우스의 형제는 부스와 아람
의 아버지 그므엘과 [22]게셋과 하소와 빌다스와 이들랍과 브두엘이라 [23]이 여덟 사람
은 아브라함의 형제 나홀의 아내 밀가의 소생이며 브두엘은 리브가를 낳았고 [24]나
홀의 첩 르우마라 하는 자도 데바와 가함과 다하스와 마아가를 낳았더라

이것이 여기에 기록된 것은, 1. 아브라함이 자기 가문이 특별한 특권으로 높은 위엄에 올랐고, 언약 속으로 받아들여졌고, 약속으로 복을 받은 것을 보았으나, 그러면서도 자신의 친족들을 멸시하거나 무시하지 않고 그들의 가문들이 늘어나고 번창하게 되는 것을 기쁘게 여겼음을 보여주기 위함이었다. 2. 다음에 이어지는 이삭과 이 가문의 딸인 리브가와의 결혼 이야기로 넘어가기 위한 하나의 서론으로.

제 23 장

개요

본 장의 내용은 다음과 같다. I. 아브라함이 사라의 죽음으로 슬퍼함(1, 2절). II. 아브라함이 사라를 위하여 매장지를 구입함. 1. 아브라함이 겸손히 매장지 구입을 제의함(3, 4절). 2. 상호간의 높은 교양과 존중으로 매매가 공정하게 이루어짐(5-16절). 3. 매장지 대금이 지불됨(16절). 4. 아브라함이 매장지를 확보함(17, 18, 20절). 5. 사라를 장사 지냄(19절).

1사라가 백이십칠 세를 살았으니 이것이 곧 사라가 누린 햇수라 2사라가 가나안 땅
헤브론 곧 기럇아르바에서 죽으매 아브라함이 들어가서 사라를 위하여 슬퍼하며
애통하다가

여기서 다음을 보라.

1. 사라의 나이(1절). 거의 사십 년 전에 사라는 자신이 늙었다고 말했었다(18:12). 노인들은 절대로 일찍 죽는 법은 없고, 자기들이 늙었다고 생각하므로 더 나은 죽음을 죽을 수는 있다.

2. 사라의 죽음(2절). 아무리 오래 사는 자라도 결국은 죽을 수밖에 없다. 아브라함과 사라는 함께 여러 해 동안 편안히 살아왔으나, 죽음으로 인하여 서로 작별을 고할 수밖에 없었다. 특별한 친구들도, 하늘이 아끼는 자들도 죽음에서는 면제되지 못한다. 사라는 가나안 땅에서 육십 년 이상을 임시거주자로 살다가 그 땅에서 죽었다.

3. 아브라함이 사라를 위하여 애도함. 그는 아내의 죽음을 진정으로 슬퍼하였다. 그는 거리를 지나가다 장례식에 참석하여 애곡하는 자들처럼 당시 풍습에 따라 애도의 예식을 수행한 것은 물론, 좋은 아내를 잃은 것에 대해 진심으로 애도하였고, 그리하여 사라에 대한 변함없는 애정을 끝까지 보여주었다. 여기서 두 단어가 사용된다. 그는 슬퍼하였고 또한 애통하였다. 그의 슬픔은 가짜가 아니라 진짜였다. 그는 사라의 장막에 들어가 그 시신 옆에 앉아 눈물로 애

도하였고, 세상을 떠난 아내를 기억하며 더 큰 애정을 보냈다. 주목하라. 우리의 가까운 친족들의 죽음을 애도하는 것은, 슬퍼하는 것과 애통하는 것을 요구하시는 하나님의 섭리에 따르는 것인 동시에 마땅히 존귀를 드려야 할 자들에게 존귀를 드리는 것으로, 합당한 일일 뿐 아니라 우리의 의무이기도 하다. 눈물이야말로 세상을 떠난 우리의 친지들에게 드려야 할 예의인 것이다. 몸이 땅에 뿌려지면 물을 주어야 하는 법이다. 그러나 전혀 소망이 없는 자처럼 슬퍼해서는 안 된다. 왜냐하면 은혜로 말미암아 그들에 대해서나 우리에 대해서 선한 소망이 있기 때문이다.

3그 시신 앞에서 일어나 나가서 헷 족속에게 말하여 이르되 4나는 당신들 중에 나그
네요 거류하는 자이니 당신들 중에서 내게 매장할 소유지를 주어 내가 나의 죽은
자를 내 앞에서 내어다가 장사하게 하시오 5헷 족속이 아브라함에게 대답하여 이르
되 6내 주여 들으소서 당신은 우리 가운데 있는 하나님이 세우신 지도자이시니 우
리 묘실 중에서 좋은 것을 택하여 당신의 죽은 자를 장사하소서 우리 중에서 자기
묘실에 당신의 죽은 자 장사함을 금할 자가 없으리이다 7아브라함이 일어나 그 땅
주민 헷 족속을 향하여 몸을 굽히고 8그들에게 말하여 이르되 나로 나의 죽은 자를
내 앞에서 내어다가 장사하게 하는 일이 당신들의 뜻일진대 내 말을 듣고 나를 위
하여 소할의 아들 에브론에게 구하여 9그가 그의 밭머리에 있는 그의 막벨라 굴을
내게 주도록 하되 충분한 대가를 받고 그 굴을 내게 주어 당신들 중에서 매장할 소
유지가 되게 하기를 원하노라 하매 10에브론이 헷 족속 중에 앉아 있더니 그가 헷
족속 곧 성문에 들어온 모든 자가 듣는 데서 아브라함에게 대답하여 이르되 11내 주
여 그리 마시고 내 말을 들으소서 내가 그 밭을 당신에게 드리고 그 속의 굴도 내
가 당신에게 드리되 내가 내 동족 앞에서 당신에게 드리오니 당신의 죽은 자를 장
사하소서 12아브라함이 이에 그 땅의 백성 앞에서 몸을 굽히고 13그 땅의 백성이 듣
는 데서 에브론에게 말하여 이르되 당신이 합당히 여기면 청하건대 내 말을 들으
시오 내가 그 밭 값을 당신에게 주리니 당신은 내게서 받으시오 내가 나의 죽은 자
를 거기 장사하겠노라 14에브론이 아브라함에게 대답하여 이르되 15내 주여 내 말을
들으소서 땅 값은 은 사백 세겔이나 그것이 나와 당신 사이에 무슨 문제가 되리이
까 당신의 죽은 자를 장사하소서

I. 아브라함이 그 이웃인 헷 족속에게 매장지를 구매하기 위하여 겸손히 요청함(3, 4절). 그가 이 일을 이제야 행했다는 것은 이상한 일이다. 그러나 우리는 그가 준비성이 없었기 때문에 이렇게 되었다고 보기보다는 오히려 하나님의 섭리에 의한 것으로 보아야 한다. 행 7:5은 하나님이 가나안에서 그에게 기업을 주셨음을 말씀하고 있다. 죽은 후 자기들의 육체를 위하여 매장지를 마련하는 일에 신경을 쓰는 자들이 그들의 영혼을 위하여 안식처를 마련하는 일에 신경을 쓴다면 얼마나 좋겠는가? 여기서 관찰하라.

1. 이 일이 슬픔에 잠긴 아브라함의 관심을 다른 데로 돌리는 역할을 하였다. 아브라함이 그 시신 앞에서 일어나. 세상을 떠난 친족들에 대해 지나치게 슬퍼할 위험에 처하여 있고 또한 그런 시험 속으로 빠져 들어가고 있는 자들은 그들의 상실감과 혼자 남아 있다는 외로움과 우울한 마음을 털어 버려야 한다. 죽은 자들 앞에서 일어나고 애곡하기를 그쳐야 할 때가 있는 법이다. 하나님께 감사해야 할 일이지만, 우리의 행복은 피조물의 살아 있음에 따라 좌우되는 것이 아니기 때문이다. 죽은 자에 대한 슬픔이 처음부터 우리를 완전히 압도할 위험이 있는데, 이때에 여기서처럼 장사 지내는 일에 대해 관심을 돌려서 그런 문제를 해결할 수도 있는 것이다. 슬피 우느라 죽은 자를 땅에 묻는 일이 방해를 받아서는 안 될 일이다.

2. 아브라함이 헷 족속에게 제시한 논지. "나는 당신들 중에 나그네요 거류하는 자이니 내게는 땅이 전혀 없고, 그러므로 당신들에게 매장지를 제공해달라고 요청할 수밖에 없소." 아브라함은 이를 계기로 자신이 땅 위의 나그네요 임시 거주자임을 고백하였다. 그는 그 사실을 공개적으로 시인하는 것을 부끄러워하지 않았다(히 11:13). 주목하라. 우리의 친족의 죽음을 당할 때에 우리는 이 세상이 우리의 집이 아님을 효과적으로 상기해야 할 것이다. 그들이 떠나면, "우리도 떠나리라"라고 말해야 할 것이다.

3. 이 문제가 정리되기까지 그의 마음이 편안치 않음. 이는 내가 나의 죽은 자를 내 앞에서 내어다가 장사하게 하시오 라는 그의 말에서 나타난다. 주목하라. 살아 있을 때에는 우리가 늘 보기를 바라던 자들도 죽으면 우리 눈으로 보기가 괴로워진다. 신선하고 생동감 있던 얼굴이 창백하고 을씨년스러워 소름이 끼칠 정도가 되니, 어둠의 땅으로 옮겨가기에 합당한 것이다. 죽은 사라의 시신이 눈앞에 보이는 동안에는 슬픔이 계속 새로이 생겨났으니, 이것을 방지하고

자 했던 것이다.

Ⅱ. 헷 족속이 그에게 관대한 조건을 제의함(5, 6절). 그들은 아브라함을, 1. 존경의 칭호로써 칭찬하였다. 당신은 우리 가운데 있는 하나님이 세우신 지도자이시니. 위대한 지도자일 뿐 아니라 선한 지도자라는 것이다. 아브라함은 자기 자신을 나그네요 거류하는 자라 불렀으나, 그들은 그를 큰 지도자라 부른다. 자기를 낮추는 자는 높아지리라. 하나님은 아브라함의 이름을 창대하게 하시겠다고 약속하신 바 있다.

2. 그들이 소유한 매장지 중 최고의 것을 제공하였다. 주목하라. 누구에게든지, 나그네와 임시 거주자들에게까지도, 예의를 다하고 정중하게 대해야 한다는 것은 인간 본연의 임무라 할 것이다. 이 가나안 사람들의 숭고한 호의의 자세는 스스로 이스라엘 자손이라 부르는 많은 이들의 폐쇄적이며 이기적이며 무례한 자세를 부끄럽게 하며 또한 정죄하는 것이다. 관찰하라. 이 가나안 사람들은 기꺼이 아브라함과 함께 어울리는 것을 원했고, 그들의 대미(大尾)를 이렇게 장식하기를 기뻐하였다.

Ⅲ. 아브라함이 그들에게 제시한 구체적인 제안(7-9절). 그는 최대한의 예의를 갖추어 그들의 호의에 대한 감사와 존경의 뜻을 표하였다. 위대한 사람이요, 늙은 노인이요, 이제 아내를 여의고 애곡하는 사람이었으나, 그는 일어서서 그들 앞에 몸을 굽혀 절을 한다(7절). 주목하라. 신앙은 우리에게 선한 예의를 가르친다. 신앙을 무례함과 버릇없는 태도로 제시하는 자는 신앙을 악하게 남용하는 것이다. 그리고 아브라함은 가장 편리한 곳인 막벨라 굴을 택하였다. 그 곳은 아마도 아브라함이 있던 곳에서 아주 가까웠을 것이고, 또한 매장지로 사용되지 않았던 곳이었을 것이다. 그 곳의 현 소유주는 에브론이었다. 아브라함은 그에게 이득을 주려는 것이 아니었다. 다만 그들이 그와 거래하여 그 동굴과 그 주변의 밭을 그에게 팔아 주기를 바라는 것이었다. 주목하라. 우리에게 편리한 것을 공정하고도 정직한 수단을 통해서 얻고자 하는 소박한 소원은, 제십 계명이 금하는 바 우리 이웃의 것을 탐하는 것과는 다른 것이다.

Ⅳ. 에브론이 아브라함에게 그의 밭을 선물함. 내가 그 밭을 당신에게 드리고(10, 11절). 아브라함은 그에게 간청하여 그것을 팔도록 할 생각이었다. 그러나 그 말을 처음 꺼내자, 간청하지도 않았는데 에브론은 그것을 값없이 내어주었다. 생각한 것보다 더 너그러운 사람들도 있는 법이다. 아브라함은 분명 모든

노력을 다하여 그의 이웃들을 설득하려 하였고, 이를 위하여 할 수 있는 모든 호의를 그들에게 다 베풀었다. 그런데 그들이 이제 그의 친절에 보답하는 것이다. 남을 윤택하게 하는 자는 자기도 윤택하여지는 법이다(잠 11:25). 주목하라. 신앙을 고백하는 자들이 그들의 고백을 훌륭한 예의와 섬김을 통해 아름답게 드러내면, 그것은 하나님께도 영광이 되며 또한 그들에게 위로와 유익이 넘치게 될 것이다.

V. 에브론의 이런 친절한 제안을 아브라함이 정중하고도 진지하게 거절한 (12, 13절). 그는 그런 제안에 대해 넘치는 감사의 뜻을 표하며(12절), 그 땅의 사람들 앞에서 에브론에 대하여 존경을 표하여 그들이 아브라함이 에브론을 높이는 것을 보고 그들이 더욱 에브론을 높이도록 하였다(삼상 15:30). 그러나 그 밭에 대한 값을 충실하게 그에게 지불하기로 결심하였다. 아브라함이 에브론의 선물을 거부한 것이 교만 때문도 아니었고, 에브론에게 굽히고 들어가는 것을 모욕으로 생각했기 때문도 아니었다. 이 일은,

1. 정의를 위한 일이었다. 아브라함은 은금이 풍부하여(13:2) 밭에 대한 대금을 충분히 지불할 능력이 있었고, 그리하여 에브론의 호의를 이용하여 이득을 볼 생각이 없었던 것이다. 주목하라. 우리의 이웃에게 기생하려 하며 자유로이 베푸는 자들에게 강요하는 일은 정직함의 차원에서도, 명예의 차원에서도, 도무지 있을 수 없는 행위다. 욥은 가난한 처지가 되었을 때에, 자신이 값을 내지 않고 그 소출을 먹지 않은 사실을 생각하며 위로를 삼았다(욥 31:39).

2. 지혜로운 처사였다. 그가 값을 지불하려 한 것은, 현재의 좋은 관계가 끝날 때에 에브론이 그를 질책하며, 내가 아브라함으로 치부하게 하였다(14:23)라고 말하지 못하도록 하기 위함이었고, 혹은 에브론의 다음 상속자가 아브라함의 소유권에 대해 의문을 제기하여 밭을 반환하도록 요구하는 일이 없도록 하기 위함이었다. 다윗도 후에 이처럼 아라우나의 제의를 거절하였다(삼하 24:24). 지금은 지극히 친절하고 너그러우나, 후에 그들에게서 어떤 당혹스런 일을 당할지 알 수 없는 것이다.

VI. 에브론이 땅 값을 정하였으나 강요하지는 않음. 땅 값은 은 사백 세겔이나 그것이 나와 당신 사이에 무슨 문제가 되리이까?(14, 15절). 그는 그렇게 큰 돈을 가벼운 것으로 여기고 그냥 지불하지 말 것을 요구한다. 여기서 에브론은,

1. 세상의 재물을 아무것도 아닌 것으로 여기는 자세를 보여준다. "그것이

나와 당신 사이에 무슨 문제가 되리이까? 그것은 거론할 가치도 없는 사소한 문제이옵니다." 많은 이들은 "그것은 자녀에게 물려줄 몫으로도 한 몫을 할 만한 큰 돈이다"라고 말했을 것이다. 그러나 에브론은, "그것이 무슨 문제가 되리이까?"라고 한다. 주목하라. 이 세상의 모든 재물에 대해 저급하고도 천박한 것으로 생각하는 것은 훌륭한 일이다. 사람의 생명이 그 소유의 넉넉한 데 있는 것이 아닌 것이다(눅 12:15).

2. 친구와 이웃에 대한 큰 호의와 너그러움을 보여준다. 에브론은 아브라함이 외인으로서 그 땅에 거주하는 것에 대해서도, 그가 번창하여 부하게 되는 것에 대해서도 시기하지 않았다. 또한 그의 특별한 신앙적 자세에 대해서도 악의를 품지 않았고, 오히려 오늘날 대부분의 사람들이 자기 친형제에게 하는 것보다 더 친절하게 그를 대하였다. 그것이 나와 당신 사이에 무슨 문제가 되리이까? 주목하라. 참된 친구들 사이에서는 사소한 일로 인하여 반목이나 갈등이 있어서는 안 된다. 억울한 일에 대해 분개하여서나, 우리의 권리를 요구하느라 감정이 고조되거나, 친절을 베풀기를 거부하고자 하는 마음이 강하게 드는 경우에는, "그것이 나와 내 친구 사이에 무슨 문제가 되는가?"라는 질문으로 그 시험을 이겨야 할 것이다.

16아브라함이 에브론의 말을 따라 에브론이 헷 족속이 듣는 데서 말한 대로 상인이
통용하는 은 사백 세겔을 달아 에브론에게 주었더니 17마므레 앞 막벨라에 있는 에
브론의 밭 곧 그 밭과 거기에 속한 굴과 그 밭과 그 주위에 둘린 모든 나무가 18성문
에 들어온 모든 헷 족속이 보는 데서 아브라함의 소유로 확정된지라 19그 후에 아브
라함이 그 아내 사라를 가나안 땅 마므레 앞 막벨라 밭 굴에 장사하였더라 (마므레
는 곧 헤브론이라) 20이와 같이 그 밭과 거기에 속한 굴이 헷 족속으로부터 아브라
함이 매장할 소유지로 확정되었더라

여기서는 아브라함과 에브론 사이에 매장지 구매에 관한 계약이 종결된다. 그 계약은 모든 이웃들 앞에서, 헷 족속이 듣는 데서, 공식적으로 행해졌다(16, 17절). 주목하라. 우리는 이웃과의 모든 거래에서 정의롭고도 지혜롭게 처신하고 모든 일을 공정하고도 공개적으로 시행해야 한다. 부당한 거래는 밝히 드러나는 것을 싫어하여 뒤로 은밀히 진행되나, 정직하게 거래할 의도를 가진

자들은 누가 그것을 보든 상관하지 않는 법이다. 우리의 법도 매매 행위를 시장에서 공개적으로 행하며 또한 그 결과를 등기할 것을 장려하고 있다. 관찰하라.

1. 아브라함은 사기나 속임수나 연기함이 없이 땅 값을 지불한다(16절). 그는 미리 준비하고 있다가 주저함 없이 그 값을 지불하였다. 흥정하지 않고 전액을 지불하였고, 당시 상인들 사이에 통용되는 화폐로 속임수 없이 무게를 달아 지불하였다. 화폐가 상행위를 돕는 데에 사용된 역사가 얼마나 오래 되었는가를 보라. 또한 정당하게 지불해야 할 돈을 얼마나 정직하게 지불해야 하는지를 보라. 관찰하라. 가나안의 온 땅이 약속을 통해서 아브라함의 것이 되었으나, 그가 그 땅을 소유하는 때가 아직 이르지 않았고, 그는 지금 소유한 것도 값을 지불하고 사야 하는 처지였다. 주목하라. 땅을 점유하는 것은 공짜로 되는 것이 아니다. 성도가 영원한 기업을 받게 되어 있으나, 그렇다고 해서 그 때문에 이 세상의 소유권을 누리는 것이 아니며, 또한 그 때문에 그릇된 일을 행하는 것이 정당화되는 것도 아니다.

2. 에브론은 정직하고도 공정하게 그 땅의 소유권을 아브라함에게 넘겨준다(17, 18, 20절). 그 밭과 거기에 딸린 땅의 소유권이 공개적인 거래를 통해서 아브라함과 그의 상속자들에게 영구히 넘겨진 것이다. 기록된 문서가 아니라(그 당시에는 문서 기록이 아직 사용되지 않았던 것으로 보인다) 증인들 앞에서 행하는 공적인 엄숙한 선언으로 충족히 소유권 이전이 효력을 발생하였던 것이다. 주목하라. 사는 것에 대해서는 반드시 정직하게 값을 지불하여야 하고, 파는 것에 대해서도 반드시 정직하게 값을 지불받아야 하듯이, 파는 것의 소유권을 정직하고도 분명하게 확정지어야 하는 것이다.

3. 아브라함은 그 땅의 소유권이 확정된 후, 그 값 주고 산 밭에 있는 굴 또는 지하 처소(자연적으로 형성된 것인지 인공적으로 만든 것인지는 확실치 않다)에 아내 사라의 시신을 매장한다. 아마도 아브라함은 가나안 땅에 온 이후 자기 가문에 속한 종들이 죽을 때마다 그들을 매장했었을 것이다. 그러나 그들에게는 평민의 묘지로 족했을 것이다(왕하 23:6). 그런데 이제 사라가 세상을 떠났으니 그의 시신을 위하여 특별한 장소를 찾아야 했던 것이다. 여기서 다음과 같은 점들을 주목할 만하다. (1) 아브라함이 가나안에서 처음 소유하게 된 땅이 매장지였다는 점. 주목하라. 우리가 세상에 들어왔으니, 세상을 떠나는 일을

생각하는 것이 좋은 일이다. 우리는 출생하자마자 죽어가기 시작하니 말이다. (2) 가나안 전체가 아브라함이 장차 얻게 될 땅이었으나, 정작 그가 소유한 땅은 그 매장지밖에 없었다는 점. 이 땅에서 아무리 소유가 적은 자라도 그 속에 그의 무덤은 있는 법이다. 가인과 니므롯과는 달리 아브라함은 성(城)들이 아니라 묘지를 남겼다. 이는, [1] 자기 자신과 자기의 후손들에게 끊임없이 죽음을 상기시킴으로써 날마다 죽는 법을 배우게 하기 위함이었다. 이 묘지는 그 밭머리에 있었다고 한다(9절). 우리가 무엇을 소유했든지 간에, 그 끝머리에는 묘지가 있는 법이다. [2] 부활에 대한 그의 믿음과 기대의 증표가 되도록 하기 위함이었다. 영구히 죽은 상태로 내던져져 있고 다시 살아나지 않을 것이라면 시신을 그렇게 조심스럽게 다룰 이유가 무엇이었겠는가? 아브라함은 이 일로서, 그가 더 나은 본향, 즉 하늘에 있는 본향을 사모하였음을 분명히 보여주고 있다. 아브라함은 이 땅에 사는 동안 이리저리 옮겨 다니는 것에 만족하였으나, 죽을 때에 그의 육체가 소망 가운데 안식을 누릴 처소는 미리 확보해 두고 있었던 것이다.

제 24 장

개요

결혼과 상례는 가족들에게 일어나는 변화요, 마을 주민들 사이에서 일상적으로 일어나는 일이다. 앞 장에서는 아브라함이 그의 아내의 장례를 치렀는데, 여기서는 아들을 결혼시키고 있다. 아브라함의 가문과 관련한 이 이야기들과 그 세세한 정황들이 상세하게 기술되고 있는 반면에, 당시에 존재하던 세상 왕국들의 역사들은 침묵 속에 묻히는 것을 보게 되는데, 이는 주께서 그의 소유된 백성들을 잘 아시기 때문이다. 사라의 장례 이야기와 이삭의 결혼 이야기를 서로 연결시키고 있는 것은(67절에서 이 둘을 특별히 연관짓는다) "한 세대가 지나면 다른 세대가 오며" 그리하여 인간 본성과 언약의 내용이 보존된다는 것을 보여준다. 본 장의 주요 내용은 다음과 같다. I. 아브라함이 그의 아들의 결혼 문제를 주도하며, 그 일에 대해 그의 종에게 명령함(1-9절). II. 그의 종이 아브라함의 고향으로 가서 그의 친족들 중에서 젊은 주인을 위한 아내를 구함(10-14절). III. 하나님의 섭리로 이삭의 친사촌의 딸 리브가를 만남(15-28절). IV. 리브가의 친족들과 결혼 문제를 논의함(29-49절). V. 그들에게서 결혼에 대해 동의를 얻음(50-60절). VI. 이삭과 리브가의 복된 만남과 결혼(61-67절).

[1]아브라함이 나이가 많아 늙었고 여호와께서 그에게 범사에 복을 주셨더라 [2]아브라
함이 자기 집 모든 소유를 맡은 늙은 종에게 이르되 청하건대 내 허벅지 밑에 네
손을 넣으라 [3]내가 너에게 하늘의 하나님, 땅의 하나님이신 여호와를 가리켜 맹세
하게 하노니 너는 내가 거주하는 이 지방 가나안 족속의 딸 중에서 내 아들을 위하
여 아내를 택하지 말고 [4]내 고향 내 족속에게로 가서 내 아들 이삭을 위하여 아내를
택하라 [5]종이 이르되 여자가 나를 따라 이 땅으로 오려고 하지 아니하거든 내가 주
인의 아들을 주인이 나오신 땅으로 인도하여 돌아가리이까 [6]아브라함이 그에게 이
르되 내 아들을 그리로 데리고 돌아가지 아니하도록 하라 [7]하늘의 하나님 여호와께
서 나를 내 아버지의 집과 내 고향 땅에서 떠나게 하시고 내게 말씀하시며 내게 맹
세하여 이르시기를 이 땅을 네 씨에게 주리라 하셨으니 그가 그 사자를 너보다 앞

서 보내실지라 네가 거기서 내 아들을 위하여 아내를 택할지니라 [8]만일 여자가 너를 따라 오려고 하지 아니하면 나의 이 맹세가 너와 상관이 없나니 오직 내 아들을 데리고 그리로 가지 말지니라 [9]그 종이 이에 그의 주인 아브라함의 허벅지 아래에 손을 넣고 이 일에 대하여 그에게 맹세하였더라

여기서 아브라함에 관하여 세 가지를 관찰할 수 있다.

I. 그가 선한 아들의 장래를 염려하여 좋은 아내를 만나도록 보살핌.

이 때는 그 문제를 생각할 때가 되었다. 이삭이 40세 가량 되었고, 그의 조상들은 30세 내외에 결혼한 것이 상례였기 때문이다(11:14, 18, 22, 24). 아브라함은 그의 가문의 장래에 대한 약속을 믿었고, 따라서 필요 이상으로 서두르지 않았다. 지금 아들의 결혼 문제를 생각하게 된 것은 두 가지를 고려해서였다(1절).

1. 그 자신이 곧 세상을 떠나게 될 것이라는 것. 그가 나이가 많아 늙었으므로 그가 죽기 전에 아들이 정착하는 것을 보고 안심하기를 바랐기 때문이다.

2. 여호와께서 그에게 범사에 복을 주셨으므로 아들에게 남겨줄 재산이 많다는 것. 여호와의 복은 부유하게 만든다. 신앙과 경건함이 외형적인 번창함과 얼마나 긴밀한 관계가 있는지를 보라. 이제 아들에 관한 아브라함의 경건한 염려는, (1) 그가 가나안 사람의 딸이 아닌 자기 친족의 딸과 결혼해야 한다는 것이었다. 그는 가나안 사람들이 타락하여 큰 악행을 저지르는 것을 보았고, 그들이 멸망에 빠지도록 예정되어 있다는 것을 계시를 통해서 알았으므로, 그들이 아들의 영혼에 올무가 되거나 혹은 그의 이름에 오점이 되는 일이 없기를 바랐던 것이다. (2) 그러나 여하한 경우에도, 심지어 아내를 택할 목적으로도, 그 아들이 가나안 땅을 떠나 친족들에게로 돌아가서는 안 된다는 것이었다. 그렇게 했다가는 그가 그 곳에 정착할 유혹에 얼마든지 넘어갈 수가 있기 때문이었다. 아브라함은 6절에서 이 점에 대해 경계하고, 8절에서 다시 반복하여 경계한다. "일이 어떻게 되든 간에 오직 내 아들을 데리고 그리로 가지 말지니라. 아내를 구하지 못할지언정 그런 유혹에 그를 노출시켜서는 안 된다." 주목하라. 부모는 자녀들의 문제에 관하여, 그들의 영혼의 장래를 고려하고 또한 그들이 천국을 향하여 더 나아가도록 조심스럽게 처리해야 한다. 은혜로 말미암아, 이 세상에 있는 부패에서 벗어나고 그런 상태에서 자녀들을 양육해 온 자들은 그들이 다

시 거기에 얽매이지 않도록 모든 일에 신중을 기해야 한다(벧후 2:20). 그리로 그들을 다시 데리고 가지 않도록 조심하라(히 11:15).

Ⅱ. 그의 선한 종에게 이 일에 관하여 당부함. 그 종은 아마도 오랜 세월 동안 그를 충직하게 섬겨 그가 매우 아끼던 다메섹 엘리에셀이었을 것이다. 아브라함은 이 큰 문제를 이삭이 아니라 그에게 맡겼다. 그는 이삭이 그 곳으로 들어가는 것을 절대로 원치 않았고, 대리로 사람을 보내어 결혼을 추진하고자 하였고, 그 대리자로서 그 집 맡은 시환만큼 적격인 인물이 없었다. 그리하여 주인과 종 사이에 지극히 신중하고도 엄숙하게 이 문제가 정리된다.

1. 그 종은 아브라함의 친족 중에서 이삭의 신붓감을 택하도록 최선을 다할 것을 맹세로 확증하여야 했다(2-4절). 아브라함은 그 종에게 맹세를 하게 한다. 이로써 그 자신도 만족하고 또한 그 종으로 하여금 이 문제에 가능한 대로 최선을 다하여 조심스럽고도 신중하게 임하도록 하기 위함이었다. 하나님께서도 그의 종들에게 그렇게 맹세로 사역에 임하도록 하신다. 그리하여 맹세한 후에 그대로 지키도록 하시는 것이다. 여기서 영원하신 하나님께 존귀를 돌린다. 하나님이야말로 맹세에서 우리가 호소할 유일한 분이시기 때문이다. 그리고 어떤 이들은, 여기서 허벅지 밑에 손을 넣는 예식이 할례 언약을 존귀하게 하는 것이었다고 보기도 한다. 주목하라. 맹세는 교회에만 있는 고유한 규례가 아니며, 온 인류에게 공통으로 있는 것이므로, 우리나라에서 일상적으로 지정되어 사용되는 그런 표증을 통해서 시행되어야 한다.

2. 그 종은 최선을 다하였는데도 일이 이루어지지 않을 경우에만 이 맹세에서 해제될 수 있었다. 그 종은 지혜롭게 이 제한 조항을 삽입시켰고(5절), 그리하여 여자가 종의 말을 따르지 않을 경우에는 아브라함이 예외 사실을 용납하도록 하였다(8절). 주목하라. 맹세는 지극히 조심스럽게 행하여야 하며, 또한 맹세하는 내용과 그 제한 사항을 분명히 이해하고 하여야 한다. 함부로 이 물건은 거룩하다 하고 서원하고 그 후에 과연 그것이 옳은지 살피면 그것이 그 사람에게 덫이 되기 때문이다(잠 20:25).

Ⅲ. 아브라함이 선하신 하나님을 전적으로 신뢰함(7절). 그는 하나님께서 그의 종으로 하여금 이 일에 뜻을 이루게 하실 것임을 믿어 의심치 않았다. 그는 하나님이 그의 은혜의 유효적인 부르심으로 그를 그의 고향 땅에서 놀랍게 이끌어 내신 일을 기억하고 있고, 따라서 그 종이 그의 아들을 그리로 다시 데려

가지 않기 위해 수고하는 이 일에 성공을 거둘 것임을 확실히 믿었던 것이다. 그는 또한 하나님이 가나안을 그의 자손에게 주실 것이라고 약속하신 것과 그 약속을 확증하신 것을 기억하였고, 그리하여 하나님이 그의 아들의 짝을 이 타락한 민족들이 아니라 그 자손의 어머니가 되기에 합당한 그런 민족에게서 찾고자 하는 그 종의 수고를 효력 있게 하실 것이라고 추리하였다. "그러므로 두려워하지 말라. 그가 너보다 먼저 그의 천사를 보내사 네 길을 평탄하게 하시리라." 주목하라. 1. 신중한 자세로 의무를 꾸준히 감당하며 그들의 신앙의 원리들을 좇아 일을 도모하는 자들은 그 일들에서 번영과 성공을 기대하는 것이 합당한 일이다. 우리가 신실하게 그의 영광을 목표로 나아가면 하나님께서 그 일에서 우리에게 위로를 주실 것이다. 2. 하나님의 약속과 우리의 경험만으로도, 이 세상의 모든 일에서 하나님을 의지하고 그에게 기대를 걸도록 우리를 격려하기에 충분하다. 3. 하나님의 천사들은 부리는 영들로서, 약속의 상속자들을 보호하는 일은 물론 그들을 인도하는 일을 위해 보내심을 받는다(히 1:14). "그가 그 사자를 너보다 앞서 보내실지니 네가 속히 일을 이루리라."

10이에 종이 그 주인의 낙타 중 열 필을 끌고 떠났는데 곧 그의 주인의 모든 좋은 것
을 가지고 떠나 메소보다미아로 가서 나홀의 성에 이르러 11그 낙타를 성 밖 우물
곁에 꿇렸으니 저녁 때라 여인들이 물을 길으러 나올 때였더라 12그가 이르되 우리
주인 아브라함의 하나님 여호와여 원하건대 오늘 나에게 순조롭게 만나게 하사 내
주인 아브라함에게 은혜를 베푸시옵소서 13성 중 사람의 딸들이 물 길으러 나오겠
사오니 내가 우물 곁에 서 있다가 14한 소녀에게 이르기를 청하건대 너는 물동이를
기울여 나로 마시게 하라 하리니 그의 대답이 마시라 내가 당신의 낙타에게도 마
시게 하리라 하면 그는 주께서 주의 종 이삭을 위하여 정하신 자라 이로 말미암아
주께서 내 주인에게 은혜 베푸심을 내가 알겠나이다 15말을 마치기도 전에 리브가
가 물동이를 어깨에 메고 나오니 그는 아브라함의 동생 나홀의 아내 밀가의 아들
브두엘의 소생이라 16그 소녀는 보기에 심히 아리땁고 지금까지 남자가 가까이 하
지 아니한 처녀더라 그가 우물로 내려가서 물을 그 물동이에 채워가지고 올라오는
지라 17종이 마주 달려가서 이르되 청하건대 네 물동이의 물을 내게 조금 마시게 하
라 18그가 이르되 내 주여 마시소서 하며 급히 그 물동이를 손에 내려 마시게 하고
19마시게 하기를 다하고 이르되 당신의 낙타를 위하여서도 물을 길어 그것들도 배

불리 마시게 하리이다 하고 [20]급히 물동이의 물을 구유에 붓고 다시 길으려고 우물
로 달려가서 모든 낙타를 위하여 긷는지라 [21]그 사람이 그를 묵묵히 주목하며 여호
와께서 과연 평탄한 길을 주신 여부를 알고자 하더니 [22]낙타가 마시기를 다하매 그
가 반 세겔 무게의 금 코걸이 한 개와 열 세겔 무게의 금 손목고리 한 쌍을 그에게
주며 [23]이르되 네가 누구의 딸이냐 청하건대 내게 말하라 네 아버지의 집에 우리가
유숙할 곳이 있느냐 [24]그 여자가 그에게 이르되 나는 밀가가 나홀에게서 낳은 아들
브두엘의 딸이니이다 [25]또 이르되 우리에게 짚과 사료가 족하며 유숙할 곳도 있나
이다 [26]이에 그 사람이 머리를 숙여 여호와께 경배하고 [27]이르되 나의 주인 아브라
함의 하나님 여호와를 찬송하나이다 나의 주인에게 주의 사랑과 성실을 그치지 아
니하셨사오며 여호와께서 길에서 나를 인도하사 내 주인의 동생 집에 이르게 하셨
나이다 하니라 [28]소녀가 달려가서 이 일을 어머니 집에 알렸더니

아브라함의 종이 이제 이 이야기에 본격적으로 등장하기 시작한다. 그의 이름은 나타나지 않으나 여기 기록된 많은 내용이 그의 존귀함을 드러내며, 그를 보는 종들의 귀감이 되는 자로 제시한다. 종들은 하나님과 주인들을 신실하게 섬김으로써 그리스도의 교훈을 빛나게 하면(잠 27:18과 딛 2:10을 비교하라) 존귀를 얻게 될 것이다. 하나님은 사람을 외모로 취하심이 없기 때문이다(골 3:24, 25). 자기의 위치를 지켜 의무를 양심적으로 이행하며 또한 하나님을 경외함으로 자기의 본분을 다하는 선한 종은, 비록 세상에서는 크게 드러나지 못하고 사람들의 칭찬을 받지 못한다 할지라도, 하나님의 인정하심을 받고 그에게 칭찬을 받을 것이다. 여기서 관찰하라.

I. 아브라함의 종이 그의 주인을 위해 얼마나 신실하게 행하는가. 그는 임무를 부여받자 모든 준비를 갖추어, 곧 그의 여행 목적에 합당한 모든 것들을 지니고 갔으며, 또한 그의 주인의 모든 좋은 것을 가지고 길을 떠났다(10절). 자신이 상대할 사람들에게 보여줄 물건들을 가지고 간 것이다. 그는 처음부터 마지막까지 주인의 명예를 높이는 것을 주 관심사로 삼았다. 이삭이 그리스도의 모형이므로, 어떤 이들은 그를 위해 아내를 취하여 오는 이 일이 곧 그리스도의 종인 사역자들의 활동을 통하여 교회를 아내로 불러들이는 것을 의미하는 것으로 보기도 한다. 교회는 신부요 어린 양의 아내다(계 21:9). 그리스도는 신랑이요 사역자들은 신랑의 친구들이며(요 3:29), 그들의 임무는 영혼들을 이끌어

그리스도께 중매하는 것이다(고후 11:2). 그리스도의 신부들은 가나안 사람들에 속해서는 안 되고, 그리스도와 같은 혈족에 속하여야 하며, 위로부터 거듭난 자라야 한다. 사역자들은 아브라함의 종처럼 그들의 주인의 뜻을 섬기는 데에 지극한 지혜와 신중함으로 임하여야 한다.

Ⅱ. 그가 이 일에서 얼마나 경건하게 하나님을 인정하는가. 그는 아브라함이 여호와의 도를 지켜 공의와 정의를 행하게 한 권속(18:19)에 속하는 복된 사람답게 모든 일에서 하나님을 인정하였다. 그는 여러 날의 여행 끝에 이른 저녁에 목적지에 당도하였고, 우물가에서 쉬면서 자신의 임무를 어떻게 최선으로 완수할지를 생각하고 있었다. 여기서,

1. 그는 구체적인 기도를 드림으로 하나님을 인정하였다(12-14절). 이 기도에서, (1) 이 일이 선히 이루어지기를 위해 간구하였다. 오늘 나에게 순조롭게 만나게 하사. 주목하라. 우리의 일들을 하나님의 섭리의 역사하심과 보살피심에 구체적으로 부탁하는 일이 우리에게 허용되어 있다. 순조롭게 일이 진행되기를 바라는 자들은 그것을 위해 기도해야 한다. 오늘, 이 일에서. 그러므로 우리의 모든 길에서 하나님을 인정하여야 한다(잠 3:6). 그리고 우리가 맡은 모든 일 하나하나에서 하나님을 인정하고 그를 바라보면, 결과가 어떻게 되든 우리는 의무를 다 이행했다는 위로를 얻게 될 것이다. (2) 그는 그의 주인 아브라함과의 언약에 호소하였다. 우리 주인 아브라함의 하나님 여호와여 원하건대 … 내 주인 아브라함에게 은혜를 베푸시옵소서. 선한 부모의 자녀들이나 선한 주인의 종들은 번영과 성공을 위하여 하나님께 드리는 기도에서 특별한 용기를 갖는다. (3) 그는 한 가지 표적을 제의하는데(14절), 이는 하나님을 제한시키려는 것도, 그것으로 아무런 결과를 얻지 못하면 더 이상 나아가지 않겠다는 의도도 아니요, 그것은 다음과 같은 간구였다. [1] 하나님께서 그의 젊은 주인을 위하여 선한 아내를 주시기를 구하는 간구였다. 그리고 이것은 선한 기도였다. 슬기로운 아내는 여호와께로서 말미암는다는 것을 그는 잘 알고 있었고(잠 19:14), 그리하여 이것을 구한 것이다. 그는 그의 주인의 신붓감은 겸손하고 부지런한 여자요, 보살피고 수고하기를 가르침 받고 자라난 자요, 또한 해야 할 일이 있으면 기꺼이 감당할 줄 아는 자요, 또한 예의바른 성정을 지녔고, 외지 사람들에게 자비를 베풀 줄 아는 여자이기를 바랐다. 주인을 위해 신붓감을 찾으러 갈 때에, 그는 놀이터나 공원으로 가서 거기서 적절한 사람을 만나기를 기도하지 않

았고, 우물가로 가서 거기서 합당한 신붓감을 찾기를 기대한 것이다. [2] 이 일에서 모든 세세한 정황들이 일치하여 그에게 분명하고도 확실하게 일이 이루어지게 해 주시기를 구하는 간구였다. 주목하라. **첫째로**, 하나님의 섭리가 가장 사소한 일에까지 확대되며 그것으로 그 자체의 목적이 훌륭하게 이루어진다면, 그것은 선한 사람에게 큰 위로요 또한 확신이 된다. 우리의 때는 하나님의 손에 달려 있다. 사건들 자체만이 아니라 그 시기까지도 그의 손에 달려 있는 것이다. **둘째로**, 우리의 모든 일들에서 섭리를 따르는 것이 우리의 지혜이며, 섭리를 강요하는 것이야말로 어리석은 짓이다. **셋째로**, 일반적으로 우리가 하나님의 뜻을 우리의 규범으로 삼아 우리 앞에 놓되, 그의 뜻이 섭리의 암시들을 통하여 드러나 우리의 길을 지시하며, 그리하여 우리가 그의 뜻하시는 바를 알아차리도록 해 달라고 기도하는 것은 매우 바람직하며 또한 우리가 정당하게 간구할 수 있는 것이다. 하나님은 그의 눈으로 그의 백성들을 인도하시며(시 32:8), 그들을 평탄한 길로 인도하시는 것이다(시 27:11).

2. 하나님께서 구체적인 섭리로 그 종을 인도하셨다. 하나님이 결정하셨으니 그대로 이루어졌다(욥 22:28). 그의 믿음에 따라서, 그에게 이루어진 것이다. 이 기도에 대한 응답은, (1) **말을 마치기도 전에**(15절) 속히 이루어졌다. 그들이 **말을 마치기 전에 내가 들을 것이며**라고 기록된 대로(사 65:24) 여기서 그대로 이루어진 것이다. 우리는 뒤로 물러서서 기도하지만, 하나님께서는 한 걸음 전진하셔서 그 기도를 들으시는 것이다. (2) 만족스럽게 이루어졌다. 우물가에 처음 나아온 여자가 모든 점에서 그의 마음의 결정대로 처신하였던 것이다. [1] 그 여자는 모든 점에서 그의 주인의 신붓감으로 바라던 성품들을 지니고 있었다. 아리따우며 건강하고 겸손하며 부지런하였고 매우 예의가 있었고 외인들에게 자비를 베풀 줄 아는 등, 선한 기질의 모든 표지들을 다 지니고 있었던 것이다. 그 여자는 **우물로 내려가서 물을 그 물동이에 채워 가지고 올라왔다**(16절). 그녀는 낯선 사람과 그의 낙타들에게 시선을 주지 않고 자기의 할 일에 주의를 집중시켰고, 선을 베풀 기회가 있는 경우가 아니면 자기 일에서 벗어나려 하지 않았다. 그녀는 그에게 호기심을 갖고 대화를 주도해 나가지 않았고, 여자의 품위에 합당하게 예의를 다하여 그의 질문에 대답했을 뿐이다. 오늘날 우리가 사는 시대가 얼마나 타락해 있는지, 교만과 사치와 게으름 등 리브가의 성품과 정반대되는 것들이 나타나며, 또한 리브가와 같은 딸들이 얼마나 희귀한지 모른

다! 그 당시에는 존귀로 여겨지던 그런 선한 모범들이 지금에 와서는 경멸을 받는 것이다. [2] 하나님의 섭리가 역사하여, 그가 간구했던 표적을 놀랍게도 그녀가 정확히 행하였다. 그에게 물을 가져다 줄 뿐 아니라, 기대한 것 이상의 호의를 베풀었다. 곧, 그가 표적으로 하나님께 구했던 대로 그의 낙타들에게도 마실 물을 가져다 준 것이다. 주목하라. **첫째로**, 하나님께서는 그의 섭리로 때때로 믿음의 기도에 놀랍게 응답하시며, 기도하는 그의 백성들의 순전한 소원들을 지극히 사소한 일에서까지도 만족시키셔서, 그가 어느 정도로 보살피시는지를 보여주시고 그리하여 언제나 그에게 구하고 그를 신뢰하도록 격려하기도 하신다. 그러나 우리는 지나치게 대담하게 하나님께 무언가를 요구하지 않도록 조심해야 한다. 그런 것은 우리의 믿음을 강건하게 하기보다는 오히려 약화시키기 때문이다. **둘째로**, 기회가 있을 때마다 항상 겸손하고 예의바르며 친절을 베푸는 자세를 보이는 것이 좋다. 그것이 어느 때에 우리가 생각하는 것보다 더 우리에게 존귀와 유익을 가져다 줄지도 모르기 때문이다. 어떤 이들은 이로써 천사들을 대접하였고, 리브가는 이로써 자기의 예상을 훨씬 뛰어넘어서 그리스도와 언약의 계보 속에 들어오게 되었다. **셋째로**, 별로 희생이 따르지 않는 친절이 큰 호소력을 발휘할 수도 있다. 우리 주님은 냉수 한 그릇에 대해서도 상급이 있을 것을 약속하셨다(마 10:42). **넷째로**, 섭리와 그 세세한 정황들이 일치하여 성공이 촉진되는 일이 일어나면, 우리는 마땅히 놀라움과 감사함으로 그것을 바라보며 하나님께 영광을 돌려야 한다. **그 사람이 그를 묵묵히 주목하며**(21절). 우리가 의무를 다하지 못하고 위로도 얻지 못해 온 것은 섭리를 관찰하기를 소홀히 하였기 때문이다. [3] 그녀에게 문의한 끝에, 그 종은 그녀가 자기 주인의 가까운 친족이며 또한 그녀의 가족이 상당히 여유가 있어서 그를 대접할 수 있다는 것에 크게 만족하였다(23-25절). 주목하라. 적절한 배우자를 선택하는 문제에 대해서 믿음과 기도로 하늘의 인도하심을 구하는 자들에게 하나님의 섭리가 놀랍게 인도하기도 한다. 하나님을 경외하는 가운데서 행해지는 결혼이 행복한 결혼이며, 하나님을 경외하는 자들 사이의 결혼이 하늘에서 맺어지는 결혼이라 확신한다.

3. 그는 하나님께 구체적으로 감사를 드림으로써 그를 인정한다. 그는 먼저 리브가의 따뜻한 호의에 대해 감사하며(22절), 장신구들을 강요하다시피 하여 선물로 주었는데, 그것들은 여자가, 특히 신부가 평생 잊지 못할 것이었으나(렘

2:32) 물 깃는 여자에게는 어울리지 않는 것들이었다. 그러나 가끔 귀고리와 목걸이를 지닌다고 해서, 부지런히 손으로 일하는 덕스러운 여자들(잠 31:13)의 수고나, 어렸을 동안에는 종과 다름이 없는 어린아이들(갈 4:1)의 봉사 같은 것은 자기에게는 전혀 어울리지 않는다고 생각하게 되는 것은 아니다. 리브가에게 감사를 표한 다음, 그는 이어서 하나님께 경배를 드린다. 나의 주인 아브라함의 하나님 여호와를 찬송하나이다(26, 27절). 여기서 관찰하라. (1) 그는 속히 순조롭게 만나게 해 주시기를 기도하였는데(12절), 이제 그 일이 순조롭게 이루어지는 것에 대해 감사드린다. 주목하라. 기도를 통해서 무엇을 얻으면 찬양으로 그것을 취하여야 한다. 우리의 기도를 긍휼로 응답하셨으니, 우리는 그에게 의무를 지게 되는 것이다. (2) 아직은 그가 긍휼을 기대하며 바라보며 위로를 얻는 것에 불과하고, 결과가 어떻게 될지에 대해서는 확실히 알 수가 없었다. 그러나 그런데도 그는 감사를 드린다. 주목하라. 하나님의 호의가 우리에게 다가올 때에는 반드시 찬양으로 그것을 맞아야 한다. (3) 그는 자기 주인을 위하여 교섭할 때에 성공을 위하여 하나님을 찬송하였다. 주목하라. 우리 친지들에게 임하는 긍휼하신 역사들 우리 자신에게 임하는 것처럼 여겨서 감사하는 마음을 가져야 한다. (4) 그는 도중에 어디로 방향을 잡아야 할지 혼란 중에 있을 때에 여호와께서 그를 인도하신 일에 대해 감사한다. 주목하라. 의심쩍은 상황 속에서 하나님께서 마치 광야에서 이스라엘 백성들을 구름 기둥과 불 기둥으로 인도하신 것처럼 우리를 인도하시는 것을 보게 되면 우리에게 크나큰 위로가 된다. (5) 그는 자기 주인의 동생 집으로 인도받은 것에 대해 크게 기뻐하며 그 일에 하나님이 개입하셨음을 인정한다. 그 동생의 가족은 갈대아 우르에서는 나왔으나 가나안에는 이르지 못하고 하란에 남아 있었다. 그들은 우상 숭배자들이 아니었고, 참되신 하나님을 예배하는 자들로서 아브라함의 가족의 신앙 쪽으로 기울 수 있는 자들이었다. 주목하라. 적절한 배우자를 만나는 일에 있어서, 특히 신앙이 일치하는 자를 만나는 일에서는 더더욱 하나님의 역사하심을 인정해야 한다. (6) 그는 하나님께서 이 일에서 주의 사랑과 성실을 그치지 아니하셨음을 인정한다. 하나님께서는 아브라함의 가문을 세우시겠다고 약속하신 바 있으나, 지금까지 그 약속의 실효가 나타나지 않았는데, 이제 섭리가 그 일을 이루는 방향으로 역사하고 있는 것이다. 주목하라. [1] 하나님의 신실한 백성들은 세상적인 위로를 얻지 못할 수는 있으나, 하나님의 사랑과 성실이 그

치는 일은 절대로 없을 것이다. 하나님의 사랑은 다함이 없는 샘이요, 그의 성실은 무너지지 않는 기초이기 때문이다. [2] 하나님의 사랑과 성실이 지속되는 것을 보게 되면, 복을 누리는 위로가 크게 더해진다.

29리브가에게 오라버니가 있어 그의 이름은 라반이라 그가 우물로 달려가 그 사람
에게 이르러 30그의 누이의 코걸이와 그 손의 손목고리를 보고 또 그의 누이 리브가
가 그 사람이 자기에게 이같이 말하더라 함을 듣고 그 사람에게로 나아감이라 그
때에 그가 우물가 낙타 곁에 서 있더라 31라반이 이르되 여호와께 복을 받은 자여
들어오소서 어찌 밖에 서 있나이까 내가 방과 낙타의 처소를 준비하였나이다 32그
사람이 그 집으로 들어가매 라반이 낙타의 짐을 부리고 짚과 사료를 낙타에게 주
고 그 사람의 발과 그의 동행자들의 발 씻을 물을 주고 33그 앞에 음식을 베푸니 그
사람이 이르되 내가 내 일을 진술하기 전에는 먹지 아니하겠나이다 라반이 이르되
말하소서 34그가 이르되 나는 아브라함의 종이니이다 35여호와께서 나의 주인에게
크게 복을 주시어 창성하게 하시되 소와 양과 은금과 종들과 낙타와 나귀를 그에
게 주셨고 36나의 주인의 아내 사라가 노년에 나의 주인에게 아들을 낳으매 주인이
그의 모든 소유를 그 아들에게 주었나이다 37나의 주인이 나에게 맹세하게 하여 이
르되 너는 내 아들을 위하여 내가 사는 땅 가나안 족속의 딸들 중에서 아내를 택하
지 말고 38내 아버지의 집, 내 족속에게로 가서 내 아들을 위하여 아내를 택하라 하
시기로 39내가 내 주인에게 여쭈되 혹 여자가 나를 따르지 아니하면 어찌하리이까
한즉 40주인이 내게 이르되 내가 섬기는 여호와께서 그의 사자를 너와 함께 보내어
네게 평탄한 길을 주시리니 너는 내 족속 중 내 아버지 집에서 내 아들을 위하여
아내를 택할 것이니라 41네가 내 족속에게 이를 때에는 네가 내 맹세와 상관이 없으
리라 만일 그들이 네게 주지 아니할지라도 네가 내 맹세와 상관이 없으리라 하시
기로 42내가 오늘 우물에 이르러 말하기를 내 주인 아브라함의 하나님 여호와여 만
일 내가 행하는 길에 형통함을 주실진대 43내가 이 우물 곁에 서 있다가 젊은 여자
가 물을 길으러 오거든 내가 그에게 청하기를 너는 물동이의 물을 내게 조금 마시
게 하라 하여 44그의 대답이 당신은 마시라 내가 또 당신의 낙타를 위하여도 길으리
라 하면 그 여자는 여호와께서 내 주인의 아들을 위하여 정하여 주신 자가 되리이
다 하며 45내가 마음속으로 말하기를 마치기도 전에 리브가가 물동이를 어깨에 메
고 나와서 우물로 내려와 긷기로 내가 그에게 이르기를 청하건대 내게 마시게 하

라 한즉 [46]그가 급히 물동이를 어깨에서 내리며 이르되 마시라 내가 당신의 낙타에
게도 마시게 하리라 하기로 내가 마시매 그가 또 낙타에게도 마시게 한지라 [47]내가
그에게 묻기를 네가 뉘 딸이냐 한즉 이르되 밀가가 나홀에게서 낳은 브두엘의 딸
이라 하기로 내가 코걸이를 그 코에 꿰고 손목고리를 그 손에 끼우고 [48]내 주인 아
브라함의 하나님 여호와께서 나를 바른 길로 인도하사 나의 주인의 동생의 딸을
그의 아들을 위하여 택하게 하셨으므로 내가 머리를 숙여 그에게 경배하고 찬송하
였나이다 [49]이제 당신들이 인자함과 진실함으로 내 주인을 대접하려거든 내게 알게
해 주시고 그렇지 아니할지라도 내게 알게 해 주셔서 내가 우로든지 좌로든지 행
하게 하소서 [50]라반과 브두엘이 대답하여 이르되 이 일이 여호와께로 말미암았으니
우리는 가부를 말할 수 없노라 [51]리브가가 당신 앞에 있으니 데리고 가서 여호와의
명령대로 그를 당신의 주인의 아들의 아내가 되게 하라 [52]아브라함의 종이 그들의
말을 듣고 땅에 엎드려 여호와께 절하고 [53]은금 패물과 의복을 꺼내어 리브가에게
주고 그의 오라버니와 어머니에게도 보물을 주니라

여기서는 이삭과 리브가 사이의 결혼이 성사되는 것을 접하게 된다. 매우 중요한 순간과 신비한 여러 다른 일들(예컨대, 멜기세덱에 관한 이야기)에 대해서는 아주 간략하게 언급하고 지나치는데, 이처럼 그냥 지나쳐도 상관없었을 것 같은 이야기에 대해서는 아주 상세한 정황에 이르기까지 매우 구체적으로 기록하고 있다. 이처럼 하나님은 지혜롭고 영민한 자들이 호기심을 가질 일은 감추시고, 평범한 것을 어린 아이의 수준에 맞추어 나타내시며(마 11:25), 전도의 미련한 것으로 세상을 다스리시고 구원하시는 것이다(고전 1:21). 또한 그리하여 우리도 인생에 흔히 일어나는 사소한 일들에서 하나님의 섭리를 알아차리게 되고, 그 일들에서 우리의 지혜와 기타 은혜들을 발휘하게 되는 것이다. 성경이 주어진 것이 철학자들과 정치가들만 사용하게 하기 위함이 아니라, 우리 모두를 모든 삶 속에서 지혜롭고도 덕스럽게 만들기 위함이기도 하기 때문이다. 여기서 다음을 보라.

I. 리브가의 친족들이 아브라함의 종을 매우 친절하게 영접함. 리브가의 오라비니 라반은 그의 누이의 고걸이와 그 손의 손목고리를 보자 그를 환대하였다(30절). 라반은, '이 사람에게 얻을 것이 있구나. 이 사람이 부유하고 너그러우니 이 사람을 환대하여야겠다!' 라고 생각하였다. 우리는 다음에 이어지는 이야

기를 통해서 라반의 성품에 익히 알고 있는데, 그는 자기의 환대의 대가를 제대로 보상받으리라는 소망이 없었다면, 여기서처럼(53절) 그를 그렇게 기꺼이 환대하지 않았을 것이다. 주목하라. **사람의 선물은 그의 길을 넓게 하며**(잠 18:16), **그가 어디로 향하든지 형통하게 하느니라**(잠 17:8).

1. 그를 친절히 초대하였다. **여호와께 복을 받은 자여 들어오소서**(31절). 그들은 그가 부유한 것을 보았고, 그렇기 때문에 그를 **여호와께 복을 받은 자**라 불렀다. 혹은 어쩌면 리브가에게서 말을 들었기 때문에(28절), 아니면 그의 입에서 아주 자비로운 말이 나오는 것을 듣고서, 그를 선한 사람으로 규정하여 **여호와께 복을 받은 자**라고 불렀을지도 모른다. 주목하라. 우리는 여호와께 복을 받은 자들을 환대하여야 한다. 하나님께서 소유하시는 자들을 환대하는 일은 좋은 일이다.

2. 그를 친절히 대접하였다(32, 33절). 그가 거할 집과 낙타의 처소를 함께 제공하였고, 둘 다 모두 자유로이 사용하도록 하였다. 그리고 낙타들도 특별히 보살펴주었다. **의인은 자기의 가축의 생명을 돌보기** 때문이다(잠 12:10). 소도 주인이 자기를 돌본다는 것을 안다면, 주인은 자기 소가 자기에게 필요한 것을 공급해 준다는 것을 알아야 마땅한 것이다.

Ⅱ. 아브라함의 종이 자신의 사명에 대해 소상히 알리며, 리브가에 관한 문제에 대해서 그들이 동의하자 그들에게 선물을 줌. 관찰하라.

1. 그는 자신의 사명을 다하는 일에 투철하였다. 먼 여정을 마치고 좋은 집에 이르렀으나, **자신의 일을 진술하기 전에는 먹지 아니하려** 하였다(33절). 주목하라. 하나님을 위해서나 사람을 위해서나 우리의 임무를 다하고 우리가 맡은 사명을 완수하는 일을 필수적인 음식보다도 우선시켜야 한다. 그것이 우리 주님의 음식이요 음료였다(요 4:34).

2. 그는 자신의 임무를 이루는 일을 지혜롭게 행하였다. 그는 이 일에서, 그에게 임무를 맡긴 주인에게 충성스러우며 또한 지금 대하는 사람들에게 정의로운, 사려 깊은 사람과 순전한 사람으로 자신을 입증하였다.

(1) 그는 그의 주인의 가족의 상태에 대해 간략하게 알린다(34-36절). 그는 이미 환영을 받았으나, **나는 아브라함의 종이니이다**라고 자신의 신분을 밝힌 다음에는 배나 더 환영을 받았을 것이다. 그들은 아브라함의 이름을 익히 잘 알고 있었고 그에 대해 존경하고 있었을 것이고, 따라서 그의 처지에 대해서도

모르지 않았을 것이다. 아브라함도 그들의 처지를 잘 알고 있었다(22:20-24). 그는 자신의 임무를 이루고자 그들에게 두 가지 사실을 알린다. [1] 그의 주인 아브라함이 하나님의 복을 받아 매우 풍족한 상태라는 것. [2] 그가 지금 해결하고자 하는 결혼 문제의 당사자인 이삭에게 아브라함이 그의 모든 소유를 주었다는 것.

(2) 그는 주인이 그 아들의 신붓감을 친족 중에서 찾아오도록 자기에게 전권을 맡겼다는 사실과 그에 대한 이유를 그들에게 이야기한다(37, 38절). 그리하여 그는 그들이 듣기에 기분좋은 일을 넌지시 암시한다. 곧, 아브라함이 그렇게 머나먼 땅으로 옮겨갔으나 여전히 두고 온 친족들을 기억하며 그들을 귀하게 여기고 있다는 것이다. 하나님을 향하여 최고의 애정을 쏟아야 하지만, 그렇다고 해서 우리의 본성적인 애정이 사라지는 것은 아니다. 또한 그는, 만일 이삭이 문제가 없다면 집 가까운 곳을 두고 그렇게 멀리까지 와서 아내를 구할 까닭이 무엇인가? 라는 반론을 미리 막는다. 그는 이렇게 말한다. "거기에는 그럴만한 이유가 있습니다. 내 주인의 아들이 가나안 여자를 아내로 삼아서는 안 되기 때문입니다." 그리고 그는 이에 대하여 자신의 제의를 천거한다. [1] 그 일이 성공하리라는 주인의 믿음에 근거하여(40절). 아브라함은 그가 자신의 거룩한 삶의 일상적인 여정에서 하나님 앞에서 행하였다는 양심의 증언으로 격려를 받았고, 그리하여 하나님이 그와 함께 하실 것이라 여겼다. 아마도 그는 하나님이 그와 함께 맺으신 바 있는 언약을 지칭하는 것 같다. 나는 전능한 하나님이라 너는 내 앞에서 행하여 완전하라(17:1). 그러므로 그는, 내가 그 앞에서 행하는 (한글 개역개정판은, 내가 섬기는) 여호와께서 그의 사자를 너와 함께 보내시리라 라고 말씀하는 것이다. 주목하라. 하나님과 맺은 언약 중 우리가 할 부분에 대해 우리가 양심적으로 지키면, 그 언약 중 하나님이 하실 부분에 대해 위로를 얻을 수도 있을 것이다. 그러므로 우리는 구체적인 사례들에 나타나는 일반적인 약속들을 기회 있을 때마다 우리에게 적용시키기를 배워야 할 것이다. [2] 그들이 결혼을 승낙하든 아니면 나름대로의 어떤 이유로 인하여 거부하든 그들의 자유의사에 맡기도록 배려하는 자세로. 이로써 그는 그들에게 승낙을 강요하는 것이 아니라 어디까지나 자유의사로 양단간에 택하도록 특별히 조심하는 사려 깊은 사람임을 스스로 나타내 보인 것이다.

(3) 그는 그들에게 섭리가 놀랍게 일치하였다는 사실을 전하여, 자신의 제의

가 설득력이 있음을 제시한다. 하나님의 손길이 이 일에 함께 하고 있음을 선명하게 보여준 것이다. [1] 그는 자신이 하나님께 표증을 통해서 방향을 지시해 주시기를 기도한 사실을 말씀한다(42-44절). 주목하라. 어떤 일에서 기도로 하나님과 함께 나아가는 사람들을 존중하여 대하는 것이 좋다. [2] 그는 하나님께서 자신의 기도를 문자 그대로 응답하셨음을 말씀한다. 그는 그저 내가 마음속으로 말한 것뿐인데(45절) 이를 들으셨다는 것이다. 여기서 마음속으로 말했다는 것을 언급한 것은 어쩌면 그들이 리브가가 그의 기도를 엿듣고 계획적으로 그렇게 접근했다고 의심하지 않도록 하기 위함이었을지도 모른다. 그의 말은 이런 뜻이었다. "아닙니다. 하나님 외에는 아무도 듣지 못하도록 마음속으로 말했을 뿐입니다. 하나님께는 생각만 해도 말한 것이나 다름없습니다. 그런데 곧바로 그에게서 응답이 왔습니다"(46, 47절). [3] 그는 하나님께서 그 일에서 그를 선히 대하사 바른 길로 인도하시는 것을 곧바로 알았음을 말씀한다. 주목하라. 하나님의 길은 언제나 바른 길이며(시 107:7), 하나님께서 인도하시는 자들은 올바로 인도함 받는 것이다.

(4) 그는 그들에게 이 문제를 잘 생각해 줄 것을 요구하며 그들의 결정을 기다린다(49절). "이제 당신들이 인자함과 진실함으로 내 주인을 대접하려거든 내게 알게 해 주십시오. 그렇다면 정말 잘된 일이요, 당신들이 내 제의를 받아들이실 것이니 나는 내 소임을 다하게 될 것입니다. 그리고 그렇지 않다면, 분명히 내게 말씀해 주셔서 내가 결말을 알지 못한 채 지체하지 않도록 해 주십시오." 주목하라. 문제를 분명하게 처리하는 자는 당연히 분명한 처리를 기대하여 마땅하다.

(5) 그들은 지극히 선한 원칙에 근거하여 그 제안을 기꺼이 자의로 매듭짓는다(50절). "이 일이 여호와께로 말미암았으며, 하나님의 섭리가 이 일에 함께 하니 우리는 이에 대해 반대할 것이 아무것도 없노라." 그들은 거리가 멀다는 것도, 아브라함이 그들을 버렸다는 것도, 아브라함에게 땅이 하나도 없고 그저 재물밖에는 없다는 것도 전혀 반대하지 않았다. 그들은 이 사람이 하는 말의 진실성에 대해 전혀 의심하지 않았고 오히려, [1] 그의 진실성에 대해 상당히 신뢰하였다. 정직한 처신이 사람들 사이에 보편적으로 인정을 받는다면, 그것은 지혜로운 처신이거니와, 동시에 사람의 말을 그대로 신뢰하는 것도 선한 성품에 속하는 것이다. [2] 하나님의 섭리를 더 크게 신뢰하였고, 그리하여 묵묵히

동의한 것이다. 그 일이 무한히 지혜로우신 하나님께서 지시하시고 이루시는 일인 것이 드러났기 때문이다. 주목하라. 결혼은 그것이 여호와께로 말미암았음이 드러날 때에 복되고 평화로울 공산이 큰 법이다.

(6) 아브라함의 종은 그의 임무가 성공적으로 이루어진 것을 감사함으로 시인한다. [1] 하나님께 감사드린다. 여호와께 절하고(52절). 관찰하라. 첫째로, 임무가 성공적으로 진행되어감에 따라서, 그는 계속해서 하나님을 찬양하였다. 쉬지 말고 기도하는 자들은 반드시 범사에 감사하여야 하며, 발걸음마다 하나님의 긍휼하심을 인정하여야 하는 것이다. 둘째로, 하나님께서 그보다 먼저 천사를 보내셔서 그의 임무가 성공을 거두게 하셨다(7, 40절). 그러나 바라던 대로 임무를 완수하자, 그는 천사에게가 아니라 하나님께 절하고 경배하였다. 천사들의 사역을 통해서 우리가 유익을 얻을 때마다, 천사들의 주이신 하나님께 모든 영광을 돌려야 한다(계 22:9). [2] 그는 그 가족에게도, 특히 신부에게 경의를 표한다(53절). 그는 리브가와 그 어머니와 그 오라버니에게 많은 귀중품들을 줌으로써 그의 주인의 부유함과 너그러움을 증명하는 동시에, 그에게 자비를 베푼 그들에게 감사의 뜻을 전하며, 더욱더 그들의 환심을 산다.

54이에 그들 곧 종과 동행자들이 먹고 마시고 유숙하고 아침에 일어나서 그가 이르
되 나를 보내어 내 주인에게로 돌아가게 하소서 55리브가의 오라버니와 그의 어머
니가 이르되 이 아이로 하여금 며칠 또는 열흘을 우리와 함께 머물게 하라 그 후에
그가 갈 것이니라 56그 사람이 그들에게 이르되 나를 만류하지 마소서 여호와께서
내게 형통한 길을 주셨으니 나를 보내어 내 주인에게로 돌아가게 하소서 57그들이
이르되 우리가 소녀를 불러 그에게 물으리라 하고 58리브가를 불러 그에게 이르되
네가 이 사람과 함께 가려느냐 그가 대답하되 가겠나이다 59그들이 그 누이 리브가
와 그의 유모와 아브라함의 종과 그 동행자들을 보내며 60리브가에게 축복하여 이
르되 우리 누이여 너는 천만인의 어머니가 될지어다 네 씨로 그 원수의 성 문을 얻
게 할지어다 61리브가가 일어나 여자 종들과 함께 낙타를 타고 그 사람을 따라가니
그 종이 리브가를 데리고 가니라

이제 리브가는 아버지의 집을 떠난다.

1. 아브라함의 종이 떠나가게 해 줄 것을 요청한다. 그와 다른 동행자들이 거

기서 극한 환대를 받으며 유쾌히 지내고 있었으나, 그는 나를 보내어 내 주인에게로 돌아가게 하소서 라고 거듭하여 요청한다(54, 56절). 주인이 그가 오기를 손꼽아 기다리고 있을 것이며, 가서 해야 할 일들이 있으므로, 즐거이 쉬는 것보다 일하기를 더 바라는 자로서 집으로 속히 돌아가려 한 것이다. 주목하라. 머뭇거리고 한가히 노닥거리는 것은 지혜롭고 선한 사람과는 절대로 어울리지 않는다. 바깥에서 행할 일이 다 마무리 되면, 지체하지 말고 돌아와 안에서 해야 할 일을 해야 할 것이요, 필요 이상 귀환을 연기해서도 안 될 것이다. 고향을 떠나 유리하는 사람은 보금자리를 떠나 떠도는 새와 같은 법이다(잠 27:8).

2. 리브가의 친족들은 자연스런 애정과 일상적인 예의의 표현으로서, 리브가가 그들과 함께 얼마 동안 머무를 수 있도록 해 주기를 구하였다(55절). 그들은 갑작스럽게 그녀와 헤어지는 것을 생각조차 할 수 없었다. 리브가가 그렇게 먼 곳으로 떠나려 하고, 더욱이 다시는 서로 얼굴을 보지 못하게 될 가능성이 많았으니 더더욱 그러했을 것이다. 이 아이로 하여금 며칠 또는 열흘을 우리와 함께 머물게 하라. 이는 얼마든지 이해할 수 있는 요청이었다. 리브가의 결혼을 허락하기는 했으나, 그녀와 헤어지는 것이 못내 아쉬웠던 것이다. 주목하라. 이 세상에는 순전히 기쁨만을 주는 것이 없으니, 이것이야말로 세상이 허망하다는 확실한 실례이다. 불순물이 섞이지 않은 순전한 기쁨이란 없다(Nulla est sincera voluptas). 딸이 아주 훌륭한 신랑감을 만나게 되었다는 것에는 기뻐했으나, 마지막 작별의 때가 오자 딸을 내어 보내기를 매우 주저한 것이다.

3. 리브가 자신이 이 문제를 종결지었다. 그들은 리브가의 뜻을 물었다. 우리가 소녀를 불러(리브가는 자기의 처소로 물러가 조용히 침묵하고 있었다) 그에게 물으리라. 주목하라. 자녀들이 부모의 동의 없이 결혼해서는 안 되듯이, 부모도 자녀의 동의 없이 그들을 결혼시켜서는 안 된다. 이 문제에 대해 결론을 짓기 전에, "그 소녀에게 직접 물으리라." 그녀가 당사자이니 마땅히 그녀에게 먼저 물어야 하는 것이다. 리브가는 아브라함의 종을 따라가는 것에 대해서는 물론 즉시 떠나는 것에도 동의하였다. 가겠나이다(58절). 혹시 리브가는 아브라함의 종의 경건함을 알아차렸고, 그리하여 그 가정의 신앙과 경건을 바라보고서 그 가정에게로 속히 갈 마음이 생겼고, 또한 신앙이 쇠퇴하고 있는 자기 친족과 아버지의 집을 잊기를 바랐을지도 모른다.

4. 리브가가 아브라함의 종과 길을 떠난다. 그 이튿날이 아니라 매우 속히 출

발하였다. 친구들은 리브가가 진정 그것을 원하는 것을 알고서 (1) 적절한 시종을, 곧 유모(59절)와 여자 종(61절)을 붙여서 그녀를 떠나보냈다. 그러므로 리브가가 우물에 물을 길러 온 것도, 그 일을 시킬 종이 없어서가 아니라, 그런 비천한 일을 하는 것을 그녀가 좋아했기 때문이었을 것이다. 이제 전혀 낯선 사람들 가운데로 가게 되니, 익히 잘 알고 있는 사람들을 함께 데리고 가는 것이 합당했을 것이다. 여기서는 리브가의 몫의 재산에 대해서는 아무런 언급도 없다. 그녀의 인격적인 장점들이 그녀의 분깃이었으니, 그녀는 아무것도 가질 필요가 없었고, 결혼 언약에 다른 어떤 조건이 붙여지지도 않은 것이다. (2) 마음을 다하여 리브가의 안녕을 빌었다. **리브가에게 축복하여**(60절). 주목하라. 우리의 친척들이 새로운 처지에 들어가게 되면, 우리는 마땅히 그들에게 하나님의 축복과 은혜가 임하기를 기도하여야 한다. 이제 그녀는 한 남자의 아내가 될 것이었으므로, 그녀가 무수한 자손의 어머니가 되고 승리하는 백성의 조상이 되기를 기도하였다. 어쩌면 아브라함의 종이 그들에게 최근 자신의 주인에게 하나님께서 주신 약속에 대해 말했는지도 모른다. 아브라함도 그 약속을 받은 후에 가족 식구들에게 알렸을 가능성이 높다. 곧, **내가 네게 큰 복을 주고 네 씨가 크게 번성하여 하늘의 별과 같고 바닷가의 모래와 같게 하리니 네 씨가 그 대적의 성문을 차지하리라**(22:17)는 약속이 그것인데, 그들이, 그 씨의 어머니가 될지어다라고 축복할 때에 바로 그 약속을 염두에 두고 있었을지도 모른다는 것이다.

62 그 때에 이삭이 브엘라해로이에서 왔으니 그가 네게브 지역에 거주하였음이라 63
이삭이 저물 때에 들에 나가 묵상하다가 눈을 들어 보매 낙타들이 오는지라 64 리브
가가 눈을 들어 이삭을 바라보고 낙타에서 내려 65 종에게 말하되 들에서 배회하다
가 우리에게로 마주 오는 자가 누구냐 종이 이르되 이는 내 주인이니이다 리브가
가 너울을 가지고 자기의 얼굴을 가리더라 66 종이 그 행한 일을 다 이삭에게 아뢰매
67 이삭이 리브가를 인도하여 그의 어머니 사라의 장막으로 들이고 그를 맞이하여
아내로 삼고 사랑하였으니 이삭이 그의 어머니를 장례한 후에 위로를 얻었더라

이삭과 리브가가 드디어 함께 행복한 삶을 누리게 된다. 관찰하라.

I. **이삭은 자기의 일을 열심히 하는 중에 리브가를 만났다.** 이삭이 저물 때에 들에 나가 묵상하다가, 혹은 기도하다가(62, 63절). 어떤 이들은 그가 이 때쯤 그

의 종들이 돌아올 것을 기대하고, 의도적으로 그들을 마중나간 것이라고 생각한다. 그러나, 그는 다른 임무 때문에 바깥에 나갔다가 고요한 저녁 때가 되어 홀로 조용한 들판에서 기도와 묵상을 통하여 하나님과 교제하고 있었던 것으로 보아야 할 것이다. 주목하라.

1. 거룩한 심령들은 홀로 있기를 사모한다. 자주 홀로 남아 있고, 홀로 걷고, 홀로 앉아 있는 것이 우리에게 좋다. 홀로 있는 시간을 유익하게 보내는 방법을 터득한다면, 홀로 있을 때만큼 홀로 있는 것이 아닌 때가 없다는 것을 깨닫게 될 것이다.

2. 우리가 홀로 있을 때에 묵상과 기도가 우리의 습관과 우리의 기쁨이 되어야 할 것이다. 하나님과 그리스도와 천국을 우리가 친숙하게 알고 또한 관심을 갖고 있으면 묵상거리나 기도거리가 고갈되는 법이 없으며, 이들이 함께 나아가면 서로 친숙해질 것이다.

3. 묵상과 기도에 전념하게 되면, 들에서 거니는 것이 진정 즐거움이 될 것이다. 들에서는 위의 하늘과 주위의 땅에 대한 시야가 환하게 뚫려 있고, 또한 하늘의 별들과 땅의 풍요로운 것들이 눈에 탁 들어오므로, 이것들을 봄으로써 모든 만물의 창조주시요 주인 되시는 하나님에 대한 묵상으로 이어지게 되는 것이다.

4. 경건한 시간을 갖는 것이 저녁 시간을 신선하게 하고 즐겁게 하여 하루 동안의 염려거리들과 갖가지 일들로 인하여 지친 상태에서 벗어나게 해 주고, 또한 밤의 휴식과 잠을 준비하게 해 준다.

5. 우리가 우리의 임무에 충실하고 있을 때에 하나님의 자비로운 섭리들이 임하면 그 위로가 두 배나 더해진다. 어떤 이들은 이삭이 자신의 결혼 문제가 선히 이루어지기를 위해 기도하고 있었고, 또한 묵상을 통해서 그 문제를 하나님께 맡기고 하나님 안에서 소망을 갖도록 격려를 받았으며, 지금 이를테면 선지자처럼(합 2:1) 자신의 망대에 올라가 하나님께서 어떻게 대답하실지를 바라보고 있다가 낙타들이 오는 것을 보았다고 생각하기도 한다. 어떤 때에는 하나님께서 긍휼을 베푸사 우리가 구한 것을 즉시 보내기도 하신다(행 12:12).

Ⅱ. 리브가는 이삭을 만날 때에 아주 정숙하게 처신하였다. 그가 누구인지를 알고서 낙타에서 내렸고(64절) 너울을 가지고 자기의 얼굴을 가렸으니(65절), 이는 겸손과 정중함과 굴복의 표시였다. 리브가는 이삭이 자기를 데리러 오지 않

은 것에 대해서나, 혹은 하루나 이틀 길 정도를 마중나오지 않은 것에 대해서 불평하지도 않고, 길고 지리한 여행에 대해서나, 친족들을 떠나는 어려움에 대해서나, 낯선 곳으로 와야 하는 처지에 대해서도 불평하지 않았다. 오히려 하나님의 섭리가 먼저 앞서서 나아가는 것을 보고서, 이제 맺게 되는 새로운 관계에 흔쾌히 자신을 적응시키는 것이다. 믿음으로 그리스도께 나아가 순결한 처녀로 자신을 그에게 드리고자 하는 자들은, 여기서 리브가가 이삭을 만날 때에 낙타에서 내렸듯이 그리스도의 모범에 합당하게 자신을 낮추어야 하며, 또한 리브가가 너울로 얼굴을 가림으로써 굴복을 표시한 것처럼 머리이신 그리스도께 굴복해야 하는 것이다(엡 5:24; 고전 11:10).

Ⅲ. 이 두 사람이 함께 동거하여(아마도 어느 정도 서로를 안 후에) 서로에게 위로가 되었다(67절). 여기서 관찰하라. 1. 이삭이 그 어머니를 얼마나 사랑했는가. 사라가 죽은 지 삼 년 가량 되었으나 그는 지금도 그 일에 대해서 마음이 편치 않았다. 어머니의 죽음으로 인하여 그 여린 마음의 상처가 그렇게 오랫동안 치유되지 못했고, 하나님께서 이제 새로운 관계를 갖게 하시고서야 비로소 치유된 것이다. 이렇게 십자가와 위로가 서로 균형을 이루어서(전 7:4), 공평이 유지되게 하는 것이다. 2. 이삭이 그의 아내를 얼마나 사랑했는가. 주목하라. 어떤 한 관계가 좋은 것으로 인정받은 자들은, 또 다른 관계에서도 잘 하리라는 소망을 가질 수 있다. 그를 맞이하여 아내로 삼고 사랑하였으니. 이삭은 마땅히 그렇게 해야 했다. 남자가 마땅히 자기 아내를 자기 자신과 같이 사랑해야 하기 때문이다. 서로 간에 사랑이 지배할 때에, 상호간의 의무가 행해지며, 또한 상호간의 관계에서 위로를 누리게 되는 것이다. 거기서 여호와께서 복을 명령하시는 것이다(시 133:3).

제 — 25 — 장

개요

거룩한 역사가는 본 장에서, I. 아브라함의 역사를 마감하면서, 다음에 대해 보도한다. 1. 후처에게서 난 자녀들에 대해(1-4절). 2. 그의 마지막 유언에 대해(5, 6절). 3. 그의 나이와 죽음과 장례에 대해(7-10절). II. 이스마엘의 역사를 마감하면서, 다음에 대해 보도한다. 1. 그의 자녀들에 대해(12-16절). 2. 그의 나이와 죽음에 대해(17, 18절). III. 이삭의 역사를 서술하기 시작한다. 1. 그의 번성함(11절). 2. 그의 두 아들의 임신과 출생, 그리고 그들에 관한 하나님의 예언(19-26절). 3. 그들의 서로 다른 성격(27, 28절). 4. 에서가 장자권을 야곱에게 판 일(29-34절).

1아브라함이 후처를 맞이하였으니 그의 이름은 그두라라 2그가 시므란과 욕산과 므
단과 미디안과 이스박과 수아를 낳고 3욕산은 스바와 드단을 낳았으며 드단의 자손
은 앗수르 족속과 르두시 족속과 르움미 족속이며 4미디안의 아들은 에바와 에벨과
하녹과 아비다와 엘다아이니 다 그두라의 자손이었더라 5아브라함이 이삭에게 자
기의 모든 소유를 주었고 6자기 서자들에게도 재산을 주어 자기 생전에 그들로 하
여금 자기 아들 이삭을 떠나 동방 곧 동쪽 땅으로 가게 하였더라 7아브라함의 향년
이 백칠십오 세라 8그의 나이가 높고 늙어서 기운이 다하여 죽어 자기 열조에게로
돌아가매 9그의 아들들인 이삭과 이스마엘이 그를 마므레 앞 헷 족속 소할의 아들
에브론의 밭에 있는 막벨라 굴에 장사하였으니 10이것은 아브라함이 헷 족속에게서
산 밭이라 아브라함과 그의 아내 사라가 거기 장사되니라

아브라함은 이삭이 결혼한 후 35년을 더 살았는데, 그동안의 그의 삶이 여기 매우 짧은 구절 속에 기록되어 있다. 하나님이 놀랍게 그에게 나타나신 것과, 그가 시험을 당한 일도 더 이상 나타나지 않는다. 아무리 훌륭한 성도들이라도 언제나 전성기인 것이 아닌 법이다. 어떤 이들은 조용히 사라지고 다시는 눈에 띄지 않기도 한다. 아브라함의 말년이 그와 같았다. 여기서 보라.

Ⅰ. **그두라에게서 얻은 자녀들에 관한 기사.** 그두라는 사라가 죽은 후 아브라함이 취한 후처였다. 그는 자신이 평생 사랑하던 사라를 장사지냈고 이삭을 결혼시켰고, 이제 홀로 남았다. 그에게는 보살펴줄 사람이 필요했다. 그의 가족은 후처를 원하였고, 그렇게 홀로 있는 것은 그에게도 좋지 않았다. 그리하여 그는 그두라와 결혼하였다. 그녀는 아마도 그의 여자 종들 가운데 우두머리였을 것이며, 그의 집에서 출생했거나 아니면 돈을 주고 사왔을 것이다. 나이가 많다고 해서 결혼이 금지되는 것은 아니다. 아브라함은 그두라에게서 여섯 아들을 두었다. 아브라함의 후손이 크게 번성하리라는 하나님의 약속이 그 아들들을 통해서도 일부분 성취된 것이라 하겠다. 아브라함이 그 약속을 염두에 두고 후처를 취하였을 것이다. 그 약속을 통하여 받은 건강이 여전히 그에게 남아 있었다. 그러니 하나님의 약속이 자연의 힘을 얼마나 능가하는 것인지를 여기서 볼 수 있다.

Ⅱ. **아브라함이 자기의 재산을 분배함**(5, 6절). 이 아들들의 출생 후, 그는 지혜와 정의로 가정의 질서를 세웠다.

1. 이삭을 그의 상속자로 삼았다. 이는 그의 첫 아내인 사라에게와 또한 그러한 확신을 갖고 이삭과 결혼한 리브가(24:36)에 대하여 마땅히 하여야 할 조치였다. 여기서 모든 소유란 아마 가나안 땅에 관한 약속과 그 언약의 내용을 포괄하는 것이었을 것이다. 아니면, 하나님이 이미 그를 약속의 상속자로 삼으신 바 있으므로 아브라함이 그를 자신의 재산의 상속자로 삼은 것일 수도 있다. 우리의 애정과 상속은 반드시 하나님의 그것을 따라야 하는 것이다.

2. 그의 나머지 자녀들에게, 이스마엘과 또한 그두라의 아들들에게 각각 몫을 주었다. 그들이 살아가게 해 주는 것이 정의였다. 아브라함의 이러한 조치를 본받지 않는 부모가 있다면 그들은 악당들보다 더 못한 자들이다. 나머지 아들들을 이삭에게서 멀리 떨어진 곳에 정착시킨 것은 아주 지혜로운 처사였다. 그들이 이삭의 기업을 침범하지 않도록 하고, 또한 그에게 짐이나 걱정거리가 되지 않도록 그렇게 한 것이다. 관찰하라. 자신이 죽고 나면 이 문제가 제대로 정리되지 않을 것이었으므로 그는 자기 생전에 이 일을 말끔히 처리하였다. 주목하라. 여러 경우에, 사람이 살아 있는 동안에 스스로 유언 집행자가 되어 할 일을 할 수 있는 대로 완결짓는 것이 지혜로운 일이다. 이 서자들은 가나안 동쪽의 땅으로 보내졌고, 그리하여 그들의 후손은 동방 사람들이라 불렸으

며 그 많은 숫자로 유명하였다(삿 6:5, 33). 그들이 그렇게 늘어난 것은 아브라함에게 주신 하나님의 약속의 결과였다. 하나님은 그의 축복을 분배하심에 있어서, 아브라함이 행한 것처럼 행하신다. 곧, 이 세상의 자녀들에게는 아브라함이 서자들에게 한 것처럼 일반적인 축복을 주시고, 약속의 상속자들에게는 언약의 축복을 주시는 것이다. 그가 가지신 모든 것이 그들의 것이다. 그들이 그의 이삭들이요, 나머지 모든 사람들은 그들에게서 영원토록 분리될 것이다.

Ⅲ. 아브라함의 나이와 죽음(7, 8절). 그는 175세를 살았고, 가나안에 들어온 후 100년을 더 살았다. 그렇게 오랜 세월 동안 그는 그 낯선 땅에서 임시 거주자로 지냈던 것이다. 그가 오래 살았고, 아주 잘 살았으나, 그가 선을 행하였고 경건히 살았으나, 결국 그는 죽었다. 여기서 그의 죽음이 어떻게 묘사되는지를 관찰하라. 1. 그가 죽었다. 그가 목숨을 빼앗긴 것이 아니라 그 자신이 기꺼이 포기하였고, 영들의 아버지의 손에 자기의 영을 내어맡긴 것이다. 2. 하나님이 그에게 약속하신 대로, 그의 **나이가** 높고 늙어서 죽었다. 그의 죽음은 그의 높은 나이의 짐에서 벗어나는 것이었다. 노인은 항상 그렇게 살려 하지 않는다. 그의 죽음은 또한 그의 높은 나이의 영광의 면류관이기도 했다. 3. 그가 **기운이 다하였다**. 그의 생애의 모든 귀한 것들과 위로들을 포함하여 모든 것이 다하였다. 그는 세상이 그에 대해 기진할 때까지가 아니라 그가 세상에 대해 기진할 때까지 산 것이다. 그는 살 만큼 충족히 살았고, 더 이상 여한이 없었다. **나는 살 만큼 오래 살았다**(Vixi quantum satis est) . 선한 사람이 항상 오래 사는 것은 아니나, 그런 사람은 충분히 오래 살며, 이 땅에서의 삶에 만족하고 더 나은 곳에서 살기를 바라는 것이다. 4. 그는 **자기 열조에게로** 돌아갔다. 그의 시신이 죽은 자의 회중에게 돌아가고, 그의 영혼이 복 있는 자들의 회중에게 돌아갔다. 주목하라. 죽음은 우리를 우리의 친척들에게로 돌아가게 한다. 하나님의 사람들이든 이 세상의 사람들이든 간에, 우리가 살아 있는 동안 우리의 친척들인 자들이 우리가 죽을 때에 우리를 맞이할 것이다.

Ⅳ. 아브라함의 장례(9, 10절). 그의 장례에 관한 기록에는 화려함이나 사치스런 의식이 전혀 없다. 다만 다음 두 가지 내용만 기록되어 있을 뿐이다. 1. 그를 장사 지낸 사람. 그의 아들들인 이삭과 이스마엘. 그것이 그들의 선한 아버지에게 드려야 할 마지막 존경의 의무였다. 전에는 이삭과 이스마엘 사이에 다소간의 거리가 있었으나, 아브라함이 자기 생전에 이들을 함께 어울리도록 하였

거나, 아니면 최소한 그의 죽음을 통해서 이 둘이 서로 화해하였을 것이다. 2. 그의 시신을 매장한 장소. 아브라함이 구매하여 사라의 시신을 매장한 그 곳에 그도 함께 매장되었다. 주목하라. 이 세상에서 서로 매우 사랑하였던 자들이 죽을 때에도 서로 나뉘지 않고, 또한 그들이 함께 부활할 소망의 증표로 서로 함께 묻히기를 바라는 것은 이해가 되는 일일 뿐 아니라 바람직한 일이기도 하다.

**[11]아브라함이 죽은 후에 하나님이 그의 아들 이삭에게 복을 주셨고 이삭은 브엘라
해로이 근처에 거주하였더라 [12]사라의 여종 애굽인 하갈이 아브라함에게 낳은 아들
이스마엘의 족보는 이러하고 [13]이스마엘의 아들들의 이름은 그 이름과 그 세대대로
이와 같으니라 이스마엘의 장자는 느바욧이요 그 다음은 게달과 앗브엘과 밉삼과
[14]미스마와 두마와 맛사와 [15]하닷과 데마와 여둘과 나비스와 게드마니 [16]이들은 이스
마엘의 아들들이요 그 촌과 부락대로 된 이름이며 그 족속대로는 열두 지도자들이
었더라 [17]이스마엘은 향년이 백삼십칠 세에 기운이 다하여 죽어 자기 백성에게로
돌아갔고 [18]그 자손들은 하윌라에서부터 앗수르로 통하는 애굽 앞 술까지 이르러
그 모든 형제의 맞은편에 거주하였더라**

모세는 아브라함의 죽음에 관한 기사 다음에 곧바로 이어서 이삭의 이야기를 시작하면서(11절), 그가 어디에 거주했으며, 하나님이 그에게 얼마나 놀랍게 축복하셨는가를 말씀한다. 주목하라. 아브라함의 축복은 그와 함께 죽은 것이 아니라, 그 약속의 모든 자녀들에게 이어졌다. 모세는 잠시 이삭의 이야기에서 벗어나 이스마엘에 관하여 짧게 기록한다. 이스마엘도 아브라함의 아들이었고, 하나님께서 그에 관해서도 약속들을 하셨으니, 그것이 어떻게 성취되었는지를 아는 것이 필요하기 때문이었다. 여기서 관찰하라.

1. 그의 자녀들에 대하여. 그에게는 열두 아들이 있었는데, 그들이 열두 지도자들이라 불리며(16절), 각각 가문의 두령들이었다. 세월이 흐름에 따라 이 가문들이 인구가 무수하고 강성한 지파와 민족들이 되었다. 이들은 애굽과 앗수르 사이에 위치한 아라비아라 불리는 매우 광활한 대륙에 거주하였다. 이 열두 아들들의 이름이 기록되어 있다. 미디안과 게달은 성경에서 자주 접하게 된다. 그리고 몇몇 매우 탁월한 강해자들은 함께 열거되어 있는 세 이름의 의미를 주

목하고서(14절), 그것들이 우리 모두에게 훌륭한 조언을 해 준다고 보았다. 곧, 미스마와 두마와 맛사인데, 이는 들으라, 침묵하라, 견디라 라는 뜻이다. 약 1:19에서 이것이 동일한 순서대로 나타나고 있다. 듣기는 속히 하고 말하기는 더디 하며 성내기도 더디 하라. 이스마엘의 후손은 평화로운 시절에는 들의 장막에서 살면서 풍요를 누렸으나, 전쟁의 때에 들어가 방비를 견고히 할 촌과 부락도 있었다(17절). 이 가문들의 수와 힘은 이스마엘에 대해 하갈에게 하신 약속의 결과요(16:10), 또한 아브라함에게 하신 약속의 결과이기도 했다(17:20; 21:13). 주목하라. 약속의 언약에 대해 외인이면서도 그들의 경건한 조상들 덕택에 외형적으로 번영을 누리는 자들이 많다. 부와 재물이 그의 집에 있음이여(시 112:3).

2. 이스마엘 자신에 대하여. 여기서 그의 나이에 대한 기사가 나타난다. 그는 백삼십칠 년을 살았는데, 이 사실을 기록한 것은 그를 위한 아브라함의 기도가 효력이 있었음을 보여주기 위함이었다. 이스마엘이 하나님 앞에서 살기를 원하나이다(17:18). 여기서 또한 그의 죽음에 관한 기사가 나타난다. 그 역시 그의 모든 형제들 앞에서 죽었다(he died in the presence of all his brethren. 한글 개역개정판은 "죽어 자기 백성에게로 돌아갔다"로 번역함 — 역자주). 그러나 그의 경우에는 비록 오래 살긴 했으나 나이가 높아 늙었다는 표현은 나타나지 않는다. 그는 그의 선한 아버지와는 달리 세상에 대해 지치지도 않았고, 세상을 떠나기를 바라지도 않았다. 그가 그의 모든 형제들 앞에서 죽었다 라는 표현은, 우리의 견해처럼 그가 죽었다는 뜻이든, 혹은 다른 사람들의 견해대로 그의 운명이 다했다는 뜻이든 간에, 하갈에게 주신 다음과 같은 하나님의 말씀이 성취되는 것을 보여주는 것이다. 그가 모든 형제와 대항해서 살리라(16:12). 즉, 형제들 중에 그가 번창하고 훌륭하게 될 것이며 마지막까지 자기 것을 지킬 것이라는 뜻이다. 혹은 그가 형제들이 주위에 있는 가운데 죽었다는 뜻일 수도 있는데, 그렇다면 이는 편안한 죽음을 맞은 것이 될 것이다.

19아브라함의 아들 이삭의 족보는 이러하니라 아브라함이 이삭을 낳았고 20이삭은
사십 세에 리브가를 맞이하여 아내를 삼았으니 리브가는 밧단 아람의 아람 족속
중 브두엘의 딸이요 아람 족속 중 라반의 누이였더라 21이삭이 그의 아내가 임신하
지 못하므로 그를 위하여 여호와께 간구하매 여호와께서 그의 간구를 들으셨으므
로 그의 아내 리브가가 임신하였더니 22그 아들들이 그의 태 속에서 서로 싸우는지

라 그가 이르되 이럴 경우에는 내가 어찌할고 하고 가서 여호와께 묻자온대 [23]여호
와께서 그에게 이르시되 두 국민이 네 태중에 있구나 두 민족이 네 복중에서부터
나누이리라 이 족속이 저 족속보다 강하겠고 큰 자가 어린 자를 섬기리라 하셨더
라 [24]그 해산 기한이 찬즉 태에 쌍둥이가 있었는데 [25]먼저 나온 자는 붉고 전신이 털
옷 같아서 이름을 에서라 하였고 [26]후에 나온 아우는 손으로 에서의 발꿈치를 잡았
으므로 그 이름을 야곱이라 하였으며 리브가가 그들을 낳을 때에 이삭이 육십 세
였더라 [27]그 아이들이 장성하매 에서는 익숙한 사냥꾼이었으므로 들사람이 되고 야
곱은 조용한 사람이었으므로 장막에 거주하니 [28]이삭은 에서가 사냥한 고기를 좋아
하므로 그를 사랑하고 리브가는 야곱을 사랑하였더라

여기서 우리는 이삭과 리브가의 쌍둥이 아들 야곱과 에서의 출생 기사를 접하게 된다. 그들의 출생 기사는 아주 이례적인 것으로서 그들의 이야기 중 가장 두드러진 부분 중의 하나였다. 이삭에 대해서는 그의 아버지 아브라함이 살아 있는 동안에는 아버지와 관련되는 부분과, 또한 나중에 그의 두 아들들과 관련되는 부분을 빼놓고는 별로 기록된 내용이 없다. 이삭은 활동가도, 큰 시련을 겪은 사람도 아니었던 것 같고, 고요함과 침묵 속에서 삶을 살았던 것으로 보인다. 이제 야곱과 에서에 대해서 다음과 같은 내용이 기록되어 있다.

I. 부모가 그들을 얻기 위해 기도하였다는 것. 야곱과 리브가는 오랫동안 자식이 없이 지낸 후에 기도로 이 아들들을 얻었다(20, 21절). 이삭은 사십 세에 리브가를 맞이하여 아내를 삼았으니. 그가 독자였고, 또한 약속된 자손이 그를 통하여 날 것이었으나, 그는 결혼을 서두르지 않았다. 두 아들이 출생하였을 때에 그는 육십 세였다(26절). 그러므로 리브가와 결혼한 후 이십 년 동안 자식이 없었던 것이다. 주목하라. 하나님의 약속은 언제든 반드시 성취되지만, 그러나 아주 더디 성취되고, 또한 섭리로 인하여 온갖 장애거리들을 만나는 경우가 많은데, 이는 신자들의 믿음을 시험하고, 그들로 하여금 인내를 실천하게 하고, 또한 오랫동안 자비를 기다리게 함으로써 그것이 성취될 때에 더욱 기쁨으로 환영하게 하기 위함이다. 이러한 자비가 계속 미루어지는 동안 아브라함이나 야곱은 여종을 취하였으나, 이삭은 그렇게 하지 않았다. 그만큼 리브가를 사랑한 것이다(26:67).

그러나, 1. 그는 기도하였다. 자기 아내를 위하여 여호와께 간구하였다. 하나님이 그의 가문을 번성케 하실 것을 약속하셨었으나, 그는 그 일을 위하여 기도하였다. 하나님의 약속이 우리의 기도를 대신하는 것이 아니라, 오히려 우리의 기도를 격려하며, 또한 우리의 믿음의 근거가 되는 것이다. 이러한 자비를 위하여 매우 자주 기도하였고, 또한 오랜 세월을 계속해서 간구하였는데도 이루어지지 않았으나, 그래도 그는 기도하기를 멈추지 않았다. 사람은 모름지기 항상 기도하여야 하고, 낙망치 말아야 하며(눅 18:1), 쉬지 말고 기도하고, 문이 열릴 때까지 계속 두드려야 하는 것이다. 그는 자기 아내를 위하여 기도하였다. 주목하라. 남편과 아내는 함께 기도하여야 한다. 이는 그들의 기도가 막히지 아니하게 하려함이라는 사도의 경계의 말씀에서 암시되고 있다(벧전 3:7). 유대인들에게는, 마침내 이삭이 과거 하나님께서 아브라함의 자손을 번성케 하시겠다고 약속하셨던(22:17) 모리아 산으로 아내를 데리고 가서 거기서 아내와 함께 기도하며 바로 그 곳에서 받은 약속을 위하여 간구하였다는 전승이 내려온다.

2. 하나님이 그의 기도를 들으셨다. 주목하라. 자녀들은 하나님의 선물이다. 이삭처럼 계속해서 기도하는 자들은 마침내 그들이 헛되이 구한 것이 아니라는 것을 알게 될 것이다(사 45:19).

Ⅱ. 그들이 나기 전에 그들에 대한 예언이 있었고, 그 예언 속에 큰 비밀이 싸여 있었다는 것(22, 23절). 오랫동안 이삭이 아들을 위하여 기도하였는데, 이제 아내가 쌍둥이를 임신하였다. 오랫동안 기도해온 것이 이렇게 넘치게 응답된 것이다. 하나님은 우리가 구하고 생각하는 것보다 넘치게 응답하시는 경우가 많다. 이제 리브가가 두 아들을 임신한 것이다. 여기서 관찰하라.

1. 리브가는 자신에게 닥친 상황이 의아스러웠다. 그 아들들이 그의 태 속에서 서로 싸우는지라. 뱃속에서 요동하는 것이 아주 범상치 않았고, 그리하여 마음이 매우 편치 않았다. 아이들을 출산하면서 자기가 죽을 것이라고 생각했든, 혹은 그것이 아주 나쁜 징조는 아닐까 하여 걱정했든 간에, 리브가는 차라리 자식이 뱃속에 없거나, 혹은 곧바로 죽어 그처럼 서로 싸우는 자식들을 낳지 않게 되기를 바라는 심정이었던 것 같다. 이럴 경우에는 내가 어찌할꼬? 전에는 자식이 없는 것이 괴로움이었는데, 이제 자식이 뱃속에서 싸우는 것도 그것에 못지않은 괴로움이었다. 주목하라. (1) 우리가 간절히 바라는 위로거리들이 때

로는 우리가 염려하는 고민거리나 불편거리와 함께 오기도 한다. 해 아래 있는 모든 것에 헛됨이 씌어져 있으므로, 하나님께서는 이렇게 해서 그것을 읽을 것을 우리에게 가르치시는 것이다. (2) 우리는 우리의 위로거리들에 불편한 것들이 함께 따라오는 것 때문에 그 위로거리들에 대해 불만을 표시하기가 매우 쉽다. 언제 즐거워할지도 모르며, 어떻게 하면 있어서 풍족해지고 어떻게 하면 없어서 괴로울지도 모른다. 하나님의 나라와 사탄의 나라 사이의 이러한 싸움이, [1] 세상 속에 있다 여자의 후손과 뱀의 후손이 서로 원수가 된 이후로(3:15) 이들이 서로 싸워오고 있으며, 이것이 사람들 가운데서 끊임없이 갈등을 일으켜왔다. 그리스도께서도 불을 땅에 던지고, 분쟁하게 하려고 오셨다(눅 12:49, 51). 그러나 이 때문에 거리낌을 받을 필요가 없다. 거룩한 싸움이 마귀의 궁정에서 평화를 누리는 것보다 나은 것이다. [2] 신자들의 마음속에 있다. 영혼 속에 그리스도의 생명이 자리하기 시작하자마자 육체와 영 사이의 갈등이 시작된다(갈 5:17). 큰 씨름이 없이는 그 흐름이 돌려지지 않는다. 그러나 의기소침할 필요는 없다. 죄에 굴복하는 것보다는 죄와 갈등하고 싸우는 것이 더 나은 법이다.

2. 마음의 평안을 위하여 그녀가 취한 조치. **여호와께 묻자온대.** 어떤 이들은 멜기세덱에게 하나님의 뜻을 문의했다고도 보며, 어떤 이들은 후에 판단의 흉패로 했던 것처럼 우림이나 드라빔 같은 것으로 하나님의 뜻을 문의하였다고 보기도 한다. 주목하라. 혼란 중에 있는 자들에게는, 지금 우리가 여호와께 문의할 때에 사용하는 말씀과 기도가 큰 평안을 가져다 준다. 우리의 사정을 여호와 앞에 펼쳐놓고 그에게 교훈을 구하는 것이야말로 마음에 큰 평안이 되는 것이다. 하나님의 성소에 들어가라(시 73:17).

3. 리브가의 문의에 신비한 사실이 해명됨. **두 국민이 네 태중에 있구나**(23절). 리브가는 지금 두 아들만이 아니라 두 국민을 임신하고 있었다. 이 두 국민은 성격과 기질이 서로 크게 다를 뿐 아니라 그 관심사에 있어서도 서로 경쟁하고 싸울 것이고, 그 싸움의 결과 큰 자가 작은 자를 섬기게 될 것이었다. 이는 후에 배반하기까지(대하 21:8) 에돔 족속이 오랜 세월 동안 다윗의 집에 굴복하는 것으로 성취되었다. 여기서 관찰하라. (1) 하나님은 그의 은혜를 분배하는 일에서 자유로이 활동하신다. 아직 선이나 악을 행하기도 전인 자들에게 서로 차등을 두는 것은 하나님의 고유한 권리인 것이다. 그리하여 사도는 이 점을

추론의 근거로 삼는다(롬 9:12). (2) 영혼 속에서 이루어지는 은혜와 부패의 싸움에서 작은 자인 은혜가 결국에 가서는 승리를 거두게 될 것이다.

Ⅲ. 그들이 태어나자 그들 사이에 큰 차이가 있었고, 그리하여 전에 미리 예언된 것이 확증되었고(23절), 그 예언의 성취의 전조(前兆)가 되었고, 또한 모형을 예증하는 데에 크게 기여했다는 것.

1. 그들의 신체가 서로 크게 달랐다(25절). 에서는 날 때부터 거칠고 털이 많았으며, 마치 이미 성장한 사람 같았다. 그리하여 이미 다 자랐고 성숙해졌다는 뜻에서 그의 이름을 에서라 불렀다. 이는 그의 체격이 매우 크고 건장하였음을 시사하였고, 또한 그가 매우 건장하고 담대하며 활동적인 사람이 될 것이라는 기대를 갖기에 충분했다. 그러나 야곱은 다른 아이들처럼 섬세하고 부드러웠다. 주목하라. (1) 사람의 능력의 차이와 그 결과 이 세상에서 처하게 되는 형편의 차이는 주로 본성적으로 타고나는 조건의 차이에서 기인하는 것이다. 어떤 이들은 천성적으로 활동과 명예를 위해 계획되어 있고, 또 어떤 이들은 두각을 내지 못하고 뒤에 처지는 성향이 뚜렷하게 드러나기도 한다. 섭리의 영역에서 하나님의 주권이 이렇게 뚜렷하게 나타나므로, 이것이 은혜의 영역에 나타나는 하나님의 주권 교리를 이해하는 데에 도움이 될 것이다. (2) 세상의 약한 것들을 택하시고 강한 것들을 그냥 지나치시는 것이 하나님의 일상적인 처사다(고전 1:26, 27).

2. 그들의 출생에서 서로간의 경쟁 관계가 뚜렷하게 나타났다. 강한 자인 에서가 먼저 나왔고, 야곱은 손으로 에서의 발꿈치를 잡았다(26절). 이것은, (1) 야곱이 처음부터 장자의 명분과 복을 탐하였고, 가능하면 손을 뻗어 그것을 형에게서 취하려 하였다는 것을 뜻한다. (2) 세월이 흐르면서 야곱이 결국 그의 형을 제압하여 장자의 명분을 얻게 되고, 그리하여 자기의 위치를 세우게 될 것을 뜻한다. 이 구절이 다른 곳에서도 언급되며(호 12:8), 그리하여 그가 야곱, 즉 탈취자라는 이름을 얻었다.

3. 그들은 마음의 성향과 또한 각자가 선택한 삶의 방향이 서로 매우 달랐다(27절). 그들의 기질이 서로 매우 다르다는 것이 금방 나타났다. (1) 에서는 이 세상을 추구한 사람이었다. 그는 사냥꾼으로서 뛰어다니는 일에 탐닉한 사람이었고, 자기의 재치로 삶을 사는 법을 터득한 사람이었다. 그는 뛰어난 사냥꾼이었던 것이다. 뛰어다니며 노니는 것이 그의 일이었다. 그는 그 기술을 연

마하였고, 모든 시간을 그 일에다 쏟았다. 그는 한 번도 책을 사랑한 적이 없었고, 집 문 안에서 일어나는 일에 관심을 가져본 적도 없었고, 니므롯과 이스마엘처럼 오로지 들판의 일에만 관심을 두는 사람이었고, 짐승을 쫓아다니는 일 이외에는 잘 하는 것이 없었다. 요컨대, 그는 기사요 군인으로 세움 받은 사람이었다. (2) 야곱은 저 세상을 추구한 사람이었다. 그는 정치가의 재목도 아니었고, 크게 될 소지도 없었다. 오히려 그는 조용한 사람이었으므로 장막에 거주하였고, 언제나 선의를 지녔고 일을 공정하게 처리하는 정직한 사람이었고, 바쁘고 시끄러운 세상의 일들보다 조용히 홀로 있는 즐거움을 더 좋아하는 사람이었다. 그는 [1] 목자로서 장막에 거주하였다. 그는 양 떼들을 돌보는 안전하고도 조용한 일을 맡았고, 후에 자기 아들들에게도 그 일을 맡겼다(46:34). 아니면, [2] 학도(學徒)로서 장막에 거주하였다. 어떤 이들의 견해처럼, 그는 멜기세덱이나 헤벨의 장막에 자주 들락거리며 하나님의 일들에 대해 그들에게서 배웠을 것이다. 이것이야말로 언약을 약속으로 받은 이삭의 아들의 모습이었다.

4. 부모의 애정에 대한 관심도 서로 달랐다. 이삭과 리브가에게는 이 두 아들밖에 없었는데, 그 중 하나는 아버지의 사랑을 받았고, 나머지 한 아들은 어머니의 사랑을 받은 것 같다(28절). (1) 이삭은 그 자신은 활동적인 사람이 아니었으면서도(그도 들에 나가기는 했으나, 그것은 사냥을 위함이 아니라 묵상과 기도를 위함이었다) 자기 아들은 활동적이기를 바랐다. 에서는 아버지를 기쁘게 하는 법을 알고 있었고, 사냥에서 잡은 고기로 아버지를 대접하여 그를 공경하였고, 그리하여 그 선한 노인의 지극한 사랑을 한 몸에 받았다. (2) 리브가는 하나님의 말씀을 마음에 두었고, 그리하여 야곱을 더 선호하고 그에게 더 많은 사랑을 쏟았다. 그러므로 부모가 자녀들을 차별하여 대하는 것이 정당하다면, 의심할 나위도 없이 리브가가 올바른 방향에 서 있었다. 하나님이 사랑하시는 아들을 사랑했기 때문이다.

29야곱이 죽을 쑤었더니 에서가 들에서 돌아와서 심히 피곤하여 30야곱에게 이르되
내가 피곤하니 그 붉은 것을 내가 먹게 하라 한지라 그러므로 에서의 별명은 에돔
이더라 31야곱이 이르되 형의 장자의 명분을 오늘 내게 팔라 32에서가 이르되 내가
죽게 되었으니 이 장자의 명분이 내게 무엇이 유익하리요 33야곱이 이르되 오늘 내
게 맹세하라 에서가 맹세하고 장자의 명분을 야곱에게 판지라 34야곱이 떡과 팥죽

을 에서에게 주매 에서가 먹으며 마시고 일어나 갔으니 에서가 장자의 명분을 가볍게 여김이었더라

여기서는 장자의 명분을 둘러싸고 야곱과 에서 사이에 거래가 오간 일을 접하게 된다. 장자의 명분은 섭리로 인하여 에서의 것이 되어 있었으나, 약속으로 인하여 야곱의 것이 된다. 그것은 영적인 특권으로서, 상속의 몫이 배나 많은 것은 물론, 탁월한 위엄과 탁월한 권세가 포함되어 있었다(49:3). 그 장자의 명분에는 축복과 약속이 함께 딸려 있었던 것이다. 여기서 보라.

I. **야곱이 경건한 자세로 장자의 명분을 사모함.** 그러나 그는 조용한 사람의 성격에 어울리지 않게 간접적인 방식으로 그것을 얻으려 하였다. 그가 장자의 명분을 탐한 것은 교만이나 야망이 있어서가 아니라, 영적인 축복을 염두에 두었기 때문이었다. 그는 장막에 거하면서 그 축복에 대해 잘 알게 되었으나, 에서는 주로 들에 머물면서 그 축복에 대해 흥미를 잃어버린 것이다. 야곱이 최고의 선물들을 진지하게 사모하였다는 사실은 높이 평가할 만하다. 그러나 형의 절박한 처지를 이용하여 하기 어려운 거래를 했다는 것은 결코 정당치 못한 처사였다. 형의 장자의 명분을 오늘 내게 팔라(31절). 아마 사전에 이 문제에 대한 의견 교환이 있었을 것으로 보이며, 만일 그렇다면 여기서 에서가 그런 반응을 보인 것이 크게 놀랄 일이 아니었을 것이고, 또한 에서가 평상시에 이 장자의 명분과 그 부수적인 특권들에 대해 가볍게 이야기했을지도 모르고, 그리하여 야곱이 여기서 에서에게 그런 거래를 시도하게 되었을 수도 있다. 만일 그렇다면, 여기서의 야곱의 행위는 다소간 변명의 여지가 있다 할 것이다. 주목하라. 단순함과 경건한 진지함으로 처신하며 또한 세상적인 지혜가 없는 정직한 사람들은 그들의 영혼과 영원을 위한 일에 지극히 지혜로운 경우가 많다. 장차 오는 세상을 위하여 지혜로운 자가 진정 지혜로운 것이다. 야곱의 지혜는 두 가지로 나타난다. 1. 그는 가장 적절한 시기를 택하였다. 일이 그르쳐질 수 없는 기회가 스스로 찾아오기까지 기다렸다가, 그 기회가 오자 놓치지 않고 일을 도모하였다. 2. 거래를 성사시킨 후, 에서로 하여금 맹세로 그것을 확증하게 만들어 그 거래를 확정지었다. 오늘 내게 맹세하라(33절). 그는 에서의 마음을 사로잡고 있을 때에 그 기회를 취하였고, 에서로 하여금 철회하도록 내버려 두지 않았다. 이런 성격의 일에서는 확실히 일을 매듭짓는 것이 좋은 것이다.

Ⅱ. 에서가 속된 자세로 장자의 명분을 가벼이 여기고, 어리석게도 그것을 팔아버림. 에서는 이 일로 인하여 망령된 자라 불린다(히 12:16). 왜냐하면 한 그릇 음식을 위하여 장자의 명분을 팔았기 때문이다. 에서는 아담과 하와의 금지된 실과 이래 최고의 값을 주고 한 그릇 음식을 샀고, 그는 사는 동안 계속해서 이를 후회하였으나, 이미 때가 늦었다. 에서가 지금 저지른 것만큼 어리석은 거래가 없었다. 그러나 그는 스스로 자신감을 갖고 이 일을 행하였다. 그는 간교한 사람이 명성이 있는 데다, 어쩌면 자주 동생 야곱을 연약하고 단순한 사람으로 간주하고 놀려댔을 것이다. 주목하라. 작은 일에는 지혜로우면서도 큰 일에는 어리석으며, 다른 이들보다 뛰어난 유능한 사냥꾼으로서 그들을 올무에 빠뜨리기를 잘 하면서도, 스스로 사탄의 악한 꾀에 빠져 그의 뜻대로 움직이는 허망한 사람들이 있는 법이다. 또한 하나님은 세상의 미련한 것들을 택하사 그들을 통하여 지혜로운 자들을 혼란스럽게 하시는 예가 많다. 평범한 야곱이 간교한 에서를 바보로 만든 것이다. 에서의 어리석음의 실례를 관찰하라.

1. 그의 식욕이 매우 강하였다(29, 30절). 불쌍한 야곱은 사냥한 고기도 없이 그저 떡과 팥죽으로만 저녁식사로 준비하였고(34절), 이 때에 에서가 사냥에서 지치고 주린 상태로 돌아왔다. 아마 사냥에서 아무것도 잡지 못했을 것이다. 그러니 야곱의 팥죽이 그 무엇보다 그의 눈에 띄었다. 원어에 따르면 그는, "이 붉은 것, 이 붉은 것을 내게 좀 달라"고 하였다. 이는 그의 피부 색깔과 잘 맞았고(25절), 이에 대한 책망으로 그 이후 그는 항상 에돔, 즉 붉다는 뜻의 에돔이라 불렸다. 아니, 그는 너무 기진맥진하여 스스로 음식을 만들어 먹을 수가 없었고, 그를 도와줄 종도 현장에 없었고, 그리하여 동생에게 음식을 줄 것을 간청한 것이다. 주목하라. (1) 스포츠에 탐닉하는 자들은 스스로 헛된 일로 피곤하게 된다(합 2:13). 그들이 하는 일이 가장 절실하게 필요한 일일 수도 있고, 그로 말미암아 지극히 큰 이득을 얻을 수도 있으나, 그들이 얻는 고통과 그들이 무릅쓰는 위험의 절반은 어리석게도 자기들의 쾌락을 추구하는 데서 기인하는 것이다. (2) 조용히 일하는 자들이 시끄럽게 사냥하는 자들보다 더 지속적으로, 또한 더 편안하게 양식을 공급받는다. 떡이 언제나 지혜로운 자에게 있는 것은 아니나, 여호와를 신뢰하고 선을 행하는 자는 진정 일용할 양식을 공급받고, 에서처럼 어느 때에는 배불리 먹다가 어느 때에는 기진맥진하게 되지 않는 법이다. (3) 감각적인 식욕을 채우는 것이야말로 수천의 고귀한 영혼들을 멸망에

빠뜨리는 것이다. 에서가 주리고 기진맥진했더라도, 장자의 명분을 포기하지 않고도 그보다 싼 값으로 얼마든지 음식을 얻어 먹을 수 있었을 것이다. 그러나 그는 이 팥죽의 붉은 색에 정신이 빠져, 값이 얼마가 들더라도 상관치 않고 그것으로 만족을 얻지 않고는 견딜 수가 없었던 것이다. 사람의 마음이 눈을 따르고(욥 31:7) 자기의 주린 배(腹)를 채우려 하면 절대로 좋은 결과가 나올 수 없다. 그러므로 포도주에 눈독을 들이지 말고, 혹은 에서처럼 팥죽에 눈독을 들이지 말라. 그것이 붉고, 잔이나 그릇에 들어 있는 색깔이 먹음직스러워 크게 유혹하지만, 결코 거기에 탐닉해서는 안 되는 것이다(잠 23:31). 우리 자신을 사용하여 우리 자신을 부인하면, 아무리 큰 유혹거리라도 깨뜨릴 수 있을 것이다.

2. 그의 생각이 매우 짧았다. 내가 죽게 되었으니 이 장자의 명분이 내게 무엇이 유익하리요?(32절). 이 팥죽이라도 먹어야 내가 살지 않겠는가? 라이트푸트 박사(Dr. Lightfoot)의 추측대로, 그 땅에 지금 극심한 기근이 들었다 해도(26:1), 에서에게 음식을 먹게 해 주지 못할 만큼 이삭이 그렇게 가난하고, 리브가가 그렇게 가정주부로서 형편없지는 않았을 것이다. 그러니 그런 상황이라도 굳이 장자의 명분을 팔지 않더라도 음식을 공급받았을 것이다. 그러나 그의 식욕이 그를 완전히 압도하고 있었던 것이다. 그는 극도로 갈망하는 처지에 있었고, 이 붉은 것, 곧 이 붉은 팥죽 이외에는 그 어떠한 것에서도 만족을 얻을 수 없었다. 그리하여 이런 욕심을 만족시키기 위해서 스스로 자기가 죽을 지경인 것처럼 여긴 것이다. 만일 정말 죽을 지경이었다 해도, 치욕스럽게 사느니보다 차라리 명예롭게 죽는 편이, 저주 아래서 사느니보다 차라리 축복 아래서 죽는 편이 그에게 더 낫지 않았을까? 장자의 명분은 장자들의 총회에 속한 자들의 영적 특권을 예표하는 것이었다. 에서는 여기서 그 영적 특권들의 진가를 어떻게 바라보는지를 시험받았으나, 그는 그저 현재의 괴로움밖에는 보지 못한다는 것을 보여주었다. 그 괴로움을 없애는 데에만 온통 관심을 두었고, 자신의 장자의 명분에 대해서는 개의치 않았던 것이다. 나봇의 경우는 에서보다 원칙을 잘 지켰다 할 것이다. 그는 자신의 포도원을 팔기보다는 차라리 목숨을 버리고자 하였다. 이 땅의 가나안에 자신의 몫이 있다는 것은 곧 하늘의 가나안에 자신의 몫이 있다는 것을 의미했기 때문이다(왕상 21:3). (1) 에서의 장자의 명분을 오로지 세상적인 이권으로만 보면, 그가 한 말이 일리가 있다. 곧, 우리가 누리

는 세상적인 것들과 우리가 지극히 좋아하는 것들도, 죽을 때에는 아무런 의미가 없다는 것이다(시 49:6-8). 죽음이 닥쳐올 때 그것들은 아무 소용이 없고, 그 죽음의 아픔을 덜어주지도, 없애주지도 못하는 것이다. 그러나 에서는 더 크고 더 고상한 심령을 지녀서, 그러한 존귀한 것을 그렇게 값싸게 파는 우를 범하지 말았어야 옳았다. (2) 그러나, 장자의 명분이 영적인 본질을 지닌 것이므로, 그가 그것을 가볍게 여겼다는 것이야말로 세상에서 가장 속된 처사였다. 주목하라. 이 세상의 재물이나 명예나 쾌락을 위하여 하나님과 그리스도와 천국에 대해 관심을 갖지 않는다는 것이야말로 팥죽 한 그릇에 장자의 명분을 파는 것만큼이나 터무니없는 어리석음이다.

3. 그의 눈에는 회개의 기미가 없었다. 에서가 먹으며 마시고 일어나 갔으니(34절). 그는 접시를 받아먹고 자신의 식욕을 만족시켰고, 맛있는 음식을 먹은 것에 기분이 좋아서 일어나 자기 길을 갔다. 자신이 터무니없는 거래를 했다는 것에 대해서는 전혀 진지한 생각도 후회의 기미도 없었다. 에서는 이렇게 자신의 장자의 명분을 가볍게 처리하였다. 그 거래를 뒤집으려는 노력도 전혀 하지 않았고, 아버지에게 이에 대해 호소하지도 않았고, 동생에게 그 일을 취소하자고 제의하지도 않았다. 자신이 다급한 상황에서 행한 거래를 통해서 그의 속됨이 행동으로(ex post facto) 확증된 것이다. 그리고 그 이후에도 계속해서 그것을 무시하고 가볍게 처신함으로써, 말하자면, 그 거래를 행한 자기 자신의 처신을 정당화하였고, 그 거래를 기정사실화한 것이다. 주목하라. 사람들이 멸망하는 것은 그릇된 일을 행하기 때문이 아니라, 그 일을 행하고 회개하지 않기 때문이요, 그 일을 행하고 계속해서 그것을 고집하기 때문이다.

제 — 26 — 장

개요

본 장에서는 다음과 같은 사실이 기록되어 있다. I. 이삭이 그 땅의 흉년으로 괴로움을 당함. 1. 이삭이 어쩔 수 없이 거처를 옮김(1절). 그러나, 2. 하나님이 그에게 나타나 지시하시고 위로를 주심(2-5절). 3. 어리석게도 자기 아내를 부인하여 곤란에 빠지며, 이로 인하여 아비멜렉에게 책망을 받음(6-11절). II. 하나님께서 복 주심으로 이삭이 번영을 누림(12-14절). 1. 블레셋 사람들이 그를 시기함(14-17절). 2. 그가 계속해서 부지런히 자신의 일을 돌봄(18-23절). 3. 하나님이 그에게 나타나 그를 격려하셨고, 이에 그가 하나님을 높이 경배함(24, 25절). 4. 블레셋 사람들이 결국 그에게 다가와 그와 언약을 맺음(26-33절). 5. 그의 아들 에서의 결혼이 번영을 누리는 중에 근심거리가 됨(34, 35절).

1아브라함 때에 첫 흉년이 들었더니 그 땅에 또 흉년이 들매 이삭이 그랄로 가서 블
레셋 왕 아비멜렉에게 이르렀더니 2여호와께서 이삭에게 나타나 이르시되 애굽으
로 내려가지 말고 내가 네게 지시하는 땅에 거주하라 3이 땅에 거류하면 내가 너와
함께 있어 네게 복을 주고 내가 이 모든 땅을 너와 네 자손에게 주리라 내가 네 아
버지 아브라함에게 맹세한 것을 이루어 4네 자손을 하늘의 별과 같이 번성하게 하
며 이 모든 땅을 네 자손에게 주리니 네 자손으로 말미암아 천하 만민이 복을 받으
리라 5이는 아브라함이 내 말을 순종하고 내 명령과 내 계명과 내 율례와 내 법도를
지켰음이라 하시니라

I. 하나님이 그의 섭리로 이삭을 시험하셨다. 이삭은 가나안 땅을 하나님께서 주셨다는 것을 믿고 의지하도록 훈련을 받은 바 있는데, 이제 그 땅에 흉년이 들었다(1절). 약속하신 땅에서 양식을 구할 수 없을 것이니, 이 때에 그는 하나님의 약속에 대해 과연 어떻게 생각할 것인가? 그렇게 오랜 세월이 흘렀는데, 그 땅을 주신다는 하나님의 약속이 그 조건 그대로 받을 가치가 있겠는가? 그렇다. 이삭은 여전히 그 언약을 붙잡을 것이다. 그러니 당장 눈에는 가나안이

별 가치가 없는 듯이 보이나, 그럴수록 그는 그 가치를 더 크게 보도록 가르침을 받는 것이다. 가나안은, 1. 그를 향한 하나님의 영원한 자비의 증표였고, 2. 천국의 영원한 복락의 모형이었기 때문이다. 주목하라. 신자는 그 어떠한 반대의 섭리로 인해서도 하나님의 약속의 고유한 가치를 가볍게 보지 않는다.

Ⅱ. 하나님은 그의 말씀으로 이삭을 시험 받도록 이끄셨다. 이삭은 양식이 모자란 것으로 인하여 곤경에 처하였다. 어디든 가서 양식을 구해 와야 했다. 그의 아비지 아브라함이 비슷한 곤경을 당하여 애굽으로 갔는데, 그도 애굽을 향하여 간 것 같다. 그러나 그는 애굽으로 향하는 도중 그랄에 당도하였고, 거기서 어느 곳으로 가야 할지에 대해 생각이 많았다. 그런데 이때 하나님께서 은혜로이 그에게 나타나사 그의 길을 정하여주셨고, 그는 만족을 얻었다.

1. 하나님은 그에게 현재 있는 곳에 머물기를 명하셨다. **애굽으로 내려가지 말고 … 이 땅에 거류하라**(2, 3절). 야곱의 시대에도 흉년이 있었는데, 그 때에 하나님은 그에게 **애굽으로 내려가라고** 명하셨다(46:3, 4). 그러나 같은 흉년을 당한 이삭에게는 **애굽으로 내려가지 말라고** 명하셨고, 아브라함의 시대에도 흉년이 있었으나 그 때에는 어느 쪽으로도 지시하지 않으시고 그의 자유에 맡기셨다. 이처럼 하나님의 역사하심이 다른 것은(애굽이 언제나 하나님의 백성들에게 시험과 훈련의 장소였음을 생각할 때에) 어느 정도 이 세 족장들의 성격이 서로 다르다는 데서 기인한다. 아브라함은 매우 높은 수준에 올라 있었고, 하나님과의 긴밀한 교류 가운데 있었으니, 그에게는 어떠한 곳이든, 어떠한 상황이든 다 비슷하였다. 이삭은 매우 선한 사람이었으나, 어려움을 당해 보지 않았다. 그러므로 그에게는 애굽으로 내려가지 못하도록 하셨다. 야곱은 어려움에 단련되어 있었고, 강하고 인내심이 있었다. 그러므로 그는 애굽으로 내려가야 했고, 거기서 **믿음의 시련이 칭찬과 영광과 존귀를 얻도록** 되어야 했던 것이다. 이처럼 하나님은 그의 백성들의 힘과 능력에 맞추어 그들을 시험하시는 것이다.

2. 하나님은 그와 함께 하시고 복을 주실 것을 약속하셨다. **내가 너와 함께 있어 네게 복을 주고**(3절). 하나님의 축복이 우리와 함께 가면 어디를 가든지 위로를 얻을 것이요, 그 복이 우리에게 함께 하면, 어디서든 기쁨으로 머물 수 있는 것이다.

3. 하나님은 아브라함과 그렇게 자주 맺으셨던 그 언약을 그와 더불어 새롭

게 갱신하시며, 가나안 땅과 자손의 번성함과 메시야에 대한 약속들을 되풀이 하시고 재확인하셨다(3, 4절). 주목하라. 믿음으로 살려 하는 자들은 그들이 기반으로 삼고 살아야 할 그 약속들을 자주 되풀이하고 되새겨야 할 필요가 있고, 특히 고난이나 자기 부인을 실천할 상황으로 부르심을 받을 때에는 더욱 그러하다.

4. 하나님은 이삭에게 그 아버지의 순종의 선한 모범을 그 가문에 그 언약을 보존시킨 요소로 칭찬하셨다(5절). "아브라함이 내 말을 순종하였으니, 너도 그렇게 하라. 그리하면 약속이 반드시 네게 있으리라." 아브라함의 순종이 여기서 칭찬받아 그의 존귀가 더해진다. 그 순종으로 말미암아 그가 하나님과 사람에게서 선한 이름을 얻은 것이다. 여기서 아브라함이 순종한 하나님의 뜻으로 표현하는 데에 여러 가지 단어들이 사용된다. 곧, 내 명령과 내 계명과 내 율례와 내 법도가 그것인데, 아브라함의 순종이 전포괄적이었음을 시사한다. 그는 본래의 자연법에 순종하였고, 신적인 예배에 관한 계시된 법도에, 특히 할례의 법도와 기타 하나님께서 주신 특별한 명령들에 다 순종하였고, 특히 본토 아비집을 떠나라는 명령이나, 이삭을 제물로 바치라는 명령(어떤 이들은 여기서 특히 이것에 중점을 두고 있다고 보기도 한다)에 다 순종한 것이다. 주목하라. 순종의 발걸음을 걷는 자들만이 하나님이 경건한 조상들과 세우신 언약의 은덕과 위로를 누릴 것이다.

[6]이삭이 그랄에 거주하였더니 [7]그 곳 사람들이 그의 아내에 대하여 물으매 그가 말
하기를 그는 내 누이라 하였으니 리브가는 보기에 아리따우므로 그 곳 백성이 리
브가로 말미암아 자기를 죽일까 하여 그는 내 아내라 하기를 두려워함이었더라 [8]이
삭이 거기 오래 거주하였더니 이삭이 그 아내 리브가를 껴안은 것을 블레셋 왕 아
비멜렉이 창으로 내다본지라 [9]이에 아비멜렉이 이삭을 불러 이르되 그가 분명히 네
아내거늘 어찌 네 누이라 하였느냐 이삭이 그에게 대답하되 내 생각에 그로 말미
암아 내가 죽게 될까 두려워하였음이로라 [10]아비멜렉이 이르되 네가 어찌 우리에게
이렇게 행하였느냐 백성 중 하나가 네 아내와 동침할 뻔 하였도다 네가 죄를 우리
에게 입혔으리라 [11]아비멜렉이 이에 모든 백성에게 명하여 이르되 이 사람이나 그
의 아내를 범하는 자는 죽이리라 하였더라

이삭은 이제 애굽으로 가고자 하는 모든 생각들을 뒤로 제쳐두고, 하늘의 이상에 순종하여 그랄에 거주하였다(6절). 그 곳은 그가 출생한 곳이었으나, 거기서 그에게 시험이 닥친다. 그의 아버지가 당했던 것과 동일한 시험이었으니, 곧 자기 아내를 부인하고 그를 자기 누이인 것처럼 속인 것이다. 관찰하라.

I. 그가 죄를 짓게 된 경위(7절). 그의 아내가 아름다웠으므로, 그는 블레셋 사람들이 그녀를 취하여 아내로 삼기 위해 자기를 죽일 것이라 생각하여 그녀를 자기 누이라 하였다. 이 위대하고 선한 두 사람이 똑같이 이처럼 자기 아내들의 신분을 감추는 이상한 잘못을 범하고, 자기들과 그 아내들의 명예에 오점을 남길 수 있는 처지에 스스로 빠지다니, 참 알 수 없는 일이다. 그러나, 1. 지극히 선한 사람들도 때로는 매우 큰 과오와 어리석음에 빠지기도 한다. 그러므로 선 줄로 아는 자는 넘어질까 조심하여야 하며, 넘어진 자는 다시는 도움을 받지 못하리라고 생각하여 절망해서도 안 될 것이다. 2. 우리에게는 높이 우러러 보이는 자들에게서 약점들과 허물들까지도 닮으려는 성향이 있다. 그러므로 우리의 발을 지켜서, 선한 사람의 발자취를 따르려고 하다가 때때로 그들의 헛걸음까지도 따르는 일이 없게 해야 할 것이다.

II. 아비멜렉이 이삭이 거짓말한 사실을 알아차림. 아비멜렉(20장의 아브라함 시대의 아비멜렉과는 다른 인물이었다. 이때는 그때로부터 거의 100년 이후였기 때문이다. 아비멜렉은 블레셋 왕들의 아주 흔한 이름이었다. 마치 로마 황제들을 가이사라 부르는 것과도 같다)이 이삭이 리브가와 오라비와 누이 이상의 친밀한 관계에 있는 것을 보았다(8절). 그녀를 껴안은 것을, 혹은 웃는 것을 보았다. 그는 젊어서 취한 아내와 즐거워하고 있었던 것이다(잠 5:18). 부부 관계에 있는 자들은 서로를 즐거워하는 것이 합당하다. 자기 아내와 자녀들보다 어느 누구와도 더 즐거워해서는 안 되는 법이다. 아비멜렉은 이삭이 거짓말한 것을 책망하였고(9절), 그의 변명이 얼마나 구차하며 또한 그 거짓말로 인해서 얼마나 끔찍한 결과가 생겼을 것인지를 보여주었고(10절), 이어서 자기들에 대한 그의 시기가 얼마나 근거없고 부당한 것인지를 납득시키고, 그와 그의 가족을 특별한 보호 아래 두고, 그나 그의 아내에게 해를 가하는 자는 죽음을 면치 못할 것을 공포하였다(11절). 주목하라. 1. 거짓말은 그저 한순간밖에는 지속되지 못한다. 진실은 시간의 딸이니, 시간이 지나면 드러날 것이다. 2. 한 가지 죄가 여러 죄의 통로가 되는 경우가 많다. 그러므로 죄는 그 첫 출발부터 피하여야 하는 것이다. 3. 신앙을 고백하는 자들의 죄는 신앙이 없는 사람들 앞에서 그들을 부끄럽게 만든다. 4. 하나님은 그의 백성들을 대적하는 자들로 하여금, 비록 어느 정도 근거가 있다 할지라도 그들이 그의 백성들에게 해를 가하면 그들에게 형벌이 닥치리라는 것을 알게 하신다. 시 105:14, 15.

[12]이삭이 그 땅에서 농사하여 그 해에 백 배나 얻었고 여호와께서 복을 주시므로 [13]
그 사람이 창대하고 왕성하여 마침내 거부가 되어 [14]양과 소가 떼를 이루고 종이 심
히 많으므로 블레셋 사람이 그를 시기하여 [15]그 아버지 아브라함 때에 그 아버지의
종들이 판 모든 우물을 막고 흙으로 메웠더라 [16]아비멜렉이 이삭에게 이르되 네가
우리보다 크게 강성한즉 우리를 떠나라 [17]이삭이 그 곳을 떠나 그랄 골짜기에 장막
을 치고 거기 거류하며 [18]그 아버지 아브라함 때에 팠던 우물들을 다시 팠으니 이는
아브라함이 죽은 후에 블레셋 사람이 그 우물들을 메웠음이라 이삭이 그 우물들의
이름을 그의 아버지가 부르던 이름으로 불렀더라 [19]이삭의 종들이 골짜기를 파서
샘 근원을 얻었더니 [20]그랄 목자들이 이삭의 목자와 다투어 이르되 이 물은 우리의
것이라 하매 이삭이 그 다툼으로 말미암아 그 우물 이름을 에섹이라 하였으며 [21]또
다른 우물을 팠더니 그들이 또 다투므로 그 이름을 싯나라 하였으며 [22]이삭이 거기
서 옮겨 다른 우물을 팠더니 그들이 다투지 아니하였으므로 그 이름을 르호봇이라
하여 이르되 이제는 여호와께서 우리를 위하여 넓게 하셨으니 이 땅에서 우리가
번성하리로다 하였더라 [23]이삭이 거기서부터 브엘세바로 올라갔더니 [24]그 밤에 여
호와께서 그에게 나타나 이르시되 나는 네 아버지 아브라함의 하나님이니 두려워
하지 말라 내 종 아브라함을 위하여 내가 너와 함께 있어 네게 복을 주어 네 자손
이 번성하게 하리라 하신지라 [25]이삭이 그 곳에 제단을 쌓고, 여호와의 이름을 부르
며 거기 장막을 쳤더니 이삭의 종들이 거기서도 우물을 팠더라

여기서 다음을 보라.

I. 하나님이 이삭에게 선의를 갖고 계시다는 증거들. 그는 이삭에게 복을 주시고 그를 창대하게 하셨고, 그가 힘쓰고 애쓴 모든 것들을 소유하게 하셨다. 1. 그는 이상하리만큼 큰 수확을 얻었다(12절). 그는 자기 땅이 하나도 없고 블레셋 사람들의 땅을 취하여 거기에 씨앗을 뿌렸다. 그런데 하나님이 그에게 복

을 주사 큰 수확을 얻게 된 것이다(다른 사람의 땅에 농사를 지으면서 정직하고 부지런하게 사는 가난한 소작농들은 이것을 보고 격려를 받기를 바란다). 그는 백배나 수확하였다. 그리고 여기에 그 시기에 대한 강조가 있는 것 같다. 그 때는 그 땅에 흉년이 있던 바로 그 해였다. 다른 사람들은 거의 거둔 것이 없는데, 그는 그렇게 큰 수확을 얻은 것이다. 나의 종들은 먹을 것이로되 너희는 주릴 것이니라(사 65:13). 그들은 기근의 날에도 풍족할 것이라(시 37:19). 2. 그의 가축들이 크게 늘어났다(14절). 그리고, 3. 그가 부리는 종이 심히 많았다. 주목하라. 재산이 많아지면 먹는 자들도 많아지나니(전 5:11).

Ⅱ. 블레셋 사람들이 이삭에게 악의가 있다는 증거들. 그들은 이삭을 시기하였다(14절). 이것은, 1. 세상이 헛되다는 증거다. 사람이 많은 것을 가질수록 더 시기를 받고, 미움과 상해의 위험에 노출된다. 투기 앞에야 누가 서리요?(잠 24:4). 전 4:4을 보라. 2. 인간 본성이 부패한 증거다. 다른 사람이 잘되는 것을 배 아파하는 것이야말로 악한 본성이다. (1) 그들은 이삭의 아버지가 파놓은 우물을 쓰지 못하도록 만들어 그의 가족에 대한 악의를 이미 드러낸 바 있다(15절). 이는 질투에서 비롯된 처사였다. 자기들은 이 우물에서 물을 먹여야 할 가축이 없으니, 다른 이들도 사용하지 못하도록 막아버렸다. 악의란 얼마나 어처구니없는 것인지 모른다. 그리고 이는 그들이 과거에 아브라함과 맺은 언약을 위반한 불의한 처사였다(21:31, 32). 악한 마음을 품으면 신의(信義)도 없어지는 법이다. (2) 그들은 이삭을 그 곳에서 쫓아냈다(16, 17절). 그랄 왕이 그를 시기의 눈초리로 바라보기 시작하였다. 이삭의 집이 마치 궁궐 같았고, 그의 재물과 소유가 아비멜렉을 무색하게 하였으니, 더 이상 좌시할 수가 없었다. 여호와께서 이삭에게 복을 주시는 것을 보면서, 그에 대해 시기가 커진 것이다. 그러나 그들은 바로 그 때문에라도 그를 옆에 두고 있어야 옳았다. 이삭으로 인하여 그들도 함께 복을 받을 것이었으니 말이다. 이삭은 그가 점유하고 사용해 온 땅에 대해 그들과 맺은 거래 조건을 근거로 그에게 항의하지도 않았고, 자신이 매우 강성해졌으니 힘으로 그들과 경쟁을 벌이려 하지도 않았고, 지극히 평화롭게 그 지역에서 떠났고, 아마 그보다 덜 비옥한 땅으로 옮겨갔을 것이다. 주목하라. 분쟁하기보다는 우리의 권리와 우리의 소유들에 대해 우리 자신을 부인하여야 한다. 지혜롭고 선한 사람은 높이 앉아서 시기와 악의를 받기보다는 차라리 마치 이삭이 골짜기로 들어간 것처럼, 희미한 상태로 물러가

기를 택할 것이다.

Ⅲ. 이삭이 끈질기게 자기의 할 일을 계속함.

1. 그는 농사일을 계속하였고, 우물을 찾고 또한 사용할 수 있도록 구비시키는 일에 부지런히 힘을 쏟았다(18절 이하). 그가 매우 부유하게 되었으나 그는 똑같이 가축들의 상태를 세심하게 돌보았다. 사람들이 크게 되면, 스스로 우쭐해져서 과거에 하던 일들을 제대로 행하지 않게 되지 않도록 사려 깊게 생각하여야 한다. 비록 전처럼 편안히 지내던 데에서 쫓겨났고, 전처럼 편안하게 농사일을 진행시킬 수 없었으나, 그럼에도 불구하고 그는 자신이 거주하게 된 그 땅을 최고로 만들고자 부지런히 힘썼다. 누구나 이렇게 하는 것이 지혜일 것이다. 관찰하라.

(1) 그는 아버지가 팠던 우물들을 다시 팠다(18절). 그리고 아버지에 대한 존경의 표시로 그 아버지가 지은 이름을 그대로 그 우물들에 붙였다. 주목하라. 생수의 샘인 진리를 찾아 나아가는 일에서도 과거 시대에 발견하였으나 후 시대의 부패로 인하여 가려져 있는 것들을 다시 찾아내어 사용하는 것이 선한 일이다. 옛 길을 물어보고, 우리 조상들이 파놓았으나 진리의 원수들이 막아버린 그 우물들을 찾으라. 네 어른들에게 물으라 그들이 네게 말하리로다(신 32:7).

(2) 그의 종들이 새 우물들을 팠다(19절). 주목하라. 과거 시대의 빛을 우리가 사용하여야 하지만, 그렇다고 해서 우리가 그것에 안주하고 우리 스스로 노력할 필요가 없는 것이 아니다. 그들의 기초 위에 건물을 세워가고, 빨리 왕래하며 지식이 더해지도록 해야 하는 것이다(단 12:4).

(3) 우물을 파는 과정에서 그는 많은 반대를 만났다(20, 21절). 진리의 샘을 파는 자들은 반대를 예상해야 한다. 이삭은 처음 두 우물을 파고 에섹과 싯나, 즉 싸움과 미움이라 불렀다. 여기서 보라. [1] 세상적인 것들의 본질이 어떠한가를. 그것들은 화(禍)를 만드는 것이요 분쟁의 기회를 만드는 것들이다. [2] 세상에서 아무리 조용하고 평화로운 사람에게도 이런 일이 자주 있다는 것을. 싸움을 피하는 자들도 싸움을 걸어오는 것은 피할 수가 없다(시 120:7). 이런 의미에서 예레미야는 다투는 자였으며(렘 15:10), 또한 그리스도도 평강의 왕이시지만 그 역시 다툼을 당하셨다. [3] 물이 풍성하게 있다는 것이, 다투지 않고도 물을 얻을 수 있다는 것이, 얼마나 큰 자비인가를. 이러한 자비가 흔할수록 우리는 더욱더 감사하여야 마땅한 것이다.

(4) 마침내 그가 조용히 정착할 곳으로 옮겨갔다. 평화를 지키는 그의 원칙을 좇아 옮겨갔으며, 평화를 싫어하는 자들과 함께 거하기를 원치 않아서 도피한 것이 아니라 새로운 곳을 개척한 것이다(시 120:6). 그는 승리보다는 조용한 평화를 더 원했던 것이다. **이삭이 거기서 옮겨 다른 우물을 팠더니 그들이 다투지 아니하였다**(22절). 주목하라. 평화를 추구하는 자들은 조만간 평화를 찾게 될 것이다. 고요한 것을 원하여 그것을 추구하는 자들은 그렇게 되지 못하는 경우가 거의 없다. 이삭이 그의 형 이스마엘과 얼마나 달랐는가! 이스마엘은 옳고 그르고 간에 자기가 가진 것은 온 세상과 싸워서라도 지키려 한 사람이었다(16:12). 우리는 과연 이 두 사람 중에 누구를 따라야 할까? 그들은 이 우물을 르호봇, 즉 넓어짐이라 불렀다. 앞의 두 우물에서는 이 땅의 모습, 곧 다툼과 분쟁을 볼 수 있다. 밀려드는 이웃들 때문에 사람들이 번창할 수가 없는 것이다. 그러나 이 우물은 천국의 모습을 보여준다. 그것은 넓은 여유와 평화다. 거기에는 거할 곳이 많은 것이다.

2. 그는 신앙을 든든히 지켰고, 하나님과의 교제를 유지하였다.

(1) **하나님이 은혜로이 그에게 나타나셨다**(24절). 블레셋 사람들이 그를 내쫓고, 이곳저곳을 전전하게 만들고 계속해서 그를 모욕하고 괴롭게 하는 그 때에 하나님께서 그를 찾아오셔서 그를 향하신 자비를 새로이 확인시켜 주신 것이다. 주목하라. 사람들이 거짓되고 불친절할 때에, 하나님이 신실하시고 은혜로우시다는 사실로 위로를 얻어야 할 것이다. 하나님은 우리가 사람에게서 가장 실망하는 그 때에 자신을 드러내시는 것이다. 브엘세바에 올라간 이삭은(23절) 자신의 불안정한 처지와 한 곳에 오랫동안 머무를 수 없는 사정을 생각하고 괴로워했을 것으로 보인다. 그리고 온갖 생각들이 그에게 가득 차서 불편한 마음으로 지쳐서 브엘세바에 도착한 그 날 밤에 하나님께서 그에게 나타나사 위로를 주시고 그의 영혼에 기쁨을 주신 것이다. 아마도 그는 블레셋 사람들이 거기서도 편히 지내도록 내버려두지 않을 것임을 직감하고 있었을 것이다. 그런데 하나님이 나타나사 그에게 말씀하신다. **두려워하지 말라, 내가 너와 함께 있어 네게 복을 주어 네 자손이 번성하게 하리라**. 어디로 가든지 하나님께서 함께 하심을 확신하게 되면, 어디든지 기꺼이 갈 수 있다.

(2) 이삭은 하나님께 보답하여 행할 의무를 게을리 하지 않았다. **이삭이 그곳에 제단을 쌓고 여호와의 이름을 불렀다**(25절). 주목하라. [1] 어디로 가든 우리는

신앙을 함께 지니고 가야 한다. 아마도 이삭의 제단과 그의 종교적인 예배 행위가 블레셋 사람들의 눈에 거슬렸을 것이고, 그리하여 그들이 그에게 더욱 큰 괴로움을 주게 되었을 것이다. 그러나 그는 예배로 인하여 어떠한 어려움이 닥쳐도 계속해서 그의 의무를 지속하였다. [2] 하나님이 그의 말씀으로 우리에게 위로와 격려를 주시니, 우리는 더욱 각성하여 하나님을 높이는 경건의 행위들을 지속해야 할 것이요, 그리하여 하늘과의 교류를 유지해야 할 것이다.

**26아비멜렉이 그 친구 아훗삿과 군대 장관 비골과 더불어 그랄에서부터 이삭에게로
온지라 27이삭이 그들에게 이르되 너희가 나를 미워하여 나에게 너희를 떠나게 하
였거늘 어찌하여 내게 왔느냐 28그들이 이르되 여호와께서 너와 함께 계심을 우리
가 분명히 보았으므로 우리의 사이 곧 우리와 너 사이에 맹세하여 너와 계약을 맺
으리라 말하였노라 29너는 우리를 해하지 말라 이는 우리가 너를 범하지 아니하고
선한 일만 네게 행하여 네가 평안히 가게 하였음이니라 이제 너는 여호와께 복을
받은 자니라 30이삭이 그들을 위하여 잔치를 베풀매 그들이 먹고 마시고 31아침에
일찍이 일어나 서로 맹세한 후에 이삭이 그들을 보내매 그들이 평안히 갔더라 32그
날에 이삭의 종들이 자기들이 판 우물에 대하여 이삭에게 와서 알리어 이르되 우
리가 물을 얻었나이다 하매 33그가 그 이름을 세바라 한지라 그러므로 그 성읍 이름
이 오늘까지 브엘세바더라**

여기서는 이삭과 블레셋 사람들 사이에 있었던 분쟁이 결국 복된 평화와 화해로 귀결되는 것을 보게 된다.

I. **아비멜렉이 이삭에 대한 존경의 표시로 이삭을 방문한다**(26절). 주목하라. 사람의 행위가 여호와를 기쁘시게 하면 그 사람의 원수라도 그와 더불어 화목하게 하시느니라(잠 16:7). 왕들의 마음이 여호와의 손에 있으니, 그가 원하시면 그들을 돌이켜 그의 백성에게 선을 베풀게 하실 수 있는 것이다.

II. **이삭은 지혜롭고도 조심스럽게 그의 방문의 진실성에 대해 의문을 제기한다**(27절). 주목하라. 우애와 친분의 관계를 세우는 데에 있어서는 비둘기의 순전함과 아울러 뱀의 지혜가 필요하다. 우리가 받은 상해를 강하게 의식하고 있음을 표현하는 것이나, 부당하게 처신해 온 사람들을 대할 때에 경계의 자세를 취하는 것은 온유함과 사랑의 법에 저촉되는 것이 아니다.

Ⅲ. 아비멜렉은 이삭에게 자신의 순전함을 천명하고 그와의 우정을 진지하게 요청한다(28, 29절). 어떤 이들은, 아비멜렉이 이삭이 강성해지고 있으니 조만간 자기가 가한 상해에 대해 복수하려 할 것을 예상하고 이를 막기 위해 이삭을 찾아와 동맹을 맺으려 했을 것이라고 본다. 그러나, 아비멜렉은 그 일이 오히려 사랑의 원칙에서 비롯되었음을 천명한다.

1. 그는 이삭을 향하여 자기들이 최고로 처신하였음을 강조한다. 이삭은 그들이 자기를 미워하여 떠나게 한 것에 대해 항의하였다. 그러나 아비멜렉은 이렇게 대답한다. **아니라, 우리가 너를 범하지 아니하고 선한 일만 네게 행하여 네가 평안히 가게 하였노라.** 그들이 물론 자기들의 땅에서 이삭을 내어 쫓았으나, 그가 모든 재물을 취하여 갖고 떠나도록 하였다는 것이다. 주목하라. 우정의 보존을 위해서는 해(害)를 줄이는 것이 필수적이다. 해가 늘어나면 서로 격해지고 간격이 더 넓어지는 법이다. 우리가 불친절을 당하나, 이보다 더한 불친절을 당했을 수도 있다.

2. 그는 하나님이 그를 사랑하시는 증거를 보았음을 시인하며, 이를 그들이 그와 동맹을 맺기를 바라는 근거로 삼는다. **여호와께서 너와 함께 계심을 우리가 분명히 보았고 너는 여호와께 복을 받은 자니라.** 아비멜렉의 말은 마치 이런 것과도 같다. "우리가 그대에게 가한 상처들을 그냥 묵과하고 지나가기를 바라오. 그대가 받은 손해를 하나님께서 풍성하게 그대에게 갚으셨으니 말이오." 주목하라. 하나님이 복 주시고 사랑하시는 자들은 그들을 미워하는 자들을 용서해야 할 충족한 이유가 있다. 아무리 철천지원수라도 그들에게 진짜 해악은 가할 수 없기 때문이다. 아니면, "하나님이 그대와 함께 계시니, 이 때문에 우리가 그대와의 우정을 바라는 것이오." 주목하라. 하나님과 언약을 맺고 그와 교제하는 자들과 언약을 맺고 그들과 교제하는 것이 좋다(요일 1:3). **우리의 사이 곧 우리와 너 사이에 맹세하여 너와 계약을 맺으리라 말하였노라** 라는 그의 말은 매우 신중하게 심사숙고하여 한 말이었다. 아비멜렉의 경솔하고 시기심 많은 신하들 중에는 다른 뜻을 지닌 자들도 있을지 모르나, 그와 또한 그가 대동하고 온 그 휘하의 대신들은 상호간의 따뜻한 우애를 바란 것이다. 어쩌면 아비멜렉이 전승을 통해서 그의 전임자가 아브라함을 해치지 말라는 경고를 하나님께로부터 받은 사실을 전해 들었는지도 모르며(20:7), 그리하여 이삭이 아브라함에 못지않게 하늘의 보호를 받는 것을 보고서 그에 대해 두려움과 존경의 자세를

갖게 되었을지도 모른다.

Ⅳ. 이삭은 아비멜렉과 그의 수행원들을 접대하고 그와 우정의 동맹을 맺는다(30, 31절). 여기서 그 선한 사람 이삭이 얼마나 너그러운지를 보라. 1. 이삭이 그들을 위하여 잔치를 베풀고 그들을 환영하였다. 2. 그는 그들이 그에게 행한 부당한 처사에 대해 더 이상 고집하지 않고 자유로이 그들과 우정의 언약을 맺고, 그들에게 절대로 해를 끼치지 않을 것을 약속하였다. 주목하라. 신앙은 우리에게 이웃답게 처신할 것을 가르친다. 그러므로 우리는 할 수 있는 대로 모든 사람과 더불어 화목하며 살아야 한다.

Ⅴ. 이삭이 행한 일에 대해 섭리가 화답하였다. 그가 아비멜렉과 이 언약을 맺은 바로 그 날 그의 종들이 그들이 발견한 우물에서 물이 나왔다는 소식을 전해 온 것이다(32, 33절). 이삭은 블레셋 사람들이 부당하게 빼앗은 우물들을 돌려 줄 것을 요구하지 않았다. 그렇게 하면 동맹을 맺으려는 계획이 깨어질 것이기 때문이었다. 그는 해 받은 것을 그대로 용인하고 조용히 앉아 언약을 맺었다. 그런데 이에 대해 보답이라도 하는 듯, 그가 즉시 새로운 우물로 풍요롭게 된 것이다. 이 일이 그 날에 일어난 일에 아주 잘 들어맞았으므로, 그는 옛 이름대로 브엘세바라 하였으니, 이는 맹세의 우물이라는 뜻이다.

34에서가 사십 세에 헷 족속 브에리의 딸 유딧과 헷 족속 엘론의 딸 바스맛을 아내
로 맞이하였더니 35그들이 이삭과 리브가의 마음에 근심이 되었더라

여기서는 다음의 사실들을 접하게 된다.

1. 에서의 어리석은 결혼. 어떤 이들은 어리석게도 두 여자와 동시에 결혼을 했고, 그 때문에 그가 음행하는 자라 불린다고(히 12:16) 생각하기도 한다. 아니, 그보다는 그가 아브라함의 축복에 대해 외인(外人)이요 노아의 저주에 복속되어 있는 가나안 여자와 결혼하였고, 이 때문에 그가 망령된 자라 불리게 되었을 것으로 보인다. 그가 하나님의 축복을 바라지도 않았고, 하나님의 저주를 두려워하지도 않는다는 것이 이로써 드러났기 때문이다.

2. 그의 결혼이 부모들에게 가져다 준 슬픔과 근심. (1) 그가 그들의 조언과 동의를 구하거나 얻지 않고 결혼한 것이 그들에게 근심이 되었다. 부모를 멸시하거나 그들의 뜻을 거역하는 자들이 어떤 걸음을 걷는지를 보라. (2) 그가 신

앙이 없는 헷 사람의 딸과 결혼한 것이 그들에게 근심이 되었다. 이삭은 그 아버지가 그를 절대로 가나안 사람과 결혼하지 못하도록 조치한 사실을 기억하고 있었던 것이다. (3) 에서가 아내로 맞아들인 여자들이 그릇 처신하여 이삭과 리브가의 화를 돋웠을 수도 있다. 선한 부모들의 마음에 근심을 끼치는 행동을 하는 자녀들은 하나님의 복을 기대할 이유가 거의 없다.

제 27 장

개요

본 장에서 우리는 에서와 야곱 사이의 전형적인 갈등 이야기로 돌아가게 된다. 에서는 망령되게 장자의 명분을 야곱에게 팔았다. 그러나 에서는, 아버지의 자기에 대한 애정을 잘 지켜서 그의 축복을 받게만 된다면 그 거래로 인하여 자기가 절대로 가난해지지도 않고 야곱이 자기보다 부유해지지도 않을 것이라고 희망했다. 그리하여 여기서 우리는 그가 장자의 명분을 가볍게 여긴 것에 대해(그리하여 어리석게도 그것을 가볍게 포기해 버린 것에 대해) 야곱이 아버지를 속여 그에게서 장자가 받을 축복을 가로챔으로써, 그가 정당하게 징벌을 받는 것을 보게 된다. 그리하여 히 12:16, 17은 이 이야기를 이렇게 설명한다. "장자의 명분을 판 에서와 같이 망령된 자가 없도록 살피라 너희가 아는 바와 같이 그가 그 후에 축복을 이어받으려고 눈물을 흘리며 구하되 버린 바가 되어 회개할 기회를 얻지 못하였느니라." 신앙의 이름과 고백을 가볍게 여기고 하찮은 일로 그것을 버리는 자들은 그 특권과 권리들이 몰수당하게 되는 것이다. 여기에는 다음의 내용이 있다. I. 이삭이 에서에게 축복하고자 하는 뜻을 가짐(1-5절). II. 리브가가 그 축복을 야곱에게로 빼돌리려고 음모를 꾸밈(6-17절). III. 야곱이 이 음모를 성공시키고, 축복을 가로챔(18-29절). IV. 이에 대해 에서가 분노함. 1. 에서가 이삭에게서 축복을 받으려고 간청함(30-40절). 2. 에서가 동생이 자기를 따돌리고 첫 축복을 가로챈 것에 대해 분노하고 그를 크게 미워함(41-46절).

1이삭이 나이가 많아 눈이 어두워 잘 보지 못하더니 맏아들 에서를 불러 이르되 내
아들아 하매 그가 이르되 내가 여기 있나이다 하니 2이삭이 이르되 내가 이제 늙어
어느 날 죽을는지 알지 못하니 3그런즉 네 기구 곧 화살통과 활을 가지고 들에 가서
나를 위하여 사냥하여 4내가 즐기는 별미를 만들어 내게로 가져와서 먹게 하여 내
가 죽기 전에 내 마음껏 네게 축복하게 하라 5이삭이 그의 아들 에서에게 말할 때에
리브가가 들었더니 에서가 사냥하여 오려고 들로 나가매

여기서 다음을 보라.

I. 이삭이 그의 유언을 행하여 에서를 상속자로 선언하고자 함. 메시야와 가나안 땅에 대한 약속은 먼저 아브라함에게 주어진 것으로 영적이며 영원한 축복들을 포괄하며 그것들의 모형이 되는 큰 축복이었다. 아브라함은 이 약속을 하나님의 지시를 받아 이삭에게 전수하였다. 이삭은 이제 늙어 두 아들에 대한 하나님의 말씀, 즉 큰 자가 작은 자를 섬기리라는 것을 알지 못하고, 혹은 이해하지 못하고, 혹은 정당하게 고려하지 않고, 그 약속에 담긴 모든 영광과 권세를 장자인 에서에게 물려주려 한다. 이 일에서 그는, 하나님께서 그의 마음에 주신 지시를 알았을 경우에(아마도 그랬을 것이다) 마땅히 취하였을 태도와는 달리, 자신의 인간적인 애정과 일상적인 문제 해결 방식에 더 지배를 받았다. 주목하라. 우리는 하나님의 계시에 근거하기보다는 우리 자신의 이성에 근거하여 일을 처리하기가 매우 쉽고, 그리하여 정도를 벗어나는 경우가 많다. 우리는 지혜롭고 박식하며, 용맹하고 고상한 자가 약속을 상속받아야 한다고 생각하나, 하나님은 사람이 보는 것과는 다르게 보시는 것이다. 삼상 16:6, 7을 보라.

II. 이삭이 자신의 의도를 시행하기 위하여 에서에게 지침을 줌. 그는 에서를 불러들인다(1절). 에서가 결혼하였으나 아직 떠나가지 않았었고, 그가 결혼으로 부모에게 큰 근심을 가져다 주었으나 부모는 그를 내쫓지 않았고, 그에게 맞추어 잘 지내고 있었던 것 같다. 주목하라. 부모는 비록 정당한 일로 자식들에게서 상처를 받을지라도, 자식들을 향하여 용서할 수 없는 한(恨)을 품어서는 안 된다.

1. 그는 에서에게 이 일을 지금 행하려 하는 사정에 대해 말씀한다(2절). "내가 이제 늙어 얼마 있지 않아서 죽을 것이나 어느 날 죽을는지 알지 못하니 그런즉 언젠가는 반드시 해야 할 일을 지금 하려 하노라." 주목하라. (1) 늙은 노인들은 자신들이 계속해서 쇠약해지고 있다는 것을 생각하고서, 자기들의 손으로 행할 일을 속히 해야 한다. 수 13:1을 보라. (2) 우리가 세상을 떠날 시기가 불확실하다는 것을 생각하고(하나님은 지혜롭게 이 문제에 대해 우리를 어둠 속에 있게 하셨다) 그 날에 할 일을 그 날에 행하여야 할 것이다. 마음과 집을 정돈해 두어야 할 것이다. 우리가 알지 못하는 때에 인자가 오시기 때문이다. 우리가 어느 날 죽을는지 알지 못하기 때문에 인생사의 일들을 그 때 그 때 처리할

생각을 갖는 것이다.

2. 그는 에서에게 그를 상속자로 세울 그의 마지막 유언을 엄숙하게 행할 수 있도록 일을 준비하라고 명한다(3, 4절). 에서가 사냥을 나가서 고기를 잡아오면 아버지가 그것을 먹고 그에게 축복할 것이었다. 여기서 이삭은 자신의 심령을 새롭게 하여 새로운 기분으로 축복을 하려 한 것이라기보다는, 오히려 대부분이 이해하듯이 아들의 효성과 아버지를 향한 애정을 새롭게 확인하고 나서 그의 사랑의 축복을 아들에게 주고자 한 것이다. 어쩌면 에서는 결혼한 몸이어서 예전과는 달리(25:28), 사냥에서 잡은 고기들을 아내들에게 가져다 주고, 아버지에게는 거의 가져다 주지 않았을지도 모른다. 그러므로 이삭이 그에게 축복하기 전에 먼저 에서에게 이와 같은 존경과 효도의 표시를 보이도록 한 것인지도 모른다. 주목하라. 낮은 자가 높은 자에게서 축복을 받는 것일진대(히 7:7), 높은 자가 낮은 자에게서 섬김과 존경을 받는 것이 합당하다. 이삭은 **내가 죽기 전에 내 마음껏 네게 축복하게 하라** 라고 말씀한다. 주목하라. (1) 기도는 입술만이 아니라 영혼에서 우러나오는 것이다. 하나님을 찬양할 때에도 영혼이 가담하여야 하듯이(시 103:1), 우리와 다른 이들을 축복하는 일에도 영혼이 가담하여야 하는 것이다. 마음에서 우러나오는 축복이 아니면 마음에 와 닿지도 않을 것이다. (2) 인생의 할 일은 죽기 전에 해야 한다. 죽은 후에는 할 수 없기 때문이다(전 9:10). 그러므로 죽음이 찾아올 때에 죽는 일 외에는 할 일이 하나도 남아 있지 않는 것이 매우 바람직하다. 이삭은 이 일 후에도 사십 년 가량을 더 살았다. 그러므로 유언을 하고 죽음을 준비하자마자 곧바로 죽을 것이라는 생각을 할 필요가 없다.

[6]리브가가 그의 아들 야곱에게 말하여 이르되 네 아버지가 네 형 에서에게 말씀하
시는 것을 내가 들으니 이르시기를 [7]나를 위하여 사냥하여 가져다가 별미를 만들어
내가 먹게 하여 죽기 전에 여호와 앞에서 네게 축복하게 하라 하셨으니 [8]그런즉 내
아들아 내 말을 따라 내가 네게 명하는 대로 [9]염소 떼에 가서 거기서 좋은 염소 새
끼 두 마리를 내게로 가져오면 내가 그것으로 네 아버지를 위하여 그가 즐기시는
별미를 만들리니 [10]네가 그것을 네 아버지께 가져다 드려서 그가 죽기 전에 네게 축
복하기 위하여 잡수시게 하라 [11]야곱이 그 어머니 리브가에게 이르되 내 형 에서는
털이 많은 사람이요 나는 매끈매끈한 사람인즉 [12]아버지께서 나를 만지실진대 내가

아버지의 눈에 속이는 자로 보일지라 복은 고사하고 저주를 받을까 하나이다 [13]어
머니가 그에게 이르되 내 아들아 너의 저주는 내게로 돌리리니 내 말만 따르고 가
서 가져오라 [14]그가 가서 끌어다가 어머니에게로 가져왔더니 그의 어머니가 그의
아버지가 즐기는 별미를 만들었더라 [15]리브가가 집 안 자기에게 있는 그의 맏아들
에서의 좋은 의복을 가져다가 그의 작은 아들 야곱에게 입히고 [16]또 염소 새끼의 가
죽을 그의 손과 목의 매끈매끈한 곳에 입히고 [17]자기가 만든 별미와 떡을 자기 아들
야곱의 손에 주니

리브가가 여기서 에서에게 주어질 축복을 야곱이 받도록 일을 꾸민다.

I. **목적은 좋았다.** 리브가는 하나님의 말씀을 통해서 이런 의도를 갖게 되었기 때문이다. 리브가는 그 말씀의 지배를 받아 야곱에게 애정을 쏟았다. 하나님께서 큰 자가 어린 자를 섬기리라 라고 말씀하셨으므로, 리브가는 반드시 그렇게 되어야 한다고 결심하였고, 남편이 하나님의 말씀을 뒤집으려는 것을 그냥 보고만 있을 수가 없었나. 그러나,

II. **수단은 나빴고, 어떤 방식으로도 정당화될 수 없는 것이었다.** 에서에게서 축복을 빼앗는 것은 잘못된 것이 아니었다 해도(그 자신이 장자의 명분을 팔았으므로 이미 그것을 포기한 것이었으니), 이삭이 늙어 쇠약한 것을 이용하여 그를 속인 것은 잘못된 것이었다. 또한 야곱을 시켜 거짓말을 하게 하고, 아버지를 속이게 하였으니 이는 야곱에 대해서도 그릇 행하는 일이었다. 또한 그 일로 인해서 야곱은 자기가 축복을 거짓으로 얻었으니 과연 그것이 효력이 있을지에 대해서 끝없는 의혹을 갖게 될 것이었다. 특히 아버지 이삭이 거짓을 발견하고서 사람을 잘못 본 것이다(error personae)라고 변명하고 축복을 철회할 수도 있었기 때문이다. 야곱은 이런 위험에 대해 잘 알고 있었다(12절). 만일 그렇게 했다가 축복을 놓치면 스스로 아버지의 저주를 자초하게 될 것인데, 이것이 무엇보다 두려웠던 것이다. 게다가 그는 맹인에게 길을 잃게 하는 자에게 임하는 하나님의 저주(신 27:18)를 받을지도 모르는 상황이었다. 만일 리브가가 이삭이 에서에게 축복할 것을 약속하는 것을 듣고서 이삭에게 나아가 겸손하고도 진지한 자세로 아들들에 관하여 하나님께서 하신 말씀을 기억나게 해주었더라면, 에서가 장자의 명분을 가볍게 여겨 그것을 스스로 포기한 일이며,

이방의 아내들을 맞은 일 등을 그에게 소상히 알려 주었더라면, 아마도 이삭은 그런 사실들을 듣고서 생각이 바뀌어 야곱에게 스스로 축복해 주었을 것이며, 그를 속이는 오류를 범할 필요가 없었을 것이다. 그렇게 했더라면 그 일은 존귀한 일이요 칭찬 받을 만한 일이요, 역사에서도 아주 모범적인 일로 제시되었을 것이다. 그러나 하나님은 이 일에서 리브가를 그냥 홀로 두셨고, 이처럼 간접적인 과정을 취하도록 하셔서 결국 악을 선으로 바꾸심으로, 사람들의 죄와 어리석음으로 자신의 목적을 이루심으로, 친히 영광을 받고자 하셨고, 그리하여 우리도 세상에 악과 간사함이 그렇게 많으나 하나님이 그것을 그의 뜻대로 다스리시며 그의 찬송이 되게 하신다는 것을 깨닫고 만족을 얻게 하신 것이다. **능력과 지혜가 그에게 있고 속은 자와 속이는 자가 다 그에게 속하였다**(욥 12:16). 이삭은 시력을 잃었으므로, 사물을 분간할 수가 없었다. 한 사람도 얼굴이 정확히 똑같은 경우가 없도록 섭리가 놀랍게 역사하였다. 그렇게 얼굴이 다양하지 않다면 행동도 상거래도 거의 유지될 수 없었을 것이다. 그러므로 리브가는 이것을 이용하여 이삭을 속이기를 시도한다.

1. 이삭의 미각(味覺)을 속이려 하였다. 맛깔 나는 고기들을 요리하고 간을 맞추어 베풀어서, 이삭이 그것을 사냥해 온 고기로 믿도록 만들었다. 이는 어려운 일이 아니었다. 세련된 미각을 갖고서 음식을 탐하며, 그것을 음미하며 그것에 대해 자부심을 갖는 자들의 어리석음을 보라. 그들이 싫어하고 멸시하는 그런 음식으로 그들을 속이기가 쉽다. 그것들이 그들이 좋아하는 음식과 별로 차이가 없으니 말이다. 솔로몬은 맛있는 음식은 속이는 음식이라고 하였다(잠 23:3). 여러 가지 방식으로 우리가 그것에 속아 넘어가는 일이 얼마든지 가능하기 때문이다(잠 23:32).

2. 이삭의 촉각(觸覺)과 취각(臭覺)을 속이려 하였다. 에서가 아버지에게서 축복을 받기 위해 나아갈 때에 그에 대한 기쁨과 존경의 표시로 입었음직한 의복을 야곱에게 입혔다. 이삭은 그 재질과 모양과 냄새를 통해서 그것이 에서의 것임을 알고 있었다. 하늘 아버지께 축복을 받으려면, 우리는 많은 형제들 가운데 맏아들이신 우리의 형님의 의복을 입고 나아가야 하고, 그의 의(義)로 옷 입어야 한다. 야곱의 손과 목덜미가 매끈매끈하고 부드러워 탄로가 날까봐 리브가는 새로 잡은 염소 새끼의 가죽으로 몸을 둘러싸게 하였다(16절). 에서는 털이 많고 탄탄한 근육을 지닌 사람이었으므로 그것을 흉내내지 않고서는 야

곱이 에서처럼 보일 수가 없었다. 거칠고 울퉁불퉁하게 보이려는 자들은 사람 위에 짐승을 뒤집어쓰며, 그렇게 자기를 위장함으로써 스스로 부끄러움을 당하게 된다. 그리고 마지막으로, 야곱이 아버지의 저주를 받을 위험을 지적하며 반대할 때에, 리브가가 한 말은 매우 경솔한 것이었다. 내 아들아 너의 저주는 내게로 돌리리니(13절). 견딜 능력이 있으시므로 구원하실 능력이 있으신 그리스도께서도, 저주는 내게로 돌리리니 내 말만 따르라고 말씀하셨다. 그는 복음의 명령의 멍에를 지게 될 모든 사람들을 위하여 율법의 저주의 짐을 지고 태어나신 것이다. 그러나, 까닭 없는 저주처럼 이루어지지 아니할 저주가 아닌 이상(잠 26:2), 피조물로서 저주는 내게로 돌리리라 라는 말을 한다는 것은 너무나도 대담한 것이다.

18야곱이 아버지에게 나아가서 내 아버지여 하고 부르니 이르되 내가 여기 있노라
내 아들아 네가 누구냐 19야곱이 아버지에게 대답하되 나는 아버지의 맏아들 에서
로소이다 아버지께서 내게 명하신 대로 내가 하였사오니 원하건대 일어나 앉아서
내가 사냥한 고기를 잡수시고 아버지 마음껏 내게 축복하소서 20이삭이 그의 아들
에게 이르되 내 아들아 네가 어떻게 이같이 속히 잡았느냐 그가 이르되 아버지의
하나님 여호와께서 나로 순조롭게 만나게 하셨음이니이다 21이삭이 야곱에게 이르
되 내 아들아 가까이 오라 네가 과연 내 아들 에서인지 아닌지 내가 너를 만져보려
하노라 22야곱이 그 아버지 이삭에게 가까이 가니 이삭이 만지며 이르되 음성은 야
곱의 음성이나 손은 에서의 손이로다 하며 23그의 손이 형 에서의 손과 같이 털이
있으므로 분별하지 못하고 축복하였더라 24이삭이 이르되 네가 참 내 아들 에서냐
그가 대답하되 그러하니이다 25이삭이 이르되 내게로 가져오라 내 아들이 사냥한
고기를 먹고 내 마음껏 네게 축복하리라 야곱이 그에게로 가져가매 그가 먹고 또
포도주를 가져가매 그가 마시고 26그의 아버지 이삭이 그에게 이르되 내 아들아 가
까이 와서 내게 입맞추라 27그가 가까이 가서 그에게 입맞추니 아버지가 그의 옷의
향취를 맡고 그에게 축복하여 이르되 내 아들의 향취는 여호와께서 복 주신 밭의
향취로다 28하나님은 하늘의 이슬과 땅의 기름짐이며 풍성한 곡식과 포도주를 네게
주시기를 원하노라 29만민이 너를 섬기고 열국이 네게 굴복하리니 네가 형제들의
주가 되고 네 어머니의 아들들이 네게 굴복하며 너를 저주하는 자는 저주를 받고
너를 축복하는 자는 복을 받기를 원하노라

여기서 관찰하라.

I. 야곱이 이 음모를 기술과 확신으로 진행시킴. 이 조용한 사람이 이런 속임수에서 자기의 역할을 그렇게 잘 감당하리라고 과연 누가 생각이나 했겠는가? 그의 어머니가 그렇게 하도록 만들었고, 그를 격려하였으며, 이에 그는 한 번도 해 본 일이 없고 언제나 혐오했던 그런 일을 빈틈없이 잘 감당하였다. 주목하라. 거짓말은 아주 쉽게 배운다. 시편 기자는 나면서부터 곁길로 나아가 거짓을 말하는 사람에 대해 말씀한다(시 58:3; 렘 9:5). 정직하던 야곱이 어떻게 그렇게 쉽게 혀를 굴려서, 나는 아버지의 맏아들 에서로소이다(19절)라고 말할 수 있었는지 어처구니가 없다. 어떤 이들은 야곱이, 나는 아버지의 맏아들이 된 자로소이다(즉, 장자의 명분을 값 주고 사서)라고 말한 것으로 보아 야곱의 거짓말의 강도를 다소 누그러뜨리려 하나 이것도 합당치 않다. 아버지 이삭이, 네가 참 내 아들 에서냐? 라고 묻자, 그는 그러하니이다 라고 대답하기 때문이다(24절). 아버지에게서 명령을 받은 적이 없었는데, 어떻게 그가 아버지께서 내게 명하신 대로 내가 하였사오니 라고 말할 수 있었겠는가? 그것은 오로지 그의 어머니가 그렇게 말하도록 종용하였기 때문이었다. 자기가 가져가는 고기가 부엌에서 만든 것이요 사냥한 것이 아니라는 것을 잘 알고 있으면서, 어떻게 내가 사냥한 고기를 잡수소서 라고 말할 수 있었는가? 그러나 특별히 궁금한 것은 그가 아버지께 확신 있게 말하면서 어떻게 자기의 거짓말에 하나님의 이름을 사용할 수 있었는가 하는 것이다. 아버지의 하나님 여호와께서 나로 순조롭게 만나게 하셨음이니이다(20절). 과연 이것이 야곱이란 말인가? 이것이 과연 순전한 이스라엘이란 말인가? 이것은 우리더러 본받게 하기 위해서가 아니라, 교훈을 받게 하기 위하여 기록된 것임이 분명하다. 선 줄로 아는 자는 넘어질까 조심하라. 선한 사람들도 때로는 자기들이 가장 탁월하게 발휘해 온 바로 그 은혜들을 시행하는 일에서 실패하기도 하는 법이다.

II. 이 음모가 성공을 거둠. 야곱은 약간의 어려움 끝에 아버지를 속이고 축복을 받았다.

1. 이삭은 처음에는 만족하지 않았고, 자기의 귀를 신뢰할 수 있었으면 그 속임수를 밝혀낼 수도 있었다. 음성은 야곱의 음성이었기 때문이다(22절). 하나님의 섭리는 사람의 얼굴뿐 아니라 음성까지도 사람마다 다르도록 역사하였고, 그리하여 이를 활용하여 속임당하는 것을 사전에 방지하게 된다. 그리고 음성

은 흉내를 내거나 위장하기가 쉽지 않다. 이것을 외식자들의 성격을 예증하는 것으로 취할 수도 있을 것이다. 그의 음성은 야곱의 음성이나, 그의 손은 에서의 손이다. 성도의 언어를 구사하나, 죄인의 일을 행하는 것이다. 그러나 여기서처럼 음성이 아니라 손으로 판단을 받는 것이다.

2. 이삭은 결국 속임수의 힘에 굴복하고 말았다. 그의 손이 형 에서의 손과 같이 털이 있으므로(23절). 털을 가짜로 속이기가 얼마나 쉬운지를 생각하지 못한 것이다. 이제 야곱은 자기 일을 능숙하게 처리하였다. 아버지 앞에 사냥 고기를 베풀고 식사가 끝나기까지 공손하게 식탁에서 시중을 들었다. 그리고 이 엄숙한 잔치의 마지막에 축복이 선포된다. 리브가와 야곱의 이 범죄를 다소나마 경감시켜 주는 것은, 그 속임수가 하나님의 말씀을 뒤집는 일을 속히 이루기 위해서가 아니라 그 일을 막기 위해 저지른 것이라는 점이다. 축복이 다른 사람에게 잘못 전해질 찰나였으므로, 그들은 이 때야말로 행동을 개시할 때라고 생각한 것이다. 이제 이삭이 어떻게 야곱에게 축복을 베푸는지를 보자(26-29절). (1) 이삭은 특별한 애정의 표시로 그를 포옹하였다. 하나님의 축복을 받는 자들은 입맞춤을 받으며, 그들은 사랑과 충성으로 그의 아들에게 입 맞추는 것이다(시 2:12). (2) 그는 그를 칭찬하였다. 아버지가 그의 옷의 향취를 맡고 그에게 축복하여 이르되 내 아들의 향취는 여호와께서 복 주신 밭의 향취로다. 즉, 지극히 아름다운 향기를 내는 꽃들의 향기와도 같다는 뜻이다. 하나님께서 그를 복 주신 것이 나타났으니, 그러므로 이삭이 그를 축복하려 하는 것이다. (3) 그는 그를 위해 기도하였고, 기도 중에 그에 관하여 예언하였다. 부모는 자녀들을 위해 기도하며 여호와의 이름으로 그들을 축복할 의무가 있다. 그리고 세례를 통해서는 물론 그렇게 함으로써, 그들의 가족 내에서의 언약의 효력을 보존하고 영속화할 수 있는 것이다. 그러나 이삭이 행한 이 축복은 여느 축복과는 다른 매우 특별한 축복이었다. 섭리가 역사하여 이삭이 잘 모르고 실수로 야곱에게 그 축복을 베풀게 되니, 그가 그 축복을 받은 것은 이삭이 아니라 하나님께로부터 말미암은 것이었다. 야곱은 여기서 세 가지를 축복으로 받는다. [1] 풍족함(28절). 하늘과 땅이 함께 역사하여 그를 부자로 만들리라는 축복을 받는다. [2] 권세(29절). 특히 형, 즉 에서와 그의 후손들을 다스리는 권세를 누리라는 축복을 받는다. [3] 하나님이 그와 함께하심과 하늘에서 그에 대해 큰 관심으로 역사하심. "너를 저주하는 자는 저주를 받고 너를 축복하는 자는 복을 받기를 원하노

라. 하나님이 네 모든 친구들에게 친구가 되시고, 네 모든 원수들에게 원수가 되시기를 원하노라." 이 축복에는 첫 눈에 보이는 것보다 더 많은 내용이 들어 있는 것이 분명하다. 이는 메시야에 대한 약속과 교회에 대한 약속을 포괄하는 것이다. 이것은 족장들의 언어로 유일무이한 그 축복으로서, 다음과 같은 영적인 내용이 거기에 포함되어 있는 것이 분명하다. 첫째로, 이 땅을 주권적으로 다스릴 메시야가 그에게서 나오리라는 것. 사람들이 섬기며 민족들이 절할 자가 바로 그의 가문의 끝가지인 것이다. 한 별이, 한 규가, 주권자가 야곱에게서 나며(민 24:17, 19). 에서에 대한 다스림은 이것의 모형일 뿐일 것이었다(49:10). 둘째로, 하늘이 특별히 소유하고 친애하는 교회가 그에게서 나오리라는 것. 이것은 아브라함이 처음 믿는 자들의 조상이라 불릴 때에 받은바 너를 축복하는 자에게는 내가 복을 내리리라는 축복에 속하는 것이었다(12:3). 그러므로 후에 이삭이 야곱에게 준 축복을 확증할 때에 그는 그것을 아브라함에게 허락하신 복이라 부른 것이다(28:4). 발람도 이것을 설명하고 있다(민 24:9). 주목하라. 그리스도 및 교회와의 관계 속에 있고, 그리스도의 권세와 교회의 사랑에 관심을 갖는 것이야말로 최고의 축복이요 가장 바람직한 축복인 것이다.

30이삭이 야곱에게 축복하기를 마치매 야곱이 그의 아버지 이삭 앞에서 나가자 곧
그의 형 에서가 사냥하여 돌아온지라 31그가 별미를 만들어 아버지에게로 가지고
가서 이르되 아버지여 일어나서 아들이 사냥한 고기를 잡수시고 마음껏 내게 축복
하소서 32그의 아버지 이삭이 그에게 이르되 너는 누구냐 그가 대답하되 나는 아버
지의 아들 곧 아버지의 맏아들 에서로소이다 33이삭이 심히 크게 떨며 이르되 그러
면 사냥한 고기를 내게 가져온 자가 누구냐 네가 오기 전에 내가 다 먹고 그를 위
하여 축복하였은즉 그가 반드시 복을 받을 것이니라 34에서가 그의 아버지의 말을
듣고 소리 내어 울며 아버지에게 이르되 내 아버지여 내게 축복하소서 내게도 그
리하소서 35이삭이 이르되 네 아우가 와서 속여 네 복을 빼앗았도다 36에서가 이르
되 그의 이름을 야곱이라 함이 합당하지 아니하니이까 그가 나를 속임이 이것이
두 번째니이다 전에는 나의 장자의 명분을 빼앗고 이제는 내 복을 빼앗았나이다
또 이르되 아버지께서 나를 위하여 빌 복을 남기지 아니하셨나이까 37이삭이 에서
에게 대답하여 이르되 내가 그를 너의 주로 세우고 그의 모든 형제를 내가 그에게
종으로 주었으며 곡식과 포도주를 그에게 주었으니 내 아들아 내가 네게 무엇을

할 수 있으랴 [38]에서가 아버지에게 이르되 내 아버지여 아버지가 빌 복이 이 하나
뿐이리이까 내 아버지여 내게 축복하소서 내게도 그리하소서 하고 소리를 높여 우
니 [39]그 아버지 이삭이 그에게 대답하여 이르되 네 주소는 땅의 기름짐에서 멀고 내
리는 하늘 이슬에서 멀 것이며 [40]너는 칼을 믿고 생활하겠고 네 아우를 섬길 것이며
네가 매임을 벗을 때에는 그 멍에를 네 목에서 떨쳐버리리라 하였더라

여기서 다음을 보라.

I. 에서가 언약의 축복을 얻지 못함. 장자의 명분을 그렇게 가볍게 여긴 그가 축복을 이어받으려고 눈물을 흘리며 아버지께 구하되 버린 바가 되어 회개할 기회를 얻지 못하였다(히 12:17). 관찰하라.

1. 그는 그것을 얻으려고 조심스럽게 행하였다. 그는 아버지가 지시한 대로 맛난 음식을 마련하였고, 아버지가 말씀한 대로 축복을 구하였다(31절). 그리고 야곱이 이미 속임수를 써서 그 축복을 받아갔다는 것을 알고서 크게 소리 내어 비통하게 울었다(31절). 지극히 큰 실망감과 좌절이 마음을 가득 메웠다. 그는 아버지의 장막에서 슬픔의 눈물을 흘렸고, 다시 소리를 높여 울었다(38절). 주목하라. 지금은 언약의 축복들을 가볍게 여기고, 아무것도 아닌 것을 위하여 그 축복의 명분을 팔아치우나, 장차 날이 이르리니 그들이 그것들을 간절히 구하나 구하지 못하게 될 것이다. 지금은 구하지도 찾지도 않을 자들이 후에는 문을 두드리며, 주여 주여 라고 외치게 될 것이다. 그리스도를 가벼이 여겨 멸시하는 자들이 그 때에는 그에게 구걸하게 될 것이다.

2. 그는 축복을 얻지 못했다. 이삭은 자신이 속임을 당한 사실을 알고서 심히 크게 떨었다(33절). 하나님의 뜻의 지시를 따르지 않고 자기들이 택한 것을 따르는 자들은 이와 같은 황당한 일에 연루되게 된다. 그러나 그는 진정하고서 야곱에게 베푼 축복을 재확인한다. 그를 위하여 축복하였은즉 그가 반드시 복을 받을 것이니라. 거짓으로 접근한 것이 드러났으니 하고자 했다면 그 축복들을 철회할 수도 있었을 것이다. 그러나 이제 자기가 그 축복을 에서에게 주려고 한 것이 실수였다는 것을 지각한 것이다. 하나님의 말씀을 되새겼거나, 아니면 야곱에게 축복할 때에 보통 때와는 달리 성령이 더욱 충만히 역사하신 것을 지각했을 것이다. 그리하여 그는 하나님이 그 일을 하신 것을 직감하였고, 그것에 대해 아멘으로 화답하는 것이다. 그런데, (1) 이로써 야곱은 자기가 축복을

소유한 사실을 확증받았고, 자신이 간계를 써서 그것을 받았음에도 불구하고 그것이 당위성을 지닌다는 것에 지극히 만족하였다. 그러므로 또한 하나님께서 자신의 그릇된 처신을 은혜로이 용서하실 것이라는 소망도 가지게 되었다. (2) 이로써 이삭은 비록 자기의 기대와 애착과는 어긋나는 것이지만, 하나님의 뜻을 인정하고 받아들였다. 그는 에서에게 축복을 베풀 마음이었으나, 하나님의 뜻이 다른 데 있다는 것을 깨닫고서 거기에 굴복하였다. 그보다 앞서서 아브라함이 이스마엘을 위하여 축복할 때에 그랬던 것처럼, 이삭도 이 일에서 믿음으로 행한 것이다(히 11:20). 하나님께서 자기 백성들에게 자기의 뜻대로 행하지 않으시겠는가? (3) 에서는 장자의 명분을 팔 때에도 이 특별한 축복은 자기에게 보존되어 있을 것으로 여겼으나, 결국 이로써 그 특별한 축복에 대한 기대가 사라지고 말았다. 우리는 이 기사를 통해서 다음과 같은 교훈을 얻게 된다. [1] 그것은 원하는 자로 말미암음도 아니요 달음박질하는 자로 말미암음도 아니요 오직 긍휼히 여기시는 하나님으로 말미암음이니라(롬 9:16). 사도 바울은 이 이야기를 염두에 두고서 말씀하는 것 같다. 에서는 그 축복을 얻기를 원했고, 그것을 위해 달음박질하였다. 그러나 긍휼히 여기시는 하나님은 그것을 야곱에게 주시기로 계획하고 계셨고, 그리하여 하나님의 뜻이 행위로 말미암지 않고 오직 부르시는 이로 말미암아 서게 하려 하신 것이다(롬 9:11). 유대인들은 에서처럼 의의 법을 따라갔으나(롬 9:31) 의의 축복을 놓치고 말았으니, 이는 행위를 의지함 때문이었다(롬 9:32). 그러나 이방인들은 야곱처럼 하나님의 말씀을 믿는 믿음으로 그것을 추구하였고, 천국을 침노하는 힘으로 그것을 얻었다(마 11:12). [2] 영적인 장자의 명분을 가볍게 여기고 한 그릇 음식을 받고 그것을 팔아버릴 수 있는 자들은 영적인 축복들을 저버리는 것이니, 하나님이 그들에게 그것들을 베풀어주시지 않는 것은 지극히 정당한 일이다. 이 세상의 명예와 부귀와 쾌락을 위하여 지혜와 은혜와 믿음과 선한 양심을 버리는 자들은 아무리 축복에 대한 열심이 있는 체하더라도 이미 스스로 그 축복에 합당치 않은 자들임을 드러낸 것이요, 따라서 거기에 상응하는 운명을 당할 수밖에 없는 것이다. [3] 분노로 손을 드는 자들은 헛되이 손을 드는 것이다. 에서는 자기 자신의 어리석음을 회개하기는커녕 오히려 동생을 욕하였고, 자기가 오래 전에 이미 장자의 명분을 팔아 놓고도 그것을 빼앗아갔다고 부당하게 혐의를 씌웠고(36절), 동생을 향하여 악의를 품었다(41절). 자기 자신에게 분노를 터뜨려야 하는데 형제에게 분노를 터뜨리며, 자기의 허물을 다른 사람의 탓으로 돌리는 자들은 대개 기도를 잘 하지 않는다. [4] 전혀 구하지 않고 있다가 이미 늦어버린 때에야 구하는 자들은 얻지 못할 것이다. 제 때에 오지 않았다는 것이야말로 에서의 패망의 원인이었다. 하나님께서 받아주시고, 하나님을 만날 만한 때가 있는 것처럼, 정해진 때를 소홀히 하였기 때문에 그에게 구해도 응답하시지 않을 때가 있는 것이다. 잠 1:28을 보라. 하나님이 인내하시고 우리를 용납하시는 기한은 항상 계속되는 것이 아니다. 은혜의 날이 끝나고 문이 닫힐 때가 온다. 지금은 그 축복을 멸시하나 그 때에는 뒤늦게 그 가치를 알고서, 그것이 없이는 망할 수밖에 없다는 것을 깨닫고서, 많은 이들이 조심스럽게 그 축복을 얻으려 하나 얻지 못할 것이다(눅 13:25-27). 그러므로 우리에게 주어진 이 날이 가기 전에 우리의 평화에 관한 일을 깨달아야 하겠다!

Ⅱ. 일반적인 축복이 에서에게 베풀어짐.

1. 그는 그것을 바랐다. **내 아버지여 내게 축복하소서**(34절). **나를 위하여 빌 복을 남기지 아니하셨나이까?**(36절). 주목하라. (1) 아무리 악한 사람도 자기에게 좋은 것을 바랄 줄은 알며, 심지어 속되게 자기의 장자의 명분을 파는 자도 복을 구하여 경건하게 보이는 법이다. 올바른 목적도, 수단의 바른 사용도 없이 그저 행복만을 바라는 것 때문에 많은 사람들이 속아 패망에 이르는 법이다. 수많은 이들이 입에 선한 소원을 가득 담고서 지옥으로 들어간다. 게으른 자와 불경한 자들의 소원이 그들을 죽인다. 에서처럼 들어가기를 바라나, 힘쓰지 않기 때문에 들어갈 수 없는 사람들이 많을 것이다(눅 13:24). (2) 대부분의 사람들이 여기서 에서가 장자의 명분과는 전혀 관계없는 2등급의 축복만을 바란 것처럼, 대부분의 사람들이 그것으로 선을 얻기를 바란다(시 4:6). 속된 사람들은 그 어떤 복이라도 하나님의 말씀에서 나오는 복만큼 좋은 것으로 생각한다. **나를 위하여 빌 복을 남기지 아니하셨나이까?** 이는 마치 이런 뜻과도 같다. "무엇이라도 취하겠나이다. 교회의 복은 가지지 못할지라도, 아무것이라도 좋으니 복을 내게 주소서."

2. 그는 이 복을 받았다. 그러니 그것을 최대한으로 누리면 되었다(39, 40절).

(1) 그 복은 좋은 것으로서 그가 받아 마땅한 것보다 나았다. 그에게는, [1] 윤택한 생활이 있을 것이 약속된다. **땅의 기름짐과 하늘 이슬.** 주목하라. 언약의 축복에 이르지 못하는 자라도 얼마든지 외형적인 축복들의 큰 몫을 누릴 수도 있

다. 하나님은, 그의 언약을 거부하고, 그 속에 전혀 몫이 없는 많은 이들에게도 좋은 땅과 좋은 날씨를 주시는 것이다. [2] 점차적으로 그가 그의 자유를 회복하리라는 것이 약속된다. 야곱이 다스린다면(29절), 에서는 섬겨야 한다. 그러나 에서에게는 이런 위로가 있으니, 곧 그가 **칼을 믿고 생활하리라**는 것이다. 그가 섬길 것이나, 그러나 굶주리지는 않을 것이요, 많은 어려움과 고통 후에 결국 종노릇의 멍에를 깨뜨리고 자유를 입을 것이라는 것이다. 이는 에돔 족속이 봉기할 때에 성취되었다(왕하 8:20, 22).

(2) 그러나 에서의 축복은 야곱이 받은 축복에는 크게 못 미쳤다. 그에게는 하나님께서 더 나은 것을 남겨두신 것이다. [1] 야곱의 축복에서는 하늘 이슬이 가장 가치 있고 사람이 바라며 의지할 것으로 먼저 언급된다. 에서의 축복에서는 땅의 기름짐이 먼저 언급되는데, 이는 그가 주로 관심을 두던 것이 바로 그것이었기 때문이다. [2] 에서는 스스로 이것들을 가지나, 야곱은 그것들을 하나님의 손으로부터 받는다. **하나님은 … 네게 주시기를 원하노라**(28절). 에서에게는 그것들을 소유하는 것만으로 족했다. 그러나 야곱의 경우는 약속으로 말미암아, 언약의 사랑으로부터 그것들을 얻기를 바란 것이다. [3] 야곱은 그 형제를 다스릴 것이다. 그러므로 이스라엘 자손들이 에돔 족속들을 자주 지배하게 될 것이다. 에서도 어느 정도는 권세와 능력을 얻을 것이다. 그러나 그 동생에 대해서는 절대로 지배하지 못할 것이다. 유대인들이 에돔 족속의 손에 팔려갔다거나 그들이 유대인들을 압제한 일은 한 번도 없다. 그러나 큰 차이는, 에서의 축복에는 그리스도를 지향하는 것이 하나도 없으며, 그나 그의 자손들을 하나님의 교회와 언약 속으로 들어가게 하는 것이 하나도 없다는 점이다. 이것이 없다면 땅의 기름짐과 곡식의 풍족함이 크게 소용이 없을 것이다. 이렇게 해서 이삭은 믿음으로 아들들을 그들의 합당한 몫에 따라 축복하였다. 어떤 이들은 야곱은 입맞춤으로 복을 받았고(27절), 에서는 그렇지 못했다는 점을 지적하기도 한다.

[41]그의 아버지가 야곱에게 축복한 그 축복으로 말미암아 에서가 야곱을 미워하여 심중에 이르기를 아버지를 곡할 때가 가까웠은즉 내가 내 아우 야곱을 죽이리라 하였더니 [42]맏아들 에서의 이 말이 리브가에게 들리매 이에 사람을 보내어 작은 아들 야곱을 불러 그에게 이르되 네 형 에서가 너를 죽여 그 한을 풀려 하니 [43]내 아들

아 내 말을 따라 일어나 하란으로 가서 내 오라버니 라반에게로 피신하여 [44]네 형의
노가 풀리기까지 몇 날 동안 그와 함께 거주하라 [45]네 형의 분노가 풀려 네가 자기
에게 행한 것을 잊어버리거든 내가 곧 사람을 보내어 너를 거기서 불러오리라 어
찌 하루에 너희 둘을 잃으랴 [46]리브가가 이삭에게 이르되 내가 헷 사람의 딸들로 말
미암아 내 삶이 싫어졌거늘 야곱이 만일 이 땅의 딸들 중에서 아내를 맞이하면 내
삶이 내게 무슨 재미가 있으리이까

여기서는 다음을 보라.

I. 야곱이 축복을 받은 것 때문에 에서가 야곱에게 악의를 품음(41절). 가인도 자신이 스스로 무가치하게 행하여 하나님에게서 받지 못한 것을 동생이 받았다는 것 때문에 그를 살해하였는데, 여기서 에서는 가인의 전철을 밟고 있다. 야곱에 대한 에서의 미움은, 1. 이유 없는 미움이었다. 그가 야곱을 미워한 이유는 오로지 아버지가 그를 축복하였고 하나님이 그를 사랑하셨다는 것뿐이었다. 주목하라. 성도들의 행복은 죄인들의 시기거리다. 하늘이 복 주는 자들을 지옥은 저주하는 것이다. 2. 잔인한 미움이었다. 동생을 죽이는 것 이외에는 그 어떠한 것으로도 만족할 수가 없었다. 박해자들은 성도들의 피에 목말라 헤매는 것이다. 내가 내 아우 야곱을 죽이리라. 두려운 마음도 없이 어떻게 그런 말을 할 수 있는가? 어떻게 그를 아우라 부르면서 그를 죽이겠다고 할 수 있는가? 주목하라. 박해자들의 혈기는 그 어떠한 끈도, 아무리 강하고 아무리 신성한 결속 관계도 막을 수가 없다. 3. 정치적인 미움이었다. 그는 아버지가 곧 사망할 것이요, 그렇게 되면 형제들 간에 재산권 다툼이 생길 것인데, 이를 이용하여 원수를 갚겠다는 심사였다. 그는 아우가 칼로 죽지 않으면 칼을 믿고 생활하는 것만으로는 족하지 못하다고 생각하였다(40절). 아버지가 살아 있을 때에 그를 괴롭게 하기는 원치 않으니, 그가 죽을 때까지 아우를 살해하는 일을 미루려 하였다. 그러나 살아 있는 어머니가 그 일을 얼마나 괴로워할지에 대해서는 개의치 않은 것이다. 주목하라. (1) 선한 부모를 짐으로 여기고, 그들이 죽기를 바라고 기다리는 자들은 나쁜 자녀들이다. (2) 나쁜 사람들은 그들이 행하고자 하는 악행을 행하지 못하도록 외형적인 세세 장치들로써 세새들 막으며, 그리하여 그들의 악한 목적들이 무산된다. (3) 하나님의 뜻을 스스로 이길 수 있다고 생각하는 자들은 반드시 자신에 대해 실망하게 될 것이다. 에서는 야곱이

결혼하기 전에 그의 목숨을 제거함으로써 그나 그의 자손이 통치권을 쥐지 못하도록 미연에 방지하는 것을 목표로 삼았다. 그러나 하나님께서 하신 말씀을 과연 누가 무산시킬 수 있단 말인가? 하나님의 경륜에 대해 사람들이 투정부릴 수는 있어도, 그것들을 바꾸지는 못하는 것이다.

Ⅱ. 리브가가 이 불행을 막기 위해 방도를 취함.

1. 리브가는 야곱에게 그에게 닥친 위험에 대해 경계시키고, 신변의 안전을 위하여 잠시 떠나 있도록 권고하였다. 리브가는 에서가 야곱을 죽일 기회를 잡으려 한다는 것을 듣고서 야곱에게 전해 주었다(42절). 그렇게 처참하고 야만적인 생각이 과연 사람에게 위로를 준다는 생각을 어떻게 할 수 있겠는가? 만일 에서가 자기 계획을 혼자만 생각하고 있었다면, 어머니가 그것을 눈치채지는 못했을 것이다. 그러나 사람이 죄 중에 몰입하게 되면 스스로 교만에 빠지는 경우가 많다. 그리고 그들의 혈기가 너무 강하여 속으로 감추어지지 않고 공중의 새들이 그 소리를 듣기 때문에, 그들의 사악한 도모가 이루어지지 못하는 경우도 많다. 여기서 관찰하라.

(1) 리브가의 두려움. 리브가는 두 아들을 동시에 잃을까 두려워하였다. **어찌 하루에 너희 둘을 잃으랴?**(45절). 살해당하는 자를 잃어버리는 것은 물론, 살해하는 자도, 관리를 통해서나 하나님의 직접적인 손길을 통해서나 정의를 이루기 위하여 희생되는 것을 그녀는 그대로 묵인할 수밖에 없고, 그리하여 그것을 두려워한 것이다. 아니면, 에서가 살해를 강행하면 그에 대한 기쁨과 위로가 완전히 사라질 것이었으므로 그것을 두려워한 것이다. 덕을 잃어버린 자들은 어떤 면에서 이웃과 친지들 모두에게 잃어버린 자들이다. 마귀의 자식으로밖에는 볼 수 없는 자식을 어떻게 기쁨으로 바라볼 수 있겠는가?

(2) 리브가의 희망. 리브가는 야곱이 잠시 눈에서 사라져서, 에서가 그에 대해 갖고 있는 맹렬한 분노가 점차 사라지기를 바랐다. 시간적으로 공간적으로 떨어져 있으면 혈기의 강도가 약화되고 사라진다. 리브가는 에서의 분노가 사라질 것이라고 스스로 다짐하였다. 주목하라. 양보가 큰 거리낌을 유화시켜 준다. 선한 대의가 있고 또한 하나님께서도 함께 하시는 자들이라도, 이런 지혜로운 방법을 써서 스스로를 보존해야 하는 것이다.

2. 리브가는 이삭에게 야곱이 그녀의 친척들에게로 가야 할 필요성을 인식시킨다. 곧, 야곱이 그들에게로 가서 아내를 얻어야 한다는 것이었다(46절). 그러

나 남편을 괴롭게 만들기를 원치 않았으므로 야곱을 죽이려는 에서의 악한 계획에 대해서는 그에게 말하지 않고, 지혜롭게 다른 문제를 제기하여 그를 설득하였다. 이삭은 에서가 헷 족속과 합당치 않은 결혼을 하였으므로 그 문제에 대해 마음이 편치 않았고, 따라서 리브가는 야곱이 더 나은 원리를 지닌 자와 결혼하여야 한다는 논리를 제시하여 그를 설득한 것이다. 주목하라. 한 번의 실수는 또 다른 실수를 막는 경고의 역할을 해야 한다. 같은 돌에 두 번씩 걸려 넘어진다면 그것은 정말 부주의한 처사다. 그러나 리브가는 이 문제에 대해 자신의 의견을 표현하면서 너무 격한 언사를 썼다. **야곱이 만일 이 땅의 딸들 중에서 아내를 맞이하면 내 삶이 내게 무슨 재미가 있으리이까?** 우리의 위로가 한 손에만 있는 것이 아니라는 것이 얼마나 감사한 일인지 모른다. 우리가 모든 일을 일일이 다 생각하지 않아도, 우리의 대인 관계가 모든 점에서 우리에게 유익이 되지 않아도, 여전히 우리가 삶의 일을 행할 수 있고 삶의 위로거리들을 누릴 수 있으니 말이다. 어쩌면 리브가가 이 문제를 거론한 것이 이삭의 마음을 돌려서 속히 일을 추진시키기 위해서는 그렇게 하는 것이 반드시 필요하다고 보았기 때문이었을 것이다. 관찰하라. 야곱이 앞날이 창창하고 신앙이 확실하였으나, 그럼에도 불구하고 시험의 길에서 벗어날 필요가 있었다. 그 역시 형의 나쁜 모범을 좇고, 그 함정에 빠질 위험이 다분했던 것이다. 지극히 희망적이고 기대가 되는 자식들에 대해서도 지혜와 결단만을 지나치게 믿고 안이한 자세를 취해서는 안 되며, 해로운 길로 들어서지 않도록 조심스럽게 지켜야 하는 것이다.

제 28 장

개요

본 장의 주요 내용은 다음과 같다. I. 야곱이 부모를 떠나 밧단아람으로 감. 아버지가 그에게 준 당부(1, 2절), 아버지의 축복(3, 4절), 야곱이 주어진 명령대로 순종함(5, 10절), 그리고 이것이 에서에게 영향을 미침(6-9절). II. 야곱이 도중에 하나님을 만나 그와 교류함. 1. 그가 사닥다리의 이상을 봄(11, 12절). 2. 하나님이 그에게 은혜로이 약속을 주심(13-15절). 3. 이것에 대한 야곱의 반응(16-19절). 4. 그가 이를 계기로 하나님께 맹세함(20-22절).

1이삭이 야곱을 불러 그에게 축복하고 또 당부하여 이르되 너는 가나안 사람의 딸
들 중에서 아내를 맞이하지 말고 2일어나 밧단아람으로 가서 네 외조부 브두엘의
집에 이르러 거기서 네 외삼촌 라반의 딸 중에서 아내를 맞이하라 3전능하신 하나
님이 네게 복을 주시어 네가 생육하고 번성하게 하여 네가 여러 족속을 이루게 하
시고 4아브라함에게 허락하신 복을 네게 주시되 너와 함께 네 자손에게도 주사 하
나님이 아브라함에게 주신 땅 곧 네가 거류하는 땅을 네가 차지하게 하시기를 원
하노라 5이에 이삭이 야곱을 보내매 그가 밧단아람으로 가서 라반에게 이르렀으니
라반은 아람 사람 브두엘의 아들이요 야곱과 에서의 어머니 리브가의 오라비더라

야곱은 축복을 받자마자 자기 땅에서 도피하여야 할 처지가 되었다. 그 곳에서 낯선 자와 임시 거류민인 것으로 부족하기라도 한 듯, 다른 땅으로 유배를 당하여 가는 것보다 나을 것이 없는 처지가 된다. 야곱이 아람의 들로 도망하였으며(호 12:12). 그는 풍성한 곡식과 포도주를 축복으로 받았으나 비천한 상태로 도망해야 했고, 통치를 복으로 받았으나 외지로 나가 극심하게 남을 섬겨야 하는 처지가 되었다. 이는, 1. 어쩌면 그의 아버지를 속임수로 대한 것에 대해 그를 교정하기 위함이었을 것이다. 축복이 그에게 확정될 것이지만, 그는 그것을 얻기 위해 취한 간접적인 속임수에 대해 징계를 받을 것이었다. 우리가 의무를 감당할 때에도 죄에 속한 것들이 있으면, 위로를 받을 때에도

어려움이 있을 것을 예상해야 하는 것이다. 그러나, 2. 축복을 기업으로 받는 자들이 마땅히 박해받을 것을 예상해야 한다는 교훈을 우리에게 주기 위함이었다. 그리스도 안에서 평화를 누리는 자들은 세상에서 환난을 당할 것이다(요 16:33). 이것에 대해 사전에 들었으니, 이것을 이상스럽게 여겨서는 안 되며, 후에 상급이 있을 것을 확신하고서 이를 어렵게 여기지 말아야 한다. 이와 마찬가지로, 여기서 우리는 하나님의 섭리들이 그의 약속들과 어긋나는 것처럼 보이는 때가 많다는 것을 관찰할 수 있다. 그러나, 하나님의 신비가 다 이루어지고 나면, 모든 일이 최선을 위한 것이었음을 보게 될 것이요, 또한 어긋나는 것처럼 보이던 섭리들이 오히려 약속들의 성취를 더욱더 확실하게 해 주었다는 것을 보게 될 것이다. 이제 이삭은 여기서 아들 야곱에게 다음과 같은 것을 베풀고 그를 떠나보낸다.

Ⅰ. **엄숙한 당부**. 이삭이 야곱을 불러 그에게 축복하고 또 당부하여 이르되(1, 2절). 주목하라. 축복을 받은 자들은 그것에 딸려 있는 당부를 지켜야 하며, 하나님이 하나가 되게 하신 것을 나눌 생각을 하지 말아야 한다. 그의 당부는 고후 6:14의 너희는 믿지 않는 자와 멍에를 함께 메지 말라는 당부와 유사하다. 죄 사함의 약속과 성령을 주심을 기업으로 받는 모든 자들은 그 약속들에 딸려오는 이 당부를 반드시 지켜야 한다. 너희가 이 패역한 세대에서 구원을 받으라(행 2:38-40). 특별한 사랑을 받는 자들은 특별한 사람들이어야 하는 것이다. 야곱이 약속의 상속자가 될 자라면, 그는 가나안 사람의 딸들 중에서 아내를 맞이하지 말아야 한다. 신앙을 고백하는 자들은 신앙이 없는 자들과 결혼하지 말아야 하는 것이다.

Ⅱ. **축복**(3, 4절). 이삭은 전에 자기도 모르면서 그를 축복했었다. 그러나 이제는 의도적으로 그를 축복한다. 이제 집을 떠나 당하게 될 그 외롭고 힘겨운 처지를 당한 야곱에게 더 큰 격려와 용기를 주기 위한 것이었다. 이 축복은 앞서 받은 축복보다 더 확실하고 충실하다. 이삭은 아브라함이 받은 축복의 내용을 그대로 야곱에게 전수하였다. 마치 머리에 부어진 기름이 옷깃까지 흘러내리는 것처럼, 아브라함의 머리에 부어진 축복이 택함받은 그의 자손에게로 흘러내리는 것이다. 이것은 복음의 축복이요 교회의 특권인 축복이며, 믿음으로 이방인들에게 임하는 아브라함의 축복인 것이다(갈 3:14). 이것은 전능하신 하나님께로부터 오는 축복이다. 하나님께서는 족장들에게 전능하신 하나님으로

나타나신 것이다(출 6:3). 전능하신 하나님이 축복하시는 자들은 과연 복 받은 자들이다. 그가 복을 명하시고 그가 이루시기 때문이다. 아브라함은 그 축복으로 두 가지 큰 약속을 받았는데, 이삭이 여기서 그 약속들을 야곱에게 전수해 주고 있다.

1. 자손의 약속. **전능하신 하나님이 네게 복을 주시어 네가 생육하고 번성하게 하여 네가 여러 족속을 이루게 하시고**(3절). (1) 그의 허리에서 아브라함의 자손들이 하늘의 별처럼 바닷가의 모래처럼 무수하게 나오며, 다른 민족들보다 더 번성하게 되리라는 것이다. **네가 여러 족속을 이루게 하시고.** 난외주는 이를 **네게 족속의 회중을 이루게 하시고**의 의미로 본다. 광야에서 이스라엘 지파들이 모여 있었던 것처럼 무수한 사람들이 그렇게 자주 한 회중으로 모인 예는 그 전에도 후에도 없었다. (2) 그의 허리에서, 땅의 모든 족속이 그의 안에서 복을 받게 되며 또한 그에게 모든 백성이 모이게 될 그 아브라함의 자손이 나오리라는 것이다. 야곱은 그의 안에서 과연 무수한 자손을 얻은 것이다. 왜냐하면 하늘과 땅의 만물이 그리스도 안에서 통일되며(엡 1:10), 모든 것의 중심이 그에게, 곧 땅에 떨어져 많은 열매를 맺는 그 한 알의 밀(요 12:24)에 있기 때문이다.

2. 그 자손들을 위한 기업의 약속. **네가 거류하는 땅을 네가 차지하게 하시기를 원하노라**(4절). 이로써 가나안이 야곱의 자손의 소유가 되었고, 에서의 자손은 거기서 제외되었다. 이삭은 이제 야곱을 먼 땅으로 보내어 거기서 당분간 정착하도록 하고 있다. 그러므로 이것이 가나안 땅의 소유권을 야곱에게서 몰수하는 것처럼 보이는 일이 없도록 하기 위하여, 그는 가나안의 소유권을 그에게 확정지어서, 비록 그가 잠시 그 곳에서 떠나 있다 할지라도 그 때문에 그 땅의 소유권이 박탈당하는 것이 아님을 확신하게 하는 것이다. 관찰하라. 이삭은 여기서 야곱이 거류하는 땅을 소유하게 될 것을 말씀한다. 임시로 거류하는 자들이 영원한 상속자들이 될 것이다. 그리고 지금에 와서 보더라도, 땅에서 가장 외인처럼 여겨지는 자들이 땅을 가장 많이 소유하는 자들이다. 현재의 것들에서 가장 느긋한 자세로 앉아 있는 자들이 그것을 가장 많이 누리는 자들인 것이다. 가나안은 모형이었고, 이 약속은 하늘만큼이나 높아 보인다. 야곱은 스스로 땅에서 외국인이요 나그네라 고백하였는데 그는 이 때에 다른 족장들과 더불어 더 나은 본향을 바라보고 있었던 것이다(히 11:13).

야곱은 아버지를 떠나 속히 길을 재촉하였다. 형이 그를 위해할 기회를 찾을까 두려워 속히 길을 재촉하여 밧단아람에 이르렀다(5절). 그가 아내를 취한 방식이 그의 아버지의 때와 얼마나 달랐는지 모른다. 이삭은 종들과 낙타들을 보내어 그의 아내를 데려왔으나 야곱은 친히 홀로 걸어서 가서 아내를 취하였다. 뿐만 아니라 그의 아버지의 집에서 도망하여 가야 했고, 또한 언제 돌아오게 될지도 알지 못했다. 주목하라. 하나님이 그의 섭리로 하지 못하게 하시면, 조상들의 상태나 위대함에 우리가 미치지 못한다 해도 그것으로 만족해야 할 것이다. 그들의 위엄을 유지하기보다는 그들의 경건을 유지하는 데에 더 관심을 두어야 하며, 그들처럼 위대해지려고 하기보다는 그들처럼 선해지려고 해야 할 것이다. 리브가는 여기서 야곱과 에서의 어머니라 불린다. 야곱의 이름이 먼저 기록되는데, 이는 그가 언제나 어머니의 사랑을 받았기 때문이기도 하고, 또한 이제 그가 아버지의 상속자가 되었기 때문이기도 했다. 그리고 이런 의미에서 에서는 뒤로 처지고 있다. 주목하라. 지금은 형편이 어떨지라도, 경건이 우선적으로 대접받을 때가 올 것이다.

[6]에서가 본즉 이삭이 야곱에게 축복하고 그를 밧단아람으로 보내어 거기서 아내를
맞이하게 하였고 또 그에게 축복하고 명하기를 너는 가나안 사람의 딸들 중에서
아내를 맞이하지 말라 하였고 [7]또 야곱이 부모의 명을 따라 밧단아람으로 갔으며 [8]
에서가 또 본즉 가나안 사람의 딸들이 그의 아버지 이삭을 기쁘게 하지 못하는지
라 [9]이에 에서가 이스마엘에게 가서 그 본처들 외에 아브라함의 아들 이스마엘의
딸이요 느바욧의 누이인 마할랏을 아내로 맞이하였더라

야곱의 이야기 도중에 여기서 에서에 관한 내용을 기록하고 있는 것은, 1. 야곱의 선한 모범이 에서에게 미친 영향을 보여주기 위함일 수도 있다. 에서는 자신이 형이었으나 이제 야곱이 자기보다 더 나은 사람임을 생각하기 시작하며, 또한 그리고 아브라함의 딸과 결혼하는 야곱의 모범을 자기가 먼저 취하지 않은 것을 후회한다. 형들은 동생에게 유순하며 순종하는 모범을 보여주어야 한다. 그렇게 하지 않는다면 그것은 나쁜 일이다. 그러나 여기서 에서가 야곱의 모범을 취한 것처럼, 형이 동생의 모범을 취한다면 그래도 좀 나은 것이라 하겠다. 아니면, 2. 때늦은 지혜의 어리석음을 보여주기 위함일 수도 있다. 에서의 처신은 잘한 것이다. 그러나 너무 때가 늦었다. 에서가 또 본즉 가나

안 사람의 딸들이 그의 아버지 이삭을 기쁘게 하지 못하는지라. 자기의 취향만큼이나 아버지의 판단에 관심을 기울였더라면 오래 전에 이것을 볼 수도 있었을 것이다. 그런데 어떻게 해서 지금 생각이 달라졌을까? 하지만 그는 더욱 나쁜 결정을 하였다. (1) 그는, 아브라함의 여종의 아들로 가문에서 내쫓겼고 이삭과 그의 자손과 더불어 유산을 상속하는 특권에서 제외된 이스마엘의 딸과 결혼하였고, 그리하여 하나님이 버리신 가문과 하나가 되었으며, 또 다른 것을 구실 삼아 자기 자신의 주장을 강화시키려 한 것이다. (2) 다른 두 아내가 죽지도 않았고, 그들과 이혼하지도 않은 상태에서, 아무런 이유도 없이 세 번째 아내를 취하였다. (3) 그가 이렇게 행한 것은 하나님을 기쁘시게 하기 위함이 아니라 오로지 그 아버지를 기쁘게 하기 위함이었다. 이제 야곱이 먼 곳으로 떠난 상태에서 에서 혼자 집에 남아 있었으니, 그는 아버지의 비위를 맞춤으로써 혹시 그에게 새로운 유언을 받고 새로운 약속을 받아 야곱에게 주어진 것을 뒤집을 수도 있지 않을까 하는 희망을 갖고 있었다. 그리하여 그는 [1] 하지 말라는 명령을 받은 후에 행하려 하는 이스라엘처럼(민 14:40), 또한 미련한 처녀들처럼(마 25:11), 그는 이미 모든 것이 늦어버린 때에 지혜를 발휘하려 했다. [2] 그는 부분적인 개혁에 안주하였고, 한 가지 일에서 부모를 기쁘게 하면 다른 모든 잘못들이 상쇄될 것이라고 생각하였다. 에서가, 야곱이 순종하는 것을 보고 또한 그가 얼마나 부모를 기쁘게 하려 하는지를 보고 그에 대한 자신의 악한 계교를 철회하였다는 언급이 나타나지 않는다. 아니다. 그 후에도 그는 그런 악의를 끈질기게 추구하였다. 주목하라. 속된 마음을 지닌 자들은, 어떤 한 가지 경우에서 과거만큼 그들이 나쁘지 않기 때문에, 자기들이 마땅히 선해야 할 만큼 선하다고 생각하기가 쉽다. 그리하여 미가는 자기의 우상을 그대로 보유하면서도 레위인이 자기 제사장이 되었다는 것으로 만족하였다(삿 17:13).

10야곱이 브엘세바에서 떠나 하란으로 향하여 가더니 11한 곳에 이르러는 해가 진지
라 거기서 유숙하려고 그 곳의 한 돌을 가져다가 베개로 삼고 거기 누워 자더니 12
꿈에 본즉 사닥다리가 땅 위에 서 있는데 그 꼭대기가 하늘에 닿았고 또 본즉 하나
님의 사자들이 그 위에서 오르락내리락 하고 13또 본즉 여호와께서 그 위에 서서 이
르시되 나는 여호와니 너의 조부 아브라함의 하나님이요 이삭의 하나님이라 네가
누워 있는 땅을 내가 너와 네 자손에게 주리니 14네 자손이 땅의 티끌 같이 되어 네

가 서쪽과 동쪽과 북쪽과 남쪽으로 퍼져나갈지며 땅의 모든 족속이 너와 네 자손
으로 말미암아 복을 받으리라 [15]내가 너와 함께 있어 네가 어디로 가든지 너를 지키
며 너를 이끌어 이 땅으로 돌아오게 할지라 내가 네게 허락한 것을 다 이루기까지
너를 떠나지 아니하리라 하신지라

이제 야곱은 아주 황량한 처지에서 아람을 향하여 가고 있다. 그러나 그가 홀로 있었으나, 그는 혼자가 아니었다. 아버지께서 그와 함께 계셨던 것이다(요 16:32). 여기 기록된 일이 첫날밤에 일어났다면(그런 것 같다) 그는 브엘세바에서 벧엘까지 60km 이상을 걷는 긴 여정을 하루에 마친 것이 된다. 하나님의 섭리로 그가 평안한 곳에 — 아마도 나무 그늘이었을 것이다 — 이르러 그 날 그 곳에서 휴식하게 된 것이다. 거기서 그는,

I. 매우 힘든 여건에서 밤을 보냈다. 한 돌을 가져다가 베개로 삼고 하늘을 지붕으로 삼고 거기 누워 자더니(11절). 그 당시 사정으로는 그런 상황이 오늘날 우리가 생각하는 것처럼 그 정도로 나쁜 것은 아니었을 것이다. 그러나 우리는 다음과 같은 점을 고려해야 한다. 1. 그는 매우 차가운 땅을 침상으로 삼았고, 차가운 돌을 베개로 삼았고, 차가운 공기를 마시며 밤을 보냈다. 2. 그는 매우 불편했다. 하루 종일 걸어서 뼈마디가 쑤셨을 것인데, 밤의 휴식은 오히려 더 쓰라렸을 것이다. 3. 그는 위험에 완전히 노출되어 있었다. 그는 자기가 목숨을 부지하기 위해 도망하였다는 것이나, 그의 형이 분노하여 그를 추격하거나 살인자를 보내어 그를 쫓게 하였다는 것이나 다 잊어버리고, 도피처도 방어를 위한 조치도 없이 그냥 누워 있었다. 그가 그렇게 어려운 사정에 있게 된 것이 그가 가진 것이 아무것도 없었기 때문이라고는 생각할 수 없다. 오히려 그것은 (1) 그 당시의 단순하고 평이한 삶의 습관에 기인하는 것이었다. 그 당시 사람들은 주위의 사정에 그렇게 연연하지도 않았고, 오늘날처럼 부드럽고 편안한 것을 그렇게 추구하지 않았다. (2) 야곱은 장막에 거하는 평범한 사람으로서 특히 힘든 상황에 익숙해 있었고, 이제 남을 섬길 의도를 갖고 길을 가고 있으니, 기꺼이 그런 상황들을 이길 자세가 되어 있었고, 결국 끝까지 잘 이겼다(31:40). (3) 하나님의 축복 가운데서 위로가 있고, 하나님의 보호하심에 대한 확신이 있으니 그렇게 위험에 완전히 노출된 상태에서도 편안히 지낼 수 있었다. 그의 하나님이 그를 안전하게 거하도록 해 주셨음을 확신하였으므로, 돌을

베개 삼아 누워 잠을 잘 수 있었던 것이다.

Ⅱ. 이런 힘든 잠자리에서 그는 아주 유쾌한 꿈을 꾸었다. 이스라엘 사람이라면 누구나 야곱의 꿈을 꿀 수만 있다면 야곱의 베개를 기꺼이 베고 자고 싶은 심정일 것이다. 그 때에 거기서, 하나님의 말씀을 들었고, 전능자의 이상을 보았다. 그 날 밤의 잠이야말로 그에게는 평생 최고의 잠이었다. 주목하라. 하나님의 백성들이 다른 위로거리나 다른 위로자들이 전혀 없는 절박한 처지에 있을 때야말로 하나님이 그들을 찾아오사 위로를 주시는 때인 것이다. 의무를 행하는 길에서 이와 같은 환난이 가득할 때에 위로가 더욱 넘치는 것이다. 여기서 관찰하라.

1. 야곱이 용기를 주는 꿈을 꾸었다(12절). 그는 땅에서부터 하늘에까지 닿은 사닥다리를 보았는데, 천사들이 그리로 오르락내리락 하였고, 하나님이 친히 그 꼭대기에 계셨다. 이제 이것은 언제나 어떠한 상황에서나 선한 백성에게 크게 용기를 주는 두 가지를 보여준다.

(1) 하나님의 섭리. 이 섭리를 통하여 하늘과 땅 사이에 끊임없는 교류가 유지된다. 하늘의 경륜들이 땅 위에서 시행되며, 이 땅에서 일어나는 모든 일들을 하늘에서 다 알며 거기서 판단되는 것이다. 섭리는 점진적으로 단계들을 통해서 그 일을 시행한다. 섭리의 모든 목적과 계획을 이루기 위하여 섬기는 영들인 천사들이 사용되며, 하나님의 지혜가 사닥다리의 꼭대기에서 제이 원인들의 모든 움직임들을 지시하여 제일 원인이신 하나님께 영광이 되도록 한다. 천사들은 능동적으로 움직이는 영들로서, 계속해서 오르락내리락 한다. 그들은 쉬지 않고 밤낮으로 움직이며 주어진 임무를 시행한다. 그들이 행한 일에 대해 보고하며 또한 명령을 받기 위해 올라가며, 받은바 명령을 시행하기 위해서 내려온다. 이처럼 우리에게는 여호와의 일에서 풍성해야 한다. 그래야 천사들이 행하듯 그렇게 그 일을 할 수 있는 것이다(시 103:20, 21). 이 이상은 야곱에게 매우 시의적절한 위로를 가져다 주었고, 이로써 그는 어디로 가든지 그에게 선한 안내자와 선한 보호자가 그와 함께 있음을 알게 되었다. 비록 아버지의 집을 떠나 방황하는 처지가 되었으나 그는 여전히 친절한 하나님의 섭리의 보살피심과 거룩한 천사들의 도움 아래 있다는 것을 알게 된 것이다. 이것이야말로 충족한 위로다. 어떤 이들은 가나안의 수호천사들이 야곱을 인도하여 그 땅 바깥에까지 보호하고 난 후 그들이 올라가며, 아람의 수호천사들이 이제 그

를 보호하기 위해 내려오는 것이라고 보기도 하나, 이것은 받아들일 수 없다. 야곱은 이제 천사들이 보호하는 임무를 맡은 온 교회의 모형이요 대표였던 것이다.

(2) 그리스도의 중보. 그는 바로 이 사닥다리다. 아래쪽 끝은 인성(人性)으로 땅에 닿아 있고, 위쪽 끝은 신성(神性)으로 하늘에 있다. 혹은 아래쪽 끝은 그의 낮아지심에 있고, 위쪽 끝은 그의 높아지심에 있다. 타락 이후 하늘과 땅 사이의 모든 교류는 이 사닥다리를 통해서 이루어진다. 그리스도께서 길이시다. 하나님의 은혜가 우리에게 임하는 것도, 우리의 섬김이 그에게로 올라가는 것도, 모두가 그리스도로 말미암는 것이다. 하나님이 우리와 함께 거하시고 우리가 하나님과 함께 거한다면, 그것은 오로지 그리스도로 말미암은 것이다. 이 사닥다리 외에는 하늘에 올라갈 방도가 없다. 다른 길을 사용하여 하늘로 오르려 한다면, 우리는 도둑이요 강도들이다. 우리 주님은 하나님의 천사들이 인자 위에 오르락내리락 하는 것을 보리라고 말씀하셨는데, 이는 이 야곱의 이상을 두고 하신 말씀이다(요 1:51). 천사들이 우리를 위해 행하는 친절한 봉사와 그들의 일을 통해서 우리가 받는 혜택들은 모두 그리스도 덕분이다. 그리스도께서 땅의 것들과 하늘의 것들을 화목하게 하셨고(골 1:20), 그의 안에서 모두가 통일되게 하신 것이다(엡 1:10).

2. 야곱이 용기를 주는 말씀을 들었다. 하나님은 이제 그를 광야로 인도하셨고, 사닥다리 꼭대기에서 그에게 말씀하셨다. 우리가 하늘로부터 접하는 모든 복된 소식들이 예수 그리스도로 말미암아 오는 것이다.

(1) 그의 아버지에게 주어진 과거의 약속들이 반복되며 그에게 확증되었다(13, 14절). 전체적으로 볼 때에, 하나님께서는 아브라함과 이삭에게 하신 것처럼 그에게도 똑같이 하시겠다는 뜻을 알리셨다. 경건한 부모의 발자취를 따르는 자들은 그들의 언약과 그들의 특권들을 함께 누리게 된다. 구체적인 내용을 보면, [1] 네가 누워 있는 땅, 즉 가나안 땅이 그에게 주어진다. 마치 이 마른 땅 위에 그렇게 편안히 누워 있음으로써, 그 땅 전체의 전용권과 소유권을 얻은 것과도 같은 것이다. [2] 그의 후손이 늘어나 땅의 티끌처럼 무수하게 될 것이라는 약속이 주어진다. 지금 그는 마치 메마른 가지처럼 잘려진 것 같으나, 그가 무수한 열매를 내는 나무가 될 것이요, 그의 큰 가지들을 바다에까지 내어 보내게 될 것이라는 것이다. 이는 그의 아버지가 전에 그에게 축복한 것들인데

(3, 4절), 여기서 하나님은 그 축복에 대해 아멘으로 화답하셔서, 그에게 크나큰 위로를 주시는 것이다. [3] 그의 안에서 땅의 온 족속들이 복을 받게 될 메시야가 그의 허리에서 나올 것이라는 말씀이 덧붙여진다. 그리스도야말로 세상의 위대한 복이시다. 복 받는 자들은, 어느 족속에 속하든 간에, 그리스도 안에서 복을 받는 것이요, 스스로 떨어져 나가는 자들 외에는 그 어느 족속에 속하는 그 어떤 사람이라도 그의 안에서 복을 받는 상태에서 제외되지 않는 것이다.

(2) 그의 현재 처지에 맞추어 새롭게 약속들이 주어졌다(15절). [1] 야곱은 형에서로부터 위험이 닥칠 것을 염려하고 있었으나, 하나님이 그를 지키실 것을 약속하신다. 주목하라. 하나님이 보호하시면 그 어떤 자들이 추격한다 해도 안전하다. [2] 그는 앞으로도 기나긴 여정을 견뎌내야 하며, 자기도 알지 못하는 길을 따라, 알지 못하는 땅으로, 홀로 여행하여야 하는 처지였다. 그러나, 하나님이 **내가 너와 함께 있으리라**고 말씀하신다. 주목하라. 하나님이 우리와 함께 하셔서 우리를 지키시면, 어디에 있더라도 우리는 안전한 법이다. [3] 그가 삼촌을 만나 그를 위해 일하여야 하리라는 것을 그는 알지 못하였으나, 하나님은 미리 보고 계셨고, 그리하여 가는 곳마다 그를 보존하실 것이라는 약속을 주신 것이다. 주목하라. 하나님은 현재의 사정은 물론 미래의 사정도 미리 보시고 거기에 맞추어서 그의 백성들에게 은혜와 위로를 적절히 주신다. [4] 그는 유배자가 되어 이제 머나먼 곳을 향하여 가고 있었으나, 하나님은 그를 다시 이 땅으로 데려오실 것임을 약속하신다. 주목하라. 밖으로 나가는 그의 백성을 돌보시고 그들을 보존하시는 하나님은 그들이 들어오는 것도 보살피신다(시 121:8). [5] 야곱은 그의 모든 친구들에게서 완전히 버림받은 것처럼 보이나, 하나님께서는 그에게 확신을 주신다. **너를 떠나지 아니하리라.** 주목하라. 하나님은 그 사랑하시는 자에게서 절대로 떠나지 않으신다. 이 약속은 모든 그의 자손에게 확실한 것이다(히 13:5). [6] 하나님의 섭리로 나타나는 현상들은 이 약속과 어긋나는 것처럼 보였다. 그러므로 하나님은 때가 되면 그 약속들이 모두 이루어질 것이라는 확신을 그에게 주신다. **내가 네게 허락한 것을 다 이루리라**는 것이다. 주목하라. 우리에게는 그렇지 않으나, 하나님께는 말씀과 행위가 서로 다른 별개의 것이 아니다.

16 야곱이 잠이 깨어 이르되 여호와께서 과연 여기 계시거늘 내가 알지 못하였도다

[17]이에 두려워하여 이르되 두렵도다 이 곳이여 이것은 다름 아닌 하나님의 집이요
이는 하늘의 문이로다 하고 [18]야곱이 아침에 일찍이 일어나 베개로 삼았던 돌을 가
져다가 기둥으로 세우고 그 위에 기름을 붓고 [19]그 곳 이름을 벧엘이라 하였더라 이
성의 옛 이름은 루스더라 [20]야곱이 서원하여 이르되 하나님이 나와 함께 계셔서 내
가 가는 이 길에서 나를 지키시고 먹을 떡과 입을 옷을 주시어 [21]내가 평안히 아버
지 집으로 돌아가게 하시오면 여호와께서 나의 하나님이 되실 것이요 [22]내가 기둥
으로 세운 이 돌이 하나님의 집이 될 것이요 하나님께서 내게 주신 모든 것에서 십
분의 일을 내가 반드시 하나님께 드리겠나이다 하였더라

야곱이 잠들어 있어서 순전히 수동적일 때에 하나님은 그 자신과 그의 사랑을 그에게 나타내셨다. 영은 바람처럼 하나님이 원하시는 때와 원하시는 곳에서 불며, 하나님의 은혜는 마치 이슬 같아서 인생을 기다리지 아니하는 법이다(미 5:7). 그러나 야곱은 깨어나자 하나님께서 그를 찾아오셔서 행하신 모든 일을 자신에게 적용시켰다. 그리고 선지자가 경험한 것처럼(렘 31:26), 그가 깨어 보니 그의 삼이 날았을 것이다. 이 때에 야곱의 경건한 예배의 모습을 여기서 보게 된다.

I. 그는 하나님께서 그 곳에 있는 그와 특별히 함께 하신다는 증거를 접하고서 큰 놀라움을 표시하였다. 여호와께서 과연 여기 계시거늘 내가 알지 못하였도다(16절). 주목하라.

1. 하나님께서 그의 백성들에게 그 자신을 나타내시면 그에 대한 증거가 함께 수반된다. 하나님은 믿는 자들의 영혼에게 하나님이 진실로 그들과 함께 하신다는 풍성한 확신과 만족을 주시는 등, 그의 임재하심에 대한 움직일 수 없는 증거를 주시기도 한다. 이러한 증거는 다른 이들에게는 전해줄 수 없는 것이요, 오로지 그들 자신만이 누릴 수 있는 것이다.

2. 때로는 하나님을 만날 생각을 거의 하지 못하는 상황에서 하나님을 만나기도 한다. 그가 계실 것이라고 생각하지 못했던 곳에 그가 계시고, 그를 구하지 않았는데도 그를 만나게 된다. 어느 곳도 하나님이 찾아오시지 못하는 곳은 없다(16:13). 우리가 어느 곳에 있든, 도시에든, 사막에든, 집 안에든, 들판에든, 가게에든, 거리에든, 우리 스스로 잘못을 행하지 않으면 하늘과의 교류가 유지될 수 있는 것이다.

Ⅱ. 경이(驚異)와 두려움이 그를 엄습하였다. 이에 두려워하여(17절). 풍성한 계시를 접하고서 그는 우쭐해지거나 스스로 자랑스러워지기는커녕(고후 12:7) 오히려 두려워하였다. 주목하라. 하나님에 관한 것들을 보면 볼수록 더욱더 그의 앞에서 거룩하게 떨고 얼굴을 붉히게 되는 법이다. 그러므로 하나님이 자신을 나타내기를 기뻐하시는 자들은 스스로 지극히 낮아지며, 여호와와 그의 은총 앞에서조차 두려워하는 것이다(호 3:5). 그는, 두렵도다 이 곳이여 라고 하였다. 즉, "이 곳에 나타나신 하나님의 모습은 거룩한 두려움과 지극한 존경이 없이는 절대로 생각조차 할 수 없도다. 이 곳을 높이 기리며, 내가 살아 있는 한이 증거로 이 곳을 기억하리라." 그 곳 자체가 다른 곳보다 더 하나님의 이상을 잘 볼 수 있는 곳이라고 생각한 것이 아니라, 그가 이 때에 그 곳에서 본 것이, 말하자면 하나님의 집, 즉 하나님의 위엄의 거처요, 또한 하늘의 문, 즉 위의 세상의 거민들의 출입구라는 것이었다. 성(城) 안에서 만남들이 성문에서 이루어지는 것처럼, 혹은 천사들이 오르락내리락 하는 것이 마치 여행객들이 성문을 들어가고 나오는 것과도 같은 것처럼 말이다. 주목하라. 1. 하나님은 그의 은혜가 나타나며 그의 언약들이 공포되고 인쳐지는 곳에 특별한 방식으로 임재하신다. 옛적에는 천사들의 사역을 통해서 임재하셨고, 지금은 제정된 규례들을 통해서 임재하시는 것이다(마 28:20). 2. 하나님께서 특별히 임재하사 우리와 만나실 때에, 우리는 그의 의와 거룩하심과 또한 우리의 비천함과 악함을 기억하고서 지극한 겸손과 높이 우러르는 자세로 그를 만나야 마땅하다.

Ⅲ. 야곱은 이를 두 가지 방식으로 조심스럽게 기념물로 보존한다.

1. 돌로 기둥을 세웠다(18절). 그의 이상이 그가 베고 잔 돌 덕분이라고 생각해서 그렇게 한 것이 아니라, 그렇게 함으로써 그가 돌아올 때를 위하여 그 곳을 표시해 두려 하였고, 또한 하나님께서 그에게 베푸신 선의에 대해 영구한 기념비를 세우려 한 것이다. 아브라함은 하나님께서 그에게 나타나신 곳에다 제단을 쌓았으나(12:7), 지금 그는 그 곳에 제단을 쌓을 시간이 없었다. 그리하여 그는 돌로 기둥을 세우고 그 위에 기름을 부었다. 이는 아마도 제단을 헌정하는 하나의 의식이었을 것으로 보인다. 그는 훗날 제단을 쌓을 여유가 생길 때에 반드시 제단을 쌓을 것이라는 하나의 보증으로 그렇게 한 것이다. 그는 후에 이 이상에 대해 하나님께 감사하여 제단을 쌓는다(35:7). 주목하라. 자비를 받으면 의무를 감당함으로 그것에 보답해야 하며, 하나님과 함께 나누는 아름

다운 교제는 언제나 기념해야 마땅한 것이다.

2. 그 곳에 새 이름을 붙였다(19절). 그 곳은 루스, 즉 살구나무라는 뜻의 루스였는데, 그때로부터 그는 그 곳을 하나님의 집이라는 뜻의 벧엘이라는 이름으로 부를 것이었다. 이처럼 하나님의 은혜로운 나타나심으로 인하여 그 곳이 거기에 풍성하게 자라는 모든 살구나무보다 더 존귀하고 귀하게 된 것이다. 이 곳이 바로 오랜 훗날, 하나님이 야곱을 만나셨고 거기에서 우리에게 말씀하셨나니 라고 말씀한 바로 그 벧엘이다(호 12:4). 세월이 흐르면서, 이 벧엘, 즉 하나님의 집은, 여로보암이 거기에 금송아지를 세움으로써 벧아웬, 즉 허무의 집이요 불법의 집이 되었다.

IV. 그는 이 때에 엄숙하게 맹세하였다(20-22절). 신앙적인 맹세로써 우리는 하나님께 영광을 돌리며, 하나님에 대한 우리의 의지(依支)를 새기며, 그에게 순종하도록 우리의 영혼을 일깨운다. 야곱은 이제 괴로움과 두려움 중에 있었다. 괴로울 때나 특별한 자비를 구할 때야말로 맹세하기에 적절한 때다(요 1:16; 시 66:13, 14; 삼상 1:11; 민 21:1-3). 야곱은 이제 하늘로부터 은혜로운 방문을 받았다. 하나님이 그와 언약을 새롭게 하셨다. 그리고 언약이란 상호적이다. 하나님이 우리에게 그의 약속들을 확증하시면, 우리도 우리의 약속들을 그에게 행하는 것이 합당한 일이다. 이제 이 맹세에서 관찰하라.

1. 야곱의 믿음. 하나님은, 내가 너와 함께 있어 네가 어디로 가든지 너를 지키리라고 말씀하신 바 있다(15절). 야곱은 이 점을 유념하여 이렇게 추리한다. "하나님이 그의 말씀하신 대로 나와 함께 계시며 나를 지키실 것이며, 나를 위하여 필요한 것을 공급하실 것이며, 또한 나를 이끌어 이 땅으로 돌아오게 하실 것이니, 즉 내가 다시 평안히 돌아와 살아계신 아버지를 뵙기를 바라마지 않는데, 과연 하나님이 나를 내 아버지 집으로 돌아오게 하실 것이니(아버지가 세상을 떠나기를 바라던 에서의 태도와는 판이하게 달랐다), 내가 그것에 의지하리라." 주목하라. 우리가 무엇을 바라고 기대하든 그것들이 하나님의 약속들에 근거하여야 하고 그 약속들에게서 인도받아야 한다.

2. 야곱의 절제와 또한 지극히 소박한 그의 바람. 그는 먹을 떡과 입을 의복만으로 기꺼이 만족할 것이며, 하나님의 약속을 통해서 자신이 지극히 큰 재산을 물려받을 상속자가 되었으나 그는 부드러운 의복과 맛난 음식을 바라지 않는다. 아굴의 소원이 바로 야곱의 소원과 같은 것이었다. 필요한 양식으로 나를

먹이시옵소서(잠 30:8; 또한 딤전 6:8을 보라). 인간의 본성은 작은 것으로 만족하며, 은혜는 더 작은 것으로 만족하는 법이다. 지극히 많이 소유한 자들도 결국 음식과 의복 외에는 자기를 위해서 더 소유하는 것이 없다. 나머지 것들은 그냥 쌓아놓고 있거나 주는 것이지 누리는 것이 아니다. 하나님께서 우리에게 더 많은 것들을 주시면 우리는 감사하여야 하고, 그것들을 그를 위해 사용하여야 한다. 만일 그가 필요한 것만을 주시면, 그것에 만족하여야 하고 즐거움으로 그 안에서 그를 즐거워하여야 하는 것이다.

3. 야곱의 경건함과 하나님을 향한 그의 마음. 이것이 다음에서 드러난다. (1) 하나님이 그와 함께 계시사 그를 지키시기를 바라는 그의 자세에서. 주목하라. 우리는 모름지기 우리 스스로 편안하고 행복하기를 바라기보다, 어디에 있든지 하나님이 우리와 함께 계시고 우리가 그의 보호하심 아래 있기를 바라야 한다. 여행 중에 전혀 모르는 길에서 안내자와 함께 있으며, 또한 위험한 길에서 보호자와 함께 있는 것이 얼마나 중요하며, 또한 어느 길에서든 필요한 것을 공급받고 좋은 길동무와 함께 한다는 것이 얼마나 위로가 되는지 모른다. (2) 그의 계획에서. 그의 결심은 [1] 전체적으로는, 여호와를 그의 언약의 하나님으로 붙드는 것이었다. 그러면 **여호와께서 나의 하나님이 되실 것이요.** 음식과 의복이 떨어지면, 그를 버리겠다는 뜻이 아니다. 아니다. 그가 우리를 죽이실지라도 우리는 그를 붙들어야 한다. 오히려 "그럴 때에라도 나는 나의 하나님이신 그의 안에서 즐거워하리라, 그럴 때에라도 나는 더욱더 힘써 그와 함께 거하리라." 주목하라. 하나님께로부터 자비하심을 받을 때마다 우리는 더욱더 그를 우리의 하나님으로 모시며 그와 친밀하게 행할 의무가 있음을 깨달아야 할 것이다. [2] 구체적으로는, 감사함에서 우러나와서 특별한 헌신의 표현을 행한다. **첫째로,** "내가 평안히 돌아올 때까지 이 기둥이 이 곳에 그대로 있을 것이요 그 때에 이것이 하나님의 집이 될 것이다," 즉 "여기에 제단을 세워 하나님을 존귀하게 할 것이다." **둘째로,** "하나님의 집이 아무것도 없도록 되지도 않을 것이요, 그의 제단이 희생 제물이 없도록 되지도 않을 것이옵니다. **하나님께서 내게 주신 모든 것에서 십분의 일을 내가 반드시 하나님께 드려서** 하나님의 제단에 쓰거나 아니면 그의 가난한 자들에게 쓰게 하겠나이다." 아브라함과 야곱이 그들의 소유 중 십분의 일을 드린 것은 아마도 하늘로부터 받은 모종의 일반적인 교훈들에 의한 것이었을 것이다. 주목하라. 1. 우리의 재물들로 하나님을 존

귀하게 하여야 하며, 그 중에서 그에게 합당한 부분을 드려야 마땅하다. 하나님께로부터 일상적인 자비 이상의 것을 받으면, 그에게 무언가 확실한 감사의 표현을 하기를 배워야 한다. 2. 십분의 일은 하나님께 드리고 그를 위해 쓰기에 아주 적절한 비율이다. 그러나 물론 상황에 따라서, 하나님께서 우리에게 베푸시는 데에 따라서, 더 많을 수도 있고 더 적을 수도 있을 것이다(고전 16:2; 고후 9:7).

제 29 장

개요

본 장에서는 야곱에 관하여 하나님께서 섭리하사 앞 장에서 그에게 행해진 약속들이 이루어지는 기사를 접하게 된다. I. 야곱이 여행의 목적지에 안전하게 도착하여, 그 곳의 친척들에게로 인도되어 그들의 환영을 받음(1-14절). II. 야곱이 그 곳에서 결혼하는 과정(15-30절). III. 네 아들이 출생함으로 그의 가정이 세워짐(31-35절). 하나님의 책에서는 그 당시 열왕들과 강성한 민족들의 사건들이 기록되지 않고 그저 망각 속에 묻혀 있는 반면에, 거룩한 야곱의 이 작은 가정의 관심사들은 아주 상세한 정황까지 구체적으로 기록되고 있는데, 이는 그것들이 영원히 기억되도록 하기 위함이었다. "의인을 기념하는 것이 복되기" 때문이다.

[1]야곱이 길을 떠나 동방 사람의 땅에 이르러 [2]본즉 들에 우물이 있고 그 곁에 양 세
떼가 누워 있으니 이는 목자들이 그 우물에서 양 떼에게 물을 먹임이라 큰 돌로 우
물 아귀를 덮었다가 [3]모든 떼가 모이면 그들이 우물 아귀에서 돌을 옮기고 그 양 떼
에게 물을 먹이고는 우물 아귀 그 자리에 다시 그 돌을 덮더라 [4]야곱이 그들에게 이
르되 내 형제여 어디서 왔느냐 그들이 이르되 하란에서 왔노라 [5]야곱이 그들에게
이르되 너희가 나홀의 손자 라반을 아느냐 그들이 이르되 아노라 [6]야곱이 그들에게
이르되 그가 평안하냐 이르되 평안하니라 그의 딸 라헬이 지금 양을 몰고 오느니
라 [7]야곱이 이르되 해가 아직 높은즉 가축 모일 때가 아니니 양에게 물을 먹이고 가
서 풀을 뜯게 하라 [8]그들이 이르되 우리가 그리하지 못하겠노라 떼가 다 모이고 목
자들이 우물 아귀에서 돌을 옮겨야 우리가 양에게 물을 먹이느니라

가나안을 향한 이스라엘의 행진은 모든 단계마다 구체적으로 언급되는데, 벧엘 이후의 야곱의 여정에 대해서는 구체적인 내용이 언급되지 않는다. 그는 벧엘에서 경험한 그 복된 밤도, 전능하신 하나님을 만나는 그런 이상도 다시는 경험하지 못했다. 그런 것은 잔치로 주어진 것이었다. 야곱은 그런 경

험을 일용할 양식처럼 매일 갖기를 기대해서는 안 되었다.

그러나, 1. 여기서 우리는 그가 벧엘에서 하나님과의 복된 교제를 나눈 이후 그가 즐거운 마음으로 여정을 계속하였음을 접하게 된다. 야곱이 길을 떠나(1절). 난외주는 야곱이 그의 발을 들어(Then Jacob lifted up his feet)로 되어 있다. 걱정에 차거나, 두려움에 휩싸인 상태로가 아니라, 하나님의 은혜로우신 임재가 자기와 함께 한다는 확신을 갖고서 즐거움과 기꺼운 마음으로 여정을 계속한 것이다. 주목하라. 하나님에 대해 이상을 보고 또한 엄숙한 규례를 통해 그에게 맹세를 한 후에는 기꺼운 마음으로 그의 명령을 준행하는 길로 달려가야 한다(히 12:1).

2. 그가 여행의 목적지에 무사히 당도하였음을 보게 된다. 하나님의 섭리로 말미암아 그는 그의 외삼촌의 양 떼들이 물을 먹는 그 들판에로 가게 되었고, 거기서 그의 아내가 될 라헬을 만나게 되었다. 관찰하라. (1) 여행이나 기타 일들을 편안하게 하고 성공적으로 만들어주는 정황들을 만나면 아무리 작은 것들이라도 거기에 하나님의 섭리가 있음을 인정해야 한다. 곤경 중에 있을 때에 때마침 우리를 인노하는 자들을 만나거나, 재난을 만날 때에 우리를 돕는 손길을 만나면, 그것이 우연히 된 일이라거나, 운이 좋았다고 해서는 안 되며, 하나님께서 우리를 위하여 섭리하신 것이라고 해야 할 것이다. 계속해서 하나님의 역사하심을 인정하면, 우리의 길이 유쾌한 길이 될 것이다. (2) 양 떼들을 소유한 자들은 그들을 잘 돌보아야 하며, 부지런히 그들의 상태를 파악하여야 한다(잠 27:23). 여기 목자들이 양 떼를 끊임없이 돌보는 일에 대한 말씀(2, 3, 7, 8절)에서 우리는 큰 목자장이신 우리 주 예수께서 그의 양 떼인 교회를 따뜻하게 돌보시는 것에 대한 예증을 접할 수 있을 것이다. 그는 그의 양들을 아시며 양들도 그를 아는 그런 선한 목자이시니 말이다(요 10:14). 우물 아귀의 돌이 여기서 자주 언급되는데, 이는 우물 속의 물의 소유권을 확실히 하기 위한 것이었거나(물이 귀했으므로, 우물의 물은 모든 사람이 사용하도록 하기 위한 것이 아니었다), 아니면 우물이 태양열로 인하여나 혹은 악한 자들의 손에 해를 당하는 일이 없도록, 혹은 양들이 빠져 죽지 않게 하기 위한 것이었을 것이다. (3) 각기 이해가 다르다고 해서 서로 돕고 협력하기를 거부해서는 안 된다. 양 떼들에게 물을 먹일 때가 되면 서로 사랑하는 이웃들처럼 함께 양 떼들에게 물을 먹인 것이다. (4) 낯선 사람들을 공손히 정중하게 대하는 것이 합당한 일이다.

야곱은 귀인이 아니요 장막에 거하는 평범한 사람이었고 낯선 사람이었으나, 그는 만나는 사람들을 아주 공손히 대하며 그들을 자기의 형제라 부른다(4절). 혀로 인애의 법을 드러내는 것은 사람을 움직이는 힘이 있다(잠 31:26). 어떤 이들은 야곱이 그들을 형제라 부른 것이 그들이 자기처럼 목자들이었기 때문이라고 보기도 한다. 야곱은 자신이 그들보다 우월한 처지였으나, 자기의 직업을 부끄러워하지 않았다. (5) 대개 공손히 대하면, 자신도 공손한 대접을 받는다. 야곱이 이 낯선 자들을 공손히 대하자, 그들 역시 그를 공손하게 대하였다. 그가 그들이 할 일을 구체적으로 가르쳐 주자(7절), 그들은 자기들을 상관하지 말라고 대답하지 않았다. 그가 낯선 사람이었으나, 자기들이 그렇게 하지 못하는 이유를 소상히 설명한 것이다(8절). 이웃에게 친절하게 대하는 자들은 이웃답게 친절한 대접을 받을 것이다.

9야곱이 그들과 말하는 동안에 라헬이 그의 아버지의 양과 함께 오니 그가 그의 양
들을 치고 있었기 때문이더라 10야곱이 그의 외삼촌 라반의 딸 라헬과 그의 외삼촌
의 양을 보고 나아가 우물 아귀에서 돌을 옮기고 외삼촌 라반의 양 떼에게 물을 먹
이고 11그가 라헬에게 입맞추고 소리 내어 울며 12그에게 자기가 그의 아버지의 생
질이요 리브가의 아들 됨을 말하였더니 라헬이 달려가서 그 아버지에게 알리매 13
라반이 그의 생질 야곱의 소식을 듣고 달려와서 그를 영접하여 안고 입맞추며 자
기 집으로 인도하여 들이니 야곱이 자기의 모든 일을 라반에게 말하매 14라반이 이
르되 너는 참으로 내 혈육이로다 하였더라 야곱이 한 달을 그와 함께 거주하더니

여기서 다음을 보라.

1. 라헬의 겸손과 근면함. 그가 그의 양들을 치고 있었다(9절). 즉, 양들을 치는 종들이 자기 아래에 있었으나, 라헬이 직접 양들을 돌보고 있었다. 라헬이라는 이름은 양들을 뜻한다. 주목하라. 정직하고 유익한 수고는 아무도 부끄러워할 필요가 없고, 어느 누구라도 신분을 유지하는 데에 방해거리가 되지 않는다.

2. 야곱의 부드러움과 애정. 이 사람이 자기의 친족이라는 것을 알고(아마 그녀의 이름을 이미 듣고 있었을 것이다), 또한 자기가 그 땅에 온 목적이 무엇인지를 생각하고서, 야곱은 아마도 그녀를 만나자마자 이 사람이 자기 아내가 되어야 할 사람임을 직감하였을 것이다. 이미 라헬의 아리따운 용모에 마음을 빼

앗겨 있던 그는(그녀의 얼굴이 햇볕에 그을렸을 것이고 목자의 복장을 하고 있었을 것인데도) 그녀를 힘써 도우며(10절), 기쁨의 눈물과 사랑의 입맞춤으로 자기의 신분을 밝힌다(11, 12절). 라헬은 급히 아버지께 달려가 그 사실을 말한다. 그 사람의 하는 말을 아버지가 알고 또한 인정하여야 했기 때문이다(12절). 이처럼 처음 만날 때부터 서로 존경으로 대하는 것은 그들이 행복한 부부가 될 것임을 미리 보여주는 좋은 징조였다.

3. 야곱이 자기가 목적한 곳에 도착하자마자 야곱의 마음이 곧바로 만족을 얻은 것은 전혀 뜻밖에 우연히 이루어진 것처럼 보이나 이는 하나님의 섭리의 역사였다. 아브라함의 종도 비슷한 사명을 띠고 나아갔을 때에 이와 비슷한 격려를 만난 바 있다. 하나님은 이처럼 그의 백성들의 갈 길을 가르쳐 보이신다(시 32:8). 유대인 저술가 중에는, 야곱이 라헬에게 입맞출 때에 운 것은 에서의 맏아들인 엘리바스가 에서의 명을 받아 길목을 지키고 있다가 야곱이 리브가에게서 받은 돈과 보물들을 강탈했기 때문이라고 보는 이들도 있으나, 이는 전혀 근거 없는 논지일 뿐이다. 그가 눈물을 흘린 것은 라헬에 대한 열정과 갑자기 이런 복된 만남을 가진 일에 대한 놀라움 때문인 것이 분명하다.

4. 라반은 전혀 유쾌한 사람이 아니었으나, 야곱을 환영하였고, 야곱이 전하는 자신의 이야기와 거기까지 오게 된 연유를 듣고 만족하였다. 우리는 어리석게도 사람의 말을 무턱대고 믿어버리는 극단적인 자세도 피해야 하지만, 무조건 사람의 말을 의심하고 받아들이지 않는 그 반대의 극단적인 매정한 자세도 피해야 한다. 라반은 야곱이 그의 친족임을 인정하였다. 너는 참으로 내 혈육이로다(14절). 주목하라. 친척들에게 무정하게 행하고 골육을 피하여 스스로 숨는 자(사 58:7)는 진정 마음이 굳은 자들이다.

[15]라반이 야곱에게 이르되 네가 비록 내 생질이나 어찌 그저 내 일을 하겠느냐 네
품삯을 어떻게 할지 내게 말하라 [16]라반에게 두 딸이 있으니 언니의 이름은 레아요
아우의 이름은 라헬이라 [17]레아는 시력이 약하고 라헬은 곱고 아리따우니 [18]야곱이
라헬을 더 사랑하므로 대답하되 내가 외삼촌의 작은 딸 라헬을 위하여 외삼촌에게
칠 년을 섬기리이다 [19]라반이 이르되 그를 네게 주는 것이 타인에게 주는 것보다 나
으니 나와 함께 있으라 [20]야곱이 라헬을 위하여 칠 년 동안 라반을 섬겼으나 그를
사랑하는 까닭에 칠 년을 며칠 같이 여겼더라 [21]야곱이 라반에게 이르되 내 기한이

찼으니 내 아내를 내게 주소서 내가 그에게 들어가겠나이다 [22]라반이 그 곳 사람을
다 모아 잔치하고 [23]저녁에 그의 딸 레아를 야곱에게로 데려가매 야곱이 그에게로
들어가니라 [24]라반이 또 그의 여종 실바를 그의 딸 레아에게 시녀로 주었더라 [25]야
곱이 아침에 보니 레아라 라반에게 이르되 외삼촌이 어찌하여 내게 이같이 행하셨
나이까 내가 라헬을 위하여 외삼촌을 섬기지 아니하였나이까 외삼촌이 나를 속이
심은 어찌됨이니이까 [26]라반이 이르되 언니보다 아우를 먼저 주는 것은 우리 지방
에서 하지 아니하는 바이라 [27]이를 위하여 칠 일을 채우라 우리가 그도 네게 주리니
네가 또 나를 칠 년 동안 섬길지니라 [28]야곱이 그대로 하여 그 칠 일을 채우매 라반
이 딸 라헬도 그에게 아내로 주고 [29]라반이 또 그의 여종 빌하를 그의 딸 라헬에게
주어 시녀가 되게 하매 [30]야곱이 또한 라헬에게로 들어갔고 그가 레아보다 라헬을
더 사랑하여 다시 칠 년 동안 라반을 섬겼더라

여기에는 다음의 내용을 접하게 된다.

I. 야곱이 라반의 집에 객으로 머무는 동안 두 사람 사이에 계약이 맺어짐. 야곱은 빈둥빈둥 놀지도 않았고, 장난거리로 소일하지도 않았으며, 비록 가진 것이 아무것도 없었으나, 일하는 사람답게 처음 삼촌의 양 떼에게 물을 줄 때처럼(10절) 삼촌을 위하여 봉사하는 일에 힘썼다. 주목하라. 어디에 있든지, 무언가 유익한 일에 힘쓰는 것이 좋으며, 그렇게 하면 우리 자신에게나 다른 이들에게나 유익이 돌아올 것이다. 라반은 야곱의 재주와 근면한 자세에 호감을 갖고 그가 계속 함께 있으면서 일해 주기를 바랐고, 그리하여 설득력 있는 조건을 제시한다. "네가 비록 내 생질이나 어찌 그저 내 일을 하겠느냐?(15절). 아니다. 그럴 이유가 어디 있느냐?" 만일 야곱이 외삼촌을 지극히 존경하여 품삯을 받지 않고 그냥 그를 섬기려 한다 해도, 라반은 자기 생질의 그런 성의를 그냥 받아들이고 이득을 챙길 만큼 불의하지는 않을 것이다. 주목하라. 손 아래 친척들에게 섬김을 강요해서는 안 된다. 우리를 섬길 의무가 그들에게 있다면, 우리에게는 그들에게 상을 베풀 의무가 있는 것이다. 이제 야곱은 삼촌의 딸 라헬에 대한 애정을 라반에게 알릴 수 있는 좋은 기회를 맞았다. 그리고 야곱의 봉사에 대해 대가로 지불할 재물이 없었던 라반은, 칠년이 지나면 그동안의 품삯으로 라헬을 아내로 맞도록 해 주겠다고 약속하였다. 연대를 계산해 보면, 야곱이 아내를 얻기 위해 스스로 외삼촌을 섬겨, 아내를 얻기 위하여 양을 치기

로 했을 때에(호 12:12) 그의 나이는 칠십칠 세였다. 그의 후손들은 오랜 후에 그들이 비천한 출신이라는 한 가지 실례로서 이 일을 상기하고 있는 것이다. 아마도 야곱이 처음 그리로 왔을 때에 라헬은 아직 혼기가 차지 않은 어린 나이였을 것이고, 그렇기 때문에 야곱은 기꺼이 그녀를 위하여 칠 년을 머물며 일하기로 결심하게 되었을 것이다.

Ⅱ. 야곱이 계약대로 자신의 의무를 정직히 이행함(20절). 그는 라헬을 위하여 칠 년을 섬겼다. 만일 라헬이 아버지의 양 떼를 치는 일을 계속했다면(9절에서 행한 대로) 야곱은 양 떼를 돌보는 동안 그녀와 순전하고도 신앙적인 대화를 계속했을 것이고, 그리하여 그들 서로 간의 애정이 더 커질 수밖에 없었을 것이다(솔로몬의 아가는 목자적인 배경을 지닌다). 라헬이 양 떼를 치는 일을 그만두지 않았다면, 야곱이 그녀의 일을 친절하게 도와주었을 것이 분명하다. 야곱은 약속한 칠 년을 정직하게 섬겼고 계약을 위반하지 않았으며, 나이가 많았으나 즐거이 섬겼다. 그를 사랑하는 까닭에 칠 년을 며칠 같이 여겼더라. 라헬을 그냥 아내로 얻는 것보다 대가를 치르고 그녀를 얻고자 하는 바람이 더 크기라도 했던 것처럼 그렇게 일하였다. 수복하라. 사랑이 길고 힘든 수고를 짧고 쉽게 만든다. 그러므로 성경은 사랑의 섬김을 말씀한다(히 6:10). 하늘의 복락의 가치를 안다면, 현재에 닥치는 고난도 그것에 비하면 아무것도 아닌 것이 될 것이다. 하나님을 사랑하고 그리스도의 나타나심을 기다리는 자에게는 기나긴 수고가 그저 며칠의 수고처럼 여겨질 것이다.

Ⅲ. 비열하게도 칠년 후 라반이 야곱을 속임. 그는 라헬 대신 레아를 야곱의 품에 안기게 하였다(23절). 이것은 라반의 죄였다. 그는 서로를 향하여 애틋한 애정을 갖고 있던 야곱과 라헬 모두에게 잘못을 범한 것이다. 그리고 (어떤 사람의 말처럼) 레아가 여기서 간부(姦婦)보다 나을게 없었다면, 레아도 결코 작지 않은 잘못을 범한 것이라 할 것이다. 그러나 이것은 야곱에게는 크나큰 괴로움이었다. 아침에 깨어나 신부가 라헬이 아니라 레아였다는 것을 알았으니, 이는 결혼 잔치의 환희에 찬물을 끼얹는 것이었다(25절). 여기서 야곱이 되갚음을 당했다는 것을 쉽게 간파할 수 있다. 그는 스스로 에서인 체하여 아버지를 속였었는데, 이제 그가 그의 장인에게서 속임을 낭한 것이다. 삿 1:7에 나타나는 것처럼, 여기서 라반이 아무리 불의했더라도, 여호와는 의로우셨다. 의로운 자라도, 그릇된 걸음을 걸으면, 때때로 이 땅에서 그렇게 보응을 받는 법이

다. 야곱처럼 자신의 속임수에 대해서는 전혀 실망하지 않으면서도, 다른 사람들이 자기에게 행하는 속임수에 대해서는 실망하며 괴로워하는 사람들이 많다. 그러므로 실망할 일이 있더라도 고의적으로 행했다는 것 때문에 괴로움이 더 커지지 않도록 선한 조언과 사려 깊은 생각을 갖고서 인간관계를 도모해야 할 것이다.

Ⅳ. 이런 속임수에 대하여 라반이 변명하며 해결책을 제시함.

1. 그의 변명은 아주 궁색하였다. 언니보다 아우를 먼저 주는 것은 우리 지방에서 하지 아니하는 바이라(26절). 그가 말하는 그런 풍습이 그 지방에 없었다고 보는 것이 합당하다. 그는 그런 말로 야곱을 놀리며, 자기의 잘못에 대해 코웃음치는 것 이상 아무것도 아니었다. 주목하라. 악을 행한 후에도, 자기 자신과 다른 이들을 속일지언정 그것을 장난처럼 슬쩍 넘길 수 있다고 생각하는 자들은, 최후에 가서 하나님이 절대로 조롱당하시는 분이 아니라는 것을 깨닫게 될 것이다. 그러나 만일 그런 풍습이 있었고, 그가 그것을 지킬 생각이었다면, 야곱이 아우를 위하여 칠 년을 섬기기 전에 그 사실을 야곱에게 말했어야 했다. 주목하라. 옛 속담에 말하기를, 악은 악인에게서 난다 하였다(삼상 24:13). 믿을 수 없는 사람들을 대하는 자는 자신이 배신을 당할 수도 있다는 것을 생각해야 한다.

2. 라반이 제시한 해결책은 문제를 더 악화시키는 것이었다. 우리가 그도 네게 주리니(27절). 이것으로 라반은 야곱을 죄 속으로 끌어 들였다. 곧, 아내를 여러 명 두도록 하여 그에게 오명을 씌우고 그 복잡한 올무 속에 가두고 세상 끝날까지 계속 그런 상태에 있도록 만든 것이다. 정직한 야곱은 그럴 의도가 없었고, 그의 아버지가 리브가에게 행한 것처럼 라헬을 향하여 진실을 지켜왔다. 84세가 되기까지 아내가 없이 살아왔으니, 한 아내만으로도 얼마든지 잘 살 수 있었다. 그러나 라반은 두 딸을 분깃이 없이 시집보내려는 속셈으로, 또한 야곱을 칠 년 동안 더 부려먹고자 하여, 그를 속였고, 또한 그 속임수로 그를 그런 곤경에 빠뜨린 것이다. 그러니 (이 문제는 이 때에는 아직 분명히 정리되지 않았고, 후에 가서야 비로소 하나님의 율법으로 정리되며[레 18:18], 또한 우리 주님이 더 충실하게 정리하시게 된다[마 19:5]) 야곱으로서는 두 사람 모두와 결혼할 나름대로의 이유가 있었던 것이다. 라헬과 결혼하기로 약속하였으니 라헬을 거부할 수도 없었고, 레아도 이미 결혼했으니 그 또한 버릴 수가 없었다.

그러므로 야곱은 하는 수 없이 두 달란트를 받을 수밖에 없었다(왕하 5:23). 주목하라. 하나의 죄는 보통 또 다른 죄로 이어지는 통로가 된다. 한 가지 악의 문으로 들어가는 자는 빠져나오는 법이 거의 없고 대개 또 다른 악의 문으로 들어가고 만다. 족장들의 일부다처 행위는 어느 정도 그 나름대로 변명의 여지가 있었다. 왜냐하면 아담의 결혼처럼 그 옛날부터 그것을 반대하는 이유가 있기는 했으나(말 2:15) 그것을 금지하는 분명한 명령이 없었다. 일부다처의 행위는 그들에게는 무지(無知)의 죄였다. 그 당시에 그런 행위는 죄악된 정욕의 산물이 아니었고 교회를 세우기 위한 것이었다. 하나님의 섭리가 결국 그것을 통하여 그런 선을 이룬 것이다. 그러나 그렇다고 해서 오늘날의 그 비슷한 행위가 정당화되는 것은 절대로 아니다. 하나님의 뜻이 명확하게 알려진 때에는, 오직 한 남자와 한 여자가 하나가 되는 것만이 허용되는 것이다(고전 7:2). 여러 명의 아내를 두는 일은 이슬람교의 속된 관능적인 정신에는 합당하겠지만, 우리는 그리스도를 그렇게 배우지 않았다. 라이트푸트 박사(Dr. Lightfoot)는 레아와 라헬을 두 교회를 나타내는 모형으로 본다. 곧, 율법 아래 있는 유대인들과 복음 아래 있는 이방인들이 그것이다. 아우가 더 아름다웠고, 그리스도께서 종의 형체를 입고 오셨을 때에 그의 마음을 더 많이 차지하였다. 그러나 그리스도께서 먼저 품으신 것은 레아와 같은 유대인의 교회였다는 것이다. 그러나 아우인 이방인들이 더 풍성한 열매를 맺었다는 점에서는 이 알레고리가 성립하지 않는다(갈 4:27).

31여호와께서 레아가 사랑 받지 못함을 보시고 그의 태를 여셨으나 라헬은 자녀가
없었더라 32레아가 임신하여 아들을 낳고 그 이름을 르우벤이라 하여 이르되 여호
와께서 나의 괴로움을 돌보셨으니 이제는 내 남편이 나를 사랑하리로다 하였더라
33그가 다시 임신하여 아들을 낳고 이르되 여호와께서 내가 사랑 받지 못함을 들으
셨으므로 내게 이 아들도 주셨도다 하고 그의 이름을 시므온이라 하였으며 34그가
또 임신하여 아들을 낳고 이르되 내가 그에게 세 아들을 낳았으니 내 남편이 지금
부터 나와 연합하리로다 하고 그의 이름을 레위라 하였으며 35그가 또 임신하여 아
들을 낳고 이르되 내가 이제는 여호와를 찬송하리로다 하고 이로 말미암아 그가
그의 이름을 유다라 하였고 그의 출산이 멈추었더라

여기서는 야곱의 네 아들의 출생 기사를 접하게 되는데, 이 모두 레아의 소생이었다. 관찰하라.

1. 라헬은 자녀의 복을 받지 못하였는데, 야곱의 사랑을 덜 받은 레아가 자녀의 복을 받았다는 것(31절). 하나님의 섭리가 그 선물들을 분배함에 있어서 하나님의 섭리가 균형을 지키고, 비율을 맞추며, 십자가와 위로거리들을 잘 분배하여, 어느 누구도 지나치게 우쭐하지 못하게 하고, 또 지나치게 좌절하지도 않게 하는 것을 보게 된다. 라헬은 자녀를 원했으나 남편의 사랑으로 복을 받았으며, 레아는 남편의 사랑을 원했으나 자녀의 복을 받은 것이다. 엘가나의 두 아내 사이에도 그랬다(삼상 1:5). 여호와는 지혜로우시고 의로우신 분이시다. 여호와께서 레아가 사랑 받지 못함을 보시고. 즉, 라헬보다 덜 사랑 받았다는 뜻이다. 이런 의미에서 우리는 그리스도와 비교할 때에 어머니와 아버지를 미워해야 한다(눅 14:26). 이럴 때에 여호와께서 레아에게 아들을 허락하셨다. 이는 야곱에게는 책망이요(조건이 같은 친자매지간인 두 여자를 서로 크게 차별하여 대우하였으므로), 라헬에게는 경고였으며(야곱이 자기를 사랑한다는 것을 빌미로 언니를 모욕했을 것이므로), 레아에게는 위로였다. 여호와께서는 이렇게 하심으로써 레아가 자신에게 쏟아지는 멸시에 완전히 압도당하지 않도록 하신 것이다. 이처럼 하나님은 몸을 고르게 하여 부족한 지체에게 귀중함을 더하시는 것이다(고전 12:24).

2. 레아가 아들들에게 붙인 이름들은 하나님과 남편에 대한 존경의 마음을 잘 표현하는 것이었다는 것. (1) 레아가 남편의 사랑을 매우 바라는 것이 나타난다. 남편의 사랑을 받지 못하는 것을 괴로움으로 여겼다(32절). 그러나 그것에 대해 남편을 탓하거나 남편에 대해 불편한 감정을 가진 것이 아니라, 그것을 자신의 슬픔으로 여겨 마음에 품었다. 그녀 자신이 남편의 아내가 되는 속임수를 승낙하였고 그 일에 참여하였으니, 그런 괴로움은 감수해야 했던 것이다. 우리도 우리 자신의 죄와 어리석음으로 인하여 우리에게 닥치는 괴로움을 인내로 잘 견뎌야 하는 법이다. 레아는 자기가 아들들을 낳음으로써 남편이 자기에게 애정을 갖게 될 것을 크게 기대하였다. 그리하여 맏아들을 르우벤(아들을 보라)이라 부르며 이제는 내 남편이 나를 사랑하리로다 라는 희망찬 생각을 가졌다. 그리고 셋째 아들을 레위(연합하였음)라 부르고 내 남편이 지금부터 나와 연합하리로다 라는 기대를 가졌다(34절). 서로 간의 애정은 부부 관계의 의무요

동시에 위로다. 함께 멍에를 멘 사람들은 서로를 기쁘게 하기를 힘써야 한다(고전 7:33, 34). (2) 아들들을 주신 하나님의 자비로운 섭리를 인정하고 감사한다. 여호와께서 나의 괴로움을 돌보셨으니(32절). "여호와께서 내가 사랑 받지 못함을(이것이 하나님 앞에서 우리의 괴로움이며 이것이 그의 귀에 외치므로) 들으셨으므로, 즉 아셨으므로, 내게 이 아들도 주셨도다." 주목하라. 우리가 괴로움 중에서 위로를 얻거나 구원을 받게 되면, 반드시 그 일에서 하나님을, 특히 그의 긍휼과 따뜻한 자비를 인정하여야 한다. 레아는 넷째 아들을 유다(찬양)라 부르고, 내가 이제는 여호와를 찬송하리로다 라고 하였다(35절). 바로 이 아들이 육체를 따라 그리스도의 조상이 될 자였다. 주목하라. [1] 무슨 일이든 우리가 기뻐할 일이면, 그 일은 또한 감사해야 할 일이다. 새로이 은혜를 받으면, 그로 인하여 각성하여 전에 받은 은혜에 대해서도 찬양하여야 할 것이다. 내가 이제는 전보다도 더 힘써 여호와를 찬송하리로다. [2] 우리의 모든 찬양은 그 중심이 그리스도께 있어야 한다. 그가 찬양의 주체시요 또한 찬양의 중보자이시기 때문이다. 그는 찬양이라는 이름을 가진 유다의 자손으로 나셨다. 그가 우리의 찬양이시기 때문이다. 내 마음속에 그리스도가 형성되고 있는가? 내가 이제는 여호와를 찬송하리로다.

제 30 장

개요

본 장에서는 다음에 관한 기사를 접하게 된다. I. 야곱의 가족의 증가. 본 장에서 여덟 자녀가 더 출생한다. 라헬의 여종 빌하에게서 단과 납달리가 출생하고(1-8절), 레아의 여종 실바에게서 갓과 아셀이 출생하며(14-21절), 마지막으로 라헬에게서 요셉이 출생한다(25-34절). II. 야곱의 재산의 증가. 그는 라반과 새로운 계약을 한다(25-34절). 그리고 육 년을 더 라반을 위하여 일하는 동안, 하나님이 그를 놀랍게 축복하셔서, 그의 가축이 거대해졌다(35-43절). 이삭이 그를 떠나보내며 그에게 해준 축복이 여기서 이루어졌다. "하나님이 네게 복을 주시어 네가 생육하고 번성하게 하시기를 원하노라"(28:3). 야곱의 집과 밭에 관한 이 작은 일들이 아무것도 아닌 것처럼 보이지만, 그 일들은 우리에게 교훈을 준다. 성경이 기록된 것은 왕과 정치가들을 정치 문제에서 교훈하기 위한 것이 아니라, 모든 백성들을, 지극히 비천한 자들에 이르기까지 그 가족들과 소명에서 인도하기 위함인 것이다. 그러나 여기 기록된 야곱에 관한 몇 가지 일들은 그대로 본받도록 하기 위함이 아니라 교훈을 주기 위함이다.

1라헬이 자기가 야곱에게서 아들을 낳지 못함을 보고 그의 언니를 시기하여 야곱에
게 이르되 내게 자식을 낳게 하라 그렇지 아니하면 내가 죽겠노라 2야곱이 라헬에
게 성을 내어 이르되 그대를 임신하지 못하게 하시는 이는 하나님이시니 내가 하
나님을 대신하겠느냐 3라헬이 이르되 내 여종 빌하에게로 들어가라 그가 아들을 낳
아 내 무릎에 두리니 그러면 나도 그로 말미암아 자식을 얻겠노라 하고 4그의 시녀
빌하를 남편에게 아내로 주매 야곱이 그에게로 들어갔더니 5빌하가 임신하여 야곱
에게 아들을 낳은지라 6라헬이 이르되 하나님이 내 억울함을 푸시려고 내 호소를
들으사 내게 아들을 주셨다 하고 이로 말미암아 그의 이름을 단이라 하였으며 7라
헬의 시녀 빌하가 다시 임신하여 둘째 아들을 야곱에게 낳으매 8라헬이 이르되 내
가 언니와 크게 경쟁하여 이겼다 하고 그의 이름을 납달리라 하였더라 9레아가 자
기의 출산이 멈춤을 보고 그의 시녀 실바를 데려다가 야곱에게 주어 아내로 삼게

하였더니 [10]레아의 시녀 실바가 야곱에게서 아들을 낳으매 [11]레아가 이르되 복되도
다 하고 그의 이름을 갓이라 하였으며 [12]레아의 시녀 실바가 둘째 아들을 야곱에게
낳으매 [13]레아가 이르되 기쁘도다 모든 딸들이 나를 기쁜 자라 하리로다 하고 그의
이름을 아셀이라 하였더라

여기서 우리는 야곱이 두 자매와 행한 그 특이한 결혼의 나쁜 결과들을 보게 된다. 여기서 보라.

I. 야곱과 라헬 사이의 불행한 의견 충돌(1, 2절). 이 일이 일어난 것은 라헬이 임신하지 못하는 것 때문이 아니라 언니가 여러 아들들을 낳은 것 때문이었다. 이삭의 유일한 아내 리브가도 오랜 동안 아이를 갖지 못하였으나 부부 사이에 불편한 일은 전혀 없었다. 그러나 여기서는, 레아가 아이들을 낳으므로, 라헬은 야곱과 평화로이 살 수가 없었다.

1. 라헬이 초조해 하였다. 그의 언니를 시기하여(1절). 시기는 다른 사람이 잘되는 것을 보고 배아파하는 것인데, 이것만큼 하나님을 거스르며, 이웃과 우리 자신에게 해를 끼치는 죄가 없다. 라헬은 그 모든 일이 하나님께서 하신 일이라는 것도, 또한 언니가 이 한 가지 면에서만 자기보다 나을 뿐이고 다른 면에서는 자기가 언니보다 훨씬 더 유리하다는 것도 생각하지 않았다. 우리는 이런 시기가 우리 속에서 일어나 휘젓는 일이 없도록 각별히 경계하여야 할 것이다. 우리 주께서 선하신 것 때문에 우리 동료 종들을 향하여 악한 시선을 보내는 일이 없도록 해야 할 것이다. 그러나 이것이 전부가 아니었다. 그녀는 야곱에게 내게 자식을 낳게 하라 그렇지 아니하면 내가 죽겠노라 라고 하였다. 주목하라. 여기의 라헬처럼 우리는 자비를 받고자 하는 욕심 때문에 잘못을 범하기가 매우 쉽다. (1) 한 아들로는 만족할 수가 없다. 레아가 여러 아들이 있으니 자기도 여러 아들이 있어야 했다. 내게 자식(복수)을 낳게 하라. (2) 마음이 무절제하게 그 일에 집착하여, 원하는 대로 되지 않으면 인생의 모든 위로거리들을 포기하고 목숨을 던져 버릴 태세였다. "내게 자식들을 낳게 하라. 그렇지 아니하면 내가 죽겠노라." 즉, "나 스스로 초조하여 죽을 것이다. 이런 만족이 없으면 내 명이 난축되리라." 어떤 이들은 라헬이 아들을 얻는 자비를 얻지 못할 것이면 야곱더러 친히 자기를 죽여 달라고 위협하고 있다고 보기도 한다. (3) 라헬은 이 일을 기도로 하나님께 아뢰지 않고, 그저 야곱에게만 하소연했다. 자식들은 여

호와의 기업이라는 것을 잊고 있었던 것이다(시 127:3). 모든 일의 근원이신 하나님보다는 사람들과 우리의 십자가와 위로의 도구들에게로 시선이 더 가 있으면, 하나님께도 우리 자신에게도 잘못을 행하는 것이다. 라헬과 한나가 동일한 처지였으나, 그들이 행한 일이 어떻게 다른지를 관찰하라(삼상 1:10). 라헬은 시기하였고 한나는 울었다. 라헬은 반드시 여러 아들이 있어야 했으나 둘째 아이를 낳고 죽었다. 그러나 한나는 오로지 한 아들만을 위해 기도하였으나 네 아들을 더 얻었다. 라헬은 조급하였고 단호하였으나, 한나는 하나님의 뜻에 굴복하였고 헌신적이었다. **주의 여종에게 아들을 주시면 내가 그의 평생에 그를 여호와께 드리겠나이다**(삼상 1:11). 라헬이 아니라 한나를 본받아야 하겠다. 그리고 우리의 소원이 언제나 이성과 신앙의 인도와 통제 아래 있도록 해야 할 것이다.

2. 야곱이 책망하였다. 이는 지극히 정당한 것이었다. 그는 라헬을 사랑하였고 그렇기 때문에 그녀의 잘못된 말에 대해 책망한 것이다(2절). 주목하라. 신실한 책망은 참된 애정에서 비롯된다(시 141:5; 잠 27:5, 6). 욥은 아내가 어리석은 여자의 언사로 말할 때에 그를 꾸짖었다(욥 2:10). 또한 고전 7:16을 보라. 야곱은 라헬이 아니라 죄에 대해 화가 났다. 그리하여 자신의 불쾌한 감정을 그렇게 표현한 것이다. 주목하라. 때로는 책망이 약(藥)처럼 부드러워야 할 경우도 있다. 너무 뜨거워 견딜 수 없을 정도도 안 되고, 너무 차가워 효과가 없을 정도도 안 된다. 라헬의 시기어린 요구에 대한 야곱의 답변은 매우 엄중하면서도 경건한 것이었다. **내가 하나님을 대신하겠느냐?** 갈대아 역본(the Chaldee)은 이를 의역하고 있다. **네가 내게 아들들을 요구하느냐? 여호와께 요구하여야 하지 않겠느냐?** 아랍어 역본은 "**내가 하나님보다 위에 있느냐? 하나님이 주시지 않는 것을 내가 줄 수 있겠느냐?**"라고 한다. 야곱은 조용한 사람답게 말한 것이다. 관찰하라. (1) 그는 자신이 라헬과 함께 당하고 있는 괴로움에서 하나님의 손길을 인정하고 있다. **임신하지 못하게 하시는 이는 하나님이신** 것이다. 주목하라. 우리에게 무엇이 모자라든, 그것을 막으시는 것은 하나님이시다. 그는 주권자 여호와시요, 지극히 지혜로우시고 거룩하시고 의로우시며, 그의 뜻대로 모든 일을 행하시는 분이시며, 아무에게도 빚을 지지 않으시며, 또한 그의 피조물들을 향하여 절대로 잘못을 행하신 적도 없고, 잘못을 행하실 수도 없는 분이시다. 구름과 마음과 무덤과 태의 열쇠야말로 하나님께서 천사들이나 종

들에게 맡기지 않으시고 친히 그의 손에 쥐고 계신 열쇠들이다. 계 3:7; 욥 11:10; 12:14을 보라. (2) 그는 하나님이 정하신 것을 자신이 변경시킬 능력이 없음을 인정하고 있다. "내가 하나님을 대신하겠느냐? 그대가 나를 신(神)으로 삼을 셈이냐?" 우리가 청을 올리는 그 자가 우리에게 신이다(Deos qui rogat ille facit). 주목하라. [1] 우리에게는 그 어떠한 피조물도 하나님을 대신할 수 없다. 태양이 달과 별들을 대신할 수 있는 것처럼, 하나님은 그 어떤 피조물도 대신하실 수 있다. 그러나 달과 별은 태양을 대신할 수 없는 법이다. 피조물의 지혜나 능력이나 사랑은 결코 하나님의 지혜와 능력과 사랑을 대신할 수 없는 것이다. [2] 그러므로 피조물을 하나님 대신으로 삼고, 하나님께만 드려야 할 신뢰를 피조물에게 쏟는 것은 우리의 죄요 어리석음이다.

Ⅱ. 야곱과 두 여종들 사이의 불행한 의견 일치.

1. 라헬의 설득으로 야곱은 그녀의 여종인 빌하를 아내로 취하였다. 당시의 풍습으로는 여종에게서 낳은 자식을 입양하여 그 여주인의 자녀로 인정할 수 있었다(3절). 라헬은 자식이 하나도 없는 것보다는 명목상으로라도 자식이 있기를 바랐다. 자기 친자식이 아니면서도 스스로 자기 자식이라 생각하고 그렇게 부를 자식이 필요했던 것이다. 언니의 자식들이 자기 여종의 자식보다는 자기와 더 가까웠을 것이니, 차라리 언니의 자식들을 자기 자식으로 삼았다면 더 좋았을 것이 아니냐고 생각할 수도 있을 것이다. 그러나 (권력을 좋아하는 것이 우리 모두의 천성이니) 자기 마음대로 다스릴 권한이 있는 자식들이, 주로 사랑을 주어야 할 자식보다는 더 나은 것이다. 그리고 자기 거처에서 난 자식들에 대한 권한이 자기에게 있다는 증표로서 라헬은 자식들에게 이름을 붙이는데, 그 이름에서 언니와의 경쟁의 표시가 확연하게 드러난다. 라헬은 마치 언니를 다음과 같은 면에서 이긴 것처럼 여겼다. (1) 법적으로. 그녀는 여종이 나은 첫째 아들을 단(판단)이라 부르며 말하기를, "하나님이 내 억울함을 푸셨다"고 하였다(6절). 즉, "내게 유리한 쪽으로 선고를 내리셨다." (2) 싸움에서. 그녀는 그 다음에 난 아들을 납달리(씨름)라 부르며, 내가 언니와 크게 경쟁하여 이겼다 라고 하였다(8절). 마치 야곱의 모든 아들들이 싸움으로 인하여 난 자들인 것처럼 말이다. 쓰라린 시기와 갈등의 뿌리가 무엇이며, 또한 그것들이 인간관계에서 지어내는 악이 어떠한지를 보라.

2. 레아의 설득에 야곱은 그녀의 여종 실바도 아내로 취하였다(9절). 라헬이

레아와 경쟁하여 자기 여종을 남편에게 주는 그 어처구니없는 어리석은 일을 행하였는데, 이제 레아도(자녀를 낳는 일이 중단되었으므로) 라헬에게 지지 않으려고 자기도 똑같은 일을 하였다. 시기와 경쟁심의 힘을 보라. 그리고 한 남자와 한 여자만을 하나로 만드시는 하나님의 정하신 원리가 얼마나 지혜로운지를 바라보라. 하나님은 화평 중에서 우리를 부르셨다(고전 7:15). 실바가 야곱에게 낳은 두 아들을 레아는 자기 아들로 간주하였고, 이에 대한 증표로 큰 아들을 갓이라 부르고(11절) 자신이 자녀들의 작은 군대를 둘 것으로 기대하였다. 자녀들은 화살통을 가득 채우는 화살과도 같다(시 127:4, 5). 그 다음 아들은 아셀(복되다)이라 부르면서, 스스로 복되다고 생각하였고, 또한 이웃들이 자기를 그렇게 생각할 것이라 여겼다. 모든 딸들이 나를 기쁜 자라 하리로다(13절). 주목하라. 대부분의 사람들이 이성이나 신앙보다는 사람들 사이의 명성을 귀하게 여기고 그것으로 자기 자신을 다스리는 것이야말로 세상이 헛되며 또한 우리 마음이 어리석음에 얽매여 있다는 증거다. 그들은 사람의 딸들이 자기들을 복되다고 불러 주기만 하면 자기들이 복되다고 생각하는 것이다. 이 두 자매 사이의 경쟁과 갈등에는 많은 잘못이 있었으나 하나님은 이런 악으로부터 선을 이루셨다. 아브라함의 자손이 번성하고 늘어나기 시작해야 할 때에, 이렇게 해서 야곱의 가족이 열두 아들로 가득 차게 되었고, 그들이 훗날 무수한 이스라엘 자손의 두령들이 되었고, 이들로부터 이스라엘의 열두 지파가 생겨나게 되었으니 말이다.

14밀 거둘 때 르우벤이 나가서 들에서 합환채를 얻어 그의 어머니 레아에게 드렸더
니 라헬이 레아에게 이르되 언니의 아들의 합환채를 청구하노라 15레아가 그에게
이르되 네가 내 남편을 빼앗은 것이 작은 일이냐 그런데 네가 내 아들의 합환채도
빼앗고자 하느냐 라헬이 이르되 그러면 언니의 아들의 합환채 대신에 오늘 밤에
내 남편이 언니와 동침하리라 하니라 16저물 때에 야곱이 들에서 돌아오매 레아가
나와서 그를 영접하며 이르되 내게로 들어오라 내가 내 아들의 합환채로 당신을
샀노라 그 밤에 야곱이 그와 동침하였더라 17하나님이 레아의 소원을 들으셨으므로
그가 임신하여 다섯째 아들을 야곱에게 낳은지라 18레아가 이르되 내가 내 시녀를
내 남편에게 주었으므로 하나님이 내게 그 값을 주셨다 하고 그의 이름을 잇사갈
이라 하였으며 19레아가 다시 임신하여 여섯째 아들을 야곱에게 낳은지라 20레아가

이르되 하나님이 내게 후한 선물을 주시도다 내가 남편에게 여섯 아들을 낳았으니
이제는 그가 나와 함께 살리라 하고 그의 이름을 스불론이라 하였으며 [21]그 후에 그
가 딸을 낳고 그의 이름을 디나라 하였더라 [22]하나님이 라헬을 생각하신지라 하나
님이 그의 소원을 들으시고 그의 태를 여셨으므로 [23]그가 임신하여 아들을 낳고 이
르되 하나님이 내 부끄러움을 씻으셨다 하고 [24]그 이름을 요셉이라 하니 여호와는
다시 다른 아들을 내게 더하시기를 원하노라 하였더라

여기서 보라.

I. 한동안 출산이 끊어졌다가 레아가 다시 아들을 낳았다. 야곱은 레아보다는 라헬과 더 친근히 지냈던 것으로 보인다. 모세의 율법은 한 남자에게 두 아내가 있을 경우 하나는 사랑을 받고 다른 하나는 미움을 받는 것이 보통 있는 일로 상정하고 있다(신 21:15). 그러나 결국 라헬이 강한 열정으로 인하여 레아와 타협하게 되어 야곱이 레아의 장막에 다시 들어가게 되었다. 대여섯 살 난 어린 소년 르우벤이 들에서 놀다가 합환채를 발견했다. 그러나 이것이 무엇이었는지는 확실치 않고, 비평가들도 이것에 대해 일치된 의견이 없다. 그러나 그것이 냄새가 아주 향긋한 열매나 혹은 꽃으로 아주 희귀한 것이었다는 것은 확실하다(아 7:13). 주목하라. 자연을 지으신 하나님은 필수품만이 아니라 기호품도 공급하셨다. 사람이 개간한 뜰만이 아니라 빈들에도 아주 진기하고 유익한 식물들이 나는 것이다. 자연의 집이 얼마나 풍성하게 구비되며, 그 식탁이 얼마나 잘 차려져 있는지 모른다! 자연의 진기한 열매들이 스스로 들에 피어 있어서 어린 아이의 손으로도 거두어지는 것이다. 경건한 유대인들은, 예를 들어 사과를 먹고 즐거움을 누릴 때면 마음을 올려 "이 열매를 맛좋게 하신 분께 찬양할지어다"라고 하고, 꽃의 향기를 맡으면서는 "이 꽃을 이렇게 향기 나게 만드신 분께 찬양할지어다"라고 말하는 관습이 있는데, 이는 칭찬할 만한 것이다. 어떤 이들은 이 합환채가 재스민 꽃이었다고 본다. 그것이 무엇이든 간에, 라헬은 레아가 자기 아들이 갖다 준 그 꽃들을 들고 있는 것을 그냥 두고 볼 수가 없었다. 이 아름다운 꽃들이 자기에게 없는 것을 견딜 수가 없어서, 어떠한 값을 수고라도 사기를 원했다. 주목하라. 사소한 것에 대해 무절제한 욕심을 갖는 큰 죄와 어리석음이 얼마든지 있을 수 있다. 레아는 이 기회를 이용하여(야곱이 에서가 자기의 팥죽을 탐하는 것을 이용했듯이) 자기의 정당한 권

리를 도로 찾아온다. 다른 방법으로는 라헬이 그것에 동의하지 않았을 것이다. 주목하라. 강한 정욕이 서로를 망치는 경우가 많으며, 그런 정욕에 성급하게 이끌리는 자들은 계속해서 불편한 상황을 면할 수가 없다. 레아는 남편과 다시 함께 지낼 수 있게 되었고, 또한 자기의 가족을 더욱 불려나갈 수 있게 된 것이 너무 기뻤다. 레아는 이것을 원했고, 이를 위해 간절히 기도하였다. 하나님이 레아의 소원을 들으셨으므로(17절)라는 말씀이 이를 시사해 준다. 학식 있는 주교 패트릭(Patrick)은, 야곱의 아내들이 이처럼 서로 남편과 함께 있기를 경쟁하며 자기들의 여종들을 남편에게 아내로 주기까지 한 진짜 이유는, 아브라함에게 행해진 약속을, 즉 그의 후손이 하늘의 별처럼 많아지며 또한 그 중의 한 후손에게서 땅의 모든 족속이 복을 받게 할 메시야가 나리라는 약속을 자기가 성취하여야 한다는 진지한 열망이 그들에게 있었기 때문이었다고 보는데, 이는 매우 적절한 생각이라 할 것이다. 또한 그는, 성경의 역사가 이런 일들을 상세하게 주목하고 있는데, 그 일들에 무언가 큰 고려가 있었으리라는 것을 생각하지 않는다면, 그것은 성경의 역사의 위엄을 지극히 낮게 취급하는 처사일 것이라고 생각한다. 레아는 이제 두 아들을 더 얻고서, 첫째를 잇사갈(빌려온 것)이라 부르고 자기의 합환채에 대해 값을 톡톡히 받았다고, 아니 자기 여종을 남편에게 준 것에 대해 아들로써 상급을 받은 것으로 여겨(이는 희한한 섭리의 역사였다) 만족해하였다. 주목하라. 하나님의 은혜와 사랑이 우리의 어리석은 짓들을 후원한다고 생각하면 그것은 하나님의 자비를 망령되게 하는 것이 된다. 다른 아들을 그녀는 스불론(거처)이라 부르고 그 아들을 얻은 것이 하나님께서 자기에게 후히 베푸신 덕분이라고 여겼다. 하나님이 내게 후한 선물을 주시도다(20절). 야곱은 레아와 결혼했을 때에 그녀에게 아무것도 주지 않았고, 재물도 소유하게 하지 않았다. 그러나 레아는 자기의 자식들을 자기의 당연한 권리가 아니라 후한 선물로 여기는 것이다(시 113:9). 레아는 자기가 남편에게 여섯 아들을 낳아 주었으니 남편이 자기와 더 많이 함께 있어 줄 것이고, 최소한 그 아들들에 대한 사랑 때문에라도 자기의 처소를 자주 찾아줄 것으로 여겼다. 디나라는 딸을 낳은 일이 언급되고 있는데(21절), 이는 34장에서 이어지는 이야기 때문이다. 여기 이름이 다 기록되어 있지 않지만, 어쩌면 야곱에게 다른 딸들이 더 많았을지도 모른다.

Ⅱ. 드디어 라헬도 아들을 낳았다. 하나님이 라헬을 생각하신지라(22절). 하

나님이 라헬을 잊으신 것 같았으나, 결국 오랜 세월 후에 그의 기도를 들으사 그의 소원을 들으시고, 그녀가 아들을 낳게 된 것이다. 주목하라. 하나님이 우리가 무절제하게 욕심을 품을 때에 자비를 베푸시기를 정당하게 거부하시는 것처럼, 때로는 결국 오랜 동안 기다려 온 자비를 은혜로 베풀기도 하신다. 그는 우리의 어리석음을 고치시며, 동시에 우리의 처지와 연약함을 고려하사 영원토록 우리와 싸우지 않으시는 것이다. 라헬은 그 아들을 요셉이라 이름 지었는데, 이는 히브리어로 반대의 의미를 지닌 두 단어와 가깝다. 즉, 아삽과 야삽이 그것인데, 아삽은 하나님이 내 부끄러움을 씻으셨다는 뜻인데, 이는 마치 이 아들에게서 얻은 가장 큰 자비가 바로 자기가 명예를 회복한 것이기라도 한 것처럼 말하는 것이다. 야삽은 여호와는 다시 다른 아들을 내게 더하시기를 원하노라 라는 뜻인데, 이는 그녀의 무절제한 욕심에서 나온 언어로 볼 수도 있고(그녀는 한 아들만으로는 감사할 줄을 몰랐다), 혹은 그녀의 믿음에서 나온 언어로 볼 수도 있다. 곧, 이 자비를 또다시 자비를 베푸실 것에 대한 보증물로 간주한 것이다. "하나님이 내게 그의 은혜를 베푸셨는가? 나는 이를 요셉이라 부르고, 그가 다시 은혜를 더하시리라고 말하리라. 하나님이 내게 그의 기쁨을 주셨는가? 나는 이를 요셉이라 부르고, 그가 다시 기쁨을 더하시리라고 말하리라. 그가 시작하셨으니 끝을 맺지 아니하시랴?"

25라헬이 요셉을 낳았을 때에 야곱이 라반에게 이르되 나를 보내어 내 고향 나의 땅
으로 가게 하시되 26내가 외삼촌에게서 일하고 얻은 처자를 내게 주시어 나로 가게
하소서 내가 외삼촌에게 한 일은 외삼촌이 아시나이다 27라반이 그에게 이르되 여
호와께서 너로 말미암아 내게 복 주신 줄을 내가 깨달았노니 네가 나를 사랑스럽
게 여기거든 그대로 있으라 28또 이르되 네 품삯을 정하라 내가 그것을 주리라 29야
곱이 그에게 이르되 내가 어떻게 외삼촌을 섬겼는지, 어떻게 외삼촌의 가축을 쳤
는지 외삼촌이 아시나이다 30내가 오기 전에는 외삼촌의 소유가 적더니 번성하여
떼를 이루었으니 내 발이 이르는 곳마다 여호와께서 외삼촌에게 복을 주셨나이다
그러나 나는 언제나 내 집을 세우리이까 31라반이 이르되 내가 무엇으로 네게 주랴
야곱이 이르되 외삼촌께서 내게 아무것도 주시지 않아도 나를 위하여 이 일을 행
하시면 내가 다시 외삼촌의 양 떼를 먹이고 지키리이다 32오늘 내가 외삼촌의 양 떼
에 두루 다니며 그 양 중에 아롱진 것과 점 있는 것과 검은 것을 가려내며 또 염소

중에 점 있는 것과 아롱진 것을 가려내리니 이같은 것이 내 품삯이 되리이다 33후일
에 외삼촌께서 오셔서 내 품삯을 조사하실 때에 나의 공의가 내 대답이 되리이다
내게 혹시 염소 중 아롱지지 아니한 것이나 점이 없는 것이나 양 중에 검지 아니한
것이 있거든 다 도둑질한 것으로 인정하소서 34라반이 이르되 내가 네 말대로 하리
라 하고 35그 날에 그가 숫염소 중 얼룩무늬 있는 것과 점 있는 것을 가리고 암염소
중 흰 바탕에 아롱진 것과 점 있는 것을 가리고 양 중의 검은 것들을 가려 자기 아
들들의 손에 맡기고 36자기와 야곱의 사이를 사흘 길이 뜨게 하였고 야곱은 라반의
남은 양 떼를 치니라

I. **야곱이 고향을 생각함**. 그는 나이가 많고 큰 가족을 부양할 책임을 지고 있었음에도 그동안 라반을 신실하게 섬겨왔으니, 이제 자신의 가업을 이룰 때가 된 것이다. 라반을 섬기는 일이 힘든 일이었고, 더구나 그가 첫 번째 임기를 마쳤을 때에 그를 속인 일도 있으나, 야곱은 정직하게 자기의 직무를 다 수행하였다. 주목하라. 선한 사람은 자기 자신을 해칠지언정 변함이 없다. 다른 사람들이 우리를 속였다고 해서 우리도 그들을 속이는 것은 합당치 못한 일이다. 우리의 행동 법칙은 우리가 대접을 받는 대로가 아니라, 우리가 대접을 받고자 하는 대로 행하는 것이다. 야곱은 약속한 기한이 되자, 떠나게 해 주기를 청한다(25절). 관찰하라.

1. 그는 가나안 땅에 대한 애착을 그대로 유지하고 있었다. 그 곳이 그가 난 땅이요 보고 싶은 부모가 거기 있기 때문만이 아니라, 그 땅이 약속의 땅이기 때문이기도 했다. 그 약속을 의지하고 있었던 그는 하란에 머물고 있었으나 그 곳에 정착할 생각은 추호도 없었던 것이다. 우리도 이처럼 하늘의 본향에 대해 애착을 갖고, 이 땅에서 우리 자신을 나그네로 바라보며, 하늘의 본향을 돌아가야 할 고향으로 보며, 이 땅에서의 우리의 임무가 다 마치는 즉시 거기에 있기를 사모하여야 할 것이다. 여기에 뿌리를 내릴 생각을 해서는 안 된다. 이 곳이 우리의 처소요 고향이 아니기 때문이다(히 13:14).

2. 큰 가족을 동반하고 가야 하는데 아직 그들의 쓸 것이 다 마련되지 못하였지만, 그래도 그는 가나안으로 가기를 바랐다. 그는 라반에게서 아내와 자녀들을 얻었으나, 그 외에는 얻은 것이 하나도 없었다. 그런데도 그는 라반에게 아내들과 자녀들을 위하여 한 몫을 떼어 달라고 요구하지도 않았다. 그가 요구한

것은 오로지, 나를 보내어 내 고향 나의 땅으로 가게 하시되 내가 외삼촌에게서 일하고 얻은 처자를 내게 주시어 나로 가게 하소서 라는 것이 전부였다(25, 26절). 주목하라. 하나님과 그의 섭리와 약속을 신뢰하는 자들은, 가족이 많고 수입이 적어도, 하나님이 먹을 입들을 주셨으니 합당한 양식을 보내실 것이라는 것을 즐거움으로 소망할 수 있다. 까마귀 새끼들을 먹이시는 하나님이시니 의인의 자손을 굶겨 죽이지는 않으실 것이다.

Ⅱ. 라반은 야곱이 머물기를 바람(27절). 라반은 야곱이나 그의 아내들이나 자녀들이 아니라 자기 자신을 위하는 마음으로 그 값싼 목자를 설득하여 일을 계속하게 하려 하였다. 자기를 보아서 떠나지 말아 달라고 간청한 것이다. 네가 나를 사랑스럽게 여기거든 그대로 있으라. 주목하라. 인색하고 이기적인 사람들은 자기들의 목적을 위해서라면 마음에도 없는 좋은 말을 얼마든지 한다. 라반은 야곱이 잘 운영하여 자기의 양 떼들이 놀랍게 증가한 것을 알았고, 그리하여 하나님과 야곱을 추켜세웠다. 여호와께서 너로 말미암아 내게 복 주신 줄을 내가 깨달았노니. 관찰하라.

1. 라반의 깨달음. 내가 깨달았노니. 주목하라. 경험을 통해서 깨달아야 할 유익하고도 좋은 교훈이 많다. 죄가 악하다는 것이나 우리 자신의 마음이 악하다는 것이나 세상이 헛되다는 것이나 하나님의 선하심이나 경건의 유익 등을 경험을 통해서 깨닫지 못했다면 우리는 지극히 서투른 학생이다.

2. 라반이 얻은 교훈. 그는 (1) 자기의 재산이 하나님의 복 주심에서 비롯되었다는 것. 여호와께서 내게 복 주신 줄을 내가 깨달았노니. 주목하라. 이 세상에 속한 분깃을 택하는 세상적인 사람들이 세상의 재물로 풍성하게 복을 받는 경우가 많다. 언약의 축복에 전혀 해당되지 않는 사람들에게 일반적인 복들이 풍성하게 베풀어지는 경우가 많은 법이다. (2) 야곱의 경건함 덕분에 그 복이 자기에게 임하였다는 것. 나 자신으로 말미암아서가 아니라 너로 말미암아 내게 복 주신 줄을 내가 깨달았노라(세상에서 하나님이 없이 사는 라반 같은 사람은 무엇이든지 주께 얻기를 생각하지 말아야 한다. 약 1:7). 주목하라. [1] 선한 사람들은 그들이 사는 곳에서 복이 된다. 야곱이 들에 있었고, 요셉이 감옥에 있었듯이(39:23), 비록 비천한 상태로 이름 없이 살아도 그들은 주위 사람들에게 복이 되는 것이다. [2] 하나님께서는 경건한 친척들로 말미암아 악인들에게 외형적인 자비로 복 주시는 경우가 많다. 여기서 라반은 그것을 깨닫고 있으나, 악인

들이 그것을 볼 지혜나, 인정할 은혜를 가진 경우는 거의 없다.

Ⅲ. 그들이 새로운 계약을 맺음. 라반은 간교함과 탐욕으로 정직하고 선한 본성을 지닌 야곱을 이용하였다. 야곱이 자기의 멋진 말에 설득되기 시작하였다는 것을 간파하고는, 모든 점을 고려하여 너그럽고 높은 품삯을 제시하지 않고(의당 그랬어야 옳았으나), 야곱더러 요구하는 것을 제시하도록 만들었다. 네 품삯을 정하라 내가 그것을 주리라. 그는 야곱이 정상적으로 요구할 수 있는 것보다 매우 낮은 품삯을 요구할 것이라는 것을 알고 있었던 것이다. 그리하여 야곱은 그에게 제안하였다. 이 제안에서,

1. 그는 자신이 높은 품삯을 요구하여야 할 이유를 제시하였다. 그 이유는 곧, (1) 자신이 일을 잘 해 준 것에 대해 라반이 감사해야 마땅하다는 것이었다. 성실하게 섬겼을 뿐 아니라 매우 성공적으로 그를 섬겼기 때문이라는 것이다(30절). 그러나 여기서 그는 아주 겸손하게 말한다. 라반은 여호와께서 너로 말미암아 내게 복 주셨다고 말했으나, 야곱은 그렇게 말하지 않고, 내가 오기 전에는 외삼촌의 소유가 적더니 번성하여 떼를 이루었다고 말한다. 주목하라. 겸손한 성도들은 좋은 말을 듣기보다는 선을 행하기를 더 기뻐한다. (2) 자기도 자기 가족을 돌보아야 할 의무를 지고 있다는 것. 그러나 나는 언제나 내 집을 세우리이까? 주목하라. 믿음과 구제가 훌륭한 것들이지만, 그것 때문에 우리 자신과 가족들을 위하여 필요한 것을 공급할 의무가 면제되는 것은 아니다. 우리는 야곱처럼 여호와를 신뢰하고 선을 행하여야 한다. 그러나 동시에 야곱처럼 우리의 집에서 쓸 것들도 공급해야 하는 것이다. 후자를 하지 않는 자는 불신자보다 더 악한 자다(딤전 5:8).

2. 그는 자신이 행한 일을 하나님의 섭리 덕분으로 돌렸다. 그는 심지어 양들의 색깔 등 지극히 사소한 일들에까지 하나님의 섭리가 역사한다는 것을 잘 알고 있었다. 그리하여 그는 자신이 돌보게 될 양들 중에서 특정한 색깔이나 얼룩진 것 등을 지정하여 품삯으로 주기를 요구하였다(32, 33절). 그는 이렇게 하는 것이 라반이 자기를 속이는 일도 방지하고, 자기가 그를 속였다는 의심을 받지 않을 수 있는 가장 효과적인 방법이라고 생각한 것이다. 어떤 이들은 야곱이 이 색깔을 택한 것은 가나안에서 대개 그 색깔의 양을 가장 좋아했기 때문이라고 생각하기도 한다. 가나안에서는 목자들을 가리켜 느고임(암 1:1)이라 불렀는데, 그 단어가 여기서는 아롱진 것들이라는 뜻으로 사용된다. 라반도 이

런 계약에 기꺼이 동의하였다. 그가 소유한 양들 중 몇 마리 안 되는 아롱진 것과 점 있는 것을 다른 양들과 분리시키는 일을 즉시 시행하게 되면, 야곱이 돌보아야 할 양들은 모두 검거나 모두 희거나 한 색깔밖에 없을 것이므로 얼룩진 양들이 전혀 생기지 않거나 생긴다 해도 그 숫자가 극히 적어서 결국 야곱이 무료로 일을 하는 것이 되거나 지극히 적은 품삯을 받고 일을 하는 결과가 될 것이기 때문이었다. 이 계약에 따라 이들은 얼룩진 양들을 골라내어 라반의 아들들의 손에 부쳐서 사흘 길 정도로 분리시켰다. 라반 편에서, 야곱에게 이익이 되도록 얼룩진 것들을 나머지 양 떼와 섞어 놓을지도 모른다는 의혹이 너무도 컸던 것이다. 이렇게 해서 야곱은 자신을 위해서 계약을 마쳤다. 그렇게 불투명한 조건을 세웠는데, 과연 이것이 자기 집을 세우기 위한 일이란 말인가? 이 양들이 보통의 경우처럼 같은 색깔의 새끼들을 낳는다면, 야곱은 한 푼도 받지 못하고도 여전히 수고해야 하며, 결국 평생 일하고 거지로 남게 될 것이었다. 그러나 그는 자기가 신뢰하는 분을 알고 있었고, 따라서 이 사건은 다음과 같은 점을 보여준다 할 것이다. (1) 그는 라반이 받아들일 수 있는 최상의 길을 취하였다는 것. 그렇지 않았나면 야곱으로서는 너무나 힘들었을 것이다. 그리고, (2) 정직하고도 겸손하게 부지런히 일하는 그의 백성을 아시고 복 주시는 하나님의 섭리에 의지하는 것이 헛된 일이 아니었다는 것. 사람들이 불의하고 무자비하게 행하는 것을 당하는 사람들도 하나님께서는 그렇게 행하시지 않고 해를 입은 자들에게 이런저런 방식으로 갚아 주시고, 그에게 대의를 맡기는 자들에게 선히 갚아 주신다는 것을 알게 될 것이다.

37 야곱이 버드나무와 살구나무와 신풍나무의 푸른 가지를 가져다가 그것들의 껍질
을 벗겨 흰 무늬를 내고 38 그 껍질 벗긴 가지를 양 떼가 와서 먹는 개천의 물 구유에
세워 양 떼를 향하게 하매 그 떼가 물을 먹으러 올 때에 새끼를 배니 39 가지 앞에서
새끼를 배므로 얼룩얼룩한 것과 점이 있고 아롱진 것을 낳은지라 40 야곱이 새끼 양
을 구분하고 그 얼룩무늬와 검은 빛 있는 것을 라반의 양과 서로 마주보게 하며 자
기 양을 따로 두어 라반의 양과 섞이지 않게 하며 41 튼튼한 양이 새끼 밸 때에는 야
곱이 개천에다가 양 떼의 눈 앞에 그 가지를 두어 양이 그 가지 곁에서 새끼를 배
게 하고 42 약한 양이면 그 가지를 두지 아니하니 그렇게 함으로 약한 것은 라반의
것이 되고 튼튼한 것은 야곱의 것이 된지라 43 이에 그 사람이 매우 번창하여 양 떼

와 노비와 낙타와 나귀가 많았더라

야곱은 자신의 계약 조건에 따라 정직한 방법을 사용하여 자기 자신에게 더 유리하도록 운영한다. 그 스스로 무언가 조치를 취하지 않았다면, 그 계약은 정말 나쁜 계약이 되었을 것이다. 그렇게 되어도 라반은 전혀 그를 생각해 주지 않을 것이고, 오히려 그가 그렇게 되는 것을 기뻐할 것이었다. 라반은 그처럼 다른 사람의 일은 안중에 없고 오로지 자기 자신의 이익을 도모하였던 것이다. 그런데 야곱은 다음과 같은 방법들을 고안해 내었다.

1. 양들이 물을 먹을 때에 껍질을 벗긴 가지를 양들 앞에 세워 양들이 그 이상한 얼룩얼룩한 가지들을 바라보게 하여 그 양들이 상상의 힘으로 그 비슷한 얼룩얼룩한 새끼들을 낳도록 하는 것이었다(37-39절). 아마도 가나안의 목자들이 얼룩얼룩한 양을 얻기를 바라고 이런 방법을 흔히 사용했던 것 같다. 주목하라. 사람이 자기 직업에 정통한 사람이 되는 것이 합당하다. 무슨 일을 하든 부지런할 뿐 아니라 창의적으로 일을 하고, 그 모든 합당한 기술과 기예를 숙지하는 것이 마땅할 것이다. 자기의 직업이 없다면 대체 사람이 무엇이란 말인가? 하나님이 농부에게 가르쳐 주시는 방법들이 있는데(농사가 아무리 평범하다 해도), 농부는 그것을 배워야 마땅하다(사 28:26).

2. 얼룩무늬와 검은 빛 있는 양을 얻기 시작하자, 그는 그 양들을 맨 앞에 세우고 나머지 양들의 얼굴을 그 양들 쪽으로 향하게 하고, 한 가지 색깔을 지닌 양 쪽으로 향하지 않도록 하였다(40절). 눈을 통해서 강력한 인상을 받게 한 것으로 보인다. 그러므로 우리도 눈으로 똑똑히 바라보고 언약을 세울 필요가 있는 것이다.

3. 하나님께서 그에게 특별히 복을 베푸셔서 그의 계획이 성공을 거두는 것을 알게 되자, 그는 그 방법을 강한 양들에게만 사용하여 가장 귀한 양들은 자기 것으로 확보하고 허약한 양들은 라반에게로 돌리는 방법을 썼다(41, 42절). 그리하여 야곱이 매우 번창하였고(43절), 짧은 시간 내에 매우 부유하게 되었다. 만일 이 일에 조금이라도 속임수나 불의가 있었다면, 그가 쓴 방법이 성공을 거둔 것이 결코 정의롭지 못했을 것이다. 그러나 거기에는 그런 악한 것이 하나도 없었던 것이 분명하다. 왜냐하면 그것이 하나님의 지시로 이루어진 일이었기 때문이다(31:12). 그리고 그 일 자체도 계약을 그대로 정직하게 이행한

것 외에 다른 것이 전혀 없었다. 하나님의 섭리가 놀랍게 역사하여, 라반에게서 그렇게 억울하게 당한 야곱에게 정의로 갚아 주신 것이요, 또한 하나님이 사랑의 증표로 그에게 주신 구체적인 약속들을 이루어 주신 것이다. 주목하라. 처음 시작이 미미할 때에 겸손하고 정직하며 만족하고 부지런히 일하는 자들은 그런 자세를 계속 견지함으로써 나중에 크게 번창하는 결과를 보게 될 것이다. 작은 것에 충성된 자는 더 큰 것을 맡게 될 것이요, 다른 사람의 것에 충성된 자는 자기 자신의 것을 맡게 될 것이다. 이렇게 하여, 익로운 종이었던 야곱이 결국 부유한 주인이 되었다.

제 31 장

개요

야곱은 매우 정직하고 선한 사람이요 큰 헌신과 성실의 사람이었다. 그러나 그는 다른 어느 족장들보다도 더 많은 어려움과 곤란을 겪었다. 아버지의 집을 떠나 도피하였고, 불안한 마음으로 외삼촌의 집에 도착하여 거기서 힘들게 일하며 이용당했고, 이제 두려움에 싸인 채 고향으로 돌아가려 하고 있는 것이다. 본 장의 주요 내용은 다음과 같다. I. 야곱이 고향으로 돌아가기로 결심함(1-16절). II. 그가 은밀하게 떠남(17-21절). III. 라반이 불쾌하여 그를 뒤쫓음(22-25절). IV. 야곱과 라반 사이에 격렬한 말이 오감(26-42절). V. 결국 서로 간에 우호적인 합의가 이루어짐(43-55절).

1야곱이 라반의 아들들이 하는 말을 들은즉 야곱이 우리 아버지의 소유를 다 빼앗
고 우리 아버지의 소유로 말미암아 이 모든 재물을 모았다 하는지라 2야곱이 라반
의 안색을 본즉 자기에게 대하여 전과 같지 아니하더라 3여호와께서 야곱에게 이르
시되 네 조상의 땅 네 족속에게로 돌아가라 내가 너와 함께 있으리라 하신지라 4야
곱이 사람을 보내어 라헬과 레아를 자기 양 떼가 있는 들로 불러다가 5그들에게 이
르되 내가 그대들의 아버지의 안색을 본즉 내게 대하여 전과 같지 아니하도다 그
러할지라도 내 아버지의 하나님은 나와 함께 계셨느니라 6그대들도 알거니와 내가
힘을 다하여 그대들의 아버지를 섬겼거늘 7그대들의 아버지가 나를 속여 품삯을 열
번이나 변경하였느니라 그러나 하나님이 그를 막으사 나를 해치지 못하게 하셨으
며 8그가 이르기를 점 있는 것이 네 삯이 되리라 하면 온 양 떼가 낳은 것이 점 있는
것이요 또 얼룩무늬 있는 것이 네 삯이 되리라 하면 온 양 떼가 낳은 것이 얼룩무
늬 있는 것이니 9하나님이 이같이 그대들의 아버지의 가축을 빼앗아 내게 주셨느니
라 10그 양 떼가 새끼 밸 때에 내가 꿈에 눈을 들어 보니 양 떼를 탄 숫양은 다 얼룩
무늬 있는 것과 점 있는 것과 아롱진 것이었더라 11꿈에 하나님의 사자가 내게 말씀
하시기를 야곱아 하기로 내가 대답하기를 여기 있나이다 하매 12이르시되 네 눈을
들어 보라 양 떼를 탄 숫양은 다 얼룩무늬 있는 것, 점 있는 것과 아롱진 것이니라

라반이 네게 행한 모든 것을 내가 보았노라 [13]나는 벧엘의 하나님이라 네가 거기서
기둥에 기름을 붓고 거기서 내게 서원하였으니 지금 일어나 이 곳을 떠나서 네 출
생지로 돌아가라 하셨느니라 [14]라헬과 레아가 그에게 대답하여 이르되 우리가 우리
아버지 집에서 무슨 분깃이나 유산이 있으리요 [15]아버지가 우리를 팔고 우리의 돈
을 다 먹어버렸으니 아버지가 우리를 외국인처럼 여기는 것이 아닌가 [16]하나님이
우리 아버지에게서 취하여 가신 재물은 우리와 우리 자식의 것이니 이제 하나님이
당신에게 이르신 일을 다 준행하라

이제 야곱은 삼촌을 섬기던 일을 중단하고 자기 소유를 취하고 즉시 가나안으로 돌아가기로 결심한다. 그는 그럴 만한 합당한 계기가 생기자 하나님의 인도하심을 받고 또한 아내들의 권고와 동의를 받아 그러한 결심을 한 것이다.

I. 합당한 계기가 생겼다. 라반과 그의 아들들이 시기하여 불손한 자세로 야곱을 대하였으므로, 더 이상 그들과 더불어 안전하게 혹은 만족스럽게 지낼 수가 없게 되었다.

1. 라반의 아들들이 말로 자기들의 악의를 드러냈다(1절). 아마도 야곱을 괴롭히기 위해 일부러 그가 듣는 데서 그런 말을 한 것 같다. 앞 장은 라헬이 레아를 시기하는 것으로 시작했는데, 본 장은 라반의 아들들이 야곱을 시기하는 것으로 시작한다. 관찰하라. (1) 그들은 야곱이 번창한 것을 크게 부풀렸다. 이 모든 재물(영광)을 모았다. 이들이 그렇게 시끄럽게 문제 삼은 이 재물(영광)이 과연 무엇이었는가? 그것은 검은 빛 나는 양과 아롱진 염소들(어쩌면 그 세련된 빛깔로 인해서 그것들이 더욱 영광스럽게 보였을지도 모른다)과 또한 낙타들과 나귀들이었다. 이것이 이 모든 재물(영광)이었던 것이다. 주목하라. 속된 사람들의 눈에는 부유한 재물들이 영광스러운 것들이나, 하늘의 것들을 잘 알고 사모하는 모든 자들에게는 뛰어난 영광에 비해서 그것들은 전혀 영광이 없는 것이다. 세상적인 부(富)를 지나치게 부풀려 가치를 매기는 것이야말로 탐심과 시기와 모든 악의 뿌리가 되는 근본적인 오류인 것이다. (2) 야곱의 성실한 충성을 매우 비열하고 거짓된 것으로 치부했다. 마치 그가 아주 부정직하게 그 모든 것을 얻기라도 한 것처럼 말이다. 야곱이 우리 아버지의 소유를 다 빼앗고. 그러나 분명 전부는 아니었다. 라반의 아들들에게 맡겨져 사흘 길을 뜨게 한

그 양들은(30:35, 36) 어찌 되었는가? 그들은 야곱에게 맡겨진 것 전부를 뜻했다. 그러나 야곱을 불쾌하게 만드느라고 그런 식으로 부풀려서 도매금으로 말한 것이다. 주목하라. [1] 선한 양심을 지키기 위해 그렇게 항상 조심하는 자도 항상 선한 이름을 얻을 수 있는 것은 아니다. [2] 이것은 외형적인 번영에 수반되는 허영과 근심거리 중의 하나다. 이것이 사람으로 하여금 자기 이웃을 시기하게 만드는데(전 4:4), 투기 앞에야 누가 서리요?(잠 27:4). 하늘이 복 주는 자들은 지옥이 저주하며, 또한 그(지옥)의 자녀 된 이 땅의 사람들이 모두 그를 저주하는 것이다.

2. 라반은 별로 말하지 않았으나, 야곱을 대하는 그의 안색이 여느 때와는 달랐다. 그러므로 야곱이 이를 눈치채지 않을 수 없었다(2, 5절). 라반은 아무리 보아도 야비한 사람이었으나, 지금은 예전보다도 더 야비해진 것이다. 주목하라. 시기는 얼굴에 나타나는 죄인 경우가 많다. 그러므로 성경은 악한 눈에 대해 말씀하고 있다(잠 23:6). 쓰린 모습은 가정의 평화와 사랑을 망치는 첩경이요, 우리가 돌보아야 할 사람들을 불편하게 하여 위로를 얻지 못하도록 만드는 것이다. 라반의 화난 얼굴로 인하여 그 가족이 가장 큰 복을 영원히 잃어버리고 말았고, 이는 지극히 정당한 결과였다.

Ⅱ. 하나님의 지시하심과 약속의 호위를 받았다. 여호와께서 야곱에게 이르시되 네 조상의 땅 네 족속에게로 돌아가라 내가 너와 함께 있으리라 하신지라(3절). 야곱은 여기서 매우 힘겹게 살았으나, 하나님께서 명령하시기 전에는 그 곳을 떠나려 하지 않았다. 하늘의 명령을 받고 그 곳으로 왔으니, 다시 돌아가라는 명령을 받기까지는 거기 그대로 머물 작정이었던 것이다. 주목하라. 우리의 나가는 것과 들어오는 것에서 우리 자신을 하나님의 인도하심 아래 두는 것이 우리의 의무이며, 그렇게 하는 것이 우리의 위로가 될 것이다. 그가 하늘로부터 받은 지시는 그가 아내들에게 일러준 이야기 속에 더 충실하게 나타난다(10-13절). 그는 가축에 대해 꾼 꿈을 이야기하는데, 그 꿈에서 그의 색깔을 지닌 가축들이 놀랍게 늘어났는데, 그 때에 하나님의 사자가 나타나(필자는 10절의 꿈과 11절의 꿈이 동일한 것이라고 가정하니) 그 꿈에서 이루어지는 일을 주시하며 그에게 교훈하기를, 그가 그렇게 큰 재물을 얻은 것이 우연히 된 것도 그가 쓴 방법 때문인 것도 아니었고 다음의 사실로 말미암은 것이라고 하였다고 한다.

1. 하나님의 섭리. 라반이 야곱에게 가한 온갖 횡포를 하나님이 친히 보시고 이런 방법으로 그에게 갚으신 것이라는 것이다. "라반이 네게 행한 모든 것을 내가 보았노라." 주목하라. 하나님의 섭리의 역사하심은 우리가 깨닫는 것보다 더 공평하며, 해를 당한 자들이 그의 섭리로 말미암아 진정 보상을 받는데, 사람이 그것을 제대로 지각하지 못하는 것뿐이다. 야곱이 그렇게 풍부하게 된 것은 비단 정의로운 섭리의 역사하심 때문만이 아니라,

2. 약속의 이행으로 말미암은 것이기도 했다. 그 약속은 나는 벧엘의 하나님이라는 13절의 말씀에 암시되어 있다. 벧엘은 하나님께서 그와 더불어 언약을 갱신하신 장소였던 것이다. 주목하라. 세상적인 번영과 성공은 그것이 일반적인 섭리에서가 아니라 언약의 사랑에서 흘러나오는 것임을 알면, 약속하신 자비를 행하기 위한 것임을 알면, 그것이 벧엘의 하나님에게서 오는 것이요 또한 지금 경건에 속한 생명의 약속들에 근거하여 오는 것임을 알면, 그 흐뭇한 위로가 배나 더해진다. 야곱은 라반과 함께 있으면서 이처럼 부유하게 될 희망적인 전망을 가졌을 때에도, 분명 돌아갈 생각을 했을 것이다. 세상이 우리에게 미소를 싯기 시작할 때에, 우리는 이 곳이 우리의 본향이 아니라는 것을 기억해야 한다. 지금 일어나 … 돌아가라(13절). (1) 가나안에서 보였던 네 경건한 헌신을 회복하라. 라반과 함께 있는 동안에는 그런 엄숙한 자세에서 많이 벗어나 있었을 것이다. 이처럼 종노릇하던 시절에는 하나님이 눈을 감으셨다. 그러나 이제는 "네가 돌기둥을 세우고 맹세를 한 그 곳으로 돌아가라. 이제 네가 부유하게 되었으니, 이제는 다시 제단과 희생 제사를 생각할 때가 되었다." (2) 돌아가서 가나안에서 누렸던 위로거리들을 다시 누려라. 네 출생지로 돌아가라. 여기서도 그는 가까운 친족과 함께 있었다. 그러나 그가 진정한 의미에서 친족으로 바라보아야 할 사람들은 바로 그가 함께 살고 죽어야 할 자들이요, 함께 언약에 속한 자들이었다. 주목하라. 가나안을 물려받을 상속자들은 이 땅에 아무리 뿌리를 내리고 있는 것 같아 보여도, 가나안에 이르기 전에는 절대로 스스로 본향에 와 있다고 여겨서는 안 된다.

III. 아내들도 이를 알고 동의하였다. 관찰하라.

1. 그는 사람을 보내어 라헬과 레아를 들로 불렀다(4절). 그 두 사람 모두와 은밀하게 상의하기 위해서였거나, 둘이 서로 상대방의 거처에 들어가려 하지 않으므로 모두 모아놓고 이야기하기 위해서였거나, 아니면 들에서 하던 일을

멈출 수가 없었기 때문이었을 것이다. 주목하라. 아내를 사랑하는 남편은 자기의 뜻과 의도를 아내와 나누어야 한다. 부부간에 애정이 있으면 서로 간에 신뢰도 있는 법이다. 아내의 현숙함이 남편의 마음을 움직여 그를 믿게 되는 것이다(잠 31:11). 야곱은 아내들에게 다음과 같은 내용들을 이야기했다. (1) 그가 장인을 얼마나 성실하게 섬겼는가를(6절). 주목하라. 다른 사람들이 우리에게 의무를 다하지 않더라도, 우리가 그들에게 의무를 다했다면 그 사실이 위로가 될 것이다. (2) 장인이 그를 얼마나 불성실하게 대하였는가를(7절). 그는 자기와 맺은 계약을 전혀 지키려 하지 않았고, 첫 해 이후 하나님의 섭리가 야곱과 함께 하여 그가 합의한 색깔의 양들이 늘어나는 것을 보자, 그는 그 후 다섯 해 동안 반년마다 한 번씩 열 번이나 야곱이 소유할 수 있는 양의 색깔을 바꾸었으나, 하나님의 섭리가 그에게 유리하게 역사하였다는 것이다. 주목하라. 내가 정직하게 대한다고 해서 다른 사람이 언제나 나를 정직하게 대해 주는 것이 아니다. (3) 이런 상황에서 하나님이 얼마나 그를 도우셨는가를. 하나님은 라반의 악의로부터 야곱을 보호하셨다. **하나님이 그를 막으사 나를 해치지 못하게 하셨으며.** 주목하라. 하나님께 가까이 있는 자들은 하나님께서 안전하게 지키신다. 또한 하나님은 라반이 야곱을 망하게 하려고 하였으나 오히려 야곱이 풍성하게 공급받게 하셨다. **하나님이 이같이 그대들의 아버지의 가축을 빼앗아 내게 주셨느니라**(9절). 의로우신 하나님은 야곱이 힘들게 섬긴 것에 대해 이처럼 라반의 재산을 빼어내어 그에게 주셨다. 후에 하나님은 또한 야곱의 자손들이 애굽 사람들을 섬긴 일에 대해 애굽 사람들의 재산으로 그들에게 갚아 주신다. 주목하라. 사람들은 그렇지만, 하나님은 그의 백성들의 사랑의 수고와 섬김을 잊으실 만큼 불의하신 분이 아니시다(히 6:10). 하나님은 그의 섭리로 갖가지 방식으로 사람들의 의도와는 달리 결국 정직하게 일이 처리되도록 하시는 것이다. 주목하라. **죄인의 재물은 의인을 위하여 쌓이느니라**(잠 13:22). (4) 꿈에 하나님이 고향으로 돌아가라고 명령하셨다는 것을(13절). 야곱은 고향으로 돌아가려는 자신의 결단이 변심하였기 때문이거나 아내들의 땅이나 가족이 싫기 때문이 아니라 그의 하나님께 순종하며 그에게 의지하고자 하는 자세에서 나온 것임을 아내들이 알도록 하고자 한 것이다.

2. 아내들이 그의 결단에 기꺼이 동의하였다. 아내들도 자기들의 쓰라린 마음을 토로하였다. 아버지가 불친절할 뿐 아니라 자기들에게 불의하게 대하였

고(14-16), 자기들을 외인처럼 취급하였고 전혀 애정이 없이 대하였다는 것을 하소연하였다. 그리하여, 야곱은 하나님이 라반에게서 빼앗아 자기에게 주신 재물들을 자신의 품삯으로 보았는데, 그의 아내들은 자기들이 마땅히 받아야 할 몫으로 보았다. 그러므로 하나님은 라반으로 하여금 종에게와 자기 딸들에게 양쪽으로 빚을 갚도록 만드신 것이다. 그러므로 야곱의 아내들은, (1) 친족과 아버지의 집에 대해 진저리를 내는 형편이었고, 그리하여 그들을 쉽게 잊을 수 있는 처지였던 것 같다. 주목하라. 세상에서 당하는 이런 억울한 일들을 우리는 이처럼 선히 처리하여야 하며, 그것에 대해 좀 더 느슨한 자세를 가지며, 그것들을 기꺼이 버리고 본향에 있기를 사모하여야 할 것이다. (2) 기꺼이 남편을 따르며, 남편과 함께 하나님의 인도하심 아래 있고자 하였다. 이제 하나님이 당신에게 이르신 일을 다 준행하라. 주목하라. 남편의 돕는 배필인 아내들은 절대로 하나님께서 부르신 일을 행하는 데에 방해거리가 되지 않을 것이다.

17야곱이 일어나 자식들과 아내들을 낙타들에게 태우고 18그 모은 바 모든 가축과
모든 소유물 곧 그가 밧단아람에서 모은 가축을 이끌고 가나안 땅에 있는 그의 아
버지 이삭에게로 가려 할새 19그 때에 라반이 양털을 깎으러 갔으므로 라헬은 그의
아버지의 드라빔을 도둑질하고 20야곱은 그 거취를 아람 사람 라반에게 말하지 아
니하고 가만히 떠났더라 21그가 그의 모든 소유를 이끌고 강을 건너 길르앗 산을 향
하여 도망한 지 22삼 일 만에 야곱이 도망한 것이 라반에게 들린지라 23라반이 그의
형제를 거느리고 칠 일 길을 쫓아가 길르앗 산에서 그에게 이르렀더니 24밤에 하나
님이 아람 사람 라반에게 현몽하여 이르시되 너는 삼가 야곱에게 선악 간에 말하
지 말라 하셨더라

여기서는 다음을 보라.

I. 야곱이 라반에게서 도피함. 그는 오랫동안 이 일을 생각해왔을 것이고, 이에 대해 마음에 결정을 했을 것이다. 그런데 이제 드디어 하나님께서 떠나라는 적극적인 명령을 주시자 그는 지체하지도 않았고, 하늘의 이상에 불순종하지도 않았다. 라반은 사흘길이 떨어진 곳에 있는 그의 아들들의 양 떼들의 털을 깎으러 갔고(19절), 야곱은 그에게 주어진 이 첫 번째 기회를 놓치지 않았다. 그런데, 1. 미리 사전에 예고하지 않고 이처럼 갑자기 일을 그만두는 것은 야곱

으로서는 정당한 일이었던 것이 분명하다. 하나님께서 그에게 구체적으로 지시하셨으니 거기에 따르는 것이 정당한 일이기도 했지만, 동시에 자기보존의 근본적인 법의 견지에서 볼 때에도 이는 정당한 일이었다. 우리가 위험에 처할 때에 양심을 거스르지 않는 범위 내에서 할 수 있는 만큼 우리 자신의 안전을 도모하는 것은 당연한 처사인 것이다. 2. 라반에게 알리지 않고 몰래 떠난 것은 지혜로운 처사였다. 라반이 이를 알았다면 그를 방해하였거나 약탈하였을 것이다. 3. 야곱은 정직하게 자기 소유를, 그 모은 바 모든 가축과 모든 소유물을 취하여 떠났다(18절). 그는 하나님의 섭리로 말미암아 얻은 것들을 취하였고, 그것들로 만족하였으며, 자기 스스로 자신의 손해를 보상받으려 하지 않았다. 그러나 라헬은 남편만큼은 정직하지 못했다. 그의 아버지의 드라빔을 도둑질하여(19절) 지니고 갔다. 어떤 이들은 드라빔이 주상이나 그림 등으로 가문의 조상들을 묘사해 놓은 것으로, 라헬이 평소에 그것을 특별히 좋아하였는데, 이제 타국으로 가게 되니 그것을 갖고 가려 한 것이라고 본다. 그러나 그것은 오히려 예배에서 사용했거나 혹은 신탁(神託)을 위해 사용했던 종교적인 용도를 위한 형상들, 가족의 신상들(household-gods)이었던 것으로 보아야 할 것 같다. 우리는 (패트릭 주교의 의견대로) 라헬이 그것을 도둑질한 것은 멋진 금속 공예품에 대한 탐심에서나, 자신이 사용하기 위해서나, 혹은 라반이 그 드라빔을 사용하여 자기들이 어느 쪽으로 갔는지 알게 될까 하는 미신적인 두려움 때문에 그것을 막으려는 의도에서가 아니라, (야곱은 사리를 아는 사람으로 아내들과 함께 거하였고, 따라서 아내들도 좀 더 나은 가르침을 받았을 것이다) 오히려 아버지 라반이 자기들 자신의 안전도 지키지 못하는 그것들을 신으로 여기는 아버지의 어리석음(사 46:1, 2)을 납득시키고자 하는 의도에서였을 것이다.

II. 라반이 야곱을 뒤쫓아감. 사흘 후에 야곱이 도망했다는 소식이 라반에게 전해졌다. 그는 즉시 부족 전체를 일깨워 형제들을, 즉 그와 관련을 맺고 있던 가문의 친척들을 데리고 야곱을 뒤쫓았다(후에 바로와 그의 군사들이 야곱의 후손들을 뒤쫓은 것처럼). 그를 다시 종으로 복귀시키기 위함이었거나, 아니면 그가 가진 재물들을 빼앗기 위함이었을 것이다. 그는 야곱을 뒤쫓아 칠 일 길을 갔다(23절). 그는 절친한 친구들을 찾기 위해서라면 그 절반의 고통이라도 당하려 하지 않았을 것이다. 그러나 악인은 자기들의 죄악된 격정을 채우기 위해서 선인이 그들의 정당한 애정을 위하여 행하는 것보다 더 많은 것을 행하며, 또한 그들의 사랑보다는 그들의 분노를 발하는 데에 더욱 열정적인 법이다. 자, 드디어 라반이 야곱을 따라잡았다. 그런데 그 전날 밤 하나님께서 그 분쟁에 개입하셔서 라반을 꾸짖고 야곱을 보호하셨다. 라반더러 삼가 야곱에게 선악 간에 말하지 말라고 하신 것이다(24절). 즉, 그가 떠난 것이 여호와께로부터 비롯된 것이니 그가 떠난 것에 대해 아무 말도 하지 말라는 것이었다. 동일한 히브리식 어법을 24:50에서 볼 수 있다. 라반은 칠 일 동안 추격하는 동안 야곱에 대한 격분으로 가득 찼었고, 그에게 모든 것을 갚아 주리라는 희망으로 가득 찼었다(출 15:9). 그런데 하나님이 그에게 나타나셔서, 한 마디 말씀으로 그의 손발을 묶으시니, 마음은 돌아서지 않았으나 그로서는 어쩔 수가 없게 되었다. 주목하라. 1. 꿈에서나, 침상에서 뒤척거릴 때에, 하나님께서는 갖가지 방법으로 사람의 귀를 여시고 경고로써 두렵게 하신다(욥 33:15, 16). 이처럼 그는 양심을 통해서, 은밀한 속삭임으로 사람들에게 훈계하시며, 지혜 있는 사람은 이를 새겨듣는다. 2. 선인의 안전은 매우 많은 부분이 하나님께서 악인의 양심을 붙잡으시고 또한 그들에게 나아가사 훈계하시는 덕분이다. 3. 하나님은 그의 백성들이 패망의 위기에 있을 바로 그 때에 놀랍게 나타나사 구원하신다. 유대인들은 왕의 어명이 시행에 옮겨지기 직전에 하만의 책략에서 구원받았다(에 9:1).

25 라반이 야곱을 뒤쫓아 이르렀으니 야곱이 그 산에 장막을 친지라 라반이 그 형제
와 더불어 길르앗 산에 장막을 치고 26 라반이 야곱에게 이르되 네가 나를 속이고 내
딸들을 칼에 사로잡힌 자 같이 끌고 갔으니 어찌 이같이 하였느냐 27 내가 즐거움과
노래와 북과 수금으로 너를 보내겠거늘 어찌하여 네가 나를 속이고 가만히 도망하
고 내게 알리지 아니하였으며 28 내가 내 손자들과 딸들에게 입맞추지 못하게 하였
으니 네 행위가 참으로 어리석도다 29 너를 해할 만한 능력이 내 손에 있으나 너희
아버지의 하나님이 어제 밤에 내게 말씀하시기를 너는 삼가 야곱에게 선악 간에
말하지 말라 하셨느니라 30 이제 네가 네 아버지 집을 사모하여 돌아가려는 것은 옳
거니와 어찌 내 신을 도둑질하였느냐 31 야곱이 라반에게 대답하여 이르되 내가 생
각하기를 외삼촌이 외삼촌의 딸들을 내게서 억지로 빼앗으리라 하여 두려워하였
음이니이다 32 외삼촌의 신을 누구에게서 찾든지 그는 살지 못할 것이요 우리 형제
들 앞에서 무엇이든지 외삼촌의 것이 발견되거든 외삼촌에게로 가져가소서 하니

야곱은 라헬이 그것을 도둑질한 줄을 알지 못함이었더라 [33]라반이 야곱의 장막에
들어가고 레아의 장막에 들어가고 두 여종의 장막에 들어갔으나 찾지 못하고 레아
의 장막에서 나와 라헬의 장막에 들어가매 [34]라헬이 그 드라빔을 가져 낙타 안장 아
래에 넣고 그 위에 앉은 지라 라반이 그 장막에서 찾다가 찾아내지 못하매 [35]라헬이
그의 아버지에게 이르되 마침 생리가 있어 일어나서 영접할 수 없사오니 내 주는
노하지 마소서 하니라 라반이 그 드라빔을 두루 찾다가 찾아내지 못한지라

여기서는 후에 길르앗이라 불리는 산에서(25절) 라반과 야곱이 서로 만났을 때에 서로 간에 오간 일이 기록되어 있다. 다음을 보라.

I. 라반이 야곱을 크게 꾸짖음. 그는 야곱에게 다음과 같은 문제를 따졌다.

1. 그가 부당하게 자기의 직무를 버리고 도망하였다는 것. 야곱을 범죄자로 몰기 위해서, 그는 자기가 딸들에게 친절을 베풀려고 했었고(27, 28절) 사랑과 존귀로 그들을 떠나보내려 했었으며, 그 일을 엄숙하게 행하려 했고, 어린 손자들에게 입맞추려 했고(그가 그들에게 해 주려고 했던 것은 이런 것이 고작이었다), 또한 그 지방의 어리석은 풍습에 따라 즐거움과 노래와 북과 수금으로 그들을 보내려 했다는 것을 강조하였다. 그로부터 120년 전 동일한 가족들이 리브가를 떠나보낼 때에는 기도와 축복으로 떠나보냈는데(24:60), 여기서는 여흥과 즐거운 노래로 떠나보내는 것은 곧 그 가문에서 신앙이 매우 부패해 있었고 그들이 진지함을 잃어버렸다는 하나의 증표였다 할 것이다. 그러나 라반은 그들을 정중하게 떠나보내려 했다는 것을 강조하였다. 주목하라. 악인들이 그들의 악의에 가득 찬 계획이 좌절될 때에 자기들이 자비하고 공정한 일 외에는 계획한 바가 없는 것처럼 꾸며대는 것이 흔히 있는 일이다. 그들이 의도한 악행이 이루어지지 않으면, 자기들이 그런 의도를 가졌던 것을 상대방이 의심할까 전전긍긍한다. 자기들이 의도한 대로 일이 이루어지지 않으면, 자기들은 이러저러한 의도를 가졌다는 식으로 변명하여 위기를 모면하려 하는 것이다. 사람은 그렇게 해서 속아 넘길 수 있겠지만, 하나님은 결코 속일 수 없다. 라반은 또한 야곱이 아내들을 마치 사로잡힌 자들을 끌어가듯이 했으니 이는 그렇게 도둑질하려는 의도가 있었던 것이 아니냐고 따졌다(26절). 주목하라. 악의를 품고 있는 자들이야말로 죄 없는 다른 사람들에게 최악의 죄목을 뒤집어씌우기를 가장 잘하는 자들이다. 은근히 혐의를 뒤집어씌우고 그것들을 가중시키는 것

이야말로 악의를 품는 자들의 기술이며, 그런 혐의들을 그들이 악을 행할 의도를 가진 그 사람들이 의도한 것처럼 만들어 버리는 것이다(이는 그야말로 부당한 짓이다). 전체적으로 볼 때에, (1) 그는 자기 자신의 힘을 자랑한다. **너를 해할 만한 능력이 내 손에 있으나**(29절). 그는 그릇된 행위를 보복하거나 자기의 권리를 되찾을 권리도 있고, 능력도 있다는 것을 상정한다. 주목하라. 악한 사람들은 대개 다른 이들을 해칠 수 있는 자기들의 능력을 지나치게 과대평가하는 경향이 있다. 그러나 선을 행하는 능력이 그보다 훨씬 더 가치 있는 것이다. 다른 사람들을 친절하게 대하기 위해서는 아무것도 행할 뜻이 없는 자들은 자기 자신의 능력을 과시하여 상대방을 제압하기를 좋아하는 법이다. 그러나, (2) 그는 자신이 하나님의 능력의 제재를 받고 있음을 스스로 시인한다. 그 사실만으로도 야곱에게는 위로가 되었을 것인데, 그는 구태여 그 전 날 밤 하나님께서 꿈에 나타나사 **삼가 야곱에게 선악 간에 말하지 말라고** 하셨다는 것을 야곱에게 이야기하였다. 주목하라. 하나님이 모든 악한 도구들을 사슬에 매어두고 계시니, 선한 자들의 보호자로서 그가 원하시면, 발람의 경우처럼, 그들로 하여금 그것을 지각하게 하시고 또한 그것을 억지로라도 인정하게 하셔서 그의 찬양이 되게 하실 수 있다. 혹은, 이것을 하나님의 분명한 금지 명령을 받고서 라반이 무언가 양심적으로 깨우친 실례로 볼 수도 있을 것이다. 그가 비록 악인이었으나, 하늘의 특별한 보살핌을 받는 것이 드러나는 사람을 감히 해치지는 못한 것이다. 주목하라. 사람이 잠자리에서 양심으로 깨우치는 경고에 귀를 기울이고 그것을 하나님의 음성으로 받아들인다면 수많은 악행들이 미연에 방지될 것이다.

2. 그가 도둑질을 하였다는 것(30절). 그는 야곱이 떠날 결심을 하도록 자신이 원인을 제공하였다는 것을 인정하지 않고, 오히려 그가 떠나려 한 것을 아버지의 집을 그리워하는 어리석은 감정의 탓으로 돌려 버린다. 그리고는 다짜고짜로 **어찌 내 신을 도둑질하였느냐?** 라고 한다. 잃어버릴 수 있는 물건을 자기의 신이라 부르다니! 이 얼마나 어리석은 사람인가! 자기를 빼앗는 자를 저항하지도 못하고 그를 발견하지도 못하는 것들을 신으로 여기고 그것들에게서 보호받기를 기대했단 말인가! 여호와를 하나님으로 섬기는 자들은 과연 복된 자들이다. 그들이 섬기는 하나님은 결코 약탈을 당할 수 있는 분이 아니시니 말이다. 원수들이 우리의 물건들은 도둑질할 수 있어도 우리의 하나님은 도둑질

할 수가 없는 것이다. 여기서 라반은 야곱이 알지도 못하는 일에 대해 그에게 혐의를 씌운다. 짓눌린 무고한 양심은 흔히 이런 괴로움을 당한다.

II. 야곱이 자신에 대해 변명함. 하나님께 대의를 맡겼다고 해서 온유함과 두려움으로 스스로 변명하는 것이 금지된 것은 아니다.

1. 자기 아내들을 도둑질했다는 혐의에 대해서는 그가 어째서 라반에게 알리지 않고 떠났는지 그 이유를 제시하여 그 혐의를 씻는다(31절). 라반이 강제로 딸들을 빼앗아가고, 그들에 대한 야곱의 사랑을 볼모로 계속해서 종살이를 시킬까 두려워서 그렇게 했다는 것이다. 주목하라. 지극히 작은 일에서 불의한 자는 큰 일에서도 불의하리라는 의혹을 받을 수 있다(눅 16:10). 라반이 품삯 문제에서 야곱을 속였다면, 그의 아내들을 빼앗아가서 하나님이 하나가 되게 하신 자들을 갈라놓는 일도 얼마든지 할 수 있을 것이었다. 정직성이 전혀 없는 사람들이 무엇을 두려워하겠는가?

2. 라반의 신을 도둑질했다는 혐의에 대해서는 자신이 죄가 없음을 탄원한다(32절). 그는 스스로 그것들을 취한 일이 없을 뿐 아니라(그는 그것들을 그렇게 좋아하지 않았다), 누군가가 그것들을 취해 갔다는 것도 몰랐다. 그러나 "누가 그것들을 취해 갔든지, 그는 살지 못할 것이요"라고 한 그의 말은 경솔하고 생각이 없는 것이었다 할 것이다. 그것들을 취한 라헬이 그로부터 오래지 않은 때에 갑자기 고통 중에 사망했을 때에, 그는 자신의 이 말을 생각하고 한탄했을지도 모른다. 우리 자신이 아무리 의롭게 여겨지더라도, 저주하는 일은 삼가는 것이 좋다. 그 저주가 우리가 생각하는 것보다 훨씬 더 무겁게 임할 수도 있기 때문이다.

III. 라반이 그의 신상을 찾기 위해 샅샅이 수색함(33-35절). 그가 이렇게 한 것은 한편으로는 야곱에 대한 미움 때문이었고(그는 야곱을 책잡고 그에게 싸움을 걸고자 하는 바람이 있었다), 다른 한편으로는 자기가 결코 놓치고 싶지 않은 그 우상들에 대한 사랑 때문이었다. 그가 도난당한 가축을 찾기 위해 야곱의 가축들을 뒤졌다는 것은 본문에 없다. 그는 도난당한 신들을 찾기 위해 그의 가재도구들을 뒤진 것이다. 그는 마치 내가 만든 신들과 제사장을 빼앗아 갔으니 이제 내게 오히려 남은 것이 무엇이냐? 라고 한 미가와도 같은 심정이었다(삿 18:24). 거짓 신들을 섬기는 자들이 자기들의 우상에 대한 열정이 그렇게 강했으며, 그들이 그들의 신들의 이름으로 그렇게 살았다면, 우리는 참되신 하나님을 찾고 그에게로 나아가는 일에 그 이상으로 민감해야 하지 않겠는가? 하나님께서 정당하게 우리에게서 떠나셨을 때에, 우리는 과연 얼마나 더 조심스럽게 내가 어찌하면 하나님을 발견하고 그의 처소에 나아가랴?(욥 23:3)라고 물어야 하겠는가? 라반은 샅샅이 뒤졌으나 그 신들을 찾지 못했고, 결국 당혹감으로 부끄러워할 수밖에 없었다. 그러나 우리 하나님은 그를 찾는 자들에게 찾아지시는 분이시며, 또한 그가 그런 자들에게 풍성하게 상주시는 분이심을 발견하게 될 것이다.

36야곱이 노하여 라반을 책망할새 야곱이 라반에게 대답하여 이르되 내 허물이 무
엇이니이까 무슨 죄가 있기에 외삼촌께서 내 뒤를 급히 추격하나이까 37외삼촌께서
내 물건을 다 뒤져보셨으니 외삼촌의 집안 물건 중에서 무엇을 찾아내었나이까 여
기 내 형제와 외삼촌의 형제 앞에 그것을 두고 우리 둘 사이에 판단하게 하소서 38
내가 이 이십 년을 외삼촌과 함께 하였거니와 외삼촌의 암양들이나 암염소들이 낙
태하지 아니하였고 또 외삼촌의 양 떼의 숫양을 내가 먹지 아니하였으며 39물려 찢
긴 것은 내가 외삼촌에게로 가져가지 아니하고 낮에 도둑을 맞았든지 밤에 도둑을
맞았든지 외삼촌이 그것을 내 손에서 찾았으므로 내가 스스로 그것을 보충하였으
며 40내가 이와 같이 낮에는 더위와 밤에는 추위를 무릅쓰고 눈 붙일 겨를도 없이
지냈나이다 41내가 외삼촌의 집에 있는 이 이십 년 동안 외삼촌의 두 딸을 위하여
십사 년, 외삼촌의 양 떼를 위하여 육 년을 외삼촌에게 봉사하였거니와 외삼촌께
서 내 품삯을 열 번이나 바꾸셨으며 42우리 아버지의 하나님, 아브라함의 하나님 곧
이삭이 경외하는 이가 나와 함께 계시지 아니하셨더라면 외삼촌께서 이제 나를 빈
손으로 돌려보내셨으리이다마는 하나님이 내 고난과 내 손의 수고를 보시고 어제
밤에 외삼촌을 책망하셨나이다

이 단락에서는 다음을 보라.

I. 화를 부추김. 야곱의 타고난 성정은 온화하고 고요하였고, 게다가 은혜로 말미암아 더욱 그것이 계발되어 있었다. 그는 부드러운 사람이요 조용한 사람이었으나, 라반이 그를 억울하게 계속 몰아세우자, 그는 참지 못하고 격렬하게 화를 발하게 되었다(36, 37절). 그가 라반을 꾸짖은 것은 다소간 변명의 성격을 띠기도 했으나 정당한 것이 아니었고, 또한 우리더러 본받도록 하기 위해 기록

된 것도 아니다. 억울한 말은 화를 불러일으키며, 대개는 문제를 더욱 악화시키기만 할 뿐이다. 정직한 마음으로 대하는 자에게 부정직과 거짓의 혐의를 뒤집어씌우는 것은 지극히 큰 모욕이다. 그러나 이런 일을 당한다 해도 우리는 우리의 대의를 하나님께 맡기고 인내로 견디는 법을 배워야 할 것이다.

II. 선한 양심의 위로. 라반이 그를 정죄할 때에도 그 자신의 양심으로는 자신의 무죄함이 확실하고, 또한 모든 일에서 기꺼이 조심스럽게 정직하게 행하여 왔다는 것이 입증되었으니, 이것이야말로 야곱이 기뻐할 일이었다(히 13:18). 주목하라. 자신의 고용된 처지에서 신실하게 행하여 온 자들은 사람에게서 인정을 받지 못한다 하더라도 그 자신의 가슴속에서는 위로를 얻게 될 것이다.

III. 선한 종의, 특히 신실한 목자의 모습. 야곱은 스스로 그런 자임을 입증한 바 있다(38-40절). 1. 그는 잘 살피거나 소홀히 하거나 간에, 암양들이 새끼들을 낙태하지 않도록 매우 조심하였다. 또한 그는 경건하여 자기 손에 맡겨진 주인의 가축들이 복을 받도록 하였다. 주목하라. 종들은 자기들의 소유로 정해진 것들에 대해서는 물론 주인들의 소유로서 그들에게 맡겨진 것들에 대해서도 그에 못지않게 최선을 다하여 보살펴야 한다. 2. 그는 매우 정직하여 자기에게 허용되지 않은 것은 하나도 자신의 먹을 것으로 취한 일이 없었다. 그는 자신의 박한 품삯으로 만족하였고, 주인의 어린 양들로 잔치를 벌일 욕심을 갖지 않았다. 주목하라. 종들은 음식에 까다로워서도 안 되고, 금지된 것들을 탐해서도 안 되며, 맡겨진 모든 일에서 선한 충성의 자세를 보여야 한다. 3. 그는 매우 열심히 수고하였다(40절). 그는 전천후로 자기의 일을 감당하였고, 뜨거운 열기와 차가운 추위를 극한 인내로 견디고 일을 완수하였다. 주목하라. 일을 맡아서 무언가를 이루어낼 의도를 가진 사람은 반드시 어려움을 견뎌낼 결심이 있어야 한다. 여기 야곱의 모습은 교역자들의 본보기이다. 교역자들 역시 목자들이니, 그 맡은 임무에 충실하여야 하고 기꺼이 고통을 감내할 자세가 그들에게 요구되는 것이다.

IV. 혹독한 주인의 모습. 라반이 야곱에게 그런 주인이었다. 다음과 같은 자들은 악한 주인들이다. 1. 종들의 과실로 인하여 생긴 것이 아닌 손해를 그들에게 억지로 보상하게 하며, 그들에게 부당한 것을 강요하는 자들. 라반이 그렇게 했다(39절). 아니, 혹시 소홀함이 있었더라도, 과실에 비해서 지나치게 벌하는 것은 부당한 것이다. 가난한 종을 거의 파멸에 가깝게 처벌하는 것은 주인에게도 적지 않은 해가 될 수도 있다. 2. 정당하고 합당한 것을 종들에게 주기를 거부하는 자들도 악한 주인들이다. 라반이 그러했다(41절). 그는 야곱이 하나님 자신의 약속으로 말미암아 큰 재산을 확보하자 그것을 자신의 것으로 복귀시키려고 야곱에게 자기의 딸들을 위하여 일하도록 만들었는데 이는 지극히 부당한 처사였다. 또한 자신이 얼마든지 풍족하게 베풀 능력이 있었는데도, 딸들을 그에게 주면서 아무것도 주지 않은 것도 마찬가지다. 그는 이처럼 가난한 자를 가난하다는 것 때문에 약탈하였고, 또한 품삯을 계속해서 바꾸어서도 그렇게 하였다.

V. 상처받은 무죄한 자를 보호하시는 하나님의 섭리의 보살핌(42절).

하나님은 야곱에게 행해진 이런 억울한 일을 알고 계셨고, 그리하여 라반이 그를 빈손으로 보낼 심사였으나 그에게 갚아 주셨고, 라반이 그를 먹어치우려 했으나 그것을 막으시고 그를 책망하셨다. 주목하라. 하나님은 눌린 자들의 후견자이시다. 그러므로 억울한 일을 당해도 망하지 않는 자들이나, 내던져짐을 당하나 무너지지 않는 자들은 그들을 보존하시는 하나님의 역사를 인정하고 그에게 영광을 돌려야 할 것이다. 관찰하라. 1. 야곱은 하나님을 그의 아버지의 하나님으로 말하는데, 이는 자기 자신은 그렇게 보살핌을 받기에는 무가치한 존재요 따라서 아버지 덕분에 자신이 사랑을 받은 것으로 생각하였음을 시사해 준다. 2. 그는 하나님을 아브라함의 하나님이요, 이삭이 경외한 하나님으로 부른다. 아브라함은 이미 죽어 완전한 사랑이 두려움을 몰아낸 그런 세계에 이미 들어가 있으나, 이삭은 아직 살아서 경외와 두려움으로 마음속으로 여호와를 거룩하게 섬기고 있었기 때문이다.

43라반이 야곱에게 대답하여 이르되 딸들은 내 딸이요 자식들은 내 자식이요 양 떼
는 내 양 떼요 네가 보는 것은 다 내 것이라 내가 오늘 내 딸들과 그들이 낳은 자식
들에게 무엇을 하겠느냐 44이제 오라 나와 네가 언약을 맺고 그것으로 너와 나 사이
에 증거를 삼을 것이니라 45이에 야곱이 돌을 가져다가 기둥으로 세우고 46또 그 형
제들에게 돌을 모으라 하니 그들이 돌을 가져다가 무더기를 이루매 무리가 거기
무더기 곁에서 먹고 47라반은 그것을 여갈사하두다라 불렀고 야곱은 그것을 갈르엣
이라 불렀으니 48라반의 말에 오늘 이 무더기가 너와 나 사이에 증거가 된다 하였으

므로 그 이름을 갈르엣이라 불렀으며 49또 미스바라 하였으니 이는 그의 말에 우리
가 서로 떠나 있을 때에 여호와께서 나와 너 사이를 살피시옵소서 함이라 50만일 네
가 내 딸을 박대하거나 내 딸들 외에 다른 아내들을 맞이하면 우리와 함께 할 사람
은 없어도 보라 하나님이 나와 너 사이에 증인이 되시느니라 함이었더라 51라반이
또 야곱에게 이르되 내가 나와 너 사이에 둔 이 무더기를 보라 또 이 기둥을 보라 52
이 무더기가 증거가 되고 이 기둥이 증거가 되나니 내가 이 무더기를 넘어 네게로
가서 해하지 않을 것이요 네가 이 무더기, 이 기둥을 넘어 내게로 와서 해하지 아
니할 것이라 53아브라함의 하나님, 나홀의 하나님, 그들의 조상의 하나님은 우리
사이에 판단하옵소서 하매 야곱이 그의 아버지 이삭이 경외하는 이를 가리켜 맹세
하고 54야곱이 또 산에서 제사를 드리고 형제들을 불러 떡을 먹이니 그들이 떡을 먹
고 산에서 밤을 지내고 55라반이 아침에 일찍이 일어나 손자들과 딸들에게 입맞추
며 그들에게 축복하고 떠나 고향으로 돌아갔더라

여기서는 라반과 야곱이 이 문제에 대해 서로 타협점을 찾는다. 라반은 야곱의 항의에 대해 아무런 답변도 할 것이 없었다. 자신의 정당성을 주장할 수도, 야곱을 정죄할 수도 없었고, 오히려 자신이 그에게 행한 잘못을 양심으로 깨닫게 되었다. 그리하여 그는 그 문제에 대해서 더 이상 듣기를 원치 않았고, 자신의 과오를 인정하고 싶지도 않았고, 그렇다고 야곱에게 용서를 구하고 보상을 해주고 싶지도 않았다(마땅히 그렇게 했어야 옳았으나). 오히려,

I. 그는 야곱의 아내들과 자녀들에게 친절을 표시함으로써 그 문제를 그냥 넘어가려 한다. 딸들은 내 딸이요(43절). 자신이 행한 일에 대해 변명은 할 수 없었으나, 결국 그는 자신이 행했어야 했는데 하지 못한 일은 인정하고 있다. 그 딸들을 자기 자식으로 대했어야 했으나 그는 그들을 외국인처럼 취급했었던 것이다(15절). 주목하라. 본성적으로 애정이 없는 자들도 문제를 호도하는 데에 필요할 때에는 애정이 많은 체하는 것이 보통이다. 혹은 어쩌면 라반이 여기서, 빈말 하기를 좋아하고 허황된 부풀린 이야기를 하기를 잘하는 사람이 하듯, 허풍을 떠느라 이런 말을 했을 수도 있다. "네가 보는 모든 것이 다 내 것이다." 아니 그렇지 않았다. 그것들은 모두 야곱의 것이었고, 모두 그가 상당한 대가를 지불한 것들이다. 그러나 야곱은 라반의 인간성이 더 나아지는 것을 보고, 그가 하는 말을 조용히 들었다. 주목하라. 세상적인 사람들의 마음에는 재

산이 가까이 자리하고 있다. 그들은 그것을 자랑하기를 좋아한다. "이것은 내 것이요, 다른 것도 내 것이다." 마치 나발이 떡과 물을 내 떡과 내 물이라 한 것처럼 말이다(삼상 25:11).

Ⅱ. 라반은 야곱에게 서로 우정의 언약을 맺기를 제안한다. 야곱은 라반에게 굴복을 강요하거나 보상을 요구하지 않고 기꺼이 그의 제안에 동의한다. 분쟁이 일어나면, 우리는 그 어떠한 조건으로라도 다시 기꺼이 친구가 될 마음을 가져야 한다. 평화와 사랑은 아무리 비싼 값을 주고 얻어도 거의 손해가 없을 만큼 값진 보석들이다. 싸움을 계속하는 것보다는 싸움에 진 자를 가만히 앉게 하는 것이 더 나은 법이다. 여기서 관찰하라.

1. 이 언약의 골자. 야곱은 전적으로 라반이 조건을 정하도록 한다. 그 취지는 다음과 같은 것이었다. (1) 야곱이 그 아내들에게 좋은 남편이어야 하며, 그들을 괴롭혀도 안 되고, 그들 외에 다른 아내들을 맞아들여도 안 된다는 것(50절). 야곱은 한 번도 자신이 친절한 남편이 아니라는 의혹을 불러일으킬 빌미를 준 적이 없었다. 그러나 그는 마치 그런 빌미를 주기라도 한 것처럼, 이런 조건에 기꺼이 동의하였다. 라반은 자신이 그 딸들을 괴롭혔으면서도, 야곱은 그 딸들을 괴롭히지 못하도록 묶어놓으려 한 것이다. 주목하라. 스스로 해를 끼치는 자들이 흔히 다른 이들을 지극히 시기하며, 스스로 자기의 의무를 다하지 않는 자들이 다른 사람에게 의무를 이행할 것을 지극히 강하게 요구하는 경우가 많다. (2) 야곱이 라반에게 절대로 나쁜 이웃이어서는 안 된다는 것(52절). 그들 사이에 절대로 적대 행위가 오가서는 안 되며, 야곱의 편에서는 그가 받은 모든 억울한 일들을 용서하고 잊어야 하며, 차후로 라반과 그의 가족들을 상대로 그 일들을 기억해서도 안 된다는 것을 서로 합의하였다. 주목하라. 우리가 받은 해에 대해 분개할 수도 있으나 그것들에 대해 복수하려 해서는 안 된다.

2. 이 언약의 예식. 그 당시의 규례에 따라 언약이 지극히 엄숙하게 맺어지고 확증되었다. (1) 기둥을 세우고(45절) 또한 돌무더기를 이루어(46절) 그 일을 영구히 기념하였다. 그 당시에는 문서로 합의 사항을 기록하는 방법은 아직 알려지지도 사용되지도 않았었다. (2) 제사, 곧 화목 제사를 드렸다(54절). 주목하라. 하나님과의 화목이 친구들과의 화목을 이루게 하여 참된 위로를 준다. 양쪽이 서로 분쟁할 때에, 양쪽이 모두 하나님과 화목되면 그들 서로가 화목하

는 일이 촉진되는 것이다. (3) 함께 떡을 먹었고(46절), 제사에 즈음한 잔치를 함께 나누었다(54절). 이것은 마음 어린 화해의 증표였다. 고대에 우정의 언약은 쌍방이 함께 먹고 마심으로써 확증되었다. 그것은 사랑의 잔치의 성격을 띤 것이었다. (4) 여기서 그들의 진실함에 대해 엄숙하게 하나님께 호소하였다. [1] 그 언약의 증인으로서. **여호와께서 나와 너 사이를 살피시옵소서**(49절). 즉, "이 언약을 어기는 쪽에 대해 행할 일 하나하나를 여호와께서 아시옵소서. 우리가 상대방을 보지 못할 때에도, 우리가 어디에 있든지 하나님께서 살피신다는 사실로써 제재를 받게 하소서." 이 호소는 기도로 바꿀 수 있다. 서로 멀리 떨어져 있는 친구끼리는, 그들이 서로의 사정을 알지도 못하고 돕지도 못할지라도 하나님이 그들 사이를 살피시며 보호하신다는 것에서 위로를 얻을 수 있을 것이다. [2] 재판장으로서. (야곱의 조상인) **아브라함의 하나님,** (라반의 조상인) **나홀의 하나님, 그들의 조상**(야곱과 라반의 공통적인 조상)**의 하나님은 우리 사이에 판단하옵소서**(53절). 이처럼 하나님과의 관계를 표현한 것은, 그들이 같은 하나님을 섬기며 따라서 이런 사실에 근거할 때에 그들 사이에 전혀 적의가 있어서는 안 된다는 것을 나타내고자 함이었다. 주목하라. 한 하나님을 섬기는 자들은 한 마음을 가져야 한다. 신앙에서 서로 동의하는 자들은 다른 모든 일에서도 같은 뜻을 갖도록 힘써야 한다. 하나님이 서로 분쟁하는 자들 사이의 재판장이시며, 또한 그는 의롭게 판단하실 것이다. 누구든 잘못을 행하는 자는, 그 스스로 자기에게 닥치는 위험에 대해 책임을 져야 한다. (5) 그 곳에 새로운 이름을 붙였다(47, 48절). 라반은 수리아어로, 야곱은 히브리어로 그 곳을 **증거의 무더기**라 불렀고, 그 곳이 **미스바**, 즉 **망대**라 불렸다(49절). 후손도 이 언약에 포함되었고, 이리하여 이 언약에 대한 기억이 계속 보존되도록 신중을 기하였다. 이 이름들은 복음 언약의 인(印)들에도 적용이 가능하다. 이는 우리가 신실할 경우에는 우리를 뒷받침해 주는 증거가 될 것이요, 우리가 거짓될 경우에는 우리를 탄핵하는 증거가 될 것이다. 야곱이 이 무더기에 붙인 이름(갈르엣)은 그대로 남았으나, 라반이 붙인 이름은 그렇지 못했다. 이 모든 재회의 과정에서 라반은 시끄러웠고 말이 가득하였고, 많은 말을 했다. 그러나 야곱은 조용했고, 거의 말을 하지 않았다. 라반은 여러 가지 칭호를 사용하여 하나님께 호소하였으나, 야곱은 그저 **그의 아버지 이삭이 경외하는 이를 가리켜 맹세했을** 뿐이다. 즉, 아브라함과 나홀과는 달리, 다른 신을 섬긴 적이 한 번도 없는 그의 아버지 이삭이 경외한 그 하나님을 가리켜 맹세한 것이다. 라반이 장황하게 반복하여 이야기한 모든 말들보다 야곱의 두 마디 말이 더 기억에 남는 것이었다. 조용히 들리는 지혜자들의 말들이 우매한 자들을 다스리는 자의 호령보다 나으니라(전 9:17).

마지막으로, 이 모든 시끄러운 협상이 끝나고, 그들은 친구가 되어 서로 헤어진다. 라반은 손자들과 딸들에게 매우 사랑스럽게 입맞추며 그들에게 축복하고 평안히 돌아갔다(55절). 주목하라. 하나님은 우리가 두려워하는 것들보다 더 나으시며, 이상하게도 사람의 마음을 다스리사 우리가 기대할 수 있는 것 이상으로 우리에게 유익이 되게 하시는 경우가 많다. 하나님을 신뢰하는 것이 결코 헛된 일이 아닌 것이다.

제 — 32 — 장

개요

여기서도 야곱은 여전히 가나안을 향하여 길을 가고 있다. 야곱의 이 작은 가족의 행진처럼 그렇게 기억에 남을 일들이 많이 일어난 적이 없었다. 길에서 야곱은 I. 그의 하나님으로부터 좋은 소식을 접한다(1, 2절). II. 그의 형으로부터 나쁜 소식을 접한다. 그는 자기가 돌아온다는 소식을 형에게 보냈다(3-6절). 그는 고민 중에, 1. 무리를 둘로 나눈다(7, 8절). 2. 하나님께 기도를 드린다(9-12절). 3. 형에게 선물을 보낸다(13-23절). 4. 천사와 더불어 씨름한다(24-32절).

1야곱이 길을 가는데 하나님의 사자들이 그를 만난지라 2야곱이 그들을 볼 때에 이
르기를 이는 하나님의 군대라 하고 그 땅 이름을 마하나임이라 하였더라

야곱은 라반과의 일을 마친 후, 가나안을 향하여 가는 여정을 계속한다. 하나님께서 도우사 어려운 난관들을 이기면, 우리는 더욱더 기꺼운 마음과 단호한 결의로 천국으로 향하는 여정을 계속해야 한다.

1. 야곱이 여정 중에 사자를 만난다. 하나님의 사자들이 그를 만난지라(1절). 사자들이 눈에 보이는 모습으로 나타났으나, 낮에 이상을 통해서 보았는지, 아니면 사닥다리를 보았을 때처럼(28:12) 밤에 꿈속에서 보았는지는 분명치 않다. 주목하라. 바른 길을 계속 나아가는 자에게는 언제나 선한 보호자가 있다. 천사들은 그들의 안전을 지키기 위해 섬기는 영들이다(히 1:14). 야곱이 장막을 친 그 곳에 그들도 그의 옆에서 장막을 쳤다(시 34:7). 그들은 그를 만나서 다시 가나안에 들어오는 그를 환영하였다. 이는 왕이 한 도시에 올 때에 그 도시의 백관들이 온갖 예를 갖추어 그를 영접하는 것보다도 더 존귀한 영접이었다. 그들은 라반에게서 벗어난 것은 물론 그가 가나안에 도착한 것을 축하하기 위하여 그를 만난 것이다. 그들은 하나님의 종들이 번영하는 것을 기뻐하기 때문이다. 그들은 눈에 보이지 않는 방식으로 그동안 그를 계속 수행하였었는데,

이제 그에게 나타난 것이다. 지금까지 그가 겪은 것보다 훨씬 더 큰 위험이 그의 앞에 놓여 있었기 때문이다. 주목하라. 하나님께서 그의 백성들에게 비범한 시험을 계획하실 때에는 비범한 위로를 주셔서 그들을 준비시키신다. 우리는 이 천사들이 지금 이처럼 고요하고 조용한 막간을 맞고 있을 때보다는 야곱이 처음 라반으로 인하여 그리고 나중에 에서로 인하여 괴로움과 번민 중에 있을 때에 그에게 나타났더라면 더욱 안성맞춤이었을 것이라고 생각할 것이다. 그러나 하나님은 우리가 평화로울 때에 시련을 위해 준비시키시고, 그리하여 시련이 올 때에 과거에 얻은 관찰과 경험에 근거하여 행하도록 하시는 것이다. 우리는 믿음으로 행하고, 보는 것으로 행하지 않는 것이다. 하나님의 백성들은 죽을 때에 가나안으로, 그 아버지의 집으로 돌아가는 것이요, 그 때에 하나님의 천사들이 그들을 만나 그들의 종살이 시절을 복되게 마친 것을 축하하고 그들을 이끌어 안식에 들어가게 할 것이다.

2. 야곱이 이러한 천사들의 호위를 편안하게 주목한다. 이는 하나님의 군대니(2절), 그러므로, (1) 능력이 충만한 군대다. 그렇게 호위를 받는 자는 지극히 큰 지요, 그렇게 보호를 받는 자는 지극히 안전한 법이다. (2) 이러한 보호하심에 대해 하나님을 찬송해야 한다. "이들에 대해 내가 하나님께 감사하리니, 이는 이들이 그의 군대임이라." 야곱이 그가 너를 위하여 그의 천사들을 명령하사 네 모든 길에서 너를 지키게 하시리라(시 91:11)는 약속을 믿음으로 육체의 눈으로 본 것을, 선한 사람은 믿음의 눈으로 볼 수도 있을 것이다. 하나님의 성도가 천사들의 보호를 받는다는 것이 확실할진대, 과연 성도 한 사람 한 사람에게 수호천사가 있느냐는 논란을 벌일 필요가 무엇이겠는가? 이러한 하나님의 호의에 대한 기억을 보존하기 위해, 야곱은 그 곳을 마하나임, 즉 두 군대, 혹은 두 진영이라 이름 붙였다. 어떤 유대인 학자들은 말하기를, 메소포타미아의 수호천사들의 일부가 그리로 야곱을 인도하였고, 이제 야곱이 가나안 땅의 경계에 도착하자, 그 천사들이 그를 가나안의 천사들의 무리에게로 안전하게 넘긴 것이라고 한다. 그러나 오히려, 천사들이 그에게 두 대로 나뉘어, 그의 오른편과 왼편에, 혹은, 한 대는 전방에 또 한 대는 후방에 나타나서, 후방의 라반에게서와 전방의 에서에게서 그를 보호하여 그들이 완전한 호위를 베풀었을 것이다. 이처럼 야곱은 하나님의 호의로 에워싸인 것이다. 어쩌면 교회를 마하나임, 두 군대라 부르는 것이 이를 빗대는 것일지도 모른다(아 6:14). 여기서 야곱의 가

족이 한 군대를 이루어 지상에서 이리저리 나아가는 전투적 교회를 보여주고, 천사들이 또 한 군대를 이루어 천국에서 안식을 누리는 승리적 교회를 보여준다 할 것이다.

3야곱이 세일 땅 에돔 들에 있는 형 에서에게로 자기보다 앞서 사자들을 보내며 4그
들에게 명령하여 이르되 너희는 내 주 에서에게 이같이 말하라 주의 종 야곱이 이
같이 말하기를 내가 라반과 함께 거류하며 지금까지 머물러 있었사오며 5내게 소와
나귀와 양 떼와 노비가 있으므로 사람을 보내어 내 주께 알리고 내 주께 은혜 받기
를 원하나이다 하라 하였더니 6사자들이 야곱에게 돌아와 이르되 우리가 주인의 형
에서에게 이른즉 그가 사백 명을 거느리고 주인을 만나려고 오더이다 7야곱이 심히
두렵고 답답하여 자기와 함께 한 동행자와 양과 소와 낙타를 두 떼로 나누고 8이르
되 에서가 와서 한 떼를 치면 남은 한 떼는 피하리라 하고

야곱이 가나안에 다시 들어가고 있을 때에, 하나님께서는 천사들을 보여주심으로써 그가 그 곳을 떠날 때에 그에게 있었던 친구들을 상기시켜 주셨고, 이를 계기로 그는 자기에게 있는 원수들을, 특히 에서의 존재를 상기하게 된다. 아마도 리브가가 에서가 세일에 정착하였고 여전히 그를 적대시하고 있다는 소식을 이미 그에게 전해 주었을 것이다. 이 가련한 야곱은 이제 어떻게 할 것인가? 그는 아버지를 보기를 사모하나, 형을 보는 일은 크게 두려워하고 있다. 다시 가나안을 보는 것은 기쁜 일이나, 에서 때문에 두렵고 떨림으로 기뻐할 수밖에 없었던 것이다.

I. 그는 에서에게 매우 우호적이며 겸손한 메시지를 보낸다. 야곱의 행로가 에서의 땅을 통과하거나 아니면 그가 지나가도록 에서에게 허락을 받을 필요가 있었던 것으로 나타나지는 않는다. 그러나 그의 행하는 경로가 에서의 땅 가까이에 있었고, 에서가 형이요, 쌍둥이 형이요, 하나밖에 없는 형이요, 더욱이 자신에게 상처받은 형이니 그에게 합당한 예의를 갖추지 않고서는 지나가고 싶지 않았던 것이다. 주목하라. 1. 우리의 친족이 우리에게 의무를 다하지 않는다 해도, 우리는 그들에게 양심적으로 우리의 의무를 다해야 할 것이다. 2. 우리의 처지대로 친구들과 인사를 나누고 그들의 사정을 묻는 것은 우정과 또한 형제간의 사랑의 증표다. 이처럼 공손한 행위는 적대감을 죽이는 데에 도움이

될 수도 있다. 야곱이 에서에게 보낸 메시지는 매우 공손하였다(4, 5절). (1) 그는 에서를 주(主)라 부르며, 자기를 그의 종이라 부르는데, 이는 그가 장자의 명분의 특권과 그가 받은 축복을 고집하지 않고 하나님께 맡겨서 그가 그 자신의 목적을 그의 후손 중에 이루시게 하겠다는 것을 시사한다. 주목하라. **공손함이 큰 허물을 용서 받게 하느니라**(전 10:4). 언제나 부당하게 화를 발하는 자들에게라도 존경의 뜻을 다하고 순종적인 자세로 말하기를 거부해서는 안 될 것이다. (2) 그는 에서에게 자기 자신의 일을 간단히 전한다. 곧, 그는 도망자나 방랑자가 아니었고, 비록 오랫동안 가나안에서 떠나 있었으나 친족과 더불어 일정한 거처에서 거주하였다는 것이다. **내가 라반과 함께 거류하며 지금까지 머물러 있었사오며**. 그리고 그는 친척들에게 짐이 되게끔 아무것도 가진 것 없는 거지나 탕자가 되어 집으로 돌아온 것이 아니라는 것도 알린다. **내게 소와 나귀와 양 떼와 노비가 있으므로**. 그는 이런 사실들을 알면 에서가 그에 대해 좋은 생각을 갖게 될 것이라고 알고 있었던 것이다. 그리고, (3) 에서의 호의를 구한다. **사람을 보내어 내 주께 알리고 내 주께 은혜 받기를 원하나이다**. 주목하라. 더 나은 대의를 지닌 자기 화해를 위하여 먼저 간청하며, 평화를 구하는 것은 결코 수치스러운 일이 아니다.

Ⅱ. 그는 에서가 전쟁을 준비하듯 자기를 대적하여 준비해 왔다는 끔찍한 소식을 접한다(6절). 이것은 그냥 말이 아니라 큰 타격을 받은 것이요, 그의 정중한 메시지에 대한 정말 거친 회답이었고, 불쌍한 동생에게 온 애석한 귀향 선물이었다. **그가 사백 명을 거느리고 주인을 만나려고 오더이다**. 형은 이제 선한 아버지의 죽을 날을 기다리는 데 지쳤고, 그리하여 동생의 가족이 오기도 전에 그가 먼저 나가 동생을 죽이기로 결심하였다는 것이다.

1. 그는 옛날의 분쟁을 기억하며, 장자의 명분과 축복을 가로챈 것에 대해 복수하고, 가능하다면 그 둘에 대한 야곱의 기대를 완전히 무력화시키려 한다. 주목하라. 사람이 악의를 품으면 매우 오래 가며, 세월이 많이 흐른 후에도 폭력으로 그것을 분출시킬 기회를 찾는다. 화난 사람은 기억력이 좋다.

2. 그는 야곱이 가진 적은 재산을 시기하며, 또한 자기 자신이 그보다 더 좋은 것을 소유하고 있음에도 불구하고, 야곱의 패밍을 눈으로 보고, 야곱에게서 빼앗은 것들로 자기의 밭을 가득 채우지 않고서는 분이 풀리지 않는다. 어쩌면 야곱이 그에게 보낸 메시지 중 그의 재산에 관한 내용으로 그가 더욱 분을 내

게 되었을지도 모른다.

3. 그는 지금 야곱이 지치고 불안정한 상태로 또한 호위병이 전혀 없이(그의 생각에) 길을 오고 있으니, 지금이야말로 그를 없앨 좋은 기회라고 결론짓는다. 뱀의 독을 지닌 자들은 흔히 뱀의 책략을 쓴다. 곧, 그들에게 다가오는 최초의 호기를 이용하여 복수하려 하는 것이다.

4. 그는 야곱이 아버지에게 도착하기 전에 갑자기 그 일을 마무리하기로 결심한다. 아버지를 만나게 되면 그가 개입하여 둘 사이를 중재하려 할 것이기 때문이었다. 에서는 평화를 미워한 사람 중의 하나였다. 야곱이 말할 때에는 평화를 위해 말하나, 에서는 전쟁을 말하는 것이다(시 120:6, 7). 그는 분노의 마음으로, 피를 보고 살해할 의도를 갖고 행진하여 온다. 그는 사백 명을 거느렸는데, 이들은 그와 함께 사냥을 다니던 자들로서 무장을 갖추고 있었고, 주인처럼 거칠고 잔인하며, 아무리 야만적인 명령에도 그대로 복종하여 실행할 준비를 갖춘 자들이며, 오로지 위협과 살육을 위해 숨쉬는 자들이었음이 틀림없다. 이들의 십분의 일만으로도 가련한 야곱은 물론 속수무책인 상태에 있을 그의 무고한 가족과 뿌리와 가지까지 다 족히 제거하고도 남았다. 그러니 **야곱이 심히 두렵고 답답해** 한 것이 전혀 놀랄 일이 아니었다(7절). 라반에게서 도피하던 상태에서 거의 회복하지 못한 처지였으니 더욱 그러했을 것이다. 주목하라. 의인들은 이 세상에서 많은 어려움을 당하며, 때로는 한 가지 어려움이 끝나자마자 또 다른 어려움이 닥치기도 한다. 비가 온 후에 다시 구름이 돌아오는 것이다. 야곱은 큰 믿음의 사람이었으나, 이제 크게 두려워한다. 주목하라. 위험에 대한 생생한 지각과 그로 인하여 생기는 두려움이 하나님의 능력과 약속에 대한 겸손한 신뢰와 얼마든지 병행될 수도 있다. 그리스도께서도 친히 고뇌 가운데서 극심하게 괴로워하셨다.

Ⅲ. 그는 현 상태에서 가장 효과적으로 자신을 방어할 수 있는 진용을 갖춘다. 저항한다는 것은 어리석기 그지없는 생각이었고, 그가 짜낸 방법은 도망하는 것이었다(7, 8절). 그는 모두가 한꺼번에 공격을 맞는 위험을 감수하는 것보다는 전체의 그룹을 둘로 나누는 것이 지혜로운 일이라 생각하였다. 하나가 공격을 받으면, 나머지라도 도피할 수 있을 것이라고 본 것이다. 가족을 지키고자 조심스럽게 애쓰는 애틋한 가장처럼, 그는 자기 자신보다 그들의 안전을 더 염려하였다. 그는 무리들을 나누었다. 아브라함처럼 싸우기 위해서가 아니

라(14:15), 도망하기 위해서였던 것이다.

[9]야곱이 또 이르되 내 조부 아브라함의 하나님, 내 아버지 이삭의 하나님 여호와여
주께서 전에 내게 명하시기를 네 고향, 네 족속에게로 돌아가라 내가 네게 은혜를
베풀리라 하셨나이다 [10]나는 주께서 주의 종에게 베푸신 모든 은총과 모든 진실하
심을 조금도 감당할 수 없사오나 내가 내 지팡이만 가지고 이 요단을 건넜더니 지
금은 두 떼나 이루었나이다 [11]내가 주께 간구하오니 내 형의 손에서, 에서의 손에서
나를 건져내시옵소서 내가 그를 두려워함은 그가 와서 나와 내 처자들을 칠까 겁
이 나기 때문이니이다 [12]주께서 말씀하시기를 내가 반드시 네게 은혜를 베풀어 네
씨로 바다의 셀 수 없는 모래와 같이 많게 하리라 하셨나이다

어려운 일을 당할 때에 우리의 법칙은 하나님께 구하는 것이다. 여기서 우리는 이 법칙의 한 가지 모범을 접하게 되는데, 이것이 성공하므로 우리도 이 모범을 따를 용기를 얻게 된다. 지금은 야곱의 환난의 시기였다. 그러나 그는 그 환난에서 구원을 빋을 것이다. 그리고 여기서 우리는 야곱이 그 구원을 위하여 기도하는 것을 보게 된다(렘 30:7). 괴로움 중에 그는 여호와를 구하였고, 그가 그의 간구를 들으셨다. 주목하라. 두려움의 때는 기도의 때가 되어야 한다. 무엇이 우리를 두렵게 하든 우리는 우리 하나님께 무릎을 꿇어야 한다. 야곱은 조금 전에 하나님의 수호천사들을 보았다. 그러나 이 환난 중에 그는 그들이 아니라 하나님께 아뢰었다. 그는 그들이 자기와 함께 된 종들임을 알고 있었던 것이다(계 22:9). 뿐만 아니라 그는 라반의 드라빔을 통해 뜻을 묻지도 않았다. 어려울 때에 나아가 아뢸 하나님이 계시다는 것으로 족했던 것이다. 그는 하나님께 가능한 모든 엄숙함을 다 갖추어 아뢰며, 여호와의 이름을 견고한 망대로 알고(잠 18:10) 그에게 나아가 안전을 구한 것이다. 이 기도로 인하여 그가 이스라엘, 즉 하나님과 함께 한 왕이 되며, 또한 기도하는 남은 자(그리하여 이들은 야곱의 자손이라 불리며, 이들에게는 하나님께서 절대로 너희가 나를 헛되이 구하는도다 라는 말씀을 하시지 않았다)의 조상이 되는 영예를 얻었으니, 이는 더욱 놀라운 기도였다. 그러므로, 하나님께 간구하는 사가 이 모든 존귀를 얻게 되도록 이 기도의 놀라운 점을 살펴보는 것이 가치 있는 일일 것이다.

Ⅰ. **간구 그 자체는 한 가지로서 매우 명확하였다.** 내 형의 손에서, 에서의 손에서 나를 건져내시옵소서(11절). 그의 편에서 인간적으로 볼 때에는 전혀 가망성이 없었으나 그는 하나님의 능력이 마치 피 묻은 사자의 입에서 어린 양을 구해내듯 그를 구원할 수 있다는 것을 믿었다. 주목하라. 1. 하나님께 구할 때에 구체적으로 해야 한다. 우리가 당하고 있는 구체적인 곤경과 어려움들을 언급하여야 한다. 우리가 대하는 하나님은 우리가 자유로이 대할 수 있는 분이시다. 우리가 은혜의 보좌 앞에 담대히(파레시아) 나아가는 것이다. 2. 우리의 형제가 우리를 해치는 자가 되려 할 때에, 우리에게 아버지가 계셔서 그를 구원자로 삼아 그에게 의지할 수 있다는 것이야말로 큰 위로가 된다.

Ⅱ. **간구한 내용이 많고 매우 힘 있었다.** 그보다 질서정연한 논지가 없었다(욥 23:4). 그는 큰 믿음과 간절한 마음과 겸손함으로 아뢸 바를 아뢰었다. 그가 얼마나 간절하게 구하는지 모른다. 내가 주께 간구하오니 … 나를 건져내시옵소서(11절). 두려움이 큰 나머지 그렇게 끈질기게 구한 것이다. 또한 얼마나 거룩한 논리로 간구하는지 모른다! 얼마나 장엄한 언어로 간구하는지 모른다. 이것이야말로 우리가 본받을 고귀한 모범이다.

1. 그는 하나님을 그의 조상의 하나님으로 대한다(9절). 그가 하나님을 자기의 하나님이라 하지 않고 그의 조상들과 언약을 맺으신 하나님으로 부른다는 것은 그가 자신의 무가치함을 깨닫고 겸손히 자기를 부인하는 자세가 드러난 것이었다. 내 조부 아브라함의 하나님, 내 아버지 이삭의 하나님 여호와여. 그 언약이 신적인 지명에 의하여 야곱 자신에게도 해당되기 때문에, 하나님을 이렇게 부르는 것이 그에게는 더 합당했다. 주목하라. 우리 조상들과 맺으신 하나님의 언약은 우리가 괴로움 중에 있을 때에 우리에게 위로가 될 수 있다. 주의 백성들에게는 이러한 위로가 자주 있었다(시 22:4, 5). 하나님의 집에서 났으니, 우리는 그의 특별하신 보호 아래 있는 것이다.

2. 그는 정당한 근거를 제시한다. 주께서 전에 내게 명하시기를 네 고향, 네 족속에게로 돌아가라 … 하셨나이다. 그는 라반의 집을 경솔하게 떠나지도 않았고, 변덕스런 마음으로나 고향으로 가고픈 어리석은 동경심 때문에 이렇게 길을 떠나지도 않았고, 오직 하나님의 명령에 순종하여 그렇게 한 것이다. 주목하라. (1) 의무를 다하는 중에도 얼마든지 중도에 환난과 괴로움을 만날 수 있다. 번영이 우리가 올바른 길에 있다는 것을 입증해 주는 것이 아니듯이, 십자가와

같은 쓰라린 사건들도 우리가 그릇된 길에 있다는 것을 입증해 주는 것이 아니다. 하나님께서 부르시는 곳을 향하여 가는 중에도 얼마든지 우리의 길이 가시밭으로 가득 차 있을 수 있는 것이다. (2) 우리는 의무를 조심스럽게 감당하는 동안 우리의 안전에 대해 하나님께 맡기고 편안히 그를 신뢰하여야 한다. 하나님이 우리의 안내자이실진대, 그는 또한 우리의 보호자이기도 하신 것이다.

3. 그는 자신이 하나님께로부터 은혜를 입기에 무가치한 존재임을 겸손히 시인한다. **나는 주께서 주의 종에게 베푸신 모든 은총과 모든 진실하심을 조금도 감당할 수 없사오나**(10절). 이것은 이례적인 간구다. 오히려 그는 지금 위험에서 건짐 받는 것이 자신의 권리이며 또한 자신이 그것을 족히 수고하여 벌어들인 것임을 아뢰어야 했다고 생각할 사람도 있을 것이다. 그러나 그는, **나는 … 조금도 감당할 수 없사옵니다** 라고 아뢰고 있다. 주목하라. 은혜의 보좌를 향하여 아뢰는 모든 간구에서는 자기를 부인하고 자기를 낮추는 자세가 우리에게 합당하다. 그리스도께서는 주께 간구하는 자들에게, **주여 나는 감당하지 못하겠사오니**(마 8:8)라고 말씀한 자와, 또한 **주여 옳소이다마는 개들도 제 주인의 상에서 떨어지는 부스러기를 먹나이다**(마 15:27)라고 말한 사람만큼 높이 칭찬하신 사람이 없었다. 이제 여기서 관찰하라. (1) 그는 그에게 베풀어진 하나님의 긍휼에 대해서 지극히 놀랍고도 존귀하게 말씀한다. 여기서 은총은 복수형으로, 말하자면 다함이 없는 샘과 셀 수 없이 많은 지류들이며, **은총과 모든 진실하심**이란, 곧 약속에 따라 과거에 베푸신 긍휼과 그 약속으로 말미암아 보장된 미래의 긍휼들이다. 주목하라. 하나님의 진실하심에 담겨 있는 것과 하나님의 은총에 드러나 있는 것은 적극적인 신자들에게는 위로가 되며 동시에 찬양하여야 할 문제가 된다. 아니, 관찰하라. 그것은 모든 은총과 모든 진실하심이다. 이는 매우 풍성한 표현 방식으로서, 그의 마음이 하나님의 선하심으로 충만했다는 것을 시사해 준다. (2) 자기 자신의 공로에 대한 생각은 모두 부인하면서 자기 자신에 대해 아주 초라하고도 낮게 말씀한다. "**나는 주께서 주의 종에게 베푸신 모든 은총과 모든 진실하심을 조금도 감당할 수 없사오며**, 제가 지금 구하고 있는 이런 은총은 더더욱 감당할 수 없나이다." 야곱은 사려 깊은 사람이었고 여러 가지 이유에서 매우 자격 있는 사람이었고, 또한 라반과의 협상에서 그의 자비를 성의롭게 주장하였으나, 하나님 앞에서는 그렇지 않았다. **나는 … 조금도 감당할 수 없사옵나이다**. 주목하라. 아무리 훌륭하고 위대한 사람도 하나님의 지극히 작은 은

혜조차도 받기에 철저히 무가치하며, 어떠한 사정에서든 언제나 이를 인정할 준비가 되어 있어야 할 것이다. 저 훌륭한 신앙시인 조지 허버트(George Herbert)의 모토는, **하나님의 가장 작은 자비에도 못 미치도다** 였다. 자기 자신을 가장 작은 자비도 감당하지 못할 자로 보는 자들이야말로 지극히 큰 자비를 받을 준비가 가장 잘 되어 있는 자들인 것이다.

4. 그는 자기가 멀리 떠나 있는 동안 하나님이 자기에게 선을 베푸셨고, 또한 그것이 그의 기대보다 얼마나 큰 것이었는가를 생각하고 감사한다. "**내가** 가련하고 핍절한 상태로, 마치 버림받고 멸시받는 나그네처럼, **내 지팡이만 가지고 이 요단을 건넜더니.**" 그에게는 안내자도, 길동무도, 수행원도, 여행을 위한 편의품도 없고 오로지 지팡이밖에는 없었다. "그런데 **지금은 두 떼나 이루었고,** 이제 많은 자녀들과 무수한 종들이 내 주위에 있나이다." 지금 비록 자기 가족을 두 패로 나누어야 하는 괴로움이 있지만, 그럼에도 그는 이런 상황을 이용하여 그를 번성하게 하신 자비를 높이고 있는 것이다. 주목하라. (1) 우리가 우리 가족의 번성함에서 하나님의 은총과 그의 진실하심을 바라볼 때에 그것이 우리에게 과연 위로가 된다. (2) 후에 크게 번성한 자들은 마땅히 겸손과 감사로 그들의 시작이 어떠했는가를 기억해야 한다. 야곱은 이렇게 호소한다. "여호와여, 내가 목숨 하나와 내 지팡이만 가지고 나갔을 때에 나를 지키셨사오니, 나와 함께 수많은 자들이 이렇게 함께 있는 지금에는 나를 지켜주지 않으시겠나이까?"

5. 그는 자신이 처한 위험이 지극함을 간절히 아뢴다. **내가 주께 간구하오니 내 형의 손에서, 에서의 손에서 나를 건져내시옵소서 내가 그를 두려워함이니이다**(11절). 하나님의 백성은 하나님께 자기들의 두려움을 고하기를 부끄러워하지 않았다. 하나님이 그들의 처지를 아시고 그들을 돌아보신다는 것을 알고 있기 때문이다. 기도를 불러일으키는 두려움은 그 자체가 호소할 만한 것이다. 그가 두려워한 자는 강도가 아니라 살인자였다. 또한 그 자신의 목숨만 걸려 있는 것이 아니라, 고향을 버리고 그와 함께 먼 길을 떠나온 아내들과 그 자녀들의 목숨까지 걸려 있었다. 주목하라. 본성적인 애정이 있다면, 그들을 위하여 받으실 만한 간구를 드리게 된다.

6. 그는 특히 하나님께서 행하신 약속에 근거하여 강변한다. **내가 네게 은혜를 베풀리라 하셨나이다**(9절). 그리고 다시 마지막 부분에서도, **주께서 말씀하시기**

를 내가 반드시 네게 은혜를 베풀 … 리라 하셨나이다(12절). 주목하라. (1) 기도에서 우리가 하나님께 할 수 있는 최상의 말씀은 그가 우리에게 하신 말씀이다. 하나님의 약속들은 기도에서 우리가 구하여야 할 바에 대한 가장 확실한 안내자이며 또한 최상의 간구를 드리도록 이끌어 주는 동시에, 우리의 바라는 것들에 대한 가장 견고한 근거가 된다. "여호와여, 주께서 이리저리 말씀하셨사오니 우리로 하여금 소망을 가지게 하신 그 말씀대로 선히 행하시옵소서(시 119:49)." (2) 지극히 일반적인 약속들도 구체적인 경우들에 적용이 가능하다. "주께서 내가 네게 은혜를 베풀리라 하셨사오니, 여호와여 이 일에서 내게 은혜를 베푸소서." 야곱은 또한 그의 씨를 크게 번성하게 하시겠다는 구체적인 약속에도 호소한다. "여호와여, 그들이 모두 살육당한다면 그 약속이 어찌 되겠나이까?" 주목하라. [1] 이것들은 선한 백성의 가족들에게 주는 약속들로서 일상적인 것이든 특별한 것이든 가족에게 은혜를 베푸시기를 위하여 드리는 기도에 적용할 수 있다(17:7; 시 112:2; 102:28). [2] 세상에서 위협당할 때에 우리는 하나님의 약속들에게로 달려가 그것들에 의지하여 아뢰어야 할 것이다.

13야곱이 거기서 밤을 지내고 그 소유 중에서 형 에서를 위하여 예물을 택하니 14암
염소가 이백이요 숫염소가 이십이요 암양이 이백이요 숫양이 이십이요 15젖 나는
낙타 삼십과 그 새끼요 암소가 사십이요 황소가 열이요 암나귀가 이십이요 그 새
끼 나귀가 열이라 16그것을 각각 떼로 나누어 종들의 손에 맡기고 그의 종에게 이르
되 나보다 앞서 건너가서 각 떼로 거리를 두게 하라 하고 17그가 또 앞선 자에게 명
령하여 이르되 내 형 에서가 너를 만나 묻기를 네가 누구의 사람이며 어디로 가느
냐 네 앞의 것은 누구의 것이냐 하거든 18대답하기를 주의 종 야곱의 것이요 자기
주 에서에게로 보내는 예물이오며 야곱도 우리 뒤에 있나이다 하라 하고 19그 둘째
와 셋째와 각 떼를 따라가는 자에게 명령하여 이르되 너희도 에서를 만나거든 곧
이같이 그에게 말하고 20또 너희는 말하기를 주의 종 야곱이 우리 뒤에 있다 하라
하니 이는 야곱이 말하기를 내가 내 앞에 보내는 예물로 형의 감정을 푼 후에 대면
하면 형이 혹시 나를 받아 주리라 함이었더라 21그 예물은 그에 앞서 보내고 그는
무리 가운데서 밤을 지내다가 22밤에 일어나 두 아내와 두 여종과 열한 아들을 인도
하여 얍복 나루를 건널새 23그들을 인도하여 시내를 건너가게 하며 그의 소유도 건
너가게 하고

경건하게 기도로 하나님을 친구로 삼은 야곱은 이제 선물로써 에서를 친구로 삼기 위해 조심스럽게 노력하고 있다. 그는 에서의 손에서 구원해 주시기를 하나님께 기도한 바 있다. 그가 두려웠기 때문이다. 그러나 두렵다고 해서 그냥 넋을 놓고 절망에 빠지지도 않았고, 또한 하나님께 은혜를 구하는 기도를 드렸다고 해서 수단을 사용하지 않고 가만히 있지도 않았다. 주목하라. 하나님께 은혜를 구하는 기도를 한 다음에는 우리의 노력으로 그 기도들을 뒷받침해야 한다. 그렇게 하지 않는 것은 하나님을 신뢰하기는커녕 오히려 그를 시험하는 것이 된다. 하나님의 섭리에 의지하고 우리 자신의 지혜를 충실히 사용하여야 하는 것이다. "네 자신을 도우라. 그러면 하나님께서도 너를 도우시리라." 하나님은 사태를 잘 분별하여 문제를 정리하도록 우리를 가르치심으로써 우리의 기도에 응답하시는 것이다.

야곱은 에서의 분노를 가라앉히기 위하여,

I. 그에게 고귀한 선물을 보냈다. 보석이나 세련된 의복이 아니라(에서에게는 이런 것이 없었다), 모두 580마리의 소와 양을 보냈다(13-15절). 그런데, 1. 야곱이 자기의 가축들 중에서 그 정도를 줄 수 있을 정도가 되었으니, 이는 하나님께서 야곱에게 복을 베푸사 크게 번창하게 하셨다는 증거였다. 2. 나머지를 보존하기 위하여 일부를 보냈으니, 이는 그가 지혜롭게 처신했다는 증거였다. 어떤 이들은 탐욕 때문에, 또한 작은 손해를 꺼리다가, 얻는 것보다 잃는 것이 더 많기도 하다. 가죽으로 가죽을 바꾸오니, 지혜로운 사람이라면, 그의 모든 소유물로 자기의 생명을 바꾸올지라(욥 2:4). 3. 그것은 에서가 받아들일 만하다고 여겨지는 선물이었다. 그는 야생 짐승들을 사냥하는 일을 많이 했으므로 여기서 야곱이 선물로 주는 것 같은 그런 길들여진 짐승들은 별로 소유한 적이 없을 것이었다. 그리고 야곱의 소와 양들이 아롱지고, 얼룩진 것이 에서의 마음에 들었을 것이라 생각할 수도 있을 것이다. 4. 그는 이 선물로 에서의 환심을 살 것이라고 스스로 다짐했다. 선물은 어디로 향하든지 형통하게 하며(잠 17:8), 사람의 길을 넓게 하며(잠 18:16), 아니, 맹렬한 분을 그치게 하는 법이다(잠 21:14). 주목하라. [1] 우리를 향하여 지극한 분을 발하는 자들에 대해서도 화목할 소망을 버려서는 안 된다. 사람들의 분을 누그러뜨리기 위해 노력하기 전에는 그들이 분을 풀 것 같지 않다는 식으로 그들을 판단해서는 안 된다. [2] 평화와 사랑은, 희생이 많이 따르나, 상대방에게 좋은 선물임이 드러날 것이다.

까다롭고 성정이 좋지 않은 많은 사람들이 야곱의 경우를 몸소 당했다면, "에서가 이유도 없이 나를 죽이겠다고 맹세했고 내게 대한 그의 감정이 절대로 나아지지 않을 것이니, 선물을 보내기 전에 먼저 멀찌감치서 그를 볼 것이다"라고 말했을 것이다. 그러나 야곱은 그를 용서하고 다 잊는다.

Ⅱ. 그에게 매우 겸손한 메시지를 보냈다. 그는 종들에게 지극히 정중하게 그 메시지를 전달할 것을 명하였다(17, 18절). 그들에게 에서를 주라 부르고 야곱을 그의 종이라 부르도록 했고, 또한 그들이 지닌 가축들은 야곱이 외지에서 얻은 것들 중의 일부인데 그가 에서에게 보낸 조그만 선물이라고 이야기하도록 했다. 그는 가축들을 여러 무리로 분리하여 보내었고, 각 무리를 책임지는 종들에게 똑같이 이야기하도록 하여, 그의 선물이 더욱 값져 보이도록 하였고, 여러 차례 그의 굴복을 알림으로써 에서의 감동이 더욱 크도록 하였다. 그는 또한 종들이 특히 야곱이 바로 뒤에 오고 있다는 말을 빼놓지 않고 하게 함으로써(18-20절), 에서가 야곱이 두려워서 도망하였다는 의심을 하지 않도록 하였다. 주목하라. 사람들이 선하다는 것에 대해 신뢰를 갖게 되면, 사람들이 악한 것 때문에 우리에게 가해지는 악행을 미연에 방지하는 데에 도움이 될 수도 있다. 야곱이 에서를 두려워하지 않은 것처럼 보일 것이라면, 바라건대, 에서도 야곱에게 공포거리가 되지 않을 것이다.

24야곱은 홀로 남았더니 어떤 사람이 날이 새도록 야곱과 씨름하다가 25자기가 야곱
을 이기지 못함을 보고 그가 야곱의 허벅지 관절을 치매 야곱의 허벅지 관절이 그
사람과 씨름할 때에 어긋났더라 26그가 이르되 날이 새려하니 나로 가게 하라 야곱
이 이르되 당신이 내게 축복하지 아니하면 가게 하지 아니하겠나이다 27그 사람이
그에게 이르되 네 이름이 무엇이냐 그가 이르되 야곱이니이다 28그가 이르되 네 이
름을 다시는 야곱이라 부를 것이 아니요 이스라엘이라 부를 것이니 이는 네가 하
나님과 및 사람들과 겨루어 이겼음이니라 29야곱이 청하여 이르되 당신의 이름을
알려주소서 그 사람이 이르되 어찌하여 내 이름을 묻느냐 하고 거기서 야곱에게
축복한지라 30그러므로 야곱이 그 곳 이름을 브니엘이라 하였으니 그가 이르기를
내가 하나님과 대면하여 보았으나 내 생명이 보전되었다 함이더라 31그가 브니엘을
지날 때에 해가 돋았고 그의 허벅다리로 말미암아 절었더라 32그 사람이 야곱의 허
벅지 관절에 있는 둔부의 힘줄을 쳤으므로 이스라엘 사람들이 지금까지 허벅지 관

절에 있는 둔부의 힘줄을 먹지 아니하더라

여기서 우리는 야곱이 천사와 씨름하여 이긴 놀라운 이야기(이는 호 12:4에서도 언급된다)를 접하게 된다. 이른 아침 동이 트기 한참 전에, 야곱은 아내들과 자식들이 강을 건너도록 도와준 후에, 홀로 남기를 원했다. 다시 한 번 하나님께 기도로 자신의 염려와 두려움을 더 간절하게 아뢸 작정이었던 것이다. 주목하라. 우리는 즉각적인 기도를 계속해야 하며, 항상 기도하고 낙심치 말아야 한다. 끈질기게 자주 드리는 기도야말로 긍휼을 얻도록 우리를 준비시켜 주는 것이다. 야곱이 간절히 기도하고, 스스로 분발하여 주를 붙잡을 때에(사 64:7), 한 천사가 그를 붙잡았다. 어떤 이들은 이것이 창조된 천사, 즉 자기 앞의 사자(사 63:9)로서, 항상 아버지의 얼굴을 바라보며, 쉐키나, 혹은 신적인 위엄에 수행하던 천사들 중 하나였을 것이라고 생각한다. 또 어떤 이들은 이를 우리의 왕 미가엘이요, 영원한 말씀이요, 언약의 사자요, 과연 천사들의 주이신 분께서 인간의 본성을 입으시기 전에 인간의 모양으로 나타나신 것이라고 본다. 어떻게 보든 간에 여호와의 이름이 그에게 있었던 것은 분명하다(출 23:21). 관찰하라.

I. 야곱과 이 천사가 함께 겨룸(24절). 그것은 손을 맞잡고 하는 단번의 씨름이었다. 야곱은 이튿날 형과 대면할 일에 대한 염려와 두려움으로 가득한 상태였는데, 이런 불안한 상태를 가중시키고자 하나님께서 친히 원수로서 나타나 그에게 싸움을 거시며, 그를 지나가게 하지 못하고, 이미 앞에서 지나간 아내와 자식들을 따르지 못하도록 막으시는 것 같았다. 주목하라. 강한 신자는 갖가지 시험을, 또한 그 중에서도 강력한 시험을 예상하여야 한다. 호세아 선지자는 야곱이 천사와 겨루었고, 울며 그에게 간구하였음을 말씀한다(호 12:4). 기도와 눈물이 그의 무기였다. 그것은 믿음과 거룩한 욕구가 왕성하게 발휘된 육체적이요 동시에 영적인 씨름이었다. 이처럼 야곱의 모든 영적인 후손들은 여전히 기도 중에 기도하면서 하나님과 씨름하는 것이다.

II. 이 씨름의 성공. 1. 야곱이 천사를 계속 붙잡았다. 씨름이 오랫동안 계속되었으나 천사가 야곱을 이기지 못했다(25절). 즉, 씨름 중에 야곱의 믿음이 흔들리지도 않았고, 그의 기도가 멈추어지지도 않았다는 뜻이다. 그가 씨름한 것이 그 자신의 힘으로 한 것이 아니었고, 그 자신의 힘으로 그 씨름에서 이긴 것도 아니었다. 하늘로부터 임한 힘으로 이긴 것이었다. 욥의 경우가 이를 잘 보여준다. 그가 큰 권능을 가지시고 나와 더불어 다투시겠느냐? 아니로다(천사가 진정으로 그와 싸웠더라면 야곱은 산산조각 났을 것이다) 도리어 내게 힘을 주시리로다(욥 23;6). 그리고 그 힘으로 야곱이 천사와 겨루어 이긴 것이다(호 12:4). 주목하라. 하나님께서 주시는 능력이 아니고서는 우리가 하나님과 싸워 이길 수가 없다. 우리 속에서 간구하시고 우리의 연약함을 도우시는 것이 그의 성령이신 것이다(롬 8:26).

2. 천사가 야곱의 허벅지 관절을 쳐서, 자신의 힘을 보여주었고, 또한 그가 지금 하나님과 씨름하고 있는 것임을 보여주었다. 사람으로서는 그냥 건드리는 것만으로 그의 허벅지 관절을 어긋나게 만들 수가 없는 것이다. 어떤 이들은 야곱이 이런 일을 당하고도 거의 혹은 전혀 고통을 느끼지 못했다고 생각한다. 아마도 그런 것 같다. 왜냐하면 씨름이 완전히 끝날 때까지(31절) 전혀 멈추지 않았기 때문이다. 그리고 만일 그렇다면, 이것은 하나님께서 만지셔서 상처를 주신 동시에 치유하셨다는 하나의 증거였다 할 것이다. 야곱이 이겼으나, 그의 허벅지 관절은 어긋나 있었다. 주목하라. 씨름하는 신자들은 영광스러운 승리를 얻을 수 있으나, 동시에 관절이 어긋난 상태가 될 수도 있다. 이는 그들이 약한 그 때에 강하기 때문이다. 그들 자신은 약하나 그리스도 안에서 강한 것이다(고후 12:10). 이 세상에서 얻는 우리의 존귀와 위로들에는 이물(異物)이 끼는 법이다.

3. 천사는 놀랍게도 자기 자신을 낮추어, 야곱에게 자신을 가게 해 달라고 부드럽게 요구한다(26절). 마치 하나님께서 모세에게, 내가 하는 대로 두라 라고 말씀하신 것처럼 말이다(출 32:10). 막강한 천사가 야곱이 붙잡는 것을 물리칠 수 없었겠는가? 얼마든지 할 수 있었다. 그러나 그렇게 함으로써 야곱의 믿음과 기도에 존귀를 더하게 하시며, 그의 끈질김을 계속 시험하고자 한 것이다. 왕이 그 머리카락에 매이었구나(아 7:5). (왕의 아내가 말하기를) 그를 붙잡고 놓지 아니하였노라(아 3:4). 천사가 떠나가고자 한 것은 날이 새려 하기 때문이었다. 날이 새려 하기 때문에 더 이상 야곱을 붙잡아 두지 않으려 하였다. 야곱에게는 해야 할 일이 있었고, 여정이 있었고, 돌보아야 할 가정이 있었고, 특히 이 위급한 상황에서는 그가 그들을 면밀히 돌보아야 했던 것이다. 주목하라. 모든 것은 시기에 맞아야 아름답다. 때로는 심지어 신앙의 일이나, 하나님과의 교제

의 위로보다도 이 세상의 필수적인 일이 우선하기도 한다. 하나님은 긍휼을 받으시고 제사를 받지 아니하신다.

4. 야곱은 그의 거룩한 끈질김을 계속 이어간다. **당신이 내게 축복하지 아니하면 가게 하지 아니하겠나이다.** 그의 가족과 여정이야 어떻게 되든, 그는 자신이 승리한 기회를 놓치지 않고 붙잡아 최상의 결과를 얻기로 결심하였다. 밤새도록 씨름하여 아무것도 얻을 생각도 없이 밤새도록 씨름을 벌인 것이 아니었다. 그러므로 그는 모든 관절이 다 어긋난다 할지라도 축복을 얻지 않으면 절대로 그냥 떠나지 않으리라고 결심한 것이다. 축복을 통해서 위로를 얻지 못하면 씨름에서 이겼다 해도 아무런 유익이 없을 것이었다. 그는 씨름에서 자신이 우위를 점한 것처럼 보였는데, 이처럼 축복을 구함으로써 자신이 열등하다는 것을 인정한다. 낮은 자가 높은 자에게서 축복을 받는 것이기 때문이다(히 7:7). 주목하라. 그리스도의 축복을 얻고자 하는 자는 진지하여야 하고, 또한 거부당하지 않기로 결심하는 자답게 끈질기게 그것을 구하여야 한다. 끈기 있는 열정적인 기도가 바로 효과적인 기도인 것이다.

5. 천사는 야곱의 이름을 바꾸어 줌으로써 영구한 존귀의 증표를 준다(27, 28절). 천사가 이르기를, "네가 과연 용맹한 용사요 큰 결심을 지닌 사람이로다. 네 이름이 무엇이냐?" 그가 이르되, "야곱이니이다." 이는, 즉 탈취자라는 뜻이다. 천사가 이르기를, "네가 다시는 그 이름으로 불리지 아니할 것이요, 이제부터 네가 높임을 받으리니, 기교나 재치 있는 처세 때문이 아니라 참된 용기 때문이니라. 네가 이스라엘, 곧 하나님과 함께 한 왕이라 불리리니, 이는 땅의 위인들의 이름보다 더 큰 이름이니라." 하나님과 함께 하는 왕이야말로 진정 왕이다. 그리고 기도에 용감한 자들이야말로 진정 존귀한 자들이며, 진정 이스라엘이요, 이스라엘 자손이다. 야곱은 말하자면 여기 들판에서 작위(爵位)를 수여받은 것이다. 그는 존귀의 근원이신 그분께 직접 존귀한 칭호를 부여받았고, 그 칭호는 마지막 때까지 그대로 남아서 그의 영광이 될 것이다. 그러나 이것이 전부가 아니었다. 그는 하나님께 대해 힘을 가졌으니, 사람들에 대해서도 힘을 갖게 될 것이었다. 하늘로부터 축복을 받았으니, 에서의 호의도 받게 될 것이 분명하다. 주목하라. 우리에게 어떤 원수가 있든, 하나님을 우리의 친구로 삼기만 하면 모든 것이 잘 된다. 믿음으로 말미암아 힘을 가진 자들은 이 땅에서 필요할 때마다 힘을 발휘하게 된다.

6. 천사는 그를 축복하고 떠나보낸다(29절). 야곱은 자기의 역량에 따라 천사에게 존귀를 돌리고자 그의 이름을 알기를 원한다(삿 13:17). 그러나 그의 요구는 거절된다. 그가 이긴 것에 대해 지나치게 교만하지도 못하게 하고, 천사를 장악하여 자기가 원하는 일을 그에게 시키지도 못하게 하기 위함이었다. 아니다. "어찌하여 내 이름을 묻느냐? 내 이름을 안다고 해서 무슨 유익이 있겠느냐?" 그 이름을 발견하는 일은 그의 임종 시에 이루어질 것이었고, 그 때에 그를 실로라 부르도록 가르침을 받을 것이었다. 천사는 자신의 이름을 알려주는 대신 그에게 축복을 베풀었고, 그것이야말로 그가 얻기 위해 씨름한 바로 그것이었다. 거기서 야곱에게 축복한지라. 앞에서 그에게 베푼 축복을 되풀이하고 확인한 것이다. 주목하라. 복락을 누리게 만드는 영적인 축복이 우리의 호기심을 만족시켜주는 세련된 개념들보다 훨씬 더 낫고 훨씬 더 바람직하다. 천사의 축복을 받는 것이 그의 이름을 알고 지내는 것보다 훨씬 더 낫다. 생명나무가 선악을 알게 하는 나무보다 더 낫다. 이렇게 해서 야곱은 뜻을 이루었다. 축복을 얻기 위해 씨름했고, 축복을 얻은 것이다. 또한 기도하는 그의 후손 중에서 축복을 구하였다가 얻지 못한 자가 하나도 없었다. 하나님께서 얼마나 놀랍게 자신을 낮추사 끈질긴 기도를 들으시고 귀하게 응답하시는지를 보라. 하나님이 죽이실지라도 그를 신뢰하기로 결심하는 자들은 결국 넉넉히 이기는 자들이 될 것이다.

7. 야곱은 그 곳에 새 이름을 붙인다. 그 곳을 브니엘, 곧, 하나님의 얼굴(30절)이라 부른 것이다. 거기서 하나님의 나타나심을 보았고, 거기서 하나님의 은혜를 입었기 때문이다. 관찰하라. 그가 그 곳에 붙인 이름은 야곱의 용맹이나 승리의 존귀함이 아니라, 오직 하나님의 값없는 은혜의 존귀함을 보존하며 영구히 드러낸다. 그는, "이 곳에서 내가 하나님과 씨름하여 이겼다"라고 말하는 것이 아니라, "이 곳에서 내가 하나님을 직접 대면하여 보았고, 내 생명이 보존되었다"고 말하는 것이다. "내가 승리자가 되었으니 나를 찬양할 것이 아니었고, 내가 피하여 내 생명을 건진 것이 하나님의 긍휼하심이었다." 주목하라. 하나님께서 존귀하게 하시는 자들로서는 자기 자신을 부끄럽게 여기고 하나님께서 자신을 낮추셔서 그들에게 은혜를 베푸신 일을 높이 찬양하는 것이 마땅하다. 하나님께서 그에게 은혜로운 메시지를 보내신 후에, 다윗은 주 여호와여 나는 누구이오며 내 집은 무엇이옵나이까?(삼하 7:18)라고 하였다.

8. 야곱은 그의 뼈에 기념물을 지니게 되었다. 그의 허벅다리로 말미암아 절었더라(31절). 어떤 이들은 죽을 때까지 야곱은 그런 상태였다고 본다. 만일 그랬더라도, 그는 불평할 이유가 하나도 없었을 것이다. 이 씨름을 통해서 그가 얻은 존귀와 위로가 너무나도 풍족하여, 무덤에 가기까지 다리를 절었다 해도 그 아픔을 상쇄하고도 남았을 것이기 때문이다. 그는 그 몸에 예수의 흔적을 지니는 것을(갈 6:17) 자기의 치욕으로 바라볼 이유가 하나도 없었다. 그러나 그것은 마치 바울의 육체의 가시처럼, 풍성한 계시를 받은 것으로 우쭐해지지 않도록 막아주는 역할을 할 수 있었을 것이다. 그가 브니엘을 지나갈 때에 해가 돋은 사실이 언급되고 있다. 해가 돋는 것과 함께 영혼이 하나님과 교제를 갖기 때문이다. 영감된 성경 기자는, 야곱의 후손들이 이것을 기억하고서 짐승의 고기를 먹을 때에 허벅지 관절을 고정하는 둔부의 힘줄은 절대로 먹지 않았다는 전통적인 풍습을 언급하고 있다. 그들 역시 야곱의 기억을 높이 기린 것이다. 오늘날의 우리도 이런 풍습을 이용하여, 하나님의 긍휼하심과 예수 그리스도에 대한 우리의 의무를 인정함으로써 믿음과 소망과 사랑으로, 목숨이나 관절을 잃을 위험이 전혀 없는 방식으로 하나님과의 교제를 계속해나갈 수 있을 것이다.

제 33 장

개요

앞 장에서는 야곱이 하나님에 대해 힘을 발휘하여 이긴 일에 대해 읽었는데, 여기서는 그가 사람에 대해서도 힘을 발휘하여 그의 형 에서를 누그러뜨리고 갑자기 그와 화해한 일을 읽게 된다. "사람의 행위가 여호와를 기쁘시게 하면 그 사람의 원수라도 그와 더불어 화목하게 하시느니라"(잠 16:7)라고 말씀하니 말이다. 본 장의 주요 내용은, I. 야곱과 에서의 매우 애정 어린 만남(1-4절). II. 그들의 대화. 이 때에 그들은 서로 아주 예의바르고 친절한 대화를 나눈다. 그들이 대화한 내용은, 1. 야곱의 가족에 대해(5-7절). 2. 야곱이 보낸 선물에 대해(8-11절). 3. 그들의 여정의 진행에 대해(12-15절). III. 야곱이 가나안에 정착함. 그의 집, 그의 땅, 그의 제단(16-20절).

**[1]야곱이 눈을 들어 보니 에서가 사백 명의 장정을 거느리고 오고 있는지라 그의 자
식들을 나누어 레아와 라헬과 두 여종에게 맡기고 [2]여종들과 그들의 자식들은 앞에
두고 레아와 그의 자식들은 다음에 두고 라헬과 요셉은 뒤에 두고 [3]자기는 그들 앞
에서 나아가되 몸을 일곱 번 땅에 굽히며 그의 형 에서에게 가까이 가니 [4]에서가 달
려와서 그를 맞이하여 안고 목을 어긋맞추어 그와 입맞추고 서로 우니라**

I. 야곱이 에서가 오는 것을 보았다(1절). 어떤 이들은 야곱이 눈을 들어 본 것이 두려움에 싸인 모습이 아니라 사기가 충천하여 있고 확신에 차 있는 모습을 보여주는 것이라고 생각한다. 기도로 자기의 문제를 하나님께 맡기고 갈 길을 갔으니, 얼굴에 다시는 근심 빛이 없었던 것이다(삼상 1:18). 주목하라. 근심 걱정을 하나님께 맡긴 사람은 마음의 고요함과 만족감으로 앞일을 바라보고, 일이 어떻게 되든 그 일에 대해서 즐거운 마음으로 기대할 수 있다. 올 것이 오겠지만, 하나님을 신뢰하여 마음을 정하고 있는 자에게는 그 어떠한 일도 잘못 일어날 수가 없는 것이다. 야곱은 그의 망대에 자신을 세우고, 하나님께서 그의 기도에 어떻게 응답하시는지를 바라본 것이다(합 2:1).

II. 야곱은 에서가 친구로서 오든 원수로서 오든 간에 그를 맞을 수 있는 최상의 모습으로 가족들을 정렬시켰다. 친구로 오면 그에 대한 예의를 갖추는 것이 되고, 원수로 오면 가족의 안전을 도모할 수 있도록 그렇게 정렬시킨 것이다(1, 2절). 이 두 형제가 그동안 얼마나 다른 모습이 되었는지를 관찰하라. 에서는 400명의 장정의 호위를 받고 있어서 아주 커 보인다. 야곱은 자기가 돌보는 적은 무리의 여자들과 어린아이들을 데리고 있고, 그들의 안전 때문에 불안해 보인다. 그러나 야곱은 장자의 명분을 갖고 있었고, 통치권을 얻게 될 것이었으므로, 모든 면에서 에서보다 더 나은 사람이었다. 주목하라. 아무리 크고 선한 사람이라도, 가족들을 친히 돌보고 그들의 일에 관여하는 것이 결코 수치스러운 일이 아니다. 가족들의 머리에 서 있는 야곱이 자기 군대의 머리에 서 있는 에서보다 더 나은 모범을 세운 것이다.

III. 이 만남에서, 두 사람 사이에 있을 수 있는 최고의 모습으로 서로 간의 우애의 표현들이 오갔다.

1. 야곱이 에서에게 절하였다(3절). 그는 에서를 원수로 알고 두려워하였으나, 그는 그를 형으로 인정하고 그에게 예의를 갖추었다. 하나님께서 가인보다 아우인 아벨을 선호하셨으나 하나님께서 아벨로 하여금 가인에게 예의를 갖추게 하사 아우로서 해야 할 의무와 존경을 다하게 하셨다는 것을 여기서 야곱이 기억하고 있었는지도 모른다. **그가 너를 원하나 너는 그를 다스릴지니라**(4:7). 주목하라. (1) 평화가 깨어져 있을 때에 평화를 회복하는 길은, 어떤 경우든 마치 평화가 전혀 깨어지지 않은 것처럼 우리의 의무를 다하고 존경의 예를 표하는 것이다. 친구들 사이를 갈라놓고 그런 갈라진 상태를 영속화시키는 것은 바로 그런 문제들을 기억하고 되풀이하는 것이다. (2) 겸손하고 복종적인 처신은 분노를 가라앉히는 데에 큰 도움이 된다. 자신을 낮춤으로써 자신을 보존하는 사람들이 많다. 고개를 숙이는 자들의 머리 위로 화살이 날아가는 것이다.

2. 에서가 야곱을 안았다(4절). **에서가 달려와서.** 격분해서가 아니라 사랑에 북받쳐서 그렇게 하였고, 또한 마음으로 그와 화해한 사람답게 모든 애정의 표현을 다하여 그를 맞았다. **그를 맞이하여 안고 목을 어긋맞추어 그와 입맞추었다.** 어떤 이들은 에서가 야곱을 만나러 나올 때 400명의 장정을 데리고 온 것은 무슨 나쁜 의도에서가 아니라, 다만 돌아오는 아우를 더욱 예의를 갖추어 맞기 위함이었다고 보기도 한다. 그러나 야곱은 분명 그의 전령들의 보고를 그와는

다른 방향으로 이해하였다(32:5, 6). 야곱은 영민한 사람이요 인내의 사람이었다. 그러므로 그가 전혀 근거도 없이 그 정도로 큰 두려움을 가졌다고 보기가 어렵고, 또한 하나님의 성령께서 위험이 없는데도 불구하고 야곱으로 하여금 구원을 위해 그렇게 간절히 끈질기게 기도하도록 감동하셨다는 것도 받아들일 수가 없다. 그러므로, 이 때에 놀랍게도 에서에게 갑작스럽게 심경의 변화가 일어난 것이 아니라면, 야곱이 천사와 씨름하여 왕이라는 칭호를 받을 정도로 사람에 대해 힘을 얻었다는 것 전체를 이해할 수가 없는 것이다. 주목하라. (1) 하나님이 모든 사람의 마음을 장중에 쥐고 계시므로, 그는 은밀하고도 조용한, 그러면서도 도저히 저항할 수 없는 능력으로 그가 원하시는 때에 원하시는 쪽으로 사람의 마음을 돌이키실 수 있는 것이다. 그는 갑작스럽게 원수들을 친구로 변화시키실 수 있다. 두 사람의 사울이 그렇게 변화되었다. 한 사울은 억제하시는 은혜로 그렇게 되었고(삼상 26:21, 25), 또 한 사울은 새롭게 하시는 은혜로 그렇게 되었다(행 9:21, 22). (2) 하나님을 신뢰하며, 환난의 날에 그에게 부르짖는 것이 헛된 일이 아니다. 자주 그렇게 하는 자들은 그들의 예상보다 일이 더 잘 풀리는 것을 보게 된다.

3. 두 사람이 함께 울었다. 야곱은 기쁨으로 울었다. 그렇게 두려워했던 형이 그렇게 친절하게 맞아주니 감격에 넘쳤을 것이다. 그리고 에서는, 자신이 아우를 대적하여 악한 계획을 품었었으나 이상스럽게 이유도 없이 그 계획이 시행되지 않게 된 것을 생각하면서, 어쩌면 회한과 부끄러움 때문에 울었을지도 모른다.

5에서가 눈을 들어 여인들과 자식들을 보고 묻되 너와 함께 한 이들은 누구냐 야곱
이 이르되 하나님이 주의 종에게 은혜로 주신 자식들이니이다 6그 때에 여종들이
그의 자식들과 더불어 나아와 절하고 7레아도 그의 자식들과 더불어 나아와 절하고
그 후에 요셉이 라헬과 더불어 나아와 절하니 8에서가 또 이르되 내가 만난 바 이
모든 떼는 무슨 까닭이냐 야곱이 이르되 내 주께 은혜를 입으려 함이니이다 9에서
가 이르되 내 동생아 내게 있는 것이 족하니 네 소유는 네게 두라 10야곱이 이르되
그렇지 아니하니이다 내가 형님의 눈 앞에서 은혜를 입었사오면 청하건대 내 손에
서 이 예물을 받으소서 내가 형님의 얼굴을 뵈온즉 하나님의 얼굴을 본 것 같사오
며 형님도 나를 기뻐하심이니이다 11하나님이 내게 은혜를 베푸셨고 내 소유도 족

하오니 청하건대 내가 형님께 드리는 예물을 받으소서 하고 그에게 강권하매 받으
니라 [12]에서가 이르되 우리가 떠나자 내가 너와 동행하리라 [13]야곱이 그에게 이르되
내 주도 아시거니와 자식들은 연약하고 내게 있는 양 떼와 소가 새끼를 데리고 있
은즉 하루만 지나치게 몰면 모든 떼가 죽으리니 [14]청하건대 내 주는 종보다 앞서 가
소서 나는 앞에 가는 가축과 자식들의 걸음대로 천천히 인도하여 세일로 가서 내
주께 나아가리이다 [15]에서가 이르되 내가 내 종 몇 사람을 네게 머물게 하리라 야곱
이 이르되 어찌하여 그리하리이까 나로 내 주께 은혜를 얻게 하소서 하매

여기서 우리는 두 형제의 만남에서 오간 대화의 내용을 접하게 된다. 이는 매우 자유롭고도 형제애가 가득한 대화였고, 여기서는 옛날에 있었던 분쟁의 자취를 조금도 찾아볼 수 없었다. 과거의 분쟁에 대해서는 아무런 말을 하지 않는 것이 최상의 방법이었다. 그들은 다음에 대해 대화를 나누었다.

I. 야곱의 가족들에 대하여(5-7절). 열한 명 혹은 열두 명의 어린 아이들이 가까이에서 야곱을 따르고 있었는데, 그 중에 가장 큰 아이가 열네 살이 채 못 되었다. 에서는, **이들은 누구냐?** 라고 물었다. 야곱은 자신의 재산이 늘어난 일에 대한 이야기를 에서에게 메시지로 보낸 바 있었으나(32:5) 그의 자녀들에 대해서는 언급하지 않았다. 어쩌면, 에서가 야곱을 여전히 적대시하면 그가 그들을 에서에게서 화를 당하지 않도록 보고하고, 혹시 에서가 우호적인 자세로 만나주면 갑자기 전혀 예기치 않게 자녀들을 소개하여 그를 기쁘게 해 주려고 했을지도 모른다. 그러므로 에서로서는, **이들은 누구냐?** 라고 물을 만했다. 이 일상적인 질문에 대해 야곱은 그의 성품에 어울리게 진지하게 대답했다. **하나님이 주의 종에게 은혜로 주신 자식들이니이다.** 그냥 "내 자식들이니이다"라고만 했어도 속된 에서에게 주는 대답으로서는 충분했을 것이나, 만일 그렇게 했더라면 그것은 언제나 여호와를 바라보는 삶을 사는 야곱다운 대답이 아니었을 것이다. 주목하라. 일상적인 행위만이 아니라 말에 있어서도 **하나님께 합당하게** 하는 것이 우리에게 어울린다(요삼 6). 야곱은 자녀들에 대해, 1. 하나님의 선물로 이야기한다. 그들은 **여호와의 기업이다**(시 127:3; 112:9; 107:41). 2. 소중한 선물로 이야기한다. 하나님께서는 은혜로 그런 소중한 선물들을 주셨다. 그들이 숫자가 많고 그들에 대한 걱정도 많았고, 겨우겨우 필요한 것들을 채워줄 정도였으나, 그는 그들을 큰 복으로 여기고 있다. 앞에서 야곱이 에서에게 행

한 것처럼(6, 7절), 이제 그의 아내들과 자식들이 순서대로 나아와 에서에게 인사한다. 가장(家長)이 고개를 숙여 예의를 표하는 자들에게는 가족들도 예의를 표하는 것이 마땅한 일이다.

Ⅱ. 야곱이 에서에게 보낸 선물에 대하여.

1. 에서는 공손하게 그것을 받기를 거부하였다. 자신이 가진 것이 족하므로 그것이 필요치 않다는 것이었다(9절). 주목하라. 지조 있는 사람은 자신이 우정을 탐욕을 채우는 데 이용하는 것처럼 보이는 것을 원치 않는다. 야곱이 에서의 마음을 가라앉히기 위하여 무슨 선물을 건네든, 에서는 그 선물에 넘어갔다는 인상을 주고 싶지 않았고, 그리하여 그것을 거부한 것이다. 그의 이유는 **내게 있는 것이 족하다**는 것이었다. 적어도 아우의 것을 취하기를 바라지 않을 만큼은 족하게 있다는 것이다. 주목하라. (1) 영적인 축복을 얻지 못하였고, 또한 언약 바깥에 있는 자들 중에서도 이 세상에서 상당한 부를 누리는 자들이 많다. 에서는 그에게 약속된 것을 누리고 있었다. 곧, 땅의 기름진 것과 그의 칼로 활기를 누리는 것이 그것이었다. (2) 많이 가진 자들이 비록 다른 몇몇 사람들만큼 많이 가지지 못했을지라도 자기들에게 있는 것이 족하다는 것을 아는 것은 좋은 일이다. 심지어 에서 같은 사람도 **내게 있는 것이 족하다고** 이야기할 수 있었다. (3) 자기들이 가진 것으로 만족하는 자는 다른 이들의 것을 탐하지 않음으로써 그것을 드러내 보여야 한다. 에서로서는 그 선물이 필요 없었다. 자기 것만으로도 풍부하였으므로 구태여 선물이 필요치 않았고, 이미 아우와 마음으로 화해하였으니 또한 아우의 선물을 받을 이유가 없었다. 우리는 어느 때에라도 탐심으로 다른 이들의 공손한 예의를 이용하고 그들이 너그러이 베푸는 것에서 이익을 구하는 그런 비열한 자세를 갖지 않도록 조심하여야 할 것이다.

2. 야곱이 애정 어린 자세로 강권하여 결국 에서가 선물을 받아들였다(10, 11절). 야곱은 두려움 때문에 선물을 보냈다(32:20). 그런데 이제 두려움이 사라졌지만, 그는 사랑으로 그것을 받아줄 것을 에서에게 강권한다. 곧, 에서의 진노를 두려워해서만이 아니라 형제간의 우애를 바라는 뜻으로 그것을 보낸 것인을 보여주려는 것이다. 야곱은 자신이 에서에게 선물을 주는 두 가지 근거를 강력하게 제시한다. (1) 형 에서의 호의에 대해 자신이 감사하여야 함. 그는 에서에 대해 지극히 높이 치하한다. **내가 형님의 얼굴을 뵈온즉 하나님의 얼굴을 본**

것 같사오며. 즉, "형님이 나와 화목되시고 나를 영접하신 것을 뵈온즉 하나님과 화목된 것을 보는 것 같사옵니다"라는 뜻이거나, 아니면, 야곱이 에서가 베푼 호의에서 하나님이 그에게 베푸신 은혜를 보았다는 뜻이다. 에서가 호의를 보인 것이야말로 하나님께서 그의 기도를 응답하셨다는 좋은 증거였던 것이다. 주목하라. 피조물에게서 얻는 위로들은 그것들이 기도의 응답으로 올 때에 과연 우리에게 위로가 되며, 또한 그것들이 하나님이 우리를 받으신다는 증거가 되는 것이다. 서로 어긋나 있던 자들과 우정의 관계를 회복하는 것은, 평화를 원하는 애정 어린 성정을 지닌 자들에게는 크게 기뻐할 일이다. (2) 이 세상의 재물에 대한 자신의 능력. **하나님이 내게 은혜를 베푸셨고**. 주목하라. 이 세상에서 우리의 소유가 우리의 수고를 통해서 늘어나면, 우리는 감사한 자세로 그것을 주시하고 하나님께 영광을 돌려야 하며, 또한 그가 우리에게 은혜를 베푸사 우리에게 합당한 것보다 더 낫게 하셨다는 것을 인정하여야 한다. 우리에게 재물 얻을 능력을 주신 것이 바로 그분이시다(신 8:18). 야곱은 또한, **내 소유도 족하오니**. 문자적으로는, "내가 가진 것이 족하고, 내가 전부를 가졌사오니"라는 뜻이다. 에서가 족하다고 할 때에는 많은 것을 뜻하나, 야곱이 족하다 하는 것은 전부를 가졌다는 뜻이었다. 주목하라. 경건한 사람은 이 세상에서 별로 가진 것이 없을지라도 진정으로 "내가 전부를 가졌다"라고 말할 수 있는 법이다. 그 이유는, [1] 그에게는 만물의 하나님이 계시고, 하나님 안에서 모든 것을 가졌기 때문이다. 그리스도가 여러분의 것이면 모든 것이 여러분의 것이다(고전 3:22). [2] 모든 일에 대하여 넘치는 위로가 있기 때문이다. **내가 풍족하니**(빌 4:18). 스스로 전부를 가졌다고 생각하는 자야말로 자신이 가진 것이 족하다는 것을 확신하는 법이다. 그는 머지않은 장래에 천국에 들어갈 때에 전부를 갖게 될 것이다. 야곱은 이러한 사실에 근거해서 에서에게 강권하였고, 결국 에서는 그의 예물을 받았다. 주목하라. 사람이 자신의 신앙으로 말미암아 상대방을 헤아리고 베풀며 나누는 너그러운 마음을 갖고 비열하고 소심한 일을 행하는 것을 경멸하게 된다면 이는 과연 귀한 일이다.

Ⅲ. 그들의 앞으로의 여정에 대하여.

1. 에서는 야곱과의 진실한 화해의 증표로 자신이 안내자와 길동무 역할을 해주겠다고 한다(12절). 지금까지 야곱과 에서가 서로 이처럼 다정했던 적이 없다. 주목하라. 하나님의 역사하심은 완전하다. 그는 에서를 원수가 아닌 사람

으로 만드신 것은 물론, 그를 친구로 만드셨다. 부러졌던 뼈가 자리를 잘 잡았을 뿐 아니라 전보다 더 강해진 것이다. 에서는 야곱의 길동무가 되기를 자청하여 세일 산까지 그를 호위하겠다고 제안하였다. 그 어떤 사람에 대해서도 절대로 절망해서는 안 될 것이며, 모든 사람들의 마음을 주장하시는 하나님을 불신해서도 안 될 것이다. 그러나 야곱은 좋은 목자와 가장답게 자기 가족과 가축들을 염려하여, 이러한 에서의 청을 정중하게 사양하였다(13, 14절). 그는 어린 자녀들과 가축들을 생각하여야 했고, 그들을 너무 빨리 이끌거나 몰아가서는 안 되었던 것이다. 하나님의 일들에 관하여 아직 어린 사람들을 돌보는 책임을 맡은 자들은 야곱의 이러한 영민함과 따뜻한 배려의 자세를 반드시 본받아야 할 것이다. 처음부터 신앙적인 갖가지 일에서 무거운 과제들을 걸머지게 하여 그들을 몰아가서는 안 되고, 그들의 일을 가능한 쉽게 만들어 그들이 견딜 수 있도록 해주어야 할 것이다. 선한 목자 되신 그리스도께서도 그렇게 하신다(사 40:11). 그리하여 야곱은 에서가 행진의 속도를 늦추기를 바라지도 않았고, 그렇다고 가족들에게 행진을 재촉하고 싶지도 않았고, 그들을 버려두고 형과 함께 동행하기를 바라지도 않았나(가정보다 다른 사람들과 어울리는 것을 더 좋아하는 사람들은 그렇게 하고 싶어했을 것이지만). 그는 에서에게 먼저 행진할 것을 요청하고, 자신이 천천히 뒤따라 갈 것임을 약속한다. 주목하라. 다른 사람들을 우리의 속도에 억지로 맞추려는 것은 합당치 못한 일이다. 비록 그들과 같은 길로나 같은 속도로 함께 동행하지는 못하나, 결국 우리의 사정에 맞도록 행진하여 동일한 목적지에 도달하게 될 것이다. 야곱은 자신이 세일 산으로 에서를 방문할 계획이 있음을 알리는데, 비록 본문에는 기록되어 있지 않으나 그는 다른 곳에다 가족들을 정착시킨 후 그리로 가서 에서를 만났을 것이다. 주목하라. 친구들과 평화를 회복했다고 해서 예의를 갖추는 일에서 처져서는 안 되며, 그 평화를 지속시키는 일을 위해 힘써야 할 것이다.

2. 에서는 그의 종 몇 사람을 남겨두어 야곱을 호위하고 안내하게 할 것을 제의한다(15절). 그는 야곱이 호위하는 자들이 없이 목자들과 농사를 위한 일꾼들밖에 없는 초라한 처지에 있는 것을 보고서, 야곱도 자기 자신만큼이나 격식을 갖추고 크게 보이고 싶어 하는 것으로 생각하여, 그의 수하들을 남겨두어 그로 하여금 에서의 아우답게 위엄을 갖추도록 돕고자 한 것이다. 그러나 야곱은 그의 제의를 겸손하게 사양하였고, 다만 그렇게 호의를 거절하는 것을 나쁘

게 여기지 말기를 바랐다. 어찌하여 그리하리이까. (1) 야곱은 겸손하여, 치장하는 일이 필요 없었다. 그는 불필요한 도움을 받아 육신적으로 멋지게 치장하기를 원치 않은 것이다. 주목하라. 어찌하여 그리하리이까 라고 말할 정도로 필요 없는 것을 동원하여 화려함과 사치를 추구하는 것은 헛된 일이다. (2) 야곱은 하나님의 보호하심 아래 있으니 구태여 안전을 위해서 그런 도움을 받을 필요가 없었다. 주목하라. 야곱처럼 하나님을 호위자로 모시고 그의 천군의 호위를 받는 자들은 그것으로 충족히 보호를 받는 것이다. 이른 아침부터 하나님으로 무장하는 자들은 구태여 육체적인 무장의 신세를 질 필요가 없다. 야곱은 "주의 호의를 받았고, 필요한 것이 모두 내게 있고, 주께로부터 바라는 모든 것을 얻었으니, 이제 나로 내 주께 은혜를 얻게 하소서"라고 덧붙인다. 야곱이 형의 선의를 그렇게 고귀하게 여겼다면, 우리는 더욱더 우리 하나님의 선의를 족한 것으로 알아야 마땅할 것이다.

[16]이 날에 에서는 세일로 돌아가고 [17]야곱은 숙곳에 이르러 자기를 위하여 집을 짓
고 그의 가축을 위하여 우릿간을 지었으므로 그 땅 이름을 숙곳이라 부르더라 [18]야
곱이 밧단아람에서부터 평안히 가나안 땅 세겜 성읍에 이르러 그 성읍 앞에 장막
을 치고 [19]그가 장막을 친 밭을 세겜의 아버지 하몰의 아들들의 손에서 백 크시타에
샀으며 [20]거기에 제단을 쌓고 그 이름을 엘엘로헤이스라엘이라 불렀더라

여기서, 1. 야곱이 숙곳에 이르렀다. 에서는 야곱과 애정 어린 작별을 고한 후 자기 집으로 돌아갔고(16절), 야곱은 한 장소에 이르러 집을 짓고 가축을 위한 우릿간을 지어 한동안 머물렀다. 이 곳은 후에 숙곳이라는 이름으로 알려졌는데, 이는 요단(우릿간을 뜻함) 건너편 갓 지파의 성읍이었다. 후에 그의 후손이 돌로 지은 집에 거할 때에 우릿간을 기뻐한 방랑하는 아람 사람이 그들의 조상이었음을 기억하게 하기 위함이었다(신 26:5). 그것이 그들을 떠낸 반석이었다. 2. 그는 세겜에 이르렀다. 본문은 세겜 성읍으로 되어 있다. 비평가들은 보통 이를 보통 명사로 취급하여 읽는 경향이 있다. 야곱이 안전하게, 혹은 평안히, 세겜 성읍에 이르러. 여러 가지 난관을 거치며 위험천만한 여정을 지나 그는 드디어 가나안에 안전히 도착하였다. 주목하라. 질병과 위험요소들에게서 우리는 건강과 안전을 얼마나 귀하게 보아야 할지를 배워야 하며, 무사히 들어가고 나간다는 사실에 얼마나 감사해야 할지를 배워야 한다. 여기서 그는, (1) 밭을 샀다(19절). 약속에 의하면 가나안 땅이 이미 그의 소유지만, 그것을 소유할 시기는 아직 오지 않았으므로, 현재 그 땅에 거주하는 자들과 분쟁이 없도록 값을 주고 자기 땅을 사는 것으로 만족하는 것이다. 주목하라. 이 땅의 소유권은 은혜에 기초하는 것이 아니다. 천국을 값없이 얻었다 하여, 땅도 그렇게 얻기를 기대해서는 안 되는 것이다. (2) 제단을 쌓았다(20절). [1] 이는 그를 섭리로 인도하신 하나님께 감사하기 위함이었다. 그는 하나님께서 베푸신 은혜에 대해 말로만이 아니라 진실로 감사를 표한 것이다. [2] 가정에서 하나님을 경배하는 신앙을 계속 유지하기 위함이었다. 주목하라. 우리의 장막이 있는 그 곳에 하나님께 예배하는 제단이 있어야 하고, 우리의 집이 있는 그 곳에 교회가 있어야 한다. 그는 이 제단을 엘엘로헤이스라엘(하나님, 이스라엘의 하나님), 즉 최고의 존재시요 제일 원인이시요 홀로 살아 계시며 참되신 하나님의 존귀를 위하여, 또한 그와 언약을 맺으신 이스라엘의 하나님의 존귀를 위하여 드렸다. 주목하라. 하나님께 드리는 예배에서 우리는 자연 신앙과 계시된 신앙의 양쪽에서 발견된 것들로 인도받아야 하고 지배받아야 한다. 하나님은 최근 그를 이스라엘이라는 이름으로 부르셨는데, 여기서 그는 하나님을 이스라엘의 하나님으로 부른다. 그가 하나님과 함께 하는 왕으로 대접받고 있으나, 하나님은 여전히 그와 함께 하시는 왕이시요, 그의 주시며 그의 하나님이신 것이다. 주목하라. 우리의 존귀는 하나님의 존귀를 위하여 드려질 때에 진정 우리에게 존귀한 것이 된다. 이스라엘의 하나님이야말로 이스라엘의 영광이시다.

제 34 장

개요

본 장에서부터는 야곱이 그의 자녀들로 인하여 지극히 큰 괴로움을 겪는 이야기가 시작된다. 이 이야기들이 기록된 것은 다음을 보여주기 위함이었다. 1. 이 세상이 헛되다는 것. 우리에게 가장 사랑스러운 것이 우리에게 가장 큰 괴로움을 주며, 우리가 "이것이 우리에게 위로를 주리라"라고 말한 바로 그것들에게서 가장 큰 십자가를 만날 수도 있다는 것을 보여주고자 함이다. 2. 선한 백성들이 겪는 공통적인 슬픔. 야곱의 자녀들은 모두 할례를 받았고, 가르침을 잘 받았고, 위하여 기도한 자들이었고, 모두가 매우 선한 모범을 보면서 자랐으나, 그들 중 몇몇은 매우 되바라진 자들이 되었다. "빠른 경주자들이라고 선착하는 것이 아니며 용사들이라고 전쟁이 승리하는 것이 아니다"(전 9:11). 은혜가 혈통을 따라 이어지는 것이 아니다. 비록 은혜의 역사가 끊임없이 이어지지는 않으나, 그렇다고 해서 그 역사가 신앙고백과 가시적인 교회의 특권들이 계승되는 것을 끊어내는 것은 아니다. 야곱의 아들들은 어떤 일들에서는 그의 근심이 되기도 했으나, 그럼에도 불구하고 모두가 하나님과의 언약 속에 들어갔다. 본 장의 주요 내용은 다음과 같다. I. 디나가 욕을 당함(1-5절). II. 디나와 그를 욕보인 세겜이 서로 결혼 조약을 맺음(6-19절). III. 그 조약의 시행을 위하여 세겜 사람들이 할례를 받음(20-24절). IV. 시므온과 레위가 그들에게 피비린내 나는 살육을 감행함(25-31절).

1레아가 야곱에게 낳은 딸 디나가 그 땅의 딸들을 보러 나갔더니 2히위 족속 중 하
몰의 아들 그 땅의 추장 세겜이 그를 보고 끌어들여 강간하여 욕되게 하고 3그 마음
이 깊이 야곱의 딸 디나에게 연연하며 그 소녀를 사랑하여 그의 마음을 말로 위로
하고 4그의 아버지 하몰에게 청하여 이르되 이 소녀를 내 아내로 얻게 하여 주소서
하였더라 5야곱이 그 딸 디나를 그가 더럽혔다 함을 들었으나 자기의 아들들이 들
에서 목축하므로 그들이 돌아오기까지 잠잠하였고

디나는 모르긴 몰라도 야곱의 외동딸이었던 것으로 보인다. 그러므로 그녀는 어머니의 사랑이요 온 가정의 귀염둥이였을 것이다. 그러나 그녀는 그들에게 기쁨도 존귀도 되지 못했다. 온갖 사랑을 기울여 키운 자들이 가장 복되고 좋은 자식으로 드러나는 경우가 거의 없는 법이다. 여기서 디나가 큰 불행을 당하는데, 이 때의 나이가 그저 열다섯 살이나 열여섯 살 정도밖에 안 되었던 것으로 보인다. 관찰하라.

1. 그녀의 헛된 호기심. 이로 인하여 큰 불행에 노출되게 되었다. 디나는 그 땅의 딸들을 보러 나갔는데(1절), 어쩌면 아버지가 모르는 사이에 어머니의 묵인 아래 그렇게 했을지도 모른다. 아마도 그 때는 축제나 혹은 무슨 공공 기념일이었을 것이다. 외동딸이어서 함께 대화를 나눌 수 있는 또래 아이들이나 같은 여자 아이들이 없었으니, 집에서 외로움을 느꼈을 것이고, 그리하여 자신의 울적함을 없애고 아버지의 장막에서 나누는 것보다 더 나은 대화를 함으로써 성취감을 얻고자 바깥으로 나간 것이다. 주목하라. 자녀들이 집을 사랑하는 것은 매우 좋은 일이다. 부모들은 집을 편하게 해 주는 지혜가 필요하며, 자녀들은 집에서 편안함을 누릴 의무가 있다. 그녀의 구실은 그 땅의 딸들을 보러 나간다는 것이었다. 그들이 어떤 의복을 입고, 어떻게 춤을 추며, 그들 가운데 어떤 것이 아름답고 멋진가를 보려는 것이었다. 그녀는 자기가 보러 나갔으나 그것이 다가 아니었다. 결국 나가서 다른 사람에게 자기를 보인 것이다. 그 땅의 딸들을 보러 나갔으나, 그 땅의 아들들에 대한 생각도 어느 정도 있었을지도 모른다. 그녀는 가나안 사람들과 알고 지내기를 원했고, 그들의 길을 배우기를 원하지 않았나 하는 생각이 든다. 주목하라. 젊은 사람들은 교만과 허영심으로 갖가지 올무에 걸리기가 매우 쉽다.

2. 이로써 그녀가 존귀함을 잃어버림. 그 땅의 추장 세겜이 자기의 정욕의 노예가 되어 그녀를 취하고 동침하였는데(2절), 디나가 힘에 못 이겨 그렇게 되었다기보다는 엉겁결에 그렇게 된 것으로 보인다. 주목하라. 힘 있는 자들은 자기들이 아무 일이나 해도 괜찮다고 생각한다. 가르침이 없고 통제가 없는 젊은이보다 더 위험천만인 자들이 어디 있겠는가? 디나가 그렇게 어슬렁거리다가 과연 어떤 일을 당했는지 보라. 젊은 여자들은 순전하며 집안 일을 하기를 배워야 하는데, 이 두 가지 면이 함께 제시되고 있다(딛 2:5). 왜냐하면 집안 일을 돌보지 않는 자들은 순전함을 위험에 노출시키게 되기 때문이다. 디나는 주위를 두리번거리느라 밖으로 나갔다. 그러나 합당하게 처신하여 자신을 돌보았

다면, 그런 올무에 빠지는 일은 없었을 것이다. 주목하라. 죄의 시작은 마치 물을 분출시키는 것과도 같다. 조그만 불이 피어오르는 것이 얼마나 큰 결과를 초래하는가! 그러므로 죄를 지을 기회와 죄에게로 접근하는 통로를 조심스럽게 피하여야 할 것이다.

3. 세겜이 디나를 욕보인 후 그녀를 사모함. 이것은 정당하며 바람직한 일로서, 기왕에 저질러진 악을 해결하는 최선의 방법이었다. 세겜은 디나를 사랑하였고(암논과는 달랐다, 삼하 13:15), 아버지에게 그녀를 아내로 얻도록 해 주기를 요청하였다(4절).

4. 이 소식이 불쌍한 야곱에게 전해짐(5절). 자녀들이 자라자마자 그들이 그에게 근심거리가 되었다. 경건한 부모들은 자녀들의 불행을 애통해할 때에, 자기들만이 유독 그런 일을 당하였다는 식으로 생각하지 말아야 할 것이다. 선한 사람 야곱은 깜짝 놀라 무슨 말을 할지를 알지 못하면서도 잠잠하였다. 혹은 다윗처럼 말로 실수할까 두려워 아무 말도 하지 않았다(시 39:1, 2). 그는 자신의 분노를 억지로 참았다. 그것을 분출시켰다가 예의를 다 무시하게 될까 두려웠던 것이다. 혹은, 야곱은 가정 내의 문제들을 처리하는 것을 상당 부분(너무 많은 부분을) 아들들에게 넘겼으므로, 아들들이 없이는 아무런 조치도 취할 수가 없었다. 혹은 최소한, 최근 들어서 아들들이 일마다 대담하게 나서서 관여하므로, 그가 독단적으로 일을 처리할 경우 아들들이 불편해할 것을 알았기 때문에 그렇게 했을 것이다. 주목하라. 가정에서 부모의 권위가 떨어지면 일들이 절대로 잘 처리되는 법이 없다. 각 사람은 자기 집을 잘 다스려 자녀들로 모든 공손함으로 복종하게 하여야 할 것이다(딤전 3:4).

[6]세겜의 아버지 하몰은 야곱에게 말하러 왔으며 [7]야곱의 아들들은 들에서 이를 듣
고 돌아와서 그들 모두가 근심하고 심히 노하였으니 이는 세겜이 야곱의 딸을 강
간하여 이스라엘에게 부끄러운 일 곧 행하지 못할 일을 행하였음이더라 [8]하몰이 그
들에게 이르되 내 아들 세겜이 마음으로 너희 딸을 연연하여 하니 원하건대 그를
세겜에게 주어 아내로 삼게 하라 [9]너희가 우리와 통혼하여 너희 딸을 우리에게 주
며 우리 딸을 너희가 데려가고 [10]너희가 우리와 함께 거주하되 땅이 너희 앞에 있으
니 여기 머물러 매매하며 여기서 기업을 얻으라 하고 [11]세겜도 디나의 아버지와 그
의 남자 형제들에게 이르되 나로 너희에게 은혜를 입게 하라 너희가 내게 말하는

것은 내가 다 주리니 12이 소녀만 내게 주어 아내가 되게 하라 아무리 큰 혼수와 예
물을 청할지라도 너희가 내게 말한 대로 주리라 13야곱의 아들들이 세겜과 그의 아
버지 하몰에게 속여 대답하였으니 이는 세겜이 그 누이 디나를 더럽혔음이라 14야
곱의 아들들이 그들에게 말하되 우리는 그리하지 못하겠노라 할례 받지 아니한 사
람에게 우리 누이를 줄 수 없노니 이는 우리의 수치가 됨이니라 15그런즉 이같이 하
면 너희에게 허락하리라 만일 너희 중 남자가 다 할례를 받고 우리 같이 되면 16우
리 딸을 너희에게 주며 너희 딸을 우리가 데려오며 너희와 함께 거주하여 한 민족
이 되려니와 17너희가 만일 우리 말을 듣지 아니하고 할례를 받지 아니하면 우리는
곧 우리 딸을 데리고 가리라

야곱의 아들들은 디나가 불행을 당하였다는 소식을 듣고서 심히 분노하였다. 이는 덕에 대한 생각 때문이라기보다는 어쩌면 자기 가족의 명예가 더럽혀졌다는 생각 때문이었을 것이다. 죄가 죄악되다는 것에 대해서는 전혀 마음에 인식하지 못하면서도, 죄로 인하여 생겨나는 부끄러움에 대해서는 크게 걱정하는 자들이 많은 법이다. 여기서는 후 시대의 언어에 따라, 죄를 이스라엘에게 부끄러운 일이라 부른다(7절). 이스라엘은 아직 하나의 민족이 아니라 그저 한 가족에 불과했기 때문이다. 주목하라.

1. 부정한 것은 부끄러운 일이다. 왜냐하면 이것은 하나님의 은혜와 양심의 평화를 희생시키며, 모든 심령들은 짐승과도 같은 비열한 정욕을 채우기 위해 거룩하고 존귀한 것을 빌미로 삼을 수 있기 때문이다.

2. 이 부끄러운 일은, 이스라엘에게, 즉 하나님을 알고 그를 섬기는 이스라엘의 가문에게는(하나님이 이스라엘의 하나님이라는 이름으로 야곱의 장막에 계셨으므로) 지극히 수치스러운 일이다. 이스라엘에 부끄러운 일이 있다면 이것이야말로 추문이 아닐 수 없다.

3. 죄를 나쁜 이름을 붙여 낙인찍는 것은 좋은 일이다. 여기서는 부정한 일을 이스라엘에게 부끄러운 일이라고 잠언적으로 부르고 있다(삼하 13:12). 디나를 가리켜 야곱의 딸이라 부르는데 이는 모든 이스라엘의 딸들에게 이러한 부끄러운 일에 개입되지 말 것을 경고하기 위함이다.

하몰이 문제를 해결하고자 야곱에게 왔으나, 그는 그를 아들들에게 넘긴다. 여기서 구체적으로 협약을 맺은 기사가 나타나는데, 부끄럽게도 가나안 사람

들이 이스라엘 자손보다 더 정직하였다.

I. **하몰과 세겜은 서로 결혼 협약을 맺어 관계를 증진할 것을 정당하게 제의한다.** 세겜이 디나를 깊이 사랑하므로, 어떤 조건으로라도 그녀를 취하고자 한다(11, 12절). 그의 아버지는 그것에 동의할 뿐 아니라 그를 위하여 직접 나서서, 두 가문이 하나가 됨으로써 얻게 될 유익한 것들을 진지하게 강조한다(9, 10절). 야곱이 외인이었으나, 하몰은 야곱에 대해 전혀 시기하지 않고, 오히려 그와 그의 가족과 더불어 서로 왕래하기를 솔직하게 바라서 그러한 아주 너그러운 제안을 하는 것이다. 땅이 너희 앞에 있으니 여기 머물러 매매하며 여기서 기업을 얻으라.

II. **야곱의 아들들은 실제로는 그럴 뜻이 전혀 아니면서 짐짓 종교적인 연대관계를 주장하는 체한다.** 야곱이 이 문제에 직접 관여했다면, 아마도 그와 하몰이 곧바로 그 문제를 매듭지었을 것이다. 그러나 야곱의 아들들은 오로지 복수만을 생각하고 있었고, 그것을 위해서 그들에게 의아스러운 제안을 하였다. 세겜 사람들이 할례를 받아야 한다는 것이었다. 그러나 그들을 거룩하게 하기 위해서가 아니라(그들은 전혀 그런 뜻이 없었다), 그들을 상처로 고통받게 하고 그리하여 그들의 칼에 쉽게 무너지게 하기 위함이었던 것이다.

1. 그들이 제시한 논리는 그럴 듯하였다. "야곱의 가족은 하나님과 언약을 맺은 자들이라는 증표를 지니는 것을 영광으로 삼으니, 그처럼 위엄 있고 구별된 자들이 할례 받지 아니한 사람들과 그런 긴밀한 동맹 관계를 맺는다는 것은 치욕이 될 것이다(14절). 그러므로 만일 너희 중 남자가 다 할례를 받으면 우리가 너희와 함께 거주하여 한 민족이 되리라"(15, 16절). 그들의 이러한 제안이 진실한 것이었다면, 여기에는 무언가 칭찬할 만한 점이 있었을 것이다. 신앙을 고백하는 이스라엘 사람은 속된 가나안 사람들과는 통혼해서는 안 되었기 때문이다. 그것은 크나큰 죄요, 아니면 최소한 크나큰 죄의 원인과 통로요, 또한 이로 인하여 악한 결과들이 자주 발생했던 것이다. 어떤 사람들에 대해 우리가 관심이 있고 또한 그들을 장악하고 있다면, 우리는 그것을 지혜롭게 발전시켜서 그들을 사랑과 신앙의 실천으로 이끌도록 해야 할 것이다(영혼을 구하는 자는 지혜로우니). 그러나 야곱의 아들들처럼 그들을 설득하여 신앙에 관계되는 외형적인 예식을 지키게 하는 것으로 족하다고 생각해서는 안 되며, 반드시 신앙의 합리성을 납득시키고 그 능력을 접하게 하기 위해 힘써야 할 것이다.

2. 나중에 드러나지만, 그 뒤에 그들의 사악한 의도가 도사리고 있었다. 그들이 노린 것은 그들을 살육할 날을 준비하는 것뿐이었다. 주목하라. 피비린내 나는 사악한 계획들이 신앙을 전면에 내세운 채 속에 감추어져서 비밀리에 시행되는 경우가 허다하다. 이렇게 해서 그들의 계획이 가장 그럴 듯하게, 가장 확실한 방법으로 시행되었다. 그러나 이처럼 경건을 가장한 악행은 배나 더 악한 법이다. 악의를 감추는 수단으로 신앙이 사용될 때처럼, 신앙이 해를 받고 하나님의 성례가 더럽혀진 때가 없는 것이다. 아니, 야곱의 아들들이 이러한 피비린내 나는 끔찍한 계획을 갖고 있지 않았더라면, 신앙의 문제에 전혀 관계가 없는 이 가나안 사람들에게 하나님의 언약의 인(印)인 이 할례라는 성스러운 표징을 요구하는 것 자체가 정당치 못했을 것이다. 하나님의 약속에 대해 권리가 없는 자들은 그 표징에 대해서도 권리가 없는 것이다. 자녀의 떡을 취하여 개들에게 던짐이 합당치 아니함이다. 그러나 야곱의 아들들은 이런 것에 대해서는 전혀 개의치 않았고, 다만 자기들의 계획을 이루기 위해 할례를 이용한 것이다.

18그들의 말을 하몰과 그의 아들 세겜이 좋게 여기므로 19이 소년이 그 일 행하기를
지체하지 아니하였으니 그가 야곱의 딸을 사랑함이며 그는 그의 아버지 집에서 가
장 존귀하였더라 20하몰과 그의 아들 세겜이 그들의 성읍 문에 이르러 그들의 성읍
사람들에게 말하여 이르되 21이 사람들은 우리와 친목하고 이 땅은 넓어 그들을 용
납할 만하니 그들이 여기서 거주하며 매매하게 하고 우리가 그들의 딸들을 아내로
데려오고 우리 딸들도 그들에게 주자 22그러나 우리 중의 모든 남자가 그들이 할례
를 받음 같이 할례를 받아야 그 사람들이 우리와 함께 거주하여 한 민족 되기를 허
락할 것이라 23그러면 그들의 가축과 재산과 그들의 모든 짐승이 우리의 소유가 되
지 않겠느냐 다만 그들의 말대로 하자 그러면 그들이 우리와 함께 거주하리라 24성
문으로 출입하는 모든 자가 하몰과 그의 아들 세겜의 말을 듣고 성문으로 출입하
는 그 모든 남자가 할례를 받으니라

여기서, 1. 하몰과 세겜은 친히 할례를 받기로 동의하였다(18, 19절). 그들이 동의한 것은 어쩌면 디나와의 결혼을 성사시키고자 하는 강한 열망 때문임은 물론, 아브라함의 가문에서 행해지는 이 표징의 성스럽고 존귀한 의도

에 대해서 들었기 때문이었을지도 모른다. 할례와 할례로 확증되는 약속들에 대해 그들은 다소 혼동된 생각을 가졌고, 그리하여 야곱 가문과 연합하기를 더욱 바라게 되었을 것이다(슥 8:23). 주목하라. 신앙에 대해 거의 아는 것이 없으면서도, 겉모양으로 신앙을 조금이나마 알아서 신앙적인 자들과 스스로 연합하기를 바라게 되는 자들이 많다. 또한 사람이 좋은 아내를 얻기 위하여 경건의 모양을 가지려 한다면, 경건의 능력을 알고 있는 우리는 선하신 하나님의 은혜를 얻기에 더욱더 힘써야 할 것이며, 세겜이 여기서 그 일 행하기를 지체하지 아니한 것처럼, 마음의 할례를 받아 그를 사랑하여야 할 것이다.

2. 그들은 성읍 사람들의 동의를 얻었다. 야곱의 아들들은 그들도 함께 할례를 받을 것을 요구하였던 것이다. (1) 하몰과 세겜은 그들의 통치력과 모범을 통해서 그 백성들에게 큰 영향력을 행사하였다. 주목하라. 세겜처럼 다스리는 위치에 있고 다른 이들보다 더 존귀한 사람들이 앞에 나서서 신앙을 위해 열심을 보이면, 신앙이 널리 전파될 것이다. (2) 그들은 매우 설득력 있는 논지를 강하게 제시하였다. 그러면 그들의 가축과 재산과 그들의 모든 짐승이 우리의 소유가 되지 않겠느냐?(23절). 그들은 야곱의 아들들이 매우 부지런하고 열심히 일하는 사람들인 것을 간파하였고, 그리하여 그들과의 연합이 이득이 있을 것이요 땅이 늘어나고 산업이 번창할 것이며 돈이 들어올 것임을 확신하여, 이로써 백성들을 설득하였다. 그런데, [1] 이런 목적을 위하여 결혼하려는 것만으로도 충분히 악한 일이었다. 그러나 이 세상에서 우리는 탐심이 결혼의 가장 큰 요인으로 작용하는 현실을 보게 된다. 집의 숫자를 늘려가고 밭의 경계를 넓혀가고자 하는 목적만큼 큰 힘을 발휘하는 것이 없는 것이다. [2] 이런 목적을 위하여 할례를 받고자 하는 것은 더욱 악한 일이었다. 세겜 사람들이 야곱 가문의 종교를 포용하려 한 목적은 오직 그 가문의 재물로 이득을 얻고자 하는 것뿐이었다. 이처럼 이익이 곧 경건인 사람들이 많고, 또한 그 어떠한 신앙의 원리보다도 자기들의 속된 관심사에 좌우되고 영향을 받는 자들이 많은 법이다.

25제삼일에 아직 그들이 아파할 때에 야곱의 두 아들 디나의 오라버니 시므온과 레
위가 각기 칼을 가지고 가서 몰래 그 성읍을 기습하여 그 모든 남자를 죽이고 26칼
로 하몰과 그의 아들 세겜을 죽이고 디나를 세겜의 집에서 데려오고 27야곱의 여러
아들이 그 시체 있는 성읍으로 가서 노략하였으니 이는 그들이 그들의 누이를 더

럽힌 까닭이라 [28]그들이 양과 소와 나귀와 그 성읍에 있는 것과 들에 있는 것과 [29]그
들의 모든 재물을 빼앗으며 그들의 자녀와 그들의 아내들을 사로잡고 집 속의 물
건을 다 노략한지라 [30]야곱이 시므온과 레위에게 이르되 너희가 내게 화를 끼쳐 나
로 하여금 이 땅의 주민 곧 가나안 족속과 브리스 족속에게 악취를 내게 하였도다
나는 수가 적은즉 그들이 모여 나를 치고 나를 죽이리니 그러면 나와 내 집이 멸망
하리라 [31]그들이 이르되 그가 우리 누이를 창녀 같이 대우함이 옳으니이까

여기서는 야곱의 두 아들 중 이제 갓 스무 살이 넘은 시므온과 레위가 세겜 사람들을 도륙하여 선한 아버지의 마음을 찢어놓는 기사를 접하게 된다. 여기서 다음을 보라.

I. 세겜 사람들에 대한 야만적인 살육 행위. 야곱 자신은 양을 모는 막대기로 잔뼈가 굵은 사람이었다. 그러나 그의 아들들은 마치 칼로 살아온 에서의 자손이기라도 한 것처럼 양 허리에 칼을 차고 다녔다. 그들은 다음과 같은 일을 저질렀다.

1. 세겜 거주민들을 살육하였다. 모든 남자들, 특히 바로 전 날 그들을 우호적인 자세로 대했던 하몰과 세겜까지도 다 죽였다. 어떤 이들은 세겜 사람들이 할례를 받고 고통스러워하는 동안 야곱의 모든 아들들이 디나를 구출하기 위해 달려갔으나, 시므온과 레위는 그것으로 만족하지 않고 디나의 일에 대해 복수하고자 하였고, 노골적으로 무자비하게 그 일을 감행하였다고 본다. 그런데, (1) 이 일에서 하나님이 의로우셨다는 것은 부인할 수가 없다. 세겜 사람들이 하나님의 명령에 복종하여 할례를 받았다면, 그들의 할례로 인하여 그들이 보호받았을 것이다. 그러나 그들이 자기들의 군주를 기쁘게 하고 스스로 재물을 누리기 위한 목적으로 그 신성한 의식을 행하였으니, 하나님께서 그들이 이런 화를 당하게 하셨다 해도 정당한 일이었다. 주목하라. 참된 신앙만큼 우리를 안전하게 지켜주는 것이 없듯이, 겉모양만의 신앙만큼 우리를 위험에 노출시키는 것이 없다. (2) 그러나 시므온과 레위는 지극히 불의하였다. [1] 세겜이 디나를 욕보여 이스라엘에게 부끄러운 일을 행한 것은 사실이다. 그러나 그런 불행이 일어난 것이 어느 정도나 디나 자신의 책임인지를 생각했어야 했다. 세겜이 디나의 장막에 침입하여 그녀를 강간하였다면 그것은 문제가 전혀 달랐을 것이다. 그러나 디나가 그의 땅으로 갔고, 어쩌면 스스로 정숙치 못한 행동으로

세겜으로 하여금 그런 악행을 저지르도록 원인 제공을 했을 것이다. 죄인에 대해 심각하게 대하여야 하나, 그를 유혹한 자가 누구인지를 반드시 고려해야 하는 것이다. [2] 세겜이 악을 행한 것은 사실이나 그는 그것을 갚으려 애썼고, 사건 이후의 처리에 있어서 정직하고 존귀하였다. 죽도록 악을 고집한 레위인의 첩의 경우와는 달랐다. 또한 세겜은 자기의 행위를 정당화하지 않았고, 어떠한 조건으로라도 화해하려 하였다. [3] 세겜이 악을 행한 것은 사실이었다. 그러나 세겜 사람들 전체는 무슨 잘못을 행하였는가? 이 한 사람이 죄를 지었는데, 그것 때문에 성읍 사람 전체가 화를 당하여야 했단 말인가? 무죄한 자들이 유죄한 사람과 함께 쓰러져야 한단 말인가? 이것은 그야말로 야만적인 행위였다. [4] 그러나 그 무엇보다 시므온과 레위의 행위의 잔인성을 더욱 가중시킨 것은 거기에 지극히 사악한 배신이 개입되어 있었다는 사실이었다. 세겜 사람들은 그들의 조건에 동의하여, 서로 하나가 되기 위해 행하겠다고 약속한 대로 행하였다(16절). 그러나 시므온과 레위는 서로 친구가 되기로 맹세한 자들을 철천지원수들로 대하였고, 둘 사이에 행해진 언약도, 인간성의 법도도 무시해 버린 것이다. 이 자들이 과연 이스라엘의 아들들이란 말인가? **그 노여움이 혹독하니 저주를 받을 것이요 분기가 맹렬하니 저주를 받을 것이라**(49:7). [5] 그들이 하나님의 거룩한 규례를 자기들의 사악한 계획의 도구로 이용하여 그 규례를 가증스럽게 만들었다는 것도 그들의 범죄를 더욱 가중시키는 요인이었다. 자기들 자신과 나머지 가족을 부끄럽게 만드는 것으로도 모자라, 그들의 신앙의 그 존귀한 증표에게까지 치욕을 안겨준 것이다. 정말 문자 그대로 피로 물든 규례라 불러 마땅하게 되었다.

2. 세겜 성읍을 약탈하였다. 그들은 디나를 구출하였다(26절). 그런데 그것이 그들의 목적이었다면 피를 흘리지 않고도 얼마든지 그 일을 행할 수 있었을 것이다. 성읍 사람들이 다 할례로 인하여 괴로움을 당하는 중이었기 때문이다(17절). 그러나 그들은 물건들을 약탈하려는 의도를 갖고 있었다. 그러므로, 살인한 것은 시므온과 레위뿐이었으나, 야곱의 나머지 아들들이 **그 시체 있는 성읍으로 가서 노략하여** 살인에 동조자들이 되었다는 것이 나타나고 있다(27절). 그들의 행위는 분명 불의하였다. 그러나 여기서 우리는 하나님의 의로우심을 관찰할 수 있다. 세겜 사람들은 **그들의 가축과 재산과 그들의 모든 짐승이 우리의 소유가 되지 않겠느냐?**(23절)라는 의도를 갖고서, 할례 의식을 행함으로써 야곱의

아들들의 환심을 사려 하였는데, 그들이 야곱의 가문의 재물의 주인이 되기는 커녕 그 결과가 이렇게 참담하게 나타났다. 야곱의 가문이 그들의 재물의 주인이 된 것이다. 주목하라. 불의한 마음으로 다른 사람의 것을 손에 넣고자 하는 자는 자기의 것까지도 정당하게 잃어버리는 법이다.

Ⅱ. 시므온과 레위의 이 피비린내 나는 행위에 대한 야곱의 분노(30절). 그는 비통한 마음으로 두 가지를 토로하였다.

1. 그들이 야곱 자신에게 치욕을 안겨주었다는 것. **너희가 내게 화를 끼쳐 나로 하여금 이 땅의 주민에게 악취를 내게 하였도다.** 즉, "너희가 나와 내 집을 그들 중에서 역겨운 존재로 만들었다. 그들이 우리와 우리의 종교에 대해서 무엇이라 하겠느냐? 우리는 이 세상에서 지극히 악하고 야만적인 자들로 손가락질을 받을 것이니라." 주목하라. 악한 자녀들이 저지르는 심각한 잘못은 경건한 부모들에게는 괴로움과 수치가 된다. 자녀는 마땅히 부모의 기쁨이 되어야 한다. 그러나 악한 자녀는 부모의 골칫거리요 그들의 마음을 슬프게 하고, 가슴을 찢으며, 날마다 눈물로 세월을 보내게 만든다. 자녀들은 부모의 자랑이 되어야 한다. 그러나 악한 자녀들은 그들의 수치거리요 기름병에 빠진 죽은 파리와도 같다. 그러나 그런 자녀들은, 회개치 않으면 그들이 부모에게 끼친 괴로움과, 그들을 통해서 신앙이 받은 수치와 해가 기록되며 정산될 것임을 알아야 할 것이다.

2. 그들이 야곱과 그 가문을 멸망의 위험에 빠뜨렸다는 것. 무수하고 막강한 가나안 사람들이 함께 힘을 합하여 야곱과 그의 가문을 공격할 것이요, 그렇게 되면 그들이 쉽게 그들의 먹이가 될 것이었다. 이것 말고 달리 무엇을 예상할 수 있었겠는가? **나와 내 집이 멸망하리라.** 한 사람의 과실 때문에 세겜 사람 전부를 멸하는 것이 합당하다면, 두 사람의 과실로 인하여 모든 이스라엘 사람을 멸망시키지 못할 이유가 어디 있겠는가? 야곱은 하나님께서 그의 집을 영구히 보존하실 것을 약속하셨다는 것을 분명히 알고 있었다. 그러나 그는 혹시 자기 아들들의 이러한 악행이 그 약속을 파기하는 데에까지 이르지 않을까를 두려워했을 수도 있다. 주목하라. 죄가 집에 있을 때에는 멸망이 문 앞에 와 있는 것을 두려워할 만하다. 악한 자녀들은 죄로 인하여 생기는 악한 결과들을 전혀 두려워하지 않아도, 따뜻한 부모는 그것을 미리 예견하는 것이다. 악한 자녀들은 부모의 그러한 자세를 보고서 돌이켜야 하고, 선한 아버지 앞에 자신을 낮

추어 용서를 구하여야 마땅했을 것이다. 그러나 그러기는커녕 그들은 자기들의 행위를 정당화하고 무례하게 대답하였다. 그가 우리 누이를 창녀 같이 대우함이 옳으니이까? 아니다. 옳지 않다. 그런데도 그런 일을 저질렀다면 그들이라도 나서서 복수를 해야 옳지 않은가? 그렇게 많은 사람을 죽이고 성읍 전체를 멸망시켜야 한 어리석은 여자 아이를 욕보인 일이 갚아질 것이 아닌가? 그들은 이런 질문을 던짐으로써, 그들이 자기 딸을 창녀처럼 대하는 것을 아버지가 그냥 두고 보기라도 했을 것처럼 생각하여 무언의 항의를 하는 것이다. 주목하라. 한 쪽으로 치우쳐 일을 처리하는 자들은, 정도를 지키는 자들을 향하여 마치 그들이 다른 쪽으로 치우치기라도 하는 것처럼 비난하고 탄핵하는 것이 보통이다. 지나친 복수를 정죄하는 자들은, 과실을 보고도 그냥 묵인하고 정당화한다는 식으로 오해를 받게 되는 것이다.

제 — 35 — 장

개요

본 장에서는 세 차례의 하나님과의 교제와 세 차례의 장례가 나타난다. I. 하나님과 야곱의 세 차례의 교제. 1. 하나님이 야곱에게 벧엘로 갈 것을 명령하셨고, 야곱은 이 명령에 복종하여 우상들을 버리고 벧엘로 향하는 여정을 준비하였다(1-5절). 2. 야곱이 벧엘에서 제단을 쌓아 자기에게 나타나신 하나님께 영광을 돌리고 자신이 맹세한 바를 이행하였다(6, 7절). 3. 하나님이 그에게 다시 나타나사 그의 이름이 바뀐 것과 그와 맺으신 언약을 확증하셨으며(9-13절), 이 나타나심에 대해 야곱은 감사로 응답하였다(14, 15절). II. 세 차례의 장례. 1. 드보라의 장례(8절). 2. 라헬의 장례(16-20절). 3. 이삭의 장례(27-29절). 여기에 또한 르우벤의 근친상간과(22절), 야곱의 아들들에 관한 한 가지 기록이 나타난다(23-26절).

1하나님이 야곱에게 이르시되 일어나 벧엘로 올라가서 거기 거주하며 네가 네 형
에서의 낯을 피하여 도망하던 때에 네게 나타났던 하나님께 거기서 제단을 쌓으라
하신지라 2야곱이 이에 자기 집과 사람과 자기와 함께 한 모든 자에게 이르되 너희
중에 있는 이방 신상들을 버리고 자신을 정결하게 하고 너희들의 의복을 바꾸어
입으라 3우리가 일어나 벧엘로 올라가자 내 환난 날에 내게 응답하시며 내가 가는
길에서 나와 함께 하신 하나님께 내가 거기서 제단을 쌓으려 하노라 하매 4그들이
자기 손에 있는 모든 이방 신상들과 자기 귀에 있는 귀고리들을 야곱에게 주는지
라 야곱이 그것들을 세겜 근처 상수리 나무 아래에 묻고 5그들이 떠났으나 하나님
이 그 사면 고을들로 크게 두려워하게 하셨으므로 야곱의 아들들을 추격하는 자가
없었더라

여기서 다음을 보라.

I. 하나님은 야곱으로 하여금 자신이 벧엘에서 한 맹세를 기억하게 하시고 그를 그리로 보내 그것을 이행하게 하신다(1절). 야곱은 괴로움을 당하던 때

에, 내가 평안히 아버지 집으로 돌아가게 하시오면 이 돌이 하나님의 집이 될 것이라 고 말했었다(28:21, 22). 하나님은 그의 일을 다 이루셨고, 야곱에게 먹을 것과 입을 것을 풍족하게 주셨다. 재산을 지니게 되었고 큰 무리를 이루게 되었다. 그러나 그는 자신이 한 맹세를 잊고 있었던 것 같고, 아니면 최소한 그 맹세를 이행하기를 너무 오래 미루어오고 있었을 것이다. 이제 그가 가나안으로 온지 7년이나 8년 가량이 지났다. 거기에 땅도 구입하였고, 하나님께서 마지막으로 그에게 나타나사 그를 이스라엘이라 부르신 것을 기념하여 제단을 쌓았다(33:19, 20). 그러나 벧엘은 여전히 잊혀져 있었다. 주목하라. 하나님이 베푸신 자비한 일들에 대한 감각과 그 일들에 대한 감동은 세월이 지나면서 시들어간다. 그렇게 되어서는 안 되는데도 그렇다. 하나님은 야곱의 가족에서 일어난 큰 쓰라린 환난을 통하여 그를 시험하사(34절) 이 일을 계기로 그가 자신이 행한 맹세를 기억하고 그것을 시행하게 될지를 보셨으나, 그렇게 되지 않았다. 그리하여 하나님께서 친히 그에게 오셔서 그에게 그것을 생각나게 하신 것이다. **일어나 벧엘로 올라가라**. 주목하라. 1. 하나님께서는 그 사랑하시는 자들마다, 이런저런 방식으로, 양심을 통해서나 섭리를 통해서, 그들이 소홀히 해온 의무들을 생각나게 하신다. 2. 하나님께 맹세를 했을 경우에는 지체하지 말고 그것을 갚는 것이 최상이지만(전 5:4), 전혀 갚지 않는 것보다는 늦게라도 갚는 것이 더 낫다. 하나님은 그에게 벧엘로 올라가 거기 거주할 것을 명하셨다. 즉, 그 혼자만이 아니라 가족을 데리고 그리로 올라가서, 그가 예배할 때에 온 가족이 그와 함께 예배하도록 하신 것이다. 주목하라. 우리는 벧엘에서, 곧 하나님의 집에서 거하기를 사모하여야 한다(시 27:4). 그 곳은 우리의 여관이 아니라 우리의 집이 되어야 한다. 하나님은 그의 맹세를 명확하게 상기시키신 것이 아니고, 그것을 상기하도록 계기를 부여하셨다. **네가 네 형 에서의 낯을 피하여 도망하던 때에**. 주목하라. 과거의 환난을 기억하면, 그 때에 우리의 영혼이 행한 일들을 시행하여야 한다(시 66:13, 14).

II. 야곱은 그의 가족들에게 이 엄숙한 일을 준비할 것을 명하였다. 이는 그 곳을 떠나는 여정을 위하여 뿐 아니라, 그들이 행하여야 할 종교적 예배를 위하여 준비하라는 것이었다(2, 3절). 주목하라.

1. 엄숙한 규례 전에는 반드시 엄숙한 준비가 있어야 한다. **너희는 스스로 씻으며 스스로 깨끗하게 하며, 그 다음에 오라 우리가 서로 변론하자**(사 1:16-18).

2. 가장은 자신의 권위를 사용하여 가족 내에서 신앙을 증진시켜야 한다. 우리만이 아니라 우리 집도 여호와를 섬겨야 하는 것이다(수 24:15). 아브라함처럼(18:19) 그가 가족들에게 주는 명령을 관찰하라.

(1) 이방 신상들을 버리라고 한다. 야곱의 가족에 이방 신상들이 있다니! 과연 이상한 일이라 아니할 수 없다! 여호와에 대한 선한 지식으로 가르침 받은 그런 가족들이 어떻게 그것들을 용인할 수 있었단 말인가? 하나님을 두 번 이상이나 만나 뵈온 그런 가장이 어떻게 그것들을 묵인할 수 있었단 말인가? 이것은 분명 그의 약점이었다. 주목하라. 스스로 선한 이들이라고 해서 그 주변에 언제나 선한 사람들만 있는 것이 아니다. 경건의 모양이 있고 하나님께 드리는 제단이 있는 가족들도, 모자란 것이 많고 또한 겉보기보다 우상들이 더 많은 경우가 허다한 법이다. 야곱의 집에서도, 라헬이 드라빔을 갖고 있었고 아마도 그것들로 은밀하게 무언가 미신적인 행위들을 했을 것이다. 세겜에서 납치해 온 자들이 자기들의 신들을 갖고 왔으며, 어쩌면 야곱의 아들들도 약탈품으로 신상들을 가져왔을지도 모른다. 그것들이 어떻게 그들에게 들어왔든, 이제 그것들을 버리라는 것이었다.

(2) 자신을 정결하게 하고 의복을 바꾸어 입으라고 한다. 정숙한 옷차림을 하며, 할 수 있는 대로 가장 좋게 보이도록 만들라는 것이었다. 시므온과 레위는 손에 피가 가득했고, 그들은 특히 자신을 씻고 피로 얼룩진 의복을 벗어버려야 했다. 이는 마음을 정결하게 하고 새롭게 한다는 뜻이 담긴 의식들일 뿐이었다. 깨끗한 마음과 새로운 마음이 없다면, 깨끗한 의복과 새로운 의복이 무슨 의미가 있는가? 라이트푸트 박사는, 여기서 자신을 정결하게 하라는 명령을 야곱이 세겜과 수리아의 회심자들을 세례를 통해서 그의 종교에로 받아들이는 것으로 이해한다. 이 사건으로 인해 할례가 역겨운 것이 되어버렸기 때문에 세례를 시행한 것이라는 것이다.

3. 그와 함께 벧엘로 올라가자고 한다(3절). 주목하라. 가장들은 하나님의 집으로 올라갈 때에 가족들을 함께 데리고 가야 한다.

Ⅲ. 야곱의 가족은 우상숭배와 관련된 것이나 미신적인 것 등을 모두 버렸다 (4절). 야곱이 진작 그것을 요구했더라면, 그들이 자기들의 양심에 찔리고 또한 우상이나 미신의 헛된 것을 깨닫고 곧바로 그것들을 버렸을지도 모른다. 주목하라. 때로는 개혁을 위한 시도들이 기대보다 더 나은 성공을 거두기도 한

다. 사람들이 우려한 것만큼 완악하지 않은 경우도 있는 법이다. 야곱의 종들과 가족의 종들까지 모든 이들이 자기들이 지니고 있던 모든 우상들과 귀고리들을(이는 부적이었거나 우상 신들을 높이기 위한 것이었을 것이다) 그에게 내어놓았다. 주목하라. 철저하지 않은 개혁은 진정한 개혁이 아니다. **내가 다시 우상과 무슨 상관이 있으리요**(호 14:8)라고 말한 에브라임과, 또한 우상에게 **나가라** 고 말한 사람들처럼(사 30:22), 그들이 주저 없이 기꺼이 우상들을 버렸기를 바라는 마음이다. 야곱은 그 우상들을 파묻었다. 아마도 그들이 나중에 다시 그것들을 도로 찾아가지 못하도록 그들이 알지 못하는 어떤 곳에다 파묻었을 것이다. 주목하라. 죽어 장사된 자들이 우리 눈에서 사라진 것처럼 우리의 죄들과 완전히 분리되어야 하고, 그 죄들을 두더지와 박쥐에게 던져 버려야 한다(사 2:20).

Ⅳ. 야곱은 아무런 방해도 받지 않고 세겜에서 벧엘로 옮겼다. 하나님이 그 사면 고을들로 크게 두려워하게 하셨기 때문이다(5절). 야곱의 아들들이 세겜 사람들에게 행한 그 야만적인 악행으로 인하여 가나안 사람들이 그들에 대해 크게 분노하였으나, 하나님의 능력이 그들을 완전히 억제시켰으므로, 야곱 일행이 길을 떠나는 좋은 기회가 왔음에도 불구하고 그들에게 복수하지를 못했다. 주목하라. 의무를 행하는 길이 안전을 도모하는 길이다. 야곱의 집에 죄가 있을 동안에는 그가 이웃들을 두려워하였으니, 이제 우상들이 제거되었으므로 그들이 모두 벧엘을 향하여 가고 있는 상태에서도 오히려 이웃들이 그들을 두려워하였다. 우리가 하나님의 일을 행하려 할 때에는, 우리가 특별한 보호를 받는다. 우리가 하나님과 함께 있는 동안, 하나님께서도 우리와 함께 계신다. **네가 매년 세 번씩 여호와 네 하나님을 뵈려고 올 때에 아무도 네 땅을 탐내지 못하리라**(출 34:24). 우리가 알고 있는 것보다 훨씬 더 하나님은 사람의 마음에 은밀한 공포를 주심으로 세상을 다스리신다.

6야곱과 그와 함께 한 모든 사람이 가나안 땅 루스 곧 벧엘에 이르고 7그가 거기서
제단을 쌓고 그 곳을 엘벧엘이라 불렀으니 이는 그의 형의 낯을 피할 때에 하나님
이 거기서 그에게 나타나셨음이더라 8리브가의 유모 드보라가 죽으매 그를 벧엘 아
래에 있는 상수리나무 밑에 장사하고 그 나무 이름을 알론바굿이라 불렀더라 9야곱
이 밧단아람에서 돌아오매 하나님이 다시 야곱에게 나타나사 그에게 복을 주시고

[10]하나님이 그에게 이르시되 네 이름이 야곱이지마는 네 이름을 다시는 야곱이라
부르지 않겠고 이스라엘이 네 이름이 되리라 하시고 그가 그의 이름을 이스라엘이
라 부르시고 [11]하나님이 그에게 이르시되 나는 전능한 하나님이라 생육하며 번성하
라 한 백성과 백성들의 총회가 네게서 나오고 왕들이 네 허리에서 나오리라 [12]내가
아브라함과 이삭에게 준 땅을 네게 주고 내가 네 후손에게도 그 땅을 주리라 하시
고 [13]하나님이 그와 말씀하시던 곳에서 그를 떠나 올라가시는지라 [14]야곱이 하나님
이 자기와 말씀하시던 곳에 기둥 곧 돌기둥을 세우고 그 위에 전제물을 붓고 또 그
위에 기름을 붓고 [15]하나님이 자기와 말씀하시던 곳의 이름을 벧엘이라 불렀더라

야곱과 그의 가족들은 벧엘에 안전하게 도착하였다. 여기서는 거기서 일어난 일이 기술되어 있다.

I. 거기서 야곱이 제단을 쌓았다(7절). 그는 분명 거기서 제사를 드렸을 것이다. 그는 전에, 내게 주신 모든 것에서 십분의 일을 내가 반드시 하나님께 드리겠나이다(28:22)라고 맹세했었는데, 그 맹세대로 거기서 가축의 십분의 일을 제물로 드렸을 것이다. 그는 과거에 하나님을 뵈온 그 장소에 이르러 하나님께서 베푸신 자비를 기억하고 이 제물들과 더불어 하나님을 찬양하였고, 또한 하나님께서 계속해서 그와 그의 가족에게 은혜를 베푸시기를 간구하였다. 그리고 그 곳을(즉, 그 제단을) 엘벧엘, 곧 벧엘의 하나님이라 불렀다. 얼마 전에 그는 하나님께서 그를 이스라엘이라 부르사 그를 존귀하게 하신 일을 감사하며 하나님을 엘엘로헤이스라엘이라는 이름으로 경배하였었는데, 이와 같이 여기서는 하나님께서 벧엘에서 그에게 나타나셔서 자비를 베푸신 일을 감사하며 그 하나님을 엘벧엘, 곧 벧엘의 하나님이라는 이름으로 불러 경배하는 것이다. 주목하라. 성도들이 거룩한 규례들을 통해서 누리는 위로는 벧엘, 곧 하나님의 집에게서 오는 것이 아니라, 엘벧엘, 곧 그 집의 하나님에게서 오는 것이다. 규례를 통하여 우리가 하나님을 만나는 일이 없다면, 규례는 헛된 것이다.

II. 야곱은 거기서 리브가의 유모 드보라를 장사지냈다(8절). 야곱은 가나안으로 온 이후, 그의 가족이 세겜 근처에 머물고 있는 동안, 그 자신이 헤브론에 거하는 그의 아버지 이삭을 자주 방문하였을 것으로 보인다. 아마도 리브가는 이미 죽었을 것이고, 그의 늙은 유모(24:59에 그에 대한 언급이 있다)가 살아 있었을 것이고, 야곱은 그녀를 가족에게로 모셔와 동향 사람들인 자기 아내들

의 동무가 되게 하고 자녀들을 가르치도록 하였을 것이다. 그들이 벧엘에 있는 동안 그녀가 사망하였고, 그는 너무도 슬퍼서 그가 묻힌 상수리나무를 **알론바굿, 곧 눈물의 상수리나무**라 불렀다. 주목하라. 1. 평생 신실하게 일해 온 가정의 나이 많은 종들은 존경받아 마땅하다. 야곱의 가족은 이 유모가 그들의 친척도 아니었고, 늙은 사람이었으나, 그녀가 죽자 그에게 존귀를 돌렸다. 이와 같은 경우 전에 행한 섬김을 기억해야 하는 것이다. 2. 우리는 어디서 죽을지 모르고, 어쩌면 벧엘, 곧 하나님의 집에서 죽을 수도 있다. 3. 가정의 개혁과 신앙이 뿌리를 내리는 때에도, 그 가정에 우환이 올 수도 있다. 그러므로 떨며 즐거워해야 한다.

Ⅲ. 거기서 하나님이 야곱에게 나타나셨다(9절). 야곱이 세운 제단을 받으시고, 그가 하나님께 붙인 **엘벧엘**(7절)이라는 이름에 대해 응답하시고, 우환 중에 있는 그를(8절) 위로하시기 위해 나타나신 것이다. 주목하라. 의무를 행하며 하나님과 함께 있는 자들에게 하나님이 은혜로 나타나실 것이다. 여기서,

1. 하나님은 야곱의 바뀐 이름을 확인하셨다(10절). 전에 천사와 씨름할 때에 그의 이름이 바뀌었는데(32:28), 여기서 하나님의 위엄, 혹은 **쉐키나**가 그에게 나타나 그것을 확증한 것이다. 그 때에는 에서를 두려워하는 야곱을 격려하기 위해서 그에게 새 이름을 주신 것이요, 여기서는 가나안 사람들에 대한 두려움을 없애기 위하여 그것을 확인하신 것이다. 이스라엘, 즉 하나님과 함께 하는 왕에게 과연 누가 두렵겠는가? 그런 위엄을 지닌 자들이 의기소침해지고 낙담한다는 것은 격에 맞지 않는 일이다.

2. 그는 **엘샤다이**라는 이름으로 그 하나님과 언약을 새로이 하고 확인한다. **나는 전능한 하나님이라**(11절) 하신 그분은 정한 때에 약속을 이룰 능력이 있으시니, 그동안 너를 뒷받침하시고 필요한 것을 공급하실 것이다. 전에도 자주 하신 바 있는 두 가지 약속이 야곱에게 주어진다. (1) 그가 큰 존귀와 권세가 있는 큰 민족의 조상이 되리라는 것. **한 백성과 백성들의 총회가 네게서 나오고**(이스라엘의 각 지파가 하나의 백성이요, 열두 지파는 여러 백성들이다) **왕들이 네 허리에서 나오리라**. (2) 그가 좋은 땅의 주인이 되리라는 것(12절). 여기서 그 땅이 현재 그 땅을 소유주인 가나안 사람들을 통해서가 아니라, 그 땅을 약속받은 아브라함과 이삭의 이름을 통하여 언급되고 있다. 아브라함과 이삭에게 주어진 그 땅이 여기서 야곱과 그의 자손들에게 물려지는 것이다. 가난한 자들

은 흔히 자손이 있으나 땅이 없고, 부한 자들은 땅이 있으나 자손이 없는 슬픔을 당하는 경우가 허다하나, 야곱의 경우는 그렇지 않을 것이다. 이 두 가지 약속에는 영적인 의미가 담겨 있는데, 야곱 자신도 물론 오늘날 우리처럼 분명하고도 확실하게는 몰랐으나 이에 대해 어느 정도 감지하고 있었던 것으로 생각할 수도 있다. 왜냐하면 그리스도께서 약속된 자손이시요, 천국이 약속된 땅인 것이 분명하기 때문이다. 그리스도는 하나님의 모든 자비하심의 근원이요, 천국은 그 절정인 것이다.

3. 그리고 하나님은 그와 말씀하시는 중에 눈에 보이는 영광의 모습으로 그를 떠나 올라가셨다(13절). 주목하라. 성도들이 이 세상에서 하나님과 아무리 굉장한 교제를 누린다 하더라도 그것은 짧고 순식간에 지나가는 것이요 금방 끝나버린다. 그러나 천국에서는 하나님을 뵈옵는 것이 영원할 것이다. 거기서 우리는 하나님과 영원히 있을 것이다. 그러나 여기서는 그렇지 못한 것이다.

Ⅳ. 거기서 야곱이 이를 위하여 기념물을 세웠다(14절).

1. 그는 기둥 하나를 세웠다. 밧단아람을 향해 가던 때에는 자신이 머리를 베고 잔 돌로 기둥을 세웠다. 당시 열악한 처시와 황급한 도피의 상태에 있던 그로서는 그렇게 하는 것으로 족했다. 그러나 이제는 좀 더 제대로 모습을 갖추고 더 오래 견디는 기둥을 세울 여유가 있었고, 아마도 거기에 그 돌을 가져다 놓았을 것이다. 하나님과의 성스러운 교제를 기념하는 기념물로 그것을 세운다는 표시로, 그는 거기에 전제물과 기름을 부었다. 그의 맹세는 이 돌이 하나님의 집이 될 것이라는 것이었다(28:22). 집들이 세워져 그것들을 건축한 자들의 찬송이 되듯이, 그 돌이 하나님의 존귀를 위해 세워질 것이라는 것이었는데, 이제 여기서 그가 그 맹세를 시행하며, 거기에 기름을 부음으로써 그것을 하나님께로 돌리는 것이다.

2. 그는 자신이 전에 그 곳에 붙인 이름을 확인하였다. 벧엘, 즉 하나님의 집이 그것이다(15절). 그러나 바로 이 곳은 훗날 그 이름의 명예를 상실하여, 벧아웬, 즉 불법의 집이 되고 말았다. 여로보암이 그의 송아지 우상 중의 하나를 여기에다 세웠기 때문이다. 아무리 훌륭한 사람도 한 장소에 신앙의 내용과 모양이 다 영구히 지속되도록 할 수는 없는 것이다.

[16]그들이 벧엘에서 길을 떠나 에브랏에 이르기까지 얼마간 거리를 둔 곳에서 라헬

이 해산하게 되어 심히 고생하여 [17]그가 난산할 즈음에 산파가 그에게 이르되 두려워하지 말라 지금 네가 또 득남하느니라 하매 [18]그가 죽게 되어 그의 혼이 떠나려 할 때에 아들의 이름을 베노니라 불렀으나 그의 아버지는 그를 베냐민이라 불렀더라 [19]라헬이 죽으매 에브랏 곧 베들레헴 길에 장사되었고 [20]야곱이 라헬의 묘에 비를 세웠더니 지금까지 라헬의 묘비라 일컫더라

여기서 우리는 야곱이 사랑한 아내 라헬의 죽음에 관한 이야기를 접하게 된다.

1. 라헬은 길을 가던 중에 산고를 겪게 되고, 인근의 가까운 성읍인 베들레헴에도 이르지 못하였다. 해산하는 여자에게 갑작스런 산통이 찾아오는 예가 간혹 있는데, 이는 피할 수도 없고, 뒤로 물릴 수도 없다. 아마도 야곱은 아이를 받기에 편리하도록 곧바로 장막을 쳤을 것이다.

2. 라헬의 산통이 격렬하였다. 그녀는 정상보다 심한 극심한 산통을 겪었다. 이것은 죄의 결과였다(3:16). 주목하라. 인간의 삶은 괴로움으로 시작하며, 인생의 즐거움의 장미들 주위를 가시들이 둘러싸고 있는 법이다.

3. 산파가 라헬을 격려하였다(17절). 라헬은 미리 출산을 위하여 산파를 대기시키고 있었던 것이 분명한데, 그런데도 산파는 그녀를 안전하게 지키지 못했다. 라헬은 요셉을 낳을 때에, 여호와는 다시 다른 아들을 내게 더하시기를 원하노라 라고 했었는데(30:24), 여기서 그 산파는 그것을 기억하고서 라헬에게 그녀의 소원대로 되었다고 말해 주었다. 그러나 이 말도 그녀의 생명을 지키는 데에는 소용이 없었다. 하나님께서 명하여 두려움을 없애주시지 않으면 어느 누구도 할 수 없다. 오직 하나님만이 권위 있는 자로서 두려워하지 말라 라고 말씀하시는 것이다. 우리는 극한 위험이 닥칠 때에 우리 자신과 동료들이 일시적으로라도 구원해 줄 것이라 희망하고서 위로를 얻기가 쉬우나, 실망하는 예가 많다. 오히려 절대로 헛되지 않은 것에서, 곧 영생에 대한 소망에서 위로를 찾는 것이 훨씬 더 나을 것이다.

4. 라헬의 산고로 아이는 생명을 얻었으나 그녀 자신은 죽고 말았다. 주목하라. 자녀를 낳는 고통과 위험은 죄로 인하여 생겨났으나, 지극히 거룩한 여자들이 때때로 그것으로 인해 치명적인 해를 입는 경우도 있었다. 그들은 아이를 낳는 일에서는 구원받지 못하나, 그것을 통해서 영원한 구원으로 구원받는 것

이다. 라헬은 전에 열정적으로 말하기를, 내게 자식을 낳게 하라 그렇지 아니하면 내가 죽겠노라(30:1)라고 했었다. 그런데 이제 아이를 얻고(이 아이는 그녀의 둘째 아이였다) 죽었다. 라헬이 죽는 것을 가리켜 여기서 그의 혼이 떠나는 것이라 부른다. 주목하라. 육체의 죽음은 곧, 혼이 영들의 세계로 떠나는 것이다.

5. 라헬은 죽어가면서 새로 난 아이를 베노니, 곧 내 슬픔의 아들이라 불렀다. 그런데 그토록 힘든 산고를 거치지 않고 낳은 많은 아들들이 그 부모의 슬픔의 아들들이 되고, 그들을 낳은 어머니의 괴로움이 되는 것을 본다. 불쌍한 어머니들은 어린 아이들을 기르고 먹이며 양육하는 데에서 슬픔을 경험하고도 남는다. 그러므로 자녀들은 자라난 후에 부모의 기쁨이 되기를 힘써야 하고, 할 수 있는 대로 그들의 그러한 수고와 슬픔을 보상해 드리도록 힘써야 한다. 그러나 야곱은, 자기 아들에게 그런 이름을 붙여서 그 이름을 부를 때마다 그 어머니의 죽음을 슬프게 기억하기를 원치 않았으므로, 그 아이를 베냐민, 곧 내 오른손의 아들이라 불렀다. 즉, "내 오른손의 지팡이처럼 내게 지극히 사랑스러운 아들이요, 내 오른손에 두어 내게 축복이 되고, 늙은 나를 뒷받침해 줄 자라"는 뜻이다.

6. 야곱은 라헬을 그녀가 죽은 곳 가까이에 장사지냈다. 그녀가 해산 중에 사망하였으므로 그녀를 속히 장사지내는 것이 좋았고, 그리하여 그는 자기 가족의 매장지까지 그녀를 데려가지 않은 것이다. 죽음 이후 영혼이 안식을 누린다면, 육체가 어디에 묻히느냐 하는 것은 별로 중요치 않다. 라헬의 죽음을 맞아 애곡한 사실에 대한 언급이 없는데, 이는 그것이 너무도 당연하였기 때문임이 분명하다. 야곱은 분명 진심으로 애곡했을 것이다. 주목하라. 때로는 큰 위로가 있은 후에 즉시 큰 환난이 우리에게 엄습하기도 한다. 야곱이 전능하신 하나님을 친히 뵈온 일로 말미암아 우쭐해지지 않도록, 이 일이 그에게 마치 육체의 가시처럼 임하여 그를 낮추었던 것이다. 하나님의 자녀들에게 고유한 은혜를 누리는 자들은 그럼에도 불구하고 사람의 자녀들에게 일상적으로 찾아오는 괴로움 거리들은 언제나 예상하여야 한다. 드보라가 살아 있었다면 극한 산고 중에 있는 라헬에게 큰 위로가 되었을 것이나, 그녀 역시 바로 직전에 죽고 말았다. 주목하라. 죽음이 한 가족에게 찾아올 때면, 그 괴로움이 배나 커지는 예가 많다. 하나님은 그 죽음을 통해서 한 번도, 두 번도 말씀하시는 것이다. 유대인 저술가는 이렇게 말한다. "드보라와 라헬의 죽음은 그 가족의 딸인 디나로 인

하여 촉발된 세겜 사람들의 살육을 보상하기 위하여 생긴 일이었다."

7. 야곱은 그녀의 무덤 위에 비를 세워 오랜 후에도 그것이 라헬의 무덤이라는 것을 알도록 하였다(삼상 10:2). 그리고 하나님의 섭리는 후에 이 곳이 베냐민 지파의 소유지가 되도록 역사하였다. 야곱은 기쁜 일을 기념하기 위해 기둥을 세웠는데(14절), 여기서는 그의 슬픔을 기념하기 위해 비를 세웠다. 이 두 가지 기념물은 우리 자신들에게도 도움이 될 것이요, 또한 다른 이들에게 전해져도 도움이 될 것이다. 오랜 세월이 흐른 후 교회는 하나님께서 벧엘에서 그의 말씀과 그의 지팡이로 야곱에게 하신 말씀이 그들을 교훈하기 위함이기도 했다는 것을 깨달았다. 거기에서 우리에게 말씀하셨나니(호 12:4).

21이스라엘이 다시 길을 떠나 에델 망대를 지나 장막을 쳤더라 22이스라엘이 그 땅
에 거주할 때에 르우벤이 가서 그 아버지의 첩 빌하와 동침하매 이스라엘이 이를
들었더라 야곱의 아들은 열둘이라 23레아의 아들들은 야곱의 장자 르우벤과 그 다
음 시므온과 레위와 유다와 잇사갈과 스불론이요 24라헬의 아들들은 요셉과 베냐민
이며 25라헬의 여종 빌하의 아들들은 단과 납달리요 26레아의 여종 실바의 아들들은
갓과 아셀이니 이들은 야곱의 아들들이요 밧단아람에서 그에게 낳은 자더라 27야곱
이 기럇아르바의 마므레로 가서 그의 아버지 이삭에게 이르렀으니 기럇아르바는
곧 아브라함과 이삭이 거류하던 헤브론이더라 28이삭의 나이가 백팔십 세라 29이삭
이 나이가 많고 늙어 기운이 다하매 죽어 자기 열조에게로 돌아가니 그의 아들 에
서와 야곱이 그를 장사하였더라

여기서 다음을 보라.

1. 야곱이 길을 떠남(21절). 그 역시 그의 조상들처럼 약속한 땅에 임시로 거주하였고, 한 곳에 오래 머물지 않았다. 라헬의 죽음에 관한 이야기 직후부터 그가 이스라엘이라 불리며(21, 22절), 그 이후에도 자주 그렇게 불린다. 유대인들은, "성경 역사가가 여기서 그를 이렇게 존귀하게 높이는 것은 그가 그 어려운 일을 참으로 놀라운 인내로, 또한 하나님의 섭리에 굴복하는 자세로 견뎠기 때문이다"라고 말한다. 주목하라. 자신의 격정을 잘 제어하는 이스라엘들이, 하나님과 함께 하는 왕들이 과연 있다. 자기 자신의 심령을 이렇게 다스리는 자가 막강한 힘이 있는 자보다 나은 것이다. 그러나 하나님과 함께 하는 왕 이

스라엘은 장막에 거하고 있다. 그를 위한 성(城)이 다른 세상에 예비되어 있는 것이다.

2. 르우벤의 죄. 그는 그야말로 가증스런 악을 행하였는데(22절), 이는 사도 바울이 이방인 중에도 없는 악한 죄라고 말씀한 바로 그 죄였으니, 곧 그 아버지의 아내를 취하였다는 것이다(고전 5:1). 본문은 이스라엘이 그 땅에 거주할 때에 그 일이 일어난 것으로 말씀하고 있다. 이는 르우벤이 그 때에 그의 가족 중에 있지 않았다는 것을 시사할 수도 있는데, 그렇다면 이런 불행한 죄악이 그 때문에 일어난 것일 수도 있을 것이다. 아마 빌하가 더 큰 범죄자였을 것이고 이로 인하여 야곱이 그녀를 내쫓았을 것이지만, 르우벤의 범죄는 너무도 큰 것이어서, 그는 결국 장자의 명분과 장자로서의 축복을 상실하고 말았다(49:4). 맏자식이 언제나 최고는 아니요, 또한 가장 장래가 촉망되는 자식도 아니다. 이 일은 르우벤에게는 죄악이었고, 야곱에게는 괴로움이었다. 이 일이 그에게 알려졌으니, 그 아픔이 얼마나 컸겠는가! 그러나 이스라엘이 이를 들었더라 라고만 기록되어 있을 뿐 그 이상 아무런 언급이 없다. 그것으로 족했다. 그는 그 소식을 듣고 극한 슬픔과 수치와 공포와 불쾌감으로 가득 찼다. 르우벤은 그 일을 숨겨 아버지가 절대로 듣지 못하게 하리라고 생각했으나, 죄 중에 지은 비밀을 지키기로 약속하는 자들은 대개 실망하게 되는 법이다. 공중의 새가 소식을 전하는 것이다.

3. 야곱의 아들들의 명단. 갓 출생한 막내 베냐민까지 여기에 포함되어 있다. 이스라엘 열두 지파의 우두머리들의 이름이 함께 기술되는 것은 여기가 처음이다. 이후로는 이들이 자주 언급되고 열거되며, 심지어 성경 끝부분에서도 나타난다(계 7:4; 21:12).

4. 야곱이 헤브론에 있는 아버지 이삭을 방문함. 야곱은 가나안으로 돌아온 이후 전에도 아버지를 찾아갔을 것이다. 그는 아버지의 집을 매우 그리워했기 때문이다. 그러나 그가 가족을 이끌고 아버지와 함께, 혹은 아버지 가까이에 정착한 것은 여기가 처음이다(27절). 아마도 그가 그렇게 한 것은 리브가가 죽어 이삭이 홀로 외로이 남았으나 재혼하기를 원치 않았기 때문일 것이다.

5. 이삭의 나이와 죽음이 여기 기록되어 있다. 그러나 자세히 계산해 보면, 이삭은 요셉이 애굽으로 팔려간 후 여러 해 동안 생존해 있었다 할 것이다. 온유하고 조용한 사람인 이삭은 족장들 중에 가장 오래 살았다. 그는 180세였고,

아브라함은 175세에 죽었다. 이삭은 자식들에게 유언을 행한 후에도(27:2), 40년 가량을 더 살았다. 우리는 한 시간도 더 일찍 죽지 않을 것이고, 우리의 마음과 우리의 집을 적절히 정돈시키기에 그야말로 합당한 시기에 죽을 것이다. 에서와 야곱이 서로 따뜻한 우애로 아버지의 장례를 치렀다는 구체적인 언급이 나타나는데(29절), 이는 하나님이 얼마나 놀랍게 에서의 마음을 바꾸어 놓으셨는지를 보여준다. 그는 아버지가 죽으면 즉시 아우를 죽이겠다고 맹세했었던 것이다(27:41). 주목하라. 하나님께서는 갖가지 방법으로 악인들이 그들이 의도한 악행을 범하지 못하도록 막으신다. 그들의 손을 붙잡아 매기도 하시고, 그들의 마음을 돌이키기도 하신다.

제 36 장

개요

본 장에는 에서의 후손에 관한 기사가 나타나 있는데, 이들은 에서를 따라 에돔 자손이라 불린다. 에서는 장자의 명분을 팔았고 자기의 복을 상실하였으며, 야곱처럼 하나님께 사랑을 받지 못하였다. 여기에 몇 대에 걸친 에서 가문의 간단한 명부가 기록되어 있다. 에서에게 이러한 명예가 베풀어지는 것은, 1. 에서가 이삭의 아들이라는 사실 때문이다. 2. 에돔 자손이 이스라엘의 이웃이었고 따라서 그들의 계보가 그들 사이에 일어난 그 이후의 이야기들에 빛을 던져주기 때문이다. 3. 이는 아브라함이 "여러 민족의 아버지"가 되리라는 하나님의 약속과, 또한 "두 국민이 네 태중에 있구나"라는 리브가에게 주신 말씀과, 또한 "네 주소는 땅의 기름짐에서 멀리라"는 에서에게 준 이삭의 축복이 과연 그대로 실행되는 것을 보여준다. 본 장의 주요 내용은 다음과 같다. I. 에서의 아내들(1-5절). II. 에서가 세일 산으로 이주함(6-8절). III. 에서의 아들들의 이름(9-14절). IV. 에서의 아들들에게서 나온 족장들(15-19절). V. 호리 자손의 족장들(20-30절). VI. 에돔의 왕들과 족장들(31-43절). 그들의 이름 외에는 거의 기록된 내용들이 없는데, 이는 교회 바깥에 속한 자들의 역사는(어쩌면 정치에서는 큰 역할을 했을지 모르나) 신학에 있어서는 유익한 것이 거의 없기 때문일 것이다. 특별한 은혜와 특별한 섭리를 보여주는 기억에 남을만한 사례들은 교회 안에서 일어나는 것이다. 왜냐하면 교회 안은 거룩한 경내요 나머지는 속되기 때문이다. 본 장은 대하 1:35 이하에 요약되어 나타난다.

1에서 곧 에돔의 족보는 이러하니라 2에서가 가나안 여인 중 헷 족속 엘론의 딸 아
다와 히위 족속 시브온의 딸인 아나의 딸 오홀리바마를 자기 아내로 맞이하고 3또
이스마엘의 딸 느바욧의 누이 바스맛을 맞이하였더니 4아다는 엘리바스를 에서에
게 낳았고 바스맛은 르우엘을 낳았고 5오홀리바마는 여우스와 얄람과 고라를 낳았
으니 이들은 에서의 아들들이요 가나안 땅에서 그에게 태어난 자들이더라 6에서가
자기 아내들과 자기 자녀들과 자기 집의 모든 사람과 자기의 가축과 자기의 모든
짐승과 자기가 가나안 땅에서 모은 모든 재물을 이끌고 그의 동생 야곱을 떠나 다

른 곳으로 갔으니 [7]두 사람의 소유가 풍부하여 함께 거주할 수 없음이러라 그들이 거주하는 땅이 그들의 가축으로 말미암아 그들을 용납할 수 없었더라 [8]이에 에서 곧 에돔이 세일 산에 거주하니라

여기서 관찰하라.

1. 에서 자신에 관하여(1절). 그를 에돔이라 부르는데(또한 8절에서도), 그가 과거에 어리석게 그 붉은 것, 즉 팥죽을 받고 자신의 장자의 명분을 팔아버린 일이 이 이름을 통해서 영원히 기억에 남게 되었다. 그 이름이 언급되는 것만으로도 그의 가문이 그렇게 짧은 기사로 다루어지고 지나쳐버려지는 이유를 시사해 주고도 남는다. 주목하라. 사람이 그릇된 일을 행하면 자기의 책임으로 알아야 한다. 오랜 세월이 흐른 후에 그 그릇된 행위가 기억에 남아 그들의 부끄러움이 되기 때문이다.

2. 에서의 아내들과 그들이 가나안 땅에서 그에게 낳은 자녀들에 관하여. 그에게는 세 아내가 있었는데, 그들 모두에게서 다섯 아들을 얻었다. 한 아내에게서 그보다 많은 아들을 얻은 이들도 많다. 하나님께서는 스스로 가문을 일으키기 위해 직접적인 방법을 취하는 자들을 그의 섭리로 실망하게 하시는 경우가 많다. 그러나 여기서는 그의 약속이 이루어져서, 에서의 가문이 세워졌다.

3. 그가 세일 산으로 이주한 일에 관하여. 하나님께서는 가나안은 야곱의 자손을 위해 남겨두시고 그 곳을 그에게 소유로 주셨다. 오랜 세월이 흐른 후 하나님께서 친히 이를 인정하신다. 에돔 족속이 소유한 세일 산을 범하지 말아야 하는데, 이는 내가 세일 산을 에서에게 기업으로 주었음이라(신 2:5; 수 24:4). 야곱처럼 약속을 통해서 가나안의 소유권을 갖지 못한 자들도 에서가 세일 산의 소유권을 얻은 것처럼 섭리를 통해서 지극히 합당한 것을 소유할 수도 있다. 야곱이 밧단아람에서 돌아오기 전부터 에서는 이미 세일에서 아내들의 친척들과 더불어 정착하기 시작했었다(32:3). 십중팔구는 이삭이 야곱이 그 약속의 땅을 더 확실하게 소유하게 되도록 하기 위하여 에서를 그리로 보냈을 것이다. 아브라함도 생전에 후처의 아들들을 동방으로 보내어 그의 아들 이삭에게서 떠나게 한 바 있다(25:6). 그러나 이삭이 살아 있을 동안, 에서는 아마도 가나안에 어느 정도 가솔들을 남겨두고 있었다가, 아버지가 죽은 후 아버지가 물려준 자기 몫의 재산을 취하여 세일 산으로 완전히 물러가고, 가나안을 야곱에게 넘겨

주었을 것으로 보인다. 야곱이 가나안에 대한 약속을 받았기 때문이기도 했으나, 또한 에서가 만일 그들이 과거처럼 서로 재산 다툼을 벌인다면 그 땅이 그들 모두를 용납할 수 없을 것으로 생각한 때문이었다. 이에 에서 곧 에돔이 세일 산에 거주하니라(8절). 주목하라. 어떠한 반대가 있더라도 하나님의 말씀은 반드시 이루어지며, 심지어 그것을 반대했던 자들도 언젠가는 그 말씀이 이루어진다는 사실을 인정하지 않을 수 없다는 것을 깨닫게 되고, 그것을 인정하게 될 것이다. 에서는 가나안을 얻기 위해 싸웠었으나, 이제 그는 세일 산으로 순순히 물러간다. 우리의 거주에 관하여 미리 정해진 시한과 경계에 대해서 하나님의 경륜이 반드시 이루어지는 것이다.

9 세일 산에 있는 에돔 족속의 조상 에서의 족보는 이러하고 10 그 자손의 이름은 이
러하니라 에서의 아내 아다의 아들은 엘리바스요 에서의 아내 바스맛의 아들은 르
우엘이며 11 엘리바스의 아들들은 데만과 오말과 스보와 가담과 그나스요 12 에서의
아들 엘리바스의 첩 딤나는 아말렉을 엘리바스에게 낳았으니 이들은 에서의 아내
아다의 자손이며 13 르우엘의 아들들은 나핫과 세라와 삼마와 미사니 이들은 에서의
아내 바스맛의 자손이며 14 시브온의 손녀 아나의 딸 에서의 아내 오홀리바마의 아
들들은 이러하니 그가 여우스와 얄람과 고라를 에서에게 낳았더라 15 에서 자손 중
족장은 이러하니라 에서의 장자 엘리바스의 자손으로는 데만 족장, 오말 족장, 스
보 족장, 그나스 족장과 16 고라 족장, 가담 족장, 아말렉 족장이니 이들은 에돔 땅
에 있는 엘리바스의 족장들이요 이들은 아다의 자손이며 17 에서의 아들 르우엘의
자손으로는 나핫 족장, 세라 족장, 삼마 족장, 미사 족장이니 이들은 에돔 땅에 있
는 르우엘의 족장들이요 이들은 에서의 아내 바스맛의 자손이며 18 에서의 아내인
오홀리바마의 아들들은 여우스 족장, 얄람 족장, 고라 족장이니 이들은 아나의 딸
이요 에서의 아내인 오홀리바마의 족장들이라 19 에서 곧 에돔의 자손으로서 족장
된 자들이 이러하였더라

여기서 관찰하라.

1. 에서의 아들들과 손자들에 대해서는 이름 외에는 아무것도 기록되지 않는다. 모세는 교회 바깥의 사람들이 아니라 교회에 관한 기록을 보존하고 있기 때문이다. 오직 믿음으로 산 장로들이 선한 명성을 얻었다. 위대한 사람들을

배출하는 것은 세일이 아니라 시온이다(시 87:5). 또한 에서의 계보는 삼사 대 이상 나아가지 않는다. 그 이후의 후손들은 그 이름조차도 망각 속에 파묻힌 것이다. 오직 가나안의 상속자가 될 것이요 또한 그들 중에서 약속한 후손이 나오게 될 이스라엘 자손의 계보와 그리스도가 오기까지의 왕적인 계보가, 심지어 가나안이 그들 중에 나누어질 때까지의 모든 지파들에 대해서까지도, 기회가 있을 때마다 상세하게 언급되는 것이다.

2. 에서의 아들들과 손자들이 족장들로 불린다(15-19절). 그들은 아마도 병사들을 휘하에 거느린 군대의 우두머리들이었을 것이다. 에서와 그의 가문은 칼을 믿고 살았으니 말이다(27:40). 주목하라. 명예로운 칭호들은 교회 내에서보다 교회 바깥에서 더 역사가 오래다. 야곱의 아들들이 그저 평범한 목자들일 때(47:3), 에서의 아들들은 족장들이었던 것이다. 그러나 그렇다고 해서 그리스도인들이 그런 칭호들을 사용하지 말아야 하는 것은 아니다. 다만 사람들이 그 칭호들 때문에 자기들이나 다른 이들을 지나치게 높여서는 안 된다. 하나님께로부터 오는 명예와 하나님의 집에 기록된 이름이 그보다 무한히 더 가치가 있는 것이다. 에돔 사람들은 사람들에게 족장들이었으나, 이스라엘 사람들은 과연 우리 하나님께 왕과 제사장들이 된 것이다.

3. 그 족장들에게는 자녀들과 종들이 무수한 가족들을 거느리고 있었을 것이다. 하나님은 야곱을 번성하게 하고 그를 부요하게 하시겠다고 약속하셨다. 그런데 에서가 먼저 번성하고 먼저 부요해진다. 주목하라. 이 세상에 속한 사람들이 자녀들로 가득 차고, 그들의 배(腹)도 재물로 가득 차는 것이 새삼스런 일이 아니다(시 17:14). 야곱에게 주신 하나님의 약속은 늦게 이루어지기 시작했으나 그 효과는 더 오래 남았으며, 그 완전한 성취는 영적 이스라엘에게서 이루어지는 것이다.

[20]그 땅의 주민 호리 족속 세일의 자손은 로단과 소발과 시브온과 아나와 [21]디손과
에셀과 디산이니 이들은 에돔 땅에 있는 세일의 자손 중 호리 족속의 족장들이요 [22]
로단의 자녀는 호리와 헤맘과 로단의 누이 딤나요 [23]소발의 자녀는 알완과 마나핫
과 에발과 스보와 오남이요 [24]시브온의 자녀는 아야와 아나며 이 아나는 그 아버지
시브온의 나귀를 칠 때에 광야에서 온천을 발견하였고 [25]아나의 자녀는 디손과 오
홀리바마니 오홀리바마는 아나의 딸이며 [26]디손의 자녀는 헴단과 에스반과 이드란

과 그란이요 [27]에셀의 자녀는 빌한과 사아완과 아간이요 [28]디산의 자녀는 우스와 아
란이니 [29]호리 족속의 족장들은 곧 로단 족장, 소발 족장, 시브온 족장, 아나 족장,
[30]디손 족장, 에셀 족장, 디산 족장이라 이들은 그들의 족속들에 따라 세일 땅에 있
는 호리 족속의 족장들이었더라

여기 에돔 사람들의 계보 중간에 호리 족속의 계보가 삽입되어 있는데, 이들은 세일 산의 원주민들이었던 가나안 족속, 혹은 헷 족속이었다(26:34과 비교하라). 그들에 대해서(14:6), 또한 에돔 사람들이 세일 산을 소유하기 전에 그들이 거기에 있었다는 사실이 언급된다(신 2:12, 22). 이 계보가 여기에 삽입된 것은 그 이야기에 빛을 주기 위함일 뿐 아니라, 에돔 사람들이 그들과 통혼하여 스스로 부패하여진 사실을 계속하여 주지시키기 위함이었을 것이다. 에서는 자신의 장자의 명분을 팔아 자신의 복을 상실하였고, 헷 족속들과 하나가 되었으므로, 그의 후손들과 세일의 자손들이 여기서 하나로 간주되는 것이다. 주목하라. 하나님의 교회를 배반하여 저버린 자들은 전혀 교회 안에 있지 않던 자들과 같이 취급되는 것이 정당하다. 배도한 에돔 자손들은 저주 받은 호리 족속과 동일한 터전 위에 서 있는 것이다. 여기서 아나라는 사람이 특별히 주목받고 있는데, 그는 아버지 시브온의 나귀를 치는 자였으나 아나 족장이라 불린다(29절). 주목하라. 높이 오르기를 기대하는 자는 낮은 데에서 시작해야 한다. 존귀한 가문 출신이라고 해서 낮고 추한 일을 하지 못하는 것이 아니요, 비천한 일을 한다고 해서 높이 오르지 못하는 것도 아니다. 아나는 자기 일에 열심이었고 또한 창의적이었고, 또한 성공을 거두었다. 광야에서 나귀를(어떤 이들은 이를 물, 또는 온천으로 읽는다[한글 개역개정판에는 온천으로 되어 있다]) 발견하였던 것이다. 자기 일에 부지런한 자들은 때때로 기대 이상으로 유익한 것들을 발견하기도 한다.

[31]이스라엘 자손을 다스리는 왕이 있기 전에 에돔 땅을 다스리던 왕들은 이러하니
라 [32]브올의 아들 벨라가 에돔의 왕이 되었으니 그 도성의 이름은 딘하바며 [33]벨라
가 죽고 보스라 사람 세라의 아들 요밥이 그를 대신하여 왕이 되었고 [34]요밥이 죽고
데만 족속의 땅의 후삼이 그를 대신하여 왕이 되었고 [35]후삼이 죽고 브닷의 아들 곧
모압 들에서 미디안 족속을 친 하닷이 그를 대신하여 왕이 되었으니 그 도성 이름

은 아윗이며 36하닷이 죽고 마스레가의 삼라가 그를 대신하여 왕이 되었고 37삼라가
죽고 유브라데 강변 르호봇의 사울이 그를 대신하여 왕이 되었고 38사울이 죽고 악
볼의 아들 바알하난이 그를 대신하여 왕이 되었고 39악볼의 아들 바알하난이 죽고
하달이 그를 대신하여 왕이 되었으니 그 도성 이름은 바우며 그의 아내의 이름은
므헤다벨이니 마드렛의 딸이요 메사합의 손녀더라 40에서에게서 나온 족장들의 이
름은 그 종족과 거처와 이름을 따라 나누면 이러하니 딤나 족장, 알와 족장, 여뎃
족장, 41오홀리바마 족장, 엘라 족장, 비논 족장, 42그나스 족장, 데만 족장, 밉살 족
장, 43막디엘 족장, 이람 족장이라 이들은 그 구역과 거처를 따른 에돔 족장들이며
에돔 족속의 조상은 에서더라

에돔 사람들은 점차적으로 호리 족속들을 몰아내고 그 땅을 완전히 소유하고 자체적인 통치를 확립하게 되었던 것 같다.

1. 그들은 왕의 다스림을 받았다. 왕이 그 나라 전체를 관장하였는데, 왕은 한 혈통에서 대대로 계승된 것이 아니라 선출에 의하여 보좌에 오른 것 같다. 이는 패트릭 주교(Bishop Patrick)의 견해다. 이 왕들은 이스라엘 자손을 다스리는 왕이 있기 전에 에돔 땅을 다스렸다(31절). 하나님은 최근 야곱에게, 왕들이 그의 허리에서 나올 것을 약속하신 바 있는데(35:11), 야곱의 자손에게 왕이 나오기 오래 전에 에서의 자손에게서 왕들이 나온 것이다. 주목하라. 외형적인 번영과 존귀에 있어서는 언약의 자손들이 뒤로 처지고 언약 바깥에 있는 자들이 먼저 주도권을 잡는 경우가 많다. 악인들의 승리가 매우 빠를 수도 있으나 또한 매우 단명(短命)하다. 금방 익으나 금방 썩어버리는 것이다. 그러나 약속의 결과들은 비록 더디지만 확실하고 영구적이다. 그 종말이 속히 이르겠고 결코 거짓되지 아니하리라(합 2:3). 하나님의 이스라엘이 애굽에서 종노릇하고 있는 동안 에돔의 왕들이 화려함과 막강한 권력을 누리는 것을 들을 때에 그것이 그들의 믿음에 큰 시험이 되었을 것이라 생각할 수 있다. 그러나 하나님께로부터 오는 큰 일들을 바라보는 자들은 그것들을 기다리는 것으로 만족하여야 한다. 하나님의 때가 가장 좋은 때인 것이다.

2. 그들은 후에 족장들에게 다스림을 받았다. 그 나라의 여러 곳에서 동시에 다스리던 모든 족장들의 이름이 여기에 거명되고 있다. 아니면, 호리 족속들과 연합하여 이러한 형태의 통치를 세웠는지도 모른다. 호리 족속은 이미 이런 체

제를 사용하고 있었던 것이다(29절). 혹은, 어떤 이들이 추측하는 대로, 그들이 이스라엘이 그들의 땅을 지나가는 것을 거부하여 그들을 불친절하게 대한 것에 대하여(민 20:18) 그들을 교정하시기 위하여 하나님께서 섭리하셔서, 그들이 그런 상태로 축소되었을지도 모른다. 주목하라. 권력이 남용될 때에, 하나님께서는 그것을 갖가지 통로로 돌리심으로써 그것을 약화시키시는데, 이는 지극히 정당한 일이다. **나라는 죄가 있으면 주관자가 많아지느니라**(잠 28:2). 죄가 에돔을 왕의 통치로부터 족장의 통치로 바꾸어 놓은 것이다. 에돔의 족장들에 대한 언급이 나타나나(출 15:15), 오랜 후에는 그들의 왕들이 다시 언급된다.

3. 세일 산이 그들의 구역과 거처라 불린다(43절). 이스라엘 자손들이 애굽에서 종살이 하고 있어서 그들의 가나안이 약속의 땅이던 시절에도, 에돔 족속들은 그들의 거처에 거하였고, 세일이 그들의 소유였다. 주목하라. 이 세상의 자녀들은 모든 것이 손 안에 있고, 소망 중에 바라보는 것이 아무것도 없다(눅 16:25). 그러나 하나님의 자녀는 모든 것을 소망 중에 소유하며, 손에 지닌 것이 거의 아무것도 없다. 그러나 모든 것을 따져볼 때에, 세일을 손에 쥐고 있는 것보다는 가나안을 약속 중에 바라보는 것이 더 낫다.

제 37 장

개요

본 장에서부터 요셉의 이야기가 시작된다. 요셉은 그에 관한 내용이 본 장에서 시작하여 창세기 마지막까지 한 장을 제외하고 모든 장에 나타나는 바 가장 큰 인물이다. 그는 야곱이 사랑한 아내 라헬이 그에게 낳은 맏아들이었고, 많은 위인들이 그렇듯이 어머니가 오랜 동안 자녀를 낳지 못하다가 낳은 아들이었다. 그의 이야기는 그의 낮아짐과 그의 높아짐으로 명확하게 구분되므로, 우리는 이 이야기 속에서 무언가 그리스도에 관한 것을 보지 않을 수가 없다. 그리스도께서도 먼저 낮아지셨다가 후에 높아지셨고, 여러 가지 점에서 요셉이라는 모형의 원형이 되시는 것이다. 이 이야기는 또한 그리스도인들의 운명을 보여주기도 한다. 그들은 많은 환난을 겪고 그 나라에 들어가기까지 많은 환난을 겪게 되어 있는 것이다. 본 장의 주요 내용은 다음과 같다. I. 요셉의 형들이 요셉에게 악의를 품음. 그들이 그를 미워한 것은, 1. 그가 그들의 잘못을 아버지에게 일렀기 때문이다(1, 2절). 2. 그의 아버지가 그를 유독 사랑했기 때문이다(3, 4절). 3. 그가 장차 형들을 지배할 꿈을 꾸었기 때문이다(5-11절). II. 형들이 요셉에 대해 모의를 꾸며 실행함. 1. 요셉이 형들을 찾아간 것이 악행의 기회를 제공하였음(12-17절). 2. 그들은 그를 죽일 계획이었으나 그를 굶겨 죽이기로 하였음(18-24절). 3. 그들이 뜻을 바꾸어 그를 노예로 팔음(25-28절). 4. 그들이 아버지를 속여 그가 짐승에게 찢겨 죽은 것으로 믿게 만듦(29-35절). 5. 요셉이 애굽으로 팔려가 보디발의 노예가 됨(36절). 그런데 이 모든 일이 합력하여 선을 이루었다.

1야곱이 가나안 땅 곧 그의 아버지가 거류하던 땅에 거주하였으니 2야곱의 족보는
이러하니라 요셉이 십칠 세의 소년으로서 그의 형들과 함께 양을 칠 때에 그의 아
버지의 아내들 빌하와 실바의 아들들과 더불어 함께 있었더니 그가 그들의 잘못을
아버지에게 말하더라 3요셉은 노년에 얻은 아들이므로 이스라엘이 여러 아들들보
다 그를 더 사랑하므로 그를 위하여 채색옷을 지었더니 4그의 형들이 아버지가 형
들보다 그를 더 사랑함을 보고 그를 미워하여 그에게 편안하게 말할 수 없었더라

모세는 에돔 자손들에 대해서는 이스라엘이 가는 길에 어쩌다 끼어드는 경우가 아니면 더 이상 언급하지 않고, 이제 야곱의 가족의 이야기에 관심을 집중시킨다. **야곱의 족보는 이러하니라.** 야곱의 족보는 에서의 족보처럼 그저 메마른 족보로 그치는 것이 아니라(36:1), 기억에 남을 만한 유익한 역사다. 본문의 주요 내용은 다음과 같다.

1. 야곱이 아직 살아 있는 아버지 이삭과 함께 임시로 거주함(1절). 천국에 들어가기까지 우리는 절대로 본향에 있는 것이 아니다.

2. 요셉이 목자로서 양을 치고 있었음(2절). 요셉이 아버지의 총애를 받았으나, 그럼에도 그는 한가하게 노니면서 자라지 않았다. 자녀들에게 일과 수고와 자기 인내를 경험하게 하지 않는 자들은 진정 자녀를 사랑하는 것이 아니다. 자녀를 총애하여 그냥 놀게 하는 것을 가리켜 그들을 망치는 것이라 부르는데 이는 과연 일리 있는 것이라 하겠다. 아무 일에도 훈련을 받지 않는 자들은 십중팔구 아무 일에도 쓸모없는 자들이 된다.

3. 요셉이 야곱의 총애를 받음. 야곱이 요셉을 사랑한 것은, 이미 사망한 그의 어머니를 사랑했기 때문이기도 했으나 또한 요셉이 야곱의 노년에 큰 위로를 주었기 때문이기도 했다. 아마도 요셉이 아버지를 가까이서 모셨고, 나머지 아들보다 아버지를 더 자상하게 모셨을 것이다. 어떤 이들은 **노년에 얻은 아들**을 성숙한 아들이라는 의미로 취한다. 즉, 요셉이 어렸으나 제 나이에 맞지 않게 신중하고 조신하여, 마치 나이든 사람과도 같았고, 어린아이였으나 유치하지 않았다는 것이다. 야곱은 나머지 자녀들보다 요셉에게 더 좋은 옷을 지어 입힘으로써 그에 대한 자신의 총애를 표현하였다. **그를 위하여 채색옷을 지었더니.** 이는 아마도 요셉을 더욱 존귀하게 높이려 한 것을 의미할 것이다. 주목하라. 부모로부터 특별한 사랑을 받게 만드는 요인을 스스로 지닌 자녀들은 행복하지만, 자녀들이 의무를 잘 이행하거나 하지 않거나 하여 특별한 사랑을 베풀 분명한 이유가 있지 않는 한, 부모로서는 자녀를 차별하여 편애하지 않도록 하는 것이 지혜로운 일이다. 부모의 다스림은 공평해야 하고, 일관성 있게 행해져야 한다.

4. 요셉이 형들에게 미움을 받음. 이는 (1) 아버지가 그를 사랑했기 때문이다. 부모가 편애하면 자녀는 곧바로 그것을 눈치채게 되고 그것으로 인해 가정에 분쟁과 갈등이 생기는 경우가 허다하다. (2) 요셉이 형들의 잘못을 아버지에

게 말하였기 때문이다. 야곱의 아들들은 아버지 앞에서는 감히 악행을 범하지 못하면서도 아버지의 눈에서 벗어나 있을 때에는 자유로이 범하곤 했다. 그런데 요셉이 아버지에게 형들의 잘못을 말하여 그들이 꾸중과 제재를 받게 하였다. 그러나 요셉은 악의로 고자질한 것이 아니라 신실한 아우로서 그렇게 한 것이요, 자기 자신이 감히 형들을 훈계할 수 없으므로 그들을 훈계하여 교정시킬 권위가 있는 아버지께 이야기한 것이다. 주목하라. [1] 진실한 마음으로 잘못을 지적해 주면 오히려 원수로 취급받는 것이 흔히 있는 일이다. 스스로 고치기를 싫어하는 자들은 그들을 고치려 하는 자들도 미워하는 것이다(잠 9:8). [2] 하나님께 사랑받는 자들은 세상에서 미움 받는 것이 보통이다. 하늘이 복주는 자들을 지옥은 저주한다. 하나님께서 위로로 말씀하시는 자들에게 악인들은 평화로이 이야기하지 않는 법이다. 여기서 요셉이 빌하와 실바의 아들들과 더불어 함께 있었더니 라고 말씀하는데, 어떤 이들은 이를 그가 빌하와 실바의 아들들에게 종노릇하였다는 뜻으로 읽는다. 그들이 그를 자기들의 일꾼으로 삼았다는 것이다.

5요셉이 꿈을 꾸고 자기 형들에게 말하매 그들이 그를 더욱 미워하였더라 6요셉이
그들에게 이르되 청하건대 내가 꾼 꿈을 들으시오 7우리가 밭에서 곡식 단을 묶더
니 내 단은 일어서고 당신들의 단은 내 단을 둘러서서 절하더이다 8그의 형들이 그
에게 이르되 네가 참으로 우리의 왕이 되겠느냐 참으로 우리를 다스리게 되겠느냐
하고 그의 꿈과 그의 말로 말미암아 그를 더욱 미워하더니 9요셉이 다시 꿈을 꾸고
그의 형들에게 말하여 이르되 내가 또 꿈을 꾼즉 해와 달과 열한 별이 내게 절하더
이다 하니라 10그가 그의 꿈을 아버지와 형들에게 말하매 아버지가 그를 꾸짖고 그
에게 이르되 네가 꾼 꿈이 무엇이냐 나와 네 어머니와 네 형들이 참으로 가서 땅에
엎드려 네게 절하겠느냐 11그의 형들은 시기하되 그의 아버지는 그 말을 간직해 두
었더라

여기서, **I. 요셉은 자신이 꾼 예언적인 꿈들을 이야기한다**(6, 7, 9, 10절). 그는 비록 매우 어렸으나(아마 열일곱 살 정도 되었을 것이다) 경건하고 선한 뜻을 지녔고, 하나님은 이런 그에게 은혜로이 자신을 나타내셨다. 요셉의 앞에 많은 어려움이 있을 것이었으므로 하나님은 그가 장차 길고도 쓰라린 어

려움들을 당할 때에 그를 세우시고 위로하시고자 그가 장차 높은 자리에 오를 것을 미리 보여주신 것이다. 그리스도께서도 그 앞에 있는 기쁨을 보신 것처럼(히 12:2), 그리스도인들도 그것을 보는 것이다. 주목하라. 하나님은 그의 백성들이 예견할 수 없는 그들의 시련들을 갖가지 방법으로 미리 보여주시고, 또한 그 시련들을 염두에 두시고 그들에게 위로를 베풀어주신다. 그의 꿈은, 1. 형들의 곡식 단들이 모두 자신의 곡식 단에게 절하는 것이었는데, 이는 그들이 어떤 처지에서 그에게 굴복하게 될지를 시사하는 것이다. 곧, 그에게 곡식을 구하면서 그에게 절하게 되리라는 것이었다. 그들의 빈 곡식 단이 그의 가득한 곡식 단에게 절하게 된다는 것이었다. 2. 해와 달과 열한 별이 그에게 절하는 것이었다(9절). 요셉은 정치가보다는 선지자의 성격이 더 강했다. 그렇지 않았다면, 그 꿈 이야기를 혼자만 알고 이야기하지 않았을 것이다. 그렇지 않아도 자기를 미워하고 있는 형들이 그 꿈 이야기를 들으면 더욱 분히 여길 것임을 그가 모르고 있었을 리가 없었으니 말이다. 그러나, 그는 단순하여 별 생각 없이 꿈 이야기를 했더라도, 하나님께서는 그 이야기를 통해서 그의 형들을 낮추신 것이다. 관찰하라. 요셉은 그가 잘 될 것을 보여주는 꿈은 꾸었으나, 그가 당할 고난을 보여주는 꿈은 꾸지 않았다. 세상의 삶을 시작하면서 이처럼 오로지 번영과 즐거움만을 생각하고 괴로움에 대해서는 꿈도 꾸지 않는 젊은이들이 많다.

Ⅱ. 형들은 요셉의 꿈 이야기에 격분하여 그를 더욱 미워하게 된다. 네가 참으로 우리를 다스리게 되겠느냐?(8절). 여기서 보라. 1. 그들은 요셉의 꿈을 정확하게 해석하여, 그가 그들을 다스리게 될 것으로 보았다. 기드온의 이야기에서처럼(삿 7:13, 14), 꿈이 이루어져 화를 당하게 될 자들이 그의 꿈을 정확하게 해석하는 것이다. 그들은 요셉이 자기들을 가리켜 말하는 것을 직감하였다(마 21:45). 그들이 해석한 대로 그 꿈이 결국 정확하게 이루어졌다(42:6). 2. 그들이 그것을 분개하며 경멸하였다. "네가, 너 하나가, 참으로 우리를, 여럿인 우리를 다스리게 되겠느냐? 가장 어린 네가 나이가 더 많은 우리를 다스리겠느냐?" 주목하라. 우리의 요셉이신 예수 그리스도의 통치와 다스림은 믿지 않는 속된 세상에게서 멸시와 방해를 받았고 지금도 받고 있다. 그들은 이 사람이 자기들을 다스린다는 것이 견딜 수 없다. 이들은 또한 부활의 아침에 의인이 다스리게 될 것이라는 것도 지극히 경멸하는 것이다.

Ⅲ. 요셉의 아버지는 그 꿈에 대해 부드럽게 책망하나 그것을 마음에 두었다 (10, 11절). 아마도 형들이 그의 꿈 이야기를 듣고 받을 거리낌을 좀 없애기 위해서 그를 조심시켰을 것이다. 그러나 그는 그것이 그저 한가한 꿈에 지나지 않는 것이라고 꾸짖었다. 얼마 전에 죽은 그의 어머니가 꿈에 개입되기 때문이었다. 해와 달과 열한 별은 온 가족을 뜻하는 것으로, 그들이 그에게 의존하고 그의 은혜를 입게 된다는 뜻이었으니 말이다. 주목하라. 하나님의 약속들에 대한 하나님의 백성의 믿음이 그 약속들에 대한 오해로 인하여 심하게 흔들리는 경우가 많고, 그럴 때에는 도무지 그럴 것 같지 않은 정황이 설득력 있게 작용한다. 그러나 우리가 하나님의 뜻을 올바로 이해하든 하지 못하든 간에, 하나님께서는 그의 일을 행하고 계시며 또한 행하실 것이다. 야곱은 마리아처럼(눅 2:5) 이 일을 마음에 두었고, 오랜 세월 후에 그 예언이 그대로 현실로 나타났을 때에 그 일을 기억했음이 분명하다.

12그의 형들이 세겜에 가서 아버지의 양 떼를 칠 때에 13이스라엘이 요셉에게 이르
되 네 형들이 세겜에서 양을 치지 아니하느냐 너를 그들에게로 보내리라 요셉이
아버지에게 대답하되 내가 그리하겠나이다 14이스라엘이 그에게 이르되 가서 네 형
들과 양 떼가 다 잘 있는지를 보고 돌아와 내게 말하라 하고 그를 헤브론 골짜기에
서 보내니 그가 세겜으로 가니라 15어떤 사람이 그를 만난즉 그가 들에서 방황하는
지라 그 사람이 그에게 물어 이르되 네가 무엇을 찾느냐 16그가 이르되 내가 내 형
들을 찾으오니 청하건대 그들이 양치는 곳을 내게 가르쳐 주소서 17그 사람이 이르
되 그들이 여기서 떠났느니라 내가 그들의 말을 들으니 도단으로 가자 하더라 하
니라 요셉이 그의 형들의 뒤를 따라 가서 도단에서 그들을 만나니라 18요셉이 그들
에게 가까이 오기 전에 그들이 요셉을 멀리서 보고 죽이기를 꾀하여 19서로 이르되
꿈 꾸는 자가 오는도다 20자, 그를 죽여 한 구덩이에 던지고 우리가 말하기를 악한
짐승이 그를 잡아먹었다 하자 그의 꿈이 어떻게 되는지를 우리가 볼 것이니라 하
는지라 21르우벤이 듣고 요셉을 그들의 손에서 구원하려 하여 이르되 우리가 그의
생명은 해치지 말자 22르우벤이 또 그들에게 이르되 피를 흘리지 말라 그를 광야 그
구덩이에 던지고 손을 그에게 대지 말라 하니 이는 그가 요셉을 그들의 손에서 구
출하여 그의 아버지에게로 돌려보내려 함이었더라

여기서는 다음을 보라.

I. 요셉이 아버지의 명에 순종하여 멀리 떨어진 세겜에서 양을 치고 있던 형들을 찾아감. 어떤 이들은 그들이 요셉이 자기들을 보러 올 것을 예상하고, 그가 오면 그를 해칠 기회를 잡기 위하여 고의적으로 그렇게 멀리 간 것으로 보기도 한다. 그러나, 요셉과 그의 아버지에게는 비둘기 같은 순전함은 있었으나 뱀 같은 지혜는 적었다. 요셉이 형들에게로 가지 않았다면, 그들의 손에 해를 당하는 일은 없었을 것이다. 그러나 하나님은 선을 위하여 이 모든 일을 계획하신 것이다. 요셉의 다음과 같은 점들을 눈여겨보라. 1. 아버지께 성실하게 순종하였다. 아버지의 총애를 받았으나 기꺼이 아버지의 종이 되었다. 그가 아버지의 명령을 얼마나 기꺼이 수락했는지 모른다! **내가 그리하겠나이다**(13절). 주목하라. 부모에게 총애를 받는 자녀는 마땅히 부모에게 최고로 순종해야 한다. 그리할 때 그들의 사랑이 기림을 받고 상급을 받는다. 2. 형들을 사랑하였다. 형들이 자기를 미워하고 시기한다는 것을 알고 있었으나, 아버지의 명령을 꺼려서 거리가 멀다거나 여행이 위험하다는 식의 핑계를 대며 반대하지 않았고, 기꺼이 아버지의 명령을 따르고 형들에게 자기의 존경과 사랑을 보여줄 기회를 갖고자 하였다. 주목하라. **우리를 미워하는 자들을 사랑하는** 일은 배우기가 매우 어렵고 그렇기 때문에 실천하는 예가 드물지만, 그것은 과연 좋은 배움이다. 우리의 친척들이 우리에게 의무를 다하지 않더라도, 우리는 그들에 대한 의무에 소홀함이 있어서는 안 될 것이다. 이것은 감사할 만한 일이다. 요셉은 아버지에게서 세겜으로 보냄 받았다. 형들이 거기서 잘 지내는지, 혹시 그 땅의 사람들이 일어나 그들을 해친 것은 아닌지를 보기 위함이었다. 수년 전 그들이 세겜 사람들에게 야만적인 살육 행위를 저질렀으므로 그들이 보복할 가능성이 얼마든지 있었던 것이다. 그러나 요셉은 세겜에서 그들을 만나지 못하고 도단으로 갔다. 그는 이처럼 여행을 떠난 것은 비단 아버지의 명령 때문만이 아니라(만일 그랬다면 세겜에서 그들을 만나지 못했더라도 아버지의 명령은 수행한 것이니 거기서 다시 돌아갔을 것이다), 형들에 대한 사랑 때문이기도 했고, 그렇기 때문에 그는 형들을 만나기까지 부지런히 그들을 찾아다닌 것이다. 그러므로 우리도 형제간의 사랑을 지속시켜야 하며, 또한 그 사랑에 대한 증거를 보여주어야 할 것이다.

II. 형들이 요셉을 대적하여 사악한 음모를 꾸밈. 그들은 선을 악으로 갚고,

그의 사랑에 대해 오히려 원수들이 되었다. 관찰하라. 1. 그들의 음모는 계획적이었다. 그들은 **요셉을 멀리서 보고 죽이기를 꾀하였다**(18절). 그들은 갑자기 분노가 끓어올라 충동적으로 그를 죽일 생각을 한 것이 아니고, 무정하게도 악의를 갖고 고의로 계획을 꾸민 것이다. 주목하라. 형제를 미워하는 자마다 살인자다. 기회가 생기면 실제로 살인을 범할 것이니 말이다(요일 3:15). 악의야말로 가장 악한 것이요, 그것이 조장되고 거기에 빠지면 피비린내 나는 일을 이룰 위험이 있다. 죄에 계획과 음모가 덧붙여질수록 그 죄는 더 악하며, 악을 행하는 것이 나쁘지만, 그것을 계획하는 것은 더 나쁘다. 2. 그들의 음모는 잔인하였다. 아우의 피를 보기 전에는 만족하지 않을 태세였다. **자, 그를 죽여 한 구덩이에 던지고**(20절). 주목하라. 오래된 증오가 고귀한 생명을 앗아간다. 피 흘리기를 좋아하는 자는 온전한 자를 미워하고(잠 29:10), 음녀는 성도의 피에 취한다. 3. 그들이 요셉의 꿈을 조롱하며 욕함. **꿈 꾸는 자가 오는도다**(19절). **그의 꿈이 어떻게 되는지를 우리가 볼 것이니라**(20절). 이것은 그들이 무엇 때문에 그를 시기하고 격분했는지를 보여준다. 그들은 그에게 경배한다는 생각만으로도 견딜 수 없었고, 그리하여 그것이 이루어지지 않도록 그를 죽일 음모를 꾸민 것이다. 주목하라. 하나님의 경륜에 대해 투정부리고 격분하는 자들은 불경하게도 그것들을 무너뜨리기를 목표로 삼는다. 그러나 그들은 헛된 일을 상상하는 것이다(시 2:1-3). 하나님의 계획은 반드시 이루어지는 것이다. 4. 그들은 서로 의논하여 살인을 거짓말로 포장하려 하였다. **우리가 말하기를 악한 짐승이 그를 잡아먹었다 하자**. 그러나 이렇게 그를 잡아먹을 음모를 꾸밈으로써 그들은 자기들이 지극히 악한 짐승보다 훨씬 더 악하다는 것을 스스로 드러내 보였다. 악한 짐승들은 자기들과 한 종류에 속한 것은 먹이로 삼지 않기 때문이다. 그러나 그들은 자기들의 분신과도 같은 아우를 찢어 죽이려 한 것이다.

Ⅲ. 르우벤이 그를 구하려 함(21, 22절). 주목하라. 하나님은 그의 백성을 위하여, 심지어 그들의 원수들 중에서도 친구들을 일으키실 수 있다. 그는 모든 사람의 마음을 주관하시기 때문이다. 가장 맏형인 르우벤은 요셉에 대해 가장 시기가 많을 법한 사람이었다. 그는 맏아들로서, 요셉에게 돌아간 야곱의 특별한 총애가 본래 그가 받아야 할 것이었다. 그러나 그는 요셉의 가장 좋은 친구로 드러난다. 르우벤이 부정한 죄를 범한 것을 보면 그의 성정은 부드럽고 유약하였던 것 같다. 그러나 르우벤 다음의 두 형제 시므온과 레위는 무차별한

살육을 범할 정도로 성질이 급하고 다혈질이었다. 그들은 르우벤으로서는 생각조차 하지 못할 죄를 저질렀던 것이다. 주목하라. 우리의 타고난 성정에 따라 가장 범하기 쉬운 죄들이 있는데 그런 죄들을 범하지 않도록 경계해야 하고, 또한 우리의 타고난 성정을 발휘하여 (여기의 르우벤처럼) 가장 사악한 죄를 범하지 못하도록 막아야 할 것이다. 르우벤은 한 가지 제의를 했다. 그의 제안은 요셉을 제거하려는 그들의 의도를 효과적으로 이루어줄 것으로 생각할 만한 것이었다. 그러나 그의 계획은 요셉을 그들의 손에서 구하여 아버지에게로 돌려보내기 위한 것이었다. 그는 그렇게 하여 최근 자신의 범죄로 인하여 잃어버린 아버지의 사랑을 다시 회복하기를 바랐을지도 모른다. 그러나 하나님은 이 모든 일에 역사하사, 요셉을 많은 사람을 살리는 도구로 삼고자 하는 그의 목적이 이루어지게 하신 것이다. 요셉은 여기서 그리스도의 모형이었다. 그리스도는 아버지의 사랑하시는 아들이셨으나 악한 세상에게서 미움을 받으셨다. 그러나 아버지께서는 그의 품에 계시는 그를 보내사 큰 낮아지심과 사랑으로 우리를 찾아오게 하셨다. 그는 우리를 찾으시고 구원하시고자 하늘로부터 땅에 임하셨다. 그런데 그를 대적하여 사악한 음모가 꾸며졌다. 그가 자기 백성에게 오셨으나 그 백성이 그를 영접하지 않고, 오히려 그를 대적하여 모의를 꾸민 것이다. 이는 상속자니 자 죽이자. 그를 십자가에 못 박으소서, 그를 십자가에 못 박으소서. 그러나 그리스도는 우리를 구속하시고 구원하시려는 그의 계획을 이루시기 위하여 이러한 음모에 굴복하셨다.

[23]요셉이 형들에게 이르매 그의 형들이 요셉의 옷 곧 그가 입은 채색옷을 벗기고 [24]
그를 잡아 구덩이에 던지니 그 구덩이는 빈 것이라 그 속에 물이 없었더라 [25]그들이
앉아 음식을 먹다가 눈을 들어 본즉 한 무리의 이스마엘 사람들이 길르앗에서 오
는데 그 낙타들에 향품과 유향과 몰약을 싣고 애굽으로 내려가는지라 [26]유다가 자
기 형제에게 이르되 우리가 우리 동생을 죽이고 그의 피를 덮어둔들 무엇이 유익
할까 [27]자 그를 이스마엘 사람들에게 팔고 그에게 우리 손을 대지 말자 그는 우리의
동생이요 우리의 혈육이니라 하매 그의 형들이 청종하였더라 [28]그 때에 미디안 사
람 상인들이 지나가고 있는지라 형들이 요셉을 구덩이에서 끌어올리고 은 이십에
그를 이스마엘 사람들에게 팔매 그 상인들이 요셉을 데리고 애굽으로 갔더라 [29]르
우벤이 돌아와 구덩이에 이르러 본즉 거기 요셉이 없는지라 옷을 찢고 [30]아우들에

게로 되돌아와서 이르되 아이가 없도다 나는 어디로 갈까

여기서는 그들이 요셉을 향한 음모를 실행에 옮긴다.

1. 요셉의 의복을 벗겼다. 그들이 부러워했던 그 채색옷을 벗겼고(23절), 그리하여 그들은 그를 욕되게 하고 괴롭혔고, 그리하여 아버지를 거역하고 그를 데리고 장난치며 갖은 모욕을 퍼부었다. 채색옷은 말하자면 장자의 명분을 상징하는 배지와도 같은 것이었을 것이다. "자, 요셉아, 네 멋진 의복이 어디 있느냐?" 우리 주 예수님도 통으로 짠 겉옷이 벗겨지셨으며, 또한 고난당하는 그의 성도들 역시 먼저 그들의 권리와 명예를 빼앗긴 다음 만물의 치욕거리가 된 것이다.

2. 그를 굶겨 죽이려고 마른 구덩이에 던져 넣었다. 거기서 굶주림과 추위로 인하여 죽게 할 작정이었다. 그들은 그에게 이처럼 잔인하게 대한 것이다(24절). 주목하라. 시기(猜忌)가 왕 노릇 하면 불쌍히 여기는 마음이 사라지고 인간성 자체도 잊혀진다(잠 27:4). 악의는 치명적인 독으로 가득하여 야만적인 행위일수록 그것이 더 만족되는 법이다. 이제 요셉은 마음의 괴로움으로(42:21) 목숨을 살려 달라고 청하였다. 채색옷으로 만족하고 그의 목숨은 살려주기를 애원하였다. 그는 자신의 무고함과 서로 형제간인 사실과 서로 간의 애정과 자신이 굴복할 것을 간절히 주장하였다. 이렇게 울며 애걸하였으나 아무런 소용이 없었다. 르우벤 혼자만 후회하고 그를 위해 변호하였다(42:22). 그러나 그는 나머지 형제들을 설득하여 요셉을 그 처참한 구덩이에서 구해낼 수가 없었다. 그들은 그를 구덩이에 두어 조금씩 죽어가게 하고 산 채로 묻어버리기로 하였다. 이게 과연 그의 형들이 머리를 숙여 경배하게 될 그 사람이란 말인가? 주목하라. 하나님의 섭리들이 그의 목적과 모순되는 것처럼 보이는 경우가 많다. 그러나 그 섭리들이 그의 목적들을 이루어가고 있으며, 멀리서라도 그것들이 이루어지도록 역사하고 있는 것이다.

3. 곤경에 처한 요셉을 무시하였고, 그의 괴로움에 대해 전혀 안타까워하지 않았다. 요셉이 구덩이에서 처량한 신세를 한탄하며 그들에게 제발 불쌍히 여겨 나가게 해 주기를 안타깝게 외치고 있을 때에 그들은 앉아 음식을 먹고 있었다(25절). (1) 그들은 그 죄에 대해 양심의 거리낌을 전혀 느끼지 않았다. 만일 그랬다면 입맛이 다 떨어져 음식을 제대로 먹지 못했을 것이다. 주목하라. 양

심에 가해진 큰 힘은 보통 그것을 무력화시키고, 한동안 그 감각을 상실하게 만든다. 대담하게 죄를 범하는 자들은 안전한 자들이다. 그러나 요셉의 형들의 양심들은 지금은 잠자고 있으나 오랜 후에 다시 살아났다(42:21). (2) 그들은 동생이 자기들을 다스리게 될 끔찍한 상황에서 자유를 얻었고, 그의 운명을 자기들이 좌우하게 되었다는 것을 생각하고 기뻐하고 있었다. 그들은 박해자들이 자기들을 괴롭힌 두 선지자들이 죽은 것을 즐거워하듯이(계 11:10), 요셉이 그런 처지에 있는 것을 즐거워하였다. 주목하라. 하나님의 경륜을 반대하는 자들도 자기들의 뜻이 관철되었다고 생각할 정도로는 승리할 수 있으나, 결국 자기 꾀에 속아 넘어가고 마는 것이다.

4. 그들은 동생을 팔았다. 때마침 상인들이 지나갔고(이는 섭리의 역사였다), 유다가 요셉을 그들에게 팔자고 제안하였다. 상인들에 팔면 요셉이 애굽에까지 끌려갈 것이고 십중팔구 거기서 잃어버려져서 다시는 소식을 들을 수 없을 것이라 생각한 것이다. (1) 유다는 요셉을 측은히 여겨서 그런 제안을 한 것이다. "우리가 우리 동생을 죽이고 그의 피를 덮어둔들 무엇이 유익할까? 그를 파는 것이 죄도 덜 짓고 이익도 생기는 길이나"(26절). 주목하라. 죄를 지을 유혹을 받을 때면, 그것이 무익하다는 것을 생각하여야 한다. 죄는 그것으로 아무것도 얻어지는 것이 없는 것이다. (2) 나머지 형제들이 그것을 묵인하였다. 요셉이 노예로 팔려 가면 절대로 주(主)가 되지 못할 것이요, 애굽으로 팔려 가면 절대로 그들의 주가 되지 못할 것이라 생각했기 때문이다. 그러나 모든 일이 결국 요셉이 주가 되는 방향으로 나아가고 있었던 것이다. 주목하라. 사람의 노여움은 주를 찬송하게 될 것이요 그 남은 노여움은 주께서 금하실 것이다(시 76:10). 요셉의 형들은 놀랍게 그를 죽이는 일에서 제재를 받았고, 그를 팔아넘긴 일도 놀랍게 하나님의 찬송이 되었다. 요셉이 유다의 제안에 따라 은 이십에 팔린 것처럼, 우리 주 예수도 은 삼십에 팔리셨고, 그것도 유다라는 같은 이름을 지닌 사람에 의해서 팔리셨다. 그들이 요셉을 팔 때에 르우벤은 거기서 떠나고 없었던 것 같다. 아마도 구덩이에서 그를 구해내어 아버지에게 안전하게 돌아가도록 할 다른 방도를 찾느라 이리저리 두리번거리며 궁리하고 있었을 것이다. 이것은 아주 친절한 계획이었으나, 만일 그것이 실현되었다면 그를 애굽에서 높이 세우시려는 하나님의 뜻은 어찌 되었겠는가? 주목하라. 사람의 마음에 많은 계획들이 있고, 그들을 멸하고자 하는 하나님의 백성의 원수들에

게도 많은 계획들이 있고, 또한 그들을 돕고자 하는 그들의 친구들에게도 많은 계획들이 있으나, 이 경우처럼 그 둘 다 수포로 돌아가고, 오직 여호와의 경륜만이 실현될 것이다. 르우벤은 요셉이 팔려간 것을 보고 망연자실했다. 나는 어디로 갈까?(30절). 그가 맏형이니 아버지는 그에게 요셉의 일을 물을 것이었다. 그러나 나중에 드러나게 되지만, 만일 그가 팔려가지 않았더라면 그들 모두가 망해버리고 말았을 것이다.

31그들이 요셉의 옷을 가져다가 숫염소를 죽여 그 옷을 피에 적시고 32그의 채색옷
을 보내어 그의 아버지에게로 가지고 가서 이르기를 우리가 이것을 발견하였으니
아버지 아들의 옷인가 보소서 하매 33아버지가 그것을 알아보고 이르되 내 아들의
옷이라 악한 짐승이 그를 잡아 먹었도다 요셉이 분명히 찢겼도다 하고 34자기 옷을
찢고 굵은 베로 허리를 묶고 오래도록 그의 아들을 위하여 애통하니 35그의 모든 자
녀가 위로하되 그가 그 위로를 받지 아니하여 이르되 내가 슬퍼하며 스올로 내려
가 아들에게로 가리라 하고 그의 아버지가 그를 위하여 울었더라 36그 미디안 사람
들은 그를 애굽에서 바로의 신하 친위대장 보디발에게 팔았더라

I. 요셉은 곧 실종될 것이고, 그를 수소문하여 찾게 될 것이었다. 그러므로 요셉의 형들은 한 가지 계획을 세웠다. 요셉이 들짐승에게 찢겨 죽었다고 믿게끔 하는 것이 그것이었고, 그들은 그대로 실행에 옮겼다.

1. 이는 자기들의 책임을 면하기 위한 것이었다. 그들이 요셉을 해쳤다는 의심을 받지 않도록 하려는 것이었다. 주목하라. 우리는 모두 아담에게서 범죄를 감추는 것을 배웠다(욥 31:33). 마귀는 사람들에게 한 가지 죄를 범하도록 가르치고 나면 곧이어 또 다른 죄로 그것을 감추도록 가르친다. 도둑질과 살인을 거짓말과 사기로 감추게 만드는 것이다. 그러나 자기 죄를 다른 것으로 가리는 자는 오래가지 못한다. 요셉의 형들은 한동안 자기들의 은밀한 죄를 감추었으나 결국 그들의 악행이 백일하에 드러났고, 또한 그것이 여기서 세상에 공포되어 각 시대마다 전해져서 기억되게 된 것이다.

2. 이는 선한 아버지로 하여금 괴로움에 싸이게 만들기 위한 것이었다. 그들은 아버지가 요셉을 편애한 것에 대해 앙갚음하고자 의도적으로 이런 계획을 꾸민 것으로 보인다. 야곱에게 가장 극한 괴로움을 주기 위하여 그런 일을 꾸

민 것이다. 그들은 피로 물든 요셉의 채색옷을 아버지에게 보냈다(32절). 그리고는 그것을 들에서 발견한 것처럼 꾸며댔고, 경멸하듯 아버지에게, 아버지 아들의 옷인가 보소서 라고 하였다. 그의 존귀의 상징이던 채색옷이 이제 그의 운명을 보여주는 증거품이 되었다. 야곱은 이 피 묻은 옷을 보고서 성급하게 추리하였다. 요셉이 분명히 찢겼도다. 사랑은 언제나 그 사랑하는 사람에 대해 최악의 경우를 두려워하기를 잘하는 법이다. 두려움을 몰아내는 사랑이 있으나 그것은 완전한 사랑이다. 부모의 심정을 이해하는 자들은 이 불쌍한 야곱의 고뇌를 상상해 보고, 그의 심정이 되어보기를 바란다. 야곱이 요셉이 비참하게 당한 그 끔찍한 생각을 스스로 얼마나 강하게 표현했겠는가? 잠잘 때나 깨어 있을 때나 그는 악한 짐승이 요셉을 덮치는 것을 상상하며, 사자가 그를 향하여 으르렁거릴 때에 그가 외마디소리를 지르는 것을 생각하며, 그 짐승이 그의 피를 빨며 그의 몸을 남김없이 먹어치우고 사지를 찢어놓고, 오로지 그가 입었던 채색옷만 남아 그 소식을 전해 주었을 것을 상상하며, 수없이 몸서리쳤을 것이다. 그리고 자기 자신이 그를 혼자 그 위험한 길을 가도록 보냈다는 사실도 크나큰 한이 되었을 것이다. 그는 마음이 찢어지는 아픔을 겪으면서 자기 자신을 그 아들의 죽음의 원인을 제공한 장본인으로 보게까지 되었다. 그런데, (1) 자녀들이 그를 위로하기 위해 노력하였다. 그의 아들들은 그렇게 노력하는 체하였다(35절). 그러나 그들은 모두 정말 파렴치한 위선적인 위로자들이었다. 그들이 정말 아버지를 위로할 생각이었다면, 쉽게 그렇게 할 수 있었다. 진실을 이야기하면 되는 일이었다. "요셉이 살아 있습니다. 사실 애굽으로 팔려갔습니다. 하지만 그리로 사람을 보내어 값을 지불하고 다시 찾아오면 됩니다." 그랬다면 야곱은 당장 굵은 베를 벗어던지고 기쁨으로 허리띠를 맸을 것이다. 그들은 죄책감으로 표정이 변하지도 않았다. 요셉이 살아 있는 것을 뻔히 알면서도 요셉이 죽은 것처럼 위장하고, 슬퍼하는 야곱을 위로하는 체할 수 있었다니 이 얼마나 뻔뻔한 일인가! 주목하라. 죄의 거짓됨으로 인하여 마음이 이상하게도 완악해진다. 그러나, (2) 그 모든 노력이 허사였다. 그가 그 위로를 받지 아니하여(35절). 그는 애도하다가 무덤에까지 내려가기로 결심한 정말 고집센 애도자(哀悼者)였다. 그의 애도는, 차라리 내가 너를 내신하여 죽었더면, 압살롬 내 아들아 내 아들아 라고 한 다윗의 애도처럼, 그저 갑자기 감정이 격해져서 생긴 것이 아니었다. 오히려 욥의 경우처럼 그는 슬픔 속에서 자기 자신을 완악하게 한 것이다. 주목하라. [1] 무엇이든 크게 애착을 가지면, 그것이 우리에게서 없어지거나 혹은 그것이 우리를 실망시킬 때에, 더 큰 괴로움을 견디기 어려운 법이다. 무절제한 사랑은 대개 지나친 슬픔으로 끝난다. 시계추가 한쪽 끝에 이르면, 반드시 반대 방향으로 움직이게 마련이다. [2] 어떤 경우에도 슬픔 가운데 있기로 작정하는 자들은 영혼의 위로도, 신앙적인 신용도 전혀 생각하지 않는다. 우리는 절대로 "내가 슬퍼하며 무덤으로 내려가리라"라는 식으로 말해서는 안 된다. 하나님의 섭리가 우리 앞에 어떤 기쁜 날을 예비해 두었는지를 우리가 알지 못하기 때문이다. 그러므로 우리 스스로 섭리를 인정하고 거기에 맞추는 것이 우리의 지혜요 또한 의무다. [3] 우리는 스스로 괴로운 일을 상상하고 마음을 괴롭히는 예가 많다. 실제보다 더 나쁜 일들을 상상하고, 그리하여 필요 이상으로 우리 자신을 괴롭게 하는 것이다. 사실을 알고 속지 않는 것이 마음의 위로를 받는 것보다 더 필요할 때도 있다. 가장 좋은 일을 바라는 것이 좋은 법이다.

Ⅱ. 그 미디안 사람들은 요셉을 되팔기 위해서 사들였고, 여기서 그는 다시 보디발에게로 팔려갔다(이로써 상인들은 분명 충족한 이윤을 남겼을 것이다)(36절). 야곱은 요셉이 목숨을 잃은 것을 애도하였다. 그러나 만일 이 모든 일을 알았더라면, 요셉이 자유를 잃은 것을 애도했을 것이고, 또한 그렇게 극심하게 격정에 가득 차서 애도하지는 않았을 것이다. 야곱의 자유로운 아들이 그의 가족의 최고의 의복을 애굽인 주인의 노예를 표시하는 옷과 바꿀 것인가? 애굽 땅은 속히 야곱의 자손에게 종살이의 땅이 되고 만다. 주목하라. 부모로서는 자녀들을 너무 애지중지하며 양육하지 않는 것이 지혜로운 일이다. 그들이 죽기 전에 섭리로 인하여 어떠한 어려움과 환난을 당할지 알지 못하기 때문이다. 그의 사랑하는 아들 요셉이 그렇게 팔려가 노예가 되리라는 것은 야곱으로서는 상상조차 하지 못한 일이었다.

제 — 38 — 장

개요

본 장은 유다와 그의 가족에 관한 기사를 기록하고 있다. 모든 야곱의 아들들 중에 우리 주님이 유다에게서 나오시게 되는데(히 7:14), 이 기사는 그에게 과연 이런 일이 있을 수 있는가 의아할 정도로 터무니없다. 이 이야기를 근거로 그의 성품을 판단한다면, "유다야 너는 네 형제의 찬송이 될지라"(49:8)라고 말해서는 안 될 것이다. 그러니 하나님은 그를 택하신 것이 공로에 근거한 것이 아니라 은혜에 근거한 것임을 보여주며, 또한 그리스도께서 죄인을, 죄인의 괴수까지라도 구원하기 위해 세상에 임하셨고 따라서 그들이 회개할 때에 그들과 한 편이 되기를 부끄러워하지 않으신다는 것을 보여주며, 또한 예수 그리스도의 가치와 고귀하심은 그의 조상들에게서 내려온 것이 아니라 그 자신에게 속한 것임을 보여주고자 하신 것이다. 그는 자신을 낮추사 "육체의 모양이 되셨으니" 그는 수치스러운 사람들의 후손이 되기를 기뻐하신 것이다. 이 유다의 이름으로 불리는 유대인들이 자기들이 음란한 데서 나지 아니하였다는 것을 자랑하지만(요 8:41), 그런 자랑이 전혀 근거 없다는 것이 이 기사에서 여실히 드러난다 할 것이다. 본 장의 주요 내용은 다음과 같다. I. 유다의 결혼과 그 두 아들의 때이른 죽음(1-11절). II. 유다가 알지 못하고 그의 며느리 다말과 간음함(12-23절). III. 사실이 드러나 그가 혼란에 빠짐(24-26절). IV. 그의 쌍둥이 아들들의 출생. 이들을 통해 가문이 세워짐(27-30절).

1그 후에 유다가 자기 형제들로부터 떠나 내려가서 아둘람 사람 히라와 가까이 하
니라 2유다가 거기서 가나안 사람 수아라 하는 자의 딸을 보고 그를 데리고 동침하
니 3그가 임신하여 아들을 낳으매 유다가 그의 이름을 엘이라 하니라 4그가 다시 임
신하여 아들을 낳고 그의 이름을 오난이라 하고 5그가 또 다시 아들을 낳고 그의 이
름을 셀라라 하니라 그가 셀라를 낳을 때에 유다는 거십에 있었더라 6유다가 장자
엘을 위하여 아내를 데려오니 그의 이름은 다말이더라 7유다의 장자 엘이 여호와가
보시기에 악하므로 여호와께서 그를 죽이신지라 8유다가 오난에게 이르되 네 형수
에게로 들어가서 남편의 아우 된 본분을 행하여 네 형을 위하여 씨가 있게 하라 9오

난이 그 씨가 자기 것이 되지 않을 줄 알므로 형수에게 들어갔을 때에 그의 형에게 씨를 주지 아니하려고 땅에 설정하매 [10]그 일이 여호와가 보시기에 악하므로 여호와께서 그도 죽이시니 [11]유다가 그의 며느리 다말에게 이르되 수절하고 네 아버지 집에 있어 내 아들 셀라가 장성하기를 기다리라 하니 셀라도 그 형들 같이 죽을까 염려함이라 다말이 가서 그의 아버지 집에 있으니라

여기서 살펴보라.

1. 유다가 어리석게도 가나안 사람과 교분을 가짐. 그는 형제들에게서 떠나가 한동안 그들과 또한 아버지의 집에서 물러나 있었고, 그동안 아둘람 사람 히라와 친밀하게 교분을 가졌다(1절). 나이를 따져보면 이때에 그는 열다섯 혹은 열여섯 살 정도였을 것으로 추정된다. 그러니 유혹하는 자에게 먹이가 될 소지가 다분했다. 주목하라. 교육을 잘 받은 청년이라도 교우 관계가 바뀌기 시작하면 곧바로 그들의 자세가 바뀌고, 그리하여 그들이 받은 좋은 교육이 다 사라지고 만다. 형제들에게서 물러가고, 이스라엘의 자손의 교제를 멸시하여 저버리고, 가나안 사람들을 만나 교우 관계를 맺는 자들은 속히 내리막길로 달려가는 것이다. 젊은이들에게는 적절한 교우를 택하는 것이 굉장한 결과를 가져온다. 교우들을 본받고, 그들의 생각에 따라 자기들의 가치관을 세우기 때문이다. 이 선택이 잘못되면 치명적인 결과가 생기는 경우가 태반이다.

2. 그가 어리석게도 가나안 여인과 결혼함(2절). 이 결혼은 그의 아버지가 맺어준 것이 아니라(아버지와는 상의조차 하지 않은 것으로 보인다), 그가 새로 사귄 히라가 맺어준 것이었다. 나쁜 사람들과 어울리고 그들과 친해져서 결국 자기 자신은 물론 가족들에게까지 악을 끼치는 부끄러운 결혼에 빠지는 사람들이 많았다. 한 가지 악연(惡緣)이 또 다른 악연으로 사람을 얽어매는 것이다. 젊은이들은 이로써 교훈을 받아, 그들을 속여서 먹이로 삼는 아첨의 말에 귀를 기울이지 말고 그들의 선한 부모를 최고의 친구로 삼고 그들에게서 권고를 받아야 할 것이다.

3. 그가 이 가나안 여자에게서 자녀를 얻음. 그는 그 여자에게서 엘과 오난과 셀라 등 세 아들을 얻었다. 아마도 그 여자는 이스라엘의 하나님을 섬기는 일을, 최소한 겉으로는 받아들였을 것이다. 그러나 드러나는 정황으로 보아 모르긴 몰라도 그 가정에는 하나님을 경외하는 것이 거의 없었다. 유다는 너무 어

린 나이에, 매우 경솔하게 결혼하였고, 그의 아들들도 너무 어릴 때 결혼시켰다. 그들이 자신을 통제할 지혜도 은혜도 아직 없는 상태에서 결혼을 시켜버렸고, 매우 나쁜 결과가 생기고 말았다. (1) 그의 맏아들 엘은 악하기로 유명했다. 그는 여호와가 보시기에 악하였다. 즉, 하나님과 그의 법에 반항하였다는 뜻이다. 혹은, 만일 그가 사람의 모든 악을 밝히 보시는 하나님 앞에서 악하지 않았다면, 어찌 되었겠는가? 그러나 하나님은 그를 즉시 끊어버리셨다. 여호와께서 그를 죽이신지라(7절). 주목하라. 하나님께서는 때때로 죄인들이 그 사악한 삶을 시작하려 하는 때에 그들을 속히 처단하시고 진노로 그들을 데려가기도 하신다. (2) 그 다음 아들인 오난은 고대의 풍습에 따라, 자식 없이 죽은 형의 이름을 보존하기 위하여 형의 아내와 결혼하였다. 엘의 악함으로 인하여 하나님이 그를 데려가셨지만, 그들은 그에 대한 기억을 보존하려 하였다. 그런데 그 일이 수포로 돌아갔다. 오난도 죄로 인하여 그의 악함에 대해 징벌을 받은 것이다. 죽은 형의 아내와 결혼하는 풍습은 훗날 모세의 율법에 삽입되었다(신 25:5). 오난은 형수와 결혼하는 것에는 동의하였으나, 그 자신의 몸은 물론 자신이 맞아들인 형수에게도 크세 악을 행하였다. 자신의 의무에 따라 그의 형에게 자손이 생기게 하기를 거부하였던 것이다. 메시야가 유다의 후손 중에 나실 것이었으므로, 이는 더욱 악한 일이었다. 이런 악을 범하지 않았더라면, 그는 메시야의 조상의 반열에 드는 명예를 누리게 되었을지도 모른다. 주목하라. 몸을 수치스럽게 하고 더럽히는 죄들은 하나님께 매우 가증스러운 것으로 악한 정욕의 증거들이다. (3) 셋째 아들인 셀라가 그 과부를 위해 예비되어 있었으나(11절), 그도 그 형들 같이 죽을까 염려하여 형들처럼 어린 나이에 결혼시키지 못하도록 하였다. 어떤 이들은 유다가 셀라를 다말과 결혼시킬 의도가 전혀 없었고, 오히려 두 아들의 죽음의 원인이 그녀에게 있다고 부당하게 의심하여(그 아들들이 악하여 죽임을 당한 것인데도) 그녀를 그 아버지의 집으로 보내어 평생 과부로 있게 할 심사였다고 본다. 만일 그랬다면, 그것은 도저히 변명의 여지 없이 그의 술수였다 할 것이다. 그러나 다말은 지금은 그것을 묵인하고 결과를 기다렸다.

12얼마 후에 유다의 아내 수아의 딸이 죽은지라 유다가 위로를 받은 후에 그의 친구
아둘람 사람 히라와 함께 딤나로 올라가서 자기의 양털 깎는 자에게 이르렀더니 13

어떤 사람이 다말에게 말하되 네 시아버지가 자기의 양털을 깎으려고 딤나에 올라
왔다 한지라 14그가 그 과부의 의복을 벗고 너울로 얼굴을 가리고 몸을 휩싸고 딤나
길 곁 에나임 문에 앉으니 이는 셀라가 장성함을 보았어도 자기를 그의 아내로 주
지 않음으로 말미암음이라 15그가 얼굴을 가리었으므로 유다가 그를 보고 창녀로
여겨 16길 곁으로 그에게 나아가 이르되 청하건대 나로 네게 들어가게 하라 하니 그
의 며느리인 줄을 알지 못하였음이라 그가 이르되 당신이 무엇을 주고 내게 들어
오려느냐 17유다가 이르되 내가 내 떼에서 염소 새끼를 주리라 그가 이르되 당신이
그것을 줄 때까지 담보물을 주겠느냐 18유다가 이르되 무슨 담보물을 네게 주랴 그
가 이르되 당신의 도장과 그 끈과 당신의 손에 있는 지팡이로 하라 유다가 그것들
을 그에게 주고 그에게로 들어갔더니 그가 유다로 말미암아 임신하였더라 19그가
일어나 떠나가서 그 너울을 벗고 과부의 의복을 도로 입으니라 20유다가 그 친구 아
둘람 사람의 손에 부탁하여 염소 새끼를 보내고 그 여인의 손에서 담보물을 찾으
려 하였으나 그가 그 여인을 찾지 못한지라 21그가 그 곳 사람에게 물어 이르되 길
곁 에나임에 있던 창녀가 어디 있느냐 그들이 이르되 여기는 창녀가 없느니라 22그
가 유다에게로 돌아와 이르되 내가 그를 찾지 못하였고 그 곳 사람도 이르기를 거
기에는 창녀가 없다 하더이다 하더라 23유다가 이르되 그로 그것을 가지게 두라 우
리가 부끄러움을 당할까 하노라 내가 이 염소 새끼를 보냈으나 그대가 그를 찾지
못하였느니라

여기서 유다에 관하여 매우 수치스러운 이야기가 전개된다. 이스라엘에서 그런 어리석은 일이 있으리라고는 도무지 생각할 수 없었을 것이다. 유다는 자기 아내를 장사지냈다. 홀아비가 된 자들은 모든 육체적인 정욕에 대해 극도로 조심하며 경계할 필요가 있다. 그는 그냥 방치했든 아니면 고의로 그렇게 했든 간에 남은 아들을 며느리에게 남편으로 주지 않음으로써 그녀를 부당하게 대하였고, 이로 인하여 그녀는 시험에 노출되었다.

I. **다말은 사악하게도 스스로 창녀 행세를 하여 유다와 간음을 범하였다.** 죽은 남편을 대신하여 그 아들에게서 씨를 얻지 못한다면 그 아버지를 통해서라도 씨를 얻어야겠다는 것이었다. 어떤 이들은, 다말이 가나안 여자였으나 참된 신앙을 가졌고 아브라함과 그의 후손에게 주어진 약속을, 특히 유다의 허리에서 나실 메시야에 관한 약속을 믿었으며, 그리하여 그 가문에 속한 자에게서 아

이를 얻어 메시야의 조상이 되는 명예를 얻고자 하는 열망이 있었다고 본다. 그리고 이것이 과연 다말의 소원이었다면 그 소원을 이룬 것이 된다. 그녀는 그리스도의 계보 속에 구체적으로 언급된 네 명의 여자 중 한 사람이니 말이다(마 1:3). 그녀의 죄악된 행위는 용서받았고, 그녀의 선한 의도가 받아들여져서 하나님의 은혜를 높였다. 그러나 그렇다고 해서 그 비슷한 행위를 정당화하거나 격려하는 것으로 보아서는 절대로 안 될 것이다. 패트릭 주교는 아마도 그녀가 자신이 남편으로 맞을 권리가 있는 셀라가 그의 아버지와 함께 오기를 바랐을 것이고, 그가 오면 그를 꾀어 품에 안게 되기를 바랐을 것이라고 추정한다. 아무튼 다말의 죄에는 굉장한 음모와 계략이 숨어 있었다.

1. 유다가 양털 깎는 자들과 함께 흥겹게 노는 때를 기회로 삼았다. 주목하라. 흥겹게 노는 때가 유혹의 때가 되며, 특히 부정한 죄를 범하는 때가 되는 경우가 많다. 사람이 흥에 취하면 절제력이 느슨해지기 쉬운 법이다.

2. 그녀는 공개적인 장소에서 창녀 차림으로 자신을 드러내었다(14절). 정숙한 자들이나 정숙해지고자 하는 자들은 집안 일을 하는 자라야 한다(딛 2:5). 당시에는 창녀들이 얼굴을 가리는 풍습이 있었는데, 이는 그들 자신의 신원은 드러나지 않으면서 자신을 창녀로 보이게 하고자 하는 것이었다. 그 당시에는 지금처럼 부정의 죄가 그렇게 뻔뻔스럽게 이루어지지는 않은 것이다.

Ⅱ. 유다가 올무에 빠져들었다. 며느리와 근친상간의 죄를 범한 것은 그가 모르고 한 일이었으나(그 여자가 누구인지 몰랐으므로), 음행의 죄를 범한 것은 그가 고의로 한 일이었다. 그 여자가 누구였든, 그는 그 여자가 자기 아내가 아니며 따라서 육체적으로 접촉해서는 안 된다는 것은 알고 있었다. 어떤 이들이 보는 것처럼 다말의 의도를 선하게 본다 해도 그의 죄는 그런 의미로 용납될 수 있는 것이 아니었다. 의도는 선했을지 모르나, 그녀의 행위는 악했던 것이다. 관찰하라.

1. 유다의 죄는 눈에서 시작되었다. 유다가 그를 보고(15절). 주목하라. 스스로 다가오는 미끼마다 다 물어버리고, 불똥이 튀길 때마다 불이 지펴지는 자들은 음심이 가득한 눈과 마음을 지닌 자들이다(벧후 2:14의 경우처럼). 우리는 우리의 눈과 언약을 맺고 눈을 돌려서, 허탄한 것을 바라보고 마음에 시험을 받지 않도록 해야 할 것이다.

2. 창녀의 삯(이보다 더한 추문이 없다)을 요구했고, 그 삯을 주었고, 또한 그

삯을 받아들였다는 것이 추문에 덧붙여졌다. 유다는 염소 새끼를 삯으로 주었다. 그녀의 정숙함과 명예에 대해 그만큼의 값어치를 쳐준 것이다. 아니, 수천의 염소를, 만만의 강수 같은 기름을 주었더라도 결코 값진 대가가 될 수 없었을 것이다. 하나님의 은혜와 영혼의 순결함과 양심의 평안과 천국에의 소망은 그 어떠한 값으로도 팔 수 없을 만큼 고귀한 것이다. 구스의 황옥도 그것에는 비할 수 없다. 세상 전부를 얻고도 자기 영혼을 잃는다면 무슨 유익이 있겠는가?

3. 그가 염소 새끼 대신 담보물을 준 것이 그에게 큰 치욕이 되었다. 주목하라. 육체의 정욕은 짐승 같을 뿐 아니라 바보 같아서 사람의 세속적인 관심까지도 다 망쳐놓는다. 매춘은, 술과 새 술도 마찬가지지만, 맨 처음에 마음부터 빼앗아간다. 그렇게 하지 않고서야 어떻게 도장과 끈을 빼앗아갈 수 있겠는가!

Ⅲ. 그는 그 거래를 통해서 자신의 귀중품을 잃어버렸다. 그는 담보물을 도로 찾기 위해 약속한 대로 염소 새끼를 보냈다. 그러나 그 창녀를 찾을 수가 없었다. 그의 친구 아둘람 사람(이 사람이 이 악행을 조장하고 도왔으니, 이 사람은 그야말로 악한 친구였다)을 통하여 염소 새끼를 보내었으나, 그는 담보물을 찾지 못하고 도로 왔다. 사람들이 여기는 창녀가 없느니라 라고 하였는데, 이것이 사실이라면 그 곳은 정말 좋은 곳이라 할 것이다. 그런 죄인들은 어느 곳이나 수치스런 존재요 큰 전염병과도 같은 존재이기 때문이다. 유다는 자기의 도장과 끈을 잃어버린 것으로 간주하고, 친구에게 더 이상 수소문하지 말라고 하면서, 우리가 부끄러움을 당할까 하노라 라고 덧붙였다(23절). 이는 다음 둘 중의 하나일 것이다.

1. 그의 죄가 공개적으로 드러나 부끄러움을 당하는 것을 우려하였다. 음행과 부정함은 언제나 추잡한 일로 여겨졌고, 그것을 범한 자들은 그것으로 인하여 치욕과 부끄러움을 당하여 왔다. 이런 것으로도 부끄러움을 당하지 않는 자들이라면 그 어떤 일에 대해서도 부끄러워하지 않을 것이다.

2. 그런 매춘부를 신뢰하여 바보 같이 도장과 끈을 맡겼다고 비웃음을 받는 것을 우려하였다. 그는 죄에 대해서나 그 죄를 사함 받는 일에 대해서는 전혀 염려하는 기색이 없고, 다만 부끄러움을 당할까를 두려워하여 그것을 막고자 한 것이다. 주목하라. 하나님의 은혜를 얻고 선한 양심을 지키는 일보다는 사람들에게서 명예를 보존하는 일에 더욱 신경을 쓰는 자들이 많다. 그들에게는

우리가 정죄를 받을까 하노라보다는 우리가 부끄러움을 당할까 하노라가 더 절실한 법이다.

[24]석 달쯤 후에 어떤 사람이 유다에게 일러 말하되 네 며느리 다말이 행음하였고 그
행음함으로 말미암아 임신하였느니라 유다가 이르되 그를 끌어내어 불사르라 [25]여
인이 끌려나갈 때에 사람을 보내어 시아버지에게 이르되 이 물건 임자로 말미암아
임신하였나이다 청하건대 보소서 이 도장과 그 끈과 지팡이가 누구의 것이니이까
한지라 [26]유다가 그것들을 알아보고 이르되 그는 나보다 옳도다 내가 그를 내 아들
셀라에게 주지 아니하였음이로다 하고 다시는 그를 가까이 하지 아니하였더라 [27]해
산할 때에 보니 쌍태라 [28]해산할 때에 손이 나오는지라 산파가 이르되 이는 먼저 나
온 자라 하고 홍색 실을 가져다가 그 손에 매었더니 [29]그 손을 도로 들이며 그의 아
우가 나오는지라 산파가 이르되 네가 어찌하여 터뜨리고 나오느냐 하였으므로 그
이름을 베레스라 불렀고 [30]그의 형 곧 손에 홍색 실 있는 자가 뒤에 나오니 그의 이
름을 세라라 불렀더라

여기서 보라.

I. **다말이 행음하였다는 소식을 듣고 유다가 격분함.** 다말은 법적으로 세라의 아내였고, 따라서 그녀가 다른 남자에게서 임신하였다는 것은 유다의 가족을 해친 것이요 욕되게 한 것이었다. 이에 그 가문의 우두머리인 유다는, 그를 끌어내어 불사르라 라고 한다. 불살라 죽이라는 것이 아니라, 빰이나 이마를 불로 지져서 창녀로 낙인을 찍으라는 뜻이었을 것으로 보인다(24절). 주목하라. 사람들이 똑같은 죄를 범했더라도 남이 범했을 경우에는 자기 자신이 범했을 경우보다 훨씬 더 가혹하게 대하는 것이 보통이다. 그러므로 다른 사람을 판단함으로써 자기 자신을 정죄하는 것이다(롬 2:1; 14:22). 만일 그가 죄에 대한 열심을 가장하여 다말을 불에 태워 죽일 계획이었다면, 그는 셀라가 그녀와 결혼하는 것을 싫어하여 자기 며느리를 교묘하게 제거하려 한 것이 될 것이다. 주목하라. 사람의 악행에 대한 열심을 가장하여 사람의 인격을 짓밟는 것으로 악의를 교묘히 가리는 것은 흔히 있는 일이지만 극히 사악한 일이다.

II. **그가 다말과 더불어 행음하였다는 것이 드러나 유다가 수치를 당함.** 다말은 유다가 담보물로 준 도장과 끈을 법정에 제시하여, 자신이 유다에게서 아

이를 임신하였음을 정당화시켰다(25, 26절). 주목하라. 지극히 은밀하게 행하였고 또한 지극히 부지런히 감추었던 사악한 죄가 때로는 이상한 처지에서 백일하에 드러나, 아무도 보지 못한다고 말했던 자들에게 부끄러움과 혼란을 주기도 한다. 공중의 새가 말을 전할 수도 있다. 그러나 모든 것이 밝히 드러날 멸망의 날이 반드시 올 것이다. 유대인 저술가 중에 몇몇은, 유다가 그의 아버지에게 아버지 아들의 옷인가 보소서(37:32)라고 말했으므로, 이제는 그가 "이것이 그대의 도장과 끈인가 보소서"라는 말을 듣는다는 점을 지적하였다. 유다는 자기 양심에 찔림을 받아, 1. 자기의 죄를 고백한다. 그는 나보다 옳도다. 그는, 그 모든 일의 원인을 제공한 것이 바로 자신이므로 영구한 수치가 오히려 자기에게 주어져야 한다는 점을 시인하였다. 주목하라. 우리가 빌미를 제공하여 그로 인하여 범죄한 자들에 대해서는 지극히 관대함으로 대하여야 한다. 만일 주인이 종에게 정당하게 주어야 할 것을 주지 않으므로 종이 유혹을 받아 주인의 것을 도둑질을 했다면, 주인은 마땅히 그 종을 용서해야 한다. 2. 다시는 그 죄를 반복하지 않았다. 다시는 그를 가까이 하지 아니하였더라. 주목하라. 죄를 고백하고도 그것을 완전히 버리지 않으면, 진정으로 회개하는 것이 아니다.

Ⅲ. 베레스와 세라의 출생으로 유다의 가정이 세워짐. 이 아들들을 통하여 이 찬란한 유다 지파 중 가장 뛰어난 가족들이 나오게 된다. 아마도 어머니에게는 그 아들들을 낳는 일이 매우 힘들었고, 그것으로 그녀의 죄에 대해 교정받았을 것이다. 그 아이들도 야곱과 에서처럼 장자의 명분을 위해 싸웠는데, 베레스가 그것을 얻어 항상 먼저 거론되며, 그에게서 그리스도께서 나시게 된다. 그는 형보다 먼저 뱃속에서 나온 것으로 그의 이름을 얻었다. 그의 이름은 이 터뜨림이 네게 있으라 라는 뜻인데, 이는 형제간에 불화를 심고 거리낌을 조성하는 자들에게도 적용될 수 있다. 유대인들은 세라처럼 장자의 명분을 위해 힘써 싸웠고, 그리하여 먼저 나온 자로서 홍색 실의 표시를 받았다. 그러나 이방인들이 베레스처럼 천국을 침노하듯이 먼저 나왔고, 유대인들이 이르지 못한 그 의에 이른 것이다. 그러나 때가 차면 온 이스라엘이 구원을 받을 것이다. 이 두 아들 모두 우리 구주의 계보에 거명되어(마 1:3) 이 이야기가 우리 주 예수님의 낮아지심의 실례로서 영구히 남게 된다. 어떤 이들은 야곱의 아들 중 처음 네 아들들이 매우 악한 죄를 범하였음을 지적한다. 르우벤과 유다는 근친상간의 죄를 지었고, 시므온과 레위는 살인죄를 지었다. 그러나 그들은 족장들

이었고, 레위에게서 제사장들이 나게 되고, 유다에게서 왕들과 메시야가 나게 되었다. 그리하여 이들은 회개의 모범들이 되며, 또한 죄를 용서하시는 긍휼하심의 기념비들이 된 것이다.

제 39 장

개요

본 장은 다시 요셉의 이야기로 돌아간다. 여기서 우리는 I. 종의 신분인 요셉을 보게 된다. 그는 보디발의 집의 노예였으나(1절) 거기서 크게 존귀와 후대를 받는다. 1. 하나님의 섭리로 말미암아 그가 결국 주인이 되었다(2-6절). 2. 하나님의 은혜로 말미암아 그가 강한 음행의 유혹을 넉넉히 이겨냈다(7-12절). II. 고난당하는 요셉을 보게 된다. 그는 거짓으로 혐의를 받아(13-18절), 투옥되었으나(19, 20절), 하나님이 특별히 함께 하시는 증거가 나타나 감옥에서도 명예롭고도 편안하게 생활한다(21-23절). 이 점에서 요셉은 그리스도의 모형이었다. 그리스도는 "종의 형체를 취하"셨으나, "하나님이 그와 함께 계신" 것이 분명히 드러났고, 사탄에게 시험을 받으셨으나 그 시험을 이기셨고, 거짓으로 정죄를 받으셨고 매이셨으나, 그의 손에 모든 권세를 맡으셨던 것이다.

1 요셉이 이끌려 애굽에 내려가매 바로의 신하 친위대장 애굽 사람 보디발이 그를
그리로 데려간 이스마엘 사람의 손에서 요셉을 사니라 2 여호와께서 요셉과 함께 하
시므로 그가 형통한 자가 되어 그의 주인 애굽 사람의 집에 있으니 3 그의 주인이 여
호와께서 그와 함께 하심을 보며 또 여호와께서 그의 범사에 형통하게 하심을 보
았더라 4 요셉이 그의 주인에게 은혜를 입어 섬기매 그가 요셉을 가정 총무로 삼고
자기의 소유를 다 그의 손에 위탁하니 5 그가 요셉에게 자기의 집과 그의 모든 소유
물을 주관하게 한 때부터 여호와께서 요셉을 위하여 그 애굽 사람의 집에 복을 내
리시므로 여호와의 복이 그의 집과 밭에 있는 모든 소유에 미친지라 6 주인이 그의
소유를 다 요셉의 손에 위탁하고 자기가 먹는 음식 외에는 간섭하지 아니하였더라
요셉은 용모가 빼어나고 아름다웠더라

여기서 다음을 보라.

I. **보디발이 요셉을 샀다**(1절). 얼마를 값으로 주었든지 간에 그를 산 것은 정말 잘 산 것이었다. 그를 산 것은 은을 산 것보다 더 나았다. 유대인에게는

다음과 같은 속담이 있다. "세상이 좋은 사람을 알아보지 못하면, 그들을 진주로 두르려 하는 법이다." 요셉은 바로의 친위대장 보디발에게 팔렸고, 그와 더불어 공적인 인물들과 공적인 사무들을 접하게 되었을 것이고, 그리하여 결국 그가 오르게 될 그 높은 자리에 적합한 소양을 갖추게 되었을 것이다. 주목하라. 1. 하나님은 사람들에게 의도하시는 바를 위해 반드시 이런저런 방식으로 그들을 거기에 합당한 자질을 갖추게 하신다. 2. 심지어 하찮은 종들과 그들의 처지에 대해서도 하나님의 섭리를 인정해야 한다. 후에 크고 중요한 일을 위한 역사가 거기에 얼마든지 개입되어 있을 수도 있는 것이다.

Ⅱ. 요셉이 축복을 받았다. 심지어 노예로 있는 집에서조차 그는 놀랍게 복을 받았다.

1. 하나님이 그를 형통하게 하셨다(2, 3절). 어쩌면 보디발의 가정사가 전에는 상당히 좋지 않았었는데, 요셉이 온 후로 눈에 띄게 일이 잘 풀렸고, 갑자기 그들의 얼굴에 희색이 돌게 되었을지도 모른다. 처음에는 그가 아주 하찮은 일을 맡았을 것이다. 그러나 그런 일에서 그의 창의성과 부지런함이 드러났고, 하늘의 구체적인 복이 그에게 함께 하였고, 그리하여 그의 서열이 높아질수록 그것이 점점 더 선명하게 드러났을 것이다. 주목하라. (1) 지혜와 은혜를 가진 자는 다른 모든 것은 빼앗아도 결코 빼앗을 수 없는 것을 가진 자들이다. 요셉의 형들은 그의 채색옷을 빼앗았으나, 그의 덕성과 영민함은 빼앗지 못했다. (2) 사람들이 우리의 모든 친구들에게서 우리를 분리시킬 수는 있어도, 우리 하나님의 은혜로운 임재는 우리에게서 빼앗아 갈 수가 없다. 요셉은 애굽 사람의 집에서 모든 친족들이 하나도 곁에 없을 때에도 그의 하나님이 그와 함께 계셨다. 요셉은 형들에게서는 분리되었으나, 그의 하나님에게서는 분리될 수 없었고, 그의 아버지 집에서는 쫓겨났으나, 여호와께서 그와 함께 하셨고, 이것이 그에게 위로를 주었다. (3) 우리가 하는 일이 모두 형통한 것은 바로 하나님이 우리와 함께 계시기 때문이다. 그러므로 형통하고자 하는 자는 하나님을 친구로 삼아야 한다. 그리고 형통한 자들은 하나님께 찬양을 돌려야 한다.

2. 그의 주인이 그를 선대하여, 점차 그의 집을 맡은 가정 총무로 삼았다(4절). 주목하라. (1) 근면과 정직이 높이 올리기는 가장 확실하고도 안전한 길이다. 네가 자기의 일에 능숙한 사람을 보았느냐? 이러한 사람은 마침내 왕 앞에 설 것이요 항상 천한 자 앞에만 서지는 아니하리라(잠 22:29). (2) 어떠한 종류든 권위

의 자리에 있는 자들로서는 하나님이 함께 하시는 것으로 나타나는 자들을 후원하고 그들을 사용하는 것이 지혜로운 일이다(시 101:6). 보디발은 요셉의 손에 가정의 모든 일을 맡겼다. 자기 자신이 손수 관여하는 것보다는 그것이 더 형통할 것임을 알고 있었기 때문이다. (3) 작은 일에 충성된 자는 다른 많은 일들을 맡아 관장하게 된다(마 25:21). 그리스도께서는 그의 종들을 이 법칙으로 대하신다. (4) 주인으로서는 신뢰할 만한 그런 종을 휘하에 두면 크게 안심이 된다. 보디발은 요셉의 행실에 크게 만족하여, 자기가 먹는 음식 외에는 간섭하지 아니하였다(6절). 가정의 모든 궂은 일들은 그 종이 담당하였고, 주인은 그저 그것을 누리기만 했다. 모든 면에서 요셉 같은 사람을 종으로 두었다는 확신이 없는 이상, 다른 주인들은 이런 모범을 본받을 수 없을 것이다.

3. 하나님께서 요셉으로 인하여 그의 주인에게 자비를 베푸셨다. 비록 그가 애굽사람이요 참되신 하나님에 대하여 문외한이었으나, 여호와께서 요셉을 위하여 그 애굽 사람의 집에 복을 내리셨다(5절). 그리고 라반의 경우처럼(30:27), 얼마 지나지 않아서 그도 경험으로 그 사실을 깨닫게 되었다. 주목하라. (1) 선한 사람들은 그들이 사는 곳에 복이 되며, 비록 비천하여 가벼이 대접받으나 선한 종들도 마찬가지다. (2) 악인이 이리저리 형통을 누리는 것은 경건한 자들로 말미암은 것이다. 여기서도 한 악한 가정이 거기에 있는 선한 종 덕분에 복을 받는 것이다.

[7]그 후에 그의 주인의 아내가 요셉에게 눈짓하다가 동침하기를 청하니 [8]요셉이 거절하며 자기 주인의 아내에게 이르되 내 주인이 집안의 모든 소유를 간섭하지 아니하고 다 내 손에 위탁하였으니 [9]이 집에는 나보다 큰 이가 없으며 주인이 아무것도 내게 금하지 아니하였어도 금한 것은 당신뿐이니 당신은 그의 아내임이라 그런즉 내가 어찌 이 큰 악을 행하여 하나님께 죄를 지으리이까 [10]여인이 날마다 요셉에게 청하였으나 요셉이 듣지 아니하여 동침하지 아니할 뿐더러 함께 있지도 아니하니라 [11]그러할 때에 요셉이 그의 일을 하러 그 집에 들어갔더니 그 집 사람들은 하나도 거기에 없었더라 [12]그 여인이 그의 옷을 잡고 이르되 나와 동침하자 그러나 요셉이 자기의 옷을 그 여인의 손에 버려두고 밖으로 나가매

여기서 다음을 보라.

I. **요셉의 여주인의 뻔뻔스러움과 부도덕함이 가장 수치스럽게 드러남.** 그녀는 수치스럽고 추잡한 욕정에 사로잡혀 모든 덕성과 명예를 완전히 상실해 버렸으며 이는 극한 분노 없이는 도저히 언급할 수도 생각할 수도 없다. 그녀가 애굽 사람이었다는 것이 잘된 일이었다. 그런 어리석음이 이스라엘에서 발견되었다면 우리도 혼란스러웠을 것이다. 관찰하라.

1. 그녀의 죄는 눈에서 시작되었다. 그의 주인의 아내가 요셉에게 눈짓하다가(7절). 요셉은 용모가 빼어나고 아름다웠던 것이니(6절). 주목하라. (1) 남자든 여자든 용모가 빼어나게 아름다운 것은 그들 자신과 다른 이들에게 위험한 올무가 되는 경우가 많다. 그러므로 그것을 자랑스러워해서도 안 될 것이요, 또한 그것이 유혹거리가 되는 것을 인식하고 항상 경계하여야 할 것이다. 육체적 아름다움은 속이는 것이다. (2) 눈이 마음을 오염시키지 못하도록 우리 눈과 언약을 맺는 것이 절실하게 필요하다(욥 31:1). 요셉의 여주인에게는 남편이 있었으니, 그녀는 그를 다른 모든 사람들에게 눈을 돌리지 못하도록 하는 눈가리개로 삼았어야 했다(20:16).

2. 그녀는 죄를 짓는 데에 대담했고 부끄러움을 몰랐다. 그녀는 뻔뻔스러운 얼굴과 창녀의 이마를 하고서, 나와 동침하자고 하며 요셉을 꾀었다. 그녀는 이미 방자한 모습과 부정한 정욕으로 마음으로 그와 간음을 범한 터였다. 주목하라. 더러운 영이 영혼을 사로잡고 장악하게 되면, 그것은 마귀에게 사로잡힌 것이나 마찬가지다(눅 8:27, 29). 정숙의 의복이 던져지고, 수치의 띠와 족쇄가 산산조각 나 버리는 것이다. 정욕이 사람을 지배하게 되면, 아무것도 거칠 것이 없고, 아무것에도 얼굴이 붉어지지 않는다. 예의와 명예와 양심이 모두 그 바알브올에게 희생되는 것이다.

3. 그녀는 절박하고도 격렬하게 유혹하였다. 지극히 강력한 이유를 들어 그녀를 거부하기도 자주 했으나, 그 때마다 그녀는 자기의 악한 계교를 새롭게 밀어붙였다. 그녀는 날마다 요셉에게 청하였다(10절). 그런데 여기서, (1) 그녀의 악이 심히 컸음을 보게 된다. 그녀의 마음은 악을 행하는 쪽으로 완전히 나아가 있었다. (2) 이는 요셉에게는 크나큰 유혹거리였다. 분명 사탄의 손길이 그 속에 있었다. 사탄은 괴로움과 세상의 박해로 그를 이길 수 없게 되자(그런 환경에서도 그는 굳건히 순전함을 지켰으므로), 부드럽고 매력적인 쾌락으로 무기를 삼고 그를 공격하였다. 이것이 오히려 더 치명적이며 수많은 사람들을 죽

인 것이다.

Ⅱ. 요셉의 덕성과 또한 그의 단호한 정절이 드러나는 가장 현저한 실례가 여기 나타난다. 그는 하나님의 은혜로 말미암아 이 유혹을 저항하여 이길 수 있었다. 모든 점들을 고려할 때에, 그가 이 유혹에서 피한 일은, 모르긴 몰라도, 맹렬한 풀무에서 세 사람이 구원받은 것에 버금가는 하나님의 능력이 나타난 큰 사례라 할 것이다.

1. 그가 받은 유혹은 매우 강력하였다. 순결의 요새에 대해 가해진 공격으로는 여기 기록되어 있는 이 공격보다 더 격렬한 것은 없었다. (1) 요셉이 유혹을 받은 죄는 성적인 부정의 죄였다. 그의 젊은 나이와 그의 아름다움과 그의 독신 상태와 또한 주인의 식탁에서 풍성함을 누리는 그의 삶을 고려할 때에, 이 죄는 그를 가장 손쉽게 무너뜨리고 그를 타락하게 만들 만한 죄였다. (2) 유혹한 자는 그의 여주인으로서 그가 복종하고 섬겨야 할 지체 높은 사람이었다. 그리고 그녀의 환심을 사는 것이 다른 무엇보다 그가 높아지는 데에 도움이 될 것이었고, 그녀를 통하면 최고로 존귀한 자리에까지 오를 수도 있는 상황이었다. 반대로, 그가 그녀를 무시했다가는 지극한 위험에 빠지게 되고, 그녀가 그의 원수가 될 것이었다. (3) 기회가 도둑을 만들고, 간음자를 만들기도 한다. 그런데 그 유혹이 좋은 기회를 잡았다. 유혹자는 그와 함께 집에 있었고, 그는 자신의 사무 때문에 그녀가 있는 곳에 의심을 받지 않고 드나들 수 있었다. 가족 중 아무도 집에 없었고(11절), 따라서 들킬 위험도 전혀 없어 보였다. 혹시 의심을 받더라도 그 여주인이 그를 보호해 줄 것이었다. (4) 이 모든 요인에다 그녀의 끈질긴 요구가 덧붙여졌다. 날마다 끈질기게 요구하던 그녀는 드디어 그에게 강제로 손을 뻗었다.

2. 그 유혹에 대한 그의 저항은 매우 용감했고, 그 승리는 진정 존귀하였다. 전능하신 하나님의 은혜가 그로 하여금 원수의 이러한 공격을 이길 수 있게 한 것이다.

(1) 강력한 논지의 힘으로. 어디서든 올바른 논지가 제시되면, 분명 신앙이 설득력을 얻게 될 것이다. 그는 자신이 하나님과 그의 주인에게 바르게 행하여야 한다는 것을 호소하였다(8, 9절). [1] 그는 주인에게 잘못을 범하는 것도 원치 않았고, 그의 명예에 돌이킬 수 없는 해를 끼치는 그런 일을 행하는 것도 원치 않았다. 그는 주인이 얼마나 자기에게 친절을 베풀었으며, 자기를 얼마나

신뢰했으며, 얼마나 자기를 선히 대하였는지를 생각하며, 그런 호의를 그러한 배은망덕으로 갚는다는 것은 생각하기조차 끔찍한 일임을 호소하였다. 주목하라. 우리를 선대하고 우리를 신뢰하는 자들에게 해가 되는 일에는 절대로 관여하지 않는 것이(은밀하게라도) 정의요 감사의 자세일 뿐 아니라 또한 명예로운 일이다. 그가 어떻게 논지를 제시하는지를 보라. "이 집에는 나보다 큰 이가 없으니, 내가 그 일을 행하지 아니하리라"(9절). 주목하라. 높은 자리에 있는 자들은 자기들의 높음을 자랑할 것이 아니라, 그것을 죄를 대적하는 근거로 삼아야 할 것이다. "나보다 큰 이가 없다고? 그렇다면 내가 악한 일을 행하는 것을 경멸하리라. 그런 비열한 정욕을 채우는 것은 나에게는 격에 맞지 않는 일이다. 내 자신을 그렇게 얕볼 수는 없는 일이다." [2] 그는 그의 하나님을 거역하는 것도 원치 않았다. 이것이야말로 죄를 향한 그의 적대적인 자세를 강화시키는 가장 주된 근거다. 내가 어찌 이 큰 악을 행하여 하나님께 죄를 지으리이까? 내가 어찌 죄를 지을 수 있으리이까? 내가 감히 어떻게 죄를 짓겠나이까? 합법적으로 할 수 있는 일은 우리가 할 수 있다. 할 수 있는 가장 강력한 제재 장치로, 심지어 불가능한 제재 장치로도, 죄를 금하는 것이 좋다. 하나님께로서 난 자들은 죄를 지을 수 없다(요일 3:9). 요셉은 여기서 세 가지 논지를 자신에게 강권한다. 첫째로, 그는 시험을 받는 자가 누구인지를 생각한다. "내가, 다른 이들이라면 자유로이 할 수 있을지 몰라도, 나는 할 수 없다. 하나님과 언약을 맺은 이스라엘 사람인 내가, 신앙을 고백하고 하나님과 관계를 맺고 있는 내가 어떻게 그런 일을 행하랴? 내게 그 일은 거의 불가능에 가까운 일이다." 둘째로, 자신이 시험받고 있는 그 죄가 어떤 것인지를 생각한다. 이 큰 악을. 다른 이들은 그것을 작은 일로, 사소한 허물로, 젊음의 객기(客氣)로 여길지 모르나, 요셉은 그것에 대해 생각이 달랐다. 일반적으로, 어느 때든 죄에게 유혹을 받을 때에는, 반드시 그 속에 있는 큰 악을 생각하여야 한다. 죄가 죄로 드러나도록 해야 하며(롬 7:13), 죄를 죄라 불러야 하며, 절대로 그것을 대충 얼버무려서는 안 된다. 또한 구체적으로 성적 부도덕의 죄는 언제나 큰 악으로, 또한 다른 어떠한 죄에 못지않게 영혼을 무너뜨리려 공격하는 극히 사악한 죄로 바라보아야 한다. 셋째로, 그가 누구를 거슬러 죄의 유혹을 받고 있는지를 생각한다. 하나님께. 그는 "내가 어찌 그 일을 행하여 내 주인과 내 여주인과 나 자신과 나 자신의 육체와 영혼에게 죄를 지으리이까?"만이 아니라, "하나님께 죄를 지으리이까?"라고 한다. 주목하라. 은혜 안에 있는 자들은, 하나님을 거스르며, 그의 본성과 그의 통치와 그의 사랑과 그의 계획을 거스르는 것을 죄의 가장 악한 것으로 바라보는 법이다. 그렇기 때문에, 하나님을 사랑하는 자들은 죄를 미워하는 것이다.

(2) 단호하고도 끈질긴 결단으로. 하나님의 은혜로 말미암아 요셉은 유혹하는 자를 피함으로써 유혹을 이길 수 있었다. [1] 그는 여주인의 청을 듣지 아니하였고 그녀와 함께 있지도 아니하였다(10절). 주목하라. 해를 당하지 않으려면, 해로운 길에서 자기 자신을 지켜야 한다. 그 길을 피하고 지나가지 말며 돌이켜 떠나갈지어다(잠 4:15). 아니, [2] 여주인이 붙잡자 그는 자기의 옷을 그 여인의 손에 버려두고 밖으로 나갔다(12절). 그는 머물러 있으면서 유혹과 타협하려 하지 않았고, 그것을 지극히 혐오하여 도망하였다. 그는 마치 자기 목숨을 위해 피하는 사람처럼 자기의 옷을 버려두고 밖으로 뛰쳐나간 것이다. 주목하라. 좋은 의복을 잃어버리는 것이 선한 양심을 잃어버리는 것보다 훨씬 더 낫다.

13그 여인이 요셉이 그의 옷을 자기 손에 버려두고 도망하여 나감을 보고 14그 여인
의 집 사람들을 불러서 그들에게 이르되 보라 주인이 히브리 사람을 우리에게 데
려다가 우리를 희롱하게 하는도다 그가 나와 동침하고자 내게로 들어오므로 내가
크게 소리 질렀더니 15그가 나의 소리 질러 부름을 듣고 그의 옷을 내게 버려두고
도망하여 나갔느니라 하고 16그의 옷을 곁에 두고 자기 주인이 집으로 돌아오기를
기다려 17이 말로 그에게 말하여 이르되 당신이 우리에게 데려온 히브리 종이 나를
희롱하려고 내게로 들어왔으므로 18내가 소리 질러 불렀더니 그가 그의 옷을 내게
버려두고 밖으로 도망하여 나갔나이다

요셉의 여주인은 그와 죄를 범하려고 끈질기게 시도하다 실패하자, 이제는 그를 범죄자로 몰려고 애쓴다. 그리하여 그의 덕성에 대해 그를 복수하려 한 것이다. 이제 그녀의 사랑은 극한 격분과 악의로 바뀌었고, 바로 전까지만 해도 그를 보지 않으면 견딜 수 없었는데도 마치 그를 보기가 역겨워 견딜 수 없는 것처럼 행세한다. 정결하고 거룩한 사랑은 비록 무시를 당한다 해도 계속 이어지지만, 죄악된 사랑은 마치 다말을 향한 암논의 사랑처럼 쉽게 죄악된 증오로 변하는 것이다.

1. 그녀는 요셉의 동료 종들에게 그를 참소하였고(13-15절), 종들 사이에서

요셉이 손가락질 받게 만들었다. 아마도 그 종들은 요셉이 주인의 총애를 받아 집에서 권세를 갖게 된 것을 시기하였을 것이고, 어쩌면 종종 요셉의 성실한 자세로 인하여 물건을 도둑질할 수가 없어 불편했을 때도 있었을 것이다. 그러므로 그들은 그에게 치욕을 안겨 줄 수 있는 일을 전해 듣고 쾌재를 불렀을 것이고, 또한 틈이 보이는 대로 여주인을 부추겨 요셉에 대한 분노를 더욱 불질렀을 것이다. 관찰하라. 여주인은 자기 남편에 대해서 이야기할 때에 그를 남편으로나 주인으로 부르지 않고 그저 그로 부른다(14절. 한글 개역개정판은 주인으로 번역함). 그녀는 남편과 자기 사이에 맺어진 그녀의 신의 언약을 잊어버렸던 것이다. 이처럼 음녀도 자기 남편을 그 좋은 사람이라 부른다(잠 7:19. 한글 개역개정판은 남편으로 번역함). 주목하라. 순진함 그 자체로는 사람의 좋은 평판을 보장해 주지 못한다. 선한 양심을 지킨다고 해서 반드시 선한 이름을 지킬 수 있는 것은 아니다.

2. 그녀는 주인에게 그를 고발하였다. 요셉의 동료 종들과는 달리 그는 그를 처벌할 권한을 쥐고 있는 사람이었다(17, 18절). 관찰하라. (1) 요셉의 의복을 그가 자기에게 폭력을 기힌 증기물로 제시하다니, 이 얼마나 터무니없는 일인가! 그 의복은 그녀가 그에게 폭력을 가했다는 분명한 증거였으니 말이다. 주목하라. 정숙의 끈을 끊어버린 자들은 진실의 끈에도 절대로 묶이지 않는다. 여주인이, **나와 동침하자** 라고 말할 정도로 뻔뻔스러운 사람이었으니, "**그가 나와 동침하고자 내게로 들어왔다**"고 말했다 해도 전혀 놀랄 일이 아니다. 자기 자신의 범죄를 감추기 위해 거짓말을 했다면, 물론 악하기는 했겠지만, 그래도 어느 정도 변명의 여지가 있었을 것이다. 그러나 요셉의 덕성에 대해 복수하기 위해 그런 터무니없는 거짓말을 했으니, 이는 악의가 가득한 거짓말이었다. 그러나, (2) 그녀는 남편이 이 히브리 종을 데려온 일에 대해 투정을 부리며 요셉에 대해 격분하게 만들었다. 어쩌면 처음에는 그 여주인도 요셉이 히브리인이어서 마음에 들지 않았을지도 모른다. 주목하라. 지극히 선한 사람들이 가장 악독한 범죄자들인 자들에게서 거짓으로 가장 악독한 범죄자로 탄핵을 받는 일이 새삼스러운 일이 아니다. 사람들은 정숙한 요셉을 지극히 악한 사람으로 보고, 그 방자한 여주인을 덕스러운 여자로 보았을 것이다. 그러나 모든 일이 사실 그대로 드러나게 될 그 귀정(歸正)의 날이 오고 있으니 염려할 것이 없다. 요셉의 겉옷이 그에 관한 거짓 증거물로 이용된 것이 이번이 처음은 아니었다.

그의 아버지가 전에 그것에 속아 넘어갔고, 이제는 그의 주인이 속아 넘어간다.

[19]그의 주인이 자기 아내가 자기에게 이르기를 당신의 종이 내게 이같이 행하였다
하는 말을 듣고 심히 노한지라 [20]이에 요셉의 주인이 그를 잡아 옥에 가두니 그 옥
은 왕의 죄수를 가두는 곳이었더라 요셉이 옥에 갇혔으나 [21]여호와께서 요셉과 함
께 하시고 그에게 인자를 더하사 간수장에게 은혜를 받게 하시매 [22]간수장이 옥중
죄수를 다 요셉의 손에 맡기므로 그 제반 사무를 요셉이 처리하고 [23]간수장은 그의
손에 맡긴 것을 무엇이든지 살펴보지 아니하였으니 이는 여호와께서 요셉과 함께
하심이라 여호와께서 그를 범사에 형통하게 하셨더라

여기서 보라.

1. 주인이 요셉의 문제를 억울하게 처리함. 그는 요셉에 대한 탄핵을 그대로 받아들였고, 요셉도 감히 진실을 말하여 자신을 변호할 엄두를 내지 못한다. 그렇게 되면 여주인이 너무 심하게 다치게 되거나 주인이 그 말을 믿지 않거나 둘 중의 하나가 될 것이었다. 결국 요셉은 속수무책으로 정죄를 당하여 영구히 옥에 갇히게 된다(19, 20절). 하나님께서 주인의 분노를 제어시키셨다. 그렇지 않았다면 그를 죽였을 것이다. 그리고 그가 진노로 인하여 옥에 갇혔으나, 하나님께서는 그것을 바꾸어 결국 그를 높이도록 만드셨다. 하나님께서 섭리하사 그가 왕의 죄수를 가두는 옥에 갇히게 되었던 것이다. 보디발이 그 감옥을 택한 것은 십중팔구 그 곳이 감옥 중에서 최악의 감옥이기 때문이었을 것이다. 거기서 그의 몸이 쇠사슬에 매였으나(시 105:18), 하나님은 거기서 그를 높이시는 길을 닦으실 계획을 갖고 계셨던 것이다. 결국 그가 왕의 감옥에 갇힌 것은 그 곳에서부터 왕의 사람으로 격상되기 위함이었다 할 것이다. 주목하라. 거짓된 이유로 사람을 감옥에 가두는 많은 행위들이 결국 저 마지막 큰 날에 하나님의 백성들의 원수들과 박해자들을 참소하게 될 것이다. 우리 주 예수께서도 여기 요셉처럼 붙잡히셨고, 범죄자 중의 하나로 여김 받으셨다.

2. 요셉의 하나님이 그를 지키심. 하나님은 억눌림을 당하는 무고한 백성들을 지키시는 정의롭고 전능하신 후견자이신 것이다. 요셉은 친구들과 친척들에게서 멀리 떨어져 있었고, 그를 위로하고 돕고, 혹은 그를 위해 중재할 사람

이 아무도 없었다. 그러나 여호와께서 요셉과 함께 하시고 그에게 인자를 더하셨다(21절). 주목하라. (1) 하나님은 그의 죄수들을 멸시하지 않으신다(시 69:33). 그가 은혜로 그의 백성과 함께 하시는 것은 문으로도 벽으로도 막을 수가 없다. 그가 그들을 결코 버려두지 않으실 것을 약속하셨기 때문이다. (2) 감옥에 있어도 선한 양심을 지키는 자들은 거기서 선하신 하나님과 함께 있게 된다. 순결하고 올바르면, 어디에 있든지 하나님의 은혜를 누리게 된다. 요셉은 옥에 갇힌 지 얼마 되지 않아서 옥에서조차 작은 권세를 갖게 되는데, 그것은 하나님의 인도하심으로서, [1] 간수장이 은혜를 베푼 덕분이었다. 하나님께서 요셉으로 하여금 간수장에게 은혜를 받게 하셨다. 주목하라. 하나님께서는 그의 백성들을 도우사 우군을 찾을 가망이 거의 없을 때에도 그들에게 우군을 일으키실 수 있고, 심지어 그들을 사로잡아 가두는 자들에게까지도 긍휼히 여김을 받게 하실 수 있는 것이다(시 106:46). [2] 요셉이 그 일을 맡기에 적합했기 때문이었다. 간수장은 하나님이 그와 함께 하시는 것과, 또한 그가 맡은 모든 일들이 잘 되는 것을 보았으므로, 감옥의 일들을 관장하는 직무를 그에게 맡긴 것이다(22, 23절). 주목하라. 지혜와 덕은 아무리 좁은 영역에서도 빛을 발하는 법이다. 선한 사람은 어디에 있든지 선을 행하며, 심지어 옥에 갇혀 있고 외딴 곳에 유배된 상태에서조차도 복이 되는 것이다. 여호와의 영은 옥에 갇히지도, 유배를 당하지도 않으시는 것이다. 사도 바울의 증언을 보라(빌 1:12, 13).

제 40 장

개요

본 장에서는 비록 더디기는 하나 요셉이 높아지는 방향으로 일들이 진행된다. I. 바로의 두 신하들이 옥에 갇혀 요셉의 보살핌을 받고 그의 비범한 처신을 직접 목격하게 된다(1-4절). II. 그 두 신하가 각기 꿈을 꾸고, 요셉이 그 꿈을 해석하며(5-19절), 결국 그의 해석대로 일이 일어나고(20-22절), 그리하여 그들이 그의 비범한 능력을 직접 목격하게 된다. III. 요셉이 두 신하 중 다시 복직할 것을 그가 예언한 자에게(14, 15절) 자기의 일을 호소하나 아무런 효과가 없다(23절).

1 그 후에 애굽 왕의 술 맡은 자와 떡 굽는 자가 그들의 주인 애굽 왕에게 범죄한지
라 2 바로가 그 두 관원장 곧 술 맡은 관원장과 떡 굽는 관원장에게 노하여 3 그들을
친위대장의 집 안에 있는 옥에 가두니 곧 요셉이 갇힌 곳이라 4 친위대장이 요셉에
게 그들을 수종들게 하매 요셉이 그들을 섬겼더라 그들이 갇힌 지 여러 날이라

바로의 술 맡은 자와 떡 굽는 자에 관한 이 이야기는, 만일 요셉이 높아지는 일에 연관이 없었다면, 성경에 기록되지 않았을 것이다. 세상이 교회를 위해 있고, 교회의 유익을 위해 다스림을 받는 것이다. 관찰하라.

1. 바로의 궁의 두 높은 관리가 왕에게 범죄하여 감옥에 갇힌다. 주목하라. 높은 지위는 떨어지기 쉬운 자리다. 왕들의 총애만큼 불확실한 것이 없다. 하나님의 은혜를 행복으로 삼고 그를 섬기는 일을 의무로 삼는 자들은 하나님이 바로보다 더 나은 군주이시며 또한 그들의 잘못을 바로처럼 그렇게 극단적으로 처리하지도 않으신다는 것을 알게 될 것이다. 이 바로의 신하들의 과실에 대해 이런저런 추측들이 많다. 어떤 이들은 바로의 목숨을 시해하려 한 죄였을 것으로 보고, 또 어떤 이들은 바로의 술잔에 실수로 파리가 앉게 하고, 그의 떡에 작은 모래알이 들어가게 한 정도의 가벼운 실수였다고 보기도 한다. 아무튼 하나님의 섭리로 말미암아 이들이 요셉이 갇혀 있던 감옥에 갇히게 되었다.

2. 친위대장, 즉 보디발 자신이 요셉에게 그들을 보살피게 하였다(4절). 이는 곧 그가 이제 요셉에 대해 마음을 풀기 시작하였고, 어쩌면 감히 그를 석방시켜 자기 아내를 화나게 할 생각까지는 없었으나 그가 무죄하다는 것은 믿었다는 것을 시사해 준다 하겠다. 세례 요한은 헤로디아를 즐겁게 해주기 위해 목을 베이기까지 했다.

5옥에 갇힌 애굽 왕의 술 맡은 자와 떡 굽는 자 두 사람이 하룻밤에 꿈을 꾸니 각기
그 내용이 다르더라 6아침에 요셉이 들어가 보니 그들에게 근심의 빛이 있는지라 7
요셉이 그 주인의 집에 자기와 함께 갇힌 바로의 신하들에게 묻되 어찌하여 오늘
당신들의 얼굴에 근심의 빛이 있나이까 8그들이 그에게 이르되 우리가 꿈을 꾸었으
나 이를 해석할 자가 없도다 요셉이 그들에게 이르되 해석은 하나님께 있지 아니
하니이까 청하건대 내게 이르소서 9술 맡은 관원장이 그의 꿈을 요셉에게 말하여
이르되 내가 꿈에 보니 내 앞에 포도나무가 있는데 10그 나무에 세 가지가 있고 싹
이 나서 꽃이 피고 포도송이가 익었고 11내 손에 바로의 잔이 있기로 내가 포도를
따서 그 즙을 바로의 잔에 짜서 그 잔을 바로의 손에 드렸노라 12요셉이 그에게 이
르되 그 해석이 이러하니 세 가지는 사흘이라 13지금부터 사흘 안에 바로가 당신의
머리를 들고 당신의 전직을 회복시키리니 당신이 그 전에 술 맡은 자가 되었을 때
에 하던 것 같이 바로의 잔을 그의 손에 드리게 되리이다 14당신이 잘 되시거든 나
를 생각하고 내게 은혜를 베풀어서 내 사정을 바로에게 아뢰어 이 집에서 나를 건
져 주소서 15나는 히브리 땅에서 끌려온 자요 여기서도 옥에 갇힐 일은 행하지 아니
하였나이다 16떡 굽는 관원장이 그 해석이 좋은 것을 보고 요셉에게 이르되 나도 꿈
에 보니 흰 떡 세 광주리가 내 머리에 있고 17맨 윗광주리에 바로를 위하여 만든 각
종 구운 음식이 있는데 새들이 내 머리의 광주리에서 그것을 먹더라 18요셉이 대답
하여 이르되 그 해석은 이러하니 세 광주리는 사흘이라 19지금부터 사흘 안에 바로
가 당신의 머리를 들고 당신을 나무에 달리니 새들이 당신의 고기를 뜯어 먹으리
이다 하더니

관찰하라

I. 하나님의 특별하신 섭리. 이 두 관원들은 똑같은 날 밤에 이례적인 꿈을 꾸고 범상치 않은 인상을 받게 되어 그것이 신에게서 온 것이라는 생각을 갖게

된다. 주목하라. 하나님은 사람의 영에 직접 관여하시며, 그 사람들의 의도와는 전연 상관없이 그가 기뻐하시는 대로 그 영을 사용하사 그의 뜻을 이루신다. 그에게는 모든 마음들이 열려 있으며, 그는 예부터 그의 백성은 물론 다른 사람들까지도 꿈속에서 말씀하셨다(욥 33:15). 장차 될 일들이 그렇게 미리 알려졌으나 매우 희미하게만 알려진 것이다.

Ⅱ. 이 관원들이 꿈을 꾸고서 근심함. 그들에게 근심의 빛이 있는지라(6절). 그들이 근심하게 된 것은 감옥에 갇힌 것 때문이 아니라(그들은 그 환경에 잘 적응되어 있었고, 어쩌면 거기서 즐겁게 살고 있었을 것이다) 그들이 꾼 꿈 때문이었다. 주목하라. 하나님께서 근심하게 될 자들을 마음에 근심하게 만드시는 방법은 한 가지만 있는 것이 아니다. 죄인들이 외부적인 괴로움들을 통해서도 완악하게 그대로 버티며 굴복하지 않는다 할지라도, 하나님은 다른 방법으로도 얼마든지 그들을 벌하실 수 있다. 그들의 심령을 상하게 하고 마음에 큰 짐을 지게 하셔서 굴복하게 하실 수도 있는 것이다.

Ⅲ. 요셉이 그들을 지극히 친절히 대함. 그는 걱정스럽게 물었다. 어찌하여 오늘 당신들의 얼굴에 근심의 빛이 있나이까?(7절). 요셉은 그들을 돌보는 자였고 자기의 직무를 온유하게 수행한 것이다. 주목하라. 우리는 우리의 보살핌 아래 있는 자들의 근심에 관심을 갖는 것이 합당하다. 요셉은 그들이 괴로움 중에 있을 때에 그들의 친구가 되어 주었다. 그들과 함께 감옥에 갇힌 자였고, 그 역시 꿈꾸는 자였던 것이다. 주목하라. 고난 중에 함께 교제하는 것이 고난당하는 자들을 향하여 연민을 이루는 데 도움이 된다. 그러므로 여기서, 1. 다른 사람들의 근심과 걱정들에 관심을 갖고, 형제들의 안색에 수심이 있는 이유를 묻기를 배우자. 학대 받는 자들의 눈물을 자주 살펴보아야 할 것이다(전 4:1). 그렇게 걱정 중에 있는 자들에게는 그렇게 주목을 받는다는 것이 다소나마 위안이 된다. 2. 우리 자신의 근심에 대해서도 그 원인이 무엇인지를 살피기를 배우자. "어찌하여 내가 그렇게 수심이 가득한가? 합당한 이유가 있는가? 무엇이 됐든, 걱정 근심을 상쇄할 만한 위로거리는 내게 없는가? 내 영혼아 네가 어찌하여 낙심하는가?"

Ⅳ. 그들이 꾼 꿈들과 그 해석. 이 옥에 갇힌 관원들의 괴로움은 그들이 갇혀 있어서, 꿈을 해석해 주는 애굽의 술사들에게 문의할 수가 없다는 것이었다. 여기 감옥에는 이를 해석할 자가 없도다(8절). 주목하라. 감옥에 갇혀 근심

중에 있는 자들이 진정 함께 있기를 바라야 할 그런 해석자들이, 그들의 호기심을 채워주기보다는 섭리의 의미와 계획을 일러주어(만일 일천 사자 가운데 하나가 그 사람의 해석자로 함께 있어 그의 정당함을 보일진대 라고 한 엘리후의 말은 그런 자들을 가리킨다 할 것이다. 욥 33:23, 24) 그들의 양심을 인도해 줄 그런 해석자들이 있는 것이다. 요셉은 여기서 그들이 어느 쪽을 바라보아야 할지를 지시해 준다. 해석은 하나님께 있지 아니하니이까? 이는 곧 그가 섬기는 하나님을 뜻하였고, 요셉은 그 하나님을 아는 지식을 갖도록 그들을 인도하려 한 것이다. 주목하라. 장차 될 일을 미리 말씀하는 일은 하나님의 대권이다(사 46:10). 그러므로 일상적인 방식으로든 특별한 방식으로든 사람들이 얻는 모든 예견(豫見)의 선물들에 대해 그가 찬양을 받아야 마땅한 것이다. 다니엘의 경우처럼(단 2:30), 요셉은 자기 자신이 칭송을 받는 것에 대해 경계하며, 조심스럽게 영광을 하나님께 돌린다. 요셉은 이렇게 청한다. "만일 해석이 하나님께 있다면, 그는 자유로이 행하시는 분이시니, 그가 원하시는 자에게 그 뜻을 전달해 줄 능력을 주실 수도 있으니, 여러분의 꿈을 내게 말해 주시오."

그런데, 1. 술 맡은 관원의 꿈은 사흘 안에 그가 다시 복권될 것을 보여주는 복된 징조였고, 요셉이 그 사실을 그에게 설명해 주었다(12, 13절). 아마도 그는 익은 포도를 그냥 짜서 곧바로 바로의 잔에 부어주는 임무를 담당했었을 것이다. 그 당시는 아직 좋은 포도주를 만드는 현대의 기술이 알려져 있지 않았을 것이다. 관찰하라. 요셉은 술 맡은 관원이 구원받을 것은 예언하였으나, 자기 자신의 구원에 대해서는 예견하지 못했다. 요셉은 오래 전에 자기가 높은 자리에 앉으며 그의 형제들이 그에게 경배하리라는 꿈을 꾸었고, 이제는 아무런 새로운 예언이나 징후가 없이 오로지 그 꿈에 대한 기억만으로 자신을 지탱해야 했다. 하나님의 성도들에게 위로를 주기 위한 이상들은 먼 장래를 위한 것이요, 아주 멀리 있는 일들을 전해 주는 것인데, 이에 비해서 다른 사람들이 미리 보는 것들은, 여기 기록되어 있는 이 경우처럼, 그저 사흘 정도 후에 있을 일을 바라보는 것이다.

2. 떡 굽는 관원의 꿈은 치욕적인 죽음을 미리 보여주는 것이었다(18, 19절). 다른 관원의 꿈이 길몽(吉夢)으로 해석되자, 그는 용기를 얻어 자기의 꿈도 알려 주었다. 이처럼 외식자들은 선한 그리스도인들에게 좋은 것들이 약속되는 것을 들으면 거기에 함께 참여하려 한다. 그러나 그들은 그것을 누리지 못한

다. 그들에게는 아무런 몫이 없기 때문이다. 떡 굽는 관원에게 좀 더 좋은 소식을 전해 주지 못한 것은 요셉의 잘못이 아니다. 목사들은 해석자들에 지나지 않는다. 있는 그대로 외에는 달리 전할 수가 없는 것이다. 그러므로 그들이 신실하게 전하는 데도 그 메시지가 유쾌하지 못하다면, 그것은 그들의 잘못이 아니다. 나쁜 꿈은 좋게 해석될 수가 없는 것이다.

V. 요셉이 이를 바로의 궁에 친구를 얻을 기회로 사용함(14, 15절). 그는 자신이 복권을 예언해 준 술 맡은 관원에게 정중하게 선처를 부탁하였다. **당신이 잘 되시거든 나를 생각하 … 소서.** 요셉이 감옥에서 형통하였으니 감옥 생활이 비교적 순조로웠을 것이나, 그가 자유를 바라는 것에 대해서는 아무도 비난할 수 없을 것이다. 여기서 보라.

1. 그는 자신의 억울한 일에 대해 아주 온건하게 표현한다(15절). 그는 자기를 종으로 판 형들에 대해서는 말하지 않고, 그저 **나는 히브리 땅에서 끌려온 자**라고만 말한다. 즉, 누구의 과오든 간에 자신이 부당하게 그리로 보내졌다는 것이다. 또한 그의 여주인의 거짓 증언으로 주인에 의해서 감옥에 갇히게 된 것에 대해서도 전혀 언급하지 않고, 부드럽게 자신의 무죄를 호소한다. **여기서도 옥에 갇힐 일은 행하지 아니하였나이다.** 주목하라. 우리 자신의 무죄를 스스로 변론할 기회가 생기면, 가능한 한 우리는 다른 사람들을 나쁘게 말하는 것을 조심스레 피하여야 한다. 우리 자신이 무죄하다는 것을 입증하는 것으로 만족하고, 다른 사람들의 잘못을 탓하기를 즐기지 않도록 하여야 할 것이다.

2. 술 맡은 관원에게 아주 완곡하게 요청한다. "나를 생각하소서. 기회가 생기면 내게 친절을 베푸소서." 그리고 그의 구체적인 소원은, **이 집에서 나를 건져 주소서** 라는 것이었다. 그는, "나를 바로의 집에 데려가시고 내게 궁에서 직분을 얻게 하소서"라고 하지 않았다. 그는 높아지기를 구한 것이 아니라, 자유를 얻기를 구한 것이다. 주목하라. 명예를 탐하지 않고 기대하지 않는 자들에게 때때로 섭리가 가장 큰 명예를 베풀기도 한다.

[20]제삼일은 바로의 생일이라 바로가 그의 모든 신하를 위하여 잔치를 베풀 때에 술
맡은 관원장과 떡 굽는 관원장에게 그의 신하들 중에 머리를 들게 하니라 [21]바로의
술 맡은 관원장은 전직을 회복하매 그가 잔을 바로의 손에 받들어 드렸고 [22]떡 굽는
관원장은 매달리니 요셉이 그들에게 해석함과 같이 되었으나 [23]술 맡은 관원장이

요셉을 기억하지 못하고 그를 잊었더라

여기서, 1. 두 관원의 꿈에 대한 요셉의 해석이 정해진 날에 그대로 입증된다. 술 맡은 관원과 떡 굽는 관원이 모두 제삼일에 감옥에서 나갔고, 한 사람은 복직되었고, 다른 한 사람은 사형에 처해졌다. 주목하라. 좋은 변화든 나쁜 변화든 간에 지극히 큰 변화가 극히 짧은 시간 내에 일어나는 경우가 종종 있다. 자연의 수레바퀴의 회전이 그렇게 갑작스러운 것이다. 바로의 생일을 기념하는 예로 인하여, 이 두 사람은 심판을 받을 기회를 맞았다. 바로의 생일에는 모든 신하들이 바로 앞에 반드시 임석하는 것이 풍습이었고, 이 두 사람들도 그 일이 있은 후에 그들의 문제를 심문받아 처결 받게 된 것이다. 왕들의 생일을 엄숙히 기념하는 일은 그들에 대한 존경의 표시로서 옛적부터 행해진 풍습이었다. 여로보암의 생일이나(호 7:5) 헤롯의 생일(막 6:21)처럼 악용되지만 않는다면, 그런 풍습을 시행하는 것 자체는 순전한 것이라 하겠다. 우리도 우리의 생일을 기억하며, 우리가 하나님의 자비로 말미암아 세상에 출생한 것에 대해 감사하며, 우리의 출생이 죄악된 것에 대해 슬퍼하며, 또한 우리의 사망일이 생일보다 훨씬 더 낫기를 기대하는 마음을 가질 수 있을 것이다. 바로는 그의 생일에 이 두 죄인들의 머리를 들어서, 즉 그들을 심문하여(나봇이 심문받을 때도 백성 가운데 높이 앉혀졌다. 왕상 21:9), 술 맡은 관원장은 전직을 회복시켰고 떡 굽는 관원장은 매달았다. 만일 술 맡은 관원장이 죄가 없었고 떡 굽는 관원장이 죄가 있었다면, 무죄한 자의 무죄함이 드러나고 유죄한 자의 죄가 드러나도록 섭리가 공평하게 역사하였음을 인정하여야 할 것이다. 만일 둘 다 무죄했거나 둘 다 유죄했다면, 이는 바로가 자기보다 더 높은 권세를 지닌 분이 계시며 그의 앞에서 자신이 책임을 져야 한다는 것을 잊고서, 느부갓네살 같은 위대한 군주들이 자랑하던 것 같은 그런 권세를(그는 임의로 죽이며 임의로 살리며 임의로 높이며 임의로 낮추었더니, 단 5:19) 자기 임의대로 시행한 것일 것이다.

2. 술 맡은 관원에 대한 요셉의 기대가 무너짐. 그는 요셉을 기억하지 못하고 그를 잊었더라(23절). (1) 여기서 지시된 배은망덕을 보라. 요셉은 그를 도왔고, 그를 동정하였고, 그의 꿈에 대해 좋은 뜻으로 해석을 해주었고, 모든 면에서 놀라운 사람임을 드러내 보였으니 충분히 보답을 받을 만했는데도, 그를 잊어

버렸다니 말이다. 우리가 베푼 사랑이 이 세상에서 미움으로 되돌아오고, 우리가 보여준 존경이 무시로 되돌아온다 해도, 그것을 이상한 일로 생각해서는 안 될 것이다. (2) 편안한 중에 있는 자들이 괴로움 중에 있는 다른 이들을 잊기가 얼마나 쉬운지를 보라. 대접으로 포도주를 마시며 귀한 기름을 몸에 바르면서 요셉의 환난에 대하여는 근심하지 아니하는 자에 대한 선지자의 말씀은 어쩌면 이 이야기를 염두에 둔 것일 것이다(암 6:6). 그러므로 사람에게 기대하지 않기를 배우도록 하자. 요셉은 어쩌면 술 맡은 관원장에게 지나치게 의존했고, 그를 철석같이 믿었는지도 모른다. 그는 이런 실망스런 사건을 통해서 오직 하나님만을 신뢰하기를 배웠다. 사람은 신뢰하지 않을 수록 좋고, 하나님은 많이 신뢰할수록 좋다.

어떤 이들은 이 이야기에서 요셉이 그리스도와 비슷한 점을 지적한다. 요셉과 함께 옥에 갇힌 관원들은 마치 그리스도와 함께 십자가에 못 박혔던 두 강도들과 비슷하였다. 그 중에 하나는 구원받고 하나는 정죄를 받았으니 말이다(이는 라이트푸트 박사[Dr. Lightfoot]가 브로튼 선생[Mr. Broughton]의 견해에 근거하여 제시한 것이다). 요셉은 두 사람 중 하나에게, 당신이 잘 되시거든 나를 생각하소서 라고 말했으나, 그는 그를 잊었다. 그러나 두 강도 중 하나가 그리스도에게, 당신의 나라에 임하실 때에 나를 기억하소서 라고 청했고, 그리스도는 그를 잊지 않으셨다. 술 맡은 관원장이 요셉에게 배은망덕을 저지른 일은 비난해서 마땅하겠으나, 우리는 스스로 주 예수님께 대하여 그보다 훨씬 더 불성실하게 대하고 있다. 요셉은 술 맡은 관원장의 복직을 예언해 준 것밖에 없었으나, 그리스도는 우리의 구원을 친히 이루셨고, 우리를 위하여 왕의 왕 앞에서 중보자가 되셨다. 그런데도 우리는 자주 일깨움을 받고, 또한 그를 절대로 잊지 않겠노라고 약속했으면서도 그를 잊어버린다. 우리는 어리석고 지혜 없는 사람들처럼 그에게 이렇게 형편없이 보답하고 있는 것이다.

제 41 장

개요

여기서 하나님의 섭리로 말미암아 두 가지 역사가 일어난다. I. 요셉이 높은 지위에 오름. II. 흉년 중에 야곱과 그의 가족이 보존함을 받음. 여호와의 눈이 이 땅을 이리저리 살피시며, 마음이 그에게 향하여 있는 몇 안 되는 올바른 자들의 유익을 위하여 인간사를 진행시키시기 때문이다. 이를 위하여 여기서 다음과 같은 사실들이 나타난다. 1. 바로가 꿈을 꿈(1-8절). 2. 요셉이 꿈 해석자로 바로 앞에 천거됨(9-13절). 3. 요셉이 꿈을 해석하고, 애굽에 칠년의 풍년과 칠년의 흉년이 있을 것을 예언하며, 그 일에 대하여 바로에게 지혜로운 조언을 함(14-36절). 4. 요셉이 애굽에서 최고의 권세와 신망의 지위에 오름(37-45절). 5. 요셉의 예언이 이루어지고, 그가 신뢰성 있게 충성을 다하여 직무를 수행함(46-57절).

1 만 이 년 후에 바로가 꿈을 꾼즉 자기가 나일 강 가에 서 있는데 2 보니 아름답고 살
진 일곱 암소가 강 가에서 올라와 갈밭에서 뜯어먹고 3 그 뒤에 또 흉하고 파리한 다
른 일곱 암소가 나일 강 가에서 올라와 그 소와 함께 나일 강 가에 서 있더니 4 그 흉
하고 파리한 소가 그 아름답고 살진 일곱 소를 먹은 지라 바로가 곧 깨었다가 5 다시
잠이 들어 꿈을 꾸니 한 줄기에 무성하고 충실한 일곱 이삭이 나오고 6 그 후에 또
가늘고 동풍에 마른 일곱 이삭이 나오더니 7 그 가는 일곱 이삭이 무성하고 충실한
일곱 이삭을 삼킨지라 바로가 깬즉 꿈이라 8 아침에 그의 마음이 번민하여 사람을
보내어 애굽의 점술가와 현인들을 모두 불러 그들에게 그의 꿈을 말하였으나 그것
을 바로에게 해석하는 자가 없었더라

관찰하라.

1. 요셉이 높은 지위에 오르는 일이 지연됨. 만 이 년 동안 아무 일도 일어나지 않았다(1절). 그가 술 맡은 관원장이 자기의 일을 돌보아 주어 석방될 것이라는 모종의 희망을 갖기 시작한지 이 년이 지났다. 주목하라. 우리에게는 인내가

필요하다. 그저 참기만 하는 인내가 아니라 기다리는 인내가 필요하다. 요셉은 여호와의 말씀이 응할 때까지 감옥에 갇혀 있었다(시 105:19). 하나님의 백성들의 구원을 위하여 정해진 때가 있으니, 비록 더딜지라도 반드시 그 때가 올 것이고, 그 때가 오면 그 때야말로 최고의 때라는 것이 드러날 것이다. 그러므로 우리는 그 때를 기다려야 하고(합 2:3), 만 이 년이 기다리기에는 너무 긴 시간이라는 식으로 생각해서는 안 될 것이다.

2. **요셉이 높은 지위에 오르게 되는 수단.** 그것은 바로 여기에 기록되어 있는 바로의 꿈이었다. 이 꿈들을 그저 일상적인 꿈으로 보면, 이는 이런저런 잡다한 영상들이 의미 없이 나타나는 것으로, 터무니없는 꿈으로 볼 수도 있을 것이다. 깡마른 소들이 살찐 소들을 잡아먹고(같은 종류들끼리 잡아먹으니 그 어떤 것보다 탐욕스럽다), 마르고 가는 이삭이 굵고 충실한 이삭을 잡아먹는다는 것이 어떻게 가능하겠는가? 무수한 꿈들 중에, 아니, 한 가지 꿈 중에도, 온갖 헛된 것들이 있는 것이다(전 5:7). 지금은 하나님께서 더 이상 우리에게 그런 방식으로 말씀하시지 않는다. 꿈들에 개의치 말고, 꿈들을 이야기하지 않는다 해도 별로 문제될 것이 없다고 본다. 어리석은 꿈들을 이야기하면 어리석은 이야기밖에는 나올 것이 없는 것이다. 그러나, 여기 바로가 꾼 꿈들은 하나님께로부터 온 것이라는 증거를 지니고 있었고, 따라서 꿈에서 깨어나자 그는 마음에 번민이 생긴 것이다(8절). 하늘로부터 무언가 범상치 않은 메시지를 받으면 마음에 번민이 생기지 않을 수가 없다. 왜냐하면 하늘로부터 좋은 소식을 기대할 이유가 없다는 것을 우리가 의식하고 있기 때문이다. 바로의 점술가들도 혼란에 빠졌고, 그들의 해몽의 법칙이 통하지 않았다. 바로의 이 꿈들은 그들의 능력 밖에 있었고, 그리하여 그들은 감히 해몽을 제시할 수가 없었을 것이다. 이렇게 된 것은 하나님의 영으로 말미암은 요셉의 해석을 더욱 돋보이게 만들고자 하는 것이었다. 인간의 이성과 영민함과 예지가 혼란에 빠져야 했다. 그래야 하나님의 계시가 우리의 구속을 이루는 중에 더욱 영화롭게 나타날 것이었다(고전 2:13, 14). 이 이야기를 다니엘의 이야기와 비교하라(단 2:27; 4:7; 5:8). 요셉 스스로 꾼 꿈들은 그를 환난에 빠지게 하는 계기가 되었고, 이제 바로의 꿈들은 그를 높이 세우는 계기가 되었다.

[9]술 맡은 관원장이 바로에게 말하여 이르되 내가 오늘 내 죄를 기억하나이다 [10]바로

께서 종들에게 노하사 나와 떡 굽는 관원장을 친위대장의 집에 가두셨을 때에 [11]나
와 그가 하룻밤에 꿈을 꾼즉 각기 뜻이 있는 꿈이라 [12]그 곳에 친위대장의 종 된 히
브리 청년이 우리와 함께 있기로 우리가 그에게 말하매 그가 우리의 꿈을 풀되 그
꿈대로 각 사람에게 해석하더니 [13]그 해석한 대로 되어 나는 복직되고 그는 매달렸
나이다 [14]이에 바로가 사람을 보내어 요셉을 부르매 그들이 급히 그를 옥에서 내 놓
은지라 요셉이 곧 수염을 깎고 그의 옷을 갈아 입고 바로에게 들어가니 [15]바로가 요
셉에게 이르되 내가 한 꿈을 꾸었으나 그것을 해석하는 자가 없더니 들은즉 너는
꿈을 들으면 능히 푼다 하더라 [16]요셉이 바로에게 대답하여 이르되 내가 아니라 하
나님께서 바로에게 편안한 대답을 하시리이다

여기서 다음을 보라.

1. 요셉이 꿈 해석자로 바로에게 천거됨. 술 맡은 관원장이 요셉을 천거하는데, 이는 요셉에 대한 감사한 마음에서나 그의 처지에 대한 연민에서 비롯되었다기보다는 바로에게 잘 보이기 위함이었다 할 것이다. 그는 한 가지 사실을 적절히 고백한다. "내가 오늘 요셉을 잊어버린 내 죄를 기억하나이다"(9절). 주목하라. 우리의 의무를 기억하고 그것을 제때에 행하는 것이 가장 좋다. 그러나 그것을 소홀히 했을 경우에는 우리의 과오를 기억하고 그것을 뉘우치며 다시 의무를 행하는 것이 좋다. 전혀 하지 않는 것보다 늦게라도 하는 것이 더 나은 법이다. 어떤 이들은 여기서 말하는 그의 죄가 전에 그가 바로에 대해 범하여 그것 때문에 옥에 갇힌 그 죄를 의미한다고 본다. 그렇다면 그는 바로가 그를 용서하였으나 자신은 자기 자신을 용서하지 않았다는 것을 넌지시 드러내려고 그런 말을 한 것이 될 것이다. 그가 전한 이야기는 간단히 말해서, 왕의 감옥에 이름 없는 한 젊은 청년이 있는데 그가 자기의 꿈과 떡 굽는 관원장의 꿈을 아주 적절하게 해석하였으므로(그가 해석한 그대로 이루어졌다), 자신이 그를 왕께 꿈 해석자로 천거하고 싶다는 것이었다. 주목하라. 하나님의 백성이 높아지는 하나님의 때야말로 가장 적절한 때임이 결국 드러나게 될 것이다. 만일 술 맡은 관원장이 처음에 그를 기억하고 그를 감옥에서 구해주었다면, 아마도 요셉은 풀려나자마자 히브리 땅으로 다시 돌아갔을 것이고(그는 그 땅을 아주 그리워하고 있었다. 40:15), 그렇게 되었다면, 나중에 드러나게 되지만, 그는 스스로도 그렇게 복된 자리에 있지 못했을 것이고 그의 가족에게도 그처럼 큰 복이

되지는 못했을 것이다. 그러나 2년을 더 감옥에 머물다가, 이번 계기를 통해서 옥에서 풀려나 왕의 꿈을 해석하도록 천거되었으니, 이제 그는 지극히 높은 지위에 오를 길이 준비되고 있었던 것이다. 여호와를 바라고 인내로 기다리는 자는 그 기다린 것에 대해 상급을 받되, 원금만이 아니라 이자까지도 함께 받을 것이다(애 3:26).

2. **요셉이 바로에게 소개됨.** 왕의 일은 조속한 처리를 요하는 일이었다. 요셉은 조속히 감옥에서 풀려난다. 바로의 명령으로 그는 감옥에서 풀려나고 종의 신분에서 해방되는 것은 물론, 왕궁의 최고위의 임무를 부여받는 후보자가 되는 것이다. 왕은 거의 시간적인 여유를 주지 않았다. 그러나 예의를 갖추어야 하므로 요셉은 수염을 깎고 의복을 갈아입었다(14절). 그 모든 일이 갑작스럽게 이루어졌고, 요셉이 왕 앞에 나아갔다. 어쩌면 베드로만큼이나 어리둥절한 상태였을 것이다(행 12:9). 자신이 감옥에서 풀려난 일이 너무도 갑작스럽게 이루어졌으므로, 그는 마치 꿈꾸는 자와도 같았다(시 126:1). 바로는 그가 누구인지 어디에서 왔는지도 묻지 않고 즉시 그에게 자신의 용무를 이야기한다. 자신의 꿈을 해석하기를 기대하고 있다는 것이었다(15절). 이에 대해서 요셉은 겸손하게 매우 정확한 답변을 한다(16절). 여기서 그는, (1) 하나님께 존귀를 올린다. "내게 그럴 능력이 있는 것이 아니라, 하나님께서 주셔야 한다." 주목하라. 큰 은사들은 그것을 지닌 자들이 겸손하게 사용하고 그것들로 자기들 스스로 찬송을 받으려 하지 않고 하나님께 찬송을 돌릴 때에 가장 은혜롭고도 가장 훌륭하게 드러나는 법이다. 그런 자들에게 하나님께서 더 많은 은혜를 주시는 것이다. (2) 그는 바로에게 경의를 표하고, 꿈의 해석이 평화로운 답변이 될 것임을 생각하고서, 그와 그의 통치가 잘 되기를 마음으로 바란다. 주목하라. 하나님의 말씀을 의뢰하는 자들은 평화로운 답변을 기대할 수 있다. 요셉은 자신이 해석자가 된 이상, 최상의 해석을 바라는 것이다.

[17]바로가 요셉에게 이르되 내가 꿈에 나일 강 가에 서서 [18]보니 살지고 아름다운 일
곱 암소가 나일 강 가에 올라와 갈밭에서 뜯어먹고 [19]그 뒤에 또 약하고 심히 흉하
고 파리한 일곱 암소가 올라오니 그 같이 흉한 것들은 애굽 땅에서 내가 아직 보지
못한 것이라 [20]그 파리하고 흉한 소가 처음의 일곱 살진 소를 먹었으며 [21]먹었으나
먹은 듯하지 아니하고 여전히 흉하더라 내가 곧 깨었다가 [22]다시 꿈에 보니 한 줄기

에 무성하고 충실한 일곱 이삭이 나오고 23그 후에 또 가늘고 동풍에 마른 일곱 이
삭이 나더니 24그 가는 이삭이 좋은 일곱 이삭을 삼키더라 내가 그 꿈을 점술가에게
말하였으나 그것을 내게 풀이해 주는 자가 없느니라 25요셉이 바로에게 아뢰되 바
로의 꿈은 하나라 하나님이 그가 하실 일을 바로에게 보이심이니이다 26일곱 좋은
암소는 일곱 해요 일곱 좋은 이삭도 일곱 해니 그 꿈은 하나라 27그 후에 올라온 파
리하고 흉한 일곱 소는 칠 년이요 동풍에 말라 속이 빈 일곱 이삭도 일곱 해 흉년
이니 28내가 바로에게 이르기를 하나님이 그가 하실 일을 바로에게 보이신다 함이
이것이라 29온 애굽 땅에 일곱 해 큰 풍년이 있겠고 30후에 일곱 해 흉년이 들므로
애굽 땅에 있던 풍년을 다 잊어버리게 되고 이 땅이 그 기근으로 망하리니 31후에
든 그 흉년이 너무 심하므로 이전 풍년을 이 땅에서 기억하지 못하게 되리이다 32바
로께서 꿈을 두 번 겹쳐 꾸신 것은 하나님이 이 일을 정하셨음이라 하나님이 속히
행하시리니

여기서는 다음을 보라.

I. 바로가 그의 꿈을 이야기함. 그의 꿈은, 그가 나일 강 가에 서서 보니 살진 암소와 파리한 암소가 강 가에서 올라왔다. 애굽 왕국에는 비가 없었으나(슥 14:18), 거의 해마다 나일 강이 범람하여 그것에 의존하였는데, 꿈에서 본 그 때도 강이 범람한 때였다. 강물이 15, 16 규빗 정도 불어나면 물이 넘치고, 12, 13 규빗 이하면 물이 메마른 상태였다. 하나님의 섭리가 그 선물들을 베풀어주는 방법이 얼마나 다양한가를 보라. 이차적 원인이 무엇이든 간에, 우리는 동일한 일차적 원인이 되시는 하나님께 의존한. 비든 강물이든 간에 모두 그가 지으셔서 우리에게 임하게 하시는 것이다.

II. 요셉이 그의 꿈을 해석함. 그는 그 꿈이 칠 년 동안의 풍년이 곧바로 이어지고, 그 다음에 칠년의 흉년이 이어질 것임을 뜻하는 것이라고 대답한다. 관찰하라.

1. 그 두 꿈이 같은 뜻이었으나, 그러한 반복을 통해서 그 일의 확실성과 가까움과 중요성을 나타내고자 한 것이었다(32절). 이처럼 하나님은 그 뜻이 변하지 아니함을 두 가지 변하지 못할 사실로 말미암아 보여주시는 경우가 많았다(히 6:17, 18). 언약은 두 가지 성례로 인쳐졌고, 그 중 한 성례에는 떡과 포도주가 있다. 이처럼 그 꿈은 하나이지만 그것이 반복되어 그 확실함이 드러난 것이

다.

2. 그러나 그 두 꿈은 두 가지 서로 다른 것을 분명히 지칭하는 것이었다. 곧, 풀과 곡식이 풍부한 것과 모자라는 것이 그것이다. 풀이 풍부하고 모자라는 것은 살진 암소와 파리한 암소로 나타났고, 사람을 위한 곡식의 풍부함과 모자람은 좋은 이삭과 속이 빈 이삭으로 나타난 것이다.

3. 인생의 위로거리들이 얼마나 변화무쌍한가를 보라. 우리의 산이 아무리 든든하게 서 있다고 생각해도, 하나님께서 말씀만 하시면 곧바로 사라질 것이다. **내일도 오늘 같이, 내년도 금년 같이, 크게 넘치리라**(사 56:12)는 것을 확신할 수가 없는 법이다. 우리는 궁핍한 데에도 처하고, 풍부한 데에도 처하는 법을 배워야 하는 것이다.

4. 칠년의 흉년에 앞서서 칠년의 풍년을 주셔서 필요한 것들을 공급받을 수 있도록 하시는 하나님의 선하심을 보라. 이처럼 하나님은 **두 가지를 병행하게 하신다**(전 7:14). 저 위대한 운영자인 하나님의 섭리가 얼마나 놀라운 지혜로 태초부터 지금까지 이 무수한 가족들의 일상사를 지도해왔던가! 지극히 다양한 계절들이 있어 왔고, 땅의 산물도 때로는 많고 때로는 적었다. 그러나 한 때를 다른 때와 견주면, 만나를 이적적으로 베푸신 역사가 일상적인 섭리의 경로에서 보통 분명하게 입증된다. **많이 거둔 자도 남음이 없고 적게 거둔 자도 부족함이 없는 것이다**(출 16:18).

5. 세상적으로 즐기는 것들이 사라지는 본질을 갖고 있음을 보라. 풍년에 크게 늘어난 것이 흉년이 되면 잃어버리고 삼켜진 상태가 되어 버린다. 풍년에 남는 것이 매우 많아 보이나, 사람을 살아남게 해주지도 못하는 것이다(29-31절). **음식은 배를 위하여 있고 배는 음식을 위하여 있으나 하나님은 이것 저것을 다 폐하시리라**(고전 6:13). **영생하도록 있는 양식**(요 6:27)이 있는데, 이것이야말로 잊어서는 안 될 것이요 또한 이것을 위해 수고할 가치가 있는 것이다. 이 세상의 일들을 보배로 삼는 자들은 그것들을 받은 일을 기억해도 거기서 별로 기쁨을 얻지 못할 것이다(눅 16:25).

6. 관찰하라. 하나님께서 이것을 바로에게 미리 계시하셨다. 그러므로 바로는 애굽의 왕으로서 그의 나라의 아버지의 역할을 다하여야 했고, 그들을 위하여 지혜롭게 양식을 공급해 줄 책임이 있었다. 국가의 관원들을 가리켜 목자들이라 부르는데, 이들의 임무는 다스리는 것만이 아니라 양식을 공급해 주는 것

이다.

[33]이제 바로께서는 명철하고 지혜 있는 사람을 택하여 애굽 땅을 다스리게 하시고
[34]바로께서는 또 이같이 행하사 나라 안에 감독관들을 두어 그 일곱 해 풍년에 애굽
땅의 오분의 일을 거두되 [35]그들로 장차 올 풍년의 모든 곡물을 거두고 그 곡물을
바로의 손에 돌려 양식을 위하여 각 성읍에 쌓아 두게 하소서 [36]이와 같이 그 곡물
을 이 땅에 저장하여 애굽 땅에 임할 일곱 해 흉년에 대비하시면 땅이 이 흉년으로
말미암아 망하지 아니하리이다 [37]바로와 그의 모든 신하가 이 일을 좋게 여긴지라
[38]바로가 그의 신하들에게 이르되 이와 같이 하나님의 영에 감동된 사람을 우리가
어찌 찾을 수 있으리요 하고 [39]요셉에게 이르되 하나님이 이 모든 것을 네게 보이셨
으니 너와 같이 명철하고 지혜 있는 자가 없도다 [40]너는 내 집을 다스리라 내 백성
이 다 네 명령에 복종하리니 내가 너보다 높은 것은 내 왕좌뿐이니라 [41]바로가 또
요셉에게 이르되 내가 너를 애굽 온 땅의 총리가 되게 하노라 하고 [42]자기의 인장
반지를 빼어 요셉의 손에 끼우고 그에게 세마포 옷을 입히고 금 사슬을 목에 걸고
[43]자기에게 있는 버금 수레에 그를 태우매 무리가 그의 앞에서 소리 지르기를 엎드
리라 하더라 바로가 그에게 애굽 전국을 총리로 다스리게 하였더라 [44]바로가 요셉
에게 이르되 나는 바로라 애굽 온 땅에서 네 허락이 없이는 수족을 놀릴 자가 없으
리라 하고 [45]그가 요셉의 이름을 사브낫바네아라 하고 또 온의 제사장 보디베라의
딸 아스낫을 그에게 주어 아내로 삼게 하니라 요셉이 나가 애굽 온 땅을 순찰하니
라

여기서 다음을 보라.

I. 요셉이 바로에게 매우 적절한 대책을 제시함. 그 대책이란 다음과 같은 것이었다.

1. 풍년이 드는 동안 흉년을 대비하여 곡식을 비축하고, 곡식이 쌀 때에 그것을 사들여 바로 자신을 풍족하게 하며 또한 곡식이 없어지고 귀할 때에 나라에 곡식을 공급하도록 하라는 것이었다. 주목하라. 적절한 경고 뒤에는 반드시 합당한 대책이 뒤따라야 한다. 그러므로 지혜로운 사람은 악을 미리 예견하여 스스로 피하게 되는 것이다. 하나님은 그의 말씀 속에서 우리에게 시험과 위급의 날에 대해 말씀하셨다. 그 때에는 얻을 수 있는 모든 은혜가 다 필요할 것인데,

그 때가 되면 "그러므로 이제 필요에 따라 나누어주라." 또한 주목하라. 거두어들일 때를 부지런히 선용하여야 한다. 써야 할 때가 올 것이기 때문이다. 개미에게 가서 이 지혜를 배우도록 하자(잠 6:6-8).

2. 각 사람이 다 할 일인데 아무도 하지 않는 경우가 태반이기 때문에, 요셉은 바로에게 전담 관리들을 임명하여 그 모든 일들을 관장하게 할 것을 진언한다(33절). 만일 요셉이 이것을 권고하지 않았더라면, 아마도 아무런 대책이 세워지지 않았을 것이다. 바로의 점술사들이 꿈을 해석하지 못했듯이 그의 신하들도 그 꿈의 의미를 선용하여 대책을 세우지 못했을 것이다. 그러므로 요셉이 그의 뜻대로 모든 신하를 다스리며 그의 지혜로 장로들을 교훈하였다고 말씀한다(시 105:22). 그러므로, 가난하여도 지혜로운 젊은이가 늙고 둔한 왕보다 나으니라는 솔로몬의 말씀이 지극히 합당한 말씀이라 할 것이다(전 4:13).

Ⅱ. 바로가 요셉에게 큰 존귀를 베풂.

1. 요셉에 대해 존귀한 증언을 한다. 바로는 그를 가리켜, 하나님의 영에 감동된 사람이라고 하였다. 이는 결국 다른 어떤 사람과도 견줄 수 없는 탁월함이 그에게 있음을 인정하며, 그를 값진 사람으로 간주하는 것이었다(38절). 그의 영민한 지혜를 따를 자가 없다는 것이었다. 너와 같이 명철하고 지혜 있는 자가 없도다(39절). 이제 요셉은 과거에 받은 치욕과 수모에 대해 충족한 보상을 받고도 남음이 있었고, 또한 그의 공의가 정오의 빛 같이 드러났다(시 37:6).

2. 요셉에게 지극히 존귀한 지위를 부여한다. 곡식을 사들이는 일만 맡긴 것이 아니라, 그를 애굽의 총리로 삼았다. 곧, 가정의 총책임자로 삼았고(내 집을 다스리라), 또한 왕국을 실질적으로 다스리는 자로 삼았다(내 백성이 다 네 명령에 복종하리니). 그러니 그의 권세가 하늘을 찌를 듯해진 것이다. 그의 직책은 굉장한 것이었다. 애굽 온 땅의 총리가 되게 하노라(41절). 애굽 온 땅에서 네 허락이 없이는 수족을 놀릴 자가 없으리라(44절). 나라의 모든 일들이 그의 손을 통하여 진행되게 되며, 아니, 내가 너보다 높은 것은 내 왕좌뿐이니라(40절). 주목하라. 왕들로서는 하나님의 영에 감동된 사람들을 권세와 신망의 지위에 앉히는 것이 지혜요, 또한 그런 사람들의 다스림을 받는 것이야말로 백성들의 복이다. 아마도 왕궁 내에는 요셉이 그렇게 되는 것을 반대하는 자들이 있었을 것이고, 그 때문에 바로는 요셉을 총리에 임명한다는 것을 그렇게 반복하여 강조하였고, 또한 나는 바로라 라고 하며 그 점을 엄숙히 확인하는 것일 것이다(44절).

곡식을 관장할 관리가 있어야 한다는 제안이 있을 때에는 그의 모든 신하가 이 일을 좋게 여겼다(37절). 각자 그 자리를 차지하고픈 생각에서였다. 그러나 이어서 바로가 "요셉이 바로 그 사람이다"라고 할 때에는 그들이 대답을 했다는 기록이 없다. 그들로서는 어쩔 수 없이 그저 묵묵히 받아들이는 것밖에는 없었을 것이다. 그것에 대해 심기들이 불편했기 때문이었다. 요셉에게는 적들이 있었다. 활 쏘는 자들이 그에게 활을 쏘기도 했고, 다니엘처럼(단 6:4) 사람들의 미움도 받았다(49:23).

3. 요셉에게 상상할 수 있는 최고의 존귀를 부여하고, 백성들에게 그를 왕의 최측근으로서, 또한 그가 존귀를 베풀기를 기뻐하는 자로서 높이고 존경할 것을 명한다. (1) 요셉을 총리로 삼는 일을 확증하기 위하여, 또한 자신의 특별한 총애의 증표로서 자신의 인장 반지를 그에게 주었다. 혹은, 이는 그 인장 반지의 권한을 그에게 넘기는 것과도 같았다. (2) 감옥의 죄수복 대신 세마포 옷을 입게 하였다. 왕궁에 있는 자들은 세련되고 부드러운 옷을 입었던 것이다. 아침에 철로 된 사슬에 매여 끌려온 그가 밤이 되기 전에 금사슬로 치장하게 되었나. (3) 버금 수레에 그를 태우고 백성들에게 그에게 충성을 다할 것을 명하였다. "나 바로에게 하듯 그 앞에 엎드리라." (4) 그에게 새 이름을 주어 자신이 요셉을 다스린다는 것을 보였다. 그러나 그 이름은 그가 요셉을 크게 높이는 것을 나타내는 이름으로, 사브낫바네아, 즉 비밀의 계시자였다. (5) 왕의 딸을 그에게 아내로 주어 그를 높였다. 하나님께서 지혜와 기타 혜택들을 풍성히 베푸셨더니, 바로는 존귀를 아낌없이 내어주었다. 그런데, 요셉이 이렇게 높아진 것은, [1] 그의 순전히 인내하며 당한 고난에 대한 풍성한 보상으로서, 하나님의 섭리의 공평함과 선하심이 드러나는 영구한 사례였다. 이로써 모든 선한 백성들이 선하신 하나님을 신뢰하도록 격려를 받게 된다. [2] 이는 그 위대한 비밀의 계시자(요 1:18)이신, 혹은 어떤 이들이 요셉의 새 이름을 세상의 구주로 번역하기도 하는데 과연 세상의 구주이신, 그리스도의 높아지심의 모형이었다. 그가 위의 세계의 지극히 밝은 영광을 입으시며, 지극히 높은 신뢰를 그의 손에 쥐시며, 하늘과 땅의 모든 권세를 부여받으신 것이다. 그는 하나님의 은혜의 모든 창고에 곡식을 거두어들이는 자시요, 지키시는 자시요, 나누어주시는 자시다. 그는 또한 사람들 가운데 있는 하나님 나라의 최고 통치자이시다. 사역자들의 임무는 그의 앞에서 "엎드리라. 그 아들에게 입 맞추라"라고 외치는 것

이다.

46 요셉이 애굽 왕 바로 앞에 설 때에 삼십 세라 그가 바로 앞을 떠나 애굽 온 땅을 순찰하니 47 일곱 해 풍년에 토지 소출이 심히 많은지라 48 요셉이 애굽 땅에 있는 그 칠 년 곡물을 거두어 각 성에 저장하되 각 성읍 주위의 밭의 곡물을 그 성읍 중에 쌓아 두매 49 쌓아 둔 곡식이 바다 모래 같이 심히 많아 세기를 그쳤으니 그 수가 한이 없음이었더라 50 흉년이 들기 전에 요셉에게 두 아들이 나되 곧 온의 제사장 보디베라의 딸 아스낫이 그에게서 낳은지라 51 요셉이 그의 장남의 이름을 므낫세라 하였으니 하나님이 내게 내 모든 고난과 내 아버지의 온 집 일을 잊어버리게 하셨다 함이요 52 차남의 이름을 에브라임이라 하였으니 하나님이 나를 내가 수고한 땅에서 번성하게 하셨다 함이었더라 53 애굽 땅에 일곱 해 풍년이 그치고 54 요셉의 말과 같이 일곱 해 흉년이 들기 시작하매 각국에는 기근이 있으나 애굽 온 땅에는 먹을 것이 있더니 55 애굽 온 땅이 굶주리매 백성이 바로에게 부르짖어 양식을 구하는지라 바로가 애굽 모든 백성에게 이르되 요셉에게 가서 그가 너희에게 이르는 대로 하라 하니라 56 온 지면에 기근이 있으매 요셉이 모든 창고를 열고 애굽 백성에게 팔새 애굽 땅에 기근이 심하며 57 각국 백성도 양식을 사려고 애굽으로 들어와 요셉에게 이르렀으니 기근이 온 세상에 심함이었더라

여기서 관찰하라.

I. 요셉이 두 아들 므낫세와 에브라임을 낳음으로 그의 가족이 견고히 세워짐(50-52절). 그가 두 아들에게 준 이름에서, 그는 하나님의 섭리로 말미암아 그가 이렇게 복된 자리에 있게 되었음을 인정하였다.

1. 그는 자신의 비참한 과거를 잊을 수 있게 되었다(욥 11:6). 우리는 환난이 올 때에, 그것이 지나가고 나면 그보다 훨씬 더 큰 위로가 임하도록 섭리가 역사할 것밖에는 모르는 것처럼 그렇게 환난을 견뎌야 한다. 그러나 요셉이 과연 그 아버지의 온 집 일을 잊어버릴 만큼 비열해질 수 있었겠는가? 그의 말은 그가 형들에게서 받은 수모를, 혹은 아버지에게서 기대했던 장자의 명분에 딸린 부귀와 명예를 잊어버렸다는 뜻이다. 지금 그가 입은 세마포 옷으로 인하여 아버지의 집에서 과거에 입었던 채색옷을 잊은 것이다.

2. 그는 자신이 수고한 땅에서 번성하게 되었다. 애굽 땅은 그에게 고난의 땅

이었고, 어떤 의미에서는 여전히 그랬다. 그 곳이 약속의 땅 가나안이 아니었기 때문이다. 아버지에게서 멀리 떠나 있다는 것도 그에게는 괴로움이었다. 주목하라. 메마르고 도저히 소망이 없는 것 같은 땅에 의인을 위하여 빛이 심겨지기도 한다. 그러나 하나님이 그것을 심으시고, 물을 주시면, 그것이 반드시 다시 돋아난다. 성도들의 환난이 그들의 비옥함을 촉진시키는 것이다. 에브라임은 비옥함이라는 뜻이고, 므낫세는 잊어버림이라는 뜻인데, 이 둘이 함께 가는 경우가 많다. 여수룬이 기름지게 되자 그는 자기를 지으신 하나님을 잊어버렸다(신 32:15).

Ⅱ. 요셉의 예언들이 이루어짐. 바로는 요셉의 예언들의 진실성을 철석같이 믿고 신뢰하였다. 어쩌면 그는 마치 열쇠와 자물쇠처럼 그의 예언과 그의 꿈이 정확히 일치한다는 것에 대해 다른 사람들이 할 수 없을 정도로 마음에 확신을 가졌을지도 모른다. 그런데 결국 그가 속은 것이 아니라는 사실이 사실로 드러났다. 칠년 동안 풍년이 들었고(47절), 칠년 후에 흉년이 그친 것이다(53절). 주목하라. 우리는 번영하며 기회를 잡는 때가 다가오는 것을 예견하여야 하며, 따라서 번영의 상태를 안일하게 즐겨서도 안 되고, 기회를 선용하기를 게을리 해서도 안 된다. 풍족한 시절이 반드시 그칠 것이니, 무엇이든 손에 잡히는 일을 행하여야 하며, 거두어들일 때에는 거두어들여야 한다. 아침이 오나니 밤도 오리라(사 21:12). 풍년이 오나니 흉년도 오리라. 일곱 해 흉년이 들기 시작하였다(54절). 이 세상이 얼마나 변화무쌍하며, 번영의 때에 기뻐하며 또한 환난의 때에 사려 깊게 처신해야 할 필요가 얼마나 절실한지 모른다(전 7:14). 이 기근은 애굽 땅에만이 아니라 다른 땅에도 임한 것 같다. 온 지면에, 즉 인근 모든 지역에까지 임한 것이다. 그 주민의 악으로 말미암아 옥토가 변하여 염전이 된 것이다(시 107:34). 애굽 온 땅에는 먹을 것이 있더니 라는 말씀은 아마도 요셉이 왕을 위해 양식을 비축해 둔 것을 뜻하는 것은 물론, 백성들도 그의 모범을 따라, 또한 그의 예언에 관한 공지를 받아 양식을 비축해 둔 것을 뜻할 것이다.

Ⅲ. 요셉이 자기에게 맡겨진 일을 시행함. 그는 청지기가 반드시 그래야 하는 것처럼, 성실하게 임무를 수행하였다.

1. 곡식이 풍성하게 있을 동안 부지런히 모아들였다(48, 49절). 그렇게 모아들이는 자는 지혜로운 자다.

2. 기근이 닥치자 지혜롭고도 조심스럽게 곡식을 분배하여, 그의 창고에서

적정 가격에 곡식들을 나누어줌으로써 곡식 가격을 안정시켰다. 곤란 중에 있는 백성들이 바로에게 외쳤다. 마치 한 여인이 이스라엘 왕에게 외친 것처럼, 나의 주 왕이여 도우소서 라고 했을 것이다(왕하 6:26). 바로는 그들을 그의 총애하는 신하에게 보냈다. 요셉에게 가서 그가 너희에게 이르는 대로 하라. 하나님께서도 그에게 긍휼과 은혜를 구하는 자들에게 주 예수께 가라고 지시하시며(그에게 모든 충만이 거한다), 그가 너희에게 이르는 대로 하라고 하신다. 요셉은 분명 지혜와 정의로 곡식을 적정 가격에 판매하여, 그것을 값 주고 사들인 바로가 적절한 이윤을 남기면서도 나라가 억울함을 당하지 않도록 하고, 동시에 핍절한 상태를 악용하여 폭리를 취하지도 않도록 하였다. 곡식이 귀하여 사람들이 그것이 없어 죽어가고 있을 때에 그것이 더 귀해지리라는 희망에서 그것을 내놓지 아니하는 자는 그런 행위로 인하여 저주를 받을 것이나(저주는 이유 없이 오는 법이 없다), 그 곡식을 파는 자는 그의 머리에 복이 임하리라(잠 11:26). 그리고 그 가격은 남에게 대접받고자 하는 대로 너희도 남을 대접하라는 정의의 황금률에 따라 결정하여야 할 것이다.

제 — 42 — 장

개요

앞 장에서는 요셉이 해석한 꿈들이 성취되는 것을 보았는데, 본 장과 다음 장들에서는 요셉 자신이 꾼 꿈들이, 곧 그의 아버지의 가족이 그에게 경배하리라는 꿈들이 성취되는 것을 보게 된다. 이 이야기에는 요셉과 그 형들 사이에 있은 일들이 매우 소상히 구체적으로 기록되어 있는데, 이는 그 이야기가 매우 흥미롭기 때문이기도 하며, 또한 이스라엘 사람들과 애굽 사람들 사이에 많이 오간 이야기이기도 했기 때문일 것이나, 동시에 그것이 매우 교훈적이며 야곱의 가족이 애굽으로 가게 된 큰 계기를 설명해 주기 때문이기도 할 것이다. 그 이후에 일어나게 되는 수많은 큰 사건들이 그 사건에 의존하기 때문이다. 본 장의 주요 내용은 다음과 같다. I. 야곱의 아들들이 요셉에게 곡식을 사기를 청함(1-6절). II. 요셉이 그들을 시험하기 위하여 그들을 곤경에 빠뜨림(7-20절). III. 그들이 오래 전에 요셉에게 저지른 죄를 깨달음(21-24절). IV. 그들이 곡식을 갖고 가나안으로 돌아감. 그리고 선한 야곱이 그들의 이야기를 듣고 큰 괴로움이 빠짐(25-38절).

1 그 때에 야곱이 애굽에 곡식이 있음을 보고 아들들에게 이르되 너희는 어찌하여
서로 바라보고만 있느냐 2 야곱이 또 이르되 내가 들은즉 저 애굽에 곡식이 있다 하
니 너희는 그리로 가서 거기서 우리를 위하여 사오라 그러면 우리가 살고 죽지 아
니하리라 하매 3 요셉의 형 열 사람이 애굽에서 곡식을 사려고 내려갔으나 4 야곱이
요셉의 아우 베냐민은 그의 형들과 함께 보내지 아니하였으니 이는 그의 생각에
재난이 그에게 미칠까 두려워함이었더라 5 이스라엘의 아들들이 양식 사러간 자 중
에 있으니 가나안 땅에 기근이 있음이라 6 때에 요셉이 나라의 총리로서 그 땅 모든
백성에게 곡식을 팔더니 요셉의 형들이 와서 그 앞에서 땅에 엎드려 절하매

야곱의 아들들은 모두 결혼하여 자기 가족을 거느리고 있었으나, 아마도 그들은 여전히 아버지 야곱의 다스림 아래에서 한 사회를 구성하고 있었던 것 같다. 여기서 다음을 보라.

I. **야곱이 아들들을 애굽에 보내어 곡식을 사오도록 명함**(1, 2절). 관찰하라. 1. 가나안 땅에 기근이 극심하였다. 여기서 가나안을 약속의 땅으로 여긴 세 족장들이 모두 그 땅에서 기근을 겪은 것을 보게 되는데, 이는 하나님께서 그들을 죽이실지라도, 그들을 굶어 죽게 하실지라도, 과연 그를 신뢰할 수 있는지 그들의 믿음을 시험하고자 하심이었으며, 동시에 그들로 하여금 더 나은 본향, 곧 하늘의 본향을 바라보도록 가르치고자 하심이었다(히 11:14-16). 더 나은 세상을 바라보기 위해서는 이 세상에서 버려야 할 것들이 있는 것이다. 2. 그러나 가나안에 기근이 있을 때에 애굽에는 곡식이 있었다. 한 곳이 다른 곳을 위해 구원을 베풀고 곡식을 공급하도록 섭리가 그렇게 역사한다. 우리 모두가 형제이기 때문이다. 저주받은 함의 자손인 애굽 사람들은 풍요를 누리며, 그 때에 하나님의 복된 이스라엘은 궁핍한 중에 처하여 있다. 하나님은 이처럼 일반 은혜를 베푸심에 있어서 은혜를 엇갈리게 베푸시는 경우가 많다. 그러나 관찰하라. 풍요를 누리는 애굽은 지금 하나님의 섭리 가운데서 요셉의 지혜와 보살핌 덕분에 그것을 누리고 있는 것이다. 만일 그의 형들이 그를 애굽에 팔지 않고, 그를 동생에 대한 예의를 좇아 존중했더라면, 그가 지금 바로를 위해서 행한 그 일을 야곱의 가족을 위해서 행하였을지, 그리하여 애굽 사람들이 그들에게 나아와 곡식을 사려 했을지 누가 알겠는가? 그러나 지혜롭고 선한 사람들을 자기들에게서 내쫓는 자들은 자기들이 무슨 일을 저지르고 있는지를 모르는 법이다. 3. **야곱이 애굽에 곡식이 있음을 보고**. 그는 이웃들이 애굽에서 사서 가지고 온 곡식을 본 것이다. 공급할 곳을 알았고, 또한 다른 사람들이 공급해 온 것을 보았으니, 자신도 그렇게 행하고자 하는 마음이 생겼다. 다른 이들이 영혼의 양식을 얻고 있는데, 우리는 굶어 죽으려는가? 4. 그는 가족들에게 곡식을 공급하는 일에 늑장을 부리는 아들들을 책망하였다. **너희는 어찌하여 서로 바라보고만 있느냐?** 주목하라. 어려움과 궁핍한 처지에 있을 때에, 서로 바라보고만 있는 것은 정말 어리석은 일이다. 마치 희망이 없는 것처럼 실망하여 낙담하는 것도 안 되고, 누가 먼저 가는 영광을 누리며 누가 맨 나중에 가는 안전을 택하느냐는 식으로 서로 논란을 벌이고 있어서도 안 되며, 무엇을 할 것인가를 궁리하고 논쟁을 벌이느라 아무것도 하지 않고 있어서도 안 되며, 아무것도 할 일이 없는 것처럼 게으른 심령으로 꿈꾸고 있어서도 안 되고, 시간이 많은 것처럼 일을 지연시키고 있어서도 안 된다. "오늘 충분히 할 수 있는 일도 내일

행하도록 남겨두라"는 말을 절대로 해서는 안 될 것이다. 5. 아들들에게 애굽으로 가라고 명령하였다. 너희는 그리로 가서 거기서 우리를 위하여 사오라. 가장들은 가족의 일용할 양식을 위하여 기도하여야 하며, 동시에 스스로 신중하게 계획을 세워 부지런히 양식을 마련해야 한다.

Ⅱ. 아들들이 야곱의 명령에 복종함(3절). 그들은 곡식을 사려고 내려갔다. 그들은 종들을 보내지 않고, 매우 지혜롭게도 자기들이 친히 돈을 갖고 애굽으로 내려갔다. 자기는 너무 높고 너무 커서 괴롭고 힘든 일은 자기에게 어울리지 않는다는 생각을 해서는 안 될 것이다. 오로지 베냐민만 함께 가지 않았다. 그는 아버지의 총애하는 막내였기 때문이다. 그들은 곡식을 사서 실을 상당한 짐을 갖고서, 다른 이들과 함께 애굽으로 갔다. 그들은 요셉에게로 인도되었다. 그는 아마도 그들이 오리라는 것을 예상하고 있었을 것이다. 그들은 예법을 따라, 그 앞에서 땅에 엎드려 절하였다(6절). 이제 그들의 빈 곡식 단들이 그의 충실한 곡식 단에게 절한 것이다. 이것을 사 60:14와 계 3:9과 비교하라.

7요셉이 보고 형들인 줄을 아나 모르는 체하고 엄한 소리로 그들에게 말하여 이르
되 너희가 어디서 왔느냐 그들이 이르되 곡물을 사려고 가나안에서 왔나이다 8요셉
은 그의 형들을 알아보았으나 그들은 요셉을 알아보지 못하더라 9요셉이 그들에게
대하여 꾼 꿈을 생각하고 그들에게 이르되 너희는 정탐꾼들이라 이 나라의 틈을
엿보려고 왔느니라 10그들이 그에게 이르되 내 주여 아니니이다 당신의 종들은 곡
물을 사러 왔나이다 11우리는 다 한 사람의 아들들로서 확실한 자들이니 당신의 종
들은 정탐꾼이 아니니이다 12요셉이 그들에게 이르되 아니라 너희가 이 나라의 틈
을 엿보러 왔느니라 13그들이 이르되 당신의 종 우리들은 열두 형제로서 가나안 땅
한 사람의 아들들이라 막내 아들은 오늘 아버지와 함께 있고 또 하나는 없어졌나
이다 14요셉이 그들에게 이르되 내가 너희에게 이르기를 너희는 정탐꾼들이라 한
말이 이것이니라 15너희는 이같이 하여 너희 진실함을 증명할 것이라 바로의 생명
으로 맹세하노니 너희 막내 아우가 여기 오지 아니하면 너희가 여기서 나가지 못
하리라 16너희 중 하나를 보내어 너희 아우를 데려오게 하고 너희는 갇히어 있으라
내가 너희의 말을 시험하여 너희 중에 진실이 있는지 보리라 바로의 생명으로 맹
세하노니 그리하지 아니하면 너희는 과연 정탐꾼이니라 하고 17그들을 다 함께 삼
일을 가두었더라 18사흘 만에 요셉이 그들에게 이르되 나는 하나님을 경외하노니

너희는 이같이 하여 생명을 보전하라 [19]너희가 확실한 자들이면 너희 형제 중 한 사람만 그 옥에 갇히게 하고 너희는 곡식을 가지고 가서 너희 집안의 굶주림을 구하고 [20]너희 막내 아우를 내게로 데리고 오라 그러면 너희 말이 진실함이 되고 너희가 죽지 아니하리라 하니 그들이 그대로 하니라

요셉이 애굽에 있은 지난 이십 년 동안, 특히 거기서 권세를 지녔던 지난 칠 년 동안, 아버지에게 사람을 보내어 자신의 근황을 알린 일이 한 번도 없었던 것에 대해 의아해 할 수도 있을 것이다. 아니, 그가 자주 애굽 온 땅을 순찰하면서도(41:45, 46), 가나안과 인접한 애굽의 국경에 가 있을 때에 그의 늙은 아버지를 찾아 얼마든지 가나안에 갈 수도 있었을 텐데 한 번도 그렇게 한 일이 없다니, 이는 이상한 일이다. 애굽의 병거를 타고 갔다면 사흘 내지 나흘이면 도달할 수 있었을 것인데 말이다. 아마도 가능성 있는 추측은, 야곱과 그의 가족들에 관한 하나님의 뜻이 이루어지도록, 요셉이 이 때에 자기 자신에 대해 행한 모든 일에 하늘의 특별한 섭리가 역사하였다는 것이다. 요셉은 형들이 오자, 여러 가지 만족스러운 증거들을 통해서 그들을 알아보았으나, 그들은 그가 거기 있으리라고는 생각조차 하지 못했으니 그를 알아보지 못한 것은 당연한 일이었다(8절). 그는 그들에게 대하여 꾼 꿈을 기억하고 있었으나(9절), 그들은 잊어버렸다. 하나님의 말씀을 우리 마음에 새겨두면, 그것이 우리의 모든 처신에서 훌륭하게 사용될 것이다. 요셉은 형들을 대하면서 하나님께로부터 온 것이 분명한 자기의 꿈들을 생각하였고, 그 꿈이 이루어지고 형들이 과거의 죄를 회개하게 되도록 일을 진행하고자 했고, 그것이 그대로 이루어졌다.

I. **그는 의도적으로 그들을 아주 거칠게 대하였다.** 그의 지위를 고려하면 그의 말하는 자세 자체만으로도 그들을 두렵게 하기에 충분했다. 그는 엄한 소리로 그들에게 말하였기 때문이다(7절). 그는 그들이 국가를 상대로 나쁜 의도를 갖고 들어왔다는 혐의를 씌우고(9절) 그들을 위험한 자들로 취급하며, 그들을 정탐꾼이라 하며, 그들이 그런 자들이라는 것을 바로의 생명으로 맹세하였다(16절). 어떤 이들은 이것을 맹세로 보고, 또 어떤 이들은 그저 격렬한 감정에서 나오는 단언 정도로 본다. 그러나 이는 예 예와 아니오 아니오를 넘어서는 것이요 따라서 악에서 나온 것이다. 주목하라. 나쁜 말을 사용하는 자들과 대화하면 그런 말들을 쉽게 배우게 되나, 그 배운 나쁜 말들을 없애기는 그렇게 쉬

운 일이 아니다. 요셉은 왕궁의 삶에 젖어 있어서 바로의 생명으로 하는 신하들의 맹세 법에 익숙해져 있었을 것이고, 어쩌면 형들로 하여금 자신을 이스라엘 사람이 아니라 애굽 사람으로 믿게 하려고 그런 표현을 고의로 사용하였을지도 모른다. 그들은 이것이 아브라함의 자손의 어법이 아님을 알고 있었던 것이다. 베드로는 자신이 그리스도의 제자가 아니라는 것을 입증하려 할 때에, 저주하고 맹세하였다. 그런데 어째서 요셉이 형들을 이처럼 엄하게 대하였을까? 그가 복수의 마음에서, 과거에 자기를 짓밟은 자들을 지금 짓밟으려고 그렇게 한 것이 아니라는 것은 분명히 알 수 있다. 그는 그런 성정을 지닌 사람이 아니었다. 오히려, 1. 자기의 꿈을 더욱 풍성하게 하고, 그 꿈을 완전히 이루고자 함이었다. 2. 그들로 하여금 회개하게 하기 위함이었다. 3. 오랜 동안 그렇게 사모하고 그리던 가족의 동정을 그들에게서 알아내기 위함이었다. 만일 친절하게 그들을 대하며 물었다면, 그들이 그의 정체를 알게 될 것이므로, 일부러 엄한 자세로 물은 것이다. 그의 동생 베냐민이 그들 중에 보이지 않았으므로 어쩌면 그들이 동생도 내쫓아 버렸을지도 모른다는 의심을 갖기 시작했고, 그리하여 그들에게 아버지와 동생에 대해 말하도록 유도한 것일지도 모른다. 주목하라. 하나님은 그의 사랑하시는 자들에게 때때로 그의 섭리로 거칠게 대하시고, 큰 자비를 예비해 놓고 계신 상태에서 그들에게 엄히 말씀하기도 하신다.

Ⅱ. 이에 대해 그들은 완전히 굴복하였다. 그들은 최대한의 존경으로 그에게 대답하였다. 내 주여 아니니이다(10절). 과거에 꿈꾸는 자가 오도다 라고 말했던 것과 비교하면 엄청난 변화였다. 그들은 정중하게 혐의를 부인하였다. 당신의 종들은 정탐꾼이 아니니이다. 그들은 자기들은 양식을 사기 위하여 이 곳에 왔음을 말하였다. 그 당시 많은 외국인들이 그런 목적으로 애굽을 방문하였으니, 이는 지극히 정당한 용무였다. 그들은 자기들과 자기들의 가족에 대해서 구체적인 이야기를 제시하였고(13절), 그가 원한 것이 바로 이것이었다.

Ⅲ. 그는 그들을 모두 사흘 동안 옥에 가두었다(17절). 하나님께서도 특별한 위로와 존귀를 베푸실 자들에게 이렇게 대하신다. 먼저 그들을 낮추시고 두렵게 하시며, 종의 영 아래 두시고, 그 다음에 양자의 성령으로 그들의 상처를 싸매시는 것이다.

Ⅳ. 그는 그들에게 한 사람은 볼모로 남고 나머지는 집으로 돌아가 베냐민을 데려오라고 명령하였다. 나는 하나님을 경외하노니(18절)라는 그의 말은 그들

에게 매우 고무적인 발언이었다. 그의 말은 마치 이런 뜻과도 같았다. "내가 그릇 행하지 않으리라는 것을 믿어도 좋다. 나는 그럴 뜻이 없다. 내가 아무리 높다 해도, 나보다 더 높은 분이 계시다는 것을 알고 있으니, 감히 그렇게 할 생각이 없다." 주목하라. 하나님을 경외하는 자들에게 대해서는 그들이 정당하게 처신할 것을 기대할 수 있다. 하나님을 경외하는 것이 권력을 지닌 자들에게 제재가 되어, 그들이 권력을 남용하여 압제와 폭정을 행하는 일이 없도록 다스림을 받게 될 것이다. 아무도 두려워할 자가 없는 자들은 자기들의 양심을 두려워하여야 한다. 나는 하나님을 경외하므로 이같이 행하지 아니하였도다(느 5:15).

[21]그들이 서로 말하되 우리가 아우의 일로 말미암아 범죄하였도다 그가 우리에게
애걸할 때에 그 마음의 괴로움을 보고도 듣지 아니하였으므로 이 괴로움이 우리에
게 임하도다 [22]르우벤이 그들에게 대답하여 이르되 내가 너희에게 그 아이에 대하
여 죄를 짓지 말라고 하지 아니하였더냐 그래도 너희가 듣지 아니하였느니라 그러
므로 그의 핏값을 치르게 되었도다 하니 [23]그들 사이에 통역을 세웠으므로 그들은
요셉이 듣는 줄을 알지 못하였더라 [24]요셉이 그들을 떠나가서 울고 다시 돌아와서
그들과 말하다가 그들 중에서 시므온을 끌어내어 그들의 눈 앞에서 결박하고 [25]명
하여 곡물을 그 그릇에 채우게 하고 각 사람의 돈은 그의 자루에 도로 넣게 하고
또 길 양식을 그들에게 주게 하니 그대로 행하였더라 [26]그들이 곡식을 나귀에 싣고
그곳을 떠났더니 [27]한 사람이 여관에서 나귀에게 먹이를 주려고 자루를 풀고 본즉
그 돈이 자루 아귀에 있는지라 [28]그가 그 형제에게 말하되 내 돈을 도로 넣었도다
보라 자루 속에 있도다 이에 그들이 혼이 나서 떨며 서로 돌아보며 말하되 하나님
이 어찌하여 이런 일을 우리에게 행하셨는가 하고

여기서 보라. **I. 요셉의 형들이 과거에 그에게 행한 잘못에 대해 양심에 찔림을 받음**(21절). 그들은 히브리어로 그 문제를 서로 이야기하였고, 요셉을 애굽 사람으로 알고 있었으므로 그가 자기들의 말을 알아듣지 못할 것으로 생각했고, 더욱이 그가 바로 자기들이 이야기하는 그 장본인이라는 것은 꿈에도 생각하지 못했다.

1. 그들은 자기들이 그를 무자비하게 박해했던 것을 기억하며 후회하였

다. **우리가 아우의 일로 말미암아 범죄하였도다.** 그들이 사흘 동안 감옥에 있을 동안에 이런 말을 한 것이 아니다. 이제 감옥에서 나와서 그 문제에 대한 결말이 나타날 때에 그들이 여전히 곤란한 상태에 있는 것을 보자, 그런 뉘우치는 심정이 되기 시작한 것이다. 어쩌면 **나는 하나님을 경외하노니**(18절)라는 그의 말이 그들로 하여금 과거의 잘못을 생각나게 했을지도 모른다. 여기서 보라. (1) 양심의 역할. 양심은 오래 전에 말하고 행동한 것을 기억나게 하며 마음에 떠오르게 한다. 여기서는 이십 년 전에 범한 일을 기억 속에서 떠올렸다. 시간이 지나도 죄의 죄악성이 낡아 없어지지 않듯이, 양심의 기록 역시 사라지지 않는다. 요셉의 형들의 죄가 아주 생생하게 드러나 있을 때에는 그들이 둘러앉아 떡을 먹었는데, 이제 그로부터 오랜 세월이 흐른 후 양심이 그것을 일깨운 것이다. (2) 고난이 주는 유익. 고난은 양심을 일깨우고 죄를 기억하게 만드는 복되고도 효과적인 수단이 되는 경우가 많다(욥 13:26). (3) 형제에 대해 지은 죄의 악함. 이제 그들의 양심이 죄에 대해 그들을 찌른다. 우리가 억울한 일을 당한다고 생각할 때마다, 우리가 다른 사람들에게 그릇 행한 것을 기억해야 한다(전 7:21, 22).

2. 르우벤 혼자만 자신이 동생을 위해 변호했고, 그들이 행한 악행을 막으려 하였다는 것을 기억하였다. **내가 너희에게 그 아이에 대하여 죄를 짓지 말라고 하지 아니하였더냐?**(22절). 주목하라. (1) 훈계를 물리치고 죄를 범하면, 그 죄는 그만큼 가중된다. (2) 다른 이들과 재난을 함께 당하게 될 때에, 우리가 그들의 악행에 함께 참여하지 않고 우리의 처지에서 그들을 말렸다는 양심의 증언이 있게 되면 우리에게 큰 위로가 될 것이다. 이것이 악한 날에 우리의 기쁨이 될 것이요, 이것이 찌르는 것을 제거해 줄 것이다.

Ⅱ. 요셉이 이 때에 그들을 부드럽게 대함. 그는 그들에게서 물러가 눈물을 흘리며 울었다(24절). 그들이 아직도 더 낮아져야 했으므로 이성적으로는 그들을 여전히 엄히 대하여야 했으나, 본성적인 애정 때문에 그렇게 할 수가 없었다. 그는 온유한 성정을 지닌 사람이었기 때문이다. 이는 회개하는 죄인들을 향한 우리 하나님의 부드러운 자비의 모습도 이와 같다. **내가 그를 책망하여 말할 때마다 깊이 생각하노라**(렘 31:20). 삿 10:16을 보라.

Ⅲ. 시므온이 감옥에 갇힘(24절). 그를 볼모로 택한 것은 아마도 그가 자기에게 가장 무자비하게 대하였던 것을 기억한 때문이거나 아니면 그가 가장 낮

아지지 않았기 때문이었을 것이다. 그를 그들의 눈 앞에서 결박하였다. 혹은 어쩌면 그들이 보는 앞에서는 그를 가혹하게 결박하였다가 그들이 떠나간 후에는 다시 결박을 풀어 주었을지도 모른다.

Ⅳ. 나머지 형제들을 떠나보냄. 그들은 곡식을 구하러 왔는데, 곡식을 얻었을 뿐만 아니라 각자 자기의 돈이 자루에 그대로 남아 있었다. 우리의 요셉이신 그리스도께서도 이처럼 돈이 없이 값없이 쓸 것을 베푸신다. 그러므로 가난한 자들을 불러 그것을 사게 하시는 것이다(계 3:17, 18). 그러나 그들은 이 일로 인하여 공포에 떨었다. **이에 그들이 혼이 나서 떨며 서로 돌아보며 말하되 하나님이 어찌하여 이런 일을 우리에게 행하셨는가 하고**(28절).

1. 그 일은 진정 자비로운 사건이었다. 그들의 돈이 도로 돌아왔다면 그것은 그들에게 악을 행한 것이 아니라 친절을 베푼 것이었다. 그런데도 그들은 이것으로 두려움에 떨었다. 주목하라. (1) 죄 지은 양심은 선한 섭리들도 나쁜 의미로 취하며, 선용하여야 할 일도 그릇되게 생각하기 쉽다. 아무도 추적하는 자가 없는데도 도망하는 것이다. (2) 재물은 때때로 궁핍함만큼이나 염려를 몰고오며, 그보다 더한 염려를 갖게 만든다. 그들이 돈을 강탈당했어도, 지금 자루에서 돈을 발견한 것보다 더 두려워 떨지는 않았을 것이다. 이렇듯 자기의 땅에서 풍족한 수확을 얻은 자는 어찌할까? 라고 말하였다(눅 12:17).

2. 그러나 그들의 정황을 보면, 그 일은 지극히 놀랄 만한 일이었다. 그들은 애굽 사람들이 히브리 사람들을 혐오한다는 것을 알고 있었으니(43:32), 그들이 자기들에게 친절을 베풀 것을 도무지 기대할 수가 없었다. 그러므로 그들은 그 땅의 주인인 자가 자기들을 정탐꾼으로 의심하였으니 이것은 그가 자기들에게 꼬투리를 잡으려는 속셈이라고 결론지었다. 그들의 양심이 그들을 찔렀고, 그들의 죄들이 그들 앞에 드러나, 결국 그들이 혼란에 빠진 것이다. 주목하라. (1) 사람의 마음이 가라앉으면, 주위의 모든 것이 그 가라앉는 것을 돕는다. (2) 우리에게 놀라운 섭리의 일들이 일어나면, 하나님께서 우리에게 무슨 일을 행하셨고 또한 행하고 계신지를 생각하며, 그의 손의 역사들을 깊이 생각하는 것이 좋다.

[29]그들이 가나안 땅에 돌아와 그들의 아버지 야곱에게 이르러 그들이 당한 일을 자세히 알리어 아뢰되 [30]그 땅의 주인인 그 사람이 엄하게 우리에게 말씀하고 우리를

그 땅에 대한 정탐꾼으로 여기기로 31우리가 그에게 이르되 우리는 확실한 자들이
요 정탐꾼이 아니니이다 32우리는 한 아버지의 아들 열두 형제로서 하나는 없어지
고 막내는 오늘 우리 아버지와 함께 가나안 땅에 있나이다 하였더니 33그 땅의 주인
인 그 사람이 우리에게 이르되 내가 이같이 하여 너희가 확실한 자들임을 알리니
너희 형제 중의 하나를 내게 두고 양식을 가지고 가서 너희 집안의 굶주림을 구하
고 34너희 막내 아우를 내게로 데려오라 그러면 너희가 정탐꾼이 아니요 확실한 자
들임을 내가 알고 너희 형제를 너희에게 돌리리니 너희가 이 나라에서 무역하리리
하더이다 하고 35각기 자루를 쏟고 본즉 각 사람의 돈 뭉치가 그 자루 속에 있는지
라 그들과 그들의 아버지가 돈 뭉치를 보고 다 두려워하더니 36그들의 아버지 야곱
이 그들에게 이르되 너희가 나에게 내 자식들을 잃게 하도다 요셉도 없어졌고 시
므온도 없어졌거늘 베냐민을 또 빼앗아 가고자 하니 이는 다 나를 해롭게 함이로
다 37르우벤이 그의 아버지에게 말하여 이르되 내가 그를 아버지께로 데리고 오지
아니하거든 내 두 아들을 죽이소서 그를 내 손에 맡기소서 내가 그를 아버지께로
데리고 돌아오리이다 38야곱이 이르되 내 아들은 너희와 함께 내려가지 못하리니
그의 형은 죽고 그만 남았음이라 만일 너희가 가는 길에서 재난이 그에게 미치면
너희가 내 흰머리를 슬퍼하며 스올로 내려가게 함이 되리라

여기서 다음을 보라. 1. 야곱의 아들들이 돌아가 애굽에서 자신들이 당한 큰 곤경을 아버지께 보고함. 그들은 자기들이 의심과 위협을 받은 사실이며, 베냐민을 데리고 올 때까지 시므온을 볼모로 거기에 남겨두고 올 수밖에 없었던 사실을 소상히 고하였다. 그들이 고향을 떠날 때에 과연 이런 일이 있으리라고 누가 생각이나 했겠는가? 외지로 갈 때에 우리는 다시 집으로 돌아오기까지 전혀 생각지 못한 안타까운 사고들이 얼마든지 우리를 엄습할 수 있다는 것을 생각하여야 한다. 하루에 어떤 일이 일어날지 모르니, 언제나 최악의 사태에 대비하고 있어야 하는 것이다. 2. 야곱이 이 일로 깊은 근심에 빠짐. 요셉이 아버지를 생각하여 되돌려준 돈 자루가 오히려 그를 두렵게 하였다(35절). 그는 무언가 나쁜 속셈으로 그 일을 행하였거나 아니면 그의 아들들이 무언가 잘못을 저질러서 스스로 형벌을 자초하였다고 결론지었다. 너희가 나에게 내 자식들을 잃게 하도다 라는 말(36절)이 이를 시사한다. 그는 잘못을 아들들에게 돌리는 것 같다. 그들의 성품을 익히 잘 알고 있으므로, 그들이 애굽 사람들

의 화를 불러일으켰거나 아니면 사기를 쳐서 돈을 집으로 가져온 것이 아닐까 하여 두려워하였다. 여기서 야곱은 마음의 평정을 잃었다. (1) 그는 가족의 현 상태에 대해 지극히 암울하게 인식하고 있었다. 요셉도 없어졌고 시므온도 없어졌거늘. 요셉은 지금 존귀한 상태에 있고, 시므온도 그런 존귀를 얻는 중에 있었는데도 말이다. 주목하라. 우리는 우리 자신이 실수를 저질러 놓고도 그것으로 매우 혼란스러워 하는 경우가 많다. 그릇된 정보와 가정에서 진짜 슬픔이 일어날 수도 있다(삼하 13:31). 야곱은 요셉은 이미 없어진 것으로 포기하였고, 시므온과 베냐민도 위험한 상태에 있는 것으로 인식하였다. 그리하여 그는, 이는 다 나를 해롭게 함이로다라고 결론지었다. 결국 이 모든 일이 그를 이롭게 하는 것이었고, 합력하여 그와 그의 가족에게 선을 이루는 일이었는데도, 그는 여기서 모든 일이 자기를 해롭게 한다고 생각하였던 것이다. 주목하라. 우리는 무지와 실수와 믿음의 연약함으로 인하여, 진정 우리를 위하는 일들을 우리를 해롭게 하는 것으로 여기는 경우가 많다. 육체와 재물과 명예와 인간관계에서 괴로움을 당할 때에, 이 모든 것들이 우리를 해롭게 한다고 생각한다. 그러나 이것들은 우리를 위하여 영광의 그 중한 것을 이루는 것이다. (2) 그는 베냐민을 내려 보내지 않기로 결심한다. 르우벤은 결국 그를 다시 안전하게 데려오게 될 것이다. 그를 곤경에 처하도록 하지도 않을 것이요, 주의 뜻이면, 여행자들이 공통적으로 당하는 재난도 당하지 않게 할 것이다. 그런데도 그는 어리석게도 야곱에게 그를 다시 데려오지 못하면 자기의 두 아들(이 둘은 그가 매우 자랑스러워하는 아들이었을 것이다)을 죽이라고 말한다. 마치 두 손자가 죽으면 야곱이 아들의 죽음에 대해 한을 풀기라도 할 것처럼 말이다. 아니다. 야곱의 현재의 생각은, 내 아들은 너희와 함께 내려가지 못하리라는 것이다. 그는 그들에 대한 불신을 분명하게 드러낸다. 요셉도 그들과 함께 있은 이후부터 한 번도 보지 못했으니 이것도 무리가 아니다. 그러므로, "베냐민이 너희와 함께 길을 떠나가지 못하리니 이는 너희가 내 흰머리를 슬퍼하며 스올로 내려가게 함이 되리라." 주목하라. 자녀들이 너무 처신을 잘못하여 부모들이 자녀들을 어떻게 신뢰해야 할지를 알지 못할 지경이 된다면, 이는 가정에게 정말 나쁜 일이다.

제 — 43 — 장

개요

여기서는 요셉의 형제들에 관한 이야기가 계속되며, 매우 구체적으로 진술된다. I. 그들이 아버지 야곱을 가나안에 두고 안타깝게 떠남(1-14절). II. 애굽에서 요셉과 기쁘게 상봉함(15-34절). 이번에는 기쁘고 즐거운 일만 일어난다.

1그 땅에 기근이 심하고 2그들이 애굽에서 가져온 곡식을 다 먹으매 그 아버지가 그
들에게 이르되 다시 가서 우리를 위하여 양식을 조금 사오라 3유다가 아버지에게
말하여 이르되 그 사람이 우리에게 엄히 경고하여 이르되 너희 아우가 너희와 함
께 오지 아니하면 너희가 내 얼굴을 보지 못하리라 하였으니 4아버지께서 우리 아
우를 우리와 함께 보내시면 우리가 내려가서 아버지를 위하여 양식을 사려니와 5아
버지께서 만일 그를 보내지 아니하시면 우리는 내려가지 아니하리니 그 사람이 우
리에게 말하기를 너희의 아우가 너희와 함께 오지 아니하면 너희가 내 얼굴을 보
지 못하리라 하였음이니이다 6이스라엘이 이르되 너희가 어찌하여 너희에게 또 다
른 아우가 있다고 그 사람에게 말하여 나를 괴롭게 하였느냐 7그들이 이르되 그 사
람이 우리와 우리의 친족에 대하여 자세히 질문하여 이르기를 너희 아버지가 아직
살아 계시느냐 너희에게 아우가 있느냐 하기로 그 묻는 말에 따라 그에게 대답한
것이니 그가 너희의 아우를 데리고 내려오라 할 줄을 우리가 어찌 알았으리이까 8
유다가 그의 아버지 이스라엘에게 이르되 저 아이를 나와 함께 보내시면 우리가
곧 가리니 그러면 우리와 아버지와 우리 어린 아이들이 다 살고 죽지 아니하리이
다 9내가 그를 위하여 담보가 되오리니 아버지께서 내 손에서 그를 찾으소서 내가
만일 그를 아버지께 데려다가 아버지 앞에 두지 아니하면 내가 영원히 죄를 지리
이다 10우리가 지체하지 아니하였더라면 벌써 두 번 갔다 왔으리이다

여기서 보라. 1.야곱은 아들들에게 애굽에 가서 곡식을 더 사오라고 명한다(1, 2절). 기근이 계속되었고, 그들이 사온 곡식도 다 떨어졌다. 그것은

없어지는 양식이다. 야곱은 선한 가장으로서 가솔들에게 양식을 공급할 책임이 그에게 있었다. 그러니 하나님이 그의 자녀들에게, 믿음의 가정에게 양식을 공급하시지 않으랴? 야곱은 다시 가서 양식을 조금 사오라고 명한다. 이처럼 궁핍한 때에는 조금만으로도 족하다. 조금만으로도 연명할 수 있을 것이기 때문이다.

2. 유다가 야곱에게 베냐민을 데리고 가는 것을 허락해 줄 것을 간청한다. 아무리 그것이 마음에 걸리고 또한 결심한 일이라 해도 반드시 그를 데리고 가야 한다는 것이었다. 주목하라. 자녀들이 부모에게 겸손하고도 정중하게 조언하고, 이성적으로 반론을 제기하는 것은 그들이 부모에게 드려야 할 존귀와 의무와 모순된 것이 전혀 아니다. 너희 어머니와 논쟁하고 논쟁하라(호 2:2). (1) 유다는 베냐민을 함께 데려가는 것이 절대적으로 필요하다는 것을 강변한다. 그 문제에 대해서는 애굽에서 일어난 모든 일을 직접 당한 그 자신의 판단이 야곱의 판단보다 훨씬 더 신빙성이 있었던 것이다. 요셉의 경고(3절)는 우리가 어떤 조건으로 하나님께 가까이 나아가야 하는지를 보여주는 것으로 적용할 수도 있을 것이다. 우리의 믿음의 팔에 그리스도를 끼고 함께 나아가지 않으면 절대로 하나님의 낯을 볼 수가 없는 법이다. (2) 유다는 가능한 모든 노력을 기울여 베냐민을 보살피고 그의 안전을 위하여 최선을 다할 것을 약속한다(8, 9절). 유다는 오래 전에 자신이 요셉을 해한 일에 대해 양심에 찔림을 받은 바 있었다(42:2). 그리하여 자신이 진실로 회개했다는 증거로서, 사람이 할 수 있는 한 최선을 다하여 베냐민의 안전을 지키기로 결심한 것이다. 그는 베냐민을 그릇 대하지 않을 뿐 아니라 온 힘을 다하여 그를 보호할 것이었다. 이것이 인간적인 면에서 자신의 과실을 보상하는 길이었다. 요셉을 돌이킬 방법을 몰랐으니, 베냐민에 대한 보호를 배나 각별하게 함으로써 자신이 과거에 저지른 돌이킬 수 없는 과오를 조금이나마 씻고자 했던 것이다.

[11]그들의 아버지 이스라엘이 그들에게 이르되 그러할진대 이렇게 하라 너희는 이 땅의 아름다운 소산을 그릇에 담아가지고 내려가서 그 사람에게 예물로 드릴지니 곧 유향 조금과 꿀 조금과 향품과 몰약과 유향나무 열매와 감복숭아이니라 [12]너희 손에 갑절의 돈을 가지고 너희 자루 아귀에 도로 넣어져 있던 그 돈을 다시 가지고 가라 혹 잘못이 있었을까 두렵도다 [13]네 아우도 데리고 떠나 다시 그 사람에게로 가

라 [14]전능하신 하나님께서 그 사람 앞에서 너희에게 은혜를 베푸사 그 사람으로 너희 다른 형제와 베냐민을 돌려보내게 하시기를 원하노라 내가 자식을 잃게 되면 잃으리로다

여기서 관찰하라.

I. 야곱이 설득됨. 그는 탄원하는 자들이 그의 아랫사람들이었으나, 이성적으로 사태를 판단하였다. 그는 아들들의 요구대로 해야 할 필요성을 보았다. 그러나 달리 방도가 없었으므로, 그 필요성에 굴복하기로 동의하였다. "반드시 그래야 할진대 네 아우도 데리고 떠나 다시 그 사람에게로 가라(11, 13절). 그 조건에 따르지 않고서는 곡식을 얻을 수 있다면, 여행의 위험을 무릅쓰고라도 베냐민을 함께 보내는 것이 모두 양식이 없어 망하는 것보다 나으리라." 가죽으로 가죽을 바꾸리니 사람이 그의 모든 소유물로, 심지어 가장 총애하는 베냐민으로라도, 자기의 생명을 바꿀지라(욥 2:4). 기근에 의해서 굶주려 죽는 죽음만큼 처참한 것은 없다(애 4:9). 야곱은 앞에서, 내 아들은 너희와 함께 내려가지 못하리라고 말했었다(42:38). 그런데 지금은 모든 정황을 납득하고 그를 보내기로 동의한다. 주목하라. 정당한 이유가 있을 때에 우리의 뜻과 결심을 바꾼다 해도, 그것은 잘못이 아니고, 오히려 지혜요 의무다. 한결같은 것은 덕(德)이지만, 고집 센 것은 덕이 아니다. 후회함이 없고 또한 불변하는 결심을 행하는 것은 오직 하나님만이 누리시는 대권인 것이다.

II. 야곱의 지혜와 정의로움. 이는 세 가지로 나타난다. 1. 그는 자루 아귀에서 발견한 돈을 다시 보냈다. 혹시 잘못이 있었을까 두렵기 때문이었다. 주목하라. 정직하게 행하려면, 우리 자신의 실수로 우리에게 온 것은 물론 다른 사람의 실수로 우리에게 온 것도 되돌려 주어야 한다. 잘못하여 실수로 우리가 취하였을 경우, 그 사실이 발견되었는데도 그대로 취하고 있으면, 그것은 속임수로 취하는 것이 된다. 소유권을 따질 때에 실수로 얻은 것은 우리에게 이익이 되든 손해가 되든 제외시켜야 한다. 야곱의 발언은 모욕으로 받아들여 분을 내고픈 유혹을 받을 수도 있으나, 호의로 생각해야 마땅한 것이다. 그런 유혹을 물리치고, 혹시 잘못이 있었을까 두렵다고 말하여야 하는 것이다. 2. 그는 전보다 두 배의 돈을 보냈다. 혹시 곡식 값이 올랐을 것이라는 가정 하에서 그렇게 한 것이다. 아니면, 그 땅의 주인인 그 사람이 혹시 호의적으로 대하여 줄까 기

대하여 너그러운 마음을 보이고자 그렇게 했을 수도 있다. 3. 그는 그 땅에서 나는 산물들 중에 유향과 꿀 등 애굽에서는 귀한 것들을 선물로 보냈다(11절). 그것들은 가나안 지방에서 수출하는 품목들이었다(37:25). 주목하라. (1) 하나님의 섭리는 그 선물들을 매우 다양하게 분배한다. 어떤 나라들에서는 한 가지 품목을 생산하고, 다른 나라들에서는 다른 품목을 생산하여, 상업이 보존되도록 하는 것이다. (2) 꿀과 향품은 절대로 곡식이 없는 것을 대신할 수는 없다. 가나안에 기근이 극심하였으나 그래도 거기에는 유향과 몰약 등이 있었다. 맛좋은 감미품이 없어도 평범한 양식만 있으면 잘 살 수 있다. 그러나 평범한 양식이 없으면 감미품만으로는 도저히 살 수가 없다. 우리의 삶에 가장 필요하고 가장 유용한 것이 대개 가장 값이 싸고 가장 흔하다는 것에 대해 하나님께 감사해야 마땅할 것이다. (3) 은밀한 선물은 노를 쉬게 하는 법이다(잠 21:14). 야곱의 아들들이 부당하게 정탐꾼으로 몰렸으나, 야곱은 그들을 정죄하는 자와 화해하기 위해 기꺼이 선물을 보내는 비용과 수고를 담당하였다. 정당하게 평화를 요구할 수도 있고, 또한 그것을 우리의 권리로 주장할 수도 있을 경우라도, 그 평화를 값을 주고 사는 것을 지나치다고 생각해서는 안 될 때가 있는 법이다.

Ⅲ. 야곱의 기도에서 그의 경건이 나타남. 전능하신 하나님께서 그 사람 앞에서 너희에게 은혜를 베푸시기를 원하노라(14절). 야곱은 전에 분노한 형에게 선물을 보내고 또한 기도함으로써 그를 친절하게 바꾸어 놓은 예가 있었는데, 여기서도 그는 동일한 방법을 사용하고 있다. 주목하라. 자비를 얻고자 하는 자는 그것을 하나님께 구하여야 한다. 하나님이 모든 사람의 마음을 주장하시며, 그의 뜻대로 그 마음들을 바꾸시기 때문이다.

Ⅳ. 야곱의 인내. 그는 이렇게 결론을 내린다. "내가 자식을 잃게 되면 잃으리로다. 내가 아들을 차례로 잃는다 할지라도 모든 것을 감내하고, 여호와의 뜻이 이루어지이다 라고 말하리라." 주목하라. 아무리 혹독한 환난과도 친해지며 그것을 최선으로 이기는 것이 지혜로운 일이다. 우리의 창조주와 싸워서 얻을 것이 하나도 없으니 말이다(삼하 15:25, 26).

15그 형제들이 예물을 마련하고 갑절의 돈을 자기들의 손에 가지고 베냐민을 데리고 애굽에 내려가서 요셉 앞에 서니라 16요셉은 베냐민이 그들과 함께 있음을 보고

자기의 청지기에게 이르되 이 사람들을 집으로 인도해 들이고 짐승을 잡고 준비하
라 이 사람들이 정오에 나와 함께 먹을 것이니라 [17]청지기가 요셉의 명대로 하여 그
사람들을 요셉의 집으로 인도하니 [18]그 사람들이 요셉의 집으로 인도되매 두려워하
여 이르되 전번에 우리 자루에 들어 있던 돈의 일로 우리가 끌려드는도다 이는 우
리를 억류하고 달려들어 우리를 잡아 노예로 삼고 우리의 나귀를 빼앗으려 함이로
다 하고 [19]그들이 요셉의 집 청지기에게 가까이 나아가 그 집 문 앞에서 그에게 말
하여 [20]이르되 내 주여 우리가 전번에 내려와서 양식을 사가지고 [21]여관에 이르러
자루를 풀어본즉 각 사람의 돈이 전액 그대로 자루 아귀에 있기로 우리가 도로 가
져왔고 [22]양식 살 다른 돈도 우리가 가지고 내려왔나이다 우리의 돈을 우리 자루에
넣은 자는 누구인지 우리가 알지 못하나이다 [23]그가 이르되 너희는 안심하라 두려
워하지 말라 너희 하나님, 너희 아버지의 하나님이 재물을 너희 자루에 넣어 너희
에게 주신 것이니라 너희 돈은 내가 이미 받았느니라 하고 시므온을 그들에게로
이끌어내고 [24]그들을 요셉의 집으로 인도하고 물을 주어 발을 씻게 하며 그들의 나
귀에게 먹이를 주더라 [25]그들이 거기서 음식을 먹겠다 함을 들었으므로 예물을 정
돈하고 요셉이 정오에 오기를 기다리더니

야곱의 아들들은 베냐민과 함께 가도록 허락을 받은 후, 아버지의 명령에 복종하여 두 번째로 곡식을 사러 애굽으로 내려갔다. 말씀이 없는 기근이 어떤 것인지를 안다면, 이들이 육신적인 양식을 위하여 먼 길을 마다하지 않고 간 것처럼, 영적인 양식을 얻기 위해서 먼 길을 가기도 마다하지 말아야 할 것이다. 여기서 우리는 야곱의 아들들과 요셉의 청지기 사이에 오간 일을 접하게 된다. 어떤 이들은 이 청지기가 그들이 요셉의 형제들임을 알고 있었고, 그리하여 요셉의 일을 효과적으로 도울 수 있었다고 추측한다. 그러나 필자는 그렇게 보지 않는다. 후에 요셉이 자신의 정체를 그들에게 알릴 때에 아무도 그 자리에 있지 못하도록 했기 때문이다(45:1). 관찰하라. 1. 요셉의 청지기는 주인(그는 곡식을 팔고 돈을 받는 업무에 바빴다)에게서 그들을 자기 집으로 들여 연회에 참석하도록 준비시키라는 명을 받았다. 요셉이 거기서 베냐민을 보았으나, 그는 그 때문에 업무 시간에 일을 중단하려 하지도 않았고, 그 일을 다른 사람에게 맡기려 하지도 않았다. 주목하라. 일을 해야 할 시간에는 일이 예의보다 우선한다. 우리가 맡은 필수적인 임무를 소홀히 해서는 안 된다. 2. 그들

은 청지기의 이런 안내조차도 두려워하였다. **그 사람들이 요셉의 집으로 인도되매 두려워하여**(18절). 그들 자신의 양심에 정의로운 가책이 있었고, 또한 요셉이 그들을 격렬하게 의심한 바 있으므로, 그들은 이 일이 그들에게 좋은 일일 것이라는 기대를 가질 수가 없었고, 오히려 그 뒤에 나쁜 의도가 숨어 있을 것이라는 생각이 강하게 든 것이다. 주목하라. 죄 지은 것이 있고 소심한 사람들은 모든 일을 최악으로 생각하는 경향이 있다. 그들은 자기들이 자루 아귀에서 발견된 돈에 대해서 추궁을 당할 것이요, 거래를 할 수 없는 사기꾼들이라는 혐의를 받게 될 것이라고 생각했다. 시장이 바쁘게 돌아가는 것을 이용하여 대금도 지불하지 않고 곡식을 가지고 갔다고 추궁당하게 될 것이라는 것이었다. 그리하여 그들은 청지기에게 사정을 설명하였다. 그가 잘 판단하여 위험을 막아 줄 것을 기대한 것이다. 그리고 그들의 정직함을 증명하고자, 추궁을 받기 전에 먼저 그 돈을 내어놓았다. 주목하라. 정직과 공명정대함이 우리를 보존시켜 줄 것이요, 그것이 정오의 빛같이 드러날 것이다. 3. 청지기가 그들을 격려하였다. **너희는 안심하라 두려워하지 말라**(23절). 그는 주인의 의중은 몰랐으나, 주인이 이들을 위해 연회를 준비하라고 했으니 이들을 해칠 의도가 있는 것이 아니라는 것은 인지하고 있었다. 그리하여 그는 그들이 돈을 돌려주려 하자 하나님의 섭리를 바라보라고 하였다. **너희 하나님, 너희 아버지의 하나님이 재물을 너희 자루에 넣어 너희에게 주신 것이니라.** 관찰하라. (1) 이로써 그는 그들에 대해 전혀 의심하지 않는다는 것을 보여주었다. 속임수로 얻은 것에 대해서는 "하나님이 내게 주셨다"고 말할 수가 없을 것이니 말이다. (2) 이로써 그는 그 문제에 대해 더 이상 궁금해하지 않도록 입을 막았다. "어떻게 그것이 그렇게 되었는지를 묻지 말라. 섭리가 그것을 너희에게 가져다 주었으니, 그것으로 만족하라." (3) 그가 그 선한 주인의 교훈을 받아 그들에게 한 말로 보아, 그가 참되신 하나님, 곧 히브리인의 하나님을 아는 지식을 얻었다는 것이 나타난다. 신앙적인 가정에 종들로 있는 자들이 적절한 기회가 있을 때마다 하나님과 그의 섭리에 대해 경외와 진지함으로 이야기하리라는 것은 얼마든지 정당하게 기대할 수 있는 일일 것이다. (4) 그는 그들이 좋은 거래를 한 일에서 하나님을 바라보며 그의 섭리를 인정할 것을 당부하였다. 우리의 모든 성공과 우리가 얻은 모든 유익한 것들과 또한 동료들에게서 받은 친절한 일들이 모두 하나님 덕분임을, 우리 하나님과 우리 조상의 하나님이신 그분(우리와 또한 그들과 언약을 맺으신 하나님)의 덕분임을 스스로 인정하여야 할 것이다. 세상의 모든 일은 하나님께서 역사하시는 그대로 우리에게 다가오기 때문이다. 청지기는 말로만이 아니라, 주인이 오기까지 그들을 잘 대접함으로써 행동으로 그들을 격려하였다(24절).

[26]요셉이 집으로 오매 그들이 집으로 들어가서 예물을 그에게 드리고 땅에 엎드려
절하니 [27]요셉이 그들의 안부를 물으며 이르되 너희 아버지 너희가 말하던 그 노인
이 안녕하시냐 아직도 생존해 계시느냐 [28]그들이 대답하되 주의 종 우리 아버지가
평안하고 지금까지 생존하였나이다 하고 머리 숙여 절하더라 [29]요셉이 눈을 들어
자기 어머니의 아들 자기 동생 베냐민을 보고 이르되 너희가 내게 말하던 너희 작
은 동생이 이 아이냐 그가 또 이르되 소자여 하나님이 네게 은혜 베푸시기를 원하
노라 [30]요셉이 아우를 사랑하는 마음이 복받쳐 급히 울 곳을 찾아 안방으로 들어가
서 울고 [31]얼굴을 씻고 나와서 그 정을 억제하고 음식을 차리라 하매 [32]그들이 요셉
에게 따로 차리고 그 형제들에게 따로 차리고 그와 함께 먹는 애굽 사람에게도 따
로 차리니 애굽 사람은 히브리 사람과 같이 먹으면 부정을 입음이었더라 [33]그들이
요셉 앞에 앉되 그들의 나이에 따라 앉히게 되니 그들이 서로 이상히 여겼더라 [34]요
셉이 자기 음식을 그들에게 주되 베냐민에게는 다른 사람보다 다섯 배나 주매 그
들이 마시며 요셉과 함께 즐거워하였더라

여기서 보라. **I. 요셉의 형제들이 요셉에게 지극한 경의를 표함.**

그들은 요셉에게 예물을 드리고, 땅에 엎드려 절하였고(26절), 아버지의 건강에 대해 이야기하면서, 다시 머리 숙여 절하였고, 야곱을 가리켜 주의 종 우리 아버지라고 불렀다(28절). 이렇게 요셉의 꿈들이 점점 더 성취되었고, 그의 꿈대로 아버지조차도 아들들을 통해서 그의 앞에 절하였다(37:10). 아마도 야곱은 그 아들들에게, 그 땅의 주인인 그 사람에게 이야기할 기회가 있으면 자기를 그의 종으로 부르라고 지시했을 것이다.

II. 요셉이 그들에게 큰 친절을 보임. 그러나 그들은 그것이 형제의 우정이었다는 것은 거의 생각하지 못했다. 다음을 보라.

1. 요셉이 친절하게도 야곱에 대해 물음. 아직도 생존해 계시느냐? 이는 누구에 대해서라도, 특히 노인에 대해서는 더욱더, 아주 적절한 질문이다. 우리는

날마다 죽어가고 있고, 우리가 아직 생존해 있다는 것이 이상한 일이다. 야곱은 여러 해 전에 이미, **내가 슬퍼하며 스올로 내려가 아들에게로 가리라** 라고 말했었다(37:35). 그러나 그는 아직도 생존해 있다. 죽음은 우리가 바라는 때에 오는 것이 아니다.

2. 요셉이 자기의 친동생 베냐민을 주목함. (1) 그를 위하여 기도를 드렸다. **소자여 하나님이 네게 은혜 베푸시기를 원하노라**(29절). 하나님이 은혜를 베푸시지 않으면 그 땅의 주인인 요셉이 아무리 복을 빌어도 별 소용이 없을 것이었다. 많은 이들이 통치자의 자비를 구하나, 요셉은 통치자 중의 통치자이신 하나님이 베냐민에게 은혜를 베푸시기를 구하는 것이다. (2) 그를 위하여 눈물을 흘렸다(30절). 그는 친동생에 대한 본성적인 애착과, 그를 만나는 기쁨과, 그를 비롯하여 나머지 형제들이 양식이 없어 괴로운 중에 있는 모습과, 베냐민을 마지막 본 이후로 그가 겪은 슬픔에 대한 기억 등으로 인하여 마음에 큰 동요가 일어났고, 더욱이 그것을 참고 억제하려고 애쓰는 것 때문에 더욱더 불편하였다. 그리하여 그는 다른 곳으로 가서 거기서 눈물을 흘리며 자기의 감정을 분출하여야 했다. 주목하라. [1] 애정과 부드러움에서 나오는 눈물은, 크고 지혜로운 사람에게도, 전혀 부끄러운 것이 아니다. [2] 자비로운 마음으로 우는 자들은 눈물을 겉으로 공포해서는 안 된다. 선지자는, **나의 심령이 은밀한 곳에서 울 것**이라고 말씀한다(렘 13:17). **베드로가 밖에 나가서 심히 통곡하니라**(마 26:75).

3. 요셉이 형제들 모두를 친절하게 접대함. 눈물이 가라앉아 자신을 억제할 수 있게 되자, 그는 그들과 함께 연회에 참석하였고, 그들을 정중히 대하며, 그들을 즐겁게 해 주는 일에 최선을 다하였다.

(1) 그는 식탁 세 개를 차리도록 명령했다. 하나는 그의 형제들을 위하여, 또 하나는 그와 함께 연회에 참석한 애굽 사람들을 위하여(그들의 풍습이 너무도 달라 히브리 사람과 함께 식탁에 앉기를 원치 않았다), 또 하나는 자기 자신을 위하여 준비하게 하였다. 그는 자신이 히브리 사람임을 인정하지는 않았으나, 그렇다고 애굽 사람들과 함께 식탁에 앉고 싶지도 않았던 것이다. 여기서 다음을 보라. [1] 손님 접대와 질서 있는 가정 운영. 이것을 분에 맞도록 시행하면 매우 바람직하다 할 것이다. [2] 사람들의 흥겨운 여흥을 용납함. 패트릭 주교는 애굽 사람들이 히브리 사람들과 한자리에서 식사하지 않는 이유가 바로 이것 때문이었다고 본다. 요셉은 그 땅의 총리였고, 또한 그에게 순종하라는 명령이

모든 백성들에게 내려져 있었으나, 그는 강제로 애굽 사람들에게 히브리 사람들과 한자리에서 식사하게 하지 않았고, 그들끼리 여흥을 즐기도록 허용하였다. 참으로 자비로운 마음은 억지로 무언가를 강요하기를 싫어하는 법이다. [3] 유대인과 이방인 사이의 구별이 이처럼 일찍부터 있었음. 하나의 식탁으로는 그들을 함께 앉힐 수가 없었다.

(2) 그는 마치 점을 치는 능력이 있기라도 하듯, 형제들을 나이 순서대로 앉혔다(33절). 어떤 이들은 그들 스스로 습관에 따라 그렇게 자리를 잡은 것이라고 생각한다. 그러나 만일 그렇다면, 어째서 그 점을 이상스런 일로 특별히 언급하고 있는지 이해할 수가 없다.

(3) 그는 그들을 매우 융숭하게 대접하였고, 자기의 음식을 그들에게 주기까지 했다(34절). 현재 양식이 없어 핍절한 상태에 있음을 생각할 때에, 이것은 그의 편에서는 지극히 자비한 일이요, 형제들의 편에서는 지극히 황송한 일이었다. 기근의 때이니, 그저 음식을 먹여 주는 것만으로도 족했다. 그러나 여기서 그들은 연회에서 배불리 먹었다. 어쩌면 여러 달 동안 그런 좋은 식사를 한 일이 없었을 것이다. 본문은 그들이 마시며 요셉과 함께 즐거워하였다고 말씀한다. 그들의 두려움과 우려가 이제 사라졌고, 기쁨으로 음식을 먹었고, 그리하여 이제 그 땅의 총리인 그 사람과의 사이가 좋아졌다고 결론 내렸다. 하나님이 우리의 수고와 우리의 예물을 받으시면, 우리는 즐거워할 이유가 있다. 그러나 여기 그들처럼 식탁에 앉아 통치자와 함께 음식을 나눌 때에, 우리는 우리 앞에 있는 자가 누구인가를 생각하고, 음식을 탐해서도 안 되며 또한 산해진미를 탐해서도 안 될 것이다(잠 23:1-3). 요셉은 그들로 하여금 그가 베냐민을 가장 좋아한다고 생각하게끔 만들었다. 그에게는 자기 음식을 다른 사람보다 다섯 배나 주었기 때문이다. 베냐민이 다른 사람보다 그 만큼 더 많이 먹도록 하고자 한 것은 아니었다. 그것을 다 먹으면 몸에 해로울 것이기 때문이다(억지로 많이 먹이거나 많이 마시게 하는 것은 우정의 행위도 아니요 오히려 해를 끼치는 행위다). 그가 그렇게 한 것은 그가 베냐민에 대해 특별한 마음을 갖고 있음을 보여줌으로써, 형들이 과거에 채색옷으로 인하여 자기를 시기했던 것처럼, 베냐민도 시기하는지를 시험해 보기 위함이었다. 우리가 혹시 그런 경우를 당하면, 우리는 받은 것에 만족하고 다른 사람이 받는 것에 대해 결코 시기하지 않는 것을 법칙으로 삼아야 할 것이다.

제 — 44 — 장

개요

요셉은 형제들을 접대한 후 그들을 돌려보냈다. 그러나 여기서 그들은 지금까지 경험한 것보다 훨씬 더 큰 두려움에 직면하게 된다. 관찰하라. I. 그들을 더 낮추고 또한 그의 동생 베냐민에 대한 그들의 애정을 시험하기 위하여 그가 쓴 방법. 그는 자기에게 저지른 잘못에 대한 형들의 회개가 과연 진실한 것인지를 그 방법을 통해서 확인하려 하며, 그들에게 자신의 정체를 나타내고 그들과 화해하기 전에 먼저 그것에 대해 만족을 얻고자 하였다. 그는 베냐민을 괴로움 속에 몰아넣음으로써 이를 시행하고자 하였다(1-17절). II. 그 방법이 성공을 거둠. 그들 모두가, 그 중에서도 특히 유다가, 베냐민의 안전과 또한 늙은 아버지의 안위에 대해 마음을 다해 염려한다는 것을 확인한 것이다(18-34절).

1요셉이 그의 집 청지기에게 명하여 이르되 양식을 각자의 자루에 운반할 수 있을
만큼 채우고 각자의 돈을 그 자루에 넣고 2또 내 잔 곧 은잔을 그 청년의 자루 아귀
에 넣고 그 양식 값 돈도 함께 넣으라 하매 그가 요셉의 명령대로 하고 3아침이 밝
을 때에 사람들과 그들의 나귀들을 보내니라 4그들이 성읍에서 나가 멀리 가기 전
에 요셉이 청지기에게 이르되 일어나 그 사람들의 뒤를 따라가서 그들에게 이르기
를 너희가 어찌하여 선을 악으로 갚느냐 5이것은 내 주인이 가지고 마시며 늘 점치
는 데에 쓰는 것이 아니냐 너희가 이같이 하니 악하도다 하라 6청지기가 그들에게
따라 가서 그대로 말하니 7그들이 그에게 대답하되 내 주여 어찌 이렇게 말씀하시
나이까 당신의 종들이 이런 일은 결단코 아니하나이다 8우리 자루에 있던 돈도 우
리가 가나안 땅에서부터 당신에게로 가져왔거늘 우리가 어찌 당신의 주인의 집에
서 은 금을 도둑질하리이까 9당신의 종들 중 누구에게서 발견되든지 그는 죽을 것
이요 우리는 내 주의 종들이 되리이다 10그가 이르되 그러면 너희의 말과 같이 하리
라 그것이 누구에게서든지 발견되면 그는 내게 종이 될 것이요 너희는 죄가 없으
리라 11그들이 각각 급히 자루를 땅에 내려놓고 자루를 각기 푸니 12그가 나이 많은
자에게서부터 시작하여 나이 적은 자에게까지 조사하매 그 잔이 베냐민의 자루에

서 발견된지라 [13]그들이 옷을 찢고 각기 짐을 나귀에 싣고 성으로 돌아 가니라 [14]유
다와 그의 형제들이 요셉의 집에 이르니 요셉이 아직 그 곳에 있는지라 그의 앞에
서 땅에 엎드리니 [15]요셉이 그들에게 이르되 너희가 어찌하여 이런 일을 행하였느
냐 나 같은 사람이 점을 잘 치는 줄을 너희는 알지 못하였느냐 [16]유다가 말하되 우
리가 내 주께 무슨 말을 하오리이까 무슨 설명을 하오리이까 우리가 어떻게 우리
의 정직함을 나타내리이까 하나님이 종들의 죄악을 찾아내셨으니 우리와 이 잔이
발견된 자가 다 내 주의 노예가 되겠나이다 [17]요셉이 이르되 내가 결코 그리하지 아
니하리라 잔이 그 손에서 발견된 자만 내 종이 되고 너희는 평안히 너희 아버지께
로 도로 올라갈 것이니라

요셉은 형제들에게 한층 더한 친절을 베푼다. 그들의 자루에 양식을 가득 채우고, 돈도 되돌려 주며, 충만한 기쁨으로 그들을 떠나보낸다. 그러나 그는 다시 한 번 그들을 시험한다. 우리 하나님은 그가 사랑하사 온갖 은혜를 베풀고자 하시는 자들을 이렇게 낮추시는 것이다. 요셉은 청지기에게 명하여 그가 지닌 은잔을(십중팔구 그가 함께 식사할 때에 상에서 쓰던 것이었을 것이다) 베냐민의 자루 아귀에 넣으라고 명하였다. 마치 베냐민이 그것을 상에서 훔치고는 자기 곡식을 자루에 넣은 다음에 그것을 거기에 넣은 것처럼 보이도록 하기 위함이었다. 만일 베냐민이 그것을 도둑질했다면, 그것이야말로 가장 비열한 부정직이요 배은망덕이었다. 만일 요셉이 그것을 거기에 두도록 명하여 그에게 악을 행하기로 작정했다면, 그에게는 그야말로 처절한 화요 잔인한 일이었을 것이다. 그러나 결국 아무런 해(害)도 행해지지 않았다. 그 둘 중 어느 쪽도 아니었기 때문이다. 관찰하라.

I. 은잔을 훔쳤다는 의혹을 제기하여, 거짓으로 범죄인들을 추적하여 체포하였다. 청지기는 그들에게 배은망덕의 혐의를 씌웠다. 선을 악으로 갚는 것이요, 매일 사용하는 잔을 취하였으니, 곧바로 없어진 것이 발견될 것이요, 또한 그것을 부지런히 찾을 것이니, 이는 어리석은 행위라는 것이다. 5절은 다음과 같은 의미로 볼 수도 있다. "이것은 내 주인이 가지고 마시며(그 잔은 그가 특별히 아끼고 애용하는 잔이라는 의미임) 또한 샅샅이 뒤져 찾던 잔이 아니냐?" 아니면, "그것을 너희 상에다 그냥 놓아두어서 너희들이 정직한 사람들인지 아닌지를 시험하고자 한 것이니라."

Ⅱ. 그들이 자기들에 대해 호소함. 그들은 자기들은 죄가 없으며 그런 비열한 짓은 혐오한다는 것을 엄숙하게 주장하였고(7절), 자기들이 돈을 도로 갖고 온 것이 자기들의 정직함을 증명해 준다고 강변하였고(8절), 또한 만일 그들이 죄인으로 밝혀지면 극심한 형벌이라도 달게 받겠다고 하였다(9, 10절).

Ⅲ. 베냐민에게 도둑의 누명이 씌워짐. 요셉이 특별히 아끼던 그 은잔이 베냐민의 자루 아귀에서 발견되었다. 베냐민은 분명 그 잔을 취한 것을 맹세로 부인할 태세였을 것이고, 다른 누구 못지않게 그런 의혹을 받을 만한 사람이 아니었다. 그러나 그런 처참한 증거 앞에서는 도무지 속수무책이었다. 은잔이 그의 자루에서 발견되었으니, 감히 요셉의 정의에 대해 비난할 수도 없었고, 자기들의 자루에 돈을 넣은 자가 거기에다 그 은잔을 넣은 것이라고 말할 수도 없었다. 그들로서는 그저 요셉의 긍휼한 처분만을 바랄 뿐이었다.

Ⅳ. 그들이 겸손하게 굴복함(16절). 1. 그들은 하나님의 의로우심을 시인하였다. 하나님이 종들의 죄악을 찾아내셨으니. 어쩌면 자기들이 과거에 요셉에게 행한 잘못을 지칭한 것일 수도 있다. 하나님이 지금 그 잘못에 대한 징벌을 내리고 계시다고 생각한 것이다. 주목하라. 다른 사람에게서 억울하게 괴로움을 당할 때에도 우리는 하나님이 의로우시다는 것을 인정하고, 우리의 잘못을 찾아야 한다. 2. 그들은 요셉에게 스스로 죄인들임을 인정하고 항복하였다. 우리와 이 잔이 발견된 자가 다 내 주의 노예가 되겠나이다. 이제 요셉의 꿈들이 완전하게 성취되었다. 그들이 그렇게 자주 절하고 경의를 표하였으나, 그것들은 그저 예의를 갖춘 것으로서 다른 외방 사람들도 다 행하는 예법 이상 아무것도 아니라고 할 수도 있을 것이었다. 그러나 그들은 과거에 교만하여 요셉의 꿈에 대해서, 네가 참으로 우리를 다스리게 되겠느냐(37:8)라고 했었으니, 그의 꿈이 이제 드디어 바로 이런 의미로 성취된 것이다. 그들 스스로 요셉의 수하임을 인정하였으니 말이다. 그들이 그의 꿈을 그런 의미로 이해했으니, 바로 그런 의미로 그들에게 이루어질 것이었다.

Ⅴ. 요셉이 정의를 빌미로, 오로지 베냐민만 볼모로 잡고 나머지는 풀어줄 것을 선고함. 죄 지은 자 외에 다른 사람이 고통을 당할 이유가 어디 있는가? 어쩌면 요셉은 이로써 베냐민의 성정을 시험하려 했을 수도 있다. 그가 지혜롭고 선한 사람답게 이러한 곤경을 고요하고도 마음의 평정을 유지하며 견딜 수 있는지를 보고자 했을지도 모른다. 요컨대, 그가 혈통만이 아니라 정신적으로도

자기의 친동생이 맞는가를 보고자 한 것이다. 요셉 자신도 억울한 누명을 썼고 결국 고난을 당했으나 마음의 평정을 유지했었으니 말이다. 그러나, 그는 이 방법으로 형제들이 베냐민과 아버지에 대한 애정이 얼마나 있는지를 시험하려 한 것이 분명하다. 만일 그들이 베냐민을 볼모로 남겨두고 그냥 떠났다면, 요셉은 곧바로 그를 석방하고 그를 높이 세우고 야곱에게 이 모든 사실을 통지하였을 것이고, 무정하게 동생을 버리고 간 나머지 형제들에 대해서는 응분의 형벌을 가했을 것이다. 그러나 형들은 그가 염려했던 것보다 베냐민에 대해 각별한 애정이 있는 것으로 드러났다. 주목하라. 과거의 상태로 사람의 현재 상태를 판단할 수도 없고, 과거에 행하던 것으로 그들의 미래에 행할 일도 판단할 수 없다. 나이를 먹고 경험이 늘어남에 따라 사람이 더 지혜롭고 나아질 수도 있는 것이다. 형들은 과거에는 요셉을 팔았을지언정, 지금은 베냐민을 버리려 하지 않았다. 최악의 상황도 시간이 지나면 나아질 수도 있는 것이다.

18유다가 그에게 가까이 가서 이르되 내 주여 원하건대 당신의 종에게 내 주의 귀에
한 말씀을 아뢰게 하소서 주의 종에게 노하지 마소서 주는 바로와 같으심이니이다
19이전에 내 주께서 종들에게 물으시되 너희는 아버지가 있느냐 아우가 있느냐 하
시기에 20우리가 내 주께 아뢰되 우리에게 아버지가 있으니 노인이요 또 그가 노년
에 얻은 아들 청년이 있으니 그의 형은 죽고 그의 어머니가 남긴 것은 그뿐이므로
그의 아버지가 그를 사랑하나이다 하였더니 21주께서 또 종들에게 이르시되 그를
내게로 데리고 내려와서 내가 그를 보게 하라 하시기로 22우리가 내 주께 말씀드리
기를 그 아이는 그의 아버지를 떠나지 못할지니 떠나면 그의 아버지가 죽겠나이다
23주께서 또 주의 종들에게 말씀하시되 너희 막내 아우가 너희와 함께 내려오지 아
니하면 너희가 다시 내 얼굴을 보지 못하리라 하시기로 24우리가 주의 종 우리 아버
지에게로 도로 올라가서 내 주의 말씀을 그에게 아뢰었나이다 25그 후에 우리 아버
지가 다시 가서 곡물을 조금 사오라 하시기로 26우리가 이르되 우리가 내려갈 수 없
나이다 우리 막내 아우가 함께 가면 내려가려니와 막내 아우가 우리와 함께 가지
아니하면 그 사람의 얼굴을 볼 수 없음이니이다 27주의 종 우리 아버지가 우리에게
이르되 너희도 알거니와 내 아내가 내게 두 아들을 낳았으나 28하나는 내게서 나갔
으므로 내가 말하기를 틀림없이 찢겨 죽었다 하고 내가 지금까지 그를 보지 못하
거늘 29너희가 이 아이도 내게서 데려가려 하니 만일 재해가 그 몸에 미치면 나의

흰 머리를 슬퍼하며 스올로 내려가게 하리라 하니 [30]아버지의 생명과 아이의 생명
이 서로 하나로 묶여 있거늘 이제 내가 주의 종 우리 아버지에게 돌아갈 때에 아이
가 우리와 함께 가지 아니하면 [31]아버지가 아이의 없음을 보고 죽으리니 이같이 되
면 종들이 주의 종 우리 아버지가 흰 머리로 슬퍼하며 스올로 내려가게 함이니이
다 [32]주의 종이 내 아버지에게 아이를 담보하기를 내 아버지께로 데리고 돌아오지
아니하면 영영히 아버지께 죄짐을 지리이다 하였사오니 [33]이제 주의 종으로 그 아
이를 대신하여 머물러 있어 내 주의 종이 되게 하시고 그 아이는 그의 형제들과 함
께 올려 보내소서 [34]그 아이가 나와 함께 가지 아니하면 내가 어찌 내 아버지에게로
올라갈 수 있으리이까 두렵건대 재해가 내 아버지에게 미침을 보리이다

여기서 우리는 베냐민에게 가해진 형벌을 면하도록 하기 위하여 그를 대신하여 유다가 요셉에게 행한 지극히 창의적이고 감정이 배어 있는 변론을 접하게 된다. 어쩌면 유다는 다른 형제들보다 베냐민에 대한 애착이 컸고, 그를 데려가기 위해 훨씬 더 고심했는지도 모른다. 혹은, 다른 형제들보다 그 자신이 그를 데려갈 책임이 더 크다고 생각했을 수도 있다. 그가 아버지에게 그의 무사 귀환을 말로 약속했으니 말이다. 아니면, 유다가 형제들 중에 생각도 더 낫고, 말도 더 잘 하기 때문에 형제들이 그를 대변인으로 세웠는지도 모를 일이다. 여기 기록되어 있는 그의 변론은 너무도 자연스럽고 그의 당시의 감정을 너무도 잘 표현한 것이어서, 우리는 그렇게 오랜 세월 후에 이 글을 쓴 모세가 사람의 입을 지으신 하나님의 특별한 지시 아래에서 이를 기록하였다고 생각하지 않을 수가 없다.

I. 놀라운 변론. 여기에는 누구에겐가 영향을 받은 것이 아닌 독창적인 말재주와, 미리 준비한 것도 아니고 억지로 꾸며낸 것도 아닌 수사(修辭)가 담겨 있다.

1. 그는 지극한 존경의 자세로 요셉 앞에 나서서 변론하며, 요셉을 자기의 주(主)라 하고 자기 자신과 형제들을 그의 종이라 부르며, 참고 들어주기를 간청하며 또한 요셉에게 주권자의 권세를 돌렸다. "주는 바로와 같으심이니이다. 우리가 바로에게 하듯 당신께 은혜를 구하며, 당신의 진노를 바로의 진노와 같이 두려워하나이다." 신앙이 예의바른 자세를 없애버리는 것이 아니다. 그러므로 우리의 목숨을 좌우하는 자들에게 존경의 자세로 말하는 것이 지혜로운 일이

다. 그들이 정당한 자격으로 지니고 있는 명예로운 칭호들을 인정하는 것은 아첨이 아니다.

2. 그는 베냐민이 동정을 갖고 고려할 만한 가치가 있는 자임을 주장하였다(20절). 베냐민은 다른 형제들에 비하여 아이였다. 형제 중의 막내로서 아직 세상을 잘 모르고 어려움에 처한 적도 없고 언제나 아버지의 따뜻한 품에서 자라났고, 더욱이 그의 형(즉, 요셉)은 죽었고, 그 어머니가 남긴 자가 그밖에 없으니 그의 처지가 더 딱하다는 것이다. 유다는 지금 자신이 얼마나 민감한 문제를 언급하고 있는 지를 잘 모르고 있었다. 유다는 요셉이 팔려갔다는 것을 알고 있었고, 따라서 그가 아직 살아 있다는 생각을 할 근거가 충분했다. 최소한 그가 죽었다는 것을 확신할 수는 없는 상태였다. 그러나 그들이 아버지에게 그가 죽었다고 이야기하여 그렇게 믿게 만들었고, 이제 그 거짓말을 너무도 오랫동안 해왔기 때문에 그들 자신도 진실을 잊어버렸고, 그들 자신도 그 거짓말을 믿기 시작했던 것이다.

3. 그는 요셉이 베냐민을 함께 데려오도록 강요했다는 사실을 강조하였다. 그가 베냐민을 보기를 바랐고(21절), 베냐민을 함께 데려오지 못하면 그를 만나지 못할 것이라고 했는데(23, 26절), 이는 결국 베냐민에게 무언가 자비를 베풀고자 하는 뜻이었을 것이니, 과연 영원토록 노예가 되는 그 엄청난 괴로움을 그에게 부과해야 하겠느냐는 것이었다. 베냐민이 순전히 요셉의 명령에 복종하느라 애굽에 온 것이 아니었던가? 그러니 그에게 무언가 긍휼을 보이는 것이 합당하지 않겠느냐는 것이었다. 어떤 이들은, 야곱의 아들들이 그를 설득하면서, **만일 그를 보내지 아니하시면 우리는 내려가지 아니하리라고** 말했었는데(43:5), 여기서 유다는 그 사실을 전하면서 좀 더 완곡하게 표현하고 있다는 것에 주목한다. "**우리가 내려갈 수 없나이다**"(26절). 높은 사람들에게 경솔하게 무례한 말을 하게 되면 반드시 후회하게 될 것이다.

4. 그가 제시한 큰 이유는 베냐민이 노예로 남아 있게 되면 그의 나이 많은 아버지에게 도저히 감당할 수 없는 슬픔이 될 것이라는 것이었다. **그의 아버지가 그를 사랑하나이다**(20절). 그것 때문에 그들은 전에 요셉이 그를 데리고 오라고 명한 것에 대해 그렇게 할 수 없다는 것을 간청했었다는 것이다. "**그 아이는 그의 아버지를 떠나지 못할지니 떠나면 그의 아버지가 죽겠나이다**(22절). 그러니 그가 이 곳에 남아 영영 아버지에게 돌아가지 못하게 된다면, 아버지가 어떻게

되겠나이까?" 그들이 말하는 이 노인은 그 아들이 내려가는 것에 대해 반대하여 간청하였었다고 한다. 너희가 이 아이도 내게서 데려가려 하니 만일 재해가 그 몸에 미치면 나의 영광의 면류관인 흰 머리를 슬퍼하며 스올로 내려가게 하리라(29절). 그러므로 유다는 지극히 진지하게 이 점을 탄원한다. "아버지의 생명과 아이의 생명이 서로 하나로 묶여 있거늘(30절), 아이가 우리와 함께 오지 않은 것을 보면 그가 쓰러져 즉시 죽을 것이요(31절), 아니면 너무도 큰 슬픔에 상심하여 며칠 동안 괴로워하다가 결국 죽음을 맞게 될 것이니이다." 그리고 마지막으로, 유다는, 자기의 입장에서는 그런 일을 도저히 볼 수가 없다는 것을 호소한다. 두렵건대 재해가 내 아버지에게 미침을 보리이다(34절). 주목하라. 자녀로서는 부모의 안위에 대해 지극히 마음을 쏟고, 그들에게 슬픔이 되는 모든 것에 대해 두려워할 의무가 있다. 그렇게 해서, 위에서 내려 보낸 사랑이 다시 거꾸로 올라가야 하는 것이요, 또한 부모의 보살핌에 대해 보답하는 차원에서 무언가를 행하여야 하는 것이다.

5. 유다는 요셉의 선고의 정의로움을 높이며 또한 자신의 탄원의 순수함을 보이기 위하여, 베냐민 대신 자신이 종이 되겠다고 제의하였다(33절). 그렇게 하면 법을 만족시키게 될 것이요, 요셉도 잃을 것이 없게 되고(유다가 베냐민보다 더 유능하고 건장하여 종노릇하기에 더 적절했을 것이라 생각할 수도 있으므로) 야곱으로서도 베냐민보다는 유다를 잃는 것이 더 견디기에 나으리라는 것이었다. 이제, 베냐민을 향하여 특별한 애정을 갖고 있는 아버지를 슬프게 하기보다는 차라리 자기 자신이 노예가 되어서라도 그 일을 막겠다는 것이었다.

그러니, 만일 유다가 생각하는 것처럼 요셉이 그 가족과 전혀 관계가 없는 사람이었더라도, 같은 인간으로서 이런 강력한 변론에 대해 마음이 움직이지 않을 수 없었을 것이다. 그보다 더 감동적이고 따뜻한 말을 할 수가 없었을 것이니 말이다. 아무리 돌 같은 마음이라도 그 변론을 통해서 녹아졌을 것이다. 그러므로, 유다 자신보다도 베냐민과 더 가까운 친족이었고 또한 유다보다도 베냐민과 그의 늙은 아버지에 대한 애정이 더 각별했던 요셉으로서는, 그보다 더 기쁘고 가슴 벅찬 변론이 없었을 것이다. 야곱도 베냐민도 요셉 앞에서는 달리 중재자가 필요 없었다. 요셉 자신이 그들을 사랑하고 있었기 때문이다.

Ⅱ. 이 일 전체에 대해서 다음을 주목하자.

1. 유다는 지혜롭게도 베냐민에게 가해진 혐의에 대해서는 일체 언급하지 않았다. 만일 그 혐의를 시인하는 방향으로 무언가를 언급했다면 그것은 베냐민의 정직함을 손상시키게 될 것이었고, 그것을 부인하는 쪽으로 발언했다면, 그것은 요셉의 정의와 그가 내린 선고를 손상시키게 되었을 것이다. 그러므로 그는 그런 쪽으로는 전혀 언급하지 않고, 그저 요셉의 선처만을 호소한 것이다. 욥이 하나님 앞에서 스스로 겸비하여 하는 발언과 이것을 비교해 보라. 가령 내가 의로울지라도 대답하지 못하겠고, 내 주장을 늘어놓지 않은 것이고 그저 호소만 할 뿐이니, 나를 심판하실 그에게 간구할 뿐이라(욥 9:15).

2. 훗날 야곱 임종 시에 유다에게 하는 말은 합당한 이유가 있었다. 유다야 너는 네 형제의 찬송이 될지라(49:8). 그는 담대함과 지혜와 언변과 특히 그 아버지와 가족들에 대한 애틋한 사랑이 다른 형제들보다 뛰어났던 것이다.

3. 유다가 지금 곤경 중에 처한 베냐민을 신실하게 보호한 일은 오랜 훗날 나머지 열 지파가 떨어져 나갈 때에도 베냐민 지파가 유다 지파와 끊임없이 결속하게 되는 것으로 보상되었다.

4. 그리스도의 중보 사역에 대해 강론하면서 사도는 우리 주께서 유다로부터 나신 것이 분명하도다(히 7:14)라고 말씀하는데, 이것이 얼마나 적절한지 모른다. 왜냐하면 그리스도는 그의 조상 유다처럼 범죄자들을 위하여 간구하실 뿐 아니라 그들을 위하여 보증이 되사(히 7:22), 그가 그의 아버지와 또한 그의 형제들을 위하여 지극히 애틋한 사랑을 갖고 계심을 입증하셨기 때문이다.

제 45 장

개요

앞 장과 이 장이 서로 나뉘어 따로따로 읽히게 된 것은 애석한 일이다. 앞 장에서 우리는 유다가 베냐민을 위해 중재한 사실을 보았는데, 나머지 형제들도 거기에 모두 동의를 표시했을 것으로 생각할 수 있을 것이다. 요셉은 중간에 가로막지 않고 유다로 하여금 끝까지 말을 하도록 했고, 그의 말을 다 들은 다음 한 마디로 대답했다. "나는 요셉이라." 이제 그의 형들이 자기들의 죄에 대해 뉘우치며, 자기에 대해 안타까워하며(유다가 그의 변론에서 두 번이나 그에 대해 언급하였으니), 아버지를 공경하며, 베냐민을 극진히 아끼는 것을 알게 되었으니, 이제는 그가 의도한 위로를 그들에게 줄 때가 되었다. 그리하여 그들에게 자신의 정체를 밝히는데, 그 이야기가 본 장에 기록되어 있다. 요셉의 형제들에게는 비온 후의 햇빛처럼 모든 것이 깨끗해졌다. 아니 그들에게는 죽은 자가 살아 돌아온 것과도 같았다. 본 장의 주요 내용은 다음과 같다. I. 요셉이 형제들에게 자기의 정체를 드러냄. 그리고 이 때에 그들에게 한 말(1-15절). II. 바로가 야곱과 그의 가족을 애굽으로 데려오도록 명령하여, 요셉이 형제들을 아버지에게로 다시 보냄(16-24절). III. 야곱에게 이 기쁜 소식이 전해짐(25-28절).

**[1]요셉이 시종하는 자들 앞에서 그 정을 억제하지 못하여 소리 질러 모든 사람을 자
기에게서 물러가라 하고 그 형제들에게 자기를 알리니 그 때에 그와 함께 한 다른
사람이 없었더라 [2]요셉이 큰 소리로 우니 애굽 사람에게 들리며 바로의 궁중에 들
리더라 [3]요셉이 그 형들에게 이르되 나는 요셉이라 내 아버지께서 아직 살아 계시
니이까 형들이 그 앞에서 놀라서 대답하지 못하더라 [4]요셉이 형들에게 이르되 내게
로 가까이 오소서 그들이 가까이 가니 이르되 나는 당신들의 아우 요셉이니 당신
들이 애굽에 판 자라 [5]당신들이 나를 이 곳에 팔았다고 해서 근심하지 마소서 한탄
하지 마소서 하나님이 생명을 구원하시려고 나를 당신들보다 먼저 보내셨나이다 [6]
이 땅에 이 년 동안 흉년이 들었으나 아직 오 년은 밭갈이도 못하고 추수도 못할지
라 [7]하나님이 큰 구원으로 당신들의 생명을 보존하고 당신들의 후손을 세상에 두시**

려고 나를 당신들보다 먼저 보내셨나니 [8]그런즉 나를 이리로 보낸 이는 당신들이
아니요 하나님이시라 하나님이 나를 바로에게 아버지로 삼으시고 그 온 집의 주로
삼으시며 애굽 온 땅의 통치자로 삼으셨나이다 [9]당신들은 속히 아버지께로 올라가
서 아뢰기를 아버지의 아들 요셉의 말에 하나님이 나를 애굽 전국의 주로 세우셨
으니 지체 말고 내게로 내려오사 [10]아버지의 아들들과 아버지의 손자들과 아버지의
양과 소와 모든 소유가 고센 땅에 머물며 나와 가깝게 하소서 [11]흉년이 아직 다섯
해가 있으니 내가 거기서 아버지를 봉양하리이다 아버지와 아버지의 가족과 아버
지께 속한 모든 사람에게 부족함이 없도록 하겠나이다 하더라고 전하소서 [12]당신들
의 눈과 내 아우 베냐민의 눈이 보는 바 당신들에게 이 말을 하는 것은 내 입이라 [13]
당신들은 내가 애굽에서 누리는 영화와 당신들이 본 모든 것을 다 내 아버지께 아
뢰고 속히 모시고 내려오소서 하며 [14]자기 아우 베냐민의 목을 안고 우니 베냐민도
요셉의 목을 안고 우니라 [15]요셉이 또 형들과 입맞추며 안고 우니 형들이 그제서야
요셉과 말하니라

유다와 나머지 형제들은 대답을 기다리고 있었는데, 요셉에게서 새판관의 근엄한 모습 대신 아버지나 형제의 애정 어린 모습을 발견하고 놀라움을 금치 못했다.

I. **요셉은 그의 모든 수하들을 물러가게 했다**(1절). 동기간끼리 하는 사사로운 대화들이야말로 지극히 자유로운 법이다. 요셉이 총리의 신분을 벗어버리고 사랑의 모습을 취하고자 하는데, 이 때에 그의 수하들이 이런 모습을 목격하는 것은 합당치 못했다. 이처럼 그리스도께서도 세상이 보지도 듣지도 못하는 가운데서 그의 백성들에게 은혜로이 자기 자신과 자신의 신실하신 사랑을 드러내시는 것이다.

II. **말에 앞서서 눈물이 북받쳐 올랐다**(2절). 그는 한동안 이런 감정을 억지로 숨겼었고, 거기에는 많은 우여곡절이 있었다. 그러나 이제는 그것이 너무나 격해져서 도저히 속에 담아둘 수가 없었고, 그리하여 큰 소리로 우니, 바깥에서 그의 모습을 보지 못한 자들도 그의 울음소리를 다 듣게 되었다. 이는 애틋함과 강한 애정의 눈물이었고, 이 눈물로써 그는 지금까지 형들에 대해 가져왔던 근엄한 자세를 던져버렸다. 더 이상 견딜 수가 없었던 것이다. 이는 회개하고 돌아오는 자들을 향한 하나님의 사랑과, 탕자의 아버지의 사랑을 보여준다 할

것이다(눅 15:20; 호 14:8, 9).

Ⅲ. **그는 갑자기(불편해서 무언가를 토해내고야 말 사람처럼) 자신의 정체를 밝힌다.** 나는 요셉이라. 그들은 그를 그의 애굽 이름인 사브낫바네아로만 알고 있었다. 그의 히브리 이름은 애굽에서 사라졌고 잊혀진 채로 있었다. 그런데 이제 그가 그들에게 자기를 그 이름으로 부를 것을 가르치는 것이다. 나는 요셉이라. 아니, 그들이 혹시 동명이인으로 의심할까봐, 자신에 대해 설명한다. 나는 당신들의 아우 요셉이니 당신들이 애굽에 판 자라(4절). 그들은 이로써 그를 판 자기들의 죄로 인하여 다시 한 번 더 낮아졌을 것이고, 또한 그가 친절히 대하기를 바랄 용기를 갖게 되었을 것이다. 그리스도께서도 바울을 회심시킬 때에 나는 예수라 라고 말씀하셨고, 그의 제자들을 안심시킬 때에도 내니 두려워 말라고 하셨다. 갑자기 이 말을 들은 형제들은 소스라치게 놀랐다. 두려움에 뒷걸음질 쳤고, 혹은 최소한 정신이 멍해져 있었을 것이다. 그러나 요셉은 그들을 아주 친근하고도 친절하게 불렀다. 내게로 가까이 오소서. 이처럼 그리스도께서도 그의 백성들에게 자신을 드러내실 때에 참된 마음으로 그에게 가까이 나아오도록 격려하신다. 어쩌면, 그들이 그를 노예로 판 일을 이야기하려고 그들을 가까이 불러 모았을지도 모른다. 애굽 사람들이 그 일을 엿들어 알게 되면, 히브리 사람들이 그들에게 더욱 가증한 존재들이 될 것이었으므로, 그는 그들이 듣지 못하도록 작은 소리로 이야기할 수 있도록 그들을 가까이 오게 했을 것이다. 처음에는 감정을 참지 못하여 큰 소리로 울 수밖에 없었으나, 이제는 감정이 다소 가라앉았으므로 작은 소리로 이야기할 수 있었다.

Ⅳ. **그는 형제들이 자기를 판 일에 대해 크게 염려할 것을 생각하고 그것을 완화시키기 위해 노력한다.** 그들이 어떠한 계획을 했을지라도 하나님께서 그것을 선히 사용하셨고, 그리하여 선을 이루셨다는 것을 이야기하는 것이다. 당신들이 나를 이 곳에 팔았다고 해서 근심하지 마소서 한탄하지 마소서(5절). 죄인들은 자기들의 죄에 대해서 근심하고 스스로를 한탄해야 한다. 하나님께서 그의 능력으로 그 죄들을 통하여 선을 이루신다 할지라도, 그것이 죄인에게 감사해야 할 일이 결코 아닌 것이다. 그러나 참으로 회개하는 자들은 하나님께서 그렇게 악으로부터 선을 이루시고, 먹는 자에게서 먹는 것을 내시는 것을 볼 때에, 크나큰 찔림을 받아야 마땅하다. 이를 생각하고서 우리 자신의 죄들에 대해 변명하고 우리의 회개의 짐을 벗어버리려 해서는 안 되지만, 이 점을 생각하여

다른 이들의 죄들을 가볍게 여기고 우리의 분노한 격정을 가라앉히는 것은 좋은 일이다. 요셉이 바로 여기서 그렇게 하고 있다. 그의 형들은 요셉이 자기가 받은 고통에 대해 그들에게 복수하지 않을까 하여 두려워할 필요가 없었다. 그들은 그에게 해를 가하였으나 하나님의 섭리가 그것을 통하여 그와 그의 가족에게 큰 유익이 되도록 하셨으니 말이다. 이제 그는 그 기근이 얼마나 오래 지속될지를 알려 준다. 아직 오 년 동안 기근이 더 계속될 것이다(6절). 그러나 그가 친족들에게 자비를 베풀 역량을 지니고 있으니, 이것이야말로 선한 사람에게 재물과 권세가 줄 수 있는 최고의 만족이었다(8절). 여기서 요셉이 형들이 자기에게 가한 해로운 일을 얼마나 좋은 말로 이야기하는지를 보라. 나를 당신들보다 먼저 보내셨나이다(5, 7절). 주목하라.

1. 하나님은 그의 백성 이스라엘을 섭리로 특별히 보살피신다. 요셉은 그가 이렇게 높아진 것이 애굽 나라 전체를 구원하기 위한 것이라기보다는 이스라엘의 작은 가족을 보존하기 위하여 계획된 것으로 간주하였다. 여호와의 분깃은 자기 백성이므로, 그들에게 어떤 일이 있든 간에 그들이 보존될 것이다.

2. 섭리는 먼 길을 바라보며, 멀리까지 뻗는다. 풍년이 들기 오래 전부터 벌써, 흉년의 때에 야곱의 집에 양식을 공급할 수 있도록 섭리가 미리 준비를 하고 있었다. 시편 기자는 이 점에 대해 하나님을 찬양한다. 그가 한 사람을 앞서 보내셨음이여 요셉이 종으로 팔렸도다(시 105:17). 하나님은 처음부터 마지막까지 그의 역사를 바라보시나, 우리는 그렇지 못하다(전 3:11). 섭리의 계획들이 얼마나 놀라운가! 그 역사가 얼마나 멀리까지 뻗어나가는가! 바퀴 속에 바퀴들이 있으나 모두가 바퀴들 속에 있는 눈들과 또한 생물의 영으로 말미암아 방향을 잡는 것이다! 그러므로 때가 되기 전에는 아무것도 판단하지 말아야 할 것이다.

3. 하나님은 서로 어긋나는 것들을 통해서 역사하시는 경우가 많다. 형제들의 시기와 질투는 가족의 안위를 멸망으로 치닫도록 위협하는 것이었다. 그러나 이 경우에는 그것이 야곱의 가족을 보존하는 계기가 되었음이 드러난다. 형제들이 요셉을 지목하고 그를 미워하지 않았다면, 그는 절대로 이스라엘의 반석인 목자가 되지 못했을 것이다. 심지어, 악의를 갖고 요셉을 팔아 애굽으로 가게 한 자들이 스스로 이제 하나님께서 그 일을 통해서 이루신 선한 역사의 유익을 거두고 있다. 그리스도를 죽게 한 자들 중에 많은 이들이 그의 죽음의 덕

분으로 구원받은 것처럼 말이다.

4. 하나님의 백성들에게 어떤 일이 있더라도, 그들을 때맞추어 보존시키시는 역사에 대해 모든 영광을 하나님께 돌려야 할 것이다. 나를 이리로 보낸 이는 당신들이 아니요 하나님이시라(8절). 한편으로는 그들의 악행이 결국 선을 이루었으니 그 일에 대해 염려하지 말아야 할 것이요, 다른 한편으로는 그들이 아니라 하나님이 그 결과를 이루신 것이니 그 일에 대해 자랑해서도 안 될 것이었다. 그들은 요셉을 애굽에 팔아버림으로써 그의 꿈이 헛된 것이 되도록 계획하였으나, 하나님께서는 그것을 통하여 오히려 그 꿈이 성취되도록 계획하셨던 것이다. 그의 뜻은 이같지 아니하며(사 10:7).

V. 그는 남은 흉년의 기간 동안 아버지를 비롯한 모든 가족을 친히 보살필 것을 약속한다.

1. 그는 그의 아버지가, 그가 살아 있으며 이렇게 위엄의 자리에 있다는 소식을 조속히 듣고 기뻐하게 되기를 바란다. 형제들이 속히 가나안으로 가서 야곱에게 그의 아들 요셉이 애굽 전국의 주가 되었다는 것과(9절) 또한 그가 애굽에서 온갖 영화를 누리고 있다는 것을 알려야 했다. 그는 그것이야말로 아버지 야곱의 백발을 새롭게 하는 기름이 되고, 그의 심령에 새 힘을 주는 감미료가 될 것임을 알고 있었다. 그를 다시 젊어지게 할 만한 것이 있다면, 바로 이러한 소식일 것이다. 그는 형제들이 아버지에게로 가서 진심으로 전하여, 이 깜짝 놀랄 만한 소식들이 과연 진실이라는 것을 만족스럽게 납득할 수 있도록 해 줄 것을 바란다. 당신들의 눈과 내 아우 베냐민의 눈이 보는 바 당신들에게 이 말을 하는 것은 내 입이라(12절). 그들 스스로 기억을 떠올리면, 그의 모습이나 말투 등에 대해 기억하게 될 것이고 그리하여 만족스럽게 납득하게 될 것이었다.

2. 그는 그의 아버지를 비롯하여 온 가족이 애굽으로 오기를 간절히 바란다. 지체 말고 내게로 내려오소서(9절). 그는 가나안과의 변경 지역에 위치한 고센 땅에 그들의 거처를 정해 주어, 그들이 두고 떠나온 땅을 돌아볼 수 있게 한다(10절). 또한 아버지를 위해 쓸 것을 공급할 것을 약속한다. 내가 거기서 아버지를 봉양하리이다(11절). 주목하라. 언제든 부모의 사정으로 인하여 그들을 지탱시키고 쓸 것을 공급하는 일이 필요할 때에는, 능력을 다하여 최대한 이를 행하는 것이 자녀들의 의무다. 고르반을 핑계 삼아 이를 게을리 해서는 절대로 안 된다(막 7:11). 이것이야말로 가정에서 경건을 보여주는 것이다(딤전 5:4). 우

리 주 예수님도 요셉처럼 위의 세상의 최고의 존귀와 권세에 오르셨는데, 그의 뜻은 바로 그에게 속한 모든 사람들이 그가 계신 곳에서 그와 함께 있는 것이다(요 17:24). 그의 계명은 이것이니, 곧 우리가 지금 믿음과 소망으로, 또한 하늘의 시민다운 처신으로 그와 함께 있는 것이요, 또한 그의 약속은 이것이니, 곧 우리가 영원토록 그와 함께 있으리라는 것이다.

VI. 그와 모든 형제들 사이에 진한 애정의 표현이 오간다. 그는 막내이자 친동생인 베냐민부터(요셉이 형제들과 헤어질 때에 그는 겨우 한 살 정도였다) 목을 안고 울었다(14절). 어쩌면 그는 이 때에 베냐민을 낳다가 산통으로 인하여 세상을 떠난 어머니 라헬을 생각했을지도 모른다. 야곱은 얼마 전 요셉은 이미 떠나버렸고 베냐민도 떠나고 있으므로 라헬의 아들들이 없는 것 때문에 슬피 울었고, 라헬도 슬퍼할 것이라 생각했는데, 이제는 그들이 어머니가 없는 것을 생각하며 슬피 우는 것이다. 베냐민을 안은 다음 그는 같은 자세로 형들을 한 사람씩 다 안았다(15절). 그러자 형들이 그제서야 요셉과 아버지 집의 모든 가정사에 대해 자유롭고도 친근하게 말하였다. 진정한 화해의 증표들이 오간 후에 아름다운 하나 된 교제의 모습이 이어지는 것이다.

[16]요셉의 형들이 왔다는 소문이 바로의 궁에 들리매 바로와 그의 신하들이 기뻐하
고 [17]바로는 요셉에게 이르되 네 형들에게 명령하기를 너희는 이렇게 하여 너희 양
식을 싣고 가서 가나안 땅에 이르거든 [18]너희 아버지와 너희 가족을 이끌고 내게로
오라 내가 너희에게 애굽의 좋은 땅을 주리니 너희가 나라의 기름진 것을 먹으리
라 [19]이제 명령을 받았으니 이렇게 하라 너희는 애굽 땅에서 수레를 가져다가 너희
자녀와 아내를 태우고 너희 아버지를 모셔 오라 [20]또 너희의 기구를 아끼지 말라 온
애굽 땅의 좋은 것이 너희 것임이니라 [21]이스라엘의 아들들이 그대로 할 새 요셉이
바로의 명령대로 그들에게 수레를 주고 길 양식을 주며 [22]또 그들에게 다 각기 옷
한 벌씩을 주되 베냐민에게는 은 삼백과 옷 다섯 벌을 주고 [23]그가 또 이와 같이 그
아버지에게 보내되 수나귀 열 필에 애굽의 아름다운 물품을 실리고 암나귀 열 필
에는 아버지에게 길에서 드릴 곡식과 떡과 양식을 실리고 [24]이에 형들을 돌려보내
며 그들에게 이르되 당신들은 길에서 다투지 말라 하였더라

여기서 다음을 보라.

I. 바로가 요셉에게, 또한 그로 인하여 그의 친족들에게 호의를 베풂. 비록 모든 것이 핍절한 상황이었고, 따라서 요셉의 형제들이 그에게 부담이 될 소지가 많았으나, 그는 그의 형제들을 환영하였다(16절). 바로가 그들을 기뻐하자, 그의 신하들도 기뻐하였다. 아니 최소한 바로가 기뻐하니 자기들도 기뻐하는 척은 하였다. 그는 요셉에게 그 형들을 보내어 아버지를 애굽으로 모셔오라고 명하였고, 그리로 이주하여 정착하는 데에 필요한 모든 편의를 제공할 것을 약속하였다. 애굽 전국의 좋은 것들이(하나님의 역사하심에 따라 요셉 덕분에 애굽의 산물이 다른 모든 땅보다 풍부했다) 마음에 든다면 그 모든 것이, 심지어 나라의 기름진 것까지도, 그의 것이 될 것이니(18절), 그들은 기구를 아까워 할 필요가 없다는 것이다(20절). 바로는 그들이 애굽에 와서 누릴 것들에 비하면, 그들이 가나안에서 가진 것들은 그저 잡동사니 정도밖에는 안 되는 것으로 여겼고, 그러므로 그들이 가진 것 중에서 일부를 가나안에 남겨 둘 수밖에 없다 해도, 그것으로 마음을 쓸 이유가 없다고 한 것이다. 그들이 가나안을 떠나면서 잃어버린 것들을 애굽에서 충족히 채워줄 것이라는 것이었다. 그리스도께서도 이처럼 그의 하늘의 영광을 함께 나누기를 원하시는 자들이 이 세상의 잡동사니에 연연하지 말기를 바라신다. 세상에서 아무리 좋은 것을 누리더라도 그것은 잡동사니요 군더더기에 불과하다. 이 땅에 있는 동안에도 그것들을 확실히 누릴 수가 없고, 그것을 지니고 갈 수는 더더욱 없다. 그러므로 그것에 대해 미련을 갖지도 말고 거기에 눈과 마음을 두지도 말아야 할 것이다. 우리의 요셉이신 그리스도께서 처소를 마련하기 위하여 가 계신 그 복된 땅에, 더 나은 것들이 우리를 위하여 예비되어 있으니 말이다.

II. 요셉이 그의 아버지와 형제들에게 친절을 베풂. 바로는 요셉에게 감사한 마음을 갖고 그를 정중히 대하였다. 왜냐하면 요셉이 그와 그의 나라가 큰 유익을 얻는 도구가 되어, 총체적인 재난에서 보존하게 하였을 뿐 아니라 주변의 열방들 사이에서 상당히 부강한 나라가 되게 하는 데에 그가 큰 공을 세웠기 때문이었다. 주변의 모든 나라들이 애굽에 대해, "이처럼 궁핍한 때에 그렇게 저장을 잘 해두었으니, 애굽 사람들은 분명 지혜롭고 총명한 사람들이로다"라고 말할 것이었다. 그렇기 때문에 바로는 요셉을 위해서는 그 어떠한 것이라도 아깝게 여기지 않았다. 주목하라. 하급자들에게도 감사해야 할 일이 있다. 누구든 우리에게 친절을 베풀면 우리는 그 당사자들에게는 물론 그 친족들에게까지도 그것을 보답하는 일에 힘써야 한다. 요셉도 마찬가지로 그의 아버지와 형제들을 공대하였다. 비록 형들은 그의 원수들이었고, 그의 아버지는 오랜 동안 관계가 끊어진 상태였으나 그들이 그의 친족들이었기 때문이다.

1. 그는 그들을 위하여 필요한 것을 공급하였다(21절). 수레를 비롯하여 가고 오는 길에 소용되는 양식을 주었다. 야곱이 큰 부자였던 것을 한 번도 본 일이 없고, 지금 기근이 극심한 때에 그는 분명 가난한 처지였을 것이기 때문이었다.

2. 형들을 풍성하게 치장하여 즐겁게 해 주었다. 형들에게는 각각 좋은 의복 한 벌을 주었고, 베냐민에게는 다섯 벌을 주었으며, 그 외에도 그의 주머니에 돈을 넣어주었다(22절). 그리고 아버지께는 애굽의 각종 좋은 것들을 선물로 보냈다(23절). 주목하라. 부한 자들은 사람들에게 너그러이 베풀어야 한다. 풍성한 재물로 선을 행하는 것이 아니면, 그 재물의 좋은 것이 무엇이란 말인가?

3. 적절한 주의 사항을 당부하여 그들을 떠나보냈다. **당신들은 길에서 다투지 말라**(24절). 그는 그들이 언쟁을 벌이기를 너무 잘한다는 것을 잘 알고 있었다. 그러니 최근에 일어난 일로 인하여 그들이 과거에 요셉 자신에게 저지른 잘못에 대한 책임 문제를 따지면서 서로 언쟁을 벌일 소지가 다분했던 것이다. 요셉은 그들이 그 문제를 놓고 서로 왈가왈부하는 것을 목격한 바 있었다(42:22). 어쩌면 한 사람에게는, "요셉이 꿈을 꾸었다고 처음 비난한 것은 바로 너였다" 라고 말하고, 또 다른 사람에게는, "그의 채색옷을 벗긴 것은 바로 너였다" 라고 말하고, 또 다른 사람에게는, "그를 구덩이에 던져 넣은 것은 바로 너였다" 라고 말할지도 몰랐다. 요셉은 이제 그들 모두를 용서하고서, 형제들에게 서로를 비난하지 말라는 의무를 부여하고 있다. 우리 주 예수께서도 이러한 당부를 하신 바 있다. **너희는 서로 사랑하라.** 우리는 평화로이 살아야 하고, 어떤 일이 일어나든 혹은 과거에 어떤 일이 일어났든 그것 때문에 넘어져서는 안 된다. 왜냐하면, (1) 우리는 모두 한 아버지를 둔 형제들이기 때문이다. (2) 우리는 그의 형제들이니, 우리가 넘어지면 우리의 평화가 되시는 그분과의 관계가 부끄럽게 되기 때문이다. (3) 우리가 죄를 지었고, 큰 죄를 지었기 때문이다. 그러므로 서로 다툴 것이 아니라, 우리 자신을 겸손하게 낮추는 것이 지극히 타당한 것이다. (4) 우리는 우리 모두가 거슬러 배반한 하나님께 죄 사함을 받으며, 또한 죄 사함을 받기를 바라기 때문이다. 그러므로 우리는 기꺼이 서로를 용서할 자세

가 되어 있어야 하는 것이다. (5) 우리가 길에 있기 때문이다. 우리는 애굽 땅을 통하는 길에 있어서 우리를 쳐서 이득을 얻을 기회를 노리는 많은 사람들의 주목을 받는 처지에 있고, 또한 가나안으로 나아가는 길에 있어서 완전한 평화를 영원히 누리기를 소망하는 처지에 있는 것이다.

25그들이 애굽에서 올라와 가나안 땅으로 들어가서 아버지 야곱에게 이르러 26알리
어 이르되 요셉이 지금까지 살아 있어 애굽 땅 총리가 되었더이다 야곱이 그들의
말을 믿지 못하여 어리둥절 하더니 27그들이 또 요셉이 자기들에게 부탁한 모든 말
로 그에게 말하매 그들의 아버지 야곱은 요셉이 자기를 태우려고 보낸 수레를 보
고서야 기운이 소생한지라 28이스라엘이 이르되 족하도다 내 아들 요셉이 지금까지
살아 있으니 내가 죽기 전에 가서 그를 보리라 하니라

여기서는 야곱에게 그 기쁜 소식이 전해지는 기사가 기술되고 있다.

1. 그는 그 소식을 접하고 처음에는 어리둥절 하였다. 아무런 예고도 없이 아들들이 갑자기 들어와 울면서, 요셉이 지금까지 살아 있다고 외치면서, 각자 자기 먼저 그 사실을 전하려고 싸우니, 그는 아들들이 자기를 놀린다고 생각했을지도 모르고, 그리하여 그런 모욕 때문에 마음이 상했거나, 아니면 요셉의 이름만 들어도 그의 슬픔이 다시 되살아나 마음이 어수선하게 되었을 것이다(26절). 한참만에야 비로소 온전하게 정신을 차렸다. 그는 아들들에 대해서 염려와 두려움이 가득해 있었으므로, 시므온이 석방되었다는 소식을 듣고, 또한 베냐민이 안전하게 돌아온 것을 본 것만으로도 큰 기쁨이었을 것이다(이 두 아들의 신변에 이상이 생겼다면 그는 곧바로 절망에 빠지고 말았을 것이다). 그런데 요셉이 지금까지 살아 있다는 소식은 너무 좋아서 도저히 믿기 어려운 소식이었다. 그는 믿지 못하고 어리둥절 하였다. 주목하라. 우리가 어리둥절해 하는 것은 믿지 못하기 때문이다. 다윗 자신도 믿지 못하여 어리둥절 하였다(시 27:13).

2. 점점 그 사실이 확인되면서 그에게 생기가 돌았다. 전에 아들들이 요셉이 죽었다고 할 때에는 야곱이 그들의 말을 쉽게 믿었었으나, 이제 요셉이 지금까지 살아 있다는 그들의 말은 거의 믿을 수가 없었다. 연약하고 가냘픈 심령들은 소망보다는 두려움에 영향을 더 많이 받으며, 고무적인 것보다는 실망적인 것에

게서 더 강한 인상을 받는 경향이 있다. 그러나 드디어 야곱은 그 이야기의 진실성을 납득하게 된다. 특히 그를 태우기 위해서 애굽에서 보내온 수레들을 보자(백문이 불여일견[百聞不如一見]이다) 기운이 소생하였다. 죽음은 우리를 그리스도께로 데려가고자 보내온 수레와도 같다. 그것이 다가오는 것을 보는 것만으로도 우리의 기운이 소생하여야 마땅하다. 이제 야곱이 이스라엘이라 불리는데(28절), 이는 그가 쇠하여진 기운이 다시 회복되기 시작했기 때문이다. (1) 요셉이 살아 있다는 생각으로 그에게 기쁨이 넘쳤나. 아들들이 요셉의 영광에 대해 이야기했으나 그의 영광에 대해서는 아무 말도 하지 않는다. 그는 요셉이 살아 있다는 것으로 족했던 것이다. 주목하라. 작은 것에서 위로를 얻는 데에 만족할 줄 아는 사람들은 더 큰 만족을 얻을 준비를 가장 잘 갖춘 자들이다. (2) 그를 만나러 간다는 생각으로 그에게 기쁨이 넘쳤다. 그가 늙었고 먼 길을 가야 하지만, 기꺼이 요셉을 만나러 가려 하였다. 요셉의 일 때문에 그를 만나러 가지 않고서는 견딜 수 없었던 것이다. 관찰하라. 그는 "내가 죽기 전에 가서 그와 함께 살리라"라고 하지 않고, "내가 죽기 전에 가서 그를 보리라"라고 하였다. 야곱은 늙었고 오래 살기를 기대하지 않았다. "그러나 내가 죽기 전에 가서 그를 보고, 그리고 평안히 세상을 떠나리라. 내가 눈을 감기 전에 그를 보고 새로움을 얻으리라. 그것이면 족하도다. 그것이면 이 세상의 행복으로 족하고 더 이상 필요가 없도다." 주목하라. 죽음과 친숙해지고 그것을 가까운 것으로 이야기하는 것이, 그리하여 우리가 죽기 전에 해야 할 일이 얼마나 작은가를 생각하고 또한 속히 죽어 세상을 떠날 자처럼 세상의 위로거리들을 누리는 것이, 우리 모두를 위해서 좋은 일이다.

제 — 46 — 장

개요

이제 야곱은 늙은 나이에 애굽으로 이주한다. 기근 때문에 어쩔 수 없이 그리로 가며, 아들의 초청을 받아 그리로 가는 것이다. 본 장의 주요 내용은 다음과 같다. I. 하나님이 그를 그리로 보내신다(1-4절). II. 그의 온 가족이 그와 함께 간다(5-27절). III. 요셉이 그에게 인사를 드린다(28-34절).

[1]이스라엘이 모든 소유를 이끌고 떠나 브엘세바에 이르러 그의 아버지 이삭의 하나
님께 희생제사를 드리니 [2]그 밤에 하나님이 이상 중에 이스라엘에게 나타나 이르시
되 야곱아 야곱아 하시는지라 야곱이 이르되 내가 여기 있나이다 하매 [3]하나님이
이르시되 나는 하나님이라 네 아버지의 하나님이니 애굽으로 내려가기를 두려워
하지 말라 내가 거기서 너로 큰 민족을 이루게 하리라 [4]내가 너와 함께 애굽으로 내
려가겠고 반드시 너를 인도하여 다시 올라올 것이며 요셉이 그의 손으로 네 눈을
감기리라 하셨더라

하나님의 명령은 범사에 하나님을 인정하라는 것이요, 또한 거기에는 그가 네 길을 지도하시리라는 약속이 붙어있다. 야곱은 여기서 매우 큰 문제에 봉착한다. 그저 여행을 하는 것만이 아니라 가나안을 떠나 다른 나라에 정착하는 문제가 대두되었다. 그로서는 이런 변화가 매우 당혹스러웠고(그는 가나안에 살다가 가나안에서 죽는 것 외에는 다른 생각을 해본 일이 없었으므로), 또한 먼 장래에까지 그의 자손 대대로 큰 결과를 미칠 일이었던 것이다. 여기서 우리는 다음과 같은 내용을 접하게 된다.

I. 그는 이 일에서 하나님을 인정하였다. 그는 헤브론에서 브엘세바에 이르러, 이제 거기 머무르며, 거기서 그의 아버지 이삭의 하나님께 희생제사를 드렸다(1절). 그가 그 장소를 택한 것은, 그의 아버지와 할아버지가 그 장소에서 하나님과 교제를 가졌던 것을 기억했기 때문이었다. 아브라함은 거기서 하나님의

이름을 불렀고(21:33), 이삭 역시 거기서 그렇게 했다(26:25). 그리하여 야곱은 그 장소를 그의 예배의 장소로 삼았고, 또한 그 곳이 그의 길 중간에 있었기 때문이다. 야곱은 그의 예배에서, 1. 하나님을 그의 아버지 이삭의 하나님으로 바라보았다. 즉, 그와 언약을 맺으신 하나님으로 바라본 것이다. 이삭을 통해서 언약이 야곱에게까지 전해졌기 때문이다. 하나님은 이삭에게는 가나안에 기근이 들었을 때에 애굽으로 내려가지 말도록 금하셨었는데(26:2), 어쩌면 야곱은 하나님을 그의 아버지 이삭의 하나님이라 칭할 때에 바로 그 섬을 염두에 두고서, "여호와여 내가 요셉을 보기를 간절히 원하오나, 주께서 옛날 내 아버지 이삭에게 하신 것처럼 애굽으로 내려가는 것을 금하시면, 주께 복종하고 지금 이 자리에 있는 것으로 만족하겠나이다"라는 심정이었을지도 모른다. 2. 그는 희생제사를 드렸다. 정한 때에 행하던 일상적인 제사 외에 특별한 제사를 드린 것이다. 이처럼 희생제사를 드린 것은, (1) 그의 가족에게 최근 복된 변화를 주신 것에 대해 감사하는 뜻으로 드린 것이다. 요셉에 관하여 받은 기쁜 소식에 대해서, 또한 그를 만나볼 수 있다는 소망을 갖게 된 일에 대해서, 감사를 드리고자 한 것이다. 주목하라. 하나님의 자비가 시작되는 것을 보고서도, 아직 그것이 완전하게 드러나지 않았다 할지라도, 그것에 대해 하나님께 감사를 드려야 한다. 또한 이것은 계속 자비를 베푸시기를 더욱 간청하는 복된 방법이기도 하다. (2) 그가 의도하는 이 여정에 하나님께서 함께 하시기를 간절히 구하는 뜻으로 드린 것이다. 그는 이 희생제사를 통하여 하나님과 평화를 이루고, 죄 용서함을 얻어서 이 여정에서 죄악을 지고 가지 않게 되기를 바랐다. 죄악과 함께 간다면 아주 나쁜 동반자와 함께 가는 것이기 때문이다. 우리는 위대한 희생제물이신 그리스도로 말미암아 우리 자신을 하나님과 화목시켜야 하고 또한 우리의 요구 사항들을 그에게 내어드려야 한다. (3) 하나님의 뜻을 문의하는 뜻으로 드린 것이다. 이방인들은 신탁(神託)을 얻고자 희생제사를 드린다. 야곱은 하나님의 뜻을 묻기 전에는 가려 하지 않았다. "내가 애굽으로 내려가리이까, 아니면 헤브론으로 다시 돌아가리이까?" 의심스런 경우에는 우리도 그런 질문을 해야 한다. 그리고 하늘로부터 즉각적인 답변을 기대할 수는 없으나, 부지런히 말씀과 양심과 섭리의 인도하심을 구하면, 하나님의 뜻을 묻는 일이 헛된 일이 아니라는 것을 알게 될 것이다.

Ⅱ. 하나님이 야곱의 발걸음을 지시하셨다. 그 밤에(대하 1:7의 경우처럼, 아

마도 그가 희생제사를 드린 바로 그 날 밤이었을 것이다) 하나님이 이상 중에 이스라엘에게 나타나 이르시되(2절). 주목하라. 하나님과의 교제를 계속 유지하기를 바라는 자들은, 하나님의 편에서는 절대로 그 일에 실패가 없으시다는 것을 알게 될 것이다. 우리가 우리의 본분에 따라 그에게 말씀드리면, 그도 어김없이 우리에게 말씀하신다. 하나님은 그의 옛 이름을 사용하셔서 그를 향하여 야곱아 야곱아 라고 부르셨는데, 이는 그의 낮은 처지를 상기시키기 위함이었다. 그의 현재의 두려움은 이스라엘에게는 별로 어울리지 않는 모습이었다. 야곱은 전능하신 하나님의 이상을 익히 아는 자답게 즉시 복종하여 대답한다. "내가 여기 있나이다. 명령을 받들 채비가 되었나이다." 이 때에 하나님은 그에게 무어라 말씀하시는가?

1. 그는 야곱과의 언약을 새롭게 하신다. 나는 하나님이라 네 아버지의 하나님이니(3절). 즉, "나는 네가 인정하는 바로 그 하나님이로다. 너는 나를 하나님으로 알지니, 나의 신적인 지혜와 권능이 너와 함께 하며, 또한 네가 나를 네 아버지의 하나님으로 알지니, 나는 그와 맺은 언약을 신실히 지키는 자로라."

2. 그는 가족을 데리고 애굽으로 이주하는 일을 격려하신다. 애굽으로 내려가기를 두려워하지 말라. 야곱은 요셉이 애굽에 살아 있고 영광을 누리고 있다는 소식을 처음 접하고서는 주저함 없이 곧바로, 내가 가서 그를 보리라 라고 결심하였으나, 뒤에 다시 생각을 가다듬고서는 그 일에 어려움이 있다는 것을 깨닫게 되었고, 그 문제를 어떻게 해결해야 좋을지를 잘 알지 못하였던 것 같다. 주목하라. 지극히 큰 기쁨과 소망이 있는 것처럼 보이는 그런 변화들 속에도, 걱정과 두려움이 끼어 있는 법이다. 이물질이 섞이지 않은 순전한 즐거움이란 없다(Nulla est sincera voluptas). 우리는 언제나 두렵고 떨림으로 즐거워할 수밖에 없는 것이다. 야곱은 이 여정에 대해 계속해서 신중히 생각하였고, 하나님께서는 이를 돌아보셨다. (1) 그는 늙었고, 130세나 되었다. 그런데 나이 많은 사람들의 연약함 중의 하나가 높은 곳을 두려워하고 길에서 놀라는 것이라 말씀하고 있다(전 12:5). 야곱의 앞에는 기나긴 여정이 놓여 있었으며, 그는 여행하기에는 많이 쇠약해져 있었고, 어쩌면 그의 사랑하는 라헬이 여행 중에 죽은 일을 기억했을지도 모른다. (2) 그는 그의 아들들이 애굽의 우상 숭배에 물들어 조상들의 하나님을 잊지 않을까, 아니면 애굽의 쾌락에 푹 빠져서 약속의 땅을 잊지는 않을까 염려하였다. (3) 아마도 그는 하나님께서 아브라함에게 그의 후손

들이 종노릇하고 환난을 당할 것에 대해 하신 말씀을 생각하였을 것이고 (15:13), 그가 애굽으로 이주함으로써 후손들이 결국 그렇게 되리라는 것을 인식하였을 것이다. 현재 만족스러운 처지에 있다고 하여 앞날에 다가올지 모를 불편한 점들에 대한 생각이 무뎌져서는 안 된다. 지금 매우 희망적으로 보이는 일로 인해서 장차 극히 어려운 일들이 일어날 수도 있으니 말이다. (4) 그로서는 자신의 뼈를 애굽에 묻는다는 것은 생각조차 할 수 없는 일이었다. 그러나, 그가 우려하는 것들이 무엇이었든지 간에, 애굽으로 내려가기를 두려워하지 말라는 하나님의 답변으로 모든 것이 해결되고도 남았다.

3. 그는 야곱이 애굽으로 이주해 가는 일에 위로가 있을 것을 약속하신다. (1) 그가 애굽에서 번성할 것이라고 하신다. "너는 거기서 네 가족이 가라앉고 잃어버린 바 되지 않을까 하여 두려워하나, 내가 거기서 너로 큰 민족을 이루게 하리라. 그 곳이야말로 무한한 지혜자인 내가 그 약속을 이루기 위하여 택한 곳이니라." (2) 하나님의 임재가 그와 함께 하리라고 하신다. 내가 너와 함께 애굽으로 내려가겠고. 주목하라. 하나님이 보내시는 곳으로 가는 자들에게는 반드시 하나님께서 함께 하실 것이요, 그것 하나만으로도 그들이 어디에 있든 보존함을 받기에 족하며, 그리하여 그들의 두려움이 그것으로 잠재워질 것이다. 하나님이 우리와 함께 가시면 그 곳이 애굽일지라도 우리는 안전하게 갈 수 있는 것이다. (3) 그도, 그의 후손도 애굽에서 잃어버린 바 되지 않을 것이라고 하신다. 반드시 너를 인도하여 다시 올라올 것이며. 야곱이 비록 애굽에서 죽었지만, 다음과 같은 이유로 이 약속은 성취되었다. [1] 훗날 그의 죽은 시체가 가나안으로 올려져 거기에 장사되었다. 야곱은 이 일에 대해 매우 신경을 썼다(49:29. 32). [2] 먼 훗날 그의 후손들이 애굽에서 나와 가나안에 정착하게 되었다. 우리가 언제 낮고 어두침침한 골짜기로 부름을 받아 그리로 내려가든, 하나님께서 우리와 함께 그리로 가신다는 것을 확신하면, 그가 반드시 우리를 다시 이끌어 올리실 것이다. 그가 우리와 함께 죽음에까지 내려갈지라도, 그는 반드시 우리를 영광 가운데로 일으키실 것이다. (4) 사나 죽으나 그의 사랑하는 요셉이 그에게 위로가 될 것이라고 하신다. 요셉이 그의 손으로 네 눈을 감기리라. 이것은 그가 사는 동안 요셉이 살아 있을 것이며, 그의 임종 때에 그가 그와 함께 있어서, 가장 가까운 친족들이 흔히 하듯이 부드럽고도 따뜻한 마음으로 그의 눈을 감겨 주리라는 약속이었다. 아마도 야곱은 속에 갖가지 생각을 하면서도, 요셉

이 그를 위하여 이 마지막 사랑의 의무를 다 해주기를 바랐을 것이다. 그로 내 눈을 감기게 하라. 하나님께서는 이러한 그의 소원을 문자 그대로 들어주셨다. 하나님께서는 이렇듯 그의 백성의 순전한 소원들을 용납하시며, 그들의 죽음을 복되게 하실 뿐 아니라, 그 처지와 상황도 거기에 아주 부합되게 하시는 것이다.

5야곱이 브엘세바에서 떠날새 이스라엘의 아들들이 바로가 그를 태우려고 보낸 수
레에 자기들의 아버지 야곱과 자기들의 처자들을 태우고 6그들의 가축과 가나안 땅
에서 얻은 재물을 이끌었으며 야곱과 그의 자손들이 다함께 애굽으로 갔더라 7이와
같이 야곱이 그 아들들과 손자들과 딸들과 손녀들 곧 그의 모든 자손을 데리고 애
굽으로 갔더라 8애굽으로 내려간 이스라엘 가족의 이름은 이러하니라 야곱과 그의
아들들 곧 야곱의 맏아들 르우벤과 9르우벤의 아들 하녹과 발루와 헤스론과 갈미요
10시므온의 아들은 여무엘과 야민과 오핫과 야긴과 스할과 가나안 여인의 아들 사
울이요 11레위의 아들은 게르손과 그핫과 므라리요 12유다의 아들 곧 엘과 오난과
셀라와 베레스와 세라니 엘과 오난은 가나안 땅에서 죽었고 베레스의 아들은 헤스
론과 하물이요 13잇사갈의 아들은 돌라와 부와와 욥과 시므론이요 14스불론의 아들
은 세렛과 엘론과 얄르엘이니 15이들은 레아가 밧단아람에서 야곱에게 난 자손들이
라 그 딸 디나를 합하여 남자와 여자가 삼십삼 명이며 16갓의 아들은 시뵨과 학기와
수니와 에스본과 에리와 아로디와 아렐리요 17아셀의 아들은 임나와 이스와와 이스
위와 브리아와 그들의 누이 세라며 또 브리아의 아들은 헤벨과 말기엘이니 18이들
은 라반이 그의 딸 레아에게 준 실바가 야곱에게 낳은 자손들이니 모두 십육 명이
라 19야곱의 아내 라헬의 아들 곧 요셉과 베냐민이요 20애굽 땅에서 온의 제사장 보
디베라의 딸 아스낫이 요셉에게 낳은 므낫세와 에브라임이요 21베냐민의 아들 곧
벨라와 베겔과 아스벨과 게라와 나아만과 에히와 로스와 뭅빔과 훕빔과 아릇이니
22이들은 라헬이 야곱에게 낳은 자손들이니 모두 십사 명이요 23단의 아들 후심이요
24납달리의 아들 곧 야스엘과 구니와 예셀과 실렘이라 25이들은 라반이 그의 딸 라
헬에게 준 빌하가 야곱에게 낳은 자손들이니 모두 칠 명이라 26야곱과 함께 애굽에
들어간 자는 야곱의 며느리들 외에 육십육 명이니 이는 다 야곱의 몸에서 태어난
자이며 27애굽에서 요셉이 낳은 아들은 두 명이니 야곱의 집 사람으로 애굽에 이른
자가 모두 칠십 명이었더라

늙은 야곱은 이제 애굽으로 이주하고 있다. 그는 가나안을 떠난다는 것을 거의 생각해 본 일이 없었다. 그는 자기의 보금자리에서 숨을 거둘 것으로 예상했고, 또한 후손들이 약속한 땅을 실질적으로 소유한 상태에서 그들을 떠나갈 것으로 기대했다. 그러나 섭리가 그의 생각과는 달리 역사하고 있는 것이다. 주목하라. 스스로 정착되었다고 생각하는 자들도 얼마 후에 다시 정착되지 못한 상태가 될 수도 있다. 이제 무덤에 들어가는 것 외에는 떠날 일이 없다고 생각하는 노인들도(야곱도 마음에 이런 생각을 많이 갖고 있었다. 37:35; 42:38) 때로는 더 살아서 가정에 큰 격변을 보게 되기도 한다. 그러므로 무덤에 들어가기를 준비하는 것과 아울러, 무덤에 들어가기 전에 일어날 모든 일에 대해서도 준비를 갖추는 것이 좋다. 관찰하라. 1. 야곱은 수레를 타고 갔다. 당시에는 마차가 사용되었으나 그는 수레를 타고 갔다(5절). 야곱은 평범한 사람의 성격을 지녀서 무슨 일이든 화려하거나 위엄 있게 치장하지 않았다. 그의 아들도 마차를 탔으나(41:43), 그를 태우기 위해 수레가 와 있었던 것이다. 2. 그는 자신의 모든 소유를 갖고 떠났다. (1) 자신의 가축과 재물을 갖고 떠났다(6절). 그는 자신의 생계를 전적으로 바로에게 의탁하고 싶지 않았고, 나중에 "그들이 거지로 애굽에 왔다"는 말을 듣고 싶지 않아서 그것들을 다 갖고 떠난 것이다. (2) 자신의 모든 자손을 데리고 떠났다(7절). 아마도 자손들이 계속해서 야곱과 함께 모여 살았을 것이고, 그러므로 그가 떠날 때에 그들 모두가 함께 떠났다. 어쩌면 그들이 더 그 곳을 떠나기를 바랐을지도 모른다. 가나안 땅이 자기들에게 약속되었다는 것을 들은 바 있으나, 그때까지 그들은 그 땅을 하나도 소유하지 못하고 있었기 때문이다. 여기서 우리는 야곱의 가족과 손자들의 이름을 구체적으로 접하게 되는데, 이들은 대부분 나중에 여러 지파들에 속한 가문들의 우두머리들로 언급된다. 민 26:5 이하를 보라. 패트릭 주교는 잇사갈이 그의 맏아들을 돌라라 부르는 것에 주목한다(13절). 그 이름은 벌레라는 뜻인데, 아마도 그가 처음 났을 때에 너무도 작고 약하여 사람이 아니라 마치 벌레와도 같아서 도무지 살 것 같지 않았기 때문이었을 것이다. 그런데 그에게서 무수한 자손이 났다(대상 7:2). 주목하라. 살고 죽는 것은 가망성에 좌우되는 것이 아니다. 애굽으로 이주한 사람의 숫자는 66명이었고(26절), 여기에 이미 애굽에 가 있는 요셉과 그의 두 아들들과, 또한 족장인 야곱 자신을 합하여 모두 70명이었다(27절). 칠십인역본은 이를 75명으로 취하며, 스데반이 이를 따르고 있다(행 7:14). 그 이유에 대해서는 학자들의 추측에 맡기기로 한다. 그러나 여기서 다음을 관찰하자. [1] 가족의 우두머리들은 자기의 슬하에 있는 모든 자들을 보살펴야 하고, 그 집에 속한 자들을 위하여 육체적이며 영적인 양식을 공급하여야 한다. 야곱은 자신이 풍요의 땅으로 이주하면서, 자식들 중에 하나도 메마른 땅에서 굶어죽게 내버려두지 않았다. [2] 약속들의 성취는 언제나 확실하지만, 그것이 더디 오는 경우가 많다. 하나님께서 아브라함에게 그로 큰 민족을 이루게 하시겠다고 약속하신지 이제 215년이 되었다(12:2). 그런데 그의 자손 중에서 약속을 이루게 될 가지가 이제 고작 70명으로 늘어났을 뿐이다. 여기서 70명이라는 숫자를 구체적으로 기록하고 있는 것은, 그 70명을 무수한 무리로 번성하게 하시는, 그것도 애굽에서 그렇게 늘어나게 하시는 하나님의 능력을 더욱 놀랍게 드러나게 하기 위함이었다. 하나님이 기뻐하시면, 그 작은 자가 천 명을 이루는 것이다(사 60:22).

28야곱이 유다를 요셉에게 미리 보내어 자기를 고센으로 인도하게 하고 다 고센 땅
에 이르니 29요셉이 그의 수레를 갖추고 고센으로 올라가서 그의 아버지 이스라엘
을 맞으며 그에게 보이고 그의 목을 어긋맞춰 안고 얼마 동안 울매 30이스라엘이 요
셉에게 이르되 네가 지금까지 살아 있고 내가 네 얼굴을 보았으니 지금 죽어도 족
하도다 31요셉이 그의 형들과 아버지의 가족에게 이르되 내가 올라가서 바로에게
아뢰어 이르기를 가나안 땅에 있던 내 형들과 내 아버지의 가족이 내게로 왔는데 32
그들은 목자들이라 목축하는 사람들이므로 그들의 양과 소와 모든 소유를 이끌고
왔나이다 하리니 33바로가 당신들을 불러서 너희의 직업이 무엇이냐 묻거든 34당신
들은 이르기를 주의 종들은 어렸을 때부터 지금까지 목축하는 자들이온데 우리와
우리 선조가 다 그러하니이다 하소서 애굽 사람은 다 목축을 가증히 여기나니 당
신들이 고센 땅에 살게 되리이다

여기서는 다음과 같은 내용을 볼 수 있다.

I. 야곱과 그의 아들 요셉의 기쁨이 가득한 상봉. 여기서 다음을 관찰하라.

1. 야곱이 세심하게 유다를 먼저 요셉에게 보내어 자신의 도착을 통지하여 고센으로 인도받음. 이는 그들을 보호하여 이끌어온 애굽 정부에 대한 일종의 예의의 표시였다(28절). 우리는 다른 사람에게, 특히 더 높은 권세자들에게, 거

리낌을 주지 않도록 지극히 조심하여야 한다.

2. 요셉이 야곱에게 아들로서 존경을 표시함. 그는 마차를 타고 가서 야곱을 만났다. 그들의 상봉에서 다음을 볼 수 있다. (1) 요셉은 아버지 야곱을 극진히 높였다. 그의 아버지 이스라엘을 맞으며 그에게 보이고. 주목하라. 부모를 높이고 공경하는 것이 자녀의 도리다. 혹시 섭리로 말미암아 자녀가 외형적인 처지에서 부모보다 높아진다 해도 그렇게 하는 것이 자녀의 의무다. (2) 요셉은 그 아버지를 지극히 사랑하였다. 아버지에 대한 사랑의 감정은 세월이 흘러도 무뎌지지 않았고, 오히려 아버지를 만난 기쁨으로 아버지의 목을 안고 눈물을 흘리며 울었는데, 이것은 아버지를 향한 그의 애정이 얼마나 순전하며 강했는가를 잘 보여준다. 이 세상에서는 슬픔과 기쁨이 서로 얼마나 가까운지 모른다. 둘 다 눈물로써 표현되니 말이다. 그러나 오는 세상에서는 눈물이 오로지 슬픔의 표현으로만 제한된다. 천국에서는 완전한 기쁨이 있다. 그러나 기쁨의 눈물이란 없다. 모든 눈물이 씻겨질 것이다. 왜냐하면 천국에서의 기쁨은 이 땅에서의 기쁨과 달라서, 전혀 불순물이 끼어있지 않기 때문이다. 요셉이 베냐민을 만났을 때에는 목을 안고 울었다. 그러나 아버지를 만날 때에는 목을 어긋맞춰 안고 얼마 동안 울었다. 아우 베냐민도 사랑스러웠으나, 그의 아버지 야곱이 더욱 사랑스러웠던 것이다.

3. 야곱이 요셉을 만남으로 지극한 만족을 얻음. 지금 죽어도 족하도다(30절). 요셉과 함께 더 살면서 그의 존귀와 영광을 보기를 바라지 않았다. 요셉을 이렇게 처음 만남으로써 너무도 큰 기쁨과 만족을 누렸으니 이 세상에서 더 이상 바라고 기대할 것이 없다고 생각한 것이다. 이 세상의 위로는 항상 불완전하기 마련이니 말이다. 야곱은 즉시 죽어도 좋다고 생각했는데 17년을 더 살았다. 이는 우리의 삶과 비교하면 상당히 긴 기간이다. 주목하라. 격한 슬픔이나 격한 기쁨 중에 죽음을 바라기도 하지만, 죽음이란 항상 우리가 바랄 때에 오는 것은 아니다. 우리의 때는 우리의 손이 아니라 하나님의 손에 달려 있다. 우리가 아무리 삶의 기쁨에 젖어서나 혹은 삶의 슬픔에 압도되어 죽기를 바란다 해도, 오로지 하나님이 뜻하시는 때에 죽을 수밖에 없는 것이다.

II. 요셉이 형제들이 정착하도록 세심하게 보살핌. 요셉으로서는 이제 형제들이 그의 통치 영역 내에 들어와 정착하게 되었다는 것을 바로에게 아뢰는 것이 그를 정당하게 대하는 것이었다. 주목하라. 다른 사람들이 우리에게 신뢰를 보여주면, 그들에게 다른 것을 요구하는 등 비열하고 배은망덕한 자세를 보여서는 안 된다. 야곱과 그의 가족이 애굽 사람들의 짐이 되러 온다 해도, 그들이 은밀하게 물건을 훔치듯 그들에게로 왔다는 말을 들어서는 절대로 안 되는 일이었다. 그리하여 요셉은 바로에게 이를 보고하여 아뢴 것이다(31절). 그러나 그의 형제들은 어떻게 처리할 것인가? 그들이 그를 제거할 모의를 꾸민 때가 있었다. 그러나 지금 그는 그들을 정착시킴으로써 만족과 유익을 주기 위해 고심하고 있다. 이것은 악을 선으로 갚는 것이다. 여기서, 1. 그는 형제들이 애굽 사람들에게서 할 수 있는 만큼 분리되어 살도록 해주기를 원했다. 그리하여 그들을 **고센 땅**에 정착시켰는데, 이 곳은 가나안으로부터 가장 가까운 곳으로 애굽 사람들이 별로 많이 거주하지 않았고, 가축들을 위한 초장이 풍부한 곳이었다. 형제들이 애굽 사람들에게서 떨어져서 따로 살기를 바란 것은, 그들이 애굽 사람들의 악행에 오염되고 애굽 사람들의 악의에 모욕을 당할 위험에 덜 노출되기를 바란 때문이었다. **애굽 사람은 다 목축을 가증히 여기나니**, 즉 목자들을 멸시하며 그들과 교류하기를 혐오하므로, 요셉은 그의 형제들을 애굽 사람들 가운데로 보내어 짓밟히게 하기를 원치 않은 것이다. 그러나, 2. 그는 그들이 목자의 삶을 계속 살기를 바랐고, 바로 앞에서도 부끄러움 없이 자기들의 직업을 인정하기를 바랐다. 그는 형제들을 자기 밑에 두어 곡식을 거래하는 분야에 종사하도록 할 수도 있었고, 어쩌면 자신이 왕의 신뢰를 받고 있으므로 그들을 위하여 왕궁이나 군대에 적절한 지위를 마련해 줄 수도 있었고, 형제들 중에 충분히 그럴 만한 자격이 있는 이들도 있었을 것이다. 그러나 그렇게 되면 애굽 사람들의 시기를 받게 될 것이고, 그들 역시 가나안도, 또한 조상들에게 주신 약속도 잊어버릴 소지가 다분하였다. 그리하여 그는 형제들이 옛 직업을 계속 유지하도록 조치하는 것이다. 주목하라. (1) 순전한 직업은 부끄러운 것이 아니요, 따라서 우리 자신이나 친족들의 순전한 직업을 부끄러워해서도 안 된다. 오히려 게으름 피우고 아무것도 하지 않는 것을 수치로 여겨야 할 것이다. (2) 일반적으로 사람이 어려서부터 해온 직업을 그대로 지속하는 것이 가장 좋다(고전 7:24). 직업이든, 혹은 환경이든, 하나님께서 그의 섭리로 우리에게 맡기신 것을 우리의 것으로 알아 우리 자신을 거기에 적응시키고, 우리 스스로 그것에 만족하며, 더 높은 것에 마음을 두지 말도록 하자. 작은 일에서 인정을 받는 것이 큰 일에서 부끄러움을 얻는 것보다 더 나은 것이다.

제 — 47 — 장

개요

본 장의 주요 내용은 다음과 같다. I. 요셉이 친족들에게 친절을 베풀며 그들에게 애정을 쏟음. 그는 먼저 형제들을, 그리고 다음에 그의 아버지를 바로에게 소개하며(1-10절), 그들을 고센에 정착시키고 그들의 쓸 것을 공급하며(11-12절), 후에 아버지가 요셉을 부르자 그에게 존경을 표시한다(27-31절). II. 요셉이 왕과 백성들 사이의 매우 민감한 사안을 정의롭게 처리함. 그는 바로의 곡식을 그의 신민들에게 팔아 바로가 적절한 이윤을 얻도록 하며, 동시에 백성들에게 아무런 해가 없도록 한다(13-26절). 이처럼 그는 사사로운 관계에서나 공적인 임무 수행에서나 지혜롭고도 선한 사람의 모습을 스스로 보여주었다.

[1]요셉이 바로에게 가서 고하여 이르되 내 아버지와 내 형들과 그들의 양과 소와 모
든 소유가 가나안 땅에서 와서 고센 땅에 있나이다 하고 [2]그의 형들 중 다섯 명을
택하여 바로에게 보이니 [3]바로가 요셉의 형들에게 묻되 너희 생업이 무엇이냐 그들
이 바로에게 대답하되 종들은 목자이온데 우리와 선조가 다 그러하니이다 하고 [4]그
들이 또 바로에게 고하되 가나안 땅에 기근이 심하여 종들의 양 떼를 칠 곳이 없기
로 종들이 이 곳에 거류하고자 왔사오니 원하건대 종들로 고센 땅에 살게 하소서 [5]
바로가 요셉에게 말하여 이르되 네 아버지와 형들이 네게 왔은즉 [6]애굽 땅이 네 앞
에 있으니 땅의 좋은 곳에 네 아버지와 네 형들이 거주하게 하되 그들이 고센 땅에
거주하고 그들 중에 능력 있는 자가 있거든 그들로 내 가축을 관리하게 하라 [7]요셉
이 자기 아버지 야곱을 인도하여 바로 앞에 서게 하니 야곱이 바로에게 축복하매 [8]
바로가 야곱에게 묻되 네 나이가 얼마냐 [9]야곱이 바로에게 아뢰되 내 나그네 길의
세월이 백삼십 년이니이다 내 나이가 얼마 못 되니 우리 조상의 나그네 길의 연조
에 미치지 못하나 짧고 험악한 세월을 보내었나이다 하고 [10]야곱이 바로에게 축복
하고 그 앞에서 나오니라 [11]요셉이 바로의 명령대로 그의 아버지와 그의 형들에게
거주할 곳을 주되 애굽의 좋은 땅 라암셋을 그들에게 주어 소유로 삼게 하고 [12]또
그의 아버지와 그의 형들과 그의 아버지의 온 집에 그 식구를 따라 먹을 것을 주어

봉양하였더라

Ⅰ. **야곱이 신하로서 자신의 군주에게 존경을 보임.** 그가 국가의 총리로서 왕의 총애를 받고 있고, 또한 아버지를 애굽으로 모셔오라는 구체적인 명령도 받은 바 있으나, 바로에게 보고도 하지 않고 그를 정착시킬 마음은 없었다(1절). 우리의 요셉이신 그리스도는 그를 따르는 자들을 그의 나라에 들이는 일을 그의 아버지께서 예비하신 일로 말씀하신다. 내가 주는 것이 아니라(마 20:23).

Ⅱ. **과거에 형들에게서 온갖 수모를 겪었음에도 불구하고, 요셉이 형제로서 그들에게 선의를 베풂.**

1. 요셉은 높은 지위에 있고, 형제들은 특히 애굽에서는 초라하고 비천한 신분이었는데도, 그는 그들을 인정하였다. 그러므로 세상에서 부유하고 높은 지위에 있는 자들은 그들의 초라한 친족들을 무시하거나 멸시하지 않도록 그에게서 배워야 할 것이다. 나무의 모든 가지가 전부 맨 꼭대기의 가지는 아니다. 그러나 낮은 가지라고 해서 그것이 나무에 속한 것이 아닌가? 우리 주 예수님은 여기의 요셉처럼 우리를 형제라 부르기를 부끄러워하지 않으신다.

2. 그들이 외인들이요 왕궁의 신하들이 아니므로, 요셉은 그들 중 몇 명으로 하여금 바로를 알현하게 하였다. 이렇게 함으로써 애굽 사람들 사이에서 그들이 존귀한 대접을 받게 하고자 한 것이다. 그리스도께서도 그의 형제들을 천국의 궁에 데려가시고 그들을 높이 세우신다. 그들 자신은 무가치하며 애굽 사람들에게 가증히 여김을 받는 자들인데도 말이다. 그들은 바로를 알현하고, 요셉이 준 지침대로 그에게, (1) 자기들의 직업이 무엇인지를 — 자기들이 목자들임을 — 아뢰었다(3절). 바로는 그들에게 물었다(요셉도 왕이 이것을 맨 처음 물을 것이라는 것을 알고 있었다. 46:33). 너희 생업이 무엇이냐? 바로는 그들이 당연히 무언가 하던 일이 있으리라고 생각하였다. 그렇지 않다면 애굽은 그들에게 합당한 곳이 아니었을 것이다. 게으른 한량들을 돌보는 곳이 아니기 때문이다. 그런 핍절한 시기에 일을 하지 않으려면, 떡을 먹지도 말아야 하는 것이다. 주목하라. 세상에 자리를 차지하고 있는 사람은 모두 자기의 역량에 따라, 정신적인 것이든 육체적인 것이든 그 속에서 할 일과 직업을 갖고 있어야 한다. 양식을 위해 일을 할 필요가 없는 자들이라도 게으르지 않도록 무언가 할 일을 가져야 한다. 또한 국가의 관리들은 공공의 복지를 돌보는 자들로서 백성들의

직업에 대해 관심을 가져야 한다. 게으른 백성은 벌통의 수벌과 같아서 공공 사회에 무익한 짐일 뿐이다. (2) 자기들이 애굽에서 하고자 하는 일이 무엇인지를 아뢰었다. 곧 그 땅에 영원토록 정착하려는 것이 아니라, 가나안에 기근이 심한 동안만 거기에 잠시 거류하고자 한다는 것이었다. 그 곳에 기근이 심하여 풀들이 다 타버렸고 곡식이 다 말라 버려서 목자들로서는 살 수가 없으므로, 비교적 초장이 좋은 애굽에 임시로 거류하려 한다는 것이었다.

3. 바로는 그들에게 고센 땅에 정착하도록 허락하였다(5, 6절). 이것은 바로가 요셉에게 감사의 뜻으로 베푼 것이다. 그가 그와 그의 나라에 놀라운 복이었으므로, 순전히 그를 생각하고 그의 친족들에게 친절을 베푼 것이다. 그는 또한 여력이 있으면 자기의 가축까지도 돌봐 달라고 하였다. 자기의 직무에 부지런히 임하는 자가 왕 앞에 설 것이기 때문이었다. 그러므로 우리의 직업이나 직무가 무엇이든 간에, 우리는 그 일에서 최고가 되고, 또한 그 방면에서 근면함과 아울러 창의성을 드러내기를 목표로 삼아야 할 것이다.

Ⅲ. 요셉이 아들로서 그의 아버지에게 존경을 표시함.

1. 그는 아버지를 바로에게 소개하였다(7절). 그런데 여기서,

(1) 바로는 야곱에게 일상적인 질문을 한다. **네 나이가 얼마냐?**(8절). 이는 노인에게 흔히 하는 질문이다. 많은 나이를 높이 기리고 우러러 보는 것이 자연스런 일이며(레 19:32), 반대로 그것을 멸시하는 것이야말로 부자연스럽고 가당치 않은 일이기 때문이다(사 3:5). 야곱의 안색에서 그가 매우 나이 많은 것이 드러났을 것이다. 그는 수고와 온갖 풍상을 겪은 사람이었으니 말이다. 애굽에서는 가나안처럼 사람들의 수명이 그렇게 길지 못했고, 그리하여 바로는 야곱을 놀라움으로 바라보았다. 그는 그의 궁에서 마치 큰 구경거리와도 같았다 할 것이다. 우리 자신을 생각해 보면서, "우리의 나이가 얼마인가?"를 염두에 두어야 할 것이다.

(2) 야곱은 바로에게 흔치 않은 답변을 한다(9절). 그는 족장에 걸맞게 진지한 자세로 대답하여 바로에게 교훈을 준다. 우리의 말이 항상 은혜에 속한 것은 아닐지라도, 이처럼 언제나 은혜를 머금은 것이어야 한다. 여기서 관찰하라. [1] 그는 자기의 인생을 가리켜 **나그네 길**이라 부른다. 자기 자신을 이 세상에서는 낯선 외인이요 다른 세상으로 가는 여행객으로 바라보는 것이다. 이 땅은 그의 여관이요 그의 집이 아니다. 이에 대해서 사도는 **이 사람들은 외국인과 나**

그네임을 증언하였다(히 11:13)고 하였다. 그는 비단 지금 자신이 전에 한 번도 와 보지 않은 낯선 나라인 애굽에 와 있는 자신을 나그네로 생각한 것만이 아니라, 심지어 그가 출생한 그 땅에서 산 것까지 포함하여 그의 삶 전체를 나그네 길로 여겼다. 인생을 그렇게 바라보는 자들은 고향 땅에서 떠나는 불편함을 더욱 잘 견딜 수 있을 것이다. 그들은 과거에도 지금도 여전히 나그네들인 것이다. [2] 그는 자기의 인생을 날들(한글 개역개정판은 세월로 번역함)로 간주한다. 그렇게 해도 인생이 금방 지나가고, 마지막까지 하루도 계속할지를 확신할 수가 없고, 한 시간도 미리 경고를 받지 못하고 이 장막을 떠나게 될 수도 있는 것이다. 그러므로 우리의 날을 계수하고(시 90:12), 그 연한을 알도록 하자(시 39:4). [3] 야곱은 자신의 인생의 성격을 다음과 같이 묘사한다. **첫째로**, 얼마 되지 않는다고 하였다. 그는 이제 130년을 살았으나, 영원의 날들에 비하면, 마치 며칠밖에 되지 않은 것 같았다. 그러나 영원하신 하나님과 영원한 상태는, 마치 천 년(사람의 최고의 연수보다 더 긴 세월이다)이 하루와도 같다. **둘째로**, 험악하다고 하였다. 이것은 사람에게 일반적으로 해당되는 사실이다. **사람은 생애가 짧고 걱정이 가득하며**(욥 14:1). 그리고 인생이 험악하므로, 그것이 짧은 것이 좋은 일이다. 특히 야곱의 생애는 온갖 험악한 날들로 가득했다. 그러나 그의 인생에서 가장 즐거운 날들이 그의 앞에 놓여 있었다. **셋째로**, 그의 생애가 조상들의 생애의 연수보다 짧다고 하였다. 그들의 인생보다 길지도 않고 기쁘지도 않았다는 것이다. 그의 몇몇 조상들의 경우보다 그에게는 노년이 더 빨리 왔다. 청년이 자기의 힘이나 아름다움을 자랑하지 말아야 하듯이, 혹시 다른 사람들이 노인의 나이를 칭송하는 것은 정당하겠지만, 노인이 자기 나이와 백발의 면류관을 자랑하는 것은 금물이다. 매우 늙었다고 인정받는 자들도 족장들의 연수에는 미치지 못하기 때문이다. 백발은 의의 길에서 발견될 때에만 영광의 면류관이 되는 것이다.

(3) 야곱이 바로에게 답변하고 그를 축복한다. **야곱이 바로에게 축복하매**(7절). 그리고 다시 축복하고 바로의 면전에서 나오는데(10절), 이는 예의를 취하는 행동이었으며(그는 바로에게 존경을 표하고 그의 친절한 호의에 대해 감사로 보답한 것이다), 동시에 경건의 행동이었다. 그는 선지자와 족장의 권위를 지닌 자로서 바로를 위하여 기도한 것이다. 세상적인 부귀로는 바로가 더 큰 사람이었으나, 하나님과의 관계로 보면 야곱이 더 큰 사람이었다. 그는 하나님

의 기름 부은 자였던 것이다(시 105:15). 그리고 족장의 축복은 무시해도 괜찮은 그런 것이 아니고, 권세 있는 왕으로서도 무시할 수 있는 것이 아니었다. 다리우스는 그 자신과 그의 아들들을 위한 교회의 기도들의 값어치를 인정하였다(스 6:10). 바로는 친절하게 야곱을 영접하였고, 그리하여 선지자의 이름으로든 그렇지 않든, 그는 선지자의 상급을 받았으니, 이는 그의 정중한 영접에 대해서는 물론 그가 그와 그의 아들들에게 베푼 모든 다른 친절에 대해서도 충족한 보답이 되고도 남았다.

2. 요셉은 아버지 야곱과 그의 형제들을 위하여 풍성하게 베풀었다. 애굽의 좋은 땅 라암셋을 그들에게 주어 소유로 삼게 하고(11절), 먹을 것을 주어 봉양하였니라(12절). 이는 요셉이 그의 초라한 친족들을 따뜻하게 보살핀 선한 사람임을 보여주는 동시에, 하나님께서도 이를 위하여 그를 세우시고 또한 그에게 그 일을 할 수 있는 역량을 주신(이와 같은 때에 에스더를 그 왕국에 있게 하시듯이) 선하신 하나님이심을 보여준다. 하나님께서는 그가 여기서 야곱을 위하여 행하신 일을 결국 그를 섬기며 그를 신뢰하는 그의 모든 백성들을 위하여 행하실 것을 약속하셨다. 그들은 기근의 날에도 풍족할 것이라(시 37:19).

[13]기근이 더욱 심하여 사방에 먹을 것이 없고 애굽 땅과 가나안 땅이 기근으로 황폐
하니 [14]요셉이 곡식을 팔아 애굽 땅과 가나안 땅에 있는 돈을 모두 거두어들이고 그
돈을 바로의 궁으로 가져가니 [15]애굽 땅과 가나안 땅에 돈이 떨어진지라 애굽 백성
이 다 요셉에게 와서 이르되 돈이 떨어졌사오니 우리에게 먹을 거리를 주소서 어
찌 주 앞에서 죽으리이까 [16]요셉이 이르되 너희의 가축을 내라 돈이 떨어졌은즉 내
가 너희의 가축과 바꾸어 주리라 [17]그들이 그들의 가축을 요셉에게 끌어오는지라
요셉이 그 말과 양 떼와 소 떼와 나귀를 받고 그들에게 먹을 것을 주되 곧 그 모든
가축과 바꾸어서 그 해 동안에 먹을 것을 그들에게 주니라 [18]그 해가 다 가고 새 해
가 되매 무리가 요셉에게 와서 그에게 말하되 우리가 주께 숨기지 아니하나이다
우리의 돈이 다하였고 우리의 가축 떼가 주께로 돌아갔사오니 주께 낼 것이 아무
것도 남지 아니하고 우리의 몸과 토지뿐이라 [19]우리가 어찌 우리의 토지와 함께 주
의 목전에 죽으리이까 우리 몸과 우리 토지를 먹을 것을 주고 사소서 우리가 토지
와 함께 바로의 종이 되리니 우리에게 종자를 주시면 우리가 살고 죽지 아니하며
토지도 황폐하게 되지 아니하리이다 [20]그러므로 요셉이 애굽의 모든 토지를 다 사

서 바로에게 바치니 애굽의 모든 사람들이 기근에 시달려 각기 토지를 팔았음이라
땅이 바로의 소유가 되니라 21요셉이 애굽 땅 이 끝에서 저 끝까지의 백성을 성읍들
에 옮겼으나 22제사장들의 토지는 사지 아니하였으니 제사장들은 바로에게서 녹을
받음이라 바로가 주는 녹을 먹으므로 그들이 토지를 팔지 않음이었더라 23요셉이
백성에게 이르되 오늘 내가 바로를 위하여 너희 몸과 너희 토지를 샀노라 여기 종
자가 있으니 너희는 그 땅에 뿌리라 24추수의 오분의 일을 바로에게 상납하고 오분
의 사는 너희가 가져서 토지의 종자로도 삼고 너희의 양식으로도 삼고 너희 가족
과 어린 아이의 양식으로도 삼으라 25그들이 이르되 주께서 우리를 살리셨사오니
우리가 주께 은혜를 입고 바로의 종이 되겠나이다 26요셉이 애굽 토지법을 세우매
그 오분의 일이 바로에게 상납되나 제사장의 토지는 바로의 소유가 되지 아니하여
오늘날까지 이르니라

하나님의 섭리로 요셉이 총리가 되어 야곱과 그의 가족이 보살핌을 받아 보존되었고, 이제는 애굽 왕국이 멸망에서 구원받는 일에 관한 한 가지 기사가 제시되고 있다. 하나님은 성도들의 왕이신 동시에 열방의 왕이시며, 모든 육체에게 양식을 공급하시는 분이시다. 요셉은 이제 돌아가서 바로가 그의 손에 맡긴 그 큰 임무를 수행한다. 그로서는 고센 땅으로 들어가 아버지와 형제들과 함께 살고 싶은 마음이 많았을 것이다. 그러나 그에게는 담당할 큰 임무가 있었으므로 그럴 수가 없었다. 그의 아버지도 만나보았고 또한 그가 잘 정착하는 것도 보았으므로, 이제는 언제나 그랬던 것처럼 자신의 임무로 돌아가는 것이다. 주목하라. 필수적인 임무를 다하는 것이 심지어 사람의 본성적인 애정보다도 우선한다. 부모와 자식은 하나님이나 이웃을 섬기는 일을 위하여 필요할 경우에는 서로 떨어져 있는 것으로 만족해야 한다. 요셉이 애굽 사람들과 행한 일에서 다음을 관찰하라.

I. 애굽과 그 인근 지역이 기근으로 극심한 곤란을 겪음. 먹을 것이 없어 사방이 황폐하여(13절). 사람들이 죽을 지경이었다(15, 19절).

1. 여기서 우리가 얼마나 하나님의 섭리에 의존하고 있는가를 보라. 섭리가 베푸는 일상적인 자비가 잠시 동안만 유보되어도, 우리는 죽고, 멸망하고 만다. 하늘에서 비가 2, 3년만 멈추어도, 아무리 재물이 많아도 도저히 삶을 지탱할 수가 없다. 우리가 하나님의 긍휼하심에 얼마나 의존하는지를 깨닫고, 언제나

그의 사랑 안에서 우리 자신을 지켜야 할 것이다.

2. 우리 스스로 사려 깊지 못하므로 우리 자신이 얼마나 고통을 당하는가를 보라. 풍년이 있던 7년 동안 모든 애굽 사람들이 요셉이 바로를 위해 했던 것처럼 그렇게 했더라면, 지금 이런 괴로움을 겪지 않았을 것이다. 그러나 그들은 내일이 오늘과 같을 것이고 내년이 금년과 같을 것이고 더욱더 풍요로울 것이라고 생각하여, 7년 동안 흉년이 있을 것이라는 경고를 전혀 귀담아 듣지 않았다. 주목하라. 사람이 그의 때(거두어들일 때)를 알지 못하므로, 소비해야 할 때가 오면 그 비참함이 커지는 것이다(전 8:6, 7).

3. 후에 재앙이 있을 때에 그랬던 것처럼(출 8:22; 9:4, 26; 10:23), 하나님이 얼마나 일찍이 애굽 사람들과 이스라엘 사람들을 차이 나게 하셨는지를 보라. 야곱과 그의 가족은 외인이었는데도 무료로 풍족하게 양식을 공급받았으나, 애굽 사람들은 양식이 없어 죽을 지경이었던 것이다. **보라 나의 종들은 먹을 것이로되 너희는 주릴 것이니라**(사 65:13). 모든 자들이 궁핍하나, 하나님의 자녀는 그렇지 않을 것이다(시 34:10).

Ⅱ. 이런 위급한 상황에서 양식을 공급받기 위해 그들이 치른 희생.

1. 그들은 모아둔 돈을 다 썼다(14절). 은금은 양식이 될 수 없었으니, 곡식이 반드시 있어야 했다. 이로 인하여 나라의 모든 돈이 국고(國庫)로 환수되었다.

2. 돈이 다 고갈되자, 백성들은 모든 가축들을 다 내어놓았다. 일을 위해 필요한 말과 나귀와, 또한 식용을 위해 필요한 소와 양 떼를 다 내어놓은 것이다(17절). 이로 보건대, 고기 없이 떡만 먹고 지내는 것이 떡이 없이 고기만 먹고 지내는 것보다 더 나은 것 같다. 어차피 가축들을 먹일 초장이 거의 없으니, 가축들을 내어놓기가 더 쉬웠을 것이다. 바로는 이제 그가 전에 꿈에서 본 광경을, 곧 파리하고 흉한 소밖에 없는 것을 현실 속에서 보게 되었다.

3. 그들이 지닌 모든 것들을 팔고 나니, 그들 스스로 자기들의 토지도 쉽게 포기하게 되었다(굶어죽는 것보다 그것이 나으므로). 곡식을 심을 수도, 가축들을 먹일 수도 없는데, 토지가 무슨 소용이 있었겠는가? 그들은 그렇게 양식을 공급받기 위해 토지를 팔았다.

4. 토지를 팔고나자 이제는 더 이상 팔 것이 없어지니, 자기들 자신을 팔아 순전히 노동으로 삶을 연명하고자 하였다. 왕의 은혜를 입어 본래 자기들의 토지이던 곳에서 농노로서 일하기를 바란 것이다. 주목하라. **가죽으로 가죽을 바꾸**

오니 사람이 그의 모든 소유물로, 심지어 그가 가장 아끼는 자유와 재산으로라도, 자기의 생명을 바꾸올지라(욥 2:4). 생명이 그만큼 고귀한 것이다. 종으로 살며 변덕스러운 위의 권세에 의존하여 사느니 차라리 죽기를 택할 자는 거의 없다(혹시 그런 자들이 몇몇 있을지도 모르나). 그리고 죽기를 택할 자들이 있다 하더라도, 열정적으로 싸우다가 칼에 맞아 죽을지언정, 기근으로 인하여 서서히 죽어가는 일은 도저히 견딜 수 없을 것이다. 그것이 훨씬 더 참혹한 것이다(애 4:9). 그러니 이런 곤경 속에서는 어떤 방법으로든 곡식을 구할 수 있다는 것만 해도 애굽 사람들에게는 큰 자비가 아닐 수 없었다. 그들 모두가 굶주림으로 죽었다면, 토지의 상속자가 없었을 것이니, 결국 그들의 토지가 왕에게 귀속되었을 것이다. 그러므로 그들은 악한 상황이라도 최선으로 활용하기로 작정한 것이다.

Ⅲ. 요셉이 왕과 백성 사이에서 문제를 조정한 방법. 그는 왕도 정당한 이윤을 얻을 수 있고 또한 백성들도 완전히 망하지 않도록 하는 조치를 취하였다.

1. 토지에 대해서는 기근이 계속되는 동안에는 그들과 거래할 필요가 없었다. 기근이 끝나자(하나님이 영원토록 격노하지는 않으실 것이므로) 그는 양쪽이 다 만족할 만한 조건으로 합의를 보았다. 백성들이 토지를 마치 자기 것처럼 점유하고 사용하며, 왕의 창고에서 씨를 받아다 자기들의 유익을 위해 심고 가꾸어, 해마다 수확의 5분의 1을 왕에게 소작료로 지불한다는 것이었다. 이것이 애굽의 토지법이 되었다(26절). 굶어죽을 처지에서 토지를 팔아 그것으로 양식을 받고, 그런 손쉬운 조건으로 다시 토지를 얻게 되니, 이것이야말로 아주 좋은 조건이었던 것이다. 주목하라. 국가의 관리들은 그들의 지혜와 순전함에 대해서 배나 더 존경받을 가치가 있다. 군주와 백성 사이에 균형을 유지시킴으로써 자유와 재산이 왕의 대권을 가로막지도 않게 하고, 그렇다고 대권이 자유와 재산을 지나치게 억누르지도 않게 만드니 말이다. 그런 관리들이 많이 있는 곳에 안전이 있는 것이다. 후에 애굽 사람들이 자기들의 토지에서 왕에게 그런 큰 세금을 지불하는 것이 힘들다고 생각하면, 그들은 처음에 그 법이 제정될 때에 그것이 얼마나 정당했으며 또한 얼마나 자비로웠는지를 기억해야 할 것이었다. 그러므로 5분의 1을 지불하게 해 주는 것이 감사한 일이었다. 여기서 요셉이 자기를 임명해준 왕에게 얼마나 성실하였는가를 관찰할 수 있다. 그는 돈을 자기 주머니에 넣지도 않았고, 토지를 자기 가족들의 것으로 만들지도 않

았다. 모든 것을 바로의 것으로 돌렸고, 그러므로 그의 후손들이 애굽에서 나올 때에 나머지 가난한 형제들의 자손보다 더 부하지 않았던 것을 보게 된다. 공적인 임무를 맡은 자들은 큰 재물을 거두어들일 때에, 선한 양심을 속이는 일이 없도록 조심해야 할 것이다. 선한 양심이 재물보다 훨씬 더 귀한 것이다.

2. 백성들 개개인에 대해서는 그들을 도시로 이주시켰다(21절). 그들을 그렇게 옮긴 것은 바로의 주권자로서의 권세를 보여주기 위함이요, 또한 시간이 지나면서 그들이 자기들의 토지의 소유권을 잊게 하고, 또한 새로운 곳의 여건에 좀 더 쉽게 적응하게 하기 위함이었다. 유대인 저술가들은 이렇게 말한다. "그가 그들을 기존의 거주지에서 이주시킨 것은 그들이 그의 형제들을 외인(外人)들로 비난했기 때문이며, 그들이 행한 비난들을 잠재우고 결국 그들 자신을 외인들로 만들기 위함이었다." 짧은 시간이 사람에게 얼마나 큰 변화를 일으킬 수 있으며, 또한 스스로 정착해 있던 자들을 하나님께서 얼마나 속히 옮기실 수 있는지를 보라. 그들에게 이 일이 매우 어려웠을 것이나, 그들 스스로는 이때에 그 일을 큰 자비로 이해하였고, 그들의 사정이 더 나빠지지 않은 것에 대해 감사하였다. 주께서 우리를 살리셨사오니(25절). 주목하라. 우리 생명의 구주께서 우리 삶의 주인이 되시는 것이 지극히 마땅하다. "주께서 우리를 구원하셨으니, 주의 뜻대로 우리에게 행하소서."

Ⅳ. 제사장들에 대해서는 예외로 처리함. 그들은 무상으로 녹을 받았고, 그리하여 그들은 토지를 팔 필요가 없었다(22절). 백성들은 그들의 신을 공적으로 섬기며, 거룩한 일에서 그들을 위해 일하는 자들에 대해 친절을 베풀 것이다. 또한 우리도 이와 비슷하게 하나님의 사역자들과 그들의 사역을 지극히 사랑하여 우리 하나님을 존귀하게 해야 할 것이다.

27이스라엘 족속이 애굽 고센 땅에 거주하며 거기서 생업을 얻어 생육하고 번성하
였더라 28야곱이 애굽 땅에 십칠 년을 거주하였으니 그의 나이가 백사십칠 세라 29
이스라엘이 죽을 날이 가까우매 그의 아들 요셉을 불러 그에게 이르되 이제 내가
네게 은혜를 입었거든 청하노니 네 손을 내 허벅지 아래에 넣고 인애와 성실함으
로 내게 행하여 애굽에 나를 장사하지 아니하도록 하라 30내가 조상들과 함께 눕거
든 너는 나를 애굽에서 메어다가 조상의 묘지에 장사하라 요셉이 이르되 내가 아
버지의 말씀대로 행하리이다 31야곱이 또 이르되 내게 맹세하라 하매 그가 맹세하

니 이스라엘이 침상 머리에서 하나님께 경배하니라

관찰하라.

1. 야곱이 위로 중에 삶을 유지하였다(27, 28절). 애굽 사람들은 자기들의 땅에서 빈곤한 상태에 있었으나, 야곱은 낯선 땅에서 풍족한 삶을 누렸다. 그는 자신의 예상과는 전혀 달리 애굽으로 옮겨온 후에도 17년을 더 살았다. 17년 동안 그가 요셉을 양육했었는데(요셉이 팔려갈 때에 17세였었다. 37:2), 이제 그에 대한 보답으로 요셉이 그를 17년 동안 봉양한 것이다. 하나님의 섭리가 야곱에게 얼마나 세심하게 역사했는지를 관찰하라. 야곱이 늙어 정신적인 염려나 육체적인 피로를 잘 견딜 수 없어지자, 그는 사정이 좋아져서 그럴 기회가 거의 없게 되었다. 아들에게서 정성어린 봉양을 받게 되었으니 말이다. 하나님은 이처럼 그의 백성의 처지를 돌아보시는 것이다.

2. 야곱이 죽으면서 가졌던 걱정. 마침내 이스라엘이 죽을 날이 가까이 왔다(29절). 하나님과 함께한 왕이요 천사와 씨름하여 이긴 능력의 사람 이스라엘에게도 죽음에 굴복해야 할 때가 왔다. 거기에는 치료약이 달리 없고, 그는 반드시 죽을 수밖에 없다. 모든 사람에게 죽음이 정해져 있으니, 그에게도 정해져 있었다. 죽음과의 싸움에는 면제라는 것이 없다. 요셉이 양식을 공급했으니 기근으로는 그가 죽지 않을 수 있었다. 그러나 나이 많아 기력이 쇠하여지거나 질병에 걸려 죽는 것은 요셉도 어쩔 수 없었다. 그는 점점 죽어갔다. 그의 삶의 양초가 갑자기 바람에 꺼지지는 않았으나, 점점 타들어가 심지까지 다 타버렸고, 그리하여 그는 죽음이 어느 정도 가까이 이르자 이제 그 때가 오고 있는 것을 보았다. 주목하라. 갑자기 죽음에 휩싸여 있는 것을 느끼기 전에 먼저 죽음이 다가오는 것을 본다면 이는 정말 유익한 일이다. 우리가 각성하여 힘을 다하여 우리의 손이 할 일을 남김없이 다 할 수 있을 것이기 때문이다. 그러나, 우리 누구에게도 죽음은 멀리 있는 것이 아니다. 이제 자신의 죽음이 가까이 오는 것을 보면서 야곱이 가진 걱정은 바로 그의 장례에 관한 일이었다. 장례를 얼마나 화려하게 치를 것이냐 하는 것이 아니라(그는 그 점에 대해서는 전혀 관심이 없었다), 자신이 어디에 묻힐 것이냐 하는 것이 걱정거리였다.

(1) 그는 가나안에 묻히기를 바랐다. 그가 이런 결심을 한 것은 가나안이 자기의 고향이어서 그 땅에 대하여 인간적인 향수가 있었기 때문이 아니라, 그

땅이 약속의 땅이었었고(훗날 그의 후손이 그 땅을 정복할 때가 오기까지, 말하자면 자신이 그 땅에 묻혀서라도 그 땅을 소유하기를 바란 것이다), 또한 그 땅이 천국의 모형이었기 때문에(천국이야말로 이런 일을 말한 자가 자기가 기대하고 사모한다고 말한 그 더 나은 본향이었으므로, 히 11:14) 믿음으로 그런 결심을 한 것이다. 그는 죽음 이후 그에게 안식과 복락이 될 좋은 땅을 목표로 삼은 것이었다.

(2) 그는 요셉이 그를 데려가 거기에 묻어줄 것임을 맹세해 주기를 바랐다(29, 31절). 그 일을 시행할 엄숙한 의무를 지고 있는 요셉이 그렇게 맹세함으로써, 결코 다른 방식으로 일을 진행하지 않을 것임을 천명하였고, 그리하여 이제 임종 상태에 있는 야곱으로 하여금 큰 만족을 얻게 하였다. 죽음 이후에 가나안에서 안식하게 되리라는 소망이 확실해지는 것보다 임종을 편안하게 하는 데 도움을 주는 것이 없을 것이었다.

(3) 이 일들이 끝나자, 이스라엘이 침상 머리에서 하나님께 절하였으니(한글 개역개정판은 하나님께 경배하니라로 번역함), 즉 말하자면, 죽음에게 자신을 굴복시켰고("죽음이여 오라, 내가 기꺼이 맞으리라"), 혹은 히 11:21이 설명하는 대로 하나님께 경배한 것이다. 곧, 하나님의 모든 자비하심에 대해서, 또한 특별히 요셉이 옆에서 자신의 눈을 감겨 주는 것은 물론 자신의 허벅지에 손을 넣어 자신의 장례에 관하여 자신의 소원대로 할 것을 맹세한 것에 대해서도 하나님께 감사를 드린 것이다. 티끌로 돌아가는 자들은 이처럼 겸손한 감사로 그들에게 긍휼을 베푸신 하나님 앞에 절하여야 하는 것이다(시 22:29).

제 48 장

개요

이스라엘이 숨을 거둘 때가 가까이 오고 있었고, 앞 장에서 자신의 장례에 대해 명한 다음 본 장에서는 요셉에게서 낳은 손자들에게 마지막으로 당부하고, 다음 장에서는 그의 모든 자녀들에게 마지막으로 당부한다. 그리하여 야곱의 임종의 말씀이 기록되고 있으니, 이는 그 때에 그가 예언의 영을 통하여 말씀했기 때문이다. 그러나 아브라함과 이삭은 그렇지 않았다. 성도들의 임종 시에 하나님의 은사와 은혜들이 밝히 드러나는 것이 성도들마다 각기 다른 법이다. 성령이 마치 바람처럼 임의로 역사하시는 것이다. 본장에서는, I. 요셉이 아버지의 병환 소식을 접하고 그를 방문하며, 그의 두 아들들을 함께 데려간다(1, 2절). II. 야곱이 요셉의 두 아들들을 엄숙하게 입양하고, 그들을 자기의 아들들로 삼는다(3-7절). III. 야곱이 그들을 축복한다(8-16절). IV. 그가 그들을 축복하며 손을 엇갈려 얹는 일을 설명하고 그대로 시행한다(17-20절). V. 그가 요셉에게 특별한 유산을 남긴다(21, 22절).

1이 일 후에 어떤 사람이 요셉에게 말하기를 네 아버지가 병들었다 하므로 그가 곧
두 아들 므낫세와 에브라임과 함께 이르니 2어떤 사람이 야곱에게 말하되 네 아들
요셉이 네게 왔다 하매 이스라엘이 힘을 내어 침상에 앉아 3요셉에게 이르되 이전
에 가나안 땅 루스에서 전능하신 하나님이 내게 나타나사 복을 주시며 4내게 이르
시되 내가 너로 생육하고 번성하게 하여 네게서 많은 백성이 나게 하고 내가 이 땅
을 네 후손에게 주어 영원한 소유가 되게 하리라 하셨느니라 5내가 애굽으로 와서
네게 이르기 전에 애굽에서 네가 낳은 두 아들 에브라임과 므낫세는 내 것이라 르
우벤과 시므온처럼 내 것이 될 것이요 6이들 후의 네 소생은 네 것이 될 것이며 그
들의 유산은 그들의 형의 이름으로 함께 받으리라 7내게 대하여는 내가 이전에 밧
단에서 올 때에 라헬이 나를 따르는 도중 가나안 땅에서 죽었는데 그 곳은 에브랏
까지 길이 아직도 먼 곳이라 내가 거기서 그를 에브랏 길에 장사하였느니라 (에브
랏은 곧 베들레헴이라)

Ⅰ. 요셉은 아버지가 병들었다는 통지를 받고 가서 그를 만난다. 존귀한 사람이요 국가의 사무로 바쁜 사람이었으나, 그는 나이 많은 아버지께 마땅히 드릴 효도를 놓치지 않으려 한 것이다(1절). 우리가 의무를 지고 있는 자들이 병들거나, 혹은 육체를 위해서나 영혼을 위해서 우리가 선을 베풀 기회를 갖는 자들이 병들 때에, 그들을 찾아보는 것이 우리의 도리다. 병상에 누워 있는 자들을 방문하는 것이야말로 다른 이들에게 위로와 권면을 주고 또한 우리 스스로도 교훈을 얻는 적절한 기회가 된다. 요셉은 그의 두 아들들을 함께 데리고 갔는데, 이는 그들이 할아버지의 임종 전에 그에게서 축복을 받게 하기 위함이었고, 또한 그들로 하여금 할아버지를 뵙고 그에게서 말씀을 듣게 하여 오래도록 기억에 남는 인상을 받게 하기 위함이었다. 주목하라.

1. 이제 세상에 나오는 젊은이들로 하여금 이제 세상을 떠나려 하는 나이 많은 하나님의 종들과 대면하게 하는 것이 매우 유익한 일이다. 그들이 죽어가면서 하나님의 선하심과 지혜로운 인생의 유쾌함에 대해 해주는 증언이 이제 떠오르는 세대에게 큰 격려가 될 수 있을 것이기 때문이다. 감히 말하건대, 므낫세와 에브라임은 아마 이 때에 있었던 일을 평생 잊지 못했을 것이다.

2. 경건한 부모들은 그들 자신뿐 아니라 그들의 자녀들을 위해서도 축복이 있기를 사모한다. "오오, 이들이 하나님 앞에서 살기를 바라노라!" 요셉은 형제들 중에서 가장 아버지께 극진하였으므로, 그에게서 특별한 애정을 기대할 만했던 것이다.

Ⅱ. 야곱은 그의 아들의 방문을 알고서, 할 수 있는 대로 아들에게 예의를 갖추었다(2절). 그는 할 수 있는 대로 마음을 일으켜 세웠고, 그의 속에 있는 은사를 할 수 있는 대로 불러일으켰다. 이제 겨우 붙어 있는 육체적인 힘을 완전히 발휘하여, 일어나 침상에 앉았다. 주목하라. 병든 자와 노인들은 할 수 있는 만큼 생기 있고 활기 있게 되는 것이 매우 좋다. 그래야 환난의 날에 기진맥진해지지 않을 것이다. 여기의 야곱처럼 네 스스로 힘을 내라. 그리하면 하나님이 너를 힘주시리라. 네 자신을 일으켜 세우라. 그리하면 하나님이 도우시고 너를 세우시리라. 네 심령이 네 연약함을 지탱하도록 하라.

Ⅲ. 요셉이 자신을 그렇게 정성껏 돌보는 것에 대해 보답하기 위해, 야곱은 요셉의 두 아들들을 자기의 아들로 입양하였다. 이 입양의 법적인 진술에는,

1. 하나님의 약속에 대한 구체적인 진술이 있음. "전능하신 하나님이 내게 나타나

사 복을 주셨는데(3절), 그 복이 이들에게 베풀어질지로다"라는 것이 그것이었다. 하나님은 그에게 두 가지를 약속하셨었다. 하나는 후손이 무수해질 것이라는 것이었고, 또 하나는 가나안을 기업으로 주시리라는 것이었다(4절). 그러므로 이 약속을 받을 요셉의 아들들도 각자 번성하여 지파를 이루고, 각자 야곱의 아들들과 동등하게 가나안에서 분명한 몫을 갖게 될 것이었다. 그가 하나님이 그에게 하신 약속을 믿는 믿음으로 그들을 축복한 것을 보라(히 11:21). 주목하라. 우리 자신을 위한 것이든 우리 자녀를 위한 것이든 우리의 모든 기도에서, 우리는 우리를 향한 하나님의 약속들을 구체적으로 바라보고 그것을 기억하여야 한다.

2. 요셉의 아들들을 분명하게 그의 가족으로 받아들임. "네가 낳은 두 아들 에브라임과 므낫세는 내 것이라(5절). 나의 손자들일 뿐 아니라 나의 친 자식과 같다." 그들이 비록 애굽에서 났고, 그 아버지도 형제들에게서 분리되어 있었으므로, 그들이 여호와의 기업에서 끊어져 나간 상태에 있는 것처럼 보였을 수도 있으나, 야곱이 그들을 가족에 취하여 들이고, 그들을 눈에 보이는 교회의 일원으로 인정하는 것이다. 그는 16절에서 이것을 설명한다. 이들로 내 이름과 내 조상 아브라함과 이삭의 이름으로 칭하게 하시오며. 이는 마치 이렇게 말한 것과도 같다. "그들이 여기 애굽에서 그 아버지를 이어받아 그의 권세와 부귀를 누리지 않게 하시고, 나를 이어받아 아브라함에게 하신 약속의 기업을 누리게 하소서." 야곱은 그 약속의 기업을 더욱 값어치 있고 존귀한 것으로 보았고, 그들이 그것을 사모하며 또한 누리기를 바란 것이다. 이렇게 해서, 나이 많은 족장은 죽어가면서 이 두 청년들에게(아마 21세 가량 되었을 것이다) 애굽을 집으로 여기지 말고, 애굽 사람들에게 복속되지 말고, 하나님의 백성과 운명을 같이할 것을 가르치는 것이다. 후에 모세도 이와 비슷한 시험에 빠지게 된다(히 11:24-26). 멸시받는 히브리인들과 함께 결속된다는 것은, 애굽에서의 장래가 창창한 그들로서는 자기를 부인하지 않으면 안 되는 일이므로, 야곱은 그들을 격려하기 위해 그 둘을 각기 한 지파의 우두머리로 삼는 것이다. 주목하라. 하나님의 은혜로 세상적인 부귀와 권세의 시험거리들을 깨뜨리고 수치와 빈곤 가운데서 신앙을 좇는 자들이야말로 배나 더 존경할 가치가 있다. 야곱은 에브라임과 므낫세로 하여금, 천한 상태가 되어 교회 안에 있는 것이 높은 자리를 차지하고 교회 바깥에 있는 것보다 낫고, 초라한 야곱의 이름으로 불리는 것이 부요한

요셉의 이름으로 불리는 것보다 더 낫다는 것을 믿게 하고자 하는 것이다.

3. 요셉이 나중에 갖게 될 자녀들에 관하여 단서를 붙임. 그들은 에브라임과 므낫세와는 달리 이스라엘 지파의 우두머리로 인정되지 않고, 두 형들 중 어느 하나에 복속될 것이라는 것이었다(6절). 요셉이 또 다른 자녀를 낳은 것 같지는 않다. 그러나 아마도 이는 요셉이 자식들 간에 갈등과 분쟁을 미연에 방지하기 위하여 사려 깊게 처신한 결과였을 것이다. 주목하라. 물론 어떤 일이 일어날지를 우리가 예견할 수가 없지만, 일을 처리할 때에는 조언을 듣고, 장차 일어날 가능성이 있는 일에 대해 대처하는 것이 좋다. 우리는 하나님의 섭리를 우리의 세심함으로 맞아야 하는 것이다.

4. 요셉의 어머니요 야곱의 총애하던 아내인 라헬의 죽음과 장례에 대해 언급함(7절). 이는 35:19의 이야기를 지칭하는 것이다. 주목하라. (1) 우리 자신이 죽을 때에, 우리보다 앞서 간 사랑하는 친족들과 친구들의 죽음을 기억에 되살려 죽음과 무덤이 우리에게 더 친숙해지도록 하는 것이 좋다. 민 27:13을 보라. 우리에게 우리 자신의 영혼과도 같았던 자들이 죽어 묻혀 있는데, 그들을 따라 같은 길을 가는 것이 과연 우리에게 큰 짐이 되겠는가? (2) 사랑하는 친족이 떠나가는 것은 큰 괴로움으로서 오랜 동안 그 기억이 남아 있을 수밖에 없다. 함께 있을 때에 가졌던 강한 애정은 잃어버리고 나면 괴로움이 오래 가게 하는 법이다.

[8]이스라엘이 요셉의 아들들을 보고 이르되 이들은 누구냐 [9]요셉이 그의 아버지에게
아뢰되 이는 하나님이 여기서 내게 주신 아들들이니이다 아버지가 이르되 그들을
데리고 내 앞으로 나아오라 내가 그들에게 축복하리라 [10]이스라엘의 눈이 나이로
말미암아 어두워서 보지 못하더라 요셉이 두 아들을 이끌어 아버지 앞으로 나아가
니 이스라엘이 그들에게 입맞추고 그들을 안고 [11]요셉에게 이르되 내가 네 얼굴을
보리라고는 생각하지 못하였더니 하나님이 내게 네 자손까지도 보게 하셨도다 [12]요
셉이 아버지의 무릎 사이에서 두 아들을 물러나게 하고 땅에 엎드려 절하고 [13]오른
손으로는 에브라임을 이스라엘의 왼손을 향하게 하고 왼손으로는 므낫세를 이스
라엘의 오른손을 향하게 하여 이끌어 그에게 가까이 나아가매 [14]이스라엘이 오른손
을 펴서 차남 에브라임의 머리에 얹고 왼손을 펴서 므낫세의 머리에 얹으니 므낫
세는 장자라도 팔을 엇바꾸어 얹었더라 [15]그가 요셉을 위하여 축복하여 이르되 내

조부 아브라함과 아버지 이삭이 섬기던 하나님, 나의 출생으로부터 지금까지 나를
기르신 하나님, 16나를 모든 환난에서 건지신 여호와의 사자께서 이 아이들에게 복
을 주시오며 이들로 내 이름과 내 조상 아브라함과 이삭의 이름으로 칭하게 하시
오며 이들이 세상에서 번식되게 하시기를 원하나이다 17요셉이 그 아버지가 오른손
을 에브라임의 머리에 얹은 것을 보고 기뻐하지 아니하여 아버지의 손을 들어 에
브라임의 머리에서 므낫세의 머리로 옮기고자 하여 18그의 아버지에게 이르되 아버
지여 그리 마옵소서 이는 장자이니 오른손을 그의 머리에 얹으소서 하였으나 19그
의 아버지가 허락하지 아니하며 이르되 나도 안다 내 아들아 나도 안다 그도 한 족
속이 되며 그도 크게 되려니와 그의 아우가 그보다 큰 자가 되고 그의 자손이 여러
민족을 이루리라 하고 20그 날에 그들에게 축복하여 이르되 이스라엘이 너로 말미
암아 축복하기를 하나님이 네게 에브라임 같고 므낫세 같게 하시리라 하며 에브라
임을 므낫세보다 앞세웠더라 21이스라엘이 요셉에게 또 이르되 나는 죽으나 하나님
이 너희와 함께 계시사 너희를 인도하여 너희 조상의 땅으로 돌아가게 하시려니와
22내가 네게 네 형제보다 세겜 땅을 더 주었나니 이는 내가 내 칼과 활로 아모리 족
속의 손에서 빼앗은 것이니라

여기서 살펴보자.

I. 야곱이 요셉의 두 아들을 축복함. 이것이 더욱 두드러지는 것은, 사도가 야곱이 다른 아들들에게 행한 축복에 대해서는 아무 말도 하지 않으면서도(그것들도 믿음으로 행한 것인데) 유독 이것을 특별히 언급하기 때문이다(히 11:21). 여기서 관찰하라.

1. 야곱이 나이 많아 눈이 어두워졌다(10절). 눈이 어두워지는 것은 노년에 당하는 공통적인 질환이다. 창들로 내다 보는 자가 어두워질 것이며(전 12:3). 눈에 보이는 것을 따라 행하며 마음을 거기에 맞추는 것은 어리석은 짓이다. 얼마 후면 죽음이 와서 눈이 어두워지리라는 것을 우리가 다 알고 있으며, 또한 죽기 전에도 사고를 당하여 눈이 어두워질 수도 있기 때문이다. 야곱은 아버지 이삭과 마찬가지로 나이 많아 눈이 어두워졌다. 주목하라. (1) 나이의 명예를 지닌 자들은 그것으로 만족하고 노년의 짐을 져야 한다. (2) 육신의 눈이 어두워질지라도 믿음의 눈은 얼마든지 매우 밝을 수 있다.

2. 야곱이 요셉의 아들들을 매우 아꼈다. 이스라엘이 그들에게 입맞추고 그들을

안고(10절). 노인들이 손자들을 매우 유별나게 아끼는 것은 매우 흔한 일이다. 어쩌면 자기 아들들이 어릴 때에 그들을 사랑하던 것보다 손자들을 더 사랑할지도 모른다. 이에 대해 솔로몬은 **손자는 노인의 면류관이기** 때문이라고 그 이유를 설명하고 있다(잠 17:6). 야곱은 여기서 지극히 만족하여 말한다. **내가 네 얼굴을 보리라고는 생각하지 못하였더니**(여러 해 동안 잃어버린 것으로 여겨 포기하고 있었으므로) **하나님이 내게 네 자손까지도 보게 하셨도다**(11절). 여기서 보라. (1) 이 두 사람은 그들의 위로 중에 하나님을 인정한다. 요셉은, **하나님이 여기서**(내가 팔려 와 노예 생활과 감옥에 갇히는 괴로움을 겪은 이 곳에서) **내게 주신 아들들이니이다** 라고 말하며 하나님의 은혜를 높이 기린다. 또한 야곱은, **하나님이 내게 네 자손까지도 보게 하셨도다** 라고 한다. 우리에게 오는 위로거리들이 하나님께로부터 오는 것을 보게 되면 그것들이 배나 더 즐거움이 된다. (2) 하나님께서 긍휼의 섭리로 말미암아 우리의 예상을 깨고 그의 은혜를 크게 더하시는 때가 얼마나 많은지 모른다. 그는 우리의 두려움을 막으시며, 우리의 소망을 더욱 크게 하시는 것이다. 이는 우리에게와 우리 자손들에게 주시는 약속도 마찬가지다. 우리가 얼마나 죄악되고 부패한가를 생각할 때에, 우리가 하나님과의 언약 속으로 인도함 받아 들어가게 되었다는 것은 생각할 수조차 없는 일이었다 할 것이다. 그런데 하나님은 우리의 자손들까지도 그와의 언약 속에 있는 것을 보게 하신 것이다.

3. 축복을 하기 전에 그는 하나님이 그에게 선을 베푸신 경험을 다시 언급한다. 그는 이미 하나님이 그에게 나타나신 사실을 말씀한 바 있다(3절). 하나님께서 은혜로 우리를 찾아오신 구체적인 일과 우리가 그와 때때로 가진 특별한 교제는 절대로 잊어서는 안 된다. 그런데 그는 하나님의 섭리가 그의 평생토록 그를 끊임없이 보살피신 사실을 언급하고 있다(15, 16절). (1) **하나님께서 그의 출생으로부터 지금까지 그를 기르셨다**(15절). 주목하라. 이 세상에 살아오는 동안 우리는 지금까지 우리의 육신의 삶을 지탱시키기 위하여 공급하시고 베푸신 하나님의 선하심을 계속해서 경험해왔다. 우리의 육체가 일용할 양식을 요하였고, 우리의 생명을 유지시키기 위해서는 적지 않은 것이 필요했으나, 필요한 양식이 핍절된 적이 없었다. 평생토록 우리를 먹이신 하나님이시니 마지막에 와서 우리를 무너뜨리는 일이 없을 것이 확실하다. (2) 하나님은 그의 사자를 통하여 **그를 모든 환난에서 건지셨다**(16절). 그가 평생토록 굉장한 어려움을

겪어왔으나, 하나님은 은혜로이 그의 모든 환난의 악한 것에서 그를 지키셨다. 야곱은 이제 죽어가면서 자기 자신을 모든 환난에서 건짐 받은 것으로 보며, 죄와 슬픔에 대해 영원히 작별을 고하고 있다. 언약의 사자이신 그리스도야말로 모든 악에서 우리를 구원하시는 분이시다(딤후 4:18). 주목하라. [1] 하나님의 종들로서는 나이 많아 죽을 때에 하나님이 은혜를 베푸셨음을 증언하는 것이 합당한 일이다. [2] 하나님의 선하심에 대한 우리의 경험들은 다른 이들을 격려하여 하나님을 섬기게 하는 데에도 활용할 수 있고, 또한 우리 자신들을 격려하여 다른 이들을 축복하고 그들을 위하여 기도하게 하는 데에도 활용할 수 있다.

4. 두 손자에게 아브라함과 이삭의 축복과 이름을 베풀 때에, 그는 아브라함과 이삭의 모범이 그들에게도 있기를 바란다(15절). 그는 하나님을 내 조부 아브라함과 아버지 이삭이 섬기던 하나님이라 부른다. 즉, 그들이 믿었고, 그들이 따르고 순종하였으며, 또한 제정된 규례 가운데서 언약의 조건을 따라 그와 더불어 교제를 계속했던 하나님이라는 것이다. 내 앞에서 행하라(17:1). 주목하라. (1) 경건한 조상들의 축복을 상속받고 그들이 하나님과 맺은 언약의 은덕을 누리고자 하는 자들은 마땅히 그 조상들의 경건의 발자취를 따라야 한다. (2) 하나님이 우리 조상들의 하나님이셨고 또한 그들이 하나님 앞에서 행함으로써 만족을 얻었다는 사실을 통해서 우리는 신앙과 하나님을 섬기는 일을 위하여 큰 힘을 얻게 된다.

5. 두 손자에게 축복하면서, 그는 팔을 엇바꾸어 얹었다. 요셉은 야곱의 오른손이 맏아들인 므낫세에게 얹어지도록 하였다(12, 13절). 그러나 야곱은 둘째 아들인 에브라임의 머리 위에 그대로 오른손을 놓으려 하였다(14절). 요셉은 이것이 언짢았다. 그는 맏아들의 명예를 뒷받침해주기를 바랐고, 그리하여 아버지의 손을 옮겨놓고자 하였다(17, 18절). 그러나 야곱은 자기가 실수하는 것도 아니고, 둘 중의 하나를 편애하여 행하는 것도 아니며, 예언의 영을 좇는 것이요 하나님의 경륜을 따라서 행하는 것임을 요셉에게 이해시킨다. 므낫세가 크게 될 것이지만, 에브라임이 진정 더 크게 되어야 할 것이다. 이스라엘 지파들이 광야에서 일어날 때에, 에브라임이 므낫세보다 더 숫자가 많아졌고, 그 진영의 군기를 지녔고(민 1:32, 33, 35; 2:18, 20), 또한 그 이름이 지파 중에 가장 먼저 나온다(시 80:2). 여호수아도, 여로보암도 모두 에브라임 지파 출신이었

다. 므낫세 지파는 둘로 나뉘어져서, 하나는 요단 동편에, 나머지는 그 반대쪽에 있게 되어, 그 힘과 규모가 줄어들었다. 야곱은 이것을 미리 바라보고서, 팔을 엇바꾸어 얹은 것이다. 주목하라. (1) 하나님은 그의 백성들에게 복을 베푸실 때에 은사와 은혜와 위로와 인생의 좋은 것들을 사람들마다 달리 베푸신다. (2) 하나님은 가장 그럴듯하지 않은 자들에게 가장 큰 것을 주시는 경우가 많다. 그는 세상의 연약한 것들을 택하시고, 비천한 자들을 티끌 중에서 일으키시는 것이다. 은혜가 사람들 중에 차서(次序)를 지키는 것도 아니고, 하나님이 가장 선호할 조건을 갖춘 자들을 선호하시는 것이 아니다. 그가 기뻐하시는 자들을 택하시는 것이다. 하나님께서는 아우를 형보다 높이 세우시는 경우가 많다. 가인보다 아벨을 높이셨고, 야벳보다 셈을, 나홀과 하란보다 아브라함을, 이스마엘보다 이삭을, 에서보다 야곱을 높이 세우셨고, 또한 르우벤보다 유다와 요셉을 더 높이셨다. 그리고 아론보다 모세를, 다윗과 솔로몬을 그들의 형들보다 더 높이셨던 것이다(삼상 16:7). 유대인들에게는 장자의 명분을 지키도록 하셨으나(신 21:17), 하나님 자신은 절대로 거기에 매이지 않으신 것이다. 어떤 이들은 유대인보다 이방인을 높이신 것도 이에 속한다고 본다. 이방인 회심자들이 유대인 회심자보다 그 숫자가 훨씬 더 많아진 것이다(갈 4:27). 이렇게 해서 값없는 은혜가 더욱 확실하게 드러나는 것이다.

Ⅱ. 야곱이 요셉에 대한 애정을 구체적인 증표들로 보여줌.

1. 그는 그들이 다시 애굽에서 나갈 것에 대한 약속을 그에게 남겼다. 나는 죽으나 하나님이 너희와 함께 계시사 너희를 인도하여 너희 조상의 땅으로 돌아가게 하시려니와(21절). 이에 따라 요셉도 죽을 때에 형제들에게 이 약속을 남겼다(50:24). 애굽이 그들에게 좋을 때에라도 그 땅에 대해 너무 애착을 두지 말며, 그들에게 괴로움을 줄 때에라도 너무 두려워하지 말도록, 이러한 확신이 그들에게 주어졌고, 또한 그 확신이 그들에게 확고히 보존되었던 것이다. 이러한 야곱의 말씀이 우리가 친구들의 죽음을 맞을 때에 우리에게 위로를 준다. 그들이 죽으나, 하나님께서 우리와 함께 계실 것이요, 그의 은혜로우신 임재만으로도 모자란 부분을 채우고도 남는 것이다. 그들이 우리를 떠나나 하나님은 절대로 우리를 떠나지 않으실 것이다. 더 나아가서, 그는 우리를 우리 조상들의 땅, 곧 하늘의 가나안으로, 우리의 경건한 조상들이 우리보다 앞서서 들어간 그 곳으로 인도하실 것이다. 우리가 이 세상에 남아 머무는 동안 하나님이 우리와

함께 계시고 또한 우리보다 앞서 간 자들과 함께 더 나은 세상으로 우리를 영접하실 것이라면, 아무런 소망이 없는 자들처럼 슬퍼해서는 안 되는 것이다.

2. 그는 형제들보다 요셉에게 기업의 한 부분을 더 그에게 주었다(22절). 그는 요셉에게 남겨주는 몫을 가리켜, 그가 칼과 활로 아모리 족속의 손에서 빼앗은 것이라고 묘사한다. 그가 먼저 값을 주고 샀으나(수 24:32), 후에 아모리 족속들이 그것을 다시 점유하였고, 그것을 다시 칼과 활로 빼앗은 것으로 보인다. 달리 환수할 방법이 없자 무력으로 자신의 권리를 회복시킨 것이다. 그는 이 땅을 요셉에게 귀속시킨 것이다. 이에 대해 신약 성경도 언급하고 있다(요 4:5). 이를 좇아, 이 땅이 에브라임 지파에게 그들의 권리로 주어졌고, 거기에 요셉의 뼈가 묻혔다. 어쩌면 야곱은 이 일에서 무엇보다 바로 그것을 염두에 두었을지도 모른다. 주목하라. 때로는 몇몇 자녀들에게 다른 자녀들보다 몫을 더 주는 것이 정당하고 사려 깊은 일일 수도 있다. 그러나 이 땅에서 가장 우리의 것으로 간주할 수 있는 것은 무덤밖에는 없다.

제 — 49 — 장

개유

본 장은 하나의 예언으로서, 지금까지 나타난 것 중에 이와 가장 유사한 것은 노아의 유언이었다(9:25 이하). 야곱은 여기서 자신의 임종을 맞아 마지막 유언을 남긴다. 그는 유언을 지금까지 미루었는데, 이는 죽는 사람의 말들은 깊은 인상을 남기기 쉽고 또한 오래도록 기억되기 때문이었다. 그가 여기서 한 말은 자기가 원할 때에 할 수 있는 말이 아니고, 성령께서 하게 하실 때에 할 수 있는 그런 말이었다. 성령께서 이 때를 택하셨고, 그리하여 하나님의 능력이 야곱의 연약함 속에서 온전히 나타나도록 하신 것이다. 야곱의 열두 아들들은 당대에 유명한 자들이었으나, 그들에게서 나올 이스라엘의 열두 지파는 그보다 훨씬 더 큰 명성을 얻을 것이었다. 그들의 이름이 새 예루살렘의 성문에 기록되어 있는 것을 보게 된다(계 21:12). 그들의 아버지는 죽어가면서 이것을 바라보고, 아들 하나하나에 대해서, 혹은 그 아들들에게서 비롯될 각 지파에 대해서, 놀라운 말씀을 남긴다. 본문의 내용은 다음과 같다. I. 서언(1, 2절). II. 각 지파에 관한 예언(3-28절). III. 야곱 자신의 장례에 관하여 다시 당부함(29-32절). IV. 그의 죽음(33절).

[1]야곱이 그 아들들을 불러 이르되 너희는 모이라 너희가 후일에 당할 일을 내가 너
희에게 이르리라 [2]너희는 모여 들으라 야곱의 아들들아 너희 아버지 이스라엘에게
들을지어다 [3]르우벤아 너는 내 장자요 내 능력이요 내 기력의 시작이라 위풍이 월
등하고 권능이 탁월하다마는 [4]물의 끓음 같았은즉 너는 탁월하지 못하리니 네가 아
버지의 침상에 올라 더럽혔음이로다 그가 내 침상에 올랐었도다

여기서는 다음을 보라.

I. 예언의 서언. 1. 모든 아들들이 함께 수집된다 너희는 모이라(1절), 아버지가 임종을 맞아 유언의 말씀을 하려 하니 사람들을 보내어 모든 아들들을 각자의 일터에서 불러들여 그 말씀을 듣게 하라. 전에는 때로 자식들 중에 여윈 아들이 있다고 생각했었으나, 이제 임종을 맞으면서는 그 중에 하나도 잃어버리

지 않고 모든 아들들이 자기 옆에 있는 모습을 바라보니, 이것이야말로 야곱에게는 큰 위로였다. 아들들로서는 아버지 곁에 모여 그의 임종을 지켜보는 것이 유익한 일이었다. 그의 사는 모습을 보아온 것처럼 그의 죽는 모습도 보게 되니 말이다. 그는 나머지 모든 아들들이 듣는 데에서 각 아들에게 말씀하였다. 주로 다른 이들에게 주어지는 책망과 권면과 위로들이 우리에게도 유익이 되는 것이다. 그가 아들들을 다시 한 번 함께 모이도록 한 것은 그들에게 사랑 안에서 하나가 될 것을 당부하는 것(애굽 사람들과 섞이지 말고 그들끼리 하나가 되며, 함께 모이는 것을 저버리지 말 것을 가르치는 것)이기도 했고, 또한 그들이 서로 분리되지 않을 것임을 예언하는 것이기도 했다. 곧, 아브라함과 이삭의 아들들처럼 서로 분리되지 않고, 모두 하나로 엮어져 한 민족을 이루게 될 것임을 시사하는 것이다.

2. 야곱이 주고자 하는 말씀에 대한 전반적인 성격이 제시된다. **너희가**(너희 자신만이 아니라 너희 후손들도 함께) **후일에 당할 일을 내가 너희에게 이르리라**(1절). 이 예언들은 그 아들들에게서 나올 후손들이 가나안으로 돌아가 거기에 정착하는 일에 대하여 그들의 믿음을 확증해 주고 그들의 길을 인도해 주어 그들에게 유익이 될 것이었다. 우리의 자녀들과 그들의 가정에 이 세상에서 무슨 일이 생길지는 말해 줄 수 없다. 그러나 하나님의 말씀에 근거하여, 그들이 이 세상에서 행한 대로 마지막 날에 그들이 받게 되리라는 것은 말해 줄 수 있는 것이다.

3. 정신을 집중하여 잘 들을 것이 요구된다. "**야곱의 아들들아 너희 아버지 이스라엘에게 들을지어다.** 하나님의 관심을 얻은 이스라엘이 너희의 관심을 얻도록 하라"(2절). 주목하라. 자녀들은 경건한 부모가 하는 말씀을 부지런히 귀담아 들어야 하며, 특히 그들이 임종 시에 하는 말씀은 더욱더 귀담아 들어야 한다. 아비의 훈계에는 권위와 애정이 담겨 있으니, **아들들아 아비의 훈계를 들으라**(잠 4:1).

Ⅱ. 르우벤에 관한 예언. 그는 맏아들인 르우벤에 관한 예언으로 시작한다(3, 4절). 그는 맏아들로서 가족의 광채가 되어야 했으나 아버지의 아내와 부정을 범하여 오히려 가족에게 큰 수치거리가 되었고, 그리하여 장자의 명분을 몰수당하였다. 그리하여 아버지는 임종하면서 엄숙하게 그를 격하시킨다. 그러나 그를 내쫓거나 기업을 빼앗지는 않는다. 그는 아들의 모든 특권은 그대로 지닐

것이나, 맏아들의 특권은 누리지 못할 것이다. 물론 르우벤은 자기의 죄를 회개하였을 것이고 또한 그의 죄에 대해 용서도 받았을 것이다. 그러나 그의 끔찍한 죄악에 대한 혐오를 드러내고 또한 다른 형제들에게 경고하기 위하여 이러한 치욕의 표시를 그에게 두는 것이 필수적인 정의로운 조치였다 할 것이다. 이제 격하시키는 방법에 따라, 1. 야곱은 여기서 장자의 명분이라는 장식물을 그에게 돌림으로써(3절) 그와 모든 형제들이 그가 무엇을 빼앗겼는지를 보게 하고 그리하여 죄가 정말 악하다는 것을 깨닫게 하고자 하였다. 그는 상사로서 아버지의 기쁨이었고 또한 그의 기력의 시작으로서 그의 자존심과도 같았다. 그가 그의 부모에게 얼마나 기쁨을 주었는지는 아들을 보라 라는 뜻을 지닌 르우벤이라는 그의 이름이 잘 말해 준다. 그에게는 다른 형제들보다 뛰어난 탁월한 위엄이 있었고, 그들보다 더 큰 능력이 있었다. 그리스도 예수는 많은 형제 중의 장자시요, 지극히 탁월한 능력과 위엄이 본래부터 그의 소유였다. 그리고 그의 교회 또한 그로 말미암아 장자의 교회다.

2. 그리고나서 야곱은 이 장식물들을 그에게서 벗겨버린다(4절). 높이 올려 놓은 다음 "너는 탁월하지 못하리니 네게서 지파가 나올 것이나 탁월하지 못하리라"라는 한 마디 말로 그를 끌어내리는 것이다. 그 지파에서는 사사도, 선지자도, 왕도 나오지 않으며, 다단과 아비람 외에는 아무도 유명한 자가 나오지 못했고, 그들마저도 모세에 대한 불경한 반역으로 유명하였을 뿐이다. 르우벤 지파는 탁월해지는 것에 목표를 두지 않고, 요단강 건너편에 초라하게 정착하였다. 르우벤 자신도 자신의 장자의 명분이 부여하는 모든 영향력을 형제들에게서 잃었던 것 같다. 르우벤의 말을 그들이 듣지 아니하였으니 말이다(42:22). 자신이 타고난 명예와 특권들을 뒷받침할 깨달음과 정신이 없는 자들은 곧 그것들을 잃어버릴 것이요, 그저 이름만 남게 될 것이다. 이 치욕의 증표로 말미암아 르우벤에게 붙여진 오명(汚名)은 바로 물의 끓음 같다는 것이었는데, 거기에는 다음과 같은 뜻이 담겨 있다. (1) 그의 덕성(德性)이 불안정하다. 그는 자기 자신과 자신의 정욕을 제어하지 못했다. 때로는 모든 것이 정상이고 질서가 잡혀 있었으나, 때로는 지극히 방종한 길로 빠졌던 것이다. 주목하라. 불안정한 것이야말로 사람의 탁월함을 망치는 것이다. (2) 결과적으로 그의 명예가 불안정하다. 그것이 그에게서 떠났고, 연기 속으로 사라졌고, 물이 땅에 쏟아지는 것처럼 되었다. 주목하라. 자기의 덕성을 던져 버리는 자는 명예를 보존하기를

기대하지 말아야 한다. 야곱은 특히 그가 치욕스럽게 저지른 죄에 대해 책망한다. 네가 아버지의 침상에 올라 더럽혔음이로다. 그가 이 죄를 범한 것은 사십 년 전이었다. 그런데 지금에 와서 그것을 기억하고 책하는 것이다. 주목하라. 시간 그 자체가 죄책을 양심에게서 닳아 없어지게 만들지 못하듯이, 그 얼룩이 선한 이름에게서 지워지지 않는 죄도 있는데, 특히 제7계명을 범하는 죄가 그렇다. 르우벤의 죄는 그의 가족에게 씻을 수 없는 치욕의 자국을 남겼고, 그러한 불명예는 치유되어도 자국이 남을 수밖에 없는 그런 상처였다(잠 6:32, 33). 절대로 악을 행하지 말자. 그러면 그것에 대해 말을 들을까 염려할 필요가 없는 것이다.

[5]시므온과 레위는 형제요 그들의 칼은 폭력의 도구로다 [6]내 혼아 그들의 모의에 상관하지 말지어다 내 영광아 그들의 집회에 참여하지 말지어다 그들이 그들의 분노대로 사람을 죽이고 그들의 혈기대로 소의 발목 힘줄을 끊었음이로다 [7]그 노여움이 혹독하니 저주를 받을 것이요 분기가 맹렬하니 저주를 받을 것이라 내가 그들을 야곱 중에서 나누며 이스라엘 중에서 흩으리로다

시므온과 레위는 나이순으로 따져서 르우벤 다음인 아들들이었는데, 그들 역시 세겜 사람들을 무차별하게 야만적으로 살육하는 잘못을 저질러 야곱에게 괴로움과 부끄러움을 안겼고, 그는 여기서 그 죄를 기억하고 있다. 자녀들은 부모가 그들에 대해 정의로운 불쾌감을 갖는 것을 두려워해야 한다. 오랜 세월이 지난 후에 그 불쾌감은 더욱 심화될 수도 있고, 또한 복을 상속받고자 할 때에 그것을 거부당할 수도 있는 것이다. 관찰하라.

1. 시므온과 레위의 성품. 그들은 기질에 있어서도 같은 형제로 서로 닮았다. 그러나 아버지와는 달리 그들은 다혈질이었고 복수를 해야 직성이 풀렸고, 포악하여 통제가 불가능했다. 칼은 방어용 무기로만 써야 했는데도 그들은 이를 폭력의 도구로 사용했고, 그것으로 자기들을 보호한 것이 아니라 남에게 해를 끼친 것이다. 주목하라. 자녀들의 성정이 부모의 성품과 크게 차이 나는 것이 새삼스런 일이 아니다. 이것을 이상하게 생각할 필요가 없다. 야곱의 가족에서도 그랬다. 자녀들의 기질을 형성시키는 일은 부모의 능력에 있는 것도 아니요, 교육에 달려 있는 것도 아니다. 야곱은 온유하고 조용하게 아들들을 키웠

는데도, 그들은 그렇게 광포한 자들로 자라난 것이다.

2. 세겜 사람들을 살육한 것이 이 증거다. 야곱은 그 일에 대해 깊이 분노하였고(34;30), 지금까지 계속해서 분노하였다. 그들은 세겜 자신도 죽였고, 그 밖에 많은 사람들을 죽였다. 또 그 일을 이루기 위해 벽을 허물고, 집을 무너뜨리고 사람들을 약탈하며, 거주민들을 살육하였다. 주목하라. 아무리 훌륭한 통치자들이라도 자기 관할 하에 있는 자들이 최악의 살육 행위를 자행하지 못하도록 항상 막을 수 있는 것이 아니다. 그리고 한 가정에서 두 사람이 악을 행하는 자들일 경우 그들이 함께 서로 악을 부추기므로, 그들을 서로 떼어 놓는 것이 지혜로운 일이다. 아마도 시므온과 레위가 요셉에게 악을 행하는 데에도 가장 적극적이었을 것이고, 어떤 이들은 야곱이 여기서 그것을 지칭한다고 보기도 한다. 그들이 분노로 그 사람을 죽였을 수도 있었기 때문이다. 젊은이들의 경우 자기 의지가 어떠한 악행을 행하도록 부추기는지를 보라. 시므온과 레위는 나이도 많고 경험도 많은 아버지에게서는 조언을 받으려 하지 않았다. 아버지의 사려 깊은 생각보다는 자기들의 끓어오르는 격정에 다스림을 받고자 한 것이다. 젊은이들로서는 그들 자신의 의지에 덜 휩싸이는 것이 그들 자신에게 더욱 이로울 것이다.

3. 야곱이 이들의 야만적인 행위에 대해 책함. **내 혼아 그들의 모의에 상관하지 말지어다.** 이로써 야곱은 그런 악행 전반에 대한 자신의 혐오를 표현하며, 아울러 그 구체적인 사안에 대해 자신이 전혀 무관함을 천명하고 있다. 어쩌면 야곱 자신도 그 일을 뒤에서 모의하고 조정한 의혹을 받았었는지도 모른다. 그리하여 그는 자신이 그 일을 지극히 혐오하였으며 또한 그런 의혹을 받고 죽을 수는 없는 심정임을 엄숙하게 표현하고 있는 것이다. 주목하라. 우리의 혼은 우리의 명예다. 그 능력과 기능들을 통해서 우리가 짐승과 구별되고 짐승보다 나은 위엄을 지니는 것이다. 다시 주목하라. 피비린내 나는 악한 사람들과 어울리고 어떤 일을 공모하는 일을 마음으로부터 혐오하고 삼가야 할 것이다. 그런 자들의 비밀을 함께 누리고 사탄의 깊은 것을 알려 하는 야망은 절대로 금물이다.

4. 야곱은 이런 죄악의 원인이 된 그들의 짐승 같은 정욕을 혐오하였다. **그 노여움이 혹독하니 저주를 받을 것이요.** 그는 그들 개인이 아니라 그들의 노여움과 분기를 저주한다. 주목하라. (1) 노여움이 수많은 죄의 근본 원인이며, 노여움

이 우리를 하나님의 저주와 그의 심판 아래 있게 하는 것이다(마 5:22). (2) 우리는 우리의 열정을 표현할 때에 언제나 죄인과 죄 자체를 서로 조심스럽게 구별하여야 하며, 그리하여 사람 때문에 죄를 사랑하지도 축복하지도 말아야 하며, 또한 죄 때문에 사람을 미워하지도 저주하지도 말아야 하는 것이다.

5. 이로 인하여 그들의 후손들이 이런 불쾌감의 증표 아래 있게 될 것임을 예언함. **내가 그들을 야곱 중에 나누며 이스라엘 중에 흩으리로다.** 레위인들은 모든 지파들에게로 흩어졌고, 시므온의 운명도 서로 함께 있지 못하고, 정착과 존속을 추구하는 과정에서 스스로 어쩔 수 없이 흩어지고 말았다. 이 저주가 후에 레위인들에게 복으로 바뀌었다. 그러나 시므온인들은 시므리의 죄로 인하여(민 25:14) 그 저주에 계속 매여 있게 되었다. 주목하라. 수치스러운 흩어짐이야말로 죄악된 연합과 공모에 대한 정의로운 형벌이다.

8유다야 너는 네 형제의 찬송이 될지라 네 손이 네 원수의 목을 잡을 것이요 네 아
버지의 아들들이 네 앞에 절하리로다 9유다는 사자 새끼로다 내 아들아 너는 움킨
것을 찢고 올라갔도다 그가 엎드리고 웅크림이 수사자 같고 암사자 같으니 누가
그를 범할 수 있으랴 10규가 유다를 떠나지 아니하며 통치자의 지팡이가 그 발 사이
에서 떠나지 아니하기를 실로가 오시기까지 이르리니 그에게 모든 백성이 복종하
리로다 11그의 나귀를 포도나무에 매며 그의 암나귀 새끼를 아름다운 포도나무에
맬 것이며 또 그 옷을 포도주에 빨며 그의 복장을 포도즙에 빨리로다 12그의 눈은
포도주로 인하여 붉겠고 그의 이는 우유로 말미암아 희리로다

야곱은 여기서 유다에 대해서 영광스러운 말씀을 한다. 야곱의 아들들 중 위로 세 아들의 범죄를 언급하였으나, 이 죽어가는 족장은 그로 인해서 의기소침하지 않았고, 이제 유다를 위해 축복을 할 준비를 갖추었다. 유다라는 이름은 찬송이라는 뜻인데, 그는 이 이름에 빗대어, 너는 네 형제의 찬송이 될지라 라고 말씀한다(8절). 하나님께서는 그 때문에 찬송을 받으셨고(29:35), 그에게서 찬송을 받으셨고, 그의 안에서 창송을 받으셨다. 그러므로 그의 형제들이 그를 찬송하게 될 것이다. 주목하라. 하나님께 찬송이 되는 자들은 형제들에게도 찬송이 될 것이다. 여기서 야곱은 구체적으로 다음과 같은 사실을 예언하였다.

1. 유다 지파가 전쟁에서 승리하고 성공을 거두리라는 것. **네 손이 네 원수의 목을 잡을 것이요.** 이는 다윗에게서 성취되었다(시 18:40).

2. 유다 지파가 나머지 지파들보다 우위에 있으리라는 것. 그 숫자가 더 많고 활동이 많을 것이며, 동시에 나머지 지파들을 다스리게 될 것이라는 것이다. **네 아버지의 아들들이 네 앞에 절하리로다.** 유다는 법 제정자(lawgiver)였다(시 60:7. 한글 개역개정판은 "규"로 번역함). 유다 지파가 광야에서 선두에 섰고, 가나안 정복에서도 선봉에 섰다(삿 1:2). 르우벤의 장자의 명문의 특권들이 그에게서 몰수되었고, 그리하여 그 위엄과 능력의 탁월함이 유다에게 수여된 것이다. 관찰하라. "네 형제들이 네 앞에 절할 것이요, 동시에 너를 찬송할 것이며, 그렇게 지혜롭고 담대한 대장군을 둔 것에 대해 행복하게 여길 것이다." 주목하라. 존귀와 능력을 지닌 자들이 질투와 시기를 받지 않고 찬송과 박수를 받으며 기꺼운 굴복을 받는다면, 그 존귀와 능력이 그들에게 복이 된다.

3. 유다 지파가 강하고 용맹한 지파가 되며, 지휘와 정복을 위해 자격을 갖출 것이라는 것. **유다는 사자 새끼로다**(9절). 사자는 짐승의 왕이요, 그가 울면 온 숲이 공포로 전율한다. 그가 먹이를 잡으면 아무도 그를 저항할 수 없고, 그가 먹이에게서 떠나가면 아무도 감히 그를 뒤쫓아가 복수하지 못한다. 이로써 유다 지파가 매우 막강해질 것이요 비단 큰 승리를 얻을 뿐 아니라 그런 승리를 통해 얻은 것을 평화롭게 누릴 것임을 예언하는 것이다. 곧, 그들이 전쟁을 벌일 것이나 전쟁 그 자체를 위해서가 아니라, 평화를 위해서 전쟁을 벌이고 또한 승리를 얻을 것이다. 유다를 무섭게 날뛰며 언제나 물어뜯고 으르렁거리는 사자가 아니라, 웅크린 사자에 비한다. 곧, 다른 이들을 성가시게 하지 않고 그의 능력과 성공을 만족스럽게 누린다는 뜻이다. 이것은 그야말로 큰 축복이다.

4. 유다 지파는 왕의 지파가 될 것이요, 이 지파에게서 왕이신 메시야가 나실 것이라는 것. **규가 유다를 떠나지 아니하며 통치자의 지팡이가 그 발 사이에서 떠나지 아니하기를 실로가 오시기까지 이르리니**(10절). 야곱은 여기서 다음과 같은 것을 예견하고 예언하고 있다. (1) 규가 유다 지파에게 임하리라는 것. 이는 다윗에게서 성취되었다. 그의 가문이 왕의 면류관을 쓰게 된 것이다. (2) 실로가 이 지파에 속하리라는 것. 그 후손, 그 약속된 후손, 땅이 그의 안에서 복을 얻게 될 바로 그 후손이 이 지파에 속하리라는 것이다. 어떤 이들은 이를 그 평화롭고 번영하는 자, 혹은 구주로 번역한다. 바로 그분이 유다에게서 나시리라는 것

이다. 이처럼 죽음을 눈 앞에 둔 야곱은 멀리서 그리스도의 날을 보았고, 그것이 그의 임종 시에 위로가 되었다. (3) 규가 유다 지파에게 임한 후에 그것이 메시야가 오시기까지 그 지파에 (최소한 그 자체의 다스림은) 계속 있으리라는 것. 메시야가 오시면 그가 교회의 왕이시요 큰 대제사장으로서 제사장직과 왕직을 그가 취하실 것이다. 다윗 시대로부터 포로기까지 계속해서 규가 유다 지파에게 있었고, 그 이후에도 유대의 통치자들이 그 지파나 혹은 그 지파와 결속된 레위인들 중에서 나오기를 유대가 로마 제국의 속주가 되기까지 하는데, 이 때는 곧 우리 구주가 탄생하실 때였다. 구주가 탄생하실 때에 유대는 로마의 속주로서 세금을 내고 있었던 것이다(눅 2:1). 그리고 구주께서 죽으실 때에 유대인들은, **우리에게 가이사 외에는 왕이 없나이다** 라는 것을 분명하게 인정하였다. 그러므로 우리 주 예수께서 바로 그 오실 자시요 또한 그 외에는 다른 이를 찾지 말아야 한다는 것이 유대인을 상대로 분명하게 제시된다 할 것이다. 그가 그 지정된 시기에 정확하게 오셨기 때문이다. 수많은 탁월한 사람들이 펜을 들어 이 유명한 그리스도에 관한 예언을 훌륭하게 설명하고 해명하였다.

5. 유다 지파가 매우 결실 있는 지파가 되리라는 것. 특히 아기들을 위한 우유가 풍부하고 강한 자들의 마음을 즐겁게 할 포도주가 풍부할 것이라고 한다(11, 12절). 포도나무들이 울타리에 너무도 흔하고 또한 너무도 강하여, 나귀 새끼들을 거기에 맬 정도가 되며, 너무도 열매가 많아 나귀들에 짐을 져서 나르게 될 것이다. 포도주가 물처럼 풍성하여, 그 지파 사람들이 매우 건강하고 생기가 있을 것이며, 그들의 눈이 초롱초롱 빛나며, 그들의 이(齒)가 흴 것이다. 여기 유다에 관한 말씀 중 상당 부분이 우리 주 예수께도 적용된다. (1) 그는 그 아버지의 모든 자녀들의 통치자시요, 또한 모든 성도들의 찬송이 되시는 분이시다. (2) 그는, 이 예언에 빗대어 불리는 대로 **유다 지파의 사자**이시며(계 5:5), 통치자들과 권세들을 이기시고 정복자로 오르셨고, 아버지의 우편에 앉으셨으니 아무도 그의 웅크림을 거스를 수가 없다. (3) 규가 그의 것이다. 그는 실로, 곧 법 제정자시니, **그에게 모든 백성이 복종할** 것이요, 모든 나라가 이것을 사모할 것이다(학 2:7). 그는 땅에서 들리시면서 모든 사람을 그에게로 이끄실 것이요(요 12:32), 또한 흩어진 하나님의 자녀들이 그에게로 모여 하나가 될 것이다(요 11:52). (4) 그에게는 영혼을 새롭게 하고 보양하는 모든 것이 풍성하게 있으며, 또한 영혼 속에 있는 하나님의 생명을 유지하고 힘을 주는 것이 가

득하며, 그의 안에서 우리가 포도주와 우유와 유다 지파의 풍성한 것들을 값없이 누릴 것이다(사 55:1).

**13스불론은 해변에 거주하리니 그 곳은 배 매는 해변이라 그의 경계가 시돈까지리
로다 14잇사갈은 양의 우리 사이에 꿇어앉은 건장한 나귀로다 15그는 쉴 곳을 보고
좋게 여기며 토지를 보고 아름답게 여기고 어깨를 내려 짐을 메고 압제 아래에서
섬기리로다 16단은 이스라엘의 한 지파 같이 그의 백성을 심판하리로다 17단은 길섶
의 뱀이요 샛길의 독사로다 말굽을 물어서 그 탄 자를 뒤로 떨어지게 하리로다 18여
호와여 나는 주의 구원을 기다리나이다 19갓은 군대의 추격을 받으나 도리어 그 뒤
를 추격하리로다 20아셀에게서 나는 먹을 것은 기름진 것이라 그가 왕의 수라상을
차리리로다 21납달리는 놓인 암사슴이라 아름다운 소리를 발하는도다**

여기서는 야곱의 여섯 아들들에 관한 예언을 접하게 된다.

I. 스불론에 관한 예언(13절). 그의 후손이 해변가에 몫을 차지할 것이요, 상인들과 뱃사람들과 비디의 장사꾼들이 될 것이라고 한다. 이것은 2,3백 년 후 가나안 땅을 제비 뽑아 분배할 때에 스불론의 경계가 바다 쪽에 이른 사실로 성취되었다(수 19:11). 스불론 지파 스스로 기업을 택하였거나, 혹은 여호수아가 지정했다면, 그들이 야곱의 예언이 성취되게 하기 위하여 그렇게 택하였다고도 생각할 수 있을 것이다. 그러나 그 일이 제비를 뽑아 이루어졌으므로, 그것은 신적인 역사로 이루어진 것이요, 야곱이 하나님의 영감을 받아 그것을 미리 예언한 것임이 드러나는 것이다. 주목하라. 하나님의 섭리의 몫은, 마치 복사본이 원본과 일치하듯 하나님의 경륜의 계획과 정확히 일치한다. 예언이 말씀하기를, 스불론이 배 매는 해변이라고 하면, 섭리가 그를 그렇게 심으시는 것이다. 주목하라. 1. 하나님께서 우리의 거주의 경계를 정하신다. 2. 우리 자신을 우리의 몫에 맞추어 그것을 발전시키는 것이 우리의 지혜요 또한 의무다. 스불론이 해변에 거주하면, 그는 배 매는 해변이 되기를 힘써야 할 것이다.

II. 잇사갈에 관한 예언(14, 15절). 1. 잇사갈 지파의 사람들은 강하고 근면하여 노동하기에 적합하며 또한 노동에, 특히 농사일에 종사할 것이며, 나귀처럼 자기의 짐을 참고 지며, 자기 자신을 잘 사용하여 그 일을 쉽게 감당하리라는 것이다. 잇사갈은 경작과 조세의 두 가지 짐에 굴복하여 스스로 졌다. 이 지파

는 고통을 스스로 지며 열심히 힘쓰고, 또한 세금을 지불하도록 요구받을 것이다. 2. 그들이 기업으로 받는 땅이 비옥하여 그들이 힘을 얻어 열심히 수고할 것이라는 것. (1) **그는 쉴 곳을 보고 좋게 여기며.** 주목하라. 농부의 수고는 군인과 뱃사람의 수고에 비하면 쉬는 것과 마찬가지다. 그들은 언제나 급하게 움직이고 또한 위험을 감수하므로 농부들이 집에 있으면서 항상 끊임없이 수고한다 해도 그들을 부러워할 이유가 하나도 없다. (2) **토지를 보고 아름답게 여기고.** 이는 호기심 있는 자들의 눈을 매료시킬 정도로 아름다운 광경을 자아낼 뿐 아니라, 그들의 수고와 땀을 보상할 만큼 충족한 열매를 낸다는 뜻이다. 우리 스스로 그렇게 생각하지 않을 뿐이지, 시골 생활에는 그 불편함을 상쇄하고도 남을 만한 풍족한 즐거움들이 많은 법이다. 잇사갈은 나중의 유익을 바라보면서 어깨를 내려 짐을 메었다. 우리도 믿음의 눈으로 하늘의 쉼과 안식을 선한 것으로 바라보고, 그 약속의 땅을 아름답게 여기자. 이것이 우리의 현재의 섬김을 쉽게 만들어줄 것이요 또한 우리로 어깨를 내려 그 짐을 메도록 격려해 줄 것이다.

Ⅲ. **단에 관한 예언**(16, 17절). 단에 관한 말씀은 다음 두 가지 중 하나를 지칭할 것이다. 1. 단 지파 전반에 관한 말씀. 즉, 단이 첩에게서 난 아들이었으나 그의 지파는 다른 지파는 물론 자기 지파의 사사들에게 다스림을 받을 것이며, 갑자기 나타나 행인의 발꿈치를 무는 뱀처럼 예기와 재치와 돌연한 공격으로 원수들을 제압할 것이라는 것이다. 주목하라. 하나님의 영적인 이스라엘에서는 종이나 자유인이나 전혀 차별이 없다(골 3:11). 단은 다른 여느 지파들과 마찬가지로 정당한 권리를 갖고 이스라엘에 병합될 것이다. 또한 주목하라. 어떤 이들은 단처럼 뱀의 교묘함에서 탁월할 수도 있고, 또 어떤 이들은 유다처럼 사자의 용기에서 탁월할 수도 있는데, 이들이 모두 가나안 자손들을 대적하는 하나님의 대의를 훌륭하게 섬길 수도 있는 것이다. 혹은, 2. 잇사갈 지파에 속하며 이스라엘의 사사였던 삼손을 지칭하는 것일 수도 있다. 삼손은 블레셋 사람들의 손에서 이스라엘을 구원해 내되, 다른 지파들처럼 그들과 전쟁터에서 싸움을 통해서가 아니라, 그들의 뒤에서 그들에게 괴로움과 성가심을 줌으로써 그렇게 하였다. 그는 블레셋 사람들이 가득한 집의 지붕을 무너뜨림으로써, 말(馬)이 그 기수(騎手)를 내어던지게 만든 것이다.

이렇게 야곱이 말씀을 계속하고 있었다. 그런데 이제 말씀이 거의 끝나가고 기진하여 죽어가려 하자, 그는 마치 괄호와도 같은 한 마디 말을 하여 기운을 되찾는다. 여호와여 나는 주의 구원을 기다리나이다(18절). 마치 기진해 있는 자들이 달콤한 것을 한 숟갈 먹거나 혹은 기름병의 냄새를 맡음으로 도움을 얻는 것처럼 말이다. 아니면, 그가 여기서 숨이 차서 의도한 말씀을 다 마치지 못하고 중단할 수밖에 없어서, 그가 이 말씀을 뱉어냄으로써 자신의 영혼을 하나님의 품에다 쏟아내는 것일 수도 있다. 주목하라. 따뜻하고 생기 있는 헌신에서 나오는 경건한 외마디 소리들은 때로는 일관성이 없어 보여도 그렇다고 해서 경솔한 것으로 비난할 것이 아니다. 애정이 가득하여, 논리적으로는 어울리지 않는 말씀을 토로할 수도 있는 것이다. 사람들에게 말씀하는 중에 우리의 마음을 하나님께로 올려드리는 것이 결코 터무니없는 것이 아니다. 그가 기다리는 구원은 그가 말씀한 바로 그 약속한 후손이신 그리스도였다(10절). 이제 그가 죽어 그의 백성에게로 모이게 되므로, 그는 그 백성이 하나로 모이게 되는 바로 그분을 갈망하고 있는 것이다. 그가 기다리는 구원은 또한, 그가 구한다고 분명히 선포했고(히 11:13, 14) 또한 이제 애굽에 있는 상태에서 계속해서 구하고 있는 그 더 나은 본향, 곧 천국이었다. 이제 그가 구원을 누리게 될 것이므로, 그가 구원을 기다렸다는 사실로 자신을 위로하고 있는 것이다. 주목하라. 주의 구원을 기다린다는 것이야말로 살아 있는 성도의 특징이다. 천국에 이르는 길이 되시는 그리스도를 기다려야 하며, 그리스도 안에서 우리의 안식인 천국을 기다려야 한다. 또한, 자신이 주의 구원을 기다려왔다는 것이야말로 죽어가는 성도의 위로다. 그가 죽어서, 자신이 생전에 기다려온 그것을 누리게 될 것이요, 오랫동안 바라던 것이 임할 것이니 말이다.

Ⅳ. 갓에 관한 예언(19절). 야곱은 군대를 뜻하는 그의 이름에 빗대어 그 지파의 성격을 예언한다. 곧, 그 지파가 호전적인 지파가 될 것이라는 것인데, 후에 이것이 그대로 드러난다. 갓 사람 중에서 용사요 싸움에 익숙한 자들이 있었던 것이다(대상 12:8). 그는, 요단강 건너편에 위치한 그 지파의 상황 때문에 인근의 모압 족속과 암몬 족속의 침입을 받을 것이요 그들의 힘과 용맹함이 무기력하여 원수들의 군대에게 정복될 것이나, 그들이 그런 패배로 물러서지 않고 마침내 그 뒤를 추격하게 될 것임을 예언하는데, 이는 사울과 다윗의 시대에 모압 족속과 암몬 족속이 완전히 진압됨으로써 성취된다. 대상 5:18 등을 보라. 주목하라. 하나님과 그의 백성의 대의는 잠시 어려움을 당하고 전복되는 것처럼 보

여도 마침내 승리를 거둘 것이다. 우리가 싸움에서는 저지되어도, 전쟁에서는 그렇지 않다. 영혼 속에 있는 은혜가 싸움에서 지고, 부패한 군대가 그것을 이기는 경우가 많다. 그러나 대의는 하나님의 것이요, 따라서 결국 은혜가 정복자로 나오게 될 것이다. 그렇다. 은혜가 넉넉히 이기는 것이다(롬 8:37).

V. 아셀에 관한 예언(20절). 잇사갈은 매우 부요한 지파가 될 것이요, 필수적인 양식만이 아니라 기름진 것과 왕의 수라상의 진미들로 충만할 것이며(왕자신도 밭의 소산을 받으므로, 전 5:9), 이 풍성한 것들을 아셀 지파 외부의 다른 지파들에게로, 어쩌면 다른 땅에게로도 수출할 것이라고 한다. 주목하라. 자연의 하나님은 우리에게 필수품만이 아니라 맛 좋은 것들도 베풀어 주셨으므로 우리는 그를 자비가 풍성하신 하나님이라 부를 수 있다. 그러나 필수품들은 곳곳마다 충분히 베풀어지지만, 맛 좋은 것들은 오로지 몇몇 곳에서만 나는 것이다. 곡식이 맛 좋은 것들보다 흔한 법이다. 만일 사치를 뒷받침하는 것들이 생명을 유지하는 필수품만큼 보편적으로 난다면, 세상은 지금보다 훨씬 더 나빠질 것이요, 따라서 그렇게 될 필요가 없는 것이다.

VI. 납달리에 관한 예언(21절). 이 지파는 그 이름 자체에 갈등을 지니고 있다. 납달리는 씨름을 뜻하는데, 거기에 포함된 복이 승리를 뜻한다. 납달리는 놓인 암사슴이라고 한다. 이 예언이 다른 지파들의 경우처럼 후에 일어나는 사건에서 충실하게 응답된 사례는 찾아볼 수 없다. 그러나 이 지파에 속한 자들이 다음과 같았다는 것은 분명한 사실로 밝혀진다. 1. 사랑스러운 암사슴처럼(암사슴은 사랑스러운 존재다. 잠 5:19) 서로서로에게 또한 다른 지파들에게 친절하고 사랑을 주는 자들이었다는 것. 그들의 처신은 놀랍도록 친절하고 사랑스러웠다. 2. 놓인 암사슴처럼 자유를 극히 갈망하였다는 것. 3. 민첩한 암사슴처럼(시 18:33) 모든 일에 속히 조치하였다는 것. 또한 어쩌면, 4. 공적인 위험을 당할 때에 벌벌 떨며 겁을 내는 자처럼 행하였다는 것. 친구들에게 지극히 상냥한 자들이 원수들에게 지극히 용맹스러운 경우가 희귀한 법이다. 5. 그들이 상냥하고, 예의바르며, 언어가 세련되고, 또한 정중하여 아름다운 소리를 발하리라는 것. 주목하라. 하나님의 이스라엘 중에는 지극히 다양한 기질들이 발견되는데, 이들은 서로 반대되지만, 모두가 연합하여 그 몸의 아름다움과 강건함에 기여한다. 유다는 사자 같고, 잇사갈은 나귀 같으며, 단은 뱀 같고, 납달리는 암사슴 같은 것이다. 기질과 은사가 다르다 하여 서로를 비난하지 말고, 서로를 시기하지도 말아야 할 것이다.

22요셉은 무성한 가지 곧 샘 곁의 무성한 가지라 그 가지가 담을 넘었도다 23활쏘는
자가 그를 학대하며 적개심을 가지고 그를 쏘았으나 24요셉의 활은 도리어 굳세며
그의 팔은 힘이 있으니 이는 야곱의 전능자 이스라엘의 반석인 목자의 손을 힘입
음이라 25네 아버지의 하나님께로 말미암나니 그가 너를 도우실 것이요 전능자로
말미암나니 그가 네게 복을 주실 것이라 위로 하늘의 복과 아래로 깊은 샘의 복과
젖먹이는 복과 태의 복이리로다 26네 아버지의 축복이 내 선조의 축복보다 나아서
영원한 산이 한 없음 같이 이 축복이 요셉의 머리로 돌아오며 그 형제 중 뛰어난
자의 정수리로 돌아오리로다 27베냐민은 물어뜯는 이리라 아침에는 빼앗은 것을 먹
고 저녁에는 움킨 것을 나누리로다

야곱은 이제 요셉과 베냐민 등, 그의 가장 사랑하는 아들들을 축복함으로 말씀을 마치고, 마지막 숨을 거두게 된다.

I. 요셉에게 베푼 축복. 이는 매우 방대하고 충만하다. 그를 무성한 가지, 혹은 푸른 가지에 비한다(22절). 하나님께서 환난의 땅에서 그를 열매가 풍성하게 하셨기 때문이다. 그 역시 이를 인정하였다(41:52). 그의 두 아들들은 포도나무나 다른 퍼져나가는 식물의 가지들처럼 담을 넘었다. 주목하라. 하나님은 메마르고 건조하게 보여 온 자들을 열매가 풍성하게 하사 그들 자신과 다른 이들에게 큰 위로를 주기도 하신다. 야곱의 다른 어느 아들들의 경우보다 요셉이 성경 역사에 더 많이 기록되어 있다. 그러므로 야곱이 그에 관하여 하는 말씀은 예언적인 성격을 띠는 동시에 역사적 성격을 띠기도 한다. 관찰하라.

1. 요셉에 대한 하나님의 섭리들(23, 24절). 이것들을 언급한 것은 하나님께 영광을 돌리기 위함이었고, 또한 야곱의 믿음과, 하나님께서 그의 자손을 위하여 복을 예비하고 계시다는 소망을 격려하기 위함이다. 여기서 관찰하라. (1) 요셉이 겪은 곤경과 환난(23절). 지금은 안락함과 명예 가운데서 사나, 야곱은 과거에 그가 겪은 역경을 상기시킨다. 그에게는 많은 적들이 있었는데, 그들을 가리켜 활쏘는 자라 부른다. 이들은 악을 행하는 기술이 능하며 박해의 기술에 통달한 자들이었다. 그들이 그를 미워하였다. 박해가 바로 거기서 시작되었다. 그들은 그를 향하여 독이 가득한 화살을 쏘았고, 그에게 극심한 괴로움을 주었

다. 아버지의 집에 있는 그의 형제들이 그를 향하여 매우 시기가 강하였고, 그를 조롱하고, 옷을 벗기며, 위협하고, 그를 팔았고, 그것으로 그가 죽은 것으로 생각하였다. 보디발의 집에서도 그의 여주인이 그를 극심히 괴롭혔고, 경망스럽게도 그의 순결을 빼앗으려 공격하였고(유혹은 맹렬한 화살이요, 육체의 가시요, 은혜를 지닌 영혼들에게는 극심한 괴로움이다), 그 일에 성공하지 못하자 그를 미워하여 거짓으로 고소하여 그에게 화살을 쏘았다. 요셉은 극악한 사람들의 양심을 제어하시는 하나님의 역사 이외에는 다른 방비가 거의 없는 상태에서 그 화살을 그대로 맞았다. 또한 바로의 궁에도 그의 원수들이 있어서 그의 승진을 시기하여 그를 무시하려 한 것이 분명했다. (2) 이러한 모든 환난을 이겨낸 요셉의 힘과 뒷받침(24절). **요셉의 활은 도리어 굳세며.** 즉, 그의 믿음이 넘어지지 않았고, 그의 기반을 든든히 지켜 정복자가 되어 나왔다. **그의 팔은 힘이 있으니.** 즉, 지혜와 용기와 인내 등 그의 다른 은혜들이 발휘되었다는 뜻이다. 그것들이 전쟁의 무기들보다 더 나은 것이다. 요컨대, 그는 순전함과 위로를 유지하여 모든 시험들을 이겨냈다. 그는 절대로 무너지지 않는 단호한 결의로 모든 짐을 졌고, 무너지지 않았고, 자신에게 합당치 않은 일을 하지도 않았던 것이다. (3) 이 힘의 근원. 그것은 **야곱의 전능자 이스라엘의 반석인 목자의 손을 힘입음이었으니,** 그에게 힘을 주고도 남음이 있었다. 그는 또한 그의 **아버지의 하나님,** 곧 그와 언약을 맺으신 하나님이시요, 따라서 그의 일에 개입하셔서 그를 도우신 것이다. 시험을 대적하며 환난을 견디는 우리의 모든 힘은 하나님께로부터 온다. 그의 은혜가 충족하며, 그의 힘이 우리의 연약함 가운데서 온전히 드러나는 것이다. (4) 후에 그가 존귀와 고귀한 섬김의 자리에 오름. 그리하여(이러한 이상한 섭리의 역사로 말미암아) 그가 하나님의 **이스라엘,** 곧 야곱과 그의 가족의 **목자와 반석,** 곧 그들을 먹이며 지탱시키는 자가 되었다(역자는 한글 개역개정판과는 달리 영어 흠정역본[King James Version]을 따라, 24절 하반부를 "이는 야곱의 전능자의 손을 힘입음이니, 그리하여 그가 이스라엘의 목자와 반석이 되었느니라"라는 의미로 읽는다 — 역자주). 여기서 요셉은, [1] 그리스도의 모형이다. 그는 미움을 받았고, 괴로움을 당했으며, 고난을 짊어지셨고(사 50:7-9), 후에 **목자와 반석**이 되셨다. [2] 교회 전반과, 또한 신자들의 모형이다. 지옥이 성도들을 향하여 화살을 날리지만, 하늘이 그들을 보호하고 강건하게 하며, 결국 그들로 하여금 면류관을 쓰게 할 것이다.

2. 요셉에게 주시는 하나님의 약속들. 이 부분이 앞 부분과 어떻게 연결되는지를 보라. 네 아버지의 하나님께로 말미암나니 그가 너를 도우실 것이요 전능자로 말미암나니 그가 네게 복을 주실 것이라(25절). 주목하라. 하나님의 능력과 선하심이 지금까지 도우사 강건하게 하신 일들에 대한 우리의 경험들이, 그가 계속해서 우리를 도우시리라는 소망을 갖도록 우리를 격려해 준다. 그가 지금까지 우리를 도우셨으니 앞으로도 계속 도우실 것이다. 우리의 에벤에셀 위에 많은 것을 세울 수 있는 것이다. 요셉이 전능자, 곧 그 아버지의 하나님에게서 무엇을 기대할 수 있을지를 보라. (1) 그가 아직 네 앞에 있을 어려움과 위험에서 너를 도우시며, 네 자손들을 전쟁에서 도우실 것이라. 가나안 전쟁의 대장군 여호수아가 그에게서 나왔다. (2) 그가 네게 복을 주실 것이라. 오직 그가 복을 주신다. 야곱이 요셉에게 복 주시기를 간구하나, 야곱의 하나님은 복을 명하시는 것이다. 요셉에게 베풀어지는 축복을 관찰하라. [1] 갖가지 풍성한 축복. 위로 하늘의 복(때에 맞는 비와, 때에 맞는 좋은 날씨 등, 천체들의 친절한 영향력들)과 아래로 깊은 샘의 복(위의 세상과 비교할 때에 큰 깊음인데, 여기서 나는 지하의 광물들과 샘들)을 주실 것이다. 영적인 복들이 위로 하늘의 복이요, 우리는 그것을 우선적으로 사모하고 구해야 하며, 이 땅에 속한 세상적인 복들은 하늘의 복 아래에 두어야 한다. 젖먹이는 복과 태의 복은 자녀들이 안전하게 출생하고 편안하게 양육받는 복이다. 우리가 하나님의 말씀으로 거듭나고 양육 받는데(벧전 1:23, 2:2), 그 말씀으로 새로이 거듭난 자들은 젖먹이는 복과 태의 복을 누리는 것이다. [2] 모든 것을 뛰어넘는 탁월한 축복. 요셉에게 베풀어지는 복들은 내 선조의 축복보다 낫다(26절). 야곱의 아버지 이삭에게는 오로지 한 가지 복밖에 없었고, 그리하여 그것을 야곱에게 준 다음에는 에서에게 줄 복이 남아 있지 않았었다. 그러나 야곱에게는 열두 아들 모두에게 줄 복이 있었고, 이제 맨 마지막에 요셉을 위해서도 굉장한 복이 남아 있었던 것이다. 야곱의 가문에게는 큰 복이 증가했는데, 이는 아브라함과 이삭이 그 아들들에게 베푼 축복보다는 야곱이 그의 아들들에게 베푼 축복을 곧바로 확실하게 따르는 것이었다. 야곱이 죽은 후 얼마 되지 않아서 그 가족이 굉장히 크게 증가했으니 말이다. [3] 견고하고 방대한 축복. 영원한 산이 한 없음 같이. 지극히 비옥한 산들의 모든 산물들이 여기에 포함되며, 그것들이 견고하여 영구히 있다(사 54:10). 주목하라. 영원하신 하나님의 축복에는 영구히 있는 산들의 부요한 것들과 그 이상의

것들이 포함된다. 여기서 이 축복에 대해서 돌아오리라고 말씀하니 이는 하나의 약속이요, 혹은 이를 돌아올지어다로 보면 이것은 기도가 된다. 요셉의 머리로, 그 축복이 그의 머리로 돌아와 그것을 고귀하게 장식하는 면류관이 되거나 혹은 머리를 보호하는 투구가 될 것이라는 것이다. 요셉은 한동안 그 형제 중에서 떨어져 있었다(우리는 이렇게 읽는다). 그러나 다른 사람들의 견해에 따르면, 그가 그 형제 중 나실인이었다. 곧, 그들보다 탁월하고 더 나았다는 뜻이다(한글개역개정판은 그 형제 중 뛰어난 자로 번역함). 주목하라. 가장 탁월한 사람들이 가장 열악하게 사용되는 경우를 당하는 일이 새삼스런 일이 아니다. 나실인들은 형제들 중에서 버려지며 형제들에게서 떨어지나, 하나님의 축복이 그들을 높이실 것이기 때문이다.

Ⅱ. **베냐민에게 베푼 축복.** 베냐민은 물어뜯는 이리라(27절). 야곱이 자신의 개인적인 애정이 아니라 예언의 영의 인도함을 받아 말씀하였다는 것이 이로써 분명해진다. 그렇지 않았다면, 그는 그의 사랑하는 아들 베냐민에 대해서 훨씬 더 호의적으로 부드럽게 말씀했을 것이다. 베냐민에 대해서는 오직 한 가지 예언이 주어진다. 곧, 그의 후손이 강하고 용맹하며 호전적인 지파가 될 것이며 또한 원수들에게서 약탈한 것들로 부요해질 것이며, 세상에서 적극적이고 바삐 움직이며 이웃들이 매우 두려워하는 지파가 될 것이라는 것이다. 아침에는 밤새 빼앗아 나눈 것을 먹을 것이다. 혹은, 이스라엘 초기에는 그들이 왕성한 활동으로 유명해질 것이다. 그러나 그들 중에 많은 이들이 왼손잡이일 것이었다(삿 3:15; 20:16). 두 번째 사사인 에훗과 최초의 왕 사울이 베냐민 지파에 속했고, 마지막 때에 유대인의 원수들을 멸망시키는 데 쓰임받은 에스더와 모르드개 역시 이 지파 사람이었다. 베냐민 지파 사람들은 저 벨리알의 사람들인 기브아의 사람들의 대의에 설복되어 절박하게 일어서서 물어뜯는 이리의 모습을 잘 보여주었다(삿 20:14). 복된 바울도 베냐민 지파에 속하였는데(롬 11:1; 빌 3:5), 그 역시 그의 인생의 아침에는 박해자로서 먹이를 먹었고, 저녁에는 전도자로 먹이를 나누었다. 주목하라. 하나님은 성정이 다른 사람들을 통해서 그의 목적을 이루실 수 있다. 속은 자와 속이는 자가 다 그에게 속하여 있는 것이다(욥 12:16).

28 이들은 이스라엘의 열두 지파라 이와 같이 그들의 아버지가 그들에게 말하고 그

들에게 축복하였으니 곧 그들 각 사람의 분량대로 축복하였더라 29그가 그들에게
명하여 이르되 내가 내 조상들에게로 돌아가리니 나를 헷 사람 에브론의 밭에 있
는 굴에 우리 선조와 함께 장사하라 30이 굴은 가나안 땅 마므레 앞 막벨라 밭에 있
는 것이라 아브라함이 헷 사람 에브론에게서 밭과 함께 사서 그의 매장지를 삼았
으므로 31아브라함과 그의 아내 사라가 거기 장사되었고 이삭과 그의 아내 리브가
도 거기 장사되었으며 나도 레아를 그 곳에 장사하였노라 32이 밭과 거기 있는 굴은
헷 사람에게서 산 것이니라 33야곱이 아들에게 명하기를 마치고 그 발을 침상에 모
으고 숨을 거두니 그의 백성에게로 돌아갔더라

I. 야곱이 아들들에 베푼 축복을 정리함(28절). 르우벤과 시므온과 레위가 아버지의 불쾌함에 대한 표시를 받았으나, 그럼에도 불구하고 야곱은 그들 모두에게 각 사람의 분량대로 축복하였다고 한다. 그들 중에 에서처럼 쫓겨난 자가 아무도 없었던 것이다. 주목하라. 하나님의 말씀이나 섭리의 꾸짖음을 받는 경우가 때때로 있다 할지라도, 우리가 하나님의 언약과 우리가 그의 백성 중에 속하며 그 백성의 이름을 갖는다는 것에 관심을 가지며, 또한 하늘의 가나안에서 복락을 함께 나눌 선한 소망을 갖고 있는 한, 우리는 우리 자신을 복 받은 자로 여겨야 한다.

II. 야곱이 아들들에게 그의 장례에 관하여 엄숙히 명령함. 이는 앞에서 요셉에게 준 내용의 반복이다. 그가 죽음을 바로 앞에 둔 상태에서 죽음에 대해 어떻게 말하는지를 보라. 내가 내 조상들에게로 돌아가리니(29절). 주목하라. 우리 자신에게 죽음을 가장 바람직한 이미지로 제시하여, 그것에 대한 공포를 떨쳐버리도록 하는 것이 좋다. 죽음이 우리를 우리 자녀와 세상의 사람들에게서 분리시키지만, 죽음은 또한 우리를 다른 세상에 있는 우리 조상과 우리 백성들에게로 돌아가게 해준다. 어쩌면 야곱이 여기서 죽음에 대해서 이런 표현을 쓰고 있는 것은, 그를 왜 가나안에 장사지내야 하는지 그 이유를 제시하기 위함이었을지도 모른다. 그의 말은 이런 뜻이다. "내가 내 조상들에게로 돌아가리니, 나의 영혼이 온전하게 된 의인들의 영에게로 돌아가야 하니, 나를 내 조상 아브라함과 이삭과 그들의 아내들과 함께 장사하라"(31절). 관찰하라. 1. 그의 마음이 온통 그리로 향하였다. 그러나 그 곳이 그의 고향 땅이므로 애착이 있어서가 아니라, 가나안이 때가 이르면 그의 후손들의 기업이 되리라는 하나님의

약속에 대한 믿음의 원리를 좇아서 그렇게 한 것이다. 이렇게 해서 그는 아들들에게 약속한 땅에 대한 기억이 계속 유지되게 하고자 했다. 그저 아버지를 장사하기 위해 그 땅을 새롭게 방문하여 그저 한 번 그 기억을 되살리는 것만이 아니라, 그 땅을 향한 간절한 바람과 그 땅에 대한 기대가 그들에게서 계속해서 보존되기를 바란 것이다. 2. 야곱은 그 장소를 매우 구체적으로 묘사한다. 그 구체적인 위치와 또한 아브라함이 매장지로 그 땅을 구입한 사실을 언급하는 것이다(30, 32절). 그는 이미 17년 동안 애굽에 거류한 터였으므로 그의 아들들이 가나안을 잊어버렸고, 거기에 있는 조상들의 매장지까지도 잊어버렸을 것을 우려하였고, 혹은 가나안 사람들이 그 땅의 소유권에 대해 논란을 벌일 것을 우려했다. 그리하여 심지어 임종하는 자리에서까지 실수가 없도록, 또한 그가 그 땅을 얼마나 마음에 두고 있는지를 보여주기 위해, 그 땅을 구체적으로 상세하게 지목하며 또한 그것을 값을 주고 산 사실을 언급한 것이다. 주목하라. 임종을 맞는 성도들은 하늘의 가나안과 죽음 이후 거기서 누릴 안식에 대한 소망에 생각을 고정시키는 것이 큰 기쁨이 되므로, 마땅히 그렇게 하여야 한다.

Ⅲ. 야곱의 죽음(33절). 야곱은 축복과 명령을 다 마치고(아들들에게 주는 명령 속에 이 둘이 포함되어 있다) 그의 증언을 다 종결지은 후, 그는 스스로 죽음을 준비하였다. 1. 죽을 자세를 갖춘다. 아들들을 축복하기 위해 침상에 앉았다가(그의 꺼져가는 등불에 예언의 영이 신선한 기름을 공급하였으므로, 단 10:19), 그 일을 마치자, 그 발을 **침상에** 모으고 가지런히 누워 마지막 순간이 오기를 기다렸고, 동시에 이제 지력이 다한 상태에서 편안히 쉬는 자세를 취하였다. **내가 평안히 눕고 자리라.** 2. 그는 영들의 아버지이신 하나님의 손에 자유로이 자기의 영을 내어맡겼다. **숨을 거두었다.** 3, 그의 분리된 영은 신실한 영들의 총회에로 나아갔다. 그들은 육체의 짐에서 구원받은 후 즐거움과 복락 가운데 있다. 그는 그의 **백성에게로** 돌아간 것이다. 주목하라. 하나님의 백성이 우리의 백성이라면, 죽음이 우리를 그들에게로 돌아가게 해줄 것이다.

제 — 50 — 장

개요

본 장의 주요 내용은 다음과 같다. I. 야곱의 장례 준비(1-6절). II. 야곱의 장례(7-14절). III. 야곱의 죽음 이후 요셉과 형제들 간에 선한 이해가 정착됨(15-21절). IV. 요셉의 나이와 죽음(22-26절). 빛과 생명의 기원으로 시작된 창세기가 이렇게 해서 죽음과 어둠으로 끝을 맺는다. 죄가 이처럼 안타까운 변화를 이루어놓은 것이다.

1요셉이 그의 아버지 얼굴에 구푸려 울며 입맞추고 2그 수종 드는 의원에게 명하여
아버지의 몸을 향으로 처리하게 하매 의원이 이스라엘에게 그대로 하되 3사십 일이
걸렸으니 향으로 처리하는 데는 이 날수가 걸림이며 애굽 사람들은 칠십 일 동안
그를 위하여 곡하였더라 4곡하는 기한이 지나매 요셉이 바로의 궁에 말하여 이르되
내가 너희에게 은혜를 입었으면 원하건대 바로의 귀에 아뢰기를 5우리 아버지가 나
로 맹세하게 하여 이르되 내가 죽거든 가나안 땅에 내가 파 놓은 묘실에 나를 장사
하라 하였나니 나로 올라가서 아버지를 장사하게 하소서 내가 다시 오리이다 하라
하였더니 6바로가 이르되 그가 네게 시킨 맹세대로 올라가서 네 아버지를 장사하라

요셉은 여기서 사망한 그의 아버지에게 마지막으로 존경을 표한다.

1. 눈물과 입맞춤으로, 그리고 부자간의 애정의 따뜻한 온갖 표현들로써, 사망한 아버지의 시신을 떠나보낸다(1절). 야곱이 늙어 쇠하여, 자연의 경로대로 죽음이 오게 되어 있었으나, 그가 비천하였고, 그의 아들 요셉에게 끊임없는 염려거리였으나, 그가 사랑하는 아버지를 향하여 애정이 극진하였고, 또한 지혜롭고 경건한 기도하는 아버지를 잃은 것이 너무도 안타까워서, 홍수 같은 눈물로써 그를 떠나보낼 수밖에 없었던 것이다. 주목하라. 애곡을 받으며 죽는 것이 명예로운 일이거니와, 비록 마지막 얼마 동안은 유익을 끼치지 못했다 할지라도 그 생애 동안 유익을 끼쳐온 자들의 죽음에 대해서 애곡하는 것이 남은 자들의 의무다. 죽은 자의 영혼은 우리의 눈물과 입맞춤이 다가갈 수 없다. 그

러나 우리는 그들의 초라한 시신에 대해 우리의 존경을 표시하는 것이 합당하다. 그 시신들이 영광스럽고도 기쁜 부활을 맞이할 것을 바라기 때문이다. 이처럼 요셉은 아버지의 창백하고 차가운 입술에 입을 맞추고 애정이 가득한 작별을 고함으로써, 하나님을 믿는 믿음과 아버지에 대한 사랑을 보여주었다. 아마도 나머지 아들들도 아버지의 마지막 유언의 말씀에 큰 감동을 받아, 모두 다 똑같이 했을 것이다.

2. 아버지의 시신을 향으로 처리하게 하였는데(2절), 이는 그가 애굽에서 죽었고 그렇게 하는 것이 애굽 사람들의 방식이었기 때문이기도 하고, 그의 시신을 가나안에다 장사하여야 했고, 그렇게 하기 위해서는 시일이 걸렸고, 그동안 시신이 부패하지 않고 보존되게 하여야 했기 때문이다. 우리의 육체가 얼마나 추악한지를 보라. 영혼이 떠나고 나면, 상당한 기술과 노력과 주의를 기울이지 않으면 조금만 시간이 지나도 썩어 악취를 풍긴다. 사람이 죽은 지 나흘만 지나도 벌써 그 시신이 불쾌감을 주게 되는 것이다.

3. 그를 위하여 엄숙하게 애곡하는 예를 지켰다(3절). 시신을 향으로 처리하는 데(애굽 사람들은 얼굴의 모습이 하나도 변하지 않고 그대로 보존되도록 하는 특별한 기술을 지녔다고 한다) 40일이 소요되었다. 그들은 애굽 사람들의 풍습을 좇아 이 기간 동안, 그리고 그 후에도 30일을 더하여 모두 70일 동안 내내 각기 홀로 앉아 엄숙하게 애곡하는 예를 시행하였다. 심지어 수많은 애굽 사람들도 요셉에 대한 큰 존경심에서(그가 왕과 백성을 위해 행한 그 선한 임무를 새롭게 기억하고서) 그의 아버지를 위한 애곡에 참여하였다. 우리의 경우도 마찬가지지만, 왕궁이 애곡하는 예를 지키면, 생각 있는 훌륭한 사람들이 다 그렇게 하는 것이다. 약 10주간 동안 애굽의 왕궁이 야곱을 위해 애곡하였다. 주목하라. 그들은 겉으로 그렇게 했으나, 우리는 성심을 다해 그렇게 해야 한다. 마치 우리 자신이 그 일을 당한 것처럼, 우는 자들과 함께 울며, 애곡하는 자들과 함께 애곡하여야 한다.

4. 그는 가나안으로 가서 아버지를 장사하도록 허락해 주기를 바로에게 요청하여 승낙을 받았다(4-6절). (1) 반드시 허락을 받고 떠나려 한 것은 바로에 대한 필수적인 경의의 일환이었다. 요셉이 곡식과 관련된 임무를 마친 이후에도 계속해서 그 나라의 총리로 있었다고 가정하면, 허락이 없이 임무의 현장에서 자리를 오래 비우는 것은 합당치 않았을 것이다. (2) 그는 바로의 허락을 받기

위해, 왕족 가운데 일부에게나 혹은 왕궁의 직무를 맡은 관리 중 어느 사람에게 요청함으로써 예의를 지켰다. 이는 아버지의 죽음을 애곡하는 기간 중에 왕을 알현하는 것이 부적절했기 때문이었거나, 아니면 자기 자신의 개인적인 일에 대해 주제 넘는 요구를 스스로 하지 않기 위함이었거나 둘 중의 하나였을 것이다. 주목하라. 겸손이 위엄을 돋보이게 하는 큰 장식품이 된다. (3) 그는 아버지가 그에게 자신을 가나안에 장사하도록 맹세할 것을 요청하여 그렇게 하였음을 왕에게 아뢴다(5절). 그가 그 일을 바라는 것이 그저 사사로운 성 때문이 아니라 반드시 감당해야만 하는 의무이기 때문이라는 것을 보이고자 한 것이다. 맹세를 지켜야 하며, 또한 죽은 자의 소원을 반드시 이행해야 한다는 것은 모든 나라들이 다 인정하는 사실이다. (4) 그는 돌아올 것을 약속한다. 내가 다시 오리이다. 친족들의 시신을 장사하고 집으로 돌아올 때에 우리는 "우리가 그들을 남겨두고 왔다"고 말한다. 그러나 그들의 영혼이 우리 하늘 아버지의 집으로 갔다면, 오히려 "그들이 우리를 뒤에 남겨두고 갔다"고 하는 것이 합당할 것이다. (5) 그는 바로의 허락을 받았다. 올라가서 네 아버지를 장사하라(6절). 바로는 그렇게 오랫동안 총리의 자리가 공석이 되는 것을 기꺼이 허락하였다. 그러나 그리스도를 섬기는 일이 그보다 더욱 필수적인 일이다. 그러므로 주님은 먼저 가서 아버지를 장사하고 오겠다고 하는 자를 허락하지 않으신 것이다. 죽은 자들이 그들의 죽은 자들을 장사하게 하라(마 8:22).

[7]요셉이 자기 아버지를 장사하러 올라가니 바로의 모든 신하와 바로 궁의 원로들과
애굽 땅의 모든 원로와 [8]요셉의 온 집과 그의 형제들과 그의 아버지의 집이 그와 함
께 올라가고 그들의 어린 아이들과 양 떼와 소 떼만 고센 땅에 남겼으며 [9]병거와 기
병이 요셉을 따라 올라가니 그 떼가 심히 컸더라 [10]그들이 요단 강 건너편 아닷 타
작 마당에 이르러 거기서 크게 울고 애통하며 요셉이 아버지를 위하여 칠 일 동안
애곡하였더니 [11]그 땅 거민 가나안 백성들이 아닷 마당의 애통을 보고 이르되 이는
애굽 사람의 큰 애통이라 하였으므로 그 땅 이름을 아벨 미스라임이라 하였으니
곧 요단 강 건너편이더라 [12]야곱의 아들들이 아버지가 그들에게 명령한 대로 그를
위해 따라 행하여 [13]그를 가나안 땅으로 메어다가 마므레 앞 막벨라 밭 굴에 장사하
였으니 이는 아브라함이 헷 족속 에브론에게 밭과 함께 사서 매장지를 삼은 곳이
더라 [14]요셉이 아버지를 장사한 후에 자기 형제와 호상꾼과 함께 애굽으로 돌아왔

더라

여기서는 야곱의 장례의 진행에 관한 기사를 접하게 된다. 유다의 왕들의 장례에 대해서는 대개 그들이 조상들과 함께 다윗 성에 장사되니라 라는 말밖에는 기록되지 않았다. 그러나 족장 야곱의 장례에 대해서는 더욱 상세하게 묘사되고 있다. 이는 하나님이 그가 기대한 것 이상으로 그를 잘 대하셨음을 보여준다(그는 자기가 슬픔 중에 죽고 자녀를 여의고 무덤에 내려간다는 말을 여러 번 했는데, 보라. 그는 명예롭게 숨을 거두며, 그의 모든 자녀들이 무덤에까지 따라가는 것이다). 이는 또한 그가 이 땅과 하늘의 가나안에 대한 믿음과 기대를 갖고서 자신의 장례에 관하여 명령했기 때문이기도 했다. 그런데,

1. 그것은 국가적인 장례였다. 그의 장례에는 그의 가족뿐 아니라 왕궁의 신하들과 그 나라의 모든 귀인들이 다 참석하였다. 그들은 요셉에 대한 감사의 증표로 그의 아버지에게 경의를 표한 것이다. 애굽 사람들이 히브리 사람들을 혐오하였고 그들을 멸시하였으나(43:32), 지금은 그들의 진면목을 더 잘 접하여 이제 그들에 대해 존경심을 갖기 시작한 것이다. 나이 많은 야곱도 그들 중에서 처신을 잘 하여, 전면적인 존경을 받기에 이른 것이다. 주목하라. 신앙을 고백하는 자들은 많은 이들이 그들에 대해 잘 모르기 때문에 품어왔을 수 있는 편견들을 제거하기 위해 지혜와 사랑으로 힘써야 한다. 수많은 병거와 기병들이 동원되었고, 그것도 조금만 마중나가는 정도가 아니라, 그들과 함께 끝까지 동행하였다. 주목하라. 사람의 사정에 따라 장례를 예의바르고 엄숙하게 치르는 것이 매우 합당하다. 우리는 장례 예식에 대해서, 무엇 때문에 이렇게 낭비하랴? 라는 식으로 말해서는 안 될 것이다(행 8:2; 눅 7:12).

2. 그것은 슬픔에 가득 찬 장례였다(10, 11절). 옆에 있던 자들이 그것을 큰 애곡이라는 것을 눈치챌 정도였다. 주목하라. 선한 사람의 죽음은 어느 곳에서나 큰 손실이요 크게 애곡하여야 마땅하다. 스데반은 순교자로 죽었고, 그리하여 경건한 사람들이 그의 죽음을 크게 애곡하였다. 야곱을 위해 엄숙하게 애곡한 사실로 인하여 그 곳을 가리켜 아벨 미스라임, 즉 애굽 사람들의 애곡이라 하였으니, 이는 애굽 사람들의 그 다음 세대들을 정죄하는 증거가 된다. 그들은 조상들이 그렇게 존경을 보인 이 야곱의 후손들을 억누르고 박해한 것이다.

[15]요셉의 형제들이 그들의 아버지가 죽었음을 보고 말하되 요셉이 혹시 우리를 미
워하여 우리가 그에게 행한 모든 악을 다 갚지나 아니할까 하고 [16]요셉에게 말을 전
하여 이르되 당신의 아버지가 돌아가시기 전에 명령하여 이르시기를 [17]너희는 이같
이 요셉에게 이르라 네 형들이 네게 악을 행하였을지라도 이제 바라건대 그들의
허물과 죄를 용서하라 하셨나니 당신 아버지의 하나님의 종들인 우리 죄를 이제
용서하소서 하매 요셉이 그들이 그에게 하는 말을 들을 때에 울었더라 [18]그의 형들
이 또 친히 와서 요셉의 앞에 엎드려 이르되 우리는 당신의 종들이니이다 [19]요셉이
그들에게 이르되 두려워하지 마소서 내가 하나님을 대신하리이까 [20]당신들은 나를
해하려 하였으나 하나님은 그것을 선으로 바꾸사 오늘과 같이 많은 백성의 생명을
구원하게 하시려 하셨나니 [21]당신들은 두려워하지 마소서 내가 당신들과 당신들의
자녀를 기르리이다 하고 그들을 간곡한 말로 위로하였더라

여기서는 아버지가 죽은 상태에서, 요셉과 그 형제들 사이에 선한 교제가 정착된 사실을 기록하고 있다. 요셉은 왕도의 왕궁에 있었고, 그의 형제들은 먼 변방인 고센에 있었다. 이러한 상태에서 그들이 서로를 잘 이해하고 선한 애정을 유지한다면, 이는 그에게는 존귀한 일이요, 그들에게도 이로운 일일 것이다. 주목하라. 섭리로 말미암아 부모가 죽어 떠나갔을 때에, 자녀들 사이에 분쟁을 막고(재산을 분배하는 문제로 인하여 분쟁이 생기는 경우가 허다하다) 뿐만 아니라 서로 간의 왕래를 유지하고 사랑을 보존하여, 구심점이 사라진 후에도 하나 된 연합이 계속되도록, 최선의 조치를 취하여야 한다.

I. 요셉의 형들이 겸손하게 요셉의 자비를 요청한다.

1. 그들은 요셉에 대해 불안한 마음이 생기기 시작했다. 그가 그들에게 그럴 만한 무슨 빌미를 주었기 때문이 아니라, 그들 스스로 죄책감 때문에, 또한 자기들이 같은 처지가 되었더라면 자기들은 용서하고 잊을 수 없을 것 같았기 때문에, 요셉의 호의가 과연 순수하며 또한 변함이 없을 것인지에 대해 의혹이 생긴 것이다. 요셉이 혹시 우리를 미워하여 우리가 그에게 행한 모든 악을 다 갚지나 아니할까 하고(15절). 아버지가 살아 있을 동안에는 아버지의 그림자 밑에서 안전하다고 생각하였으나, 이제 그가 죽었으니 요셉으로 인하여 최악의 사태가 일어나지 않을까 하여 두려워한 것이다. 주목하라. 범죄한 양심은 두려움이 전혀 없는 데에서조차 계속해서 두려움을 갖게 하며, 가인처럼 모든 사람을 다

의심하게 만든다(4:14). 두려움이 없이 있고자 하는 자들은 반드시 자신을 지켜 죄를 멀리해야 한다. 우리 마음에 거리낌이 없으면, 하나님과 사람을 향하여 확신이 있게 되는 것이다.

2. 그들은 요셉 앞에서 자기들을 낮추고, 자기들의 과실을 고백하고 용서를 구하였다. 그들은 그 일을 대리인을 통해서도 하고(17절), 직접 하기도 했다(18절). 이제 해와 달이 졌으니, 열한 별이 요셉에게 절하였고, 이를 통하여 그의 꿈이 더욱더 성취되었다 할 것이다. 그들은 자기들이 과거에 저지른 잘못을 새롭게 뉘우쳤다. **우리 죄를 이제 용서하소서.** 그들은 요셉의 발 아래 엎드려, 그에게 자비를 구한다. **우리는 당신의 종들이니이다.** 우리도 이처럼 오래 전에 저지른 죄들을 슬퍼하여야 하며, 심지어 이미 은혜로 말미암아 사함 받았기를 바라는 죄들에 대해서도 그렇게 해야 한다. 하나님께 용서를 구할 때에 우리가 그의 종들임을 인정하고 종의 신분을 지킬 것을 약속하여야 한다.

3. 그들은 자기들과 야곱의 관계를, 또한 야곱의 하나님과의 관계를 호소한다. (1) 야곱과의 관계를 호소한다. 그들은 야곱이 요셉에게 굴복하여 용서를 구할 것을 그들에게 명령하였음을 강조한다. 야곱은 요셉이 형제들을 용서할 의무를 다하지 않을까 염려해서가 아니라, 형제들이 자기를 낮추고 용서를 구하지 않을까를 염려하여 그렇게 명령했던 것이다. 또한 야곱은 형제들 스스로 용서를 구하여 화해함으로 자격을 갖추지 않고서는 요셉이 그들에게 호의를 베풀기를 기대할 수 없었기도 했다. **당신의 아버지가 돌아가시기 전에 명령하였나이다**(16절). 이와 같이 우리도 믿음과 회개로 우리 자신을 그리스도께 낮출 때에, 그렇게 하도록 그의 아버지와 우리 아버지께서 명령하셨음을 호소할 수 있을 것이다. (2) 야곱의 하나님과의 관계를 호소한다. 그들은 자기들이 **요셉의 아버지의 하나님의 종들임을 호소한다**(17절). 요셉과 똑같이 야곱의 자녀들임은 물론, 요셉과 똑같이 여호와를 섬기는 자들임을 강조한 것이다. 주목하라. 물론 누구든지 우리에게 해를 가한 모든 자들을 기꺼이 용서하여야 하지만, 특히 우리 아버지의 하나님의 종들인 자들이 우리에게 악의를 가했을 경우는 그것을 견디고 용서하여야 한다. 그들에 대해서 우리는 언제나 특별한 부드러움으로 대하여야 한다. 우리와 그들이 똑같은 주의 종들이기 때문이다.

II. 요셉이 연민이 가득하여 그들에 대한 자신의 화목한 마음과 애정을 확인한다. 그의 애정이 나타난다. **요셉이 그들이 그에게 하는 말을 들을 때에 울었더라**

(17절). 이는 그들이 자기를 의심하는 것에 대한 안타까움에서 나오는 눈물이 아니라, 그들이 굴복하는 것을 보고 그들에 대해 측은히 여기는 따뜻한 마음에서 나오는 눈물이었다. 요셉은 그들에게 대답하면서,

1. 그는 그들에게, 회개하려면 하나님을 바라보고 그에게 회개하라고 말씀한다. **내가 하나님을 대신하리이까?**(19절). 그는 크나큰 겸손의 자세로, 그들이 마치 그의 호의 여부에 그들의 모든 행복이 달려 있기라도 하듯 자기에게 지나친 경의를 표한다고 생각하였다. 그리하여 베드로가 고넬료에게 한 말처럼, 다음과 같은 뜻으로 대답하였다. "**일어서라 나도 사람이라**(행 10:26). 하나님과 평화를 이루시오. 그러면 나와 평화를 이루는 문제가 손쉬운 일이라는 것을 알게 될 것이오." 주목하라. 우리가 상처를 준 자들에게 용서를 구할 때에, 그들의 분노를 끔찍하게 여기고 그들의 호의를 하나님의 호의보다 더 신경씀으로써 그들을 하나님의 자리에 놓지 않도록 조심해야 한다. "복수는 오직 하나님께 달려 있는데, 내가 하나님을 대신하리이까? 아니오. 나는 여러분을 그의 긍휼하심에 맡길 것이오." 스스로 복수하게 되면, 그것은 그 자신이 하나님의 자리를 침범하는 것이 된다(롬 12:19).

2. 그는 하나님께서 놀랍게 역사하셔서 선을 이루신 것을 생각하여 그들의 잘못을 크게 여기지 않았다. 물론 그렇다고 해서 그들이 자기들의 죄에 대해 덜 미안해해도 괜찮아지는 것이 아니지만, 요셉으로서는 더욱 기꺼이 그 죄를 용서할 수 있게 된 것이다. **당신들은 나를 해하려 하였으나**(그의 꿈을 좌절시키기 위하여) **하나님은 그것을 선으로 바꾸사** 그 꿈들이 이루어지게 하셨고, 그렇지 않았을 경우보다 요셉이 더욱더 그 가정에 복이 되게 하셨다(20절). 주목하라. 하나님은 그의 경륜을 이루는 데에 사람의 활동을 사용하실 때에 한 가지를 뜻하시고 그 다음에는 그와 정반대되는 것을 뜻하시면서도 그로 말미암아 하나님의 경륜을 이루게 하시는 것이 보통이다. 사 10:7을 보라. 또한 하나님은 악으로부터 선을 이루어내시고, 사람들의 죄를 통해서도 그의 섭리의 계획을 증진시키시는 경우도 많다. 그가 죄를 짓게 하는 장본인이라는 것이 아니다. 우리는 절대로 그렇게 생각해서는 안 된다. 오히려 그의 무한하신 지혜가 사건들을 주도하시고, 그 사건들의 연결을 지도하사, 본질상으로는 그를 욕되게 하는 경향이 다분한 것들이 결국 그의 찬양이 되도록 결과를 이루시는 것이다. 그리스도를 죽음에 이르게 하는 일이 이에 해당한다(행 2:23). 그렇다고 해서

이 때문에 죄가 덜 죄악되게 되는 것이 아니고, 죄인들이 덜한 형벌을 받을 만하게 되는 것도 아니다. 다만 하나님의 지혜의 영광을 크게 높이는 데에 이바지하는 것이다.

3. 그는 형제들에게 그들을 향한 그의 친절이 계속될 것임을 확인한다. **당신들은 두려워하지 마소서 내가 당신들과 당신들의 자녀를 기르리이다**(21절). 그의 자세가 얼마나 탁월하였는가를 보고, 악을 선으로 갚는 것을 그에게서 배우라. 그는, 그들이 처신을 잘 하였으며 또한 그들이 계속해서 선히 행동하면 그들에게 친절을 베풀겠다고 말하지 않았다. 아니다. 그들이 자신에 대해 의심을 가졌음에도 불구하고 그는 그런 식으로 그들을 불안하게 만들지도 않았고, 그들에 대해 시기하는 빛을 보이지도 않았다. 모든 두려움과 불안을 해소시키기 위하여 그는 그들을 간곡한 말로 위로하였더라. 주목하라. 상한 심령들은 반드시 싸매고 격려해 주어야 한다. 우리는 사랑하고 용서하는 자들에게 행동을 잘 할 뿐 아니라 말도 친절하게 하여야 한다.

[22]요셉이 그의 아버지의 가족과 함께 애굽에 거주하여 백십 세를 살며 [23]에브라임의
자손 삼대를 보았으며 므낫세의 아들 마길의 아들들도 요셉의 슬하에서 양육되었
더라 [24]요셉이 그의 형제들에게 이르되 나는 죽을 것이나 하나님이 당신들을 돌보
시고 당신들을 이 땅에서 인도하여 내사 아브라함과 이삭과 야곱에게 맹세하신 땅
에 이르게 하시리라 하고 [25]요셉이 또 이스라엘 자손에게 맹세시켜 이르기를 하나
님이 반드시 당신들을 돌보시리니 당신들은 여기서 내 해골을 메고 올라가겠다 하
라 하였더라 [26]요셉이 백십 세에 죽으매 그들이 그의 몸에 향 재료를 넣고 애굽에서
입관하였더라

여기서 다음을 보라.

I. 애굽에서의 요셉의 기나긴 삶. 그는 백십 세를 살았다(22절). 아버지를 존귀하게 한 후, 그는 하나님께서 현재 그에게 주신 땅에서 장수하였다. 하나님께서 그를 그렇게 오랫동안 살게 하셔서 그들을 뒷받침하고 위로하게 하신 것은 그의 친족들에게는 크나큰 은혜였다.

II. 요셉의 가족이 든든히 세워짐. 그는 생전에 그의 두 아들을 통해서 증손자까지 보았고(23절), 아마도 그의 두 아들들이 각기 그 아버지의 형제들과 동

등하게 지파의 우두머리로 엄숙하게 인정받는 것을 보았을 것이다. 후손들이 번창하는 것을 본다면, 특히 그것과 더불어 이스라엘에 평화가 있는 것을 본다면, 나이 든 부모들에게는 큰 위로가 될 것이다(시 128:6).

Ⅲ. 요셉이 자신의 죽음이 가까운 것을 보고 그의 형제들의 입회하에 그의 마지막 유언을 공포함. 그의 형제 대부분이 더 나이가 많았으니 그 중에 그보다 먼저 죽은 자들도 있었을 것이다. 그러나 아직 살아 남은 자들에게와 이미 아버지들을 대신하여 그 자리에 있던 그의 죽은 형제들의 후손들에게 다음과 같은 사실을 말씀하였다.

1. 그는 정한 때가 되면 그들이 가나안으로 돌아갈 것임을 확신시켜 그들을 위로하였다. **나는 죽을 것이나 하나님이 당신들을 돌보시고 당신들을 이 땅에서 인도하여 내사**(24절). 이는 야곱이 그에게 한 말씀과 취지가 같았다(48:21). 우리도 이처럼 하나님께로부터 우리 자신이 위로받은 것으로 다른 이들을 똑같이 위로하고, 우리를 뒷받침해 준 그 약속들을 의지하도록 그들을 격려해 주어야 할 것이다. 요셉은 하나님의 섭리에 따라 그 형제들의 보호자가 되었고, 그들에게 은혜를 베푸는 자가 되었다. 그런데 이제 그가 죽어가고 있으니 그들은 어찌 될 것인가? 그러니 **하나님이 당신들을 돌보시리라**는 것을 위로로 삼아야 할 것이다. 주목하라. 하나님의 은혜로우신 돌보심이야말로 우리의 최고의 친구들을 잃어버리는 것을 상쇄하고도 남을 것이다. 그들은 죽으나, 하나님의 자비와 임재가 우리와 함께 하시면 우리는 살 것이요 또한 편안하게 살 것이다. 그는 그들에게 확신을 가질 것을 명한다. **하나님이 당신들을 이 땅에서 인도하여 내시리니**, 그러므로, (1) 거기서 정착하기를 바라지도 말고 그 곳을 영구한 안식처로 여기지도 말아야 하고, 약속의 땅에다 마음을 두고 그 곳을 본향으로 여겨야 한다. (2) 거기서 죽고 망할까 하여 두려워해서도 안 된다. 아마도 요셉은 그가 죽은 후 그들이 힘든 세월을 맞게 될 것을 미리 보았을 것이고, 그리하여 그들에게 이 격려의 말씀을 주는 것일 것이다. "마침내 **하나님이 당신들을 이 땅에서** 승리로 **인도하여 내시리라**." 여기서 그는 약속을 직시하며(15:13, 14), 그리하여 하나님의 이름으로 그 약속이 이루어질 것을 확신시키는 것이다.

2. 그 자신의 믿음을 고백하며 또한 그들에게도 확신을 주기 위하여, 그는 그들에게 그들이 약속의 땅에 정착하게 되는 그 영광된 날이 이르기까지 그의 시신을 묻지 말 것을 명한다(25절). 그는 그들이 자기의 시신을 가나안에 장사할

것을 맹세로 약속하게 하였다. 애굽에서는 그들이 그들의 귀인들을 매우 존귀하고도 화려한 장식으로 장사하였다. 그러나 요셉은 가나안에서 그의 시신을 묻는 의미 있는 장례를 원한 것이다. 그리고 그의 장례는 애굽에서 화려하게 치러지지도 않았고, 또한 거의 200년이나 연기되었다. 이렇게 해서 요셉은 부활의 교리와 가나안에 대한 약속을 믿는 믿음으로 **자기 뼈를 위하여 명하였다**(히 11:22). 그는 애굽에서 죽으나, 하나님께서 반드시 이스라엘을 돌보사 그들을 가나안으로 인도해 내시리라는 것에다 자기의 뼈를 건 것이다.

Ⅳ. 요셉의 죽음과 그를 가나안에 장사하기 위하여 그의 시신을 보관함(26절). 그는 애굽에서 입관되었으나 그의 자손들이 가나안에서 기업을 받기까지 장사되지 않았다(수 24:32). 주목하라. 1. 사람이 죽을 때에 그 분리된 영혼이 하나님과 함께하는 안식에로 돌아가는 것뿐이라면, 시신이 전혀 혹은 오랫동안 무덤에 안장되지 않는 것이 크게 문제가 되지 않는다. 2. 그러나 동시에 부활에 대한 믿음이 있으니 성도의 시신에 대해서 신중하게 보살펴야 한다. 흙과 맺은 언약이 있으므로 그것을 기억해야 하고, 뼈에 관해서도 명령이 주어져 있으니 말이다.

독자 여러분들께 알립니다!

'CH북스'는 기존 **'크리스천다이제스트'**의 영문명 앞 2글자와
도서를 의미하는 **'북스'**를 결합한 출판사의 새로운 이름입니다.

매튜 헨리 주석전집 1

매튜 헨리 주석 창세기

1판 1쇄 발행 2008년 3월 25일
1판 중쇄 발행 2020년 12월 3일

발행인 박명곤
사업총괄 박지성
기획편집 채대광, 김준원, 박일귀, 고여림, 이은빈
디자인 구경표, 한승주
마케팅 박연주, 유진선, 이호
재무 김영은
펴낸곳 CH북스
출판등록 제406-1999-000038호
전화 070-4917-2074 **팩스** 031-944-9820
주소 경기도 파주시 회동길 37-20
홈페이지 www.hdjisung.com **이메일** main@hdjisung.com
제작처 영신사 월드페이퍼

크리스천의 영적 성장을 돕는 고전
세계기독교고전 목록

1 **데이비드 브레이너드 생애와 일기**
조나단 에드워즈 편집
2 **그리스도를 본받아** | 토마스 아 켐피스
3 **존 웨슬리의 일기** | 존 웨슬리
4 **존 뉴턴 서한집 - 영적 도움을 위하여** | 존 뉴턴
5 **성 프란체스코의 작은 꽃들**
6 **경건한 삶을 위한 부르심** | 윌리엄 로
7 **기도의 삶** | 성 테레사
8 **고백록** | 성 아우구스티누스
9 **하나님의 사랑** | 성 버나드
10 **회개하지 않은 자에게 보내는 경고**
조셉 얼라인
11 **하이델베르크 요리문답 해설** | 우르시누스
12 **죄인의 괴수에게 넘치는 은혜** | 존 번연
13 **하나님께 가까이** | 아브라함 카이퍼
14 **기독교 강요(초판)** | 존 칼빈
15 **천로역정** | 존 번연
16 **거룩한 전쟁** | 존 번연
17 **하나님의 임재 연습** | 로렌스 형제
18 **악인 씨의 삶과 죽음** | 존 번연
19 **참된 목자(참 목자상)** | 리처드 백스터
20 **예수님이라면 어떻게 하실까** | 찰스 쉘던
21 **거룩한 죽음** | 제레미 테일러
22 **웨이크필드의 목사** | 올리버 골드스미스
23 **그리스도인의 완전** | 프랑소아 페넬롱
24 **경건한 열망** | 필립 슈페너
25 **그리스도인의 행복한 삶의 비결** | 한나 스미스
26 **하나님의 도성(신국론)** | 성 아우구스티누스
27 **겸손** | 앤드류 머레이
28 **예수님처럼** | 앤드류 머레이
29 **예수의 보혈의 능력** | 앤드류 머레이
30 **그리스도의 영** | 앤드류 머레이
31 **신학의 정수** | 윌리엄 에임스
32 **실낙원** | 존 밀턴
33 **기독교 교양** | 성 아우구스티누스
34 **삼위일체론** | 성 아우구스티누스
35 **루터 선집** | 마르틴 루터
36 **성령, 위로부터 오는 능력** | 앨버트 심프슨
37 **성도의 영원한 안식** | 리처드 백스터
38 **웨스트민스터 소요리문답 해설** | 토머스 왓슨
39 **신학총론(최종판)** | 필립 멜란히톤
40 **믿음의 확신** | 헤르만 바빙크
41 **루터의 로마서 주석** | 마르틴 루터
42 **놀라운 회심의 이야기** | 조나단 에드워즈
43 **새뮤얼 러더퍼드의 편지** | 새뮤얼 러더퍼드
44-46 **기독교 강요(최종판) 상·중·하** | 존 칼빈
47 **인간의 영혼 안에 있는 하나님의 생명**
헨리 스쿠걸
48 **완전의 계단** | 월터 힐턴
49 **루터의 탁상담화** | 마르틴 루터
50-51 **그리스도인의 전신갑주 I, II** | 윌리엄 거널
52 **섭리의 신비** | 존 플라벨
53 **회심으로의 초대** | 리처드 백스터
54 **무릎으로 사는 그리스도인** | 무명의 그리스도인
55 **할레스비의 기도** | 오 할레스비
56 **스펄전의 전도** | 찰스 H. 스펄전
57 **개혁교의학 개요(하나님의 큰 일)**
헤르만 바빙크
58 **순종의 학교** | 앤드류 머레이
59 **완전한 순종** | 앤드류 머레이
60 **그리스도의 기도학교** | 앤드류 머레이
61 **기도의 능력** | E. M. 바운즈
62 **스펄전 구약설교노트** | 찰스 스펄전
63 **스펄전 신약설교노트** | 찰스 스펄전
64 **죄 죽이기** | 존 오웬